叫全国的文明从江阴发起
—— 孙中山
1912年10月19日

2017

江阴年鉴

Jiang Yin Almanac

江阴市人民政府　主办
江阴市史志办公室　编

方志出版社
Publishing House of Local Records

图书在版编目（CIP）数据

江阴年鉴. 2017 / 江阴市史志办公室编. -- 北京：方志出版社，2017. 9
ISBN 978-7-5144-2543-7

Ⅰ. ①江… Ⅱ. ①江… Ⅲ. ①江阴—2017—年鉴
Ⅳ. ①Z525.33

中国版本图书馆CIP数据核字（2017）第234027号

江阴年鉴（2017）

编　　者：江阴市史志办公室
责任编辑：齐　笑
出 版 人：冀祥德
出 版 者：方志出版社
地址　北京市朝阳区潘家园东里9号（国家方志馆4层）
邮编　100021
网址　http://www.fzph.org
发　　行：方志出版社图书经销中心
电话（010）67110500
经　　销：各地新华书店
印　　刷：南京凯德印刷有限公司
开　　本：889×1194　　1/16
印　　张：31.75
字　　数：1201千字
版　　次：2017年9月第1版　　2017年9月第1次印刷
印　　数：0001~2500册
ISBN 978-7-5144-2543-7　　定价：180.00元

江阴市地方志编纂委员会

《江阴年鉴》编辑部

地址：江苏省江阴市澄江中路9号　电话：0510-86861613（传真）　邮编：214431

江阴 2016年 市获得的全国性 荣誉

【蝉联全国县域经济基本竞争力排名“十四连冠”】

【蝉联中国全面小康十大示范县市“九连冠”】

【蝉联“中国城市公益慈善指数”县级市“四连冠”】

【第四次被评为全国双拥模范城（县）】

【被评为全国知识产权示范城市工作先进集体】

【被评为2016年“书香城市（区县级）”】

【被评为全国法治宣传教育先进县（市、区）】

【被评为全国科普示范县（市、区）】

【被评为国家级妇幼健康优质服务示范县（市、区）】

实事一　全年提供就业岗位5.5万个，促进本地劳动力就业2.2万人，江阴籍高校毕业生就业率达92%以上，扶持自主创业2000人以上，培养高技能人才3000人。新建大学生创业孵化基地5个。创业贴息小额担保贷款容量从5000万元扩大到1亿元

实事二　城乡居民最低生活保障标准提高至月人均760元。居民养老保险基础养老金提高至月人均280元，被征地农民养老年龄段人员养老补助金提高至月人均670元

实事六　对景园小区等14个老小区合计85万平方米进行改造提升。完成第四期经济适用住房、廉租房和公共租赁住房工程35万平方米共3699户。完成城区10个农贸市场标准化改造，并实施食品安全快速检测。对全市7个镇（街道）11个村（社区）共计9100户进行农村供水管网、户表改造

实事七　实施芙蓉大道快速路改造工程。新建公交候车亭80座，主城区30个公交站台安装电子站牌。市区新增完善1000个机动车停车泊位，建立完善一级、二级停车诱导系统

实事八　建设100个全民阅读点。组织“五十场锡剧进校园、百场演出进基层、千场电影进村（社区）”

实事三 江阴市第一初中易地新建工程竣工；江阴市第二中学、江阴市实验中学和江阴市第一高中改扩建工程竣工

实事四 市医疗中心竣工。新农合基本医疗保险筹资标准提高至人均800元。完成60个社区卫生服务站（村卫生室）提档升级工作。开工建设全民健身综合馆。各中小学开展游泳运动普及提升行动，全市新增义务教育阶段学生会游泳人数15000人以上

实事五 推进燃煤锅炉淘汰工作，年内淘汰10吨/小时以下燃煤锅炉200台。开工建设光大垃圾发电厂三期。完善提升城区40个小区生活污水接管改造，新建农村村庄生活污水处理设施50个。关停养殖场300个。完成15条重点河道综合整治，整治长度15.68千米

实事九 改善用电安全，完成城郊15000户商业表箱封闭性改造。建设沿江危险化学品应急救援基地。推进建设绮山应急备用水源地工程，完成库区土石方80%

实事十 建成城区交通事故集中处理中心。建设市、镇（街道）二级“阳光信访”视频接访平台。全年提供法律援助800件次

（摘自《江阴日报》）

1

2

3 4

① 2016年4月4日，顾山镇红豆村农业专业合作社内，工作人员在收获非洲菊（沈思远 摄）

② 2016年5月31日，璜土镇“侍外桃源”果农在酷热的大棚里，对采摘下来的油桃进行大小分级。这里平时不仅施用有机肥，还让油桃“喝”纯牛奶，确保果型饱满、口感爽脆（詹绍辉 张 岚 摄）

③ 2016年7月18日，璜土镇现代农业示范观光园葡萄大棚内，市民在采摘新鲜的夏黑葡萄（詹绍辉 张 岚 摄）

④ 2016年8月3日，长泾镇海江家庭农场的工人将丝瓜按照品相优劣、长短肥瘦分类打包，供应周边蔬菜市场和超市（沈云忠 张 岚 摄）

5 6

7

8

⑤ 2016年8月10日，江阴市后梅猕猴桃专业合作社内猕猴桃等水果大丰收，图为市民在采摘首批成熟的猕猴桃 （梅月红 张 岚 摄）

⑥ 2016年8月14日，祝塘镇景阳村高家基黄桃种植基地内，桃农忙着采摘黄桃 （谭 芸 沈思远 摄）

⑦ 2016年11月7日，顾山镇红豆村新岳生态园的金丝皇菊种植园区里，村民们忙着采摘花香四溢的金丝皇菊 （王 烨 朱贻军 摄）

⑧ 2016年7月，由江阴日报社“女神Gogoo”微信公众平台策划的“79元收割一亩田”活动，在市民中反响热烈。图为欢乐的收稻场景 （张 岚 摄）

① 2016年1月15日，周庄镇妇联通过广泛宣传，募集成色较新的衣物500余件，图为工作人员将衣物装车送往干洗店清洗、整理后捐赠给四川甘孜州贫困地区的儿童 （李益强 张 岚 摄）

② 2016年2月27日，爱心向前走公益社30多名志愿者到敔山湾，对市民在公园里露营、游玩产生的垃圾进行分类清理，用行动向市民宣传环境保护的意义 （俞 蓉 山 风 摄）

③ 2016年3月3日，祝塘实验小学师生到世纪公园，参加镇团委举办的义卖活动 （谭 芸 张 岚 摄）

④ 2016年5月26日，北大街社区开展“亮身份、树形象、做表率”党员志愿活动，清理卫生死角，维护社区环境 （刘月云 沈思远 摄）

⑤ 2016年3月14日，市园林旅游局工作人员到环城东路社区，给市民送上数百份绿色植物和花卉种子，并详细讲解花草种植常识 （张 岚 摄）

1 2
3

4 5

⑥ 2016年12月15日，长泾镇无偿献血活动现场人头攒动，294位市民积极报名，献血量共计89450毫升，在寒冷冬日献上最温暖的爱心　　（张 岚 吴晨悦 摄）

⑦ 2016年3月2日，江苏江阴边检站官兵进行学雷锋活动，到驻地金山社区的孤寡老人家帮忙做家务，嘘寒问暖，以实际行动传承雷锋精神　　（摘自《江阴日报》）

⑧ 2016年12月12日，志愿者将捐赠的书籍整理、打包发往贵州省安龙县中等职业学校。此次活动由中国狮子联会江苏芙蓉服务队（江阴）发起，旨在帮助该校建立专用图书室。3000余册书籍均由志愿者捐赠，内容涵盖教育、科普、法律、道德等方面，同时还捐赠书柜、桌椅等物品　　（沈思远 摄）

⑨ 2016年3月21日，贯庄社区举办邻里运动会，活动现场一派欢乐景象　　（缪力炜 沈思远 摄）

⑩ 2016年8月9日，在长泾镇长东幼儿园，由新市民子女组成的夏令营里，小朋友们开心地跳起舞蹈《小苹果》　　（沈云忠 张 岚 摄）

6　7

8

9　10

1 2
3
4

① 2016年6月30日，周庄镇举行第二届全民运动会开幕式，来自各村、机关单位的26支队伍参加，共设20项竞技类和12项趣味类体育项目。图为开幕式现场运动员走过主席台 （李益强 沈思远 摄）

② 2016年7月1日，由浙江金华市体育局、金华市旅游局、中国木兰拳艺术中心、中国香港特区木兰拳世界联合会主办的“山水磐安杯”中国木兰拳暨民族传统文化展示国际大赛在浙江横店举行。图为夺得金奖的江阴市参赛队队员合影 （摘自《江阴日报》）

③ 2016年7月，临港街道在江南花苑举办纪念中国共产党成立95周年和2016年临港街道老年人腰鼓大赛暨成立老年人大型特色腰鼓团队活动。图为活动现场 （摘自《江阴日报》）

④ 2016年8月8日，2016年全国百城千村健身气功交流展示活动暨江阴市健身气功比赛在市体育馆举行。图为参赛队 （摘自《江阴日报》）

5
6
7 8

⑤ 2016年8月13日，“奥林匹克文化中国行”走进江阴。图为奥运冠军们与2022名江阴市民一起进行5千米的奥行奔跑 （摘自《江阴日报》）

⑥ 2016年8月，2016年“一带一路”U15男子国际足球锦标赛在江阴市举行。图为8月27日获冠军的柬埔寨队队员合影 （摘自《江阴日报》）

⑦ 2016年10月23日，2016江阴第二届半程马拉松赛在风景秀丽的敔山湾拉开帷幕 （摘自《江阴日报》）

⑧ 2016年1月1日，江阴市全民健身活动启动仪式暨“江阴农商银行杯”第二届元旦公益徒步大会举行 （摘自《江阴日报》）

江阴公安出入境服务中心
江阴国家高新区
黄山路
市政府
文化路
长江路

（以上图片由严汉文提供）

Equestrian
PERFORMANCE CENTER

（以上图片由市委宣传部提供）

编辑说明

一、《江阴年鉴》是由中共江阴市委领导、江阴市人民政府主办、江阴市史志办公室负责逐年编辑的江阴地方年度资料性文献。

二、《江阴年鉴（2017）》是《江阴年鉴》于1993年创刊后的第25卷。它全面系统、准确翔实地记载2016年度江阴市自然、政治、经济、文化和社会、生态文明建设等方面的基本情况，反映全市各行各业贯彻党的十八大和十八届三中、四中、五中、六中全会精神，在推进现代产业体系发展、提高美丽宜居城市品质、生态优美环境建设、提升民生福祉等方面的新思想、新举措、新亮点。该部年鉴的编辑，旨在为各级领导决策提供参考依据，为江阴经济社会发展服务，为中外人士了解和研究江阴提供可靠信息，也为编史修志积累资料。

三、《江阴年鉴（2017）》按分类记事体例，设42个类目。类目下共设284个分目、1683个条目。总篇幅120.1万字，彩色插页58页，随文图片118幅，表格123张。为便于检索，除卷首设详细目录外，卷尾还设主题分析索引。

四、为体现时代特色、年度特色、地方特色和与时俱进的要求，《江阴年鉴（2017）》与《江阴年鉴（2016）》相比，彩色插页新设《全国获奖荣誉》《十件实事》《农业新景》《文明新风》《体育新事》《城市新貌》《海澜之夜》《2016年度上缴税金超亿元企业》等专栏，新设《媒体报道选辑》类目，其他类目基本框架不变。

五、《江阴年鉴（2017）》人物类目收录2016年度江苏省级以上劳模和先进个人简介及江阴市级以上先进个人名录，逝世人物收录原江阴市级领导、旅外江阴籍地市级以上领导干部和正高级以上知名人士。

六、《江阴年鉴（2017）》部分机构用简称，部分条目涉及缩略语（注有“*”号），其注释按首字笔画顺序排列。机构的全称与简称对照表及缩略语注释列于目录前。书名由中国书协名誉主席、江阴籍著名书法家沈鹏题写。

七、《江阴年鉴（2017）》采用的稿件，由各单位提供，并由各单位领导审定。各类目编辑署名于该类目尾页，彩色插页编辑为吴海英。撰稿者署名条目之后（连续两个以上条目为同一撰稿者，不一一署名）。

八、《江阴年鉴（2017）》正文所用统计数据，因统计来源、口径、方式、方法和时间不同而有一定差异，使用时请以江阴市统计局提供的《经济社会发展统计资料》数据为准。

九、《江阴年鉴（2017）》有纸型版和光盘版两种版本。光盘版随纸型版年鉴同时发行。

十、因时间仓促、水平有限，《江阴年鉴（2017）》难免有疏漏不当之处，敬请读者批评指正。《江阴年鉴（2017）》的编辑出版得到各单位领导和撰稿者的关心和支持，在此谨表谢意。

各单位审稿领导名单

（以姓名首字笔画为序）

万小溪	马红兰	王　冰	王　敏	王立新	王利峰	王雨鸥	王建新
王海峰	王新达	韦庆才	仇　丰	方枫云	卢建法	叶海舟	印国兴
包锡龙	冯明刚	吕　涛	朱　勇	朱　斌	朱立新	朱佳虎	朱富强
任东飚	邬闽澄	刘　锋	刘文红	刘建国	江　城	江兆成	汤龙生
许　晨	许忠新	孙　伟	孙亚丽	孙仲英	孙建华	孙福康	严会东
严军明	严建定	严倪芳	李满刚	吴　钢	吴芸芸	吴建良	吴晓东
吴海英	何忆芳	沈卿芸	张　伟	张　忠	张　莉	张少波	张再兴
张英毅	张建明	张建强	张品娟	张晓东	张浩伟	张韶峰	张德根
陆海燕	陈　泓	陈　虹	陈　峰	陈　涛	陈　晨	陈　鑫	陈兴初
陈国君	陈国林	陈建龙	陈俊虎	陈海华	陈雪源	陈福良	范文涛
范晓君	郁李达	季相云	周晓虹	赵　炯	赵巧新	赵志军	赵国明
胡品洪	胡洪平	胡莹洁	查建标	俞　良	俞伟人	俞烈彪	施迪庆
洪　伟	袁　锋	袁雪梅	顾　平	顾丰良	顾文浩	顾文瑜	顾立新
顾金辉	顾洪伟	顾高浪	顾培植	顾福平	钱　标	钱华光	钱丽英
徐洪伟	翁国琪	高文展	高勇军	郭向明	陶正贤	陶建国	黄　葵
黄林法	梅海荣	曹乐平	龚国贤	龚振东	常呈黎	章见良	屠湘如
董　伟	蒋　青	蒋　俊	蒋　营	蒋　敏	蒋万春	蒋和兴	喻伟力
程学仨	傅建荣	傅洪文	童金良	蔡　高	翟　菁	缪剑波	潘　勇
薛建国	戴新海	檀春节	魏　锋				

各单位分管领导名单

（以姓名首字笔画为序）

门开阳	马忠洪	王苏雄	王海峰	王萍芳	王新颜	孔玉兰	孔晓燕
成 锐	朱 炜	朱 斌	朱立新	任龙平	任素惠	刘文红	刘丽渊
刘明波	刘敏芳	江 玲	许 可	许 坚	许 晨	许卫国	许金辉
许曹军	那中兴	孙 宏	孙亚丽	孙明江	孙建华	孙琪琳	苏曦泓
李 宁	李 伟	李飞雨	李茂林	李俊伟	杨国洪	肖朱东	时军文
吴 彪	吴 灏	吴有成	吴自强	吴群力	沈 平	沈 军	沈小狮
沈桂祥	张 荣	张 海	张 磊	张 燕	张英毅	张瑞忠	陆永祥
陆建兴	陆桂兴	陆海燕	陈 飞	陈 柯	陈 虹	陈 斌	陈国林
陈忠宇	陈海华	范本福	林 琪	季克军	金 莉	金锡妹	周 东
周 铁	周林海	周法祥	周雯虹	庞祥芬	单 旭	赵 华	赵国明
赵勇兵	赵晓平	赵惠千	赵雁军	郝周光	荣英姿	胡 旭	胡洪平
胡振芳	俞 军	姜 浩	洪 伟	宦雪忠	姚永标	姚剑刚	秦光华
袁 锋	袁春霞	耿东霞	夏宏伟	夏源秋	顾 军	顾文浩	顾行行
顾素华	顾培植	顾敏明	顾福平	钱 晴	钱华光	倪继宏	徐 卓
徐 鸣	徐 榕	徐科新	徐前锋	徐智文	徐富康	殷 妮	殷永华
奚 萍	高 力	郭向明	席卫平	唐 微	唐建荣	唐晓峰	谈海燕
陶廷森	曹 琰	常呈黎	彭林芳	彭松波	蒋 营	蒋 敏	程卓强
楚海芹	蔡 高	缪广学	颜 虎	潘少峰	戴新海	瞿江烨	

江阴市部分机构全称、简称对照表

全　称	简　称	全　称	简　称
中共江阴市委员会	市委	江阴市城市管理局	市城管局
江阴市人民代表大会常务委员会	市人大常委会	江阴市政务服务管理办公室	市政务办
江阴市人民政府	市政府	江阴市园林旅游管理局	市园林旅游局
政协江阴市委员会	市政协	江阴市民防局（江阴市人民防空办公室）	市民防局（市人防办）
中共江阴市纪律检查委员会	市纪委		
中共江阴市委办公室	市委办	江阴市公用事业管理局	市公用事业局
中共江阴市委农村工作办公室	市委农工办	江阴市民族宗族事务局	市民宗局
中共江阴市委统一战线工作部	市委统战部	江阴市政府侨务办公室	市侨办
江阴市精神文明建设指导委员会办公室	市文明办	江阴市机关事务管理局	市机关管理局
中共江阴市委台湾工作办公室	市委台办	江阴市供销合作总社	市供销社
中共江阴市委政法委员会（江阴市社会治安综合治理委员会办公室）	市委政法委（市综治办）	江阴市人民法院	市法院
		江阴市人民检察院	市检察院
中共江阴市委市级机关工作委员会	市级机关党工委	江阴市人民武装部	市人武部
中共江阴市委党校	市委党校	江阴高新技术产业开发区管理委员会	高新区管委会
江阴市人大常委会办公室	市人大办	江苏江阴临港济经开发区管理委员会	临港经济开发区管委会
江阴市政府办公室（江阴市政府外事办公室）	市政府办（市外事办）	江苏江阴—靖江工业园区管理委员会	靖江园区管委会
江阴市发展和改革委员会	市发改委	共青团江阴市委员会	团市委
江阴市经济和信息化委员会（江阴市信息化办公室）	市经信委（市信息化办）	江阴市妇女联合会	市妇联
		江阴市科学技术协会	市科协
江阴市科学技术局	市科技局	江阴市归侨侨眷联合会	市侨联
江阴市人力资源和社会保障局	市人社局	江阴市文学艺术界联合会	市文联
江阴市国土资源局	市国土局	江阴市工商业联合会	市工商联
江阴市住房和城乡建设局	市住建局	江阴市残疾人联合会	市残联
江阴市交通运输局	市交通运输局	中国民主同盟江阴市委员会	民盟江阴市委
江阴市水利农机局	市水利农机局	中国民主建国会江阴市委员会	民建江阴市委
江阴市文化广电新闻出版局	市文广新局	中国民主促进会江阴市委员会	民进江阴市委
江阴市卫生和计划生育委员会	市卫计委	中国农工民主党江阴市委员会	农工党江阴市委
江阴市市场监督管理局	市市场监管局	九三学社江阴市委员会	九三学社江阴市委
江阴市环境保护局	市环保局	江阴市无党派知识分子联谊会	市知联会
江阴市安全生产监督管理局	市安监局	江阴市关心下一代工作委员会	市关工委
江阴市政府法制办公室	市政府法制办	江阴市国家税务局	市国税局
江阴市口岸办公室（江阴市港口管理局）	市口岸办(市港口局)	江阴市地方税务局	市地税局

缩 略 语 注 释

“PPP 模式” 即 Public—Private—Partnership 的字母缩写，指政府与私人组织之间，为了合作建设城市基础设施项目，或为了提供某种公共物品和服务，以特许权协议为基础，彼此之间形成一种伙伴式的合作关系，并通过签署合同来明确双方的权利和义务，以确保合作的顺利完成，最终使合作各方达到比预期单独行动更为有利的结果。

“1310 工程” 指在贯穿“十三五”期间（2016—2020 年）的江阴城乡建设十大工程，即：滨江亲水、靓山亲山、江阴绿道、文化提升、交通畅通、城际轨道、环境整治、五网升级、城市管理和民生实事十个方面。

“333 高层次人才培养工程” 指省委、省政府实施科教兴省、人才强省战略，加强高层次人才队伍建设的一项重要举措。通过工程的实施，重点培养出 3000 名省内各学科、各行业具有一定声望的学术、技术带头人；300 名国内学术、技术界具有重大影响的高级专家；30 名能进入世界科技前沿并在国际上具有较高知名度的杰出专家。

“515 战略” 指紧紧围绕“文明、有序、安全、便利、富民强国”5 大目标，推出旅游 10 大行动，开展 52 项举措，推进旅游业转型升级、提质增效，加快旅游业现代化、信息化、国际化进程。

“一带一路” 指丝绸之路经济带和 21 世纪海上丝绸之路。是依靠中国与有关国家既有的双多边机制，借助既有的、行之有效的区域合作平台，主动地发展与沿线国家的经济合作伙伴关系，共同打造政治互信、经济融合、文化包容的利益共同体、命运共同体和责任共同体。

“一案四访”工作 指在查办违法违纪案件的同时，对违纪人员、违纪人员的身边人、发案单位、办案工作人员进行回访，通过有计划地开展跟踪走访、谈话教育、督查整改等工作，把查办案件的过程变成教育引导、整改规范、加强监督、促进发展的反腐倡廉建设过程，使各级党员领导干部引以为戒、警钟长鸣。

“三互”大通关 指货物通关时，海关和检验检疫部门采取的“信息互换、监管互认、执法互助”的通关模式。

“三公”消费 指政府部门人员在因公出国（境）经费、公务车购置及运行费、公务招待费（即“三公”经费）产生的消费。

“三去一降一补” 指根据习近平总书记提出的供给侧结构性改革提出的。供给侧改革主要涉及产能过剩、楼市库存大、债务高企这三个方面，为解决好这一问题，就要推行“三去一降一补”的政策，即去产能、去库存、去杠杆、降成本、补短板五大任务。

“三务公开” 指定期对村级党务、村务、财务进行公开。

“三农” 指农业、农村和农民。

“三同时”项目 指新建项目的安全、环保等设施，必须与主体工程同时设计、同时施工、同时投产使用。

“三严三实” 指严以修身、严以用权、严以律己，谋事要实、创业要实、做人要实。

“三证合一、一照一码” 三证合一指由原来的营业执照、组织机构代码证、税务登记证这三证合为一张，统称为三证合一。一照一码指一张执照上一个代码，不需要原来的三个代码。

“三走进三服务” 指走进企业、走进社区、走进农村，服务发展、服务基层、服务群众。

“三资” 指农村集体经济中的资金、资产、资源。

“三资”投农 指利用工商资本、外商资本、社会资本投资开发现代农业。

“三高两低”企业 指高能耗、高污染、高危险、低产出、低效益企业。

“四个全面” 指全面建成小康社会、全面深化改革、全面依法治国、全面从严治党。

“四个意识” 指政治意识、大局意识、核心意识、看齐意识。

“四风” 指形式主义、官僚主义、享乐主义和奢靡之风。

“四加强三整治二提升” 指加强城乡垃圾处理设施建设改造、加强生活污水处理设施建设、加强无害化卫生厕所建设、加强城乡饮水安全保障，整治农村环境卫生、整治城市薄弱部位环境卫生，整治重点场所和地段环境卫生，提升社会卫生综合治理水平，提升群众文明卫生素质。

“四讲四有” 指讲政治、有信念，讲规矩、有纪律，讲道德、有品行，讲奉献、有作为。

“五大发展理念” 指创新、协调、绿色、开放、共享的发展理念。

“五先五好” 指思想建党走在先，信念坚定好；统筹发展走在先，勤政务实好；服务改革走在先，敢于担当好；改善民生走在先，为民服务好；改进作风走在先，清正廉洁好。

“五位一体” 即经济建设、政治建设、文化建设、社会建设、生态文明建设为一体的总体布局。

“五证合一、一照一码” 指在“三证合一、一照一码”的基础上，再度整合社会保险登记证和统计登记证，实现“五证合一、一照一码”。

“五查摆五强化” 指查摆信仰信念是否动摇，强化政治定力；查摆纪律规矩是否松弛，强化党的意识；查摆宗旨意识是否淡薄，强化群众观念；查摆精神状态是否懈怠，强化担当精神；查摆德行表现是否缺失，强化道德修养。

“六大发展战略” 指一、创新驱动发展核心战略；二、产业强市主导战略；三、全面开放战略；四、新型城镇化和城乡发展一体化战略；五、可持续发展战略；六、民生共建共享战略。

“七查摆七强化” 指查摆信仰信念是否动摇，强化政治定力；查摆纪律规矩是否松弛，强化党的意识；查摆宗旨意识是否淡薄，强化群众观念；查摆精神状态是否懈怠，强化担当精神；查摆德行表现是否缺失，强化道德修养；查摆新发展理念是否树立和落实，强化践行新发展理念的思想行动自觉；查摆落实管党治党责任是否不力不严，强化全面从严治党责任。

“八礼四仪” “八礼”指“仪表之礼”“仪式之礼”“言谈之礼”“待人之礼”“行走之礼”“观赏之礼”“游览之礼”“餐饮之礼”。“四仪”指入学仪式（7 岁）、成长仪式（10 岁）、青春仪式（14 岁）、成人仪式（18 岁）。

中央“八项规定” 指中央政治局关于改进工作作风、密切联系群众的八项规定：一、要改进调查研究，切忌走过场、搞形式主义；要轻车简从、减少陪同、简化接待，不张贴悬挂标语横幅，不安排群众迎送，不铺设迎宾地毯，不摆放花草，不安排宴请；二、要精简会议活动，严格控制以中央名义召开的各类全国性会议和举行的重大活动，未经中央批准一律不出席各类剪彩、奠基活动和庆祝会、纪念会、表彰会、博览会、研讨会及各类论坛；提高会议实效，开短会、讲短话，力戒空话、套话；三、要精简文件简报，没有实质内容、可发可不发的文件、简报一律不发；四、要规范出访活动，出访活动严格控制出访随行人员，严格按照规定乘坐交通工具，一般不安排中资机构、华侨华人、留学生代表等到机场迎送；五、要改进警卫工作，减少交通管制，一般情况下不得封路、不清场闭馆；六、要改进新闻报道，中央政治局领导出席会议和活动应根据工作需要、新闻价值、社会效果决定是否报道，进一步压缩报道的数量、字数、时长；七、要严格文稿发表，除中央统一安排外，个人不公开出版著作、讲话单行本，不发贺信、贺电，不题词、题字；八、要厉行勤俭节约，严格遵守廉洁从政有关规定，严格执行住房、车辆配备等有关工作和生活待遇的规定。

中央纪委机关、中央组织部“九严禁”纪律规定 指一、严禁拉帮结派，对搞团团伙伙、结党营私的，一律给予纪律处分；二、严禁拉票贿选，对在民主推荐和选举中搞拉票、助选等非组织活动的，一律排除出人选名单或者取消候选人资格，并视情节给予纪律处分，贿选的依法处理；三、严禁买官卖官，对以谋取职务调整、晋升等为目的贿赂他人或者收受贿赂的，一律先停职或免职，并依纪依法处理；四、严禁跑官要官，对采取拉关系或者要挟等手段谋取职务或者职级待遇的，一律不得提拔使用；五、严禁造假骗官，对篡改、伪造干部档案材料的，一律对相关人员给予组织处理或者纪律处分；六、严禁说情打招呼，对搞封官许愿或者为他人提拔重用说情打招呼的，对私自干预下级干部选拔任用的，一律记录在案，情节严重的严肃追究责任；七、严禁违规用人，对突击提拔调整干部、超职数配备干部和违反规定程序选拔任用干部的，一律宣布无效，并视情节对相关人员给予纪律处分；八、严禁跑风漏气，对泄露、扩散涉及换届人员安排等保密内容的，一律追究相关人员责任；九、严禁干扰换届，对造谣、诬告他人或者妨害他人自由行使选举权的，一律严厉查处，涉嫌违法犯罪的移交司法机关处理。

“双巡” 指巡访民情、巡讲民生。

“双述” 指单位负责人对自己履行工作职责情况和廉洁自律情况进行述职述廉报告。

“两个责任” 指党委负主体责任、纪委负监督责任。

“两化融合” 指信息化和工业化融合。

“两学一做” 指学党章党规、学系列讲话，做合格党员。

“两减六治三提升” 即“263 工程”。“两减”指减少煤炭消费总量，减少落后化工产能；“六治”指治理太湖水环境、治理生活垃圾、治理黑臭水体、治理畜禽养殖污染、治理挥发性有机物污染、治理环境隐患；“三提升”指提升生态保护水平、提升环境经济政策调控水平、提升环境执法监管水平。

“两新” 指新经济组织、新社会组织。

“幸福一点通” 指借助现代化网络通信及信息技术，依托社会服务资源，向社区老人家庭尤其是“空巢”、独居、病残老人家庭提供紧急呼叫救助和日常生活照顾的个性化、信息化的家庭养老服务体系。老人们可使用直接连接到家庭固定电话上的呼叫装置，足不出户享受到医疗卫生、心理咨询、家电维修、家政服务等十多项人性化服务。

国家“千人计划” 指中央人才工作协调小组关于实施(中央层面)“海外高层次人才引进计划”，简称“千人计划”，主要是围绕国家发展战略目标，从 2008 年开始，用 5 到 10 年，在国家重点创新项目、重点学科和重点实验室、中央企业和国有商业金融机构、以高新技术产业开发区为主的各类园区等，引进 2000 名左右人才并有重点地支持一批能够突破关键技术、发展高新产业、带动新兴学科的战略科学家和领军人才回国(来华)创新创业。

省“六大人才高峰计划” 指从 2001 年起，江苏省实施关于加快构建教育、医药卫生、电子信息、机械汽车、建筑、农业六大人才高峰的意见，加快培养、引进一批行业发展急需的高层次人才，以构筑新世纪人才高地，推进江苏省重点行业的快速发展。

省“双创人才” 指江苏省高层次创新、创业人才。

省“双创计划” 指江苏省高层次创新创业人才引进计划。

省“双创团队” 指江苏省创新、创业团队。

省市“十项规定” 指中共江苏省委关于改进工作作风、密切联系群众的十项规定：一、要切实改进调查研究，每年到基层调研时间不少于两个月；二、要着力解决民生难题，每年安排 5 ~ 7 天开展驻点调研；三、要大力精简会议活动，提倡开短会、讲短话，未经省委、省政府批准，不在省辖市任职的省领导一律不出席各地各部门主办的各类剪彩、奠基活动和庆祝会、纪念会、表彰会及各类论坛等；四、要大幅减少文件简报，没有实质内容、可发可不发的文件简报一律不发；五、要严格规范出访活动；六、要着力简化接待工作；七、要简化改进新闻报道，省领导出席会议和活动应根据工作需要、新闻价值、社会效果决定是否报道，进一步压缩报道的数量、字数、时长；八、要从严控制文稿发表，除省委统一安排外，省领导同志个人不公开出版著作，不发贺信、贺电，不题词、题字；九、要带头厉行节约，工作会议一律不摆放花草、不制作背景版，就餐不上高档菜肴，不安排宴请，住宿一律安排在定点接待宾馆；十、要始终坚持廉洁从政，从严要求配偶、子女、亲属和身边工作人员，自觉加强道德修养，培养健康的生活情趣。中共无锡市委依据省委上述规定也出台了关于改进工作作风、密切联系群众的十项规定。

“强富美高” 指经济强、百姓富、环境美、社会文明程度高。

“新三板” 指中关村科技园区非上市股份有限公司股份报价转让系统，因进入该系统的挂牌企业多为高科技企业而不同于原转让系统内的退市企业及原 STAQ、NET 系统挂牌公司(俗称“老三板”)，故称为“新三板”，是科技部、中国证监会、中国证券业协会、深圳证券交易所和中关村管委会落实党中央、国务院科技创新战略，以金融创新促进科学技术创新、助力成长性高新企业，完善中国多层次资本市场的重大举措。

类　目

目　录

媒体报道选辑

重要文献

大事记

江阴概况

中共江阴市委

江阴市人大常委会

江阴市人民政府

政协江阴市委员会

纪检·监察

民主党派·工商联·知联会

群众团体和组织

武装·法治

人力资源

经济总览

农村工作与农业

水利建设

工　业

开放型经济

开发区建设

企业上市

建筑业

商贸流通业

居民服务业·旅游业

金　融

港口口岸

城乡建设与管理

生态建设

信息化建设

交通·邮政·物流

经济事务管理

科学技术

教　育

文化建设

卫　生

体　育

社会工作

公共安全

街道·镇概况

组织机构和领导人员名录

人　　物

附 录

索 引

彩色插页

Content

Media Report Selections

Important Literature

Chronicle of Events

Brief Introduction of Jiangyin

Jiangyin Municipal Committee of the Communist Party of China

The Standing Committee of Jiangyin Municipal People's Congress

Jiangyin Municipal People's Government

Jiangyin Municipal Committee of the Chinese People's Political Consultative Conference

Discipline Inspection & Supervision

Democratic Parties & Association of Industry and Commerce & Intellectual Fraternity

Mass Group and Organization

Military Equipment & Rule of Law

Human Resource

Economic Overview

Rural Work & Agriculture

Water Conservancy Construction

Industry

Open-Oriented Economy

Construction of Development Zones

Enterprises Listing

Architecture

Business Circulation

Lodging and Catering & Tourism & Residents Service

Finance

Port & Harbor

Urban & Rural Construction and Administration

Ecological construction

Informationization Construction

Traffic & Postal Services & Logistics

Economic Affairs Management

Science Technology

Education

Culture Construction

Sanitation

Sports

Social Work

Public Safety

Survey of Block & Towns

Name List of the Organizations and the Leaders

Personages

Appendix

Index

Colored Inserts

咬定先进制造业不放松

尹洪东　袁军宝　潘　晔

“未来县域竞争将回归产业比拼”

江阴，因地处“大江之阴”而得名，地处无锡北部，总面积988平方千米，总人口160万人。以全国万分之一的国土面积、千分之一的人口总量，贡献了全国财政收入以及地区生产总值的1/250，总口径财政收入500亿元，超过有的省份。其经济社会发展水平连续多年领跑中国县域发展。崛起了一批处于全国同行业老大地位的“龙头”企业，形成了独具特色与实力的“江阴板块”，目前该板块累计拥有37个上市公司，其中境外上市公司13个，累计募资557亿元，A股上市公司继续保持全国县级市领先地位。

江阴市委书记　陈金虎　我去年底到江阴上任，正好赶上“十三五”规划。作为一个曾经连续13年居全国百强县综合竞争力排名第一的发达县，江阴在制定“十三五”规划中要思考的是如何继续当好县域经济发展的“排头兵”和“领头羊”，并保持好的发展态势。我们坚持把产业放在第一位，这是基于江阴现在的经济社会发展基础，以及未来如何保持竞争力的分析和考虑。

毋庸讳言，我们现在的城市，所谓“一线、二线、三线”都是按房地产来划分的，房价高、房地产火爆的是一线城市，次火爆的就是二、三线城市。但我们分析下来，城市，尤其是县级层面，在“十三五”乃至更长时间里再想依靠经营城市出让土地，依靠房地产财政来支撑发展，是不现实的。因为像“十一五”“十二五”时期那样靠房地产发展的时代已经过去了，未来县域经济的竞争一定是回归到“十一五”之前那种状态，也就是产业蓬勃发展的阶段，是依靠产业的竞争和实力比拼的时代，未来区域竞争、县域竞争一定是回归二产、一产，回归实业。

基于这样的判断，江阴依然将产业强市作为主要战略，这是我们的基础，也是我们的优势。江阴现阶段实际上是向后工业化阶段在走了，二产比例在降低、三产则在提升，越来越多的制造业开始与服务业嫁接，但工业依然是基础。所以我们现在还是拼命抓产业。最近四个月，我们出台了一系列政策，有支持大企业大集团的、支持总部经济的、支持兼并重组的，有支持中小企业发展、创业、新兴产业等，我们投入了100亿元以上产业发展基金，这个力度在县域里面是前所未有的。我们开了千企大会，筹划“双百工程”，准备将200个企业批量上市，全力重塑“江阴板块”优势。

江阴民营经济发达、股份制企业活跃，同时，传统产业比重非常高。新桥镇的海澜集团，如今是全国商业模式创新的典范，但过去是一个传统的乡镇服装企业。海澜从30万元起家，通过“品牌＋平台”的商业模式和智能化仓储物流系统，目前已经成为市值超800亿元的A股服装类龙头企业，走出了物流供应链创新的一条新路。

另一个上市公司长电科技，20世纪70年代是集体企业，从当年濒临倒闭的晶体管厂，目前已经发展成为国内最大、世界第四的封测行业排头兵。此外，还有华西村、海润光伏、爱康科技等，这样的“小巨人”企业在江阴还有很多，这些企业几乎全部是通过乡镇企业改制而来。如果不是江阴借助资本市场形成了江阴板块，我们很难在其他发达县域城市中脱颖而出。

（原载于2016年7月6日新华社《内参选编》）

江阴高新区　创新有作为

——以大引大　以优引优

刘诗瑶

江阴高新区,是一个位于县级市的国家高新区。它东至张家港、南至芙蓉大道、西至黄山港、北临长江,所辖面积仅有53平方千米,是江苏省44个国家级开发区平均所辖面积的1/3。

但就是这样一个小地方,却创造出不计其数的“最大”:这里培育了年销售10亿元以上企业12个;入选中国500强企业2个;拥有全球最大的钢帘线生产企业、全球最大的光伏太阳能硅切片超硬复合耐磨切割丝研发生产基地……

小地方何以拥有大科技?“因为坚持以‘科技创新作引领、转型升级做示范、对外开放当窗口’为己任,优规划、腾空间,强招商、上项目,抓创新、促转型。”高新区管委会负责人冯爱东一语道破奥秘。

近年来,高新区不断加大对特钢新材料产业链高端延伸项目的招引力度,随着总投资6亿美元的特钢深加工项目的落地建设,将大大加快兴澄特钢产业转型的步伐。“项目是高新区的生命,没有项目就没有发展,就没有后劲。”冯爱东介绍,高新区坚持以大引大、以优引优,紧盯世界500强、央企、知名民企的负责人,开展“从上而下”式的高效招商,并通过已有的“大朋友”来结识新的“大朋友”,通过已有的合作来推进新的合作,不断引进大项目。

升格为国家高新区五年来,江阴高新区先后引进和建设了符合产业定位、经过严格评定的72项超亿元重点重大项目,总投资1140亿元,有力地夯实了产业转型发展的战略后劲。

有了项目,领军人才和优秀团队的带动作用越发明显。为了给创新创业人才更贴心的服务,高新区实施了“一年研发、两年成长、三年裂变”的科技创业模式,还推出了战略性新兴产业科技成果加速产业化“工作十六法”,从引进人才、对接各类资本、政府优先采购、优化引才政策、提高平台服务效能、增强企业市场营销能力等多个方面为创业团队提供服务,推动新兴产业依托项目产业化实现集群化和规模化。就是在这样的孵化培育体系下,诞生了以全球领先的智能风机制造商和全球最大的智慧能源技术综合方案商——远景能源为代表的一批战略性新兴企业。

“高新区科技体制改革的重中之重,是要形成一个金融资本源源不断注入创新创业主体的洼地,形成企业家、科学家、金融家合作开放、实现多赢的创新发展格局。”冯爱东说,高新区积极实践“企业家+科学家+金融家=大赢家”的发展模式,创新科技金融合作机制,加速推进科技产业的裂变发展。目前全区通过财政引导建立各类创投基金累计注册资本超30亿元,科技企业各种债权融资规模已突破80亿元。而且,充分发挥“江阴板块”民间资本丰厚的独特优势,鼓励本地资本对接科技项目和创业团队,促成了本土企业家与外来科学家之间100多项项目与资本成功对接,加速了项目产业化的步伐。

(原载于2016年8月5日《人民日报》头版)

江阴:运用专利战略赢得市场“话语权”

过国忠　王冠元

得知识产权者,得市场。

作为国内唯一的地铁IBP盘(综合后备盘)的专业生产厂家,江阴百士特控制显示设备有限公司凭借其在监控显示系统领域的技术优势,最新推出了应用于地铁车站的一体化车控室,将综合监控设备与日常应用的功能性设施有机结合、融为一体。

值得一提的是,仅这个“一体化车控室”,企业就取得产品专利30多个。公司总经理吴海华称,去年国内招标26条地铁,百士特拿了22条线。今年全国地铁招标量30条线,有望拿下25条线。

今年上半年,江阴市共申请专利4962件,其中申请发明专利1701件,授权专利2905件。万人有效发明专利拥有量达12.17件。

“对于传统产业和广大企业而言,运用专利战略,参与标准制订,提升企业核心竞争力,赢得市场‘话语权’,才是真正的出路。”江阴知识产权局相关负责人告诉记者。

如果说专利影响的是一个企

业，那么标准影响的则是一个行业。

法尔胜住电新材料有限公司的“环氧涂层七丝预应力钢绞线”项目，通过将自身拥有的环氧涂层七丝预应力钢绞线的核心专利，以“合理且无歧视”的许可方式成功植入国家标准，成为专利和标准融合的典型范例，获2009年度“中国标准创新贡献奖”。

从1981年起，法尔胜就开始介入标准的制定和修订，先后主持和参与制定、修订了30多项国家和行业标准，并在标准制定过程中，将专利嫁接到标准之上，创造性地解决了标准与专利技术协调过程中的矛盾。

从根据别人的标准生产，到制定标准让别人执行；从制定企业标准，到制定行业的统一标准……通过专利标准化，江阴的传统产业企业成功掌握了行业“话语权”，从“跟跑者”到“领跑者”，实现了制造变创造的“惊人一跃”。

目前，全市101个企业成为331项标准的第一起草单位，通过把企业核心专利、专有技术写入标准，掌握了产品质量标准“芯”，抢占了市场竞争制高点。

标准的全球化，成为传统产业企业成功走出去的“敲门砖”和“通行证”。在世界精毛纺和高档服装市场上“言必称阳光”，阳光集团2007年承担国际标准化组织/纺织品技术委员会（ISO/TC38）国际秘书处后，成为全市首家参与国际标准制定的企业。在阳光集团带动下，目前全市有3个单位承担了国际标准技术委员会/工作组秘书处工作，市企业还积极参与制定国际标准，提高了产品在国际上的影响力。

牢牢把握经济国际化的机遇，从国际、国内两个市场中寻找发展新空间，在更广领域、更大范围、更高层次上加快资本和市场的国际化，江阴传统产业企业积极“走出去”，在国际贸易的“大舞台”上，跳出了中国标准的“江阴舞步”。

兴澄特钢承担了轴承钢分技术委员会秘书处工作，作为第一起草单位承担并完成国家、行业标准18项；百川化工通过修订《工业用乙酸正丁酯》和《工业用乙酸酯类试验方法》2项国家标准，成功地将乙酸正丁酯国家标准中合格品的含量要求提高了3个百分点，使公司生产的乙酸正丁酯优等产品的技术要求全面超过了国际上著名的标准化组织——美国试验和材料协会乙酸正丁酯国际标准……

在激烈的市场竞争中，江阴致力于用品牌抢占市场主导地位、用标准助推创新升级、用专利突破技术壁垒，使传统产业走出了一条创新发展之路。

（原载于2016年1月22日《科技日报》）

资本引领，江阴产业强市驶上快车道

王冠元　马　薇

11月14日，江阴2016年第六个上市企业“神宇股份”登陆深交所。至此，曾在资本市场书写传奇的“江阴板块”上市企业总数增至41个，再次驶上资本经营的“快车道”，唤醒企业、产业和城市转型升级的“洪荒之力”。

2016年8月30日登陆深交所的“广信材料”，使“江阴板块”中断4年的A股IPO（首次公开募股）一键重启。这个国内领先的电子产品专用油墨制造企业，在外界眼中从来“不差钱”。然而，早在公司成立之初，董事长李有明就开始筹划上市。“十年磨一剑。最开始，募集资金当然是第一需求；慢慢地，我们意识到，可以用资本的力量改善公司治理结构，引进优秀人才，强化研发驱动，抢占高端市场，企业的可持续竞争力在10年中得到质的提升。”公司董事长秘书周亚松说。

从对资金的原始饥渴，到对创新、管理、市场的理性追求，广信材料的上市历程映射出“江阴板块”成长动力的切换。从1997年第一个企业登陆上交所以来，江阴缔造声名显赫的“江阴板块”。江阴市金融办主任顾平介绍，江阴的上市公司多以“草根”起家，从乡镇企业到民营企业，再转制股份制企业，最后踏进资本市场，这个过程就是企业制度不断健全、产权不断明晰、管理不断规范、能力不断提升的过程。

“挂牌上市是企业最好的转型！”扬子江船业2007年在新加坡上市后，不断加大研发创新投入，盈利能力快速提升，连续保持“中国最赚钱的造船企业”；“海澜之家”凭借独具优势的“品牌+平台”模式，打造企业核心竞争力，2016年上半年实现营业收入、净利润双增长，新增门店近700个；国内人工合成云母龙头企业——中国晶体新材料2016年3月在韩交所挂牌，发展触角迅速向石墨烯领域延伸，已建成国内一流的石墨烯研发中心，实现初期100吨的年生产能力。

资本的力量，悄然刷新着江阴产业的底色。2016年国庆期间，由江苏阳光集团投资的年产1000万米精纺面料和150万套西装的阳光埃塞俄比亚毛纺织染项目签字。中国精毛纺产业由此迈开“走出去”的关键一步。作为全国纺织服装上市公司最多的县级市，近年来，在阳光、海澜等一批上市公司的引领下，江阴纺织产业集群在提高生产力、优化生产方式、加强科技创新、做大做强品牌等方面进行深度探索，持续引领着全国纺织服装产业的转型升级。

资本的力量,不仅可以改变老产业,还能创造新产业。2016 年国庆前夕,国产大片《我的战争》热映,作为投资方之一的中南文化引人关注。这个曾名为中南重工的传统机械制造企业,2016 年 3 月斥资 10 亿元收购大唐辉煌,随后又接连完成对新华先锋和值尚互动的收购。这一大跨度转型,被业界赞为“猛张飞拾起绣花针”,而以制造业为支柱的“江阴板块”从此增加一个全新的产业门类:文化影视传媒。

在船舶、机械装备制造、化工、纺织、电子设备、新材料、仓储物流等产业领域,江阴上市企业正以雄厚的产业集群优势,成为“专精特新”细分行业的领跑者。随着资本市场上市“窗口期”打开,资本经营开始成为江阴新一轮创新发展中最活跃的元素。

截至 2016 年 11 月 14 日,“江阴板块”2016 年已新增 6 个企业在境内外首发上市,A 股上市公司总数达 26 个,继续保持“华夏 A 股第一县”;“新三板”* 方面,新增 16 个挂牌企业,挂牌企业总量增至 41 个。此外,100 个上市后备企业和 100 个“新三板”后备企业蓄势待发。

面对企业空前高涨的热情,江阴市委、市政府推出全方位、全天候服务,为企业做强做大提供有力支持。2016 年以来,江阴先后向企业兑付上市奖励补助金额近 4000 万元;发起成立总规模 100 亿元的江阴恒天产业发展基金及多个专项基金;成立全省第一个金融创新服务中心,以“互联网 +”思维,为企业提供优质高效的金融服务。2016 年 9 月成为“A 股农商行第一股”的江阴银行董事陆建屾感慨地说:“政府超前的市场经济意识,以及‘支持不干预、指导不指令’的开明定位,让‘江阴板块’得以保持源源不竭的活力和领先一步的优势。”

“江阴板块”引领江阴新一轮产业强市的步伐。“十三五”规划期间,江阴将引导和鼓励更多后备企业与实力券商深化合作,做到主板、中小板、创业板、“新三板”和境外板多板齐上,争取到 2020 年上市公司总数超 60 个、“新三板”挂牌超 80 个,全力重塑“江阴板块”新优势。

(原载于 2016 年 12 月 13 日《新华日报》)

工业经济第一县转型样本:江阴百亿重奖企业兼并做强

王海平

从本次 100 亿元的产业强市政策看,地方政府积极鼓励龙头企业特别是上市公司利用经济下行机遇施行兼并重组,且主要围绕重点产业链、扩大规模效应、提升创新能力和国际化战略等 4 个领域进行,并鼓励企业整合后成立综合型地区或功能性机构总部。

进入滨江东路几分钟,熟铁的腥味迅速从车窗外入鼻。出租车司机从后视镜中察觉出记者的异样,便笑着说:“烧熟的铁味总比化工厂刺鼻味强太多。”

坐落于这里的是兴澄特钢。日前出炉的 2015 年中国大中型钢铁企业经营业绩排名显示,因严重的产能过剩,中国钢铁产业遭遇寒冬,但兴澄特钢吨钢效益排名全行业首位,整体盈利水平继续保持特钢行业领先。

“高质量高品质的特殊钢铁产品,一直是我们努力的方向,或者说我们舍得投入进行产品的研发创新。”兴澄特钢相关负责人这样来解释“寒冬中的春天”。

2015 年,中国出口钢铁约 1.1 亿吨,进口 1270 万吨,但实际上进口总值大于出口总值,其中,高铁、军舰甲板、发动机燃烧室等特有领域的用钢需求,仍主要依赖进口。

就在对面,长江北岸的扬子江造船厂,几乎保持着每天一艘国外特殊用途船舶下水试航的记录,每年仅礼花炮的购买要用掉几十万元。

同样,在服装巨头海澜集团的自动化分拣中心,只有汽车马达声和自动货架移动时的黄色闪频灯,“3 秒内就可准备好你缺的货,30 秒之内可以装上你的车。”电脑控制室里的操作员大概是接待调研对象太多,对套路太熟,尚未等到 21 世纪经济报道记者开口就主动回答了需求。

而在宝马、奔驰等公司的供应商江阴模塑集团,偌大车间的数十条生产线上只有不到 10 个人,剩下的就是四处挥舞的机械手臂和切割金属崩裂出来的火花,数个职能部门的“高鼻黄发”甚至多过了“黄皮肤黑头发”。

这些是中国多个产业单打冠军企业的缩影,集聚在中国规模以上工业经济总量最大的县级市。2015 年,160 万人人口的江阴实现地区生产总值 2880 亿元,规模以上工业经济总量在全国县域经济中排名第一。

与此同时,这个工业第一大县正遭受着最严格的环保倒逼,受制于制造业占比过重,传统发展方式积累的能耗偏多和排放过大矛盾,已经开始集中显现,PM2.5 指数压力居高。

2016 年 3 月 31 日下午,江阴市委主持召开了筹划数月的“千企转型大会”，并拿出了截至目前中国县域经济中规模最大的一笔产业强市资金——100 亿元。

“在‘十三五’期间实施，惠及辖区 3 万多个企业，力推全市产业升级转型，从工业强转产业强，继而让城市更强更宜居。”江阴市经济和信息化委员会副主任薛德网对 21 世纪经济报道记者表示。

传统增长方式尽头

2015 年末，原市委书记升任地级市市长后，江苏省委和无锡市委对江阴市委主要领导进行了调整。

据当地官员向 21 世纪经济报道记者回忆，“新的党政班子成立后，首先提出的就是‘传统增长方式在江阴已走到了尽头，产业转型必须进行’的观点。”

在工业第一大县的另一面，江阴环境容量小、资源消耗多、生态压力大已非常明显。而从产业看，服务业在经济总量中占比 43%，高新技术产业产值占规模以上工业比重 42%，均低于所属的地级市无锡，更距国家战略——苏南率先基本实现现代化设定的 60%、50% 的目标相去较远。

传统制造业在江阴工业体量中贡献超过 70%，而纺织、冶金、化纤等传统产业又占据了制造业约 60%，这使得江阴的用煤量占到中国的 1/160，直接导致 PM2.5 指数压力居高不下。

此外，到 2015 年年末，江阴土地开发强度高出无锡和江苏平均水平，早已突破了国际警戒线。

江阴市委书记陈金虎在“千企转型大会”上表示，现在县域竞争的态势已经开始转变，前五年、十年，很多地方靠土地出让来支撑发展、支撑竞争，但是随着当前宏观形势的变化，土地财政这条路已走不通了，今后城市之间的新一轮竞争，必然是回归到产业的对比和较量。

就其土地财政而言，受访的江阴官员认为，这是全国过去的惯例和做法，因为经济领先所以步伐迈得快，但江阴是最早意识到、最早公开表态、最早拿出改革措施的城市。

采访中，当地政府不太愿意就土地财政带来的“去库存”进行交流，但实际上这一压力在江阴更为明显。

近些年来，从“五毛公交”开始，苏南地区的改革政策更倾向普惠化，在此基础上，近 3 年来江阴城镇居民人均住房面积增长了 56%。来自官方的数据是，到 2015 年 9 月底，江阴商品住宅累计可售面积 538.42 万平方米，业内人士预计，空置率高达 30% ~40%，这也就意味着，在不新建住宅的前提下，仅消化掉存量商品房至少还需要 2 年半的时间。

不久前江苏省委常委、无锡市委书记李小敏调研时，一位在全国颇具知名度的江阴本地企业家在会上甚至提出了建议：政府可通过适当的方式将部分商住房转换为拆迁安置房和经济适用房，以此助力去化存量房产。

在“千企转型大会”上，江阴住建局局长在表态发言时建议，考虑到目前的去库存压力，通过适当的改革措施，可使得更多的外来产业工人在江阴拥有自己的住房。

政府出资百亿元的逻辑

因传统产业占比过重，江阴高新技术产业产值占规模以上工业的比重约 42%，对比苏南现代化示范区设定的 50% 目标相差 8 个百分点。

江阴市副市长费平对 21 世纪经济报道记者表示，考虑到目前通过引进的方式压力较大，提升高新技术产业必须依托江阴自有的民营经济优势，“一方面引导，一方面服务”。费平分管江阴工业经济已 10 年。

他解释说，在本轮经济下行压力下，要吸取上一轮作为权宜之计的投资方法论经验教训，在转型升级中，地方政府的做法要考虑宏观和长远，考虑区域整体经济规模，故而主要抓手就是出台优惠政策进行引导，至于企业和资本如何选择则不是政府的事情。

江阴经信委副主任薛德网对 21 世纪经济报道记者解释，江阴最大的优势就是以民营经济为代表的各类制造业，在过去的发展中，支持城市发展的项目、人才、资金、技术等市场资源配置要素，几乎全部来自企业，所以江阴的经济政策都是围绕鼓励、支持企业技术创新、转型升级而进行的。

“适应政府引导政策的，我们就奖励，继而做得更好，不好的，得不到奖励，继而会丧失竞争力，自动被市场规律淘汰。”薛德网表示。

作为县域经济的领头羊，江阴国企已在历年来的改革中退出，以民营经济为主，拥有中国 500 强 11 个、中国工业 500 强 13 个，国内外上市企业 36 个，而净入库税金超 1000 万元/年的工业企业 227 个、超 800 万元/年的服务企业 87 个，是为县域经济稳增长的“定海神针”。

从本次 100 亿元的产业强市政策看，地方政府积极鼓励上述“定海神针”企业特别是上市公司利用经济下行机遇施行兼并重组，且主要围绕重点产业链、扩大规模效应、提升创新能力和国际化战略等 4 个领域进行，并鼓励企业整合后成立综合型地区或功能性机构总部。薛德网则将本轮经济下行定义为江阴企业由大到强的转变机遇。

从宏观层面看，地方政府的这一导向，突破了单个企业的思维局限，而着眼于区域经济整体上的做强做大，长远看，好项目更保障了财政收入。

薛德网对 21 世纪经济报道记者表示，按照企业年度地方经济贡献增长额，不管是上市或非上市的企业，通过再融资方式，在本地或非本地兼并重组的，给予连续 3 年的奖励。

费平认为，作为县级市，江阴没有普遍意义上的高校科研院所，但这并不妨碍江阴的科技创新，与之对应的是，江阴高端人才的培育和研发创新投入全部依托企业自身进行。

“不能大而全、小而全，否则盲目主导和引进资源会脱离实际成为累赘。”费平对 21 世纪经济报道记者反复强调，从江阴实践看，很多地方政府认为缺的未必市场就认可，鼓励企业自己寻找适合的资源更符合规律，所以做法不同于其他地方政府。

记者在采访时接触到的一些企业案例显示，技术入股、期权激励等形式的“人才强企”普遍存在，用利益机制推动人才与企业“同体进退”,众多人才从“打工者”成为“合伙人”。

“对不同级别的高层次人才聚集实施不同额度的奖励政策,如果企业建立了诺贝尔奖得主研究院,就奖励800万元。”薛德网说,鼓励企业通过吸引人才建设与自身需求相融合的产业研究基地。

从江阴本次出台的100亿元引导转型升级资金看,主要采用奖励的方式“倒逼”企业,促使其主动退出劣质产业、淘汰落后产能,主动技术改造等,向“轻、高、优”方向发展。

“不违背国家原则为前提,政府出政策,营造良好的创新氛围,人无我有,人有我优,让资本自选。”费平对此表示,人才引进、创新研发、上市公司兼并重组、技术改造是100亿元引导资金使用的关键领域。

“也就是说,在进行兼并重组中,企业并购行为中的成本除去纯粹出资额外基本可以靠政府的奖励平衡。”南京财经大学中国区域金融中心主任闫海峰教授在分析后表示。

以“总投资在100亿元以上的重点重大项目,最高补助1.5亿元”具体政策看,江苏省社科院财贸所研究员骆祖春认为,奖励额度一般占项目投资或企业年度税金的1%~3%,其3%主要集中在技术、人才和服务业领域,因此不会对地方财政收入产生影响,但对企业节约成本非常关键。

21世纪经济报道记者注意到,江阴在引导政策中亦留有了余地,比如,对一些特定的总部类型或新兴业态企业以及重要特大项目,可以突破现有条件限制,采取“一事一议”的更大幅度优惠政策,且上不封顶。

国际化应对国内下行

费平受访时认为,应对当下经济下行,因江阴民营本土经济发达,所以从实践出发,政府政策着眼于宏观,充分调动资本的逐利性服务于区域经济。

但事实上,传统制造业转型并不简单。从21世纪经济报道记者的调研看,诸多龙头企业的负责人均表示,受制于大环境不利,企业利润率已持续较长时间的下降。

“中国造船行业复苏短期无望,目前仍处于过剩产能艰难化解的阶段。”扬子江造船厂董事长任元林在中财办主任刘鹤在江苏调研时表示。任元林甚至喊出了“造船业先要活下来,再活得好,继而活得更强大。”反映出了当下以造船为代表的传统企业在经济下行期的压力。

任元林表示,在维护地方社会经济稳定上,企业只有在条件和机会合适的情况下,才会适度参与兼并重组,但相对国有造船企业,政府在鼓励发展上,可针对性采用“一事一议”的措施,特别是在财政和税收方面多开绿灯支持。

“将2008—2009年大投资、大项目的方法论如果盲目套用到现阶段兼并重组上,会拖垮企业下一步的发展。”双良集团常务副总裁缪文彬对21世纪经济报道记者表示,从世界顶级500强的制造业企业看,应当从生产制造转型至服务制造。

这是因为,本轮经济下行,对制造业企业而言,市场主要表现为同行业产能过剩、项目增量少且招投标要求更加严格,已不适合延续过去的投资拉动增长方式。

“考虑到客户需求有所下降,我们针对国际国内的部分项目主动采用垫资方式,然后再从效益中与客户一起分成共享,既减轻了客户的压力,也为企业成长保持了良好周期。”缪文彬对此解释。工业项目的减排(脱硫、脱硝、除尘、减汞等)是双良的领域之一,仅此全国电厂就拥有2000亿元的市场机遇。

从21世纪经济报道记者调研的多个代表性企业看,其瞄准的是国际化战略,并购大多着眼于国际市场和最先进的技术,比如模塑集团在美国南卡的第二个生产基地于4月5日奠基,4月6日与宝马合作在墨西哥单方投资1亿美元的项目开工,国外基地的产品定位于国外市场。

收购美国服装品牌的江苏云蝠集团相关负责人对21世纪经济报道记者表示,“国内网购发达,一个重要的原因是商场资源释放不充分,而国外不存在这种现象,因此近两年来国外市场的利润已超过国内。”事实上在江阴,纺织企业国际化已成为了“走出去”的典型代表。

在将转型升级的先锋定位于企业的同时,江阴市委书记陈金虎强调,政府服务要从“政策激励、服务保障、要素保障、环境营造”上进行,并要求公检法司在依法办事的同时也要考虑到保护企业经营中的积极性。

(原载于2016年4月9日《21世纪经济报道》)

绿色制造:江阴奏响转型换挡“最强音”

王过忠　王冠元

在全球经济放缓、生产成本上升、资源环境约束等新常态的背景下,“中国制造”面临着前所未有的困难,而对工业产业链完备、制造业升级意愿强烈的江阴来说,这也意味着更大的机遇和挑战。

“面对由快到好的‘转型机遇’,由大到强的‘升级机遇’,不少企业有胆有识,创新在先,勇于突破。这必将成为江阴经济新一轮发展的重要增长极。”江阴市政府相关负责人告诉记者。

近日，记者在江阴采访时耳闻目睹了这里一组组产业发展变革的“乐章”正在奏出时代强音。

以“智变”应“万变”

踩着“产业强市”的鼓点，江阴市站在了产业变革浪潮的前列，拉开了新一轮全面转型的大幕。在转型升级的进程中，江阴企业纷纷加入“智能大革命”，采用新技术、新工艺、新设备，加速智能化蜕变。

江阴恒创包装的智能化车间拥有目前世界上最宽、速度最快的聚丙烯自动化双向拉伸生产线，在这里产出的薄膜，宽度是从6.7米延伸至10.4米，从投放原料到产出薄膜成品仅需20秒。

更值得一提的是，机器高速运转时，旁边几乎看不到一个工人，因为所有产品工艺参数都已经预先设置在生产线的“大脑”中。仅这一个车间，2015年就实现了6亿元产值，优越的产品性能还带动恒创的出口量同比增长了80%。

“智能化升级，使企业实现了人力成本的最低化、生产效率的最大化和产品品质的最优化。”公司负责人告诉记者。

江阴企业大多敢为人先，升级换挡的形式却各有不同，如果说恒创包装将智能基因植入生产和管理流程，那么，锦明科技则一步到底地实现了终端产品的智能化。从最初的从事玻璃机械制造，到研制生产工业机器人，智能化转型帮助锦明成功抢占发展先机。前不久，该公司自主研发的高智能工业机器人成功中标常州众泰汽车的锂电池生产线，在新能源汽车领域开辟出新的发展空间。

海澜集团启动智能化物流仓库建设项目，满负荷运营后将具备每年1.5亿件的物流周转能力；双良节能将物联网技术应用于分散式农村污水处理设施管理，实现水处理领域的“智慧治水”；新扬子造船在企业内部平板车安装GPS跟踪管理系统，科学控制车辆使用和保养；圣马科技掀起“机器换人”革命，实现产量翻番的同时，企业用工数缩减为五分之一……来自江阴市经信委的数据显示，2015年，江阴共完成工业技改投资387亿元，同比增长13.5%。

2016年，江阴还将继续把智能制造作为转型重心，加快人机智能交互、分布式控制、工业机器人等先进制造技术的普及，建设一批高质量高标准的智能车间和工厂。同时，江阴也已出台《中国制造2025江阴五年行动计划》，瞄准智能化方向，全力打造新常态下的江阴制造“升级版”。

绿色已成为经济主色调

十八届五中全会提出了“创新、协调、绿色、开放、共享”的五大发展理念，转型升级意愿强烈的江阴，早已率先吹响了绿色崛起的号角，如今的江阴，“烟火气”逐渐少了，取而代之的是增长于无形的“云淡风轻”。

从工业废水中提取纯盐是一大技术难题，被视为“零排放”的终极目标。承担这项重任的双良集团水环境事业部应对了多重挑战，其中剔除废水中的复杂有机物是最大困难。研发团队最终确定了通过降膜浓缩、强制循环蒸发结晶、冷却结晶三个核心工艺段交互组合的手段，成功攻克这项难题，也顺利获得了国家专利。双良2015年还专门成立低碳产业研究院，以技术优势支撑绿色转型。

作为长江边的弄潮儿，江阴企业的市场触觉一向敏感，践行着不尽相同的绿色实践。在优彩环保的车间里，一包包原本用来焚烧处理的废旧面料变成了抗腐蚀、抗辐射的水利工程产业用布和装饰材料，应用到了南水北调工程和品牌轿车上。为广阔的市场前景配套，企业2016年还会启动二期扩能项目，全年可以消耗废料15万吨。

对于先行先试的江阴企业来说，主要围绕新兴产业、工业设计、优化布局等方面深耕绿色领域。其中，远景能源、艾尔姆等引领发展风电产业，海润光伏、爱康科技等为龙头大力发展光伏产业。

记者从江阴市科技局了解到，2015年，江阴调结构速度明显加快，高新技术产业完成产值2493亿元，占规模以上工业产值比重达43.2%，增长势头快于传统产业；以常隆客车为代表的工业设计企业利用其极具增值力的特性反哺制造业，助力江阴制造在绿色循环链中占据竞争高地。

目前，江阴拥有工业设计中心的企业达上百个，涵盖造船、集成电路、新能源等十多个领域；澄星集团响应“退城入园”号召，对城区工业楼实施爆破，将生产车间搬迁至临港开发区新材料产业园。江阴已有200多个制造企业从城区搬至产业园区，以产业集聚发展实现节能减排。

此外，去年江阴共关停“三高两低”企业50个，实现年综合利用固废总量超过500万吨、节能量超过10万吨标煤。

江阴吹响了产业转型升级“冲锋号”。2016年，江阴还将继续加快产业节能降耗、加大节能产品和清洁生产技术推广，为江阴制造赋予无限的绿色生机。

（原载于2016年2月19日《科技日报》）

■类目编辑　纪晓华

扬长补短 真抓实干
以崭新业绩迎接党的十九大胜利召开

——2016 年 12 月 29 日在市委十三届二次全体(扩大)会议上的报告

中共无锡市委常委、江阴市委书记 陈金虎

(王 琰摄)

这次市委全会的主要任务是,深入贯彻党的十八大和十八届三中、四中、五中、六中全会精神,认真落实中央和全省经济工作会议、无锡市委十三届二次全会精神,按照省、无锡和我市第十三次党代会的部署要求,回顾总结今年工作,科学研判当前形势,全面部署明年任务,动员全市上下进一步振奋精神、坚定信心,扬长补短、真抓实干,全力推进高水平全面建成小康社会和"强富美高"新江阴建设,以崭新业绩迎接党的十九大胜利召开。

一、积极应对困难挑战,"十三五"发展实现良好开局

即将过去的一年是"十三五"发展新征程的开局之年,也是很不平凡的一年。面对复杂严峻的宏观形势,在省委和无锡市委的正确领导下,市委团结带领全市广大干部群众,重点谋划推进了三件大事:一是深入贯彻落实中央、省市委工作要求。我们以中心组学习、江阴大学堂、宣讲报告会等多种形式,认真学习领会习近平总书记系列重要讲话、全国"两会"和"七一"重要讲话、党的十八届六中全会精神、省和无锡市第十三次党代会精神,认真做好"结合"这篇文章,进一步明确了我们的发展取向、工作导向、奋斗指向,增强了我们的战略定力、发展信心、工作合力。二是精心描绘"十三五"发展蓝图。从年初的市委十二届八次全会到年中的市第十三次党代会,我们集思广益、群策群力,以"继续当好县域发展的排头兵和领头羊"为引领,明确了我市"十三五"发展的指导思想、主要目标,确立了产业强市、创新驱动、改革开放、城乡统筹、绿色发展、民生优先等"六大发展战略",提出了高水平全面建成小康社会、加快建设"强富美高"新江阴的奋斗目标,为江阴未来五年发展描绘了美好愿景,为全市人民拼搏奋斗指明了前进方向。三是圆满完成市镇村三级党组织换届。今年是集中换届之年,我们紧紧围绕“绘出思路清措施实的好蓝图,选出忠诚干净担当的好干部,配出结构优功能强的好班子,换出心齐气顺劲足的好面貌”总要求,精心组织,周密安排,严肃纪律,顺利完成了市镇村三级党组织换届,市镇两级人大、政府和市政协换届工作有序推进,为江阴新一轮改革发展提供了坚强的政治保障、组织保障。与此同时,一年来,我们自觉践行“五大发展理念”(创新、协调、绿色、开放、共享),全面实施“六大发展战略”,全力以赴稳增长、调结构、促改革、惠民生、防风险,全市经济社会保持了平稳健康发展的良好态势,县域经济与基本竞争力连续十四年位居全国第一。

经济运行稳中有进。面对经济下行的巨大压力,我们咬定产业强市首要战略,紧抓项目建设不放,一月一督查、一季一观摩,政企同心、合力应对,全市经济运行稳中有进、稳中向好,主要经济指标基本完成预期目标。预计全年实现地区生产总值超3000亿元、一般公共预算收入229.9亿元,分别增长7.4%、5%,完成全社会固定资产投资1130亿元;实现到位注册外资10.5亿美元,位列全省同类城市第一;完成进出口总额197.7亿美元,自营出口119.5亿美元。金融机构贷款、存款余额分别位列全省同类城市第一和第二。完成“三资”*投农10亿元。

转型升级扎实推进。突出政府主导、企业主体,全力推进科技创新、人才引领,新旧动能转换不断加快。预计全市服务业增加值占比、高新技术产业产值占比均提升到44%,新增省企业技术中心8个、省工程技术研究中心8个、院士工作站7个、省级以上众创空间3个。企业转型步伐加快,新增省高新技术企业119个、省民营科技企业167个,2个企业荣获亚太质量组织“全球卓越绩效奖”,2个企业荣获“中国工业大奖”。企业上市强势推进,全年新增境内外上市公司7个、“新三板”*挂牌18个,“江阴板块”集群优势显著增强。

城乡建设打开新局。我们在深入调研、集思广益的基础上,确立了城乡建设“1310工程”*,制定行动计划、组建工作机构、健全工作机制,建设现代化有特色美丽宜居城市的蓝图目标清晰、催人奋进。芙蓉大道快速化改造、江阴绿道、环城森林公园等规划设计陆续完成。沿江、南门等重点片区建设稳步实施,鲥鱼港公园、应天河风光带建设扎实推进。困扰市民多年的虹桥南路等7条城区“断头路”陆续打通,锡澄高速江阴南互通顺利通车,锡澄运河“五改三”全线竣工投运,新沟河延伸拓浚工程有序推进。拆迁安置稳步实施,完成拆迁130万平方米,其中城区51万平方米,建成安置房91万平方米、保障房35万平方米,完成14个老小区、8个改善型城中村改造。全国文明城市创建深入开展,城乡面貌实现新提升。

生态环境持续改善。深入实施绿色发展战略,年内各项减排任务顺利完成,关停“三高两低”*企业54个、“十小”企业128个,整合热电企业1个、淘汰燃煤锅炉305台,全市空气质量优良率提高到65%以上,PM2.5浓度同比下降13.2%。环保基础设施不断完善,光大电厂三期扩能顺利实施,新建城区污水主管网20.5千米,完成城区44个小区生活污水管网改造,新建50个村庄生活污水处理设施,完成农村供水户表改造7057户。完成黑臭河道整治23条,关停畜禽养殖场553个、整改228个。绮山应急备用水源地、秦望山产业园加快建设。新增成片林172.73公顷、绿地80万平方米,建成区绿化覆盖率达到42.9%。

重点改革不断深化。扎实推进供给侧结构性改革,制定落实专门政策措施,“三去一降一补”*取得实质性进展。大力实施简政放权,行政审批制度改革不断深化。“三证合一、一照一码”*商事登记制度改革全面实施。高新区苏南国家自主创新示范区建设继续深化,临港开发区江阴综合保税区建设有力推进,靖江园区成功申报苏中合作共建园区。“营改增”试点改革工作圆满完成,国资国企改革持续深化,农村产权交易服务网络实现市镇村全覆盖,农村土地承包经营权确权登记颁证工作全面铺开。徐霞客镇行政管理体制改革试点在省级评估中名列前茅,周庄镇成功入选国家新型城镇化试点镇。

民生民计稳步提升。坚持民生优先,及时回应民生诉求,就业创业环境不断优化,全年新增就业岗位5.9万个,扶持创业2550人、带动就业1.3万人,预计城镇和农村居民人均可支配收入分别达到54554元和28197元,分别增长7.6%和8.4%。各项社会保障标准全面提高。深入实施特困家庭深度救助和第九轮50个经济薄弱村帮扶工作。全面启动推进67项防汛应急工程。教育、卫生、文化、体育、养老、社区建设、社会救助等社会事业协调发展。为民办十件实事顺利完成。在全国公益慈善指数排名中位居同类城市第一。平安江阴、法治江阴建设深入推进,锡东电厂复工工作进展顺利,社会大局安定有序、和谐稳定。

党的建设全面加强。坚持全面从严治党,持续学习宣传党的十八大和十八届三中、四中、五中、六中全会精神,精心组织“两学一做”*学习教育,成立华西干部学院,学习吴仁宝、李良宝、吴协恩专题活动扎实开展。刚性执行党纪党规,作风建设常态化、长效化机制更加健全。认真落实“两个责任”*,细化党风廉政建设“五张清单”,健全“两个责任”办公室工作机制,切实强化重点权力监督、规范干部选拔任用,不断强化群众身边、农村基层“四风”*问题查处,党风廉政建设和反腐败斗争深入推进。民主政治建设成效明显,人大、政协重要作用充分发挥,统战、人武、法院、检察、群团、老干部、对口支援等各项工作取得新进展。江阴第四次获评“全国双拥模范城”。

成绩令人鼓舞,奋斗尤为艰辛。一年来取得的成绩,归功于各级各部门的齐心协力、开拓奋进,归功于广大企业的科学应对、创新创业,归功于全市上下的团结拼搏、务实苦干。在此,我谨代表中共江阴市委,向奋战在各条战线上的广大干部群众,向给予我们鼎力支持的各界人士,致以崇高的敬意和衷心的感谢!

当然,我们也清醒看到发展中存在的一些矛盾和困难:经济的结构性矛盾依然突出,创新发展、转型升级任重道远;城市功能品质亟待提升,城乡发展不平衡性依然突出;资源环境硬约束不断强化,环境保护和污染治理任务艰巨;社会事业仍存在不少短板,保障改善民生需要付出更多努力;党的基层组织和干部队伍建设还存在薄弱环节,全面从严治党还需要深入推进。对此,我们必须高度重视,切实采取措施加以解决。

二、坚定发展信心,扬长补短建设"强富美高"新江阴

综观明年,虽然国内外宏观形势依然严峻复杂、经济下行压力依然较大,但要看到,当前和今后一个时期,机遇和挑战并存,希望比困难更大,我们仍处于可以大有作为的重要战略机遇期。前不久召开的中央经济工作会议明确提出,明年将继续坚持稳中求进工作总基调,继续深化供给侧结构性改革,着力振兴实体经济,创新完善宏观调控,这为我们实现经济稳健增长、加快转型升级,提供了良好的外部环境。尤其是我们拥有雄厚的产业基础、强大的实体经济、竞相发展的企业集群、政企同心的发展环境、稳中有进稳中向好的良好势头、"人心齐、民性刚、敢攀登、创一流"的"江阴精神"等诸多有利条件,更为我们做好明年工作增添了信心和底气。只要我们切实按照市第十三次党代会确定的各项部署,保持战略定力,积极主动作为,善于扬长、勇于补短,全力把自己的事情做好,就一定能牢牢把握全年工作的主动权,推动江阴各项事业打开新空间、迈上新台阶。

对我们而言,全力把自己的事情做好,首先要善于扬长,对发展中高的方面、强的环节、优的领域,百尺竿头、更进一步,着力巩固提升、完善提高,尽最大可能把业已形成的潜力优势化为竞争发展的强大胜势。要扬实体经济之长。江阴的经济基础在实体经济,江阴的比较优势在实体经济,江阴过去的发展靠的是实体经济,江阴今后县域地位的巩固还要靠实体经济。我们要充分放大江阴企业数量众多、上市公司集聚、工业门类齐全、产业体系完备的发展优势,主动顺应供给侧结构性改革要求,强势推进产业强市首要战略,加快推进实体经济与金融、资本的对接,与新一代信息技术的融合,让我们的综合实力更加雄厚、产业特色更加鲜明、企业竞争力更加强大。要扬自然区位之长。江阴地处长江之滨、长三角城市群几何中心,北枕长江、环拥青山的自然禀赋浑然天成,通江达海、交通便捷的区位优势得天独厚。我们要用好山水资源,坚守大气精致,让我们这座城市更亲山、更近水,以更具魅力的个性特征、开放大气的独特姿态,真正成为一座更具影响力、集聚力、辐射力的现代化有特色美丽宜居城市。要扬人文底蕴之长。江阴是一座底蕴深厚的文化之城,7000 年人文史、5000 年文明史、2500 年文字记载史、1700 年建县史,为我们留下了丰厚的文化遗产、独特的乡愁记忆。我们要全面厘清江阴的文化特质,挖掘文化资源,传承文化记忆,打造文化品牌,提升人文素养,用独具地域特色的优秀传统文化,为城市的现代化提供滋养,让我们这座城市有根有魂、有个性有品位、有活力有魅力。要扬干群素质之长。改革开放以来,正是凭着一任任领导干部勇于担当、勇站排头,一代代江阴人正视挑战、永不服输,一批批企业家激情创业、矢志奋斗,才有了江阴今天的实力和地位。我们要充分发挥江阴干部能冲、企业家会拼、专技人才敢闯、人民群众不服输的最大优势,大力弘扬"江阴精神"、学习"华西经验",持续营造为实干者点赞、为创业者加油、为暂时受挫者暖心、为勇于担当者担当的浓厚氛围,为新一轮发展汇聚强大合力、注入不竭动力。

对我们而言,全力把自己的事情做好,更要勇于补短,对发展中低的方面、弱的环节、劣的领域,精准用力、持续发力,着力补齐短板、补足差距,尽最大努力把客观存在的薄弱点变为后来居上的发力点、转折点。要补创新之短。尽管江阴产业规模较大、企业实力雄厚,但产业层次以传统产业为主、产业结构以重化工业为主、产品结构以中间产品为主的经济结构依然突出,调整、优化、提升的空间仍然很大。我们要大力实施创新驱动核心战略,强攻产业创新、科技创新、人才创新、平台创新、经营创新、服务创新,推动思想观念变革、方式方法创新、政府职能转变、体制机制改革,让改革创新贯穿全市一切工作,引领江阴加快动力转换、冲出转型关口,实现创新发展的凤凰涅槃。要补城建之短。多年来,在历届班子和几代江阴人的共同努力下,江阴的城乡建设取得了显著成效,但与先进地区、与群众期盼、与上级要求相比还有差距,与我们的经济总量、经济地位相比还不相称。我们要深入贯彻中央、省市委对城市工作的新要求,积极抢抓区域性重大交通工程全面布局的新契机,全面推进"1310 工程",大力打造特色镇村,加快建设轨道交通,全面构建快速路网,着力打造"智慧城市",用更快速度提升城市功能品质,在更高层次促进城乡协调发展,以更强能级融入区域一体化进程。要补生态之短。多年来,我们一直坚持工业文明与生态文明互促并进,一直致力于改善环境、优化生态,但作为工业经济大市、交通枢纽城市、人口密集城市,江阴开发强度高、资源消耗大、环境负荷重,生态环境仍是我们的突出短板。我们要牢固树立精明增长理念,深入实施绿色发展战略,坚决不以任何理由触碰生态保护底线,坚决不以任何借口降低环境保护标准,坚决不搞有损生态环境的开发建设,坚决查处破坏生态环境的违法行为,扎实开展"两减六治三提升"*专项行动,下大力气治水治气治土和修复生态,让江阴的天更蓝、地更绿、水更清、空气更清新。要补富民之短。长期以来,我们坚持民生优先理念,持续加大民生投入,大力促进共建共享,切实增强了群众的幸福感和获得感,但不断提升的百姓期盼、民生诉求,依然存在的困难群体、经济薄弱村，都要求我们必须积极回应、加快解决，坚持高点定位、突出城乡一体，每年都扎扎实实办成一些让群众得益受惠的好事实事，全力打好“聚焦富民”主攻仗，真正把高水平全面建成小康社会的过硬成果体现到富民实践中、书写在江阴大地上。

三、牢牢把握重点关键，奋力推动各项事业迈上新台阶

明年是党的十九大召开之年，也是江阴撤县建市三十周年。新的一年，全市上下要全面落实党的十八大和十八届三中、四中、五中、六中全会精神，深入贯彻习近平总书记系列重要讲话特别是视察江苏时重要讲话精神，围绕“五位一体”*总体布局和“四个全面”*战略布局，适应把握引领经济发展新常态，坚持稳中求进工作总基调，坚持以提高发展质量和效益为中心，坚持以推进供给侧结构性改革为主线，按照省、无锡和我市第十三次党代会决策部署，紧紧围绕“两聚一高”*，自觉践行“五大理念”，全面实施“六大战略”，全力做好稳增长、促改革、调结构、惠民生、优生态、防风险各方面工作，奋力开创高水平全面建成小康社会、“强富美高”新江阴建设新局面，继续当好全省全国县域发展排头兵和领头羊，以崭新业绩迎接党的十九大胜利召开。

明年全市经济社会发展的主要预期目标是：地区生产总值增长7%～7.5%；一般公共预算收入增长5%左右；规模以上工业增加值增长6%左右；固定资产投资增长5%左右，其中工业投入增长10%左右；社会消费品零售总额增长10%左右；外贸进出口实现正增长；城乡居民收入与经济增长同步；节能减排和大气、水环境质量完成无锡下达的目标任务。

围绕以上目标要求，明年工作要重点做到“六个推进”。

（一）矢志推进产业强市，不断提升实体经济质量效益。产业是经济发展的命脉。要以智能化绿色化服务化高端化品牌化为引领，聚焦项目、园区、企业三大重点，全力推动实体经济稳健发展，确保经济增长处于合理区间、发展质效位居苏南前列。

抓牢项目建设牛鼻子。项目始终是产业发展的牛鼻子。新的一年，全市上下要以更大的力度、更实的举措，全面掀起引项目、建项目、抓项目的新热潮。要激发企业上项目。江阴本土企业多、规模企业多、上市公司多，这是上项目、抓投入最宝贵的资源。要完善技改装备贴息政策，支持企业加大技改投入、创新产销管理模式，加快向产业链、市场链、价值链高端挺进。要鼓励中小企业把准市场脉搏，主动对接先进技术、领军人才、新兴业态，催生一批高科技、高成长、高效益的优质项目。要突出重点引项目。锁定世界名企、大型央企、实力民企等重点，强化产业链招商、专业化招商，突出优而大，在引进投入规模大、产出效益好的项目上求突破；突出优而强，在引进技术水平高、市场带动力强的项目上花工夫；突出优而特，在引进弥补江阴产业链关键环节、细分领域特色优势明显的项目上下气力。要创新招商方式，精心组织金秋经贸洽谈、央企对接合作等活动，确保项目招引取得实效。要完善机制推项目。继续完善领导挂钩服务机制，市领导要亲自挂帅、靠前指挥，密切关注挂钩项目进度，切实协调解决项目实际困难；继续完善督查推进机制，深入开展项目竞赛主题活动，加大项目督查力度，继续实施一月一督查、一季一观摩、一月一专报、一季一通报，层层落实责任、传导压力，对久拖不动的项目，严格进行责任倒查；继续完善考核激励机制，加强对板块招商引资、项目投入完成情况的考核奖励，加强对部门服务板块、服务项目成效的考核奖励。招商工作不是一般的机关工作，对于招商人员，要在选优配强的同时，研究新的绩效考评机制，特别要在薪酬分配、出差出境等方面实行差别化管理，加大激励力度，解除后顾之忧。

做强开放园区增长极。园区是产业集聚的主阵地、产业强市的主力军，要高点定位、全力攻坚，加快优化整合、完善功能、创新发展步伐，不断提升对全市的支撑贡献率，努力成为经济发展最强劲的增长极。高新区要在“高”和“新”上聚焦再聚焦，大力推进苏南国家自主创新示范区建设，加快打造创新引领、产城一体的滨江科技城，同时要充分释放青阳园区交通便利、空间广阔的潜在优势，确保明年有一批重大项目实质性落地开工。临港开发区要在重特大项目招引建设上发力再发力，优化资源配置，理顺体制机制，充分发挥岸线、港口、空间、腹地优势，不断放大国家综保区作用，做强做大特色产业集群，争创产业优势明显的国家级开发区。靖江园区要在做强特色产业上攻坚再攻坚，紧紧围绕建成联动开发先导区、实验区、示范区的总目标，集中精力推进项目、发展产业、打造环境，加快建设千亿级临江产业集聚区。镇街工业集中区要按照集约化、特色化要求，优化规划布局，完善功能配套，加快转型升级，为壮大镇街经济实力勇挑重担、多做贡献。

营造企业发展好环境。要牢固确立“企业强则江阴强”的理念，把服务企业作为政府天职，以全天候、无条件、不打折的高效便捷服务，为企业排忧解难、暖心鼓劲。要全力营造良好的政策环境。围绕全力支持大企业做强做大、全力扶持中小企业走“专精特新”道路，充分发挥“四个100亿”产业强市基金导向作用，完善政策配套，加大宣传力度，让更多企业早知晓、早对接、早受益；不折不扣执行上级及我市出台的降成本政策，有效降低企业的税费、财务、用工、社保、水电气、制度性交易等成本，切实帮助企业降本增效。要全力营造高效的政务环境。加快转变政府职能，甘做“店小二”，甘当企业“跑腿者”，持续推进简政放权、放管结合、优化服务，最大程度为企业办事松绑解绊，让企业感觉到在江阴遇到困难有人帮、碰到问题有人解，让投资者感觉到在江阴投资创业受尊重、有尊严，打响优质政务服务的江阴品牌。要全力营造和谐的社会环境。始终把广大企业家作为全市经济发展最宝贵的资源，倍加关爱，倍加支持，继续加大对优秀企业、优秀企业家的宣传力度,为广大企业鼓舞信心、增添斗志。加强产权保护,提高政策透明度,增强政府公信力,建设法治化的市场营商环境。积极构建社会信用体系,建立完善信用奖惩联动机制,营造诚实守信发展氛围。广大金融机构要牢固确立“命运共同体”意识,千方百计对上争取指标、对下扩大投放、降低融资成本,确保信贷增量高于今年。要严控经济金融风险,健全防控体系,完善预警机制,强化属地责任,严打各类非法金融活动和恶意逃废债务行为,确保不发生区域性系统性经济金融风险事件。

(二)大力推进创新驱动,着力增强转型升级内生动力。创新是引领发展的第一动力。要以促进新动能成长和传统动能提升为目标,加快形成以创新为支撑的经济体系和发展方式,着力推动“第一动力”裂变为发展的“最强动力”。

更加注重产业创新。要围绕打造具有一定国际竞争力的先进制造业基地和创新型经济高地的目标,加快构建现代产业新体系。要加快发展具有比较优势的战略性新兴产业。坚持有所为有所不为,聚焦最有条件、最具优势的领域,大力发展新材料、新能源、电子信息、节能环保、生物医药等新兴产业,大力发展总部经济,培育一批具有爆发力和引领力的创新型增长点。要加快发展具有领先优势的先进制造业。盯住手握独创技术、占据市场前沿的企业,推动能够代表未来发展方向的创新型项目落地,全力加快智能制造推广应用,大力发展智能装备和产品,加快促进新一代信息技术与制造业的深度融合,主动抢占制造业发展的“智”高点,加快打造“智造强市”。要加快发展具有区域优势的现代服务业。依托优越的区位优势、雄厚的制造业实力,围绕产业特色、城市特点、资源特征,顺应消费结构升级趋势,加快发展现代物流、电子商务、科研设计等生产性服务业和精品商贸、高端教育医疗、旅游休闲、健身养老等生活性服务业,加快服务业比重提高、贡献提升。要加快发展具有特色优势的现代农业。大力发展园区农业、高效农业、生态农业、休闲农业,确保全年“三资”投农10亿元,持续促进农业增效、农民增收。

更加注重科技创新。要围绕高水平建设创新型城市和苏南国家自主创新示范区的目标,深入实施品牌、标准、专利战略,加快实现规上企业发明专利、研发机构、产学研合作“三个全覆盖”,实施重点产学研合作项目60项,高新技术产业产值占比达到45%。要突出科技创新中的企业主体地位、企业家主角作用,进一步将创新资源集聚到企业、科技服务覆盖到企业、研发机构建设到企业、创新政策落实到企业,培育更多具有国际竞争力的创新型领军企业和高成长性科技小巨人企业,全年新增省高新技术企业100个、省民营科技企业100个、科技小巨人企业100个。

更加注重人才创新。要聚焦“高精尖缺”重点,坚持“实用管用”导向,研究实施“暨阳英才计划”,进一步提高政策的含金量、吸引力,提高人才对江阴创新创业环境的认可度,在全球范围内集聚一批与现代产业发展相适应的创新创业领军人才、创新型技能领军人才和现代服务业领军人才,不断优化江阴人才结构。大力实施“人才强企”工程,支持企业与高等院校、科研院所深入开展人才合作共建。完善青年企业家、新型企业家培育机制,加快壮大能够引领发展的新澄商群体。力争全年建立院士工作站5个、博士后工作站5个、海外工程师和外国专家工作室10个,培育“千人计划”、“双创计划”、“太湖人才计划”人才30人以上。

更加注重平台创新。要以产业技术研究院、技术创新联盟为核心,以孵化器、加速器、众创空间和产业园区为支撑,不断壮大战略性新兴产业和优势产业孵育平台,力争全年组建市级产业技术创新联盟2个、产业技术研究院2个、众创空间5个。要加强产学研合作平台建设,积极争取一批重大技术创新平台、重大创新基础设施、重大科技项目落户江阴,集聚更多高端创新资源,创造更多核心创新技术。要大力发展科技金融、科技咨询、检验检测、技术转移等公共服务平台,促进区域创新信息互联互通、资源共建共享,努力让创新创意的“种子”在江阴更好更快地生根发芽、开花结果。

更加注重经营创新。要把产品经营、品牌经营与资本经营紧密结合起来,把上市作为聚要素、优治理、塑品牌的重要途径,抢抓当前资本市场蓬勃发展的机遇,加大要素资源倾斜力度,加强实力券商战略合作,巩固“培育一批、股改一批、辅导一批、上市一批”滚动发展的良好格局,力争全年新增境内外上市公司5个、“新三板”挂牌企业10个。要鼓励和支持上市公司开展并购重组、再融资,加快把上市优势转化为产业优势、盈利优势,实现上市公司质量与数量同步提升。

(三)全面推进城乡建设,加快建设现代化有特色美丽宜居城市。通过今年的谋划与部署,城乡建设“1310工程”已经形成共识、深入人心,我们要趁热打铁、乘势奋进,重点突破、快出形象,以城乡面貌实实在在的变化激励斗志、鼓舞士气。

提升规划管控水平。规划是城乡建设的统帅。要紧扣“1310工程”,不断深化重点区域、重大项目规划,整体优化运河公园、北大街历史文化街区、南门风貌区、北门岛艺术区及周边区域的规划设计,深化环城森林公园启动区方案设计,以高标准规划来管控高品质建设。要加快完善各专项规划,以全市综合交通战略规划编制为引领,重点做好轨道交通枢纽地区规划设计,整体推进市域轨道交通规划编制,为城市中长期发展夯实基础。要强化规划刚性执行,做到一张蓝图管到底,确保城市发展始终沿着既定轨道稳步前行。

腾拓城市发展空间。新一轮城乡建设能否首战告捷,首先要看拆迁能否打开局面。要充分发挥市城区房屋征收拆迁安置工作指挥部的高位领导作用,强化属地负责,强化部门协同,强化政策激励,形成强大合力。要本着成片拆净的原则，突出已开拆地块、重大项目已签约地块和“1310工程”即将启动建设地块，集中力量、强势推进，确保完成拆迁130万平方米，其中城区50万平方米。要合理确定安置区块，确保新建安置房50万平方米，竣工21.2万平方米。要积极探索推广市场化、货币化等安置模式，让安置政策更适应形势、更符合民意。

加快重点工程建设。随着“1310工程”大幕开启，江阴城乡建设的工程量和投入量都将达到新高，要在严控质量、铸就精品的前提下，把握节奏、加快推进。滨江亲水工程上，要加快建成鲥鱼港公园二期、应天河公园二期，启动韭菜港公园、黄田港公园建设和运河公园全线整体拆迁。靓山亲山工程上，要率先实施定山、绮山、花山、秦望山启动区建设和敔山湾提升工程，加快推进环山路、停车场等基础设施建设。江阴绿道工程上，要全面推进滨江公园西段、应天河公园东段、运河公园、大桥公园步道建设，为2018年绿道一期建成打下坚实基础。文化提升工程上，要启动南门风貌区、北门岛艺术区建设，做好北大街历史文化街区建设前期准备工作，加强向上对接，有序推进祁头山、佘城遗址公园前期准备工作。“五网”升级工程上，要大力推进绮山应急备用水源地、秦望山产业园建设，加快危废处置设施建设，加快推进农村供水老旧管网及户表改造、照明节能改造、城市热网整合、光大电厂三期扩能等重点工程建设。

构建快速交通体系。交通畅通工程上，要在加快打通城区断头路、改善微循环的同时，开工建设芙蓉大道快速化改造工程，做好东快速路、西外环路南延、长新大道二期、新澄杨路等的前期准备工作，完成黄田港、韭菜港渡口搬迁，全面实现城区过境货车禁行。城际轨道工程上，全力加强对上沟通对接，开工建设南沿江城际铁路，做好盐泰锡宜城际铁路开工准备，推动江阴轨道交通建设取得突破性进展。

推进特色镇村建设。按照城乡公共服务均等化、要素配置合理化、产业发展融合化要求，加快推进新桥产业集聚型、徐霞客生态旅游型、长泾古镇保护型等3个城乡发展一体化示范特色镇和华士高新铝材、周庄新纤维材料、新桥毛纺服装等产业特色小镇建设，推动全市镇街在产业集聚、生态环境、功能特色上提档升级。深入实施村庄环境改善提升行动，分类推进村庄规划建设，开展部分重点村、特色村新农村建设试点，全年要建成首批无锡市美丽乡村6个、省级美丽乡村1个。

创成全国文明城市。明年是全国文明城市创建的收官之年，需要全市上下再接再厉、决战决胜。要在统筹推进各项创建工作的基础上，突出市容管理、交通管理、市场管理、小区管理等“四大重点”，大力开展违建拆除、“五小车辆”禁行、马路市场取缔、物业管理提标、盲道建设规范畅通等“五大专项行动”，切实优化城市环境。要把发挥“大城管”体制作用与开展群众性创建活动有机结合起来，细化网格化管理，完善“城市啄木鸟”平台，做优志愿者服务，以全民参与的强大合力确保创建成功。

（四）深入推进绿色发展，用心保护好江阴的绿水青山。良好的生态环境是最公平的公共产品。要深入践行绿色发展理念，全面部署、扎实推进“263”专项行动，下大决心、花大力气加强生态保护和环境治理，力争早日实现生态环境质量的根本性好转。

优化生态生产生活空间。开发强度高、环境容量小的现实，要求我们加快构建更加科学合理的空间格局。生态空间上，要坚决执行主体功能区规划，严守生态保护、耕地保护、城市开发边界“三条红线”，实施最严格的节约集约用地制度，从严控制新增用地总量和土地开发强度，加大力度盘活利用存量土地，全面清理闲置用地，二次开发低效产业用地，不断提升空间利用的经济效益、社会效益、生态效益。生产空间上，要按照“布局集约化、质态绿色化”要求，加强项目源头管控，严把环保准入门槛，大力推进园区生态化、企业低碳化，切实降低能源和水资源消耗。坚决淘汰落后产能，严控燃煤消费总量，大力整治重点污染企业，加快清理整顿化工园区和化工生产企业，确保全年关停“三高两低”企业50个、环保违法违规项目100项以上，不折不扣完成年度节能减排任务。生活空间上，要深入建设低碳城市，推行城乡生活垃圾分类收集和分类处理，着力优化重大基础设施、公共服务网络规划布局。倡导绿色出行，优化公共交通体系的通达性便捷性，促进城乡公共交通出行分担率稳步提高。

开展治水治气治土行动。要坚持多方面齐抓共管，多领域协同并治，着力打好治水、治气、治土三大攻坚战。治水上，要以提高百姓直观感受为标准，强势推进水环境综合整治行动，深入实施“河长制”，全力推进规划发展村、主要河道周边村等350个村庄生活污水治理，全面完成新沟河延伸拓浚工程和67项防汛应急工程建设，按时完成窑港水源地整治，大力推进污水处理厂整合整治，完成畜禽养殖污染综合治理两年行动计划，确保国家考核断面全面达标、地表水优于Ⅲ类比例持续提高，主城区、集镇区、工业园区黑臭水体全面消除。治气上，要全面落实大气污染防治行动计划，深入整治工业废气、汽车尾气、道路运输扬尘、工地堆场扬尘、秸秆焚烧等痛点难点，落实责任、加压推进，确保全面完成燃煤锅炉超标排放整治任务，增加清洁能源利用，推动空气质量持续提升、重污染天数持续减少，全市空气质量优良率提高到67.5%以上。治土上，要统筹推进山水林田湖生态保护和修复工程，加快编制土壤污染防治方案，扎实开展已关停化工企业遗留土地的环境风险调查和治理修复工作。

强化执政执法执纪责任。在不断优化生态文明制度体系的基础上，坚持源头严防、过程严管、后果严惩，健全完善网格化环保监管体系。要守好执政责任。各镇街园区要严格落实“党政同责、一岗双责”，切实担负起环保属地管理责任，坚持守土有责守土负责守土尽责，全力做好环境突出问题整改整治，全面压降环境信访总量。要守严执法责任。环保等职能部门和法院、检察院等司法机关要强化行政执法与司法联动,加大全天候环保执法监管和巡查力度,以零容忍的态度对待各类环境违法行为,严惩背后的利益获得者和姑息纵容者。国土部门要加大土地执法力度,坚决遏制违法违规用地行为。要守牢执纪责任。对环保工作中职能部门和属地政府的各类不作为、慢作为、乱作为问题,纪检监察部门要从严执纪、严肃问责,促进形成上下联动、部门互动的环保工作合力,共同守护好绿水青山的美丽家园。

(五)积极推进改革开放,全力打造江阴改革发展升级版。充分依托业已形成的良好改革势头、不断巩固的开放发展优势,聚焦重点领域和关键环节,持续释放体制机制活力,着力提高对内对外开放水平,为经济社会发展注入强大动力。

以深化改革增创体制优势。按照既定部署,突出问题导向,狠抓重点关键,确保各项改革落地见效。要深化供给侧结构性改革。综合运用财政、金融、价格杠杆等多种手段,通过能耗、质量、环保、安全、用地等标准倒逼,扎实做好"三去一降一补"各项工作,加快提高资源配置效率、增强核心竞争力、增强经济免疫力。要深化国资国企改革。认真落实国资国企改革意见,优化国资监管体制,完善国企监管考核,构建有效制衡的公司法人治理结构、灵活高效的市场化经营机制,推动国资公司做大规模、做强实力、做优品牌。要深化行政审批制度改革。推进相对集中行政许可权改革试点,加快行政审批标准化建设,实行"一枚公章管审批",全面推行"五证合一、一照一码"*,试行"综合受理窗口"服务模式,全面压缩审批时限、提高审批效率。要深化事业单位分类改革。加快实施公益类事业单位差别化管理,推进承担行政职能事业单位改革和生产经营类事业单位改革,开展事业单位法人治理结构和信用体系建设试点。要深化镇村改革。统筹推进国家新型城镇化试点镇、经济发达镇行政管理体制改革试点镇和无锡城乡发展一体化先导示范镇建设,基本完成农村土地承包经营权确权登记颁证工作,提升农村产权交易体系运行实效,深化村级经济股份合作制改革,全面增强基层发展活力。

以扩大开放拓宽发展空间。坚持对内对外开放联动,在更宽领域、更高层次上拓展合作领域、汇聚资源要素。要做优做强开放型经济。围绕"份额不减、位次不降、质量提升"目标,打好政策、平台、品牌、金融、口岸兴贸"组合拳",确保全年进出口稳健增长。积极拓宽外资利用渠道,探索融资租赁、引导基金、PPP* 等招商引资新模式,用足用好侨务、商会、港澳台和海外各类资源,锁定重点国家和地区,实现利用外资数量质量双提升。要加快企业国际化步伐。推动本土企业在做大做强总部经济的同时,加大先进技术、高端人才、国际资本等的引进力度,加快对外项目承包、跨国并购、境外投资步伐,在"走出去"中增强综合竞争力。要融入区域一体化进程。主动融入长江经济带建设,在港口功能提升、产业互补协作、生态环境保护等方面,加强与长江沿线城市的合作;主动参与全省沿江城市集群发展、锡常泰跨江融合发展,更深融入长三角一体化进程;稳步推进锡澄基础设施一体化发展,加快重大交通设施的互联互通、民生社会事业的共建共享,让一体化成果更多更好地惠及江阴发展、惠及广大百姓。

(六)扎实推进民生改善,切实增强人民群众的获得感。让人民群众过上好日子,是我们一切工作的出发点和落脚点。要落实"聚焦富民"理念,扎实办好各项民生实事,确保民生工作年年都有新进步,群众生活一年更比一年好。

突出就业创业致富。坚持把就业作为民生之本,着力优化就业结构、提高就业质量,构建和谐劳动关系。要围绕江阴籍高校毕业生、被征地农民、困难家庭等重点群体,加大就业扶持力度,优化全员实名制就业管理,全年新增就业岗位5.6万个,促进本地劳动力就业2.3万人。要强化"群众致富最大潜力在创业"的理念,进一步优化环境、改进服务、强化政策支持,充分调动创新创业的积极性,全年提供1亿元政府创业贴息贷款,扶持自主创业2000人以上。

突出社会保障共富。实施全民参保登记常态化管理、精准化扩面,新增城保参保3万人。逐步提升保障水平,居民基础养老金由每人每月280元提高到310元,被征地农民养老年龄段人员养老补助金由每人每月670元提高到760元,新农合筹资标准由每人每年800元提高到880元,城乡居民最低生活保障标准由每人每月760元提高到840元。改进和优化住房保障方式,健全以市场调节为主、政府保障托底的住房供应体系。

突出公共服务添富。教育上,要实施资源布局优化、学校内涵发展、教师素质提升等工程,加大特色优质本科院校引进力度,全力打造高水平教育现代化示范区。文化上,要加快基层综合文化服务中心建设,深化"书香江阴"建设,精准实施文化惠民工程,做强做大文化产业。医疗卫生上,要继续深化"医联体"建设,加快推进分级诊疗制度,启动市中医院异地新建,开工建设市妇幼保健医院,确保市医疗中心建成投运,全面完成全市社区卫生服务站、村卫生室提档升级。体育上,要建成全民健身综合馆,深化公共体育服务体系建设,建好国家体育产业基地,办好市七运会,促进体育事业繁荣发展。养老上,要加快完善老龄政策,健全多层次社会化养老服务体系。同时,要大力支持残疾人和慈善公益事业发展,统筹做好社会救助工作。

突出精准帮扶助富。创新经济薄弱村结对帮扶方式,切实做强村集体经济,构建长效增收机制,力争第九轮50个经济薄弱村村均稳定收入达230万元以上。针对全市低保家庭尤其是特困家庭,强化分类施策,健全帮扶体系,推进深度救助,做到社会保障兜底一批、扶资扶技扶持一批、特殊帮扶保障一批、多方联动救助一批,全力实现全面小康路上一个不少、一户不落。

创新社会治理护富。不断完善市综治中心建设,推动三级综治平台规范化运行，深入推进村（社区）网格化服务管理，加强综治信息系统与“12345”政府服务系统的融通融合，不断夯实基层基础。扎实开展“七五”普法，持续深化司法体制改革，完善法律顾问制度，加快建设法治政府，全面提升法治江阴建设水平。深化平安江阴建设，提升社会治安防控体系，依法打击违法犯罪，切实强化市场监管，全面加强安全生产，确保群众饮食用药安全，确保不发生重特大安全事故，确保社会安定有序、和谐稳定。

四、坚持全面从严治党，为新一轮发展提供坚强保障

适应新形势，推动新发展，核心在党的领导，关键在党员干部。要深入贯彻党的十八届六中全会精神，把全面从严的要求贯穿到管党治党全过程、落实到党的建设各方面，推动全市各级党组织、广大党员干部更好肩负起团结带领全市人民推进新一轮改革发展的时代重任。

以思想建党为前提，着力塑造信念坚定、奋发有为的精神品质。要扎实开展“两学一做”学习教育，深入推进学习型党组织建设，充分利用中心组学习、党员干部轮训、江阴大学堂等形式，深入学习中国特色社会主义理论体系，学习习近平总书记系列重要讲话精神，增强“四个意识”*，坚定“四个自信”*，坚决维护以习近平同志为核心的党中央权威。加强党性教育，推动党员干部增强党的观念、强化党员意识、提升党性修养，切实做到心中有党、心中有民、心中有责、心中有戒。认真落实新颁《中国共产党廉洁自律准则》要求，推动民主生活会、组织生活会、谈心谈话、民主评议等党内政治生活制度化、规范化。深入开展学习吴仁宝、李良宝、吴协恩专题活动，激励广大党员干部不忘初心、继续前进。

以“四讲四有”*为标杆，大力锻造善于服务、敢于担当的干部队伍。要坚持党管干部原则，认真落实“20字”（信念坚定、为民服务、勤政务实、敢于担当、清正廉洁）好干部标准，严格规范选人用人程序，全面落实干部选拔任用工作全程纪实，真正让忠诚干净担当、为民务实清廉的干部得到重用。要加大干部培养力度，继续选派年轻干部到招商、维稳、村居一线锻炼成长，实现常态化培养、合理化配备，确保干部队伍结构合理、梯次跟进。要完善从严管理监督干部制度体系，加强改进对干部德和政绩的考核，建立健全容错纠错机制，最大限度调动和保护广大干部锐意进取、干事创业的积极性。

以基层组织为重点，全力打造严抓严管、坚强有力的战斗堡垒。要牢固树立抓基层打基础的鲜明导向，严格落实党建工作责任制，健全基层党建责任清单，加强“三级联述联评联考”，推动全市各级党组织切实肩负起全面从严治党主体责任、各级党组织书记切实履行好第一责任人职责。要坚持政治属性与服务功能相统一，以“暨阳党建先锋行”为主题，以基层党建示范点建设为引领，实施农村党建项目化管理，推进新兴领域党建工作，完善上市公司党建联盟，全面加强基层党员队伍建设，加强村、社区“两委”班子特别是党组织书记队伍建设，推动全市各领域基层党组织建设全面提升、全面过硬。

以廉政建设为保障，努力营造纪律严明、风清气正的政治生态。要认真落实党委主体责任和纪委监督责任，完善“两个责任”办公室工作机制，健全“双巡”*“双述”*制度，不断增强自我净化、自我完善、自我革新、自我提高能力。坚持把纪律挺在前面，用好监督执纪“四种形态”，突出抓早抓小、防微杜渐，用纪律管住大多数。驰而不息抓作风，特别是紧盯“四风”新形式新动向，紧盯群众身边的不正之风和腐败问题，畅通监督渠道，深化专项治理，规范小微权力。坚持无禁区、全覆盖、零容忍，有腐必反、有贪必肃。加强反腐倡廉教育和廉政文化建设，健全权力运行制约监督机制，加快形成不敢腐、不能腐、不想腐的体制机制。要以良好的党风促政风带民风，积极推进廉洁社会建设，在全社会营造崇尚廉洁的良好风气。

以共同目标为指引，合力创造上下齐心、和衷共济的良好局面。市委要充分发挥总揽全局、协调各方的领导核心作用，突出把方向、管大局、作决策、保落实，有力实施党对各个领域的领导。坚持和完善人民代表大会制度，支持人大及其常委会依法履职，完善人大讨论、决定重大事项制度，加强人大监督职能。充分发挥政协作为协商民主重要渠道和专门机构作用，支持人民政协围绕团结和民主两大主题，更好地协调关系、汇聚力量、建言献策、服务大局。巩固和发展最广泛的爱国统一战线，更好发挥市各民主党派、工商联、无党派代表人士的作用。健全和落实党管武装制度，深化双拥共建，巩固和发展军政军民团结。加强和改进党对工会、共青团、妇联等群团组织的领导，为完成全年目标任务，汇聚起更广泛、更强大的发展合力。

同志们，做好明年的工作，意义重大、使命光荣。让我们更加紧密地团结在以习近平同志为核心的党中央周围，在省委和无锡市委的坚强领导下，发扬“冲在前、抢在先、不畏难”的担当精神，弘扬“定了干、马上办、办到底”的实干作风，锐意进取、砥砺前行，为高水平全面建成小康社会、加快建设“强富美高”新江阴而努力奋斗，以崭新业绩迎接党的十九大胜利召开！

政府工作报告

——2017 年 1 月 8 日在江阴市第十七届人民代表大会第一次会议上

江阴市代市长　蔡叶明

（张　岚摄）

2016 年及过去五年工作回顾

2016 年，在中共江阴市委的正确领导下，全市上下全面落实党的十八大和十八届三中、四中、五中、六中全会精神，深入贯彻习近平总书记系列重要讲话特别是视察江苏时重要讲话精神，紧紧围绕高水平全面建成小康社会、建设“强富美高”新江阴的总目标，开拓进取、埋头实干，全力以赴推进经济平稳健康发展、促进社会大局和谐稳定，较好地完成了市十六届人大五次会议确定的各项任务。

一、经济运行稳中有进。着力促进经济发展，优化产业结构，切实化解经济下行压力，经济增长保持在合理区间。预计全年地区生产总值增长 7.4%，完成一般公共预算收入 229.9 亿元、增长 5%。工业经济转型提速。培育壮大新兴产业，改造提升传统产业，预计实现规模以上工业产值 5900 亿元左右。大力实施“机器换人”“两化融合”*，全市技改投资占工业投资比重超过 78%，新增省级以上“两化融合”示范试点企业 73 个，法尔胜集团、双良节能荣获中国工业大奖。加快壮大新材料、新能源、电子信息、节能环保、生物医药等产业集群，新兴产业产值占比提高 0.5 个百分点。扎实推进资本经营，新增上市企业 7 个、“新三板”挂牌企业 20 个。优化企业发展环境，设立 100 亿元产业强市发展专项资金，减轻企业税费负担 17.2 亿元。积极防范经济金融风险，市镇两级互助资金平台累计转贷 97.7 亿元，全年未发生区域性系统性经济金融风险。现代服务业发展加快。预计服务业增加值占地区生产总值比重达 44%，比上年提高 0.6 个百分点。大力发展新型服务业态，主辅分离发展服务业企业 20 个，新增无锡市示范电子商务企业 8 个。着力提升港口服务功能，新增 10 万吨级对外开放泊位 2 个，预计全年完成货物吞吐量 1.3 亿吨。完成港口集团件杂货码头、中石化滨江油库码头改扩建工程，江阴国家综保区成功获批。举办第十一届中国徐霞客国际旅游节等活动，积极培育网络零售、连锁经营、社区直供等消费增长点，预计社会消费品零售总额增长 10% 左右。高效农业稳步提升。预计完成农业总产值 85.6 亿元，农业适度规模经营比例达 86%，高标准农田比重达 59.6%，高效农业比例达 63%，无锡市级以上农业龙头企业销售收入增长 8%。新注册成立家庭农场 30 个，新型职业农民占农业从业人口比重达 46.3%，新建省级以上农业标准化示范区 2 个。

二、发展后劲不断增强。坚持改革创新，深化开发开放，大力实施产业强市战略，经济发展活力不断提升。重点改革扎实推进。认真落实供给侧结构性改革任务，“三去一降一补”工作取得阶段性进展。深化行政审批制度改革，有序推进清单编制工作和审批标准化建设，全面启动“一照一码”商事制度改革。稳妥实施事业单位分类改革和经济发达镇行政管理体制改革，完成党政机关公务用车制度改革。深化财税管理体制改革，完善全口径预算管理体系，全面完成“营改增”改革试点，政府性债务管理得到加强。完善国有资产监管体制，明确国有企业发展定位。深入推进农村土地承包经营权确权登记，加强村级集体经济股份合作组织建设，供销社改革取得新的成效。有效投入持续增加。预计完成全社会固定资产投资 1130 亿元，其中工业投资 490 亿元、服务业投资 632 亿元。着力改善投入结构，新兴产业投资占工业投资比重达 51%，服务业投资占全市固定资产投资比重达 55.9%，梦东方 · 徐霞客国际旅游度假区等一批重特大项目成功签约。大力开展招商引资，预计新批外资项目31项，完成到位注册外资10.5亿美元。突出重大项目建设，全市72项重大产业项目预计当年完成投资194.6亿元，星科金朋集成电路封装测试、安姆科包装产业基地等20项超10亿元项目顺利推进。科技创新力度加大。强化科技支撑，全市研发投入占地区生产总值的比重预计达3%，高新技术产业产值占规模以上工业产值比重提升至44%，新认定省高新技术企业119个。建成国家级众创空间1个，新批省工程技术研究中心8个，中船澄西、扬子江船业等联合建成绿色船舶产业技术研究院。万人有效发明专利拥有量超17件，新增中国驰名商标3件、省著名商标15件。高新区获批国家火炬现代中药配方颗粒特色产业基地，临港开发区获批省新能源科技产业园。加大人才引育力度，新增各类人才1万人，其中国家"千人计划"人才2人、省"双创计划"人才5人。开放合作不断深化。着力稳定外贸增长，预计完成进出口总额199亿美元，其中出口120亿美元、进口79亿美元。优化外贸服务平台，电子口岸二期建设进展顺利。中小微外贸企业实现融资2.7亿元，云蝠公司洛杉矶仓库被认定为省首批跨境电子商务公共海外仓试点。鼓励企业加快"走出去"，成功举办"中哈国际论坛"，预计新批境外投资项目32项，完成中方协议投资额7.6亿美元。

三、城乡发展协调推进。全面启动城乡建设"1310工程"，着力完善城市功能，城乡一体化发展进程不断加快。规划布局日趋优化。完善城市重点区域规划，启动市域轨道交通、综合交通枢纽中心规划，优化区域综合交通体系和城区快速路网体系。深化海绵城市、地下综合管廊、美丽村庄建设、中心城区公共自行车租赁点布局等专项规划，推进滨江公园、应天河公园、环城绿道景观规划设计，完成锡澄运河沿线、万达广场北侧等重点区域城市设计。完成"一张图"信息化系统建设，数字江阴地理空间信息公共服务平台全面启用。严格修编法定规划，多规融合持续推进。功能配套不断完善。锡澄高速公路江阴南互通建成投用，申港河西新渡口顺利竣工，锡澄路、河豚路等道路大修工程全面完成。芙蓉大道快速化改造、南沿江城际铁路、盐泰锡宜城际铁路等项目前期工作有序推进。鲥鱼港公园、应天河风光带建设扎实推进，虹桥南路南延伸段顺利打通，夏东路改造、毗陵路西延伸段建设加快。新沟河延伸拓浚完成年度任务，中小河流治理重点县综合整治水系连通二期工程基本完成，67项防汛应急工程全面推开。新建一批新能源汽车充电桩、公交电子站牌，公交外滩首末站、新华站停车场改续建工程进展顺利。小城镇中心村电网改造、城市热网青月线工程顺利推进，天然气管网新增220千米。城市管理得到加强。深入开展全国文明城市创建，不断提升城市文明程度和市民文明素养。着力改善居住环境，梅园里等8个改善型城中村、景园小区等14个老小区、天鹤菜场等12个农贸市场完成改造；市政沥青搅拌站等2个城区混凝土沥青企业实施搬迁。规范废旧物品回收行业经营，建筑垃圾、户外广告、电子屏等管理机制进一步健全。大力开展专项整治，拆除违法建设15万平方米，违建现象得到有效遏制；城郊接合部、江南农副产品批发市场等重点地区环境得到提升。实施公共停车资源市场化管理，主城区机动车停车泊位新增1046个。

四、生态文明取得进步。加大生态保护力度，强化环境综合整治，全市环境质量持续改善。节能减排成效明显。严格实施煤炭总量控制，万元GDP能耗下降4%。关停"三高两低"企业54个，取缔整治"十小"企业128个，淘汰整治燃煤锅炉305台，完成热电企业6台燃煤机组超低排放改造。顺利关停民达热电，全面完成第一轮热电企业整合整治。积极推动绿色低碳发展，实施重点节能改造项目35项，创建省、市级节水型载体12个。综合治理扎实推进。加强大型物料堆场、煤堆场等污染治理，完成兴澄原料场封闭改造等18项扬尘治理项目。推进挥发性有机物治理，严格执行机动车国五排放标准，淘汰黄标车及老旧机动车7518辆。加快实施城乡黑臭河道整治，完成河流综合整治28条。加大农业面源污染治理力度，关停整改畜禽养殖场781个，农业废弃物综合利用率达96%。城区餐厨垃圾就地处理项目建成投运。全面推进网格化环境监管，清理一批环保违法违规项目，圆满完成中央环保督察组交办任务。生态建设不断加强。加快基础设施建设，光大电厂三期工程有序推进，小湾水厂深度处理改造项目顺利实施。新建污水主管网20.5千米，完成44个小区生活污水管网改造。新增排水达标区30个，建成村庄生活污水处理设施50个。加强地质环境治理，完成秦望山建材矿区治理复绿3.33公顷。严格土地执法，顺利通过国家土地例行督察。新增造林绿化172.73公顷，人均公园绿地面积达15.95平方米，创建省级绿化示范村13个。

五、民生福祉持续提升。坚持以人为本，加快民生事业建设，着力提升公共服务水平，努力提高群众生活质量。社会保障逐步完善。实施更加积极的就业创业政策，解决本地劳动力就业3.5万人，建成创业大学、创业加盟云市场，扶持创业2550人。居民养老保险基础养老金、被征地农民养老年龄段人员养老补助金、城乡低保、企业退休人员养老金等保障标准稳步提升，"城保扩面"新增4.6万人。预计全年城镇和农村居民人均可支配收入分别增长7.8%和8.4%。新农合人均筹资标准提高到800元，政策范围内住院费用报销比例达80%。推进残疾人意外伤害保险全覆盖，完成白内障复明手术3500例。探索创新拆迁安置办法，全市完成拆迁130万平方米，建成安置房91万平方米、第四期保障房35万平方米。新增住房公积金缴存职工3.3万人。健全社会养老服务体系，每千名老人拥有养老床位40.2张。启动第九轮经济薄弱村帮扶行动，发放专项补助资金3000万元。社会事业协调发展。教育事业优质均衡发展，教育现代化水平省内领先，高考取得佳绩，江阴中专整体改造、市第一初中易地新建等项目有序推进。大力开展医联体重点专科建设,试点实施分级诊疗制度,市医疗中心加快建设,市人民医院顺利通过三级甲等评审。“全面两孩”政策稳步实施。加强基层公共文化服务阵地建设,组织公益性文化演出500余场,举办大型书画、摄影等展览活动12场,建成全民阅读公益服务点100个,获评全国“书香城市”。启动全民健身综合馆建设,全年承办国家级以上赛事11项。社会环境和谐稳定。优化社区治理结构,巩固社区减负增效成果,农村“三务公开”*有序推进,完成村(居)民委员会换届选举。扎实开展双拥优抚和慈善救助工作,第四次获评“全国双拥模范城”。着力完善信访“大调解”机制,市综治中心建成投运,获评全国“六五”普法先进市。深入开展打击“盗抢骗”、通信网络违法犯罪等专项行动,全市社会治安保持稳定。加强食品安全检测,在全省率先实现药店回收过期药品全覆盖。深入开展隐患排查治理,严格落实危化品、涉爆粉尘等行业安全监管,全市安全生产事故数和死亡人数实现“双下降”。

一年来,政府自身建设取得新的进展。扎实开展“两学一做”学习教育,畅通联系服务群众渠道,发挥“12345”民生热线、市长信箱等作用,协调解决一批民生热点问题。加快推进法治政府建设,落实政府法律顾问制度,健全决策听证、后评估和责任追究制度。自觉接受人大及其常委会法律监督、工作监督和政协民主监督,办理人大代表建议160件、政协提案283件,一次办理满意和基本满意率分别达99.4%和97.9%。着力规范政务信息公开体系,促进决策民主、政务公开。全面公开财政预决算、“三公经费”*预决算,加强预算执行、民生资金等审计工作,政府资金使用效益有效提升。开展整治和查处侵害群众利益不正之风和腐败问题专项行动,政府廉政建设进一步加强。

2016年全市主要目标任务的完成,标志着本届政府工作画上了圆满句号。过去五年,是江阴应对重大挑战、经受重大考验、实现重大发展的五年。五年来,综合实力在转型升级中稳步提升。面对经济发展新常态,全力以赴稳增长、促改革、调结构、防风险,地区生产总值年均增长8.6%左右,一般公共预算收入、固定资产投资、社会消费品零售总额年均增长分别达8.4%、9.7%和11.4%。新批超亿美元项目8项,到位注册外资总额达45亿美元、年均增长8%。全市开票销售超百亿元企业达到19个,上市公司42个、新增11个,“新三板”挂牌企业44个。9个企业位列“中国企业500强”,13个企业位列“中国制造业企业500强”,县域经济与基本竞争力连续十四年位居全国第一。五年来,发展质量在改革创新中日益提高。坚持转型升级不动摇,做大做强先进制造业,着力提升现代服务业,加速发展高效农业,三次产业比重由2011年的1.8∶58∶40.2调整到2016年的1.6∶54.4∶44。着力推进经济社会领域重点改革,经济发达镇行政管理体制改革走在全省前列,简政放权和行政审批制度改革不断深化,财政资金绩效评价实现全覆盖,农村产权交易体系全面建成。开发开放更加深入,累计进出口总额、出口额分别突破1000亿美元、500亿美元大关,境外中方协议投资额年均增长25.9%。创新能力不断增强,获得国家科技进步奖6项,引进诺贝尔奖得主5名、国家“千人计划”人才15名,获评国家知识产权示范城市、全国科普示范市。阳光集团、兴澄特钢荣获“中国质量奖提名奖”“全球卓越绩效奖”。五年来,城乡建设在统筹发展中持续推进。大力推进城市现代化、新型城镇化、城乡一体化发展,城乡面貌持续改善。编制完成新一轮城市总体规划,全市域各片区和各镇总体规划、建设用地控制性详细规划实现全覆盖。沿江、南门、敔山湾、城西地区路网体系基本形成;江阴大道、海港大道等6条省级干线公路竣工通车,打通城区断头路30余条,新建和改建主次干道20余条;新锡澄运河航道整治工程全线竣工,新夏港河船闸通航运营。坚持拆安同步推进,完成拆迁1032万平方米,建成安置房949万平方米。深入开展村庄环境整治和“美丽乡村”行动,创建省三星级康居乡村41个、美丽乡村3个。五年来,生态环境在保护治理中不断优化。严格划定生态红线保护区,建立实施生态补偿机制,获评首届全国国土资源节约集约模范市。大力实施节能减排,关停“三高两低”企业372个,整合整治热电企业12个,超额完成主要污染物减排任务,高新区建成国家级生态工业示范园区。开展环境专项整治行动,整治河道72条。新建污水主管网90千米,建成村庄生活污水处理设施150个,绮山应急备用水源地、秦望山产业园加快建设。大力实施绿化造林,林木覆盖率由2011年的21.8%提升到24%。深入开展城乡环境综合整治,创建“两型社会”示范乡镇9个、“两型社会”示范村(社区)13个、省级生态村25个。五年来,民生事业在普惠共享中得到加强。着力解决群众最关心最直接最现实的利益问题,人民生活质量不断提高。就业扶持政策城乡并轨,累计提供就业岗位28.9万个,城镇、农村居民人均可支配收入年均增长8.5%和9.4%。社会保障实现全民覆盖,各类社会保障标准逐年提高。优化教育资源布局,现代教育体系日趋完善,获评全国义务教育发展基本均衡市。公共卫生服务能力稳步提升,组建市人民医院和市中医院两大医联体,新农合、“中医治未病”等工作全国领先。新增公共文化设施面积3.5万平方米,人均体育场地面积达2.74平方米,获批国家体育产业基地。

五年来,地方志、档案、接待、外事、统计、物价、人武、民防、民族、宗教等工作取得新进展,对台、侨务、妇女、儿童、青少年、红十字、对口支援等各项事业实现新进步。

各位代表,这些成绩的取得,是在中共江阴市委的正确领导下,全市人民凝心聚力、顽强拼搏、团结奋斗的结果。在此,我代表市人民政府向全市人民,向人大代表、政协委员,向各民主党派、工商联、各人民团体和各界人士,向离退休老同志,向驻澄人民解放军、武警官兵和公安干警，向驻澄单位，向所有参与、关心和支持江阴建设发展的各界朋友，表示衷心的感谢和崇高的敬意！

回首五年发展历程，成绩来之不易，经验弥足珍贵。一是必须始终把握发展第一要务。面对前所未有的经济下行压力，我们坚持稳中求进工作总基调，主动适应发展新常态，积极抢抓苏南国家自主创新示范区上升为国家战略、长三角一体化进程加快等历史性机遇，大力弘扬“人心齐、民性刚、敢攀登、创一流”的江阴精神，发挥江阴产业基础好、实体经济强的优势，迎着困难上，顶住压力干，千方百计稳增长、调结构、促转型、防风险，全力推动江阴发展不断迈上新台阶。二是必须始终突出创新驱动战略。面对复杂严峻的困难挑战，我们不为既有经验所束缚，不为任何困难所羁绊，坚定实施产业强市首要战略和创新驱动核心战略，利用一切条件破难题，集聚一切要素拓空间，抢抓一切机遇闯新路，加大改革攻坚力度，加快发展动能转换，不断提升自主创新能力，着力推动产业转型升级，走出了一条具有时代特色、阶段特征、江阴特点的发展路径。三是必须始终坚持民生优先导向。面对日益多元的民生诉求，我们始终坚持以人民为中心，牢记造福人民的发展目的，持续加大民生投入、积极办好民生实事，扎实推进城乡基础设施建设和管理，着力加强生态保护和环境治理，切实提升公众安全感和满意度，加快建设现代化有特色的美丽宜居城市，努力让人民群众更多更好地享受改革发展成果。四是必须始终发扬团结实干作风。面对艰巨繁重的发展任务，我们紧紧抓住事关江阴长远的全局性问题，发挥集体智慧、凝聚各方力量、依靠全市人民，着力提高依法行政水平，扎实推进作风效能建设，对看准的事全力以赴抓紧干，对定下的事雷厉风行立即干，以勇于攻坚的姿态克难奋进，以敢于担当的胸襟一抓到底，以甘于奉献的精神埋头实干，奋力当好县域发展的排头兵和领头羊。

在总结成绩的同时，我们也清醒地看到发展中面临着一些问题和挑战：经济下行压力仍然较大，结构性矛盾依然突出，转型升级任务十分艰巨。城市建设和管理还有不少短板，城市功能品质亟待提升，城乡一体化发展的进程还需进一步加快。资源环境约束不断加剧，水、气、土等环境保护和治理任重道远。城乡基本公共服务供给水平有待提升，群众持续增收的难度较大，社会治理领域面临许多新的挑战。政府部门的服务意识、担当意识还不强，执行力、创新力有待进一步提高。对此，我们一定高度重视，采取有效措施，认真加以解决。

今后五年展望和2017年主要任务

今后五年，是我市高水平全面建成小康社会的决胜阶段，是推动“强富美高”新江阴建设取得重大进展的关键时期，是积极探索开启基本实现现代化建设新征程的重要阶段。当今世界政治、经济格局正在发生广泛而深刻的变化，我国经济发展新常态特征更加明显，新一轮科技革命和产业变革与我国加快转变经济发展方式形成交汇，外部的诸多风险挑战与国内的改革发展稳定难题已然形成交织叠加态势。从江阴所处的发展环境来看，我们面临着发展机遇稍纵即逝、县域竞争日益深化、民生期待更加殷切三个根本性、全局性的重大课题，这既是我们负重爬坡、加快转型的重大挑战，也是我们抢得先机、赢得主动的重大机遇。站在新一轮发展的历史关口，只要我们面对困难不低头、迎接挑战不退缩，大力传承和弘扬江阴精神，众志成城、奋力攻坚、创新实干，就一定能实现新突破、确立新优势，开创江阴经济社会发展的崭新局面。

今后五年，政府工作要高举中国特色社会主义伟大旗帜，以邓小平理论、“三个代表”重要思想、科学发展观为指导，深入贯彻习近平总书记系列重要讲话特别是视察江苏时重要讲话精神，围绕“五位一体”总体布局和“四个全面”战略布局，坚持稳中求进工作总基调，自觉践行五大发展理念，适应把握引领经济发展新常态，坚持以提高发展质量和效益为中心，坚持以推进供给侧结构性改革为主线，坚定实施产业强市、创新驱动、改革开放、城乡统筹、绿色发展、民生优先“六大战略”，聚力创新，聚焦富民，奋力开创高水平全面建成小康社会、“强富美高”新江阴建设新局面，积极探索开启基本实现现代化建设新征程，继续当好全省全国县域发展的排头兵和领头羊。

新一届政府肩负着高水平全面建成小康社会的重大历史使命。高水平全面建成小康社会，就是要实现经济发展更高质量、人民生活更加幸福、生态环境更加优美、文化发展更加繁荣、城乡区域更加协调、社会治理更加完善，核心要义就是发展水平要更高、群众获得感要更强。今后五年，我们要更加鲜明、更加突出、更加集中地把聚力创新、聚焦富民作为发展取向、工作导向、奋斗指向，紧紧围绕矢志不渝让经济更强劲、补短攻坚让城市更宜居、狠抓严管让环境更优美、全力以赴让百姓更幸福、坚持不懈让社会更文明这五大奋斗目标，扬长补短、真抓实干，加快建设“强富美高”新江阴，展示高水平全面建成小康社会的过硬成果。

完成以上目标和任务，必须把六大发展战略贯穿政府工作全过程，锲而不舍、砥砺奋进，不断推动江阴经济社会发展迈上新台阶。

坚定不移实施产业强市战略。坚持以智能化、绿色化、服务化、高端化、品牌化为引领，积极发展新产业、新技术、新业态和新模式，更加突出存量改造提升、增量培育壮大，加快构建以战略性新兴产业为先导、先进制造业为主体、现代服务业为支撑、现代农业为基础的现代产业体系，支持大企业集团做优做强，扶持中小企业向“专精特新”发展，扩大资本市场“江阴板块”优势，打造开放园区产业强市最强增长极，基本建成具有一定国际竞争力的先进制造业基地和创新型经济发展高地，高新技术产业产值占规模以上工业产值达46%,提前实现地区生产总值比2010年翻一番。

坚定不移实施创新驱动战略。积极推动以科技创新为核心的全面创新,切实强化企业创新主体地位和主导作用,全面加强技术创新、产品创新、管理创新、商业模式创新,加快集聚高端要素、发展高端产业,集中力量建设苏南国家自主创新示范区,努力形成以创新为主要引领和支撑的经济体系、发展方式。推动区域内创新组织集成联动,完善人才集聚、培育和使用机制,加强高水平创新平台建设,着力营造充满活力的创新生态,确保全社会研发投入占地区生产总值比重达3.1%,让创新成为全社会的自觉追求和共同行动。

坚定不移实施改革开放战略。始终把改革开放作为发展的动力之基、活力之源,坚持以供给侧结构性改革为主线,突出重点领域和关键环节改革,持续释放体制机制活力,确保完成全面深化改革各项既定任务,为经济社会发展注入强劲动力。紧紧抓住国家全面扩大开放的重大机遇,积极参与"一带一路"*、长江经济带建设,拓展对内对外开放空间,转变外贸发展方式,提高利用外资质量和效益,力争五年累计到位注册外资42亿美元,努力构建更深层次、更高水平的双向开放格局。

坚定不移实施城乡统筹战略。遵循城市发展规律,加快推进新型城镇化和城乡一体化,坚持高标准规划管控、高品质开发建设,充分发挥规划的战略引领和刚性控制作用,构建更加清晰的生产、生活、生态空间。牢固确立精明增长理念,基本建成"1310工程",打造高品质城区,构建大交通格局,推进特色镇村建设,着力塑造城市特色风貌、彰显城市文化内涵、创新城市管理服务,促进繁华都市与美丽乡村相得益彰、现代文明与历史文化交相辉映,让江阴早日展现现代化有特色美丽宜居城市的现实模样。

坚定不移实施绿色发展战略。始终把生态文明建设作为最大的民生、发展的生命,大力优化产业结构、能源结构和生态治理结构,扎实开展"两减六治三提升"专项行动,加快推进绿色低碳发展,坚决实施水气土等环境整治,全面加强环保基础设施建设,强化环保执法监管,力争万元地区生产总值能耗比2015年末下降16.5%以上,主要污染物排放削减量完成上级下达任务,突出环境问题得到有效解决,让江阴的天更蓝、地更绿、水更净、空气更清新,早日实现生态环境质量根本性好转。

坚定不移实施民生优先战略。民生所需就是发展所向,坚持把人民群众过上好日子作为政府工作的出发点和落脚点,突出就业创业致富、社会保障共富、公共服务添富、精准帮扶助富、社会治理护富,下大力气解决事关群众切身利益的问题,不断提高教育、医疗等公共服务供给水平,着力满足群众对公共设施、公共文化、公共安全等物质和精神需求,每年都办成一批真正让群众得实惠的好事实事,提前实现城乡居民人均可支配收入比2010年翻一番,让全市人民在共建共享中不断增强获得感、提高满意度。

今年,是党的十九大召开之年,是江阴撤县建市30周年,也是新一届政府的开局之年,做好今年经济社会发展各项工作意义重大。全市经济社会发展的主要预期目标是:地区生产总值增长7%~7.5%,一般公共预算收入增长5%左右,全社会固定资产投资增长5%左右,社会消费品零售总额增长10%左右,城乡居民收入与经济保持同步增长,城镇登记失业率控制在3%以内,万元地区生产总值能耗和空气质量优良率等环境质量指标完成上级下达的目标任务。

实现上述目标,今年重点抓好以下七个方面的工作:

一、突出产业强市,着力推动经济转型升级

坚持以提高发展质量和效益为中心,加快产业结构调整和新旧动能转换,着力培育具有比较优势的战略性新兴产业、具有领先优势的先进制造业和具有区域优势的现代服务业,全力确保经济增长保持在合理区间、发展质效位居苏南前列。

培育现代产业。深入实施"中国制造2025江阴五年行动计划",壮大提升冶金、装备制造、纺织服装、石化新材料等主导产业,规模以上工业增加值增长6%左右。鼓励和引导传统产业运用新技术、新工艺、新装备向高端化、品牌化发展,着力提升产业层次和核心竞争力。发挥新材料、新能源、电子信息、节能环保、生物医药等新兴产业龙头企业的带动效应,着力提升新兴产业规模能级。引导制造企业延伸服务链条、拓展服务环节,推动制造业由生产型向生产服务型转变。大力培育现代物流、电子商务、互联网金融等新型服务业,促进生产性服务业向专业化和价值链高端延伸,服务业增加值提升0.6个百分点。培育壮大网络零售、居家养老、连锁经营、文化旅游等业态,推动生活性服务业向便利化、精细化、品质化提升。整合长江岸线资源,提升港口物流产业竞争力。加快农业结构调整和产业化经营,促进主导产业提升、特色产业扩面、多元复合经营、产业融合发展。推进以色列都市农业、华西稻米产业基地等7项重大农业项目,确保完成"三资"投农10亿元。完善农田水利基础设施,新增高效设施农业面积200公顷。

做强实体经济。支持大企业集团、优势企业通过兼并重组、战略合作等做大做强,加快培育一批国内有地位、世界有影响的千亿级企业集团和本土跨国公司。鼓励中小企业走"专精特新"发展之路,培育一批"科技小巨人"、行业"单打冠军"。引导企业树立质量第一的强烈意识,发扬"工匠精神",加强品牌建设,切实增强核心竞争力。积极推进"两化融合""机器换人",新增两化深度融合企业10个。推动企业借力资本市场发展壮大,持续扩容升级"江阴板块",力争新增境内外上市公司5个、"新三板"挂牌企业10个。支持企业加强管理创新,新增省管理创新示范(优秀)企业2个。深入开展"三走进三服务"*活动,认真落实"减税降费"等扶持政策,切实减轻企业负担,增强企业发展后劲。把防控金融风险放到更加重要的位置，严厉打击非法集资和逃废债务行为，切实维护良好的金融生态环境。

优化投资结构。发挥有效投入对稳增长、促转型的支撑作用，推动投资由铺摊子、粗放式增长向注重结构、提升质量转变。围绕战略性新兴产业、先进制造业和现代服务业，锁定世界名企、大型国企、实力民企等重点，强化产业链招商、功能性招商和新业态招商，力争引进5项以上超亿美元或超10亿元项目，努力在超50亿元、超100亿元重特大项目上取得新突破，确保完成到位注册外资9.5亿美元。支持本土企业开展以技术、股权为纽带的合作，力争引进5项央地合作项目。鼓励企业加大技改投入，不断提升产品技术、工艺装备水平。引导企业实施智能化改造，加快打造一批智能工厂。加强土地、资金等要素保障，着力推进兴澄特钢特种钢材深加工、中建材薄膜太阳能电池、梦东方·徐霞客国际旅游度假区等项目建设，确保14项重大项目竣工投运。

二、坚持创新驱动，不断增强发展内生动力

推动以科技创新为核心的全面创新，加快培育一批具有爆发力和引领力的创新型增长点，不断激发全社会创新活力，努力在新一轮竞争中占据先机、赢得优势。

突出企业自主创新。强化企业创新主体地位和主导作用，大力培育创新型企业集群，新认定省高新技术企业100个、省民营科技企业100个，高新技术产业产值占规模以上工业产值比重达到45%。聚焦石墨烯、电子信息、生物医药等新兴产业领域，加强关键技术研发，加速科技成果转化，实施重点产学研合作项目60项，力争建成国家火炬江阴智慧能源特色产业基地。鼓励企业开展科技金融合作，力争科技风险补偿贷款突破5亿元。引导企业加强知识产权创造、运用和保护，确保万人有效发明专利拥有量超18件，新增中国驰名商标2件、省著名商标12件。

强化创新载体建设。着力推进苏南国家自主创新示范区建设，高水平建设创新型城市，全力打造区域创新示范引领高地。加快企业研发机构建设，新建省级以上研发机构15个。着力构建产业创新载体，组建市级产业技术研究院2个、产业技术创新联盟2个。加快公共创新服务平台建设，新建众创空间和星创天地5个、农村科技服务超市2个。扎实推进“智慧江阴”建设，启动智慧城市信息整合共享协同工程，组建成立大数据中心、城市综合管理指挥中心，建设电子政务平台，建立城市信息资源共享机制，推行城市智慧式管理。

加强创新人才引育。突出高端人才引进和培养，培育国家“千人计划”、省“双创计划”、无锡“太湖人才计划”人才30人以上。启动实施“暨阳英才计划”，组织开展各类招才引智活动，吸引更多海内外高层次人才来澄创新创业。大力实施“人才强企”工程，鼓励企业与高校院所联合培养创新人才，力争全年建立院士工作站5个、博士后工作站5个、海外工程师和外国专家工作室10个。加强企业家、高级经营管理人员培养，不断提升企业经营管理队伍素质。强化技术技能型人才培养，年内培养高技能人才3000人。深化人才服务保障机制，营造良好的人才发展环境。

三、加快城乡建设，大力提升城市品质内涵

坚持现代化标准、特色化理念，坚守大气精致、用好山水资源，加快推进城乡建设“1310工程”，着力完善城市功能，提升城市形象，让城市更宜居、让百姓更满意。

优化城乡规划。坚持以城市总体规划为统领，进一步完善各片区及各镇总体规划、各专项规划，着力构建多规融合、功能互补的空间格局。充分挖掘江阴城市水系、山体特质，深化锡澄运河地区、南门地区、环城森林公园启动区等重点区域城市设计，展现江阴独特的城市魅力和景观风貌。加快综合交通枢纽中心区域规划建设，完成市域轨道交通规划。完善城乡防洪规划修编，加强水系沟通、河道治理和闸站控制，提升防洪排涝能力。推进城市地下综合管廊、海绵城市规划建设，提高城市地下空间资源利用水平。加大规划刚性管控力度，维护规划的严肃性和权威性。

完善城市功能。优化滨江、沿河、近山等具有江阴特色的空间布局，加快实施一批高品质的城建工程。着力推进江阴绿道、滨江公园、运河公园、应天河公园建设，加快环城森林公园定山、绮山、花山、秦望山启动区建设，让人民群众充分享受自然生态资源。着力推进芙蓉大道快速化改造、砂山路、云顾路大修等工程，启动新澄杨路、长新大道二期、临江路西延伸段等建设，完成夏东路、毗陵路西延伸段工程，打通君山路、塘前路等“断头路”，搬迁黄田港、韭菜港渡口，加快形成完整的路网体系。开工建设南沿江城际铁路，推进新长铁路城区段高架改造、火车站货运场站搬迁。推进锡澄运河跨河桥梁、北门岛艺术区建设，提升运河两侧景观风貌。完成新沟河延伸拓浚工程，启动锡澄运河扩大北排、老桃花港整治工程，建成西横河防洪排涝、西门雨污水泵站改造等67项应急防汛工程。突出重点建设区域，坚持成片拆净原则，加大拆迁腾地力度，完成拆迁130万平方米。探索推广市场化、货币化安置模式，新建安置房50万平方米。

加强城市管理。扎实推进全国文明城市创建，深入开展治堵治乱治脏专项行动，不断优化人居环境。推进户外广告市场化交易，加快建筑垃圾资源化利用，实施邓家村等10个城中村、虹桥八村等14个老小区改造，加快先锋菜场等5个农贸市场改造，有效改善城区市容市貌。推进公交外滩首末站、新华站停车场扩建等工程，新增170个公交电子站牌，实现江阴交通卡省内互联互通。新增公共自行车租赁网点150个，新投放自行车3500辆，加快打造城市慢行体系。深化城管与交警联动执法机制，挖掘和整合各类停车资源，缓解行车拥堵和停车难题。加强“城市啄木鸟”等城市管理服务智能化平台建设，不断完善城市综合管理。提高房屋建筑质量，依法整治违法建设，提升物业管理水平，改善群众居住环境。

建设特色镇村。积极推进以人为核心的新型城镇化,深入推进城乡发展一体化,促进城乡统筹发展、协调发展。加快新桥、徐霞客、长泾等城乡发展一体化示范特色镇和华士、周庄、新桥等产业特色小镇建设,推动镇村基础设施互联互通、公共服务共建共享,精心打造规模集聚、功能完整、宜居宜业的现代江南小镇。深化"美丽乡村"建设,持续改善村庄环境,健全长效管理机制,培育一批美丽宜居村庄,让乡村生活更加美好。加强传统村落民居和历史文化名村保护,挖掘和打造亮点特色,促进乡村旅游发展,展现农村特色风貌。积极稳妥推进农村危房改造和部分重点村、特色村农民住房改造试点,改善农民居住生活条件。继续实施农村供水管网及户表改造,新增天然气居民用户2万户。

四、推进绿色发展,扎实改善生态环境质量

牢固树立"绿水青山就是金山银山"的发展理念,全面开展"两减六治三提升"专项行动,加强生态保护和环境治理,促进生态环境持续改善,增进人民群众生态福祉。

加大节能减排力度。坚持管源头、控增量、减存量同步推进,优化能源利用结构,从源头上为生态环境减负。严格落实国家去产能各项政策,关停"三高两低"企业50个。持续削减全市用煤总量,全面完成10蒸吨以下燃煤锅炉淘汰整治任务。开展新一轮热电企业整合整治,启动华能燃气电厂项目建设,完成城市热网青月线工程。推动碳排放权交易市场建设,引导高能耗企业加快实施节能减排改造。推广使用清洁能源,新增分布式光伏发电应用40兆瓦、新能源汽车充电桩250个。加快推进重点节能技术改造、合同能源管理,实施重点节能项目30项,打造节水型载体9个。

加强环境综合治理。全面落实生态环境保护"党政同责"和"一岗双责",实施最严格的环境执法和网格化监管,着力解决群众身边的突出环境问题。实行大气污染联防联控,推进石化、合成树脂等重点行业挥发性有机物治理,完成4台燃煤机组超低排放改造,全市空气质量优良率达到67.5%,PM2.5浓度比2015年下降12%以上。深入开展太湖水污染防治,整治河道15条,III类以上地表水比例持续提高。加快推进城区控源截污工程,改造提升73个片区污水主次管网,完成澄江路等14条道路污水主管网铺设。新建集镇区污水管网20千米、排水达标区30个,力争完成生活污水治理村庄350个以上。推进中小河流治理重点县综合整治和水系连通三期工程,加快实施镇村河道轮浚,着力改善水体环境质量。加快推进农业面源污染治理,关停和整改畜禽养殖场300个以上。

加快生态环境建设。优化市域生态格局,构筑生态安全保护屏障,提升自然生态承载能力。严守耕地红线,确保全市耕地保有量和基本农田面积不少、用途不变、质量不降。严控新增建设用地总量和土地开发强度,实施低效产业用地再开发,盘活存量用地133.33公顷。严格落实属地责任,加大土地执法力度,坚决遏制违法违规用地行为。统筹实施山水林田湖生态保护和修复,完成白石山、稷山地质环境治理,推进锡东生态园建设,建成长跃湖省级湿地保护小区。加快肖山、窑港口水源地达标建设和绮山应急备用水源地建设。扎实推进工业固废综合处置、光大电厂三期等重点项目建设,不断提高垃圾综合利用和规范化处置水平。加快推进生活垃圾分类减量,新增试点小区20个。着力提升城乡绿化水平,新增造林绿化66.67公顷,确保建成区绿化覆盖率达到43.04%。

五、深化改革开放,全力扩大开放发展优势

牢牢把握供给侧结构性改革这条主线,加大重点领域和关键环节改革力度,更加主动融入国家重大战略,着力增创对内对外开放新优势,为经济社会发展注入强劲动力。

深化重点改革。突出市场主导作用,严格执行环保、能耗、质量、安全等相关法律法规和标准,全力化解过剩产能,加快淘汰落后产能,加大商品房去库存力度,努力降低企业生产经营成本,着力补齐创新、城建、生态、富民短板,推动供给侧结构性改革五大任务取得更大进展。推进行政审批标准化建设,实施相对集中行政许可权改革。稳妥推进事业单位分类改革,深化徐霞客经济发达镇行政管理体制改革和周庄国家新型城镇化试点镇建设。推行"五证合一、一照一码"登记制度改革,营造更加宽松高效的创业环境。深化国资监管体制改革,推进国有企业整合重组,确保国有资本保值增值。实施财政管理体制改革,加强园区、街道预算管理,推进预决算信息公开。落实政府性债务限额管理制度,促进财政平稳运行。巩固党政机关公车制度改革成果,完成国企及事业单位公务用车改革。完成土地承包经营权确权登记颁证工作,完善农村产权交易体系,壮大村级经济发展实力。深化供销社综合改革,提升为农服务能力。

扩大对外开放。主动融入全面扩大开放新格局,积极参与"一带一路"、长江经济带建设,着力提升开放型经济发展水平。落实外贸稳增长扶持政策,推进国家级外贸转型升级示范基地、公共海外仓等平台建设,加大对造船、光伏、纺织服装等重点出口产业扶持力度,积极培育一批具有国际知名度的自主出口品牌,确保进出口总额、出口额实现正增长。优化对外开放环境,加快推进通关一体化、"三互"大通关*等贸易便利化,建成电子口岸二期,提升口岸综合服务能力和开放水平。鼓励和引导企业通过并购、合资合作、投资办厂等方式"走出去",更好地利用"两个市场、两种资源"*,确保完成中方协议投资额7.8亿美元。

做强开放园区。优化园区资源配置,推动园区产业、载体、功能升级,提升园区发展质量和对全市的贡献度。大力推进高新区滨江科技城建设,着力提高产业项目承载能力和要素集聚能力,努力打造创新引领、产城一体的核心区。加快推进青阳园区基础设施建设,确保落地开工一批重大项目。扩大临港开发区岸线、港口、空间和腹地等优势，更大力度招引智能装备、新材料等领域优质企业，做大做强特色产业集群，确保国家综保区一期封关运作，早日创成国家级开发区。大力提升靖江园区联动开发水平，加快建设千亿级临江产业集聚区，壮大园区经济总量。推动镇街工业集中区集约化、特色化发展，提高产业关联度和土地利用率，促进镇街经济加快发展。

六、致力民生改善，切实维护社会安定和谐

确立"聚焦富民"理念，尽心尽力促民富、解民忧、保民安，用实实在在的举措办好今年各项民生实事，让老百姓有更多更强的获得感和幸福感。

提高保障水平。着力优化就业结构、提升就业质量，重点帮扶困难人群就业，全年提供就业岗位5.6万个，促进本地劳动力就业2.3万人。充分发挥创业载体作用，加速聚集一批创新创业主体，扶持自主创业2000人以上。完善社会保障体系，推进全民参保登记，新增城保参保人员3万人。居民养老保险基础养老金、被征地农民养老年龄段人员养老补助金标准分别提高至每月310元和每月760元，新农合筹资标准提高到人均880元。加大住房保障力度，降低廉租房保障门槛，拓展公租房保障范围，新增公积金缴存职工3.5万人。创新精准帮扶助困机制，启动实施特困家庭深度救助，城乡低保标准提高至每月840元。积极推进残疾人和慈善事业，改善困难群体生活质量。加快推进经济薄弱村三年脱贫转化，促进村级经济长效稳定增收。

完善公共服务。深化省教育现代化示范区建设，加大特色本科院校引进力度，完成新澄江中心小学易地新建，推进敔山湾幼儿园新建及南华中专、华姿职校改扩建等项目建设，促进教育优质均衡发展。推进健康城市建设，提升群众健康素养和健康水平。深化公立医院综合改革，深入推进分级诊疗制度，探索建立紧密型医联体，提升基层医疗服务能力。启动市妇幼保健院建设，完成市中医院异地新建规划选址，确保市医疗中心建成投运。举办徐霞客诞辰430周年系列纪念活动，深化"书香江阴""市民文化节"等品牌活动建设，全年开展各类文化惠民活动3000场以上。扶持培育一批本土文化企业，创作一批文艺精品力作。加强文化遗产保护、利用和传承，启动祁头山遗址公园、佘城遗址公园规划建设。加快全民健身综合馆建设，办好市第七届运动会。加快发展社区居家养老服务，推进养老保障型机构和护理院建设，确保每千名老人拥有养老床位42.5张。

创新社会治理。提升社区服务功能，完善社区网格化管理，大力培育社会组织，夯实社会治理基础。完善公共法律服务体系，加强市、镇两级调处中心规范化建设，完善多元化解机制，扎实推进依法逐级走访制度，妥善化解各类社会矛盾。深入开展"七五"普法活动，提升全社会学法用法水平。加强社会诚信体系建设，健全守信激励和失信惩戒机制。深化立体化、信息化治安防控体系建设，不断提升"平安江阴"建设水平。强化食品药品安全管理，加强重大疾病和疫情防控，争创省食品安全示范城市。严格落实安全生产责任，加快江阴沿江危险化学品应急救援基地建设，深入排查和积极化解各类风险隐患，切实堵塞安全漏洞，防范重特大安全生产事故的发生。

七、改进作风效能，努力加强政府自身建设

把全面从严治党落实到政府自身建设之中，以开展"两学一做"学习教育为强大动力，加快政府职能转变和作风提升，努力营造风清气正、务实高效的政务环境。

严格依法行政。坚持用法治思维和法治方式指导工作，严格按照法定权限行使权力、履行职责。认真执行人大各项决议决定，自觉接受人大及其常委会的法律监督、工作监督，主动接受政协的民主监督，着力提升依法行政能力。完善决策咨询和政府法律顾问运行机制，落实重大行政决策程序，提高行政决策科学化、民主化、法治化水平。推动综合行政执法体制改革，探索跨部门、跨行业、跨区域综合执法，严格规范行政执法行为。全面推进政府信息和政务公开，动态调整和及时公布行政权力清单和责任清单，促进行政权力在阳光下运行。

持续改进作风。弘扬敢于担当的精神，坚持求真务实的态度，深入推进政府职能转变，促进作风建设常态长效。大力弘扬"钉钉子""马上办"的好作风，确保重大决策、重点工作立说立行、速决速行。严格落实首问负责制、限时办结制和责任追究制，大力整治"庸懒散慢拖"和"中梗阻"现象，进一步提高机关工作效能。加快建设市民服务中心等政务平台，着力打造优质高效的服务环境，积极当好推进发展的"店小二"。深化目标任务绩效考核，建立更加有力的部门协同机制和重点工作督查机制，推动各项工作落地见效。建立健全容错和激励机制，营造干事创业良好氛围。

强化廉洁从政。严格执行中央八项规定和省市委十项规定精神，加大对公务接待、公车使用、公款出国（境）的监督检查力度，坚决防止"四风"变异反弹。认真落实党风廉政建设责任制，强化领导干部"一岗双责"，加大问责追究力度，推动党风廉政建设向基层延伸，不断完善惩治与预防腐败体系。坚持把纪律和规矩挺在前面，始终保持反腐败高压态势，强化对权力集中、资金密集、资源富集、资产聚集的重点部门、重点单位和关键岗位监督，坚决查处侵害群众利益的不正之风和腐败问题。

各位代表，实干创造未来，奋斗成就伟业。让我们更加紧密地团结在以习近平同志为核心的党中央周围，在中共江阴市委的坚强领导下，同心同德、真抓实干、开拓创新，奋力谱写高水平全面建成小康社会、"强富美高"新江阴建设的崭新篇章，以优异成绩迎接党的十九大胜利召开！

■类目编辑　陈学超

大事记

1月

1日 江阴市贯彻国家和江苏省关于建立居民生活用自来水、管道天然气阶梯价格制度要求，全市城乡居民生活用自来水、管道天然气价格分三个阶梯，实行分级累加计费制，自来水价格级差之比为1∶1.5∶3，天然气价格级差之比为1∶1.1∶1.4，同时继续落实低保优惠政策。

1—3日 由江苏省跆拳道协会、上海市跆拳道协会、浙江省跆拳道协会主办的中国·长三角青少年跆拳道友谊赛在浙江台州开赛，江阴市正道馆10名小选手夺得个人及混双品势金牌3枚、银牌3枚、铜牌8枚的好成绩。

8日 中共江阴市委十二届八次全体（扩大）会议在江阴大剧院召开，会议深入学习贯彻党的十八大和十八届三中、四中、五中全会精神，以及中央、全省经济工作会议精神，按照省委十二届十一次、无锡市委十二届十次全会的部署要求，回顾总结2015年和“十二五”规划工作，科学谋划“十三五”规划发展，全面部署2016年工作任务，动员全市上下进一步统一思想、凝聚共识，开拓奋起、真抓实干，立足新起点，建设新江阴，为实现“十三五”规划良好开局而努力奋斗。

△ 中共中央、国务院在北京人民大会堂举行2015年度国家科学技术奖励大会，江阴贝瑞森生化技术有限公司创始股东、瑞典生物分离科学家杨克里斯特·杨森与其他6位外籍科学家一起，被授予中华人民共和国国际科学技术合作奖，中共中央总书记、国家主席、中央军委主席习近平为其颁奖。江阴兴澄特种钢铁有限公司、江阴联业生物科技有限公司和江苏兴业塑化股份有限公司3个公司的项目分获国家科技进步奖二等奖。

15日 江苏江阴农村商业银行IPO（首次公开募股）无条件过会，成为全国县域农村商业银行中首个IPO过会银行。

17—19日 政协江阴市第十四届委员会第五次会议在江阴大剧院召开，378名政协委员出席会议，大会通过选举办法，补选徐冬青为政协江阴市第十四届委员会主席，孙志红为政协江阴市第十四届委员会常务委员。

18日 江苏省体育局公布2015年全省县级体育重点工作督查情况通报，江阴市以100分的满分成绩再次蝉联全省第一名，实现“六连冠”。

18—20日 江阴市第十六届人民代表大会第五次会议在江阴大剧院召开，368名人大代表出席会议，大会听取财政预算委员会主任委员黄耀清所作的财政预算审查报告；听取并通过议案审查委员会主任委员朱敏所作的议案审查报告。大会通过《关于市政府工作报告的决议》《关于江阴市国民经济和社会发展第十三个五年规划纲要的决议》《关于江阴市2015年国民经济和社会发展计划执行情况与2016年国民经济和社会发展计划的决议》《关于2015年财政预算执行情况和2016年财政预算的决议》《关于江阴市人大常委会工作报告的决议》《关于江阴市人民法院工作报告的决议》《关于江阴市人民检察院工作报告的决议》。

20日 住房城乡建设部公布第二批建设宜居小镇示范、宜居村庄示范名单，江阴市新桥镇入选。

23日 由中央电视台第七套农业节目、中国农业电影电视中心主办的全国“三农人物”颁奖典礼在北京举行，江阴华西新市村党委书记吴协恩被授予“CCTV2015年度十大三农人物”称号。

26日 江苏城市频道22∶30“江苏最美人物发布厅”栏目聚焦最美基层干部李全兴，节目讲述江阴周庄镇山泉村党委书记李全兴带领村民建设新农村，使山泉村变成远近闻名新农村的先进事迹。

28日 江阴市友佳珠光云母有限公司（中国晶体新材料控股有限公司）在韩国交易所挂牌上市。

△ 国家标准化管理委员会下达2016年度国家级服务业标准化试点项目通知，江苏江南水务股份有限公司申报的供水服务标准化试点项目获批。

△ 农业部公布2016年度全国农业综合执法示范窗口入选名单，江阴市农林行政执法大队入选，成为2016年度江苏省农业执法系统获此殊荣的唯一县级执法大队。

是月 由江苏双良节能系统股

份有限公司建立的Q/SLEE. M02. 01-2015A 知识产权管理体系通过国家知识产权局评审，获评国家知识产权优势企业。

△ 国家知识产权局、教育部联合公布首批30所全国中小学知识产权教育试点学校名单，江阴市华士实验中学入选，成为江苏省唯一一所入选学校。

△ 世界权威金融分析机构——标准普尔公布全球市值最高服饰公司25强名单，海澜之家服饰股份有限公司以94.98亿美元的市值排在第14位。

△ 江苏中泰检测检验有限公司获江苏省安全生产监督管理局颁发的职业卫生技术服务机构资质证书，成为江阴市首个获得该资质评定的企业。

△ 江苏省宗教事务局公布省第二批五星级宗教活动场所名单，江阴市君山寺入选，成为江阴市首个五星级宗教活动场所。

△ 国务院以国函〔2016〕21号文件批复同意设立江阴综合保税区。

△ 江阴市云亭街道通过中国职业安全健康协会审定，被命名为全国安全社区。

△ 江阴市长泾镇泾南社区被国务院侨务办公室评为全国社区侨务工作示范单位。

△ 国家质检总局和国家认监委联合发文（国质检科联〔2015〕590号）批准依托江阴市产品质量监督检验所筹建的"国家船舶材料质量监督检验中心（江苏）"成立。

2月

15日 由美国美中教科文基金会、美国常春藤教育发展促进会、澳大利亚教育学会、中国非物质文化遗产促进会等机构主办的第三届纽约国际校园舞蹈节暨第四届百花迎春·美国林肯中心星光盛典、第四届星光校园·文化中国·中国非物质文化遗产联合国总部展演等活动在美国纽约举行，江阴市少年宫天乐筝坊表演的节目古筝版《青花瓷》获"第四届美国林肯国际校园艺术节"金奖。

26日 中宣部、中央文明办在北京召开全国学雷锋志愿服务工作推进会，会上公布最美志愿者、最佳志愿服务项目、最佳志愿服务组织、最美志愿服务社区"四个100"先进典型名单，江阴市香山书屋志愿服务队获评最佳志愿服务组织。

27日—3月1日 由奥克鲁斯公司主办的2016年奥克鲁斯国际马术峰会在海澜国际马术俱乐部召开，峰会以"现代运动马的健康与福利"为主题，旨在传播先进马术知识与行业理念，专注于提高国内兽医师、马主及马术行业人员专业素养，这是奥克鲁斯国际马术峰会首次走进中国规模最大的一次。

29日 江阴市第十六届人民代表大会常务委员会第二十九次会议决定，接受封晓春因工作变动辞去江阴市副市长职务的请求，并报江阴市人民代表大会备案。

是月 云亭街道获批省级创新型试点乡镇，成为2015年度无锡市唯一获此荣誉的乡镇。

△ 江阴市成立项目建设督查办公室，专题负责项目建设督查工作。

3月

2日 2016年全国健身气功管理工作会议暨中国健身气功协会常委会在北京召开，江阴市徐霞客镇被国家体育总局健身气功管理中心授予2015年全国百城千村健身气功交流展示系列活动"展示奖"。

12日 由江苏省社会体育管理中心、江苏省游泳运动协会主办的2016年江苏省首届冬泳锦标赛在南通举行，江阴冬泳队获"团体总分第一名""中年组团体第一名""青年组团体第二名"3个奖项，并获大会组委会颁发的"优秀组织奖"，这是江阴市首次夺得全省游泳比赛团体第一的好成绩。

16日 CCTV发现之旅"品质"栏目摄制组走进青阳镇江阴市友邦家居用品有限公司，拍摄大型专题纪录片——《晒出美好生活》，讲述友邦人的能工巧匠，将铁管与螺丝钉巧妙结合，创造出晾晒美好生活的工具——晾衣架。

17日 江苏阳光集团有限公司与埃塞俄比亚国家投资局签订毛纺织项目框架备忘录协议，计划投资9.8亿美元在埃塞俄比亚设立生产基地。江阴市领导陈金虎、计军与埃塞俄比亚总理特别顾问雅可比·欧可贝出席签约仪式。10月4日，在国家主席特别代表、国家发展和改革委员会主任徐绍史以及埃塞俄比亚联邦民主共和国总理海尔马里亚姆·德萨莱尼见证下，江苏阳光股份有限公司与埃塞俄比亚投资委员会在埃塞俄比亚总理府签署阳光埃塞俄比亚毛纺织染项目投资

2016年3月28日，"江阴南"高速入口通车运行 （严汉文 摄）

协议。

18 日 江苏省文化厅公布第四批省级非物质文化遗产代表性项目名单，江阴市有 8 项项目入选：锡剧、华士冰油酿造技艺、精细木作技艺、黑杜酒酿造技艺、肝胆疾病中医外治法、朱氏治法（咽喉诊、脐腹诊）、周氏妇科疗法、谢氏正骨疗法。

21 日 中央电视台财经频道“经济半小时”栏目在《金寨的“阳光”扶贫》专题报道中，重点介绍华西新市村在安徽金寨县建立光伏电站，通过带动当地拓展光伏产业进行精准扶贫的先进经验。

28 日 锡澄高速公路江阴境内第四个互通——锡澄高速“江阴南”高速入口通车运行。

29 日 第二届中国质量奖颁奖大会在北京人民大会堂举行，江苏阳光集团有限公司、江阴兴澄特种钢铁有限公司获中国质量奖提名奖。

31 日 由武进区体育局主办的第三届环太湖城市体育交流活动网球团体赛在常州举行，江阴网球代表队夺得冠军的好成绩，这是江阴网球项目获得的首个地区比赛冠军。

是月 由中央电视台和国家语委联合主办的《中国成语大会第二季》在央视综合频道（CCTV－1）播出，由江阴籍小伙张恒睿搭档的“秦汉思源”组合夺得季军。

△ 江阴新蜂体育公司在江苏股交中心挂牌上市，成为江苏股交所历史上第一支足球概念类挂牌企业，这是全国范围内首批对接资本市场的足球产业公司。

△ 国家知识产权局区域专利信息服务（南京）中心批准在江阴设立（南京）中心江阴分中心，这是全国县级市中首个区域专利信息服务分中心。

△ 国家发改委、财政部公布“全国园区循环化改造”试点名单，江阴国家高新技术产业开发区入选。

△ 江阴市通过世界卫生组织（WHO）西太平洋地区健康城市联盟指导委员会评审，成为健康城市联盟会员。

△ 江苏江阴临港经济开发区海之语青年网络创业孵化基地通过团省委和江苏省经信委认定，成为江苏省农村青年电商培育示范基地，这是无锡市唯一一个省级农村青年电商培育示范基地。

△ 根据《江苏省博士后管理工作实施办法》有关规定，经专家评议、江苏省人力资源和社会保障厅研究，江苏吉鑫风能科技股份有限公司获批江苏省博士后创新实践基地。

△ 江苏齐氏生物科技有限公司研发的“生物制药试剂（原代细胞和肝 S9）的研究、开发和技术服务，生物制药试剂的销售”质量管理体系通过专家评审，获卡狄亚标准认证（北京）有限公司颁发的 ISO 9001：2008 国际标准认证证书。

△ 江阴中达软塑新材料股份有限公司在“新三板”挂牌上市，代码为“835905”。

4 月

6—8 日 “一带一路”中国—哈萨克斯坦合作发展国际研讨会在江阴举行，中哈两国政府、智库和企业代表就深化中哈合作进行研讨，促进中哈企业合作对接，探讨建立蓝迪国际智库中国哈萨克斯坦国际合作委员会。全国人大常委会委员、外事委员会副主任委员赵白鸽，哈萨克斯坦驻上海总领事卡拉巴耶夫·佐齐汉，副省长张雷出席开幕式。

7—8 日 江苏省委、省政府召开全省推进供给侧结构性改革工作会议，江苏江阴临港经济开发区被评为江苏省先进开发区。

9 日 由江阴市文学艺术界联合会主办的 2016 年“三一杯”第十二届长三角国际标准舞全国城市公开赛在江阴体育馆举办。大赛共有来自全国各地的 70 多支代表队、近 4000 名选手参加竞技。

11—15 日 江阴市委书记陈金虎率江阴市代表团赴台开展经贸合作和交流活动，先后与台湾华新丽华集团等先进制造业企业确立产业发展战略合作伙伴关系，成功签约一批先进制造业、城市建设、社会事业、金融合作等方面项目。

11—16 日 由教育部、青岛市政府联合主办的全国第五届中小学生艺术展演活动在青岛国信钻石体育馆举行，江阴市第一初级中学表演的节目《女生宿舍那点事儿》获全国艺术展演金奖。

12 日 中国循环经济协会公布第二届中国循环经济专利奖评选结果，由江苏华宏科技股份有限公司研发生产的“废钢破碎机”获中国循环经济专利奖一等奖。12 月，由该公司研发制造的废金属破碎生产线被首届中国国际循环经济展览会评选为技术装备奖。

15 日 国家药监总局药审中心公布位于江阴国家高新技术产业开发区的江苏普莱医药生物技术有限公司研发的抗感染 1.1 新药 PL-5 获批进入临床试验，这是全国首例进入临床的多肽抗感染创新药。

16 日 中国海洋蛋白质产业创新联盟暨产业基金、贝瑞森创新医疗器械示范应用基地在江阴国家高新技术产业开发区成立。

22 日 中国日报社社长、总编辑朱灵一行到江阴调研乡镇企业发展、经济转型升级方面等情况。

22—24 日 由国家体育总局游泳运动管理中心、中国游泳协会主办的“四方杯”2016 年全国游泳俱乐部锦标赛在江阴体育中心游泳馆（水磨方）开赛，江阴游泳队获男子、女子和团体总分 3 项冠军，并获多个单项冠军。

24 日 由国家知识产权局主办的全国中小学知识产权教育试点启动仪式在江阴举行，江阴市华士实验中学入选全国知识产权教育试点学校名单，成为国家知识产权局和教育部评定的江苏省唯一一所全国知识产权教育试点学校。

27 日—5 月 2 日 由江苏省体育局、省教育厅主办，张家港市政府承办的 2016 年江苏省青少年田径锦标赛暨县组田径比赛在张家港体育中心举行，江阴市体校代表队夺得一金三银两铜，以总分 141 分获第 7 名，并被授予“道德风尚奖”。

28 日 新华网国家创业创新“互联网＋”平台和全国牛商总会联合公布“中国百强牛商互联网＋示

范基地”评选结果，江苏圣澜服饰创意有限公司入选。

是月 远景能源科技有限公司与美国国家可再生能源实验室、美国科罗拉多大学联合发布《内蒙古的风电场会影响北京的空气质量吗》白皮书，打破内蒙古风电场使北方风力衰减，导致北京雾霾无法被吹散的传言。这是全球首个回答内蒙古的风电场是否影响北京空气质量的白皮书。

△ 科技部公布第二批科技服务业区域试点单位名单，江阴国家高新技术产业开发区入选。

△ 由江阴市承担的首个省级农业综合标准化示范区——“江苏省园艺综合标准化示范区项目”通过江苏省质监局组织的专家考核组验收。

△ 国家质检总局公布第二批中国出口质量安全示范企业名单，江阴兴澄特种钢铁有限公司入选。

△ 江苏江阴临港经济开发区企业专场挂牌仪式在江苏股权交易中心交易大厅举行，江阴嘉美针织制衣有限公司、江阴海之语电子商务有限公司、江阴新蜂体育文化经纪有限公司、江苏国润纱布科技有限公司等10个企业在交易中心挂牌上市。

△ 江苏省经信委公布第二批江苏省高端装备制造业特色和示范产业基地公示名单，江苏江阴临港经济开发区机械装备科技产业园获批省高端装备制造业特色产业基地。

△ 江苏阳生生物工程股份有限公司在“新三板”挂牌上市。

△ 江苏省银行业协会公布2015年度江苏银行业金融机构10件创新服务有影响大事，江苏江阴农村商业银行股份有限公司“‘金邻里’社区银行践行普惠金融”成为全省唯一的农村商业银行金融创新服务项目。

5月

6日 江阴市第十六届人民代表大会常务委员会第三十次会议决定，设立江阴市人大常委会农业农村工作委员会。

△ 由中国桥牌协会主办的2016年全国桥牌锦标赛在浙江嘉善举行，江阴法尔胜桥牌俱乐部参赛选手俞敏敏、潘利平勇夺瑞士双人赛冠军、基层团体赛亚军，成为江阴桥牌史上首个全国冠军。

8日 新锡澄运河航道整治工程全线竣工，新夏港河船闸通航运营。

10—14日 由中国足球协会主办，江苏省足球协会、江阴市体育局承办的2016年“江阴周庄杯”国际青年足球锦标赛在江阴体育中心举行，有中国、伊朗、日本、乌兹别克斯坦4个国家的4支男足U-17国家队参赛，中央电视台体育赛事频道直播10日、12日、14日三场中国国家青年男子足球队比赛。

15日 中国村社发展促进会第三届会员代表大会第二次会议暨全国“村长”论坛第十二次执委会议在江阴华西新市村举行，来自全国各地的200多名知名村干部齐聚一堂，畅谈中国农村未来发展蓝图。

18日 第十一届中国徐霞客国际旅游节开幕式暨海澜马文化博物馆开馆仪式在海澜集团飞马水城举行，中国徐霞客研究会会长王宝才、江苏省旅游局副局长陈芬、无锡市和江阴市领导陈金虎、刘霞、赵国权、徐冬青、唐仲贤出席开幕式。

19日 2016年海峡两岸纪念徐霞客公祭典礼在徐霞客故居仰圣园内举行，来自海峡两岸徐霞客研究会代表共同缅怀中国杰出的地理学家、旅行探险家和游记文学家徐霞客。

23日 2015年度中国县市区域报纸优秀作品评选结果揭晓，江阴日报社有18篇次作品获奖，其中有4篇作品获一等奖，7篇作品获二等奖。

24日 国务院参事调研组来到江苏阳光集团有限公司调研，调研组参观服装车间及展示厅，并听取该公司关于标准化工作的汇报。

25—28日 由江苏省政府主办的第三届江苏技能状元大赛总决赛在无锡太湖国际博览中心举行，江阴市中船澄西高级技工学校学生顾丰波在焊接项目中成为状元，江阴南华中等专业学校学生马鑫怡在“模具设计与制造”职工工种中成为状元。

31日—6月1日 江苏省军区司令员李大清率工作组到江阴，检查调研武装工作和企业民兵组织建设情况。

是月 江阴国家高新技术产业开发区现代中药配方颗粒特色产业基地被科技部评为2016年第一批国家火炬特色产业基地。

△ 远景能源科技有限公司全资收购欧洲第二大新能源资产管理软件公司Baze Field。

△ 江阴市水产指导站被全国水产技术推广总站评为全国基层水产技术推广示范站。

△ 江阴中等专业学校团委获2015年度“全国五四红旗团委”称号，江阴市顾山镇红豆村农业专业合作社团支部获2015年度“全国五四红旗团支部”称号。

△ 江阴出入境检验检疫局从进境粮食检疫中截获检疫性病原菌——葡萄茎枯病菌，这是全国首次从进境大麦中截获该病毒。

△ 国务院促进民间投资专项督察组到江阴考察，听取江阴市促进民间投资有关政策和工作落实情况的汇报，重点了解民营企业家投资意愿等情况。

△ 由教育部、人力资源与社会保障部主办的国家级赛事——2016年全国职业院校技能大赛在天津南洋工业学校举行，江阴中等专业学校学生在中职组户式中央空调安装与调试项目中夺得全国金牌组第一名的好成绩。

6月

4日 由中国青少年发展基金会、上海科技馆和FIRST国际基金会共同主办的2016FIRST中国公开赛在上海举行，江阴市长泾实验幼儿园“TUF”团队获全国第三名的好成绩。

16—17日 《人民日报》、新华社、中央电视台、《光明日报》《经济日报》《新华日报》、交汇点、《无锡日报》等20多个中央和省市主流媒体赴江阴市华西新市村集中调研采访，围绕“两学一做”*、供给侧改革主题，再次聚焦华西在产业转型上的新做法、新亮点、新经验。

19日 由中国企业联合会、中国企业家协会、黑龙江省政府主办的2016年全国企业家活动日暨中国企业家年会在黑龙江省哈尔滨市召开，江苏法尔胜泓昇集团有限公司董事长、党委书记、总裁周江被评为2015—2016年度“全国优秀企业家”。

21日 江阴开放大学周庄学习中心挂牌仪式暨周庄镇推进全民终身学习宣传活动在江阴周庄举行，成为江苏省各县市开放大学成立的首个乡镇学习中心。

23日 以“逐梦领航”为主题的江苏南农高科技股份有限公司科圆环水佐剂疫苗新品发布会在皇家加勒比国际邮轮海洋水手号上举行，近千名国内行业专家教授、全国养殖业疫苗优秀经销商客户以及行业媒体参加，江苏南农高科技股份有限公司在会上发布国内首创圆环水佐剂疫苗新品。

△ 江苏省教育厅公布省第十四批特级教师评选名单，江阴市陆敏刚、嵇雯翃、王丽娟3名教师入选。

26日 江苏省首个屋顶绿化生态技术创新中心在江阴顾山镇红豆村揭牌成立，成为全省首个专门研究生态技术在城市屋顶绿化领域实际应用的民间机构。

26—29日 由完美世界(北京)网络技术有限公司主办的2016年DOTA2国际邀请赛中国区预选赛在江阴华西新市村开赛，10支中国顶尖DOTA2战队、50名队员为国际邀请赛的出线名额展开激烈角逐。

27日 《江苏经济报》联合《江阴日报》举行改版征询会，并在江阴电视台举行2016年“江阴十大新经济人物”推选活动颁奖典礼，中国晶体新材料控股有限公司董事长戴加龙、海润光伏科技股份有限公司董事长孟广宝、江阴中南重工股份有限公司董事长陈少忠、优彩环保资源科技股份有限公司董事长戴泽新、江苏贝德服装集团董事长蒋忠伟、无锡亿恩科技股份有限公司董事长惠建明、江阴新浩再循环纸业有限公司董事长张浩荣、江阴康瑞不锈钢制品有限公司董事长朱卫、江阴延利汽车饰件股份有限公司董事长庄鸣、江苏必得科技股份有限公司董事长王坚群10个企业家入选。

28日—7月1日 由浙江金华市体育局、金华市旅游局、中国木兰拳艺术中心、中国香港特区木兰拳世界联合会主办的“山水磐安杯”中国木兰拳暨民族传统文化展示国际大赛在浙江横店举行，江阴市参赛队员夺得大金奖的好成绩。

29日 由中国工业报社、工业和信息化部工业文化发展中心、中国光华科技基金会主办的第十二届中国工业论坛在北京举行，江苏双良集团有限公司获“中国工业示范单位”称号。

是月 江阴市实现“行权网”与省投资项目在线审批监管平台电子数据交换，成为全省首项实现该项功能的县级市。

7月

1日 江阴到港营运船舶长度、吨位之最——船长300米的“亚萨梦想”轮在长江引航中心江阴引航站的引领下，靠泊黄田港6号泊位。

△ 江阴市调整失业保险金标准，由月人均每月871元提高至988元。

2—3日 由河南焦作市武术协会、焦作市太极协会举办的2016年中国太极拳精英邀请赛在南京河海大学江宁校区体育馆举行，江阴市新桥镇太极协会会员朱要山、王三分获陈式太极拳一等奖、二等奖。

5日 无锡市协力新能源股份有限公司在北京“新三板”挂牌上市。

7—10日 由中央电视台“超级宝贝”栏目组主办的2016年“超级宝贝”少儿象棋(国际)公开赛在北京举行，江阴市新桥镇青少年活动中心戴一帆、陶帅杰分获二等奖、三等奖。

8日 中国银行业协会发布2016年商业银行稳健发展能力“陀螺”(GYROSCOPE)评价体系评估结果，江苏江阴农村商业银行稳健发展能力位居县域农村商业银行第二。

12日 江阴市第十六届人大常委会第三十一次会议决定，接受沈建辞去江阴市政府市长职务的请求，蔡叶明任江阴市政府副市长，代理市长职务；万玛端智任江阴市政府副市长(挂职)。

14日 由科技部组织新华社、《人民日报》《光明日报》《科技日报》《第一财经》《21世纪经济报道》等主流媒体组成的国家高新区专题考察组，对江阴国家高新技术产业开发区在夯实科技基础、强化战略导向、加强科技供给、深化改革创新、弘扬创新精神等方面的探索和实践进行专题采访。

17—20日 由江苏省体育局、省教育厅主办的2016年“省长杯”安踏江苏省青少年校园足球联赛总决赛在张家港梁丰高级中学举行，江阴市第一初级中学男子足球队夺得初中男子组冠军的好成绩。

18—19日 《人民日报》、新华社、《光明日报》《经济日报》、中央电视台、《新华日报》《无锡日报》等20多个中央和省市主流媒体深入江阴市华西新市村，各级新闻媒体记者深入田间地头、农民家庭，通过听报告、实地参观考察、现场采访提问等方式，就华西如何加强党的建设、提升基层党员队伍等方面进行多角度采访，全面深入了解相关情况。

27日 江阴市第十六届人大常委会第三十二次会议决定，接受孙小虎、计军、程政辞去江阴市政府副市长职务的请求，赵强任江阴市政府副市长。

28日 中芯长电半导体(江阴)有限公司在江阴国家高新技术产业开发区举行一期规模量产、二期项目启动暨14纳米中段硅片加工量产仪式，由此成为全国首个能够提供14纳米硅片加工服务的企业，同时标志着中芯长电的加工技术达到世界先进水平。

29日 全国双拥模范城(县)命名暨双拥模范单位和个人表彰大会在北京召开，江阴市连续4次被授予全国“双拥模范城(县)”称号。

29—31 日 中国共产党江阴市第十三次代表大会在江阴大剧院召开，出席代表 316 人，列席代表 124 人，特邀人员 14 人。会议听取和审议十二届市委《勇于担当勇立潮头奋力当好县域发展排头兵和领头羊》的工作报告和市纪委工作报告，选举产生中共江阴市第十三届委员会、市纪律检查委员会及第十三届委员会候补委员。十三届一次全会选举陈金虎、蔡叶明、袁秋中、计军、冯爱东、吴芳、陈兴华、费平、余银龙、程政、尹平为常委，陈金虎为市委书记，蔡叶明、袁秋中为副书记。市纪委全会选举余银龙为市纪委书记。

8 月

3—5 日 由中国纺织信息中心、中国纺织工程学会和《毛纺科技》杂志社共同举办的第 35 届全国毛纺年会暨"唯尔佳"优秀新产品颁奖大会在北京举行，江苏阳光集团有限公司参选的女装精纺面料"流星"获大赛最高奖项——优秀设计奖，粗纺面料"蓝色海岸"、针织面料"馨香玫瑰"2 款面料分获优秀新产品二等奖和三等奖。

6—9 日 由江苏省体育局、省教育厅、共青团江苏省委等单位主办的 2016 年"阳澄湖半岛杯"江苏省青少年航空模型锦标赛在苏州工业园区青剑湖学校举行，江阴市新桥中心小学学生刘美玉获小学女子组"东风一号"带降模型竞时赛金牌，朱雨琦、刘美玉分获小学女子组"小力士"伞降模型火箭银牌和铜牌。

△ 由启东市太极拳协会主办的 2016 年中国启东"东疆决"国际武术文化节在启东体育馆举行，江阴市 11 名参赛选手共获个人奖项金牌 4 枚、银牌 6 枚、铜牌 2 枚、转会银牌 2 枚的好成绩；杨式太极拳第六代传承人、江阴市非遗项目"顾山拳术"教练王栋乾获民族文化卓越传承奖。

9 日 中央电视台新闻联播二条以 3 分 51 秒的时长，在《调结构转方式 · 国家高新区调研行》主题中重点报道《江阴高新区：集聚资源打造创新高地》，介绍江阴国家高新技术产业开发区以"科技创新作引领、转型升级做示范、对外开放当窗口"为己任，优规划、腾空间，强招商、上项目，抓创新、促转型的做法。

10 日 由中国中学生体育协会主办的 2016 年中国初中女子校园足球联赛全国总决赛在山东潍坊举行，江阴市第二中学澄星女子足球队夺得冠军，并被授予"最佳教练员""最佳球员""最佳射手""最佳守门员"4 个称号。

10—14 日 由中国象棋协会主办的 2016 年全国象棋儿童赛暨"中国体育彩票"全国象棋青少年活动在江阴澄星大酒店举行，江阴市城中实验小学参赛队员获甲组团体第二名的好成绩。

11—14 日 由共青团中央、教育部、人力资源和社会保障部、中国科协、全国学联、福建省政府主办的 2016 年"挑战杯——彩虹人生"全国职业学校创新创效创业大赛总决赛在福建福州举行，江阴南华中等专业学校的"高效散热接线盒"、江苏省江阴中等专业学校的"新型卸刀座"和"智享电子商务技术服务公司"3 项项目获全国二等奖，江阴南华中等专业学校的"自适应伸缩式多功能取件器"获三等奖。

12—13 日 江阴市举行"奥林匹克文化中国行——走进江阴"活动，邓亚萍、陶璐娜、马燕红等奥运冠军到江阴，与市民零距离互动，传播体育精神，展示奥林匹克运动的人文内涵。国家体育总局体育文化发展中心副主任曹康为该次活动授旗，无锡市委常委、江阴市委书记陈金虎和奥运冠军代表邓亚萍共同为"奥林匹克文化中国行——走进江阴"活动按动启动按钮。

15 日 江苏华宏科技股份有限公司加入美国废料回收工业协会（ISRI），该协会是美国废弃物回收利用行业较有影响力的协会。

17 日 由中国棉纺织行业协会主办的 2016 年棉纺财务统计会议在山东德州召开，会上公布 2015—2016 年度中国棉纺织行业竞争力百强企业名单，江苏天华纱业集团、江苏康妮集团公司、江阴美纶纱业有限公司、江苏向阳集团有限公司 4 个企业入选。

18 日 江阴市城乡建设大会在江阴大剧院召开，无锡市委常委、江阴市委书记陈金虎号召全市上下，深入贯彻落实中央城市工作会议、省委和无锡市委十二届十二次全会精神，按照市党代会的决策部署，进一步统一思想、明确目标，同心同德、攻坚克难，全面启动"1310 工程"，掀起新一轮城乡建设热潮。

20—22 日 由中国跆拳道协会、张家港市政府主办的 2016—2017 年"优魄杯"全国大众跆拳道系列赛（江苏赛区）暨 2016 年江苏省大众跆拳道锦标赛在张家港体育馆举行，江阴市跆拳道协会 30 名选手共获各年龄组各级别的金牌 5 枚、银牌 9 枚、铜牌 15 枚的好成绩。

22 日 由团中央、全国青联、全国学联、全国少工委主办的第十届中国青少年科技创新奖颁奖大会在北京人民大会堂举行，江苏省南菁高级中学凌一洲获创新奖，成为江苏省唯一的高中获奖者。

△ 由联合国全球契约中国网络主办的"实现可持续发展目标"中国峰会在北京召开，江阴兴澄特种钢铁有限公司成为联合国全球契约组织新成员，这是江苏省首个加入该组织的钢铁企业。

25 日 中国民营经济领域最权威的榜单——全国工商联发布 2016 年中国民营企业 500 强榜单，海澜集团有限公司、江阴澄星实业集团有限公司、江苏阳光集团有限公司、江苏新长江实业集团有限公司、江苏三房巷集团有限公司、江苏双良集团有限公司、江苏法尔胜泓昇集团有限公司、江苏扬子江船业集团公司、江苏华宏实业集团有限公司、江苏新华发集团有限公司、江苏爱康实业集团有限公司和江苏新潮科技集团有限公司 12 个企业入选。

25—27 日 由江苏省体育局主办的 2016 年"一带一路"U15 男子国际足球锦标赛在江阴体育中心举行，有巴基斯坦使馆学校足球队、哈萨克斯坦斯杜社 8 号足球队、柬埔寨学院 U15 足球队、马来西亚赛帕卡国际足球学校足球队、日本东方 FC U15 足球队、西班牙 U15 足球队、新加坡

U15足球队和中国江阴一中飞扬足球队8支队伍参加比赛。

27日 中国烹饪协会联手海外中餐行业组织在江阴市华西村龙希国际大酒店举行“2016年中餐国际化(华西)论坛”活动，会上发布2016中国餐饮国际化发展报告，江阴市政府获“中餐国际化推广示范城市”称号。

27—28日 中国企业联合会、中国企业家协会主办的2016年中国500强企业高峰论坛在湖南长沙举行，会上发布2016年中国企业500强榜单和2016年中国制造业企业500强榜单，海澜集团有限公司、江阴澄星实业集团有限公司、江苏三房巷集团有限公司、江苏华西集团公司、江苏阳光集团有限公司、江苏新长江实业集团有限公司、江苏双良集团有限公司、江苏法尔胜泓昇集团有限公司、江苏扬子江船业集团公司9个企业入选2个榜单；江苏华宏实业集团有限公司、江苏新华发集团有限公司、江苏新潮科技集团有限公司、江苏海达科技集团有限公司4个企业入选2016年中国制造业企业500强榜单；江阴长三角钢铁集团、江苏江阴农村商业银行2个企业入选2016中国服务业企业500强。

30日 江苏广信感光新材料股份有限公司在深圳证券交易所创业板挂牌上市，股票代码300537。

是月 江苏省经信委、省工商联公布2015年度全省百强民企榜单名单，海澜集团有限公司、江阴澄星实业集团有限公司、江苏阳光集团有限公司、江苏三房巷集团有限公司、江苏法尔胜泓昇集团有限公司、江苏新长江实业集团有限公司、江苏新华发集团有限公司、江苏双良集团有限公司、江苏华宏实业集团有限公司9个企业入选。

△ 农业部发布《关于认定第六批全国一村一品示范村镇的通知》，江阴市顾山镇红豆村被评为第六批全国一村一品示范村。

△ 中国服装协会发布“2015年服装行业百强企业”名单，海澜集团有限公司和江苏阳光集团有限公司2个企业入选。

△ 江苏省经信委公布第五批能源管理体系认证和评价万家企业名单，江苏法尔胜泓昇集团有限公司、江阴新全盛纺织印染有限公司、江苏吉鑫风能科技有限公司、中粮麦芽(江阴)有限公司、中船澄西船舶修造有限公司、江阴新和桥化工有限公司6个企业入选。

△ 国家工商总局公示2014—2015年度国家级“守合同重信用”企业名单，江苏华西村股份有限公司、海澜之家股份有限公司、江苏双良节能股份有限公司、江苏云蝠服饰股份有限公司、江苏倪家巷集团精毛纺织有限公司、江苏中印印务集团有限公司、江苏宝鹏科技管业有限公司、江阴市好运来针织有限公司8个企业入选。

△ 农商行董事长(行长)联席会、中国地方金融研究院联合公布第六届全国十佳农村商业银行评选结果，江苏江阴市农村商业银行入选。

△ 江阴兴吴呢绒科技有限公司注册的“兴吴XINGWU”商标被国家工商总局认定为中国驰名商标。

△ 江阴市调整城乡居民低保金标准，由原先的月人均670元提高至760元。

△ 由江阴兴澄特种钢铁有限公司研发的250毫米厚度EH36钢板应用于国内首个移动式试采平台——“海洋石油162”，成为全国首个生产如此大厚度、高技术要求品种的特钢企业。

△ 由江苏省经信委、省中小企业局联合主办的2016中国江苏中小企业创新创业大赛总决赛在南京举行，江阴市经信委获优秀组织奖，江苏康益达医疗科技有限公司获优胜奖。

△ 慧居科技股份有限公司在北京“新三板”挂牌上市，股票代码839023。

△ 江苏法尔胜泓昇集团有限公司获“国家知识产权优势企业”称号，成为首批国家知识产权优势企业培育单位。

9月

2日 江苏江阴农村商业银行股份有限公司在深圳证券交易所中小板挂牌上市，股票代码为002807。

3—4日 20国集团工商峰会(B20)在浙江杭州举行，会议主题是《共同构建创新、活力、联动、包容的世界经济》，江苏双良集团有限公司应邀参加并作精彩回答。

7—18日 2016年里约热内卢残奥会在里约热内卢举办，江阴坐式排球女将龚彬和队友奋力拼搏，夺得一枚宝贵的银牌。

9—11日 由江苏省政府主办的2016年第十八届江苏国际服装节在南京国际博览中心开幕，海澜之家服饰股份有限公司、江阴职业技术学院王银明创意工作室获评“江苏省十大服装设计机构(中心)”称号，江阴职业技术学院服装专业赵晓菲同学设计的童装作品《Number Game》获“乐鲨杯”2016江苏省服装院校童装设计大赛总决赛银奖，江阴市经信委被评为江苏纺织服装产业集群基地建设工作示范单位，江阴长泾镇被评为江苏纺织服装特色名镇建设示范单位，江苏云蝠服饰股份有限公司获江苏省纺织服装行业优秀企业大奖。

10日 由中共天津市委宣传部、天津市文化广播影视局、天津市北辰区政府主办的“天穆杯”全国小品展演在天津北辰区工人俱乐部举行，江阴小品《活在别处》获最佳创作奖和优秀表演奖。

△ 由中国计算机用户协会、宁波市政府主办的第五届中国城市信息化50强发布会在浙江宁波举行，江阴市连续5次入围50强榜单。

13日 《中国经济周刊》和新华日报社、科技日报社、中新社、江苏人民广播电台等主流媒体组成的采访团齐聚江阴祝塘镇，各媒体记者深入江阴联业生物科技有限公司、江苏百舸有色金属工业科技有限公司、江阴采纳科技有限公司、江阴市恒润环锻有限公司、优彩环保资源科技股份有限公司等企业一线，与企业负责人面对面交流，总结推广企业在科技创新方面的经验做法。

15日 江阴市委副书记、代市长蔡叶明在市机关大楼会见莫桑比克马尼卡省省长阿尔贝托·蒙德拉内一行，双方就进一步推进项目合作事宜进行交流与探讨。

20 日 2016 年江阴经贸合作洽谈会在江阴大剧院隆重开幕，签约 65 项项目，总投资 784.1 亿元。

22 日 江阴市政府与西交利物浦大学合作办学备忘录签约仪式在苏州西交利物浦大学举行，英国大学与科学国务部部长乔·约翰逊，江苏省教育厅副厅长、党组副书记丁晓昌，无锡市委常委、江阴市委书记陈金虎，市委常委、常务副市长费平，副市长赵强和海澜集团董事长周建平出席签约仪式，副市长龚振东与西交利物浦大学执行校长席西民共同签订合作备忘录。

23 日 第十三届中国企业发展论坛“国民共进、央地共赢”（江阴）座谈会在北京举行，中国建材集团有限公司、中国海洋石油总公司、国家电网公司、中国国电集团等 30 多个央企与江阴市 20 多个民营企业进行合作对接，部分民营企业与相关央企签署合作协议。

24—26 日 由中国宋庆龄基金会和人力资源和社会保障部联合主办的第二届“中国创翼”青年创业创新大赛生活性服务业类全国总决赛在浙江义乌举行，江阴市选送的和黄记早餐配送创业项目获“金翼奖”。

30 日—10 月 2 日 由梅赛德斯—奔驰与中国网球协会共同主办的全国 2016 年梅赛德斯—奔驰“明星周末”在北京举行，江阴市要塞实验小学网球队员胡欣瑞获亚军。

是月 中宣部、司法部、全国普法办对 2011—2015 年全国法治宣传教育先进集体和先进个人进行通报表彰，江阴市获“2011—2015 年全国法治宣传教育先进市（县、区）”称号。

△ 中国台湾电机电子工业同业公会公布 2016 年中国大陆地区投资环境与风险调查结果，江阴市连续 13 年被评为台商投资祖国大陆“极力推荐城市”。

△ 亚太质量组织（APQO）在官网公布 2016 年“全球卓越绩效奖”评审结果，江阴兴澄特种钢铁有限公司获全球卓越绩效奖最高奖项——世界级奖，成为国内唯一一个获“全球卓越绩效奖（世界级奖）”的特钢企业。

10 月

14 日 重大历史革命题材影片《遵义会议》在江苏阳光集团有限公司举行首映仪式。

15 日 由中国自行车协会、中国消费经济高层论坛组委会和消费日报社共同主办的 2016 年第六届中国消费经济高层论坛暨首届中国“骑行天下”昆山峰会在昆山举行，江阴市获“2016 长三角十大最美骑行城市”称号。

17—26 日 《新华日报》、江苏广播电台、江苏卫视、《扬子晚报》、交汇点、《无锡日报》等 10 多个省市级主流媒体赴江阴华西新市村集中采访，聚焦吴协恩不忘初心、继续奋斗、真抓实干、迎难而上、改革创新、共铸梦想的先进事迹。24 日，江苏省委宣传部下发《关于授予吴协恩江苏“时代楷模”荣誉称号的决定》。26 日，江苏城市频道“时代楷模发布厅”发布江苏“时代楷模”——华西村党委书记、村委会主任、华西集团有限公司董事长吴协恩的先进事迹，引起社会各界的热烈反响；《新华日报》在头版刊发消息《吴协恩荣膺江苏“时代楷模”》；《无锡日报》在头版刊发消息《传承接续建设“百年村庄、百年企业”吴协恩荣膺江苏“时代楷模”称号》；江苏卫视“江苏新时空”栏目以消息、系列报道、时空短评等形式，全面展示吴协恩引领华西实现新跨越的先进事迹。

18—23 日 由中国马术协会主办，海澜国际马术俱乐部承办的“海澜之家杯”2016 年全国马术盛装舞步锦标赛和马术三项赛冠军赛在海澜国际马术俱乐部举行，比赛有广东队、四川队、天津队、上海队、浙江队、北京队、江苏队 7 支队伍 30 余名骑手参加此次比赛，江苏队参赛队员赵太峰夺得江苏队史上首个全国马术三项赛个人赛冠军。

25 日 江阴通利光电科技有限公司在韩交所 KOSDAQ（高增长市场）挂牌上市，股票代码为 900290。

25—27 日 第 13 届国际手外科学会联合会大会在阿根廷举行，由江阴市人民医院手外科完成的两项临床科研成果“M-Tang 法修复手部Ⅱ区屈肌腱的临床疗效和分析”和“指固有动脉中节中段背侧穿支筋膜蒂岛状皮瓣修复手指远端缺损”在大会上亮相，并录入《欧洲手外科杂志》和《中华手外科杂志》。

27 日 2016 年江苏体育产业大会在溧阳天目湖豪生大酒店举行，江阴体育中心被评为江苏省十佳人气体育场馆，江阴市文明体育塑胶有限公司被评为江苏省十佳体育用品企业，江阴海澜马文化主题旅游景区被评为 2016 年中国体育旅游十佳精品景区。

29 日 由中国足协主办的 2016 年 U17 全国联赛全部结束，江阴足球队夺得冠军的好成绩。

30 日 2016 年世界青少年国际跳棋竞标赛在土耳其举行，江阴市少儿才艺培训中心学员孙铭作为中国队的一员，代表中国参加世界青少年国际跳棋竞标赛，并在首轮比赛中轻松获胜。

△ 国际标准化组织（ISO）主席张晓刚一行到江苏阳光集团有限公司调研标准化工作，并对由该公司承担的 ISO/TC38 秘书处工作给予充分肯定并提出更高期望。

是月 由江阴故乡情果业专业合作社创建的“江阴经济林果星创天地”通过科技部评审，入选全国首批“星创天地”。

△ 江阴市调整特困人员供养标准，城镇“三无”对象供养标准提高到月人均 1240 元，农村“五保”对象集中、分散供养标准统一提高到月人均 920 元，孤儿集中养育标准提高到月人均 1890 元，孤儿散居养育标准提高到月人均 1300 元。

△ 由江阴南天静电科技有限公司自主研发的导静电橡胶拖地带被全国汽车标准化委员会采纳为国家标准，并获 10 项国家知识产权授权专利。

△ 江苏省环境保护委员会办公室公布 2015 年度江苏省绿色社区名单，江阴市澄江街道梅园社区入选。

△ 江苏省政府新闻办、省经信委联合公布 2015 年度江苏省自主工业品牌 50 强企业名单，江苏阳

光集团有限公司、海澜之家服饰股份有限公司、江阴兴澄特种钢铁有限公司、江苏法尔胜泓昇集团有限公司 4 个企业入选。

△ 由中国教育科学研究院、教育部中学校长培训中心、江阴市教育局联合主办,江苏省南菁高级中学承办的全国高中“审美课堂”教学论坛在江苏省南菁高级中学举行,会议邀请北京、天津、山东等地的上课、评课专家,共安排 4 场学术讲座及涵盖各学科的 36 节教学研讨课,吸引全国近百所高中近千名专家、教师到场观摩研讨。

△ 由江苏中南影业有限公司投资出品的网络电影《地狱 6 米深》在河南洛阳杀青,影片取材自 2011 年洛阳警方破获的一起真实案件,由获韩国釜山新媒体电影节最佳影片《老兵》的新锐导演何一铮执导。

11 月

1 日 由中国碳谷科技集团有限公司和中国科技开发院江苏分院、江苏康润净化科技有限公司合作开发的全球首款专业治理水质的石墨烯光催化网亮相 2016 年中国国际工业博览会。

5 日 江阴市成立巨赞法师研究会,第十届全国政协副主席张怀西、国家民族宗教事务局副局长蒋坚永,江阴市领导以及相关专家学者、佛教界代表人士出席成立大会。

14 日 神宇通信科技股份公司在深圳证券交易所创业板挂牌上市。

17 日 教育部发布第五届全国教育科学研究优秀成果奖评选结果,江苏省南菁高级中学校长杨培明的研究成果《以美育重构中学生活的实践研究》获二等奖。

18—20 日 由江苏省教育厅、省体育局主办的江苏省第九届中小学生武术锦标赛在苏州太仓举行,江阴市中船澄西高级技工学校武术队获团体一等奖,个人项目取得两项第一、一项第三的好成绩。

19—20 日 由世界教育机器人学会(Federation of World Educational Robot)主办的世界教育机器人大赛(WER)2016 年赛季世界锦标赛在国家会展中心(上海)举行,江阴市第一中学 irobort 战队 2 支队伍在“扩展任务赛”“微镜头”两个项目上分获两个特等奖,在“积木机器人赛”同获一等奖。

25 日 由中国科学院国家纳米科学中心和江阴市政府共同主办的石墨烯应用技术产业论坛在江阴举行,中科院院士刘忠范、成会明,中科院国家纳米科学中心主任刘鸣华应邀参加论坛。

26 日 由中国石油和化学工业联合会、临沂市政府共同主办的中国石油和化工民营企业百强发布会暨民营企业国际化发展论坛在山东临沂举行,会上公布 2016 年中国石油和化工民营企业百强榜单,江阴澄星实业集团有限公司连续 3 年入围中国石油和化工民营企业百强榜前 10 位。

26—30 日 由国家体育总局社会体育指导中心、中国龙狮协会共同主办的第九届全国舞龙舞狮锦标赛在江苏溧阳举行,江阴市女子舞龙队以最大的难度分和最高的动作完成分获女子舞龙自选比赛第一名,同获女子传统舞龙比赛第四名。

27 日 由中国合作经济学会主办的“洪峰杯”第八届中国小康村篮球赛总决赛在浙江嘉善落幕,江阴华宏篮球队以 5 战全胜的成绩卫冕,第 3 次夺得该项赛事总冠军。

是月 位于江阴长江港口综合物流园区的三牛众创空间通过科技部火炬中心审核认定,成为国家级众创空间。

△ 江苏省人力资源和社会保障厅公布 2016 年江苏省大学生优秀创业项目名单,江阴市有 10 项创业项目入选,江阴软件园获“2016 年省级创业示范基地”称号。

△ 由江阴市承担的江苏省农业废弃物综合利用标准化示范区,经省社会科学院、省农业委员会、南京农业大学、省质量和标准化研究院相关专家组成的考核组现场评定,通过项目验收。

△ 由远景能源科技有限公司研发的 EN-120/3.0 兆瓦机型获国际权威认证机构 DNV GL 颁发的完全型式认证证书。成为全国风机厂商 3 兆瓦系列首款通过 DNV GL 完全型式认证的机型。

△ 第二十二届 APQO 国际质量会议在新西兰举行,江苏阳光集团有限公司获全球卓越绩效奖(亚太质量奖)。

△ 由人力资源和社会保障部、教育部、科学技术部、中华全国总工会、中国机械工业联合会共同主办的 2016 年中国技能大赛——第七届全国数控技能大赛决赛在北京亦创国际会展中心举行,江阴参赛选手夺得 1 个冠军、1 个第四名和 1 个第七名的好成绩,这是江阴市技能选手首次在全国大赛中夺冠。

△ 江苏中基复合材料股份有限公司在“新三板”挂牌上市,股票代码为 838748。

△ 江苏省文化厅公布第五批江阴市级非物质文化遗产名录,江阴致和堂丸药制作技艺、中医针伤五步法、中医痔瘘疗法、三伏贴、澄江膏方、小儿挑惊、顾山八大碗、发禄袋制作技艺、长泾月饼制作技艺、长江三鲜烹饪技艺、公和永糕团、失蜡法铸造技艺、铸胎掐丝珐琅器制作技艺 13 个项目入选。

△ 经中国银行业监督管理委员会常州监管分局批复同意,江苏江阴农村商业银行股份有限公司常州分行开业。

12 月

1 日 由中国最具影响力、品种最完整的财经媒体集团——第一财经(CBN)主办的“2016 中国最佳商业领袖”评选活动在上海举行,远景能源科技有限公司 CEO 张雷获“年度创新典范”大奖,这是第一财经首次将“年度创新典范”颁发给可再生能源领域的科技企业。

6 日 《中国能源报》与中国能源经济研究院联合公布 2016 年全球新能源企业 500 强名单,海润光伏科技股份有限公司全球总排名第 128 位,位居国内新能源行业总排名前列,并获最具发展潜力奖。

9 日 作为江阴引进的重特大产业项目之一,由天洋控股有限公司投资的梦东方 · 徐霞客国际旅游度假区项目举行签约仪式，天洋控股集团有限公司董事局主席兼总裁周政、无锡市市长汪泉、江阴市委书记陈金虎出席签约仪式。

10日 由中国工业经济联合会主办的中国工业大奖第四届表彰大会在北京人民大会堂举行，江苏法尔胜泓昇集团有限公司和江苏双良集团有限公司荣获被誉为中国工业"奥斯卡"的中国工业大奖，在全国13个获奖企业中占得两席。

11日 中国村社发展促进会第四届会员代表大会在江阴华西新市村举行，来自全国各地的近200名知名村干部参加会议，会议选举华西新市村党委书记吴协恩为新一届理事会会长。

△ 由江苏省棋类运动协会主办的第四届江苏省"连元杯"少儿棋类公开赛在无锡京东广场举行，江阴市新桥中心小学国际象棋队获团体总冠军。

14日 江苏苏利精细化工股份有限公司在上海证券交易所挂牌上市。

15日 由江阴市科技和人才工作领导小组、市全面科学素质工作领导小组主办的江阴市创建全国科普示范市总结表彰暨第一届"十大科技之星"颁奖大会在江阴广电大厦举行，江苏省科学技术协会副主席冯少东代表中国科协为江阴颁授"全国科普示范市"荣誉牌，并为江阴兴澄特种钢铁有限公司研究室主任邵淑艳、江苏向阳科技有限公司总经理李祥庆等江阴市第一届"十大科技之星"以及全国科普示范市创建工作先进集体、先进个人颁奖。

16日 北京中郡经济发展研究所发布《2016县域经济与县域发展报告》，报告公布第十六届全国县域经济与县域基本竞争力榜单，江阴再度蝉联第一，实现"十四连冠"。

17日 由中国扶贫开发协会、《小康》杂志社主办的第十一届中国全面小康论坛颁奖盛典在北京举行，江阴再度蝉联"2016中国全面小康十大示范县市"第一名，实现"九连冠"。

19日 江阴市长泾镇和平村医疗互助会挂牌成立，成为江苏省首个村级医疗互助会。

26日 中国慈善联合会在北京发布第四届"中国城市公益慈善指数"，江阴连续四届蝉联"城市公益慈善指数"全国县级市排行榜第一名，2014—2015年度接收直接捐赠总额10.16亿元，在全国所有城市中位列第17位，在全国县级市中位居第一。

27日 江苏省"专精特新板"开板暨首批"专精特新小巨人"企业挂牌仪式在江苏省会议中心举行，江阴市立信智能设备有限公司、江阴全华丰精锻有限公司、江苏盛凯环保工程有限公司等10个企业入选省"专精特新板"。

29—30日 中共江阴市委十三届二次全体(扩大)会议在江阴大剧院召开，会议深入贯彻党的十八大和十八届三中、四中、五中、六中全会精神，认真落实中央和全省经济工作会议、无锡市委十三届二次全会精神，按照省、无锡和江阴市第十三次党代会的部署要求，全面回顾总结2016年工作，认真研判当前形势，全面部署2017年任务，动员全市上下进一步振奋精神、坚定信心，扬长补短、真抓实干，全力推进高水平全面建成小康社会和"强富美高"新江阴建设，以崭新业绩迎接党的十九大胜利召开。

是月 全国建筑业绿色施工现场观摩评比会在江阴召开，来自全国各地的1300余名建筑业协会和行业从业人员参加会议，中国建筑业协会绿色建造与施工分会将澄星广场定为全国建筑业绿色施工示范工程，并组织与会人员观摩。

△ 江苏省第三届"十大法治人物""十大法治事件"评选结果揭晓，江阴周庄镇山泉村党委书记李全兴入选"十大法治人物"榜单。

△ 江阴海达科技集团有限公司旗下2个企业分别申请"海达"拼音、"海达"文字及图形和"科玛"英文及图形3个境外注册商标，每个商标各注册73个国家和地区。

△ 江苏省文化厅公布省群众文艺政府奖第12届"五星工程奖"评奖活动结果，江阴市文广新局选送的小锡剧《扁头不在家》获金奖。

△ 江苏省经信委公布2016年江苏省"质量标杆"奖评选结果，江苏阳光集团有限公司的"基于新木桶理论的经纬编织法管理模式"入选。

△ 由中国村社发展促进会特色村工作委员会、同济大学现代村镇发展研究中心、亚太农村社区发展促进会(APCRD)中国委员会和中华口碑中心(CPPC)共同评选的2016年中国名村影响力排行榜发布评选结果，江阴华西新市村、长江村、三房巷村、陈市村、华宏村和周庄村6个村入选。

△ 工信部公布第一批符合国家再生化学纤维(涤纶)行业规范条件的28个企业名单，优彩环保资源科技股份有限公司成为江苏省唯一一个入围的企业。

△ 国家外汇管理局江苏省分局对江苏省暨南京地区银行2016年执行外汇管理规定的考核情况进行通报，江苏江阴农村商业银行在江苏省辖内列入考核的126个银行中名列前茅，成为唯一一个综合考核等级评定结果为A类的县域农村商业银行。

■类目编辑 杨佳杰

江阴概况

市情简介

【建置沿革】 江阴古称暨阳，位于长江三角洲，有7000年人类生息史、5000年文明史、2500年文字记载史。西晋太康二年(281年)置暨阳县，属毗陵郡，治所在今江阴市东南。南梁绍泰元年(555年)废县置郡，建治君山之麓，因地处长江之南，遂称江阴郡，下辖江阴、利城、梁丰3县，为“江阴”名称之开始。此后江阴分别为郡、国、军、路、州治，建置几经变化。元至正二十七年(1367年)，恢复县建置。1949年4月23日江阴解放后，属苏南行署常州专区。1953年改属苏州地区。1983年3月实行市管县体制，改属无锡市。1987年4月经国务院批准撤县建市。

【地理位置】 江阴市位于北纬31°40′34″至31°57′36″、东经119°59′至120°34′30″。北枕长江，南近太湖，东接常熟、张家港，西连常州，地处苏锡常“金三角”几何中心，交通便捷，历来为大江南北的重要交通枢纽和江海联运、江河换装的天然良港。

【区域面积】 江阴市总面积986.97平方千米，陆地面积811.7平方千米，水域面积175.8平方千米，其中长江水面56.7平方千米。沿江深水岸线长达35千米。城市建成区面积125平方千米。

【行政区划】 2016年，全市有10个镇、5个街道，200个行政村，55个社区，43个村居合一社区。市政府设在澄江中路9号。

【人口】 2016年，全市常住人口164.2万人，户籍人口124.8万人，人口出生率9.36‰，人口死亡率6.51‰，人口自然增长率2.85‰。人均预期寿命81.47岁。（史　志）

【气候】 江阴属北亚热带季风性湿润气候，四季分明，光照充足，雨量丰沛。2016年，江阴市气候总特点：气温正常略偏高，降水异常偏多，日照正常。年平均气温17.1℃，比常年高0.9℃。极端最低气温-8.9℃，出现在1月24日；极端最高气温39.7℃，出现在7月24日。全年出现35℃以上的高温日数21天。年总降水量2217.5毫米，为有气象记录(1957年)以来最大年总降水量。全年强降水过程频发，出现2次大暴雨，11次暴雨，9月降水量358.6毫米，为常年同期的4.3倍，并刷新9月降水量历史极值；10月降水量372.8毫米，是常年同期的6.3倍，也刷新10月降水量历史极值。出现大于等于0.1毫米的雨日140天，雪日9天，雾日22天，霾日126天。年日照时数1883.8小时，比常年少71.7小时；年日照百分率42%。年最大风速7.7米/秒，出现在3月8日；年极大风速16米/秒，出现在1月24日。

2016年江阴市气象资料一览

表1

项　目			1月	2月	3月	4月	5月	6月	7月	8月	9月	10月	11月	12月	全年
平均气温(℃)	2016年		3.4	6.4	11.0	17.2	20.4	24.3	29.4	29.4	24.5	19.3	11.9	7.8	17.1
	1957—2015年	平均值	3.0	4.6	8.9	14.7	20.1	24.2	28.1	27.7	23.3	17.8	11.8	5.4	15.8
		最高值	6.1	9.0	12.5	17.9	23.2	27.2	32.0	31.5	25.6	21.1	15.7	7.9	17.6
		年份	2002	2007	2002	2005	2007	2005	2013	2013	1999	2006	2011	1968/1994	2007
		最低值	-0.2	0.7	5.5	12.1	17.7	22.1	25.4	24.3	20.6	15.1	7.7	0.5	14.5
		年份	1977	1964	1970	1965	1977	1983	1976	1980	1957	1981	1976	1967	1957/1980

续表 1

项目			1 月	2 月	3 月	4 月	5 月	6 月	7 月	8 月	9 月	10 月	11 月	12 月	全年
最高气温（℃）	2016 年		16.8	22.3	23.7	28.9	30.8	33.4	39.7	37.7	34.9	27.1	23.4	19.8	39.7
	日期		3	10	5	30	12	17/30	24	2	3	3	5	5	7 月 24 日
	1957—2015 年	最高值	20.8	26.8	30.4	34.3	36.3	38.2	39.6	41.3	37.8	33.3	28.8	23.2	41.3
		日期	31	12	9	21/28	20	21	26	6	7	4	1/2	10	8 月 6 日
		年份	2014	2009	2013	2004/2005	2011	2006	2013	2013	1995	2002	1979/2003	2008	2013
最低气温（℃）	2016 年		-8.9	-4.3	-2.0	8.8	11.6	16.1	22.0	18.8	17.3	9.8	-0.2	-2.5	-8.9
	日期		24	7	11	1	17	2	7	31	22	30	24	30	1 月 24 日
	1957—2015 年	最低值	-14.2	-11.4	-7.5	-1.0	3.8	11.7	15.5	17.1	9.3	1.3	-4.6	-10.0	-14.2
		日期	31	6	3	4	5	6	5	30	29	30	30	29	1 月 31 日
		年份	1977	1969	1958	1962	1961	1969	1976	1968	1972	1986	1971	1991	1977
降水量（毫米）	2016 年		67.1	37.1	35.1	153.1	163.7	412.2	315.9	152.3	358.6	372.8	94.9	54.7	2217.5
	1957—2015 年	平均值	42.2	53.2	74.3	84.0	98.0	172.1	186.7	150.7	95.3	57.4	52.4	32.0	1098.3
		最多值	136.8	147.6	206.7	180.9	249.5	868.4	481.7	552.0	281.2	223.1	162.3	110.0	1914.4
		年份	2006	2014	1991	1958	2002	2015	1991	2011	1990	1994	1967	1959	1991
		最少值		5.2	13.3	21.0	22.6	19.2	8.8	9.5	1.4	0.4	0	—	581.8
		年份	1963	1968	1962	2011	2003	2010	1971	1978	1997	1979	1995	1973/1987	1978
日照时数（小时）	2016 年		104.3	203.8	163.3	166.6	156.1	114.3	192.9	286.9	168.3	61.4	112.4	153.5	1883.8
	1957—2015 年平均值		140.2	128.8	151.5	168.8	186.2	163.0	210.7	220.4	171.5	180.1	153.5	154.3	2029.0

（李　珠　耿　丹）

经济发展

【综合实力】 2016 年，江阴市实现地区生产总值 3083.3 亿元，比上年增长 7.4%。按常住人口计算，人均地区生产总值为 18.8 万元，按汇率折算为 2.8 万美元。全年实现一般公共预算收入 229.9 亿元，其中税收收入 191.2 亿元，政府性基金收入 17 亿元。实现一般公共预算支出 226.3 亿元，其中政府性基金预算支出 27.8 亿元，国有资本经营预算支出 1.3 亿元。

【企业上市】 2016 年，江阴市有 42 个上市公司，包括境外上市 15 个，境内上市 27 个，其中主板 16 个，中小板 7 个，创业板 4 个。首发融资 214.07 亿元，合计融资 689.7 亿元（包括再融资 475.63 亿元）。

【农林牧渔业】 2016 年，江阴市完成农林牧渔业总产值 87.83 亿元。粮食总产量 14.5 万吨，油料总产量 2654 吨。全年粮食种植面积 2.27 万公顷，油料种植面积 0.1 万公顷，蔬菜种植面积 1.32 万公顷，水果种植面积 3200 公顷。主要畜产品中，肉类总产量 4 万吨，其中猪牛羊肉 2.8 万吨；禽蛋总产量 0.7 万吨。奶牛存栏 0.4 万头。全年水产品产量 2.7 万吨。

【工业】 2016 年，江阴市完成工业总产值 6603.7 亿元，其中规模以上工业企业实现产值 5874.7 亿元。规模以上工业中，轻工业实现产值 1900.8 亿元，重工业实现产值 3973.9 亿元。全年工业用电量 214.4 亿千瓦时。全市规模以上工业实现主营业务收入 5709.6 亿元，产品销售率 98%，利润总额 348.4 亿元。规模以上工业企业亏损面 17%，亏损额 15.1 亿元。全市工业百强企业全年完成产品销售收入 3883.7 亿元，实现利税 392.7 亿元。海澜集团有限公司开票销售超 500 亿元，4 个企业集团开票销售超 300 亿元，3 个企业集团开票销售超 200 亿元，8 个企业集团开票销售超 100 亿元。33 个工业百强企业入库税金超亿元，其中超 10 亿元 4 个。

【建筑业】 2016 年，江阴市实现建筑业总产值 98.8 亿元，其中建筑工程产值 87.4 亿元，安装工程产值 9.4 亿元，其他产值 2 亿元。全年获无锡市“太湖杯”优质工程奖 7 个，无锡市政优质工程 4 个，无锡市优质结构工程 20 个，无锡市优秀物业管理项目 11 项。

【水利建设】 2016 年，江阴市完成水利工程建设投资 7.3 亿元，完成各类土石方 455 万立方米。疏浚整治河道 38 条，计 49.54 千米；新建加固护岸 53.03 千米，圩堤 5.6 千米；新建、改建灌排泵站 17 座，桥梁 21 座；建设防渗沟渠 23.2 千米，小型配套建筑物 825 座。

【房地产业】 2016 年，江阴市完成房地产开发投资 281.1 亿元。商品房施工面积 1532.6 万平方米，房屋新开工面积 276.9 万平方米，房屋建筑竣工面积 261 万平方米。商品房销售面积 233.1 万平方米，其中商品房现房销售面积 80.6 万平方米，住宅 69.1 万平方米。商品房期房销售面积 152.4 万平方米，住宅 145.7 万平方米。商品房销售成交总额 169.3 亿元，其中住宅销售额 151.3 亿元。

【金融业】 2016 年，江阴市年末金融机构各项本外币存款余额 3624.5 亿元，其中住户存款本外币余额 1091 亿元。各项本外币贷款余额 2751.4 亿元。住户贷款中，人民币短期贷款 81 亿元，中长期贷款 267.3 亿元。非金融企业及机关团体贷款中，人民币短期贷款 1309.8 亿元，中长期贷款 815.7 亿元。年末证券交易开户总数 27.7 万户，证券机构交易金额 8308.1 亿元。全年实现保费收入 61.1 亿元，比上年增长 22.3%，其中财产险收入 21.1 亿元，增长 5.2%；人寿险收入 40 亿元，增长 33.8%。

【国内贸易业】 2016 年，江阴市实现社会消费品零售总额 776.1 亿元。其中，城镇零售额 565.6 亿元，乡村零售额 210.5 亿元；批发和零售业零售额 730.5 亿元；住宿和餐饮业零售额 45.6 亿元。在限额以上批发和零售业零售额中，家具类比上年增长 35.7%，五金电器类增长 11.9%，建筑及装潢材料类增长 11.4%，粮油及食品类增长 11.4%。

【邮电通信业】 2016 年，江阴市邮电业务总收入 25.9 亿元。城乡固定电话用户 36.1 万户，比上年减少 4.7 万户。在网手机用户总量 223.7 万户，互联网宽带用户 61 万户，比上年增加 8.9 万户。

【交通运输业】 2016 年，江阴市完成客运量 6922 万人次，完成货运量 4119 万吨。江阴市港口货物吞吐量 13197 万吨。年末全社会拥有车辆 47.4 万辆，其中汽车 40.9 万辆，增长 10.5%。私人汽车快速发展，年末达 35.6 万辆，比上年增加 4 万辆，增长 12.7%。

【固定资产投资】 2016 年，江阴市完成固定资产投资 1133 亿元。分产业投向看：第一产业投资 5.6 亿元，第二产业投资 495.4 亿元，第三产业投资 632.1 亿元。分投资主体看：国有企业投资 247.7 亿元，民营企业投资 735.5 亿元，外商及中国港澳台地区投资 149.8 亿元。

【外向型经济】 2016 年，江阴市完成进出口总额 199.9 亿美元，其中出口额 119.7 亿美元，进口额 80.2 亿美元。按人民币计价，完成进出口 1319.2 亿元，其中出口 790 亿元，进口 529.2 亿元。全年完成到位外资 10.6 亿美元。新批外资项目 31 项，增资项目 29 项，其中协议外资超 3000 万美元重大项目 11 项，总投资超亿美元项目 3 项。全年完成服务外包业务合同额 20.1 亿美元，执行额 16.3 亿美元。完成离岸业务合同额 10 亿美元，执行额 6.4 亿美元。完成中方协议投资额超 8 亿美元，在全省县级市中名列前茅。新批境外投资项目 36 项，对“一带一路”* 国家投资项目 6 项，中方协议投资额 4.1 亿美元。是年，国务院批复同意江阴设立综合保税区。

【旅游业】 2016 年，江阴市接待旅游、参观、访问及从事各项活动的入境游客 5.5 万人次，接待国内游客 1627.7 万人次。旅游总收入达 259.7 亿元。江阴市拥有 A 级景区 8 个，其中国家 AAAA 级景区 2 个，国家 AAA 级景区 2 个，国家 AA 级景区 4 个，省级乡村旅游点 15 个。年末，江阴市拥有星级宾馆 11 个，其中五星级宾馆 3 个，四星级宾馆 3 个。江阴市拥有旅行社 43 个，其中出境游组团社 3 个。

社会事业

【科技】 2016 年，江阴市新获批无锡市级以上各类科技计划项目 352 项，争取到上级各类扶持资金 9150 万元。实施重点产学研项目 60 项。江阴市新增申请专利 18535 件，其中申请发明专利 10693 件，授权专利 4912 件，江阴市万人发明专利拥有量 17.19 件，江阴市获评全国知识产权示范城市工作先进集体，江阴高新区获批国家“火炬”现代中药配方颗粒特色产业基地，江阴临港新能源产业园获批省级科技产业园。全年新获认定省级高新技术企业 119 个，省高新技术企业累计 411 个。新增省级高新技术产品 230 种，江阴市高新技术产业产值占规模以上工业的比重达 44.5%。新获批省工程技术研究中心 8 个，入选第三批重点企业研发机构 9 个，无锡市工程技术研究中心 17 个，无锡市院士工作站 2 个，新建江阴市院士工作站 7 个，建成江阴市绿色船舶产业技术研究院，获批国家级众创空间 1 个、省级众创空间 2 个、建成江阴市级众创空间 4 个，获批国家级“星创天地”1 个，省农村科技服务超市 7 个，获评省优秀农村科技服务超市 1 个。

【教育】 2016 年，江阴市年末各类学校教职员工数 16788 人，其中专

2016 年 1 月，国务院批复同意江阴设立综合保税区

（临港经济开发区提供）

2016年12月，中央电视台“过把瘾”栏目在江阴举办“文化进万家”演出活动 （澄江街道办事处提供）

任教师14260人；各级各类学校在校学生168432人，其中小学93334人，普通中学56348人，职业学校18512人（其中大专5315人），特殊教育238人。幼儿园在园幼儿42860人。86.3%以上的幼儿在省、市优质园就读。小学和初中普及率均为100%。初中毕业生升学率98.3%。全市教育现代化监测综合指标总得分为90.67分，达到江苏省首批教育现代化示范区的创建要求。经第三方测评的“教育满意度”为85%，在全省均处于领先水平。

【文化】 2016年，江阴市万人拥有公共文化设施面积1947平方米，公益性文化设施达标率100%。深入推进“书香江阴”建设，建成100个全民阅读公益服务点。锡剧等8项非物质文化遗产项目被列入第四批省级非遗代表性项目目录。全市放映单位总数18个，放映收入9137.1万元。

【卫生】 2016年，江阴市拥有各类医疗卫生机构584个，其中医院、卫生院45个，社区卫生服务中心7个，开放床位8080张，年末有卫生技术人员9448人。全年新农合人均筹资标准800元，参合群众54万人，261.95万人次得到结报补偿。

【体育】 2016年，江阴市人均公共体育设施场地面积2.7平方米。提档“10分钟体育健身圈”，配送健身器材2400件，配送各镇（街道）20个笼式足球场。承办省级以上大型赛事17项，举办各级各类赛事活动500余项，“学生人人学会游泳”项目培训合格16004人，服务国民体质测试3000余人次，拥有社会体育指导员5157人。创新实施医保卡余额用于健身消费，获省级体育产业引导资金290万元，体彩销量5.98亿元。

城市建设

【基础设施建设】 2016年，江阴市锡澄运河航道整治工程全线25千米航道竣工投运，新江阴船闸通航运营。申港—靖江上五圩渡口南北两岸工程竣工。锡澄高速公路江阴南互通建成投用，锡澄路、河豚路等道路大修工程全面完成。虹桥南路南延伸段打通。完成新建公交候车亭80个，新建公交电子站牌30个，完成中心城区公共自行车租赁点布局规划。

【公用事业】 2016年，江阴市新增照明建设管理道路6.6千米、光源301个。全社会用电量、供电量和售电量分别为244.93亿千瓦时、224.53亿千瓦时和220.51亿千瓦时。全年供水量26916.23万立方米，日均供水量73.74万立方米，小城镇中心村电网改造、城市热网青月线工程推进，天然气管网新增220千米。新建天然气管网238.7千米，新增天然气居民用户4万户，全年供应天然气5.5亿立方米，液化石油气2.9万吨。全年无害化处理生活垃圾50.4万吨。新建污水主管网20.5千米，21个城镇综合污水处理厂处理污水1.34亿吨。

【环境保护与治理】 2016年，江阴市城区空气质量优良天数比例为66.7%，城市集中式饮用水源地水质达标率100%，环境噪声达到功能区要求。继续淘汰10吨/小时以下燃煤锅炉305台。主要污染物排放总量超额完成年度目标任务，排放强度进一步下降，单位地区生产总值化学需氧量、氨氮、总氮、总磷、二氧化硫、氮氧化物排放强度分别比上年下降2.9%、4%、2.9%、3.9%、9.4%和25.3%。

【造林绿化】 2016年，江阴市城市建成区绿化覆盖面积5357.5公顷，绿地面积4943.75公顷，公园绿地面积547.56公顷。全市林木覆盖率24.54%，建成区绿化覆盖率42.86%，人均公园绿地面积15.95平方米。

人民生活

【就业创业】 2016年，江阴市提供就业岗位5.9万个，本地劳动力实现就业3.7万人，城镇新增就业2.5万人，城镇困难人员再就业1136人，全市城镇登记失业率2.29%，农村调查失业率2.83%，江阴籍返澄高校毕业生就业率93.2%，困难家庭高校毕业生就业率100%。全年扶持自主创业2530人，带动就业12970人，发放各类创业补贴689.1万元，发放小额担保贷款7100万元。

【社会保障】 2016年，江阴市实现企业职工基本养老保险扩面新增4.6万人，净增1.1万人；企业职工基本养老、医疗、失业、工伤、生育保险参保人数分别为56.4万人、71.8万人、44万人、42.9万人、43.3万人;居民养老保险领取人数为 21.1 万人,居民养老保险基础养老金、被征地农民第四年龄段人员保养金标准分别提高至 280 元/月、670 元/月。江阴市连续第十二次调整企业退休人员基本养老金待遇,人均养老金标准 1962 元/月,平均增资 146 元/月,全市城镇企业退休人员 16 万人,城镇企业职工养老保险总支出 38.7 亿元。全市各类福利机构拥有床位 12426 张。城乡居民最低生活保障对象 8667 人,其中市区 2331 人;全年发放低保金 4749.9 万元,其中城镇低保 1421.4 万元。实施城乡医疗救助 31447 人次,支付救助金 2021 万元;实施临时救助 5937 户次,发放救助金 892.08 万元。江阴市重点优抚对象 5932 人。全年江阴市慈善组织募集善款(含冠名基金)3926 万元。

【居民收入】 2016 年,江阴市全体居民人均可支配收入 46337 元。其中,城镇居民人均可支配收入 54631 元,农村居民人均可支配收入 28181 元。农民收入连续第十七年蝉联全省同类城市第一。城镇居民家庭恩格尔系数 29.2,农村居民家庭恩格尔系数 30.1。城镇居民人均消费性支出 28775 元,农村居民人均消费性支出 18791 元。 (金海峰)

人文风情

【民族宗教】 江阴市居民绝大部分是汉族。20 世纪 80 年代中期起,四川、云南、广西、贵州、湖南等地农村少数民族女子婚嫁到域内农村,成为常住少数民族人口主要来源。1990 年第四次全国人口普查全市有 24 个少数民族 1415 人。90 年代后期起,新疆、宁夏、甘肃、青海、内蒙古等地少数民族群众到江阴经商务工,暂住少数民族人口增加。2000 年第五次全国人口普查全市有 34 个少数民族 5253 人。2016 年,江阴市常住人口有 31 个少数民族 4959 人。

江阴民间信奉的宗教主要有佛教、道教、天主教、基督教。佛教在三国时传入,隋唐达鼎盛,至近代渐衰。中华人民共和国成立后,寺庵改为学校和粮仓较多。“文化大革命”期间佛教活动停止,1979 年后恢复,佛教信徒日增。江阴著名高僧有唐代道松、清代通琇、当代巨赞等。道教传入、兴盛的年代与佛教一致,明中叶后走向衰落。1949 年后道士、道姑改行,道观充公。1978 年后少数非职业道士恢复活动,以做法事为营利。2001 年起,政府把散居道士逐步纳入管理。天主教在清康熙初年传入,1913 年建造的青阳圣母主教堂是江南教区规模最大的 1 座教堂。1949 年后天主教徒参加爱国运动,施教活动一直正常开展。“文化大革命”期间停止,1978 年后恢复活动。基督教在清光绪时传入,后逐步发展。中华人民共和国成立后实行自治、自养、自传的革新运动。“文化大革命”期间停止活动,部分教徒在家过宗教生活,1981 年恢复。2016 年年末,全市有合法宗教活动场所 101 处。

【民风方言】 江阴地处江尾海头,沃野平畴,气候宜人,远古就有先民在这大江大海融合之地繁衍生息,在不断抗争中,创造出悠久的人类文明史。自古以来,江阴人民滨江而居,依江而生,在奔腾不息、永不回头的长江哺育下,铸就了宽广博大、直爽豪放勇往直前的秉性。江阴有着得天独厚的自然环境,城北黄山插入江心,与对江岸仅距 1.25 千米,形成山锁大江之势,因此自古被称为“锁航要塞”,历来是兵家必争之地,早在春秋时期就建烽火台,明清时期建炮台,解放战争等重要战争中都有著名战斗。战火洗礼、忧患纷扰,赋予了江阴人民坚韧不拔、顽强拼搏的精神和民性刚毅、负有担当的气质。有文字记载以来,江阴即有“延陵古邑”“春申旧封”之称,春秋战国时期先后为吴国公子季札、楚国春申君黄歇封地,既是吴文化的发源地之一,又受楚文化的熏陶。杏花烟雨、吴韵楚风成就了江阴人灵秀儒雅、讲究礼仪的品性。江苏学政驻节江阴近 300 年,按试八府三州秀才,衙署素有“文章司命”“风教总持”之地美称,尚文重教之风根植于民间。中华人民共和国成立以来,特别是改革开放以来,勤劳智慧的江阴人民勇立潮头,敢为人先,创造了辉煌业绩,获得 100 多项全国性荣誉。成为经济活力魅力城市,同时也总结出“人心齐、民性刚、敢攀登、创一流”的江阴精神,不断昭示每个江阴人不断开拓创新,与时俱进、争取新的辉煌。

江阴在隋朝起长期隶属常州府,主要方言归属吴语太湖片毗陵小片,俗称江阴话。非吴语地区有利港下乡片及零星渔民集居村落,属江淮方言,俗称滩里话。方言按地域差异大致分为澄西片、澄中片、澄东片、澄南片和江淮片。江阴方言在发展中有内部变异情况,也有受周边张家港、常熟、无锡语言影响变化的,并因年龄不同而有差异。

2016 年拍摄的江阴黄山湖一景 (纪晓华 摄)

近30年来,江阴话发生了比较大的变化,一些显著特征在逐渐消失和消退,声调调类减少,一些特色词消失,固有词变得更趋近普通话。江阴话在家庭中使用比例最高,工作中次之;普通话在其他环境使用比例最高,工作中次之。

【名胜古迹】 江阴是吴文化发祥地之一,域内考古发掘证明,这里新石器时代就有先民活动。见证江阴历史悠久的遗存有祁头山、高城墩、佘城(国家文物保护单位)等古遗址20余处;有兴国塔、徐霞客故居、适园、黄山炮台旧址、刘氏兄弟故居、国民党江阴要塞司令部旧址(以上6处均为国家文物保护单位)、文庙、梁武堰遗址、江苏学政衙署遗址等古代和近现代建筑;有舜过井、虎跑泉、广济泉(四眼井)、万安桥、犀带桥、五云桥等古井古桥;有王羲之换鹅碑、心经碑、晴山堂石刻、倪云林山水石刻等古碑刻150余块,有吴季札墓、吴王八子墓、楚春申君黄歇墓、酒圣杜康墓、三国大将凌统墓、梁敬帝墓、徐霞客墓、杨名时墓等古墓葬40余座;有中共江阴"一大"会址、渡江战役纪念馆、陈毅演讲处、新四军六师驻地旧址等革命遗址遗迹30余处。千古奇人徐霞客、狂草巨碑心经碑、梁代昭明太子萧统手植之红豆树被誉为"江阴三奇",享誉海内。

江阴旅游资源丰富,主要有滨江要塞旅游区(国家AAAA级景区)、江苏学政文化旅游区(国家AAAA级景区)、长泾古镇文化旅游区(国家AAA级景区)、国家工农业旅游示范区(华西新市村、海澜工业园)、徐霞客故里文化旅游区等旅游板块。

【历史名人】 江阴钟灵毓秀,历代人才辈出。唐代有诗人魏璞;宋代有出了33名进士的葛氏一族,其中有词人、国子监祭酒葛胜仲,诗论家、词人、吏部侍郎葛立方,左丞相葛邲等;明代有杰出的地理学家、旅行家、探险家徐霞客;清代有理学家,兵部、吏部、礼部尚书杨名时,词人蒋春霖,诗人金武祥,小说家夏敬渠和屠绅,画家缪炳泰,创办京师、江南两图书馆(后为北京图书馆和南京图书馆)的中国近代图书馆之父、目录学家、方志学家缪荃孙等。宋至清,域内共出进士415人、武进士14人。近现代则涌现众多政治家、军事家、科学家、教育家、文学家、艺术家、实业家和一大批其他精英人物。其中,中国科学院和工程院院士12人、国际宇航科学院和美国纽约科学院院士3人、高等院校校长100余人、共和国将军20余人。杰出代表有:著名现代文学家、语言学家刘半农,民族音乐家、国乐一代宗师刘天华,爱国高僧、佛学家巨赞,社会学家、人类学家、民族学家吴文藻,化学家赵承嘏,中医学家、针灸学家承淡安,化学家张大煜、钱保功,地理学家章申,建筑材料与土木工程专家吴中伟,"中国现代机器人之父"蒋新松,电影表演艺术家上官云珠,教育家吴研因,油画家吕斯百,中国妇女运动领导人罗琼等。

2016年江阴市全国性荣誉

【概况】 2016年,江阴市全面落实党的十八大和十八届三中、四中、五中、六中全会精神,深入贯彻习近平总书记系列重要讲话特别是视察江苏时重要讲话精神,围绕高水平全面建成小康社会、建设"强富美高"新江阴的总目标,开拓进取、埋头实干,全市经济社会保持稳中有进的良好态势。是年,江阴市蝉联全国县域经济基本竞争力排名"十四连冠"、中国全面小康十大示范县市"九连冠"、"中国城市公益慈善指数"县级市"四连冠",被评为全国双拥模范城(县)、全国法治宣传教育先进县(市、区)、全国知识产权示范城市工作先进集体、2016年"书香城市(区县级)"、全国科普示范县(市、区)、国家级妇幼健康优质服务示范县(市、区),总计获全国性荣誉9项。1978—2016年,江阴市累计获全国性荣誉186项。

【蝉联全国县域经济基本竞争力排名"十四连冠"】 2016年1—11月,江阴市完成一般公共预算收入206.47亿元,完成固定资产投资1054.05亿元,其中高新技术产业相关投资在产业转型中起到重要的引领和推动作用,总量占投资总额的五分之一。全市规模以上工业21个行业大类中,12个行业正增长。12月16日,北京中郡经济发展研究所发布《2016县域经济与县域发展报告》,公布第十六届全国县域经济与县域基本竞争力榜单。此次榜单中的县域发展指数由"县域相对创新活力指数""县域相对民生建设指数""县域相对绿色发展指数"三个分指数组成,与以往历届评价体系相比,具有更强的科学性和导向性。在榜单上,江阴三大发展指数全是A+级,再度蝉联第一,实现"十四连冠"。

【蝉联中国全面小康十大示范县市"九连冠"】 2016年,江阴市加快改革创新,突出品质提升,致力绿色发展,着力改善民生,在经济运行、产业转型、城乡统筹、机制改革等方面取得很大突破,实现稳定增长保经济、切实改善为民生的重要目标,为促进中国社会全面小康发展起到很好的示范、带动作用。12月17日,在北京举行的第十一届中国全面小康论坛颁奖盛典上,江阴蝉联中国全面小康十大示范县市第一名,实现"九连冠"。

【蝉联"中国城市公益慈善指数"县级市"四连冠"】 2016年12月26日,中国慈善联合会在北京发布第四届"中国城市公益慈善指数"。此次发布的指数从社会捐赠、志愿服务、慈善组织、慈善经济贡献、政府支持、慈善文化六个方面对51项指标进行统计,对全国256个样本城市2014—2015年度的慈善发展水平进行分析。256个样本城市覆盖人口约7.7亿人,占全国总人口的56%左右,具有较强的代表性。江阴市2014—2015年度接受直接捐赠10亿余元,此次以84.94分的优异成绩,蝉联"中国城市公益慈善指数"县级市排名第一,实现"四连冠"。

【第四次被评为全国双拥模范城(县)】 江阴市委、市政府和驻军部队一直高度重视拥军优属、拥政爱民工作,围绕军地融合、共促双赢的目标,积极探索双拥工作新思路、新举措。至2015年年末,全市拥有双拥组织100余个、拥军优属服务组织600余个。全市各镇(街道)、市级机关部门以及社区都与驻江阴部队结对,实现结对共建全覆盖。全市财政倾力支持,服务驻军方面注重实事落实。严格落实安置政策、逐步提高优抚标准、着力改善军休环境,形成军民团结友爱、互相支持的良好局面,有力推动经济建设和国防建设协调发展。2016年7月29日,全国双拥模范城(县)命名暨双拥模范单位和个人表彰大会在北京召开,江阴市再次被评为全国双拥模范城(县)。该表彰大会每四年举行一次,江阴市是第四次获该殊荣。

【被评为2016年“书香城市(区县级)”】 2012年以来,江阴市委、市政府把书香城市建设作为提升市民文明素养,创建全国文明城市的重要抓手,全力完善全民阅读的服务网络,全力打造引领发展的阅读品牌,努力彰显全民阅读的江阴特色。2013年,江阴市被评为全省首批“书香之县”。2016年7月,中国图书馆学会举办2016年“书香城市(区县级)”发现活动,旨在挖掘和发现一批保障体系完善、社会参与度高、创新性强、阅读成效显著的“书香城市(区县级)”,以发挥典型带动作用,为各地开展全民阅读活动提供示范。江阴市成为56个参选城市之一。11月8日,中国图书馆学会公布2016年“书香城市(区县级)”名单,江阴市等19个城市入选。

(史 志)

【被评为全国知识产权示范城市工作先进集体】 2009年,江阴市启动国家知识产权试点示范工作,积极落实政策引导、制度建设、服务保障等措施,提升知识产权创造、管理、运用、保护能力和水平,着力增强科技创新活力、区域竞争实力。2014年,江阴市通过国家知识产权示范城市考核,被列入第三批国家知识产权示范城市。2015年,全市新申请专利14010件,其中申请发明专利6313件,授权专利7502件,全市万人发明专利拥有量14.2件,江阴高新区被评为国家知识产权试点园区。2016年9月,国家知识产权局对2015年度示范城市工作情况进行考评,江阴市被评为全国知识产权示范城市工作先进集体,全国仅3个县级市获此殊荣。 (周红芬)

【被评为全国法治宣传教育先进县(市、区)】 2011—2015年“六五”普法期间,江阴市坚持将普法工作纳入全市社会经济发展目标责任体系之中、纳入全市“三个文明”(物质文明、政治文明、精神文明)建设年度考核之中、纳入法治城市创建考核体系之中,与经济建设同筹划、同部署、同检查、同考核。先后组建100余名普法联络员队伍、30余名普法讲师队伍、80余名法治副校长队伍、13000余名普法志愿者队伍。不断创新载体、培塑品牌,实现法治文化阵地多元化、法治文化作品精品化、法治宣传渠道立体化。2016年5月,中宣部、司法部对2011—2015年全国法治宣传教育先进集体和先进个人进行了通报表彰,江阴市被评为2011—2015年全国法治宣传教育先进县(市、区)。 (包丹凤)

【被评为全国科普示范县(市、区)】 2015年,江阴市科协积极履行全民科学素质工作领导小组办公室职责,以开展“全国科普示范县(市、区)”创建活动为引领,强力推进科普示范镇(街道)、科普示范村(社区)、科普示范基地、科技特色学校和科普示范家庭创建工作,切实做到巩固一批,创建一批,发展一批。年内,注重加强科普软、硬件基础设施建设,全力促进科普资源的开发利用与共建共享,全市各村(社区)科普工作达到有科普活动站、有科普橱窗、有科普宣传员、有村(社区)科普协会或农村专业技术协会、有村(社区)科普大学的“五有”标准;整合社会资源,集聚各方智慧,鼓励社会力量投资科普事业、参与科普建设,支持学校、社团、企事业单位和产业园区等科普资源向社会开放,推进企业科技成果科普化,建设彰显人文特色、展示产业发展成果的专题科普馆群。2015年12月,江阴市“全国科普示范县(市、区)”创建工作高标准通过中国科协检查组实地抽查验收。2016年2月,江阴市被中国科协命名为首批2016—2020年度全国科普示范县(市、区)。

(樊广勤)

【被评为国家级妇幼健康优质服务示范县(市、区)】 2016年7月,江阴市政府根据国家卫生计生委《关于实施妇幼健康优质服务示范工程的通知》精神,围绕领导重视好、规范管理好、服务质量好、指标落实好和人民满意好5个方面的创建工作目标,组织召开全市专题会议,出台《江阴市创建江苏省妇幼健康优质服务示范市实施方案》,成立由分管副市长任组长,各镇(街道)和相关部门分管负责人为成员的创建领导小组,形成各部门密切配合、上下联动的工作机制,全面落实创建任务,深入开展妇幼健康优质服务示范市创建活动。年内,江阴市把孕产妇死亡率、婴儿死亡率、5岁以下儿童死亡率、避孕节育服务落实率、出生缺陷防治措施落实率等重要指标纳入政府年度综合目标考核;推进妇幼保健与计划生育技术服务资源整合;重视人才队伍培养,特别是制订完善产科医生、儿科医生、助产士等紧缺人才的培养激励机制;强化产科质量安全,推进医疗保健各项核心制度落实。10月,江阴市通过江苏省评估,并被推荐接受国家级复评,12月底通过国家级评估,被评为国家级妇幼健康优质服务示范县(市、区)。 (潘 燕)

■类目编辑 邢 盈

中共江阴市委

市委常委分工

2016 年 8 月 1 日调整

陈金虎　主持市委全面工作。分管人大工作、政协工作、改革工作、干部工作、党校工作。

蔡叶明　主持市政府全面工作。分管经济工作和体制改革工作、财政工作、机构编制工作、人事工作、人民武装委员会工作。

崔荣国　负责对口支援新疆伊犁州霍城县工作，赴新疆伊犁州霍城县挂职工作。

袁秋中　负责党建、精神文明建设、机关作风建设工作。分管生态文明建设。分管社区建设、市委办公室、市委政策研究室、机要保密、市级机关党工委、信息化、机关管理、接待工作。分管组织、人才、干部培训、老干部工作。协助陈金虎分管改革工作、党校工作。

计　军　主持临港经济开发区工作。

冯爱东　主持江阴国家高新区工作。

吴　芳　主持市委政法委工作，分管法治、社会管理、信访稳定、农业农村、对口支援工作。

陈兴华　主持市委统战部工作。分管对外开放工作。分管对台工作、工会、共青团、妇联、科协、残联、工商联、侨联工作。

费　平　负责市政府常务工作。分管城乡规划、建设、管理工作以及政府其他分工。

余银龙　主持市纪律检查委员会工作。

程　政　主持市委宣传部工作。分管文明创建工作、意识形态和宣传工作、教育、文化、卫生、体育、文联、报社、广电、史志、档案工作。

尹　平　负责市人武部工作。分管人民武装、国防动员、双拥工作。

重要会议

【中国共产党江阴市第十三次代表大会】　2016 年 7 月 29 日，中国共产党江阴市第十三次代表大会在江阴大剧院开幕。这次大会的主要任务是：深入学习习近平总书记系列重要讲话精神，贯彻落实省委和无锡市委各项战略部署，回顾总结第十二次党代会以来的工作，研究部署今后五年的奋斗目标和主要任务，选举产生中共江阴市第十三届委员会和纪律检查委员会，动员号召全市各级党组织、全体共产党员和广大干部群众，勇于担当，勇立潮头，为当好县域发展排头兵和领头羊而努力奋斗。出席大会的正式代表共 316 名。大会主席团常务委员陈金虎、蔡叶明、袁秋中、计军、冯爱东、吴芳、陈兴华、费平、余银龙、程政、尹平在主席台前排就座。市老领导代表和各民主党派、工商联、无党派知识分子联谊会负责人等 14 名邀请人员，124 名列席人员应邀出席大会。机关党员干部代表、各类先进典型代表旁听大会。大会由袁秋中主持。蔡叶明致开幕词。陈金虎代表中共江阴市第十二届委员会向大会作题为《勇于担当　勇立潮头　奋力当好县域发展排头兵和领头羊》的工作报告。报告共分四个部分：一、过去五年的工作回顾和基本经验；二、今后五年的指导思想和奋斗目标；三、今后五年的主要任务和重点举措；四、以全面从严治党开创党建工作新局面。余银龙代表中共江阴市第十二届纪律检查委员会作工作报告。7 月 31 日，为期三天的中国共产党江阴市第十三次代表大会闭幕，会议圆满完成各项议程，先后选举产生中共江阴市第十三届委员会；选举产生中共江阴市纪律检查委员会；选举产生出席中共无锡市第十三次代表大会代表；审议通过中共江阴市第十二届委员会工作报告和中共江阴市纪律检查委员会工作报告。袁秋中主持闭幕式，蔡叶明致闭幕词。

【市委十二届八次全体（扩大）会议】　2016 年 1 月 8 日，中共江阴市委常委会主持召开十二届八次全体（扩大）会议。市委书记陈金虎代表市委常委会作题为《立足新起点　建设新江阴　为实现“十三五”良好开局而努力奋斗》的工作报告。市委副书记、市长沈建部署当前工作。会议审议通过江阴市委《关于制定江阴市国民经济和社会发展第十三个五年规划的建议》，审议通过《中国共产党江阴市第十二届委员会第八次全体会议决议》。市委委员、候补委员出席会议。全体市领导，市纪委委员，部分老领导，副处级以上领导，各镇(街道)、园区、机关、直属单位、驻江阴单位、各民主党派主要负责人及有关村、骨干企业主要负责人列席会议。陈金虎指出，2015年，面对严峻复杂的宏观形势，全市上下主动适应经济发展新常态，统筹抓好稳增长、促改革、调结构、惠民生、防风险各项工作，全市经济社会发展和党的建设取得新进展。"十二五"规划时期，全市上下振奋精神、埋头苦干，综合实力不断增强，产业质态继续优化，城乡面貌稳步提升，生态环境持续改善，改革开放深入推进，民生福祉明显增强，经济社会实现新发展，各项事业取得新成效，为"十三五"规划发展奠定坚实基础。2016年是实施"十三五"规划的开局之年，重点要抓好六个方面的工作：一要坚定走产业强市道路不动摇，做优做强实体经济。要贯彻落实推进供给侧结构性改革的具体要求，坚持以质量与效益为中心，统筹存量与增量两个方面，抓好传统产业与新兴产业两条主线，全力支持大企业大集团发展、扶持中小企业做强做大、重塑"江阴板块"优势、加大产业项目投资力度、优化政府服务效能，促进新动能成长和传统动能提升，确保经济增长保持在合理区间、发展质效位居苏南前列。二要积极推进城乡一体化，大力提升城市功能品质。要提升完善城市规划，加强基础设施建设，做好农业农村工作，深化城乡环境整治，提升城市开发管理水平，确保到"十三五"规划期末，江阴城乡面貌有一个质的提升。三要更加注重保护生态环境，建设现代化有特色的美丽宜居城市。要推进产业结构转型，完善生态治理体系，提升集约发展水平，加大环保执法力度，下决心把环境保护各项工作抓紧抓实抓好。四要进一步扩大对外开放，对接好国家重大发展战略。要积极对接"一带一路"*战略，主动融入长江经济带建设，加快苏南国家自主创新示范区建设，创新提升开放园区，全力做好外资外贸工作，不断拓展江阴开放发展的新空间。五要更加重视民生保障，不断增强人民群众获得感。要积极回应百姓诉求，持续提升保障水平，大力发展社会事业，不断创新社会治理，加快提升社会文明程度，确保民生改善工作年年有进步，群众生活一年更比一年好。六要大力营造干事创业浓厚氛围，共同创造江阴人民更加美好的生活。要充分调动企业家积极性，充分提振党员干部精气神，充分激发全社会创新创造活力，充分汇聚共谋发展的强大合力。

【市委十二届九次全体会议】 2016年7月21日，中共江阴市委常委会主持召开十二届九次全体会议，回顾总结市委十二届委员会五年来的主要工作，听取和征求全体委员对市委、市纪委工作的意见建议，通报市第十三次党代会的有关组织筹备情况，并表决通过市委十二届九次全会关于召开市第十三次党代会的决议。市委副书记、代市长蔡叶明主持会议。全体市委委员、候补委员出席会议。市纪委委员列席会议。陈金虎指出，五年来，市委团结带领全市各级党组织和百万江阴人民，全面贯彻落实党的十八大和十八届三中、四中、五中全会精神，认真学习贯彻习近平总书记系列重要讲话特别是视察江苏时重要讲话精神，咬定发展、埋头苦干，实现综合实力的不断增强、产业结构的持续优化、城乡面貌的稳步提升、环境质量的逐步改善、发展动力的日益强劲、百姓福祉的不断增进和党建工作的全面加强，江阴保持经济社会平稳发展、各项事业协调并进的良好态势。陈金虎通报市第十三次党代会的组织筹备情况，介绍市第十三次党代会市委工作报告中有关今后五年发展的指导思想、奋斗目标和战略措施。他强调，组织召开市第十三次党代会，是市委近阶段最重要的一项工作，也是全市广大共产党员和人民群众政治生活中的一件大事。一要充分认识开好党代会的重大意义，在思想上高度重视，切实把各项工作抓细抓好抓实，真正绘出思路清、目标明、措施实的好蓝图，选出忠诚、干净、担当的好干部，配出结构优、功能强的好班子，换出心齐、气顺、劲足的好面貌，为高水平全面建成小康社会提供坚强的政治保障、组织保障和思想保障。二要精心做好党代会的各项准备工作，抓紧修改完善市委和市纪委的两个工作报告，力求两个工作报告体现上级的要求、契合江阴的实际、顺应百姓的期盼，真正成为指导今后一个时期经济社会发展和党的建设的重要纲领性文件，同时认真做好换届准备和精心策划舆论宣传，努力营造积极向上、团结拼搏、共同奋进的浓厚氛围。三要切实营造风清气正的换届环境，以"零容忍"的政治态度、规范严谨的法定程序、科学有效的工作机制、严肃认真的纪律要求做好换届工作，坚决践行中央"八项规定"*和省、市委"十项规定"*，确保换届各项工作顺利顺畅、圆满成功。

【市委十二届十次全体会议】 2016年7月26日，市委书记陈金虎主持召开市委十二届十次全体会议，讨论酝酿并投票通过出席无锡市第十三次党代会代表候选人预备名单。市委委员23人、市委候补委员5人出席会议，市纪委委员14人列席会议。

【市委十三届一次全体会议】 2016年7月31日，中共江阴市第十三届委员会第一次全体会议举行，全会选举产生市委书记、副书记和常务委员会委员。陈金虎受市第十三次党代会主席团的委托主持会议。新当选的市委委员和市委候补委员出席会议。新当选的市纪委委员列席会议。会议通过中共江阴市纪律检查委员会第一次全体会议关于市纪委书记、副书记和常务委员会委员选举结果的报告；通过该次全委会选举办法，通过监票人员名单。会议以无记名投票的方式，差额选举产生11名十三届市委常委，分别是：陈金虎、蔡叶明、袁秋中、计军、冯爱东、吴芳、陈兴华、费平、余银龙、程政、尹平。会议选举陈金虎为中共江阴市委书记，选举蔡叶明、袁秋中为中共江阴市委副书记。选举结束后，陈金虎代表当选的新一届市委常委会讲话。

【市委十三届二次全体(扩大)会议】 2016年12月29—30日，中共江阴市委常委会主持召开十三届二次全体(扩大)会议。市委书记陈金虎代表市委常委会作题为《扬长补

短 真抓实干 以崭新业绩迎接党的十九大胜利召开》的工作报告。市委副书记、代市长蔡叶明部署当前工作。会议审议通过《中国共产党江阴市第十三届委员会第二次全体会议决议》。市委委员、候补委员出席会议。全体市领导,市纪委委员,部分老领导,副处级以上领导,各镇(街道)、园区、机关、直属单位、驻江阴单位、各民主党派主要负责人及有关村、骨干企业主要负责人列席会议。陈金虎指出,2015 年是"十三五"规划发展新征程的开局之年,面对复杂严峻的宏观形势,在省委和无锡市委的正确领导下,全市上下积极应对困难挑战,深入贯彻落实中央、省市委要求,精心描绘"十三五"规划发展蓝图,圆满完成市镇村三级党组织换届,自觉践行创新、协调、绿色、开放、共享"五大发展理念",全面实施产业强市、创新驱动、改革开放、城乡统筹、绿色发展、民生优先"六大发展战略",全力以赴稳增长、调结构、促改革、惠民生、防风险,经济运行稳中有进,转型升级扎实推进,城乡建设打开新局,生态环境持续改善,重点改革不断深化,民生民计稳步提升,党的建设全面加强,全市经济社会保持平稳健康发展的良好态势,县域经济与基本竞争力连续十四年位居全国第一。2017 年是党的十九大召开之年,也是江阴撤县建市 30 周年。全市上下要重点做到"六个推进"。一要矢志推进产业强市,不断提升实体经济质量效益。要抓牢项目建设牛鼻子,做强开放园区增长极,营造企业发展好环境,全力推动实体经济稳健发展,确保经济增长处于合理区间、发展质效位居苏南前列。二要大力推进创新驱动,着力增强转型升级内生动力。更加注重产业创新、科技创新、人才创新、平台创新和经营创新,加快形成以创新为支撑的经济体系和发展方式,着力推动"第一动力"裂变为发展的"最强动力"。三要全面推进城乡建设,加快建设现代化有特色美丽宜居城市,提升规划管控水平,腾拓城市发展空间,加快重点工程建设,构建快速交通体系,推进特色镇村建设,创成全国文明城市,趁热打铁、乘势奋进,重点突破、快出形象,以城乡面貌实实在在的变化激励斗志、鼓舞士气。四要深入推进绿色发展,用心保护好江阴的绿水青山。优化生态生产生活空间,开展治水治气治土行动,强化执政执法执纪责任,下大决心、花大力气加强生态保护和环境治理,力争早日实现生态环境质量的根本性好转。五要积极推进改革开放,全力打造江阴改革发展升级版。扎实推进供给侧结构性改革,以深化改革增创体制优势,以扩大开放拓宽发展空间,聚焦重点领域和关键环节,持续释放体制机制活力,着力提高对内对外开放水平,为经济社会发展注入强大动力。六要扎实推进民生改善,切实增强人民群众的获得感。落实"聚焦富民"理念,突出就业创业致富、社会保障共富、公共服务添富、精准帮扶助富,创新社会治理护富,扎实办好各项民生实事,确保民生工作年年都有新进步,群众生活一年更比一年好。

【党政领导干部会议】 2016 年 7 月 8 日,江阴市委召开全市领导干部会议,传达省委、无锡市委对江阴市政府主要领导职务调整的决定,沈建不再担任江阴市市长、江阴高新技术产业开发区管委会主任,蔡叶明提名为江阴市市长候选人,任江阴高新技术产业开发区管委会主任。无锡市委常委、组织部部长朱劲松代表无锡市委在会上讲话。无锡市委常委、江阴市委书记陈金虎主持会议。陈金虎、沈建、蔡叶明先后讲话。9 月 30 日,市委召开全市领导干部会议,专题传达学习和贯彻落实无锡市第十三次党代会精神,动员全市上下按照无锡市第十三次党代会明确的目标任务和省委常委、无锡市委书记李小敏对江阴提出的"标准要高、工作要实、气场要强"的最新要求,勇于担当、勇立潮头,开拓创新、砥砺前行,为高水平全面建成小康社会、加快建设"强富美高"新江阴、继续当好县域发展排头兵和领头羊做出新的更大贡献。11 月 23 日,市委书记陈金虎主持召开全市领导干部会议,专题传达学习和贯彻落实省党代会精神,动员全市上下按照省党代会明确的目标任务和最新要求,同心同德、攻坚克难,奋发进取、勇攀高峰,坚决打赢聚力创新聚焦富民主攻仗,扬长补短建设"强富美高"新江阴,共创全市人民幸福美好新生活,为无锡、全省发展大局做出新的更大贡献。省第十三次党代会代表吴协恩、陈丽芬、冯术娟在会上作交流发言。

【省委第二巡视组向江阴市反馈巡视情况】 根据江苏省委统一部署,2015 年 11 月 15 日至 12 月 31 日,省委第二巡视组对江阴市进行巡视。2016 年 1 月 22 日,省委第二巡视组副组长姜昕向市委书记陈金虎反馈巡视情况,并代表巡视组向江阴市领导班子进行反馈。省委第二巡视组部分成员,无锡市委巡视工作联络机构成员,江阴市委、市人大、市政府、市政协领导班子成员,法院、检察院党组成员,市纪委监察局、市委组织部领导班子成员,市委、市政府办公室主任、副主任,所辖镇(街道)、园区党政主要负责人,各机关部门、直属单位、人民团体主要负责人,近三年退休的老领导,巡视工作联络组成员参加情况通报会。姜昕指出,江阴市委要严格按照省委巡视工作领导小组要求,坚持党要管党、从严治党,认真落实主体责任,高度重视巡视反馈意见,对巡视指出的问题,认真研究分析,分门别类处理。主要负责人要切实担负起"第一责任人"的责任,抓早抓小,抓好班子,带好队伍。对巡视整改落实情况,市委要以适当形式向社会公开,接受干部群众监督,省委巡视工作领导小组将适时组织开展监督检查。陈金虎主持情况通报会并作表态发言,要求江阴各级党组织要把整改工作作为当前一项严肃的政治任务,以最坚决的态度、最严格的纪律、最有力的举措狠抓工作落实,确保各项整改任务如期优质完成。一是切实提高思想认识,不折不扣贯彻落实巡视意见精神。二是切实加强组织领导,坚决有力抓好各项巡视整改工作。三是切实加强党的建设,着力营造风清气正的发展环境。四是切实巩固巡视成果,补差补短推动江阴跨越赶超。

【千企转型提升发展暨人才强企大会】 2016 年 3 月 31 日,市委、市政府召开全市千企转型提升发展暨人才强企大会。市委书记陈金虎充分肯定全市广大企业和企业家为江阴经济社会发展做出的巨大贡献，并指出，全市广大企业要牢固确立“向转型要动能、靠提升增活力”的发展理念，以主动转、创新转、有效转的生动实践，勇当转型提升发展的先行军、主力军。一方面，要向转型要动能。要从投资拉动向创新驱动转型，更加注重技术创新、品牌创新、模式创新、人才创新，加快实现从“制造”向“创造”的根本转变；要从单打独斗向合作共赢转型，抢抓兼并重组的发展良机，拓宽对外合资合作的广阔空间，用好对内抱团发展的有力武器；要从产品经营向资本经营转型，加快借力资本市场，全力重塑“江阴板块”优势；要从粗放发展向绿色发展转型，始终坚持节约用地、突出节能减排。另一方面，要靠提升增活力。要加快装备改造提升，鼓励广大企业上新装备、搞大技改，加快实施“机器换人”，促进江阴制造向江阴“智”造转变；要加快产品质量提升，突出精益求精的“工匠精神”，在“专精特新”上狠下功夫，打造出更多的业界翘楚、“隐形冠军”；要加快管理水平提升，建立现代企业制度，加快信息化和工业化“两化融合”，加强财务管理，靠管理降本增效、深挖潜力；要加快员工素质提升，强化教育培训和文化熏陶，让员工和企业一起成长、共同进步。陈金虎要求，各级各部门要坚持“强服务是本职、优服务是天职”的工作信条，主动服务、靠前服务、优质服务。政策服务要再强化，加快完善配套政策、制定实施细则、拿出操作办法，全力抓好各项产业扶持政策的宣传贯彻落实；要素服务要再加强，帮助企业解决在发展过程中遇到的土地、资金、用工等现实问题，在项目引进、审批、建设过程中碰到的实际困难；审批服务要再提速，按照在周边城市“程序最简、速度最快、费用最低、服务最优”的要求，进一步深化行政审批制度改革，精简审批事项、再造审批流程、规范中介管理、压缩办结时限；金融服务要再发力，在资金支持、上市服务、风险化解等方面，为企业提供最优服务；舆论宣传要再给力，多宣传企业的成功做法，多报道企业的创新实践。市委副书记、市长沈建主持会议并要求全市上下深入领会、学习贯彻此次会议精神，要围绕产业强市凝聚共识，坚定发展信心，把全部精力集中到加快转变经济发展方式、培育形成新的增长动力上来，积极争创江阴发展新优势；要突出重点，创新发展举措，千方百计攻难点、补短板，助推企业加快转型提升；要强化保障，确保发展成效，以优良的机制、优质的服务不断激发新动能，全力以赴抓好全年各项目标任务的推进落实。

【开放型经济和招商引资工作会议】 2016年4月1日，市委、市政府召开全市开放型经济和招商引资工作会议。陈金虎要求，各级各部门要咬定目标、迎难而上，全力以赴推动开放型经济和招商引资各项工作实现新突破。一要在项目招引建设上全力以赴、强攻突破，突出招商信息收集、招商工作组织、招商队伍建设、项目跟踪服务，确保招商引资取得实实在在的成效。二要在外贸稳增长上咬定目标、确保完成。通过狠抓增量提升、狠抓存量挖潜、狠抓业绩回流、狠抓进口促进，全力以赴稳市场、稳订单、稳项目、稳企业，全力做到“份额不减少、位次不后移、质量有提升”。三要在抢抓国家战略上乘势而上、赢得主动。发挥江阴产业基础好、企业实力强的优势，加强政策对接，主动对上争取，深挖战略红利，全面深化国际经贸合作，着力打造国际化企业，全力营造良好环境，不断拓展江阴开放发展的新空间。四要在园区提档升级上精准发力、再创新高。三大开放园区要高点定位、勇挑重担，更大力度腾空间、抓招商、建载体、搭平台，不断增强园区的对外影响力、项目承载力和资源集聚力，努力成为全市开放型经济和招商引资的最强势增长极。各镇(街道)工业集中区要引进增量、优化存量，实现集约化、特色化、生态化发展。陈金虎指出，港口是江阴对外开放的独特优势，港口和口岸单位要创新港口发展思路、构筑服务竞争优势、共建和谐发展环境，为全市开放型经济做出更大贡献。陈金虎强调，各级各部门要强化组织，压实责任，确保开放型经济和招商引资工作目标任务强势推进。要强化责任落实，把开放型经济摆到突出位置，做到人人肩上有担子、个个身上有压力，努力形成齐心协力抓落实的良好局面；要强化精准服务，抓住重点、科学施策，强化部门联动，以实际行动增强企业发展信心；要强化政策落地，认真做好有关扶持政策的研究贯彻，全力抓好落实兑现，确保政策早落地早见效；要强化考核激励，发挥好考核指挥棒作用，营造出竞相抓开放型经济发展的浓厚氛围。市委常委、常务副市长孙小虎主持会议，市委常委、副市长计军作开放型经济和招商引资工作报告。

【省委巡视组反馈意见整改情况通报会】 2016年1月22日，省委第二巡视组向江阴市委反馈巡视意见后，市委高度重视、迅速部署，专门成立巡视整改落实工作领导小组，切实加强对整改工作的统筹协调和督查推进；制定出台整改落实工作方案，逐条逐项明确牵头市领导、相关责任单位和时间进度安排，细化目标、实化措施、量化进度，按步骤稳妥扎实推进整改工作，形成上下协同、整体联动的工作格局。4月5日，市委举行省委巡视组反馈意见整改情况通报会。市委书记陈金虎代表市委作省委巡视组反馈意见整改情况通报，就政治纪律，廉洁纪律，组织纪律，群众纪律、工作纪律、生活纪律4个方面33项整改任务102项整改措施进行详细通报。在整改过程中，全市坚持直面问题、动真碰硬，突出“立足当前整改”和“建立长效机制”相结合，深挖问题原因根源，有针对性地加强长效机制建设，确保问题不反弹、不回潮，确保高质量完成整改工作任务。33项整改任务全面开展整改，102项整改措施有80项落实到位，还有22项尚需要一定时间才能整改落实到位，在全力组织推进落实中。陈金虎对下阶段整改落实工作提出要求，一要从严落实整改责任。市委带头履行好主体责任，以上率下、层层示范，推动各级党委切实担负起统一领导、直接主抓、全面落实的责任。相关部门要认真履行监督责任，聚焦改进作风、政府投资、国企管理、园区机制等方面开展常态化监督检查,进一步加大考核问责力度,持续放大巡视整体效应。二要持续抓好后续整改。把整改省委巡视组反馈问题作为当前和今后一个时期重要的政治任务,坚持目标不变、标准不降、力度不减,持续深化整改,确保每一个整改事项都有一个负责任的交代和结果。三要不断完善规章制度。对每一个问题都要深入分析问题产生的深层次原因,举一反三、标本兼治,并把整改实践中的有效举措及时上升为制度,着力增强制度建设的系统性、针对性、实效性,切实防止同类问题发生。四要统筹推进日常工作。把巡视整改工作与全面从严治党紧密结合起来,与"三严三实"*专题教育和即将开展的"两学一做"*学习教育紧密结合起来,与推动江阴改革发展紧密结合起来,全力推动江阴经济社会发展和全面从严治党迈上新台阶,为高水平全面建成小康社会、全力建设"强富美高"新江阴提供坚强政治保证。

【生态文明建设暨水环境整治大会】 2016年5月19日,部分市领导及各镇(街道)园区、相关部门负责人现场察看中石油江苏燃料沥青有限责任公司有机废气治理、绮山应急备用水源地建设、华西污水处理厂提标改造、徐霞客镇府庙浜河道整治、临港街道铭兴生猪养殖场污染防治、璜土镇璜土村农村环境整治和苏龙热电有限公司整合整治等工程。20日,市委、市政府召开全市生态文明建设暨水环境整治大会,市委书记陈金虎指出,"十三五"规划时期,全市上下要围绕全面消除黑臭河道和地表水劣V类水质的总目标,进一步创新治水思路、优化治水路径、细化治水举措、强化治水保障、提升治水效率,统筹推进水规划、水生态、水景观、水资源、水安全等重点工作,走出一条具有江阴特色的水生态文明建设之路。一要做细水规划,高度重视规划的龙头作用,进一步细化规划制订,强化规划联动,推动规划落实。二要做优水生态,树立大局观、长远观、整体观,推进工业农业一体化治理、城市农村一体化治理、山水林田湖一体化治理,通过综合治理实现综合效应。三要做美水景观,通过打通"断头河",实施河岸、河面、河底"三清",推进道路、沿河、山林绿化,突出水景观打造等工作,加快打造河畅、水清、岸绿、景美的滨水景观。四要做活水资源,切实加大水资源保护力度,不断提升水资源利用效率,真正做好水资源保护和利用这篇大文章。五要做好水安全,时刻绷紧水安全这根弦,工程先行"防洪水",完善设施"排涝水",强化监管"保供水",切实防范水患灾害、水运污染等风险。各级各部门要建立健全领导体系,压实环保工作责任,强化督促检查考核,营造浓厚社会氛围,努力形成各尽其责、同心共治的良好局面,全力确保生态文明建设和水环境整治各项工作落到实处、取得实效。市委副书记、市长沈建作工作报告。要求全市各级各部门突出重点、狠抓关键,加快优化产业结构,着力提升绿色发展水平;严格源头管控,着力提升资源利用效益;强化综合治理,着力提升宜居环境质量;完善基础设施,着力提升环境保护能力;加强执法监管,着力提升生态建设成效。在推进生态文明建设过程中,要加强领导、主动担当,强化工作责任、督查考核和全民参与,确保生态文明建设各项任务落实到位。

【中央环保督察工作迎检动员大会】 2016年7月15日,江苏省委召开中央第三环境保护督察组督察江苏省工作动员电视电话会议。全省电视电话会议结束后,江阴市迅速召开迎检动员大会。市委书记陈金虎要求全市各级各相关部门按照省委、省政府的部署要求,全力支持配合督察工作,主动接受督察组的监督和指导。要全面抓好问题整改,着重围绕上级通报的问题、群众反映集中的问题、新出现的问题,全面细致开展自查。对自查出的问题,要尽快制订整改计划,详细制订整改清单,逐项明确整改目标、整改时限、责任单位、责任人,全力消除环境隐患;对群众反映的问题,要积极主动回应,认真负责处理,全力以赴做细做实工作。陈金虎强调,要精心组织,协调联络组和下设的6个工作组要尽快开展工作。要全力配合,对中央督察组部署的各项工作,要周密协调安排,逐一落到实处。要落实责任,各镇街园区和各相关部门要第一时间成立相应协调联络机构,形成党政主要领导亲自抓、分管领导具体抓的工作格局,形成密切配合、通力协作的工作合力。市委副书记、代市长蔡叶明主持会议,市委常委、常务副市长孙小虎通报当前全市生态文明建设和环境保护工作情况,对迎检工作进行部署。

【城乡建设大会】 2016年8月18日,市委、市政府召开全市城乡建设大会。市委书记陈金虎指出,建设现代化有特色的美丽宜居城市,必须牢固确立"八大理念":一要用好山水资源,尊重自然、顺应自然、保护自然,把江阴山环水绕、山水交融的自然资源用足用好用到极致,让城市因山而秀、因水而灵;二要挖掘历史文化,理清江阴文化特质,加大历史文化街区、村落和遗存保护力度,彰显文化底蕴,塑造文化符号,提升文化空间,延续历史文脉,留住乡愁记忆,让城市有根有魂、有个性有品位、有魅力有活力;三要坚持以人为本,把群众所盼作为工作重点,把群众参与作为重要路径,把群众满意作为最终标准,让全市人民更有认同感、归属感、获得感,让城市更有情怀、更有温度、更有质感;四要呼应重大设施,在衔接融入长三角城市群、加强与上海南京无锡杭州的对接互动、放大基础设施辐射带动效应、优化重大基础设施周边片区布局等方面超前规划、统筹考虑,让城市呈现新形象、焕发新活力、培育新优势;五要坚守大气精致,标准定位要高、气魄手笔要大,不再"新铺摊子"、不搞"造城运动",用艺术家的眼光,拿出"工匠精神",精美规划、精致设计、精心建设、精细管理,让城市更有颜值、更具气质;六要永葆绿水青山,坚持节约紧凑、精明增长,大力开展生态修复,加快建设"海绵城市",将绿色循环低碳理念,在城乡建设各个环节、各个方面体现得淋漓尽致;七要统筹城乡建设,以一样的标准、一样的要求、一样的水平,推进城乡规划建设、功能配套、管理服务,以城市和农村的共同提升,使城乡发展均衡普惠、城乡面貌没有落差;八要提升人文素养,从小事抓起,从细节管起,以市民素质的全面提升,推动城市形象和城市品位的全面提升。陈金虎要求,全市上下必须把握工作重点、狠抓关键环节,迅速掀起江阴城乡建设的新热潮。市委副书记、代市长蔡叶明主持大会并讲话。要求各级各部门要不折不扣落实市委、市政府的决策部署,全力以赴做好城乡建设管理各项工作;各级党员干部要充分发挥先锋模范作用,主动参与、支持、服务各项建设工作。市委常委、常务副市长费平就推进落实"1310 工程"* 做工作部署。

【人大换届选举工作会议】 2016 年9月22日,市委、市政府召开全市人大换届选举工作会议,全面部署市、镇两级人大换届选举工作。陈金虎要求,要坚持党的领导,从严把好代表人选关口,选优配强地方政权机关领导班子,严肃换届选举纪律,加强换届选举宣传。对市政协换届工作,陈金虎指出,政协委员人选要拥护中国共产党的领导和中国特色社会主义制度,遵守政协章程,有良好道德品行和社会形象,具备较强参政议政能力。陈金虎强调,市、镇两级人大换届选举,涉及面广、工作量大,政治性、政策性强。全市各级各部门要加强组织领导,明确工作任务,稳妥有序推进,确保各项工作落到实处。党委要承担主体责任,党委书记要履行好第一责任人职责。加强对全市换届选举工作的指导。有关责任部门要密切配合,组织部门要在考察、提名、推荐、选举等工作中发挥好职能作用,纪检机关和监察部门要从严履行监督职责,宣传、政法、统战及各有关方面都要加强对接协调,共同完成好换届选举任务。市人大常委会主任赵国权对换届选举工作做具体部署。市委副书记袁秋中,市委常委、宣传部部长程政分别对换届选举的组织人事工作和宣传工作提出要求。

【第二十六届科技节暨科技创新大会】 2016 年 10 月 25 日,市委、市政府召开第二十六届科技节暨科技创新大会。市委书记陈金虎指出,全市上下要紧紧围绕"加快建设具有一定国际竞争力的先进制造业基地和创新型经济高地"总目标,深入实施创新驱动战略,充分发挥科技创新在供给侧结构性改革和经济转型升级中的关键作用,确保江阴的科技创新工作始终走在全省乃至全国同类城市的最前列。一要加快推进科技供给,大力构筑产业创新高地。用科技助推传统产业高新化,着力向传统产业注入创新元素,加快打造一批品牌影响力强、产品附加值高的优势传统产业;用科技助推新兴产业规模化,不断引进、培育、壮大新材料、清洁能源、智能制造、生物技术等新兴产业;用科技助推现代服务业高端化,着力推动高新技术服务业与高端制造业、战略性新兴产业相融合。二要加快培育创新主体,大力构筑自主创新高地。努力支持企业成为科技创新的决策主体,加快推进规模以上工业企业研发机构、专利申请、产学研合作"三个全覆盖";成为科技创新的投入主体,全力为企业争取更多科技创新政策红利,加快完善企业为主体的创新投入制度;成为科技创新的实施主体,着力推动人才、技术、资金等创新要素向企业集聚。三要加快整合资源要素,大力构筑区域创新高地。注重平台集聚,扶植一批能力强、业绩好、信誉优的科技公共服务平台;注重人才引进,持续推进"高层次人才集聚计划",建立产学研用结合的协同育人机制,改进人才评价和激励支持办法;注重金融支撑,进一步创新金融服务,加快形成以政府投入为引导、企业投入为主体、各类资本广泛参与的多元化科技投入机制。四要加快优化体制机制,大力构筑制度创新高地。切实增强体制机制的驱动力,进一步深化行政审批改革,降低市场准入门槛;增强科技政策的获得感,帮助更多企业享受到国家、省市政策红利,抓好江阴科技创新政策的贯彻落实;营造鼓励创新的好氛围,在全社会形成尊重人才、鼓励创新、宽容失败的共识,促进创新人才不断涌现、创新活动蓬勃开展。陈金虎强调,全市各级要始终牢固确立科技是第一生产力、人才是第一战略资源的理念,建立健全党委统一领导、政府统筹实施、部门分工协作、全社会共同参与的领导体制和工作机制,做到科技工作与经济社会发展目标任务同部署、同落实。科技、经信、组织、人社等相关部门要强化创新驱动发展的鲜明导向,在帮助企业争取科技人才项目、对接科研院校、搭建研发平台、申报知识产权、解决突出问题的同时,切实建立创新驱动发展考核指标体系,不断激发各级各部门抓好科技创新工作的积极性。市委副书记、代市长蔡叶明主持会议。市委副书记袁秋中宣读表彰决定,副市长赵强作工作报告。

【市委工作务虚会】 2016 年 12 月 20—21 日,市委召开工作务虚会,市四套班子全体领导参加会议。各镇(街道)园区、有关部门主要负责人出席会议。市四套班子领导和有关部门负责人围绕经济发展、城乡建设、社会事业、生态文明、社会治理、党的建设等江阴经济社会发展重点,结合各自的分管工作和调研课题,积极发言、献计献策。市委书记陈金虎指出,2016 年是江阴经济社会实现新发展、各项事业取得新进步的一年。全市上下积极应对困难挑战,克难奋进、真抓实干,全市经济保持稳健增长,产业转型提升步伐加快,城乡建设打开新局,各项事业协调并进。要重点把握好八个方向性问题:一要聚力扶持创新主体、聚力集聚创新要素、聚力打造创新生态,推动"聚力创新"在江阴具体落实;二要扩大项目信息源、推动政策落实、加快项目审批推进,力争产业项目实现大突破;三要围绕贡献支撑更大、体制机制更优、平台载体更强,推动开放园区进一步做强做大;四要围绕"1310 工程",突出重点、快出形象,强化组织、优化机制,凝聚各方、形成合力;五要切实减少煤炭消费、坚决淘汰落后产能、持续推进水环境整治、加大垃圾处理设施建设力度、全面完成畜禽养殖整治,加快实现生态建设与经济发展互促共进;六要加快增加居民收入、改善生活质量,实施经济薄弱村精准帮扶、特困家庭深度救助,统筹好"聚焦富民"的普惠性与精准度;七要增强化解矛盾的合力，落实属地责任，主动发现、及早化解、守住底线；八要坚定不移推进全面从严治党，加快健全容错纠错机制，全面激发干部干事创业热情、营造干部干事创业生态。市委副书记、代市长蔡叶明强调，下一步，全市上下要加快转型升级，着力构筑区域发展优势，大力促进产业转型、着力做强实体经济、切实提升投入水平；要坚持改革创新，着力增强发展活力动力，推进科技创新、激发改革活力、扩大开放优势；要着力加快城乡建设，大力提升城市品质内涵，突出规划引领、统筹城乡建设、创新城市管理；要深入推动绿色发展，加快构建生态宜居环境，在节能减排上下决心、在综合治理上出重拳、在严格监管上强机制；要致力民生改善，切实维护社会安定和谐、兜牢民生底线、优化公共服务、确保社会稳定。

重要活动

【“两学一做”* 学习教育活动】 2016年4月23日，市委书记陈金虎主持召开市委常委（扩大）会议，专题讨论研究开展“两学一做”学习教育活动。会议指出，市委常委会要坚持从自身做起，学在前、做在先，为全市党员干部当好示范、树好标杆；全市各级领导班子、领导干部都要树立表率意识，上级带下级、班子带队伍，层层示范、层层带动。要强化组织领导。全市各级党组织要切实履行好主体责任，严格督促检查，确保学习教育不流于形式、不走过场；市委组织部要深入动员部署，加强学习教育的具体组织指导和推动协调工作。要注重搞好结合。各地各部门要坚持两手抓、两不误、两促进，把开展学习教育与全市经济社会发展各项工作紧密结合起来。26日，市委召开“两学一做”学习教育工作座谈会，传达学习习近平总书记重要指示精神，认真贯彻中央、省委和无锡市委座谈会精神，对全市开展“两学一做”学习教育进行动员部署。市委书记陈金虎指出，要深刻领会、全面把握、认真贯彻，确保执行到位、落实到位。要突出领导带头，率先垂范，影响带动全体党员跟着学、照着做；要突出问题导向，认真查摆问题、抓好整改，切实解决信仰信念、纪律规矩、宗旨意识、精神状态、德行表现等方面的问题；要突出经常性教育，用好日常的教育途径、教育方式，推动党的思想政治建设抓在日常、严在经常；要突出分类指导，既区分全体党员和县处级以上领导干部不同层次，也根据不同领域、不同类型党组织的特点，针对不同群体党员的实际情况，把学习教育的任务和要求具体化、精准化、差异化，真正提升学习教育的实际效果。

5月19日，江阴大学堂第21讲围绕“两学一做”学习教育，特邀上海市委党校党史党建教研部主任、政党研究所所长刘宗洪，作题为《新形势下合格党员再塑造——“两学一做”精神解读》的专题讲座。全市副科职以上领导干部听取讲座并观看严肃换届纪律警示教育片《镜鉴》。

6月27日，根据市委常委会“两学一做”学习教育工作方案部署安排，市委书记陈金虎到挂钩联系点澄江街道办事处，为200多名党员干部讲党课。讲课中，陈金虎重点围绕为什么要开展“两学一做”学习教育，“两学一做”该怎么学、该怎么做等问题，作系统全面的讲解和深刻到位的阐述。

7月14日，按照中央、省委和无锡市委部署要求，根据市委常委会“两学一做”学习教育工作方案，市委常委会举行“两学一做”专题学习会，围绕“学习党章党规，提高政治素养和政策水平”这一主题，交流学习党章党规的心得体会。市委书记陈金虎主持学习会，要求全市各级党组织、广大共产党员认真贯彻落实习近平总书记关于学习党章党规、践行党章党规的重要指示精神，把学习党章党规作为一门必修课、一项基本功，使党章党规真正内化于心、外化于行，成为终身不变的自觉坚守。学习会上，吴芳、袁秋中、陈兴华等领导还联系各自的思想实际和工作实际，分别作交流发言。

9月14日，市委常委会举行学习会，传达全省“两学一做”学习教育工作推进会精神。会议要求，全市各级党组织要及时传达、认真学习、深刻领会，切实把思想和行动统一到中央和省委的决策部署上来，统一到会议精神上来，深刻认识深化学习教育的重要性，认清存在的问题和不足，切实增强责任感和使命感，进一步把学习教育安排好、组织好，以更高标准、更严要求、更实举措，把全市的学习教育不断推向深入。

10月28日，市委常委会举行第五次专题学习会，各位市委常委围绕“学习系列讲话、增强‘四个意识’”* 主题进行交流发言。市委书记陈金虎在主持专题学习会时强调，要把认真学习贯彻习近平总书记系列重要讲话精神，作为一项重要的政治任务贯穿“两学一做”学习教育的始终，全面把握“四个意识”的深刻内涵和辩证关系，把“四个意识”贯穿于从宏观思考到微观决策以及推动工作的全过程，确保学习教育扎实推进、取得实效。会议要求，一要自觉把“学”引向深入。在下阶段学习教育中，要继续牢牢抓住“学”这个基础，抓住党员领导干部这个“关键少数”，以上率下、层层示范。二要努力把“改”贯穿始终。要按照市委“两学一做”学习教育实施方案中的明确要求，引导普通党员按照“五查摆五强化”* 要求、党员领导干部按照“七查摆七强化”* 要求，认真查找和解决存在的问题和不足，真正做到边学边改、边查边改、即知即改。三要切实把“做”落到实处。要坚持“两手抓、两不误、两促进”，把深入开展“两学一做”学习教育，与贯彻落实市第十三次党代会精神结合起来，与扎实做好改革发展稳定各项工作结合起来，与切实保障和改善民生结合起来，引领推动全市各板块、各部门和广大党员干部，对照年初确定的各项工作部署，勇于担当、主动作为，细化责任、强化督查，确保全年目标任务的如期完成，确保“十三五”规划发展的良好开局。会上，各位市委常委围绕学习主题，结合各自思想实际、工作实际分别作交流发言。

10月31日，全体市领导出席活动并参观李良宝先进事迹展。中篇评弹《李良宝的故事》在长江村进行首演，市委书记陈金虎在首演活动上要求，各级各部门要把学习党员先进楷模和“两学一做”学习教育紧密结合起来，组织党员干部对照先进、查找差距、不断增强理想信念，为高水平全面建成小康社会、加快建设“强富美高”新江阴做出新的更大贡献。

【领导干部学习活动】 2016年1月23日，市委常委会召开“三严三实”*专题民主生活会。会议深入贯彻习近平总书记系列重要讲话特别是在中央政治局专题民主生活会上的重要讲话精神，紧紧围绕协调推进“四个全面”*战略布局，对照“严以修身、严以用权、严以律己，谋事要实、创业要实、做人要实”的要求，坚持严肃认真、实事求是、民主团结的原则，开展批评和自我批评，推进市委常委班子及其成员切实改进工作作风、不断加强自身建设，推动形成积极向上、干事创业、风清气正的政治氛围。市委书记陈金虎首先代表市委常委班子作对照检查。市委常委班子聚焦主题，深入查摆在推进改革发展稳定和加强自身建设中存在的不严不实问题，随后，陈金虎带头作个人对照检查发言，常委逐个进行对照检查。陈金虎在会议结束时，就认真学习贯彻习近平总书记在中央政治局专题民主生活会上的讲话精神，进一步践行“三严三实”、加强市委常委班子自身建设提出四点要求。一要强化看齐意识。二要强化纪律意识。三要强化宗旨意识。四要强化廉洁意识。

2月26日，市委书记陈金虎主持召开市委常委(扩大)会议，传达学习上级政法工作会议、纪委全会、组织部长会议精神，会议强调，全市各级各部门要深入贯彻落实习近平总书记关于政法工作的重要讲话、指示精神和各级政法工作会议精神，坚持在服务大局中谋划推动政法工作，切实加强社会治理，深入扎实推进平安建设和法治建设，在深化司法体制改革的基础上，打造一支过硬的政法队伍。会议要求，要认真学习贯彻各级纪委全会精神，全面从严治党，夯实党委主体责任和纪委监督责任，坚持关口前移、抓早抓小，持之以恒抓好作风建设，以零容忍的态度惩治腐败，打造忠诚干净担当的纪检干部队伍，以改革创新的精神全力做好纪检工作，以良好的党风政风保障“十三五”开局之年各项工作扎实推进。

6月6日，市委书记陈金虎主持召开市委常委会，学习传达中组部《关于学习贯彻习近平总书记重要批示精神、加强党委(党组)领导班子建设的通知》精神，专题学习毛泽东《党委会的工作方法》。市委副书记蔡叶明传达中组部通知精神，并领学《党委会的工作方法》一文。学习会上，陈金虎、徐冬青、计军、冯爱东等作重点发言，交流学习习近平总书记重要批示精神、重温《党委会的工作方法》的认识和体会。

7月13日，市委中心组举行专题学习会，深入学习贯彻习近平总书记在庆祝中国共产党成立95周年大会上的重要讲话精神，讨论研究《关于学习贯彻〈习近平总书记在庆祝中国共产党成立95周年大会上的讲话〉的通知》。市委书记陈金虎强调，全市各级党组织、广大共产党员要认真落实中央和省委、无锡市委的部署要求，把学习贯彻总书记七一重要讲话精神作为一项重大政治任务，真正把思想和行动切实统一到总书记重要讲话上来，自觉用讲话精神武装头脑、指导实践、推动工作。

8月1日，市委书记陈金虎主持召开市委常委会议，专题学习《中国共产党问责条例》，对市委常委会自身建设提出要求。会议要求，全市各级党组织和纪检组织，要把学习好、宣传好、贯彻好、落实好条例，作为当前一项重要的政治任务。一要及时传达学习。把学习贯彻条例纳入“两学一做”学习教育的重要内容，作为干部教育培训的重要内容，与学习贯彻习近平总书记系列重要讲话特别是七一重要讲话精神紧密结合起来，周密部署，精心组织，及时把条例的基本精神、主要内容传达到每一个基层党组织和每一名党员干部。二要全面贯彻落实。把条例的学习贯彻情况，作为年度各级党组织、纪检组织落实“两个责任”*考核的重要内容，作为领导干部述职述廉和民主生活会对照检查的重要内容，层层传导压力，确保条例各项规定落到实处。要严格执纪问责。准确把握条例规定的问责情形、问责方式，坚持问题导向，抓住典型案例，敢于动真碰硬，强化问责追责，让失责必问、问责必严成为常态。建立健全容错豁免机制，进一步营造“为实干者点赞、为创业者加油、为暂时受挫者暖心、为勇于担当者担当”的鲜明导向和良好环境，全面推动全市广大党员干部敢作敢为、担当作为。26日，江阴大学堂第22讲特邀延安市委党校教授、延安干部培训学院院长雷万青，为全市领导干部作题为《延安精神及其时代代价》的专题讲座。

9月14日，市委常委会举行专题学习会，交流学习习近平总书记七一重要讲话精神的心得体会，传达全省“两学一做”学习教育推进会精神。会议要求，全市各级党组织要及时传达、认真学习、深刻领会，切实把思想和行动统一到中央和省委的决策部署上来，统一到会议精神上来，深刻认识深化学习教育的重要性，认清存在的问题和不足，切实增强责任感和使命感，进一步把学习教育安排好、组织好，以更高标准、更严要求、更实举措，把学习教育不断推向深入。会议指出，学习贯彻习近平总书记七一重要讲话精神、扎实推进“两学一做”学习教育，是一项重大政治任务。下阶段，要按照省委的最新要求，进一步突出问题导向、提高要求、找准落点，把“学”的基础打得更牢，把“做”的关键抓得更紧，确保学习教育扎实深入推进。一要聚焦重点、真学深学。二要明确责任、确保实效。三要学用结合、推动工作。

10月31日，市委书记陈金虎主持召开市委中心组学习会，专题学习党的十八届六中全会精神，动员全市上下迅速把思想和行动统一到中央的决策部署上来，紧密团结在以习近平为核心的党中央周围，坚定不移推进全面从严治党，切实加强和规范党内政治生活，全面落实党内监督责任，全力营造风清气正的良好政治生态，不断开创江阴改革发展和全面从严治党新局面。会议强调，全市各级党组织要精心组织，周密安排，切实把全市上下的思想和行动统一到中央的决策部署上来，把力量和智慧凝聚到落实全会提出的各项任务上来。一要切实加强领导，把学习六中全会精神，作为党的理论武装工作的重点任务，做出专题部署，制定周密计划，提出具体要求。二要认真组织学习，采取中心组、培训班、读书会、报告会、讲坛讲座等多种形式，充分利用网络学习平台和渠道，力求学深学透、融会贯通。全市各级领导干部要以身作则，带头学习全会精神，引领和推动全市上下形成学习贯彻六中全会精神的浓厚氛围。三要广泛深入宣传，要按照中央部署，牢牢把握正确导向，精心组织新闻宣传，广泛开展集中宣讲，加强理论研究阐释，做好网上宣传引导，切实让六中全会精神家喻户晓、深入人心。四要全力贯彻落实，全市上下要以贯彻落实六中全会精神为强大动力，振奋精神、奋发作为，突出决战决胜四季度、圆满完成市镇两级人大、政府和市政协换届、科学谋划明年思路举措等重点，加强统筹协调，狠抓工作落实，千方百计保持经济平稳健康发展，扎扎实实办好各项民生实事，全力以赴维护社会和谐稳定，确保全面完成全年各项目标任务。

12月7日，市委书记陈金虎主持召开市委常委会，做出《关于向吴协恩同志学习的决定》，会议要求，要提高认识，学习好、宣传好华西村党委书记吴协恩的先进事迹，为推进“强富美高”新江阴建设注入新的动力；要精心组织，把开展向吴协恩学习活动，与开展“两学一做”学习教育紧密结合起来，与贯彻落实省市第十三次党代会精神紧密结合起来，在全市上下掀起向吴协恩学习的热潮；要广泛宣传，充分运用各种渠道和手段，运用群众喜闻乐见的方式，广泛宣传吴协恩的先进事迹，广泛宣传在学习活动中涌现出的先进典型，在全社会营造学习先进、崇尚先进、争当先进的良好氛围，进一步提振精气神。

【重要工作推进活动】 2016年1月30日，市委常委会专题听取2015年度全市党(工)委书记抓基层党建和履行党风廉政建设主体责任述职，市委书记陈金虎主持会议并作现场点评，对做好下一步工作提出明确要求，全市各级党组织尤其是党委(党组)书记要坚持以更高标准、更严要求履行全面从严治党责任，以更宽的视野、更实的作风来把握和推动全面从严治党工作，促进江阴全面从严治党工作迈上新台阶、提升新水平，为高水平全面建成小康社会、加快建设“强富美高”新江阴提供坚强保障。会上，8个镇(街道)和部门党(工)委书记就抓基层党建工作和履行党风廉政建设主体责任情况进行现场述职，10个镇(街道)、园区党(工)委书记作书面述职。

2月27日，召开政法工作会议，深入学习贯彻中央、省和无锡市政法工作会议精神，回顾总结过去一年的工作，安排部署新一年的目标任务。市委书记陈金虎讲话，市委副书记、政法委书记蔡叶明作工作报告。副市长韩民主持会议。陈金虎强调，要狠抓重点关键，紧扣“防控风险、服务发展，破解难题、补齐短板，全面深化司法体制改革，提高司法公信力，加强政法队伍建设，营造风清气正、干事创业的良好生态”的新时期政法工作主线，不断提升政法工作的科学化、现代化、法治化水平。29日，分片区召开全市产业项目建设推进会，逐个片区、逐个板块认真梳理在建、拟建和在谈的产业项目情况，研究协调项目推进过程中存在的问题，加快推进重点重大产业项目建设。市领导沈建、孙小虎、计军、费平和板块包片、分管市领导徐冬青、蔡叶明、孙英、钱文琴、冯爱东、吴芳、戴旭东、龚振东、唐仲贤、程政、虞卫才、韩民等参加会议。在分片听取全市各开放园区、镇街关于工业、服务业产业项目建设推进情况后，各包片、分管市领导，相关部门主要负责人分别进行点评，并对项目招引、项目落地、项目建设过程中面临的问题进行具体协商。陈金虎在听取汇报后指出，产业项目建设是落实产业强市战略的重要抓手，是市委、市政府全局工作的重中之重。全市上下要把主要精力和工作重点放在项目建设上，为江阴经济持续发展夯实基础。

3月3日，市委召开党建工作会议，市委书记陈金虎在会上强调，全市上下要切实增强做好新形势下党建工作的使命感和责任感，把握工作重点，不断提升党建工作的科学化规范化水平，为高水平全面建成小康社会、全力建设“强富美高”新江阴提供坚强组织保证和政治保证。市委副书记蔡叶明主持会议。会上，市委常委、组织部部长钱文琴，市委常委、宣传部部长袁秋中，市委常委、统战部部长陈兴华分别对组织、宣传、统战三个条线的工作进行全面的总结和部署。会上还下发2016年选人用人工作责任书。18日，华西村举行纪念吴仁宝老书记逝世三周年活动，以座谈交流的形式，深切缅怀吴仁宝老书记为华西、为江阴、为中国社会主义新农村建设做出的重大贡献，追思他为党、为人民、为国家不懈奋斗的伟大精神，学习他一生践行群众路线、生命不息、服务不止的崇高风范。第十届全国人大常委会副委员长顾秀莲发来纪念信。中组部原部长张全景，农业部原部长陈耀邦，中央农工办原主任、中国扶贫基金会会长段应碧，中央党校原常务副校长杨春贵，国务院原副秘书长刘济民，江苏省委原副书记、江苏省政协原副主席顾浩，江苏省人大常委会原副主任凌启鸿，江苏省人大常委会原副主任王霞林，江苏省政协原副主席陆军等中央部委及有关单位、江苏省和无锡市的老领导、老同志，陈金虎、沈建、赵国权、薛良、徐冬青、孙小虎、计军、孙英、钱文琴、冯爱东、吴芳、陈兴华、戴旭东等江阴市四套班子领导及老领导参加座谈会并观看专题片《我们的好书记》。市委书记陈金虎在座谈会上发表讲话。

4月1日，2016江阴驻外商会“情系故乡、共赢发展”经贸交流会举行，50多位在外澄商代表齐聚一堂，共叙深厚友情、共享合作商机、共谋家乡发展。第十届全国政协副主席张怀西，市领导陈金虎、沈建、赵国权、薛良、徐冬青、蔡叶明、计军、陈兴华、费平、黄丽泰出席交流会。市委书记陈金虎介绍近年来江阴经济社会发展情况。市委副书记、市长沈建致欢迎辞,市委副书记蔡叶明为“香港江阴商会锡剧发展基金会”揭牌,市委常委、统战部部长陈兴华主持交流会。会上,香港江阴商会、北京江阴企业商会、广东省江苏江阴商会、南京江阴商会等4个驻外商会负责人进行交流发言,还举行中科世界高科技机器人全民科普销售基地项目和达牛 APP(手机软件)项目的签约。19—20日,举行产业项目现场观摩活动暨经济运行分析会。陈金虎在20日下午主持召开的全市产业项目现场观摩活动暨经济运行分析会上指出,二季度对于实现全年目标十分关键。全市上下要千方百计想办法,坚定不移抓发展,一步不松稳增长,全力以赴确保实现“双过半”“硬过半”。会上,各镇(街道)、园区负责人汇报一季度经济运行情况、项目建设及实现“双过半”的具体举措,相关部门围绕项目建设和经济运行情况进行交流分析,分管市领导点评项目情况并部署下阶段工作举措。25日,召开全市镇党委换届工作会议,按照中央、省市委统一部署,5月全市镇党委要集中进行换届。市委书记陈金虎指出,领导班子换届是一项严肃的政治任务,全市各镇党委要认真落实党管干部原则,充分发挥总揽全局、协调各方的核心作用,确保换届工作有序、健康、平稳推进。会上,各镇党委领取《加强换届风气监督责任书》。市领导钱文琴、袁秋中、陈兴华出席会议。

5月16日,召开创建全国文明城市工作推进会,市委书记陈金虎在会上充分肯定2015年以来文明创建工作取得的成绩。围绕下阶段创建工作,陈金虎强调,全市各级各部门要雷厉风行、真抓实干,迅速掀起创建工作的新高潮,聚全民之智,举全市之力,为加快建设“强富美高”新江阴做出新的贡献。沈建、赵国权、徐冬青、蔡叶明、计军、孙英、钱文琴、冯爱东、袁秋中、戴旭东等市四套班子领导出席会议。市委副书记、市长沈建主持会议并讲话。市委副书记、政法委书记蔡叶明作工作报告。25日,召开防汛工作检查推进会,检查部署全市各项防汛工作。市委书记陈金虎指出,受厄尔尼诺现象影响,2016年汛期雨情水情的突发性、反常性、不可预见性进一步增加,长江流域出现洪涝灾害的可能性很大,江阴面临的防汛形势十分严峻。全市上下必须高度重视,围绕安全度汛做细做实各项工作,确保不发生大的洪涝灾害,确保人民生命财产安全。市领导沈建、徐冬青、冯爱东、吴芳、陈兴初出席会议。30日,召开投资工作推进会,市委书记陈金虎指出,全市上下要高度重视投资工作,紧紧围绕全年投资目标任务和上级要求,全力以赴抓投入、抓项目、抓进度,以项目推进确保“双过半”“硬过半”,确保圆满完成全年目标任务。市领导沈建、徐冬青、蔡叶明、孙小虎、冯爱东、费平、程政、陈兴初出席会议。

7月4日,市委书记陈金虎,市委副书记、市长沈建等市领导走进顾山镇赤岸村、长泾镇河塘富贝河段、青阳镇悟空村、祝塘镇锡华河石堰地段和徐霞客镇璜塘镇区等受淹严重的地区,问民情、察工程,实地检查指导防汛排涝工作。陈金虎要求,各级各部门要突出严防死守,全面强化防汛排涝工作措施,妥善转移安置家中受淹群众,全力加快排水,确保人民生命财产安全。

8月5日,市委书记陈金虎率全市各相关部门、镇(街道)负责人,利用一天的时间走镇街、入园区、下工地、进车间,对全市近30项产业项目进行现场观摩,实地了解项目进展情况。市领导蔡叶明、赵国权、孙小虎、徐冬青、袁秋中、计军、冯爱东、费平、余银龙、程政等参加观摩活动。陈金虎详细了解项目建设情况和未来发展前景,并希望企业加快项目推进步伐,确保早竣工、快投产、见成效。同时,他要求各级各部门围绕项目推进做好服务保障工作,积极主动协调解决项目建设中遇到的困难,全力以赴确保项目保质保量顺利推进、建成投运。6日,市委书记陈金虎主持召开全市经济运行分析会,研判形势、查找问题,动员全市上下咬定全年目标,狠抓项目攻投入,多措并举稳增长,奋战三季度、决胜下半年,为夺取“十三五”开局之年首战全胜奠定坚实基础。市四套班子全体领导出席会议。市委副书记、代市长蔡叶明部署下半年经济工作。19日,召开全市村、社区“两委”换届选举工作会议,对全市村、社区“两委”换届选举工作进行全面动员部署。市委副书记袁秋中主持会议,副市长虞卫才作工作部署。市委书记陈金虎指出村、社区“两委”换届选举工作具有较强的政治性、政策性和法律性,各地要深入研究、把握规律,以更严标准和更实举措,高质量推进换届选举工作。

9月23日,第十三届中国企业发展论坛“国民共进、央地共赢”(江阴)座谈会在北京举行。中国建材集团有限公司、中国海洋石油总公司、国家电网公司、中国国电集团公司等30多个央企与江阴市20多个民营企业进行合作对接,部分民营企业与相关央企签署合作协议。第十届全国人大常委会副委员长蒋正华宣布大会开幕,第十一届全国人大常委会环资委副主任、中国人民解放军原后勤部政委、上将张文台,中国建材集团有限公司董事长宋志平,中国企业家联合会副理事长于武,国务院国资委研究中心副主任彭建国,清华大学马克思主义学院原院长、教学委员会主任吴倬,中国企业报社社长、中国企业园区国际联盟执行主席吴昀国,江阴市委书记陈金虎出席座谈会,江阴市副市长赵强作投资环境推介。张文台、于武、吴昀国分别致辞。陈金虎向与会嘉宾介绍江阴经济社会发展情况。会议期间,宋志平和彭建国分别作题为《国民共进迈向康庄大道》《解读央企“十三五”规划》的主旨演讲,与会嘉宾观看《走进江阴,共赢未来》宣传短片,听取江阴投资环境推介,部分央企和民企负责人作交流发言。与会的央企负责人还与江阴民营企业负责人进行分组座谈交流,就开展合作进行对接。29日,2016年江阴市民文化节在大剧院举行开幕式,市领导陈金虎、蔡叶明、赵国权、徐冬青、程政、龚振东出席开幕式。

10月18日,市委、市政府组织开展第三季度产业项目现场观摩活动。市委书记陈金虎率全市各相关部门和镇(街道)、园区负责人一行,利用一天的时间进车间、看项目、比进展，对全市30项产业项目进行现场观摩，实地了解项目进展情况，交流项目建设经验做法。蔡叶明、赵国权、孙小虎、徐冬青、袁秋中、计军、冯爱东、陈兴华、费平、程政、尹平等全体市领导参加观摩活动。市领导详细了解项目规划建设、运行管理、市场开拓等情况，相互交流加快项目建设、提高企业竞争力、推动产品研发等经验做法。在项目观摩中，陈金虎要求各级各部门要紧抓项目建设不放，进一步强化主动服务、靠前服务意识，围绕项目建设做好各类保障服务工作，协调解决好项目推进过程中遇到的各种问题，全力确保项目保质保量顺利推进、早日建成投运。19日，市委书记陈金虎主持召开全市经济运行分析会，全面总结回顾前三季度经济运行情况，对四季度冲刺全年目标任务进行安排部署。蔡叶明、赵国权、孙小虎、徐冬青、袁秋中、计军、冯爱东、陈兴华、费平、余银龙、程政、尹平等市四套班子领导出席会议。陈金虎强调，要重点抓好“四个实”：一是在稳增长上要靠实干。二是在抓项目上要见实效。三是在优服务上要出实招。四是在勇担当上要下实功。市委副书记、代市长蔡叶明详细分析当前全市经济运行情况，并就四季度经济工作进行安排部署。

12月1日，市委书记陈金虎率相关部门负责人督查推进新锡澄运河滨江路桥、镇澄路桥、虹桥南路（环城南路—华侨路路段）、华士镇和长泾镇防汛应急工程等部分民生项目，现场协调解决工程建设推进过程中的瓶颈难题，要求各级各部门始终坚持民生导向，及时回应百姓诉求，确保工程质量，加快项目建设，强化百姓互动，真正把各项民生工程打造成让百姓满意、使群众受益的民心工程。市委常委、常务副市长费平陪同调研。8日，市委书记陈金虎来到临港开发区为200多名党员干部作学习贯彻党的十八届六中全会精神宣讲报告，并就临港开发区学习贯彻全会精神、加快转型提升发展提出明确要求。市委常委、临港开发区管委会主任计军主持宣讲报告会。报告会上，陈金虎围绕六中全会取得的重大政治成果、思想成果、制度成果三个方面，对六中全会精神进行深入阐释和解读。陈金虎要求，临港开发区要以高度的责任感和使命感把六中全会精神学习贯彻好，以创新的思路和扎实的举措把临港开发区建设好。要在提升园区贡献度，在做强特色产业基地，在做优功能平台，在做美城乡环境，在增进民生福祉五个方面寻求更大突破。宣讲报告会结束后，陈金虎到临港街道申港社区，与基层干部群众互动交流，了解基层党建工作开展情况和学习宣传贯彻六中全会精神情况。15日，全市第一期村（社区）书记工作论坛暨新任村（社区）书记培训班开班仪式在华西村举行，200多名来自全市各村（社区）的党组织书记参加论坛。陈金虎强调，要继续建强基层干部队伍，进一步加强领导、整合资源，真正以政治过硬、能力过硬、作风过硬的村（社区）干部队伍，为村（社区）可持续发展提供支持和保障。市委副书记袁秋中主持论坛和开班仪式。15日，由市科技和人才工作领导小组、市全面科学素质工作领导小组主办的江阴市创建全国科普示范县（市）总结表彰暨第一届“十大科技之星”颁奖大会举行，江苏省科学技术协会副主席冯少东代表中国科协为江阴颁授“全国科普示范县（市）、区”荣誉牌，市领导陈金虎、蔡叶明、孙小虎、徐冬青、袁秋中、陈兴华、程政、赵强为“十大科技之星”以及全国科普示范县（市）创建工作先进集体、先进个人颁奖。16日，开展第四季度产业项目建设现场观摩活动，市委书记陈金虎带领各镇（街道）、园区、有关部门负责人走工地、看现场，对27项产业项目全面观摩、深入了解，交流项目推进的好做法，谋划转型发展的新思路。孙小虎、徐冬青、计军、冯爱东、吴芳、费平、余银龙、程政等市领导参加观摩活动。17日，市委书记陈金虎主持召开全市经济运行分析会。蔡叶明、孙小虎、徐冬青、计军、冯爱东、吴芳、费平、余银龙、程政、尹平等市四套班子领导出席会议。陈金虎强调，要狠抓重点关键，咬定目标冲刺，确保打赢圆满收官硬仗。重点要做到三个“全力以赴”：一要全力以赴保目标，确保年初人代会确定的各项目标任务全面完成，全力“当好稳增长的领跑者”。二要全力以赴保项目，务求完成年度任务。三要全力以赴保稳定，确保不发生区域性系统性经济金融风险。各级各部门以及相关领导干部要强化责任担当，全力抓好落实，确保全面完成或超额完成全年目标任务。市委副书记、代市长蔡叶明全面总结2016年经济工作，并就下阶段经济工作进行安排部署。

【走访调研活动】 2015年12月30日、31日和2016年1月1日，市委书记陈金虎先后调研镇（街道）、园区和部分重点骨干企业，实地调研江苏华西集团、海澜集团有限公司、江阴兴澄特种钢铁有限公司、江苏扬子江船业集团公司、江苏法尔胜泓昇集团有限公司、江苏阳光股份有限公司、江阴澄星实业集团有限公司、江苏三房巷集团有限公司、海润光伏科技股份有限公司、江阴中南重工股份有限公司、江阴升辉包装材料有限公司、云蝠集团公司、江苏宝利国际投资股份有限公司等企业，深入现场了解发展情况，提振企业发展信心，为企业发展加油鼓劲。在调研中，陈金虎与镇（街道）、园区相关负责人进行交流。市领导蔡叶明、孙小虎、计军、孙英、钱文琴、冯爱东、费平、程政分别陪同调研。

1月9日，市委书记陈金虎走访调研临港开发区部分村和重点骨干企业，深入园区、村和企业了解发展情况。先后调研江苏双良集团有限公司、申达集团有限公司、长江村等村企。市领导徐冬青、钱文琴、费平陪同调研。26日，市委书记陈金虎走访慰问月城镇敬老院、挂钩经济薄弱村青阳镇桐岐村和3户困难群众家庭，看望孝老爱亲全国道德模范提名奖获得者袁梅芬、感动中国十大人物获得者张纪清家、“中国好人榜”见义勇为好人陈根清、全国劳模代表孙士美、结对专家刘礼华。市委常委、宣传部部长袁秋中陪同走访慰问。29日，市领导陈金虎、沈建、赵国权、薛良、蔡叶明、孙英、钱文琴、朱敏、唐仲贤、张英毅分组走访慰问市老领导。

2月2日，市领导陈金虎、赵国权、虞卫才一行先后走访驻江阴63680部队、江阴边防检查站、武警江阴市中队；沈建、薛良、戴旭东一行先后走访市人武部、预备役高炮营、武警江阴市消防大队、驻江阴73055部队。5日，市委书记陈金虎、市委副书记、市长沈建分别带头走访全市部分保供单位、加班部门和新闻单位，要求相关单位做好节日期间市场供应、交通组织、医疗卫生、市容市貌等保障工作，并向坚守一线的广大干部职工送去新春的慰问和祝福。市领导陈金虎、吴芳、费平、龚振东先后走访市人民医院、市供电公司电力调度控制中心、广电集团、澄江环卫所城南中转站和市地产农产品销售中心；市领导沈建、计军、袁秋中先后走访江阴日报社、麦德龙超市、市公安局澄江分局、小湾水厂和江阴北卡口。15日，市领导分组开展“走访企业、服务发展”活动。陈金虎、孙英、费平、唐仲贤与相关部门负责人走访江苏华西集团、江苏三房巷集团有限公司、海澜集团有限公司；沈建、冯爱东、袁秋中、程政一行走访江苏新潮科技集团有限公司、江阴兴澄特种钢铁有限公司、江苏法尔胜光子有限公司、中建钢构有限公司；赵国权、计军、戴旭东、余新泉走访江阴机械制造有限公司、江苏裕华汽车零部件有限公司、海润光伏科技股份有限公司；薛良、徐冬青、龚振东走访临港开发区威茨曼金属制品(江阴)有限公司、中建材浚鑫科技有限公司、江苏振江新能源装备股份有限公司；蔡叶明、钱文琴、韩民一行走访江阴华新电器科技股份有限公司、江阴通利光电科技有限公司、江阴市恒润环锻有限公司；孙小虎、吴芳、虞卫才带领相关部门负责人走访江苏富仁集团有限公司、江苏吉鑫风能科技股份有限公司和江苏宝得换热设备有限公司。

3月14—16日，市委书记陈金虎深入全市城乡各地专题调研城建工作，并召开座谈交流会，广泛听取意见建议。陈金虎在座谈交流会上强调，要在规划的科学引领下，汇聚全市力量、建设美丽家园，高起点推进城市建设。市领导赵国权、薛良、徐冬青、冯爱东、费平和相关部门、镇街主要负责人参加调研活动。

6月1日，市领导开展“六一”儿童节走访慰问活动。陈金虎、赵国权、陈兴初一行先后走访市实验小学、市实验幼儿园东区和市儿童福利院，沈建、薛良、唐仲贤一行先后走访天华艺术学校、市特殊教育中心校、要塞中心小学。23日，市委书记陈金虎走访慰问老党员和生活困难党员。

7月13—15日，市委书记陈金虎一行深入全市城乡各地调研民生工作。18日，召开民生和社会事业调研座谈会，就全市教育、医疗卫生、就业创业、社会保障、文化工作、体育发展、养老事业、困难群体帮扶等方面听取情况汇报。会议要求江阴要围绕高水平全面建成小康社会的总目标来定位、谋划民生工作和社会事业发展，不折不扣把民生优先战略落到实处，努力推动各项民生工作迈上新台阶。市领导蔡叶明、赵国权、薛良、孙小虎、吴芳、袁秋中、费平、龚振东、唐仲贤、虞卫才、陈兴初，以及市相关部门、各镇(街道)主要负责人参加现场调研或座谈会。26日，市领导分组走访慰问驻江阴部队官兵，陈金虎、赵国权、虞卫才、陈兴初一行先后走访慰问市人武部和预备役高炮营，武警江阴市消防大队，驻江阴73055部队；蔡叶明、徐冬青先后走访驻江阴63680部队、江阴边检站、武警江阴中队。30日，市领导分组慰问高温下坚守岗位的一线劳动者，陈金虎、赵国权、徐冬青、费平一行先后走访市公安局交警大队城中中队、人民路步行街城管环卫示范岗、市供电公司配电室抢修班；蔡叶明、孙小虎、唐仲贤、韩民一行走访慰问江苏江南水务股份有限公司、江阴兴澄特种钢铁有限公司一线工作人员和武警江阴市消防大队官兵。

9月7日，市领导蔡叶明、徐冬青、陈兴初先后走访江阴高级中学、江阴商业中等专业学校、敔山湾实验小学。9日，市领导陈金虎、赵国权、龚振东、陈兴初先后走访城中实验小学东校区、第二实验幼儿园双牌分园和南菁高级中学，看望一线教职员工。

10月9日，陈金虎、赵国权、虞卫才一行先后走访慰问夕阳红老年康乐中心、南闸爱晚亭爱心护理院、南闸社区居家养老服务站和两户高龄老人；蔡叶明、徐冬青一行先后走访慰问杨市社区居家养老服务站、城东街道养老服务中心、云亭敬老院和部分高龄老人。12日，市委书记陈金虎深入走访江苏华西集团、江苏新长江实业集团有限公司、江苏江阴农村商业银行、江阴兴澄特种钢铁有限公司、江苏长电科技股份有限公司、江阴苏利化学股份有限公司、江苏南农高科技股份有限公司、神宇通信科技股份公司、江阴市凯华机械制造有限公司、江苏万事兴集团等10个挂钩企业和3项挂钩重点重大项目，详细了解企业发展和项目建设情况，帮助协调解决企业发展的困难和问题。市领导冯爱东、赵强和市相关部门负责人参加走访活动。14日，市委书记陈金虎走访调研结对挂钩经济薄弱村南闸街道蔡泾村、龙运村和长泾镇和平村，深入了解村级经济发展、民生实事推进等情况，与村干部交流探讨适合经济薄弱村的发展富民路径。同时，看望慰问6户结对贫困户，帮助解决实际困难。市领导吴芳和相关部门负责人参加走访活动。

11月25日，市委书记陈金虎到长泾镇习礼村就新建东青河大桥进行现场办公。28日，市委书记陈金虎来到文明城市创建挂钩网格联系点澄江街道江锋社区现场调研全国文明城市创建工作并召开座谈会。市领导袁秋中、程政和相关部门负责人参加调研活动。随后陈金虎一行还对北大街定波闸周边河道两侧违规渔具捕捞、南园路占道经营、先锋路两侧绿化、阳光国际小区消防通道建筑垃圾占道等进行暗访，要求迅速开展整治行动，强化部门联动，确保相关不文明行为和环境脏乱差现状整治到位。

12月30日，陈金虎、费平、张韶峰一行先后走访江阴农商银行、地税局、农业银行江阴分行、建设银行江阴支行和浦发银行江阴支行；蔡叶明、赵强一行先后走访国税局、工商银行江阴支行、人民银行江阴支行、无锡银监分局江阴监管办、中国银行江阴支行、交通银行江阴支行和市财政局。

【考察活动】 2016年3月7—9日，市委书记陈金虎率市党政代表团赴宜兴市，湖州市长兴县，杭州市西湖区、桐庐县，苏州市吴江区、常熟市等地考察学习，学习借鉴周边先进地区在城市规划建设管理、城乡统筹发展、生态文明建设等方面的先进经验。部分市领导和相关部门、镇（街道）主要负责人参加考察活动。

4月11—15日，市委书记陈金虎率市代表团赴台湾开展经贸合作和交流活动。拜访一批台湾著名财团、大企业总部和主要工商团体，接洽台湾政商界高层人士100多名，举行交流座谈和推介10多次，洽谈、签约、落地台资重点重大项目20多项，进一步拓展江阴台湾经贸合作的广度和深度。市委常委、副市长计军参加活动。

8月10日，市委书记陈金虎，市委副书记、代市长蔡叶明率市党政代表团赴无锡梁溪区和滨湖区学习考察，现场参观考察两地在城市建设、城市经济发展方面的新亮点、新经验，以更好地推动江阴市新一轮经济转型提升发展和城乡建设。部分市领导和镇（街道）、园区、相关部门负责人参加学习考察活动。

9月2—7日，市委书记陈金虎带领市经贸代表团赴深圳、香港开展招商引资、经贸合作活动。拜访深圳比亚迪股份有限公司、华南城集团、香港中信国际金融投资集团有限公司、华润（集团）有限公司、世茂房地产控股有限公司等10多个知名企业，洽谈推进一批新能源、新材料等先进制造业和现代物流商贸、产业金融、文化旅游等重点重大项目。市领导计军、冯爱东、陈兴华、唐仲贤、张国兴分别参加相关活动。

10月19—21日，市委书记陈金虎率市党政代表团赴新疆伊犁州霍城县考察，推进对口支援工作，并看望慰问在霍城县工作的江阴援疆干部和专业技术人员。20日，召开援疆工作座谈会并举行江阴、霍城“民族团结一家亲奖励基金”揭牌仪式。

【表彰活动】 2016年1月29日，市委、市政府举行2015年度重点骨干企业座谈会，市委书记陈金虎为海澜集团有限公司、江苏利电能源集团、江阴兴澄特种钢铁有限公司、远景能源（江苏）有限公司等4个2015年度江阴入库税金净增超亿元企业颁奖，向2015年度工商销售收入首次超百亿元企业江阴海澜之家供应链管理有限公司颁奖。

2月14日，市委、市政府举行2015年度全市先进表彰大会，全市53个经济社会发展考核先进单位、266个先进集体和606名先进个人受到表彰。

3月24日，市委、市政府召开全市农村工作会议，会议表彰2015年度农村工作先进集体和先进个人。31日，市委、市政府召开千企转型提升发展暨人才强企大会，会议表彰2015年度工业经济发展先进单位，向国家“千人计划”*人才、省“双创计划”*人才、省“双创计划”*团队颁发人才资助资金。

4月1日，市委、市政府举行全市开放型经济和招商引资工作会议，会议表彰开放型经济工作先进单位和百日竞赛活动先进。27日，在庆“五一”先进表彰大会暨“当好主力军、建功‘十三五’劳动竞赛”仪式上，会议表彰全国五一劳动奖章获得者、江苏省劳动模范、江苏省先进工作者、首届“江阴工匠”和“江阴市十佳文明职工”。

5月4日，在纪念“五四”运动97周年暨第7届“江阴市十大杰出青年”表彰大会上，入选的江阴市十大杰出青年受到表彰。19—20日，市委、市政府召开全市生态文明建设暨水环境整治大会，会议表彰2015年度生态建设和环境保护先进集体、先进个人。

6月9日，市委、市政府发文表彰2015年度禁毒工作先进集体和先进个人。

7月1日，在庆祝中国共产党成立95周年大会上，会议表彰“五先五好”*服务型党组织和优秀共产党员。

8月26日，在第三届“十佳江阴好人”颁奖典礼上，对获奖好人和团队进行表彰。

9月7日，市委、市政府发文表彰2016年度江阴市教书育人标兵。19日，在市老科技工作者协会成立30周年大会上，会议表彰一批老科协工作先进集体和先进个人。29日，在2016年江阴市民文化节开幕式上，对获得2016年江阴市“芙蓉花奖”和无锡市“群芳奖”金奖的作品进行颁奖。

10月24日，华西村党委书记、村民委员会主任、华西集团有限公司董事长吴协恩被中共江苏省委宣传部授予“时代楷模”荣誉称号。江苏省委常委、宣传部部长王燕文，无锡市和江阴市领导王国中、陈金虎、程政等出席活动。25日，市委、市政府举行第26届科技节暨科技创新大会，一批科技创新创业先进集体和先进个人受到表彰。28日，市委、市政府发文表彰“六五”普法先进集体和先进个人。

12月15日，召开创建全国科普示范市总结表彰暨第一届“十大科技之星”颁奖大会，为“十大科技之星”以及全国科普示范市创建工作先进集体和先进个人颁奖。19日，市委、市政府发文命名表彰2013—2015年度江阴市群众性精神文明创建工作先进单位。

【项目签约、奠基、竣工活动】 2016年，江阴市党政主要领导参加的全市项目签约、奠基、竣工仪式主要有：1月7日，中国光大国际有限公司投资5.8亿元的江阴生活垃圾焚烧发电项目三期工程签约开工；2月29日，江苏元林慈善基金会全额投资5亿元建设的公益性非营利性康复医院落户敔山湾新城核心区；3月17日，江苏阳光股份有限公司与埃塞俄比亚国家投资局签订毛纺织项目框架备忘录协议，计划投资9.8亿美元在埃塞俄比亚设立生产基地；28日，江阴澄星实业集团有限公司、汉邦（江阴）石化有限公司举行年产220万吨PTA（对苯二甲酸）扩能项目银团贷款签约仪式，与中国工商银行无锡分行等7个银行组成的银团签约贷款29亿元；4月1日，江阴市与中国进出口银行江苏分行、江阴农商银行分别签订合作协议，对重点外贸企业和小微外贸企业提供金融服务；中科世界高科技机器人全民科普销售基地项目和达牛APP（手机软件）项目签约；4月11—15日，市代表团赴台湾开展经贸合作和交流活动期间，洽谈、签约、落地台资重点重大项目20多项；16日，中国海洋蛋白质产业创新联盟暨产业基金、贝瑞森创新医疗器械示范应用基地在高新区成立；19日，中信泰富特钢集团特钢深加工产业项目暨总部大楼开工。其中深加工产业项目投资6亿美元，一期投资1.5亿美元，总部大楼总投资4.5亿元；5月6日，以色列耐特菲姆公司投资约2亿美元的都市农场项目落户徐霞客镇；江阴企业公益联盟成立；6月20日，临港开发区华联罗森食品生产及物流基地项目签约；7月8日，恒天文旅综合体项目、江阴恒天产业基金项目签约；19日，云蝠投资控股有限公司跨境电子商务公共海外仓全面投运；28日，中芯长电半导体(江阴)有限公司一期规模量产、二期项目启动、14纳米中段硅片加工量产；8月18日，江阴市与中国建筑股份有限公司就城乡建设"1310工程"正式签订投资合作协议，双方将在市政基础设施、城市轨道交通、产业园建设和运营、生态治理与环境保护及其他重点公共服务配套设施建设运营等"1310工程"领域中进行全方位合作；9月2—7日，市经贸代表团赴深圳、香港开展招商引资、经贸合作活动期间，洽谈推进一批新能源、新材料等先进制造业和现代物流商贸、产业金融、文化旅游等重点重大项目；9月20日，江阴市经贸合作洽谈会上，有65项重点重大项目签约，总投资达784.1亿元。其中，外资项目13项，总投资9.89亿美元。内资项目52项，总投资724.74亿元。制造业项目46项，总投资557.43亿元，涉及汽车、新能源、新材料等领域。服务业项目19项，总投资226.67亿元，涉及智能化仓储、金融服务、生物医药等领域；22日，江阴市与西交利物浦大学合作办学备忘录在苏州西交利物浦大学签约；23日，第13届中国企业发展论坛"国民共进、央地共赢"(江阴)座谈会在北京举行，中国建材集团有限公司、中国海洋石油总公司、国家电网公司、中国国电集团公司等30多个央企与江阴市20多个民营企业进行合作对接，部分民营企业与相关央企签署合作协议；28日，江苏阳光股份有限公司、美国天龙医疗咨询有限责任公司、以色列理工学院三方就肺癌胃癌呼吸气检测装置项目签约；10月25日，在第26届科技节暨科技创新大会上，举行国家、省科技项目揭牌和院市战略合作、科技金融合作、产学研合作项目签约仪式；江阴兆丰颐养有限公司和日本元气集团合作签约；11月1日，江阴华联商厦投资2亿元兴建的江阴华联罗森总部园在临港开发区开工建设；11日，"智汇江阴"2016海外高层次人才创新创业对接洽谈会上，中美科技创新江阴合作中心、中国江阴海外引才工作站成立，8项海外高层次人才创新创业项目签约；25日，中国科学院国家纳米科学中心和江阴市共同举办的石墨烯应用技术产业论坛上，允升国际控股有限公司与中国科学院国际纳米科学中心联合共建的石墨烯研发与应用联合工程中心揭牌；26日，江阴市与上海交通大学就徐霞客镇生态旅游特色小镇项目和花木公司合作项目签约；12月9日，天洋控股集团投资的梦东方·徐霞客国际旅游度假区项目和总规模100亿元的文旅发展基金1期合作协议签约；19日，中国建材集团有限公司三新产业园暨1.5吉瓦铜铟镓硒薄膜太阳能项目开工。 (徐建平)

组织工作

【概况】 2016年，江阴市委组织部全面贯彻落实党的十八届六中全会精神和江苏省、无锡市、江阴市党代会精神，认真落实全面从严治党要求，抓大事带全局，抓关键求实效，各项工作取得新的成绩。全市任免干部465人次，其中提拔任用141人(提拔正科职干部23人、副科职干部69人、平职转任重要岗位21人、国资公司高管3人)，镇(街道)、园区与机关上下交流28人次，镇(街道)与园区横向交流4人次，机关之间交流26人次，到龄退二线36人、提前退二线13人、提前退休4人、自愿辞职5人，晋升正科非领导待遇25人。积极推行职务职级并行政策，晋升正处级49人、副处级59人、正科级90人。新提拔的副科职领导干部中，具有镇(街道)等基层一线工作经历的40人，占新任副科职人数的58%；直接从镇(街道)、园区提拔的20人，占新任副科职人数的29%；女干部16人，占提拔总数的23.2%；党外干部2人，占提拔总数的2.9%；35周岁以下的干部6人，占提拔总数的8.7%；大学以上学历的67人，占提拔总数的97.1%。市委常委会票决干部267人次，对23名拟提任正科职干部及国资一级公司高管人选全部征求市委委员意见。完成对第八批援疆干部人才工作期满考核考察，选派第九批援疆干部人才23人(其中干部12人、专技人才11人)；选派1名正科干部赴徐州市睢宁县挂职锻炼、2名副科干部开展扶贫工作。举办市管领导干部"六大发展战略"* 主体轮训班2期，分别围绕"产业发展"和"城市发展"两个专题脱产培训200名市管副科职领导干部。举办全市中青年干部培训班，脱产培训50名全市优秀年轻中层干部。举办江阴大学堂3期，培训领导干部、机关中层3600余人次。加快各类高层次人才招引，全市新培育国家"千人计划"* 人才2人，累计27人；省"双创"人才5人，累计54人；"双创计划"* 博士2人，累计44人；入选江苏省"333工程"* 第五期培养对象23人。组织专家人才短期休养考察，协调高层次人才子女入学等服务保障工作，发放人才公寓226套，入住各类人才325名。2016年，江阴市连续14年获评江苏省人才工作考核先进县(市、区)，人才综合竞争力持续排名全省第二名。继续深化开展"五先五好"* 主题竞赛活动，深入推进党建工作创新工程，全面夯实党建工作基础，评选表彰100个江阴市"五先五好"服务型党组织和205名江阴市优秀共产党员。全面落实"一把手"抓党建责任，常态化开展基层党建三级联述联评联考，切实抓好党员组织关系、党代表和党员违纪违法未给予处理、基层党组织按期换届、党费收缴工作的集中清理和专项检查、集中推进非公企业和社会组织"两个覆盖"、抓党建促脱贫攻坚工作、抓严抓实领导机关党员干部学习教育等7项重点任务，进一步巩固夯实全市基层组织基础。成立上市公司党建联盟，组织39个联盟单位党务书记赴浙江学习先进典型。深入推进“雁阵计划”，南闸医院被省委组织部列为双重管理的社会组织党组织。

【“两学一做”学习教育有序开展】 2016年，江阴市按照中央和江苏省委、无锡市委部署，积极推动“两学一做”学习教育有力有序开展。市委常委会组织专题学习会6次，市委常委、党员副市长分别挂钩指导1个单位和部门，带头讲党课18堂，带头赴基层调研走访62次。全市县处级以上党员领导干部和党委(党组)“一把手”书记参加支部学习1370余次，讲党课180余次，全市基层党组织书记累计讲党课5300余场。以“江阴大学堂”为平台，举办专题讲座3次，广泛开展“新时期共产党员思想行为规范”等3个大讨论，组织开展“领导干部立家规、共产党员正家风”等活动。深入开展“两学一做·走进华西”活动，通过参观华西发展新貌、吴仁宝原居纪念屋等，让7500多名党员干部受教育。对照“五查摆五强化”*“七查摆七强化”*要求，全面排查党员干部、基层组织存在的现实问题，市领导亮出问题清单，带头进行整改。建立“两学一做”协调小组，成立30个督查组，先后开展3轮督查，督查350多个基层党组织。全市“两学一做”学习教育在省委组织部组织的互学互查和无锡市委组织部组织的“百组千支”督查中，受到充分肯定。

【成立华西干部学院】 2016年，江阴市成立华西干部学院，进一步有效整合干部培训资源，着力打造具有时代特征、江阴特色的干部教育培训基地。学院设江阴市委党校、华西新市村2个校区，同步建设新桥镇、海澜集团有限公司、江苏阳光股份有限公司、江苏法尔胜泓昇集团有限公司等10个现场教学点，实现教学资源互用，师资队伍互派，课程安排互联。学院自成立以来，对外培训班次达119期，培训学员7301人次，培训学员覆盖江苏省、河北省、上海市、安徽省、浙江省、山东省、湖北省、海南省、甘肃省、新疆维吾尔自治区、西藏自治区等。

【干部人事制度改革】 2016年，江阴市深入实施《关于健全干部选拔任用科学机制的意见》和关于干部动议、民主推荐、任前档案审核、考察、任前听取意见、任前公示等六个意见，完善干部选任制度体系。优化《考察对象廉政鉴定》，将考察对象所在单位纪委部门出具意见调整为单位党委(党组)主要负责人、纪委书记(纪检组长)联合签署意见。全面推行《江阴市干部选拔任用事前报告和全程纪实办法》，把提拔担任机关、事业单位股级职务和国资一级公司中层及以上职务的对象，全部纳入全程纪实范围，实现机关、事业单位、国有企业、村干部选拔任用全程纪实全覆盖。出台《关于修订〈进一步加强市级机关中层正职干部选拔任用管理工作的意见〉的通知》，规范市级机关中层正职选任程序，落实选任责任。全年，对新提拔及平职转任重要岗位的141名市管领导干部全部实行全程纪实，建立“一人一档”的干部选拔任用文书档案。改革团职军转干部安置方式，出台实施《江阴市团职军队转业干部量化考核与分类面试相结合的竞争选岗安置办法》，安置军转团职干部27人。

【完成各级换届工作】 2016年，江阴市精心组织，周密安排，规范操作，圆满完成各级换届工作。完成全市10个镇的党委换届，选举产生新一届党委委员90名、纪委委员50名；选举产生中共江阴市第十三届委员会委员33人、候补委员6人；选举产生中共江阴市纪律检查委员会委员15人；选举产生江阴市出席无锡市第十三次党代会代表71人、出席无锡市第十六届人民代表大会代表92人，选举成功率100%，并对各类代表候选人的产生过程进行全程纪实。完成全市215个村(含村居合一)党组织、52个社区党组织换届工作，经过换届，全市村(社区)“两委”班子成员2114人，大专以上文化1683人，占79.6%；45周岁以下1370人，占64.8%；264名村(社区)书记，平均年龄比上届下降1.2岁，大专以上文化221人，占83.7%。

【严肃市镇村三级换届纪律】 2016年，江阴市高度重视换届风气的营造，认真贯彻中央和江苏省委、无锡市委关于加强换届风气监督的部署要求，紧扣时间节点，倒排工作计划，周密部署、压实责任，着力构筑严肃换届纪律的思想防线和制度体系，确保换届工作有力有序、平稳推进。专题召开严肃换届纪律会议，市委与全市91个单位签订《选人用人责任书》、与各镇党委签订《换届风气监督责任书》，分层分类培训组工干部1425人。大力宣传中央“九严禁”*换届纪律，分类签订《严肃遵守换届纪律承诺书》3374份，发放严肃换届纪律文件、《换届纪律宣传卡》3474份，通过“阳光监督”短信平台发送严肃换届纪律短信14批次10400人次，微信13条。落实“四必谈”“四必看”“四必训”(四必看，一是四大班子领导必看，二是参加换届工作会议的必看，三是负责换届机构人员必看，四是“两代表一委员”必看。四必训，一是抓好组织人事部门分管领导和干部监督机构工作人员的培训，二是抓好换届考察组成员培训，三是抓好人大、政协和纪委、统战部等有关方面参加换届工作人员的培训，四是抓好“两代表一委员”的培训。四必谈，一是本级四大班子成员必谈，二是本级党委管理的主要领导干部必谈，三是重点岗位干部必谈，四是负责换届工作人员必谈。)要求，与领导干部开展谈心谈话741人次，发送“一片一书”420盒、700余册，各类文件学习资料300余份，组织6200多人次集中收看警示教育片《镜鉴》《警钟》。成立换届工作巡回督查组，全程参与换届各个环节，建立信访、电话、网络“三位一体”举报网络，切实将换届工作置于广大党员群众监督之下。

【聚焦产业发展精准引才】 2016年，江阴市全面落实中央《关于深化人才发展体制机制改革的意见》，制定出台《市科技和人才工作领导小组人才工作办公室成员单位工作职责和有关工作制度》，进一步健全由市委统一领导、组织部门牵头抓总、职能部门分工明确、各方力量广泛参与形成合力的人才工作体制机制。策应无锡“太湖人才计划”新政出台,研究草拟精准引育产业升级创新领军人才、企业经营管理领军人才、先进制造技能领军人才、新兴产业创业领军人才、生产性服务业领军人才、医疗卫生领域领军人才、教育科研领域领军人才、优秀乡土人才和优秀大学毕业生等9类人才的江阴新一轮人才新政。举行“智汇江阴”2016海外高层次人才创新创业对接洽谈会,优选符合江阴产业要求的79项海外高层次人才项目与68个江阴企业开展洽谈对接,8项项目达成初步合作意向当场签约。继续依托科技镇长团资源开展“百企千才高校行”活动,组织江阴企业赴辽宁大连、陕西西安高校开展产业人才招聘和产学研对接活动。深入开展人才专项走访调研,树立人才项目182项。

【农村党建均衡发展】 2016年,江阴市继续突出吴仁宝式带头人队伍建设,组织全市267名村(社区)书记赴华西培训,举办第一期村(社区)书记工作讲坛。组织44名新任村(社区)书记到先进地区学习,评选“吴仁宝式十佳村干部”。着力推进社区网格化建设,推行在职党员到社区报到,参与党员达3000多人。从严从实做好党员发展全程纪实工作,共发展党员862名。全面推行农村党建项目化管理,18个镇(街道)、园区将20类参考选题细化为54项党建项目,年底专门组织农村基层党建项目展评活动。积极开展“五先五好”基层党建示范点建设,建成新一批村、社区、企业、机关、窗口等基层党建示范点8个。

2016年江阴市党的基层组织设置情况一览

表2　　单位:个

党(工)委						党总支部					党支部					党组
总数	其中					总数	其中				总数	其中				
	党工委	企业	事业单位	机关	其他		机关	事业	企业	其他		机关	事业	企业	其他	
128	8	23	20	38	39	360	45	22	57	236	3859	326	375	3054	104	31

说明:行政村(社区)党委33个

2016年江阴市党员队伍结构情况一览

表3　　单位:人

总数	性别		年龄					学历					
	男	女	35岁及以下	36岁至45岁	46岁至54岁	55岁至59岁	60岁及以上	研究生	大学本科	大学专科	中专	高中	初中及以下
86160	62704	23456	21468	16084	14653	5682	28273	2348	23120	17410	3094	13439	26749

2016年江阴市发展新党员情况一览

表4　　单位:人

总数	性别		年龄			学历					
	男	女	35岁及以下	36岁至59岁	60岁及以上	研究生	大学本科	大学专科	中专	高中	初中及以下
862	534	328	539	323	—	12	415	231	56	114	34

(吴晓飞)

宣传工作

【概况】 2016年,江阴市宣传思想文化工作认真贯彻落实中央和省市委的决策部署,牢牢把握正确的政治方向和宣传导向,紧紧围绕“强富美高”新江阴建设,抓重点、攻难点、创亮点,各项工作呈现出持续深化加强、不断向上向好的良好态势。把学习宣传贯彻习近平总书记系列重要讲话精神作为首要政治任务,组织学习《习近平总书记系列重要讲话读本(2016年版)》,开展习近平总书记七一讲话精神的研讨,深入领会“四个全面”*战略布局、“五大发展理念”*,用讲话精神武装头脑、指导实践、推动工作。各级党委中心组发挥理论学习的龙头作用，坚持每月一学。市委被评为2013—2015年度全省学习型党组织建设工作先进单位。党员冬训工作扎实有效，党员参训率超96%。江阴市被评为2015年度全省党员冬训工作示范市。紧密结合“两学一做”学习教育，继续深入开展“百千万”活动。精心办好“江阴党员微学堂”、《党员之友》，扎实开展“我与十三五”百姓名嘴巡讲等活动，推动党员干部教育全覆盖。报、台、网全媒体联动，刊播稿件近5000篇，大力宣传各级各部门建设“强富美高”新江阴的生动实践。特别是市第十三次党代会，精心谋划操作，会前回顾五年来工作成绩，会中及时宣传会议进展情况，会后跟踪各级各部门学习贯彻情况，出新出彩。在无锡以上主流媒体发稿2000余篇(条)，其中中央电视台27篇，《新闻联播》6篇，中央人民广播电台12篇，《人民日报》4篇；江苏卫视398篇，江苏人民广播电台166篇，《新华日报》头版4篇，继续保持全省县级市对外发稿数量领先地位。特别是《中国日报》推出的16个版“GO JIANGYIN”专刊，向全世界展现江阴魅力。策划组织“全国财经大V看江阴”“财智会客厅”等主题外宣活动。“江阴发布”“无线江阴”“秀江阴”等新媒体影响力居全国同类城市前列；成立江阴微信联盟，注重线上、线下沟通，部门联动，有效化解百余起重点舆情。统筹城乡公共场所公益广告布设，广播电视、“文明江阴”等新媒体滚动播放社会主义核心价值观。持续深化“我们的节日”群众性活动，整理宣传人文历史和名人名贤故事。精心组织“十佳江阴好人”“美德风尚好少年”评选表彰活动，建立善行义举榜，慰问礼遇道德模范、身边好人典型，激励群众向上向善向好，有1人获评中国好人、1人获评江苏好人，11人获评无锡好人；吴协恩荣膺江苏“时代楷模”称号；李全兴、季丰获评江苏省“最美人物”。深化“文明江阴·从我做起”系列主题行动，引导市民自觉养成；深化“学雷锋、学炎黄、志愿者在行动”主题实践活动，打响全国“志愿者之乡”品牌。香山书屋“全民阅读推广”项目成为全国典型；2项志愿服务优秀项目在首届省志愿者交流会上获奖。深化未成年人“朝阳行动”，推动文明礼仪养成教育具体化，省精神文明建设简报刊发有关经验。开展省级文明单位互评互学活动，推动群众性精神文明创建活动制度化。高标准通过国家公共文化服务体系示范区考核验收；万人拥有公共文化设施面积1947平方米；深化“书香江阴”建设，建成开放100个全民阅读公益服务点，“三味书咖”城市阅读联盟点建成9个，江阴市被评为“全国书香城市”。开展“文化走基层 服务进万家”等主题惠民活动，全年开展文化惠民活动3000场以上。设立“江阴文艺协会奖”，推动文艺创作。获第三届无锡市“群芳奖”金奖13项，位列无锡各区市第一；40余件作品在省级以上赛事中获奖。实施黄山炮台旧址等修缮工程；新增国家级“澄江针灸学派传承工作室”工作站1个，省级“非遗”项目8项；“非遗”美食走进联合国总部。重新设立1000万元文化产业引导资金。马文化博物馆建成开馆。橙天嘉禾影城项目有序推进。金一黄金艺术品运营服务平台上线。江苏中南影业有限公司投资拍摄的电影《我的战争》公映。出台意识形态责任制实施意见，强化各级党组织的主体责任。完善联席会议制度，推动宣传思想文化阵地管理规范有序。围绕新形势下如何履行“两个巩固”的基本职能(宣传思想工作就是要巩固马克思主义在意识形态领域的指导地位，巩固全党全国人民团结奋斗的共同思想基础)开展专题调研，促进理念创新、手段创新、基层工作创新，不断提升宣传文化干部、新闻发言人、网评员等队伍综合素质能力。扎实开展“两学一做”学习教育，巩固拓展群众路线教育实践活动和“三严三实”专题教育成果。落实党风廉政建设主体责任和监督责任，树立宣传思想文化战线的良好形象。

【学习宣传贯彻党的十八届六中全会精神】 2016年10月31日，无锡市委常委、江阴市委书记陈金虎主持召开市委中心组学习会，专题学习党的十八届六中全会精神，下发《关于认真学习宣传党的十八届六中全会精神的通知》。为认真学习贯彻党的十八届六中全会精神，11月17日，江阴市委邀请江苏省委宣讲团成员、省委党校教授张桂珍在江阴大剧院举办宣讲报告会。宣讲报告会上，张桂珍深刻阐释党的十八届六中全会的重大意义，结合全面从严治党这个主题，深入解读《关于新形势下党内政治生活的若干准则》和《中国共产党党内监督条例》，系统归纳党的十八大以来党中央全面从严治党的新经验新成果，阐明党中央全面从严治党的坚定决心。是年，全市各级党委(党组)坚持把全面准确地把握党的十八届六中全会精神实质作为中心组理论学习和2016—2017年度党员冬训的重要内容，引导广大干部群众把思想和行动统一到全会的各项决策部署上来，最大限度凝聚改革发展的强大合力，千方百计保持经济社会平稳健康发展，以优异的成绩迎接党的十九大胜利召开。

【“谋转型提升、促产业强市”主题新闻宣传活动】 2016年4月，市委宣传部以党的十八大和十八届三中、四中、五中全会精神以及习近平总书记系列重要讲话精神为指导，深入贯彻全国和省、市“两会”精神，认真落实市委十二届八次全会和全市千企转型提升发展暨人才强企大会议精神，紧扣“谋转型提升、促产业强市”主线，启动主题新闻宣传活动，活动持续到年底。通过大型全媒体新闻行动暨“财智会客厅”启动仪式，《转型风起！360°看澄企》特别报道、大型全媒体新闻行动“星企耀江阴”“财智会客厅”系列外宣活动、新闻媒体业务培训专题活动、“网络媒体看江阴”活动、“自媒体人江阴行”活动、年度重大主题报道创新奖评选等8项活动，做优做活“产业强市”重大主题宣传，宣传好江阴市全力抓好传统与新兴两条主线，促进新动能成长和传统动能提升，从投资拉动向创新驱动转型、从单打独斗向合作共赢转型、从产品经营向资本经营转型、从粗放发展向绿色发展转型的生动案例和典型故事，宣传好江阴市加快装备改造提升、加快产品质量提升、加快管理水平提升、加快员工素质提升的创新举措和做法。重质重量实现外宣工作突破，抓住大报大台，集中力量攻坚，建立稳固的协作关系，在数量质量上都要有较大提升，形成外宣的聚集效应、造势效果，展示江阴市产业强市的最新实践和成果。顺应传播发展规律和时代要求，以开放的思维，创新的手段，占领网络外宣阵地。精心组织重大外宣活动。把对外宣传与经贸合作洽谈会等重大事件、重要经贸、文化交流结合起来，结合新情况，在策划创意上下功夫，加强媒体运作，突出外宣主题，在较为集中的时期内形成轰动效应。求精求实抓好公益广告宣传，围绕主题新闻宣传活动的相关内容和要求，配合新闻报道，在不同时间节点精心制作、广泛刊播“六大发展战略”“四个全面”“向转型要动能、靠提升增活力”“工匠精神”等核心宣传语，在全市营造产业强市的浓厚氛围。

【“全国财经大V看江阴”活动】 2016年4月24日至26日，新浪网联合江阴市委、市政府联合举办“全国财经大V看江阴”活动。邀请的8位财经大V(身份获微博平台认证，拥有众多“粉丝”的微博用户)分别是：被誉为“中国产业集聚研究第一人”的杨建国，知名评论人、曾担任央视年度经济人物和广东经济人物评委及评论嘉宾的石述思，新华社《环球》杂志副总编辑刘洪，江苏省社会科学院世界经济研究所原所长、江苏省委研究室、省政府研究室特约研究员、江苏省城市经济学会副会长田伯平，《第一财经日报》社论主笔、国内知名财经评论员王培霖，《新华日报》评论部副主任、交汇点《新智库》负责人翟慎良、苏宁金融研究院互联网金融研究中心主任薛洪言，《界面》江苏新闻中心负责人杨真福等。活动期间，财经大V们先后参观法尔胜泓昇集团有限公司总部、江阴澄星实业集团有限公司总部、天江药业有限公司、江苏阳光集团有限公司总部、海澜集团有限公司总部、模塑集团有限公司子公司、名鸿车顶系统有限公司、江阴贝瑞森生化技术有限公司、双良集团有限公司总部和远景能源科技有限公司等10个江阴具有代表性的企业，做客江阴广电“财智会客厅”高端对话节目，与江阴决策层、企业界、各方代表进行深度对话交流，聚焦江阴经济的转型升级、江阴企业家精神等，为江阴的经济社会发展建言献策。

【“星企耀江阴”大型全媒体新闻行动启动】 2016年4月25日，由江阴市委宣传部牵头组织，新浪网特别支持，江阴日报社、江阴广电集团共同参与的“星企耀江阴”大型全媒体新闻行动在江阴广电集团全面启动。江阴日报社负责人、江阴广电集团负责人介绍“星企耀江阴”大型全媒体新闻行动的主要内容。此次行动以内宣外宣网宣协同作战、联动发声，宣传成功转型创新的企业集团，宣传好坚持“工匠精神”、锻造江阴品牌的典型事迹，宣传好“加强供给侧改革”和“高水平双向开放”的举措成效，分阶段、分主题地推出主题策划报道和产业强市公益广告，充分发挥榜样和先进的引领示范作用，在全市营造出产业强市、政企同心的浓厚舆论氛围。是日，作为“星企耀江阴”大型全媒体新闻行动的重要组成部分，特别访谈节目“财智会客厅”举行首场高端对话。“财智会客厅”将联合国内主流媒体搭建对话交流平台，定期邀请财经记者、学界翘楚与江阴市企业家探索经济新常态下的商业路径与创新模式，同时借助参加的权威媒体和自媒体力量，在“论道”中挖掘新闻亮点。无锡市委常委、江阴市委书记陈金虎，市委常委、宣传部部长袁秋中参加启动仪式。

【吴协恩荣膺江苏“时代楷模”称号】 吴协恩是华西村党委书记、村委会主任、华西集团有限公司董事长。2003年上任以来，他始终传承吴仁宝老书记忠诚于党、实事求是、艰苦创业的崇高精神，带领华西村干部群众树立建设“百年村庄、百年企业”的发展新理念，以深化改革、转型升级培育可持续发展新功能，以共建共享、共同富裕拓宽为民造福新道路，以文化建设、治理创新培育文明和谐新风尚，以务实清廉、率先垂范推动党的建设新发展，在推进社会主义新农村建设中创造新业绩。吴协恩是党的十八大代表，先后获“全国劳动模范”“全国优秀复员退伍军人”“中国十大杰出村官”“中国改革十大创新人物”“全国精神文明建设先进工作者”“全国推进新农村建设兴村富民百佳领军人物”等荣誉称号。在他身上充分体现共产党人的纯洁性和先进性，充分体现党的干部实干为民的高尚品质，充分体现新时期江阴党员干部的精神风貌。2016年10月24日，中共江苏省委宣传部在南京举行江苏“时代楷模”发布仪式，授予吴协恩江苏“时代楷模”荣誉称号。全国“时代楷模”赵亚夫向吴协恩颁发荣誉证书，江苏省委常委、宣传部部长王燕文，江苏省委宣传部副部长、省文明办主任杨志纯，无锡市委常委、宣传部部长王国中，无锡市委常委、江阴市委书记陈金虎等领导和部分华西村村民出席发布仪式。12月16日，江阴市委作出《关于向吴协恩同志学习的决定》。

【评选江阴市第三届“十佳江阴好人”】 自2013年以来，市委宣传部组织持续开展“寻找江阴好人”主题活动，发动群众推荐道德榜样，广泛宣传好人事迹，涌现一大批感人肺腑的“平民英雄”。2016年，江阴市经过资格审查、群众评议、评委会评审等环节，最终选出具有代表性和影响力的第三届“十佳江阴好人”，分别是丹心铸警魂的洪汝荣、仁医济苍生的沈伟生、大爱融坚冰的蒋士凡、善行暖乡情的顾阿英、行孝润无声的张顺珠、美德照人心的赵全明、匠铸良心秤的刘世英、爱心接力的陆梦姣和王丽君、铁肩担道义的赵永秋、危难见担当的田小猛。同时，城东街道长山社区见义勇为居民、“助老邮路”服务队、海澜卫士爱心志愿服务队获第三届“十佳江阴好人”团队奖；《华西村·我有一个梦》大型全媒体公益行动获第三届“十佳江阴好人”特别奖。为大力宣传“江阴好人”先进事迹，引导干部群众学习弘扬“江阴好人”的崇高精神，争做好党员、好干部、好学生、好公民，积极参与全国文明城市创建活动，振奋精神，凝聚力量，众志成城，合力攻坚，为建设现代化有特色的美丽宜居城市贡献力量，8月26日下午，在江阴广电集团大楼一号演播厅举行第三届“十佳江阴好人”颁奖典礼，对获奖好人和团队进行表彰。

【对外宣传成果列全省县(市)前列】 2016年，市委宣传部组织向无锡以上主流媒体发稿2000余篇(条)，其中中央电视台27篇(其中新闻联播6篇)，中央人民广播电台12篇，《人民日报》5篇；江苏卫视398篇，江苏人民广播电台166篇，《新华日报》18篇(头版5篇)，继续保持全省县级市对外发稿数量领先地位。《人民日报》内参和新华社《内参选编》实地调研江阴市“供给侧结构性改革”“县域经济发展”的做法。围绕产业强市战略，扶持政策出台，推动企业上市等做法，近20篇稿件在《光明日报》《科技日报》《21世纪经济导报》和《财经》杂志等媒体刊发。《中国日报》的16个版“GO JIANGYIN”专刊，随同中国日报旗舰版、欧洲版、美国版、亚洲版等覆盖全球发行，向全世界展现江阴市魅力。加强江阴经贸合作洽谈会、国际青年足球锦标赛等重大活动宣传，同时以开放的思维策划和运作“全国财经大V看江阴”“财智会客厅”等活动，城市的知名度和美誉度不断提升。

【评弹《李良宝的故事》成功首演】 2016年11月1日下午，中篇评弹《李良宝的故事》在长江村进行首演。《李良宝的故事》是长江村原党委书记李良宝先进事迹“六个一”工程(即李良宝先进事迹展、先进事迹宣讲、电视专题片《德泽长江》、故事集《中国幸福村带头人——李良宝的故事》、李良宝纪念画册和评弹《李良宝的故事》)的重要组成部分。作品由市委宣传部牵头组织，市文广新局等单位创作，并邀请国家一级编剧指导完善，历时一年多精心打磨而成的作品，生动刻画李良宝带领长江村全体村民艰苦奋斗、创业奋进的人生轨迹，生动展示他信念坚定、扎根基层、埋头实干、心系群众的感人事迹，获第六届江苏曲艺作品“芦花奖”。这是继音乐舞蹈剧《老书记》《寻找炎黄》后江阴市先进典型文艺创作的又一次有益尝试，更是江阴市深入推进“两学一做”学习教育的创新之举。

【国内主流媒体聚焦江阴救人小伙田小猛】 2016年5月23日，《江阴日报》在头版报道《车辆坠河 车内五人危在旦夕；纵身一跃 小伙救人不留姓名》，新闻自刊发以来不仅得到社会大众的高度关注，也引发全国多个媒体广泛报道。在南闸街道工作的田小猛，目睹轿车失控坠入河中的紧急情况，在狂风暴雨中跳入河中，紧急救起5个落水的生命。做好事不留名的他，经过多方寻找终于找到。5月24日，《新华日报》、江苏卫视《新闻眼》栏目、澎湃新闻分别以《江阴全城动员 24小时找到“无名英雄”》《找到你，谢谢你》《江苏小伙救起5名落水者后离开，江阴市官方发帖寻得无名英雄》为题，报道田小猛英勇救人的事迹。网易、凤凰、新浪等多个网站转载相关报道。《无锡日报》头版以题为《小伙跳入河中勇救 5人默默离开》报道田小猛勇救落水一家的事迹，并配发题为《为“江阴好人”喝彩》的短评。《扬子晚报》以《小猛真的“非常猛” 轿车坠河他一人把被困5人都救了》为题，利用半个版面全面报道田小猛英勇救人事迹，并将文章标题推送扬子晚报网首页，该文被央广网、搜狐网、新民网等多个网站转载。中国青年报中青在线网以《轿车坠河，江阴小伙连救5人》为题进行跟踪报道。8月6日，在中央文明办主办，中国文明网承办的“我推荐、我评议身边好人”活动中，田小猛当选见义勇为类“中国好人”。

【《中国日报》推出“GO JIANGYIN”专刊】 《中国日报》是中国国家英文日报，创刊于1981年。《中国日报》是在国际传播领域最具权威性和公信力的中国英文媒体，发行量逾190万份。2016年7月15日，《中国日报》用精心编写设计的16个版面，向全世界展现江阴魅力。以“江阴经济之‘根’将使这座城市持续繁荣发展”为主题，报道江阴民营企业经济转型、“天下第一村”华西村、江阴古镇生活、江阴的文化传承、长江“三鲜”、江阴城市今昔对比和江阴古桥等内容。专刊评语指出，江阴是民营企业家云集之城，也是中国人均地区生产总值最高的城市之一。面对机遇和挑战，江阴不是固守其成，而是持续发展，更在教育、社会保障和发展当地民营经济等领域不断创新并取得佳绩。这16个版的“GO JIANGYIN”专刊随同《中国日报》旗舰版、欧洲版、美国版、亚洲版等覆盖全球发行。《中国日报》推出的“GO JIANGYIN”专刊，旨在展现江阴的创新与发展。

(黄永平 余益平)

统战工作

【概况】 2016年，江阴市委统战部坚持围绕中心找定位、服务发展求作为，在江阴市奋力当好县域发展排头兵和领头羊的征程中发挥统一战线的积极作用。以中央统战工作会议召开和《中国共产党统一战线工作条例(试行)》的颁布为契机，江阴市委出台《关于贯彻〈中国共产党统一战线工作条例(试行)〉的实施意见》，成立由市委陈金虎为组长的全市统战工作领导小组。继续落实“市委出题、党派调研、建言政府、部门落实”的工作机制，围绕供给侧改革、壮大实体经济、产业创新转型、城乡规划建设和教育工作等热点，形成高质量的调研报告13篇。学习借鉴党内换届工作的做法，实施包括班子述职、民主推荐、民主测评、民主评议等内容的换届考察，圆满完成市各民主党派、工商联和知联会换届工作。严密程序、严格要求，对无锡和江阴两级政协委员提名人选实施全程纪实，对非公经济人士进行综合评价，高质量完成市委关于人大、政协换届相关人事安排工作。组织市各民主党派、工商联和知联会以及市各民宗团体等，定期深入南闸街道泗河村、顾山镇红豆村开展助学、帮困、义诊、送教等活动，并赴贵州省毕节市金海湖新区和新疆霍城县等地开展援建活动，全年累计资助金额达30万元，市知联会与澄江街道城中社区共建的爱心服务站等4个“同心”实践基地被评为无锡市统一战线“同心”示范基地。与市委组织部、市级机关党工委协商选择15名入党对象留在党外发展，为党派发展新成员来源拓宽途径，全年累计发展党派新成员52名。先后举办党外骨干、新成员培训班和统战学堂3期，共培训260人次。继续开展2016年星级示范支部创建活动，完成2015年度星级示范支部图册和经验材料汇编，承办2016年无锡市民主党派基层组织建设观摩会。深化民族团结进步、星级场所创建和民族宗教政策宣传月活动，澄江街道和华士镇相继成立民族团结促进分会，实现基层民促分会组织建设全覆盖。成立巨赞法师研究会，举办巨赞法师诞生108周年纪念系列活动，设立江南弥陀慈善基金，佛教界为阜宁灾区募集善款48万余元，全市宗教界为慈善公益事业捐款捐物超过200万余元。引导海外社团关心和参与江阴经济社会发展，服务企业"走出去"，组织海外华人华侨向市委、市政府建言献策。帮助"香港江阴商会"捐资1000万元设立锡剧发展基金会。会长周哲为王伟成师生教育基金追加捐赠1500万元，规模达3000万元。成立江南大学出国服务中心，服务市民出国、留学。会同市侨联建立侨界人士每周活动日制度，组织4个兴趣小组，累计参加活动800多人次。会同市工商联组织"守法诚信示范企业"评选，共有112个企业被评为"诚信守法示范企业"。成立"南京市江阴商会"，累计成立驻外商会4个。清明节前夕，举办江阴驻外商会"情系故乡、共赢发展"经贸交流会，共签约3项合作项目。开展统战系统"双联双促双提升"实践活动，完善部领导"六个一"工作联系制度，即市委统战部5名部领导分别挂钩联系一个民主党派、一个片区、一个乡镇(街道)、一个宗教活动场所、一个侨资企业和一个非公企业，定期走访联系单位，开展工作调研。全市共设立工作联系点78个，工作创新点27个，申报实践创新项目18项。江阴市委统战部在无锡市县(市)区委统战部目标考核中蝉联第一。

【完成市各民主党派、工商联和知联会换届工作】 2016年，江阴市委统战部按照市各民主党派、工商联和知联会有关章程及上级有关换届的文件精神，严格换届程序，落实换届政策，帮助市各民主党派和无党派知识分子联谊会于11月15—17日，指导工商联于12月28日，分别召开换届会议，顺利完成换届工作。换届后，五个民主党派领导班子均为一正三副，无党派知联会领导班子为一正六副，且都新设常委会。各民主党派常委会和无党派知联会领导班子平均年龄47.3岁，比换届前下降2.8岁，学历全部为大学以上，其中博士研究生2人，硕士研究生10人，本科15人；工商联领导班子设1名主席，16名副主席，15名副会长，常务委员24名。工商联领导班子平均年龄49.7岁，有研究生13人，大学25人，大学以下学历18人。

【成立江阴市民主党派服务中心】 2016年，江阴市委统战部为有效解决市各民主党派机关专职干部配备问题，于9月成立江阴市民主党派服务中心，为市委统战部下属全额拨款事业单位，核定全额拨款事业编制6名。

【"双联双促双提升"实践活动】 2016年，江阴市委统战部为深化"三严三实"*专题教育和"三解三促"*活动，在全市统战系统组织开展"双联双促双提升"实践活动，全市共建立联系点78个，促重点难点工作解决，提升统战系统作风建设水平；各级统战干部确立统战工作创新点27个，深入一线开展调查研究，促工作实践创新，提升基层统战工作水平。

【江阴市统战干部培训班】 2016年8月10—13日，江阴市统战干部培训班在上海社会主义学院举办，各镇(街道)统战委员、干事，开放园区分管领导、统战科长，统战工作重点单位分管领导和统战部机关干部共50余人参加培训。此次培训班系首次在省外举办，首次面向全市统战干部。培训期间，学员们认真听取《统战工作是做人的工作》《习近平总书记关于统一战线的新思想、新观点、新要求》《做好新形势下的基层民族宗教工作》《中国特色社会主义政党制度》《领导干部群众工作能力是第一能力》五个专题讲座，并参观中共二大会址和犹太人纪念馆。 (潘少峰 邵 磊)

涉台工作

【概况】 2016年，江阴市委台办紧紧围绕市委、市政府中心工作，全面深化江阴与台湾的经贸合作，积极扩大与台湾的交流交往，扎实做好涉台宣传，取得显著成绩。江阴市连续十四年被台湾电机电子工业同业公会评为"台商投资祖国大陆极力推荐城市"。全年新批台资企业3个，增资5个，台资总投资18904.38万美元，合同利用台资14876.63万美元，到账台资5360万美元，利用台资数量占无锡市的45%。全年共接待台湾工商界参访团组38批271人次。通利光电有限公司成功在韩国上市。台湾金仁宝集团和通利光电有限公司共同投资1亿美元的锂电池铝塑复合膜项目、申桦科技汽车密封件项目和华新丽华集团(江阴)科技园首项入驻的不锈钢冷晶棒项目、总投资5000万美元的台湾兆丰颐养中心项目等一批重点台资项目成功落地。是年，在江苏台资企业500强中，江阴市有17个企业入榜，华新丽华集团(江阴)科技园获江苏省台资企业"紫峰奖"，并被评为纳税贡献领军企业。全年共办理商务赴台32批100余人次，办理公务赴台19批70余人次。接待台湾台东县副县长陈金虎、台湾"中国统一联盟"副主席兼秘书长李尚贤、台湾花莲县基层民意代表等一批台湾地方政界人士和社会团体参访团；接待由王孟蓁带队的台湾教育界参访团。江阴市环保考察团、乡村旅游考察团、民政和养老考察团等多个团组赴台考察交流。"江阴与台湾"政府网站成功开通。全年被国台办《台湾工作通讯》、中国台湾网、省台办《台湾工作动态》、无锡市台办《对台工作通讯》等录用涉台信息67篇次。

【赴台经贸交流成果】 2016年4月11—15日，无锡市委常委、江阴市委书记陈金虎率市代表团赴台开展经贸合作和交流活动。在台期间，代表团一行先后拜访台湾知名人士萧万长、郝龙斌和华新丽华集团、金仁宝集团、信邦电子集团等一批知名企业负责人。洽谈并签约一批台资项目,其中江阴市与台湾华新丽华集团确立产业发展战略合作伙伴关系,在产业电缆项目、不锈钢深加工项目等方面取得实质性推动;总投资1亿美元的锂电池铝塑复合膜项目敲定落地;总投资8000万美元的申桦科技汽车密封件项目完成项目注册;总投资3000万美元的油欣精密机械项目成功签约;总投资3亿美元的永丰余城市综合体、信邦电子电动汽车充电桩、航空用电子零部件等项目取得突破性进展;总投资5000万美元的台湾兆丰颐养中心项目成功签约并完成项目注册。

【组织开展"台资企业服务月"活动】 2016年8—9月,江阴市集中开展"重点台资企业走访服务月"活动,此次活动由市委常委、统战部部长陈兴华带头走访,深入台企生产车间、研发中心、产品展示厅等,与企业负责人交流并现场协调解决企业生产经营中存在的问题和困难。全年,累计走访台资企业105个次,帮助台商协调解决具体困难和问题92个,受到在江阴台商的广泛赞誉。

【举办海峡两岸高校徐霞客文化交流会】 2016年5月18日,由江阴徐霞客研究会、台湾徐霞客研究会、江阴职业技术学院共同主办的2016海峡两岸高校徐霞客文化交流会在江阴学院成功举办。中国徐霞客研究会会长王宝才,台湾东南科技大学旅游休闲观光系主任陶翼煌以及来自台湾东南科技大学、台湾中原大学等10所院校的20名师生与江阴职业技术学院管理系旅游专业的师生围绕"践行霞客精神,传承中华文化"开展主题交流。5月19日,海峡两岸徐霞客研究会的代表齐聚霞客故里仰圣园内,举行"海峡两岸纪念徐霞客公祭典礼"活动,共同缅怀中国明代杰出地理学家、旅行家和游记文学家徐霞客。

【台湾新北市大丰小学学生代表团到江阴参访】 2016年12月4—6日,台湾新北市大丰小学80多名学生到江阴参访。在江阴期间,参访团成员与江阴市天华艺校师生进行交流,并体验国画、京剧脸谱绘彩、武术和中国鼓等传统文化项目。参访团与天华艺校联合举办"天华之声·大丰之乐"两岸青少年音乐会。参访团一行还参观江阴军事博物馆、海澜集团马文化博物馆和徐霞客故居等地。 （刘晗波）

机构编制管理工作

【概况】 2016年,江阴市机构编制部门紧紧围绕加快建设"强富美高"新江阴的奋斗目标,贯穿"创新、协调、绿色、开放、共享"的发展理念,适应新时期机构编制工作面临的深化改革、简政放权、控编减编、依法行政等新常态,着力推进"供给侧结构性改革"背景下的行政管理体制改革,全力推进"三项改革和两项管理"(三项改革指行政审批制度改革、事业单位改革和经济发达镇行政管理体制改革,两项管理指机关绩效管理和机构编制管理)。事业单位改革稳步推进,科学配置不动产登记中心和房屋交易管理中心的人员编制和岗位职数,完善组织架构,整合登记职能,明确时序推进,构建起权界清晰、分工合理、运转高效、法治保障、方便快捷的不动产统一登记体系。推进江阴市国有资产监管体制改革,完成国有资产监督管理办公室的"三定"工作(定部门职责、定内设机构、定人员编制),理顺国有资产的监督管理体制。作为国家首批试点市,江阴市稳步推进承担行政职能事业单位改革工作,制定承担行政职能事业单位改革方案。探索推进事业单位法人治理结构建设,确定江阴市人民医院为事业单位法人治理结构建设试点,江阴市中医院为事业单位法人信用等级评价试点。稳妥推进"一证一码"("一口受理、并联审批、信息共享、结果互认",将由工商、质检、税务三个部门分别核发不同证照,改为通过"一窗受理、互联互通、信息共享",由工商部门直接核发加载法人和其他组织统一社会信用代码的营业执照)制度改革,部署机关、编办直接管理机构编制的群众团体统一社会信用代码赋码工作。综合执法体制改革有序推进。下移执法重心,新设江阴市市场监管局新桥、月城分局,推动市场监管力量向基层一线倾斜。调整市住建局机构编制,加大住房和城乡建设综合执法力度。

【行政审批制度改革】 2016年,江阴市行政审批制度改革取得重要进展。完成各类清单编制工作。公布责任清单,确认责任事项785项,具体工作事项4285项。清理规范行政审批中介服务事项,编制《江阴市行政审批中介服务事项目录清单》,保留18个单位和部门行政审批中介服务事项63项。编制《江阴市行政权力办事指南》共计7515项,涉及38个市政府部门6940项,8个垂管部门575项。编制《江阴市各部门公共服务事项清单》,涉及35个部门共317项。编制《江阴市行政事业机构清单》,涉及44个部门。做好行政权力事项取消、承接、下放工作,分两批对应取消、承接、新增行政权力事项共39项。开展"问诊于企"活动,召开"放管服"(简政放权、放管结合、优化服务)改革企业座谈会,完成《关于"问诊于企"专题调研活动相关问题整改情况的报告》。强化事中事后监管。出台《关于建立双随机抽查机制加强事中事后监管的实施意见》,编制《部门随机抽查事项清单》共313项,"一表两清单、两库一平台"(制定统一的执法检查表格、随机抽查事项清单、简政放权事中事后监管责任清单。"两库一平台"即是建立随机抽查对象库、执法检查人员名录库和统一的市场监管信息平台)的"双随机"抽查机制正逐步建立。完善"一主五辅"("一主"是指市审改办研究制定全市加强事中事后监管的意见,"五辅"是指市发改委、市经信委、市市场监管局、市安监局、市环保局等5个重点部门研究制定投资管理、信用管理、维护市场公平交易秩序、加强产品质量、食品安全、安全生产、环境保护等关键领域的事中事后监管办法)的事中事后监管体系,积极协调市有关部门制定出台投资管理、市场秩序、环境保护、安全生产领域的事中事后监管办法。认真开展简政放权创业创新环境试评价工作,高效完成开办企业、施工许可、竣工验收、不动产登记、电力开通等5个方面数据及行政审批案例的统计分析评价工作。积极筹备相对集中行政许可权改革,制定相关改革初步方案,认真梳理涉及市场准入和投资建设的行政许可事项和与行政许可相关联的行政权力和管理事项,为开展相对集中行政许可权改革做好基础准备工作。

【经济发达镇行政管理体制改革】 2016年,江阴市经济发达镇行政管理体制改革试点取得明显成效。完成徐霞客镇行政权力清单和责任清单编制工作,进一步规范和明确权力下放,对下放审批权限实行清单式管理。抓好徐霞客镇便民服务中心和综合执法局两个"窗口"的规范化建设和运行。徐霞客镇便民服务中心建成全省首个"一窗式"政务服务大厅。网格化综合管理服务平台建设走在全省乃至全国的前列。徐霞客镇行政管理体制改革试点工作得到江苏省评估组的充分肯定。

【机构编制管理】 2016年,江阴市机构编制部门优化机构编制资源配置。根据学校类别和生源数量等情况重新核定全市各学校编制员额,统一编制标准,优化师资资源,减轻师资结构性矛盾。进一步明确市人民法院内设机构职数的配备,服务司法体制改革。挂牌成立江阴华西干部学院,强化对华西发展成果的研究运用。整合优化妇幼保健和计生服务资源,组建成立江阴市妇幼保健院,进一步优化机构编制资源配置,提高公共服务质量。持续开展控编减编工作,守住"只减不增"的"红线"。完善编外用工管理工作机制,出台《江阴市开放园区机关事业单位编外用工管理办法》和《进一步加强和规范镇(街道)机关事业单位编外用工管理的意见》,推进镇(街道)、园区编外用工规范管理工作。加强机构编制监督检查,健全职数预审制度,杜绝超职数配备干部现象。对接中编办机构编制统计及实名制网络管理系统,及时报送核查数据,全面、即时掌控全市机构编制和财政供养人员变动情况。

【机关绩效管理】 2016年,江阴市机构编制部门完善机关绩效考核机制。制定《2016年度市级机关工作目标绩效考核实施方案》,健全指标体系,突出对市委、市政府明确的重点工作落实情况的考核,强化结果运用。完善江阴市机关事业单位信息系统的功能模块,初步建设市级机关绩效考核系统。 (梅湖冰)

机关党工委工作

【概况】 2016年,江阴市市级机关党工委深入学习贯彻党的十八大、十八届三中、四中、五中、六中全会精神,认真落实省、无锡市、江阴市第十三次党代会及市委全委(扩大)会议精神,按照"全面从严治党、依规治党"新要求,围绕"服务中心,建设队伍"总目标,落实"两个责任"*,以"两学一做"*学习教育为契机,以"三亮三进"(发动机关党员干部亮旗帜、亮标准、亮行动,进课堂、进社区、进一线)主题教育活动为抓手,引领机关干部自觉服从和服务于市委、市政府提出的"六大战略"*,在强组织、优服务,强队伍、优作风上下功夫,不断提高机关党建工作科学化水平。年内,扎实开展"两学一做"学习教育和"书香机关"创建活动,举办"微型党课大家讲"和"我心向党,伴我成长"读书演讲等活动,有效提高教育效果。坚持以民意为导向,组织"民主评议机关"活动,开展机关作风建设问题整改"回头看"督查活动,举办现场观摩推进会3场,机关作风持续好转。推进支部书记"双述"(述职、述廉)制度,举办2期"两学一做"学习教育党务干部培训班,培训126人,完成53个党组织换届选举,调整各级党务干部128人次,接转党员组织关系513人,发展党员23名,转正党员25名,查出失联党员5名,清理挂靠党员35名。组织选举产生市级机关第十三次党代表69名、市人大代表21名。积极开展"5·10"思廉日廉政教育、"立家规树家风促政风"等主题活动,推动谈心谈话常态化制度化,查处违纪党员4人,进一步促进机关风清气正。持续深化"文体欢乐行 汇聚精气神"机关文化系列活动,丰富机关干部的工作生活,调动机关干部干事创业的积极性。

【学习型党组织建设】 2016年,市级机关党工委坚持贯彻"两学一做"学习教育这条主线,把争创"学习型"党组织示范点作为机关党员干部加强党性锻炼和党性修养、提高能力素质的基础工程。突出干部学习培训。组织66名机关党务干部赴省委党校进行系统培训,在侵华日军南京大屠杀遇难同胞纪念馆进行爱国主义现场教学,实地考察学习南京晨光机器厂1865创意产业园,开阔眼界、创新思路。加强对基层党务工作者的培养,依托市委党校举办基层党支部书记轮训班,48名基层党支部书记参加轮训,组织开展"微型党课大家讲"活动。浓郁机关学习氛围。深入开展"书香伴我行、建设新江阴"读书荐书活动,量化学习型党组织示范点创建考评体系。以查促学见成效。对机关90个基层党组织,重点围绕支部书记履职情况、学习教育完成情况、问题查摆整改情况、党建制度落实情况和推动成果转化情况等5个方面,开展"两学一做"*学习教育情况专项督查。机关事务管理局党总支部教育计划周密、查摆问题到位、联系实际紧密、台账资料齐全,得到无锡市委组织部督查组的充分肯定。

【创先争优活动】 2016年,市级机关党工委围绕"组织强、队伍强,作风优、服务优"目标,持续深化市级机关"双强双优"活动,扎实开展"三亮三进"主题活动,市级机关广大党员干部在服务发展中学身边典型:吴仁宝、吴协恩、李良宝、张纪清、徐大师、邹碧华等先进典型,勇于亮旗帜、亮身份、亮行动,在为民实践中进基层、进社区、进一线,在活动中践行社会主义核心价值观。市级机关涌现一批先进集体与先进个人。司法局党总支部、信访局党支部被表彰为无锡市先进基层党组织,市园林旅游管理局党委等6个机关党组织被表彰为江阴市"五先五好"*服务型党组织;市委办李晓燕等21人被表彰为全市优秀共产党员。市信访局工会获无锡五一劳动奖状,地税局第八分局等5个机关工会分别被评为省级、无锡市、江阴市"工人先锋号",市级机关工会被评为江阴市模范职工之家;市级机关团工委被评为"无锡市五四红旗团委";江阴出入境检验检疫局综合技术服务中心被评为江苏省"五一巾帼岗”,机关后勤服务中心等6个机关妇女组织被评为江阴市“巾帼文明岗”,2个被评为江阴市“三八红旗集体”;市机关管理局姜红被评为无锡市“五一巾帼标兵”,市规划局林晓英、法院徐芝若、出入境检验检疫局范朝晖被评为江阴市“三八红旗手”。

【“三服务”工作】 2016年,市级机关坚持把群众需求作为第一信号,把群众满意作为第一标准,不断深化“三走进三服务”(走进企业、走进社区、走进农村,服务发展、服务基层、服务群众)活动。组织召开三场机关作风建设观摩交流会,组织同类参评单位走进“人民满意机关”“绩效考核优胜单位”“服务地方先进单位”,学习先进经验,交流心得,在全市机关掀起比学赶超的热潮。组织开展机关作风建设问题整改“回头看”活动,重点对民主评议意见建议是否得到整改落实、“四风”* 问题是否得到有效扼制、服务窗口办事效能是否令人满意、日常工作纪律是否严格执行等方面进行自查与督查。针对省委巡视组反馈的存在问题和2015年民主评议中人民群众所提的意见建议(1122条、具体转办件15件),认真开展督查,真正做到群众反映的事,所提的意见建议,事事有回音、件件有落实。修订完善2016年度“民主评议机关”活动实施办法,科学设置评价等次和权重系数。组织各参评单位及时公示2016年“三服务”活动措施、“三服务”实绩,主动接受群众监督。深入开展“三走进三服务”活动和“一帮一、献爱心”活动,多次到结对村、社区调研走访,探索增强基层党组织活力的新方式和新载体。

【“民主评议机关”活动】 2016年,江阴市民主评议机关活动在保持传统做法基础上,做出新调整:参评单位分为党群部门、政府部门、条线单位、金融单位、镇(街)园区五大类,共129个部门(单位),包含机构改革后的民宗局,新增宁波银行、浙商银行、南洋银行、无锡农商行、平安银行、汇丰银行、恒丰银行等7个银行,城东街道、临港街道、璜土镇分别纳入独立测评,实现民主评议全覆盖;围绕“依法行政、服务基层、勤政廉政、工作实绩”四个方面公示实绩,分为“好、较好、一般、较差、不了解”五种选择,评议内容更加全面;采取集中测评、邮寄测评和社调队抽样测评三种方式相结合,评议表设置识别码,高速扫描自动阅读统计,评议方式更为科学。评议活动自10月19日全面启动,历时两个多月,分宣传发动、公示实绩、组织测评、统计分析、汇总意见建议等五个阶段。活动共设19个集中测评点,共组织30场集中测评。活动中,共发放各类评议表13383份,回收10224份,回收率76.40%。收到基层群众意见建议1168条,其中表扬157条、批评和建议1011条、具体事项转办件20份。参评的129个部门(单位),评议名次与2015年相比,除新增加的11个部门外,上升的有32个部门、持平的有52个部门、下降的有34个部门。市级机关作风效能建设总体满意率达99.88%,比2015年99.83%上升0.05个百分点。是年,还对“民主评议机关”组织工作26个先进集体和27位先进个人进行表彰通报。

【“廉政文化进机关”活动】 2016年,市级机关党工委落实全面从严治党新要求,贴近机关党员干部思想和工作实际,强化党章党纪,结合“两学一做”* 学习教育,加强对《中国共产党廉洁自律准则》和《中国共产党纪律处分条例》的学习宣传。组织开展“5·10”思廉日党风廉政教育活动,通过开展书记讲党课、“微型党课大家讲”、参观警示教育基地、典型示范、反面警示、廉政谈话等形式,进一步深化“廉政文化进机关”活动,增强机关干部党性修养和廉洁从政意识。组织开展“立家风树家规促政风”家规家训征集活动,市级机关党员领导干部带头,人人参与,共征集到优秀家规家训170余条,机关崇尚淳朴家风教育的氛围日益浓厚。积极推进廉政文化示范点提档升级工程,宣传推广市级机关已形成的检察文化、地税文化、市场监管文化、国土文化、国检文化等具有部门行业特色的廉政文化,推动市级机关廉政文化建设再上新台阶。认真执行党风廉政建设责任制,联合有关职能部门开展明察暗访,通过定期与不定期的日常检查和专项检查,进一步督促党员干部落实中央“八项规定”*、省市委“十项规定”*。认真落实党员领导述职述廉、重大事项报告等制度,充分运用“四种形态”(党内关系要正常化,批评和自我批评要经常开展,让咬耳扯袖、红脸出汗成为常态;党纪轻处分和组织处理要成为大多数;对严重违纪的重处分、作出重大职务调整应当是少数;而严重违纪涉嫌违法立案审查的只能是极少数),做到早发现早提醒早防范,全年查处机关干部违纪案件4件4人,进一步促进机关“敢担当、重实干,优服务、守清廉”干事创业的浓厚氛围。

【结对共建拓展工作】 2016年,市级机关党工委围绕市委、市政府重点工作,全面推进全国文明城市创建,根据领导分工及时调整机关党组织与社区党组织结对共建方案,印发《关于调整机关党组织与社区党组织结对共建活动安排的意见》,积极推动机关党组织与社区党组织开展“优势互补强党建、携手同创文明城”活动。在机关持续叫响“文明创建、机关先行”,引导机关干部从自身做起,开展志愿服务。组织机关党员干部到居住地社区和结对共建社区报到,认领志愿服务岗位,组织开展多样化、专业化的便民利民志愿活动,在社区居民中宣传、培育和践行社会主义核心价值观,举办义务文艺培训班和公益文化讲座,开展全民健身志愿服务,提供法律咨询及援助,参与社会治安防控和基层矛盾调解。开展文明交通劝导活动,在50个路口开展为期一个月的交通执勤活动,上路机关干部达5100余人次,营造城市文明创建人人参与的良好氛围。市级机关各部门(单位)积极开展精神文明单位创建工作,共申报复审省级精神文明单位9个,无锡市级精神文明单位18个,江阴市级精神文明单位26个。 (罗晓春)

保密工作

【概况】 2016年,江阴市保密工作坚持发挥“保安全、保发展”的保障作用,积极进取,主动作为,依法确定涉密人员,落实管理措施,结合保密经典故事读书活动加强保密教育;开展保密自查自评督查工作,以查促管,堵塞漏洞;组织互联网门户网站保密检查和重点骨干网络保密管理专项检查,强化政务外网违规文档监控、互联网信息日常巡查,消除隐患。是年,市委机要保密局开展涉密人员确定工作,确定涉密人员百余名,健全保密制度,落实管理要求。统一征订发放《红色往事:镌刻在党旗上的保密故事》书籍500余册,组织涉密人员、保密干部学习经典,弘扬传统,增强保密意识。10月,组织全市党政办公室主任培训班进行专题学习,订阅"保密观"微信公众号,利用腾讯QQ群开展工作交流,加强教育培训。

【开展自查自评督查】 2016年,市委机要保密局组织开展保密工作自查自评,对50余个镇(街道)、园区、机关单位部门进行重点督查,对照规则,逐项测评,检查非涉密计算机90余台,涉密计算机15台;以查促改,针对自查自评工作普遍存在的针对性不强、新媒体发布信息保密审查不严、考核体系不全等问题督促整改。市法院组织借力纪检监察对保密制度开展制度廉洁性评价,推进自查自评,得到上级主管部门充分肯定。

【组织保密专项检查】 2016年5月,市委机要保密局组织机关、单位互联网站等保密管理专项检查,排查政务微博、微信公众号等新媒体情况,对政府网站开展拉网式清查整顿。10月,对12个重点骨干网络开展网络保密管理专项检查,明确网络定位,张贴警示标识800余张,检查计算机520台、U盘80个。坚持每月对百余个党政机关互联网网站、新媒体等发布的信息进行技术巡查,利用政务外网违规文档监控系统监控文档信息百万余条,发现并处置违规信息8条。 (李朝阳)

老干部工作

【概况】 2016年,江阴市以深入学习领会党的十八大和十八届三中、四中、五中、六中全会精神以及习近平总书记系列重要讲话精神为主线,全面贯彻落实《关于进一步加强和改进离退休干部工作的意见》,牢牢把握为党的事业增添正能量的价值取向,深入开展"两学一做"学习教育,进一步加强离退休干部"两项建设"(思想政治建设和党支部建设),不断优化管理服务,丰富老干部精神文化生活,充分发挥老干部作用,有效推动全市老干部工作转型发展、科学发展。至年末,市老干部局管理服务离退休干部1410人,其中离休干部191人,市管退休干部1219人。

【老干部"两项建设"】 2016年,江阴市持续加强"两项建设"。全年召开2次情况通报会、2次形势报告会;组织离退休干部党支部书记集中学习活动4次、碰头会2次。为全市老干部订阅包括《江阴日报》《共产党员》等在内的党报党刊6041份。编印《七彩人生》6期,每期发行2000份;结合重要时事,编印《学习通讯》4期;维护更新老干部网站。挑选老干部最集中的城中社区作为江阴市社区离退休干部党建工作试点单位,积极探索和构建具有江阴特色的社区离退休干部党建工作格局,实现对辖区离退休党员干部管理服务的全覆盖。召开纪念建党95周年暨"我看从严治党新气象"座谈会。

【发挥老干部作用】 2016年,江阴市充分发挥老干部独特优势与作用,出台《关于深入推进离退休干部开展为党的事业增添正能量活动的意见》,进一步明确开展正能量活动的要求。联合关工委成立老干部"两史"(党史、国史)宣讲团,深入学校开展"讲党史故事,学优良传统,做薪火传人"活动。开展"传承好家风、传递正能量"主题教育活动和"心系江阴、建功有我"夕阳心声征集活动,收到微故事28篇、"点个赞"内容20篇、"我为江阴发展献一计"内容10篇、"家的故事"15篇。充分发挥华西村老书记吴仁宝和"炎黄"张纪清2位先进典型的引领作用,评选出31名"学双先、学炎黄"离退休干部先进个人,编发《增添正能量,建设新江阴》征文集并对获奖的10个集体和57名个人进行表彰。举办2期离退休干部支部书记智能手机应用培训班,进一步提高老干部宣传正能量的水平。

【老干部服务工作】 2016年,江阴市不断优化管理服务,春节前夕,及早制定完善老干部及遗属慰问活动方案,上门慰问、发放困难补助金和慰问金338人次,寄发慰问信1380封。4月开始,继续在全市开展离休干部"大走访"活动。工作人员分三组对194名驻地的离休干部、7名易地安置的离休干部和7名居住在外地的离休干部进行上门走访慰问。走访中,注重做好离休干部情况的摸底调查。通过走访和来信来访及时妥善处理、答复有关事项7件。坚持每周一次上医院看望慰问住院病人,全年看望慰问120人。组织全市1385名离退休干部体检,开展两次健康咨询。继续为离休干部发放求助服务卡220本。敬老月为全市42名80岁离退休干部举行集体祝寿会,为21名90岁、1名100岁离退休干部上门祝寿。主动做好老干部后事服务协调工作,协助处理32位老干部后事。召集社区书记召开专题座谈会,探索利用社会资源、社区力量,为高龄离退休干部居家养老提供服务。

【老干部文体活动】 2016年,江阴市不断丰富老干部精神文化生活。全年组织开展大型活动7次,包括:"舞动金秋"2016年江阴市老干部文艺会演、老干部闹元宵活动、镇区老干部棋牌交流活动和"相约虹园"系列老干部文化娱乐活动4次。为纪念建党95周年和长征胜利80周年,和市级机关党工委共同举办市级机关离退休干部书画作品展,组织开展"颂歌献给伟大的党"全市老干部书画摄影邮品创作活动。市老干部活动中心全年开放近300天,参加活动的老干部5万多人次。市老干部协会与周边县市广泛交流,与镇(街道)、村(社区)、企事业单位充分互动。老干部的书画、篆刻、摄影、集邮等作品有21幅在全国性比赛中获奖或入展,有3篇文章和11幅摄影作品在《中国摄影报》《人民摄影报》上发表。 (贺东海)

信访工作

【概况】 2016年,江阴市信访工作紧紧围绕高水平全面建成小康社会和全力建设"强富美高"*新江阴的总目标,深入推进信访制度改革,加强信访法制化建设,立足解决问题,着力健全机制,强化责任落实,全力打造"阳光信访""责任信访"和"法治信访"。全年市信访局接待群众上访835批4787人次,批次和人次分别比2015年下降38.6%和51.5%,其中,集体上访174批3562人次,批次和人次分别比2015年下降43%和55.8%。办理群众来信1304件,比2015年上升2.6%。全国"两会"、G20(20国)峰会、十八届六中全会等重要敏感期间未发生群众进京滋事扰序事件。

【拓宽信访渠道】 2016年,江阴市大力推进"阳光信访"信息系统深度应用。把信、访、网、电等不同形式受理的信访事项全部纳入"阳光信访"信息系统,应录尽录,做到信访信息全录入、业务全流转、数据全生成、办理全公开,全年通过"阳光信访"信息系统共流转办理信访事项1447件。开展群众满意度评价工作,对通过"阳光信访"信息系统初次登记受理的信访事项,纳入群众满意度评价范围,引导群众参与评价,主动接受群众监督,提升信访工作公信力。构建"阳光信访"视频接访平台。至7月底,全市各镇(街道)、高新区、临港开发区、市信访局共18个单位视频接访系统设备安装到位,并实现互联互通。建立视频预约接访、视频联合接访、视频联合会商等机制,既方便群众不出镇(街道)就能与相关领导"面对面"互动交流,又切实提高信访工作特别是解决问题的效率。完善联合接访工作。3月底,市信访局及下属事业单位人民来访接待中心搬迁至位于澄江中路60号的市综治中心大楼,与市维稳办、市涉法涉诉联合接访中心、市矛盾纠纷调处中心等单位集中办公。市信访局主动适应新的工作特点,及时调整进驻窗口单位,及时完善联合接访、联合会办、访调对接、诉访分离等工作机制,提高接处访工作质效。全年,市人民来访接待中心接待群众来访360批1800人次,群众诉求当场解决率达75%以上。组织开展领导干部接访下访工作。严格落实领导干部接访下访相关要求,推动市领导、镇(街道)、涉访重点单位开展领导干部接访工作,对层面性、涉众性信访问题及时排查梳理并提供市领导接访下访,适时组织信访量大、问题突出的职能单位负责人到市人民来访接待中心坐堂接访,切实提高领导干部接访实效。

【解决信访问题】 2016年,江阴市坚持源头预防信访问题。严格执行矛盾纠纷定期排查化解制度,对排查出的问题,及时介入解决,确保矛盾纠纷发现在先、化解在小、处置在早,防止小矛盾拖成大问题。切实加强初信初访办理,强化首办负责制,加大初信初访的交办、督办和回访力度,确保群众初次反映的有效信访事项依法按程序得到妥善处理。重点解决突出信访问题。进一步完善党政领导包案化解信访突出问题工作机制,起草并推动市委、市政府下发《关于全市党政领导包案化解信访突出问题的实施意见》,根据领导职责分工及时调整领导包案对象,重点对案情复杂久拖未决的疑难问题、责任主体难落实工作难度大的复杂问题、涉及政策层面需完善相关规定的重大利益矛盾和突出问题落实党政领导包案,全年市领导包案90余件。扎实开展信访积案化解专项行动,市级层面全年共滚动排查信访积案150余件,化解、终结100件,化解、终结率达66.67%;江苏省、无锡市于年初交办的24件信访积案,化解10件,终结7件,化解、终结率达70.8%;省、无锡市于年初交办的6件重点突出矛盾,化解3件,化解率达50%;无锡市于下半年在"百日会战"专项活动中交办的33件信访积案,化解5件,终结14件,化解、终结率达57.6%。加强协调督办。进一步完善协调督办工作机制,在对未按程序规定或时限要求办结信访事项开展常规性督办的基础上,对群众评价不满意的典型信访个案,对涉及面广、带有共性的突出问题,对特别重大、久拖不决的复杂问题,对职责主体不明的疑难问题,通过实地督办、联合督办、协调会办等方式商讨解决方案、明确责任主体。全年督办信访案件40余件,召开信访协调会90余次,形成各类专报、通报、建议80件,有效推动问题解决。加强信访基础业务规范。结合"阳光信访"网上运行、全程公开的特点和要求,进一步规范办信、接访、网上投诉、督查督办、复查复核等业务规则,解决在受理、办理、答复、送达、录入、督查督办等六个关键环节不够规范的问题,着力提升业务工作规范化和标准化水平,切实提高信访事项办理的"四率"(及时受理率、及时录入率、按期办结率、群众满意率)。

【信访法制化建设】 2016年,江阴市全面推行群众依法逐级走访权益保障卡制度。根据上级信访部门统一部署,6月初在全市范围推行依法逐级走访权益保障卡制度。市信访局开展权益保障卡发放工作"回头看"和"60日专项活动",对权益保障卡发放情况每10日一督查一通报,督促责任单位做到应发尽发,大幅度提高权益保障卡的发放数量。全年,发放权益保障卡482张,发卡率为84.9%。推进通过法定途径分类处理信访投诉请求工作。进一步厘清信访与行政、司法等其他法定途径的边界,推动各职能单位出台信访投诉请求分类处理清单,全市确定市委农工办、市经信委、市教育局、市供电公司等30个单位为通过法定途径分类处理信访投诉请求工作的实施单位,经市法制办审查通过的分类处理清单已汇编成册。加强信访法制宣传教育。充分发挥传统媒体与网络新媒体等传播载体优势,以普法宣传、以案释法等方式,多渠道、多领域广泛宣传国务院《信访条例》等法律法规和政策。联合部分镇(街道)开展巡回宣传活动,广泛宣传依法逐级走访及权益保障卡等相关规定,引导群众依法逐级走访、依法有序维权。在巡回宣传活动中,发放宣传小册子1万余份,现场受理群众咨询投诉200余人次。

【信访队伍建设】 2016年,江阴市信访部门积极开展"两学一做"*专题教育,深入学习党章党规,明确基本标准、树立行为规范;深入学习习近平总书记系列重要讲话,加强理论武装,统一思想行动。注重信访业务规范,及时纠正各类不规范行为,切实解决工作中存在的各类不规范问题,以业务的规范来保证工作的效率和效果。深入基层加强业务交流与指导,召开信访工作分片碰头会,分析当前形势,交流工作经验,提高信访干部掌握面上情况、化解信访难题的水平。严格落实改进作风各项规定,筑牢信访干部拒腐防变的思想道德防线,引导信访干部自觉在法治轨道上用权,在党纪国法约束中工作,在内外监督下干事,树立信访干部良好形象。

(李宏斌)

史志工作

【概况】 2016年,江阴市史志办在编史修志和史志宣教等方面工作均取得新成绩。编纂出版2016版《江阴年鉴》,继续采取免费赠阅形式向机关和基层发放;开展新时期党史研究编撰工作,对9个试点单位撰写的14篇初稿进行编辑、反馈并形成定稿;启动《雨花台烈士传丛书》蒋云传记撰写工作,完成8万余字初稿。挖掘整理124任驻节江阴的江苏学政人文史料,全年征集2万余字文字及图片资料;为新闻媒体采访江阴党史事件、录制相关节目提供相应资料,扩大江阴知名度;继续定期为市委宣传部主办的《党员之友》供稿;编发12期《中共江阴市委大事记》。以建党95周年为契机,开展为基层送讲座、送书籍活动,在关工委、澄星集团等单位授课7场次,听众700余人,向机关和基层赠送各类书籍5000余册;制作"峥嵘岁月·光辉旗帜"党史宣传展板,在市机关大楼等地进行巡展;进一步做精做优"江阴纪事"公众微信,依靠微信大力宣传江阴党史地情人文知识。开展业务培训100余人次,指导和审阅4部镇村志300余万字,提出修改意见6000余条。是年,市史志办获江苏省党史宣传先进集体一等奖,2014版《江阴年鉴》被中国地方志指导小组评为全国地方志优秀成果(年鉴类)特等奖。

【推进新时期党史专题资料征编试点工作】 2016年,江阴市史志办继续推进新时期党史专题资料征编试点工作,在完成资料搜集和专题篇目大纲编拟等工作的基础上,督促、指导各试点单位开展核实资料、撰写初稿工作。年内,9个试点单位广泛征集档案文献资料、当事人口述资料和报纸杂志资料等,按照党史体例要求采取编年体与纪事本末体相结合的方法撰写初稿,全面完成14篇党史专题的初稿写作;市史志办认真编辑初稿,经过编辑审稿,副主编、主编审阅形成审定稿,反馈单位修改完善并最终形成定稿。至年末,市总工会、市司法局完成所分工负责的专题编写工作,市政协办、市经信委有3篇党史专题形成审定稿,其他党史专题的编辑工作按计划推进。

【启动蒋云烈士传记撰写工作】 2016年,江阴市史志办配合省委党史工办《雨花台烈士传丛书》编纂,启动蒋云烈士传记的撰写工作,8月成立编纂组,抽调人员搭建工作班子,制订编纂方案和写作推进表。此后,通过搜集蒋云有关档案资料,购买相关书籍,上门约谈烈士遗属、召集老同志了解蒋云烈士生平事迹、资料出处及相关情况,制作《蒋云烈士革命经历图解》,先后赴周庄镇、云亭街道和南京雨花台烈士纪念馆、南京图书馆、中国第二历史档案馆等地搜集资料和照片。9月起编制《蒋云传》写作提纲,撰写初稿,至10月初步完成《蒋云传》文稿编写工作。11月完成统稿修改工作,形成《蒋云传》初稿,共12章8万余字。12月,按照省委党史工办相关要求和丛书出版规定,组织听取部分老领导和党史专家、党史爱好者对该书稿的修改意见,再次修改完善后报无锡市史志办终审。

【2016版《江阴年鉴》出版】 2016年9月,江阴市地方综合系列年鉴第24卷《江阴年鉴(2016)》(纸质版和光盘版)由方志出版社出版。该年鉴全面系统、准确翔实地记载2015年度江阴市自然、政治、经济、文化和社会、生态文明建设等方面的基本情况,反映全市各行各业贯彻党的十八届三中、四中、五中全会精神,在产业转型升级、改革创新、城市建设、生态文明建设、民生改善、社会治理等方面的新思想、新举措、新亮点。该年鉴按分类记事体例,设42个类目。类目下共设269个分目、1508个条目。总篇幅118.6万字,彩色插页66页,随文图片112幅,表格133张。为体现时代特色、年度特色、地方特色和与时俱进的要求,《江阴年鉴(2016)》与《江阴年鉴(2015)》相比,彩色插页新设《全国获奖荣誉》《难忘精彩》《美丽家园》《文明新风》《便民服务》《花果飘香》《文化生活》《十佳好人》《2015年度人民满意机关》《2015年度绩效考核优胜机关》等专题。取消《居民》和《改革》类目。《财政·税务》类目降为分目,归入《经济事务管理》类目。增设《经济总览》《公共安全》2个类目。《沿江开发》类目改为《开发区建设》。《群众团体》类目改为《群众团体和组织》,增设《江阴市慈善总会》《基层自治组织》和《社会组织》3个分目。《社会工作》类目增设《人口管理》《生育管理》《文明创建》《诚信建设》《社会志愿服务》5个分目,其民政工作分目改为《民政事务》,《老龄工作》分目改为《老龄事业》,《民族宗教工作》分目改为《民族宗教事务》。

【基层修志指导】 2016年,全市编修的部门志有《江阴市体育志》,镇(街道)志有《顾山镇志》《青阳镇志》《南闸街道志》,村志有《三房巷村志》《五福村志》《石堰村志》等,图志有《城东街道消失自然村图志》。市史志办加强与基层沟通,对基层史志书籍编纂、业务工作开展进行有效指导,进一步协调机关、镇(街道)各部门史志业务工作。《花山村志》《五福村志》《石堰村志》内部发行。市史志办全年组织100余人次参加志书、年鉴业务培训,接待上门业务咨询50余人次,解答电话咨询100余次;审阅《顾山镇志》《青阳镇志》《三房巷村志》《城东街道消失自然村图志》等基层志总计300余万字,提出具体修改意见6000余条。

(市史志办)

档案工作

【概况】 2016年,江阴市档案局各项工作取得新的进步。全年接收档案5992卷49086件,征集到一批原乡镇企业档案资料、家谱、照片、实物等。编研出版《民国江阴中学教育档案选编》《教育音乐家刘北茂》《中国近代图书馆之父缪荃孙评传》《清代小说家屠绅》等4本书籍。完成《江阴乡镇企业发展历史回忆录》一书出版准备工作。举办3期档案业务培训,参训600多人次。完成140个单位的档案星级测评、复查验收工作。接待社会各界查档近1.5万多人次,调阅案卷1.3万多卷,提供证明材料3.1万多张。数字档案馆建设得到进一步加强,加快推进299个村、社区档案信息平台的应用服务。

【140个单位档案管理通过省星级测评(复查)】 2016年,江阴市档案局继续在市、镇(街道)、机关和企事业单位中开展档案管理星级测评工作,促进档案管理规范化。在测评过程中,全面贯彻执行《江苏省机关团体企业事业单位档案工作规范》,针对不同星级测评、复查单位的具体情况,本着服务单位发展、兼顾全面的原则,突出材料收集、目录和全文数据库建设、全宗指南、大事记、机构沿革编写等重点工作,做好星级测评复查的各项指导工作。全年有140个单位档案管理过省星级测评(复查)。

【基层档案工作指导】 2016年,江阴市档案局继续做好基层档案工作指导,提高全市立卷归档、软件运行、数字化建设等档案管理整体水平。继续开展档案星级测评(复查)工作,年内,长泾中学、长泾实验小学等140个单位顺利通过验收。重点项目档案建设得到进一步加强,江阴兴澄特种钢铁有限公司高品质特殊钢关键产品升级项目、江化微电子材料股份有限公司技术改造项目、锡澄高速花山互通项目等4项项目通过重点项目档案专项验收。结合江阴市土地承包确权档案的现状和特点,积极配合市委农工办等部门,以点带面,加强操作培训和分类指导、促进江阴市土地承包确权档案的规范化管理。以"6·9"国际档案日为契机,积极开展档案法规宣传周活动。加强村级目录数据校对及信息系统数据导入,全市社会主义新农村建设档案工作得到进一步巩固提高。

【档案业务工作培训】 2016年,江阴市档案局继续做好档案业务工作培训,分别为机关事业单位、村(社区)及企业新上岗档案人员集中举办培训班3期,参训人数185人;应邀对江阴职业技术学院、周庄镇政府进行档案知识培训4次,参加人数415人,全年累计参训600多人次。

【档案保管利用】 2016年,江阴市档案局接待查档1.5万多人次,调阅案卷1.3万多卷次,提供证明材料3.1万多张。全年接收档案5992卷49086件,接收政府公开信息25个642件。整理2003—2010年度工伤鉴定档案20469件、退伍军人档案749卷、家谱246卷、汇纶集团和京江重工会计档案1194卷,劳模、知青档案61卷,照片档案3315张。进一步加强馆内基础工作,及时更新馆藏数量统计、全宗名册、利用登记、库房管理登记、档案检查登记、库房温湿度统计分析等各类台账的登记,新增档案检索工具101册。及时处理12345公共服务呼叫平台相关诉求,全年办理群众诉求12件,回访满意率100%。完成2015年度全市档案事业统计综合年报工作。

【档案信息化建设】 2016年,江阴市档案局数字档案馆建设得到进一步加强,全年新增原文数据40万多页,馆内累计原文数据1600多万页,馆内目录数据新增10多万条。处理数字档案室目录数据28890条,原文数据近23万多页。加强数据备份和数字档案馆应用平台的日常维护及安全防护工作,严格执行系统跟踪监视和机房日巡视制度。整合和管理区域性档案资源获得新进展,又有3个单位接入数字档案室系统。切实加强新农村档案管理平台的维护,累计接待业务咨询1000多人次,进行业务指导50多人次。及时更新江阴档案信息网,做好信息等级保护测评准备工作。

【档案征集编研】 2016年,江阴市档案局新增张氏、王氏、居氏等18个姓氏246册家谱;征集图书资料158册。编研出版《民国江阴中学教育档案选编》《教育音乐家刘北茂》《中国近代图书馆之父缪荃孙评传》《清代小说家屠绅》等4本书籍。完成《江阴乡镇企业发展历史回忆录》一书出版准备工作。成功举办市委十二届八次全委扩大会议专题展和关注乡情记住乡愁留下乡思——我把镜头对准月城家乡人等4期展览。接待参观者538人次,征集到各类政府礼品和荣誉物品16件。完成2006年后党和国家领导人到江阴视察的照片归档,共整理移交照片59批118张。拍摄、征集、整理市政府交办的江阴历史文化书籍《叫我如何不想他》涉及的照片近200张。 (陈 忠)

党校工作

【概况】 2016年,江阴市委党校贯彻落实全国党校工作会议精神,弘扬"忠诚、求是、和谐、创新"的办校精神,遵循"干部培训、理论武装、思想引领、决策咨询"的职能定位,全力打造"党员干部的大学堂、市委市政府的思想库、学习型组织的示范点",努力建设"在长三角有较大影响,在全国有一定知名度"的示范性县级党校。年内,继续发挥干部培训的主渠道主阵地作用,完成市管领导干部"六大发展战略"轮训、全市入党积极分子培训、中青年干部培训、中青年女干部培训等主体班11期1327人次;完成全市基层青年干部培训、党外骨干培训、军转干部培训等委培班31期2550人次;举办外联班170期,培训接待外省市党员干部8497人次;基层宣讲党的十八届五中、六中全会精神和市十三次党代会精神、党内条例法规、"两学一做"学习教育等专题250余场次,听众2万多人次。继续发挥"党的哲学社会科学机构"功能,实施精品战略,围绕市委、市政府的中心工作,撰写《江阴经济社会发展蓝皮书》,开展特色小镇建设、社会矛盾源头预防、企业降本减负等咨政研究。年内,结项各级各类课题15项,公开发表论文29篇,其中1篇被国家级期刊《新华文摘》转载,荣获省市级科研奖项13项。继续深化"学习型组织的示范点"创建,开展在岗读书、外送培训、专业进修、线上线下培训等形式多样的理论学习,提升队伍素质;深化文明单位创建,积极投身志愿交通文明劝导、"慈善一日捐"、义务献血、网络文明传播等文明城市创建活动,用"红色理念,绿色校园"营造积极向上的文化氛围;开展"两学一做"学习教育,对照标准要求进行自查自纠、整改落实,不断改进教学、科研、管理等工作作风,牢固树立起党校"为民、务实、清廉"的良好形象。是年,荣获江阴市禁毒工作先进集体、江阴市"六五"普法工作先进集体、江阴市文明单位、江苏省文明单位等荣誉称号。中央党校《春潮——十八大以来党校事业发展大纪实》一书和中央党校《党校工作通讯》第29期分别刊文介绍江阴党校办学的创新工作与经验。

【华西干部学院揭牌成立】 2016年7月14日,华西干部学院正式揭牌成立。江苏省委组织部、无锡市委组织部领导参加在华西村举办的揭牌仪式,并为华西干部学院现场教学点授牌。作为江苏省委着眼于优化全省干部培训基地布局、打造江苏省干部培训工作品牌的重要举措,华西干部学院旨在以教育引导广大干部牢固树立、自觉践行"五大发展理念"为根本,以提高党员干部引领发展、推动发展的素养能力为目标,以弘扬华西经验为主题,依托江阴改革开放、创新驱动、城乡协调、绿色环保、民生共享等发展实践资源,探索新时期经济社会发展的有效路径,提高发展教育的生动性和体验感,打造立足基层、富有特色、辐射全国的一流发展实践类干部教育培训基地。成立后的华西干部学院与江阴市委党校合署,实施"两块牌子、一套班子"的管理体制,下设江阴市委党校和华西新市村两大校区,实现教学资源互用、师资队伍互派、课程安排互联。至年末,形成一整套课程体系,共有包括"天下第一村——华西新市村的成功之路""学习吴仁宝老书记,做新农村建设带头人"等在内的11个系列82个培训专题和40余个现场教学点。

2016年7月14日,华西干部学院正式揭牌成立 (市委党校提供)

【联合基层党校开展师资培训】 2016年,针对基层党校师资建设的特点和难点,江阴市委党校通过个群合力,以"开放共建、共享共赢"的理念,牵手兄弟党校开展联合师资培训,合作范围从长三角延伸到全国各地各级党校。7月23—26日,联合无锡市锡山区委党校、宜兴市委党校等8校举办基层党校教学教法提升研修班,吸引北京、上海、江苏、浙江、广东、四川、山东7省市41所市区县党校的35名校长、172名教师参加培训。培训邀请中央党校、国家行政学院4名专家、教授解读"党校姓党"问题,分享党校教学科研的理念和方法。借培训契机,江阴市委党校正式启动硕士博士工作站,中央党校副秘书长、全国党校工作会议筹备小组组长冯秋婷为工作站及下属邵燕博士工作室揭牌授牌。12月23—26日,主办基层党校教师综合素质提升培训班,邀请中央党校、国家行政学院和江苏省委党校的4名专家、教授讲授《做一名优秀的党校教师》《青年教师的转型发展》《基层党校的智库建设》《新形势下的文化自信》等专题。北京、上海、广东等14省市43所党校的29名校长、152名骨干教师参加培训。

【开启线上培训新模式】 2016年,为顺应"互联网+"时代发展的新形势新特点,江阴市委党校联合中国浦东干部学院网络学院打造线上培训新模式,借力中浦院的优质资源与高端平台,为干部教育、师资培训传统的线下教学模式提供涵盖党性修养、领导科学与领导力建设、改革与发展创新、国家战略、区域经济发展等领域的近千门课程作为补充。6—8月,江阴"领导干部综合能力提升"网络专题班、江阴师资网络培训班一同开启线上培训试点工作,38名学员完成5门必修课10门选修课的学习考核;9—10月,运行江阴中青班网络培训,51名学员完成3门必修课3门选修课的在线学习,考核成绩纳入中青班学员结业评价;9—12月,启动第一期基层党校师资网络专题培训班,通过开创众筹培训模式,379名基层党校教师参加网络在线学习。

【荣获江苏省党校系统科研奖项】 2016年12月16日,江苏省委党校(行政学院)系统第十届科研协作会在盐城市委党校召开,大会表彰全省党校(行政学院)系统2011—2015年度优秀科研工作组织奖、优秀科研成果奖、优秀科研管理工作者等。江阴市委党校《当代中国城市发展丛书(江阴卷)》获全省县级党校唯一的优秀科研成果著作类一等奖,《过渡型社区党建模式转型研究——以江苏省江阴市为例》获论文类三等奖，《全面从严治党视角下基层党校功能实现研究——以中共江阴市委党校为例》被评为优秀结项调研课题。会上，江阴市委党校受邀为唯一县级党校代表，交流分享县市党校科研的江阴经验。

【承办无锡市党校系统党的十八届六中全会精神理论研讨会】 2016年12月29日，无锡市党校系统党的十八届六中全会精神理论研讨会暨"党校论坛"2016年年会在江阴市委党校召开。江阴市委副书记袁秋中为大会致开幕辞，无锡市委副秘书长、无锡市委党校党委书记、常务副校长肖新岳出席开幕式并作讲话，要求深入学习研究党的十八届六中全会精神，切实将全会精神贯彻落实到党校教学科研等各项工作中去。无锡地区8市区县党校116名教研人员参加会议，共提交65篇论文。大会设专家论坛、科研工作交流、优秀论文交流等环节；表彰无锡市党校系统精品课、优秀科研组织者、优秀科研管理工作者和优秀论文。其中，江阴市委党校获优秀科研工作组织奖，《研读〈资本论〉：把握新常态，实现新提升》和《传统文化与社会主义核心价值观》获精品课三等奖，有2名教师被评为优秀科研管理工作者，提交的《构建"亲""清"新型政商关系调查研究》等4篇论文被评为优秀论文。 （许一鸣）

接待工作

【概况】 2016年，江阴市接待各类宾客438批11378人次，其中党和国家老领导3人次（全国政协原副主席张怀西3次到江阴），部、省级领导99人次，军队少将及以上军衔将领2人次。到江阴百人以上团队有7批，团队人数最多的是江苏省创新社区治理工作推进会与会代表140人。各级领导视察指导和外地宾客参观活动的内容继续向多领域、深层次拓展，涉及江阴经济社会发展各个方面。

【到江阴的江苏省级领导】 2016年，到江阴视察指导工作的江苏省委、省政府领导有李强、石泰峰、弘强、杨岳、李小敏、王炯、樊金龙、徐鸣、张雷、张敬华、马秋林等；江苏省人大常委会领导有蒋定之、公丕祥等。到江阴视察指导工作的江苏省老领导有王寿亭、曹鸿鸣、顾浩、冯敏刚、凌启鸿、俞兴德、王霞林、洪锦炘、李明朝、叶坚、林祥国、李全林、柏苏宁、张艳、赵龙、丁解民、戴顺智、沙人麟、王荣炳、孙安华、胡序建、林玉英、闵乃本、朱兆良、冯健亲、李仁、吴冬华、吴瑞林、武继烈、陆军、张九汉、黄因慧、包国新、张品华、周振华等。

【到江阴的国家各部委及外省的省级领导】 2016年，据不完全统计，到江阴考察指导工作的国家各部委及各省省级领导和原领导有31人。其中在职领导22人，先后为环境保护部党组成员、华东督查中心主任高振宁，全国政协经济委员会副主任吴新雄，水利部党组副书记、副部长矫勇（2次），全国人大常委会委员、外事委员会副主任委员、蓝迪国际智库项目专家委员会主席赵白鸽，国家体育总局副局长冯建中，中国日报社社长、总编辑朱灵，国土资源部副部长曹卫星，国家质量监督检验检疫总局党组成员、人事司司长李元平，全国工商业联合会副主席黄荣，中纪委驻国家卫生和计划生育委员会纪检组组长李五四，全国人大常委会常委、全国人大常委会科教文卫委员会副主任委员王佐书（2次），环境保护部副部长赵英民，中共中央对外联络部副部长郑晓松，全国人大常委会委员、全国人大常委会民族委员会主任委员李景田，农业部副部长张桃林，科学技术部副部长张景安，国家发展和改革委员会副主任胡祖才，国家宗教事务局副局长蒋坚永，工业和信息化部党组成员、国家烟草专卖局局长、中国烟草总公司总经理凌成兴，国家质量监督检验检疫总局局长支树平，民政部副部长宫蒲光，中共中央宣传部副部长鲁炜等。老领导9人，先后为国务院原副秘书长刘济民（4次），农业部原部长陈耀邦，中央农工办原主任段应碧，中共中央党校原常务副校长杨春贵，中共中央组织部原部长张全景，科学技术部原副部长曹建林，司法部原副部长张苏军，全国政协委员会委员、国家安全监管总局原副局长、国家煤矿安监局原局长赵铁锤，中国证券监督管理委员会原主席周正庆等。

【到江阴的军队少将及以上军衔首长】 2016年，据不完全统计，到江阴参观考察的军队少将及以上军衔首长有2人，先后为江苏省军区司令员李大清少将，中央军委国防动员部民兵预备役局局长王文清少将等。

【到江阴的其他重要人士】 2016年，据不完全统计，到江阴的其他重要人士有19人，先后为国家纳米科学中心主任刘鸣华，北京有色金属研究总院名誉院长、中国工程院院士屠海令，上海交通大学常务副校长、中国工程院院士林忠钦，上海大学校长、中国工程院院士金东寒，华中科技大学教授、中国工程院院士李德群，中央电视台著名主持人孙正平，奥运冠军邓亚萍、郑海霞、宋晓波、戴韫、陶璐娜、马燕红、贾占波，中国科学院院士孙家栋、陈可冀，中国工程院院士陈勇，北京大学教授、中国科学院院士刘忠范，中国科学院院士、研究员、博士成会明，《小康》杂志社社长兼总编辑舒富民。 （陈　悦）

■类目编辑　党　辉

江阴市人大常委会

重要会议

【概况】 2016年，江阴市人大常委会举行市第十六届人民代表大会第五次会议，召开市人大常委会会议10次、主任会议20次，听取和审议“一府两院”（市政府、法院、检察院）工作报告和专项报告28项。市人大常委会依法作出决议、决定26项。

【市十六届人大五次会议】 2016年1月18—20日，江阴市第十六届人民代表大会第五次会议在江阴大剧院举行。出席会议的代表应到388名，实到368名。会议列席和邀请人员有：市委、市政府、市政协有关领导；市委、市政府各部门，群众团体及有关单位主要负责人；驻江阴有关单位主要负责人；在江阴的全国人大代表、省人大代表和无锡市人大代表小组正副组长；省级以上经济开发区党工委、管委会有关领导；有关镇人民政府镇长、有关街道办事处主任；有关基层人大负责人；市人大常委会各工作机构有关人员；往届市人大常委会领导和市政协主席；出席市政协会议的政协委员和列席人员；省级以上经济开发区机关各部门主要负责人；政法系统中层以上干部；市民代表。会议期间，代表听取和审议《政府工作报告》，审查并批准《江阴市国民经济和社会发展第十三个五年规划纲要》《关于江阴市2015年国民经济和社会发展计划执行情况及2016年国民经济和社会发展计划草案的报告》《关于江阴市2015年财政预算执行情况和2016年财政预算草案的报告》，听取和审议《江阴市人大常委会工作报告》《江阴市人民法院工作报告》《江阴市人民检察院工作报告》，审议市政府《关于加快城区企业退城搬迁和城区过境货运车辆禁行决议2015年执行情况的报告》《关于市十六届人大四次会议代表所提建议办理情况的报告》和《江阴市2016年为民办实事》。大会表决通过相关报告决议。大会表决通过市十六届人民代表大会内务司法委员会和财政经济委员会组成人员，并进行宪法宣誓。会议期间，收到代表建议、批评和意见160件。大会开幕前，组织全体与会市人大代表进行大会视察活动。

【市人大常委会会议】 2016年，召开江阴市第十六届人大常委会会议10次。

市十六届人大常委会第二十八次会议于1月10日召开。会议听取并审议市政府《关于江阴市国民经济和社会发展“十三五”规划纲要（草案）的报告》以及市人大常委会财经工委的相关审查报告，听取并审议市人大常委会代表资格审查委员会关于代表变动情况的报告，审议并表决通过市人大常委会工作报告、市十六届人大五次会议有关文件草案及建议名单。

市十六届人大常委会第二十九次会议于2月29日召开。会议审议并表决通过《2016年江阴市人大常委会工作要点》，表决通过有关人事任免事项。书面审议市政府《关于〈城镇排水和污水处理条例〉执法检查审议意见办理情况的报告》。

市十六届人大常委会第三十次会议于5月6日召开。会议听取并审议市政府《关于2015年江阴市环境状况和环境保护目标完成情况的报告》及市人大常委会环境资源城乡建设工委相关调查报告；会议表决通过设立市人大常委会有关工作机构的决定和有关人事任免事项；审议并表决通过市政府《关于2016年一般公共预算支出调整的方案》；审议市政府《关于市十六届人大常委会第二十六次会议审议意见办理情况的报告》；听取部分无锡市人大代表履职情况报告并进行民主评议。

市十六届人大常委会第三十一次会议于7月11—12日召开。会议听取并审查市政府《关于2015年度财政决算情况的报告》和财政同级审情况，以及市人大常委会财经工委《关于2015年度财政决算的审查报告》；审议并表决通过市政府《关于2016年国有资本经营收支预算调整方案的议案》；听取并审议市检察院《关于未成年人检察工作情况的报告》以及市人大常委会内务司法工委的相关调查报告；审议市政府《关于市十六届人大常委会第三十次会议审议意见办理情况的报告》。会议期间，市人大常委会以联组审议形式对江阴义务教育均衡发展情况进行专题询问。市人大常委会组成人员和市人大代表就人民群众关心的义务均衡教育的热点问题进行提问，市政府相关领导和有关职能部门负责人认真作了回答。会议表决通过有关人事任免事项和代表工作事项，听取市科技局、水利农机局主要负责人履职情况报告和部分无锡市人大代表履职情况报告，并进行民主评议。

市十六届人大常委会第三十二次会议于7月27日召开。会议听取并审议表决通过市政府有关人事任免事项，表决通过有关决定。

市十六届人大常委会第三十三次会议于8月12日召开。会议听取并表决通过市政府有关人事任免事项。

市十六届人大常委会第三十四次会议于9月14日召开。会议听取并审查市政府《关于2016年上半年国民经济和社会发展计划执行情况的报告》《关于2016年上半年财政预算执行情况的报告》《关于2016年政府投资重点项目资金管理情况和项目建设进展情况的报告》以及市人大财经委员会的审查报告，听取并评议江阴市安全生产专项工作，听取并审议市人大常委会执法检查组《关于检查〈江苏省物业管理条例〉实施情况的报告》，听取并审议市政府《关于授予崔东等七人"江阴市荣誉市民"称号的议案》《2016年一般公共预算支出调整方案》，表决通过有关决议决定。会议传达学习省、无锡市人大换届选举工作有关精神，表决通过市镇两级人大换届选举工作的相关决定和市镇两级选举委员会组成人员名单；听取部分无锡市人大代表履职情况报告并进行民主评议；审议市政府、市检察院《关于市十六届人大常委会第三十一次会议审议意见办理情况的报告》。

市十六届人大常委会第三十五次会议于10月28日召开。会议听取并审议市政府《关于江阴市2015年度财政同级审反映问题的整改工作情况的报告》以及市人大财经委员会相关审查报告；听取并审议市政府《关于市十六届人民代表大会第五次会议代表所提建议办理情况的报告》以及市人大常委会人事代表联络工委相关调查报告；听取并审议市政府《关于开展法治宣传教育第七个五年规划有关情况的报告》，表决通过关于"七五"普法工作的决议。会议表决通过《关于召开市十七届人大一次会议的决定》，表决通过《关于接受赵国权同志辞去江阴市第十六届人大常委会主任职务请求的决定》和《关于推选郑元同志代理江阴市第十六届人大常委会主任职务的决定》，审议通过《关于加强园区、街道财政预算审查监督的暂行办法》《关于加强政府投资重点项目资金监督的规定》等制度文件；审议市政府《关于市十六届人大常委会第三十四次会议审议意见办理情况的报告》。

市十六届人大常委会第三十六次会议于11月22日召开。会议听取并审议表决通过市人大常委会、市法院、市检察院有关人事任免事项，审议并表决通过市、镇两级选举委员会组成人员调整名单。

市十六届人大常委会第三十七次会议于12月10日召开，会议听取并审议《关于调整2016年一般公共预算收支的报告》以及市人大财经委员会的相关审查报告，表决通过2016年一般公共预算收支调整方案。审议市镇两级人大代表换届选举工作情况的报告；听取审议并表决通过《关于江阴市第十七届人民代表大会代表资格的审查报告》；表决通过《江阴市第十七届人民代表大会第一次会议有关文件及名单(草案)》。

【市人大常委会主任会议】 2016年，召开江阴市第十六届人大常委会主任会议20次。主要议题有：讨论《2016年江阴市人大常委会工作要点》《关于2016年基层人大工作的指导意见》《关于2016年市人大代表小组活动的意见》，讨论通过《市人大常委会关于加强开发区、街道全口径预决算审查监督的实施意见》《江阴市宪法宣誓实施办法》，讨论确定重点督办的市十六届人大五次会议代表建议，讨论专题询问义务教育均衡发展情况的方案、《江苏省物业管理条例》执法检查方案、《无锡市实施〈江苏省大气污染防治条例〉办法》调研论证工作方案，讨论市镇两级人大换届选举工作事宜，听取2016年"市人大代表活动周"活动情况的汇报，2017年部门预算专家组审查情况的汇报，研究十六届人大履职主题画册，研究修订完善市人大常委会议事规则和工作制度方案，讨论《市人大常委会工作报告(讨论稿)》和《市人大内务司法委员会工作报告(讨论稿)》《市人大财经委员会工作报告(讨论稿)》，讨论通过市人大常委会各工作机构专题调研报告。听取和审议市政府《关于2016年重点督办代表建议办理情况的报告》《关于医疗机构分级诊疗工作情况的报告》《关于公共体育服务体系建设情况的报告》《关于2015年财政预算执行情况报告和财政同级审情况的报告》《关于2016年上半年国民经济和社会发展计划执行情况的报告》《关于2016年上半年财政预算执行情况的报告》《关于2016年政府投资重点项目资金管理情况和项目建设进展情况的报告》《关于财政同级审查出问题整改情况的报告》《关于2016年财政预算执行情况和2017年财政预算草案的报告》《关于2016年政府投资重点项目资金计划执行情况和2017年政府投资重点项目资金安排情况的报告》，审查和批准江阴市2015年财政决算，市法院《关于刑事审判工作情况的报告》。集中学习省市机关作风建设会议精神、严肃换届纪律有关文件、专题学习"两学一做"学习教育等会议精神。

【市人大常委会与"一府两院"联席会议】 2016年2月19日，召开市人大常委会与"一府两院"联席会议，听取市政府、市法院和市检察院对《江阴市人大常委会2016年工作要点》的意见建议，促进市委决策部署和市十六届人大五次会议决议决定的贯彻落实。

监督工作

【概况】 2016年，江阴市人大常委会创新监督工作机制，综合运用监督方式，全力服务支持和监督推动全市改革发展。听取和审议"一府两院"专项工作报告28项，开展执法检查、专题询问和专项工作评议各1次，组织视察活动7次。

【持续深化全口径预决算审查监督】 2016年，市人大常委会扎实推进全口径预决算审查监督，加强对政府投资重点项目资金使用情况和建设情况的日常监督。定期听取和审议财政预算执行情况报告，审查和批准年度决算报告和财政预算调整方案。制定并出台《江阴市人大常委会关于加强园区、街道财政预算审查监督的暂行办法》，修订《江阴市人大常委会关于加强政府投资重点项目资金监督的规定》，建立开发区和街道财政预算审查监督机制。充分发挥人大财政经济委员会和专家审查小组的作用，实施对财政预算编制、执行、决算和绩效管理的全过程监督。扩大预算初审范围，在审查12个部门及其下属单位政府专项和单位专项预算的基础上，增加“三公经费”*、会议费和培训费的审查。全力支持审计部门依法履职，定期听取财政同级审报告以及审计整改情况报告，首次听取部门整改情况专门汇报，不断促进审计整改压力层层传导，不断加强审计查出问题整改的刚性监督。

【促进经济结构转型升级】 2016年，市人大常委会围绕产业强市，对做大做强工业实体经济情况、政府投资重点项目建设进展情况等议题开展视察，强化对经济运行情况的专项监督，力推经济发展行稳致远。围绕科技进步推动转型，组织视察企业创新载体、众创空间等创业创新平台建设，推动加强科技创新核心要素保障。围绕更好地服务“三农”*，在专题视察农业产业化体系建设的基础上，听取农业龙头企业培育、新型农业经营主体培育情况汇报，调研现代农业示范园区建设，促进农业增效、农民增收、农村发展。

【推进生态文明建设】 2016年，市人大常委会将生态保护和建设作为人大履职的重要议题，持续监督推进江阴生态文明建设。关注生态环境质量问题，听取和审议环境状况和环境保护目标完成情况，督促政府解决环保方面的具体问题，促进江阴的环境质量持续改善。跟踪淘汰落后产能和传统产业绿色改造、生态环境整治修复等情况，对江阴城乡水环境综合治理的代表建议进行重点督办，督促政府统筹推进水规划、水生态、水安全等重点工作，切实改善全市的水生态环境质量。开展以“城乡环境综合整治”为主题的“市人大代表活动周”活动，组织代表分别视察评议57个城乡环境综合整治现场，提出建议43件，为提升江阴市的生态保护水平和生态环境积极建言献策。跟踪监督秦望山产业园建设、城乡环境综合整治等推进情况，强化对生态文明建设的持续监督。

【促进民生福祉改善】 2016年，市人大常委会积极回应社会关切，强化对社会各项事业的常态监督。专题询问义务教育均衡发展情况，推动义务教育均衡发展各项工作落到实处。对城市路网规划建设、医疗机构分级诊疗、防汛工程、公共文化体育等开展视察、审议，督促政府把为民办实事落到实处。对公交候车亭及电子站牌、绮山应急水源地、半夜浜河道综合整治、市医疗中心、村庄生活污水处理设施、第二中学改扩建、城区农贸市场标准化改造等为民实事工程推进情况开展视察调研，督促政府把实事办好、好事办实。

【推进法治江阴建设】 2016年，市人大常委会督促“一府两院”立足依法行政、公正司法，视察、审议刑事审判工作、未成年人检察工作、普法宣传教育工作，专项评议安全生产工作，专题调研法院执行工作，协助开展《江苏省物业管理条例》执法检查和《无锡市实施〈江苏省大气污染防治条例〉办法》立法调研论证等活动，完善规范性文件备案审查工作机制，受理来信来访152人(件)次，强化对“一府两院”的法律监督。

【开展《江苏省物业管理条例》执法检查】 2016年6—8月，市人大常委会对《江苏省物业管理条例》宣传贯彻实施情况开展执法检查。执法检查组采取听取汇报、调研座谈、随机抽查、清单对照、公开征询意见和基层走访、外出学习、专题审议相结合的方式，重点检查市政府及其职能部门贯彻实施条例工作情况、宣传普及教育情况以及执法落实情况。其间，执法检查组对条例进行专题辅导学习，并通过人大网站、新闻媒体公布监督举报电话听取社会各界意见建议。执法检查组以问题为导向，对照条例提出20多条责任清单，由政府及相关部门逐一答复其贯彻实施情况。针对执法检查过程中了解掌握的情况和各方面提出的建议意见，建议市政府以宣传为引领，在提高全社会法制意识上务求实效；以法律为标杆，在督促相关部门履行职责上敢于担当；以问题为导向，在创新社会管理机制上有所作为；以考核为抓手，在提升物管企业服务水平上不断努力。

【专项评议政府安全生产工作】 2016年8—10月，市人大常委会成立专项评议工作组，对江阴市安全生产工作情况进行评议。按照《关于评议安全生产工作情况的实施意见》要求，评议组分别组织部分镇(街、园区)和安委会成员单位、部分生产经营单位和安全中介机构负责人座谈，听取对安全生产工作的意见建议。其间，通过网络、报刊等新闻媒体公示评议工作组联系电话和电子信箱，征求社会各界对安全生产工作情况的意见和建议。9月14日，市十六届人大常委会第三十四次会议听取和审议市政府关于安全生产工作情况的报告，并进行民主测评，投票结果为满意票18票，基本满意票3票。

【专题询问义务教育均衡发展情况】 2016年5—7月，市人大常委会成立专题询问工作小组，制定《关于开展义务教育均衡发展情况专题询问的实施方案》，通过听取汇报、召开座谈会、实地视察、学习考察等方式，收集整理一批社会关注、群众关心的热点问题。7月12日，在第三十一次常委会会议期间，市人大常委会对义务教育均衡发展情况进行专题询问。7位常委会组成人员和市人大代表围绕全市教育的整体布局、教师缺编情况、城乡和校际间教学质量和师资力量的不均衡、新市民子女入学问题等多个方面的内容开展询问，市政府相关领导和有关职能部门负责人进行应询。

【组织开展履职工作述职和民主测评】 2016年，根据《江阴市人民代表大会常务委员会述职评议办法》有关规定，市人大常委会主任会议讨论通过评议实施方案，确定对市科技局、市水利农机局的主要负责人进行述职评议，并成立述职评议工作领导小组具体开展工作。评议组通过召开征求意见座谈会、问卷调查等方式对述职对象的德、能、勤、绩、廉等方面的情况进行前期调研并形成报告。7月11—12日，市十六届人大常委会第三十一次会议听取市科技局局长赵志军、市水利农机局局长卢建法的述职报告，从政策理论水平、民主意识、全局观念、人大意识、思想作风和廉洁自律、决策能力和工作质效等方面，以无记名投票方式对述职人员进行民主测评，2名述职对象测评结果均为优秀。

【组织无锡市人大代表向常委会述职】 2016年，市人大常委会根据无锡市人大常委会《关于市人大代表向原选举单位报告履职情况的意见》工作要求，分批组织无锡市人大代表以口头或书面形式向江阴市人大常委会作履职报告。凌慧、顾君、张剑、胡笑、张蕾、王红、窦正满、谢兴福、王华平、荣朝晖、熊娟芬、蔡欣、解红光、李芬、徐惠、梁林宝、李红耀、姚平、朱建平、吴洪法等20位无锡代表分别于市人大常委会第三十次、三十一次、三十四次会议上汇报履职情况。常委会组成人员对20名无锡代表的履职情况进行民主测评，20名无锡市人大代表的测评结果均为满意。

【完成市镇两级人大代表换届选举工作】 2016年8—12月，全市各级认真做好市镇两级人大代表的换届选举工作，历经选区划分、选民登记、推荐初步候选人、确定正式候选人、投票选举等阶段，依法选举产生396名江阴市十七届人大代表和890名新一届镇人大代表，完成市镇两级人大代表换届选举任务。全市登记选民113.3万人，参加投票选举的选民110.8万人，占选民总数的97.8%。全市173个市人大代表选区和375个镇人大代表选区，全部一次投票选举成功。市镇两级人大代表中一线代表大幅提升，分别达到60.7%和67.4%，较好地体现了人大代表的广泛性和代表性。35岁以下和本科以上学历的人大代表均有不同比例增长，代表整体素质得到提升、群体结构更加优化。

人事任免

【概况】 2016年，江阴市人大常委会依法规范做好人事任免工作，认真审议各项人事任免议案。全年任免国家机关工作人员65人次。

2016年江阴市人大常委会任免国家机关工作人员一览

表5

时间	会议名称	任免名单
2月29日	市十六届人大常委会第二十九次会议	免去封晓春江阴市副市长职务；免去张幸伟市法院审判员职务；免去薛岳贤市法院审判员职务；免去卞满才市法院审判员职务；免去吴如德市法院审判员职务；免去施艳君人民陪审员职务；免去丁双洁人民陪审员职务
5月6日	市十六届人大常委会第三十次会议	任命刘平华为市人大常委会城东街道工作委员会主任；任命徐强为市人大常委会人事代表联络工作委员会主任；任命黄立新为市人大常委会农业农村工作委员会主任，免去其市人大常委会财政经济工作委员会副主任职务；任命龚楚华为市人大常委会环境资源城乡建设工作委员会副主任，免去其市人大常委会内务司法工作委员会副主任职务；任命唐徽为市人大常委会农业农村工作委员会副主任；任命李兵为市人大常委会内务司法工作委员会副主任 免去庞忠德市人大常委会城东街道工作委员会主任职务；免去徐志伟市人大常委会环境资源城乡建设工作委员会副主任职务
7月12日	市十六届人大常委会第三十一次会议	沈建辞去江阴市政府市长职务；决定任命蔡叶明为江阴市政府副市长，代理市长职务；决定任命万玛端智为江阴市政府副市长(挂职)
7月27日	市十六届人大常委会第三十二次会议	决定任命赵强为江阴市政府副市长
8月12日	市十六届人大常委会第三十三次会议	决定任命童全良为市住房和城乡建设局局长、顾文浩为市交通运输局局长、仇丰为市规划局局长、张德根为市城市管理局局长，免去蔡欣市住房和城乡建设局局长职务，免去张光伟市交通运输局局长职务，免去缪敏市规划局局长职务，免去顾志强市城市管理局局长职务
10月28日	市十六届人大常委会第三十五次会议	赵国权辞去江阴市第十六届人大常委会主任职务；决定推选郑元代理江阴市第十六届人大常委会主任职务
11月22日	市十六届人大常委会第三十六次会议	任命缪建伟为市人大常委会临港街道工作委员会主任；任命朱节文为市人大常委会临港经济开发区工作委员会主任；任命黄立新为市人大常委会财政经济工作委员会主任，免去其市人大常委会农业农村工作委员会主任职务；任命徐志伟为人大常委会环境资源城乡建设工作委员会主任；任命熊黠为市人大常委会人事代表联络工作委员会副主任；任命陈晓平为市人大常委会财政经济工作委员会副主任。免去邹鹏辉市人大常委会临港街道工作委员会主任职务；免去顾少农市人大常委会临港经济开发区工作委员会主任职务；免去夏伟忠市人大常委会财政经济工作委员会主任职务；免去张伯庆市人大常委会环境资源城乡建设工作委员会主任职务；免去缪勤市人大常委会人事代表联络工作委员会副主任职务 任命俞拥军为市法院审判员；任命王晓丹为市法院审判员；任命尹德元为市法院审判员；任命蒋东为市法院审判员；任命刘谦为市法院审判员；免去程建忠市法院审判员职务 任命龚雪娇为市检察院检察员；任命承林峰为市检察院检察员；任命吉静静为市检察院检察员；任命张庆苗为市检察院检察员；任命王威野为市检察院检察员；任命毛钥为市检察院检察员；任命李申为市检察院检察员；任命张涛为市检察院检察员；任命盛月育为市检察院检察员

续表5

时间	会议名称	任免名单
12月30日	市十六届人大常委会第三十八次会议	任命陈骏为市人大常委会农业农村工作委员会主任。决定任命王庆春为市公安局局长、陈峰为市粮食局局长、陈雪源为市民族宗教事务局局长;免去韩民市公安局局长职务;免去卞宏市民族宗教事务局局长职务;免去徐文侠市粮食局局长职务

代表工作

【概况】 2016年,江阴市人大常委会以推动代表履职常态化为着力点,完善代表工作机制,拓展代表履职平台,创新代表履职方式,引导、支持和激励人大代表履职尽责、服务社会。年内,为深化"人大代表在行动"主题实践活动,市人大常委会开展市人大代表"回选区,见选民"活动、"生态文明建设·城乡环境综合整治"为主题的"市人大代表活动周"等系列活动,并通过督办代表意见建议,组织新一届人大代表进行初任培训,编印人大常委会履职画册,进一步做好代表工作,展示代表风采。

【"人大代表在行动"主题实践活动】 2016年,市人大常委会继续以"人大代表在行动"主题实践活动为抓手,通过市镇两级人大联动,统筹安排代表活动,丰富代表履职内涵,引导广大代表把履职活动聚焦到推动江阴改革发展上、聚力到重大决策部署落实上。充分发挥代表小组、基层人大的组织作用,依托代表之家、代表联络站等履职平台,组织广大代表认真履行代表职责,并积极参与社会矛盾调处、法律服务、帮扶弱势群体等,较好地展示代表的时代风采和责任担当。市十六届人大五次会议闭会期间,全市22个代表小组先后开展履职活动110余次,代表参与2500余人次,形成调研报告52篇。

【代表"回选区、见选民"活动】 2016年5月,市人大常委会集中一个月时间,组织全体市人大代表开展"回选区、见选民"活动。全体市人大代表深入选区、见选民,访民情、听民意,除因公务请假外,代表参与率超过80%。全市来自基层各行各业的1700多名选民代表参与活动。代表以"代表之家"、代表联络接待站等平台为载体,深入选区企业、社区、村和选民家庭,通过召开座谈会、上门拜访交流、发放征求意见表等方式,进一步密切代表与群众的联系。活动期间,先后召开座谈会49次,开展调研55次,持证视察33次,代表联系选民1738人次,收到各类建议意见96件。

【"市人大代表活动周"活动】 2016年9月19—25日,市人大常委会组织市镇两级人大代表开展以"生态文明建设·城乡环境综合整治"为主题的"市人大代表活动周"活动。市人大代表各小组组织代表对全市范围内57个城乡环境整治点进行视察评议,听取政府及有关部门的专题情况介绍,结合实际有针对性地提出意见建议。9月29日,市人大常委会专题视察11个城乡环境综合整治点,第85次主任会议听取和审议市政府有关工作情况报告。"活动周"代表参与率80%左右,围绕城乡环境整治、生态环境治理、民生改善提升提出43件意见建议。

【人大代表建议意见督办】 2016年,市人大常委会健全人大代表议案、建议的多元督办机制,形成领导牵头督办、人大工作机构协同催办、领衔代表全程参与的代表建议"大督办"格局,促进建议办理工作提质增效。市十六届人大五次会议期间代表提出的160件建议全部得到答复或办理,9件重点建议基本得到落实推进,代表对建议答复满意率达99%。对《发挥"江阴板块"优势设立政府产业引导基金的建议》,市政府出台《关于加快产业强市建设的若干政策意见》,设立总规模达100亿元的产业扶持激励基金。对《关于推进垃圾分类 创建文明城市的建议》,市政府制定《江阴市有机垃圾以奖代补实施意见》,努力推动全市生活垃圾分类处理。对《关于规范城区停车场收费标准的建议》,市政府计划新增机动车泊位1000个,完善数字城管等平台建设,进一步规范公共停车资源市场化管理。对《关于提高城市内涝应急处理能力的建议》,市政府将澄康路、通江北路、文化路等部分路段雨水管网设施清淤改造、雨水管网抢修、所辖7座泵房修理等城区排涝设施改造工程列入2016年政府投资计划,同时67项防汛应急工程于11月全面启动。

【组织新一届人大代表进行初任培训】 2016年12月22日,江阴市组织开展市十七届人大代表初任培训,特意邀请江苏省人大常委会人事代表联络委员会原副主任孙庭兆作题为《认真履行代表职责 充分发挥代表作用》的业务培训讲座。吴遨达、吴敏两位代表围绕如何做好一名称职的人大代表进行大会交流发言。全市396名市人大代表参加培训。

【编印人大常委会履职画册】 2016年,江阴市常委会编印《市十六届人大常委会履职情况画册》,画册分为四个篇章十一大类,分别是综述、领导关怀、使命光荣、大会盛况、履职监督、代表风采、对外交流等类别,共93页,以图文形式集中展示市十六届人大常委会的工作历程和履职情况。 (何思施)

■类目编辑 韩 莉

市政府领导成员分工

沈　建　主持市政府全面工作，负责财税、人事、城乡规划建设方面工作，分管财政局、编办，联系国税局、地税局。

孙小虎　负责市政府常务工作，负责生态建设、发展计划、改革、人力资源、环保、监察、审计、统计、行政服务、应急管理、国有资产管理、机关后勤工作，负责与人大、政协的联络工作，分管政府办、发改委、人社局、环保局、监察局、审计局、统计局、政务办、政府应急办、国资办、机关事务管理局、市政府驻外办事机构，协助市长分管财政局，协助市长联系国税局、地税局。

计　军　负责开放型经济、商贸服务、沿江开发、港口建设、开放园区、政府政策研究、外事、侨务工作，分管商务局、口岸办(港口局)、政府研究室、侨办、外事办、服务业办、供销合作总社，联系台办、侨联、出入境检验检疫局、海关、海事局、边检站、长江引航中心、船检局。

吴　芳　负责农村、农林、水利农机、国土、粮食工作，分管农林局、水利农机局、国土资源局、粮食局，联系气象局。

费　平　负责工业、能源、科技、信息化、资本经营、金融保险工作，分管经信委、科技局、信息化办、政府金融办，联系工商联、科协、供电公司、人民银行江阴市支行、银监办、各金融保险机构。

龚振东　负责教育、文化、卫生、体育、人口和计划生育、广播电视、地方志、档案工作，分管教育局、文广新局、卫计委、体育局、史志办、档案局，联系文联、红十字会、烟草专卖局、盐务局。

封晓春　负责规划、建设、交通运输、城市管理、住房保障、民防、公用事业管理、邮电通信工作，分管规划局、建设局、交通运输局、城管局、住建局、民防局、公用事业管理局、土地储备中心，联系邮政局、电信局、中国移动通信江阴分公司、中国联通江阴分公司、住房公积金中心。

唐仲贤　负责市场监督管理、安全生产、物价、园林旅游、民族宗教、政府接待、对口支援工作，负责与群团的联络工作，分管市场监管局、安监局、物价局、园林旅游局、民宗局、接待办，协助市长分管重大项目对上争取工作，联系工商局、总工会、团市委、妇联。

程　政　主持江苏江阴—靖江工业园区工作。

虞卫才　负责社会保障、民政、司法、政府法制、人民武装、双拥、老龄、退管工作，分管人社局、民政局、司法局、政府法制办，联系法院、检察院、残联、慈善总会、驻江阴部队。

韩　民　负责稳定、公安、消防、信访工作，主持公安局工作，分管消防大队、信访局、综治办。

余新泉　协助费平分管科技工作。

2016 年 8 月 9 日起

蔡叶明　主持市政府全面工作，兼管监察、财政、审计、机构编制、城乡规划等方面工作。分管监察局、财政局、审计局、编办。联系国税局、地税局。

费　平　负责市政府常务工作，分管发展、计划、改革、政府政策研究、国有资产管理、住房和城乡建设、交通运输、规划、统计、城市管理、民防、公用事业管理、园林绿化、建设工程项目招投标、邮电通信以及与人大、政协联络方面工作，协助分管财政、机构编制工作。分管政府办、政府研究室、发改委、国资办、住建局、交通运输局、规划局、统计局、城管局、民防局、公用事业管理局、土地储备中心，协助分管财政局。联系住房公积金中心、国家统计局江阴调查队、电信局、中国移动通信江阴分公司、中国联通江阴分公司、邮政局，协助联系国税局、地税局。

吴　芳　负责农村、农林、水利农机、国土、粮食工作。分管国土资源局、水利农机局、农林局、粮食局、供销合作总社。联系气象局。

龚振东　负责教育、文化、卫生计生、体育、广播电视、地方志、档案工作。分管教育局、文广新局、卫计委、体育局、史志办、档案局。联系文联、红十字会、烟草专卖局、盐务局。

唐仲贤　负责市场监督、安全生产、物价、园林旅游、民族宗教、政府接待、对口支援工作，负责与群团的联络工作，协助市长分管重大项目对上争取工作。分管市场监管局、安监局、物价局、园林旅游局、民宗局、接待办。联系总工会、团市委、妇联。

虞卫才　负责人力资源、社会保障、行政服务、民政、司法、政府法制、机关后勤、人民武装、双拥、老龄、退管工作,协助分管监察、审计工作。分管人社局、民政局、司法局、政府法制办、政务办、机关事务管理局,协助分管监察局、审计局。联系法院、检察院、残联、慈善总会、驻江阴部队。

韩　民　负责稳定、公安、消防、信访工作。主持公安局工作,分管综治办、信访局、维稳办、消防大队。

赵　强　负责工业、能源、科技、技术改造、信息化、生态建设、环境保护、资本经营、金融保险、应急管理工作。分管经信委、科技局、信息化办、环保局、政府金融办、政府应急办。联系科协、工商联、供电公司、人民银行江阴市支行、银监办、各金融保险机构。

张国兴　负责开放型经济、商贸服务、沿江开发、港口建设、开放园区、外事、侨务工作,协助分管安全生产工作。分管商务局、招商局、口岸办(港口局)、外事办、服务业办、侨办,协助分管安全生产监督管理局。联系台办、侨联、海关、海事局、边检站、出入境检验检疫局、长江引航中心、船级社江阴办事处。

余新泉　协助赵强分管科技工作。

万玛端智　协助赵强分管工业工作。

年度重点工作

一、突出产业强市,着力推动经济转型升级。坚持以提高发展质量和效益为中心,加快产业结构调整和新旧动能转换,着力培育具有比较优势的战略性新兴产业、具有领先优势的先进制造业和具有区域优势的现代服务业,全力确保经济增长保持在合理区间、发展质效位居苏南前列。

二、坚持创新驱动,不断增强发展内生动力。推动以科技创新为核心的全面创新,加快培育一批具有爆发力和引领力的创新型增长点,不断激发全社会创新活力,努力在新一轮竞争中占据先机、赢得优势。

三、加快城乡建设,大力提升城市品质内涵。坚持现代化标准、特色化理念,坚守大气精致、用好山水资源,加快推进城乡建设“1310工程”*,着力完善城市功能,提升城市形象,让城市更宜居、让百姓更满意。

四、推进绿色发展,扎实改善生态环境质量。牢固树立“绿水青山就是金山银山”的发展理念,全面开展“两减六治三提升”*专项行动,加强生态保护和环境治理,促进生态环境持续改善,增进人民群众生态福祉。

五、深化改革开放,全力扩大开放发展优势。牢牢把握供给侧结构性改革这条主线,加大重点领域和关键环节改革力度,更加主动融入国家重大战略,着力增创对内对外开放新优势,为经济社会发展注入强劲动力。

六、致力民生改善,切实维护社会安定和谐。确立“聚焦富民”理念,尽心尽力促民富、解民忧、保民安,用实实在在的举措办好各项民生实事,让老百姓有更多更强的获得感和幸福感。

七、改进作风效能,努力加强政府自身建设。把全面从严治党落实到政府自身建设之中,以开展“两学一做”*学习教育为强大动力,加快政府职能转变和作风提升,努力营造风清气正、务实高效的政务环境。

政府重要会议

【政府常务会议】 2016年1月9日,江阴市政府召开十六届政府第47次常务会议。会议讨论并原则通过《市政府工作报告(讨论稿)》《关于市十六届人民代表大会第四次会议代表所提建议办理情况的报告(书面)(讨论稿)》《关于政协江阴市十四届四次会议提案办理情况的通报(书面)(讨论稿)》《江阴市国民经济和社会发展第十三个五年规划纲要草案(2016—2020)(讨论稿)》《江阴市2016年为民办实事方案(讨论稿)》《关于全面实施环境监管网格化管理的实施意见(讨论稿)》《关于政府信息化项目试行政府和社会资本合作(PPP)模式方案(讨论稿)》。会议还讨论通过有关人事任免事宜。

2016年3月23日,江阴市政府召开十六届政府第48次常务会议。会议讨论并原则通过《关于加快产业强市建设的若干政策意见(讨论稿)》《关于鼓励企业兼并重组发展总部经济的意见(讨论稿)》《江阴市支持外贸稳定增长实施意见(讨论稿)》《关于表彰2015年度全市开放型经济工作先进单位的决定(讨论稿)》《2016年江阴市外贸指导性指标(讨论稿)》《江阴市2016年度重点重大项目计划事宜(讨论稿)》《江阴市2016年国民经济和社会发展重点工作目标责任分解(讨论稿)》《关于表彰2015年度工业经济发展先进单位的决定(讨论稿)》《江阴市2016年节能工作实施意见(讨论稿)》《2016年江阴市有序用电方案和电力供应应急预案(讨论稿)》《关于安排无锡市太湖(浦发)股权投资基金的方案(讨论稿)》《关于做好我市第三次全国农业普查工作的方案(讨论稿)》。讨论并原则通过2016年度江阴市工业百强企业名单、2016年度江阴市创新型百佳中小企业名单、2016年度市领导挂钩服务“双百企业”(工业百强企业、创新型百佳中小企业)名单。

2016年5月7日,江阴市政府召开十六届政府第49次常务会议。会议讨论并原则通过《江阴市2016年生态文明建设实施方案(讨论稿)》《江阴市网格化环境监管体系考核细则(讨论稿)》《关于进一步深化水污染防治工作的意见(讨论稿)》《江阴市工业污染防治工作方案(2016—2020)》《江阴市河道环境综合整治工作方案(2016—2020)(讨论稿)》《江阴市深化排水达标区建设实施意见(2016—2020)(讨论稿)》《江阴市畜禽养殖污染综合治理两年(2016—2017)行动计划(讨论稿)》《江阴市产业强市发展专项资金管理办法(讨论稿)》《关于开展防范和处置非法集资的工作意见(讨论稿)》《关于建立双随机抽查机制加强事中事后监管的实施意见(讨论稿)》《关于取消和承接一批行政审批等权力事项的通知》《关于落实我市被辞原民办教师生活补助的建议方案》。会议还讨论通过有关人事任免事宜。

2016年6月8日,江阴市政府召开十六届政府第50次常务会议。会议讨论并原则通过《关于进一步做好新形势下就业创业工作的实施意见(讨论稿)》《关于贯彻落实〈省政府关于机关事业单位工作人员养老保险制度改革的实施意见〉的工作方案(讨论稿)》《关于拓展城镇职工基本医疗保险个人账户使用功能的方案(讨论稿)》《江阴市市管领导干部任期责任审计整改联合督查办法(草稿)(讨论稿)》《江阴市"十三五"农村河道轮浚规划(讨论稿)》《关于加强我市内河港口管理工作的实施意见(讨论稿)》《江阴市突发道路交通事故应急预案(讨论稿)》《江阴市突发火灾事故应急预案(讨论稿)》《江阴市突发恐怖袭击事件应急预案(讨论稿)》《江阴市突发群体性事件应急预案(讨论稿)》《关于贯彻落实〈无锡市社区戒毒康复条例〉的实施意见(讨论稿)》《关于2015年度财政决算情况的报告(讨论稿)》《江阴市危险化学品安全专项整治实施方案(讨论稿)》。讨论并原则同意成立市政府法律顾问委员会。

2016年7月19日,江阴市政府召开十六届政府第51次常务会议。会上书面学习中共中央、国务院印发的《法治政府建设实施纲要(2015—2020年)》精神。讨论并原则通过《关于进一步加强全市地下水资源管理工作的意见(讨论稿)》《"十三五"江阴城乡建设1310工程(讨论稿)》《2016年江阴市安全生产目标管理考核办法(讨论稿)》《江阴市创建江苏省妇幼健康优质服务示范市实施方案(讨论稿)》《关于推进分级诊疗制度建设的实施意见(讨论稿)》《江阴市突发公共卫生事件应急预案(讨论稿)》《关于提高我市城乡居民最低生活保障标准的方案(讨论稿)》《关于两项殡葬设施建设项目的情况说明(讨论稿)》《2016江阴经贸合作洽谈会方案(讨论稿)》《关于推进供给侧结构性改革的实施意见(讨论稿)》《江阴市水污染防治工作方案(讨论稿)》。会议还讨论通过有关人员处分和人事任免事宜。

2016年8月2日,江阴市政府召开十六届政府第52次常务会议。会上深入学习市第十三次党代会主要精神,并就贯彻落实做专题部署。讨论并原则通过《江阴市政府各部门责任清单(讨论稿)》《江阴市行政审批中介服务事项目录清单(讨论稿)》《2015年度公务员考核奖励工作方案(讨论稿)》。

2016年8月25日,江阴市政府召开十六届政府第53次常务会议。会上书面学习《中国共产党问责条例》。讨论并原则通过《江阴市城乡环境卫生整洁行动实施方案(2016—2020)(讨论稿)》《关于进一步加强主要污染物总量减排的通知(讨论稿)》《关于加快推进燃煤锅炉整治的通知(讨论稿)》《江阴市高层地下建筑和城市大型综合体消防安全专项整治方案(讨论稿)》《荣誉市民、优秀外方经理、招商顾问评选名单(讨论稿)》。会议讨论并通过关于加强工业废水处理污泥应急环境管理和关于土地例行督察整改工作事宜。会议还讨论通过有关人事任免事宜。

2016年10月10日,江阴市政府召开十六届政府第54次常务会议。会议讨论并原则通过《江阴市第二十六届科技节暨科技创新大会方案(讨论稿)》《关于表彰2016年江阴市科技进步奖的决定(讨论稿)》《关于表彰2016年江阴市第四届专利奖的决定(讨论稿)》《关于表彰全市科技创新创业先进集体和先进个人的决定(讨论稿)》《关于实施创新驱动战略,加快建设特色产业强市和创新型城市的若干意见(讨论稿)》《关于进一步加强全市电梯安全工作的意见(讨论稿)》《2016年度住房保障标准调整方案(讨论稿)》《关于成立江阴市城区房屋征收(拆迁)安置工作指挥部的方案(讨论稿)》《江阴市国有林场改革实施方案(讨论稿)》《关于进一步加强镇(街道)政府性债务管理的意见(讨论稿)》《关于表彰"六五"普法先进集体和先进个人的决定(讨论稿)》。讨论并原则通过江苏华宏实业集团有限公司成为2016年(第九届)江阴市市长质量奖获奖企业,并明确以江阴市政府名义进行表彰奖励。讨论并原则通过聘任市政府法律顾问方案。会上集体学习全国人民代表大会常务委员会《关于修改〈中华人民共和国教育法〉的决定》。讨论并通过有关人员处分事宜。

2016年11月9日,江阴市政府召开十六届政府第55次常务会议。会议讨论并原则通过《市政府关于取消和新增一批行政审批等权力事项的通知(讨论稿)》《江阴市城镇低效产业用地再开发实施方案(讨论稿)》《关于贯彻〈中共中央、国务院、中央军委关于深入推进人民防空改革发展若干问题的决定〉的意见(讨论稿)》《关于进一步加强质量品牌建设促进产业强市的意见(讨论稿)》《关于成立江阴市工程建设招投标协调小组的方案(讨论稿)》《江阴市第五批非物质文化遗产名录推荐项目(讨论稿)》《关于沿江危化品应急救援基地增加投资的情况说明(讨论稿)》《关于我市进一步放宽户籍准入政策的情况汇报(讨论稿)》。会议对政府投资项目、国民经济和社会发展主要指标、为民办实事、2016年建议提案办理、无锡市科学发展考核等重点工作进行研究部署。讨论并通过有关人事任免事项。

2016年11月30日,江阴市政府召开十六届政府第56次常务会议。会议讨论并原则通过《关于进一步深化国资改革促进企业发展的意见(讨论稿)》《江阴市国有资产监督管理体制改革方案(讨论稿)》《关于将市住建局直管公房移交属地政府的说明(讨论稿)》《关于机关事业单位工作人员基本工资标准调整的方案(讨论稿)》《江阴市特困家庭深度救助实施意见(讨论稿)》《江阴市临时救助实施办法(讨论稿)》《关于加强江阴市困境儿童分类保障工作的实施意见(讨论稿)》《江阴市建设健康城市行动计划(2016—2020)(讨论稿)》

《2017 年新型农村合作医疗制度实施意见(讨论稿)》《2017 年江阴市新型农村合作医疗及大病救助筹资方案(讨论稿)》。会议还讨论研究调整一般公共预算收入目标等事宜。

2016 年 12 月 25 日,江阴市政府召开十六届政府第 57 次常务会议。会议讨论并原则通过《市政府工作报告(讨论稿)》《关于江阴市 2016 年国民经济和社会发展计划执行情况及 2017 年国民经济和社会发展计划草案报告(讨论稿)》《江阴市 2017 年为民办实事方案(讨论稿)》《2017 年年度政府投资项目计划安排情况(讨论稿)》《2016 年财政预算预计执行情况及 2017 年预算安排(讨论稿)》《关于 2017 年度市级部门预算编制情况(讨论稿)》《关于 2017 年政府专项资金初步安排方案(讨论稿)》《关于 2016 年财政预算预计执行情况和 2017 年财政预算草案的报告(讨论稿)》《关于加快实施"1310 工程"建设的议案(讨论稿)》《关于市十六届人民代表大会第五次会议代表所提建议办理情况的报告(书面)(讨论稿)》《关于政协江阴市十四届五次会议提案办理情况的通报(书面)(讨论稿)》《关于进一步加强和规范镇(街道)机关事业单位编外用工管理的意见(讨论稿)》《关于深化全市村庄生活污水治理工作的实施意见(讨论稿)》。会议还讨论通过有关人事任免和人员处分事宜。

【市长办公会议】 2016 年 2 月 27 日,市政府召开第 33 次市长办公会议。会议讨论并原则通过《2015 年江阴百日招商竞赛活动考核奖励方案(讨论稿)》《关于外贸融资宝业务项下发生不良贷款的代偿方案(讨论稿)》《关于实施报纸全媒体新闻采编系统融合项目的方案(讨论稿)》《关于成立江阴市公立医院管理委员会的方案(讨论稿)》《关于成立江阴综合保税区建设工作领导小组的建议方案(讨论稿)》。讨论并原则通过江南水务股份有限公司投资环境产业基金相关事宜。

2016 年 6 月 16 日,市政府召开第 34 次市长办公会议。会议讨论并原则通过《江阴市人民政府与恒天金石(深圳)投资管理有限公司合作协议(讨论稿)》《关于中芯长电集成电路产业发展扶持资金的解决方案(讨论稿)》。讨论并原则同意对 2015 年度全市无偿献血工作先进集体和先进个人进行奖励。

2016 年 8 月 9 日,市政府召开第 35 次市长办公会议。会议讨论并原则同意追加残疾儿童康复中心建设资金。讨论并原则通过《江阴临港经济开发区关于住宅房屋拆迁市场化安置办法实施意见(试行)(讨论稿)》《关于做好全市第六届社区居民委员会换届选举工作的通知(讨论稿)》《关于做好全市第十一届村民委员会换届选举工作的通知(讨论稿)》。会议对市政府领导分工进行了调整明确,讨论通过有关人事任免事宜。

2016 年 9 月 6 日,市政府召开第 36 次市长办公会议。会议讨论并原则同意市住建局提出的《关于调整江阴市市区国有土地上住宅房屋征收与补偿相关费用标准的方案(送审稿)》《关于江南水务股份有限公司参股设立无锡锡银金融租赁股份有限公司的方案(讨论稿)》。讨论并原则同意黄龙路等 12 条道路新建污水管网工程事宜。讨论并原则同意实施城区易涝点改造、防汛应急工程建设等相关事宜。讨论并原则同意长电科技股份有限公司及中芯长电半导体有限公司二期项目审批事项。会议还讨论长江饭店原资产评估与征收评估事宜。

2016 年 11 月 24 日,市政府召开第 37 次市长办公会议。会议讨论并原则通过《市政府购买金盘置业部分房产筹建市便民服务中心的方案(讨论稿)》。讨论并原则同意关于对江阴永丰余造纸有限公司搬迁补偿的有关建议。讨论并原则同意关于对海澜集团有限公司分红给予奖励的相关建议。会议还讨论通过有关人事任免事宜。

2016 年 11 月 30 日,市政府召开第 38 次市长办公会议。会议讨论并原则通过《关于成立江阴市农民工工作领导小组的方案(讨论稿)》。讨论并原则同意关于"梦东方"徐霞客国际旅游度假区项目建设推进的相关情况及建议。讨论并原则同意秦望山产业园相关工作安排、产业园建设指挥部名单和产业园投资发展有限公司组织架构。

2016 年 12 月 26 日,市政府召开第 39 次市长办公会议。会议讨论并原则通过《2016 年江阴市重大产业项目专项资金申报项目初审结果(讨论稿)》《关于推进华能江阴燃机项目建设相关问题的情况汇报(讨论稿)》《江阴市编外用工薪酬待遇改革实施意见》。会议还讨论通过市委十三届二次全体(扩大)会议小结。　(陈勇进)

政务服务管理

【概况】 2016 年,江阴市继续深化行政审批制度改革,积极探索新常态下政务管理新路子,优化提升依法行政和为民服务水平,构建具有江阴特色的政务服务新体系,全力助推"强富美高"新江阴建设。年内,全方位推进政务服务体系建设,强化在线审批监管,优化满意度回访整改,深化服务能力考评,不断提升政务服务水平;继续加强公共资源交易规范化管理,坚持统一、开放、透明、高效的服务理念,推进交易环境新型化、交易机制长效化、交易模式品牌化建设,实现公共资源交易全要素覆盖;强力推进"12345"民生热线工作,做到"热线"文化传播到位、"热线"工作推进到位、"热线"服务提升到位,切实畅通完善群众诉求表达渠道。

【政务服务体系建设】 2016 年,江阴市全方位推进政务服务体系建设。市"行权网"实现与江苏省投资项目在线审批监管平台无缝对接,15 个部门 54 项审批事项纳入平台监管,全市投资项目统一代码制度和协同联动审批监管机制进入常态化;以满意度回访作为事后监管和改进作风的重要抓手,构建政务服务全程跟踪回访体系,实现满意度评价回访率 100%、项目中心核实率 100%、对窗口告知与整改率 100%;深化服务能力考评,从仪容仪表、服务规范、业务能力、群众评议、环境卫生等方面入手,优化完善双月考核细则,开发运用一次性告知系统,做到考核公开透明;出台《导服人员工作制度》,建立导服工作日台账,按月汇总反馈到相关业务部门,确保对收集到的可行性意见和诉求实施全面整改。是年,平台运行投资项目1915项,占全省项目总量的7%;收集窗口诉求8条、客户反映问题33条、群众意见和建议25条,全部整改到位。

【公共资源交易管理】 2016年,江阴市继续加强公共资源交易规范化管理,坚持"统一、开放、透明、高效"服务理念,实现公共资源交易全要素覆盖。出台《江阴市公共资源交易管理暂行办法》等系列配套文件,强化"首问负责制""一表告知制";向社会公开各类交易项目的业务受理科室、前置审批条件、统一交易流程、操作规范要素和政策制度依据,实现信息全透明,构建"政府引导市场、市场公开交易、交易规范运作、运作统一管理"工作格局;深度开发电子化招投标系统,率先建成保证金网上支付系统,政府投资项目电子化招投标覆盖率90%;扎实推进招标投标改革试点工作,全面梳理19条改革试点措施;完善农村产权交易体系建设,开发并投入使用全省首个农村产权电子竞价系统;各镇(街道)全部建立交易服务中心;建立健全项目审查快速模式、项目"AB"角互审制度和标前联合会审制度,规范标前审查;优化标中流程,推进交易平台建设,完成政府采购开评标过程电子化、工程货物类项目招投标电子化、50万元监理项目采用"合理价随机确定中标人法"招投标电子化和远程在线解密系统开发工作;取消法定代表人出席开标会规定,创新投标人入围方法和评标办法,减少评标专家数,试行"批量招标",持续优化开评标流程;强化标后监管,建立政府采购标后管理台账,对全市重大采购项目建立回访机制;落实"施工现场、招标市场"两场联动机制,实施"三合一"(技术、商务、信用分)评标新模式;推行直接发包"一站式"服务,初步实现直接发包项目的快速高效办理;对施工图设计等与建设工程相关的服务招投标推广评定分离新模式,体现"业主负责制"的责权统一;推行政府公共服务采购新模式,通过竞争择优方式选择承接主体,提高财政资金使用效益。是年,成交各类公共资源交易项目981项94.89亿元;完成各类农村产权交易763项2.42亿元;通过创新工作举措,直接发包业务量比2015年下降70%,办理时限比2015年下降60%,减免交易服务费68.33万元。

【"12345"民生热线】 2016年,江阴市强力推进"12345"民生热线工作,进一步畅通完善群众诉求表达渠道。年内,推进网络问政体系建设,与市主流网络论坛开展对接合作,实现被动受理诉求与主动收集诉求相结合;与市环保局、教育局等有关职能部门联合举办12期"12345"民生热线网络直播活动;探索开通微信平台,设立"公共服务"和"便民服务"两大板块,拓展群众诉求受理方式;建立"首接负责、督办推进、过错问责"督查督办机制,保障"12345"民生热线高效运行;强化"一线工作法",对群众所反映的社情民意及时进行研究、梳理、分析、实地走访和协调解决;每月编发"12345"民生热线通报,对群众关注面广、社会反响较大的民生问题,及时向市委、市政府报送"12345"民生热线专报,确保热线办件有效落实;按照"整合非紧急类热线、对接紧急类专线"思路,积极探索建立"12345"与"110""120"等紧急求助热线的联通机制,有序整合14条政府公共服务热线,形成"一号受理、按责转办、限时办结、统一督办、统一考核"的政府综合服务热线工作机制。是年,"12345"民生热线工作受理群众有效诉求13万余件,比2015年增长35%;群众对诉求件的满意率97.89%。 (夏 一)

政府法制

【概况】 2016年,江阴市依法行政工作以率先建设法治政府为主线,着力提高制度建设质量,全面规范行政权力运行,切实保证法律法规严格执行,为建设"强富美高"新江阴提供强有力法制支撑。年内,市政府法制办组织起草、审核制定各类文件161件;出具各类法律意见书41件;组织相关部门对4个政府规范性文件开展实施后评估工作;受理行政复议申请案68件;承办市领导交办涉法事项22项;组织开展新申领执法证件人员培训考核工作,参训155人。

【规范性文件审查制定】 2016年,江阴市政府法制办加强制度建设的统筹规划,完善规范性文件制定程序和公众参与机制,全面推进依法行政。在广泛征求意见的基础上,重点加强调整经济结构、改善民生、创新社会治理、生态文明建设、深化农业农村改革、推进文化繁荣、促进社会稳定和加强政府自身建设等方面的制度建设,并将社会高度关注、实践急需的立法项目作为重中之重;充分发挥依法行政考核制度对行政机关依法履职的引导作用,修改制定《2016年度镇政府、街道办事处依法行政考核评分标准》和《2016年度市级行政机关依法行政考核评分标准》;为加强环境保护和生态建设,制定《江阴市河湖管护体制机制创新试点实施方案》《江阴市水污染防治工作方案》《江阴市畜禽养殖污染综合治理两年(2016—2017)行动计划》等文件;相继出台《江阴市关于开展防范和处置非法集资的工作意见》《江阴市突发公共卫生事件应急预案》《江阴市城镇低效产业用地再开发实施方案》《进一步加强镇(街道)政府性债务管理的意见》等文件,为全面深化改革保驾护航。全年组织起草、审核制定各类文件161件,审查部门报备文件62件,出具各类法律意见书41件,确保文件审核的严肃性和权威性;组织相关部门对《江阴市城市管理相对集中行政处罚权办法》等4个政府规范性文件开展实施后评估工作,逐步将规范性文件后评估常态化。

【行政执法监督】 2016年,江阴市继续加强行政执法和政府法制监督工作,严格规范行政执法行为。培训新申领执法证件人员155人;对全市行政执法主体、行政执法人员、行政执法监督员以及执法辅助人员进行全面清理;组织全市2517名行政执法人员参加网上换证考试;做好行政执法证件信息变更、证件遗失情况登记统计工作,及时审核部门在行权系统提交的变更、补办执法证件信息。开展行政执法案卷评查,结合全市整治和查处侵害群众利益不正之风与腐败问题专项行动,把案卷评查作为规范基层服务执法的重要抓手,组织相关部门组成评查组,对市公安局、人社局、住建局、物价局、文广新局的行政执法案卷开展进驻式重点评查,其他部门报送案卷参加集中评查。完善行政执法与刑事司法衔接机制,健全行政执法机关、公安机关、检察机关、审判机关信息共享、案情通报、案件移送制度,坚决克服有案不移、有案难移、以罚代刑现象,实现行政处罚与刑事处罚无缝对接。

【行政复议应诉】 2016 年,江阴市政府法制办切实提高行政复议办案质量,保障公民、法人和其他组织的合法权益。在行政复议案件办理过程中,做到"依法有据,严谨规范,慎重稳妥",坚持合法性审查与适当性审查并重、实体性审查与程序性审查兼顾原则,综合运用书面审理、实地调查、当面核实、听证等多种形式,提升行政复议工作水平和社会公信力;严格按照《江苏省行政复议规范化建设标准》要求,大力推进行政复议规范化建设,细化完善复议工作制度规范;充分发挥法律专家咨询委员会作用,对重大疑难案件进行统一审理,确保行政复议委员会试点工作稳步推进;做好行政应诉工作,落实行政机关负责人出庭应诉制度,加强出庭应诉能力培训,提高行政机关负责人行政诉讼一审、二审出庭应诉率和应诉质量。是年,收到行政复议申请 75 件,受理 68 件,审理办结 58 件,行政复议成为化解行政争议和纠纷的主要渠道;完成行政应诉 45 件,维护政府依法行政良好形象。

【法制宣传培训】 2016 年,江阴市政府法制办继续强化法制培训工作,提高依法行政水平,服务社会经济发展。积极推进领导干部学法、用法、述法、考法工作,完善领导干部学法集中培训、中心组学法、法治讲座、人大常委会任命和非人大常委会任命领导干部任前法律考试、述法等各项制度;开展政府领导集中述法测评工作;组织对 2015 年提拔的 48 名非人大常委会任命的副科职领导干部进行法律知识任职资格考试;制定"七五"普法规划;坚持机关干部"每月一法"学习制度,确保公务人员学法时间每年在 40 学时以上。是年,组织相关部门举办"12345"民生热线网上直播;开展全市"法治故事大家讲"比赛;彰显普法骑行队、宪法宣讲巡讲团流动宣讲特色,打造法治文化网络,营造浓厚学法、用法、守法氛围。

【履行法律顾问职责】 2016 年,根据江阴市政府印发的《江阴市人民政府法律顾问工作制度》要求,市政府成立法律顾问委员会,为市政府法律顾问工作领导机构,委员会下设办公室,设在市政府法制办。同时,市政府成立法律顾问室,该顾问室为隶属于市政府法制办管理的全民事业单位,核定人员编制 7 人,负责处理市政府法律顾问的日常事务。年内,江阴市公开选聘政府法律顾问 21 人,市政府法律顾问室另聘请公职法律顾问 18 人。市政府法制办充分发挥市政府参谋、助手和法律顾问的作用,围绕市委、市政府中心工作,增强做好法律服务工作的主动性、预见性,为市领导科学决策提出法律意见,全面参与市政府的各项重大决策和法律问题的研究。全年承办市领导交办涉法事项 22 项,审核市政府合同 7 份,审核生产安全事故调查报告 34 份,办理信访复查复核事项 45 项。 (龚 煜)

外 事

【概况】 2016 年,江阴市外事工作认真贯彻中央对外方针政策,大力强化"外事服务经济、服务社会"工作宗旨,圆满完成全年各项工作目标任务。是年,江阴市外办接待来自 20 余个国家和地区的客人 38 批 437 人次;协助举办"一带一路"* 中国—哈萨克斯坦合作发展国际研讨会,积极参与第 8 届无锡市国际友城交流会等活动;办理批准因公出国(境)执行公务团组 76 批 191 人次;保障和推进 APEC(亚太经合组织)商旅卡申报工作,受理申报 41 个企业 98 人次,办结领卡 21 个企业 64 人次,重新办理制卡 5 个企业 5 人次。

【外宾接待】 2016 年,江阴市外办接待来自 20 余个国家和地区的客人 38 批 437 人次。

3 月 17 日,埃塞俄比亚总理特别顾问阿尔卡贝·奥可贝一行 8 人访问江阴,参观考察阳光集团有限公司。无锡市委常委、江阴市委书记陈金虎和副市长计军会见客人。

3 月 18 日,柬埔寨西哈努克省省长润明一行 18 人访问江阴,考察华西新市村和临港经济开发区。无锡市委常委、江阴市委书记陈金虎和副市长计军会见客人。

3 月 18 日,柬埔寨人民党青年政治家考察团一行 68 人访问江阴,考察华西新市村新农村建设。无锡市委常委、江阴市委书记陈金虎和副市长计军会见客人。

5 月 24 日,比利时贝卡尔特集团首席执行官泰勒一行 4 人访问江阴,无锡市委常委、江阴市委书记陈金虎会见客人。

6 月 23 日,保加利亚驻沪总领事迪米特尔·奥巴吉叶夫一行 5 人访问江阴,参观考察江苏常隆客车有限公司。副市长计军会见客人。

9 月 16 日,莫桑比克马尼卡省省长阿尔贝托·蒙德拉内一行 9 人访问江阴,考察临港经济开发区、华西新市村等。代市长蔡叶明、市政府党组成员张国兴会见客人。

11 月 13 日,日本驻沪总领事片山和之一行 2 人访问江阴,参观考察华西新市村、海澜集团有限公司。市政府党组成员张国兴陪同考察。

【国际友好城市交流】 2016 年 6 月 2 日,江阴市副市长计军率江阴市代表团访问莫桑比克希莫尤市,希莫尤市市长劳尔·阿德理亚诺会见代表团一行。其间,双方签订缔结友好城市意向协议书。8 月 7—11 日,日本冲绳县南城市市长古谢景春及学生交流代表团一行 29 人访问江阴,考察临港经济开发区、华西新市村等,学生交流代表团与江苏省南菁高级中学实验学校、顾山中学学生代表进行友好交流。代市长蔡叶明、临港经济开发区管委会主任计军会见客人。其间,两市签订缔结友好交流城市意向协议书。11月1—3日，无锡市政府举办以“新变化、新机遇——城市可持续发展”为主题的第8届无锡市国际友城交流会，江阴市邀请日本藤冈市、美国阿拉米达市、韩国群山市、法属波利尼西亚法阿市、德国博霍尔特市、以色列卡迈尔市6个友城代表团31人参会。11月3—5日，6个友城代表团到访江阴，无锡市委常委、江阴市委书记陈金虎和市政府党组成员张国兴会见客人。

【因公出国(境)】 2016年，江阴市因公出国(境)执行公务团组76批191人次，其中，党政机关团组55批148人次，学校医院团组16批38人次，企业团组5批5人次。党政机关团组中，经贸招商类团组41批113人次，招才引智类团组3批9人次，学习交流类团组11批26人次。

(时　平)

侨务和港澳同胞事务

【概况】 2016年，江阴市侨务和港澳同胞事务工作坚持“以国内侨务工作为基础、以国外侨务工作为主导”指导思想，切实发挥侨务工作独特优势，不断开创侨务工作新局面。年内，市侨办举办2016年江阴驻外商会“情系故乡·共赢发展”经贸交流会；协办江苏省侨务“进三区”(社区、园区、校区)工作促进会暨国内侨务工作培训会，全省120名侨务工作者赴江阴参加会议；邀请美国南卡罗莱纳州华人经济发展会会长漆容一行到江阴，为江南模塑科技股份有限公司赴美国投资建厂事宜作专题辅导，为华宏实业集团有限公司化纤项目出口作商务咨询；牵线颐乐居(上海)养老投资股份有限公司与中房中融社区服务股份有限公司就邻里互助合作社项目进行洽谈，牵线江阴天力燃气有限公司与中国晶体新材料控股有限公司就分布式能源中心项目进行洽谈。年内，无锡旅港同乡会常务副会长唐庆年率无锡旅港同乡会、江阴旅港同乡会一行30人访问江阴；美国ACE项目(America-China Exchange，中美两国学校间教育交换项目)团队师生一行16人与江阴市峭岐实验小学开展为期近一个月的文化教育交流活动。市侨办有关人士随江苏省侨办侨务访问团出访法国、意大利，拜会中国驻法国大使馆、驻米兰总领事馆和9个华侨社团，会见70余名侨领。是年，市侨办结交、接待华人华侨和港澳同胞220余人次，走访慰问困难归侨侨眷和重点侨界人士152人，发放慰问品、慰问金价值4.7万元。市侨办被评为江苏省侨务工作示范单位，澄江街道城中社区被评为全国社区侨务工作明星社区，祝塘镇文林社区被评为江苏省社区侨务工作示范单位。

【江阴驻外商会“情系故乡·共赢发展”经贸交流会】 2016年4月1日，江阴市侨办会同市工商联举办2016年江阴驻外商会“情系故乡·共赢发展”经贸交流会，来自香港江阴商会、北京江阴企业商会、广东省江苏江阴商会、南京市江阴商会的50余名在外江阴商人参会，共享合作商机、共谋家乡发展。全国政协原副主席张怀西和江阴市委书记陈金虎等四套班子领导出席交流会。会上举行中科世界高科技机器人全民科普销售基地项目和达牛手机软件项目签约仪式。4月2日，各驻外商会与会代表参观考察临港开发区规划展览馆、远景能源(江苏)科技有限公司、金一黄金艺术品交易中心、江阴兴澄特种钢铁有限公司、中国晶体新材料控股有限公司、华西新市村、江苏阳光集团有限公司、海澜集团有限公司等。

【江阴市香港江阴商会锡剧发展基金会成立】 2016年4月1日，在2016年江阴驻外商会“情系故乡·共赢发展”经贸交流会上，江阴市香港江阴商会锡剧发展基金会宣告成立，江阴市委副书记蔡叶明与香港江阴商会会长周哲共同为基金会成立揭牌。该基金会由香港江阴商会捐赠1000万元设立，旨在传承振兴锡剧艺术，弘扬优秀民族文化。奖励对象为：为发展锡剧做出重要贡献的镇(街道)、机关、企事业单位、学校、村(社区)、社会组织、个人；锡剧新剧本、新唱腔创作者；无锡市群芳奖，江苏省五星工程奖，文化部群星奖、文华奖，中国文联、中国戏剧家协会梅花奖获得者。9月23—26日，应香港江阴商会邀请，江阴市锡剧团访问香港，出席江苏旅港各界人士庆祝国庆67周年暨江苏旅港同乡联合会成立20周年庆典。12月，江阴市香港江阴商会锡剧发展基金会表彰并奖励传承振兴锡剧艺术示范学校15所、模范小锡班3个、小锡班优秀班主任8人、小锡班优秀学员200人、优秀指导老师19人。

【“天华故乡行”江阴旅港同乡会青少年夏令营】 2016年7月18—23日，“天华故乡行”江阴旅港同乡会

2016年7月21日，参加“天华故乡行”江阴旅港同乡会青少年夏令营的学生们在市天华艺校学吹葫芦丝　(市侨办提供)

青少年夏令营在江阴市天华艺术学校举行，来自中国香港的青少年学生及家长一行30人参加夏令营活动。夏令营由江阴市委统战部、市侨办主办，市海外联谊会、江阴旅港同乡会协办，天华艺术学校承办。在为期一周的夏令营活动中，青少年营员学习吹葫芦丝、拉二胡、打中国鼓、写书法、画国画，体验汉服穿着；参观侵华日军南京大屠杀遇难同胞纪念馆、南京博物院等，接受爱国主义教育；游览无锡太湖；参观海澜集团有限公司厂区和马文化博物馆、华西新市村等。此次活动，使营员们对故乡江阴有了真切的认识和体会，对故乡增添更多的认同感和亲近感。

【华侨江可凌为家乡与国外城市交流牵线】 2016年10月8—9日，在法国国际艺术交流协会常务副主席、祖籍江阴的华侨江可凌牵线下，法国里尔鲁贝市文化局副局长埃维、法国国际艺术交流协会主席芬妮等一行6人访问江阴，市委统战部部长陈兴华等领导会见埃维一行。法国里尔鲁贝市与江阴市都是历史悠久的城市，都是以纺织业为基础发展成为制造业为主的城市，两地间互补性强，合作空间大。其间，埃维一行就有关合作交流事宜与江阴天华艺术学校进行洽谈探讨，并参观江阴军事文化博物馆、江苏阳光集团有限公司、海澜集团有限公司等，对江阴的人文历史和经济发展有了深入的认识。（徐贵斌）

对口支援与帮扶

【概况】 2016年，江阴市深入贯彻落实江苏省关于对口援疆工作的决策部署，坚持科学援疆、务实援疆、真情援疆的工作理念，科学、有序、高效地推动对口援建的各项工作开展，并取得良好效果。全年安排财政资金援建新疆伊犁哈萨克自治州霍城县8106万元。年内，随着江苏省新一轮扶贫开发工作全面启动，江阴市进一步加大南北合作帮扶力度。本着优势互补、共同发展的原则，努力促进与江苏省徐州市睢宁县在人才、资金、产业和劳动力等方面的南北合作，并取得积极的成效。全年安排财政资金帮扶睢宁县500万元。

2016年建成的新疆霍城县江阴双语幼儿园　（新疆霍城县发改委提供）

【对口援疆】 2016年是江阴第八批援疆工作组任务完成年。2014—2016年，江阴第八批援疆工作组充分发挥主动性和创造性，以就业、教育、人才援疆为重点，扩建霍城县纺织服装产业园1.5万平方米，引进服装、手套、地毯等劳动密集型企业24个，被新疆维吾尔自治区命名为“民生工业示范基地”“创业基地”。新建、改建少数民族聚居村（社区）就业工场41个，总面积1.5万平方米，解决就近就地就业1200余人。召开各类招聘会16次，解决就业1万余人，其中少数民族占95%以上。联合新建民汉初级中学、霍城一中教学楼、瞻德中学、江阴双语幼儿园及2所村级幼儿园。选派50余名教师到霍城县义教，传帮带36名霍城县教师，开展各类讲座40余场次。霍城县先后选派220余名教师到江阴市跟班培训。干部人才援疆“新百千万工程”成效突显，三年实施干部人才培训项目120项，对口挂职100余人，柔性引才150人，专业技术人员培训1000人次，就业技能培训1000人，基层党员干部培训10000余人次。实施霍城干部赴无锡江阴对口培训项目50项，培训人员1200人。援疆工作组重视民生建设，实施富民安居工程，受益农户9000户，其中贫困户982户；改善群众业余文化生活，实现霍城广播电视全覆盖；改善饮水条件，建成清水河镇城西一村等4个村的安全饮水项目，受益人口1.1万人。推进园区建设，完善江苏工业园基础设施项目，建成污水处理厂、江苏大道无锡路；建设1500平方米的农业科技培训综合楼及葡萄长廊等农业示范园基础设施。先后协调江阴高新区、临港经济开发区与霍城经济开发区，无锡灵山、山水城与霍城惠远古城、果子沟—赛里木湖等景区结对共建。组织开展招商推介、产业对接活动5场次，意向引进产业援疆项目20项，其中签约项目12项，协议投资金额25亿元；开工落地项目6项，完成投资12亿元。至年末，江阴第八批援疆工作组累计实施援疆项目44项，总投资4.56亿元。

【南北合作】 2016年，江阴市帮扶徐州市睢宁县梁集镇刘祠村开工建设6000平方米标准厂房，并积极开展招商引资，成功签约1个板式家具企业，建成后年可增加村级收入30余万元，提供200余个就业岗位；帮扶梁集镇刘祠村完成建设940平方米村级综合服务中心，年增加村级集体收入3万元；帮扶高作镇姚绳村建设的9500平方米的标准化厂房开工，用于家具生产加工以及相关配套设施建设。是年，江阴市安排财政资金帮扶睢宁县500万元。（李开章）

机关事务管理

【概况】 2016年,江阴市机关事务管理局深入开展“创优争先深化年”活动,以创建文明单位为抓手,努力打造法治后勤、品牌后勤、节约后勤、智慧后勤和阳光后勤。年内,执行25个独立核算部门预算额度2.56亿元;开展“节能领跑、绿色发展”主题公共机构节能宣传活动,举行网上节能知识竞赛;开展行政事业单位物业经费审核工作,节约经费179.34万元;拓宽物业监管范围至56个部门,开展物业服务质量检查775次,发出服务质量整改意见书158份;从严落实办公用房使用标准,开展办公用房清理工作“回头看”督查活动;完成机关大楼外立面改造2.49万平方米和社管中心、信访楼用房改造1777平方米,实施机关大楼中央空调系统改造、大楼东西侧绿化及人行道改造、政府数据中心储备电源建设4项项目;启动“后勤综合信息保障平台”建设,完成机关大楼、事业中心和环保局等设备设施日常维修5573项次;完成较大土建维修项目19项,实施日常房屋修理和粉刷1.4万平方米;保障全市性会议1215场次;保障机关部门应急公务用车42.7万千米;保障离退休老干部活动3740人次;开设专家医疗门诊,服务300人次;完善机关活动室相关功能,增设点心外卖、流动图书阅览等服务;开展“特色美食周”活动,推进“光盘行动”;组织安全检查128次,及时排查整改安全隐患;成立机关后勤志愿服务队,全年开展志愿服务活动25次;举办首届“澄勤杯”党政机关美食烹饪大赛。是年,全市公共机构人均综合能耗比2015年下降2.5%,人均水耗比2015年下降2%,单位建筑面积能耗比2015年下降1.8%。9个公共机构被评为无锡市“十二五”节能先进单位,市行政事业中心被评为江苏省节水型单位。市机关事务管理局被评为无锡市文明单位。

2016年4月9日,市机关事务管理局后勤志愿服务队为滨海县三元小学学生捐赠学习用品 (市机关事务管理局提供)

【制定机关事务管理工作考核办法】 2016年7月,江阴市机关事务管理局认真贯彻落实国务院《机关事务管理条例》、江苏省《机关事务管理办法》等文件精神,探索全市机关事务管理工作新思路,制定出台《江阴市2016年机关事务管理工作考核办法》,建立完善机关事务管理绩效考评体系,组织实施绩效考评工作。考核办法分列党政机关办公用房管理、公务车辆管理、公共机构节能管理、公共食堂管理、物业外包服务管理5项工作目标,全面纳入年度机关绩效考评考核范畴。是年,市机关事务管理局会同市纪委、市委办、市政府办就机关事务管理目标考评等事宜开展3次联合督查,印发督查通报2份。

【深化公务用车制度改革】 2015年12月31日,江阴启动党政机关公务用车改革,计划至2017年6月30日前基本完成车改。2016年,江阴市机关事务管理局认真做好公务用车制度改革工作,进一步健全完善公务用车管理和保障制度。年内,封存并处置车辆304辆,除调剂划拨外,229辆车分三轮进行委托拍卖,成交213辆,报废处置16辆;完善车改政策体系,组织召开3次领导小组会议和5次协调会,出台4项配套管理规定和衔接办法;建成应急保障综合平台,保障应急用车3084台次,严格车辆购置审批,规范审批106辆;强化保留用车日常监管,完善监管系统功能,分批更新500台车载定位系统,组织开展专项检查,保障用车制度刚性执行、规范管理。

【实施文明广场联动管理】 2016年11月1日,江阴市召开专题协调会议,就加强文明广场绿化、环境、秩序等管理,建立文明广场联动管理机制事宜进行专门协调。会议确定,实施文明广场联动管理,相关职能部门参与联合监管,市机关事务管理局扎口日常协调管理。相关职能部门分工职责:市公安局负责维护澄江路文明广场路段交通秩序(含停车管理)和交通畅通;市城管局负责维护文明广场市容管理秩序(含停车管理);市园林旅游局负责机关大院外部区域绿化养护;市住建局负责大桥路、澄江路文明广场段路面维修;市公用事业局负责文明广场区域日常保洁;市机关事务管理局负责公共设施设备维护、广场环境布置、广场活动保障、照明和喷泉开放。通过实施文明广场联动管理,形成多部门齐抓共管、综合整治长效机制。12月1日起,澄江路文明广场路段及南北两侧禁止停放机动车。 (何兰荪)

■类目编辑 邢 盈

政协江阴市委员会

重要会议

【市政协十四届五次会议】 2016年1月17—19日举行。378名江阴市政协委员出席会议。在江阴的全国、江苏省、无锡市政协委员，十三届江阴市政协常委代表，政协机关、市委统战部和台办副科长以上干部，各镇（街道）党委统战委员和民主党派秘书长，驻江阴市的有关单位代表等列席会议。市委、市人大、市政府有关领导，担任过市政协领导和市委统战部主要领导职务的老同志应邀出席开幕会和闭幕会。各镇（街道）的20名市民代表列席开幕会和是日的分组讨论。市各民主党派、工商联、知联会的102名代表列席开幕会和闭幕会。会议由市政协常务委员会主持，执行主席由薛良、须振宇、黄丽泰、张英毅、喻伟力、陈兴初担任。

根据会议议程，委员们听取市委书记陈金虎讲话；审议并通过市政协主席薛良代表政协江阴市第十四届委员会常务委员会所作的工作报告和副主席张英毅所作的提案工作情况报告；列席市十六届人大五次会议；听取和讨论市政府市长沈建所作的《政府工作报告》和其他报告；讨论《江阴市国民经济和社会发展第十三个五年规划纲要（草案）》；补选徐冬青为政协江阴市第十四届委员会主席，孙志红为常务委员；听取关于市政协十四届五次会议期间提案审查情况报告；通过大会决议；徐冬青在会议闭幕时讲话。

会前，委员们视察江阴市经济社会发展成就。会议期间，召开专题座谈会；收到提案291件，其中集体提案58件。

【市政协十四届常委会二十三次至三十次会议】 江阴市政协十四届二十三次常委会议于2016年1月7日召开。会议听取市十四届政协委员届中调整情况说明，同意增补徐冬青为市十四届政协委员；协商讨论《政府工作报告》（征求意见稿），听取市政府办公室主任张忠关于政府工作报告有关情况说明，副市长唐仲贤到会听取意见。市政协主席薛良就做好市政协十四届五次会议准备工作讲话。

第二十四次常委会议于1月17日召开。会议同意薛良因年龄原因辞去政协江阴市第十四届委员会主席职务；协商提出《政协江阴市第十四届委员会第五次会议补选主席、常务委员办法（草案）》，提出补选市十四届政协主席、常务委员候选人建议名单。

第二十五次常委会议于1月18日召开。会议听取市政协十四届五次会议各组讨论情况和讨论《政协江阴市第十四届委员会第五次会议补选主席、常务委员办法（草案）》、酝酿候选人建议名单情况汇报；确定补选市十四届政协主席、常务委员正式候选人名单；提出选举大会监票人员建议名单；审议《政协江阴市十四届五次会议决议（草案）》和《政协江阴市十四届五次会议期间提案审查情况报告（草案）》。

第二十六次常委会议于3月18日召开。会议学习全国政协十二届四次会议精神；听取市委组织部副部长张志浩关于市委有关人事安排的提名和说明，同意免去蔡玉梅市政协办公室副主任职务；协商通过《政协江阴市委员会2016年工作要点》《2016年政协委员学习意见》。市政协主席徐冬青就开展好全年政协工作提出要求。

第二十七次常委会议于6月29日召开。会议听取市十四届政协委员届中调整情况说明，同意撤销张根华政协常委职务、委员资格，撤销孙健委员资格；听取市委组织部副部长张志浩关于市委有关人事安排的提名和说明，同意陆雁任市政协办公室副主任，免去张荣璜土镇政协工作委员会主任、徐志华月城镇政协工作委员会副主任、龚正巍长泾镇政协工作委员会副主任、许曹军市政协澄江街道工作委员会副主任、孔菊伟市政协经济科技委员会主任、杨静燕市政协学习文史委员会副主任、徐伟市政协提案委员会副主任、翁新月市政协教文卫体委员会副主任、杨健荣市政协城镇建设与环境保护委员会副主任、陈剑雄新桥镇政协工作委员会副主任、孙健华士镇政协工作委员会主任职务；听取市委常委、常务副市长孙小虎关于江阴2016年上半年经济社会发展情况通报；民主评议市国土资源局工作，听取市国土资源局局长蒋和兴关于国土资源工作情况汇报，市政协城镇建设与环境保护委员会主任朱健作调研情况中心发言，常委会组成人员进行现场评议投票，市委常委、副市长吴芳到会听取意见和建议。市政协主席徐冬青对下半年政协工作作部署。

第二十八次常委会议于9月30日召开。会议听取市委组织部副部长王建新关于市委有关人事安排的提名和说明，同意免去朱富强市政协南闸街道工作委员会主任职务；协商决定市十四届政协委员届中调整名单，同意撤销缪红政协常委职务、委员资格；听取市委常委、常务副市长费平关于2016年政协提案办理情况通报；民主评议市文广新局工作，听取市文广新局局长蒋青关于文广新局工作情况汇报，市政协教文卫体委员会主任张建平作调研情况中心发言，常委会组成人员进行现场评议投票。副市长龚振东到会听取意见和建议。市政协主席徐冬青就开展好第四季度政协工作讲话。

第二十九次常委会议于10月31日召开。会议听取市委统战部副部长高文展关于市十五届政协委员规模、界别设置等换届人事安排的情况说明，协商通过市十五届政协委员规模、界别设置。市政协主席徐冬青就做好政协换届工作提出要求。

第三十次常委会议于12月23日召开。会议学习中共江苏省第十三次代表大会精神；听取市委组织部副部长王建新关于市委有关人事提名和情况说明，同意免去汪汉明祝塘镇政协工作委员会主任、胥洪才市政协学习文史委员会主任、黄卫良市政协办公室副主任、赵玺青阳镇政协工作委员会副主任、严伟荣周庄镇政协工作委员会副主任、李伟顾山镇政协工作委员会副主任职务，同意邹鹏辉任市政协学习文史委员会主任、陈益军任市政协经济科技委员会主任；听取市委统战部副部长高文展关于市十五届政协委员提名人选协商推荐情况说明，同意市十五届政协委员名单；协商讨论市政协十五届一次会议议程和日程安排，决定于2017年1月7—10日召开市政协十五届一次会议；协商通过市政协常委会工作报告和提案工作报告，并委托报告人；协商提出市政协十五届一次会议主席团和秘书长、主席团常务主席、各次会议执行主席、提案审查委员会委员建议名单；协商确定市政协十五届一次会议委员分组和召集人名单；协商讨论《政府工作报告》(征求意见稿)，听取市政府办公室主任张忠关于市政府工作报告有关情况说明，副市长虞卫才到会听取意见。市政协主席徐冬青总结市十四届政协常务委员会五年工作成绩，就做好市政协十五届一次会议准备工作讲话。

【经济形势及发展趋势专题讲座】 2016年4月8日，江阴市政协举办"经济形势及发展趋势"专题讲座。市政协副主席须振宇、黄丽泰、喻伟力、陈兴初，党组成员符跃进和全体市政协委员听取讲座。喻伟力主持讲座。上海市委党校经济学教授唐珏岚围绕中国经济发展所处的环境、"十三五"规划时期经济发展主要目标和五大发展理念进行辅导。

【进一步提升医疗卫生事业发展水平委员论坛】 2016年6月14日，江阴市政协举办"进一步提升医疗卫生事业发展水平"委员论坛。市政协副主席须振宇、张英毅、喻伟力，党组成员符跃进、孙志红出席论坛。邀请市编办、信息化办等单位分管负责人到会听取意见和建议。论坛由喻伟力主持。计忠宁、祝剑飞、黄文龙等8位政协委员代表围绕推动优质医疗资源下沉、提升基本公共卫生服务均等化水平、发展社区专科医院及社区公共卫生服务站、增加政府对医疗的投入、推进医卫人才建设、加强医患纠纷调解机制建设等作交流发言。

【产业强市委员论坛】 2016年8月29日，江阴市政协举办"产业强市"委员论坛。市政协主席徐冬青，副主席须振宇、黄丽泰、张英毅、喻伟力、陈兴初，党组成员符跃进、孙志红出席论坛。邀请市发改委、经信委、金融办等单位和镇(街道)、园区负责人到会听取意见和建议。论坛由徐冬青主持。9位政协委员围绕产业转型、创业创新工作政策体系、服务型小微企业创业创新等作交流发言。徐冬青希望围绕市委决策部署，做到思想再统一，进一步凝聚产业强市的全民共识；重点再聚焦，进一步明确产业强市的重要内容；任务再落实，进一步优化产业强市的政务环境，做到主动、靠前、优质、精准服务。

【依法治市民主议政会】 2016年10月27日，江阴市政协举行依法治市民主议政会。市政协主席徐冬青，副主席须振宇、喻伟力、陈兴初，党组成员符跃进、孙志红参加会议。邀请市委常委、政法委书记、副市长吴芳及市依法治市领导小组成员单位分管负责人到会听取意见和建议。会议由须振宇主持。会议听取全市依法治市工作情况，市政协社会法制与海外联络委员会主任刘国兴和民建、民进、农工党、九三学社、知联会代表，以及市民代表进行议政建言。徐冬青希望切实把依法治市落实到全市工作大局之中，全面落实法治理念、为民宗旨、司法改革、文明创建，依法优化发展环境、维护社会稳定、确保公平正义、提升基层治理；切实把政协优势发挥到助推依法治市的履职过程中，为江阴奋力当好县域发展的排头兵和领头羊提供有力的法治保障，凝聚更大的社会合力。

协商议政

【概况】 2016年，江阴市政协紧紧围绕全市改革发展大局和人民群众关注的热点问题，开展多种形式的政治协商和参政议政活动。全年举行全体会议1次，常委会议8次，主席会议13次。市政协领导就行政服务工作提质增效、经济薄弱村扶持工作等开展视察活动6次。市政协举行江阴"十二五"规划完成情况等政情交流会4次。

【专题调研】 2016年，市政协组织各参加单位和专门委员会、镇(街道)政协工作委员会就实施创新驱动战略助推产业强市建设、推动经济绿色发展等课题开展调查研究，全年形成调研报告26篇，评选优秀调研报告16篇。

【重要视察】 2016年3月24日，市政协领导视察周庄镇行政服务中心、政府公共服务热线受理中心、基本建设项目审批服务大厅服务情况，听取市政务办主任魏锋关于全市行政服务工作提质增效情况汇报。市政协领导建议市政府和有关部门要解放思想，抓住机遇，确保政务服务体制改革落到实处；学习先进，创新特色，促进行政服务工作契合群众需求；严格标准，阳光运行，提升行政服务效能助推江阴发展。

5月27日，市政协领导视察临港街道横塘村便民中心、徐霞客镇南苑村二期标准厂房、云亭街道毗山村公共租赁房，听取市委农工办主任许忠新关于扎实推进经济薄弱村脱贫致富情况汇报。市政协领导建议市政府和有关部门要制订稳定有效的政策措施，增强“造血”功能；选准配强“两委”班子，发展壮大村级经济，增加农民收入，加快推进薄弱村脱贫致富。

8月31日，市政协领导视察云亭街道半夜浜、南闸街道黄昌河、澄江街道团结河，听取市环保局局长陈福良关于河道环境综合整治工作情况汇报。市规划局、住建局等单位分管负责人随同视察。市政协领导建议市政府和有关部门要抓住重点，坚持规划优先，注重控源截污，强化统筹治理，扎实开展河道环境综合整治；加强领导，落实环保责任，推动全民参与，完善工作机制，形成推进河道整治强大合力，提升生态建设成效。

10月26日，市政协领导视察市人民医院消毒供应中心、第四人民医院，听取市卫计委主任严军明关于医联体推进工作情况汇报。市人社局、财政局等单位分管负责人随同视察。市政协领导建议市政府和有关部门要以民生需求为导向，提高思想认识，优化资源配置，加强组织领导，为推进医联体建设提供保障；注重人才建设，探索合理薪酬机制，加快信息化惠民建设，加大宣传力度，提升市民群众对医联体建设认知和认可度。

11月21日，市政协领导视察南闸街道狮山湖生态园、丁果湖山水湿地公园、城东街道朝阳花谷，听取市园林旅游局局长顾金辉关于乡村旅游工作情况汇报。市委农工办、市水利农机局等单位分管负责人随同视察。市政协领导建议市政府和有关部门要找准定位，优化乡村旅游发展规划；紧贴市场，着力打造乡村旅游精品线路；着眼大旅游、推进大融合，整合优化乡村旅游资源，实现以节兴旅、以旅促商、以商富民。

12月23日，市政协领导视察申港河西—靖江上五圩轮渡工程、澄江街道五云家园小区技防改造、虹桥南路南延伸段工程、南方建设集团有限公司沥青搅拌站项目、福澄颐养院，听取市委常委、常务副市长费平关于提案办理情况汇报。市政协领导建议市政府和有关部门要强化质量意识，力求提案多出精品；注重协商督办，力求办理更显成效；积极探索创新，力求机制日益完善，充分发挥提案在推进全市经济社会发展中的积极作用。

【政情交流】 2016年4月15日，市政协举行“十二五”规划完成情况政情交流会。出席会议的市政协领导和部分政协常委、委员听取市统计局局长陈泓关于江阴市“十二五”经济社会发展成就、发展特征、发展经验等方面的详细介绍，并就“十二五”规划纲要完成情况的数据汇总、统计口径、与周边同类城市的对比以及当前江阴市房地产市场形势等提出建议。

6月21日，市政协举行禁毒工作政情交流会。出席会议的市政协领导和部分政协常委、委员听取市禁毒办主任卢刚关于江阴禁毒工作的情况介绍，并就外来人口吸毒的管理、快递物流的管控、吸毒人员的帮扶安置、禁毒志愿者培训的加强、社会力量参与禁毒工作的动员、吸毒人员持续有效的社会管制等提出建议。

9月27日，市政协举行“1310工程”*(住建局工作)政情交流会。出席会议的市政协领导和部分政协常委、委员听取市住建局局长童金良关于城乡建设“1310工程”推进实施情况介绍，并就细化民生工程、无障碍设施、历史遗存保留、人民路步行街业态品质提升、敔山湾和临港新城设施配合完善、“1310工程”相关项目拆迁和保障措施、避免建设过程河道废弃污染等提出建议。市政协主席徐冬青指出，要认真履职抓建设，聚焦目标任务，迅速掀起“1310工程”建设新高潮；研究安置需求，多路并举推进房地产业健康发展；注重物业品质，一着不让推进工程长效管理，进一步确保“1310工程”取得最大成效；要民主监督促建设，进一步发挥政协在“1310工程”中的积极作用。

12月1日，市政协举行全国文明城市创建情况政情交流会。出席会议的市政协领导和部分政协常委、委员听取市文明办主任薛建国关于全国文明城市创建工作情况介绍，并就加强未成年人思想道德建设、生活垃圾无害化处理、污水管网建设、工匠精神的激励和扶持机制以及虹桥南路建设进度、应天河风貌带长效管理等提出建议。市政协主席徐冬青指出，全市各级政协组织、政协各参加单位和广大政协委员要争做文明创建的先锋、模范和表率，通过民主监督建议书、社情民意信息、提案等方式履行好民主监督职责，为江阴市创成全国文明城市积极献智出力。

民主监督

【概况】 2016年，江阴市政协通过提交提案和民主监督建议书、反映社情民意、开展民主评议等民主监督活动，服务科学发展。全年收到委员提案306件，审查立案283件，确定重点提案12件。所有提案在规定日期前全部答复完毕，提案人提案办理表示满意的为254件，占92.37%；表示基本满意的为15件，占5.45%。不满意提案为6件，占2.18%。是年，向市委、市政府报送《社情民意》6期，上报信息21条。市委、市政府主要领导高度重视，批示要求相关部门认真研究、积极办理。全年，民主监督员提交建议书28份。

【重点提案】 2016年3月3日，市十四届政协第四十七次主席会议协商确定12件提案为2016年重点提案，分别是：《关于加快我市生产性服务业发展的建议》《关于进一步助推江阴中小企业挂牌新三板的思考和建议》《关于提升我市社工服务水平的建议》《关于建立完善关爱环卫工人机制的建议》《关于加强规划 提升耕地综合利用的建议》《关于加快推进既有多层住宅加装电梯的建议》《关于加快推进“大众创业、万众创新”的建议》《关于加快对城区搅拌站、堆场进行集中整治的建议》《加强环境卫生长效管理 深度打造江阴美丽乡村——关于加强我市村庄环境卫生长效管理的几点建议》《关于进一步满足市民休闲文化需求，推进乡村休闲短程旅游产业发展的建议》《关于进一步推进垃圾分类处理工程的建议》《关于加快市中医院异地新建立项规划工作的建议》。12件重点提案由市政府主办，相关部门协办，市政府、市政协联合督办；至是年7月3日全部办复。

【民主评议】 2016年3月，市政协成立民主评议市国土资源局工作调研小组，确定《关于民主评议市国土资源局工作的方案》，组织召开7次座谈会。6月29日，召开市政协十四届二十七次常委会议，对市国土资源局工作进行评议。会议建议保障发展，为江阴“十三五”经济社会再创新辉煌再作新贡献；强化服务，稳妥解决百姓合理诉求，保持高效办事好形象；规范执法，多方联动合力打击各类违法行为，打造保障合法权益新格局；加强宣传，努力形成全市依法用地、健康发展的新气象。

7月，市政协成立民主评议市文广新局工作调研小组，确定《关于民主评议市文广新局工作的方案》，先后召开8次座谈会，发放550份民主测评表。9月30日，召开市政协十四届二十八次常委会议，对市文广新局工作进行评议。会议建议提高文化自觉，充分认识加快文化建设的重要性；坚持稳扎稳打，优化公共文化服务体系；深化体制改革，增强文化发展活力；健全工作机制，完善保障措施。 （任陈芳 张 蓝）

附：政协江阴市第十四届委员会2016年度优秀提案

1.《关于加快我市生产性服务业发展的建议》 （民盟江阴市委）

2.《关于进一步助推江阴中小企业挂牌新三板的思考和建议》 （市工商业联合会）

3.《关于提升我市社工服务水平的建议》 （民建江阴市委）

4.《关于建立完善关爱环卫工人机制的建议》 （市无党派知识分子联谊会）

5.《关于加强公共廉租住房配租资格的准入与退出管理的建议》 （林 红）

6.《关于全面发展中医“治未病”，开展中医药医疗保健服务的思考和几点建议》 （顾春英）

7.《关于建立物业管理纠纷人民调解机制的建议》 （朱国龙）

8.《关于加强规划，提升耕地综合利用的建议》 （高 阳）

9.《关于尽快建立我市畜产品市场准入制度的几点建议》 （殷 琴）

10.《关于职工医疗保险市外转诊的建议》 （蒋立新）

11.《关于增强具有江阴本土特色城市公益宣传内容的建议》 （曹炳才）

12.《关于我市发挥沿江优势，积极对接长江经济带建设的建议》 （衣殿海）

13.《关于加强船厂公园等公共广场管理的建议》 （张 华）

14.《关于加快推进既有多层住宅加装电梯的建议》 （朱 健）

15.《关于进一步促进我市中小企业持续健康发展，实现江阴“经济强”的对策和建议》 （楚健健）

16.《关于加大对失独家庭帮扶的建议》 （黄宇昕）

17.《关于加快推进“大众创业、万众创新”的建议》 （夏新炯）

18.《关于推进我市城区智能停车系统建设的建议》 （顾韵秋）

19.《关于做强做专现代金融服务业的建议》 （叶卫春）

20.《关于构建多元融资渠道，促进企业稳健发展的建议》 （孙晓萍）

21.《关于加快对城区搅拌站、堆场进行集中整治的建议》 （九三学社江阴市委）

22.《加强环境卫生长效管理 深度打造江阴美丽乡村——关于加强我市村庄环境卫生长效管理的几点建议》 （农工党江阴市委）

23.《关于江阴人口与社会发展的宏观思考的建议》 （农工党江阴市委）

24.《关于建立江阴市电梯应急救援指挥中心的建议》 （周美华）

25.《关于加强专业教师队伍建设的建议》 （季国华）

26.《关于设立农村保险互助社的建议》 （舒建华）

27.《关于进一步满足市民休闲文化需求，推进乡村休闲短程旅游产业发展的建议》 （民进江阴市委）

28.《关于进一步推进垃圾分类处理工程的建议》 （祝剑飞）

29.《关于加快市中医院异地新建立项规划工作的建议》 （市政协教文卫体委员会）

30.《关于完善科技型中小企业数据库建设，增强服务中小企业能力的建议》 （纪兆东）

31.《关于优化我市创业政策环境的建议》 （郁鹤云）

32.《关于促进老龄经济，规范我市老年消费市场的建议》 （宋文明）

33.《关于加强市情基础研究，提升政府治理能力的建议》 （顾 贤）

34.《关于应用大数据来提升我市政府管理效率的建议》 （朱 杰）

35.《关于加强政府引导，改善中小企业融资环境的建议》 （宋立人）

36.《关于进一步促进我市生物医药产业发展的建议》 （鄂 青）

37.《关于完善“十三五”期间江阴新型城镇化建设金融措施的探讨的建议》 （宋 萍）

38.《关于加强对民营医疗机构监督管理的建议》 （周庄镇政协工作委员会）

39.《关于提升“斑马线”管理水平，进一步倡导“车让人”良好风尚的建议》 （周忠良）

40.《关于加强我市智慧城市建设力度，进一步提升城市交通管理水平的建议》 （陈 娟）

41.《关于加快推进紧密型医联体建设，有效实施分级诊疗的建议》 （俞建伟）

42.《关于构建大物业管理机制的建议》 （青阳镇政协工作委员会）

■类目编辑 韩 莉

纪检·监察

党风廉政建设

【概况】 2016年，江阴市纪委贯彻落实全面从严治党战略部署，按照中央和江苏省、无锡市纪委全会工作部署，忠诚履行党章赋予的职责，通过清单明责、考核确责、追究问责，督促基层落实责任双报告、述责述廉、约谈提醒等制度，完善“两个责任”（党委主体责任和纪委监督责任）管理考核系统功能，修改系统相关表单及分值比例，强化对责任落实情况过程管控，督促各级党组织、纪检组织将党风廉政建设“两个责任”落到实处。年内，对各镇（街道、园区）和市级机关部门违纪案件查办情况、信访情况、监督检查情况进行综合分析，向包片和分管市领导提交廉情分析报告14篇。制定《江阴市党员领导干部述责述廉实施细则》，全市有359名党员干部进行述责述廉。

【健全主体责任与监督责任机制】 2016年，市纪委出台《关于完善落实党风廉政建设主体责任和监督责任工作机制的通知》，明确党风廉政建设主体责任和监督责任办公室工作职责，制定6张工作流程图，完善主体责任办公室4项工作机制和监督责任办公室3项工作机制。全市58个单位设立“两办”并建立相应工作机制，形成市镇两级落实“两个责任”工作体系。协助市委订制个性化党风廉政建设责任书，整合民情民意、监督检查、查信办案等信息，根据排查出的132个问题为全市88个部门党组织负责人量身订制党风廉政建设责任书，由市委主要负责人与各部门负责人签订责任书，分解责任内容，层层传压递责。

【党风廉政巡察】 2016年，江阴市纪委贯彻落实中央、省和无锡市巡视巡察工作部署，配合省委第二巡视组对江阴的巡视工作，认真做好省委巡视组反馈意见整改落实工作，推进33项整改任务和102项整改措施。调整市委巡察工作领导小组，优选50名骨干，组建巡察人才库。制订市委巡察工作方案，建立2个巡察组，9—12月分批对市粮食局、水利农机局及璜土镇、青阳镇、徐霞客镇、南闸街道6个单位开展巡察，共发现问题160个，移送问题线索33个，党纪政纪立案处理8人，组织处理1人，移送司法机关2人。

【检查考核】 2016年，江阴市纪委修改完善落实党风廉政建设主体责任、监督责任考核评分标准，按照市委的统一部署，会同市委组织部、宣传部及市财政局、审计局等部门，对党风廉政建设责任制落实情况进行检查，在各镇（街道、园区）、部门开展自查基础上，成立以市委常委为组长的10个检查组，对14个镇（街道、园区）和6个市机关部门进行重点检查，共发现和整改问题63个。召开全市党（工）委书记抓基层党建和落实全面从严治党主体责任述职评议会，组织云亭街道、城东街道、长泾镇、祝塘镇、水利农机局、政务办6个单位党（工）委书记现场述

2016年2月27日，市委主要负责人与各部门负责人签订党风廉政建设责任书

（市纪委提供）

职、14名镇街园区党(工)委书记书面述职。实行责任检查常态化,全年实施责任追究2件,7名责任人受到党纪政纪处分或诫勉谈话。

正风肃纪

【概况】 2016年,江阴市纪委、监察局切实加强监督执纪问责,深入落实中央"八项规定"*和省市委"十项规定"*精神,坚持不懈推进作风建设,强化监督检查,围绕中央和省市各项决策部署,加强对"1310工程"*、文明城市创建、生态环境保护、违法用地整改、安全生产等工作落实情况进行督查,督促职能部门切实履职尽责。对43项制度进行廉洁性评价,开展问题导向监察39项。加强对市、镇、村三级换届工作的纪律监督,为787名党员领导干部出具廉政意见,严把党风廉政意见回复关。更新科级干部廉政档案,以涉外活动、房产、投资与经商办企业等情况为检查重点,抽查科级干部廉政档案50份,分类函询32人。

【作风建设】 2016年,江阴市纪委、监察局严格落实中央"八项规定"和省市委"十项规定"精神,建立基层作风建设大督查工作机制,强化市级机关职能部门和属地党委政府主体责任,对机关部门及其下属事业单位、镇(街道、园区)及其下属村(社区)进行延伸检查,推动作风建设常态化、长效化。打造"四风"*问题随手拍举报平台、全媒体"作风面对面"栏目,紧盯重要节点、关键时段,组织专项督查6次,检查单位255个次,暗访酒店宾馆和商场超市30个,发现整改问题125个。组织开展党政机关办公用房专项督查,发现并督促整改问题83个。从严惩治问责,发出整改函、函询单53份,诫勉谈话8人,党纪政纪处分6人,通报曝光典型案例6件。

【媒体监督】 2016年,江阴市纪委、监察局利用电台、电视台、网络、报刊等媒体资源,采取江阴电台和江阴大澄网视频同步直播、江阴电视台录播、《江阴日报》后续跟踪报道的"四位一体"联动活动形式,共

2016年7月8日下午,以"聚焦医疗改革、关爱百姓健康"为主题的"政风面对面"媒体直播活动在市委党校举行 (江纪轩 摄)

开播"空中热线"节目48期、"作风面对面"节目4期,接受群众各类咨询诉求291件,为民办实事62件,跟踪督办问题36个。

执纪审查

【概况】 2016年,江阴市纪委、监察局落实纪法分开、纪在法前、纪比法严要求,持续保持惩治腐败高压态势,严格执行新修订的《中国共产党纪律处分条例》,实践监督执纪"四种形态",抓早抓小、动辄则咎,切实用纪律管住大多数。开展整治和查处侵害群众利益不正之风和腐败问题专项行动,严肃查办农村"三资"(资金、资产、资源)管理、涉农补贴、扶贫救济等方面问题,问责追究13人,其中党纪政纪处分8人。认真落实"天网2016"行动统一部署,开展追逃追赃工作。深化"一案四访"工作*,对17个典型案件进行回访,督促整改问题51个,推动惩治成果向预防机制转化。

【问题线索处置】 2016年,江阴市纪委、监察局畅通来访、来信、来电、网络等信访举报渠道,规范问题线索处置,全年收到信访举报697件,比2015年下降26.5%,其中,来信举报579件,来访举报19件,电话举报23件,网络及其他方式举报76件。处置问题线索440件,比2015年增长25.1%,其中21%运用第一种处置形态"红红脸、出出汗",48.4%运用第二种处置形态"党纪轻处分、组织调整",26.3%运用第三种处置形态"党纪重处分、重大职务调整",4.3%运用第四种处置形态"严重违纪涉嫌违法立案审查"。

【纪律审查】 2016年,江阴市纪检监察组织共立案423件,比2015年增长55%,给予党纪政纪处分327人,其中处分乡科级干部13人,挽回直接经济损失2537万元,组织处理51人,给予党纪政纪轻处分202人,占处分总人数的61.8%,重处分125人,占处分总人数的38.2%,移送司法机关18人,免于党纪政纪处分46人。全年办理自办案件71件,比2015年增长22.4%。市机关部门纪委、派驻纪检组"探头"作用逐步显现,共立案67件,比2015年增长17.5%。

廉政宣传教育

【概况】 2016年,江阴市纪委制定下发《2016年全市纪检监察宣传教育工作要点》,落实年度重点任务7项。依托"两个责任"管理考核系统,开发廉政提醒和知识答题栏目。巩固拓展"江上清风"宣传阵地,全年编发《江上清风报》4期、"江上清风"微悦读30期、廉政短信3万余条。开展"领导干部立家规,共产党

员正家风”主题活动及“立家规树家风促政风”家规家训征集活动，征集优秀家规家训170余条。

【主题教育活动】 2016年，江阴市纪委强化党章党规党纪教育，组织开展“明准则、知条例、守纪律”主题教育活动；通过专题学习培训、座谈交流等形式，广泛开展“5·10”思廉日活动；加强对党纪规定的学习教育，增强党员干部纪律规矩意识，组织学习《习近平关于严明党的纪律和规矩论述摘编》《中国共产党廉洁自律准则》《中国共产党纪律处分条例》；订购下发《论述摘编》8000余册、《尺度》2000册，组织全市1500余名科级党员干部参加党内法规知识测验；拍摄并组织全市领导干部集中观看警示教育片《无法挽回的代价》，以案明纪，警钟长鸣。年内，有50余个单位、2700余名党员干部赴市反腐倡廉警示教育基地开展警示教育活动。

队伍建设

【概况】 2016年，江阴市纪委、监察局落实“打铁还需自身硬”要求，深化转职能、转方式、转作风，深入开展“两学一做”*学习教育。开设“清风学堂”1期、“纪检讲坛”3期，继续开展业务学习、知识竞赛、专题调研等活动，组织全市15名新任纪检监察干部参加无锡市第42期纪检干部培训班，组织10名镇纪委书记参加全省乡镇纪委书记轮训班，选派6名优秀青年干部赴中央纪委、省纪委上挂培训，组织镇(街道、园区)、市机关部门9名纪检干部到执纪审查、信访举报办理岗位实战锻炼，着力提升工作能力，在学思践悟中坚守职责定位，强化政治意识、大局意识、核心意识、看齐意识。出台纪委书记(副书记)、纪检组长(副组长)提名考察等方面内容的3个文件，选优配强全市纪检监察组织力量。建立纪检监察干部个人有关事项报告、约谈等制度，对9名新任职纪检领导干部进行集体谈话。

【市纪委换届】 2016年7月29—31日，中国共产党江阴市第十三次代表大会召开，大会选举产生中共江阴市第十三届委员会、中共江阴市纪律检查委员会及出席中共无锡市第十三次代表大会的代表；审议通过中共江阴市第十二届委员会工作报告和中共江阴市纪律检查委员会工作报告。7月31日，中共江阴市纪律检查委员会举行第一次全体委员会议，会议选举产生中共江阴市纪律检查委员会常务委员会，选举余银龙为中共江阴市纪律检查委员会书记，郁李达、陈明波为副书记，余银龙、郁李达、陈明波、陆欣、顾行行、邹宇伟、冯涛为常委。

(诸宇星)

·小资料·

“江上清风”微信公众号

“江上清风”微信公众号是江阴市纪委、监察局主办的官方微信平台，是开展党风廉政宣传教育工作的重要载体，内设“最关注”“随手拍”“微课堂”三个主栏目，下设“江纪头条”“大巍说纪”“我问大巍”“江上清风网站”“四风问题随手拍”“信访举报”“学习参考”“掌上教育馆”“党纪法规”“廉洁文化”10个栏目。“江纪头条”主要发布全市党风廉政建设和反腐败工作动态。“大巍说纪”以动漫人物“大巍”为主角讲解各项纪律规定，内容活泼轻松，深入浅出，寓教于乐。“我问大巍”是一个互动栏目，可以通过该栏目向“大巍”咨询党纪法规方面的问题。“江上清风网站”是一个链接，点击后转到江阴市纪委主办的江上清风网浏览网站内容。“四风问题随手拍”“信访举报”是接收群众对“四风”问题举报和向市纪委、监察局进行信访举报的栏目。“学习参考”提供党员干部学习党章党纪党规的参考资料。“掌上教育馆”是开展廉政教育的网上虚拟教育馆。“党纪法规”列出《中国共产党党章》《关于新形势下党内政治生活的若干准则》《中国共产党廉洁自律准则》等一系列党纪法规。“廉洁文化”展示廉政公益广告、家训家规。

■类目编辑 谢 诚

中国民主同盟江阴市委员会

【概况】 2016年，民盟江阴市委认真学习贯彻中共十八大，十八届三中、四中、五中、六中全会精神和习近平总书记系列重要讲话精神，深入贯彻民盟十一届四中全会和中共江阴市委十三次党代会精神，凝心聚力、认真履职，紧紧围绕江阴经济社会发展大局，团结带领全体盟员积极投身"强富美高"新江阴建设，各项工作取得新的进展。29名新盟员参加江阴市党外新成员培训班，7名盟员参加江阴市党外骨干培训班，13名新盟员参加民盟无锡市新盟员培训班，2名盟员参加无锡市民主党派多党合作理论研修班，1名支部主委参加省盟基层组织负责人培训班。年内，发展新盟员19人，调出1人，去世1人，盟员总数320人，平均年龄53.1岁，其中，省政协委员1人，无锡市人大代表3人，无锡市政协委员2人，江阴市人大代表5人，江阴市政协委员29人（常委6人）。盟员分布：教科文界249人（其中教育界193人，文化界27人，科技界29人），占77.8%；其他界别71人，占22.2%。学历情况：本科以上学历243人（其中博士研究生4人、硕士研究生50人），占75.9%。职称情况：高级职称177人，占55.3%；中级职称87人，占27.2%；中高级职称264人，占82.5%。任副科以上干部10人，有17名盟员分别担任政府各部门的特约员、民主监督员。是年，盟市委获评盟中央坚持和发展中国特色社会主义学习实践活动先进集体和纪念民盟江苏省委成立60周年先进集体。

【民盟江阴市第六次代表大会召开】 2016年11月17日，民盟江阴市第六次代表大会在市政府综合楼召开。会议审议和通过龚振东代表民盟江阴市第五届委员会所作的工作报告和第六次代表大会决议。选举产生民盟江阴市第六届委员会委员21人和出席民盟无锡市第十三次代表大会代表25人。随后召开的民盟江阴市第六届委员会一次会议选举产生龚振东、钱晴、邹凤翔、王翔、常征、沙智慧、黄宇昕7名常委，选举龚振东为主委，钱晴、邹凤翔、王翔为副主委，任命黄宇昕为秘书长。中共无锡市委常委、江阴市委书记陈金虎到会讲话；江阴市人大常委会党组书记孙小虎，江阴市政协主席徐冬青，中共江阴市委常委、统战部部长陈兴华，江阴市政府副市长虞卫才，农工党江阴市委主委许晨，江阴市委统战部副部长高文展，应邀出席会议开幕式。民盟无锡市委专职副主委兼秘书长皮何总全程参与。江浙部分县市区盟组织领导及全市72名盟员代表参加会议。

【参政议政】 2016年1月，民盟江阴市委在政协第十四届五次会议上作《构建社会诚信体系，推动文明城市建设》专题发言，提交集体提案11篇，其中《关于加快我市生产性服务业发展的建议》被市政协列为2016年度1号重点提案，得到市委、市政府高度关注。盟员人大代表、政协委员在市人大、政协"两会"期间提交建议、提案32条（件）。6月，在禁毒工作政情交流会上，民盟江阴市委作相关发言。是年，民盟江阴市委完成《建一流教师队伍，办人民满意教育——关于进一步加强我市教师队伍建设的有关建议》重点调研报告，获市政协2016年优秀调研报告二等奖；组织各支部完成调研报告20篇，社情民意192条。集体提案《关于加快我市生产性服务业发展的建议》和张华个人提案《关于加强船厂公园等公共广场管理的建议》、黄宇昕个人提案《关于加大对失独家庭帮扶的建议》、孙晓萍个人提案《关于构建多元融资渠道，促进企业稳健发展的建议》被市政协评为2016年度优秀提案，吴小琴、陈冰栩、周忠良被市政协评为2016年度优秀政协委员，龚学东被评为优秀民主监督员，李惠兴、缪倩娟被评为提案积极分子，高永铭、何梦、黄宇昕被评为反映社情民意积极分子。

【社会服务】 2016年，民盟江阴市委发挥教育界别优势，选派盟员6人次送教入校，帮助天华艺校提高师资水平，成效显著。江阴民盟奖学基金资助的3位天华艺校高三毕业生分别考入上海大学、扬州大学和盐城师范学院，有5名学生完成学业并考取高校。继续为天华艺校5名品学兼优的孤儿每年每人定向捐助5000元。盟市委承办2016年贵州毕节、甘肃敦煌中小学校长、教师江阴培训班，27位中小学校长、教师在江阴市教师发展中心进行为期一周的教育教学培训，效果良好。盟市委领导亲赴四川凉山，为当地3所学校建设电子阅览室捐款45000元。广大盟员响应无锡盟市委“爱在脚下”活动，为贵州黔东南贫困儿童募集鞋款4655元；为盐城龙卷风受灾群众募集救灾款4205元。援建贵州毕节市小坝镇公鸡山村水池款18000元。进修支部、法尔胜支部、临港支部、二中支部共同为新疆霍城县江苏中学捐书950本。盟市委妇工委组织女盟员连续5年到市特殊教育中心奉献爱心，老盟办扎实做好关爱老盟员工作。全年盟员各类爱心捐助32.18万元。

【盟员成果和荣誉】 2016年，民盟江阴市委被民盟中央评为坚持和发展中国特色社会主义学习实践活动先进集体、民盟中央群言杂志社发行工作优秀单位，被民盟江苏省委评为纪念民盟江苏省委成立60周年先进集体、2015年度宣传工作先进集体二等奖，被民盟无锡市委评为2016年度宣传工作先进集体、2016年度社情民意及统战信息工作先进集体、2016年度社会服务工作先进集体、“无锡民盟”微站先进组织集体。民盟江阴一中支部“以党为师，携手奋进”党盟联系交流活动被民盟无锡市委员会评为2016年度十佳活动。冯德强获教育部第五届全国教育科研成果二等奖，薛花娟被中国金属学会评为冶金先进青年科技工作者。张华被江苏省人力资源和社会保障厅、江苏省旅游局评为先进工作者，缪丽君被江苏省政府评为江苏省教学名师，范欣欣在由共青团江苏省委、省教育厅等单位联合举办的江苏省职业学校创新创效创业大赛中获优秀指导教师奖，指导的学生创新作品获大赛特等奖，张丽莉被江苏省交通运输厅评为镇村公交发展工作先进个人，杭建伟被江苏省教育科学研究院评为全省教科研系统先进个人，余平被江苏省教育厅评为江苏省教科研系统先进个人，王剑被江苏省教育厅评为江苏省青少年优秀科技辅导员，黄敏芳获江苏省教育研究院江苏省信息化教学设计三等奖，尤国耀被江苏省体育局评为2016年度江苏象棋业余棋手赛突出贡献奖，张静被江苏省职业技能大赛组委会评为江苏省职业技能竞赛单证处理项目教师组三等奖，邹凤翔获江苏省中小学教学研究室2016年江苏省高中语文优秀课评比二等奖，王翔、李惠兴、邹凤翔、沙智慧、钱晴、黄宇昕、龚振东被民盟江苏省委评为纪念民盟江苏省委成立60周年先进个人，李惠珍、夏东江、陈春雷被民盟江苏省委评为2015年度社会服务工作先进个人，范欣欣被民盟江苏省委评为2015年度宣传工作先进个人。范欣欣、朱学尧、杨晓丽、秦晓波、张静、石陈云、王剑、黄敏芳、杨晓丽、顾亚华、周明宝、薛花娟、张恩隆、单红霞、薛迅、任丽先后分别被评为无锡市级各类先进。盟员获得发明专利14项，实用新型专利3项。王中盛著作《甲骨流韵》由北京工艺美术出版社出版，周东芬著作《〈学书三言诗〉楷书字帖》《迦陵论词绝句五十首》由二十一世纪出版社出版。全年盟员在各级各类期刊上发表论文33篇。 （黄宇昕）

2016年11月，民盟江阴市委被民盟中央评为坚持和发展中国特色社会主义学习实践活动先进集体 （民盟江阴市委提供）

中国民主建国会江阴市委员会

【概况】 2016年，民建江阴市委深入学习贯彻中共十八届三中、四中、五中、六中全会精神，围绕中共江阴市委十三届一次、二次全体（扩大）会议的目标任务，切实加强自身建设，认真履行党派职能，各项工作取得良好成绩。以换届为契机，开展“读会史颂伟业，学会章树新风”活动，倡导“爱国、民主、建设、团结、创新、奉献”的共同价值理念。成立《江阴民讯》编辑部，编辑刊出《江阴民讯》4期。召开示范支部建设现场会，学习党派星级示范支部建设经验。组织后备干部培训学习、支部班子成员培训学习、宣传骨干培训学习各1次，骨干会员培训学习2次，推荐企业家参加在江西省南昌市举办的2016年建华课堂四省二市民建企业家培训交流活动。选举张晓东等20名代表参加12月12—14日召开的民建无锡市第十二次代表大会，张晓东、俞军、孙敏霞当选为民建无锡市第十二届委员会委员，张晓东当选为常委，张晓东、缪志强、孙敏霞当选为出席民建江苏省第九次代表大会代表。年内，发展新会员7人，其中机关工作人员4人、中介机构人员1人、企业家2人；均为本科学历。至年末，会员总数202人。

【民建江阴市第五次会员大会召开】 2016年11月16日，民建江阴市第五次会员大会在市政府会议中心召开，130余名会员参加会议。会议审议通过张晓东代表第四届委员会所作工作报告和第五次会员大会决议，选举产生民建江阴市第五届委员会委员17人，分别为：方军、叶卫春、朱杰、孙敏霞、李杰、张晓东、吴研、陈雷、陈奇峰、承皓、俞军、翁新月、耿澄娟、梅玉珍、堵希、章希、缪志强。随后召开的民建江阴市五届一次委员会议选举产生常委7人,分别为:张晓东、俞军、缪志强、承皓、孙敏霞、叶卫春、梅玉珍;张晓东当选为主任委员,俞军、缪志强、承皓当选为副主任委员,任命孙敏霞为秘书长。江苏省政协副秘书长、民建江苏省委副主委郝星辰,民建无锡市委副主委兼秘书长许建樟,中共无锡市委常委、中共江阴市委书记陈金虎,中共江阴市委常委、统战部部长陈兴华到会讲话;中共江阴市委副书记、市长蔡叶明,江阴市人大常委会主任孙小虎,江阴市政协主席徐冬青出席会议。江阴市政协副主席、九三学社主委喻伟力代表市各兄弟民主党派、工商联、无党派知识分子联谊会向大会致贺词。民建江阴市委对口联系单位和部分会员所在单位领导应邀莅临大会。

【参政议政】 2016年1月,民建江阴市委在市政协第十四届五次会议上作《创新融资模式助力企业转型——关于构建我市中小企业多元优化融资渠道》专题发言。民建江阴市委提交集体提案8件,个人提案30件,集体提案《关于创新医保管理模式,提高基金运行效率的建议》及个人提案《关于从源头上减少垃圾的建议》《关于进一步加强我市农村环境长效管理工作的建议》《关于深入开展校园足球运动的建议》《关于进一步发展乡镇旅游,打造美丽新江阴的建议》《创新理念做响品牌关于江阴市志愿者调研的建议》6件提案被评为优秀提案。六颖康、方军、陈亚蕾、季国华、金炎、堵希、曹锡龙7位会员被评为年度优秀政协委员。陈亚蕾被评为优秀民主监督员。黄丽泰、梅玉珍、周璐3位会员被评为提案积极分子。金炎和朱杰2位会员被评为社情民意积极分子。调研报告《关于创新医保管理模式,提高基金运行效率的建议》被市政协评为优秀调研报告二等奖,《关于提升我市社工服务水平的建议》被市政协列为重点提案。是年,民建江阴市委完成调研报告《如何采取扎实措施,推动创新驱动战略》;编辑刊出第26期《参政议政调研材料专辑》,收录调研报告17篇;向上级民建提交调研报告与社情民意18篇。

【社会服务】 2016年,民建江阴市委依托MBA大讲坛,承办“统战学堂”第二讲——“当前经济形势与企业对策”,统战系统近百名成员参加学习。组织“同心”实践基地——泗河村领导去杭州考察湿地公园建设,出资5万元支持泗河村丁果湖生态湿地公园建设;慰问贫困对象20户。是年,查永恩倡导成立的“江阴市朱蒋巷帮扶基金会”,向全市贫困老人、学生、孤儿等捐助款项130多万元;黄丽泰经营的江苏利安达集团有限公司在江南大学商学院设立200万元的“利安达奖学(教)金”用于奖励贫困励志的优秀学生及教学科研优秀教师,为市慈善总会、城南小学等捐款近30万元;罗莹带领的慈善义工艺术团结对助学贫困学生近百人,捐赠财物20多万元;张建兴为社会公益捐款15万元;胡鹏飞为云南玉龙纳西族自治县龙蟠完小师生发放奖学金2万元,苏海鹏扶助基金补助困难员工2.2万元,为甘肃贫困地区捐衣物3000件;陆正洪在企业成立30万元“助困基金”,帮助企业困难职工,资助长山中学困难学生2.5万元;李杰设立的南国之风慈善基金和奖学金,为困难群众和优秀学子捐助近7万元;王小立为湖南、广西、陕西困难学生捐助5万元;朱俐为母校长山中学品学兼优的学生提供奖学金1万元;会员曹士洪带领的雄鹰出租车有限公司开展学雷锋活动10多次;顾星卫为云亭敬老院及云亭中学贫困学生捐资1万元。季丰的香山书屋,服务读者65000人次。据不完全统计,会员们参加各类捐款、捐物计200多万元。

【会员成果及荣誉】 2016年,会员季丰获“江苏省最美志愿者”“江苏省十大感动人物”“江苏十佳全民阅读推广使者”“江苏省新闻出版业感动人物”等多项荣誉称号,他的香山书屋获评国家级“4个100”最佳志愿服务组织,获首届江苏省志愿者交流会特别荣誉奖;张建兴的方程电力有限公司研发的双向储能变流器及柔性无功补偿装置控制电路获国家发明专利,多场景微电网的设计、运行控制与检测关键技术研究与运用获国家电网公司科学技术进步奖二等奖;黄丽泰被江苏省苏商发展促进会评为“十二五”卓越苏商女企业家;王小立获无锡市尚善·暖侨贡献奖;李杰经营的南国之风装饰工程有限公司被评为无锡市重合同守信用企业。

(孙敏霞)

中国民主促进会江阴市委员会

【概况】 2016年,民进江阴市委深入学习贯彻中共十八大,十八届三中、四中、五中、六中全会精神和习近平总书记系列重要讲话精神,学习中共中央统战工作会议精神,继续深入开展坚持和发展中国特色社会主义学习实践活动,不断深化全体会员对中国特色社会主义参政党的认识,巩固全会对中国特色社会主义道路的认同、对全面建成小康社会目标的认同和对社会主义核心价值的认同。围绕中共江阴市委“十三五”规划发展的重点工作,以组织建设、参政议政、社会服务为工作主题,激发各支部、各部门和全体会员的活力,集智聚力,认真履职,各项工作取得优异成绩。5月7日,民进中央秘书长高友东视察江阴民进工作。民进江阴市委积极开展赴花山村慰问、暨阳中学送教活动,组织教师义工进革新、西大街社区,开展“吴研因精神在行动”系列活动,扎实推进贯庄小学同心实践基地活动。年内,举行两期新会员入会前学习活动,发展新会员13人,至年末会员总数145人。在民进中央、江苏民进、无锡民进、江阴统战网站和刊物上发表信息40余篇,编辑《江阴民进》2期。民进江阴市委被民进江苏省委评为参政议政工作先进集体,祝剑飞被评为参政议政工作先进个人。

【民进江阴市第四次会员大会召开】 2016年11月16日,民进江阴市第四次会员大会召开,149名会员参加会议。中共无锡市委常委、江阴市委书记陈金虎,无锡市政协副主席、民进无锡市委主委章一中,江阴市领导孙小虎、徐冬青、陈兴华、虞卫才出席会议。会员选举产生新一届主委、副主委、常委、市委委员，张英毅当选第四届委员会主委，许建国、顾凤、金丹菁当选副主委，祝剑飞、陈富满、何红亚当选常委，何炬、刘梦晓、汤冬燕、李克雨、吴江、张杰、陈江、蒋屹当选委员，任命顾凤(兼)为第四届委员会秘书长。

【支部换届】 2016年5月20日至6月29日，民进江阴市委全部9个支部相继召开换届大会。其中6个支部产生新的支部主委，何炬、刘梦晓、汤冬燕、李克雨、吴江、蒋屹6人分别担任江阴学院、教育联合、机关、经济综合、要塞中学、临港支部主委。陈富满、何红亚、陈江连任暨阳中学、小学教育、科技文化支部主委。

【"两会"换届】 2016年12月，无锡市、江阴市二级人大、政协换届结束，顾凤、刘红华当选无锡市大人第十六届代表，张英毅、陈富满当选政协无锡市第十四届委员，许建国、奚海清当选江阴市人大第十七届代表，张英毅、金丹菁、陈江、李克雨、林军、朱澄、梅士强、黄燕芝、刘梦晓、沙梅芳、何炬、解舟、蒋屹、陈佳、汤冬燕、吴江16人当选政协江阴市第十五届委员。

【参政议政】 2016年1月江阴市人大、政协"两会"前，调研处共收集到调研报告25篇，会员模拟提案、社情民意131件。经过参政议政工作委员会三个专题课题组成员分头修改，转化为政协江阴市第十四届四次会议专题发言一篇，被市政协录用的市委集体提案6件，会员个人提案57件。其中，集体提案《关于进一步满足市民休闲文化需求，推进乡村休闲短程旅游产业发展的建议》和祝剑飞个人提案《关于进一步推进垃圾分类处理工程的建议》被列为市政协2016年度重点提案。陈江、黄燕芝、黄中曦、纪兆东、蒋屹、李克雨、徐锦梅、祝剑飞8人被评为2015年度提案积极分子，集体提案《关于进一步加大力度缓解中小企业"融资难"的建议》和何红亚个人提案《关于进一步推进我市信息化和工业化深度结合的建议》、潘开英个人提案《关于建设垃圾分类回收无害化处理产业链的建议》被评为2015年度优秀提案。(何　炬)

农工民主党江阴市委员会

【概况】 2016年，农工党江阴市委深入贯彻中共十八届三中、四中、五中、六中全会精神，以习近平总书记系列重要讲话精神特别是视察江苏时重要讲话精神为指引，围绕中共江阴市第十三次代表大会提出的任务和"十三五"规划提出的目标，带领全市各级组织和广大党员，把坚持和发展中国特色社会主义学习实践活动贯穿于履职尽责和自身建设全过程，各项工作取得新进展。市委会深入开展健康教育"五进"工程、"社会服务月"活动，丰富"特教中心结对服务"内涵，深化"同心"实践基地建设，每月派专家到山泉村开展专家门诊，为村民提供"零距离"优质医疗服务。继续开展医疗援疆，黄文龙获评新疆维吾尔自治区援疆先进个人，张英姿获评江阴市对口支援霍城县第八批优秀援疆人才、霍城县政府三等功臣。农工党江苏省委副主委吴建坤一行到江阴调研，就地方组织人才强党工作开展座谈。年内，主委许晨当选江阴市政府副市长，负责文化、卫生、体育、人口和计划生育、广播电视、地方志、档案工作。召开农工党江阴市第五次党员大会，选举产生农工党江阴市第五届委员会。许晨等12名党员出席农工党无锡市第十二次代表大会，许晨当选为农工党无锡市第十二届委员会常委。年内发展新党员9人，党员总人数148人，党员平均年龄51.04岁，其中无锡市人大代表2人，无锡市政协委员3人，江阴市人大代表5人(含常委3人)，江阴市政协委员14人(含常委4人)。党员分布：医药卫生界113人，占总数的76%；其他界别35人，占24%。学历情况：本科以上学历124人(博士后1人、博士1人、硕士研究生24人、大学本科98人)，大专15人，中专9人。职称情况：高级职称86人，占58%；中级职称54人，占36%。实职安排为正科级以上3人，副科职3人。

【农工党江阴市第五次党员大会召开】 2016年11月15日，农工党江阴市第五次党员大会在江阴市召开，104名党员参加会议。会议审议和通过许晨代表农工党江阴市第四届委员会所作的题为《同心同德、群策群力，为建设强富美高新江阴而奋斗》的工作报告和第五次党员大会决议，选举产生农工党江阴市第五届委员会委员15人。随后召开五届一次会议，选举许晨为主委，高恒、徐志伟为副主委，李浩、崔俊友、缪剑辉为常委，任命王蔚为秘书长。中共无锡市委常委、江阴市委书记陈金虎，农工党无锡市委副主委韩晓枫到会讲话，市领导孙小虎、徐冬青、陈兴华、费平出席大会。会后，农工党江阴市委对各工作处室和工作委员会进行充实调整，新增经济工作委员会，为更好地开展各项工作奠定基础。

【参政议政】 2016年，农工党江阴市委紧紧围绕中共江阴市委、市政府中心工作，继续开展"一支部一课题、一党员一建议"活动，积极献计献策。参加中共江阴市委组织的政治协商会和民主协商会，就江阴经济社会发展的大政方针、重大决策以及重要人事安排坦诚直言，提出建议和意见。积极组织党员骨干参加市政协举办的政情交流会、视察活动以及专题座谈会，不断拓展党员知识面和知情度，为参政议政奠定基础。1月，农工党江阴市委在市政协第十四届五次会议上作《加强环境卫生长效管理，深度打造江阴美丽乡村》专题发言，并被市政协评为优秀调研报告二等奖，提交集体提案5件、个人提案13件。集体提案《关于实现我市更高质量就业水平的五点建议》和高恒个人提案《关于进一步精确调控医保结算，造福江阴百姓的建议》被市政协评为优秀提案，多项建议和提案得到市委、市政府重视和采纳。

【社会服务】 2016年，农工党江阴市委以优势促服务，以品牌强服务，多措并举切实提升社会服务实效。全年在山泉村"大爱同心"服务站开展义诊咨询活动12次，洪淇还为山泉村村民开设一堂老年心血管防治健康讲座。组织医卫届的高恒、黄文龙、项斌、姚勤红、胡星等专家参加市政协在青阳镇芦塘村举办的送医、送教、送文化、送健康、送器械和助残"五送一助"活动。积极参加市卫计委、市健康促进中心的健康教育讲师团活动,姚勤红、朱耀华等赴社区、学校开展健康讲座。响应农工党中央提出的"大方不脱贫,农工不脱钩,脱贫也不断线"的工作口号,是年继续派员参加贵州扶贫活动,捐资1.8万元。继续搞好"农工励志奖学金"的颁奖工作,增资3000元奖励江阴市特殊教育中心校优秀学生。党员姚勤红、陶江丰、胡永明、薛红娣和李洁等,自费到云南腾冲为当地学校6个班级捐建图书角,并捐赠药品、健康教育宣传资料、健身绳等物资,同时为学生开展健康体检;黄国强继续资助农工党无锡市委"春雨助学金"及江阴"关爱扶贫基金";许振芳全程赞助江阴职业技术学院"万舜杯"职业风采节及科技展,并捐赠10万元设立"创业创客中心"。

【党员成果及荣誉】 2016年,党员陶江丰的"上颌窦提升同期种植体植入术在上颌后牙区严重骨量不足中的应用"项目被无锡市卫生和计划生育委员会立项,黄文龙的"内分泌科主导的血糖管理对住院高血糖患者血糖、卫生经济学指标及预后的影响研究"项目被无锡市科技局立项。同时,党员积极撰写医学论著及论文,缪剑辉、袁保编著《清化发微——袁士良学术与临证经验集》,由东南大学出版社出版发行;吴疆在SCI上发表论文1篇,奚蕾、张英姿、孔玉、殷小军、夏锴、高恒、黄锡琴、姚勤红、李洁、赵茹、刘青、袁保、徐金菊、徐威、邱全兴、洪淇16人在省级以上刊物发表医学论文19篇。企业家党员许振芳在新华社经济参考报社案例征集活动中,获评2016"新经济、新动能、新模式"榜样人物。 (王 蔚)

九三学社江阴市委员会

【概况】 2016年,九三学社江阴市委深入学习贯彻中共十八届五中、六中全会精神和习近平总书记系列重要讲话,紧紧围绕中共江阴市委、市政府中心工作,认真落实"思想上坚定、履职上坚实、组织上坚强"的组织建设目标,扎实开展坚持和发展中国特色社会主义学习实践活动,切实加强自身建设,认真履行参政议政、民主监督和政治协商职能,创新社会服务机制,社的各项工作取得新的成绩。组织社员聆听社中央讲师团的《到西部去:见证辉煌,践行理想》专题报告、船舶专家作的《深海装备的战略需求与前沿技术问题》科学报告会;组织社员撰写习近平总书记在庆祝建党95周年大会上的讲话精神学习体会,有3篇文章被刊登在《无锡九三》杂志上;开展"学习华西精神,建言江阴发展"活动,全社30多名中层干部和中青年骨干到华西新市村参观吴仁宝老书记故居,聆听华西新市村党委书记吴协恩的华西精神报告会;以九三学社江阴市第四次社员大会召开为契机,加强舆论宣传,11月1日和16日分别在《江阴日报》刊登《调查研究夯实参政议政之基》和《发挥自身优势,积极服务社会》文章,编印《2011—2016五年回顾》《九三学社江阴市委参政议政成果汇编》;发动社员积极参与社中央"中国面孔,中国梦"摄影大赛;开展宣传江阴新农村建设成果的"同心杯·美丽乡村"摄影评比活动,共征集到摄影艺术作品87幅,全面展现江阴市新农村的崭新风貌。年内发展新社员7人,新社员平均年龄36.5岁。3月,1名老社员去世。4月,1名社员转往上海。至年末,有社员114人,平均年龄50.6岁,高级职称59人,占社员总数的51.8%。继续开展示范支社创建活动,电子电力支社获"示范支社"称号。社市委获评社省委2016年度组织建设工作先进集体,电子电力支社获评社无锡市委2016年度先进集体。社员荣朝晖获评社省委2016年度社会服务工作先进个人,社员朱宏清获评社省委2016年度参政议政先进个人;社员郭英才、冯军、顾建平、徐建军、殷琴、强静霞6人获评社无锡市委2016年度先进个人。

【九三学社江阴市第四次社员大会召开】 2016年11月15日,九三学社江阴市第四次社员大会在江阴市召开,85名社员参加会议。全体社员听取和审议喻伟力代表九三学社江阴市第三届委员会所作的工作报告,选举产生以王京冉、朱宏清、时平、吴艳宇、张成奇、杨雷、范恩卓、荣朝晖、郁昉、徐建军、龚珊、曹霞莉、梁丹、喻伟力、强静霞15人组成的第四届委员会。喻伟力当选为主任委员,龚珊、杨雷、时平当选为副主任委员;第四届委员会增设常委会,喻伟力、龚珊、杨雷、时平、曹霞莉、荣朝晖当选为常委,任命郁昉为秘书长。中共无锡市常委、江阴市委书记陈金虎,九三学社江苏省委秘书长冯蜀陉,九三学社江苏省委副主委、无锡市委主委程红、中共江阴市委常委、统战部部长陈兴华出席会议并作重要讲话;江阴市人大常委会主任孙小虎,市政协主席徐

2016年11月15日,九三学社江阴市第四次社员大会在江阴市召开。图为会议现场 (九三学社江阴市委提供)

冬青,市政府副市长吴芳,九三学社无锡市委专职副主委任克奇出席会议;江阴市政府副市长、民盟江阴市委主委龚振东代表市各民主党派、工商联、无党派知识分子联谊会向大会致贺词,社市委对口联系单位、部分社员所在单位领导应邀莅临大会。

【九三学社无锡市及以上大会代表】 2016年,九三学社江阴市委按照九三学社无锡市第十三次代表大会代表的提名条件和产生办法,经各支社提名,召开支社选举大会,选举产生曹霞莉、刘建康、崔联合、时平、强静霞、韩琴敏、郁昉、王建强、赵忠民、范恩卓、喻伟力11位代表。11月16—18日,时平等11位代表参加九三学社无锡市第十三次代表大会,会上喻伟力当选为九三学社无锡市第十三届委员会常委,郁昉当选为委员,喻伟力、荣朝晖当选为九三学社江苏省第八次代表大会代表。

【参政议政】 2016年,九三学社江阴市委调动全社力量,集聚集体智慧,深入开展调研,积极建言献策。社员杨雷在市政协第十四届五次会议专题座谈会上作《优化软环境,提升软实力,提振江阴制造业转型升级》专题发言。社员人大代表、政协委员在人大、政协"两会"期间提交6件集体提案和21件个人提案,集体提案《关于加快对城区搅拌站、堆场进行集中整治的建议》被市政协确定为2016年重点提案。顾韵秋个人提案《关于推进我市城区智能停车系统建设的建议》、殷琴个人提案《关于尽快建立我市畜产品市场准入制度的几点建议》被评为市政协2016年度优秀提案。成立"供给侧结构性改革"专题调研课题组,吸收社内具有相关专业知识和一定参政议政能力的社员,多次召集课题组成员对课题进行分析、论证,主要领导亲自带队到政府相关部门、企业深入调研,广泛听取基层意见、建议,完成《创新供给拓增量,精准服务促发展——关于我市重点工业行业供给侧结构性改革的思考和建议》的调研报告,获市政协2016年度优秀调研报告三等奖。全年参加市政协政情交流会4次。9月,在市政协举行的"1310工程"*政情交流会上,社员荣朝晖、赵忠民代表社市委与市住建局进行互动交流并提出意见、建议。社员王忠琼、蒋云燕被市政协评为2016年度优秀政协委员,社员韩琴敏被评为优秀民主监督员,社员曹亚明、蒋云燕、殷琴、赵忠民被评为提案积极分子。

【社会服务】 2016年,九三学社江阴市委突出品牌建设,创新社会服务形式,为基层群众送去关怀和温暖,有效扩大社会影响力。5月,社市委与中共江阴市委办联合,邀请九三学社无锡市人民医院基层委员会16名副主任医师以上职称的医疗专家到江阴市澄江街道江锋社区进行义诊,为百余名社区居民进行健康讲座和医疗咨询、诊断服务。6月,邀请市园林旅游局专家和社内相关行业专家到顾山镇红豆村进行乡村旅游规划指导。7月,经贸支社开展"慈善捐助"活动,到公益四点钟学校,给学校师生送去奶粉、蜂蜜等慰问品,了解义工需求和需要慈善捐助的学生。12月,资助顾山红豆村30户困难家庭。年内,由社员荣朝晖组建的15人团队继续无偿为四川甘孜藏族自治州炉霍县一所中学提供设计服务,并完成验收。

【社员成果及荣誉】 2016年,社员荣朝晖设计的"临港新城规划展览馆"获中国建筑学会建筑创作银奖;社员陆岸的"黄公望国际艺术项目"获江苏省建筑学会一等奖;社员李宗保被国家中医药管理局评为龙砂医学流派后备传承人、全国中药特色技能传承人。 (郁 昉)

江阴市工商业联合会

【概况】 2016年,江阴市工商联面对新形势新任务,加强工作研究,谋划服务举措,打造发展平台,促进全市非公有制经济的转型发展,完成第十二次私营企业调查,并上报全国工商联;全面开展民营企业社会责任调研,推荐69个企业申报"中国民营企业500强",海澜集团有限公司等11个企业最终入围。年内,发展新会员15人,至年末有各类会员3544人;镇(街道)商会14个,园区商会3个,自建行业商(协)会有市级12个、镇级14个,异地商会5个。是年,市工商联被评为全省县(市、区)工商联先进集体,江阴市月城商会被评为全省工商联商会组织先进集体,江阴市新桥商会、江阴市青阳商会、江阴市徐霞客总商会、江阴市浙江商会和江阴市福建商会被评为无锡市工商联先进基层商会,江阴市装饰装修行业协会、江阴市餐饮业商会和江阴市糖烟酒商会被评为无锡市先进行业商(协)会。

【江阴市工商联第十次会员代表大会召开】 2016年12月28日,江阴市工商联在江阴黄嘉喜来登酒店召开第十次会员代表大会,130余名代表参加会议。会议审议并通过市工商联主席黄丽泰所作的《江阴市工商业联合会第九届执行委员会工作报告》,选举产生市工商联第十届执行委员会委员133人(其中常委56人),选举周江为主席,陶建国、金锡妹、刘政、刘小微、孙伟、孙云丰、朱永方、吴自强、周立宸、胡品贤、胡鹏飞、钱德洪、解红光、缪志强、潘文伟、薛德网16人为副主席,金锡妹兼任秘书长。同时选配江阴市总商会领导班子,周江为会长,陶建国、金锡妹、刘政、马建忠、叶卫春、任乐天、华国平、孙亚平、孙秉忠、李全兴、李岐霞、吴锦明、宋建新、陈少忠、金继阳、周成、薛洪权、戴加龙18人为副会长。

【参政议政】 2016年1月,在政协第十四届五次全会上,江阴市华宏塑料有限公司总经理胡海云代表市工商联作《关于进一步助推江阴中小企业挂牌"新三板"的思考和建议》的专题发言,提交《关于切实解决银行发放企业贷款时配套承兑汇票问题的建议》等2篇集体提案,《关于进一步助推江阴中小企业挂牌"新三板"的思考和建议》被市政协评为年度优秀调研报告。年内,成立专题调研小组,深入市规划局、住建局等机关部门和江阴泓佳置业有限公司、江阴长江房地产开发公司等江阴市主要房地产开发公司走访调研,撰写调研报告《关于进一步促进我市房地产健康稳定发展的思考和建议》。

【开展"守法诚信示范企业"争创活动】 2016年,江阴市工商联深入开展以守法诚信为重点的非公有制经济人士理想信念教育实践活动，不断拓展思想政治工作的内容和载体，进一步促进非公经济人士健康成长。组织开展市工商联“守法诚信示范企业”争创活动，经税务、环保、质检等多部门共同审定，江苏华西集团公司等110个企业被命名为2015年度江阴市工商联守法诚信示范企业。12月，江苏法尔胜泓昇集团有限公司、江苏海鹏集团、江苏怡达化工有限公司和江阴市洪腾机械有限公司4个示范企业的典型事迹在《江阴日报》陆续进行宣传报道，在全市非公企业中营造诚信守法的良好氛围。

【学习培训】 2016年，江阴市工商联和青年企业家协会共同举办的“澄商学堂”开讲，7月、8月和10月分别邀请上海财经大学EMBA导师，中国社科院研究员陶国富、山东红领集团总裁张蕴蓝和国务院参事陈全生到江阴，分享企业转型发展经验和“把脉”经济形势，累计培训会员企业家1000余人次；组织70多名企业家赴上海复旦大学，开展“转型发展、产业提升”高级研修班学习，知名专家和教授剖析供给侧改革下宏观经济政策走向与2016年经济形势，并结合大量实例为企业家作产业提升和战略转型、商业模式的创新、企业内部风险控制等精彩授课，并实地参观上海振华重工(集团)股份有限公司；组织40余名企业家赴阿里巴巴集团、吉利汽车杭州湾制造基地考察，学习借鉴高端互联网企业的突破思维和传统制造业企业的规范管理；组织30余名企业家赴山东三利集团有限公司和山东红领集团，学习企业文化建设和传统服装制造业企业商业模式创新的优秀经验。

【服务平台】 2016年，江阴市工商联始终在提升服务上下功夫，服务平台突出新成效：“商会+银行”平台服务会员求精准。针对民营中小企业融资困难问题，市工商联组织人员深入走访会员，有针对性地选择企业，了解实际需求，与招商银行江阴支行、宁波银行江阴支行等银行沟通对接，分别在祝塘、云亭和宁波银行江阴支行举办三场银企对接活动，为40余个中小企业会员提供融资需求咨询和服务；“纳税人之家”平台增添服务新内涵。4月，江阴市“纳税人之家”召开工作会议暨一届二次理事会议，国税局加入“纳税人之家”。依托这个平台，分别组织月城商会、南闸商会和装修装饰行业协会的100余名会员，开展“税企互动，助力发展”政策宣讲会以及“服务纳税人、聚焦营改增”等专题讲座，深受广大企业欢迎；“军民融合发展”平台寻求发展新契机。积极走访发动，搭建军地供需对接和军民融合发展的交流平台，邀请7个会员企业加入无锡市军民融合企业协(商)会，帮助会员寻求更好的军民融合发展契机。

【经贸交流】 2016年，江阴市工商联组织会员赴无锡红豆集团有限公司，开展跨区域“看会员发展，谋优化提升”学习交流会；举办驻外商会经贸交流活动，联合市委统战部举办2016年江阴驻外商会“情系故乡·共赢发展”经贸交流活动；在江阴市经贸洽谈会期间，举行“添彩江阴、共赢发展”恳谈会，来自美国江苏商会和异地江阴商会的会长、副会长们相聚江阴，为江阴发展共同出谋划策、牵线搭桥；2月底，组织青阳商会2名会员赴澳大利亚，参加“第一届江苏省企业家赴澳大利亚维多利亚州驻点项目交流”活动，与澳大利亚科技大学研发中心签订3年的项目研发协议；5月，澳方11名企业家代表到江阴，市工商联组织江阴16名民营企业家开展面对面的深入交流和赴企业实地考察，寻求合作发展商机；组织30多名企业家赴重庆涪陵区考察，深入了解当地投资环境和政策，并在页岩气开发、汽车零部件制造、电缆配套生产等方面达成合作意向。

【组织建设】 2016年，江阴市工商联积极搭建商会组织架构，做好“上海市江阴商会”和“临港经济开发区新能源产业园商会”的筹建准备工作。年内，成立第5个异地江阴商会——南京市江阴商会，江苏翠佛堂珠宝有限公司董事长周海民当选为首届会长；成立临港经济开发区石化新材料产业园商会，江阴市东亚包装有限公司董事长朱东俭当选为首届会长；成立临港经济开发区机械装备产业园商会，江苏双良集团有限公司党委书记缪志强当选为首届会长。

【基层商会】 2016年，江阴市工商联切实加强基层商会工作的规范化建设，统一印发工作意见和考核细则，在基础建设、教育引导、服务会员和上下联动等方面提出明确的目标和任务；推出《江阴市工商联系统商(协)会筹建成立和换届操作试行办法》，完善操作流程，指导各基层商会规范做好基础建设工作；结合半年度工作会议，组织基层商会秘书长赴宁波市镇海区骆驼商会学习，听取对方在规范商会建设、服务会员企业和加强政企沟通等方面的经验介绍，同时邀请无锡市工商联副主席到江阴授课，作《行业协会的改革与发展》讲座，并就如何当好基层商会秘书长展开讨论，帮助秘书长们理清工作思路，明确工作方向。

【公益光彩事业】 2016年，江阴市工商联继续弘扬“光彩精神”，积极扶贫助困。联合新潮仁爱基金会定期组织会员赴金钥匙儿童启智中心开展慰问活动；充分发挥“江阴市总商会爱心光彩基金”作用，开展“商会助我上大学”助学活动和困难职工帮扶活动，共为25名困难职工子女圆大学梦，及时为19名遭遇突发情况的困难职工缓解燃眉之急；组织江苏法尔胜泓昇集团有限公司、江苏大经集团有限公司等会员企业与徐州睢宁5个贫困村结对，开展“百企帮百村”精准扶贫活动。据不完全统计，全年各级商会组织及会员捐赠款物超5000万元，在全市范围内营造民营企业家义利兼顾、以义为先的良好氛围。 (金建兴)

江阴市无党派知识分子联谊会

【概况】 2016年，江阴市知联会深入贯彻中共十八大，十八届三中、四中、五中、六中全会精神，着力加强思想教育，全面推进组织建设，充分履行参政职能，努力推进民主监督，积极开展社会服务，广泛拓展对外联络，各项工作取得新成效。5月，与宿迁市宿城区无党派人士联谊会开展交流活动；各小组、工作处室进行换届，城乡建设组示范小组进一步提升完善,法尔胜小组与九三学社江阴学院支部、城乡建设组与民盟澄江支部分别开展结对活动。9月,组织会员赴土地山革命烈士墓开展“烈士纪念日”公祭活动。开展“书香知联”读书活动4次;举办书法培训班;召开生日座谈会5次。全年编发《江阴知联》4期,组织17名会员参加市委统战部举办的新成员培训班,7名会员参加党外骨干培训班。年内,发展新会员2人,张成奇申请加入民主党派,龚晓红调离江阴市,苏斌申请退会。至年末会员总数90人,平均年龄43岁。

【江阴市知联会第四届第一次会员大会召开】 2016年11月17日,江阴市知联会第四届第一次会员大会在市机关综合楼召开,90余名会员参加会议。会议审议通过王新达代表市知联会第三届理事会所作的工作报告和第四届第一次会员大会筹备工作报告,选举产生市知联会第四届理事会理事23人。随后召开的市知联会第四届第一次理事会议选举王新达为会长,李飞雨、刘建军、洪朝晖、宋超、薛艳芳和武传刚为副会长,汪小琳为秘书长。无锡市委常委、江阴市委书记陈金虎,江阴市委副书记、代市长蔡叶明,江阴市委常委、常务副市长孙小虎,江阴市委常委、市政协主席徐冬青,江阴市委常委、统战部部长陈兴华等领导到会祝贺。

【参政议政】 2016年1月,江阴市知联会共向市政协十四届五次会议提交集体提案7件。会员中人大代表、政协委员在市人大、政协“两会”期间提交提案、建议13件。集体提案《调动企业和社会力量,构建具有江阴特色的扶贫工作新机制》由会员杨莉萍在专题大会作交流发言,与提案《关于加强政府对民间公益组织引导支持的建议》《关于进一步加强学校发展共同体建设的建议》一并被政协评为优秀提案。集体提案《关于建立完善关爱环卫工人工作机制的建议》被政协评为重点提案。年内,课题组成员申报完成市委《关于江阴市环境污染源防治工作的调研报告》(徐贞庆执笔、武传刚作大会交流发言)。各工作小组

2016年8月,江阴市知联会城建组会员在市公用事业管理局开展结对环卫金秋助学活动,资助澄江环卫所困难职工的大学新生子女2人

(江阴市知联会提供)

提交《关于防范校园暴力的对策建议》《关于进一步加快我市传统文化进课堂行动的建议》《关于江阴供给侧改革之企业重组系统构建的建议》《关于加快政府出台政策支持老小区加装电梯的建议》《关于提升江阴文明交通形象的提案》和《关于深化全民阅读、共建书香社会的几点建议》等调研报告。在市政协民主议政会上,市知联会承接《全面推进社会治理法治化 打造法治江阴》调研课题,会员徐贞庆参加政协组织的调研活动,撰写高质量的调研材料并作交流发言。组织会员参加市政协召开的政情交流会4次,2名会员在有关房地产的现状及对策的政情交流会上作交流发言。担任各级特约监察员、民主监督员、特约评审员、行风监督员等的会员认真履行职责,提出有价值的意见和建议,较好地发挥民主监督的作用。

【社会服务】 2016年,江阴市知联会继续依托城中社区这一“同心”基地,充分发挥会员资源优势,多渠道、多形式积极开展社会服务工作。是年,“同心”基地城中社区爱心服务站被评为无锡市“同心”实践示范基地。春节前夕,江阴市知联会分管领导慰问社区困难家庭20户,并赠送慰问金、生活用品等,部分会员为社区居民提供免费医疗、写春联、法律咨询等服务。在学雷锋日,开展法律咨询、心理健康咨询,送上医疗服务、科普宣传、就业指导等;结对会员带领散居孤儿和困境儿童开展爱心美食夏令营活动;4月下旬,副会长宋超前往贵州毕节市织金县开展帮扶活动,为织金县公鸡山村修建水利工程资助1.8万元;城建组会员捐款1.59万元,开展结对环卫金秋助学活动,资助澄江环卫所困难职工的大学新生子女2人。刘建军、衣殿海不负众望,圆满完成援疆工作各项任务。会员们积极参加爱心帮扶、助学活动,邓峰向江阴市慈善总会捐款100万元;李振中的“振中教育奖励基金”第6年在要塞实验小学发放,他还为山西运城小学维修房屋、购买体育设施等捐助10万余元;殷风华带领爱心团队继续坚持助学帮扶活动,助学金额5万余元;广大会员踊跃参加市“慈善一日捐”活动。

【会员成果和荣誉】 2016年,李振中在第六届国际摄影艺术展中获动物运动组丝带奖银奖;王新达撰写的论文《复议维持情形下共同被告举证责任研究》获江苏省法学会行政法学研究会二等奖;潘红被省住房和城乡建设厅评为全省建设档案管理工作先进工作者;刘建军被霍城县政府评为优秀援疆干部人才;俞静的《红尘烟火中的历史必然》获江苏广播文艺奖二等奖、无锡广播文艺奖一等奖;武传刚在无锡市总工会读书月征文活动中获三等奖、最佳人气奖。 (沈海燕)

■类目编辑 杨佳杰

群众团体和组织

江阴市总工会

【概况】 2016年，江阴市各级工会紧紧围绕全市深化改革、创新发展大局，以更实举措组织引导职工，以更高标准强化维权服务，以更鲜明导向夯实基层基础，以更严要求加强党的建设，各项工作取得新进展。年内，全市新建各类工会组织710个，其中独立工会102个；发展会员3.76万人，其中农民工会员2.21万人；工会组建率97.9%，职工入会率97.5%。是年，市总工会先后派员参加江苏省十大重点工程劳动竞赛推进会、江苏省工会法律工作会议、江苏省工会服务职工项目推介会、江苏省工会劳动保护监督片区服务站建设会等全省性工会工作会议，并作交流发言。

【模范先进评选表彰】 2016年，江阴市总工会组织开展模范先进推荐评选表彰活动，树立典型，弘扬先进，激励全市广大职工为建设“强富美高”*新江阴做贡献。年内，组织做好全国五一劳动奖章获得者、江苏省劳动模范人选推荐评选工作，推荐全国五一劳动奖章获得者人选1人、江苏省劳动模范人选18人；开展首届江阴工匠和江阴市文明职工评选表彰活动，评选表彰首届江阴工匠10人、江阴市十佳文明职工10人。4月27日，市委、市政府召开江阴市庆“五一”先进表彰大会，表彰各级劳动模范和先进人物。是年，市总工会为全市各级劳模发放春节慰问金、荣誉津贴、低收入困难补助金和特殊困难帮扶金“四金”207万元；组织85名劳模进行短期疗(休)养活动；组织285名劳模参加免费体检。

【立功竞赛活动】 2016年，江阴市总工会组织开展“当好主力军、建功‘十三五’”立功劳动竞赛活动，进一步激发广大职工群众的劳动热情和主人翁责任感，充分发挥工人阶级主力军作用。年内，全市各行各业20万余名职工积极参加52个主题劳动竞赛和83个工种技能比赛活动。市总工会举办中式烹饪、教师教学、动物检疫、三维CAD(计算机辅助设计)应用、数控车床操作、大客车驾驶、配电线路电气操作、医务人员心肺复苏、行车操作、电焊等全市十大工种职工职业技能比赛；组织实施2016年度全市职工科技创新成果、合理化建议评选表彰活动，表彰职工科技创新成果和合理化建议125项，发放奖金30万元。是年，市职工科技创新成果一等奖项目第一完成人张军等10人在江阴市第二十六届科技节暨科技创新大会上被市委、市政府授予“江阴市十佳职工科技创新标兵”称号。长电科技中芯3D(三维)集成芯片项目被列为江苏省十大重点工程劳动竞赛项目。申港三鲜养殖有限公司郑金良劳模创新工作室被江苏省总工会命名为江苏省示范性劳模创新工作室。江苏阳光集团有限公司陈丽芬劳模创新工作室被命名为江苏省十佳女劳模创新工作室。

【职工帮扶服务】 2016年，江阴市总工会主动适应工会帮扶服务转型发展新要求，积极探索服务职工新路径。创新推出依托于市民卡同步发行的江阴工会服务卡，发放工会服务卡61万张，后台录入会员信息36万条，持卡职工会员可以享受生日蛋糕团购优惠、周末课堂免费刷卡培训、职业介绍信息共享、“职工之家”刷卡参与活动等普惠服务或专项服务。江阴工会服务卡项目被列为江苏省工会服务职工十大示范项目，工会服务卡发行工作被列为2016年度江阴市国民经济和社会发展重点目标任务。年内，市总工会深入推进“3N·身边的关爱工程”(“3”指维权、帮扶、服务，“N”为不确定的若干项关爱工程项目)，不断丰富活动内涵，拓展服务对象，惠及更多职工群众。是年，发放职工医疗互助保障金、大病救助金、困难救助金876万元，新增参保患病住院职工一次性200元工会慰问金，全市职工医疗互助保障在保职工17.7万人。各级工会元旦、春节两节送温暖活动筹集资金1190万元，慰问困难职工6067户。“金秋助学”活动结对助学2670人，资助金额466万元。

【职工服务平台建设】 2016年，江阴市总工会加强职工服务平台建设，努力满足职工群众多层次、多方面、多样化物质文化需要。按照江苏省总工会《全省工会加强职工服务平台建设三年规划(2016—2018)》要求，把加强职工服务平台建设作为重点工作深入推进。年内，市总工会困难职工帮扶中心转型升级为市职工服务中心，高新区、月城镇、青阳镇、顾山镇、徐霞客镇、璜土镇、周庄镇按“阵地规范、功能完备、管理科学、作用发挥”标准，建成或完善职工服务平台。是年，市总工会继续推进村(社区)、企业实体“职工之家”建设，新建实体“职工之家”46个；新建环卫职工“安康·爱心驿站”20个、女职工“爱心母婴休息室”6个。

【构建和谐劳动关系】 2016年，江阴市总工会积极整合各类资源，进一步规范企业用工管理，全面构建和谐劳动关系。年内，组织开展“百人千企”法律监督服务志愿行动，市镇两级181名法律监督服务志愿者对1038个企业进行法律监督服务，发放意见书126份，提出整改意见220条；全面推进职代会制度规范化建设，切实落实职工民主权利，在全市百人以上企(事)业单位开展“星级职代会”创建活动；持续推进企业工资集体协商提质增效，全市签订工资专项集体合同企业7450个，建制率99.5%；强化劳动争议调解和法律援助机制，推动全市18个镇(街道、园区)全部建立职工法律援助律师团。是年，全市81名职工法律援助律师为劳动权益受到侵害的职工群众提供法律免费咨询533人次，代写申请书或诉状104份，帮助追讨工资及赔偿金146万元；各级工会接处职工来信、来访、来电1098件次，涉及人数1670人次。

【职工素质提升】 2016年，江阴市总工会充分发挥工会“大学校”作用，致力建设与全市经济社会发展相适应的知识型、技术型、创新型高素质职工队伍。组织开展新时期“江阴工人精神”“江阴工匠精神”表述语征集评选活动，确定“敢想敢做敢攀登，创造创新创一流”江阴工人精神表述语和“专业专注，精准精美”江阴工匠精神表述语。启动实施新一轮“123”职工素质提升工程，计划2016—2018年三年内，帮助1万名职工提升学历水平或技术等级，完成2万名企业班组长的培训，完成30万名普通职工的培训。年内，全市各级工会累计培训职工80244人次。是年，市总工会组织开展“送教进企业”活动，走进企业举办《优秀班组长管理能力培训》《职业化素养培训》《弟子规与现代企业管理》《6S现场管理》《员工敬业精神》等实用课程85场，惠及企业职工8000余人；开办“职工周末课堂”，开设有关摄影、书法、国画、插花、文学欣赏、瑜伽、育婴等方面的课程20期162场次，培训11200余人次；实施职工学历与能力提升“求学圆梦行动”，帮助104名职工获得大学录取通知书；组织举办专场文艺演出进企业、全市职工羽毛球比赛等各类活动。是年，江阴地税局被评为全国职工书屋示范点，江阴市天华纱业有限公司被评为江苏省职工书屋示范点，江阴信邦电子有限公司等10个企业被评为江阴市十佳书香企业。 (夏伟刚)

共青团江阴市委

【概况】 2016年，江阴市各级团组织紧紧围绕市委、市政府高水平全面建成小康社会，加快建设“强富美高”新江阴，继续当好全省全国县域经济发展排头兵和领头羊的总目标，坚持问题导向，加大创新力度，服务发展大局，带领全市广大团员青年发挥生力军作用，各项工作取得新进展。5月5日，共青团江苏省委书记万闻华带队到江阴调研共青团工作。7月27日，共青团江苏省委在江阴召开2016年度全省共青团基层组织建设专项组工作推进会；同日，共青团江苏省委副书记王伟一行深入江阴企业一线，开展“走听转办·走支部连百心”直接联系青年活动。团省委领导在江阴调研和开展联系青年活动期间，对江阴共青团工作给予高度评价。

【青少年思想引领】 2016年，共青团江阴市委大力弘扬社会主义核心价值观，着力打造导向鲜明、影响广泛的青少年思想引导体系，深入开展各类青少年思想引领活动。年内，在全市中小学集中开展“青春五月”、成长成人仪式、“红领巾寻访”等活动，在大型企业举行多场“我心目中的工匠精神”思辨会；组织开展第七届“江阴市十大杰出青年”评比活动，成功推荐江苏好青年2人、无锡市十大杰出青年1人；组织开展“‘3·5’学雷锋”广场志愿行动、阳光助残行动、“‘12·5’青年志愿者与人大代表、政协委员面对面”活动，继续扶持“我推轮椅看江阴”“红色电影巡展”“衣衣不舍·慈善环保”“废旧电池回收”等公益项目品牌；举办“文明城市课堂”进社区、进学校、进企事业单位活动60余场次；打造文化传媒平台，筹建“暨阳青语”网站，策划卡通形象“团小澄”“团小青”，并制作绘本故事；与江阴广播电台FM907合作播出“青年之声特别版”主题广播6期；与江阴日报社联合开设“青年之声”专栏；发布微文化产品“千千来了”30余期，该微文化产品获团中央书记处书记徐丰肯定。

【基层团组织建设】 2016年，共青团江阴市委进一步加强基层团组织建设，打造覆盖全面、反应迅速的组织能动体系。年内，组织举办各类团、队干部培训班3期；结合“两学一做”开展“学团章团史、学总书记关于青年和共青团工作重要论述与共青团改革精神，做合格团干部”活动；贯彻落实“1+100”(每1名专、挂职团干部经常性直接联系不少于100名不同领域的团员青年，每1名兼职团干部联系不少于10名团员青年)团干部直接联系青年制度，开展“走支部连百心”活动400余场次，联系青年39604人；以“六个一”(一课，即入团第一课；一月，即青春五月；一员，即共青团辅导员；一室，即团员成长教育室；一角，即班级团队角；一档案，即学生团员成长档案)团建项目建设为统揽，构建学校、年级、班级团干部三级联动机制；在全省率先全面铺开“青少年之家”建设，打造团属阵地“门店”新模式。是年，江阴中专团委被评为全国“五四红旗”团委和江苏省十佳中职学校共青团组织。顾山镇红豆村农业专业合作社团支部被评为全国“五四红旗”团支部。市青少年之家、临港街道于门村青少年之家被评为团中央全国示范性青少年综合服务平台。团市委被评为江苏省基础团务工作先进单位。江苏省南菁高级中学实验学校南菁少年科学院、江阴市顾山实验小学红豆少年科学院被评为江苏省优秀少年科学院。澄江街道贯庄小学“希望来吧”、南闸街道泾西公寓“希望来吧”通过团省委考核。

【服务青年民生】 2016年，共青团江阴市委聚焦团青品牌建设，助力青年创新创业，全面做好服务青年民生工作。年内，持续开展“号、岗、手、队、室”品牌工作，努力扩大品牌效应和社会影响力；与市青年企业家协会联合启动“产业强市、基业长青”工程，为江阴青年创新创业和交流合作搭建平台；举办“市长和青年企业家面对面”活动；开启“千企百青耀江阴”评比活动；扩展“创青春·蓝海计划”内涵，打造团属青年创业空间项目6项；启动“青创英才510计划”（提供10万元教育培训金，建立10个就业实习基地，扶持10项重点创业项目，聘请10位创业导师，举办10场创业主题讲座），优化青年创新创业环境；做实“青创宝”创业贷款项目，全年发放贷款3035万元。是年，海澜集团有限公司被团中央确定为青年就业创业见习基地，海澜集团有限公司张强被评为全国青年岗位能手，江阴故乡情果业专业合作社许文波被评为全国青年致富带头人。

【青少年维权和希望工程】 2016年，共青团江阴市委进一步强化青少年维权工作，积极推进希望工程，为服务青少年健康成长保驾护航。年内，组织开展“我要上大学”圆梦行动，资助困难大学新生92人，发放助学金47.8万元；开展“爱有温度”暖冬行动，帮助贫困家庭青少年214人；举办“珍爱生命，健康成长”中小学生自护情景剧大赛；继续与市青少年权益保护协会共同组织实施“奔跑吧，少年”涉罪未成年人关爱项目、“向上吧，少年”重点青少年关爱项目；创新举办少年警务培训班、重点青少年法制联络员培训班；探索打造“社会组织＋社工队伍＋社会公益项目”的“三社合一”模式。是年，江阴未成年人司法与保护干预全国试点项目结项。

【少先队工作】 2016年，共青团江阴市委切实履行“全团带队”职责，坚持为少先队办实事，为少年儿童办好事，引领少年儿童全面发展。年内，组织开展社会主义核心价值观主题宣传月活动、红领巾寻访抗战足迹活动、“党团队手拉手，唱响‘十三五’”活动等一系列主题活动；全面深化“微发现”寻访、“微表达”宣讲、“微努力”实践、“微感触”分享、“微收获”展评等主题微行动；继续开展“江阴—霍城少年儿童手拉手”援疆互助活动和“中学生结对子”特色活动，联合举办“江阴·霍城”少年儿童民族融情夏令营，组织手拉手画作展览、民族团结主题队会等活动；以“英雄中队”“魅力中队”“追梦好少年”展评等活动为抓手，选树、表彰一批基层先进少年队集体和优秀少先队员典型，190人被评为江苏省“追梦好少年”，390人被评为无锡市“追梦好少年”，401人被评为江阴市“追梦好少年”，14个中队被评为无锡市少先队“魅力中队”；推进少先队辅导员专业化、职业化建设，举办2016年度江阴市少先队辅导员培训班；举行江阴市庆祝中国少年先锋队建队67周年暨入队仪式观摩活动；与市教育局、市少工委联合举办首届江阴市少先队辅导员风采展示（说课）活动，评选出说课现场展示、案例视频展示、案例图文展示特、一、二、三等奖计81人；组织参加无锡市首届少先队辅导员风采展示（说课）活动，获说课现场展示一等奖2人，案例视频展示一等奖1人、二等奖1人，案例图文展示一等奖1人、二等奖2人、三等奖2人。 （陈启迪）

江阴市妇女联合会

【概况】 2016年，江阴市妇联紧紧围绕党政中心工作，全面贯彻落实党的群团工作会议精神，以保持和增强妇联组织的政治性、先进性、群众性为着力点，不断探索创新，努力夯实基础，全市妇女工作取得新发展。启动编制“十三五”妇女儿童发展规划，强化维权职能，保障妇儿合法权益。推进巾帼创业就业行动、巾帼科技创新行动，开展“江阴Lady（女士）创客精英”寻访活动、落实妇女小额贴息贷款政策。开展“邂逅”Lady有约、“江阴小市长”评选、“小桔灯”困境儿童帮扶等活动。成立巾帼文明志愿者总队，创新招募志愿者家庭。实施“我为文明加一度”清洁家园项目、“垃圾分类我知晓”家庭推广体验项目、“传承好家训，弘扬好家风”培育引导项目。是年，市妇联被评为江苏省妇女儿童工作先进集体、省“平安家庭”创建活动先进集体；市婚姻指导中心被列为江苏省十大维护妇女儿童权益示范岗。至年末，全市有镇（街道）妇联15个，开发区妇联3个，机关妇联17个，基层村（社区）妇联270个。

【基层妇女组织建设】 2016年，江阴市妇联坚持党建带妇建，推进市、镇（街道）、村（社区）三级妇女组织换届及“会改联”（妇代会、妇委会改建为妇联）工作有序开展。年内，规范各级妇联组织建设，全面拓展非公企业妇女组织，着力壮大各类团体会员；指导成立“爱在临港”志愿者协会妇联、三牛众创妇联、璜土葡萄行业协会妇联等新领域妇联组织；成立江阴—昆山女性社会组织合作联盟；与市民政局联合举办妇女儿童家庭公益项目征集大赛，经评选，确立实施童书阅读推广、儿童性侵预防等12项优胜公益项目，并与之签约合作，提供资金、资源、智力等多方面扶持；加强与各类女性社会组织的联系合作，强化指导和服务，推进各类女性社会组织健康有序发展；举办2016年度全市妇女干部培训班，并组织赴苏州考察女性社会组织工作点、妇女维权示范岗及妇女儿童活动中心；举办“妇联工作＋新媒体”业务能力培训班，促进妇联组织以互联网思维优化工作成效；推进妇女儿童活动中心和“妇女儿童之家”阵地建设，为广大妇女儿童和家庭提供个性化、专业化、精准化服务，全年培育10个示范“妇女儿童之家”。是年，15项女性社会组织公益项目入围无锡市妇联“苔花芬芳”公益创投和服务妇女儿童优秀案例推广项目，2项项目入围江苏省妇女儿童公益社工项目，1项项目入围江苏省妇儿工委重点扶持项目；各级各类公益项目争取扶持资金40万元，惠及妇女儿童1.23万人。

【妇女就业创业服务】 2016年，江阴市妇联继续深化妇女就业创业服务举措,全力推进妇女就业创业。年内,与市委组织部联合调整完善优秀女性人才库,举办中青年女干部培训班,加强优秀女性人才培养选拔力度;实施“巾帼英才创新联盟行动”,优化对市女企业家协会的工作指导,成立小微初创企业分会,启动“Lady创智汇”主题沙龙活动,采取组织学习培训、帮助宣传推广、提供生活服务、促进合作交流、建立共享课堂等方式凝聚和服务女企业家;与市人社、农林、教育、商务等部门联合开展常态化电子商务、SYB(创办你的企业)创业、“农村妇女网上行”等各类技能培训活动,受益妇女5356人;与市人社局联合举办“春风送岗位”等各类女性招聘会19场,推荐妇女就业3015人次;与市人社局联合落实妇女小额贴息贷款政策,发放妇女创业小额贷款114笔1480万元;与市残联联合开展“巾帼助残”活动,扶持7名残疾创业女性,发放扶持款2.8万元;与市广电集团联合开展“江阴lady创客精英”寻访活动,倡导女性创业自强精神;开展“巾帼学华西,实干促发展”主题活动,发挥农村女带头人、女经纪人、女能手典型示范作用;开展“优服务、强技能、树新风”巾帼建功主题活动,推进“巾帼文明岗”创建工作。是年,评选江阴市巾帼文明示范岗10个。华西都市农业公司等5个单位被命名为江苏省巾帼示范基地,10个企业被命名为无锡市女性就业创业实践基地;10个岗位被评为无锡市巾帼文明岗,4人被评为无锡市巾帼建功标兵。

【依法维权】 2016年,江阴市妇联依法维护妇女儿童合法权益,促进社会和谐稳定。年内,履行市政府妇女儿童工作委员会办公室职能,启动“十三五”妇女儿童发展规划编制工作;与市法院联合召开关于涉妇女儿童权益案件审理情况暨《中华人民共和国反家庭暴力法》实施新闻发布会;关注农村土地确权登记中的妇女权益;会同市公安部门大力推进家庭暴力告诫制度;和谐婚姻家庭指导项目接待调解1899对拟离婚夫妻,劝返502对,跟踪回访117对,有效促进婚姻和谐、提升家庭幸福。

【扶贫帮困】 2016年,江阴市妇联继续组织开展扶贫帮困工作,真情关爱贫困妇女儿童。年内,实施“小桔灯”困境儿童帮扶项目,从经济支持、教育辅导、成长陪伴三方面帮扶167名重点困境儿童健康成长,发放慰问金和慰问物资计15万元;依托江阴助学网、邢氏清寒助学金、上润助学金等项目开展各类助学活动,捐助236人22万元;与市慈善总会联合向100名单亲贫困母亲发放慰问金20万元;通过市女企业家协会“两癌”(乳腺癌、宫颈癌)特困妇女救助基金救助18名特困妇女,发放现金18万元,发送药品、保健品价值9万元;积极响应全国妇联“母亲邮包”活动,组织向西部地区贫困母亲捐赠寄送“母亲邮包”167个,价值2.4万元。

【家庭教育】 2016年,江阴市妇联继续深化家庭教育工作,加强未成年人思想道德建设,促进未成年人健康成长。年内,发挥家庭教育工作牵头部门作用,积极协调各方力量,认真指导各级各类家长学校办学,规范各类家长学校运行,确保家庭教育指导工作落到实处;开展“传承好家训,弘扬好家风”主题活动,汇编《春风种蕙兰》暨阳家风故事集,征集家风家训书法作品,以良好家风影响党风政风、滋养社风民风;开展家庭教育“三进”(进学校、进社区、进企业)巡讲活动,受益家长5.42万人次;开展“纷想未来,分享成长”第二届“江阴小市长”评选活动,6名学生获第二届“江阴小市长”称号,10名学生获“明日之星”称号。

【文明创建】 2016年,江阴市妇联继续深化文明创建活动,营造文明和谐氛围。年内,开展“崇德向善·文明万家”主题活动,制作《暨阳春来早,文明在万家》宣传视频,大力倡导和弘扬家庭美德,推进文明城市建设;与市文明办联合启动“星级文明户”创评活动;实施“我为文明加一度”清洁家园项目和“垃圾分类我知晓”家庭推广体验项目,引导市民树立环保生活理念,积极参与城乡环境综合整治行动;举办“人和书香,灵秀江南”江阴、昆山妇女书法作品联展;成立巾帼文明志愿者总队;建立香山书屋、丰硕茶楼等巾帼文明志愿服务基地;依托“江阴LADY”微信公众号,举办“邂逅”Lady有约公益活动20余次。是年,评选表彰江阴市最美家庭20户、五好文明家庭(标兵户)180户;评选表彰江阴市“三八”红旗手(标兵)70人、“三八”红旗集体30个。吴仁彪家庭被评为全国五好文明家庭,张纪清家庭被评为江苏省最美家庭。

(薛　暄)

江阴市科学技术协会

【概况】 2016年,江阴市科协全面贯彻落实中共中央办公厅印发的《科协系统深化改革实施方案》要求,坚持为科技工作者服务、为创新驱动发展服务、为提高全民科学素质服务、为党和政府科学决策服务,取得新的成效。年内,助力创新驱动发展,开展科技信息推广应用“一站式”服务;举行“院士专家企业行”活动,为企业发展“把脉问诊”;助推企业与高校、科研院所建立合作关系,促成30余项科研成果在江阴落地转化;组织开展金桥工程、企会协作和“讲理想、比贡献”活动等科技服务项目120余项;积极发挥市高层次人才专家咨询委员会作用,开展软课题研究和建言献策工作,形成调研报告12份,其中《关于我市以科技创新助推产业转型升级的思考与建议》在市政协产业强市论坛上作专题交流,并被评为2016年度江阴市政协优秀调研报告;举办以萃智(TRIZ)创新方法为主题的一线创新工程师培训班;组织开展两年一届的科学技术优秀论文征集与评选工作,征集科技论文390余篇,评选优秀科技论文214篇;与市暨阳名贤研究院联合举办纪念江阴籍院士钱保功、张大煜学术研讨会。协同相关部门推动成立江阴市众创空间协会,指导临港开发区科协、徐霞客镇科协等按期换届,全年新建企业科协6个。至年末,全市有镇(街道)科协15个,开发区科协2个,学(协)会35个,院校科协2个,企业科协102个。是年,江阴被评为2016—2020

年度全国科普示范县(市、区);市科协被省科协评为江苏省科技工作者状况调查优秀站点、2016年度实施“县级科协创新发展能力提升计划”优秀单位。

【服务创新发展】 2016年,江阴市科协以中国科协企业创新服务中心在江阴设立服务企业发展综合试点基地为契机,发挥江阴企业创新专家服务网络平台作用,把全国科协系统科技人才资源与科技项目引入江阴、引进企业,为企业科技创新提供优质服务。年内,举行“院士专家企业行”活动,邀请中国工程院院士、电机专家顾国彪,中国科协企业创新服务中心副主任郭昊、咨询论证处处长徐华,东南大学仪器科学与工程学院院长、教授宋爱国,东南大学材料学院教授、江苏省土木工程材料重点实验室专家庞超明等专家学者到江阴开展交流合作;促成30余项科研成果在江阴落地转化;助力江苏大东钢板有限公司与东南大学材料学院建成新材料联合研发中心;组织开展金桥工程、企会协作和“讲理想、比贡献”活动等科技服务项目120余项;组织20个企业家参加上海环博会、苏州国际工业博览会、陕西杨凌农业高新科技成果博览会等科技成果展示会;开展海智工作,为10个企业向上级科协申报科技需求项目,促成江阴中德国际技术转移中心与5个江阴企业交流合作,其中与锦明工业机器人自动化有限公司在机器人领域的合作项目进入实施阶段;继续组织实施科技兴农富民工程和科普惠农计划。是年,建成江苏省科普惠农服务站2个、无锡市“百名科技专家兴农富民工程”农业科技示范基地2个,培育科普惠农服务站和科技兴农富民工程基地20个,带动5000余户农民增收致富。

【科普活动】 2016年,江阴市科协全面组织实施国家《全民科学素质行动计划纲要实施方案(2016—2020)》,积极推进科普信息化建设,发展“互联网+科普”,推动科普创新发展。开展“个十百千万”系列科普活动,贯彻一部法律,以《中华人民共和国科学技术普及法》为推动科普工作的法律依据;依托中科院

2016年2月2日,市科协组织志愿者在周庄镇行政事业中心开展送科技下乡活动 (市科协提供)

年度创新巡展和老科学家科普讲师团两大高端资源,构建高端科普体验平台;发挥科普员、科普志愿者和科普讲师团三支科普队伍作用,开展形式多样的科普宣传活动;举办3月科普志愿者服务月、5月16—22日科普宣传周、9月17日全国科普日和12月15日中国科协会员日四大科协节日重大科普活动;以落实《全民科学素质行动计划纲要》为总揽,重点提升未成年人、农民、城镇劳动者、领导干部和公务员、社区居民五大人群科学素质,带动全民科学素质整体提高;开展进机关、进学校、进社区、进农村、进企业、进军营“科普六进”活动;打造基层科普馆、科普画廊、科普网站、科普报刊、科普微博、科普微信、科普电影“七位一体”科普宣传平台;培育优化田园风光、人文励志、传统工艺、科技体验、安全教育、健康养生、军事科普、工业创新八条专题科普旅游线路;开展消防安全、应急避险、环境保护、卫生保健、食品安全、转基因技术、心理健康、节能减排、智能生活九大重点专题科普活动;举办十场高端学术报告会,为广大科技工作者及科学爱好者搭建与高层次专家面对面交流互动平台;举办面向各类人群的科普宣传讲座300场;向基层免费赠送1000份《江苏科技报》,发展1000名微信粉丝;组织开展万人游科普基地活动;通过举行形式多样、内容丰富、寓教于乐、精彩纷呈的科普活动,吸引直接参与科普活动的群众10万人以上;积极开展科普示范镇、示范村(社区)、科普特色学校、科普示范基地等创建活动;大力实施社区科普益民计划和科普惠农计划,发挥村(社区)科普协会、社区科普大学作用,将科普融入群众日常生活,实现科普受益群众100万人次以上,形成江阴全民科学素质提升工作新品牌。是年,购置25部科普大屏赠送南菁高中、澄江街道城中社区、长泾镇南涸花木专业合作社等地,为公众学习科普知识开辟新渠道。

【科普基地建设】 2016年,江阴市科协加强科普基地建设,完善科普基础设施,创新提升科普活力。年内,位于澄江街道夏东社区总投资200万元的市级流动科技馆建成投运;新建云亭街道佘城村、要塞小学、南菁实验学校3个科普馆,至年末,全市拥有各类专题科普馆(基地)50余个(处),初步形成具有江阴特色的专题科普馆(基地)群。是年,创建无锡市科普教育基地3个、科普示范乡镇3个、科普示范村(社区)8个、青少年科技创新教育示范学校2个、科普示范家庭15个。新桥镇绿园社区被评为全国“基层科普行动计划”科普示范社区,澄江街道君山社区被评为江苏省科普示范村(社区),江阴山水江南药用植物

园科技有限公司被评为江苏省科普教育基地。

【科技人才服务】 2016年,江阴市科协围绕大众创业、万众创新主题,举办科技创新创业培训、科技沙龙等活动,营造良好的创新创业氛围;组织基层科协参加无锡市首届科协青年会员创新创业大赛,推荐参赛项目16项,获一等奖2项、二等奖4项、三等奖5项,市科协获优秀组织奖;开展"建家交友"(建科技工作者之家,交科技工作者之友)活动。12月15日中国科协会员日期间,举办游泳、羽毛球、乒乓球比赛,380余名科技工作者参加;建立科协微马微信群,吸引全市2000余名科技工作者和市民积极参与微马运动队;组织开展科技工作者状况调查,为各级党委、政府制定有关政策提供参考依据;在江阴电视台"暨阳风采"栏目开设优秀科技工作者系列专栏,播出5期访谈节目;表彰科技"三创"(创新、创业、创优)人才,55人获2016年度江阴市科技"三创"人才奖;与市委组织部、市委宣传部、市科技局、市人社局联合开展第一届"江阴市十大科技之星"推荐评选活动,12月15日,举办颁奖大会,戴加龙、曹秀明、毛洪财、张春雷、邵淑艳、刘鹏飞、惠建明、宗德清、朱建龙、李祥庆10人被评为江阴市十大科技之星。是年,双良集团有限公司毛洪财被评为第十二届江苏省优秀科技工作者。 (樊广勤)

江阴市归侨侨眷联合会

【概况】 2016年,江阴市侨联全面落实江苏省委《关于进一步加强和改进新形势下侨联工作的意见》精神,贯彻"两个并重"(国内、海外工作并重,老侨、新侨工作并重)要求,努力拓展海外联谊和新侨工作,建好侨胞之家,各方面工作取得新进展。年内,新建南闸街道侨联分会、云亭街道侨联分会、徐霞客镇侨联分会、临港街道侨联分会。全市有镇(街道)侨联分会14个、侨商商会1个。是年,江阴贝瑞森生化技术有限公司的新型生物医学材料贻贝粘蛋白研发创新团队获第六届"中国侨界贡献奖"创新团队奖,无锡佰翱得生物科学有限公司获第六届"中国侨界贡献奖"创新企业奖,上述两个侨企和远景能源科技有限公司被选为中国侨联"新侨创新创业联盟"成员单位;市天华艺术学校被中国侨联命名为中国华侨国际文化交流基地;市侨联被评为江苏省首批双"五有"(有组织、有队伍、有经费、有阵地、有活动;服务侨胞有真情、凝聚侨胞有载体、团结侨胞有骨干、活跃组织有品牌、维护侨益有能力)侨联组织。

【助力侨企发展】 2016年,江阴市侨联多措并举,助力侨企发展。年内,开展侨资企业基本经营情况调研活动,市、镇(街道)两级侨联组织通过召开侨界企业家座谈会、走进侨企实地调研、约请企业填写调查表等形式,基本摸清全市侨资企业转型升级情况、结构调整中存在的问题困难、对政府的政策需求等第一手资料,为上级部门制定决策提供依据。5月,举行两场《江苏省保护和促进华侨投资条例》广场宣传活动。6月,在高新区举办"创业中华·走进江阴"科技创新创业面对面服务活动,邀请无锡市相关部门领导和专家围绕高新技术产业申报新政策、"新三板"* 上市等企业共同关心关注的问题进行专门辅导,50余个侨企参加,中央电视台新闻频道作报道。

【参政议政】 2016年,江阴市侨联认真履行职责,积极发挥参政议政作用。年内,按照市委要求,会同市侨办组织开展侨界人大代表、政协委员推荐、考察、论证等工作,推荐市政协侨界委员12人;充分利用市人大、政协"两会"参政议政平台,支持侨界政协委员依法履行职能,组织引导他们针对地方经济和社会事业发展、维护侨界群众权益、帮助弱势群体等热点问题,深入开展调查研究、积极建言献策;组织好、服务好、保障好侨界群众的知情权、参与权、表达权与监督权,引导侨界群众依法有序参与公共事务,为推进江阴发展尽职尽力。市人大、政协"两会"期间,全市各级侨界人大代表、政协委员撰写提案议案、意见建议10余件,得到相关部门高度重视。

【为侨服务】 2016年,江阴市侨联以亲情、乡情、友情为纽带,全力做好为侨服务工作。优化提升市华侨中心活动平台,并约请部分有一定知名度、有海外关系的书画家为中心题字作画;聘请相关专业老师,定期开展以歌唱、手工、英语为主的侨界兴趣小组活动,邀请广大归侨侨眷、留学生及亲属参与;举办各类讲座58次,受众736人次。1月,会同市委统战部、市侨办举办2016年侨界迎春茶话会,侨界代表60余人参加;5月,组织侨胞侨眷和留学生亲属代表赴月城镇开展"水韵月城,多彩农业"参观游览活动;11月,组织侨胞侨眷和留学生亲属代表赴无锡开展"走近文化遗产,感受文明传承"考察活动。是年,与市侨办联合组织开展侨界走访慰问活动,利用重要节日走访慰问侨界人士120余人次。

【联谊交流】 2016年,江阴市侨联加强与海内外侨界联络联谊,积极搭建友好交流平台。新春期间,通过网络向海外侨胞表达祝福,发送电子邮件500余封,向海外侨胞家庭寄发新年贺信400余封。6月,接待巴西著名侨领支纬中,通过多方努力为之找到老家,并先后3次帮他牵线与市教育局、体育局进行交流,达成巴西足球进校园合作意向。9月,为庆祝中国侨联成立60周年,市侨联按照省侨联的统一部署要求,完成中国华侨国际文化交流促进会海外理事参观考察江阴站活动,接待来自33个国家的海外副会长、秘书长及理事80余人。是月,市侨联领导专程看望回乡探亲的顾山籍旅美博士李凯、秦燕萍夫妇。10月,市侨联领导接待法国小提琴演奏家 Fanny 等一行。11月,市侨联与市教育局联合组织城区部分学校中小学生参加第十八届世界华人学生作文大赛,征集报送作文62篇。12月,市侨联领导走访慰问美国霍普金斯大学博士蔡档、南达科他州立大学终身教授吴亚君等一批回乡探亲的海外高级知识分子。

【2016"亲情中华"夏令营江苏营在天华艺校举行】 2016年7月4—17日,2016"亲情中华"夏令营江苏营在市天华艺术学校举行,来自美国、

2016 年 9 月 23 日，中国华侨国际文化交流促进会 80 余人参观考察市天华艺术学校 （市侨联提供）

德国、加拿大等国家的 24 名华裔青少年参加夏令营活动。江苏省侨联副主席宫琳专程到江阴出席开营式，为夏令营授旗。为期两周的夏令营期间，营员们认真听取国学讲座，学习书法、国画、武术、民间手工、汉服鉴赏、剪纸等中国传统文化课程，还学习葫芦丝、二胡、古筝、中国鼓等中国民族乐器。夏令营组织营员们参观江阴黄山望江楼、船厂公园、博物馆、海澜集团有限公司和常州恐龙园、宜兴阳羡湖公园、宜兴方井紫砂文化城等。夏令营每天制作活动微信，中国侨联微信公众号每期必登，得到营员和家长欢迎认同。中国侨联网、江苏省侨联网和无锡电视台、江阴电视台都对夏令营进行实时宣传报道。 （张永振）

江阴市文学艺术界联合会

【概况】 2016 年，江阴市文联积极发挥“组织、联络、协调、指导、服务”职能，努力营造温馨、和谐艺术氛围。年内，举办 2016 江阴市新春油画展、“就画论话”当代青年油画邀请展、江阴市女画家提名展、“梁溪翰墨”无锡市书画院中国画作品展、江阴—昆山妇女书法作品联展、许琰水墨作品展、“光影韶痕”王洋油画作品展、“弘道养正”市书协“咏江阴”正书作品展、“艺路印记”徐昌安油画作品展、市书画院 2016 画师写生作品展、“澄怀闳美”2016 年江阴市教师书法作品展和“江上风骨”蔡承明、黄鼎盛、韩家熹、王星中国画作品展；组织开展以中国梦为主题的文艺展演（展示）活动；开展“送春联、送演出、送展览、送书籍、送讲座”文艺志愿者“五送”活动。7 月 4 日，市文联、市作协 2016 年写作培训班在适园艺风讲堂开班，邀请江苏省作协主席范小青，省作协书记处书记、钟山杂志社主编贾梦玮，雨花杂志社主编李风宇为培训班作专题讲座。9 月 17 日、18 日，江苏省美术家协会水彩·粉画艺委会五届二次会议在江阴举行，18 名艺委会成员出席会议，并观看“心水一色”江阴市书画院水彩画培训班学员作品展，与培训班学员进行交流座谈。10 月，市文艺志愿者服务队走进南闸街道紫金广场、澄江街道普惠苑广场、临港街道朱家湾花园小区等地，开展大型惠民演出活动。11 月，经过协会推荐、组委会评审、网上公示等流程，2016 年度“江阴文艺协会奖”评选结果揭晓，许达获“江阴文艺协会奖”大奖，夏坚勇等 13 人获“江阴文艺协会奖”优秀创作奖，张翔等 13 人获“江阴文艺协会奖”佳作奖，谭洁等 14 人获“江阴文艺协会奖”新人奖，吴长海等 24 人被评为优秀会员。是年，各协会会员创作优秀文艺作品 3000 余幅（件），60 余（件）作品参加省级以上展览、展示或展演，12（件）作品在国家级展览、展演活动中入展或获奖；出版江阴女作家丛书等文学作品。是年，市文联被评为 2016 年度江苏省基层文联工作先进单位，市文联秘书长龚翼被评为江苏省基层文联工作先进个人。至年末，全市有镇（街道）文联 12 个、开发区文联 2 个、企业文联 2 个；文联直属协会 8 个，会员 1300 多人，其中省级会员 181 人，国家级会员 91 人。

【首届江苏美术奖获奖作品巡展首展】 2016 年 4 月 18 日，由江苏省美术家协会、省文联艺术部和江阴市委宣传部联合主办，江阴市文联、市美术家协会和市书画院联合承办的首届江苏美术奖获奖作品巡展首展开幕式在市展览馆举行，江苏省文联主席章剑华，省文联副主席、美术家协会主席周京新，无锡市委常委、江阴市委书记陈金虎，江阴市委常委、宣传部部长袁秋中，江阴市副市长龚振东等出席开幕式。开幕仪式后，章剑华应邀为“江阴大学堂”作《传承与构建——文化建设的再认识再实践》专题讲座。整个展览时间为 4 月 18 日至 5 月 3 日，展出首届江苏美术奖评出的 30 件美术奖、80 件提名奖获奖作品，江阴市有 6 幅作品参加巡展。此次展出的作品风格多样，涵盖中国画、油画、版画、水彩（粉）画等，全面展示江苏深厚的人文历史和改革开放的全新面貌，既接地气，又紧跟时代潮流，吸引大量江阴市民参观欣赏。

【江阴市重大历史题材油画创作完成】 2014 年，江阴市文联和市美术家协会启动重大历史题材美术创作工程。该工程以“中国梦”主题创作和江阴城市形象塑造为统领，旨在通过对江阴市历史文化资源的系统性挖掘，以美术作品的形式再现江阴城市发展轨迹和历程。江阴市画家王俭、徐昌安、刘鸿兴、陶建荣、徐剑鹏、陆敏、曹亚明经过一年多时间的构思与创作，完成北宋黄田港、江苏学政衙署、阎应元抗清、孙中山在江阴、江阴要塞起义、上市公司江阴板块 6 幅重大历史题材油画创作。2016 年 6 月 20 日，江阴市文联在市展览馆召开江阴重大历史题材油画创作审稿会。市委常委、宣传部部长袁秋中,市文联主席王敏、副主席周林海和7名主创画家出席审稿会,并特别邀请国内著名画家陈坚、时卫平、王洋为审稿会评委专家。审稿会上,3名专家逐一对作品进行深入剖析,就如何进一步调整、完善作品的技巧和艺术层次作深刻点评和具体指导。是年,6幅重大历史题材油画全部创作完成。

【"苏风墨韵"江苏省书法名家精品巡回展】 2016年7月22日,由江苏省书法家协会、江阴市委宣传部、江阴市文联主办的"苏风墨韵"江苏省书法名家精品巡回展在江阴市展览馆开幕,江苏省书法家协会副主席兼秘书长王卫军,江阴市委常委、宣传部部长袁秋中,江阴市副市长龚振东等出席开幕式。开幕式后,举办"江苏省书法家协会公益大讲堂走进江阴"活动,王卫军作《书法的学习与欣赏》公益讲座,来自江阴和周边地区的200余名书法爱好者聆听讲座。展览时间为7月22日至31日,汇集省内70余名书法名家作品100余幅,既有尉天池、章剑华、言恭达、孙晓云、徐利明等名家的优秀作品,也有在全国性书法展赛中屡创佳绩的青年书法家的精品力作。

【市书画院画师作品展在省现代美术馆开展】 2016年8月2日,"苏风艺韵·澄江一道月分明"江阴市书画院画师作品展在江苏省现代美术馆开幕,省文联主席章剑华和江阴市副市长龚振东等领导及嘉宾出席开幕式。市文联主席王敏主持开幕仪式。开幕式上,市文联副主席周林海代表市书画院向江苏省现代美术馆捐赠陈亮国画作品《山塘隔望淡淡风》和许建铭书法作品《刘颁〈雨后池上〉》。该次展览展出市书画院30余名专兼职画师近90幅作品,涵盖水彩画、油画、中国画等门类,印证江阴书画院的成长发展,呈现江阴书画艺术的良好风貌。

【书画作品进校园巡展活动】 2016年,江阴市文联与市教育局、书画院等单位联合举办书画作品进校园巡展活动,旨在深入贯彻习近平总书记文艺工作座谈会讲话精神,进一步推进公共艺术教育,让广大师生近距离观摩江阴书画艺术家作品,感受优秀艺术作品魅力,提高艺术审美素养。巡展时间为10月10日至12月31日,先后走进南菁高中、山观中学等12所学校开展,展出市书画院书法家和画师精品力作40余幅。巡展作品遴选自"江阴百景"美术创作作品和江阴美术馆馆藏作品,其中,书法作品兼顾真、草、隶、篆等体,绘画作品有国画、油画、水彩画、钢笔画等种类。

【推出"江阴文艺厅"文化项目】 2016年,江阴市文联与市广电集团、市电影电视艺术家协会联合推出"江阴文艺厅"文化项目,该文化项目旨在通过引进实验话剧、小型音乐剧、室内乐、民谣诗歌会等优秀舞台节目,提升大众审美趣味,并为江阴文学艺术界专业人士提供学习、观摩的机会,切实提高江阴文艺创作水平。11月8日、9日,"江阴文艺厅"首场大戏演出——实验话剧《命中注定》在市广电集团演播大厅上演,近1000名江阴观众观看演出。该剧由北京华江亿动文化传媒有限公司旗下准风乐坛剧坊创演,编剧尹韬,导演闫锐,以深刻的寓意、跌宕的剧情、犀利的对白、精彩的表演赢得观众的喜爱和掌声。

2016年10月12日,江阴市文艺家志愿者服务队在澄江街道普惠苑广场举行惠民演出 (市文联提供)

【举办文艺家读书班】 2016年12月7日至9日,江阴市文联在扬州大学举办2016年度文艺家读书班。8个文联直属协会和各镇(街道)文联的文艺家代表88人参加读书班。该期读书班旨在进一步加强文艺人才队伍建设,提升文艺工作者理论水平和业务素质,培养"德艺双馨"文艺人才,推动江阴文艺事业建设迈上新台阶。读书班上,扬州市文艺评论家协会主席刘俊主讲《如何学习贯彻习近平总书记在全国十次文代会和九次作代会开幕式上的重要讲话精神》,南京大学新闻传播学院教授潘知常主讲《从四大名著看美学的终极关怀》,美术评论家纪太年主讲《艺术品产业化运作方法》,扬州大学调研员、清代扬州画派研究会名誉会长华干林主讲《扬州文化漫谈》,扬州大学美术与设计学院院长贺万里主讲《从兰亭雅集到虹桥雅集:扬州城市兴衰中的文人作为》等专题报告。其间,学员们考察参观扬州市博物馆、扬州市美术馆、扬州市工艺美术馆和扬州中国雕版印刷博物馆等。

【第十二届长三角国际标准舞全国城市公开赛在江阴举行】 2016年4月9日,由江阴市文联主办、市国际标准舞协会承办、三一重工股份有限公司冠名的2016"三一杯"第十二届长三角国际标准舞全国城市公开赛在江阴体育馆举行。来自全国各地的72支国标舞代表队3000余名选手汇聚江阴,同台竞技。该大赛特邀世界舞蹈高级评审胡春田、杨鲜婷、陈昭、王信余、王书军、李妮亚等组成评审团队。经过激烈角逐,江阴代表队获38个组别的第一,获奖总数名列榜首。 (龚 翼)

江阴市红十字会

【概况】 2016年,江阴市红十字会认真履行法定职责,全力做好人道博爱系列救助、应急救护培训、红十字志愿服务等工作,为改善民生、构建和谐江阴做出应有贡献。年内,继续开展"红十字人道万人捐"活动,募集社会捐款122万余元;加强红十字人道救助,发放各类救助款89.76万元;加强红十字社会宣传,各级各类媒体报道市红十字会活动74次;推进"省百万救护大培训"实事项目,完成初级救护员培训1010人、普及性培训8792人;以保护人的生命和健康为宗旨,积极推进造血干细胞和遗体器官捐献工作。是年,完成造血干细胞血样采集入库14例,初配43人,高分辨配型7人,完成捐献1例;新增遗体捐献志愿者报名登记18人,实现器官捐献1例。

【红十字宣传】 2016年,江阴市红十字会紧抓世界红十字日、防灾减灾日、世界献血者日等重要纪念日契机,大力开展红十字社会宣传活动。年内,与媒体加强联系合作,依托《江阴日报》"肖帮"栏目开展红十字会人道救助宣传工作;开通江阴市红十字会微信公众平台,设置"微资讯""微服务""微捐赠"三个栏目,以交流互动形式,传播人道精神,宣传红十字会工作,及时向群众提供困难救助信息、志愿服务活动信息、应急救护知识和相关政策等。是年,各级各类媒体报道江阴市红十字会活动74次,取得良好宣传效果。

【备灾救灾】 2016年,江阴市红十字会积极做好备灾救灾工作,不断提升备灾、救灾、救助水平。年内,修订《江阴市红十字会自然灾害等突发公共事件应急预案》,完善自然灾害和突发事件应急反应机制。6月23日,盐城阜宁等地遭受龙卷风、冰雹特大灾害后,市红十字会及时启动应急预案,安排工作人员24小时值班,呼吁社会各界汇聚爱心、伸出援手,帮助灾区群众渡过难关。24日,江阴红十字蓝天救援队的11名队员乘坐3辆汽车,携带发电机、急救药品等救援装备、物品奔赴阜宁灾区开展救援工作。7月5日,江阴市红十字会、市民族宗教事务局相关负责人和江阴佛教界代表人士奔赴阜宁,将佛教界的23万元爱心善款送到灾区,支援灾区人民重建家园。

【博爱系列救助活动】 2016年,江阴市红十字会继续做好博爱系列救助工作,切实改善弱势群体境况。年内,出台冠名基金管理办法和捐赠表彰奖励办法,保护捐赠者、接受捐赠者和受益者的合法权益,鼓励社会各界支持红十字事业发展。继续开展"红十字人道万人捐"活动,募集社会捐款122万余元。认真做好新春救助、青少年大病救助、白血病医疗救助、造血干细胞移植专项救助、人道应急救助等工作,发放各类救助金89.76万元,其中发放红十字新春送温暖救助款50万元,救助全市困难家庭500户;发放造血干细胞移植等助病助学项目救助金14.72万元;发放人道应急救助金8.1万元;发放"肖帮红会救助基金"救助金6.94万元;援助新疆伊犁哈萨克自治州霍城县红十字会10万元。

【造血干细胞和遗体器官捐献】 2016年,江阴市红十字会全力推进造血干细胞和遗体器官捐献工作,让爱传递,让生命延续。年内,经市机构编制委员会批准,在市红十字备灾救灾和救护指导中心增挂"江阴市人体器官捐献管理中心"牌子,增加2名事业编制,经费渠道由自收自支调整为财政差额拨款。是年,完成造血干细胞血样采集入库14例,初配43人,高分辨配型7人;新增遗体捐献志愿者报名登记18人,实现器官捐献1例。12月13日,市公安局民警王国圣在南京顺利完成造血干细胞捐献,成为江阴造血干细胞成功捐献第9人。

【救护培训】 2016年,江阴市红十字会加强应急救护宣传培训工作,增强广大群众防灾避险意识,提高自救互救能力。年内,启动红十字服务中心建设,红十字服务中心既承担应急救护培训基地职能,又兼综合服务、备灾仓库、文化宣传、志愿服务等多项功能。深入推进2016年江苏省公益性应急救护百万培训实事项目,完成初级救护员培训1010人、普及性培训8792人,完成全年目标任务的126%和109%。积极开展不同培训对象的各类专题培训,提升各类群体应急救护能力。是年,应急救护培训与安全生产相结合,培训企业救护骨干798人;应急救护培训与体育运动安全保障相结合,培训体育志愿者、体育爱好者179人;应急救护培训与学生健康安全教育相结合,依托红十字蓝天救援队举办6期暑期安全急救夏令营活动,提高中小学生安全意识。

【志愿服务】 2016年,江阴市红十字志愿者广泛开展志愿服务活动,取得良好社会效果。年内,市红十字会制定《江阴市红十字志愿服务队管理办法》,积极发展、规范管理志愿服务队伍,促进红十字志愿服务活动深入开展。全市各级红十字组织结合工作实际和队伍特色开展红十字志愿服务活动。各镇(街道)红十字会开展关爱青少年、送知识送健康、帮扶贫困家庭等活动,红十字无偿献血志愿者服务队开展"金猴闹元宵,热血贺新春"宣传、"世界献血者日"骑行宣传、第五届"献血捐干细胞宣传月"宣传等活动,红十字蓝天救援队开展社区应急救护培训、搜救失踪人员、水上打捞搜救等活动。 (韩 斌)

江阴市残疾人联合会

【概况】 2016年,江阴市残联围绕全面实现残疾人小康奋斗目标,以残疾人实际需求为立足点,加强残疾人社会保障体系和服务体系建设,突出"共享、普惠",各项工作取得新佳绩。年内,出台《关于江阴市持证残疾人参加团体人身意外伤害保险的通知》,创新举措,以商业保险模式为残疾人购买意外伤害险;完善残疾人康复专项资金管理制度;集中开展"假错空"残疾人证清理工作;完成残疾评定委员会成员调整工作;完成残疾检测评定医师库调整工作;开展精神障碍患者专项排查摸底活动;完成全国残疾人基本服务状况和需求专项调查数据库更新工作;完善残疾人社会化培训机制,建立江阴市残疾人技能培训基地;继续推进"无障碍设施进家庭"行动,超额完成无锡市年度目标任务;积极做好残疾人信访维稳工作。是年,接处各类来电、来信、来访156件次;发放防诈骗宣传资料2.6万份;发表各类残疾人信息报道139篇。

【残疾人组织建设】 2016年,江阴市残联进一步强化全市残疾人组织建设,提升为残疾人服务能力。9月26日,市残联召开五届二次主席团会议,调整市残联主席团成员,经选举,蒋万春当选市残联五届主席团副主席、执行理事会理事长,徐韶润当选市残联五届主席团副主席。年内,召开市残联党支部换届选举会议,选举产生新一届党支部委员会;召开市残联工会换届选举会议,完成市残联工会换届工作;加强教育培训,开展康复管理人员、盲人指导师、残疾人工作者业务培训活动等,促进残疾人工作有序发展。

【残疾人康复救助与康复服务】 2016年,江阴市残联继续做好残疾人康复救助与康复服务工作,保障残疾人康复需求。积极开展国家残疾预防综合体系试点城市各项工作,全力做好儿童青少年脊柱侧凸筛查、肢体残疾人远程血压检测等残疾预防工作。是年,实施白内障复明手术3500例;指导盲人定向行走训练90人;完成精神残疾人服药救助900人、住院救助390人;免费康复救助0~6岁自闭症和智力残疾儿童132人,补贴康复救助7~14岁自闭症和智力残疾儿童83人;完成聋儿免费植入人工耳蜗手术2例;完成全市残疾人辅具适配750例;康复救助就业年龄段中风偏瘫患者80人;完成儿童青少年脊柱侧凸筛查近7万人;完成结对城市江苏省徐州市睢宁县的康复援助任务,并向睢宁县资助价值10万元的康复器材;评定发放残疾人证1410份。

【残疾人生活保障】 2016年,江阴市残联全面贯彻残疾人生活保障救助政策,切实提升残疾人生活质量,改善残疾人生活状况。认真落实"两项补贴"(困难残疾人生活补贴、重度残疾人护理补贴)制度和社会保险补贴制度,加强特殊困难残疾人家庭生活救助,确保残疾人应助尽助;推进残疾人服务平台建设,依托镇(街道)和村(社区),建设以辅助性就业为主,集托养、康复、培训、文化体育、劳动、维权等各项服务为一体的残疾人综合服务机构("残疾人之家")。投入270万余元为全市持证残疾人购买团体人身意外伤害险,年内11名残疾人获保险理赔,其中4名残疾人因重大疾病每人获2万元理赔。是年,市残联为残疾人提供康复、教育、生活保障等各类补助4000万余元;建成"残疾人之家"10个。

【残疾人就业帮扶】 2016年,江阴市残联全力做好残疾人就业帮扶工作,促进残疾人实现就业和再就业。年内,举办春季残疾人就业岗位专区招聘会,开展扶持自主创业残疾人、扶持"巾帼创业"残疾人、"创业明星"评比、就业实名制申报等活动,帮助100名残疾人实现就业和再就业;创新培训模式,组织开展残疾人就业相关技能培训活动,免费培训100人;以资金扶持为抓手,积极推进按比例安排残疾人就业工作,发放按比例安排残疾人就业补贴和奖励金237万元。

【残疾人教育帮扶】 2016年,江阴市残联致力残疾人教育事业,全面保障适龄残疾儿童受教育权,完善残疾儿童特殊教育新体系,提升特殊教育质量。年内,拓宽特殊教育路径,对于轻中度残疾儿童,配合市教育局继续实行随班就读;对于无法入学的极重度残疾孩子,委托市特殊教育中心校量身定制教育和康复计划,为他们提供每人每月两次的送教上门服务,全市有72名学生享受送教上门服务。积极适应残疾儿童的个性化教育教学需求,注重提升软硬件设施,全年建成镇(街道)特殊教育康复资源教室6个。

【残疾人文体活动】 2016年,江阴市残联积极组织开展残疾人文化体育活动,丰富残疾人精神生活。年内,举办江阴市残疾人文艺精品展演、残疾人乒乓球羽毛球比赛、残疾人读书沙龙、残疾人技能比赛等文化体育活动;组队参加无锡市残疾人趣味运动会,获3金1银;选送节目参加无锡市第三届残疾人文艺会演,其中3个节目获奖,并被无锡市选送参加省残疾人文艺会演。是年,江阴籍运动员龚彬跟队友一起在巴西里约残奥会上获女子坐式排球银牌;刘文清被评为第七届江阴市十大杰出青年。

【助残活动】 2016年,江阴市残联全面开展助残帮扶系列活动,为残疾人提供经常的、切实有效的帮助。5月,组织开展主题为"关爱孤残儿童,让爱洒满人间"的第二十六次全国助残日(5月15日)助残活动,其间,市四套班子领导走访慰问困难残疾人家庭和残疾人创业典型。是月,全市各级领导走访慰问残疾人近2000人,发送慰问金(品)价值50万余元。是年,市残联配合市政协开展的"五送一助"(送医、送教、送文化、送健康、送器械、助残帮扶)活动,做好助残帮扶工作,向青阳镇芦塘村残疾人发送助残金8万元和轮椅、拐杖等辅具用品。各镇(街道)残联广泛开展爱心圆梦活动,为残疾人提供各种帮助、帮扶;市残疾人各专门协会开展形式多样的自助他助活动,为残疾人排忧解难。 (陈 芬)

江阴市关心下一代工作委员会

【概况】 2016年,江阴市关工委认真学习贯彻习近平总书记系列重要讲话精神,围绕党政工作大局,坚持服务青少年正确方向,突出工作重点,注重务实创新,取得新的成绩。年内,在全市青少年中广泛开展社会主义核心价值观教育;配合有关部门做好未成年人犯罪预防工作,加强引导,落实结对帮教,促进未成年人健康成长;继续组织开展助学、助困、助孤、助残、助就业和心理疏导等关爱帮扶活动;积极参与维护青少年合法权益工作,支持和帮助青少年成长成才。《江阴关工》录用稿件250余篇,评选通讯报道先进集体5个、先进个人10人;澄露网在全市80余个机关网站中,点击率由2015年的第37位上升到第27位。是年,江阴市云亭街道关工委、月城镇关工委、周庄镇关工委被省关工委评为江苏省关心下一代工作先进集体,高德明等7人被评为江苏省

2016 年，市关工委开展万名学生“三走进”活动。图为 3 月 29 日，江阴初级中学学生代表参观华西新市村“华西之路”展览馆 （市关工委提供）

关心下一代先进工作者。

【社会主义核心价值观教育】 2016 年，江阴市关工委深化对广大青少年的社会主义核心价值观教育，贯彻、弘扬和践行其基本精神和内在要求。年内，会同市文明办、教育局等部门，结合纪念建党 95 周年和纪念红军长征胜利 80 周年，在青少年中开展“千名‘五老’（老干部、老教师、老战士、老专家、老模范）讲‘两史’（党史、国史），万名学生‘三走进’（走进华西、走进名企、走进红色教育基地）”活动。全市有 500 余名“五老”进行专题宣讲，听讲人数 16 万人次；4 万余名学生参加“三走进”活动。徐霞客实验小学关工委开展寻访身边的革命前辈、优秀党员、劳动模范等活动，周庄镇关工委开展“小脚丫走天下”红领巾寻访活动，寻找身边的英模人物。璜土镇关工委编制“两史”宣传图片在全镇巡回展示。是年，市关工委编印《江阴家训选编》2 万册，赠送各中小学校、机关单位和镇（街道）、村（社区）。

【未成年人犯罪预防】 2016 年，江阴市关工委积极推进预防和减少青少年违法犯罪工作。开展法治教育宣讲活动，全市近 500 名法治报告员宣讲 350 余场，听讲人数 20 万余人次。新桥镇关工委组织中小学生参观市禁毒教育馆，组织孩子们制作禁毒展板，开展社区禁毒宣传活动，《关心下一代周报》对此作报道。市关工委发动“五老”志愿者当好思想教育宣传员、校外教育辅导员、“三困四失”（德困生、学困生、贫困生；失学、失业、失管、失足青少年）帮教员、文化环境监督员、优良家风传导员，深入村（社区），对重点问题青少年进行“一帮一”“几帮一”，推进未成年人“零犯罪”社区（村）创建；组织举办全市“五老”志愿者参与社区矫正工作骨干培训班；配合民政等部门，开展捐资助学、扶贫帮困、扶孤助残、心理疏导等关爱活动；配合文化等部门开展网吧和校园周边环境的巡查暗访，参与整治取缔“黑网吧”行动。是年，全市有 253 个结对帮教小组，参加帮教“五老”志愿者有 864 人，帮教失足失范青少年 208 人，转化 190 人，转化率 91.35%；有 81 名“五老”志愿者参加社区矫正工作；全市各级关工委配合有关部门筹集助学助困资金 500.04 万元，帮扶贫困学生 2450 人；配合文化等部门取缔黑网吧 27 个。

【校外教育辅导站建设】 2016 年，江阴市关工委切实加强校外教育辅导站建设，全面提高青少年思想道德素质，促进青少年健康成长。年内，与市文明办、市教育局联合出台《关于进一步加强校外教育辅导总站建设的实施意见》；制定《江阴市青少年校外教育辅导总站分类建设评价标准》，有 11 个镇（街道）校外教育辅导总站提交自评报告，接受专家团队评估。全市有 60 余所中小学与村（社区）辅导站结对共建，5819 名教师义工参与校外教育辅导站活动。市关工委继续推广“校企共建”模式，协同市总工会、教育工会等，在有条件的企业新建“彩虹课堂”，为职工子女特别是外来务工人员子女在假日提供学习、娱乐的场所。至年末，全市有各类校外教育辅导站点 534 个，参加辅导的“五老”2000 余人，受辅导学生达 10 万人次。云亭街道花山村、周庄镇华宏村、顾山镇赤岸村、徐霞客镇北渚村等村（社区）辅导站形成双休日不少于半天、暑期不少于 2 周的常态化运行格局。

【基层组织建设】 2016 年，江阴市关工委继续加强基层关工委组织建设，全面提升基层关工委工作质量和水平。市委组织部牵头召开市关工委工作协调会议，重点研究进一步加强基层关工委组织建设、队伍建设的有关问题，并形成会议纪要下发到各相关单位，推进组织建设中相关问题的解决。市关工委出台《关于在全市“五老”志愿者中开展“服务下一代，争当好五员”活动的通知》；举办由全市 300 余名“五老”骨干参加的专题学习培训班，邀请无锡、苏州等市关工委工作先进个人介绍工作经验体会。市民营经济关工委成立由 23 名老干部、老教师、老党员等组成的青工教育讲师团，深入企业，结合雷锋精神、工匠精神等有针对性地对青工进行讲课 38 场次，4000 余名青工参加听讲。市关工委与市文明办、教育局联合在 10 个高新科技企业和现代农业基地启动全市第二批企业青少年社会实践教育基地建设。是年，各镇（街道）调整充实关工委领导班子和工作队伍，各镇（街道）关工委工作经费得到保障或基本保障，70% 的村（社区）关工委工作经费得到落实。 （周 红）

江阴市慈善总会

【概况】 2016 年，江阴市各级慈善组织募集慈善资金 3994.4 万元，支出救助资金 3908.5 万元，救助困难对象 5908 人次。12 月，中国慈善联合会发布第四届“中国城市公益慈善指数”,江阴市蝉联中国城市公益慈善指数县级城市第一。是年新增注册慈善义工369人,至年末累计20186人。

【慈善救助】 2016年,江阴市慈善总会积极开展各项慈善救助活动,取得显著成效。开展“慈善暖冬大行动”,发放救助金127万元;开展“爱心成就梦想”慈善助学系列活动,发放救助金103.45万元;开展“华西村·我有一个梦”援助活动,发放救助金25万元;开展“慈善帮基金”救助活动,发放救助金3.6万元;开展慈善微心愿活动,发放微心愿物品价值2.7万元;开展慈善临时救助活动,发放救助金43.6万元;与市妇联合作开展单身贫困母亲救助活动,发放救助金20万元;推出“慈善爱心公交补助”项目,为罹患尿毒症的困难对象提供免费公交卡,救助17万元;做好盐城特大龙卷风冰雹灾害捐赠接收及拨付工作,畅通捐赠渠道,及时将各界爱心捐款10.09万元和价值30万元的救灾物资送达盐城灾区。

【慈善资金募集】 2016年,江阴市慈善总会认真做好“慈善一日捐”及企业冠名基金的收缴、统计和汇总工作。深化项目化募集方式,将爱心企业和市民的捐款落实到具体项目上,进一步整合慈善资源,明确资金流向。是年,募集“慈善一日捐”捐款1038.85万元,企业冠名基金2061.05万元,定向捐赠款736.53万元。

【义工服务】 2016年,江阴市开展“学雷锋”志愿者走进城东街道金山社区、“澄尘有爱”陪老人游赞园、“衣衣不舍·慈善环保”二手衣物回收等公益活动。全年慈善义工奉献时间为117万小时。至年末,全市有义工总队37个,义工支队201个,注册义工20186人。

基层自治组织

【概况】 2016年,江阴市认真贯彻落实省委、省政府《关于加强新形势下城乡社区建设的意见》精神,以争创省“和谐社区建设示范单位”为目标,深入推进“政社互动”和社区减负增效,精心做好“两委”换届选举,社区管理和服务建设成效明显。至年末,全市有城乡社区(行政村)298个,其中,行政村200个,社区55个,村居合一社居委43个;创建成功全国和谐社区建设示范街道1个,全国和谐社区建设示范社区2个,江苏省和谐社区建设示范社区94个。

【“两委”换届选举】 2016年8月19日,江阴市启动第十一届村民委员会、第六届社区居民委员会换届选举工作。是年,全市298个村(社区)中,有261个村(社区)完成换届选举工作,其中107个村采用“无候选人一次性直接投票”选举方式,数量名列无锡第一。

【社区治理创新】 2016年,江阴市级财政投入350万元,争取省级补助资金94万元,用于城乡社区基础设施建设和社区办公服务用房回购,主城区社区办公服务用房面积超过省定400平方米标准;镇(街道)社区服务中心均有村民议事、综合办公、医疗卫生、老年活动、警务综治、文化娱乐等功能配置,并设有生活用品和农资超市,最大限度满足村(居)民服务需求。是年,制定印发《江阴市村务公开目录》;指导村级组建村务监督委员会;在2个村1个社区开展第一批协商民主试点工作;加强农村“三务”(党务、村务、财务)公开“直通车”建设;推广周庄镇山泉村“民主促民生”经验;村(社区)民主自治功能进一步增强,“政社互动”覆盖率100%。

【社区信息化建设】 2016年,江阴市继续加强社区信息化建设。社区信息平台——“江阴市城乡社区E网通”在全市14个镇(街道)、257个社区(村)推广应用的基础上,按照“以房管人”模式,进一步建设完成房屋、人口、单位、设施基本数据库,完善城乡社区基本概况、社区党务、社区事务、社区居务、社区服务、社区财务等相关数据和功能,增强社区服务管理效能。

社会组织

【概况】 2016年,江阴市新增登记社会组织100个,其中直接登记社会组织16个;新增注册登记社工240人,全市累计注册登记社工758人,每万人拥有持证专业社工人才数6.3人。至年末,全市社会组织总数1113个,比上年增长7.5%。其中社会团体355个,民办非企业单位737个,基金会21个;每万人拥有社会组织数8.9个;全市备案社会组织约1600个。

【社会组织管理】 2016年,江阴市继续推进行业协会商会类、科技类、公益慈善类和城乡社区服务类四类社会组织直接登记制度,并采取定期汇报、不定期检查、重大问题报告、年检等举措,加强直接登记社会组织的管理。是年,新增社会组织100个,其中直接登记社会组织16个;做好社会组织信用代码登记证书换发工作,由原来的9位组织机构代码,更换成18位的统一社会信用代码,对新成立社会组织,直接赋予统一社会信用代码,发放新的登记证书,对存量社会组织,做好新登记证书的换发工作;推进社会组织等级评估,671个社会组织获评估等级,占应评总数的71%,其中AAAAA级社会组织3个、AAAA级社会组织27个、AAA级社会组织21个。

【公益创投活动】 2016年4月,江阴市启动第四届公益创投活动,项目申报范围包括:社会服务类项目、社区发展类项目、支持服务类项目。经过项目征集、初选、评审等环节,经项目评审委员会确认,6月,确定“向上吧、少年”(江阴市行为不良青少年关爱项目)、幸福动力快车(长泾镇双困家庭孩子助力成长项目)、欢乐手鼓(新市民子女成长项目)等24项项目入选,项目主要涵盖助老、救孤、济困等方面。是年,市民政局拨付200万元福彩公益金,组织获得公益创投项目的社会组织按计划实施项目,惠及群众2万余人。 (张宝云)

■类目编辑 邢 盈

人民武装

【概况】 2016年,市人武部大力加强思想政治建设,推进军事斗争准备,突出党委班子能力建设,注重夯实基层建设基础,抓好安全管理,全面建设继续保持创新发展、争先发展、和谐发展的良好势头,较好地完成年度各项工作任务。是年,市人武部被中央军委国防动员部评为安全管理先进单位,被江苏省军区评为安全(密码)管理工作先进单位,部党委被无锡军分区评为先进团级单位党委。

政治教育　开展"两学一做"*学习教育活动,把学习习近平总书记系列重要讲话特别是国防和军队建设重要论述作为核心内容贯穿始终,开展党委中心组理论学习,在学习中引导干部职工正确对待利益关系调整,抓好调整改革期间各项工作落实。重温入党宣誓、党纪党规,召开民主生活会和党员承诺大会,在具体实践和活动中激发干部职工爱岗敬业、报效祖国的情怀。

战备工作　推动市人武部战备正规化建设,围绕"反应快、行动快、处置快、整体强"目标,着眼"规范、实用、高效"原则,加强联侦联情、战备方案、指挥机构、战备值班、战备演练、值班分队和战备库室建设,提升人武部战备规范化、信息化、常态化、实战化水平,不断夯实遂行任务基础,通过省军区专项工作组检查验收。开展战备执勤行动,组织500余名民兵预备役人员参加春节前军警民联防,为平安江阴建设贡献力量;清明节期间,动员350名民兵预备役人员参加护林防火工作,加强墓区林区的执勤巡逻检查;出动400余名民兵协助市公安部门做好G20峰会安保工作。是年,市合成化民兵应急分队出动4380余人次对重点区域巡逻;出动警力4650余人次,处置和参与处置群体性事件260余件;出动警力1150余人次,参与大型活动警卫安保30余次;出动警力250余人次,参与部门联动8次,执行花山救火、嫌疑人搜捕和看守等任务。

军事训练　市人武部首长机关训练常态化,先后参加江苏省副团职军官技能集训和正营职军事训练集训考核。组织"学法规、训队列、整纪律"活动,强化官兵的政治意识、大局意识、号令意识和法规意识。民兵军事训练以加强基层、提升能力为重点,有300余名专武干部、民兵营长参加民兵预备役部队和基层建设应知应会理论考核,10名民兵参加省军区红缨-6导弹骨干集训,125名民兵应急连队员进行森林防火、防汛抗洪专业集训,10名民兵骨干参加无锡市民兵防化救援分队骨干集训和森林防火骨干集训。组织300余名专武干部和民兵营长参加集训,有军事训练、民兵整组、征兵工作、国防动员、政治教育及业务软件系统操作等科目。

征兵工作　3月,开展兵员潜力调查和兵役登记工作,与市教育局联合下发《关于做好问卷调查和兵役登记的通知》。6月下旬,按照大学生优先征集原则,组织江阴职业技术学院大学生21人参加体检,进入政治考核阶段14人;组织报考军校或国防生的学生58人参加政治考核和体能测试,通过考核与测试36人。7月13日、27日,分别召开全市征兵宣传工作会议和征兵工作会议。严把应征青年初检、初审、体检、政审关。9月1日,召开定兵工作会议,落实廉洁定兵要求,坚持公开票决定兵。9月13日,召开新兵欢送大会,鼓舞新兵士气和斗志。10月,开展新兵回访活动,了解新兵部队生活及训练情况,掌握新兵身心状况,加强思想教育,确保无责任退兵。是年,圆满完成年度征兵任务。

双拥共建　开展走访慰问活动,督促和协调军属优抚金发放;与市法律援助中心签订协议,设立法律援助工作站,维护军人、军属合法权益;创新国防教育模式,探索政治教育向企业文化和企事业单位职工活动相融合方法,协调帮助江苏天华纱业集团博物馆、"江抗"祝塘纪念馆、澄西中学等5个单位申请无锡市国防教育基地和爱国主义教育实践基地;继续开展"双百双建"(百个人武部帮扶建设百个贫困村)活动,拨付修路资助款30万元,帮助徐州邳州市邹庄镇呦山村修建主要出行道路,实现该村"要致富先修路"目标。是年,市人武部政工科被无锡市委、市政府和无锡军分区评为双拥工作先进单位。

【民兵整组考核获江苏省第一名】 2016年2月起，市人武部以形成大规模作战动员能力为目标，围绕有效履行支援保障打仗、参与反恐维稳、参加抢险救灾职能，抓好全市民兵组织整顿工作。从潜力调查、规范组织秩序、优化布局结构、改进方法手段、夯实基层基础等方面着手，提高民兵预备役部队编组质量，确保后备力量在全面建设中提供组织支撑。开展民兵潜力调查，核查相关人员和企业详细情况。4月，组建基干民兵，突出应急维稳、防空作战、军兵种岗位预编等队伍建设，调整后的民兵，退伍兵占65%，党团员占97%，新型民兵分队数占支援队伍27%，全市专业对口率100%，专业技术分队比2015年增长8.1%，对口专业分队人数增长11.2%，组织布局得到优化，科技含量显著提高。创新制作并发放民兵身份证5800张，确保民兵熟记建制名称、职务岗位等基本信息。5月20日，江苏省军区工作组采取交叉检查方式考核市民兵整组工作，现场点验民兵应急连，电话抽点其他民兵预备役人员，检查考核总分获全省第一名。

【参加防汛抗洪】 2016年，市人武部组织民兵预备役人员积极参加全市防汛抗洪工作，6月7日，在市人武部三楼专门部署民兵预备役防汛抗洪工作，组织民兵预备役人员进行为期半个月的围堵决口训练，先后3次组织璜土镇、徐霞客镇、长泾镇等抗洪重点镇武装部勘察汛情灾情地点，完善各类方案预案，协调各级落实木桩、砂石、沙袋等必要防汛物资器材。7月3日，璜土镇南河头村出现险情，市人武部及时协调驻江阴某部队出动官兵210人支援防汛排涝，组织80余名民兵预备役人员参加抗洪，及时排除险情。至汛期结束，全市共出动民兵预备役1500余次抗涝自救，确保人民群众生命财产安全。

【非公有制经济组织武装工作专项清理整顿】 2016年6月下旬，市人武部落实中央军委决策部署，强化党对企业民兵的绝对领导，以江阴市非公有制经济组织为重点，从党管武装制度、专武干部选配、民兵队伍教育等方面着手，摸排底数，查找问题，落实整改，扎实开展清理整顿活动，并从软硬件着手，明确职责任务、工作内容、工作制度和建设标准，不断提高企业武装工作规范化建设水平。10月25日，中央军委国防动员部民兵预备役局局长王文清率工作组到江阴检查非公有制经济组织武装工作情况，先后检查海澜集团人武部及其基干民兵队伍建设情况、法尔胜泓昇集团人武部及其党建工作情况，详细了解企业生产经营、军民融合领域、党建工作和武装工作建设等方面，充分肯定江阴市非公有制经济组织武装工作所取得的成效。（符银芬）

图为2016年7月3日，驻江阴部队官兵和民兵预备役人员在璜土镇南河头抗洪救灾现场（市人武部提供）

人民防空

【概况】 2016年，市民防局（市人防办）坚持以中共中央、国务院、中央军委《关于深入推进人民防空改革发展若干问题的决定》为指导，以江阴城乡建设“1310工程”* 为契机，参与创建全国文明城市，争先创优，民防建设得到全面稳步发展。年内，防空警报试鸣成功率100%；人防建设管理综合信息平台建设获中国地理信息产业优秀奖、被省民防局评为民防志愿者无线电通信应急比赛团体二等奖，江阴市被评为省人民防空先进城市，市民防局被评为全省普法先进单位。

【人防应急指挥能力建设】 2016年，市民防局继续调整指挥机构人员，落实机构实名制。建立人防专业队伍，完善人口疏散体系，建成三级人口疏散体系。加强重要目标管理，修订与完善全市重要经济目标单位防护预案。年内，重点训练人防专业队与民防志愿队伍，提升专业技能，在镇江市举行的全省民防应急通信比赛中，市民防专业队获二等奖。

【人防工程建设管理】 2016年，市民防局建成启用人防建设管理综合信息平台，人防工程从立项建设、质量监管、使用管理、工程报废实行全程动态管理。开展人防工程普查，通过现场实测、统计及工程档案查找等方式，核查竣工人防工程基础数据信息。实行人防工程平时使用证管理，完善市主管部门、镇（街道）、社区、建设单位和使用管理单位“五位一体”管理机制，全市人防工程平战结合利用率96%，向社会提供停车位近2万个。全程监管人防工程施工质量，重点把好材料审核关、设计关、监理关和资质关。强化人防工程设备安装、技术要求和施工质量等，年内，提出施工单位整改措施200余条，施工现场监督率95%以上，整改合格率100%。按照人防工程验收规范和人民防空工程质量验收与评价标准，查验人防工程的验收组织形式、程序、标准、内容等，保证人防工程验收质量。是年，继续推进八字桥人防主题公园建设项目工作，该项目被列入江阴市“1310工程”*首批启动项目，完成地下人防工程设计招标，调整景观园林方案设计，设计施工图纸等。全市人防工程建设新立项、开工、竣工面积均超额完成省、无锡市目标任务。完成镇人防工程建设目标任务。

【民防指挥所建设管理】 2016年，市民防局检修和维护民防指挥所各类设备，完成高标准机房规范化建设，按战时设计标准完善相关项目，开展创新技术应用测试与论证。加强基层指挥所建设，按高清化标准，重点投资改造“人武人防一体化”指挥所，年内，定期组织全市基层指挥所联调联试工作，完成省民防局通信考核任务。提高机动指挥所遂行任务能力，重点完善业务技能、设备状态和功能，始终保持良好战备状态，分别完成3月18日无锡市民防局组织的无预先通知应急演练、9月7日至9日省军区首长视察人防视频联调演练、11月22日至25日无锡市民防局的机动指挥所跨区应急支援演练任务。是年，每周五与无锡民防定期联调联试，配合完成无锡人防331指挥所联调测试，联调联试全市各基层指挥所2次，完成市、县、乡（镇）三级联调2次和“长城—2016”“宁防—2016”演习视频观摩通信保障任务。

【“民防”进社区】 2016年，市民防局进一步巩固社区民防建设，组织1500人次参加专题应急防灾培训和演练，配备应急物资，发放民防宣传手册，有效提高广大市民应急防灾技能。结合“5·12”防灾减灾日、“9·18”防空警报试鸣日以及“11·9”消防日等，组织社区民防工作人员进行临战人口早期疏散演练、应急演练等。加强社区民防志愿者队伍建设，全市有近50个社区成立民防志愿者队伍，有志愿者1000余人。是年，全市镇（街道）民防进社区工作开展率100%。

【基层民防建设】 2016年，市民防局继续推进基层民防工作，健全各镇（街道）基层民防工作组织机构，做到有班子、有人管、有人抓、有落实，有序开展“人武人防”一体化指挥通信系统、防空警报、人防工程、疏散地域、社区民防建设和人防宣传教育。6月，组织全市基层民防干部进行专题培训，12月，分别在临港街道、顾山镇分片区召开基层民防工作座谈会。是年，基层民防建设按组织建设、指挥通信警报建设、人防工程建设管理、法制宣传、社区民防五大类列入全市各镇（街道）精神文明考核内容。

【数据容灾备份中心】 2016年，市民防局加强灾备中心监控维护，严格日常安全监控制度。升级数据备份引擎，增加灾备重复数据删除功能，提高数据灾备效率和可靠性。搬迁灾备无锡分中心设备，升级灾备系统备份软件，提高二次备份效率。完成灾备系统三级等级保护测评。进一步提高灾备服务水平，优化灾备服务流程，提高灾备技术水平，梳理优化灾备服务内容和形式。是年，解决灾备存储系统硬盘故障等问题近10个。先后组织信息化服务标准、计算机等级保护、机房管理等培训8次，完成市国土局、动迁办、人民医院、新农合等21个接入单位数据验证和恢复测试，8个单位数据接入，1个单位灾备数据应急恢复服务，3个单位信息系统改造数据保全服务。

【民防宣传教育】 2016年，市民防局组织学校教学骨干参加全省小学民防教育师资培训会，加强防空防灾知识和防护技能教育师资力量，全市小学、初级中学、1所高校均开设民防知识课程，开课率100%。结合学生暑期夏令营活动，开展中小学生夏令营民防知识教育活动。开展社会民防宣传教育，结合全市“5·12”防灾减灾日、“9·18”防空警报试鸣日、全民国防教育日、国家宪法日、重要经济目标单位开展应急疏散演练活动等，组织社区广场文艺演出，开展民防教育25次、受教育2200人次，镇（街道）、社区开展民防教育23次、受教育5600人次，印发《人防法律法规政策选编》1.24万册、《民防知识教育手册》12.4万册、《人防宣传画报》0.24万份。依托报刊杂志、电台、电视台、网络等媒体，开辟专栏、专版，江阴要塞森林公园民防教育基地全年参观人数0.5万余人，常年在局多媒体大屏幕宣传屏、局大院门厅电子屏，滚动宣传民防政策法律法规、应急防灾知识。是年，在各种新闻媒体录用民防稿件30余篇，展出宣传图版520余块，宣传横幅标语50余条。

【民防依法行政】 2016年，市民防局优化行政审批流程，疏理审批服务事项，调整审批内容，将涉及民防审批的中介服务纳入到市行政审批公开目录。年内，出台《人防工程平时使用证登记管理有关规定》，进一步明确领证主体、办理流程、申报材料、办理时限等内容，落实人防工程规划审批、建设审批、设计文件审查、质量监督、竣工验收备案、使用证办理、平时使用及维护管理等工作，严格行政权力网上公开运行，通过建立“一站式审批”工作模式，人防审批事项均纳入市行政服务中心民防窗口办理，对每一项审批与服务内容，向社会公开办理程序和时限，在网上公开透明运行，主动接受群众监督。规范内部监管机制，落实人防行政审批双人双岗制，初审、复核、签批审批管理机制，制定《江阴市民防内控机制平台运行操作办法》，5月，顺利通过省民防局人防工程建设审批审计。是年，超额完成市政府下达的筹集人防易地建设费目标任务。回复“12345”公共服务呼叫中心投诉事项27件，江阴党政集群网站申请事项2件，及时回复率100%，满意率95%以上。

（朱　兴）

武　警

【概况】 2016年，武警江阴市消防大队（亦称“江阴市公安消防大队”，以下简称“市消防大队”）继续瞄准“无锡第一，全省领先，全国一流”目标，紧紧围绕“班子务实，作风踏实，队伍硬实，工作求实”工作理念，牢固树立“夯基础，突重点，创特色”工作思路，优化队伍管理，夯实基层基础，创新消防管理，继续保持了全市火灾形势和消防队伍持续稳定。年内，全市消防队伍共接警出动4552

次,扑救火灾 980 次,参加抢险救援 777 次、社会救助 880 次。

武警江阴市中队全年看守犯罪嫌疑人 12367 人,担负押解勤务 64 次,押解犯人 903 人,出动警力 239 人次,行程 3 万千米。是年,参与市内重大抗洪抢险和战备工作。

【消防安全教育】 2016 年,市消防大队联合市教育局在全市中小学校开展暑期消防安全宣传教育,开展“我是小小消防员”首届儿童消防作文、绘画竞赛活动,选取 3 所学校征集和录制消防安全教育示范课、视频。推进消防安全进军训活动,派员讲解消防安全知识和应急逃生技能,组织大学生参加全省消防知识网络竞赛。制作居民小区消防宣传标牌 5000 块,在小区新建消防宣传栏(橱窗)128 个。落实经费 90 万元,购置消防宣传车 1 台。消防教育馆联合团市委、市科协、澄江街道和有关社区,组织消防夏令营活动 15 次。全年消防教育馆接待参观人员 252 批次 1.2 万余人次。在江阴农村商业银行等单位开展消防教育培训 182 次,指导红星美凯龙等单位开展灭火疏散逃生演练 116 次。

【消防监管】 2016 年,市消防大队加强消防审批执法工作,全年办理消防设计审核项目 65 项,竣工验收项目 71 项,设计备案项目 40 项、验收备案项目 31 项,出具安全检查意见书 140 份。加大火灾隐患查处力度,年内,检查单位 4126 个,督促整改火灾隐患 3228 个,下发整改通知书 1580 份,执法处罚 220 件,责令 51 个单位“三停”(停产停业、停止施工、停止使用),临时查封单位 46 个,拘留 3 人。开展火灾事故调查 60 次。挂牌督办 5 个重大火灾隐患,集中攻坚尚未整改的区域性火灾隐患 1 个和重大火灾隐患 3 个,督促历年重大火灾隐患 2 个和是年挂牌的重大火灾隐患单位 4 个完成整改。继续建强用好微型消防站,督促指导 243 个设有消控室的重点单位、79 个村(社区)建设微型消防站,指导开展灭火演练 46 次。建立区域联防协作组织,在化工集中区建立区域联防协作组织 4 个,成立化工事故处置专家小组 1 个,在城区综合商业区等地建立区域联防小组 5 个,并定期组织业务培训、互查互检、业务交流和联合演练活动。

(朱 斌 胡 娟)

社会治安综合治理

【概况】 2016 年,江阴市政法综治工作按照各级政法工作会议和市委、市政府决策部署,主动适应形势任务新变化和经济发展新常态,深入推进平安江阴、法治江阴和过硬队伍建设,进一步提升政法工作能力和水平,为建设“强富美高”新江阴创造安全稳定的社会环境、公平正义的法治环境和优质高效的服务环境。年内,江阴市被江苏省委、省政府评为 2014—2015 年法治建设示范县(市);被无锡市委评为 2015 年度法治县(市)创建工作先进单位。

服务改革发展 全面排查经济金融、商业地产等方面的突出问题,成功处置一些企业因资金链断裂、非法吸收存款,以及部分房地产项目因无法按期交房等问题引发的群体性纠纷。深化防范和处置“两欠一逃”(拖欠工程款、拖欠职工工资,弃企逃债)专项工作,坚持对主动出险企业和破产企业进行法律体检,有效遏制恶意逃废债行为。依法打击利用互联网金融平台、打着金融创新旗号从事非法活动的新型犯罪,起诉一批有影响的伪造贵金属交易平台、非法经营黄金期货、借推销 APP 软件实施金融诈骗、非法吸收公众存款等重大案件,有力规范金融秩序。编写和免费发放《日常风险防范宣传手册》,广泛宣传网络电信诈骗、非法集资、非法传销等违法犯罪以及危爆物品管理、安全生产、交通管理等内容,市民风险防范意识明显提升。

平安江阴建设 建立健全国安数据库。扎实开展“平安家庭”“平安校园”“平安企业”“平安寄递”等 19 个系列平安创建活动,专项整治社会治安重点区域 15 个。完成既定技防建设任务,技防探头布点向背街小巷和自然村延伸,在 500 个已建封闭居民小区出入口安装高清抓拍系统 1000 余套,在 169 个老小区和早期拆迁安置小区建成监控点 800 个。建立江阴市平安志愿者协会及各镇(街道)、行业系统分会。开展“三清三落实”(底数清、病情清、去向清,治疗落实、监护落实、康复落实)精神障碍患者专项排查活动,落实重症精神障碍患者“四帮一”(一名医生、一名民警、一名村干部、一名监护人)管控机制,建立严重精神障碍患者监护责任以奖代补政策。健全完善矛盾纠纷多元化解机制,深化公调、检调、诉调、访调对接和专业化调委会建设。

法治江阴建设 继续加强和中国社会科学院法学研究所战略合作,制定出台《江阴市“十三五”时期依法治市建设规划(2016—2020)》,启动实施“七五”普法,表彰 2015 年度十大法治标兵,“法治全澄”微信公众号上线。组织开展市领导述法测评、“法治故事大家讲”等工作。举办第三届全国新时期法治宣传教育研讨会、江阴市第四届加强青少年思想道德教育和预防犯罪研讨会。加强江阴市涉法涉诉联合接访中心规范化建设,组织开展涉法涉诉信访案件专项检查,落实诉访分离和涉法涉诉信访问题集中受理、统一分流、全程跟踪、限时办结等制度。建立健全律师参与化解和代理信访案件、其他矛盾纠纷制度。针对涉法涉诉信访案件所反映出来的倾向性问题开展执法司法专项检查及案件评查,加大督查通报力度。实施法治实事惠民工程。《推动经济社会协调发展的县域法治,以“江阴为例”》一文被入选《2016 中国法治蓝皮书》,《江阴:制度倒逼领导干部法治习惯养成》一文被入选《中国领导干部法治理论与实践》一书。

基层基础建设 研究制定镇(街道)、村(社区)两级综治平台规范化建设标准,建成市综治中心(市社会管理服务中心)。依托村(社区)网格化服务管理平台,探索综治信息系统与政府“12345”公共服务系统联通融合和集成应用。加强政法队伍建设,组织培训全市政法干部,举办平安法治建设培训班,不断提高政法干警的思想政治素质、业务工作能力和职业道德水准。加强党委政法委建设,开展“重温入党誓词·坚定理想信念”“品味书香·你

我共享"品书荐书、参观爱国主义教育基地等活动,不断加强和改进政法委机关作风建设。

【市综治中心改建投用】 2015年8月,市政府召开市长常务会议,专题研究江阴市综治中心(又称"江阴市社会管理服务中心",以下简称"中心")改建事宜,决定改建市国资委现有资产中一栋约5000平方米的办公大楼,投入经费1300余万元。2016年3月,建成投用。该中心位于澄江中路60号,主任由市综治委主任兼任,常务副主任由市综治办主任兼任,副主任由市信访局局长、维稳办主任、司法局局长兼任,市综治办副主任负责中心日常事务管理。市综治办、维稳办、信访联席办、信访局、矛盾纠纷调解委员会、市人民来访接待中心、市涉法涉诉联合接访中心和司法局下属"三中心"(市矛盾调处服务中心、市公共法律服务中心、市法律援助中心)整体进驻办公,市国安办、防范和处理邪教问题领导小组办公室、公安局、检察院、法院、人社局、城管局、住建局、国土局、环保局10个部门派员入驻办公,市纪委、组织部、教育局、卫计委等9个部门定期或视情临时派员办公,进驻单位和进驻人员的隶属关系不变。中心分公共服务区和办公区,公共服务区设25个服务窗口,实行"电子叫号、统一分流、诉访分离、首问负责、调解对接、法务跟进"一站式服务模式。中心建立健全"每日信息交换、每周涉稳矛盾联合排查、每半月涉稳矛盾联合办理、每月社会矛盾和治安形势联合分析研判、每季度联合督查通报、每半年总结和特殊情况应急联动"等工作机制,构建综治牵头抓总,信访接待处置、矛盾纠纷化解、法律服务援助、治安问题整治、维护社会稳定"五位一体"工作格局,成为横向联系综治成员单位、纵向贯通市、镇(街道)、村(社区)三级综治平台的社会治安综合治理的核心枢纽。年内,全市实现进京非正常上访零通报,未发生有影响的涉稳事件和有影响的进京或到其他敏感地点上访事件。

【综治信息系统与"12345"公共服务系统联网】 2016年9月,综治信息系统与政府"12345"公共服务系统实现联网,10月试运行。全市网格员将发现的矛盾纠纷、社会治安问题和公共安全问题,及时输入综治信息系统,通过综治信息系统自动向"12345"公共服务系统推送,再由"12345"系统进行分流指派,落实解决问题的责任单位。至年底,从综治信息系统流转到"12345"公共服务系统的矛盾问题345个,受理率100%,有85%的问题得到妥善解决。此项工作得到省委政法委高度肯定,经验在全省推广。(参见《信息化建设》类目中《信息化环境建设》分目的有关条目)

【市平安志愿者协会建立】 2016年,市综治委按照省综治办、文明办、公安厅《关于加强平安志愿者队伍建设的指导意见》精神,筹备建立市平安志愿者队伍。11月18日,召开江阴市平安志愿者协会第一次会员代表大会和理事会第一次会议,通过协会章程,选出协会领导机构。市平安志愿者协会下设镇(街道)分会15个、条线行业分会14个。平安志愿者协会主要职责:贯彻落实社会治安综合治理相关法律法规,大力发展平安志愿者服务事业,完善群防群治志愿服务体系;建立平安志愿者服务工作机制,制定相关制度、工作计划,逐步规范平安共建志愿者服务活动,推动平安志愿者服务的社会化和规范化;宣传平安志愿者服务文化,传播志愿者服务理念,强化市民共建美丽家园、博爱江阴的意识;组织策划平安志愿者服务活动项目,并对项目推进情况进行监督;总结推广治安防范工作经验,表彰奖励先进,推动平安创建工作深入开展;组织开展理论研究,积极探索新形势下开展治安防范和社会治理创新的新思路、新方法;就治安防范和治理工作向有关部门提出合理化建议;承办市综治办委托和组织的各项工作;与相关组织和团体开展交流活动。年内,协会组织开展"百日平安群防大行动",通过排查走访、风险收集、矛盾化解、法治宣传等志愿服务活动,促进岁末年初江阴社会大局平稳可控。至年末,全市有登记在册的平安志愿者3万余人。

(刘永刚)

公 安

【概况】 2016年,市公安局牢固树立"保平安、保稳定、保和谐"理念,紧紧围绕在无锡市率先打造平安建设示范区、智慧警务先导区、民生公安引领区的目标,不断深化公安品牌建设,业务工作和队伍建设齐头并进,社会治安保持平安稳定。是年,市公安局第五次蝉联全国公安机关执法示范单位,局信访室被评为全国公安信访窗口示范单位,市车管所第四次被评为全国优秀县级车管所;市公安局被评为2013—2015年度江苏省文明单位。年内,有164个次集体、582人次被各级表彰,其中56个次集体、91人次受到无锡市公安局以上表彰和奖励。

维护社会稳定 建立维稳"大情报"机制,由市维稳办牵头扎口,依托公安、维稳2个信息网络,全面搜集掌握各领域涉稳信息,信息源覆盖全市各派出所、相关警种部门、各镇(街道),以及市信访办、人社局、住建局等维稳成员单位。坚持情报信息日搜集、周研判、月分析机制,全年处理稳定信息1.5万余条,形成《要事专报》84期。建立合成维稳机制,明晰职责分工,强化责任落实,一旦发生群体性事件,属地公安分局局长、派出所所长第一时间到达现场指挥处置,控制事态发展。同时,联系相关党委、政府和职能部门介入,开展协调处理工作。市维稳办对事件的后期处理全程跟踪,通过重大矛盾跟踪化解信息化平台,密切关注事态发展和处置进度,加强督办工作,直至化解终结。对处置不力、进展缓慢的,发放督办通知书或提示单,并组织力量实地检查督导。对情况复杂、一时无法化解的,按照重大矛盾建档立册跟踪化解机制进行建档管理,安排专人负责,每日跟踪管理。特别是针对非正常死亡等引发的重大不稳定因素,由市维稳办主动介入、全程跟踪,牵头组织相关部门协商调解,直至最终解决,做到"件件有处理,事事有回应"。打造以"公调对接"为主体的矛盾纠纷联调一体化平台,全面提升公安机关维稳处置和矛盾化解能力。年内,全市公安机关调解各类矛盾纠纷(不含交通纠纷)63816件,其中民事纠纷52004件,治安纠纷11812件;驻所人民调解工作室调解矛盾纠纷11451件,占全局接处矛盾纠纷总数的17.94%,比2015年增长66.15%,其中简易矛盾纠纷9759件、一般矛盾纠纷1549件、重大矛盾纠纷143件,调解成功率98.3%;与相关职能部门开展联合调解各类矛盾纠纷355件。全力做好锡东电厂专项维稳。圆满完成党的十八届六中全会、G20峰会和省党代会等重大安保任务。年内未发生规模性群体事件。

维护治安安定 以治安防控体系"三网三机制"(数据网、巡防网、技防网,联合指挥机制、合成研判机制、合成打击机制)建设为牵引,治安动态驾驭能力显著提升,呈现"发案下降、破案上升"良好态势,全部刑事案件、八类案件、侵财案件破案率为无锡第一,发案数分别比2015年下降18.4%、12.3%、20.7%。全年,破获各类刑事案件3913件,逮捕各类犯罪嫌疑人2078人,移送起诉3775人,刑事拘留3368人,取保候审3598人,监视居住12人,治安行政处罚6772人。破获现行命案11件、黑社会性质组织案件1件、"2005.11.10"长寿杀人劫车积案1件。电信网络诈骗立案3289件,发案数比2015年下降17.5%,其中通讯、网络诈骗案件发案分别比2015年下降37.8%、2.9%;破案146件,比2015年增长151.7%,抓获犯罪嫌疑人869人。成功侦办公安部督办"佳佳拍网络侵犯公民个人信息案",抓获涉嫌非法侵入计算机信息系统、买卖公民个人信息犯罪嫌疑人17人,梳理上报相关犯罪线索2500余条,收缴买卖的公民个人信息数据1.1亿条。此案获公安部批示表扬,被评为2016年度腾讯与公安工作合作十大精品案例,并被作为3个受邀单位之一到北京交流。年内,全市网吧新增25个,保有量130个,实名登记率99.88%,视频监控在线率、完好率100%,每月实地检查网吧8次以上,先后开展突击检查集中行动70余次,处罚网吧27个,下达行政警示书29份,责令停业整改28个。全年受理各类经济犯罪案件370件,其中立案侦查297件,破案105件,抓获各类经济犯罪嫌疑人150人,其中逮捕37人,挽回经济损失21352.96万元。立案侦查非吸、传销、集资诈骗等涉众型经济犯罪案件25件,抓获涉案犯罪嫌疑人14人,涉案总金额7.33亿元,涉及受害群众4000余人。集中开展打击假币、假冒注册商标等经济犯罪。全年立案侦查持有、使用假币案和购买假币案5件,抓获涉案犯罪嫌疑人7人,缴获假人民币17.76万元。

2016年9月6日,市公安局举行赴"2016中国杭州G20峰会"安保支援警队凯旋欢迎仪式 (市公安局提供)

公安行政管理 出入境管理。全年受理审核公民因私出境申请103325人次,其中,因私出国47967人次,批准赴港澳43001人次、台湾12357人次。受理审核境外人员申办各类签证、证件1911份,其中,船员过境停留证件817份,其他停留证件27份,签证延期及换发124份,居留许可867份,补换发台胞证76份。登记境外人员临时住宿22845人次,常住市内境外人员1215人,境外人员散居社会面租、购、建房536处928人,处置各类涉外案事件16件。

车辆管理。8月1日,"交通安全综合服务管理平台"网站、"交管12123"手机APP开通机动车驾驶证申请人自主预约驾驶证科目一、科目二、科目三考试,至年末,全市互联网自主预约报考人数有35000余人,网上预约报考率97%,处于全省领先水平。9月23日起,江阴车管所、3个警务站及4个机动车登记服务站率先启用全国统一版机动车选号软件,由原来"20选1"改为"50选1"模式,在无锡市域内每个号牌种类共用同一个号牌池,不再按地区分号段。是年,全市新增汽车57044辆,比2015年增长11.86%,汽车保有量409149辆;新增汽车驾驶员43428人,累计542439人;驾驶证补、换64567人次;年检汽车279830辆。

交通管理。市交警大队始终坚守路面主战场,紧盯秩序乱点,深入抓好专项整治,按季节性、阶段性有序组织开展酒驾整治、校车专项治理、寄递行业车辆大排查大治理、"压事故、保安全""夏季攻势"和"黄标车""僵尸车""两车"治理、运砖车整治等系列专项行动,全年查处各类交通违法行为185万余件,其中酒后驾驶1665件、无证驾驶3928件、闯红灯43万余件、超速28万余件、超载1823件,行政拘留645人,移送起诉691件。查处违法停车29万余件,其中严管路段违停7.3万余件。淘汰"黄标车"7518辆,清理"僵尸车"230辆,治理各类路面交通安全隐患3538处。协同市城管局在城区增设停车泊位1100

余个,建成使用一级、二级停车诱导屏9块,汇聚发布社会停车场数据。健全省市主干道、恶劣天气、交通大流量、重大事故应急联动处置网络,加强警种部门合作,提升应急处置效能。年内,共受理交通事故101092次,致亡268人、伤771人,直接经济损失1155.9万元,分别比2015年下降0.05%、下降0.74%、下降11.78%、增长1.5%。

【社会治安防控体系"三网三机制"建设】 2016年,市公安局创新和完善社会治安防控体系建设,着力打造技防网、巡防网、数据网三张防控网,健全完善合成研判、联合指挥、合成打击三项工作机制。年内,技防网实现全域覆盖,建成监控探头1.8万只,169个无技防设施老居民小区建成高清监控800只,500个已建封闭居民小区出入口计划安装高清抓拍系统1000余套;新增人像识别比对系统24套,更新4G车载移动高清监控28套。巡防网得到充实建强,保持全市专职巡防队伍稳定,10辆反恐武装巡逻车全天候巡逻蹲守,启用街面警务工作站,由12人组成的处突机动队投入实战;启动建设"巡防通"APP平台;进一步壮大群防群治队伍,成立市平安志愿者协会。数据网加快构建,启动建设大数据中心,全警配发移动警务3.0设备,各项公安业务和办公系统向移动警务云终端延伸,实现数据采集、信息查证、执法管理和移动办公等功能。优化完善三项工作机制,完成公安指挥大厅改造,推动联合指挥部实体化运行,建立与常态、应急、战时不同形态相配套的警种部门人员入驻、多警种联合指挥模式;构建市局情报中心—专业警种情报分中心—派出所情报室三级情报工作架构体系;发挥刑事案件合成侦查平台纽带作用,推动破案责任、资源、手段、机制的合成;与阿里巴巴集团建立警企合作机制,在网安大队成立阿里巴巴江阴工作室。是年,全市公安机关依托巡防网抓获犯罪嫌疑人2171人,破获刑事案件1309件、治安案件841件,违法犯罪警情比2015年下降3.2%,其中"两抢"(抢夺和抢劫)、盗窃警情分别下降30.36%、11.86%。

【服务型公安机关建设】 2016年,市公安局以"无锡市公安局深化改革惠民利企十项措施"为引领,深入推进服务型公安机关建设。是年,市公安局窗口单位严格执行首问责任制、AB岗工作制、限时办结制和一次性告知制"四项制度",研发"江阴公安微警务"服务平台,专业运作"江阴防范宣传"微信订阅号,强化警务公开、警方服务和警民互动,粉丝数有35.4万人,自助移车、办证预约等服务查询有30余万人次。强化建设社会求助服务联动体系,打通110报警平台、应急联动平台、"12345"平台,加快推进非警务警情分流,全年处置各类联动警情19001次,分流非紧急、非警务报警4357次。建成城区道路交通事故处理综合服务中心,提供事故处理、司法鉴定、保险理赔等一站式服务。推行轻微交通事故快处快撤机制,自撤率97%,列全省第一,道路畅通率提升25%。推行机动车选号"50选1"模式,驾驶证申请开通自主预约报考服务,网上预约报考率97%,处于全省领先水平。推动市政府研究通过全市户籍制度改革方案,实行居民身份证异地办理服务举措,全市24个派出所均可提供省内异地办理,同时在市内设立6个省外异地办理点。全面推行流动人口出租屋二维码管理,提高自主申报率。年内,在云亭街道试行视频门禁系统。

【市公安系统参与全国文明城市创建】 2016年,市公安局全力投入全市国家文明城市创建工作,立足本职,认真履职,不断提升公安创建达标水平。年内,完善"公安+城管"联动联勤工作机制,重点严管道路32条,其中在城区17条严管路段增设违停抓拍点32个,全年查处违法停车案件29万余件。会同市城管部门在梅园路、长青路等路段规划道路机动车临时停车泊位1100个,建成并使用一级停车诱导屏4块、二级5块,汇聚11个社会停车场数据,有效提高停车管理效率。在黄山路等安装货车监控抓拍设施9套。全面推广汽车电子标识安装应用,13489辆重点车辆全部安装。推行轻微事故快处快撤机制,轻微交通事故自撤率97%,道路畅通率提升25%。深入开展打非治违、"压事故、保安全"及校车等重点车辆专项整治,严厉打击各类交通违法违规行为,查处各类交通违法行为185万余件。规范废旧物品回收行业经营,检查废旧金属回收站点850余个次,治安处罚7个,限期整改5个,取缔无照经营51个,完成澄江街道横塘上村废旧物资回收单位30余个清理搬迁。开展赌、娼警情压降专项行动,赌、娼警情分别比2015年下降52.95%和60.98%。加强网吧场所管理。制定实施《江阴市网吧分级管理办法》,严格落实上门巡查制度,推行上网短信实名论证,实名登记率99.88%。加强网吧安全和消防管理,严查未成年人上网、网吧内吸烟等现象,严打违法违规经营行为,责令停业整改网吧28个,配合市文化等部门查处"黑网吧"25个,其中断线处理14个。

【城区道路交通事故综合服务中心建成】 2016年,市公安局为应对交通事故总量逐年上升、城区交通疏导压力日益严峻情况,全力打造符合现代交通特征、具有江阴特色的交通事故处理服务新模式,推进城区道路交通事故处理综合服务中心建设。12月,该中心建成,地址位于城区梅园路669号,有办公房屋建筑面积6000平方米、停车楼面积6000平方米、公共场地6500平方米。该中心整合市公安交警、法院、司法、民政、卫生、财政、保险、银行等单位集中入驻,由事故处理中心、综合服务区、外部功能区3个区域组成。事故处理中心,由交警大队事故处理中队整体迁入,承担城区所有交通事故及全市重大交通事故的接处警、受理处置、责任认定,并协助配合保险理赔、伤残评定、物价评估等相关工作。综合服务区,有交通事故受理、保险理赔服务、社会救助基金申请受理、交通事故法庭、人民调解工作室、法律咨询、银行服务等办公区域,成立的大型汽车维修超市,供事故当事人自行挑选汽车配件。外部功能区,有三层立体停车楼6000平方米,并规范设置涉案车辆停放区。该中心立足城区,辐射周边,提供事故处理、司法鉴定、伤残评定、多元调解、事故诉讼、法律援助、社会救助、保险理赔等复合型执法、司法、公共服务平台，实现每次交通事故处理均能“案结、事了、人和”目标。

【市国际警务合作办公室成立】 2016年，市公安局为策应全省跨国案件办理“扁平化”指挥系统建设，积极争取，主动作为，开辟国际警务交流合作新途径。2月22日，公安部同意设立国际刑警组织中国国家中心局江苏联络处江阴联络站并开通国际刑警组织I-24/7系统，并成为全国首个开通该系统的县级公安局。5月9日，无锡市机构编制委员会办公室批复同意江阴市公安局出入境管理大队增挂国际警务合作办公室牌子。5月23日，江阴市机构编制委员会办公室批复同意市公安局出入境管理大队增设国际警务合作中队。市国际警务合作办公室主要负责市局机关因公出国、外事接待和外警培训工作，组织协调市公安机关与外国警方开展双边交流合作，统筹全市涉外刑事案件的协调组织、情报搜集、协查通报等国际刑警组织江苏联络处江阴联络站日常工作。年内，市国际警务合作办公室发挥华西村作为江苏省警官学院外警培训项目定点活动单位优势，开展与周边国家特别是“一带一路”*沿线国家警察部门之间的执法交流合作，专项调研市内企业在“一带一路”*沿线国家投资项目40余项的安全保障工作，采集积累企业基本资料。是年，利用I-24/7系统审查核查全市境外人员背景资料1000余人次。

【2005年杀人劫车案侦破】 2005年11月10日，在锡宜高速公路宜锡线29千米+804米处南侧防护坡上发现一具男尸，经现场勘查、法医鉴定，系他杀，死者为江阴市周庄镇长寿汽车站做黑车生意的吕某。11月15日，吕某驾驶的灰色“松花江”牌面包车在河北省青县境内发现，在车内提取到多枚汗液指印。案发后，无锡市、江阴市两级公安机关开展大量艰苦细致的工作，但案件始终没有侦破。2016年8月，根据外地公安机关转递线索，该案中提取的汗液指印成功比中盗窃前科人员高某(男，54岁，辽宁省台安县人)。据此，无锡市、江阴市两级公安机关迅速组织精干力量围绕高某的行踪轨迹、交往关系等开展专线调查，先后赴河北、辽宁等地侦查。10月20日下午，通过辽宁省台安县警方配合，在台安县新台镇高某家中将其抓获。经连夜审讯，根据高某交代，次日凌晨，又将同犯高某的胞弟抓获。经审查，高某兄弟交代11年前在江阴劫车杀人的犯罪事实。

【“黄标车”淘汰】 2016年，市公安局按照省政府、无锡市下达江阴市“黄标车”淘汰7518辆的任务和要求，成立工作领导小组，制定工作方案，分解任务责任到人，采取超常规措施层层推进。民警逐户上门开展面对面政策宣传，实行提前淘汰奖励补贴政策。加强“黄标车”限行区域管理，增设限行标志43处，抓拍设备9套，全年处罚“黄标车”违法行为33454件。车管部门全面停发检验合格标志。车管所办证大厅设立淘汰报废和补贴申请受理点，由报废回收公司统一代办提前报废补贴手续，简化办事程序。对自行交售拆解或其他原因灭失的“黄标车”车主，主动上门协助办理灭失清理、注销登记等手续。至12月28日，在无锡市率先完成“黄标车”淘汰任务。 (朱斌 胡娟)

检察

【概况】 2016年，市检察院忠实履行宪法法律赋予职责，强化法律监督，规范司法行为，深化司法改革，加强检察队伍建设，围绕勇当全省基层检察院科学发展排头兵、实现“领跑无锡、领先全国”奋斗目标，全面履行法律监督职能，主动服务全市社会经济发展大局，维护社会治安稳定，大力促进社会公平正义，有效保障人民安居乐业，各项检察工作均取得新进展、新成效。是年，市检察院被最高人民检察院、检察日报社评为2016年度全国检察宣传先进单位。全院在省、市级以上各类评比、竞赛中获荣誉63项，其中未成年人犯罪检察科及1名干警分别被最高人民检察院表彰为先进集体和先进个人。

刑事检察　参与打击治理电信网络新型违法犯罪专项行动，审查起诉电信网络诈骗犯罪320人，办理公安部督办的朱某特大集团电信诈骗案，该案涉及被害群众近400人。平等保护非公有制经济健康发展，以暴力手段非法插手建筑行业的黄某等12人黑社会性质组织案提起公诉，从快批捕通过虚假融资租赁协议、骗取市内某上市公司1000余万元的合同诈骗案犯罪嫌疑人2人。依法维护金融管理秩序，起诉集资诈骗、非法吸收公众存款、非法经营等犯罪38人。严厉打击危害食品药品安全犯罪，从快批捕涉嫌销售未经检疫病死猪的犯罪嫌疑人3人，起诉在微信朋友圈、QQ群等社交平台上售卖微整形假药犯罪嫌疑人19人。对不构成犯罪或涉嫌犯罪但没有逮捕必要的，决定不批捕134人；对犯罪情节轻微、依法不需要判处刑罚或免除刑罚的，决定不起诉24人；对4名涉罪未成年人决定附条件不起诉。是年，批准逮捕各类刑事犯罪嫌疑人1024人，经审查向法院提起公诉3657人。

职务犯罪惩防　开展查办发生在群众身边损害群众利益职务犯罪、国有企业领域职务犯罪和打击行贿犯罪等专项活动，重点查办村镇建设、医疗检验、征地拆迁等领域群众反响大、社会影响坏的“小官大贪”案，全年立案侦查贪污贿赂、挪用公款类案件15件23人，渎职类犯罪案件4件5人，其中涉案100万元以上案件12件15人，科级以上干部7人，村书记、村主任等农村基层组织人员4人，通过办案挽回经济损失3000余万元。加大打击多次行贿、向多人行贿、行贿数额较大的行贿犯罪力度，全年立案侦查4人。结合办案分析职务犯罪发生原因，及时向有关单位发出预防检察建议，开展惩防职务犯罪年度报告和专项预防调查工作，不断完善职务犯罪危险源点防控等工作机制。创作廉政短片、公益广告、微电影，组织122批次6000余名党员干部参观市基层干部预防职务犯罪警示基地，接受警示教育。上线运行江阴市预防职务犯罪网上警示教育基地，实现网下实体场所

2016年6月20日至24日，市检察院开展“举报宣传周”活动。图为检察干警在青阳镇迎秀公园设点宣传保护、奖励举报人工作制度和查办、预防职务犯罪工作取得的成效 （市检察院提供）

与网上虚拟平台并行互动。先后在5个行政机关、国有单位举办访谈式重大典型案例剖析会，提高预防意识。开展市政重大建设项目同步预防，针对工程建设中存在的职务犯罪风险隐患，及时向主管单位发出检察建议，保障政府建设资金安全。是年，接受各类企业主体行贿档案查询5300余次。自主开发的相关预防课件被最高人民检察院政治部评为全国检察教育培训精品课程。

刑事检察监督　重点监督有罪不究、执法不严问题，建议行政执法部门向公安机关移送涉嫌犯罪线索并立案41件。对认为确有错误的刑事裁判提出抗诉3件，建议再审5件。严把案件事实、证据、程序和法律适用关，排除非法证据，要求对24份瑕疵证据补正或作出合理解释。提前介入21件刑事案件引导侦查，对侦查中存在的违法情形提出纠正意见。入看守所检察10232人次，出看守所检察9823人次，械具使用检察704次，检察社区矫正人员1599人，解除矫正1750人。发现监管场所管理问题，向公安机关提出口头建议107次，发出书面检察建议2次，针对社区矫正中存在问题，发出书面检察建议4次，书面纠正违法通知书3份，均得到采纳和整改、纠正。受理羁押必要性审查案件92件，成功变更强制措施64人，所发建议全部采纳；对公安机关指定居所监视居住案件开展现场执行检察40次；配合无锡市检察院开展死刑临场监督3人次；开展强制医疗执行监督1次。开展减刑、假释、暂予监外执行同步监督，开展社区矫正脱管、漏管等检察活动，对已不符合条件的监外执行人员，建议依法收监执行5人。严格规范适用指定居所监视居住强制措施，注重保障被羁押人员合法权益，通过捕后羁押必要性审查，对33名在押人员变更强制措施。

民事行政检察监督　受理对民事、行政生效裁判的监督申请28件，受理民事执行监督15件、审判程序违法监督7件，发出相关检察建议14件。加强行政执法监督，督促行政机关履行职责8件，针对某公司违法改变土地用途，及时向相关部门发出督促履行职责的检察建议。开展虚假诉讼专项监督活动，发现虚假诉讼案件线索25件，移送公安机关立案侦查2件。

【检察官员额制改革】　2016年年初，市检察院稳妥有序推进检察员额制改革，实行人员科学分类管理，将上级顶层设计与自身实际情况相结合，制定改革工作方案，严格员额内检察官入额遴选条件，合理设置准入、禁入、缓入“三道门槛”，从严把控与适度预留相结合、以案定额与以岗定额相结合、重点倾斜和统筹安排相结合3项原则，按照“谁办案谁负责、谁决定谁负责”要求，制定检察官“权力清单”，实行独任检察官和检察官办案组两种办案组织形式，突出检察官办案主体地位，最大限度激发检察工作活力。全院有检察员以上人员68人，助理检察员31人，其中有12名符合条件的助理检察员进行初选考试。无锡市检察院核定江阴员额岗位58个，经院党组研究，拟定入额检察官53人，预留名额5个。通过入额考试和考察，并报省检院审核。9月，确定首批53名入额检察官，其中院领导4人、专职检委会委员1人，检委会委员2人，检察员37人，助理检察员9人；入额人员中有研究生学历5人、法律硕士学位5人、在读法律硕士11人。是年，员额检察官配备在侦监、公诉、反贪、反渎、检察室等主要业务部门有38人，占入额检察官的72%，实现检察队伍专业化，检察官素质结构合理化，一线办案岗位力量得到充实，办案质量和效率得到提高。

【独立自侦办案工作区建成启用】　2016年，市检察院全面落实最高人民检察院和江苏省检察院《关于检察机关自侦办案工作区设置的规定》及省检察院《关于办理职务犯罪案件同步录音录像规定》精神，加大投入，精心设计，建成独立自侦办案工作区。该工作区位于城区鲥鱼港路6号，占地面积0.33公顷，建筑面积2217平方米，总投资2150万元（其中弱电投资550万元）。有安检室、待诊室、法警执勤室、接待室、询问室、信息研判中心、指挥决策中心、机房、同步录音录像控制室、讯问室、辨认室、侦查指挥室、备勤室等功能用房；箱变采用双市电，设备及照明用电使用UPS供电；设有同步录音录像和安保监控两套系统，均采用分辨率1080P的高清数字摄像机，做到设备与人员“审录分离”“看审分离”“看录分离”；布设多角度、全方位电子监控系统，覆盖所有功能区域，实现无盲区、无盲点监控；设有微表情微动作识别系统、身心监护系统、电子笔录系统，具备数字化证据采集固定功能及互动性远程指挥功能，实现现场审讯、侦查指挥、后台监控等信息化办案模式。工作区内墙壁和桌、椅边缘进行软包改造处理，讯问室犯罪嫌疑人座椅加装活动横板并用暗锁固定，辨认室安装单向透视隔音玻璃，证人在玻璃一侧安全分辨嫌疑人。讯问室、询问室等功能用房采用整体式卫浴（SMC 材料耐用安全，低碳环保），装配智能控制系统、无接触感应开关、盥洗用水恒温控制等先进功能，并与市内相关医院联合开通紧急救治绿色通道。

【检察工作信息化建设】 2016 年，市检察院加强检察工作信息化建设，推进信息化和检察工作深度融合，重视培养使用网络信息人才，加大"智慧侦查"体系化、项目化建设力度，拓展信息数据库和查询通道。完善"检务通"电子政务系统、现代化网络中心机房、现代化楼宇智能管控系统等综合事务协同管理平台。整合和提升信息研判、电子证据实验等平台转型，推进"智慧检务"体系建设，完善多媒体示证和远程审讯系统。是年，建成职务犯罪侦查指挥云平台，提高侦查指挥、远程取证、行贿犯罪档案查询等工作效率，实行反贪、反渎线索双重审查、联动办案模式，年内查办受贿、渎职复合型案件 4 件 4 人。建成驻所检察智能监督平台，采取共用前端、双路传输、全程录制、单独存储模式，对看守所监室、相关场所实施视频监控全覆盖；与看守所管理系统互联互通，实时查询出入所人员各类信息，促进监管活动规范有序，切实保障在押人员合法权益。（参见《信息化建设》类目中《信息化应用》相关条目）

【预防职务犯罪网上警示教育基地运行】 2016 年，江阴市预防职务犯罪网上警示教育基地（"莲动澄江"网页版）上线运行。该网上警示教育基地有九个模块，即警钟长鸣、榜样风采、法律法规、忏悔警示、清莲感悟、清莲文学、清莲书画、清莲影院、清莲音乐，各模块以虚拟展板、交互形式呈现，主要面向全市党员干部，号召全体党员干部要带头学法、模范守法，牢固树立法治意识，做尊崇法律、运用法律、遵守法律、维护法律权威表率，从源头上有效预防和遏制职务犯罪发生。同时，用户可通过互联网搜索江阴市人民检察院网上警示教育基地、江阴市检察院或江阴普法网点击进入，根据需要观看相应警示教育内容。是年，推送《教育信息》54 期，有 6500 人次通过网络接收警示教育。

【依法服务经济发展】 2016 年，市检察院主动适应经济发展新常态，平等保护非公有制经济健康发展，出台《服务保障非公有制经济健康发展的工作意见》，将平等保护各类市场主体合法权益，作为检察工作服务改革发展大局的重要着力点。年内，对省公安厅和省检察院共同挂牌督办的、以暴力手段非法插手建筑行业的黄某等 12 人黑社会性质组织案提起公诉。打击利用互联网金融平台、以金融创新旗号从事非法活动犯罪活动，从快批捕通过虚假融资租赁协议、骗取市内某上市公司 1000 余万元的合同诈骗案犯罪嫌疑人 2 人。起诉污染环境、非法狩猎等破坏环境资源犯罪 33 人。参与开展禁渔期专项打击活动，起诉非法捕捞水产品犯罪 19 人。配合相关部门督促被告人放流鱼苗，帮助恢复长江生态资源。全力配合江阴建设苏南国家自主创新示范区、国家知识产权示范城市，专人负责办理知识产权犯罪案件，有效对接法院"三审合一"（知识产权民事、刑事、行政案件统一集中审理的审判机制）办案模式。参与创建"正版正货"示范街区及联合执法行动，支持民营高科技企业建立知识产权保护工作站。

【参与社会治安综合治理】 2016 年，市检察院联合有关部门开展社会治安突出问题专项整治，起诉危险驾驶等危害公共安全犯罪 697 人和开设赌场、组织卖淫、聚众斗殴等妨害社会管理秩序犯罪 994 人。依法打击恶意欠薪，起诉拒不支付劳动报酬犯罪 21 人，努力减少劳资纠纷引发的社会不稳定因素。落实各项未成年人特殊司法制度，办理未成年人犯罪案件 95 件 136 人，其中在校学生 14 人。审查起诉无锡市首例未成年人犯罪集团案，撰写的《江阴市检察院未成年人刑事检察调研报告》入选《中国地方法治蓝皮书（2016）》。进一步完善派驻乡镇检察室办理轻微刑事案件工作机制，大力开展基层法制宣传教育，增强群众法治意识。加强社会风险研判，有针对性查办财政专户管理人员职务犯罪、空壳公司虚开增值税专用发票和校园欺凌案件发生等问题，及时向当地党委、政府提出对策建议，促进完善社会监管体系。

【律师参与涉法涉诉信访案件】 2016 年，市检察院深入贯彻中央关于涉法涉诉信访改革工作部署，推进律师参与代理和化解涉法涉诉信访案件，与市司法局沟通，会签出台《关于律师参与化解和代理涉法涉诉信访案件实施办法》。该办法明确律师参与案件办理应遵守自愿平等、依法据理、实事求是、无偿公益 4 项原则，且通过接谈信访人、评析案件、做好释法劝导工作、提出处理建议、引导信访人依法申诉、帮助申请救助 6 种方式参与化解和代理涉法涉诉信访案件。律师工作站设在检察为民服务中心，制作并公示律师名录，每周五上午为"律师接待日"，与"检察长接待日"同步，实行坐堂接待。对于其他时间发生的重大、疑难复杂信访、越级访和缠闹访等案件，由承接公益服务的事务所指派律师，配合检察机关开展释法说理等调解、答复工作。是年，到场接访律师有 20 人次，有 21 名上访人因律师参与后表示息诉罢访，化解率 85%。

【未成年人司法与保护】 2016 年，市检察院为落实党的十八届四中全会提出的建立健全社会组织参与帮教特殊人群的制度化渠道的精神，与国际救助儿童会合作开展未成年人司法与保护干预试点项目工作，联合市法院、团市委、公安局、民政局、司法局等单位，在全省率先成立市青少年权益保护协会，通过政府购买公共服务方式，承接合适成年人到场维权、社会调查、心理疏导、观护帮教、附条件不起诉考察帮教等工作，推动观护帮教工作站、雏鹰爱心港、青少年法治教育实践基地 3 个平台规范化、常态化运作。年内，组建成立专业社工维权队伍，面向社会公开招聘专职社工 3 人，吸纳兼职会员 166 人。邀请国际救助儿童会工作人员、国内外知名教授、青少年工作者，专题培训未成年人保护、少年司法理念、社会调查、合适成年人到场维权等工作，共培训12次，有800余人次参加，赴上海、广州等地考察学习观护帮教、社工组织等，提升社工专业维权能力。是年，依托市青少年权益保护协会构建未成年人检察社会支持体系建设的经验做法，获省未成年人刑事检察工作十佳创新事例奖。市青少年权益保护协会开展的“奔跑吧少年”涉罪未成年人关爱项目获中国青年志愿者服务大赛铜奖、江苏省青年公益项目大赛二等奖等。

【推进“阳光司法”】 2016年，市检察院加大检务公开力度，建立融合多种功能于一体的检察服务信息平台，拓展检察为民服务中心功能，构建实时性、全方位、互动式的检务公开平台。稳步扩大公开审查范围，试行检察宣告制度。结合履职加强群众工作，强化释法说理，线上线下互动，推动形成良性检民关系。是年，开展以“加强侦查监督、维护司法公正”为主题的“检察开放日”活动，邀请市人大代表、政协委员、人民监督员和特约检察员10余人，参观长泾通利光电科技观护帮教工作站，实地查看工作展厅、活动室、学习室、学员宿舍等场所，与入驻涉罪人员和基地管理人员进行交流，还观看微电影《即将批捕》。

【女检察官青年志愿者团队成立】 2016年，市检察院有女干警80余人，占全院人数的42.3%，为充分发挥女检察官作用，以先进理念和有力举措，加强培养与引导，提升女检察官综合素能，年内，成立女检察官青年志愿者团队，有27人加入。该团队践行“奉献·有爱·互助·进步”志愿者精神，开展文明交通执勤等活动，树立良好的检察机关形象。是年，为100人次提供法律援助、152人次进行心理咨询疏导，对92人进行社会调查，参与亲情会见21次、法制宣传等活动33次。该团队先后被评为江阴市志愿服务十大杰出先进集体、江阴市十佳志愿服务组织、江阴市优秀志愿者等。

（承林峰）

审　判

【概况】 2016年，市法院依法履行审判职责，深入推进司法体制改革，全面加强法院自身建设，努力为促进全市经济社会平稳健康发展提供强有力的司法保障和服务。全年受理各类案件37449件，审执结30430件，分别比2015年增长14.38%和17.22%，涉案标的213.35亿元。是年，市法院被最高法院评为2016年度在司法新闻宣传工作中做出突出成绩的法院，被江苏省高级法院评为全省法院信息工作先进集体，民一庭和周庄法庭分别被无锡市中级人民法院记集体三等功；有31名个人受到无锡市级以上表彰。

刑事审判　全年受理刑事案件2759件，审结2615件，分别比2015年增长0.15%和0.54%，判处罪犯3643人。依法严惩故意杀人、故意伤害致人死亡或重伤、绑架、抢劫、强奸等严重暴力犯罪，审结此类案件158件，判处罪犯187人。严厉打击传销、金融诈骗、危害食品药品安全等破坏市场经济秩序犯罪，审结此类案件60件，判处罪犯97人；突出打击电信网络诈骗犯罪，审结此类案件93件，判处罪犯233人，为被害人挽回经济损失347.19万元。加大对非法吸收公众存款等涉众型经济犯罪的打击力度，审结此类案件14件，判处罪犯23人，涉案金额2.95亿元。始终保持反腐高压态势，审结贪污、贿赂、渎职犯罪案件22件，判处罪犯29人。加大对财产刑的移送执行力度，全年移送相关案件1243件，收缴罚金、违法所得578.37万元。强化人权司法保障，对6件案件启动非法证据排除程序，为100名被告人指定辩护人，对1136名被告人适用非监禁刑。坚持“教育、感化、挽救”基本方针，严格落实轻罪记录封存、社会调查、合适成年人参与诉讼等措施，审结55件未成年人犯罪案件，其中1件案件入选江苏法院2016年度依法打击侵害未成年人合法权益十大典型案例。

民商事审判　充分发挥民事审判职能，强化民生权益保障，审结医疗纠纷、劳动争议、人身损害赔偿、拆迁补偿等涉民生案件5326件。审结婚姻家庭、赡养抚养、继承纠纷案件1558件；落实人身安全保护令制度，为受害者撑起反家庭暴力“保护伞”。充分发挥商事审判职能，规范市场经济秩序，审结买卖、加工承揽等合同类纠纷案件3399件，标的21.42亿元。妥善审理企业破产清算案件，运用司法手段加快清理已停产倒闭且产能落后过剩的“僵尸企业”，引导其平稳有序退出市场，全年审结企业破产清算案件11件，释放土地、厂房、设施设备等资源价值2.65亿元，盘活存量资产3.82亿元。加强知识产权司法保护，审结各类知识产权案件362件，助力全市创新型经济发展；以知识产权司法保护联系点为基础，深入企业走访调研，发放知识产权审判年度报告150余份，保障全市创新驱动战略实施。是年，受理民商事案件19914件，审结17423件，分别比2015年增长8.59%和12.73%，涉案标的115.08亿元。

行政审判和环保审判　全面规范行政诉讼协调工作，诉前协调化解行政争议12件，诉讼案件和解撤诉率51.62%。坚持合法性审查标准，加大对行政权的司法监督力度，全年判决行政机关败诉案件12件，行政机关败诉率10.53%。认真梳理分析依法行政存在问题，发布行政案件审判“白皮书”，促进司法与行政良性互动。探索建立非诉行政案件裁执分离工作机制，破解此类案件执行难问题，被确定为2016年法治江阴建设十件实事之一。强化生态文明司法保障，完善环境资源案件“三审合一”集中审判模式，全年依法审理和审查各类环境资源案件96件，强制12个企业停止污染项目生产。倡导恢复性司法理念，审结14件非法捕捞水产品案，在依法惩治犯罪的同时，引导被告人通过自愿投放鱼苗方式，最大限度弥补非法捕捞行为对水产资源造成的损害，促进长江生态环境修复。是年，受理行政诉讼案件155件，审结125件，分别比2015年增长2.65%和5.93%，审查非诉行政案件215件，比 2015 年下降 16.34%。

执行工作　加大司法查控力度,扩大执行指挥中心网络查控系统覆盖范围,快速查人控物能力明显提升,全年完成查询 17127 次,涉及案件 10673 件,被执行人 12209 人。加大资产处置力度,推广网络司法拍卖,提升社会知晓度和网拍成交率,全年拍卖涉案资产 173 件,成交金额 7.54 亿元,成交率 57.86%,为当事人节省佣金 3771 万元。加大失信惩戒力度,在商业广场电子显示屏、江阴电视台"法制"栏目公开曝光失信被执行人信息 472 人次,同步推送"江阴发布""最江阴"等微信公众号,不断拓展曝光范围,促使其主动履行债务。加大强制执行威慑力度,常态化开展涉国土行政处罚非诉案件集中执行、打击"拒执罪"等专项活动,全年司法拘留 240 人,限制出境 105 人,罚款 11 人,移送公安机关追究刑事责任 8 人。是年,受理执行案件 14377 件,执结 10021 件,执结标的 30.09 亿元。

【依法服务供给侧结构性改革】 2016 年,市法院紧扣市委决策部署,出台《关于为高水平全面建成小康社会提供司法服务和保障的实施意见》,找准司法审判与供给侧结构性改革结合点,妥善审理新常态下经济结构调整引发的矛盾纠纷。是年,审结涉冶金建材、轻工纺织、装备制造等企业合同纠纷案件 945 件,标的 12.89 亿元,促进传统产业转型升级;对仍在生产经营的企业依法慎重使用查封、扣押、冻结等强制措施,帮助企业渡过难关,保障员工权益生计。组织全市 21 个金融机构法务人员进行座谈交流,进一步完善金融案件审理机制;梳理金融机构多发的 30 余个法律风险点,选派优秀法官分批对全市金融机构从业人员进行宣讲,指导其多元化解金融风险,有力维护金融安全。

【深化司法体制改革】 2016 年,市法院继续深化审判权运行机制改革,巩固审判团队建设经验成果,探索人员分类管理改革,落实司法责任制,实现"让审理者裁判、由裁判者负责"。推进法官员额制改革,市法院员额上限 95 人,遴选 84 名法官入额,为优秀年轻干警预留发展空间。全面推行要素式审理,制定《案件审理工作流程》和《要素式审理规范》,促进繁简分流,提高审理效率,案件平均审理天数减少 23.62 天。深入推行院庭长办案制,全年院庭长、审委会委员审执结案件 14142 件,占结案总数的 46.47%。继续推进以审判为中心的诉讼制度改革,以法庭审判的程序公正实现案件裁判的实体公正。加大司法体制改革宣传力度,凝聚起全社会支持改革、推动改革气场。

【诉讼服务】 2016 年,市法院全面实行立案登记制,规范登记秩序,完善工作流程,当场登记立案率 85%,为群众诉求敞开大门。加强诉讼服务中心系统化和标准化建设,设立律师公共法律服务站,开通"12368"诉讼服务热线,完善首问负责、引导分流等工作机制,全年提供各类诉讼服务 1980 余次。加强诉讼服务中心信息化和智能化建设,网上诉讼服务平台全面运行,推行网上立案、预约立案,开设互联网律师专用通道,方便群众参加诉讼。加大司法救助力度,在严格审核的前提下为 303 名困难当事人缓减免诉讼费 36.02 万元,向 156 名特困刑事被害人、申请执行人发放救助款 121.09 万元。

【参与法治江阴建设】 2016 年,市法院落实"谁执法谁普法"要求,加强普法宣传工作,选择典型案例在媒体报道,召开新闻发布会,不断向社会传递法治正能量。推进"村干部进法庭"工作,提高村干部解决纠纷能力,不断完善法庭与基层村委的矛盾纠纷联合排查、风险预判和预警防控机制,将社会矛盾化解在萌芽状态。参与江阴文明城市创建,突出抓好涉诉信访工作,常态化落实网上信访、远程视频接访、院长接待日等机制,切实解决好群众合理合法的利益诉求;严格落实"诉访分离"和涉诉信访案件终结机制,推进律师参与涉诉信访化解工作。是年,在各类媒体播出案例 1200 余次,召开新闻发布会 2 场,通过微博、微信等发布各类信息 510 条次。接待群众来访 2062 人次,处理来信 406 件。依法办结上级交办信访案件 51 件,化解率 100%。(高　悦)

司法行政

【概况】 2016 年,市司法局以深化矛盾纠纷排查调处、公共法律服务、特殊人群服务管理、法治宣传教育"四个全覆盖"建设为目标,履职尽责,为建设"强富美高"新江阴提供法律服务和法治环境。是年,江阴市被中宣部、司法部、全国普法办评为 2011—2015 年全国法治宣传教育先进市;市司法局被省司法厅评为 2015 年度全省司法行政系统绩效评价优秀单位、安置帮教工作先进集体,市司法局党总支被无锡市委评为先进基层党组织;市法律援助中心被省司法厅评为全省法律援助工作先进集体;有 17 名个人受到无锡市级以上表彰。

法治宣传　开展"七五"普法大调查,起草"七五"普法规划,召开全市"六五"普法总结暨"七五"普法动员大会。加强与中国社会科学院法学研究所合作,《江阴三十年普法实践》一文入选 2015 年度《中国地方法治蓝皮书》。全面梳理江阴市从"一五"普法到"六五"普法主要做法及经验,举办第三届全国新时期法治宣传教育研讨会。开展群众性学法普法,举办非人大任命干部法律知识考试、公务人员学法考法活动;完善法治副校长制度,开办青少年"每周一堂课"法治讲座 30 余场,听课学生 2000 余人;举办老年大学法律讲座 30 场,有 1800 余人次听讲;开展农民工学法活动周活动,举办法治讲座企业行等活动 10 余场,受教育员工 2000 余人;开展元旦"为爱行走·普法先行"等 10 多项主题活动。加强普法队伍阵地建设,建立江阴普法志愿者联合会等社会组织,组建普法志愿者大队。市道路交通安全主题宣传教育示范基地、市青少年法制教育实践基地被省委宣传部、省司法厅等六部门命名为省级法治文化建设示范点。是年,全市有江苏省民主法治示范村(社区)102 个,创建率 42%。

人民调解　建设全新镇(街道)公共法律服务中心多功能多服务为

民平台，统一改造和规范各镇（街道）公共法律服务中心，实行窗口化设置，推行“背景墙＋柜台式”开放服务模式，统一司法所内外标识、工作职责等13项内容。加强矛盾纠纷化解机制建设，坚持市每月、镇（街道）每半月、村每周的矛盾纠纷排查机制。引入值班律师或法律工作者参与矛盾化解，形成人民调解、律师参与、法律援助“三位一体”社会矛盾联合化解模式。成立市人民调解协会，开展人民调解员等级评定工作，全年组织培训全市调解员骨干等3批，有422人次参加。是年，全市各级各类人民调解组织开展矛盾纠纷排查11582次，受理矛盾纠纷事件23618件，调解成功23618件，成功劝阻群体性上访321批569人次；《亲情调解调处的成功率高出33%》《推行重大疑难纠纷陪调制度》等经验文章与做法受省司法厅领导批示表扬；澄江街道调委会驻电视台人民调解工作室“老娘舅”唐振健被评为全省“最美人民调解员”。

法律援助　按照《江苏省法律援助机构窗口建设和工作规范》要求，打造市级规范化窗口，严格功能划分并设置接待办公区域，透明化设置标识、标志及相关上墙公示制度；完善窗口接待工作，确保每天至少由实习律师、中心工作人员及法律援助骨干律师3名以上人员进行接待；公开监督投诉电话，设置投诉意见箱，实行挂牌上岗制度。与驻江阴团以上部队签订法律援助服务协议，成立涉军法律援助服务社。与市民政局、人社局、总工会、残联等部门协作，建立辖区内低保人员、五保户、残疾人等法律援助受援对象信息库。开辟农民工援助绿色通道，对涉及农民工工伤赔偿、申请支付劳动报酬、人身损害赔偿等问题实行特事特办。先后开展“德法同行·法援暖冬”“情暖农民工，维权讨薪法律援助”专项服务活动、“法律援助进社区”、三八妇女节法律宣传等主题活动。是年，全市办理法律援助案件1673件，接待来电来访各类咨询事件4573件，回复“12348”法律服务热线网上咨询事件1914件。

法律服务　开展“法润暨阳·2016春风行动”系列活动，组织律师参加每周一期《江阴日报》以案说法、每周一档江阴交通广播电台“907爱生活”栏目为百姓释法答疑，组织市新农村建设法律志愿团成员深入农村开展法律服务。先后与市法院、公安局、检察院联合下文，组织律师参与公、检、法化解和代理涉法涉诉信访案件等工作。与市经信委、贸促会等联合开展“一带一路”*专场法律讲座，举办中小企业家法律沙龙，对以“互保联保”为典型表现形式的企业金融风险从法律专业角度形成调研报告。全市18个律师公益法律服务站值班516人次，接待来访群众687人次，上法制课42次。组织全市23名骨干律师担任市社会矛盾纠纷调处中心兼职人民调解员，参与调解值班87次。组织律师39人次参与市领导接访，接待来访群众223批631人次。是年，全市19个律师事务所238名律师办理各类案件4467件，涉及财产标的32.5亿元，索回赔欠款15.8亿元；31个基层法律服务所165名基层法律服务工作者担任700余个企业、村（社区）的法律顾问，代理案件4200余件；市公证处办理各类公证7316件；司法鉴定所共收案889件。

特殊人群管理　2016年，市司法局推动社区矫正执法管理工作标准定标贯标，建立交互巡查机制，提升日常工作制度标准化水平。开展社区矫正“严格执法、严格管理”集中整治活动，有力保障G20峰会等重大活动、重要节点期间的安全稳定，全年未出现重大突发性事故。开展社区矫正“普法大讲堂”活动，统一安排课程，组织宣讲团队到各司法所开展集中教育。加强与社会组织合作，与江阴市阳光心理咨询服务所联合开展心理讲座40余场、团队辅助40余次、个案心理干预10余次。是年，全市接收社区服刑人员736人，解除社区矫正782人，在册社区服刑人员762人；回归刑释解矫人员1469人，解除强制戒毒人员65人，在册安置帮教对象3921人；完成各类调查评估1350例，采信率98%以上。

【成立涉军法律援助服务社】　2016年，江阴市法律援助中心针对广大驻江阴官兵日益增长的法律需求，解决军人军属的切身涉法问题，在驻江阴部队已建立的军人军属法律援助工作站基础上，8月，再签署法律援助协议书，明确双方权利义务，成立涉军法律援助服务社，通过服务社的各项活动，向官兵普及法律知识，提供法律援助，增强官兵法治意识。加强原有驻军法律援助工作站的沟通、指导和管理，规范硬件设施、规章制度；定期组织开展“法律援助进军（警）营”活动，落实召开军政军民座谈会、上法制课、开展法律咨询、举办法制宣传图片展、发放法律援助资料等服务举措；开辟军人军属维权“绿色通道”，对涉军法律援助案件实行优先审查、优先办理、优质服务，进一步放宽对现役军人、军人军属提供法律援助的条件。自涉军法律援助服务社成立后，中心组织法律援助骨干律师及江苏优博律师事务所部分律师赴部队开展“法律援助进军营”活动，先后为50名法律咨询员及军人家属、近百名官兵进行现场授课，提供法律咨询。

（包丹凤）

■类目编辑　成甦萍

人力资源

综　述

【概况】 2016年，市人社局坚持民生为本、人才优先工作主线，各项工作推进有力、成效显著。年内，新增各类人才10038人，新增就业岗位5.9万个，实现本地劳动力再就业3.7万人；组织招录各类人员644人（含编外用工人员）；接待劳动监察举报投诉案件4696件，受理工伤申请4559份，立案受理劳动争议案件2395件。是年，市人社局获江苏省农民工工作先进集体、无锡市双拥先进单位等荣誉。

【“一带一路”沿线国家智库学者到江阴培训】 2016年5月16日，“一带一路”沿线的印度、巴勒斯坦、孟加拉国、乌兹别克斯坦、阿富汗5个国家和东盟秘书处的20名智库学者到江阴进行交流培训，学习江苏引智工作的思考与探索、江阴市外向型经济发展情况、“江阴板块”与民营企业人才发展、跨界整合创新资源引领全球智慧能源创新、充分利用高端人才市场积极推进政府多元引智以及江阴建设与发展等多个专题课程，并考察海澜集团有限公司、江阴长电科技股份有限公司、江阴兴澄特种钢铁有限公司、江阴远景能源科技有限公司、江苏远望神州软件有限公司等江阴重点企业。

【首获国家、省技能大赛状元】 2016年4月，代表无锡参赛的江阴选手在第三届江苏省技能状元大赛中取得1金4银1铜历史最好成绩，其中中船澄西高级技工学校顾丰波获得焊接项目学生组金牌（状元）。11月，代表江苏参赛的江阴中等专业学校谢春啸在2016年中国技能大赛——第七届全国数控技能大赛中获数控车工职工组冠军（状元），实现江阴在国家、省技能大赛中状元零的突破。

2016年5月16日，来自“一带一路”沿线5个国家和东盟秘书处的20名智库学者到江阴进行交流培训。图为学者合影　（市人社局提供）

人才开发

【概况】 2016年，市人社局围绕促进转型发展，加强高层次、高技能“两高”人才队伍建设，持续加大“外引内育”力度，不断激发人才创新创造活力，全年引进各类人才10038人。在高层次人才建设方面，全年引进高层次人才502人，执行引智项目49项，新引进长期外国专家73人，新增海外留学回国人才123人；获评国家友谊奖1个；成功申报省“六大人才高峰计划”C类项目3项，申报“太湖人才计划”产业升级创新领军人才2人、生产性服务业领军人才1人。在高技能人才建设方面，新增高技能人才4862人，4人被评为江苏省企业首席技师。是年，为288名优秀大学生发放租房补贴152.65万元，复核入住人才公寓227人，认定公租房申请43份。

【人才招引】 2016年，江阴市组织5个重点引智企业代表参加第十四届深圳中国国际人才交流大会，成功对接外国专家需求项目10项，江阴恒兴涂料有限公司与日本3个机构在金属涂料方面达成初步合作意向。组织江南模塑科技股份有限公司、江阴玛宝斯坦教育培训中心、江阴沃尔得国际英语培训中心、江阴天华艺术学校等企业及培训机构相关负责人参加北京、深圳、上海、成都外籍人才招聘会，共与300余名外籍人才进行洽谈，收到个人简历163份并与20名应聘者初步达成人才引进意向。组织有关园区、企业参加广州海交会，达成初步合作意向20个。邀请23名海外人才参加无锡海外人才专场推介会，江阴高新区创业园当场与2名海外人才签约。开展“才聚江阴”校园招聘系列活动，组织141个企业、携带4597个岗位赴南京、上海等省内外高校集聚地进行招才引智，与近千名大学生达成就职意向。

【引才育才平台建设】 2016年，江阴市独立组团赴德国、瑞士开展国际化高技能人才合作洽谈。举办“智汇江阴”2016海外高层次人才创新创业对接洽谈会，16项项目达成合作意向，8项海外高层次人才创新创业项目签订合作开发框架协议，中美科技创新江阴合作中心、中国江阴海外引才工作站揭牌成立。全年新增海外引才工作站3个，新增引才顾问5人。新建海外工程师工作室5个、省级博士后创新实践基地3个、江阴市级博士工作站3个。成功引进国家猎头研究中心主任、南方国际人才研究院副院长宋斌的猎头公司团队落户江阴，为江阴企业引进国内外高端管理和技术人才开辟新通道。澄西船厂技工学校与德国焊工协会合作，成立国际焊工资格认证考点，其证书得到欧盟国家承认。

【“食尚江阴”万人培训工程】 2016年8月28日，江阴市启动实施“食尚江阴”万人培训工程，“十三五”规划期间，计划培养餐饮业从业人员1万人，扶持新办餐饮业创业实体500个。培训工程将组织编写《江阴食尚大全》，建设培训基地，采取技能培训和创业培训相结合模式对参加培训者进行免费培训和考核，全市所有具有餐饮技能培训意愿及创业愿望的各类劳动者均可参加培训。同时，全面落实各项创业扶持优惠政策，鼓励更多参训人员走上创业之路，探索以江阴本邦菜为主题的连锁店经营模式，引导参训人员共同把江阴特色菜

2016年8月28日，江阴市启动实施“食尚江阴”万人培训工程。图为启动仪式现场　　（市人社局提供）

看制作的传统工艺优势转化为产业优势，促进江阴餐饮业进一步发展壮大。是年，在华西新市村设立第一个“食尚江阴”培训基地，并举办第一期中式烹饪培训班。

人事管理

【概况】 2016年，江阴市不断优化人事管理机制，强化制度刚性约束，推进人事工资制度改革。全市共完成422个次单位人员岗位聘用变更审批、114个次事业单位岗位设置方案变更审批。组织开展全市机关事业单位人事干部培训，培训450人。招录事业性质人员5批次348人，其中教育系统176人，卫生系统91人，其他事业单位81人。公开招聘编外用工5批次296人，其中教育系统100人，卫生系统108人，市级机关事业单位58人，其他单位30人。加强干部人事档案管理，对全市各事业单位领导干部及中层干部统一归档管理。

【人事管理制度完善】 2016年，江阴市出台《关于江阴市机关事业单位进一步规范实施带薪年休假制度的意见》，对全市机关事业单位请假休假管理进行规范，对国家带薪年休假制度落实明确具体方法，对因工应休未休补贴发放严格按规定执行。深入推进机关事业单位养老保险制度改革，制定《关于贯彻落实〈省政府关于机关事业单位工作人员养老保险制度改革的实施意见〉的通知》，按照省统一办法，做好全市机关事业单位工作人员视同缴费指数测验算工作，并在市人社局进行试点参保登记操作。出台《关于江阴市编外用工薪酬待遇改革的实施意见》，进一步规范全市编外用工薪酬待遇。

【军转干部安置管理】 2016年，江阴市接收军队转业干部45人，其中团职干部27人，营职及以下（含专业技术）干部18人。全面落实企业军转干部各项补贴待遇，为6名企业军转干部办理退休补助审批手续，为855名企业军转干部发放体检卡，为838名企业军转干部发放报刊费。春节期间和八一建军节前后，全市各级累计慰问企业军转干部1064人次、慰问12名离世企业军转干部亲属，共发放节日慰问费279.5万余元。组织实施企业军转干部医疗救助工作，全市880名企业军转干部符合享受医疗救助政策条件。根据社会化管理要求，对23人次特别困难的企业军转干部实施特困救助，发放救助费4.6万元；镇（街道）、社区工作人员上门对因病住院的企业军转干部进行大病探视慰问5人次。

【工资福利管理】 2016年，市人社局完成4381人次机关（参公）在职

人员的级别档次正常晋升审批，人均月增资98元，完成5281人次事业在职人员正常晋升薪级工资审批，人均月增资74元。审批办理机关、事业单位1417人因职务(岗位)变动调整工资事务。为825名因招录、工作调动人员重新确定工资。审核办理机关108人、事业单位363人退休业务。审核办理112人丧葬抚恤费及33人次遗属补助。

【专技人员职称申报与审核】 2016年，市人社局积极做好职称申报、审核等工作，并优化各项专技服务流程，不断提升专技工作质量。开展高校教师、卫生、广电、新闻、农林专技等职称审核，其中审核正高级65人、副高级813人、中级983人、初级33人；做好高校、中专院校、中小学、幼儿园274名教师以及1017名其他专业专技人员职称初定工作。组织专技人员继续教育培训考试11298人次，其中第六轮公修课培训考试8702人次。完成各执业考试类报名及证书发放，全年审核各类考试报名5478人，发放相关资格证书3522份。是年，江阴市入选享受国务院特殊津贴专家1人，入选省市有突出贡献中青年专家9人。

职工队伍建设

【概况】 2016年，江阴市城镇非私营企业职工总数24.2万人，其中从事制造业职工人数最多，达15.15万人；其次是教育业，职工人数达1.97万人；建筑业，公共管理和社会组织，批发和零售业，交通运输、仓储及邮政业，金融业，卫生和社会工作等行业职工人数均超5000人。年内，市人社局调查后公布部分职位工资指导价，保障职工利益；举办各类培训班，提高职工人员素质和就业技能。全年接受知识更新工程培训2.5万人。

【部分职位工资指导价位公布】 2016年，市人社局通过对全市241个生产经营正常企业703个岗位8万余人工资价位进行抽样调查，并对采集数据进行整理、汇总、分析，公布2015年度人力资源市场近400个工种或职位工资指导价位。其中生产经营经理、技术经理、电力工程技术人员、电信网络工程师等29个工种或职位年工资平均数超过10万元。

【职业能力培训】 2016年，市人社局坚持"量质并重"，积极开展职业能力培训工作，全面提升劳动者素质。充分利用公共实训基地先进设施设备及技术师资力量，面向社会、学生、部队、企业等人员开展维修电工、智能楼宇管理师、电子设备装接工、电焊工、数控车工、数控铣工等各类培训55期2650人次；开展再就业计算机培训7期480人。充分调研失业人员意见，增加叉车工、网络创业和餐厅服务员等再就业技能培训工种，并根据报名情况增加开班频率。是年，全市共组织企业职工各类岗位技能提升培训39689人，其中城乡新成长劳动力技能培训2993人，城镇再就业技能培训2878人，创业培训2800人，网络创业培训500人，本地农村劳动力培训9125人，外来农村劳动力技能培训8042人，农村转移就业劳动者岗位技能提升培训13351人。严把鉴定质量关，组织企业人力资源管理师、秘书、营销师等9个职业统一鉴定476场，其中学校鉴定82场，社会鉴定394场，社会化鉴定督考到场率100%。全年组织各类职业技能鉴定2.85万人，组织全国全省统一鉴定862人，核发国家职业资格证书2.6万张。

公务员队伍建设

【概况】 2016年，江阴市不断加强公务员队伍规范化管理，持续提升公务员管理水平。做好公务员招录的各项工作，对1877名报考江阴市公务员职位的考生进行网上资格审核，对141名考生进行现场资格复审，对40名拟录用公务员进行政审考察。认真抓好公务员考核奖惩，全市有5297名公务员(含参公)参加年度考核，评定优秀942人，评定称职4269人，评定基本称职3人，评定不称职1人，另有82人参加考核不定等次。是年，有1人被辞退，有9人辞去公职，有7人因违反党纪政纪受到处分，其中行政开除5人，行政撤职2人。

【公务员招录任用】 2016年，江阴市共招录公务员82人，其中政府系统39人、党群系统5人、选调生3人、公安队伍35人。组织对70名2015年度招录的公务员进行试用期满考核和转正定级，并进行公务员登记。严肃规范公务员队伍职务任免，先后任免中层干部134人，代拟政府任免文件14份。为53名干部办理调动手续，其中市外调进13人，调出7人，市内调动33人。

【公务员教育培训】 2016年，市人社局把公务员队伍初任培训、能力提升培训、法治理念教育培训作为重点内容，不断提高培训效果和质量。组织"江阴大学堂"授课培训3期，培训机关中层干部1113人次。推进岗前初任培训，对2016年度新招录公务员进行22天全脱产、全封闭"军事化"培训。开展"送教下基层"活动，邀请省委群众杂志社副总编辑、研究员苗成斌到江阴作《新发展理念与新江苏发展》专题辅导，全市283名中层干部参加培训学习。

【公务员职务与职级并行工作】 2016年，江阴市根据省、无锡市相关文件要求，结合全市实际，立足拓展公务员职业发展空间，开辟晋升职级通道，调动基层公务员工作积极性，全面实施公务员职务与职级并行制度。5月，对全市首批符合职务与职级并行条件的1274名机关工作人员(含参公)进行初审、复核及终审，并对所有职级晋升人员进行全程纪实。是年，公务员职务与职级并行工作进入常态化操作。

(王春来)

教师队伍建设

【概况】 2016年，江阴市教育系统公办学校在职人员17242人，其中公办教职工13240人，合同民办教师295人，市统招幼儿教育教学岗位编外用工967人，临时聘用人员2740人。公办学校专任教师有14441人(含不在编专任教师)，其中大学教师410人、普通高中教师1994人、职业类学校教师951人、初中教师3661人、幼儿教师2365人、小学教师4910人、成教教师100人、特殊教育教师50人。全市幼儿教师大专以上学历占98.9%,小学、初中、普通高中、中等职业学校教师本科以上学历分别占80.7%、96.2%、99.3%和99.3%。是年,新增江苏省特级教师3人;公开招聘新教师190人,按照优生优选原则分配免费男幼师4人,招聘幼儿园编外用工100人;创新招聘形式,会同市人社局组织江苏省南菁高级中学等学校走进高校面向2017年应届优秀高校毕业生提前招聘新教师17人。至年末,全市有无锡市名师工作室12个、江阴市名师工作室28个,有江苏省人民教育家培养工程培养对象1人、无锡市中小学教育名家培养工程培养对象6人、江苏省特级教师23人、无锡市名校长5人、无锡市级骨干教师1020人、江阴市级骨干教师2563人。

【乡村教师定向培养】 2016年,市教育局根据省乡村教师支持计划,结合江阴乡村学校教师队伍结构、数量等现状,在全市423名填报该项志愿的高考考生中择优录取26人作为定向培养对象,其中小学教育18人,体育、美术各4人,录取分数线分别为小学教育理科368分、文科362分、体育370分、美术515分,均超过一本录取分数线,为全省最高,受到江苏省教育厅、无锡市教育局表扬,也为江阴乡村学校师源素质提高、教师队伍优化奠定基础。

【支教工作】 2016年,江阴市继续支持新疆霍城县、陕西延安市等地教育事业发展,全面提升教育援建工作成效。通过个人申报和组织推荐相结合方式,全年派出23名优秀教师分赴援建地区开展支教工作,其中派往新疆霍城县11人(包括7名作为新疆霍城县柔性人才引进短期支教3个月的教师),派往陕西延安市1人,同时,派出11名教师赴山西省吕梁市离石区开展教育合作交流工作,全面加大人才智力援助力度,有力有序有效推进对口支援各项工作。

【学校校级领导任退职年龄调整】 2016年,江阴市为进一步发挥教育系统干部人才作用,更好地实现人尽其才,调整学校校级领导任职退职年龄,对具有中级职称人员选拔副职校长、具有高级职称副校级领导选拔正职校长提拔年龄分别放宽至47周岁、50周岁;同时参照江阴机关事业单位政策,将教育系统副校(园)长的退岗年龄从男53周岁、女51周岁调整为男54周岁、女52周岁,与正职校(园)长保持一致(市管领导干部仍按上级文件规定执行)。

【原民办教师生活补助发放】 2016年,市教育局根据省教育厅、人社厅、财政厅有关文件精神,结合江阴实际,联合市人社局、财政局下发《关于做好农村原民办教师生活补助发放工作的通知》,对领取过一次性生产补助、仍在农村生活、年满60周岁的原被辞退江阴市民办教师,在按规定享受居民养老保险待遇的同时,根据其从教年限每满1年给予每月20元的标准按月发放生活补助。

(汤永锋)

卫生队伍建设

【概况】 2016年,市卫计委按照市委、市政府坚持"人才强市战略"要求,抓住人才引进、培养、使用和激励4个环节,以高层次人才和基层人才队伍建设为重点,健全卫生人才补充机制,增大卫生人才总量,提升卫生人才质量,满足群众日益增长的健康需求。是年,全市有卫生专业技术人员6720人,占卫生系统总人数7755人的86.7%。卫生专技人员中具有高级专业技术职称702人、中级专业技术职称2141人,占卫生专技人员总数的42.3%;具有博士研究生学历的工作人员27人、硕士研究生学历的工作人员450人、大学本科学历的工作人员3225人,占卫生专技人员总数的55.1%。

【卫生人才招录】 2016年,市卫计委科学合理制订人员补充计划,建立完善符合实际需求的人员补充机制,不断充实卫生系统人才力量,提高医疗卫生机构服务能力。创新高层次人才招录方式方法,依托南京人才交流中心平台,以大型人才交流会为契机,抢抓机遇、抢占先机,采取现场报名、现场审核、现场面试程序,招录一批专业素质高、综合能力强的研究生学历卫生人才。年内,共招录硕士研究生54人。同时,加大基层卫生人才招录力度,充实基层医疗卫生服务队伍,全年共招录大专及以上学历事业编制工作人员88人,大专及以上合同制工作人员112人。

【卫生人才引进培养】 2016年,江阴市全面推进"人才强卫"战略,新增江苏省第五期"333高层次人才培养工程"*第三层次培养对象1人。通过建立专项经费,积极支持医务人员参加各种在职培训学习、外出进修活动,全年有151人次外出进修学习。举办各类学习班、培训班等学术活动83期次,其中国家级继续教育项目3项、省级10项、无锡市级13项。选派97名乡村医生参加江苏省合理用药知识培训和初级急救知识培训、141名临床岗位医生参加住院医师规范化培训。加强对科研工作的指导和管理力度,注重江阴医疗软实力提升,全年获国家自然科学基金项目1项、省自然科学基金项目1项、省卫计委科研项目2项、无锡市科技局科研立项2项、无锡市卫计委科技项目11项、无锡市基层适宜卫生技术推广项目3项,获江苏省医学新技术引进二等奖2项、无锡市科技进步奖三等奖2项、江阴市科技进步奖11项。

(胡民晔)

■类目编辑 谢 诚

经济总览

经济发展动态

【经济总量】 2016 年，江阴市国民经济平稳运行。全市实现地区生产总值 3083.26 亿元，比 2015 年增长 7.4%。全年粮食总产量 14.5 万吨，下降 17.6%。全年完成工业总产值 6603.7 亿元，增长 1.2%，其中工业百强企业完成产品销售收入 3883.7 亿元，占全市规模以上工业总量的 68%。全市全年工业用电量 214.4 亿千瓦时。全年实现社会消费品零售总额 776.05 亿元，增长 10.1%。全年进出口总额 199.9 亿美元，其中出口 119.7 亿美元；进口 80.2 亿美元。全市完成到位注册外资 10.6 亿美元，增长 4.4%。全年对外投资额超 8 亿美元。积极响应国家“一带一路”战略，对“一带一路”国家投资 6 项项目，协议投资额 4.1 亿美元。年末全社会拥有车辆 47.4 万辆，其中私人汽车达 35.6 万辆，比 2015 年增加 4 万辆，增长 12.7%。全年完成客运量 6922 万人次，下降 2.8%；完成货运量 4119 万吨，增长 2.4%。全市港口货物吞吐量 13197 万吨，增长 4.7%。全年邮电业务总收入 25.9 亿元，在网手机用户总量达到 223.7 万户；互联网宽带用户达到 61 万户，比 2015 年增加 8.9 万户。全年旅游总收入达 259.7 亿元，增长 9.3%。全年固定资产投资完成 1133 亿元，增长 0.4%。财政收支稳定，实现一般公共预算收入 229.91 亿元，增长 5%；一般公共预算支出 226.3 亿元，增长 10.2%。年末金融机构各项存款余额 3624.5 亿元，增长 17%；各项贷款余额 2751.4 亿元，增长 10.7%。全市证券交易开户总数 27.7 万户，减少 27.1 万户。证券机构交易金额 8308.1 亿元，下降 44%。年末全市共有 42 个上市公司，43 只股票。全年实现保费收入 61.1 亿元，增长 22.3%。城市建成区面积 125 平方千米，全市公路总里程 2434.4 千米，供水总量 21916.23 万立方米。城市液化气供气总量 2.9 万吨，天然气供气总量 5.5 亿立方米。

【发展比较】 2016 年，江阴市主要经济指标在与江苏省同类的 42 个县(市)比较中，排名第一的有：固定资产投资 1133 亿元，实际使用外资 10.55 亿美元，农村常住居民人均可支配收入 28181 元；排名第二的有：地区生产总值 3083.26 亿元，第二产业增加值 1680.99 亿元，第三产业增加值 1357.93 亿元，人均地区生产总值 188101 元，一般公共预算收入 229.91 亿元，规模以上工业增加值 1153.48 亿元，工业用电量 214.4 亿千瓦时，社会消费品零售总额 776.05 亿元，居民人均可支配收入 46337 元，城镇常住居民人均可支配收入 54631 元；排名第三的项目没有；排名第四的有：人均一般公共预算收入 14026 元，出口总额 119.7 亿美元。其余比较项目中，粮食产量、第一产业增加值、油料产量排名均在第 30 名以后。

2016 年江阴市与省内部分市(县、区)经济主要指标比较一览

表 6

指标 \ 地名	江阴市	常熟市	张家港市	昆山市	吴江区	太仓市	宜兴市	锡山区	武进区	江宁区	通州区	靖江市	启东市	海门市	惠山区
地区生产总值(现行价)(亿元)	3083.26	2112.39	2317.24	3160.29	1628.33	1155.13	1377.74	708.25	1968.99	1680.52	1026.66	801.75	881.85	1005.06	722.40
第一产业(亿元)	44.34	42.76	31.34	30.07	42.81	36.76	48.74	17.45	40.21	60.88	56.41	22.51	66.58	53.28	16.78
第二产业(亿元)	1680.99	1082.43	1214.70	1708.82	834.85	583.87	709.51	368.54	1074.23	892.56	507.36	391.95	422.85	504.53	427.19
#工业(亿元)	1612.25	1026.16	1155.30	1608.39	783.74	547.67	608.05	316.05	1024.91	765.18	424.85	324.22	336.94	420.99	392.29
第三产业(亿元)	1357.93	987.20	1071.20	1421.40	750.67	534.50	619.49	322.26	854.54	727.08	462.89	387.29	392.42	447.25	278.45

续表6

指标＼地名	江阴市	常熟市	张家港市	昆山市	吴江区	太仓市	宜兴市	锡山区	武进区	江宁区	通州区	靖江市	启东市	海门市	惠山区
#交通运输、仓储和邮政业(亿元)	70.60	70.19	131.89	108.04	76.57	108.61	21.25	9.16	142.34	59.51	46.56	42.05	18.98	22.62	5.11
#批发零售业(亿元)	480.11	377.09	411.29	310.10	209.04	148.75	167.52	116.86	147.16	90.54	124.9	61.89	108.55	122.87	119.80
#房地产业(亿元)	135.04	97.80	87.65	320.42	105.51	47.07	81.21	48.60	71.47	137.43	63.27	56.74	51.66	53.64	34.65
#金融业(亿元)	159.66	105.82	118.30	148.15	102.54	66.02	80.40	34.96	86.1	135.15	44.99	40.82	42.47	50.2	34.51
全社会固定资产投资(亿元)	1133.03	544.91	724.77	757.42	681.02	465	537.31	713.88	1029.41	915.4	681.49	500	614.84	613.19	656.53
一般公共预算收入(亿元)	229.91	173.58	190	318.92	165.25	127.71	108.65	72.24	147.52	210.24	74.68	58.93	71.03	72.41	81.41
金融机构各项存款余额(本外币)(亿元)	3624.54	3042.69	2632.06	4122.91	2209.76	1440.09	1925.33	955.66	2453.34	2290.63	1420.34	1011.36	1248.54	1379.13	686.21
金融机构各项贷款余额(本外币)(亿元)	2751.37	2368.56	2044.19	2789.70	2220.09	1255.13	1401.17	802.47	1829.14	1404.77	748.88	718.21	712.78	825.88	534.62
农村居民人均可支配收入(元)	28181	27956	27849	28178	27448	27766	23709	26330	25392	21699	19929	19605	19875	20608	26333
城镇居民人均可支配收入(元)	54631	54411	54602	54728	54321	54099	46092	46295	48203	48526	40741	39713	37390	40509	47190

2016年江阴市与省外部分市(县、区)经济主要指标比较一览

表7

指标＼地名	江阴市	柯桥区	萧山区	鄞州区	诸暨市	慈溪市	余杭区	义乌市	嘉定区	青浦区	南海区	顺德区	三水区	高明区	莱州市	荣成市	滕州市	晋江市
地区生产总值(现行价)(亿元)	3083.26	1239.25	1928.57	1380.97	1099.06	1209.42	1411.62	1118.10	1875.90	939.73	2411	2793.22	1083.21	757.32	766.77	1078.02	1064.80	1744.24
第一产业(亿元)	44.34	35.95	68.12	41.58	51.88	52.67	50.04	22.44	4.20	8.30	47.32	43.77	33.84	19.17	71.19	87.46	75.14	20.96
第二产业(亿元)	1680.99	638.94	909.11	700.52	571.25	691.55	477.86	384.82	1235.50	449.30	1401.64	1597.71	811.56	592.23	390.15	480.98	530.10	1087.47
#工业(亿元)	1612.25	558.55	840.12	639.25	485.60	641.13	437.92	329.05	1189.30	427.82	1346.47	1542.81	795.75	578.73	366.83	454.67	462.68	1022.38
第三产业(亿元)	1357.93	564.36	951.34	638.86	475.93	465.20	883.72	710.84	636.20	482.13	962.04	1151.74	237.81	145.91	305.43	509.58	459.57	635.81
#交通运输、仓储和邮政业(亿元)	70.60	39.73	81.56	22.13	40.86	39.26	12.82	36.86	30.80	52.25	75.83	94.81	22.35	16.54	16.41	48.58	29.83	109.73
#批发零售业(亿元)	480.11	284.93	160.50	128.35	178.84	169.60	39.78	345.32	224.30	142.60	173.55	190.19	38.01	16.85	96.60	89.03	171.49	177.07
#房地产业(亿元)	135.04	60.19	162.62	126.44	45.90	54.57	83.52	44.52	88.10	70.50	270.08	264.66	62.56	46.63	17.70	37.19	39.65	69.33
#金融业(亿元)	159.66	48.16	131.11	116.67	41.52	38.22	47.59	83.44	66.90	47.83	114.99	115.42	16.35	9.65	21.76	25.67	32.74	58.89
全社会固定资产投资(亿元)	1133.03	746.67	1078.32	769.88	741.05	807.78	1040.32	581.67	430.30	388.83	1078.29	764.85	667.37	401.52	500.84	828.28	655.92	914.90
一般公共预算收入(亿元)	229.91	106.02	195.16	207.78	71.89	132.10	244.29	81.79	227.30	160.19	203.34	201.90	48.33	32.09	61.86	68.83	69	120.68
金融机构各项存款余额(本外币)(亿元)	3624.54	1743.64	3534.57	2102.83	1249.89	1868.31	2311.10	2665.83	2604.30	1537.02	4724.9	3943.96	653.88	317.56	657.70	692.28	635.63	1521.60
金融机构各项贷款余额(本外币)(亿元)	2751.37	1223.33	3013.19	1835.34	1193.13	1787.23	1549.06	2067.29	1227.30	803.23	2842.29	2813.22	442.16	251.27	267.99	465.19	397.85	1291.83
农村居民人均可支配收入(元)	28181	31490	31849	31568	30224	29547	31608	30570		26187	28241	29283	22632	20188	18135	19231	14005	19882
城镇居民人均可支配收入(元)	54631	54410	55712	54199	53547	50828	53215	60773	44876	44309	43649	45948	31052	30015	38965	38084	30705	42597

经济结构

【所有制结构】 2016年年末，江阴市工商登记各类企业47331个，其中，国有及集体控股公司2783个；全市私营企业43392个(占全市企业总数的91.67%)，注册资本2309亿元(占全市企业注册资本的51.47%)，年内企业总量和工商注册资本总量比五年前分别增长了1.62倍和2.07倍；私营企业43392个，年新增私营企业6598个，占新增企业比重94.9%；有外商投资企业1156个；个体工商户84989户，年内新增15396户。全年新登记各类企业6950个。

【产业结构】 2016年，江阴市地区生产总值3083.26亿元，其中，第一产业产值44.34亿元，减少2.9%；第二产业增加值1680.99亿元，增长7.1%；第三产业增加值1357.93亿元，增长8.3%。三次产业比例调整为1.5∶54.5∶44，第三产业增加值占GDP比重比2015年提高0.6个百分点。

【固定资产投资结构】 2016年，江阴市固定资产投资完成1133亿元，增长0.4%。产业投向：第一产业投资5.6亿元，下降16.9%；第二产业投资495.4亿元，下降3.7%；第三产业投资632.1亿元，增长4.1%。投资主体：国有企业投资247.7亿元，增长23.6%；民营企业投资

735.5 亿元，下降 9.9%；外商及中国港澳台地区企业投资 149.8 亿元，增长 33.9%。全年固定资产投资建成投产项目 883 项，项目建成投产率为 84.42%；新增固定资产 548.46 亿元，固定资产交付使用率为 64.38%。

【从业人员结构】 2016 年，江阴市全社会从业人数（不含个体从业人数，下同）98.99 万人，其中，第一产业从业人数 4.86 万人，第二产业从业人数 61.03 万人，第三产业从业人数 33.1 万人。

产业发展

【农林牧渔业】 2016 年，江阴市农林牧渔业以稳定发展，促进农民持续增收为目标，加快结构调整和转型升级。倡导绿色发展，促进农林牧渔业发展与生态环境协调发展；鼓励创业富民，优化农民收入结构。围绕农林牧渔业现代化指标，全面推进产业化发展，提升综合产能。全年农林牧渔业总产值 87.83 亿元，比 2015 年下降 1.3%，其中农业产值 41.06 亿元，下降 0.4%；林业产值 8.18 亿元，增长 4.5%；畜牧业产值 16.56 亿元，下降 5.6%；渔业产值 9.77 亿元，下降 3.5%；农林牧渔服务业产值 12.26 亿元，下降 0.3%。 （金海峰）

【工业】 2016 年，工业生产稳中有进，全市完成工业总产值 6603.7 亿元，比 2015 年增长 1.2%；规模以上工业实现主营业务收入 5709.6 亿元，增长 4.3%。骨干企业支撑作用明显，全市工业百强企业全年完成产品销售收入 3883.7 亿元，实现利税 392.7 亿元，分别占全市规模以上工业企业的 68% 和 78.5%。1 个企业集团开票销售超 500 亿元，4 个企业集团开票销售超 300 亿元，3 个企业集团开票销售超 200 亿元，8 个企业集团开票销售超 100 亿元。33 个工业百强企业入库税金超亿元，其中超 10 亿元有 4 个。民营工业发展后劲持续，规模以上民营中小企业工业产值 2298.4 亿元，增长 2.1%。2016 年度中国民营企业 500 强名单中，江苏省有 94 个企业上榜，其中江阴市上榜企业 12 个，分别是：海澜集团有限公司列 36 位、江阴澄星实业集团有限公司列 76 位、江苏阳光集团有限公司列 115 位、江苏新长江实业集团有限公司列 124 位、江苏三房巷集团有限公司列 132 位、双良集团有限公司列 147 位、江苏法尔胜泓昇集团有限公司列 157 位、江苏扬子江船业集团公司列 163 位、江苏华宏实业集团有限公司列 205 位、江苏新华发集团有限公司列 276 位、江苏爱康实业集团有限公司列 325 位、江苏新潮科技集团有限公司列 461 位。创新型百佳民营中小企业工业产值 429.45 亿元，增长 0.8%，开票销售收入 413.42 亿元，增长 26.69%，实现利税 28.45 亿元，增长 2.1%，入库税金 15.66 亿元，增长 21.48%。新增企业中科学研究和技术创新行业占比 15.4%，首次进入前三，工业经济转型升级工作成效显著。年内，依据发展潜力大、成长性突出、产品科技含量高等特点，对百佳企业阵容进行调整，12 个企业晋升百强企业；6 个企业退出。

2016 年江阴市创新型百佳中小企业一览

表 8　　　　单位：万元

企业名称	开票销售	利税	入库税金
江苏博大数控成套设备有限公司	3711	237	155
江阴市东杰纺机专件有限公司	6154	1309	772
江苏欧瑞宝机械科技有限公司	5127	855	615
江阴爱科森通信材料有限公司	36786	4324	1897
江阴市液压油管有限公司	14410	798	1105
江阴市三杰实业有限公司	6641	1183	644
江阴市润信电器配件有限公司	24013	1015	884
江阴市鸿萌橡塑制品有限公司	18331	1357	1126
江苏华兰药用新材料股份有限公司	42833	4363	3971
江阴邦特科技有限公司	34610	2460	1556
江阴市虹桥机械制造有限公司	6691	849	809
江阴市宏泽氯碱设备制造有限公司	11804	1440	763
江阴市海华橡塑有限公司	7356	1439	896
江阴众和电力仪表有限公司	8513	1835	1448
江苏方程电力科技有限公司	5440	734	221
江阴长仪集团有限公司	41429	7472	2596
江阴市惠尔信机械有限公司	17776	2271	1485

续表 8

企业名称	开票销售	利税	入库税金
江阴市镍网厂有限公司	13508	-36	328
神宇通信科技股份公司	41754	6091	1813
江苏常隆客车有限公司	32665	-855	212
江阴市恒富机件制造有限公司	21229	1117	1011
江苏界达特异新材料股份有限公司	74802	3555	983
江阴市工具厂	10114	2389	694
江阴市华澄实业有限公司	37424	2481	3390
江阴挪赛夫玻璃钢有限公司	21669	2005	2723
江阴市北海救生设备有限公司	17153	1953	1479
江阴泰富沥青有限公司	34906	2771	235
江阴机械制造有限公司	22367	1932	2765
江苏裕华汽车零部件有限公司	33753	5208	1973
江阴市南方不锈钢管有限公司	12838	623	407
江阴市洪腾机械有限公司	12220	1140	1050
江阴市辉龙电热电器有限公司	9174	1252	553
江苏星源航天材料股份有限公司	40046	588	1153
江阴市汽车改装厂	12587	1767	1123
江特科技股份有限公司	16193	3402	561
江苏新达科技有限公司	16210	2055	614
海润光伏科技股份有限公司	975049	25715	18442
江阴尔福莱容器制造有限公司	28583	4566	2694
江阴市澳星电气有限公司	6088	350	293
江阴市勤力橡塑机械有限公司	14948	2024	1356
无锡圣马科技有限公司	63852	2769	2757
江阴市艾格赛伦精密机械制造有限公司	17026	880	651
江阴圆方机械制造有限公司	9378	-190	733
江苏南农高科技股份有限公司	14162	3576	1431
江阴市三鑫精密钢管有限公司	64762	4471	2395
江苏安科瑞电器制造有限公司	17617	1080	925
江苏锦明工业机器人自动化有限公司	17409	3889	1424
江阴市赛英电子有限公司	8248	1984	1721
江阴康瑞不锈钢制品有限公司	44517	10413	1305
江阴市云峰电器设备有限公司	8015	682	1545
江阴新益源纺织有限公司	15927	1628	776
江阴市长龄机械制造有限公司	14811	2777	1486
江阴市科安传动机械有限公司	3294	191	436
江苏东鋆光伏科技有限公司	144034	5236	6120
江阴博尔汽配工业有限公司	14161	1509	701
江苏龙华集团有限公司	26830	1637	654

续表 8

企业名称	开票销售	利税	入库税金
江阴华东装饰材料有限公司	28448	2122	501
江阴胜达科技有限公司	38376	4616	1587
江阴金凤特种纺织品有限公司	10234	1437	1045
江阴方圆环锻法兰有限公司	59229	4459	3094
江阴市江顺模具有限公司	28089	4166	2491
江阴润玛电子材料股份有限公司	27639	6590	2820
江阴延利汽车饰件股份有限公司	6795	1389	540
江阴龙盛塑胶有限公司	25584	2723	1709
江苏奥派交通装备股份有限公司	43072	7276	3123
江阴万事兴汽车部件股份有限公司	26300	3593	1676
江阴龙鼎装饰材料有限公司	77243	3832	455
江阴市强力化纤有限公司	176613	1858	2219
江阴市凯华机械制造有限公司	7129	343	306
江阴市比图特种纸板有限公司	20017	1551	1336
无锡共成交通器材有限公司	25515	4064	2965
江阴通利光电科技有限公司	138081	10234	1431
江阴市恒大纱业有限公司	8540	1361	360
江阴市明康电子科技有限公司	26546	3369	157
江阴兴吴呢绒科技有限公司	48962	9133	1438
江阴市京澄玻璃有限公司	18338	899	893
无锡鸿昌精密机械有限公司	8669	777	445
江阴市汇通印刷包装机械有限公司	17383	1060	771
江苏亿金环保科技股份有限公司	45139	5243	2515
江苏润达光伏科技有限公司	44492	2421	584
圣华盾服饰有限公司	20441	1327	1282
江阴旺达电子有限公司	17488	2470	1482
江苏澄阳投资集团有限公司	109830	5767	3763
江阴市茂达棉纺厂有限公司	27802	3995	2820
江阴市百舸有色金属材料有限公司	362381	6699	1930
无锡鹰贝精密轴承有限公司	20881	1429	2796
江阴市友佳珠光云母有限公司	84733	23482	1344
江苏瑰宝集团有限公司	11255	2242	788
无锡嘉纺纺织服装有限公司	24122	579	2147
江苏鼎力重工集团	8268	-549	576
江苏一同环保工程技术有限公司	9005	-1237	269
江阴市立信智能设备有限公司	7893	1266	730
江阴市第三铸造机械有限公司	14051	1191	1662
江阴市恒丰钢绳制品有限公司	12609	325	380
江苏江阴华明电气设备有限公司	15659	1420	842

续表8

企业名称	开票销售	利税	入库税金
江阴齿轮箱制造有限公司	27470	2320	1621
江阴大地装备股份有限公司	12593	52	605
江苏格尔顿传动有限公司	15716	1430	1256
江苏中泰桥梁钢构股份有限公司	43106	-7527	1383
中铁建电气化局集团康远新材料有限公司	51545	4994	2606

（万　伟）

【服务业】 2016年是实施“十三五”规划的开局之年，也是高水平全面建成小康社会、加快建设“强富美高”新江阴的重要之年，全市服务业条线抢抓机遇，主动作为，创新发展，加快转型，使全市服务业发展跨上了新台阶，呈现出健康、稳定、持续发展的良好态势，各项主要经济指标在全省同类城市中继续保持领先地位。全年完成服务业增加值1357.93亿元，增长8.3%，服务业增加值占地区生产总值比重达44%，比2015年提升0.6个百分点；服务业总投入632.1亿元，增长4.1%，占全市固定资产投资的55.8%；服务业开票销售收入5610.22亿元，增长12.8%，占全市工商业开票销售总收入的48.43%。全市有服务业重点重大项目30项，总投资328.26亿元，2016年完成投资85.98亿元，累计完成投资121.13亿元。

2016年江阴市服务业重点重大项目投资完成情况一览

表9　　单位：万元

序号	项目类别	项目名称	计划总投资额	2016年完成投入	累计完成投入
1	现代物流	江阴综合保税区	200000	3000	3000
2	现代物流	中能LNG项目	200000	100	100
3	现代物流	东达物流二期	38000	1500	1500
4	现代物流	中粮江阴粮食物流仓储扩能项目	100000	6000	6037
5	现代物流	江阴宝湾物流	95000	3500	3500
6	现代物流	华联一家食品加工物流中心	20000	200	200
7	现代物流	海澜之家智能化物流仓库项目	130700	87000	87000
8	现代物流	兴澄仓储设施建设	100000	2548	8548
9	现代物流	中国石化长山油库滨江库区扩建工程	45000	1100	29600
10	现代商贸	江阴九方城	170000	100000	100000
11	现代商贸	汽车精品4S店	31000	5000	31000
12	现代商贸	南门印象商业广场	51400	71000	72000
13	现代商贸	中翔广场	50000	23500	23500
14	现代商贸	敔山美嘉城	23000	8200	20200
15	文化创意	江阴凤凰文化广场	80000	1600	1600
16	文化创意	海澜文化中心	100000	39100	39100
17	文化创意	橙天嘉禾66项目	50000	51000	81000
18	社会服务	博学世纪城	650000	100	100
19	社会服务	江阴元林康复医院	35000	3000	3000
20	商务服务	江阴澄星广场城市综合体	400000	170000	397957
21	旅游酒店	阳光生态旅游开发项目	150000	18000	18000

续表 9

序号	项目类别	项目名称	计划总投资额	2016 年完成投入	累计完成投入
22	旅游酒店	马儿岛度假酒店	200000	131000	131000
23	旅游酒店	芙蓉湖水秀风景区(水环境综合整治项目)	60000	10000	30000
24	科技服务	大明金属科技	94500	66500	66500
25	科技服务	海底光电缆铺设系统研发与产业化项目	60000	8300	8300
26	科技服务	兴澄特钢科研大楼	42000	15107	15107
27	科技服务	万舜云商互联网平台	5000	1613	1613
28	科技服务	阳光人才科技研发中心	30000	21000	21000
29	科技服务	环宇汽车维修检测项目	12000	1000	1000
30	工业地产	中节能工业地产项目	60000	9800	9800
合计			3282600	859768	1211262

(单文春　陆晓晓)

居民收入与消费

【概况】 2016 年,国家统计局江阴调查队对城乡一体化住户抽样调查资料显示,全市人民收入持续增长,生活水平继续提升。全体居民人均可支配收入 46337 元,比 2015 年增长 8.4%。其中城镇居民人均年可支配收入 54631 元,增长 7.7%;农民人均年可支配收入 28181 元,增长 8.3%。城乡居民消费水平继续提高,消费结构日趋优化,消费领域不断延伸。城镇居民人均年生活消费支出 28775 元,农民人均年生活消费支出 18791 元,分别增长 6.7% 和 12.4%。

【食品消费】 2016 年,江阴市城镇居民人均年食品消费支出 8402 元,农民人均年食品消费支出 5648 元,分别比 2015 年增长 6.2% 和 11.9%。居民家庭食品消费支出占家庭生活消费支出的比重(即"恩格尔系数"),城镇与农村分别为 29.2% 和 30.1%,城镇恩格尔系数比上年下降 0.1 个百分点,农村恩格尔系数比上年下降 0.1 个百分点。

【衣着消费】 2016 年,江阴市城镇居民人均年衣着消费支出 2638 元,农民人均年衣着消费支出 1444 元,分别比 2015 年增长 6.5% 和 12.3%。城乡居民衣着消费以购买为主,服饰购置向品牌化、当季化和高端化发展。

【家庭设备用品消费】 2016 年,江阴市城镇居民人均年家庭设备、用品消费支出 1350 元,农民人均年家庭设备、用品消费支出 1063 元,分别比 2015 年增长 3.1% 和 9.2%。家庭设备档次提升,日趋现代化。每百户城镇居民家庭主要耐用物品年末拥有量:电冰箱 112 台、洗衣机 109 台、彩色电视机 206 台、空调机 260 台;每百户农村居民家庭主要耐用物品年末拥有量:电冰箱 91 台、洗衣机 86 台、彩色电视机 163 台、空调机 186 台。

【居住消费】 2016 年,江阴市城镇居民人均年居住消费支出 3947 元,农民人均年居住消费支出 2752 元,分别比 2015 年增长 7.5% 和 13.3%。居住条件进一步改善,城镇居民人均住房面积为 54 平方米,农民人均住房面积为 47.8 平方米。部分农民在市区或集镇购买了商品住房。

【交通和通信消费】 2016 年,江阴市城镇居民人均年交通和通信消费支出 4705 元,农民人均年交通和通信消费支出 2834 元,分别比 2015 年增长 7.3% 和 14.9%。私家车的不断增加和移动电话功能的多样化带动城乡居民交通和通信消费支出的增长。调查资料显示,至年末,每百户城镇居民家庭拥有私家车 88 辆、移动电话 269 部、计算机 106 台,每百户农民家庭拥有私家车 49 辆、移动电话 212 部、计算机 91 台。

【医疗保健消费】 2016 年,江阴市城镇居民人均年医疗保健消费支出 1173 元,农民人均年医疗保健消费支出 758 元,分别比 2015 年增长 8.6% 和 11.1%。社会医疗保障体系不断完善,居民保健意识加强。

【文教娱乐消费】 2016 年,江阴市城镇居民人均年文教娱乐消费支出 5344 元,农民人均年文教娱乐消费支出 3447 元,分别比 2015 年增长 7.7% 和 12.5%,占全年生活消费支出比重分别为 18.6% 和 18.3%。城乡居民生活消费正由物质消费为主转向精神领域消费为主,教育消费是文教娱乐消费的重点,旅游消费、假日休闲消费在家庭消费中也比较普遍,持续成为促进文教娱乐消费的新热点。　(夏　蒙)

■类目编辑　王萍芳

农村工作与农业

综　述

【概况】 2016年，江阴市围绕加快率先实现农业现代化的目标要求，全面落实各项强农惠农政策，加快农业转型升级，大力发展高效农业，着力深化农村改革，深入推进城乡一体化，“三农”*发展保持稳中有进的良好态势。全年完成农业总产值87.83亿元，“三资”投农*10亿元，落实农业项目120项，其中省级以上项目74项，无锡市级19项，江阴市级27项；全市园区面积1.53万公顷，农业园区化率48%，农业适度规模经营比例85%，高标准农田比重59.63%，高效农业比例63%，农业信息化覆盖率67%，完成省级以上农业标准化示范区2个。城乡发展协调推进，以新一轮城市总体规划为统领，紧扣城乡建设“1310工程”*，持续推进多规融合，深入开展“美丽村庄”建设规划，加快构建科学合理的空间格局；深入推进璜土镇、新桥镇、华士镇、周庄镇4个无锡市城乡发展一体化先导示范镇建设，申报城乡发展一体化重点推进项目34项。城乡基础设施不断完善，有序推进小城镇中心村电网改造工程和农村一户一表改造工作，新增天然气管网220千米，新建村庄生活污水设施50个，完成农贸市场改造12个，大中修农村公路29.59千米，新改建农路桥梁17座。农民福祉持续提升，实施更加积极的就业创业政策，解决本地劳动力就业3.5万人，扶持创业2550人，农村调查失业率2.83%。社会保障待遇稳步提高，居民养老保险基础养老金、被征地农民养老年龄段人员养老补助金标准分别调至280元、670元，“城保扩面”新增4.6万人；大力开展医联体重点专科建设，试点实施分级诊疗制度，新农合基本医疗保障筹资标准提至人均800元。城乡公共服务均衡发展，教育现代化水平省内领先，创建省示范性县级教师发展中心；启动全民健身综合馆建设，“10分钟体育健身圈”提档升级，深入实施“学生人人学会游泳”行动计划；加强基层公共文化服务阵地建设，组织公益性文化演出500余场，建成全民阅读公益服务点100个。“互联网+农业”飞速发展，创新发展江阴市农业政务信息平台系统，完善江阴现代农业产业园区公共平台功能，加快农业保险服务平台、农业科技服务平台、政务办公自动化系统、信息进村入户系统等平台建设，重点建设农业保险服务平台，实现江阴农业保险移动在线查询、报案、查勘、统计功能；全面推广“农技耘”APP应用，注册用户1200多人，实现农技指导远程即时服务。完成村（居）民委员会换届选举，村书记专职化率85%以上。农村综合改革不断深化，农村土地承包经营权确权登记深入推进，村级集体经济股份改革继续深化，农村发展活力持续增强。全市组建各类农民合作经济组织1055个，其中，村级集体经济股份合作社176个、土地股份合作社115个、富民合作社34个、农民专业合作社730个，参加各类农民合作经济组织的农户总数35万户，各类合作社分红3.34亿元。是年，市农林局被江苏省农业委员会办公室评为江苏省农经农业系统工作效能建设显著单位、市农林行政执法大队被农业部评为2016年度全国农业综合执法示范窗口。

（陈光普　吴　双　陈月琴）

【农村生态文明建设】 2016年，江阴市以全国文明城市创建为契机，加大生态保护力度，深入开展城乡环境综合整治和“美丽乡村”行动，优化农村生态宜居环境。年内，新建污水主管网20.5千米，建成村庄生活污水处理设施50个；新增造林绿化172.73公顷，人均公园绿地面积15.95平方米，创建省级绿化示范村13个；深入推进农业清洁生产，加大农业面源污染治理力度，关停整改畜禽养殖场781个，农业废弃物综合利用率96%；持续改善村庄环境，健全长效管理机制，新确定长效管理示范村庄30个、创建江苏省“美丽乡村”2个，申报江苏省传统保护村落和人居环境范例奖各1个；加快实施城乡黑臭河道整治，完成河流综合整治28条。是年，农村社会发展与环境保护协调统一，农村生态文明建设水平全面提升。

【农民人均可支配收入全省十七连冠】 2016年，江阴市严格落实各项强农惠农富农政策，千方百计拓宽农民增收渠道，确保农民收入与经济发展同步。年内，实施更加积极的就业创业政策，不断拓宽就业渠道,提升就业者综合素质和职业技能,加强对工资分配的宏观调控,实现农民人均工资性收入17382元,比2015年增长8.5%;加快培育新型农业经营主体,大力培育新型职业农民,积极发展家庭农场,实现农民人均家庭经营净收入3071元,比2015年增长7.4%;着力推动合作经济组织提质增效,通过确权赋能增加农民分红,实现农民人均财产净收入为4857元,比2015年增长8%;实施精准帮扶,完善保障体系,补齐农民增收短板,实现农民人均转移净收入为2871元,比2015年增长8.7%。是年,实现农民人均可支配收入28181元,比2015年增长8.3%,连续17年名列江苏省县(市)级第一。全市城乡居民收入比为1.94:1,远低于全省平均水平。

【农村产权交易体系建成】 2016年,江阴市继续按照江苏省、无锡市要求,围绕"覆盖全面、程序规范、管理健全、服务高效"的目标,探索适合江阴实际的农村产权服务体系建设之路。12月,全市最后1个服务中心——长泾镇农村产权交易服务中心完成建设,标志江阴市农村产权交易体系正式建成。至此,全市组建15个市、镇(街道)农村产权交易服务中心,形成覆盖全市的市、镇(街道)、村三级农村产权交易网络。同时,开展市级统一培训和镇级单独培训17次、600多人次,培养出一批熟悉业务流程的合格工作人员。年内,全市登记农村产权交易项目1377项,发布公告702条,成功交易692宗,成交总金额2.3亿元,多次被中共江苏省委农村工作领导小组办公室评为县级农村产权交易"月度之星"。

农村管理

【概况】 2016年,江阴市以村级"三资"*规范化管理为抓手,进一步健全基本管理制度、完善管理载体、提升管理水平,不断强化农村治理机制,加快转变农村经济社会发展方式,积极构建城乡统筹的科学体制和运行机制。是年,顺利推进农村土地承包经营权确权登记颁证工作,持续优化村级规范化管理。强化农村资金规范化管理,会同市审计局、财政局联合开展农村集体"三资"管理专项审计,委托第三方审计机构对全市抽选的7个镇(街道)的20个村(社区)进行审计,全面清理村级资金、资产、资源、债权债务、工程项目、民主决策等情况,纠正违规行为和不规范操作,确保农村集体"三资"安全完整;出台《关于进一步规范生态补偿资金使用管理工作的通知》,开展生态补偿资金专项检查,对生态补偿资金使用范围、使用流程和财务核算管理等做出进一步明确和规范,全年核发生态补偿资金1.03亿元;继续规范省级村级公益性事业"一事一议"财政奖补工作,全年完成"一事一议"奖补项目94项,发放奖补资金1535万元。年内,新增党务、政务、村务"三务"公开信息"直通车"信息系统"产权交易"模块,为下一步村级资产资源租赁交易信息上网公开打下基础;成功开发运行e阳光"三务"直通车手机APP"我的权益"模块,增加村民与村委的互动功能,实现随地即时手机在线同步查阅村级"三务"状况,农村集体财务资产管理"阳光行动"更加深入。

【农村土地承包经营权确权登记颁证】 2016年,江阴市紧扣"确实权、颁铁证"的根本目标,积极稳妥推进农村土地承包经营权确权登记颁证工作。4月,启动推进剩余12个应确权村的确权登记颁证工作。至此,全市开展确权登记颁证的村144个,占应确权村总数的100%。在确权工作过程中,市委农工办坚持把推进慢、问题多的镇村作为服务重点,采取建立清单、销号处理的方式,做到确权登记颁证不遗漏、零误差。是年底,全市完成颁证及本级验收的村132个,占应确权村的91.7%,确权村民小组3936个,农户10.95万户,承包地1.84万公顷,确权登记颁证工作在质量、进度上均在无锡地区领先。

【农村集体"三资"管理专项整治】 2016年,江阴市委、市政府联合下发《关于整治和查处侵害群众利益不正之风和腐败问题专项行动的实施意见》,农村集体"三资"管理被列为整治查处重要内容。江阴市委农工办结合江阴实际,积极开展农村集体"三资"专项检查整治行动,制订出台《江阴市农村集体"三资"管理专项检查整治工作方案》,成立市级专项整治工作小组,重点细化28个当前村级存在的普遍问题,部署各镇(街道)、村(社区)对照进行自查自纠,逐项整改落实。是年,通过村级自查、组织联合检查和专项审计等方式,全市发现各村(社区)村级"三资"管理中存在的普遍性和个别性问题25大类620个。市委农工办及时将问题向各村(社区)主要领导、各镇(街道)条线部门通报,由各镇(街道)组织对辖区各村(社区)进行"回头看、再整改"。年内整改问题175个,明确整改限期的问题151个、在工作中按照相关制度规章规范执行的问题294个,切实解决农村集体"三资"管理存在的突出问题。

村级集体经济

【概况】 2016年,江阴市立足农村、着眼农民,深入探索发展壮大村级集体经济的有效路径,不断夯实新农村建设和城乡一体化发展的基石。年内,完善优化精准扶贫帮困机制,明确脱贫转化路径;深化推进村级集体经济产权制度改革,将村级集体经济股份合作组织建设作为优化农村资源配置、推动农村经济发展、促进农民增收的有效途径。是年,全市村级收入30.99亿元,村均1229万元,其中村级收入超千万元的村45个;村级净资产总额237.1亿元,村均9409万元。

【第九轮薄弱村帮扶】 2016年,江阴市启动第九轮经济薄弱村帮扶工作。3月23日,江阴市委、市政府出台《关于继续实施帮扶经济薄弱村工作的意见》,确定江阴市级经济薄弱村50个,力争通过3年帮扶,基本实现所帮扶薄弱村年村级稳定性收入250万元以上,村级总收入300万元,能保障自身正常运转。同时,明确脱贫转化路径:积极转变农业经营方式,收取土地流转费用,开发农业地产,挖掘农业资源优势;扶持组建劳务合作社，归并整合经营性资源，规范资产租赁程序和价格，有效提升村级经营性收入；强化“三资”管理，实施招待费零开支和村书记最低报酬制度，规范村民福利开支，严格控减村级开支；组织机关部门结对帮扶，落实每年3000万元的财政专项补助资金，确保薄弱村维持运转；坚持向薄弱村倾斜各项奖补项目和资金。年内，安排村级公益性事业“一事一议”财政奖补项目的薄弱村33个，占薄弱村总数的66%。年末，全市50个薄弱村实现村级收入1.9亿元，村均收入379万元，稳定性收入203.63万元；资产总额9.19亿元，村均1837万元，比2015年增长13.04%；净资产总额6.68亿元，村均1335万元，比2015年增长9.69%。

【村级经济股份制改革】 2016年，江阴市按照中央“2020年基本完成经营性资产折股量化到人”的目标，继续深入推进村级集体经济股份合作组织建设。年内，组建祝塘镇五福村、石堰村，顾山镇解放村、东岐村、红豆村5个村级集体经济股份合作社，完成组建176个，组建率70%以上；进一步规范“三会”（股东代表大会、董事会、监事会）治理结构、运作机制，注重增强合作社的持续增收能力、发展能力和盈利能力，提高分红水平。至2016年年底，全市村级集体经济股份合作社有农民股东55.8万人，年内分红2.04亿元，累计分红14.78亿元，真正做到让更多农民群众早享、多享、共享农村改革发展成果。

（陈光普 吴 双）

农业产业化

【概况】 2016年，江阴市着力推进农业供给侧结构性改革，农业经济呈现出稳中有进、稳中向优的良好态势。全年发放惠农政策性补贴1920万元，完成农业保险保费收入1650.7万元，其中高效设施农业保费占比69.4%。经登记注册的家庭农场179个，新增农民专业合作社9个，全市农民专业合作社713个，入社农户14.9万户，占全市农户数的90.6%；新增无锡市级农业龙头企业2个，23个无锡市级以上龙头企业实现销售收入142亿元，比2015年增长8%。新建村级农业技术服务站35个、农民田间学校2所，全市建成村级农业科技服务站145个，实现示范户100%覆盖；成功举办现代农业发展专题研修班1期；开展农产品电子商务培训4期，培训各镇街道农服中心农技员、青年农民（种养大户、农民专业合作社、农业企业、家庭农场）、青年大学生村干部、农产品运销经纪人、农产品加工企业等有关人员180多人。新型农业经营主体培育壮大，全年培育新型职业农民2124人，全市培育各类新型职业农民24800人以上，占全市农业从业人员的50.38%；打造农业科技核心示范区133.33公顷，培育科技示范户2100户，辐射带动农户2.5万户。长江三鲜水产研究所和淡水鱼研究中心合作，推进鱼稻共生和池塘工厂化养殖技术，建成鱼稻共生综合种养基地33.33公顷，池塘工厂化养殖场7个、流水槽58个、面积6500平方米。设立农资溯源网应用试点单位41个，完成“三品”（无公害农产品、绿色食品和有机农产品）认证5万吨，“三品”个数380个，主要农产品抽检合格率继续保持在98%以上。组织涉农单位进行科技成果鉴定8项，获无锡市科技进步奖1项，江阴市农业科技进步奖6项，“有机肥作用机制和产业化关键技术研究与推广”项目获江阴市科技进步奖特等奖。江阴徐霞客镇江淮水产研究所基地、徐霞客马鑫园艺产业园区被无锡市农业委员会评为无锡市先进农业园区。

（陈月琴）

【新型职业农民培育】 2016年，江阴市大力推进新型职业农民培育工作，对生产经营型、专业技能型和专业服务型三类现代农业从业者开展集中培训、现场指导和跟踪服务相结合的系统培训。年内，相继在全市13个镇（街道）及泰州、南通等地举办培训26批次，广泛开展粮油、蔬菜、果树、水产等种养殖技术培训，注重农民管理理念的提升培育，全面提高新型职业农民个人的科学文化素质、现代农业生产技能，以及经营管理能力。全年培育新型职业农民2124人。至此，全市培育各类新型职业农民24800人以上，占全市农业从业人员的50.38%，培育出一大批“爱农业、有文化、懂技术、会经营”的新型职业农民，为江阴现代农业发展提供坚实的人才保障。

（王静东）

【农产品网络营销平台建成运营】 2016年初，江阴市为扩大本地特色农产品销售市场，提高销售利润，开始建立县域农产品网络营销平台。12月，依托江阴九澄电子商务有限公司运营主体，建成“淘江阴”本地优质农产品平台；依托苏宁云商，建成苏宁易购中华（江阴）特色馆。在这2个县域农产品网络营销平台上，华西村系列（大米、酱油）、邵府牛肉、华伯猪肉、江阴大闸蟹等江阴特色农产品上线销售。同时，为促进优质地产农产品的网上直销，江阴市通过江阴广电推出的“爱尚江阴”电视专题节目、“最江阴”微信公

顾山镇林牧复合经营的果园 （黄惠刚 摄）

众平台,开展农产品品牌全年整合推广活动。县域农产品网络营销平台的建立,使江阴特色农产品的知名度得以提高,拓宽了农产品的销售渠道。

【信息进村入户工程】 2014年,江阴市开始推进农业部“信息进村入户工程”示范试点工作,启动建立村级信息服务站——“益农信息社”,将农业信息资源服务延伸到乡村和农户,通过开展农业公益服务、便民服务、电子商务服务、培训体验服务提高农民的现代信息技术应用水平,为农民解决农业生产上的产前、产中、产后问题和日常健康生活等问题。2016年,江阴市新建村级“益农信息社”(依托村委会、农民专业合作社)35个,累计建成105个。年内,通过对接电信、电商、金融、保险等单位进驻开展业务,整合共享资源,拓展服务功能,提升可持续运营能力。依托“益农信息社”,中国人民保险公司江阴支公司在开设农业保险的基础上,逐步开设人寿、财产、汽车等保险业务;顺丰快递与江阴璜土葡萄、金顾山水蜜桃等江阴特色品牌农产品开展营销合作,全年销售璜土葡萄价值570万元;中国银行江阴支行在临港街道东支村、江市村进行开设村级金融服务点试点,开展小额取款及存贷等金融业务。“益农信息社”的建立及农业信息服务体系服务功能的健全,使普通农户不出村、新型农业经营主体不出户就可享受到便捷、经济、高效的生活信息服务成为可能。

(许 栋)

【政策性农业保险】 政策性农业保险是以保险公司市场化经营为依托,政府通过保费补贴等政策扶持,对种植业、养殖业因遭受自然灾害和意外事故造成的经济损失提供的直接物化成本保险。至2016年底,江阴市开设水稻、小麦、油菜、能繁母猪、育肥猪、奶牛、设施大棚、大棚附加、林木火灾、露地葡萄、桃、梨、露地旱生蔬菜、食用菌、南美对虾15个政策性农业险种。该保险保费由江苏省级以上财政、江阴市财政、镇(街道)财政、参保农户共同承担,出险查勘定损后,按《江苏省政策性农业保险实务规程(试行)的规定》进行赔付。是年,全市完成农业保险保费收入1650.7万元,其中高效设施农业保费收入1144.82万元,高效设施农业保费占比69.4%;全年赔付金额超过2647万元,小麦赤霉病保险理赔770.5万元,水稻赔付56.5万元,大棚设施赔付307万元,生猪赔付284万元,葡萄、梨、桃3种果品赔付1006万元。农业保险服务的施行,为农户抗灾减灾恢复农业生产、推进农业绿色可持续发展提供有力保障。

(王 伟)

种植业

【概况】 2016年,江阴市着力稳固农业综合产能,保持生产稳定,加快推进农业生产绿色可持续发展。全市实现种植业(农业和林业)总产值49.24亿元(其中农业产值41.06亿元、林业产值8.18亿元),占农林牧渔业总产值比重的56.06%。全市小麦种植面积1.04万公顷,水稻种植面积1.07万公顷,粮食总产量14.49万吨,其中夏粮4.33万吨,秋粮10.16万吨;小麦每公顷平均产量4030.95公斤,水稻每公顷平均产量9042公斤;油料作物种植面积1080公顷,总产量2654吨。完成农业支持保护补贴面积1.07万公顷,发放到户补贴资金1920.8万元。园艺业成为结构调整最活跃的产业,全市花卉面积56.3公顷;设施蔬菜、食用菌、应时鲜果等特色产业规模扩大,全市蔬菜保护地设施栽培总面积2216公顷,其中温室(连栋大棚)89公顷,钢架大棚1194公顷,普通大棚619公顷,小拱棚及地膜覆盖面积314公顷;蔬菜基地总面积7020公顷,其中常年菜地6120公顷,季节性菜地900公顷,全年蔬菜总产量48.8万吨,叶菜自给率80%以上;食用菌总产量3914吨,食用菌工厂化秀珍菇栽培120万袋,创历年新高;果园面积3246顷,其中葡萄1832公顷,梨363公顷,水蜜桃668公顷,水果总产量7.5万吨。江苏省园艺综合标准化示范区建设项目通过江苏省质量技术监督局验收;南闸“菜篮子”工程蔬菜基地建设通过省农委组织的第三方验收;连续第8年实施省级瓜菜科技入户项目,高效特色产业增效明显。完成绿化成片造林总面积155.9公顷(其中生态林131.26公顷,经济林24.64公顷,“四旁”(村旁、宅旁、路旁和水旁)植树40.5万株,林木覆盖率增长0.18%;因藤本类面积同步核减,保持24%。全市自然湿地保护率21.76%。完成云顾路省级绿色江苏森林抚育项目、黄山湖湿地保护小区省级验收,创建省级绿化示范村13个。全年未发生重、特大森林火灾和人员伤亡事故,森林火灾受害率控制在0.3‰以下,森林火灾控制率在1.2公顷/次以下,森林火灾报告率100%,森林火灾案件查处率90%以上。是年,市农林

璜土镇果农在为葡萄套袋 (市农林局提供)

局被评为江苏省农作物病虫害绿色防控工作先进集体、江苏省新农药、新技术推广先进集体。

（冯耀栋　陆　勇）

【粮油病虫草害防控】 2016年，江阴市农林局植保部门以创新、协调、绿色、开放、共享的发展理念为统领，坚持“科学植保、公共植保、绿色植保”，以“虫口夺粮保丰收保供给、农药减量保安全提效益”为中心任务，推进监测预警信息化、技术应用集成化、病虫防控无害化。通过强化监测预警，做好农作物病虫害的预测预报，及时发布病虫情报，合理确定防治适期，科学指导农药品种；大力推广农业防治、物理防治等综合技术措施，精心组织开展秧大田化学防治，优选高效低毒低残留化学农药和生物农药，推广吡蚜酮及其复配剂、烯啶虫胺等高效低毒农药，有效控制虫害，减少杀虫剂用量。同时，充分利用会议、培训、广播、电视、网络、报纸、明白纸，以及12316短信服务等形式和手段，广泛开展病虫防治的宣传发动、舆论造势和气氛渲染，形成病虫害防控的浓烈氛围，提高防治覆盖率和技术到位率。是年，全市粮油主要病虫草害发生面积17.18万公顷次，防治面积22.3万公顷次。通过防治，挽回损失2.91万吨，尚有损失1414吨。（邵益栋）

【植保无人机防治水稻病虫试验】 江阴作为经济发达地区，存在农村劳动力短缺、病虫防治人员老龄化等问题，加强对植保无人机病虫防治的先进性、适用性和安全性研究具有积极意义。2016年，市农林局植保部门联合江阴苏欣农机公司进行水稻病虫植保无人机全程防治试验，推广高效植保机械，开展病虫害统防统治。7—9月，在青阳镇桐岐村的水稻试验田开展植保无人机施药防治水稻病虫害效果示范。该次田间示范由无锡汉和航空技术有限公司生产的3CD－15型植保无人机参试，设计实施水稻试验田无人机施药防治总体病虫害3次，并与大面积常规器械施药防治总体病虫害5次进行防效、人工与药剂成本、工作效率等总体比较。结果表明，植保无人机全程承包防治具有工作效率高、降低劳动强度等优点，但也存在亩人工成本偏高、防治效果略次等缺点，其在病虫害突发重发年份的防效，以及对水稻后期要求防治用水量大的下部病虫害（如水稻纹枯病、稻飞虱）的防效有待于进一步试验检验。（邵益栋）

【省园艺综合标准化示范区项目通过验收】 江苏省园艺综合标准化示范区是江阴市承担的首个省级农业综合标准化示范区。该项目于2012年通过申报并启动建设，核心示范面积200公顷，参加单位主要有江阴市滕国俊阳庄菜业专业合作社、江阴市双泾兴农葡萄专业合作社等蔬菜、果品生产基地。江阴市政府通过多种途径加强对示范区重点企业、合作社、农户的支持，帮助企业进行新技术、新产品研发，拓宽企业融资渠道；加大对农业保险的政策支持，相继开发蔬菜大棚及棚内作物、葡萄、梨、桃、露地蔬菜新险种6个；向示范区下达种植项目8项，补贴资金20万元。同时，加强示范区内园艺产品监管工作，由市检测中心年均完成农产品例行监测、“三品”监测和农业环境监测近1500批次。通过收集和制定适宜本地园艺产品标准化生产的技术规程以及相关配套标准，市蔬菜园艺站和市场管理局编制运行《江阴园艺综合标准体系表》，其中采纳国家标准34项，行业标准39项，《无公害食品翠冠梨生产技术规程》等地方标准3项，各试点基地自行制定标准129项，明确通用基础、管理、技术等标准的基本要求，形成操作性较强的标准体系。该项目的建设，有利于增强农户标准化意识，提高产品质量安全水平，促进园艺产品种植面积稳定和产量增加，实现农业增效和农民增收，取得经济效益、社会效益和生态效益的同步增长。2016年4月，江苏省园艺综合标准化示范区项目顺利通过江苏省质量技术监督局组织的专家考核组验收。（陈月琴）

养殖业

【概况】 2016年，江阴市以养殖业发展方式转变为主线，统筹保生态、稳供给，惠民生、促增收，加快推进养殖业结构调整，扎实做好动物疫病防控、畜产品质量安全监管、特色化水产养殖，提高养殖业绿色发展水平。全市实现养殖业（畜牧业和渔业）总产值26.33亿元（其中畜牧业产值16.56亿元、渔业产值9.77亿元），占农林牧渔业总产值比重的29.98%。年内，畜牧业使用上级扶持资金500余万元，全面落实奶牛标准化建设项目等惠农扶持项目，验收奶牛标准化建设项目1项；畜禽科技入户项目申请资金35万元，示范带动全市畜禽养殖示范户350户；奶牛良种补贴项目得到国家补贴5560支冷冻精液，补贴奶牛2780头，补贴金额8.34万元。全年生猪出栏32.2万头、年末存栏25.94万头，母猪存栏0.5万头，羊出栏0.58万只、年末存栏0.32万只，家禽出栅722万羽（其中主要品种肉鸡174.2万羽、草鸡148.6万羽、肉鸭358.9万羽、鹅6.5万羽）、年末存栏92.76万羽（其中主要品种蛋鸡22.82万羽、肉鸡17.66万羽、草鸡19.77万羽、肉鸭31.25万羽），奶牛年末存栏4000头；牛奶产量2.26万吨，肉类总产量3.96万吨，禽蛋总产量0.71万吨；生猪大中型规模养殖比重为85.57%、肉禽规模养殖比重为76.32%、奶牛规模养殖比重为93.72%；养殖规模50头以上的生猪养殖场投保生猪5.83万头，投保比例为18.1%。水产养殖特色化、产业化、持续化发展，年末水产养殖面积3870公顷，其中鲢、草、青、鲤、鲫、鳊鱼等常规鱼养殖面积2277公顷，河蟹、虾、鲴鱼、河豚、珍珠等特种水产养殖1593公顷；水产品总产量27034吨，渔业总产值9.77亿元；深入基层为养殖户提供诊疗等服务，进行镜检观察212次、水质检测366次、开药方419张；解决死鱼等纠纷5件；调剂、引进水产种子夏花300万尾，河蟹大眼幼体1000余公斤，养蟹用水草1.5万余公斤；鱼饲料服务750余吨，渔药12.3吨。是年，市农林局被评为全国水产技术推广示范站、省水产技术推广先进单位、无锡市动物防疫工作先进集体等。

（徐向前　冯耀栋）

【重大动物疫病防控】 2016年10月,根据农业部办公厅《关于做好2016年政府购买农业公益性服务机制创新试点工作的通知》及《关于政府购买农业公益性服务机制创新试点方案的批复》,江阴市被农业部正式列入政府购买农业公益性服务机制创新试点,在重大动物疫病强制免疫、集中消毒、监测采样及病死畜禽收集和无害化处置等领域开展试点工作。全市成立15个乡镇(街道)畜牧兽医技术服务部,承担辖区政府委托的强制免疫、集中消毒、监测采样及病死畜禽收集和无害化处置工作。各镇(街道)严格制定辖区内的畜牧兽医技术服务部管理办法,明确乡镇农业服务中心对镇兽医服务部的监督管理职责,并对畜牧兽医技术服务部的业务考核作具体规定。市镇两级财政根据重大动物疫病专项资金管理办法,结合年初制定的防疫等劳务费预算,对乡镇(街道)畜牧兽医技术服务部的服务费用进行结算。年内,各镇(街道)畜牧兽医技术服务部除开展重大动物疫病的常规防疫、监测采样及病死畜禽收集和无害化处置工作,还先后组织开展春季动物防疫、夏季高温消毒灭源、秋冬季动物防疫3大动物防疫集中行动。是年,全市使用猪瘟疫苗162.9万头份,防疫猪82.82万头次;使用猪口蹄疫疫苗171.7万毫升,防疫猪94.09万头次;使用牛羊口蹄疫三价苗13.65万毫升,防疫羊1.59万头次,防疫牛1.82万头次;使用高致病性猪蓝耳病弱毒苗83.2万头份,防疫猪47.48万头次;使用小反刍兽疫疫苗1.05万头份,防疫羊0.75万头次;使用禽流感H5N1(Re-6+Re-7)疫苗56.9万毫升、H5N1(Re-6+Re-7+Re-8)疫苗121.9万毫升,防疫鸡312.98万羽;使用禽流感H5N1(Re-6)疫苗85.5万毫升、H5N1(Re-6+Re-8)疫苗210.4万毫升,防疫鸭403.95万羽、鹅11.31万羽;使用新城疫-禽流感二联苗386.25万羽份,防疫鹌鹑307.15万羽、鸽子13.32万羽;使用新城疫苗344.64万羽份,防疫鸡217.17万羽;其他疫苗的使用也得到积极的推广;防疫密度、消毒密度均达到100%。全年未发生重大动物疫病疫情。 (徐向前)

【畜禽养殖污染治理】 2016年,江阴市制定《江阴市畜禽养殖污染综合治理两年(2016—2017年)行动计划》,从2016年起,用2年时间,对全市畜禽养殖污染进行全面综合整治,建立健全畜禽养殖污染治理长效管理机制,强化检查监管,落实长效措施,到2017年底,全市所有畜禽养殖场做到畜禽粪便综合利用和达标排放。同时,按照一户一档的要求,做到“四有”,即有第三方核准报告、有整改方案、有验收材料、有关停协议或承诺书。是年,全市整改规模养殖场228个,整改验收不合格者一律关停;签订关停协议1086个,关停小、散、差养殖场725个,拆除544个,通过市验收小组关停验收589个,关停总面积31万平方米,拆除30.03万平方米,拆除补偿资金9909万元。养殖产能消减明显,生猪消减量为9万余头,奶牛消减量为527余头,禽类消减量为120余万羽,分别约占2015年统计数量的25%、8.8%和10%。经过综合整治,养殖布局调整明显,规模养殖占比提高,有利于防治畜禽养殖污染,促进畜牧业转型升级,全面改善农村生态环境。 (徐险峰)

【“动物卫生监督管理提升年”活动】 2016年,江阴市农林局全面开展“动物卫生监督管理提升年”活动,深化动物卫生监督工作,打击各类违法行为。年内,严把畜禽屠宰检疫关,与官方兽医签订“检疫责任状”84份,与全市各规模养殖企业、重点经营户、重点经营场所签订“江阴市动物及其产品质量安全责任状”3000份;全市产地检疫生猪160721头、禽338.15万羽、禽产品1002.73万公斤,出具动物A证510张,动物B证18834张,产品B证221014张,产品A证2480张。切实规范病死畜禽无害化处理工作,养殖环节无害化处理死猪14736头,定点屠宰检疫生猪535082头,处理病害猪及产品2099头。开展动物防疫条件督查工作、生鲜乳收购站专项检查行动、畜产品质量安全监管工作、生猪定点屠宰工作及动物诊疗等专项监督检查,全年完成年度审核“动物防疫条件合格证”64张、“动物诊疗许可证”28张,审核办理“生鲜乳收购许可证”7张、“生鲜乳运输证”6张、“动物诊疗许可证”5张;发放“瘦肉精”检测条12万个,检测总数为11.7万个,其中养殖环节检测27450个,屠宰环节检测89550个,结果均为阴性;抽样送检猪肝样品78份、猪肉31份、牛羊肉23份、禽肉18份、禽蛋28份、牛奶样197份,结果均为阴性。严肃查处经营、加工、运输病死畜禽等违法行为,查处案件13件,移送公安1件,结案12件,罚没款63165元,捣毁屠宰加工病死猪的窝点1个。 (殷 琴)

【淡水黄鱼引种取得初步成功】 2016年11月1日,江阴申港三鲜养殖基地与中国水产科学研究院淡水渔业研究中心合作,从美国田纳西州引种淡水黄鱼鱼种300尾,这是江苏省内首批引进的淡水黄鱼鱼种。该鱼种的引进主要针对紫黑珍珠优良品种——紫黑翼蚌规模化培育中的寄生鱼问题。紫黑翼蚌的发育必须经过钩介幼虫阶段,钩介幼虫营寄生生活,主要寄生在鱼鳃部位,而淡水黄鱼对于紫黑翼蚌钩介幼虫寄生效果较好。至年底,该批引种淡水黄鱼已度过一个月的隔离检疫期,未发生任何疫情和死亡,摄食与生长良好,引种取得初步成功。引种工作的顺利开展,奠定了紫黑翼蚌规模化寄生繁育的基础,对紫黑珍珠养殖产业化及淡水渔业的发展将产生重要推动作用。(张呈祥)

农业机械化

【概况】 2016年,江阴市农机化工作紧紧围绕省粮食生产全程机械化整体推进示范县建设目标,按照促整体、补短板、提水平的建设要求,加大财政补贴和监管力度,加强技术指导和公共服务,全面提升农机装备水平和农机化作业水平。全市农机装备总投入2609万元,其中,中央和省级财政补贴703万元、江阴市级财政更新补贴434万元、农民个人投入1472万元。新增各类农业机械453台(套),其中大中型拖拉机 49 台、联合收割机 45 台、水稻插秧机 41 台、高效植保机 23 台,粮食烘干机 82 台、旋耕机 103 台、开沟机 34 台、增氧机 27 台、秧盘播种设备 12 台套、条播机 6 台、其他机具 31 台;报废各类农业机械 148 台,其中收割机 43 台、中拖 44 台、旋耕机 61 台。夏秋两季投入大中型拖拉机配套秸秆还田机 1200 多台次,夏季秸秆机械化还田面积 8756.5 公顷,还田率 84%;秋季秸秆机械化还田面积 5319 公顷,还田率 50%;稻麦秸秆综合机械化还田率 66.6%。全市农业机械原值 2.73 亿元、农业机械净值 1.9 亿元。全年农业机械作业总面积 92165 公顷,农业生产综合机械化水平 93.61%,高效设施农业机械化水平 47.6%。

2016 年夏忙期间,农户使用高地隙机动植保机进行喷药

(市水利农机局提供)

【省首批粮食生产全程机械化整体推进示范县】 2016 年 8 月,江阴市被江苏省农业机械管理局确定为全省首批粮食生产全程机械化整体推进示范县,要求到 2017 年底,全市耕整地机械化水平 100%;小麦种植机械化水平 90%,其中机条播 30%;水稻机插秧水平 80% 以上;水稻、小麦高效植保机械化水平 95%;水稻、小麦收获机械化水平 95%;稻麦烘干水平 70% 以上,其中稻麦产地烘干水平 60% 以上;秸秆机械化综合利用率 85% 以上,其中秸秆机械化还田率 70% 以上;80% 以上镇(街道)实现粮食生产全程机械化。市政府高度重视粮食生产机械化工作,专门成立全市粮食生产全程机械化领导小组,统筹负责全市创建工作,由分管副市长担任组长,由市委农工办,市发改委、市财政局、市水利农机局等 8 个部门负责人组成组员,设办公室在市水利农机局,负责实施方案、目标考核、检查指导、宣传报道、总结等日常工作。同时,成立由市农机、农业等部门技术人员组成的市粮食生产全程机械化技术专家组,制定江阴市稻麦生产周年技术路线,明确全市发展目标和 6 个建设重点,确保全面完成粮食生产全程机械化整体推进示范县建设任务。

【农机财政补贴监管】 2016 年,江阴市水利农机局根据无锡市农机局《关于在全市农机系统开展整治和查处侵害群众利益不正之风和腐败问题专项行动的通知》文件要求,成立市水利农机专项整治工作领导小组,围绕 2013—2015 年农机购置补贴、机械化秸秆还田补贴、农机保险保费补贴、新型职业农民培育农机培训等资金,制订整治方案,召开专项行动部署会议,开展自查自纠行动。年内,整改秸秆还田补贴专项资金发放对象不规范的问题,将违规补贴资金返还财政局账户,同时配合江苏省第三方会计事务所进行核查。按照江苏省补 150 元/公顷,江阴市补 150 元/公顷的标准,全年发放秸秆机械化还田补助资金 422.27 万元,其中,夏季补助 262.7 万元,秋季补助 159.57 万元。7 月 5 日至 8 月 20 日,12 月 27 日至次年 1 月 12 日,两次成立专项检查小组分别对当年新增机具和近 2 年享受财政补贴购置的插秧机、粮食烘干机等机具在位情况,科技入户项目实施情况进行检查验收,同时对各镇(街道)水利农机管理服务站的农机购置补贴工作进行绩效考核。是年,新增各类农业机械 453 台(套),报废各类农业机械 148 台;农机装备总投入 2609 万元,其中,中央财政补贴 703 万元,江阴市级财政补贴 434 万元,农民个人自筹资金 1472 万元。经核查,全市农机购置补贴工作整体良好。

【农机安全生产监管】 2016 年,江阴市水利农机局继续开展"江阴市第 23 个安全生产月"宣传咨询和农机安全培训活动,通过江阴电台"空中热线"栏目和"平安农机通"平台,广泛宣传农机安全知识,举办农机操作人员安全知识培训班 14 期,参训人员 646 人次。年内,加强检验核发,消除事故隐患,检验拖拉机 1911 台、联合收割机 291 台,核发新号牌 111 副,免费发放跨区作业证 261 张,考核农机驾驶人 57 人,农机上牌率、年检率、驾驶员持证率分别为 98%、93%、99%;协助农机手办理政策性农机保险,省、市、镇三级财政投入补贴资金 88 万元。同时,开展执法检查,对全市农业机械进行覆盖式安全隐患大检查,全年出动检查人员 231 人次,检查农机 252 台次,纠正各类违反农机安全操作规程行为 58 件;联合公安交警部门,出动检查人员 517 人次,在重点区域、重点时段对上道路拖拉机进行整治,检查拖拉机 669 台次,查处违章 129 件。全市农田作业未发生农机作业责任事故。

【农机后勤服务保障】 2016 年,江阴市举办各类技术培训班 25 期,参训人员 1505 人次;农机职业技能鉴定"获证奖补"培训 5 期,鉴定人员 98 人次;大中型拖拉机、联合收割机驾驶培训班 10 期,培训合格驾驶员 66 人。年内,通过农机科技入户工程、省农机三新工程(新机具、新技术、新模式)项目,积极推广水稻种植机械化及集成技术、秸秆机械化还田及集成技术、粮食作物机械化烘干及初加工技术和农村生态环境机械化技术,并向科技入户项目的300个示范户发放物化补贴;组织农机志愿者服务人员进村入户,开展“真情办实事,满意在农机”优质服务月活动。全年农机志愿者服务人员排除各类农机机械故障450多台次、大修60多台次,现场技术指导和培训800多人次。

2016年江阴市农机动力及主要机具保有量一览

表10

农机动力、主要机具名称	计量单位	数量	农机动力、主要机具名称	计量单位	数量
一、农机动力			五、其他机械		
柴油机	万千瓦	11.3	高速插秧机	台	303
汽油机	万千瓦	2.01	机械育秧设备	套	85
电动机	万千瓦	12.32	机动植保机械	台	3565
二、农用拖拉机			其中,高效植保机	台	2031
大中型	台	686	农用水泵	台	2828
小型	台	1207	六、大中型农具		
三、联合收割机			旋耕机	台	859
半喂入式	台	134	开沟机	台	426
全喂入式	台	182	其中,复式开沟机	台	334
四、粮食烘干机	台	214	秸秆还田机	台	775

2016年江阴市主要农业机械项目作业面积一览

表11 单位:万公顷

项目	机耕面积	机种面积		机收面积		机械植保	机械秸秆还田
		小麦	水稻	小麦	水稻		
数值	2.1	0.87	1.07	1	1.07	1.95	1.41

(陆 恺)

■类目编辑 李银花

水利建设

综　述

【概况】 2016年,江阴市水利建设紧紧围绕率先实现水利现代化目标任务,积极推进水生态文明城市创建工作,统筹开展水利工程建设、水政监察、水资源管理等各项工作。全市大力推进重点水利工程建设,全年完成重点工程投资10.42亿元(含征地拆迁)。完成新沟河延伸拓浚、绮山应急备用水源地等重点工程年度建设任务,全面启动67项应急防汛工程,进一步提升水资源调控和防洪减灾能力;加快实施民生水利工程,完成中央财政小型农田水利重点县建设、农田水利维修养护和中小河流治理重点县综合整治及水系连通等国家级项目建设,按计划完成全市镇村河道轮浚、防洪排涝改造、江港堤闸站维修加固等民生水利工程,保证水利发展惠及广大群众;全面落实最严格水资源管理制度,深化省水资源管理现代化、水生态文明城市两项试点创建,创新河湖管护体制机制,依法打击水事违法行为,加大节水护水管水的力度。是年,全市集中式饮用水源地水质达标率100%,重点水功能区水质达标率77.8%,比2015年上升11个百分点,水生态文明建设成效明显。按照"职能明确、布局合理、队伍精干、服务到位"的总体要求,强化水利系统队伍建设,切实提高履职能力,高质量完成16个基层水利农机站服务标准化建设任务,顺利通过无锡市验收。 (方国祥)

【节水型社会建设】 2016年,江阴市在成功创建成省级节水型社会建设示范区的基础上,继续深化节水型社会体系建设。年内,市水利局加强节水型社会宣传,强化服务意识,走访企业用户,联合10个单位、15个镇(街道)开展水资源节约保护主题宣传,全力营造依法治水良好氛围;贯彻《江苏省节约用水条例》,开展江阴市"十三五"节水型社会建设规划的编制,完成青阳园区、祝塘镇田怡农业园区规划水资源论证和华士镇鹏程农业节水灌溉示范工程建设;完成省级节水单位江阴市环保局、省级节水企业江苏海伦石化有限公司等11项节水载体创建任务,提高企业用水效率,实现节水引领示范效果;完成月城芙蓉湖节水教育基地建设,通过模型沙盘、灯箱展板、影视播放等形式向广大群众开展节水爱水教育。是年,全市总用水量为13.5亿立方米,万元工业增加值取水量比2015年下降4.2%,工业用水重复利用率比2015年增长0.2%,全市节水型社会建设水平逐渐提高。 (周　佳)

【新桥镇建成农村河道综合整治达标示范镇】 2016年,江阴市申报新桥镇为无锡市农村河道综合整治示范镇。新桥镇围绕示范镇创建要求,设立河道专职管理队伍,配备河道管理员12人,提供河道专项管理经费33万元;成立河道考核领导小组,建立河长制制度,每季度开展定期或不定期的河道考核,采取随机抽查、指定抽查、暗访相结合的考核形式,对检查出的问题及时进行反馈,对个别问题突出的限期更改到位。全年整治疏浚镇村级河道3条(横河、水潭西浜、汤家泾),疏浚土方5万多立方米,河道周边植树约3万平方米,新开河道500多米,总投资530万元。是年,新桥镇通过无锡市级验收,成为2016年度农村河道综合整治达标示范镇。(周金棋)

水利工程

【概况】 2016年,江阴市水利农机局科学规划,统筹部署,扎实推进水利工程建设。是年,全市水利工程建设总投资7.3亿元,完成各类土石方455万立方米,疏浚整治河道38条,49.54千米,新建加固护岸53.03千米,圩堤5.60千米,新建、改建灌排泵站17座,桥梁21座,建设防渗沟渠23.2千米,小型配套建筑物825座。实施重点水利工程建设16项,完成2015年度小型农田水利重点县项目建设、2010—2012年中央财政小型农田水利重点县结余资金增补工程、2015年和2016年度中央财政农田水利维修养护工程、江阴市第二批中小河流治理重点县综合整治和水系连通试点项目,着重进行无锡市农村河道综合整治、农田节水灌溉工程、农村泵站更新改造工程等建设。推进新沟河延伸拓浚工程2012年度实施方案建设,拓浚河道4千米,新建堤防3.3千米,新建防汛公路6.42千米,完成陆上土方开挖120万立方米,水下土方疏浚10万立方米,新建挡墙7483米;建成西横河西节制闸、东节制闸,申新三号河闸,新华河涵闸、水淹桥涵闸;完成支河桥梁移山河桥、中心河桥、申新二号河桥等工程。

【中央财政小型农田水利重点县项目完成】 江阴市实施的2015年度中央财政小型农田水利重点县项目分顾山镇北涸、长泾镇、周庄镇、云亭街道4个项目区,总面积9906.67公顷,耕地面积3846.67公顷,播种面积3860公顷,其中粮食作物面积2660公顷,蔬菜种植面积526.67公顷,经济作物种植面积673.33公顷,居住人口120399人。项目于2015年12月2日开工建设,2016年3月28日完成,总投资3609.68万元,其中:中央财政800万元、省级财政800万元,江阴市地方财政配套2009.68万元。4个项目区完成更新泵站54座,其中灌溉泵站50座,排涝泵站3座,灌排泵站1座;新建地下渠道35.78千米,排水沟18.09千米,配套建筑物3181座。顾山镇北涸项目区主要工程量:实施灌溉泵站19座;新建直径800毫米地下渠道671米、直径600毫米地下渠道1910米、直径450毫米地下渠道5093米;新建三级沟9237米;新建渠系配套建筑物978处。长泾镇项目区主要工程量:实施灌溉泵站13座,排涝泵站3座,灌排泵站1座;新建直径800毫米地下渠道320米、直径600毫米地下渠道1954米,直径450毫米地下渠道6021米;新建一级沟1246米;新建渠系配套建筑物626处。周庄镇项目区主要工程量:实施灌溉泵站14座;新建直径1000毫米地下渠道466米、直径800毫米地下渠道3138米、直径600毫米地下渠道8619米;新建直径315毫米PE管313米;新建一级沟160米,二级沟1658米;新建渠系配套建筑物742处。云亭街道项目区主要工程量:实施灌溉泵站4座;新建直径1000毫米地下渠道284米、直径800毫米地下渠道70米、直径600毫米地下渠道5401米、直径450毫米地下渠道1518米;新建三级沟5788米;新建渠系配套建筑物835处。重点县项目完成后,改善灌溉面积1466.67公顷,渠灌区灌溉水利用系数平均不低于0.7,年新增粮食生产能力75万千克,年增产、节水效益97.9万元,农民年人均增收100元。

【中央财政小型农田水利重点县结余资金增补工程完成】 2016年2月2日,江阴市2010—2012年中央财政小型农田水利重点县结余资金增补工程由无锡市水利局、财政局通过批准建设。工程分璜土、徐霞客和南闸3个项目区,主要工程内容:更新改造灌溉泵站4座、排涝泵站8座,新建地下渠道2.33千米、排水沟11.78千米,新增喷滴灌面积13.33公顷,建设13.33公顷"智慧农田水利"信息化1套。工程于2016年3月开工建设,12月底完工,完成投资1387.95万元。工程完成后,改善灌溉面积333.33公顷,年新增粮食生产能力25万千克,年增产、节水效益45.54万元,农民人均年增收100元。

【中央财政农田水利维修养护项目完成】 2016年,江阴市继续按照江苏省水利厅、财政厅印发的《江苏省小型农田水利工程管理办法(试行)的通知》,对全市15个镇(街道)的农田水利工程设施进行维修管护。其中,2015年江阴市中央财政农水维护项目由无锡市水利局、财政局批准概算630.85万元,包括中央财政资金400万元,省级资金130.85万元,无锡市级资金100万元,对171座灌排泵站及其附属沟渠进行维修养护,并购置常用维修工具。2016年江阴市中央财政农田水利维修养护项目由无锡市水利局、财政局批准概算201万元,全部为中央下达资金,对65座灌排泵站及其相关小型渠系建筑物进行维修养护,并购置部分水利服务体系仪器设备。项目均于2016年3月开工,分别于10月、12月完工。项目完成交付后,进一步增强抵抗农田水灾害的能力、提高灌溉保证率,推动地方经济社会发展,取得较好的社会效益。

【第二批中小河流治理重点县综合整治及水系连通试点项目完成】 江阴市第二批中小河流治理重点县综合整治和水系连通试点项目分峭岐、祝塘2个项目区,于2016年3月1日开工建设,12月1日全部完工,总投资6164.67万元。其中峭岐项目区完成投资3125.67万元,主要工程量:整治河道7条,总长15.13千米;新建河道护岸6.13千米,形式为生态格宾网箱、木桩护坡,浆砌块石挡墙等;翻建桥梁1座,新建涵闸2座,箱涵1座,排涝站2座;岸坡绿化和种植水生植物7.15万平方米。祝塘项目区完成投资3039万元,主要工程量:整治河道6条,总长6.15千米;新建河道护岸5.07千米,形式为生态格宾网箱、木桩护坡,浆砌块石挡墙等;拆坝建桥7座,新建涵闸3座,涵洞4座,箱涵5座,灌溉站1座;岸坡绿化和种植水生植物11.63万平方米。项目实施后,峭岐、祝塘区域内水系基本贯通,水流顺畅,河道生态、水环境大大改善,河道防洪、

2016年通水后的新沟河江边枢纽工程　　(市水利农机局提供)

除涝、供水能力得到显著提高。

【农村河道综合整治建设】 根据2015年无锡市开展农村河道综合整治建设的要求，江阴市切实加大全市水环境综合整治力度，全面落实“河长制”管理，提升水环境质量及断面达标水平。是年10月至2016年6月，对澄江街道普惠中心河、周庄镇宗言村赵家浜、临港街道西石桥社区东横沟、长泾镇河塘南街河、顾山镇红豆浜、云亭街道佘城村红旗河、云亭街道百花奇草专业合作社草鞋夹等10条7.59千米河道进行综合整治。整治期间，完成土方8.98万立方米，建设生态护岸650米，浆砌块石挡墙250米；完成总投资533.14万元，其中无锡市补助156万元、镇村自筹377.14万元。

【农田节水灌溉工程建设】 该项工程位于徐霞客镇湖塘村，主要工程量：新建灌溉防渗渠道726米、地下涵管374米。工程于2015年10月12日开工建设，2016年5月26日完成，总投资29.9万元。项目实施后，改善灌溉面积26.7公顷，节水8万立方米。

【农村泵站更新改造工程建设】 该项工程由顾山镇解放村小河口排涝站、云亭街道佘城村大王庙灌溉站组成，主要工程量：改造400型排涝站1座和8寸灌溉站1座。工程于2015年10月开工建设，2016年6月完成，总投资60万元。项目实施后，改善灌溉面积5.33公顷，改善排涝面积60公顷。（周金棋）

水政监察

【概况】 2016年，江阴市水政监察队伍以实现“政治合格、执法过硬、纪律严明、保障有力、形象良好”为目标，规范队伍建设，加强水法宣传，严格文明执法，全力维护正常水事秩序。年内，坚持开展日常巡查，出动巡查执法人员5738人次，查处各类水事违章违法案件35件。是年，在完成长江河道采砂管理执法基地一期主体工程建设的基础上，进行绿化工程和标识工程建设，配备苏水监03号执法艇、红外监控探头、执法记录仪数据采集终端、巡查电动车等执法装备以及相关的办公设备和生活设施，按照江苏省厅统一标准规范制作相关标识，并专门制作江阴市长江河道采砂监管执法工作用图。依托该基地，江阴市初步实现长江河道采砂管理执法工作的常态化、专业化。

【水法宣传】 2016年，江阴市水利农机局以第二十四届“世界水日”、第二十九届“中国水周”为契机，推进最严格水资源管理理念，按照“精心组织、统一认识、人人参与、讲究实效”的要求，广泛开展水法宣传活动。年内，在学院场设立宣传台和展板，为群众提供咨询服务，发放印有水法宣传口号的环保袋500个，水事案例宣传册500份；加大对地下水开发、利用与保护的宣传，在祝塘、长泾、徐霞客等多个乡镇设现场宣传点，通过现场展板展示、咨询服务和现场发放宣传资料，提高公众节约保护水资源的意识；针对村民擅自设置渔网问题，联合社区和村委会，逐一上门宣传、发送宣传资料，增强村民的水法律法规意识；开展全市水行政执法大检查活动，对检查中发现的违法行为进行严肃查处，以案释法。在全市骨干河道重点位置设置水法规宣传牌和警示牌400多块。通过开展各类水法宣传活动，强化舆论引导，增强广大群众的守法意识，为依法治水营造良好社会氛围。

【水事违章违法案件查处】 2016年，江阴市水利农机局认真落实行政执法责任制，坚持教育和处罚相结合、引导和治理相结合的原则，及时有效处理各类水行政违法行为，维护全市正常的水事秩序。积极开展“创建文明城市河道执法检查”“汛期集中整治”等专项执法、检查活动，重点对违法开采地下水、河道管理范围内非法建设、违法占用、长江河道非法采砂等水事违法行为进行依法查处和治理。全年查处各类水行政违法案件35件，拆除违章搭建89平方米，清理违章占用46.7平方米，拆除各类渔网鱼簖27口。强势推动南部地下水超红线地区综合治理，地下水水位全面恢复到50米以上，填埋地下水源井81眼。对一些性质恶劣、群众反映强烈的案件，采取高压态势，坚决严肃查处。全年立案查处案件4件，处罚款13万元。

【打击长江非法采砂】 2016年，江阴市水政监察队伍通过陆治水打、综合治理，开展全省长江河道采砂管理“护江—2016”等专项行动，始终对非法采砂活动保持高压严打态势，使长江江阴段非法采砂活动得到有效遏制。全年出动执法艇27艘次，执法车辆160辆次，执法人员600人次，实现对长江江阴段全覆盖、不间断的有效监控。年内，联合市海事、公安部门开展大规模拉网式集中打击行动10次，驱离江阴水

2016年3月22日，在江阴市步行街广场举行的第二十四届“世界水日”、第二十九届“中国水周”宣传活动　　（市水利农机局提供）

域内非法停泊的外地籍采砂船 40 余艘,立案查处外地采砂船擅自停泊在江阴长江水域内的违法案件 2 件,处罚款 2 万元。 (承 皓)

水资源管理

【概况】 2016 年,江阴市水资源管理工作全面落实最严格水资源管理制度,以“省级双试点创建”为目标,着力做好“三条红线”(用水总量红线、用水效率红线、限制纳污红线)管控、水源地达标建设、南部地下水综合整治、节水型社会建设等重点工作。年内,加强集中式饮用水源地达标建设及河流健康评估,强化部门联动,组织召开达标建设任务推进会,加快沿江 4 个集中式饮用水源地达标整治建设进度,西石桥、小湾饮用水源地通过江苏省水利厅专家组技术核查;同时,推进黄昌河、祝塘河、长寿河健康评估工作。加强水资源水质水量水位监测,定期发布监测通报,为水资源管理及市政府和相关部门决策提供科学依据。全力推进双试点建设验收准备工作,组织编制江阴市水资源管理现代化建设自评估报告,完善指标支撑;完成水生态文明综合示范基地建设,水生态文明城市试点建设中期自评估得分 93.15 分,基本达到省级水生态文明城市标准。全年征收水资源费 5498.2 万元。

【饮用水安全保障】 2016 年,江阴市扎实推进长江集中式饮用水水源地保护,加强地下水应急备用水源地运行管理,全面提升全市饮用水安全保障水平。年内,市政府认真贯彻江苏省政府办公厅《关于开展全省集中式饮用水源地达标建设意见》要求,全力推进长江小湾、西石桥、肖山、窑港口 4 个集中式饮用水源地达标建设工作,召开专题推进会,多措并举、明确责任、部门联动,通过实施隔离防护、污染源头整治、河道引排调度等措施,全面整治水源地保护区范围内各类不达标事项;12 月,小湾、西石桥饮用水源地达标建设通过省政府验收。推进绮山湖应急备用水源地工程建设,完成库区土石方 240 万立方米,完成库区主体工程 56%(含征地拆迁),完成投资 1.05 亿元。全年逐月编发集中式饮用水源地水文情报和水功能区水质监测通报,4 个水源地水质达标率 100%。

【地下水管理】 2016 年,江阴市严格实施地下水取水总量和地下水水位双控制度,采取严控取用水计划、加大科技管水力度、督促企业改水、利用价格杠杆调控、实行有奖举报、开展专项执法等一系列措施推进全市地下水综合治理工作。年内,对江阴南部四镇地下水水位超红线地区全面实施“水到井封”,完成封井 81 眼;对地下水水位每月监测 2 次,按季发布《江阴市地下水监测通报》,巩固地下水禁采成果。据监测,2016 年底江阴市超红线地区地下水水位已全部回升至 50 米以内,漏斗中心 12 月埋深 50 米,圆满完成江苏省水利厅、无锡市政府下达的超红线地区地下水水位回升目标任务。

【水资源管理现代化试点创建】 2016 年,江阴市围绕建成具有江阴特色的“三条红线”“四项制度”(用水总量控制制度、用水效率控制制度、水功能区限制纳污控制制度、水资源管理责任和考核制度)、“五个现代化”(管理理念现代化、管理队伍现代化、体制机制现代化、管理手段现代化、基础工作现代化)的总目标,积极创建江苏省水资源管理现代化示范市。年内,编制江阴市水资源管理现代化建设自评估报告,对照用水保障、用水效率、水生态保护、管理能力、支撑能力、管理创新等 6 大类 20 项指标进行自我评估检验,做好验收准备工作。完善水资源信息化系统,强化用水大户取用水过程在线监管,确保 90% 以上在线率;逐步实现地下水水位监测信息化,自备水用户基本信息纳入取水许可登记系统;建成江阴市水资源监测运行管理系统,实现用水量的实时在线监测、数据统计与查询。5 月,完成省水资源管理信息系统江阴分中心的年度运行维护验收,全市水资源管理现代化试点创建工作推进顺利。

【水生态文明城市试点创建】 2016 年,江阴市以初步构建水安全有效保障、水环境优美和谐、水生态系统健康、水文化深入人心和水管理严格有效“五位一体”的水生态文明体系为目标,继续开展水生态文明城市试点创建工作。年内,推进锡澄运河景观文化廊道、南部湿地生态修复示范区生态修复工程建设;创建月城水生态文明综合示范基地,完善其涵盖水利风景区、节水教育基地、节水标杆企业、农业智能灌溉及公共事业节水等为一体的载体功能。9 月,经自评估,江阴市水生态文明城市试点建设中期得分 93.15 分,水生态文明城市建设取得初步成效。 (周 佳)

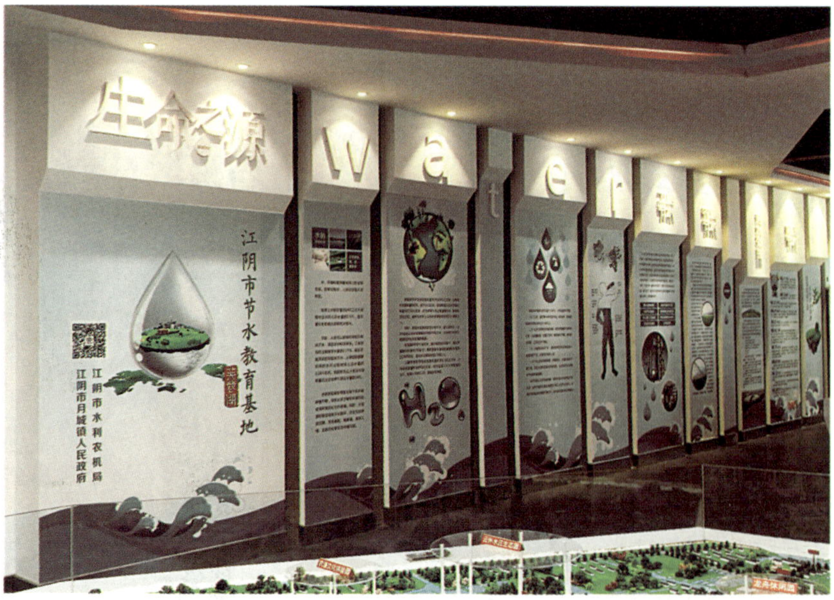

图为江阴市节水教育基地灯箱展板一角 (市水利农机局提供)

■类目编辑 李银花

工 业

综　述

【概况】 2016年，江阴市工业条线面对复杂多变的宏观经济形势，主动适应新常态，把握稳中求进总基调，抓产业转型升级、企业提质增效，实现江阴企业实力逐步提升，项目投资结构趋优、转型升级成效明显的态势。全市完成工业现价总产值6603.7亿元，比2015年增长1.2%，其中规模以上工业企业完成现价总产值5874.7亿元，增长2.8%。全年完成工业开票销售5974.4亿元，下降0.2%；完成工业固定资产投资493.72亿元，下降4.1%；实现工业用电214.41亿千瓦时，增长2.85%。全社会综合能耗1888万吨标准煤（等价法），其中全社会电力消费量244.93亿千瓦时。全市规模以上工业增加值能耗（当量法）下降至1.312吨标准煤/万元。是年，法尔胜泓昇集团有限公司和双良节能系统股份有限公司获中国工业大奖；江阴兴澄特种钢铁有限公司被评为国家技术创新示范企业；江阴芗菲服饰有限公司等5个企业入选工信部品牌培育试点企业；江苏阳光集团有限公司的“基于新木桶理论的经纬编织法管理模式”获江苏省“质量标杆”奖；海澜之家服饰有限公司、江阴兴澄特种钢铁有限公司等4个企业入围江苏“自主工业品牌五十强”。

（庞远超　陈　松）

【企业技术中心建设】 2016年，江阴市加快创新主体培育，强化创新载体建设，积极推进国家、江苏省和无锡市三级企业技术中心的创建工作，以创建企业技术中心为抓手，促转型升级。年内，全市新增省级企业技术中心8个，新增无锡市级企业技术中心21个。至年末，全市有国家级企业技术中心6个，省级企业技术中心72个，无锡市级企业技术中心105个。全年省级以上技术中心企业产品销售收入总额1787.83亿元，其中新产品销售收入883.74亿元；企业科技活动经费支出49.94亿元，其中研究与试验发展人员支出42.24亿元；从事研发人员9068人，其中高级技术职称1142人；完成科研项目1007项，申请专利1530件，其中发明专利528件。

【新产品新技术鉴定】 2016年，江阴市有46种新产品新技术研发项目列入省重点技术创新计划，130种新产品新技术研发项目列入无锡市重点技术创新计划。全年有68种新产品新技术通过省级新产品新技术鉴定，总计投入研发费用3.68亿元，申请专利91件，其中发明专利22件，年新增销售额12.71亿元，年新增利润2.24亿元。全市有3种新产品新技术列入江苏省重点推广应用的新技术新产品目录，累计列入目录39种，有力地推动了工业经济的又好又快发展。

【节能改造】 2016年，江阴市实施38项重点节能改造与循环经济项目，其中节能改造项目32项、资源综合利用项目2项、节能新产品推广项目2项、合同能源管理项目2项。项目累计投入4.9亿元，年节能量10.25万吨标煤。江苏利电能源集团5号机组通流部分节能技术改造等11项节能改造项目列入省产业转型升级项目，节能规模在全省县级市中名列前茅。中粮麦芽（江阴）有限公司等20个企业通过能源管理体系认证或评价。

【清洁生产审核】 2016年，江阴市组织35个企业开展自愿性清洁生产审核，共制定各类清洁生产改造方案及措施359项。所有方案及措施全部实施后，每年可减少原煤消耗3020吨、节电1673.6万千瓦时、节天然气137.3万标准立方米、节蒸汽3914.7吨、节水7.52万吨等，减排粉尘13.1万吨、减排二氧化硫38.53吨、减排氮氧化物13吨。

【“三高两低”企业专项整治】 2016年，江阴市结合落后产能实际，继续推进“三高两低”企业*专项整治工作的深入开展。综合运用经济、法律和行政等手段，持续加大对化工、铸造/冶炼、粉尘等重点行业企业的整治力度，淘汰一批落后设备，关停一批“三高两低”企业，改善生态环境，降低安全隐患，促进全市产业结构的优化提升，取得明显成效。全年淘汰关停“三高两低”企业56个，圆满完成了市政府下达的目标任务。

（吴勇翔　陈　松　吴　鹏）

工业性投资

【概况】 2016年，江阴市在建及竣工工业项目647项，项目总投资

703.6亿元,年内完成投资493.7亿元,比2015年下降4.1%,其中技改投资385亿元,下降4.7%,占全年工业投资总量的78%。按投入内容分:设备投资325.86亿元,占完成投资总量的66%;土建投资167.9亿元,占完成投资总量的34%。按行业结构分:机械行业完成投资96.9亿元,占完成投资总量的19.6%;电子信息行业完成75.6亿元,占完成投资总量的15.3%;轻工行业完成49.2亿元,占完成投资总量的10%;纺织行业完成64亿元,占完成投资总量的13%;新材料、新能源行业完成80.9亿元,占完成投资总量的16.4%;冶金行业完成18.8亿元,占完成投资总量的3.8%;金属制品行业完成40.6亿元,占完成投资总量的8.2%;化工医药行业完成46.3亿元,占完成投资总量的9.4%。

【重点项目】 2016年,江阴市有工业重点项目42项,总投资461.7亿元,年计划投资124亿元,开工建设34项项目,完成投资119.7亿元。其中新开工21项项目,年内完成投资70.4亿元;13项上年结转项目,完成投资49.3亿元。全市42项重点项目中,星科金朋半导体(江阴)有限公司电子集成电路封装测试项目一期、帝斯曼工程塑料(江苏)有限公司年产6万吨工程塑料项目、江阴澄高包装材料有限公司年产120万吨聚酯切片(PET)多功能片材项目、江阴嘉鸿橡塑科技有限公司高端医疗器械和橡塑配件研制基地项目、江阴市海江高分子材料有限公司年产1.8万吨电缆用屏蔽料迁建扩能项目、江苏凯源电子科技股份有限公司年产3000万台开关电源产品项目、江阴通利光电科技有限公司TFT-LCD/3D显示光膜项目、江苏恒泽复合材料科技有限公司年产15万吨功能性(复合型)特种纤维扩能项目三期、江阴市恒润环锻有限公司年产1.2万吨精加工自由锻件和年产2.5万吨精加工大型环锻项目等9项项目基本竣工或投产,全年完成投资40.4亿元。江阴江化微电子材料股份有限公司高精度铜蚀刻液实施方案列入工信部2016年工业转型升级强基工程,获中央专项扶持资金1358万元。

(吕 英)

新兴产业

【概况】 2016年,江阴市新能源、新材料、车船及机械装备、生物医药、电子信息等新兴产业完成规模产值2537.2亿元,比2015年增长3.97%,增速较传统产业高出2.13个百分点,占全市规模产值的43.2%。是年,全市新兴产业完成投资261亿元,占全市工业投资总量的52.8%。

【新能源产业】 2016年,新能源行业完成规模产值531.9亿元,比2015年增长11.7%,占全市规模工业的9.05%。全市新能源产业以光伏产业和风电装备制造业为发展重点。光伏产业涵盖硅料生产、单晶硅拉棒(多晶硅铸锭)、硅片切割、电池片生产、组件封装和专用生产设备制造等多个环节,并积极介入分布式电站领域,在终端应用市场占据一定市场,形成较为完整的产业链条。全市风电产业基本形成包括风电特钢、轮毂、塔座、主轴、塔筒、法兰、齿轴、轴承座、机舱罩、特种涂料等关键零部件相互配套发展的格局,其中,风电主机年产能2250兆瓦。至2016年年末,全市新能源产业拥有规模以上企业50余个,其中超百亿元企业1个,继续保持强劲增长势头。中国风能协会公布的2016年度国内风电整机商排名中,远景能源(江苏)有限公司继续位列第二位,稳居行业前列。

【石化新材料产业】 2016年,江阴市石化新材料产业完成规模产值845.4亿元,比2015年增长4.56%,占全市规模工业的14.39%。江阴市石化新材料产业主要产品包括:精对苯二甲酸(PTA)、苯乙烯、可发性聚苯乙烯(EPS)、聚酯切片(PET)、聚酰胺(PA)、乙酸丁酯、沥青、不饱和聚酯树脂及聚苯乙烯上游原料苯乙烯、特种涂料上游偏酐,下游特种薄膜、工程塑料等,产品种类较为齐全。全市具有年产PTA460万吨、磷酸42万吨、苯乙烯42万吨、沥青220万吨等的生产能力。是年,江阴澄星实业集团有限公司下属汉邦(石化)江阴有限公司220万吨PTA技改扩能项目正式投产,全市石化新材料产能再次扩容。

【车船及机械装备产业】 2016年,江阴市车船及机械装备产业全年完成规模产值881亿元,比2015年下降1.71%,占全市规模工业的15%。江阴市车船及机械装备产业拥有骨干船厂2个,整车制造企业1个,各类车船、机械类配套规模以上企业近400个,拥有450万载重吨的大中型民用钢制船舶、3000辆整车的年生产能力。配套产品中,汽车保险杠、气门芯等一批"小"产品占据各自细分领域的龙头地位,做出"大"市场。是年,国际航运市场继续低迷,船舶价格低企,江苏扬子江船业集团公司和中船澄西船舶修造有限公司两个龙头企业效益出现下滑;装备制造行业先抑后扬,企业在手订单明显增多,产能开动情况良好。业内龙头企业积极转型,双良节能系统股份有限公司积极介入制造业服务化领域,由产品销售向系统集成、后期维护转型,并取得较好成效。

【电子信息产业】 2016年,江阴市电子信息产业完成规模产值224.8亿元,比2015年增长7.35%,占全市规模工业的3.83%。江阴市电子信息产业依托江苏新潮科技集团有限公司、江阴瀚宇博德科技有限公司两个龙头企业,形成包含集成电路芯片设计及生产、新型电子元器件、光通讯、数码视听、计算机及网络、射频识别(RFID)和特种光缆等在内的产业、产品结构,并借助与中芯国际集成电路制造有限公司的合作,致力于打造国内乃至国际领先的集成电路先进产业基地。至2016年年末,全市有电子信息产业规模以上企业40余个,由江苏长电科技股份有限公司与中芯国际集成电路制造有限公司联手共建、总投资80亿元的年产12英寸(30.48厘米)3D集成芯片及配套测试300万片能力项目进展顺利,一期项目全面投产,二期项目完成土地摘牌和场地平整,并通过环评;总投资35亿元的星科金朋电子技术、半导体、集成电路封装测试项目一期试生产,二期厂房装修基本完成,进入设备安装阶段，全市电子信息产业发展前景广阔。

【生物医药产业】 2016年，江阴市生物医药产业完成规模产值54.1亿元，比2015年增长8.79%，占全市规模工业的0.92%。江阴市生物医药产业企业数量超50个，拥有江阴天江药业有限公司、江苏华兰药用新材料股份有限公司、江苏苏利精细化工股份有限公司、江苏南农高科技股份有限公司等一批销售超亿元骨干企业，并借助生物医药产业园培育出江阴贝瑞森生化技术有限公司、江苏力博医药生物技术股份有限公司等潜力股企业，涉足中、西医药，医药设备，生物疫苗等多种产品的生产，并在中药配方颗粒、畜牧兽用疫苗领域取得一定市场地位。

规模经济

【概况】 2016年，江阴市有规模以上工业企业1344个。规模企业完成现价总产值5874.7亿元，比2015年增长2.8%；完成工业增加值1153.5亿元，增长5.6%（可比价）；实现利税总额500.4亿元，下降1%，其中利润总额348.4亿元，增长0.1%。全市规模工业资产总计6266.7亿元，增长5.2%；所有者权益合计2748.5亿元，增长10.9%。全市规模工业产品销售率97.95%，上升0.6个百分点；销售利税率8.76%，成本费用利润率6.42%，工业增加值率19.64%。年内，全市有9个企业入围2016年中国企业500强。至年末，全市有开票销售收入超百亿元企业16个，有纳税超亿元企业35个。

【"百强"工业企业】 2016年，江阴市"百强"工业企业完成工业总产值4021.1亿元，比2015年增长2.7%，占全市规模工业的68.4%；完成产品销售收入3883.7亿元，增长4.9%，占全市规模工业的68%；实现利税392.7亿元，下降3%，占全市规模工业的78.5%，其中利润281.8亿元，下降1%，占全市规模工业的80.1%。

2016年江阴市"百强"工业企业一览

表12　　　　单位：万元

企业名称	产品销售收入	利税总额	工业总产值	合计入库税金
江苏华西集团公司	2777078	187785	2956899	97647
海澜集团有限公司	3173378	644807	2658644	288321
江苏利电能源集团	635275	201732	598416	100243
中信泰富特钢集团（兴澄特钢）	2481602	239451	3500234	128640
江苏扬子江船业集团公司	301755	223033	497818	107153
法尔胜泓昇集团有限公司	1913208	127197	1842207	71876
双良集团有限公司	1664088	93988	2022813	44954
江苏阳光集团有限公司	2614970	240606	2689834	52002
江阴苏龙热电有限公司	234714	104781	232744	42830
瀚宇博德科技（江阴）有限公司	460247	56402	460247	37489
江苏新长江实业集团有限公司	2453534	121572	2187975	57555
远景能源（江苏）有限公司	1463546	165047	1463546	64494
江阴江东集团公司	819699	76647	826078	22088
江苏海达科技集团有限公司	863752	36207	844526	22681
江苏利安达集团有限公司	266049	79596	291010	21385
江阴天江药业有限公司	174339	68651	179868	26733
申达集团有限公司	121930	7690	136076	21200
江苏三房巷集团有限公司	3267606	47915	3270998	20805
江苏新潮科技集团有限公司	895234	103230	896895	24689
阿尔法（江阴）沥青有限公司	456740	25279	466647	8652

续表 12

企业名称	产品销售收入	利税总额	工业总产值	合计入库税金
江阴新树工程塑料有限公司	277743	11549	275153	15364
江苏富仁集团有限公司	178075	10262	205268	11556
江阴模塑集团有限公司	540406	67294	576285	14129
帝斯曼工程塑料(江苏)有限公司	263641	18800	270651	13127
阿法拉伐(江阴)设备制造有限公司	99444	31329	99444	14078
江苏华宏实业集团有限公司	1052351	108819	1133584	12091
江阴热电有限公司	80667	32052	87277	11513
江苏中印印务集团有限公司	49366	17540	65244	11127
江苏倪家巷集团有限公司	587773	42442	551868	8706
中石油江苏燃料沥青有限责任公司	194561	22465	199783	10145
江苏云蝠服饰股份有限公司	94714	14281	96166	8474
江阴澄星实业集团有限公司	1572135	142906	1571374	19493
江苏海豹集团	112228	8174	114519	3793
江苏吉鑫风能科技股份有限公司	150720	13939	140400	12067
江苏天华纱业集团	150188	12658	161156	6784
江苏红柳床单有限公司	310318	19180	173605	11180
江阴市申澄集团有限公司	172480	18054	162034	7194
江阴宝柏包装有限公司	89493	13851	102292	9024
江阴信邦电子有限公司	88624	13010	89203	8357
江阴电工合金股份有限公司	104926	8732	111392	4803
江阴海达橡塑股份有限公司	86632	16744	100216	8527
江阴福汇纺织有限公司	205934	1438	215112	8889
江苏焱鑫科技集团有限公司	137400	14428	143278	7537
江苏宝利沥青股份有限公司	162011	5435	180012	5134
建滔电子材料(江阴)有限公司	267242	28839	275678	10401
威茨曼金属制品(江阴)有限公司	40708	14887	38697	7847
江苏泓源光电科技有限公司	20715	1877	19662	21316
江阴南泰家纺用品有限公司	174452	9806	183433	6572
江苏中基复合材料有限公司	142529	6569	178327	6069
江阴中南重工集团有限公司	59621	-3133	60114	4653
江苏康妮集团公司	65878	6096	88496	2521
江阴市创新气门嘴有限公司	84042	7530	91266	6853
江阴美纶纱业有限公司	97985	5625	99985	3135
江苏向阳集团有限公司	236762	17411	236787	6734
江阴江化微电子材料股份有限公司	33306	10230	30922	4200
江苏新华发集团有限公司	50174	7244	55241	4102

续表12

企业名称	产品销售收入	利税总额	工业总产值	合计入库税金
江苏爱康科技股份有限公司	154843	14781	165967	8216
江苏省振新实业有限公司	73385	3626	73100	4239
江苏嘉盛新材料有限公司	363566	5689	355005	4116
江苏恒泽复合材料科技有限公司	94493	13245	104215	6306
江阴市恒润环锻有限公司	42230	11737	45482	7020
江阴凯澄起重机械有限公司	29110	5521	28285	3584
江苏精亚集团有限公司	37874	3880	40789	4029
江苏苏利精细化工股份有限公司	66208	22877	71441	6566
联合铁钢(中国)有限公司	114629	－536	107808	2920
中粮麦芽(江阴)有限公司	99341	11166	92868	2694
江阴联通实业有限公司	166032	13718	181000	2756
江阴杜奥尔科技有限公司	34071	3054	34917	3452
江阴振宏重型锻造有限公司	59760	5219	67251	2237
江阴市华方新技术科研有限公司	38793	4955	39284	3773
江苏秋林特能股份有限公司	35383	2213	41392	1422
中建材浚鑫科技股份有限公司	241486	16522	350984	7899
江苏苏青水处理工程集团有限公司	61675	7239	64894	3988
江苏海陆科技股份有限公司	35842	4109	36987	4093
无锡翔龙环球科技股份有限公司	12595	2816	14424	1737
江苏佼燕船舶设备有限公司	23094	6064	23570	3258
江苏雪豹日化有限公司	30374	5151	32540	2541
江苏升辉投资集团有限公司	57549	7711	63316	3455
江阴长江投资集团有限公司	60540	7177	76346	3950
中船澄西船舶修造有限公司	529951	8003	482038	2324
江苏蝙蝠塑料集团有限公司	318344	8409	324950	3421
江阴南工锻造有限公司	50108	1412	50108	1064
江阴亿欣新材料科技有限公司	21137	3883	20121	2141
江阴协统汽车附件有限公司	48943	3959	48280	2838
江阴鑫联金属制品有限公司	34601	11215	35836	5149
江阴德玛斯特钻具有限公司	17941	－4717	17779	3305
江苏标榜装饰新材料股份有限公司	75823	5886	76533	4617
无锡早川电子有限公司	26334	7220	26323	3420
江苏贝德服装集团	65878	6177	74772	3111
江苏广信感光新材料股份有限公司	23828	5107	25490	3237
江阴市振江钢结构有限公司	78329	20293	98349	8669
中建钢构江苏有限公司	119202	2619	119202	3561

续表 12

企业名称	产品销售收入	利税总额	工业总产值	合计入库税金
江苏宝力重工科技有限公司	19548	2345	26225	2796
江阴市康源印染有限公司	55863	3883	63732	2535
江阴裕华铝业有限公司	34770	2533	40902	2360
江阴必得科技发展有限公司	17745	4493	17850	1962
江阴市广业纺织有限公司	50243	3651	51766	1117
江阴华新电器有限公司	24601	3883	29016	1783
江苏和时利新材料股份有限公司	36568	5807	84788	3850
江苏福尔泰铜铝集团	180379	13279	178141	1998

【9个企业入围中国500强】 “2016中国500强企业高峰论坛”于8月27—28日在湖南省长沙市举行。会上,中国企业500强名单揭晓。江阴市有9个企业上榜,数量较2015年减少2个。入围企业分别是海澜集团有限公司,完成营业收入671.84亿元,列第202位;江阴澄星实业集团有限公司,完成营业收入488.55亿元,列第273位;江苏三房巷集团有限公司,完成营业收入435.79亿元,列第301位;江苏华西集团公司,完成营业收入388.76亿元,列第336位;江苏阳光集团有限公司,完成营业收入357.40亿元,列第364位;江苏新长江实业集团有限公司,完成营业收入338.13亿元,列第378位;双良集团有限公司,完成营业收入299.38亿元,列第424位;法尔胜泓昇集团有限公司,完成营业收入290.04亿元,列第437位;江苏扬子江船业集团公司,完成营业收入276.88亿元,列第458位。会上,2016年中国制造业企业500强名单同步揭晓,江阴市有13个企业上榜,除上述9个企业外,还有江苏华宏实业集团有限公司、江苏新华发集团有限公司、江苏新潮科技集团有限公司、江苏海达科技集团有限公司4个企业入围。

【产品销售收入超百亿元企业】 2016年,江阴市有16个企业开票销售收入超百亿元。分别是海澜集团有限公司、江苏三房巷集团有限公司、江阴澄星实业集团有限公司、江苏华西集团有限公司、中信泰富特钢集团(兴澄特钢)、江苏阳光集团有限公司、江苏新华发集团有限公司、江苏新长江实业集团有限公司、双良集团有限公司、江苏华宏实业集团有限公司、法尔胜泓昇集团有限公司、江苏利电能源集团、江阴新树工程塑料有限公司、江苏扬子江船业集团公司、远景能源(江苏)有限公司和江苏海达科技集团有限公司。其中海澜集团开票销售超500亿元,达737.63亿元。

【纳税超亿元企业】 2016年,江阴市工业企业入库税金超亿元的有35个,其中税金超10亿元企业有4个,分别是海澜集团有限公司,实现入库税金28.83亿元;中信泰富特钢集团(兴澄特钢),实现入库税金12.86亿元;江苏扬子江船业集团公司,实现入库税金10.72亿元;江苏利电能源集团,实现入库税金10.02亿元。税金5亿元~10亿元的企业有5个,分别是江苏华西集团有限公司,实现入库税金9.76亿元;法尔胜泓昇集团有限公司,实现入库税金7.19亿元;远景能源(江苏)有限公司,实现入库税金6.45亿元;江苏新长江实业集团有限公司,实现入库税金5.76亿元;江苏阳光集团有限公司,实现入库税金5.20亿元。税金1亿元~5亿元的企业有26个。 (庞远超)

纺织工业

【概况】 2016年,江阴市纺织工业完成工业总产值1476.88亿元,占全市工业总值的25.14%,自营出口完成30.61亿美元,占全市出口总额的25.68%,比2015年增长2.75%,其中服装出口11.91亿美元,占全市出口的9.99%,增长4.2%。据不完全统计,全市纺织行业销售收入在2000万元以上的规模企业有427个,完成工业总产值1364.2亿元。全市开票销售收入前50名工业企业中纺织行业有14个,分别是海澜集团有限公司、江苏三房巷集团有限公司、江苏华西集团公司、江苏阳光集团有限公司、江苏华宏实业集团有限公司、江苏倪家巷集团有限公司、江苏红柳床单有限公司、江阴市天达针纺织有限公司、江苏利安达集团有限公司、江苏向阳集团有限公司、江阴福汇纺织有限公司、江苏云蝠服饰股份有限公司、江苏天华纱业集团、江阴市强力化纤有限公司。全市入库税金总额前50名工业企业中纺织行业有11个,分别是海澜集团有限公司、江苏华西集团公司、江苏阳光集团有限公司、江苏利安达集团有限公司、江苏三房巷集团有限公司、江苏华宏实业集团有限公司、江苏红柳床单有限公司、江阴福汇纺织有限公司、江苏倪家巷集团有限公司、江苏云蝠服饰股份有限公司、江苏申利实业股份有限公司。全年纺织行业主要产品产量为化纤329.51万吨,其中涤纶纤维315.71万吨,锦纶10.99万吨,氨纶2.16万吨;棉纺织行业生产纱49万吨,其中棉纱13.17万吨,棉混纺纱18.76万吨,纯化纤纱17.08万吨;布53626.92万米,其中棉布6298.78万米,棉混纺布43479.74万米,纯化纤布3848.4万米;色织布9499.43万米;印染布44430.43万米;呢绒10854.03万米;绒线

第十八届江苏国际服装节长泾镇展馆一角　　　　（市经信委提供）

18528.36 吨；非织造布 31113 吨；服装 38409.09 万件，其中梭织服装 12133.26 万件（含羽绒服装 80.8 万件，西服及西服套装 3741.49 万件，衬衫 4554.77 万件），针织服装 26275.83 万件。纺织行业中主要行业的占比情况为：化纤行业占 28.76%、服装行业占 28.67%、毛纺织行业占 23.81%、棉纺织印染行业占 16.05%、纺织制成品业及其他占 2.71%。9 月，在第十八届江苏国际服装节上，江阴市经信委被评为江苏纺织服装产业集群基地建设工作示范单位，长泾镇被评为江苏纺织服装特色名镇建设示范单位，云蝠服饰股份有限公司荣获江苏省纺织服装行业优秀企业大奖。是年，江苏阳光股份有限公司被省政府评为江苏制造突出贡献奖优秀企业。江苏阳光集团有限公司被省经信委授予“省依法管理诚信经营先进企业”称号。在工信部公布的 2016 年全国重点跟踪培育服装家纺自主品牌企业名单中，海澜之家股份有限公司、江苏云蝠服饰股份有限公司、江苏阳光集团有限公司 3 个企业入围。海澜之家服饰有限公司还被省经信委推荐为第一批全省智慧物流示范企业，成为全市智慧物流建设的排头兵。海澜集团有限公司、江苏三房巷集团有限公司、江苏华西集团公司、江苏阳光集团有限公司 4 个纺织企业入围 2016 年中国 500 强企业，并同江苏华宏实业集团有限公司一起入围 2016 年中国制造业企业 500 强。在中国棉纺织行业协会开展的 2015—2016 年度“棉纺织行业竞争力百强企业”和“棉纺织行业成长型优良企业”测评中，4 个企业入围“棉纺织行业竞争力百强企业”，其中江苏天华纱业集团位列第 38 位、江苏康妮集团公司位列第 41 位、江阴美纶纱业有限公司位列第 78 位、江苏向阳集团有限公司位列第 96 位；江阴市茂达棉纺厂有限公司被授予“棉纺织行业成长型优良企业”称号。

【技术改造】 2016 年，江阴市纺织工业完成工业投资项目 122 项，完成工业投入 64.01 亿元，占全市工业投入的 12.96%。其中设备投资 42.25 亿元，土建投资 21.76 亿元。列入全市工业重点重大项目的有 2 项，分别是江苏恒泽复合材料科技有限公司的年产 15 万吨功能性、复合型特种纤维扩能项目，总投资 6.9 亿元；江苏海晨智慧服饰有限公司的年产 2000 万条西裤、牛仔裤新建项目，总投资 9 亿元。

【技术创新】 2016 年，江阴市纺织行业通过省级鉴定的新产品有江苏阳光集团有限公司、江阴市茂达棉纺厂有限公司、云蝠控股集团有限公司（包括江阴芗菲服饰有限公司）、江苏倪家巷集团精毛纺织有限公司、江阴市康妮纺织有限公司、江苏申利实业股份有限公司、圣华盾防护科技股份有限公司等 7 个企业的 27 种产品。

【自营出口】 2016 年，江阴市纺织企业完成自营出口 30.61 亿美元，比 2015 年增长 2.75%，占全市自营出口的 25.68%。其中纺织品出口 18.7 亿美元，增长 1.85%；服装出口 11.91 亿美元，增长 4.2%。全市自营出口前 30 名企业中，纺织行业有 9 个，分别是江苏三房巷集团有限公司完成 79126 万美元，江苏红柳床单有限公司完成 26003 万美元，江阴福汇纺织有限公司完成 22026 万美元，江苏阳光集团有限公司完成 16543 万美元，云蝠投资控股有限公司完成 14974 万美元，江苏华宏实业集团有限公司完成 12349 万美元，江苏华西集团完成 10808 万美元，江苏申利实业股份有限公司完成 8400 万美元，江阴南泰家纺用品有限公司完成 8149 万美元。

（俞　青）

机电冶金工业

【概况】 2016 年，江阴市机电冶金工业完成总产值 3385.39 亿元，比 2015 年增长 1.88%，占全市的 57.63%。其中，冶金工业完成 1801.08 亿元，占全市的 30.66%；机械工业完成 1239.41 亿元，占全市的 21.10%；电子工业完成 344.90 亿元，占全市的 5.87%。是年，有机电冶金工业在建重点项目 26 项，占全市重点项目数的 61.9%，完成投资总计 84.4 亿元，占全市工业投资的 70.51%。有 27 个机电冶金企业进入全市开票销售收入前 50 名，完成开票销售收入 2825.64 亿元；有 24 个机电冶金企业进入全市入库税金前 50 名，完成税金总额 81.34 亿元；有 27 个机电冶金企业进入全市企业投资前 50 名，完成工业投入 154.68 亿元。是年，江阴兴澄特种钢铁有限公司获评 2016 年国家技术创新示范企业。江苏法尔胜泓昇集团公司和江苏双良节能系统股份有限公司 2 个企业荣获被誉为中国工业“奥斯卡”的“中国工业大奖”,全国仅有13个企业获此大奖。江阴机电冶金企业入围2016年中国企业500强的有5个,分别是江苏华西集团公司、江苏新长江实业集团有限公司、江苏双良集团有限公司、江苏法尔胜泓昇集团有限公司和江苏扬子江船业集团有限公司。

2016年江阴市机电冶金工业重大项目一览

表13　　　　单位:万元

序号	企业名称	项目内容	所属区域	计划总投资	2016年完成投资
1	中芯长电半导体(江阴)有限公司	年产12英寸(30.48厘米)3D集成芯片及配套测试300万片能力项目	高新区	250000	200000
2	华欧德变速器有限公司	年产100万台乘用车用六速AT自动变速器和300万套自动变速器控制系统项目	高新区	150000	90000
3	星科金朋半导体(江阴)有限公司	电子技术、半导体、集成电路封装测试项目	高新区	100000	90000
4	江阴中南地锚智能装备有限公司	年产34万套新型地锚集成智能系统项目	高新区	50000	45000
5	江阴兴澄特种钢铁有限公司	年产10万吨特殊钢线材拉丝项目一期	高新区	30000	40000
6	江苏长电科技股份有限公司	集成电路封装测试项目	高新区	50000	50000
7	江阴长电先进封装有限公司	Bunmping生产线技改扩能项目	高新区	45000	40000
8	江阴新顺微电子有限公司	年产180万片半导体芯片	高新区	35000	30000
9	江阴博汇机械成套设备有限公司	船用环保设备、大型造纸机械配套设备加工制造项目	高新区	10000	9000
10	江苏方程新能源科技有限公司	新建变流器及微电网控制系统项目	临港开发区	45000	45000
11	江苏振江新能源装备股份有限公司	4.0兆瓦及以上大型海上风力发电核心零部件项目	临港开发区	6000	6000
12	威茨曼金属制品(江阴)有限公司	高档金属波纹管等金属柔性元件扩能项目	临港开发区	19200	13000
13	江苏中力叉车有限公司	年产2万台叉车项目	靖江园区	16000	9000
14	江阴市惠尔信机械有限公司	年产12000台(套)关键精密零部件移建扩能项目	南闸街道	45000	45000
15	江苏安科瑞电器制造有限公司	用户端智能控制配电柜研发及产业化项目	南闸街道	10000	9000
16	江阴塞特精密工具有限公司	整厂搬迁扩能、开发生产小模数插齿刀技术改造项目	南闸街道	17500	16000
17	江阴德耐特重工科技有限公司	年产250台(套)锅炉部件等整体搬迁扩能改造项目	南闸街道	17500	500
18	江苏百川新能源股份有限公司	年产6亿Ah锂电池及电池组件技改项目	云亭街道	60000	45000
19	江苏凯源电子科技股份有限公司	年产3000万台开关电源产品项目	华士镇	10000	10000
20	江阴鑫联金属制品有限公司	年产1000万套精密合金件项目	新桥镇	15000	6000
21	江阴通利光电科技有限公司	TFT-LCD、3D显示光膜项目	长泾镇	32000	32000
22	无锡鹰贝精密轴承有限公司	年产50万件汽车和民用飞机零部件扩能项目	祝塘镇	10000	8500
23	江阴市恒润环锻有限公司	年产1.2万吨精加工自由锻件和年产2.5万吨精加工大型环锻项目	祝塘镇	5000	5000
24	江苏绿能电力股份有限公司	太阳能发电控制系统项目	高新区	20000	—
25	中建材凯盛科技有限公司	1.5GW(吉瓦)铜铟镓硒薄膜太阳能电池生产线项目	临港开发区	20000	—
26	远景能源(江苏)有限公司	三期研发中心	临港开发区	32000	—
合计				1100200	844000

【31种产品通过省经信委新产品（新技术）鉴定】 2016年，江阴市机电冶金行业有15个企业31种产品通过省经信委新产品（新技术）鉴定。分别为江阴市宏泽氯碱设备制造有限公司的JHM-I膜板距离子膜电解槽，江阴华新钢缆有限公司的1960兆帕斯卡桥梁用热镀锌铝合金丝和φ6.2毫米1960兆帕斯卡超高强度热镀钢丝，无锡亿恩科技股份有限公司的清洁高效梯级筛分内置热流化床煤调湿成套装备，江阴长仪集团有限公司的DTZY135型三相宽量程费控智能电能表，江阴亿金环保科技有限公司的YQTX-1高效组合脱硝设备装置和YJTLC-WIV高效脱硫除尘一体化装置，江阴市华方机电科技有限公司的梅花倒立式收线机和HFZSQ复合型智能精密水箱拉丝机，江苏法尔胜缆索有限公司的桥梁缆索用复合镀涂层（锌铝合金镀层+环氧涂层）高耐久型钢丝及缆索和5毫米-1960兆帕斯卡超高强热镀钢丝主缆索股，江阴兴澄特种钢铁有限公司的轿车EPS转向齿条GRADE50钢、乘用车发动机装配式凸轮轴凸轮用100Gr6钢、高质量曲轴用Svh40C钢、风电偏航变桨轴承用连铸圆坯钢、1.2312系列塑料模具钢板、S355J2非合金特厚钢板和临氢设备用12Gr2MOIR压力容器钢桥，江苏江凌测控科技股份有限公司的VMS7200隧道风机安全监测远程诊断系统、JL型轨道双层装配式减振扣件和VMS5800风力发电机组状态监测与早期故障诊断系统，中建钢构有限公司的三塔四跨地锚式悬索钢箱梁桥缆梁同步施工技术和超高层施工顶模影响下巨型桁架安装与机器人焊接技术，江苏炎鑫科技股份有限公司的YXGR型高温链轮式隔热管座、YXTH-LN型低Nox节能环保管式加热炉和YXZH型强化传热板式换热器，江阴加华新材料资源有限公司的小粒度高纯氧化镥铈和大比表面高纯氧化铈，江苏法尔胜光子有限公司的980/1550波分复用耦合器光纤，江苏中宏环保科技有限公司的环保型智能化废橡胶再生成套设备（ZH-FYJ）。

2016年江阴市化工工业主要产品产量一览

表14

产品名称	年产量（吨）	比2015年增减（%）
原油加工量	1595012	-21.36
化学农药原药	20384	-6.84
涂料（油漆）	39057	-1.62
石油沥青	1050002	-21.93
初级形态的塑料	1226335	5.64
化学药品原药	421	-10.23
合成纤维聚合物	2296436	-4.72
化学试剂	50194	-10.05
合成橡胶	14443	-9.45
合成洗涤剂	10435	19.24

化工、医药工业

【概况】 2016年，江阴市规模以上化工、医药企业完成工业总产值1132.76亿元，占全市规模以上企业工业总产值的19.28%。有4个化工、医药企业进入全市开票销售收入前50名，完成开票销售收入602.26亿元；有5个化工、医药企业进入全市入库税金前50名，完成税金总额7.36亿元；有4个化工、医药企业进入全市工业投入前50名，完成工业投入47.31亿元；有1个化工、医药企业进入全市自营出口前30名，完成实绩17061万美元；有3个化工、医药企业税金超亿元。年内，全市化工、医药工业完成投资83.13亿元，其中，设备投资54.86亿元，土建投资28.27亿元。江苏兴业聚化有限公司、江阴市江化微电子材料股份有限公司、江苏恒泽复合材料科技有限公司、江阴瑞加合成云母科技有限公司等化工、医药企业的5项项目列入市重点技改项目，当年完成11.3亿元。江阴澄星实业集团有限公司位列全国工商联发布的2016年中国民营企业500强第76名，并名列中国企业联合会、中国企业家协会发布的2016年中国企业500强第273位，连续第十五次跻身500强，在中国石化民营企业百强排名中居第6位，公司还被中国石油和化学工业联合会评为“十二五”中国民营石油和化工杰出贡献企业。

轻工工业

【概况】 2016年，江阴市规模以上轻工企业完成工业总产值117.41

2016年江阴市轻工工业主要产品产量一览

表15

产品名称	单位	年产量	比2015年增减（%）
家具	件	332574	12.64
皮革服装	万件	5.88	-53.59
机制纸及纸板	吨	126963	-5.59
纸制品	吨	63778	2.93
塑料制品	吨	1068973	10.11
多色印刷品	对开色令	1914748	0.6

（马　骏）

亿元,占全市规模以上企业工业总产值的2.03%。有5个轻工企业进入全市开票销售收入前50名,完成开票销售收入253.16亿元;有6个轻工企业进入全市入库税金前50名,完成税金总额6.96亿元;有4个轻工企业进入全市工业投入前50名,完成工业投入12.83亿元;有1个轻工企业进入全市自营出口前30名,完成实绩8752万美元;有6个轻工企业税金超亿元。全市轻工工业完成投资49.21亿元,其中,设备投资32.48亿元,土建投资16.73亿元。帝斯曼工程塑料(江苏)有限公司、江阴澄高包装材料有限公司、安姆科集团、江阴嘉鸿橡塑科技有限公司、江苏广豫感光科技股份有限公司等轻工企业的5项项目列入市重点技改项目,年内完成投资26.3亿元。

建材工业

【概况】 2016年,江阴市建材工业在基本建设项目缩减、产能过剩、市场需求严重不足、流动资金偏紧等复杂不利的市场形势面前,稳抓质量不放松、积极技改节能降本,不断提高生产效率,努力保持生产运行的平稳发展。是年,全市传统建材行业有水泥粉磨生产企业4个,年产水泥358.40万吨,其中散装水泥346.1万吨。新型墙材行业有混凝土砖生产企业17个,年产量1亿块标砖;有加气混凝土砌块生产企业4个,年产量92.2万立方米;有纸面石膏板企业1个,年产量6180万平方米;有蒸压灰砂砖生产企业1个,年产量0.34亿块标砖。有预拌砂浆生产企业5个,年产预拌砂浆16.5万吨;有预拌混凝土公司19个,年产量为337万立方米。全年建材行业综合利用粉煤灰94.6万吨,采矿尾屑50.09万吨,脱硫石膏58.2万吨,节约能源17.28万吨标准煤、节约土地287.2公顷、减排废气0.45万吨。

【传统建材行业】 2016年年初,随着江阴云亭松桥砖瓦厂最后一根烟囱的倒下,江阴市取土烧砖的历史尘埃落定。是年,水泥生产量价齐跌,生产经营明显下降。全年月城金峰水泥有限公司年产量133.5万吨,比2015年下降17.79%;江阴绮星水泥有限公司年产量141.20万吨,下降2.47%。水泥总产量为358.4万吨,下降11.86%。全年散装水泥开票价格与2015年相比继续大幅下降。全行业水泥散装率96.57%。

【新型墙材行业】 2016年,江阴市新墙材企业面对宏观经济形势依然严峻,建筑市场大幅萎缩的不利形势,继续内部挖潜不断加大技术改造力度,积极开展技术创新和生产设备升级,保证行业的平稳发展。其中,万事兴新型墙体材料有限公司和双达新型建材制造有限公司2个新型墙材企业对原有生产线实施技术改造,进一步降低能耗和劳动强度、提高生产装备自动化水平和产品质量。同时,为鼓励支持新墙材行业的发展,提高企业技术改造的积极性,推动新墙材企业做优做强,根据《江阴市新型墙体材料专项基金、散装水泥专项资金定额补贴实施办法》,对2个新墙材生产企业给予专项资金定额补贴,共计28.5万元。是年,全市新墙材产量比2015年上升1个百分点,纸面石膏板产量增长5.59%、蒸压加气混凝土砌块产量增长17.7%,混凝土砖产量减产7500万块标砖,下降42.29%。全市建筑申报项目225项,建筑申报面积274万平方米,分别下降1%和30%。全年墙材竣工255.26万平方米,其中新墙材竣工面积242.5万平方米,新墙材应用占项目竣工面积的95.02%。至年末,全行业有经认定的新墙材生产企业25个,年生产能力为37亿块标砖,年产量26.41亿块标砖,占全市年墙材产量的100%。应收款问题依然是制约新墙材行业健康发展的重要因素

【预拌混凝土和预拌砂浆发展情况】 2016年,江阴市有预拌混凝土公司19个,混凝土搅拌站22个,年生产能力1220万立方米,年产量337万立方米;预拌砂浆生产企业5个,预拌砂浆生产能力160万吨,实际产量16.5万吨。是年,为鼓励支持预拌砂浆行业的发展,提高企业技术改造和研发投入的积极性,推动预拌砂浆企业做优做强,促进预拌砂浆推广应用。根据《江阴市新型墙体材料专项基金、散装水泥专项资金定额补贴实施办法》,对1个预拌砂浆生产企业给予专项资金定额补贴,计30万元。

(苏宇文)

电力工业

【概况】 2016年,江阴市有电力生产企业18个,其中公用热电厂11个,自备热电厂7个,装机总容量573.25万千瓦,年发电量295.97亿千瓦时,比2015年增长10.86%,年供汽量2073.56万吨,增长8.48%。全年全市供用电总体基本平衡。全社会用电量244.93亿千瓦时,增长3.96%,其中工业用电量214.41亿千瓦时,增长2.85%。至年末,有江阴滨江热电有限公司、江阴市凯育热电公司、江阴兴澄钢铁有限公司二热电分厂、江苏双良科技有限公司热电分厂、江苏红柳集团自备电厂、江阴民达热电有限公司等12个列入市热电整合计划的电力生产企业关停。

【电力用户安全管理】 2016年,江阴市全面推开争创“五星级电力用户”活动。争创活动自开展以来,企业安全用电理念、用电规范化程度显著增强,有43个单位被评为“五星级电力用户”,94个单位被评为“四星级电力用户”,58个单位被评为“三星级电力用户”,形成“政府主导、供电服务、企业执行”的“三位一体”电力管理新格局,全市电网和用户安全管理水平明显提升。

【电力平衡管理】 2016年,根据江苏省、无锡市经信委统一部署,江阴市按40.7万千瓦时电力缺口编制有序用电错避峰方案(其中有序用电方案安排限电负荷26.6万千瓦时,电力供应应急预案增加安排限电14.1万千瓦时)。方案按照省、无锡市确定的分级预警原则和各地区网供最高负荷、用电量占比情况,分解到各地区,维护了正常的供用电秩序,确保了电网安全稳定运行。

(陈 佳)

■类目编辑 李孜渊

开放型经济

综　述

【概况】 2016年，江阴市抓住新一轮产业布局调整等重大机遇，积极引进和培育先进制造业、现代服务业新业态，通过存量优化、增量提升，实现开放型经济优化转型，外资、外贸、外经和服务外包稳步增长。全年完成工商登记协议注册外资7.88亿美元，到位注册外资10.55亿美元，到位外资数列全省同类城市之首。年内，利用国际、国内两种资源、两个市场，实施“稳外贸、促增长”战略，完成进出口总额199.93亿美元，其中出口额119.75亿美元、进口额80.18亿美元。按人民币计，完成进出口额1319.25亿元，增长4.2%。其中出口790.03亿元，增长2.3%；进口529.22亿元，增长7.2%。新批境外投资项目36项，中方协议投资额超8亿美元，比上年增长17.57%。完成服务外包业务合同额20.05亿美元，增长14.38%；服务外包业务执行额16.28亿美元，增长4.47%。离岸业务合同额9.98亿美元，增长18.52%；离岸业务执行额6.4亿美元，下降13.2%。是年，加快发展跨境电子商务和外经服务平台，推广上海自贸区贸易便利化措施和经验，全市获批江苏省农村电子商务示范村1个、江苏省电子商务示范企业4个、江苏省电子商务示范园区1个，新增无锡市电子商务示范园区1个、无锡市电子商务示范企业8个。

【2016年江阴经贸合作洽谈会】 2016年9月20日，江阴经贸合作洽谈会在江阴大剧院举行，来自美国、德国、瑞典、韩国、日本、新加坡等20多个国家和地区500余个企业和机构的600余名客商参加洽谈会。该届经贸洽谈会突出“产业强市”主体地位，以“创新转型、产业强市、开放包容、合作共赢”为主题，签约项目65项，总投资784.1亿元，其中外资项目13项，总投资9.89亿美元；内资项目52项，总投资724.74亿元。签约项目涵盖电子信息、高端装备制造、新材料、新能源汽车、生物医药和节能环保产业六大类12个重点领域，其中制造业项目46项，总投资557.43亿元；服务业项目19项，总投资226.67亿元。

【江阴十佳外商投资企业】 2016年，江阴市外商投资企业主动融入国家开放战略和全球产业分工体系，不断推进信息化和工业化、制造业和服务业深度融合，积极培育进出口平台和产业示范基地，加快发展新产业、新技术、新业态和新模式，全面提升转型升级新动能，构筑区域竞争新优势。是年，十佳外商投资企业完成自营出口17.13亿美元，实现开票销售收入1092.68亿元，上缴税金56.2亿元。

2016年江阴市十佳外商投资企业一览

表16

名　称	开票销售收入(万元)	上缴税金(万元)	自营出口(万美元)
中信泰富特钢集团有限公司	3855749	128640	47691
江苏扬子江船业集团公司	1247637	107153	83749
江阴利港发电股份有限公司	1566232	100243	0
远景能源(江苏)有限公司	1225286	64494	332
中国贝卡尔特钢帘线有限公司	959312	56642	12918
瀚宇博德科技(江阴)有限公司	334189	37489	10233
见龙国际贸易有限公司	1160739	13226	51

续表 16

名　　称	开票销售收入(万元)	上缴税金(万元)	自营出口(万美元)
华中融资租赁有限公司	206783	26945	0
帝斯曼工程塑料(江苏)有限公司	264502	13127	8752
阿法拉伐(江阴)设备制造有限公司	106385	14078	7598

对外贸易

【概况】 2016年,面对国内外严峻形势和大宗商品价格下跌等影响,江阴市实施"抢市场、挖存量、添增量、增后劲"等稳外贸策略,及时兑现各级稳外贸扶持政策,加大对造船、光伏、化纤、电子新材料等重点行业、重点出口企业扶持力度,鼓励和支持企业不断开拓国际市场,拓展外贸业务,推动在外地出口的外贸业务、外地子公司报关出口业务回归江阴。全年完成进出口199.93亿美元,比上年下降2.1%。其中出口119.75亿美元,下降3.8%;进口80.18亿美元,增长0.7%。按人民币计,完成进出口1319.25亿元,增长4.2%。其中出口790.03亿元,增长2.3%;进口529.22亿元,增长7.2%。一般贸易进出口135.53亿美元,增长9.02%,占比67.79%,比上年提升6.58个百分点,其中一般贸易出口、进口分别为77.55亿美元和57.99亿美元,分别增长6.38%和12.76%;加工贸易进出口57.67亿美元,下降20.22%,占比28.85%,比上年下降6.74个百分点,其中加工贸易出口41.43亿美元、进口16.24亿美元,分别下降18.41%、24.47%。是年,市商务局积极落实境外参展、先进技术装备进口、外贸服务平台建设、应对国际贸易摩擦等政策扶持,对重点外贸企业实行"一企一策",不断优化融资、风险防控、跨境电子商务、免费培训、沟通联络等平台建设,全年发放中小微企业信贷风险补偿资金84笔2.72亿元。江阴云蝠服饰有限公司洛杉矶仓库被认定为江苏省首批跨境电子商务公共海外仓试点。

【外贸出口结构】 2016年,江阴市加快外贸转型升级,推动产能过剩企业或在江阴发展受限企业到境外设立窗口、建立加工基地或转移过剩产能,带动纺织服装、冶金等优势产业赴境外投资发展,促进出口业务持续增长。纺织服装、服饰业完成出口交货值72.81亿元,造纸及纸制品业9.03亿元,印刷及记录媒介复制业5209万元,化学原料和化学制品制造业41.05亿元,化学纤维制造业109.12亿元,橡胶及塑料制品业13.55亿元,非金属矿物制品业4.25亿元,黑色金属和有色金属冶炼及压延加工业96.97亿元,金属制品业36.39亿元,通用设备和专用设备制造业27.75亿元。全年纺织服装、钢铁、船舶、电子信息、化工、光伏、风能七大类出口商品完成出口82.86亿美元,占全市出口的69.19%,比上年下降6.77%。其中纺织服装产品出口30.61亿美元,比上年增长2.76%;钢铁产品出口19.62亿美元,下降0.97%;船舶产品出口

2016年江阴市出口超亿美元镇(街道)一览

表 17　　　　单位:万美元

名　　称	出口额	比上年增减(%)
周庄镇	144598	-5.28
澄江街道	100551	-3.25
华士镇	86671	2.92
徐霞客镇	67510	20.97
祝塘镇	45947	10.72
顾山镇	44041	2.76
云亭街道	39309	10.54
新桥镇	29767	-2.74
青阳镇	18547	9.02
长泾镇	16086	-3.39
月城镇	10486	-0.08

2016年江阴市十大机电出口企业一览

表 18　　　　单位:万美元

名　　称	出口实绩	比上年增减(%)
江苏天晨船舶进出口有限公司	66580	-30.97
中船澄西船舶修造有限公司	65635	-27.47
江苏长电科技股份有限公司	58437	13.51
江苏扬子江船厂有限公司	17169	-35.98
江苏爱康科技股份有限公司	16301	7.4
江阴长电先进封装有限公司	13779	-5.72
中建材浚鑫科技股份有限公司	13400	2.43
江苏吉鑫风能科技股份有限公司	10970	-2.37
瀚宇博德科技(江阴)有限公司	10233	-5.63
阿法拉伐(江阴)设备制造有限公司	7588	-7.92

13.79亿美元,下降31.52%;电子信息产品出口8.21亿美元,增长4.22%;化工产品出口4.72亿美元,增长1.79;光伏产品出口3.63亿美元,下降23.07%;风能产品出口2.28亿美元,增长19.64%。是年,受船舶出口紧缩等影响,机电产品及高新技术产品等出口萎缩。全年机电产品出口50.16亿美元,下降10.04%,占全市出口总额的41.89%,比上年下降3.03个百分点;高新技术产品出口16.23亿美元,比上年下降2.06%。全市51个出口品牌企业完成出口42.17亿美元,占全市出口的35.22%。江苏省江阴服装基地(国家外贸转型升级专业示范基地)、江苏江阴合金合成新材料基地(江苏省科技兴贸出口创新基地)、江苏省面料出口基地完成出口30.59亿美元,占全市出口的25.54%,其中江苏省江阴服装基地出口11.91亿美元,比上年增长4.2%,高出全省服装出口平均增幅的6.9个百分点。

【外贸经营主体】 2016年,江阴市落实稳外贸、稳增长各项政策,激发企业出口积极性,引导企业不断开拓国际市场,全年新增外贸经营资格备案企业577个,累计达5600个。有进出口实绩企业2180个,比上年增加121个;有进出口超千万美元企业235个,其中出口超千万美元企业184个。年内,全市外商投资企业完成进出口额78.17亿美元,其中出口49.22亿美元,分别占全市进出口的39.1%和出口的41.1%;内资企业完成进出口121.76亿美元,其中出口70.53亿美元,分别占全市进出口的60.9%和出口的58.9%。民营企业进出口实现稳步增长,完成进出口101.14亿美元,其中出口56.37亿美元,分别占全市进出口的50.59%和出口的47.07%。是年,江阴市出口30强企业完成进出口109.73亿美元,比上年下降7.43%,其中出口68.77亿美元,下降10.84%。全市有进出口超亿美元企业集团29个,出口超亿美元企业集团22个,其中江苏三房巷集团有限公司以进出口22.71亿美元的业绩列全市进出口企业第一位,江苏扬子江船业集团公司以出口8.37亿美元的业绩列全市出口企业第一位。江苏三房巷集团有限公司、江苏省华贸进出口有限公司、江苏海伦石化有限公司、江苏天晨船舶进出口有限公司、江阴兴澄特种钢铁有限公司、江苏长电科技股份有限公司跻身"2015年中国进出口500强企业",其中江苏三房巷集团有限公司、江苏省华贸进出口有限公司分列第198位和第287位。在"2015年中国民营进出口500强企业"排名中,江阴有5个企业入选,其中江苏省华贸进出口有限公司、江苏天晨船舶进出口有限公司分列第30位和第32位。

【国际市场开拓】 2016年,江阴市抢抓自贸区战略发展机遇,主动对接国家战略和区域产业布局,鼓励企业主动参与产业链重构和全球产业链垂直融合,在"一带一路"*沿线国家集聚发展,不断扩大外贸增长空间。全年相继组织企业参加中国进出口商品交易会、中国华东进出口商品交易会和日本大阪展等展会,落实展位267个,全市进出口市场达198个国家和地区,其中出口超千万美元市场77个,新增进出口实绩市场8个,有出口增长市场97个。是年,江阴市对东盟市场出口20.67亿美元,比上年增长1.51%;对美国市场出口18.72亿美元,增长0.14%;对欧盟市场出口17.27亿美元,增长0.71%;对韩国市场出口7.05亿美元,增长19.87%。

2016年江阴市十大外贸出口企业一览

表19　　单位:万美元

名　称	出口实绩	比上年增减(%)
江苏扬子江船业集团有限公司	83749	-32.06
江苏三房巷集团有限公司	79126	-4.67
江苏新潮科技集团有限公司	72845	3.81
中船澄西船舶修造有限公司	65636	-27.47
江阴兴澄特种钢铁有限公司	47691	-12.57
法尔胜泓昇集团有限公司	29327	-7.9
江苏红柳床单有限公司	26003	12.61
江阴福汇纺织有限公司	22026	10.52
江苏爱康科技股份有限公司	17305	8.25
江阴澄星实业集团有限公司	17061	3.83

2016年江阴市十大民营出口企业一览

表20　　单位:万美元

名　称	出口实绩	比上年增减(%)
江苏天晨船舶进出口有限公司	66580	-30.97
江苏长电科技股份有限公司	58438	13.51
江阴澄星国际贸易有限公司	17060	3.83
江阴市华宏化纤有限公司	11750	-18.78
江苏吉鑫风能科技股份有限公司	10970	-2.37
江阴海润太阳能电力有限公司	7490	-59.01
江苏润达光伏科技有限公司	6670	25.03
江苏顺卓贸易有限公司	5874	343.14
江阴市恒润环锻有限公司	5590	31.38
无锡航工机械制造有限公司	5549	111.55

利用外资和对外经济合作

【概况】 2016年,江阴市充分挖掘交通和区位优势,主动对接国家战略和区域产业布局,招引承接重大基地型物流中心、航运中枢、进出口基地等项目,提升利用外资和对外经济合作新路径,推动外资外经等要素和资源跨区域集聚和融合,建设长江经济带产业高地和“一带一路”关键节点城市。全年新批外资项目31项,其中超1000万美元项目15项,超3000万美元项目11项。工商登记协议注册外资7.88亿美元,到位注册外资10.55亿美元,其中各镇(街道)到位注册外资3.47亿美元,完成年计划的172.75%,比上年增长3.8%。是年,鼓励企业探索境外合作方式,支持钢铁、纺织服装等传统产业向海外转移,提升产业竞争和服务外包能力。全年新增服务外包企业10个,入库企业数244个。江阴职业技术学院被评为省级服务外包人才培训基地,有2个企业获商务部服务外包扶持资金521万元、4个企业获江苏省服务外包扶持资金180万元。瀚宇博德江阴(科技)有限公司被江苏省商务厅认定为江苏省第六批跨国公司地区总部。

【引资结构优化】 2016年,江阴市深化产业链招商引资,突出以企引企、以外引外,加强高端领域、重点项目对接合作,不断创新政府、外资及社会资本合作模式,总投资1亿美元的卡姆丹克羿飞储能技术项目落户江阴,属国家重点发展的中国制造2025关键技术装备项目,列江阴市转型发展重点外资项目,协议注册外资3060万美元。是年,引资结构向新能源、新材料、新一代信息技术、生物医药、节能环保等战略性新兴产业倾斜,企业增资扩股、海外融资取得新突破。江阴兴澄特种钢铁有限公司增资6亿美元,协议注册外资9894万美元;江苏爱康科技股份有限公司增资4.98亿美元,协议注册外资5055万美元;光大环保能源(江阴)有限公司增资8894万美元,协议注册外资2967万美元。江苏骏辉光电科技有限公司通过韩国上市融资,利用外资2170万美元;无锡泰科纳米新材料有限公司利用韩国上市回流资金,利用外资2750万美元。全年新批服务业利用外资项目19项,协议注册外资1.49亿美元,到位注册外资1.02亿美元,服务业利用外资占全市到位注册外资的9.6%。

2016年江阴市十大新批外商投资项目一览

表21　　单位:万美元

名　　称	协议注册外资(含溢价)
中全联金银珠宝产业发展项目	7999.2
江阴市美一天品牌管理项目	5000
江苏光汉科技项目	3300
卡姆丹克羿飞储能技术项目	3060
江阴申桦密封科技项目	3003.5
江阴纳德隆物流项目	2000
江苏路宝仕石化科技项目	1470
江阴禧真设计项目	1200
江阴瑞威能源科技项目	1000
江苏智通诚贸易有限公司	1000

2016年江阴市十大新批服务业利用外资项目一览

表22　　单位:万美元

名　　称	投资总额	注册资本	协议注册外资
江阴市美一天品牌管理项目	9980	5000	5000
江阴纳德隆物流项目	3500	2000	2000
江苏路宝仕石化科技项目	9000	3000	1470
江阴禧真设计项目	1200	1200	1200
江阴市科盛光伏发电项目	1000	1000	1000
江苏智通诚贸易项目	1200	1000	1000
江阴瑞威能源科技项目	2500	1000	1000
江苏正文企业管理项目	2000	1000	1000
江阴兑圭贸易项目	1200	800	800
无锡均安纳米新材料项目	386.72	386.72	386.72

【境外投资与经济合作】 2016年,江阴市积极对接“一带一路”战略,加强国际产能合作,新批境外投资项目36项,中方协议投资额超8亿美元,完成年计划114.6%,比上年增长17.57%,其中对“一带一路”沿线国家投资项目6项,涉及泰国、缅甸、匈牙利等6个国家和地区,中方协议投资额4.06亿美元,占全市对外投资总额的50.75%。是年,境外投资与经济合作呈投资重点项目增长、产能合作进一步扩大和生物医药等高新技术产业兴盛等特点。全年新增中方协议投资额超千万美元项目16项,投资总额7.54亿美元,占各类投资比例的94.25%,其中江南模塑科技股份有限公司在美国设立名华美国股份有限公司,与美国宝马汽车公司配套生产汽车零部件等,总投资5000万美元。江苏阳光股份有限公司设立阳光埃塞俄比亚毛纺织染有限公司,总投资9.8亿美元,一期投资3.5亿美元;江阴市恒炅国际贸易有限公司斥资2200万美元在安哥拉设立钢铁工厂,江阴钢铁、纺织等优势产业逐步向“一带一路”沿线国家和地区转移。江阴金泰克生物技术有限公司和江阴市兴联投资有限公司分别在泰国和美国投资口腔医疗器械和制药行业;江阴金润投资有限公司并购成立天龙创业有限公司,主要开发呼气诊断早期肺癌和胃癌的医疗器械装置,并在世界范围推广。　　(何志敏)

■类目编辑　延克俭

开发区建设

综　述

【概况】 2016年1月18日，在江阴市第十六届人大五次会议上，江阴市委、市政府提出各开发园区的主要任务是：坚持增量扩容与结构优化同步推进，加大产业项目投入，积极培育先进制造业产业集群，推动冶金、化工、机械制造、纺织服装等传统产业生产方式向柔性、智能、精细转变，重点培育新能源、新材料、新一代信息技术、生物医药、节能环保等战略性新兴产业，促进物联网、大数据等产业化，不断提升园区发展水平和质量。年内，江阴高新技术产业开发区（简称江阴高新区）不断增强苏南国家自主创新示范区辐射效应，积极培育创新型产业集群，促进重大科技成果加速转化，加快建设创新驱动发展的先行区；临港经济开发区提高长江岸线综合利用水平，推动区港联动和产城融合，不断推进综合保税区等平台建设，加速建设江阴进出口贸易基地和长三角地区功能性港口；江阴—靖江工业园区完善联动开发体制机制，做大临江主导产业集群，加快引进一批重大产业项目，推动园区发展再创新优势；各镇（街道）工业集中区加快特色化发展步伐，不断提升开发利用效率，促进和增强各集中区对镇域经济的带动作用。至年末，江阴高新区、临港经济开发区和靖江工业园区完成地区生产总值1203.19亿元，其中服务业增加值462.71亿元；一般公共预算收入81.13亿元，进出口总额120.93亿元（不含靖江工业园区）。完成全部工业总产值2628.19亿元，其中规模以上工业产值2508.83亿元；限额以上批零业销售收入1177.72亿元，批零住宿餐饮业销售额30.76亿元。完成固定资产投资514.59亿元，其中工业投入298.48亿元、服务业投入216.1亿元、政府性投资及安置房建设114.71亿元。

（朱亚丽　钱海英　毛　璧）

【苏南国家自主创新示范区建设】 2016年，江阴高新区根据江阴市委、市政府关于苏南国家自主创新示范区建设战略部署，编制完成《江阴高新区"十三五"科技发展规划》，制定出台《江阴高新区创新型产业集群发展专项资金企业技术创新类四大专项补助资金实施办法》，鼓励企业加大研发投入，加快建设"一城三区五园"（滨江科技城，扬子江科技金融总部园区、御龙湾科技创业社区和城南大学科教园区，特钢新材料及金属制品科技产业园、新能源汽车关键零部件科技产业园、传感网集成电路科技产业园、生物医药科技产业园和高端智能装备科技产业园）创新格局。1月，江阴高新区科技服务中心挂牌成立，为企业技术创新和转型升级提供人才引进、科技咨询、检验检测等服务。3月，江阴金融创新服务中心投入运营，为中小微创业企业提供"一站式"金融服务。是年，加快建设江阴高新产业技术研究院，在特钢技术、金属新材料、微电子集成电路、新能源汽车关键零部件、现代中药、生物疫苗及检测试剂、医用海洋蛋白质、多肽抗感染新药等领域研发一批核心技术、前沿先导技术、产业化应用关键技术，解决产业关键共性技术难题和瓶颈。全年获江苏省苏南国家自主创新示范区建设专项补贴资金2580万元，在全省苏南国家自主创新示范区建设专项考评中位列第4位。

【青阳工业园区建设】 2016年，江阴高新区青阳工业园区围绕建设"高端服务业引领区和先进制造业集聚区"目标定位，加快推进11.8平方千米（一期）启动区开发建设，累计投入基础设施建设资金近3亿元，建成园区道路10千米，铺设管网34千米，完成绿化5.5万平方米。年内，总投资9000万元的第二过江通道南延伸段道路和总投资900万元桐安路改造工程竣工，振阳路西延伸段工程开工建设，防洪排涝工程中4条河道、1个闸站（豆腐浜闸站）完成招投标程序，江阴苏龙热电有限公司通往园区的供热管道正在加紧铺设。是年，实施"一对一"跟踪推进、"面对面"协调服务的招商引资策略，与无锡工商银行签订50亿元融资战略合作协议，先后引进和签约项目6项，其中总投资2.3亿元的冉溪环保装备项目和总投资2.5亿元的特种改装车项目启动建设；在谈项目近20项，其中总投资100亿元的华南城、总投资30亿元的协鑫区域型天然气分布式能源和总投资20亿元的吉利锂电池等重大项目正在跟踪洽谈中。

【江阴高新区获批国家“火炬”现代中药配方颗粒特色产业基地】 2016年，江阴高新区继续将现代中药配方颗粒产业作为重点发展的战略性新兴产业，制定《现代中药配方颗粒特色产业基地发展规划和实施办法》，从创新型产业发展引导基金支出5000万元用于支持现代中药配方颗粒特色产业的发展。4月，江阴高新区现代中药配方颗粒特色产业基地被科技部火炬中心核定为国家火炬现代中药配方颗粒特色产业基地。是年，建成国家级科技企业孵化器——江阴百桥生物科技孵化园，孵化面积3万平方米；省级专业生物医药加速器——江阴扬子江生物医药加速器，总面积20万平方米。开工建设江阴现代中药及生物医药科技产业园，规划面积2.23平方千米，拥有江苏省中药配方颗粒工程技术研究中心、天江中药种源研究中心、中药植物提取工程技术研究中心、中药配方颗粒检测中心等研发检测机构，培育江阴天江药业有限公司、江阴四环生物股份有限公司、江苏德和生物科技有限公司、江苏华宏医药股份有限公司等10多个孵化骨干企业，孵育江苏丰颂生物科技有限公司、江苏春申堂药业有限公司、无锡佰翱得生物科学有限公司等科技创新中小企业80多个，组建南京中医药大学江阴天江产业技术研究院，集聚各类产业高层次人才300多人、产业技术研发人员4000多人，形成以区外药材种植业—提取加工业—中药配方颗粒及保健品、化妆品相关产品—药品贸易流通业较为完整的现代中药配方颗粒特色产业链。

【江阴高新区获批国家科技服务业区域试点单位】 2016年，江阴高新区按照“集聚发展、定位明确、错位竞争、逐步开发”工作思路，制定出台《关于进一步推动高新技术产业发展和鼓励科技创新创业的实施意见》，累计投入近30亿元建设高新技术创业园、百桥国际生物科技孵化园、服务外包产业园、文化创意科技产业园、天安数码城等服务外包“三创”(创新、创造、创业)载体，建筑面积超150万平方米，拥有国家级研发平台5个、省级研发平台33个，拥有“诺贝尔奖”得主5人和国家“千人计划”*17人，建有“诺贝尔奖”得主中国研究院4所和中德、中瑞国际技术转移中心2个，科技服务涉及软件开发、设计研发、检验检测、动漫创意设计、现代中药及生物医药研发、物联网应用服务、环境工程服务及海洋工程服务等领域。3月，江阴高新区被科技部列为国家科技服务业区域试点单位，成为无锡地区唯一获此殊荣的单位。年末，拥有服务外包从业人员1.5万余人，企业150余个，完成服务外包业务额14.46亿美元、离岸外包业务额7.01亿美元，分别比上年增长8.06%和20.1%。 (朱亚丽)

江阴高新技术产业开发区

【概况】 2016年，江阴高新技术产业开发区实施“产业强市、创新驱动、改革开放、城乡统筹、绿色发展、民生优先”战略，加快推进苏南国家自主创新示范区建设，完成地区生产总值487.43亿元，比上年增长7.1%；规模以上工业产值942.94亿元，增长3.16%；公共财政预算收入34.05亿元，增长10.2%；到账外资2.97亿美元。全社会固定资产投入204.98亿元，增长10.5%，其中工业投入116.12亿元、服务业投入88.86亿元，分别增长12.2%和8.3%。年内，实施民生工程，先后拆迁农户690户、企业(小作坊)11个，拆除面积达16.2万平方米，集中安置687户1184套，实行货币安置260户。全年培训各类技能人才1265人，提供就业岗位3230个，解决本地劳动力1521人，扶持自主创业138人，困难家庭大学生就业率达100%。完成辖区内朝阳村、山源村、香山村、寿山村等28个村民小组2490人“即征即保”工作，为历次被征地农民发放保障费8023人6350万元；完成城保扩面5390人，公积金扩面2161人，新农合参保29800余人。全年发放慈善、低保、残疾人、困难家庭学生等各类补助1450余万元，建成滨江、双牌社区全民阅读公益服务点4个，举办送戏、送电影、送文艺演出等各类活动200余场。第二实验小学新教学楼竣工投用，山观第二中学、长山中心幼儿园改扩建工程有序推进，完成6个社区便民服务中心改造工程。是年，江阴高新区获批成为国家火炬现代中药配方颗粒特色产业基地、国家科技服务业区域试点单位，在全省国家级高新区综合考核中名列第7位。

【招商引项】 2016年，江阴高新区瞄准重点重大项目、产业关联项目、环保前沿型项目，实施产业链招商，先后赴北京、上海、广州、深圳、成都、西安等地与大型企业、跨国公司总部、中介机构及商会进行洽谈对接，不断拓宽招商网络。9月初，赴深圳和香港开展系列招商经贸活动，进一步推进中达银瑞江阴金创中心产业基金、天安数码城(二期)、光大控股产业投资基金和中信泰富特钢深加工产业及仓储物流、世茂热带雨林主题旅游综合体等项目。9月中旬，在江阴举办建设苏南国家自主创新示范区恳谈会，签约项目13项，其中先进制造业项目9项、现代服务业项目4项，项目涉及新能源电池、微电子集成电路、生物医药、互联网科技以及产业投资基金等多个领域，到位注册外资2.97亿美元。全年签约项目20项、报批项目14项、意向项目128项，其中兴澄特种钢材深加工项目总投资6亿美元，卡姆羿飞储能技术项目总投资1亿美元。

【主导产业发展】 2016年，江阴高新区推进创新型产业集群“532”计划(用5年时间建设3个千亿级、2个500亿级创新型产业集群)，加快发展千亿级特钢新材料及金属制品产业、千亿级新能源汽车关键零部件产业和与先进制造业相匹配的千亿级现代服务业产业集群及500亿级微电子集成电路产业、500亿级现代生物医药医疗产业等创新型产业集群。是年，先进制造产业集群拥有工业企业1084个，完成技改投入60亿元，占工业投入的52%，其中工业企业技改项目57项，总投资达110亿元；完成工业产值1046.44亿元，实现工业开票销售收入923.28亿元。以兴澄特种钢铁有限公司、法尔胜泓昇集团有限公司为主体的特钢新材料及金属制品产业集群拥有规模以上工业企业41个，年产值达781亿元，占工业总产值的49.8%，其中兴澄特种钢铁有限公司完成营业收入401.30亿元，总投资6亿美元的中特集团特钢深加工产业项目和总投资4.5亿元的中特集团总部大楼项目开工建设，被亚太质量组织授予全球卓越绩效奖；法尔胜泓昇集团有限公司被工信部列为首批60个制造业单项冠军（金属丝绳、缆领域）示范企业之一，并荣获第四届“中国工业大奖”。新能源汽车关键零部件产业集群以华欧德6AT自动变速器、国润金华新能源锂电池等一批重大项目为龙头，总投资超70亿元的华泰汽车6AT自动变速器项目进展顺利，机加线完成安装，总装线、检测线正在进行设备调试，项目达产后可实现年销售收入290亿元，上缴税收50亿元。微电子集成电路产业集群以长电科技有限公司为核心，拥有骨干企业20多个，完成开票销售收入156亿元，比上年提高3个百分点，其中长电科技有限公司自主研发的集成电路FO—ECP技术项目实现量产，并在国内集成电路封测业中率先实现自动化4.0系统化智能制造；总投资12亿美元的中芯长电3D集成芯片项目一期实现量产，形成每月2万片的（Bumping）凸块加工产能和2.5万片硅片电性能测试能力，成为国内首个14纳米凸块加工量产企业；总投资5亿美元的星科金朋（一期）项目建成投产。现代生物医药医疗产业集群以百桥生物医药孵化器、生物医药加速器等平台和天江药业有限公司为依托，完成开票销售收入70.79亿元，其中天江药业有限公司中药颗粒占国内现代中药配方颗粒产业市场销售份额的60%以上，全年完成开票销售收入17.3亿元，入库税金2.57亿元；江苏普莱医药生物技术有限公司研发的1.1－PL-5通过新药评审，获批成为国内首例进入临床的多肽抗感染创制新药。现代服务产业引进中房中融、扮美网络、小月农牧、万舜云商、巢之岛家居、享受健康科技、美克朗邦等电商项目20多项，南京大学国际商务硕士人才培养基地签约落户。全年服务产业完成服务业增加值162.42亿元，比上年增长9.96%；服务业投入88.86亿元，增长8.3%；限额以上批零贸易业完成销售额166.02亿元，增长10%；限额以上零售额6.04亿元，增长19.3%。东方广场新增注册企业173个，完成开票销售收入50亿元，上缴增值税超1000万元；天安电商产业园完成江苏省电子商务示范基地申报，企业入驻率85%。

【科技创新创业】 2016年，江阴高新区依托区域产学研合作联盟和产学研协同创新基地，加快集聚创新资源，不断提升自主创新能力，先后组织实施重点产学研合作项目20多项；新建企业研发机构19个，其中院士工作站3个、省级工程技术研究中心2个、省级企业重点实验室1个。相继建立中国海洋蛋白质产业创新联盟和贝瑞森创新医疗器械示范应用基地，获批建设江苏省博士后科研成果转化基地。新增省级高新技术企业21个，累计120个；新增省高新技术产品33个，累计150个；新增省民营科技企业16个，累计157个。组织企业申报省、市各类科技进步奖、专利奖8项，专利申请量超3000件，其中发明专利申请量1600件，万人有效发明专利拥有量65件，国际合作条约（PCT）申请量达26件。全年完成高新技术产业产值724亿元，占规模以上工业产值的77%，生物医药、服务外包、新传感网、文化创意等新兴产业实现销售收入255亿元，比上年增长12%；完成科技投入2.79亿元，其中兑付创新型产业集群发展专项资金3648.86万元；组织企业申报国家、省级以上各类科技计划104项，获批省级以上各类科技计划项目43项。加快推进高新区科技型中小企业信用风险补偿，开展科技金融合作，江阴银杏谷股权投资引导基金完成投资项目10项；加快推进“大众创业、万众创新”战略，新增省级众创空间平台1个，完成3个国家级众创空间平台申报工作。是年，制定出台《江阴高新区阿里云创业创新基地实施细则》，阿里云创业创新基地（即乐创汇）投入试运行，集聚服务机构15个，引进创业项目15项；高新技术创业园引进高层次人才86人，其中海外留学人才10人，实施各类科技创业项目89项，实现销售收入120亿元，入库税金达4.6亿元。

【重点重大项目建设】 2016年，江阴高新区以项目为中心，以效率和实绩为基本点，确立“推进落实一个大项目，激活孕育一条产业链，打造形成一片产业集群”工作目标，大力实施项目招商服务终身制、项目开工限期跟踪制、项目审批协调报告制、项目定期现场办公制等，相继推进兴澄特钢特种钢板深加工、华欧德变速器、中芯长电12英寸3D集成芯片生产基地、中南地锚新型集成智能系统、世茂御龙湾综合体等重点重大在建项目32项，总投资462.4亿元；拟建待开工项目24项，总投资440.2亿元；跟踪意向项目21项。在建项目中，有先进制造业项目21项、现代服务业项目11项，其中投资额超100亿元项目1项、超20亿元以上项目5项、超10亿元以上项目3项、超5亿元以上项目3项；竣工项目11项，其中先进制造业项目8项，现代服务业项目3项。

【生态环境建设】 2016年，江阴高新区围绕“建设国际知名产业高地，滨江山水科技新城”工作定位，进一步完善《蟠龙山生态公园设计方案》及《江阴高新区苏南国家自主创新示范区空间布局规划》，委托江苏省城市规划设计研究院启动《江阴滨江科技城高校科教院概念规划》编制设计。凤蟠路、凤凰山大道延伸段、白沙港西侧等道路竣工验收，山观西桥改造通车，东石桥改建工程基本完成；环山路、龙踞巷路等新建道路完成绿化种植，双牌景观河和东苑、西苑广场绿化工程投入使用，新增绿化面积13.8万平方米。全年改造停车位2250个，完成7个老小区天然气管道安装工程。是年，启动实施水环境综合整治三年行动计划，开工建设江虹河清淤、寿山村截洪沟一期工程，关停畜禽养殖场11个；完成34项建设项目环评预审、20项建设项目“三同时”（同时设计、同时施工、同时投产）验收，对12个不锈钢酸洗企业实施专项整治；组建网络化环境监管体系，辖区内28个企业IC（集成电路）卡系统正常运转率达90%以上，39个企业涉及放射源和射线装置使用正常，37个环境风险源企业完成环境事故应急预案编制和风险等级评定工作。江阴清泉水处理有限公司新建1万吨污水调节池和3000吨中水回用设施,中石油江苏燃料沥青有限责任公司改建油气回收设施,江阴福汇纺织有限公司完成电厂渣场封闭改造。全年削减化学需氧量103.2吨、氨氮7.3吨,淘汰10蒸吨/小时以下燃煤小锅炉2台。12月,江阴高新区循环化改造项目通过省级验收。 (朱亚丽)

江阴临港经济开发区

【概况】 2016年,江阴临港经济开发区按照“建设竞争力一流的国际化开放园区”总体目标,以改革统揽全局,全面开启“二次创业”新征程,完成地区生产总值632.15亿元,比上年增长5.7%;一般公共预算收入40.63亿元,工业开票销售收入1255.98亿元,服务业开票销售收入2054.49亿元;规模以上工业企业产值1445.1亿元,增长6.8%;固定资产投资294.5亿元,其中工业投入174亿元、服务业投入120.47亿元。限额以上批发零售业完成销售收入930.47亿元,增长12.4%;限额以上批零住餐业完成经营额20.54亿元,增长17%;进出口总额443.38亿元,增长8.5%;到位注册外资3.8亿美元,增长15.2%。是年,江阴临港经济开发区被省委、省政府评为江苏省先进开发区,江阴保税物流中心获批成为国家综合保税区,新能源产业园、机械装备产业园、江阴软件园分别建成江苏省科技产业园、江苏省高端装备制造业特色产业基地和江苏省创业孵化基地。

【港口发展】 2016年,江阴临港经济开发区抢抓港口发展新机遇,制定完善融入长江经济带建设专项发展规划,加强对接“海上丝路”沿线港口和城市的经贸合作。全年江阴港完成集装箱吞吐量48万标箱,江阴重箱33万标箱。新增集装箱航线1条,累计集装箱航线达52条,航班密度为每周112班;新增件杂货航线1条,累计件杂货公共班轮航线16条,业务覆盖日本、韩国及东南亚国家等的主要港口。年内,依托进出口食品查验场所、进口食品指定储存场所专有资质,与世界上100多个国家和地区的600多个港口建立通航关系,先后引进德国啤酒、巴西黄鱼、西班牙橄榄油、日本饮用水等高端消费品,推动港口仓储、跨境电子商务通关实现新突破。江阴港获批成为中国进出口商品流通示范基地。是年,江阴长江港口综合物流园区加快建设区域物流、交易、结算、产业、总部中心集群,完成开票销售收入850亿元、入库税金5.75亿元。

【城乡建设】 2016年,江阴临港经济开发区按照“国际化、现代化、生态化、精品化”要求,加快实施道路、安置房、绿化、污水管网、水利设施、环境综合整治等128项城乡建设工程,先后完成新港小区、明珠花园、兴港小区基础设施建设,改造和建设龙港路北段、润华路等道路7条,夏港实验小学、西石桥社区卫生服务中心改扩建工程主体竣工,新增朱家湾公园等绿化面积7.5万平方米,建成东支工业园、江市园区等13.8千米污水管网和7座污水提升泵站。年内,签约落户恒天文化旅游综合体、韩国连锁美容中心、雅康跨境电商等一批城市功能配套项目,推动五洲国际二期、黄冈博学世纪城等项目建设,加快绿色建筑、清洁环保技术的应用与推广。是年,出台《江阴临港经济开发区关于集体土地住宅房屋拆迁市场化安置办法实施意见(试行)》,交付安置房3046套,在建港欣花园(二期)、朱家湾花园(一期)等安置房27.8万平方米,商品房认购230套。

【国家综合保税区建设】 2016年1月14日,国务院批复同意设立江阴综合保税区,规划面积3.6平方千米,为国家对外开放的政策功能区及内陆地区具有保税港区功能的海关特殊监管区域。保税区域实行封闭管理,享受现行综合保税区相关税收和外汇管理政策。除法律、法规和现行政策另有规定外,境外货物入区实行保税或免税;货物出区进入境内区外销售,按货物进口的有关规定办理报关手续,并按货物实际状态征税;境内区外货物入区视同出口,实行退税;区内企业之间的货物交易免征增值税和消费税。是年,江阴综合保税区根据海关总署《海关特殊监管区域基础和监管设施验收标准》,启动实施国家综保区建设“300天行动计划”,相继推进进出特殊区域卡口、通道和监管设施、信息化系统和联检大楼改造、设备添置改造等基础设施建设,推动保税物流、保税加工、口岸物流、保税服务等业务发展。全年完成监管货值25.12亿美元、报关单量2.15万票,形成工业装备出口集货中心、卫浴洁具组装出口中心、进口消费品分拨配送中心、太阳能组件出口集货中心、客车零部件进口配送中心6个特色物流基地。

【招商引项】 2016年,江阴临港经济开发区围绕金属新材料、新能源、

2016年,江阴港完成集装箱吞吐量48万标箱。图为苏南国际集装箱码头
(江阴临港经济开发区提供)

机械装备、石化新材料、现代港口物流和文化创意产业，实施产业链招商和全球化招商战略，相继赴北京、上海、深圳等国内各大城市及境外重点地区开展系列招商活动，全力引进引领型、基地型、龙头型、旗舰型项目和新技术、新产品、新兴产业项目，不断提升投资有效性和精准性。全年批准进区企业1161个，其中新增外资企业19个，有超1000万美元以上项目11项，到位注册外资3.8亿美元。4月25日，与南京理工大学签署合作办学协议，建设南京理工大学中法工程师学院。8月10日，全国乐器标准化技术委员会手风琴工作组签约落户，主要负责手风琴领域内国家标准、行业标准制定和修订工作，构建适应国内、面向国际的手风琴技术标准体系；9月20日，举行江阴经贸合作洽谈会临港经济开发区项目签约仪式，签约项目45项，总投资460亿元，项目涵盖先进制造业、现代服务业、高新技术产业等领域，其中沃特玛新能源汽车项目投资额超100亿元，中天能源分布式发电、中智科技绿色云仓等5项项目超10亿元；10月26日，江阴市绿色船舶产业技术研究院在中船澄西船舶修造有限公司成立，主要依托现有国家认定的企业技术中心、江苏省工程技术中心、江苏省重点研发机构、江苏省高新技术企业等新型研发机构，整合国内外先进的绿色船舶产业技术创新资源，开展技术创新、成果转化、项目孵化、人才培养和公共技术服务等工作，建设成为国内外有影响力的绿色船舶产业技术创新和服务中心，推动船舶及海工装备产业转型升级。全年江阴临港经济开发区在谈项目132项，拟建项目53项。

【主导产业发展】 2016年，江阴临港经济开发区出台《关于加快产业强区建设的若干政策意见》，突出特色产业、转型升级、科技创新、资本运作、重大项目招引，加速形成石化、风电光伏、新能源汽车、港口物流等千亿级特色产业集聚，推动产业结构向中高端发展。4月27日，金一黄金艺术品交易中心挂牌上线，主要整合制造业、互联网、金融、文化产业等优质资源，为传统贵金属打造"互联网+文化+金融+科技"交易服务载体，推动贵金属产业集聚发展；7月8日，总投资80亿元的恒天文化旅游综合体项目落户开发区，主要建设以奥特莱斯大型购物中心为主体的商业旅游综合体及集健康养老、文化娱乐等于一体的国际型休闲旅游产业；11月1日，江阴华联罗森食品加工总部园开工建设，项目涵盖食品加工、中央厨房、仓储物流及电子商务等，构建一体化物流配送网络、O2O（Online To Offline，线上到线下）电商平台等立体式供应链新格局，推动生产性服务业和生活性服务业协同发展；11月16日，海上风电73+叶片在艾尔姆江阴公司实现量产，产品专为海上风电场设计，叶片风速为每小时329千米。是年，临港经济开发区加速威兹曼金属、方艾机器人等工业4.0产业发展，推进远景智慧能源产业园研究院、江阴智慧船舶产业研究院和界达特异研发中心建设，新增院士工作站2个，开展产学研合作项目20项，制定国家产业标准1项、修订行业标准2项，获授权专利1099件，万人有效发明专利27.4件。

【重点重大项目建设】 2016年，江阴临港经济开发区开展"双服务"（服务企业、服务基层）和"双推进"（推进重点项目、重点工程）活动，推动重点重大项目快审批、快落地、快建设、快产出。全年实施重点重大项目22项，总投资204.11亿元；竣工重点重大产业项目21项，总投资35.26亿元。是年，加快5号码头二期、3号码头内港池、长洋码头等大型专业码头泊位和大型港口仓储项目建设，增强对上游港口辐射、分拨、喂给等功能，提高港口运输能力；启动国家综合保税区一期桥梁、隧道、道路、卡口、围网、信息化等重点工程建设，形成港口区联动、水运衔接、产业发展的综合性保税区。中国建材集团三新产业园暨1.5吉瓦铜铟镓硒薄膜太阳能项目、华联罗森总部园等22项项目开工建设，普洛斯工业物流、联合物流码头、常隆新能源客车等40项项目正在加快建设，申达烟膜等28项项目竣工。

【社会事业】 2016年，江阴临港经济开发区围绕民生事业可持续、可复制、可感知的工作目标，加快坊前路西延段等8条道路、金江花苑（四期）等6项安置房项目及服务中心改扩建等民生工程建设，推动法国迪卡侬等商业服务项目签约落户和开工建设。全年举办大型招聘会4场，解决本地劳动力就业7364人，新增城镇职工养老保险6853人，新型农业合作医疗保险、被征地农民基本生活保障覆盖率均达100%，完成民生投入5亿元。是年，举办第九届璜土葡萄节和"文化走基层、服务进万家"等活动，长江村被中国村社发展促进会特色村工作委员会、"名村影响力"研究评价课题组等授予"中国十大国际名村"称号。临港经济开发区便民服务中心开设公安出入境窗口，服务项目增至46类97项，全年受理各类便民事项94946件，办结率100%。 （钱海英）

江苏江阴—靖江工业园区

【概况】 2016年，江苏江阴—靖江工业园区面对复杂严峻的宏观经济形势和不断加大的经济下行压力，主动适应经济发展新常态，积极抢抓经济发展新机遇，突出产业发展、项目建设、载体优化、民生改善等工作重点，稳增长、促创新，逐步保持经济运行稳中有进、项目建设有序推进、发展载体持续优化、民生改善不断加强，园区经济社会呈平稳发展态势。全年完成规模以上工业生产总值120.79亿元，地区生产总值83.62亿元。一般公共预算收入6.45亿元，比上年增长12.8%；固定资产投入15.11亿元，增长3.8%，其中工业投入8.33亿元，增长6.1%；服务业投入6.78亿元，增长1.1%。限额以上企业零售额4.18亿元，增长0.4%。是年，发挥和利用靖江岸线作用，完成货物吞吐量1575.6万吨，增长22.3%，其中内贸吞吐量1491.2万吨，增长20.3%；外贸吞吐量84.4万吨，增长75.5%。

【招商引项】 2016年，江阴—靖江工业园区坚持招大选强引优与引资、引技、引智相结合，先后赴北京、深圳、上海、台湾等地区及阿联酋、新加坡等国家开展经贸洽谈活动，并组团参加靖江市中韩产业创新合

2016年,总投资3.1亿美元的大明综合项目一期工程建成投产,图为大明重工项目厂区　(靖江工业园区党政办提供)

作对接周活动、全国先进材料应用及加工技术研讨会和江苏省台商经贸交流活动,参加泰州市泰台经贸交流合作峰会暨项目签约大会,推进电子线路板和油欣精机、中央商务区(CBD)、威加诺和中建海外钢结构及海工装备等项目。9月20日,举办江苏江阴—靖江工业园区产业发展恳谈会,签约项目10项,总投资超105亿元。是年,累计引进"三个一批"项目(在建一批、拟建一批、重点意向一批)55项,总投资253.69亿元,其中在建项目8项,总投资35.26亿元;拟建项目9项,总投资28.56亿元;意向项目38项,总投资189.87亿元。全年新批工商注册企业80个,到位注册外资1.05亿美元。

【主导产业发展】 2016年,江阴—靖江工业园区做大做强造船、重钢结构和冶金装备等主导产业,加快发展以造船业为特色的高端装备产业和以船舶、海工为核心的钢结构产业,不断提升船舶及配件产业层次,扩大高精钢结构、桥梁钢结构产业规模,提高特钢、冶金产业发展水平,建设国际知名的重钢结构产业基地和中国民营造船业基地,逐步形成"特色冶金—机电—汽车零部件—特色车辆"、"特色冶金—钢结构—船舶修造"产业链和船舶、汽配、冶金、机电、重钢结构五大特色主导产业。年内,江苏扬子江船业集团公司推行精度造船、数字造船,造船生产能力和规模列中国造船业10强企业,全年造船订单额44亿美元,接持订单量列中国第一、全球第四;中建钢构江苏有限公司加快对接长江经济带和"一带一路"*战略,完成科技攻关项目28项,获国家专利17项、省部级以上质量控制(QC)成果13项、各类科技荣誉11项;大明重工有限公司参与国家固定式压力容器技术标准修订,获起重机械安装维修许可A级资质,业务涵盖船舶制造配套、液压容器、航空航天等领域,并进军风电法兰行业;中铁建康远新材料有限公司加快推动科技强企战略,不断提高自主研发能力,新研制的385千米/小时高速铁路高强高导承力索、接触线达国际领先水平。是年,靖江工业园区获批成为苏中合作共建园区,被评为长三角最强中国制造产业集聚区。

【重点重大项目建设】 2016年,江阴—靖江工业园区坚持以大项目带动大投资,以大投资推动大发展,加强在建项目竣工、签约项目开工、意向项目签约和信息项目跟踪等考核管理,简化审批手续,优化办事流程,促进各类项目早落地、早建成、早投产、早收益。全年推进重点重大项目25项,其中在建项目4项:分别为总投资1.5亿美元的大明金属科技项目、总投资2500万美元的中力机械项目、总投资1000万美元的东方能源润滑油仓储项目和总投资2亿元的电子交易平台项目;拟建项目9项:分别为总投资5亿元的中建钢构新型建筑钢结构项目、总投资9900万美元的光汉科技项目、总投资18亿元的绿色建筑产业园项目、总投资7988万美元的高精管件深加工项目、总投资1.5亿元的中建钢构国家级检测中心项目、总投资1000万美元的润滑油仓储配套项目、总投资10亿元的大明港务项目、总投资10亿元的大明压力容器项目和总投资5.5亿元的双江能源综合项目;重点意向项目12项,总投资达35.15亿元。

【社会事业】 2016年,江阴—靖江工业园区按照"竞争力强、集约度高、配套性好"要求,不断完善园区基础设施,提升园区功能配套能力,相继完成《江阴—靖江工业园区港口控制性详细规划》编制工作和靖江城市周边基本农田划定工作,并严格项目规划选址、用地和工程审批,有序开发和利用港口岸线资源。全年基础设施投入1.17亿元,先后完成三圩路、联心路、滨江路至溢馨苑小区段改造工程,总投资5000万元的滨江学校园区分校投入运行,滨江一路联泰南路路灯亮化工程启动建设,溢馨苑安置区续建工程竣工,拆迁六圩村、四圩村等农户304户9.1万平方米。　(毛　璧)

■类目编辑　延克俭

阵容变化

【概况】 2016年,市企业上市工作领导小组积极贯彻落实市委、市政府全力重塑“江阴板块”新优势的要求,抢抓国内资本市场上市“窗口期”,攻坚克难,主动作为,实现上市挂牌工作重大突破。年内,中国晶体新材料控股有限公司(江阴市友佳珠光云母有限公司)、中国金典集团有限公司(江苏雪豹日化有限公司)、江苏广信感光新材料股份有限公司等7个企业成功上市。江苏振江新能源装备股份有限公司,江阴市电工合金股份有限公司2个企业的首次公开发行股票(IPO)申报材料被证监会正式受理,排队待审。江阴中达软塑新材料股份有限公司、江苏奥派交通装备股份有限公司、江苏阳生生物股份有限公司等20个企业正式在全国中小企业股份转让系统成功挂牌;江阴天力重科安装股份有限公司的挂牌申报材料被全国中小企业股份转让系统正式受理。至年末,全市有42个上市公司,境内上市27个,其中主板16个,中小板7个,创业板4个;境外上市15个。“新三板”挂牌企业44个。

【“中晶新材”】 2016年1月28日,中国晶体新材料控股有限公司(江阴市友佳珠光云母有限公司)在韩国证券交易所成功上市,股票代码为A900250。公司主营业务为云母系列产品生产制造。

【“中达软塑”】 2016年2月22日,江阴中达软塑新材料股份有限公司在全国中小企业股份转让系统正式挂牌,股票代码为835905。公司主营业务为双向拉伸聚丙烯薄膜(BOPP薄膜)的研发、生产和销售。

【“奥派装备”】 2016年3月18日,江苏奥派交通装备股份有限公司在全国中小企业股份转让系统正式挂牌,股票代码为836234。公司主营业务为汽车零部件、动车司机室集成部件、BC类零件、改性高分子材料等的开发与制造。

【“翔龙科技”】 2016年4月19日,无锡翔龙环球科技股份有限公司在全国中小企业股份转让系统正式挂牌,股票代码为836809。公司主营业务为环境保护专用设备、冶金专用设备、金属弯管、金属结构件、锅炉及其配件、压力容器的研发、制造、加工。

【“阳生生物”】 2016年4月27日,江苏阳生生物工程股份有限公司在全国中小企业股份转让系统正式挂牌,股票代码为836959。公司主营业务为生物工程技术及产品的研究、开发及相关的技术服务。

【“无锡协力”】 2016年5月12日,无锡市协力新能源股份有限公司在全国中小企业股份转让系统正式挂牌,股票代码为837185。公司主营业务为设计、生产、销售各种太阳能光伏组件的产品。

【“赛英电子”】 2016年5月24日,江阴市赛英电子股份有限公司在全国中小企业股份转让系统正式挂牌,股票代码为837559。公司主营业务为大功率半导体器件用陶瓷管壳及组件的研发、生产和销售。

【“圣华盾”】 2016年5月26日,圣华盾防护科技股份有限公司在全国中小企业股份转让系统正式挂牌,股票代码为837643。公司主营业务为防护服、特殊处理纺织棉面料制服装的研发生产销售。

【“安凯特”】 2016年5月27日,江苏安凯特科技股份有限公司在全国中小企业股份转让系统正式挂牌,股票代码为837590。公司主营业务为电解槽的升级改造,电解槽、电极和相关零配件的研发、生产和销售。

【“秋林特能”】 2016年5月30日,江苏秋林特能装备股份有限公司在全国中小企业股份转让系统正式挂牌,股票代码为837587。公司主营业务为能源行业的特种设备研发、设计、生产、销售及安装。

【“中国金典”】 2016年7月8日,中国金典集团有限公司(江苏雪豹日化有限公司)在香港证券交易所创业板成功上市,股票代码为08281。公司主营业务为日用化工产品生产。

【“同发股份”】 2016年8月3日,江苏同发新能源股份有限公司在全国中小企业股份转让系统正式挂牌,股票代码为838450。公司主营业务为设计、生产、销售各种太阳能光伏组件;高精极太阳能电池板铝边框和太阳能支架。

【“金牡丹”】 2016年8月5日,江苏金牡丹装饰工程股份有限公司在全国中小企业股份转让系统正式挂牌牌,股票代码为838604。公司主营业务为各类建筑装饰工程的承接。

【"江特股份"】 2016年8月10日,江特科技股份有限公司在全国中小企业股份转让系统正式挂牌,股票代码为838639。公司主营业务为新型塑料管道的生产、运营、服务。

【"慧居科技"】 2016年8月17日,慧居科技股份有限公司在全国中小企业股份转让系统正式挂牌,股票代码为839023。公司主营业务为热能的运营管理及相关配套服务。

【"广信材料"】 2016年8月30日,江苏广信感光新材料股份有限公司在深圳证券交易所创业板成功上市,股票代码为300537。公司主营业务为感光新材料的研发、开发;印刷线路板用及相关产业用抗蚀感光油墨、感光阻焊油墨及光固化涂料的开发、生产。

【"精亚洁净"】 2016年8月31日,江苏精亚洁净工程股份有限公司在全国中小企业股份转让系统正式挂牌,股票代码为838614。公司主营业务为空气净化工程专业承包;机电设备安装工程专业承包;承装(修、试)电力设施;电气机械及器材、环境保护专用设备的销售。

【"江阴银行"】 2016年9月1日,江苏江阴农村商业银行股份有限公司在深圳证券交易所中小板成功上市,股票代码为002807。公司主营业务为公司银行业务、个人银行业务及资金业务。

2016年9月2日,江苏江阴农村商业银行股份有限公司首发上市

(市金融办提供)

【"江凌股份"】 2016年9月5日,江苏江凌测控科技股份有限公司在全国中小企业股份转让系统正式挂牌,股票代码为838722。公司主营业务为工业自动控制系统装置的研究、开发、制造;机械设备的安装服务。

【"宏裕科技"】 2016年10月25日,宏裕科技股份有限公司(江阴通利光电科技有限公司)在韩国证券交易所成功上市,股票代码为A900290。公司主营业务为精密涂布功能性新材料和高分子薄膜材料的研发、生产、销售。

【"神宇股份"】 2016年11月8日,神宇通信科技股份公司在深圳证券交易所创业板成功上市,股票代码为300563。公司主营业务为通信技术的推广服务;高温高频线缆的生产、销售;金丝材、银丝材、铜线材的加工;通信器材(不含无线电发射装置及卫星电视广播地面接收设施)、金属材料、纺织原料、建材、塑料制品的销售。

【"华钢网络"】 2016年11月8日,江苏华钢网络科技股份有限公司在全国中小企业股份转让系统正式挂牌,股票代码为839865。公司主营业务为提供商情信息,并配以各种方式辅助客户进行贸易,创造价值。

【"江苏中基"】 2016年11月14日,江苏中基复合材料股份有限公司在全国中小企业股份转让系统正式挂牌,股票代码为838748。公司主营业务为高精度铝箔的研发、生产和销售。

【"力博医药"】 2016年11月24日,江苏力博医药生物技术股份有限公司在全国中小企业股份转让系统正式挂牌,股票代码为839732。公司主营业务为血型血清学体外诊断试剂及设备的研发、生产、销售和服务。

【"苏利股份"】 2016年12月14日,江苏苏利精细化工股份有限公司在上海证券交易所成功上市,股票代码为603585。公司主营业务为精细化工产品、医药、医药中间体及农药的技术研发、技术咨询、技术转让。

【"云峰科技"】 2016年12月23日,江苏云峰科技股份有限公司在全国中小企业股份转让系统成功挂牌,股票代码为870364。公司主营业务为高压开关和高压成套设备的研发、制造、销售和技术服务。

【"博阳智电"】 2016年12月27日,江苏博阳智慧电气股份有限公司收到全国中小企业股份转让系统同意挂牌函,股票代码为870499。公司主营业务为工业自动化控制系统、电气控制系统、数字化排水信息管理平台的研发、生产、销售。

国内上市公司动态

【概况】 2016年,江阴市企业抓住IPO审核速度加快的利好机遇,全年有4个企业A股上市,江阴国内上市企业数量扩容至27个。27个国内上市公司严格按照中国证券监督管理委员会、省证监局等监管部门的相关文件要求,规范发展企业,提高公司市值,树立企业良好形象。全年江阴A股上市企业通过首次公开发行股份募集资金20.48亿元,通过增发股票、发行债券等多种方式从资本市场再融资90.1亿元,借力资本市场,实现企业跨越式发展。

【"保千里"】 2016年1月22日,江苏保千里科技集团股份有限公司召开第七届董事会第十八次会议,审议通过《关于〈公司非公开发行股票预案(修订稿)〉的议案》:拟非公开发行募集资金总额不超过198880.37万元,主要用于投资汽车主动安全系统全网建设项目、商用显示系列产品建设项目、"手机打令"(保千里电子推出的一款集合远距离夜视、手机充电、高容量存储、

APP连动等功能的高科技产品)产业化项目、云端大数据服务系统建设项目、研发中心建设项目。3月9日,公司2015年非公开发行A股股票申请获得证监会发审委审核通过。3月21日,公司召开2015年度股东大会,审议通过《关于公司2015年年度报告及摘要的议案》《关于公司2015年度董事会工作报告的议案》。审议通过《关于公司2015年度利润分配预案的议案》:公司于2015年度完成重大资产重组,属于实施反向收购借壳上市的公司,2015年度公司合并报表实现净利润37347.54万元。由于重大资产重组完成后,新上市公司主体全额承继原上市公司主体存在的未弥补亏损,截至报告期末母公司报表可供普通股股东分配的利润为-89642.18万元。鉴于母公司可供普通股股东分配的利润为负,根据规定,2015年度公司不实施利润分配、不进行公积金转增股本。6月21日,公司发布公告:公司收到中国证券监督管理委员会出具的《关于核准江苏保千里视像科技集团股份有限公司非公开发行股票的批复》,核准公司非公开发行不超过152984900股新股。10月13日,公司召开2016年度第五次临时股东大会,审议通过《关于购买深圳市小豆科技有限公司100%股权的议案》:拟以自有资金3.9亿元购买深圳市小豆科技有限公司100%股权。12月3日,公司发布公告:公司于12月2日完成12亿元公司债券非公开发行,此次发行的公司债为3年期固定利率债券,票面利率为6%,债券面值100元,按面值平价发行。

【"澄星股份"】 2016年5月20日,江苏澄星磷化工股份有限公司召开2015年度股东大会,审议通过《2015年度董事会工作报告》《2015年年度报告及摘要》。审议通过《2015年度利润分配预案》:拟向全体股东每10股派发0.15元现金红利(含税);2015年度不送股,资本公积金不转增股本。

【"江苏阳光"】 2016年3月15日,江苏阳光股份有限公司发布关于控股股东终止此次重大事项暨复牌公告:公司股票于2016年3月7日起停牌,2016年3月14日,公司接阳光集团通知:在停牌期间,阳光集团积极推进重大事项的相关工作,组织中介机构对标的公司进行尽职调查,该标的公司属于通信服务行业,由于在与相关方磋商和沟通中,最终未能就公司收购标的的资产价格等实质条款达成一致意见,为此,经审慎研究,阳光集团决定终止筹划此次重大事项。经公司申请,公司股票于2016年3月15日复牌。4月25日,公司召开2016年度第二次临时股东大会,审议通过《关于投资设立子公司的议案》:2016年4月6日,江苏阳光股份有限公司和全资子公司江苏阳光呢绒服饰销售有限公司签订《共同出资协议》,拟在埃塞俄比亚设立子公司阳光埃塞俄比亚毛纺织染有限公司,投资总额为3.5亿美元,注册资本500万美元,母公司出资99%,江苏阳光呢绒服饰销售有限公司出资1%。5月11日,公司召开2015年年度股东大会,审议通过《公司2015年度董事会工作报告》《公司2015年年度报告及其摘要》。审议通过《公司2015年度利润分配及资本公积金转增股本的预案》:2015年度不分配不转增。5月25日,公司发布为控股股东提供担保的公告:此次公司为控股股东江苏阳光集团担保金额为2亿元,截至公告日,公司实际累计为阳光集团的担保余额为5亿元,公司对外担保累计余额为5.35亿元(其中公司为控股子公司担保累计余额为3500万元)。

【"海澜之家"】 2016年2月27日,海澜之家股份有限公司发布关于董事及高级管理人员增持公司股份计划的公告:基于对公司未来发展前景的信心以及对公司内在价值的认可,公司董事长周建平、董事兼总经理顾东升、董事赵方伟、董事周立宸、董事兼财务总监钱亚萍、董事兼董事会秘书、副总经理许庆华计划自2016年3月1日起6个月内,在遵守中国证券监督管理委员会和上海证券交易所相关规定的前提下,在公司股价不超过13元/股的范围内,通过二级市场购买方式增持公司股份(股份种类为A股),集体增持股份数量合计不低于3000万股不超过1亿股,增持所需资金为自筹资金。上述参与增持的相关董事及高级管理人员承诺,在此次增持计划实施期间及增持计划实施完毕后6个月内不减持此次增持的公司股份。5月17日,公司召开2015年度股东大会,审议通过《公司2015年度利润分配及资本公积金转增股本的预案》:拟向全体股东每10股派发现金红利3.3元(含税),共计1482610114.92元;2015年度不进行资本公积金转增股本。5月26日,公司发布公告:公司于5月25日收到股东国星集团减持股份通知,国星集团于2015年6月15日至2016年5月24日期间,通过上海证券交易所大宗交易系统累计减持公司无限售流通股71800000股,约占公司总股本的1.6%;此次减持后,国星集团持有公司无限售流通股224353846股,约占公司总股本的4.99%。

【"三房巷"】 2016年2月26日,江苏三房巷实业股份有限公司发布关于2015年度利润分配预案的预披露公告:拟按公司未来实施2015年度利润分配方案时股权登记日的总股本为基数,公司分配的现金红利总额与当年归属于上市公司股东的净利润之比不低于30%;同时以资本公积金向全体股东每10股票转让增15股。4月29日,公司发布关于控股股东签订《财务顾问服务协议》的公告:此次协议的签订是公司控股股东江苏三房巷集团有限公司和无关联第三方蝶彩资产管理(上海)股份有限公司主要是基于三房巷集团层面的合作。协议拟由三房巷集团以折价转让5%公司股份支付财务顾问服务费用,具体金额及付款方式双方另行协商。5月10日,公司召开2015年度股东大会,审议通过《2015年度董事会工作报告》《2015年年度报告及其摘要》。审议通过《2015年度利润分配及资本公积金转增股本方案》:拟向全体股东每10股派发现金红利0.2元(含税),共派发现金红利6377953.84元;同时以资本公积金向全体股东每10股票转让增15股,转增后总股本为797244230股。6

月24日,公司召开第八届董事会第七次会议,审议通过《关于与关联方确定互保额度的议案》:同意公司(含子公司)与三房巷集团及其关联方提供不超过6亿元的互相担保,有效期为自股东大会审议通过之日起二年。

【"海润光伏"】 2016年1月22日,江阴海润光伏科技股份有限公司发布公告:公司近日收到中国国际经济贸易仲裁委员会于2016年1月18日签发的《关于(2016)中国贸仲京字第001999号仲裁通知》:申请人(联合光伏)请求仲裁庭裁决被申请人(海润光伏)向申请人返还已向被申请人支付的预付5亿港元及利息3750万港元;申请人请求仲裁庭裁决被申请人赔偿因其违约行为给申请人造成的损失2亿港元(暂估);申请人请求仲裁庭裁决被申请人承担本案仲裁费用以及申请人因提起本案仲裁请求而发生的所有费用,包括但不限于律师费、差旅费等。2月17日,公司召开2016年第三次临时股东大会决议公告,审议通过《关于为全资子公司江阴海润太阳能电力有限公司提供担保的议案》:公司拟为全资子公司江阴海润太阳能电力有限公司向无锡光大银行申请的4500万元流动资金贷款、银票和贸易融资提供连带责任保证,担保期限为1年。2月26日,公司召开第六届董事会第七次(临时)会议,审议通过《关于为全资子公司海润光伏(上海)有限公司提供担保的议案》:为满足全资子公司海润光伏(上海)有限公司日常生产经营的资金需求,公司拟为其向招商银行奉贤支行申请的5000万元流动资金贷款、银票、信用证和保函等综合授信提供连带责任保证,担保期限为2年。3月21日,公司召开第六届董事会第八次(临时)会议,审议通过《关于调整公司非公开发行A股股票方案的议案》:此次非公开发行股票的发行价格为2.7元/股,发行价格不低于2.05元/股;此次非公开发行股票拟募集资金总额为不超过20亿元(含发行费用),该募集资金在扣除发行费用后用于收购源源水务(中国)有限公司100%股权及并网光伏电站建设项目。4月30日,公司发布停牌提示性公告:4月29日,上海证券交易所同意撤销对公司股票实施的退市风险警示,公司股票于2016年5月3日停牌一天,将于5月4日起复牌并撤销退市风险警示。公司股票复牌后,股票简称将从"*ST海润"变更为"海润光伏",股票代码600401不变,公司股票交易的日涨跌幅限制由5%变更为10%。5月13日,公司召开2015年年度股东大会,审议通过《关于公司2015年度董事会工作报告的议案》《关于公司2015年年度报告及其摘要的议案》。审议通过《关于公司2015年度利润分配预案》:不分配,不转增股本。审议通过《关于为全资子公司Hareon Solar Power Private Limited提供担保的议案》:公司拟为Hareon Solar Power Private Limited向Punjab National Bank(印度旁遮普国家银行)申请的120650万印度卢比(约合人民币11800万元)的流动资金贷款等综合授信提供连带责任保证,担保期限为7.5年,此次担保不存在反担保;截至公告日,公司及全资子公司累计对外担保额为461398.21万元。8月1日,公司召开2016年度第六次临时股东大会,审议通过《关于调整公司非公开发行A股股票方案的议案》:公司拟非公开发行A股,募集资金总额不超过20亿元,募投项目调整为收购华君电力(中国)有限公司100%股权及并网光伏电站建设项目。11月2日,公司召开2016年度第九次临时股东大会,审议通过《关于公司及全资子公司与中国信达资产管理股份有限公司江苏省分公司签署债务重组协议的议案》:中国信达资产管理股份有限公司江苏省分公司拟协议受让江阴鑫辉太阳能有限公司对江阴海润光伏科技股份有限公司享有的38336.14万元应收款债权,作价38200万元。审议通过《关于拟投资设立股权投资基金暨关联交易的议案》:公司拟参与投资华君海润医养健康股权投资基金(有限合伙),公司作为劣后级投资人(LP2)拟认缴金额5亿元,占总认缴金额的10%。

【"双良节能"】 2016年5月18日,江苏双良节能系统股份有限公司召开2015年度股东大会,审议通过《2015年度董事会工作报告》《关于2015年度报告及其摘要》。审议通过《2015年度利润分配预案》:拟向全体股东每10股派发现金红利1元(含税),共计分配利润162049580.8元;公司2015年度不送红股,不转增股本。5月21日,公司发布关于"12双良节"跟踪信用评级结果公告:评级机构鹏元在对公司经营状况及相关行业情况进行综合分析与评估的基础上,于2016年5月18日出具《双良节能系统股份有限公司2012年公司债券2016年跟踪信用评级报告》,此次公司主体长期信用等级维持为AA,评级展望维持稳定,"12双良节"的信用等级维持AA。

【"长电科技"】 2016年3月3日,江苏长电科技股份有限公司召开2016年度第一次临时股东大会,审议通过《关于公司重大资产重组继续停牌的议案》:经申请,公司股票自2016年3月8日起继续停牌,停牌时间预计不超过2个月。4月21日,公司召开2016年度第二次临时股东大会,审议通过《关于公司公开发行公司债券发行方案的议案》:此次拟发行的公司债券票面总额为不超过11亿元(含11亿元),期限不超过5年(含5年),扣除发行费用后,此次发行公司债券的募集资金拟用于偿还公司债务、补充流动资金。5月11日,公司发布2015年度第一期非公开定向债务融资工具到期兑付的公告:公司于2015年10月30日发行2015年度第一期非公开定向债务融资工具"15长电科技PPN001",发行总额为4亿元,期限为180天,每张面值为100元,发行利率为4.5%,附息固定。于2016年5月3日兑付上述非公开定向债务融资工具本息,合计4.09亿元。5月20日,公司召开2015年度股东大会,审议通过《关于公司2015年度利润分配的预案》:拟每10股派发现金红利0.1元(含税),共分配10359148.11元;2015年度不转增股本,不送红股。审议通过《关于公司发行股份购买资产并募集配套资金暨关联交易的议案》:公司拟以发行股份的方式购买产业基金持有的苏州长电新科投资有限公司29.41%的股权、苏州长电新朋投资有限公司22.73%的股权,购买芯电半导体持有的长电新科19.61%的股权。经双方协商,此次交易价格为66400万元,交易完成后,公司将持有长电新科100%股权及长电新朋100%股权,从而间接持有星科新朋100%股权。同时,公司拟进行配套融资,募集配套资金总额不超过265500万元,将用于星科新朋eWLB(内嵌式晶圆级球栅阵列)先进封装产能扩张及配套测试服务项目、偿还银行贷款和补充上市公司流动资金,其中偿还银行贷款和补充公司流动资金比例不超过募集配套资金金额的50%。8月5日,公司发布公告:公司决定向证监会申请中止发行股份购买资产并募集配套资金事项的审核。8月6日,公司发布公告:截至2016年6月30日,上市公司为控股子公司累积担保余额为333350.05万元,无对外担保。9月30日,公司发布公告:公司于2016年9月29日收到证监会出具的《中国证券监督管理委员会行政许可项目审查一次反馈意见通知书》,公司发行股份购买资产并募集配套资金事项进入一次反馈阶段。12月12日,公司发布关于《中国证券监督管理委员会行政许可项目审查一次反馈意见通知书》的回复。

【"江南水务"】 2016年1月19日,江苏江南水务股份有限公司发布公告:公司于2016年1月18日收到中国证券监督管理委员会出具的《关于核准江苏江南水务股份有限公司公开发行可转换公司债券的批复》,批复核准公司向社会公开发行面值总额76000万元可转换公司债券,期限6年,该批复自核准发行之日起6个月内有效。2月24日,公司召开第五届董事会第六次会议,审议通过《关于〈实际控制人及控股股东关于2015年利润分配及资本公积金转增股本预案的提议〉的议案》:以截至2015年12月31日公司股本总数为基数,以不少于2015年实现的可分配利润的30%进行现金分红(含税),同时以资本公积金向全体股东每10股票转让增10股。3月16日,公司发布公开发行可转换公司债券发行公告:公司公开发行可转换公司债券已获得证监会证监许可核准。此次发行7.6亿元可转债,每张面值为100元,共760万张,合76万手,按面值发行;此次发行可转债的债券代码为"113010",债券简称为"江南转债";此次发行的江南转债向发行人在股权登记日收市后登记在册的原A股股东实行优先配售,原A股股东优先配售后余额部分(含原A股股东放弃优先配售部分)采用网下对机构投资者配售和通过上海证券交易所(以下简称"上交所")交易系统网上定价发行相结合的方式进行,认购不足7.6亿元的部分由主承销商包销。5月10日,公司召开2015年度股东大会,审议通过《2015年度董事会报告》《2015年度报告及其摘要》。审议通过《关于公司2015年度利润分配及资本公积金转增股本的预案》:拟向全体股东每股派发现金红利0.18元(含税),共派发现金红利84168000元;同时以资本公积金向全体股东每10股票转让增10股,共转增467600000股,转增后公司股本总额935200000股。5月24日,公司发布关于公司高管减持通过信托计划持有公司股份的公告:截至2016年5月23日,信托计划在上海证券交易所二级市场系统减持所持有的公司股份1331366股,成交均价为19.71元,减持后公司高管将不再通过信托计划持有公司股份。6月7日,公司发布关于可转债转股价格调整的公告:由原来的19元/股调整为9.41元/股。

【"吉鑫科技"】 2016年5月12日,江苏吉鑫风能科技股份有限公司召开2015年度股东大会,审议通过《2015年度董事会工作报告》《2015年度报告及其摘要的议案》。审议通过《2015年度利润分配及资本公积金转增股本预案》:拟向全体股东每10股派发现金红利0.15元(含税),共计派发现金1487.64万元;2015年度不转增股本。11月12日,公司召开第三届董事会第十五次会议,审议通过《江苏吉鑫风能科技股份有限公司关于拟发起设立风电产业基金的议案》:公司拟与上海舟领投资管理有限公司共同发起设立产业基金及基金管理公司,公司持有基金管理公司51%股权,"上海舟领"持有49%股权,产业基金将委托基金管理公司作为基金管理人,负责基金的日常业务;基金初期募集目标为3.03亿元,其中公司作为有限合伙人出资认购1亿元。

【"四环生物"】 2016年4月27日,江苏四环生物股份有限公司召开第七届董事会第十八次会议,审议通过《2015年度报告及其摘要》《2015年度董事会工作报告》。审议通过《2015年度利润分配预案》:该年度不分配利润,不转增股本。

【"友利控股"】 2016年1月11日,江苏友利投资控股股份有限公司发布公告:公司于2015年12月2日向中国证券监督管理委员会报送《关于撤回江苏友利投资控股股份有限公司重大资产重组申请文件的申请》,申请撤回申请材料。公司于2016年1月8日收到中国证券监督管理委员会《中国证券监督管理委员会行政许可申请终止审查通知书》,证监会决定终止对该行政许可申请的审查。4月27日,公司召开第九届董事会第二十三次会议,审议通过《关于对全资子公司江阴友利投资管理有限公司增资的议案》:拟以自有资金30000万元对江阴友利投资管理有限公司进行增资。审议通过《关于对全资子公司江阴友利氨纶科技有限公司增资的议案》:拟以自有资金40000万元对江阴友利氨纶科技有限公司进行增资。6月22日,公司召开2015年度股东大会,审议通过《公司2015年年度报告全文和摘要》《2015年度公司董事会工作报告》。审议通过《公司2015年度利润分配预案》:不分配现金红利,不送红股,不以资本公积金转增股本。11月12日,公司发布公告:公司控股股东双良科技与无锡哲方哈工智能机器人投资企业(有限合伙)、无锡联创人工智能投资企业(有限合伙)于2016年11月9日签署《关于购买江苏友利投资控股股份有限公司股份之框架协议》,双良科技此次拟向无锡哲方、无锡联创转让其持有的友利控股183383978股可流通A股股份,占友利控股总股本的29.9%,作价32.4

亿元。11 月 30 日，公司召开 2016 年第二次临时股东大会，审议通过《关于转让四川华亨数码通讯有限公司 100% 股权的议案》《关于控股子公司转让四川信利汇数码有限公司 100% 股权的议案》《关于控股子公司转让四川拓兴杰数码通讯有限公司 100% 股权的议案》。

【“模塑科技”】 2016 年 3 月 18 日，江南模塑科技股份有限公司召开 2016 年第一次临时股东大会，审议通过《关于设立无锡明心心脏病救助基金会的议案》。5 月 26 日，公司召开 2015 年度股东大会，审议通过《2015 年度董事会工作报告》《2015 年度报告及其摘要》。审议通过《2015 年度利润分配预案》：拟向全体股东每 10 股派发现金红利 1 元（含税），同时以资本公积金向全体股东每 10 股票转让增 10 股，共计派发 35860395.1 元。6 月 18 日，公司召开 2016 年第二次临时股东大会，审议通过《关于公司公开发行 A 股可转换公司债券发行方案的议案》：此次拟发行总额不超过 9 亿元的可转债，发行的可转债每张面值为 100 元，存续期限为自发行之日起 6 年，募集资金拟投项目为墨西哥塑化汽车饰件建设项目、美国塑化汽车饰件建设项目。9 月 21 日，公司召开第九届董事会第十五次会议，审议通过《关于调整公司公开发行 A 股可转换公司债券发行方案的议案》：此次可转债发行规模调整为不超过 81366 万元。

【“法尔胜”】 2016 年 1 月 20 日，江苏法尔胜股份有限公司发布公告：公司于 2016 年 1 月 19 日收到中国证券监督管理委员会《关于不予核准江苏法尔胜股份有限公司向江苏华西集团公司等发行股份购买资产并募集配套资金的决定》的书面文件。3 月 29 日，公司发布关于控股股东名称变更公告：公司于近日接到控股股东江苏法尔胜泓昇集团书面通知，为满足业务发展需要，经江阴市市场监督管理局核准，其企业名称由“江苏法尔胜泓昇集团有限公司”变更为“法尔胜泓昇集团有限公司”，企业名称变更的注册登记工作已办理完毕，并领取新的企业法人营业执照，控股股东除企业名称变更外，其他工商登记事项未发生变更。4 月 20 日，公司召开 2015 年度股东大会，审议通过《2015 年度报告及其摘要》《2015 年度董事会工作报告》。审议通过《2015 年度利润分配预案》：拟以母公司可供股东分配的利润向全体股东按每 10 股派发现金股利 0.1 元（含税），合计派发现金股利 3796416 元，剩余未分配利润 16179947.49 元结转以后年度分配。审议通过《关于公司重大资产购买暨关联交易方案的议案》：公司拟以支付现金方式收购泓昇集团、京江资本、摩山投资合计持有的上海摩山商业保理有限公司 100% 股权；此次交易的标的资产交易价格为 12 亿元。6 月 15 日，公司召开 2016 年第一次临时股东大会，审议通过《转让江苏法尔胜特钢制品有限公司 100% 的股权》《转让江阴法尔胜金属制品有限公司 100% 的股权》《转让江苏法尔胜金属线缆销售有限公司 100% 的股权》。6 月 25 日，公司发布重大资产重组实施情况报告书：公司以支付现金方式向上海摩山商业保理有限公司所有股东（泓昇集团、京江资本、摩山投资）收购其持有的摩山保理 100% 的股权，交易对价为 12 亿元。8 月 2 日，公司召开 2016 年第二次临时股东大会，审议通过《关于对全资子公司上海摩山商业保理有限公司增资的议案》：公司拟用自有资金 2 亿元，以及摩山保理 2015 年度的未分配利润 1.35 亿元向摩山保理进行增资，增资总额 3.35 亿元，增资完成后，摩山保理注册资本由 3 亿元增加至 6.35 亿元。12 月 9 日，公司召开 2016 年第四次临时股东大会，审议通过《关于公司通过股权收益权转让及回购方式进行融资的议案》：公司与浙江浙商证券资产管理有限公司签署《股权收益权转让及回购合同》等协议，由浙商资管设立“浙商聚金利特凯腾 8 号定向资产管理计划”，以 4.14 亿元的价格受让上海摩山商业保理有限公司 100% 股权收益权，受让期限 5 年；到期后，公司向浙商资管按照 4.14 亿元作为基础价款回购摩山保理 100% 股权收益权，并按照 7.08%/年的溢价率支付溢价款。

【“华西股份”】 2016 年 3 月 2 日，江苏华西村股份有限公司发布关于公司控股股东拟发行可交换债券的公告：公司于 2016 年 3 月 1 日收到公司控股股东江苏华西集团书面通知，华西集团拟以所持江苏华西村股份有限公司部分股票为标的向中信建投证券股份有限公司、中信建投证券设立管理的资产计划等特定对象非公开发行可交换债券。此次可交换债券拟发行期限不超过 3 年期（含 3 年），拟募集资金规模不超过 6.5 亿元（含 6.5 亿元）；在此次可交换债券的换股期内，投资者有权将其所持有的此次可交换债券交换为公司股票。3 月 24 日，公司发布 2015 年公开发行公司债券更名公告：江苏华西村股份有限公司在中国境内向合格投资者公开发行面值总额不超过 9 亿元（含 9 亿元）的公司债券已于 2015 年 11 月 16 日获得中国证券监督管理委员会证监许可。此次债券名称由“江苏华西村股份有限公司 2015 年面向合格投资者公开发行公司债券”变更为“江苏华西村股份有限公司 2016 年面向合格投资者公开发行公司债券”；此次债券分期发行，首期债券简称确定为“16 华西 01”。3 月 28 日，公司发布 2016 年公开发行公司债券（第一期）票面利率公告：根据网下向机构投资者询价结果，经发行人和保荐机构（主承销商）充分协商和审慎判断，最终确定第一期债券票面利率为 5.3%。3 月 30 日，公司发布 2016 年公开发行公司债券（第一期）发行结果公告：第一期债券发行规模 5 亿元，为 5 年期固定利率债券，附第 3 年末发行人上调票面利率选择权和投资者回售选择权，发行价格为每张 100 元，采取网下面向机构投资者询价配售的方式发行。最终网下实际发行数量为 5 亿元，占第一期债券发行总量的 100%。4 月 7 日，公司召开 2015 年度股东大会，审议通过《2015 年度利润分配预案》：拟向全体股东每 10 股派 0.3 元现金（含税）。4 月 29 日，公司召开第六届董事会第十六次会议，审议通过《关于调整股票期权激励计划行权价格的议案》：对授予股票期权的行权价格进行调整，由8.09元/股调整至8.06元/股。5月18日,公司发布2016年公开发行公司债券(第二期)发行结果公告:第二期债券发行规模4亿元,为5年期固定利率债券,票面利率为5.38%,附第3年末发行人上调票面利率选择权和投资者回售选择权,发行价格为每张100元,采取网下面向机构投资者询价配售的方式发行。6月21日,公司召开第六届董事会第二十次会议,审议通过《关于全资子公司江阴华西村资本有限公司认购浙江稠州商业银行股份有限公司增发的32600万股股份的议案》:公司全资子公司华西资本拟以现金126488万元认购浙江稠州商业银行股份有限公司增发的32600万股股份(占增发后注册资本的9.62%)。8月10日,公司召开2016年第二次临时股东大会,审议通过《关于调整公司2016年度非公开发行股票方案的议案》:拟非公开发行股份,募集资金不超过13亿元,用于认购稠州银行增发的3.26亿股股份,认购主体为全资子公司华西资本。9月22日,公司发布公告:公司2016年非公开发行公司债券(第一期)于2016年9月完成发行,债券简称"16华西F1"、债券代码"118849"、发行规模为3亿元、票面利率为6.5%、期限为3年。11月3日,公司召开2016年第三次临时股东大会,审议通过《关于调整公司2016年度非公开发行股票方案的议案》:拟非公开发行不超过142796460股股份,募集资金总额不超过129088万元,用于认购稠州银行增发的3.26亿股股份,认购价款为126488万元。12月7日,公司召开2016年第四次临时股东大会,审议通过《关于非公开发行可交换公司债券方案的议案》:拟非公开发行以公司持有的江苏银行A股股票为可交换标的的公司债券,募集资金总额不超过12亿元,募集资金在扣除发行费用后,将用于公司偿还银行借款或补充流动资金等,期限不超过4年。

【"霞客环保"】 2016年2月24日,江苏霞客环保色纺股份有限公司发布关于公司股票交易撤销退市风险警示的公告:公司股票交易自2016年2月25日开市时起撤销其他风险警示和退市风险警示;股票简称由"*ST霞客"变更为"霞客环保";证券代码不变,仍为"002015";股票交易日涨跌幅限制由5%变为10%。2月26日,公司召开2015年度股东大会,审议通过《公司2015年度利润分配预案》:2015年度不向股东分配股利,也不进行资本公积转增股本。3月30日,公司召开2016年第二次临时股东大会,审议通过《关于公司发行股份购买资产并募集配套资金暨关联交易方案的议案(修订)》:公司拟向上海其辰投资管理有限公司非公开发行A股股份,购买上海其辰持有的协鑫智慧能源(苏州)有限公司100%股权,经协商,双方一致同意该标的资产的交易价格为450000万元。4月16日,公司发布关于收到《中国证券监督管理委员会行政许可申请受理通知书》的公告:公司于2016年4月15日收到中国证券监督管理委员会出具的《中国证券监督管理委员会行政许可申请受理通知书》,决定对该行政许可申请予以受理。7月5日,公司发布关于协鑫智慧能源(苏州)有限公司获批发行公司债券的公告:协鑫智慧能源(苏州)有限公司于6月30日完成5亿元规模的公司债券非公开发行,票面利率为5.1%。12月12日,公司召开第五届董事会第三十二次会议,审议通过《关于公司重整投资人延长承诺补偿期限的议案》。

【"中南文化"】 2016年4月13日,江阴中南重工股份有限公司召开2016年第四次临时股东大会,审议通过《关于变更公司名称及证券简称的议案》:拟将公司名称由江阴中南重工股份有限公司变更为中南红文化集团股份有限公司。为使公司证券简称与公司名称保持一致,公司拟将证券简称由"中南重工"变更为"中南红",公司证券代码"002445"保持不变。4月21日,公司发布关于重大资产重组事项获得中国证券监督管理委员会核准批复的公告:核准公司向钟德平发行17422357股股份、向朱亚琦发行4765010股股份,向珠海广发信德奥飞产业投资基金一期(有限合伙)发行2669776股股份购买相关资产;核准公司非公开发行不超过38157895股新股募集此次发行股份购买资产的配套资金;该批复自下发之日起12个月内有效。5月10日,公司发布关于公司名称变更完成的公告:为适应公司未来发展规划及经营发展需要,将公司名称变更为中南红文化集团股份有限公司,无锡市工商行政管理局于2016年5月5日核准通过公司名称变更事项,并核发新的营业执照。5月13日,公司发布关于第二大股东股份转让完成的公告:3月28日,公司第二大股东中植资本管理有限公司与北京中融鼎新投资管理有限公司签署《股份转让协议》,中植资本将其持有的母公司94434748股股份(占公司股份总数的12.78%)转让给中融鼎新,双方经协商确定每股票转让价格为20.23元,转让价款总计1910414952.04元。转让完成后,中融鼎新成为公司的第二大股东,共持有公司股份94434748股,占比12.78%;中植资本不再持有公司股份,其子公司常州京控资本管理有限公司尚持有公司40756824股股份,占比5.52%;其一致行动人北京嘉诚资本投资管理有限公司尚持有公司12035544股股份,占比1.63%。5月17日,公司召开2015年度股东大会,审议通过《关于公司2015年度利润分配预案的议案》:拟向全体股东每10股派发现金红利0.1元(含税),预计共计派发现金红利7387665.96元(含税);此次分配不送红股,不转增股本。5月31日,公司发布关于公司证券简称变更公告:公司证券简称由"中南重工"变更为"中南文化",证券代码仍为"002445"。6月14日,公司发布2016年面向合格投资者公开发行公司债券发行结果公告:该期债券实际发行规模为6亿元,最终票面利率为7.5%。10月17日,公司召开2016年第十次临时股东大会,审议通过《关于公司发行股份及支付现金购买资产并募集配套资金方案的议案》:公司拟通过发行股份及支付现金相结合的方式,购买代志立、李经伟、符志斌及樟树市浩基投资管理中心(有限合伙)、西藏泰富文化传媒有限公司持有的上海极光网络科技有限公司90%股权,交易标的作价6.68亿元,并拟发行股份募集配套资金4.01亿。

【"百川股份"】 2016年4月22日,无锡百川化工股份有限公司召开2015年度股东大会,审议通过《关于公司2015年度报告及其摘要的议案》《关于公司2015年度董事会工作报告的议案》。审议通过《关于公司2015年度利润分配方案》:公司拟以2015年末总股本47412万股为基数,向全体股东每10股派发现金股利1元(含税),合计需向全体股东派发现金红利47412000元;此次分配公司不送红股,不以资本公积转增股本。4月28日,公司召开2016年第一次临时股东大会,审议通过《关于公司非公开发行股票方案的议案》:此次拟非公开发行股票的数量合计不超过7955.44万股,发行价格不低于7.63元/股;此次非公开发行股票拟募集资金总额不超过60700万元。11月18日,公司发布公告:公司于2016年11月17日收到证监会出具的《中国证券监督管理委员会行政许可申请受理通知书》,证监会对公司提交的《无锡百川化工股份有限公司上市公司非公开发行新股核准》行政许可申请材料进行了审查,并决定对该行政许可申请予以受理。

【"爱康科技"】 2016年1月5日,江苏爱康科技股份有限公司发布公告:公司收到中国证券监督管理委员会于2015年12月30日出具的《关于核准江苏爱康科技股份有限公司非公开发行股票的批复》,核准公司非公开发行不超过410994200股新股,该批复自核准发行之日起6个月内有效。3月17日,公司召开第二届董事会第四十四次临时会议,审议通过《关于使用募集资金置换先期投入自有资金的议案》:截至2016年2月29日,公司以自筹资金预先投入募集资金投资项目款项820166558.25元。3月21日,公司发布非公开发行A股股票发行情况报告暨上市公告书:公司于2016年3月完成此次非公开发行,此次非公开发行股票397715400股,发行价格为9.63元/股,募集资金总额为3829999302元,发行完成后公司总股本增加至112271.54万股,注册资本增加至112271.54万元。4月22日,公司发布关于2016年半年度利润分配预案的预披露公告:拟以资本公积金转增股本,每10股票转让增30股。5月13日,公司召开2015年度股东大会,审议通过《2015年度利润分配方案》:拟每10股分配现金1元(含税),共分配112271540元;此次利润分配不进行资本公积金转增股本。5月20日,公司召开第二届董事会第五十次临时会议,审议通过《关于使用部分闲置募集资金暂时补充流动资金的议案》:公司拟使用部分闲置募集资金65100万元暂时补充流动资金,使用期限自董事会批准之日起不超过12个月;此次使用部分闲置募集资金暂时补充流动资金预计将节约2831.85万元的财务费用。6月17日,公司召开2016年第四次临时股东大会,审议通过《关于终止实施剩余部分2014年度非公开发行股票募集资金投资项目并将剩余募集资金永久补充流动资金的议案》:同意终止剩余部分2014年度非公开发行股票募集资金投资项目,并将剩余募集资金26207.09万元(含利息)及后续变更前产生的利息永久补充公司流动资金。9月3日,公司召开第二届董事会第五十六次临时会议,审议通过《关于〈重大资产购买暨关联交易方案〉的议案》:拟通过支付现金的方式收购"爱康实业""爱康国际""钨业研究""苏州度金""天地国际"合计持有的"爱康光电"100%股权,此次交易作价9.6亿元。9月12日,公司召开2016年第五次临时股东大会,审议通过《关于2016年半年度利润分配预案的议案》:拟以2016年6月30日公司总股本1122715400股为基数,以资本公积金转增股本,每10股票转让增30股,此次利润分配不进行现金分红。10月11日,公司发布重大资产购买暨关联交易实施情况报告书:"爱康光电"100%股权于9月29日完成过户。

【"华宏科技"】 2016年5月12日,江苏华宏科技股份有限公司召开2015年度股东大会,审议通过《关于公司2015年度董事会工作报告的议案》《关于2015年度报告及其摘要的议案》。审议通过《关于公司2015年度利润分配预案的议案》:拟不派发现金红利,不送红股,不转增股本。5月18日,公司发布关于控股股东部分股权解除质押的公告:截至该公告日,江苏江阴华宏集团有限公司共计持有公司股份104067293股,占公司总股本49.69%;此次股份解除质押后,江苏江阴华宏集团有限公司质押股票64175000股,占公司总股本30.64%。

【"中泰桥梁"】 2016年1月25日,江苏中泰桥梁钢构股份有限公司召开2016年第一次临时股东大会,审议通过《关于非公开发行股票摊薄即期回报影响及公司采取措施的议案》。审议通过《关于〈江苏中泰桥梁钢构股份有限公司非公开发行A股股票预案(修订稿)〉的议案》:此次非公开发行股票的募集资金总额预计不超过17.5亿元,募集资金中的12亿元将用于高端教育产业投资项目——投资子公司北京文凯兴教育投资有限公司建设国际学校项目,剩余部分用于偿还债券本息、补充公司流动资金;此次发行对象为八大处控股、华轩基金和郑亚平共3名特定投资者。2月2日,公司发布公告:中国证券监督管理委员会发行审核委员会于2016年2月2日对公司非公开发行股票的申请进行了审核。根据审核结果,公司此次非公开发行股票的申请获得通过。5月16日,公司召开2015年度股东大会,审议通过《2015年度董事会工作报告》《2015年度报告及其摘要》《关于延长非公开发行股票股东大会决议有效期的议案》。审议通过《2015年度利润分配预案》:拟不派发现金红利,不送红股,不转增股本。6月4日,公司发布公告:公司于2016年6月3日收到中国证券监督管理委员会下发的《关于核准江苏中泰桥梁钢构股份有限公司非公开发行股票的批复》,核准公司非公开发行不超过187567000股新股,该批复自核准发行之日起6个月内有效。7月19日,公司发布公告:公司完成证监会核准的A股非公开发行，发行数量为187566987股，发行价格为9.33元/股，募集资金17.5亿元。12月2日，公司召开2016年第四次临时股东大会，审议通过《关于公司全资子公司收购北京凯文智信教育投资有限公司100%股权暨关联交易的议案》《关于公司全资子公司收购北京凯文学信体育投资管理有限公司100%股权暨关联交易的议案》。公司全资子公司北京文华学信教育投资有限公司拟分别以自有资金16520.66万元和995.56万元收购凯文智信、凯文学信各100%股权。凯文智信为北京海淀凯文学校的举办者和出资人，已拥有民办学校办学许可证。此次交易完成后，凯文智信和凯文学信将成为公司全资子公司，公司将通过凯文智信间接持有北京海淀凯文学校100%股权。

【“宝利国际”】 2016年2月27日，江苏宝利国际投资股份有限公司发布公告：公司于2015年11月24日收到中国证券监督管理委员会《调查通知书》，因公司涉嫌违反证券法律法规，根据《中华人民共和国证券法》的有关规定，中国证券监督管理委员会决定对公司立案调查。截至公告发布日，公司尚未收到中国证券监督管理委员会的最终调查结论。5月24日，公司召开2015年度股东大会，审议通过《2015年度报告全文》《2015年度董事会工作报告》《关于公司2015年度不进行利润分配的议案》。6月13日，公司召开第三届董事会第二十六次会议，审议通过《关于终止公司非公开发行股票事项的议案》。7月21日，公司召开第三届董事会第二十七次会议，审议通过《关于公司全资子公司受让江苏华宇通用航空有限公司95.45%股权及11163.90万元债权的议案》《关于为全资子公司提供连带责任担保的议案》。

【“海达股份”】 2016年2月26日，江阴海达橡塑股份有限公司发布公告：公司于近日获得国家知识产权局颁发的发明专利证书共6项，均为原始取得。4月15日，公司召开2015年度股东大会，审议通过《关于公司2015年度董事会工作报告的议案》《关于公司2015年度报告及摘要的议案》。审议通过《关于2015年度利润分配方案的议案》：公司拟以截至2015年12月31日公司股份总数293348000股为基数，向全体股东按每10股派发现金股利0.45元（含税），合计派发现金股利13200660元，不送红股，不以公积金转增股本；剩余未分配利润结转以后年度分配。

【“江阴银行”】 2016年7月26日，江苏江阴农村商业银行股份有限公司首次公开发行20944.55万股普通股（A股）的申请获证监会证监许可核准。此次发行的主承销商为光大证券股份有限公司，发行人股票简称为“江阴银行”，股票代码为“002807”。9月2日，公司股票在深圳证券交易所中小企业板成功上市，首次公开发行20944.55万股，发行价为4.64元/股，首发融资募集资金9.72亿元。11月30日，公司发布公告：近日，收到中国银行业监督管理委员会常州监管分局《关于江苏江阴农村商业银行股份有限公司常州分行开业的批复》，同意江苏江阴农村商业银行股份有限公司常州分行开业。

【“广信材料”】 2016年8月9日，江苏广信感光新材料股份有限公司首次公开发行不超过2500万股普通股（A股）的申请获证监会证监许可核准，此次发行的主承销商为江海证券有限公司，发行人股票简称为“广信材料”，股票代码为“300537”。8月30日，公司股票在深圳证券交易所创业板成功上市，首次公开发行2500万股，发行价9.19元/股，首发融资募集资金2.3亿元。

【“神宇股份”】 2016年10月26日，神宇通信科技股份有限公司首次公开发行2000万股普通股（A股）的申请获证监会证监许可核准；此次发行的主承销商为民生证券股份有限公司，发行人股票简称为“神宇股份”，股票代码为“300563”。11月8日，公司股票在深圳证券交易所创业板上市，首次公开发行2000万股，发行价为8.84元/股，首发融资募集资金1.77亿元。

【“苏利股份”】 2016年11月11日，江苏苏利精细化工股份有限公司首次公开发行2500万股普通股（A股）的申请获证监会证监许可核准；此次发行的主承销商为广发证券股份有限公司，发行人股票简称为“苏利股份”，股票代码为“603585”。12月14日，公司股票在上海证券交易所上市，首次公开发行2500万股，发行价为26.79元/股，首发融资募集资金6.7亿元。

“新三板”挂牌企业动态

【“钟舟电气”】 2016年2月19日，江阴钟舟电气股份有限公司召开2016年第一次临时股东大会，审议通过《公司关于设立上海信旦投资管理合伙企业（有限合伙）的议案》《公司关于设立上海信碧投资管理合伙企业（有限合伙）的议案》。4月20日，公司召开2015年度股东大会，审议通过《关于终止股票定向发行的议案》《2015年度董事会工作报告》《2015年度报告及摘要》。审议通过《2015年度利润分配方案》：不分配利润，不转增股本。5月31日，公司发布收购报告书：收购人福建翼动娱乐有限公司拟通过全国中小企业股份转让系统以协议转让的方式收购转让人合计持有的公司3273000股股份，占比31.17%；经过双方协商同意，此次标的股份的转让价格为5236800元；此次收购完成后，直接持有公司50.22%的股份，成为公司的控股股东，翼动娱乐股东玉红通过翼动娱乐间接控制公司50.22%的股份，将成为公司的实际控制人。6月24日，公司召开第一届董事会第二十一次会议，审议通过《关于公司收购天津呼噜互娱科技有限公司100%的股权的议案》：此次交易标的作价5777592.47元，不构成重大资产重组，由于翼动娱乐系公司控股股东，该事项同时构成关联交易。

【“泓源光电”】 2016年5月6日，江苏泓源光电科技股份有限公司召开2015年度股东大会，审议通过《公司2015年度董事会工作报告》《公司2015年年度报告及摘要》。审议通过《公司2015年度利润分配方案》：不进行利润分配。6月21

日,公司召开2016年第一次临时股东大会,审议通过《关于向全国中小企业股份转让系统申请终止挂牌的议案》。8月29日,公司发布公告:公司于2016年7月12日向全国中小企业股份转让系统提交书面终止挂牌申请,经全国中小企业股份转让系统同意,公司股票自2016年8月30日起在全国中小企业股份转让系统终止挂牌。

【"浩博新材"】 2016年2月2日,江苏浩博新材料股份有限公司发布公告:经全国中小企业股份转让系统有限责任公司同意,华安证券股份有限公司成为公司后续加入的做市商,自2016年2月2日起为公司提供做市报价服务。2月22日,公司发布公告:经全国中小企业股份转让系统有限责任公司同意,东吴证券股份有限公司成为公司后续加入的做市商,自2016年2月22日起为公司提供做市报价服务。3月31日,公司发布股权质押公告:公司股东陈金忠、朱海东、潘岳明、王建军、张希人和任小平质押15000000股,占公司总股本19.84%。此次股权质押用于公司向江苏江阴农村商业银行股份有限公司璜塘支行借款2000万元提供质押担保,不存在结合其他资产抵押或质押等情况。5月17日,公司召开2015年度股东大会,审议通过《关于公司2015年董事会工作报告的议案》《关于公司2015年度报告及摘要的议案》。审议通过《关于公司2015年度利润分配的预案》:2015年不进行利润分配。5月24日,公司发布关于实际控制人签署一致行动人协议的公告:公司控股股东及实际控制人陈金忠、朱海东、潘岳明、王建军、张希人和任小平6人于2016年5月24日签署《关于江苏浩博新材料股份有限公司之一致行动协议》,成为公司一致行动人。6月12日,公司召开第一届董事会第十六次会议,审议通过《关于公司终止筹划重大资产重组事项的议案》。6月28日,公司召开2016年第三次临时股东大会,审议通过《关于公司出售资产的议案》《关于公司主营业务变更的议案》。

【"新昶虹"】 2016年1月17日,江阴市新昶虹电力科技股份有限公司召开2016年第一次临时股东大会,审议通过《关于修改江阴市新昶虹电力科技股份有限公司2015年股票发行方案(一)的议案》。2月4日,公司发布关于收购江阴市金杯电气有限公司的进展公告:截至公告披露之日,公司已持有江阴市金杯电气有限公司51%的股份,并完成工商变更手续,而且取得营业执照并按重组协议开始对江阴市金杯电气有限公司增资。3月2日,公司发布关于国都证券后续加入做市商的公告:经全国股票转让系统同意,国都证券股份有限公司成为新昶虹后续加入的做市商,自2016年3月2日起,为公司提供做市商报价服务。3月21日,公司召开第一届董事会第二十四次会议,审议通过《关于变更公司注册资本及修改公司章程的议案》:公司2015年第七次临时股东大会审议通过《2015年股票发行方案(一)》,公司此次定向发行608.6万股股票,认购价格为每股3元,募集资金总额1825.8万元,此次定向发行股票对象为公司35名核心员工及38名在册股东,全部以货币资金认购。发行认购完成后,公司股本总额及股权结构发生变化,公司注册资本将由10445.4万元增加为11054万元;公司股份总数由104454000股增加为110540000股。5月16日,公司召开2015年度股东大会,审议通过《关于2015年度董事会工作报告的议案》《关于2015年度报告及摘要的议案》。审议通过《关于2015年度利润分配预案的议案》:拟以总股本110540000股为基数,向全体股东每10股派发1元现金股利,合计派发现金股利11054000元,此次以公司截至2015年12月31日未分配利润12686328.22元实施派发现金股利。5月20日,公司召开第一届董事会第二十六次会议,审议通过《关于设立全资子公司的议案》:公司拟以现金方式设立全资子公司江阴市昶虹新能源销售服务管理有限公司,子公司的注册资本为2000万元。8月24日,公司召开第一届董事会第二十九次会议,审议通过《关于开展套期保值业务的议案》:公司拟利用自有资金开展钢材和塑料套期保值业务,交易品种为上海期货交易所上市的螺纹钢、铜和塑料期货,交易合约价值金额约在800万元以内,初始保证金控制在200万元以内。10月28日,公司召开2016年第八次临时股东大会,审议通过《关于江阴市新昶虹电力科技股份有限公司收购资产的议案》:公司拟零对价购买陆福平持有的桐乡众合新能源汽车产业投资合伙企业(有限合伙)4%认缴合伙份额(对应认缴出资额为1200万元,实缴出资为0元)并将后续完成1200万元出资额的缴付。11月16日,公司召开第二届董事会第四次会议,审议通过《关于非公开发行公司债券的议案》:公司拟非公开发行规模不超过5000万元,期限不超过5年的公司债券,此次募集资金将用于200万台全塑照明箱项目建设、新能源汽车制造厂配套的相关充电桩等产品配套供应及服务、补充流动资金。

【"标榜新材"】 2016年4月14日,江苏标榜装饰新材料股份有限公司召开2016年第一次临时股东大会,审议通过《关于公司对参股公司追加投资的议案》《关于向控股股东获取借款的议案》《关于补充确认2015年度关联交易的议案》。4月27日,公司发布对外投资公告:公司参股公司江苏华西新能源投资发展有限公司注册资本及实收资本增加到3亿元,即新增注册资本2亿元,其中公司认缴出资3000万元,江苏华西集团公司认缴出资1.4亿元,江阴市中鼎能源有限公司认缴出资3000万元。此次增资后,三方持股比例不变,分别为15%、70%、15%。5月9日,公司召开2015年度股东大会,审议通过《公司2015年度董事会工作报告》《公司2015年度报告及摘要》。审议通过《公司2015年度利润分配方案》;2015年度不进行利润分配。10月21日,公司召开第二届董事会第八次会议,审议通过《关于〈标榜装饰新材料股份有限公司股票发行方案(三)〉的议案》:拟发行股票不超过500万股,募集资金不超过1800万元,此次募集资金将全部用于补充公司流动资金。10月24日,公司发布公告:公司于同日收到江苏证监局《关于对江苏标榜装饰新材料股份有限公司采取出具警示函措施的决定》，被监管事项为公司关联方违规占用"标榜新材"资金。

【"怡达化学"】 2016年2月20日，江苏怡达化学股份有限公司召开2016年第一次临时股东大会，审议通过《关于江苏怡达化学股份有限公司股票发行方案（修订稿）的议案》：公司拟通过此次发行不超过1030万股股票募集资金额不超过10866.5万元用于15万吨/年环氧丙烷建设项目前期准备工作及补充公司流动资金，此次股票发行的价格为10.55元/股。5月13日，公司召开2015年度股东大会，审议通过《关于公司2015年度董事会工作报告的议案》《关于公司2015年度报告及其摘要的议案》。审议通过《关于公司2015年度利润分配方案的议案》：2015年度不进行利润分配。6月29日，公司召开2016年第三次临时股东大会，审议通过《关于设立公司控股子公司的议案》：拟与扬州惠通化工技术有限公司合作共同设立泰兴怡达化学有限公司，注册资本3.6亿元。7月18日，公司发布公告：此次定向发行股票1030万股，发行价格为10.55元/股，募集资金10866.5万元。9月28日，公司召开2016年第四次临时股东大会，审议通过《关于变更募投项目实施主体的议案》：变更募投项目实施主体为控股子公司泰兴怡达化学有限公司，泰兴怡达化学有限公司拟使用30607480元用于15万吨/年环氧丙烷项目前期准备工作。12月10日，公司召开2016年第六次临时股东大会，审议通过《关于公司申请首次公开发行人民币普通股（A股）股票并在创业板上市的议案》：拟首次公开发行不超过20033335股股份并在深交所创业板上市。

【"海特股份"】 2016年1月15日，江苏海特服饰股份有限公司召开2016年第一次临时股东大会，审议通过《关于江苏海特服饰股份有限公司股票由协议转让方式变更为做市转让方式的议案》：公司拟向全国中小企业股份转让系统有限责任公司申请股票转让方式由协议转让变更为做市转让方式。1月27日，公司发布公告：公司股票将于2016年1月29日起采取做市转让方式，变更之前公司股票转让方式仍采取协议转让方式，做市商为国联证券、兴业证券。2月22日，公司发布关于申请银行授信并由关联方提供担保的偶发性关联交易公告：公司因日常生产经营需要向中国银行股份有限公司江阴支行申请办理信用贷款业务，申请授信额度为1500万元，用于补充公司流动资金，期限为一年，此次授信由朱海荣、曹建英提供担保。同日，公司召开第一届董事会第八次会议，审议通过《关于股票发行方案及认购合同的议案》：公司拟分别向2名做市商发行股票10万股，共20万股，拟募集资金40万元。3月18日，公司召开2016年第二次临时股东大会，审议否决《关于股票发行方案及认购合同的议案》。5月17日，公司召开2015年度股东大会，审议通过《关于公司2015年度董事会工作报告的议案》《关于公司2015年度报告及年度报告摘要的议案》。审议通过《关于公司2015年度利润分配的议案》：2015年度不进行利润分配。9月12日，公司召开第一届董事会第十三次会议，审议通过《关于收购江阴嘉特网络信息有限公司60%股权的议案》：公司拟通过现金支付的方式收购孙琦持有的嘉特网络60%股权，交易作价420万元。11月25日，公司召开2016年第五次临时股东大会，审议通过《关于江苏海特服饰股份有限公司股票发行方案的议案》：拟发行不超过200万股股份，发行价格为15元/股，募集资金不超过3000万元，优先用于偿还公司短期借款，剩余募集资金用于补充公司日常经营用的流动资金。

【"华宏医药"】 2016年3月21日，江苏华宏医药股份有限公司召开2016年第二次临时股东大会，审议通过《关于追认购买江阴力博医药生物技术有限公司厂房的议案》。5月13日，公司召开2015年度股东大会，审议通过《2015年度董事会工作报告》《2015年年度报告及年报摘要》。审议通过《关于公司2015年度利润分配方案》：2015年度不进行利润分配。6月2日，公司召开2016年第二次临时股东大会，审议通过《关于江苏华宏医药股份有限公司股票发行方案》：拟向公司股东江苏华宏实业集团有限公司非公开发行260万股，发行价格为5.28元/股，此次发行募集资金总额1372.8万元，扣除发行费用后全部用于补充公司流动资金。

【"苏达汇诚"】 2016年1月28日，江阴苏达汇诚复合材料股份有限公司召开2016年第一次临时股东大会，审议通过《关于江阴苏达汇诚复合材料股份有限公司定向发行股票的议案》：此次股票定向发行价格为每股47.85元，公司拟向许弢发行股票不超过413793股（含413793股）、向上海道理投资有限公司发行股票不超过275862股（含275862股），此次定向发行股票合计不超过689655股（含689655股），募集资金总额不超过3300万元（含3300万元）。3月23日，公司召开第一届董事会第十四次会议，审议通过《关于确认公司向关联方提供设备租赁的议案》《关于确认公司向关联方租赁经营场所的议案》。5月10日，公司召开2015年度股东大会，审议通过《关于江阴苏达汇诚复合材料股份有限公司2015年度报告及摘要的议案》《关于江阴苏达汇诚复合材料股份有限公司2015年度董事会工作报告的议案》。审议通过《关于江阴苏达汇诚复合材料股份有限公司2015年度利润分配预案的议案》：公司不进行利润分配。5月14日，公司召开2016年第五次临时股东大会，审议通过《关于公司重大资产重组方案的议案》：公司拟进军锂电池用铝塑薄膜生产行业，拟通过进口代理商苏美达国际技术贸易有限公司向富士机械工业株式会社购买其生产的富士FL2－130型干法复合机1台，交易价格为1.55亿日元；公司拟通过进口代理商苏美达国际技术贸易有限公司向住友重机械摩登株式会社购买其生产的单头共挤出复合生产设备1台，交易价格为3亿日元。11月1日，公司发布变更持续督导主办券商公告：持续督导主办券商由国泰君安变更为财通证券。12月6日，公司召开第一届董事会第二十三次会议,审议通过《关于申请公司股票在全国中小企业股份转让系统终止挂牌的议案》。

【“万事兴”】 2016 年 5 月 12 日,江阴万事兴医疗器械股份有限公司召开 2015 年度股东大会,审议通过《关于公司 2015 年度董事会工作报告的议案》《关于公司 2015 年度报告及摘要的议案》。审议通过《关于公司 2015 年度利润分配的议案》:利润不分配,资本公积金不转增。6 月 3 日,公司发布收购报告书:5 月 25 日,万事兴投资向李全兴转让万事兴股份 680 万股,占比 40%;6 月 1 日,万事兴投资向李奇佶转让万事兴股份 2833332 股,万事兴增压器向李奇佶转让万事兴股份 170 万股,占比 26.67%;上述两笔交易完成后,公司原第一大股东万事兴投资持股比例由 45%降至 28.33%,致使公司第一大股东变更为李全兴,实际控制人未发生变化;李全兴直接持有万事兴 40%股权、间接持有万事兴 19.25%股权。8 月 16 日,公司召开 2016 年第二次临时股东大会,审议通过《关于江阴万事兴医疗器械股份有限公司股票发行方案的议案》:公司拟以非公开定价发行的方式发行普通股 170 万股,每股价格 3.7 元,募集资金共 629 万元,用于补充流动资金。12 月 9 日,公司发布公告:已非公开发行 170 万股股份,发行价格为 3.7 元/股,募集资金 629 万元,扣除发行费用后,募集资金净额将全部用于补充流动资金(包含偿还关联方借款)。

【“康爱特”】 2016 年 2 月 16 日,江阴康爱特包装股份有限公司召开 2016 年第一次临时股东大会,审议通过《公司 2015 年度利润分配预案》:公司 2015 年利润不分配,不转增。4 月 13 日,公司召开第一届董事会第七次会议,审议通过《2015 年度报告及年报摘要》《2015 年度董事会工作报告》。5 月 28 日,公司召开 2015 年度股东大会,审议通过《2015 年度报告及年报摘要》《2015 年度董事会工作报告》。

【“天邦涂料”】 2016 年 4 月 15 日,江阴市天邦涂料股份有限公司召开 2015 年度股东大会,审议通过《2015 年董事会工作报告》《公司 2015 年度报告及年报摘要》。审议通过《公司 2015 年度利润分配预案》:不进行利润分配。9 月 8 日,公司召开 2016 年第一次临时股东大会,审议通过《关于公司与华泰证券股份有限公司解除持续督导协议的议案》《关于公司与承接主办券商华泰联合证券有限责任公司签署持续督导协议的议案》。

【“延利饰件”】 2016 年 3 月 1 日,江阴市延利汽车饰件股份有限公司召开 2016 年第二次临时股东大会,审议通过《关于设立控股子公司的议案》:公司拟与中民循环经济产业技术开发有限公司、中民社会捐助发展中心共同出资设立控股子公司,注册资本为 5000 万元,其中母公司出资 3500 万元,占注册资本的 70%;中民循环经济产业技术开发有限公司出资 1000 万元,占注册资本 20%;中民社会捐助发展中心出资 500 万元,占注册资本 10%;此次对外投资不构成关联交易。4 月 22 日,公司召开 2015 年度股东大会,审议通过《2015 年度董事会工作报告的议案》《2015 年度报告及摘要的议案》。审议通过《2015 年度利润分配方案的议案》:利润不分配,不转增股本。5 月 28 日,公司召开 2016 年第三次临时股东大会,审议通过《关于公司与东北证券股份有限公司解除持续督导协议的议案》《关于公司与国融证券股份有限公司签署持续督导协议的议案》。6 月 30 日,公司发布关于变更持续督导主办券商的公告:公司的主办券商由东北证券变更为国融证券。

【“孚尔姆”】 2016 年 3 月 11 日,江苏孚尔姆焊业股份有限公司召开 2016 年第一次临时股东大会,审议通过《对外反担保议案》:因公司经营需要,决定向交通银行股份有限公司无锡分行申请贷款 1000 万元,由江阴市朝阳担保有限公司提供担保。公司将子公司江苏朝飞焊材有限公司所属坐落于江阴市临港街道申泰路 11 号的全部房地产(其中房产登记面积 17275.14 平方米,土地登记面积 23333 平方米)作为贷款的反担保物,抵押给江阴市朝阳担保有限公司,抵押房产 17275.14 平方米,抵押土地 23333 平方米,房地产评估总价 1200 万元。审议通过《关于公司控股股东为公司银行贷款提供担保的议案》:公司拟向江苏江阴农村商业银行股份有限公司申港支行贷款 1000 万元,由公司控股股东张建忠以其自有房屋和土地使用权为上述贷款提供抵押担保。4 月 20 日,公司召开 2015 年度股东大会,审议通过《2015 年度董事会工作报告》《2015 年度报告及摘要》。审议通过《2015 年度利润分配方案》:公司于 2015 年 12 月 29 日召开 2015 年第二次临时股东大会,审议通过《关于公司未分配利润实施分红的议案》,以公司总股本 2150 万股为基数,向全体股东每 10 股派 3 元现金。该半年度权益分派方案已于 2016 年 1 月 12 日实施完毕。公司决定 2015 年下半年不分配利润,不转增股本。9 月 12 日,公司召开 2016 年第三次临时股东大会,审议通过《关于以资本公积金和未分配利润转增股本的议案》:公司拟以总股本 21500000 股为基数,将截至 2016 年 6 月 30 日财务报表中的资本公积金和未分配利润向全体股东每 10 股票转让增 10 股,合计转增 21500000 股,转增后公司总股本增加至 43000000 股。

【“美好世界”】 2016 年 1 月 14 日,无锡美好世界科技股份有限公司发布公告:经公司第一届董事会第九次会议及 2015 年第四次临时股东大会审议通过,公司全称由“无锡绿力环保科技股份有限公司”变更为“无锡美好世界科技股份有限公司”,公司简称由“无锡绿力”变更为“美好世界”,公司证券代码保持不变。4 月 15 日,公司召开 2016 年第二次临时股东大会,审议通过《关于终止股票发行方案》的议案。5 月 10 日,公司召开 2015 年度股东大会,审议通过《公司 2015 年度董事会工作报告》《公司 2015 年度报告及其摘要》。审议通过《关于公司 2015 年度利润分配方案的议案》:不进行利润分配。9 月 19 日,公司召开 2016 年第三次临时股东大会,审议通过《关于在北京投资设立一家子公司从事医生经纪服务的议案》:公司拟与一个拥有丰富医疗资源的合作伙伴在北京共同成立一个子公司，从事医生经纪服务，子公司注册资本2000万元，公司占60%股权。

【“润达光伏”】 2016年4月18日，江苏润达光伏股份有限公司召开2015年度股东大会，审议通过《2015年度董事会工作报告》《2015年度报告及摘要》。审议通过《2015年度利润分配方案》：利润不分配。4月19日，公司发布对外投资公告：公司拟出资3500万元设立全资子公司江苏润达光伏股份（无锡）有限公司，注册地为无锡锡山区鹅湖镇延祥路108号。5月23日，公司召开第一届董事会第八次会议，审议通过《江苏润达光伏股份有限公司接受股东财务资助公告》《关于全资子公司江苏润达光伏无锡有限公司购买土地及厂房的议案》《关于全资子公司江苏润达光伏无锡有限公司购买设备及辅助设施的议案》。6月22日，公司召开2016年第三次临时股东大会，审议通过《关于江苏润达光伏股份有限公司2016年第一次股票发行方案的议案》：拟向确定的股票发行对象发行不超过800万股，价格为2.5元/股，融资额不超过2000万元。11月18日，公司发布股票发行情况报告书：此次发行800万股股份，发行价格为2.5元/股，募集资金2000万元。12月13日，公司召开第一届董事会第十三次会议，审议通过《关于变更〈2016年第一次股票发行〉部分募集资金使用用途的议案》：拟将募集资金项目结余的1000万元用于补充公司主营业务生产经营所需的流动资金，用于购买产品生产所需的电池片等原辅材料。

【“新光镭射”】 2016年3月28日，江阴新光镭射包装材料股份有限公司召开2016年第二次临时股东大会，审议通过《公司向中国银行股份有限公司江阴支行申请授信额度的议案》：公司向中国银行股份有限公司江阴支行申请1000万元（或等值外币）授信额度，公司的全资子公司江阴特锐达包装科技有限公司以其自有房产，及其部分设备为上述银行授信提供抵押担保，公司实际控制人、董事长张学斌及其配偶、公司董事沈旦丹为上述银行授信提供保证担保。审议通过《公司与江苏联通纪元印务股份有限公司互相提供担保的议案》：公司与江苏联通纪元印务股份有限公司以在银行的流动资金贷款及开具的银行承兑汇票等进行互相等额担保。担保额度在2000万元范围内，互保期限1年。5月13日，公司召开2015年度股东大会，审议通过《公司2015年度董事会工作报告》《公司2015年度报告及摘要》。审议通过《公司2015年度利润分配方案》：不进行利润分配。11月30日，公司发布关于产品进入电子膜领域的公告：2016年4月22日公司与东莞市光志光电有限公司签署《战略合作伙伴协议》，双方合作期限为5年，协议规定双方合作产品为镀银反射膜，2016年下半年镀银反射膜产品已经进入批量生产阶段并已进行销售。

【“必得科技”】 2016年5月4日，江苏必得科技股份有限公司召开2015年度股东大会，审议通过《关于公司2015年度董事会工作报告的议案》《关于公司2015年度报告及其摘要的议案》。审议通过《关于公司2015年度利润分配的议案》：拟向全体股东以每10股派发现金红利15元（含税），共计派发现金红利15000000元（含税）；同时，拟以现有总股本10000000股为基数，以资本公积金转增股本，每10股票转让增20股，合计转增股本20000000股（每股面值1元）。

【“华溢物流”】 2016年1月26日，江苏华溢物流股份有限公司召开第一届董事会第四次会议，审议通过《关于公司参与上海钢银电子商务股份有限公司股票发行认购事宜的议案》。2月18日，公司发布股票发行情况报告书：公司此次股票发行1000万股股票，每股价格2.4元，募集资金2400万元，主要用于补充公司流动资金。4月20日，公司召开2015年度股东大会，审议通过《关于2015年度报告及其摘要的议案》《关于公司2015年度董事会工作报告的议案》。审议通过《关于公司2015年度利润分配的议案》：不进行利润分配。6月3日，公司召开2016年第一次临时股东大会，审议通过《关于公司股票发行方案的议案》：此次拟向不确定对象发行不超过500万股，价格区间为4元/股至4.5元/股，融资额不超过2250万元。

【“万兴股份”】 2016年5月20日，江阴万事兴汽车部件股份有限公司召开2015年度股东大会，审议通过《关于公司2015年度董事会工作报告的议案》《关于公司2015年度报告及其摘要的议案》。审议通过《关于公司2015年度利润分配的议案》：利润不分配，资本公积金不转增。6月30日，公司召开第一届董事会第四次会议，审议通过《关于江阴万事兴汽车部件股份有限公司股票发行方案的议案》：拟向投资者卞海发行450万股，发行价格为3.7元/股，募集资金1665万元，全部用于补充公司流动资金（包含偿还部分短期银行借款）。10月13日，公司发布股票发行情况报告书：此次向卞海非公开发行450万股股份，发行价格为3.7元/股，募集资金为1665万元，扣除发行费用后拟全部用于补充流动资金（包含偿还部分短期银行借款）。

【“百意中医”】 2016年1月13日，江阴百意中医医院股份有限公司召开2016年第一次临时股东大会，审议通过《关于设立江阴百意周庄护理院的议案》。4月18日，公司召开2015年度股东大会，审议通过《关于2015年度报告及其摘要的议案》《2015年度董事会工作报告》。审议通过《关于2015年度利润分配的预案》：暂不进行利润分配。

【“鼎阳电力”】 2016年3月29日，江苏鼎阳绿能电力股份有限公司召开2016年第一次临时股东大会，审议通过《关于投资建设电站项目的议案》：根据公司运作要求，公司及全资子公司宣城鼎阳光伏发电有限公司计划投资建设光伏发电项目，计划建设规模约为32兆瓦，项目总投资约为27228万元。5月10日，公司召开2015年度股东大会，审议通过《公司2015年年报及摘要》《关于2015年度不分配利润的议案》《关于同意对浦发银行5000万元借款追加提供资产抵押担保的议案》《关于对子公司江阴市中大电力有限公司向浦发银行借款4000万元及接受关联担保行为进行确认的议案》。8月31日，公司发布公告：公司无法按时于8月31日前披露2016年半年度报告,根据相关规定,公司股票于9月1日起暂停转让,公司若不能在2016年10月31日之前披露半年报,公司股票存在被终止挂牌风险。10月24日,公司发布公告:公司于2016年10月24日收到中国证券监督管理委员会江苏证监局《关于对江苏鼎阳绿能电力股份有限公司采取出具警示函措施的决定》,被监管事项为关联方、股东资金占用行为。

【"联通纪元"】 2016年4月17日,江苏联通纪元印务股份有限公司召开2016年度第二次临时股东大会,审议通过《关于公司与江苏新光镭射包装材料股份有限公司互相提供担保的议案》:公司与江苏新光镭射包装材料股份有限公司以在银行的流动资金贷款及开具的银行承兑汇票等进行互相等额担保,担保额度在2000万元范围内,互保期限为1年。5月4日,公司召开2015年度股东大会,审议通过《关于2015年度董事会工作报告的议案》《关于2015年度报告及摘要》。审议通过《关于2015年度利润分配方案》:不分配利润,不进行资本公积金转增股本。9月5日,公司召开2016年第四次临时股东大会,审议通过《关于公司截至2016年6月30日的利润分配方案的议案》:公司拟将截至2016年6月30日的利润,按每10股派2.7元(含税)的方案向全体股东分配现金股利2700万元后,剩余期末未分配利润90.05万元结转以后年度分配。

【"舜阳科技"】 2016年1月6日,无锡舜阳新能源科技股份有限公司股票在全国股票转让系统公开转让,证券代码为835323,转让方式为协议转让。4月7日,公司召开2015年度股东大会,审议通过《2015年度董事会工作报告》《2015年度报告及摘要》。审议通过《2015年度利润分配方案》:不进行利润分配。

【"中达软塑"】 2016年1月29日,江阴中达软塑新材料股份有限公司发布公告:公司于近日收到全国中小企业股份转让系统的《关于同意江阴中达软塑新材料股份有限公司股票在全国中小企业股份转让系统挂牌的函》。2月22日,公司股票在全国股票转让系统公开转让,证券代码为835905,转让方式为协议转让。5月6日,公司召开2015年度股东大会,审议通过《关于公司2015年度董事会工作报告的议案》《关于公司2015年度报告及摘要的议案》。审议通过《关于公司2015年度利润分配的议案》:2015年度利润不分配。

【"奥派装备"】 2016年3月18日,江苏奥派交通装备股份有限公司股票在全国股票转让系统公开转让,证券代码为836234,转让方式为协议转让。5月10日,公司召开2015年度股东大会,审议通过《2015年度董事会工作报告》《2015年度报告及报告摘要的议案》。审议通过《2015年度利润分配的议案》:不进行利润分配。5月17日,公司召开第一届董事会第五次会议,审议通过《关于公司向上海浦东发展银行申请抵押贷款的议案》。

【"翔龙科技"】 2016年4月19日,无锡翔龙环球科技股份有限公司股票在全国股票转让系统公开转让,证券代码为836809,转让方式为协议转让。6月6日,公司召开2015年度股东大会,审议通过《2015年度董事会工作报告》《2015年度报告及摘要》《2015年度利润分配方案》。

【"阳生生物"】 2016年4月27日,江苏阳生生物股份有限公司股票在全国股票转让系统公开转让,证券代码为836959,转让方式为协议转让。5月18日,公司召开2015年度股东大会,审议通过《2015年度报告全文及摘要》《董事会2015年度工作报告》。审议通过《2015年度利润分配预案》:不分配利润,不转增股本。

【"无锡协力"】 2016年5月12日,无锡市协力新能源股份有限公司股票在全国股票转让系统公开转让,证券代码为837185,转让方式为协议转让。5月19日,公司召开第一届董事会第三次会议,审议通过《关于〈无锡市协力新能源股份有限公司2016年第一次股票发行方案〉的议案》:拟向新鹰航诚投资管理(北京)有限公司发行不超过600万股,发行价格为2元/股,募集资金不超过1200万元;此次募集资金主要用于渠道建设、产品推广,并补充公司流动资金。6月25日,公司召开2015年度股东大会,审议通过《2015年度董事会工作报告》《公司2015年度利润分配方案》。7月7日,公司召开第一届董事会第五次会议,审议通过《关于公司股票发行方案的议案》:拟向陈文燕、刘兰丰发行不超过350万股普通股,发行价格为2元/股,募集资金不超过700万元,主要用于销售渠道建设、产品推广,并补充公司流动资金。10月28日,公司发布股票发行情况报告书:此次向陈文燕、刘兰丰非公开发行350万股股份,发行价格为2元/股,募集资金700万元。11月25日,公司发布实际控制人变更公告:陈文燕与刘兰丰于11月23日签署《一致行动人协议》,两人合计可控制的股份数量为650万股股份,占公司股份总数的76.47%,公司实际控制人由陈文燕变更为陈文燕与刘兰丰。

【"赛英电子"】 2016年5月24日,江阴市赛英电子股份有限公司股票在全国股票转让系统公开转让,证券代码为837559,转让方式为协议转让。

【"安凯特"】 2016年5月27日,江苏安凯特科技股份有限公司股票在全国股票转让系统公开转让,证券代码为837590,转让方式为协议转让。

【"圣华盾"】 2016年5月27日,江苏圣华盾防护科技股份有限公司股票在全国股票转让系统公开转让,证券代码为837643,转让方式为协议转让。

【"秋林特能"】 2016年5月30日,江苏秋林特能装备股份有限公司股票在全国股票转让系统公开转让,证券代码为837587,转让方式为协议转让。8月26日,公司召开2016年第五次临时股东大会,审议通过《关于公司与华泰证券股份有限公司解除持续督导协议的议案》《关于公司与承接主办券商华泰联合证券有限责任公司签署持续督导协议的议案》。

【"同发股份"】 2016年8月3日,江苏同发新能源股份有限公司股票在全国股票转让系统公开转让,证券代码为838450,转让方式为协议转让。

【"金牡丹"】 2016年8月5日，江苏金牡丹装饰工程股份有限公司股票在全国股票转让系统公开转让，证券代码为838604，转让方式为协议转让。12月16日，公司召开2016年第三次临时股东大会，审议通过《江苏金牡丹装饰工程股份有限公司股票发行方案的议案》：拟向徐维建非公开发行不超过512万股股份，发行价格为1.38元/股，募集资金不超过706.56万元，主要用于公司新项目生物质气化能源研发设计及补充流动资金。

【"江特股份"】 2016年8月10日，江特科技股份有限公司股票在全国股票转让系统公开转让，证券代码为838639，转让方式为协议转让。

【"慧居科技"】 2016年8月17日，慧居科技股份有限公司股票在全国股票转让系统公开转让，证券代码为839023，转让方式为协议转让。

【"精亚洁净"】 2016年8月31日，江苏精亚洁净工程股份有限公司股票在全国股票转让系统公开转让，证券代码为838614，转让方式为协议转让。

【"江凌股份"】 2016年9月5日，江苏江凌测控科技股份有限公司股票在全国股票转让系统公开转让，证券代码为838722，转让方式为协议转让。

【"华钢网络"】 2016年11月8日，江苏华钢网络科技股份有限公司股票在全国股票转让系统公开转让，证券代码为839865，转让方式为协议转让。

【"江苏中基"】 2016年11月14日，江苏中基复合材料股份有限公司股票在全国股票转让系统公开转让，证券代码为838748，转让方式为协议转让。12月12日，公司召开第一届董事会第二次会议，审议通过《关于2017年度公司开展期货套期保值业务的议案》：2017年拟以自有资金对不超过6万吨铝期货套期保值，投入保证金不超过3000万元。

【"力博医药"】 2016年11月24日，江苏力博医药生物技术股份有限公司股票在全国股票转让系统公开转让，证券代码为839732，转让方式为协议转让。

【"云峰科技"】 2016年12月23日，江苏云峰科技股份有限公司股票在全国股票转让系统公开转让，证券代码为870364，转让方式为协议转让。

募集资金使用

【概况】 2016年，江阴A股上市及"新三板"挂牌企业直接融资募集资金共112.96亿元，其中57.57亿元投入地为江阴，比例约为51%，募集资金使用状况有待改善。

【"广信材料"】 2016年8月30日，江苏广信感光新材料股份有限公司于深圳证券交易所创业板首发上市，首发募集资金2.29亿元，用于年产8000吨感光新材料项目。

【"江阴银行"】 2016年9月1日，江苏江阴农村商业银行股份有限公司于深圳证券交易所中小板首发上市，首发募集资金9.7亿元，用于补充资本金。

【"神宇股份"】 2016年11月8日，神宇通信科技股份公司于深圳证券交易所创业板首发上市，首发募集资金1.76亿元，用于射频同轴电缆及组件建设、研发中心建设。

【"苏利股份"】 2016年12月14日，江苏苏利精细化工股份有限公司于上海证券交易所首发上市，首发募集资金6.69亿元，其中，7192.78万元用于年产1000吨嘧菌酯原药建设项目、30979.61万元用于产品建设及技改项目、19919.15万元用于偿还银行贷款及补充流动资金、3674.3万元用于上海研发实验室项目。

【"江南水务"】 2016年1月18日，江苏江南水务股份有限公司收到中国证券监督管理委员会出具的《关于核准江苏江南水务股份有限公司公开发行可转换公司债券的批复》。批复核准公司向社会公开发行面值总额76000万元可转换公司债券，募集资金投入江阴市绮山应急备用水源地工程项目。

【"中南文化"】 2016年6月14日，中南红文化集团股份有限公司发布2016年面向合格投资者公开发行公司债券发行结果公告：该期债券实际发行规模为6亿元，募集资金主要用于补充流动资金。8月19日，公司发布公告：公司完成非公开发行股份募集资金事项，公司非公开发行股份38157894股，每股价格为22.8元，募集资金为8.6亿元，主要用于购买深圳市值尚互动科技有限公司100%股权。

【"华西股份"】 截至2016年9月22日，江苏华西村股份有限公司非公开发行债券募集资金12亿元，募集资金在扣除发行费用后，主要用于偿还银行借款或补充流动资金等。

【"爱康科技"】 2015年12月30日，江苏爱康科技股份有限公司收到中国证券监督管理委员会出具的《关于核准江苏爱康科技股份有限公司非公开发行股票的批复》，此次非公开发行股票397715400股，发行价格为9.63元/股，募集资金总额为3829999302元，其中334720万元用于光伏并网发电项目建设；48280万元用于补充流动资金。

【"中泰桥梁"】 2016年6月3日，江苏中泰桥梁钢构股份有限公司收到中国证券监督管理委员会出具的《关于核准江苏中泰桥梁钢构股份有限公司非公开发行股票的批复》，此次非公开发行A股187566987股，发行价格为9.33元/股，募集资金17.5亿元，其中12亿元用于投资子公司北京文凯兴教育投资有限公司建设国际学校项目，募集资金投向地为北京；5.5亿元用于偿还公司债券本息及补充流动资金。

【"新昶虹"】 2016年1月17日，江阴市新昶虹电力科技股份有限公司完成定向发行608.6万股股票，认购价格为每股3元，募集资金总额1825.8万元，募集资金主要用于200万台全塑照明箱项目建设、补充流动资金。

【"润达光伏"】 2016年11月18日，江苏润达光伏科技有限公司完成非公开发行股票事项，此次发行发行800万股，每股价格为2.5元，融资额2000万元，募集资金主要用于购买土地房产、新建250兆瓦左右光伏组件生产基地、购买相关设备，补充公司主营业务生产经营所需的流动资金等。

【"华溢物流"】 2016年2月18日，江苏华溢物流股份有限公司发布股票发行情况报告书:公司定向发行1000万股股票,每股价格2.4元,募集资金2400万元,主要用于补充公司流动资金。

【“万兴股份”】 2016年10月13日,江阴万事兴汽车部件股份有限公司发布股票发行情况报告书:公司向卞海非公开发行450万股股份,发行价格为3.7元/股,募集资金为1665万元,扣除发行费用后拟全部用于补充流动资金(包含偿还部分短期银行借款)。

【“无锡协力”】 2016年10月28日,无锡市协力新能源股份有限公司发布股票发行情况报告书:公司向陈文燕、刘兰丰非公开发行350万股股份,发行价格为2元/股,募集资金700万元;此次募集资金主要用于销售渠道建设、产品推广,提高生产经营能力和拓展公司业务,补充流动资金。

【“华宏医药”】 2016年8月16日,江苏华宏医药股份有限公司发布股票发行情况报告书:公司向公司股东江苏华宏实业集团有限公司非公开发行260万股,发行价格为5.28元/股,此次发行募集资金总额1372.8万元,扣除发行费用后全部用于补充公司流动资金。

【“苏达汇诚”】 2016年3月11日,江阴苏达汇诚医疗科技股份有限公司发布股票发行情况报告书:公司发行股票689655股,每股价格为47.85元,募集资金总额3300万元,募集资金主要用于补充流动资金。

【“怡达化学”】 2016年7月18日,江苏怡达化学股份有限公司发布股票发行情况报告书:公司发行1030万股股票,每股价格为10.55元,募集资金额10866.5万元,用于年生产能力15万吨环氧丙烷建设项目前期准备工作及补充公司流动资金。

【“万事兴”】 2016年12月9日,江阴万事兴医疗器械股份有限公司发布公告:公司已非公开发行170万股股份,发行价格为3.7元/股,募集资金629万元,扣除发行费用后,募集资金净额将全部用于补充流动资金(包含偿还关联方借款)。

经营业绩

【概况】 2016年,江阴市上报证监会首次公开发行股票(IPO)审核企业3个,完成股改企业18个,新增“新三板”挂牌企业20个。年报业绩统计数据显示:年内,江阴市27个国内上市公司总资产达2779.53亿元,比上年增加1446.46亿元;总股本332.51亿股,比上年增加66.06亿股;实现营业收入797.32亿元;年终市值2905.03亿元。IPO申请报证监会待审企业2个。至年末,累计有“新三板”正式挂牌企业44个。13个公司每股收益高于上年,15个公司净利润高于上年。但江苏友利投资控股股份有限公司、江苏霞客环保色纺股份有限公司、海润光伏科技股份有限公司、江苏中泰桥梁钢构股份有限公司4个公司亏损。

2016年江阴国内控股上市公司经营业绩一览

表23

代码	公司名称	每股收益(元)	每股净资产(元)	净资产收益率(%)	每股现金净流量(元)	营业收入(万元)	净利润(万元)	总资产(万元)	净资产(万元)	负债率(%)	总股本(万股)	流通股(万股)	所交税费总值(万元)	市值(亿元)
000518	四环生物	0.0043	0.5936	0.82	0.0112	32731.13	447.29	101735.79	61109.50	39.93	102956	102954	2534	91.46
000584	友利控股	-0.6670	2.4434	-23.77	-0.0252	73417.22	-40911.48	224311.00	151446.52	32.48	61332	61128	3069	72.64
000700	模塑科技	0.2600	4.3270	7.19	0.0230	319102.18	18617.31	593436.75	310332.55	47.71	71721	69738	21661	59.87
000890	法尔胜	0.3700	2.1150	10.91	-6.6460	190673.52	14134.74	879062.80	80294.00	90.87	37964	37962	8459	45.71
000936	华西股份	0.6800	5.4953	15.88	0.2627	212532.12	60445.10	875880.39	486889.74	44.41	88601	74784	4983	86.77
002015	霞客环保	-0.1030	0.7226	-13.31	-0.1192	37974.14	-4124.19	30976.73	28953.18	6.53	40070	40070	325	35.33
002445	中南文化	0.3000	4.5345	8.15	0.1405	133959.02	22861.90	630503.05	367727.51	41.68	83253	63582	6353	121.73
002455	百川股份	0.1700	1.7904	9.68	0.3883	205346.20	7979.43	195186.95	84887.80	56.51	47412	30217	5159	60.53
300135	宝利国际	0.0300	1.2804	2.33	0.2092	137994.03	2724.10	290224.84	118002.12	59.34	92160	71238	5376	55.04
600074	保千里	0.3500	1.7946	30.00	-0.1380	411420.20	79948.40	944216.13	437492.44	53.67	243788	90196	44488	323.06
600078	澄星股份	0.0091	2.7715	3.32	0.8760	326825.43	6007.04	726101.36	183631.72	74.71	66257	66257	6609	47.34
600220	江苏阳光	0.0857	1.0956	8.14	0.1549	209217.22	15288.03	450261.08	195385.45	56.61	178334	178334	10664	77.25
600370	三房巷	0.0584	1.5582	3.81	0.1881	97675.60	4653.64	169714.39	124223.08	26.80	79724	79724	290	54.67
600398	海澜之家	0.7000	2.2356	34.64	0.6517	1699959.16	312264.73	2437679.36	1004401.39	58.80	449276	449276	239903	482.23

续表 23

代码	公司名称	每股收益（元）	每股净资产（元）	净资产收益率（%）	每股现金净流量（元）	营业收入（万元）	净利润（万元）	总资产（万元）	净资产（万元）	负债率（%）	总股本（万股）	流通股（万股）	所交税费总值（万元）	市值（亿元）
600401	海润光伏	-0.2496	0.8056	-27.11	-0.1909	451908.04	-117934.35	1937649.40	380632.97	80.36	472494	472494	3632	109.50
600481	双良节能	0.0996	1.3056	7.62	0.1440	201436.20	16136.00	444453.18	211566.74	52.40	162050	162050	14897	121.82
600584	长电科技	0.1000	4.4354	2.45	2.5767	1915452.77	10633.44	2971925.09	459468.48	84.54	103591	98457	22487	183.56
601199	江南水务	0.3500	2.7236	13.65	0.4083	110682.49	32608.97	456818.67	254710.85	44.24	93521	93521	10711	72.18
601218	吉鑫科技	0.1134	2.5675	4.61	0.3692	155693.16	11740.70	381643.68	254631.81	33.28	99176	99176	3679	83.27
002610	爱康科技	0.0400	1.2558	2.92	0.0087	390499.20	14743.38	1650838.41	563982.97	65.84	449086	422740	20608	146.82
002645	华宏科技	0.3009	7.4217	4.14	0.3203	100552.80	6302.61	183868.36	155444.72	15.46	20945	14863	4368	59.79
002659	中泰桥梁	-0.2500	4.4824	-7.53	-0.6315	32263.85	-9604.54	379741.66	223475.38	41.15	49857	31099	1687	108.63
300320	海达股份	0.2829	2.8470	10.40	0.0865	85574.79	8298.12	121070.18	83515.37	31.02	29335	23607	8051	51.45
300537	广信材料	0.5100	4.8129	12.87	0.4165	27096.07	4241.29	58501.05	48128.78	17.73	10000	2500	2971	48.79
002807	江阴银行	0.4779	4.9520	9.92	8.1036	246941.10	77792.60	10408488.70	875195.40	91.59	176735	20945	31848	191.51
300563	神宇股份	0.5800	5.3006	13.22	0.4012	31243.53	3599.93	61480.30	42404.62	31.03	8000	2000	1496	44.33
603585	苏利股份	2.4000	17.9285	27.11	2.3684	135056.52	18525.68	189506.23	134463.80	29.05	7500	2500	7248	69.72
合计						7973227.69	577419.87	27795275.53	7322398.89		3325138	2861412	493556	2905.03
平均		0.1737	2.2021	7.89	0.5685	295304.73	21385.92	1029454.65	271199.96	73.66	123153	105978	18280	107.59

上市(挂牌)后备企业动态

【概况】 2016年，江阴市对全市上市(挂牌)后备企业继续进行滚动调整，严格筛选审核后备企业名录，挖掘培育发展潜力大，效益高，后劲足的优质企业，积极优化后备企业资源库，不断做优做强后备企业集群。年内，江苏亿欣新材料科技股份有限公司、江苏力博医药生物技术股份有限公司、江苏中基复合材料股份有限公司、江苏核新太阳能电力股份有限公司、江阴宝能精密新材料股份有限公司、江苏华钢网络科技股份有限公司、江苏博阳智慧电气股份有限公司、江苏金牡丹装饰工程股份有限公司、江苏云峰科技股份有限公司、江阴天力重科安装股份有限公司、江苏科强新材料股份有限公司、江特科技股份有限公司、江苏同发新能源股份有限公司、江阴华瑞电工科技股份有限公司、江苏精亚洁净工程股份有限公司、江阴东升新能源股份有限公司、江阴华新电器科技股份有限公司、江阴福达农化股份有限公司18个企业完成股改工作。优彩环保资源科技股份有限公司、江苏亿欣新材料科技股份有限公司、江苏中印印务集团有限公司、江阴长仪集团有限公司、江阴市天力燃气有限公司、江阴市惠尔信机械有限公司、江苏必得科技股份有限公司、江苏安凯特科技股份有限公司、江阴科利达电子有限公司、江阴骏友电子股份有限公司、江阴振宏重型锻造有限公司、江阴标榜汽车部件有限公司12个企业启动或正在准备首发上市工作。江苏通达家居用品有限公司、江阴华瑞电工科技股份有限公司、江阴采纳科技股份有限公司、江苏向阳科技有限公司、江阴市化学试剂厂有限公司、江阴万祥工艺制品有限公司、江阴东升新能源股份有限公司、江苏科强新材料股份有限公司、江阴市佐恩精品衣物洗涤护理有限公司、江阴市诚誉纱线有限公司、江阴和宏精工科技有限公司、江阴市福达农化股份有限公司、江阴市四方游泳设备有限公司、江阴市苏之酥食品有限公司、江阴市汽车交易中心有限公司、江阴市友邦家居用品有限公司、江阴市袜云馆连锁股份有限公司、江阴市润冶重工机械有限公司、江阴市六环合金线有限公司、江苏大东钢板有限公司20个企业启动或正在准备“新三板”挂牌工作。

【“振江新能源”首发申请被受理】 2016年6月20日，中国证券监督管理委员会正式确认对江苏振江新能源装备股份有限公司提交的《首次公开发行股票》行政许可申请材料进行审查，并对该申请予以受理，受理通知书编号为161496号。

【“电工合金”首发申请被受理】 2016年6月23日，中国证券监督管理委员会正式确认对江阴电工合金股份有限公司提交的《首次公开发行股票》行政许可申请材料进行审查，并对该申请予以受理，受理通知书编号为161542号。

政府服务

【概况】 2016年,江阴市高度重视企业上市(挂牌)工作,提出全力重塑"江阴板块"新优势的目标,从各方面为企业上市提供一站式服务,全年新增上市公司7个,"新三板"挂牌企业20个,通过上市首发融资、上市(挂牌)公司定向增发、发行公司债及可转债等方式从资本市场直接融资120.7亿元。年初,组织召开全市金融和上市工作会议,全面部署年度企业上市(挂牌)工作。组织举办多场企业上市问题专题协调会,为企业排忧解难。切实做好企业上市(挂牌)奖励政策兑现工作,调动企业上市(挂牌)积极性。组织上市(挂牌)企业参加无锡市政府金融工作办公室与江苏证监局共同举办的上市公司合规发展专题培训会议,对企业规范治理、严防内幕交易进行培训。组织召开江阴企业赴韩国上市推介会,帮助企业了解韩国上市相关知识。

【全市金融和上市工作会议】 2016年初,江阴市召开全市金融和上市工作会议。市金融办对全年度上市工作进行全面动员部署,下达各板块上市(挂牌)目标任务,明确全市"双百"后备企业(即100个上市后备企业、100个"新三板"后备企业)名单,进一步细化相关企业上市(挂牌)工作制度。会议要求江阴市企业进一步推进资本经营工作,坚持创新资本、集聚资源、激活智力,打造经久不衰、持续发展的企业集群,加快步伐争取更多企业早日上市。

【专题协调会】 2016年,江阴市针对企业上市(挂牌)过程中遇到的各类问题,积极为江苏中印印务集团有限公司、江阴市云峰电器设备有限公司、江特科技股份有限公司、江阴市苏之酥食品有限公司、江阴市恒大纱业有限公司、江苏大东钢板有限公司、江阴市怡达化工有限公司等20个企业召开专题协调会。通过协调会,相关部门全面了解协调处理好企业提出的有关问题,帮助企业排忧解难。

【兑现奖励政策】 2016年,江阴市为进一步调动全市企业首发上市及"新三板"挂牌的积极性,认真落实兑现企业上市(挂牌)各项优惠补助政策,根据2012年下发的《关于创新资本经营推动企业上市的实施意见》和2013年下发的《关于鼓励和支持企业"新三板"挂牌的若干意见》等规定,依据上市(挂牌)企业申报和所在镇、街、园的审核,落实完成上市公司4个、拟上市公司8个、"新三板"挂牌公司22个、区域股权市场挂牌公司65个的各项奖励补助政策兑现申请材料,组织兑现奖励补助金额3904.67万元。通过兑现政策,大幅度降低了企业上市(挂牌)的成本,进一步调动了企业登陆资本市场的积极性。

【上市公司合规发展专题培训会】 2016年5月27日,为促进江阴上市(挂牌)公司加强内部合规管理,增强规范运作意识,实现持续健康发展,市金融办组织召开无锡上市(挂牌)企业合规发展(江阴专场)专题培训会。江阴23个A股上市公司及32个"新三板"挂牌企业的负责人参加培训,无锡市金融办作培训动员,江苏省证监局、江苏省公安厅经侦大队的专家分别就上市公司信息披露与规范运作、内幕交易两个方面作专题讲座。

【江阴企业韩交所上市推介会】 2016年12月8日,为进一步推动江阴市企业境外上市工作和资本运作,帮助企业了解在韩国上市的相关流程、标准、发展方向等知识,江阴市组织举办江阴企业韩交所上市推介会,并邀请韩国证券交易所、韩国农协投资证券公司、韩国太平洋律师事务所和国内瑞华会计师事务所、德和衡律师事务所、上海道理资产管理有限公司的专家代表到江阴为企业家、各板块上市(挂牌)工作分管负责人、上市(挂牌)专管员进行相关知识讲解与答疑,并就中国企业赴韩上市的法律实务问题进行演讲。 (张盈盈)

2016年12月8日,市金融办组织开展韩交所上市推介会(市金融办提供)

■类目编辑 陈学超

建筑业

综 述

【概况】 2016年，江阴市住房和城乡建设部门不断完善信用管理信息平台，新增监理信息系统，建筑业信息系统，实现上下左右信息互通，出台建筑业信用综合评价实施细则，诚信激励、失信惩戒机制发挥效用。深入开展建设工程质量治理两年行动和安全专项整治，突出住宅工程质量通病治理，严格稽查执法和勘察设计、施工图审查等管理；推广绿色建筑，推进建筑节能，新增节能建筑196万平方米，完成检测中心搬迁改造，2项项目取得绿色建筑标识，建创无锡市以上优质工程9个、优质结构工程20个。行业服务和行业管理得到规范加强，规范行政审批，启用“一号通”审批系统（即对所有报江阴市住房和城乡建设局办理的建设工程审批事项的项目实行统一编号，从而实现“一个号码贯穿项目审批全过程”）。创新“管家式”服务，推进网上审批，压缩审批时限，办结审批事项12652件。城建档案管理规范，2个省级村镇建设档案室建成，馆藏档案达148912卷，卷内目录达603959条。

2016年江阴市建筑创优工程一览

表24

奖项	工程名称	施工单位	参建、监理单位
无锡市“太湖杯”优质工程	江阴市第四人民医院移建工程	江阴市华西建筑安装工程有限公司	—
	海澜财富中心商业办公大楼	江苏省苏中建设集团股份有限公司	江苏省启安建设集团有限公司、浙江省江南工程管理股份有限公司
	江阴藏品敔山湾项目G6号房工程	江苏省仪建建设集团有限公司	江苏省建协建设管理有限公司
	黄山湖公寓3号楼	江阴市民用建筑安装工程有限公司	江苏省腾飞工程项目管理有限公司
	江阴市人民医院新建病房大楼	江阴市一建建设有限公司	无锡市五洲建设工程监理有限公司
	澄南生产输变电工区、线路工区	江阴市一建建设有限公司	张家港市金界建设项目管理有限公司
	金科东方王府五期	江苏省苏中建设集团股份有限公司	—

2016年江阴市建筑装饰创优工程一览

表25

奖项	工程名称	施工单位
无锡市“太湖杯”优质工程	年产2亿只复合软管制造项目办公楼	江苏省美迅建筑装饰工程有限公司
	海澜国际大厦幕墙工程	无锡市王兴幕墙装饰工程有限公司

建筑工程勘察设计

【概况】 2016年，江阴市勘察设计单位完成工程设计项目476项（含专项设计资质项目），工程设计总产值2.2亿元，与2015年相比略有增长。建设行政主管部门审查大型项目初步设计10项，审查深基坑支护设计方案15项。至年末，全市拥有各类工程设计资质单位57个，其中甲级资质单位7个（包括幕墙、装饰、环保、智能化等专业设计甲级资质各1个）、乙级资质单位17个、丙级资质单位2个、设计与施工一体化资质企业31个。拥有施工图设计一类审查机构1个。

【施工图审查】 2016年,江阴市建设工程施工图审查中心坚持“科学公正、规范热诚”的工作方针,建立健全严密的审查质量保证体系及完善的内部管理制度,严格执行工程建设强制性标准。强化项目负责人制度,内部每一个项目环节的无缝衔接使机构运转更规范、更高效。拓展施工图审查资质,增加市政排水审查。提升各专业技术能力,全员培训BIM(建筑信息模型)技术。继续承诺“提前服务、现场服务、开放服务”的技术服务制度。是年,江阴市建设工程施工审查中心被评为江苏省住建系统“窗口单位和服务行业优质服务竞赛先进单位”。全年接审项目204项,面积211万平方米,完成审查项目197项(含部分2015年接审项目),面积250万平方米,出具审查意见书197份,颁发审查合格证书210份,合格面积327万平方米,工程项目变更60项。方案绿建审查90项,抗震审查9项,初步设计论证项目10项,基坑论证项目15项。

建筑施工

【概况】 2016年,江阴市有建筑业企业249个,其中总承包企业87个,专业承包企业162个,平均从业人数4.35万人,全员劳动生产率人均24.5万元。全年施工面积783.47万平方米,比2015年下降25%,其中新开工面积269.4万平方米,比2015年下降21%;竣工面积373.2万平方米,比2015年下降25%。

【建设工程质量监管】 2016年,江阴市建设工程质量安全监督站继续落实建设工程质量治理两年行动,实施工程建设五方责任主体项目负责人质量终身责任书面承诺、信息档案制度和永久性标牌制度,全年签署项目负责人质量终身责任书面承诺184份,设立永久性标牌119块。严格政府投资项目质量监管,对市级政府投资建设项目(包括拆迁安置房)实施质量集中检查10次,涉及重点工程28个(其中市政道路工程23个),建筑面积35.8万平方米(其中公共建筑4个,建筑面积14.8万平方米;拆迁安置房工程1个,建筑面积21万平方米),实体抽测3次,抽测钢筋14组,墙砌体1组,砂浆10组,混凝土强度回弹构件22个,楼板厚度构件21个,钢筋保护层厚度构件21个,全部达到规范和设计要求。继续实施建筑原材料备案登记,依据《江阴市建筑原材料登记管理办法》和《江阴市原材料登记程序》,全年实施备案登记墙体材料、预制桩、预拌砂浆36种,累计办理备案登记119种次。开展住宅工程质量通病专项治理,制定《质量通病专项治理实施方案》,针对江阴市住宅工程质量通病控制中比较突出的问题(如渗漏、裂缝等)进行专项治理;组织举办《住宅工程质量通病控制标准》业务培训,全市施工、监理单位等工程技术和质量管理人员、质量监督人员530多人参加;3次组织企业工程技术和质量管理人员、监督人员90人次赴无锡、苏州和南京参观通病防治示范工地;组织质量通病防治专项检查1次。继续实施商品住宅工程交楼标准样板房制度,全年办理备案60项。推行新版《建筑工程施工质量验收资料》,组织对全市建设、施工、监理单位资料员近600多人进行新版资料和软件使用的培训,制定下发《关于统一规范使用新版〈建筑工程施工质量验收资料〉的通知》,是年9月1日起正式全面使用新版施工质量验收资料及软件,进一步规范全市施工质量验收行为,推进市工程质量管理的规范化和标准化建设。

【建设工程安全监督】 2016年,江阴市建设工程质量安全监督站新增监督项目122项(单位工程420项),建筑面积390万平方米,比2015年增长1.3%;提前介入项目25项,建筑面积68.5万平方米;在监项目284项,建筑面积1092万平方米;竣工验收146项(单位工程675项),建筑面积560万平方米,比2015年增长40.4%;新增保温节能建筑面积205万平方米;组织检测鉴定项目14项,建筑面积11.2万平方米;创建无锡市优质结构工程20项,申报13项;获得省级安全文明施工标准化示范工地10个,申报省、市安全文明施工标准化示范工地27个;培训建筑工程施工企业主要负责人、项目负责人、专职安全管理人员1745人,特种作业人员1515人,见证取样人员和继续教育人员380人;为30台塔式起重机、156台施工升降机办理产权登记;为176台塔式起重机、247台施工升降机办理安装告知,注销塔式起重机、施工升降机448台;接受并处理工程质量、安全、文明施工投诉218次;检查工地1381个次,实施巡查抽查973次,实体抽测152次,开具质量监督抽查整改通知书136份,开具建设工程施

2016年11月,市住建局建设工程质量安全监督站在澄星广场建筑工地,利用建筑工人业余学校组织建筑工人进行安全教育培训 (市住建局提供)

工安全隐患整改通知书51份,建设工程施工局部停工整改通知书45份,发现并整改安全隐患2570条,整改率100%;排查超过一定规模危险性较大的分部分项工程53个;立案查处违法违规行为11件,结案8件,到账罚款金额44.2万元。

【安全生产】 2016年,江阴市建设工程质量安全监督站全面落实安全主体责任,明确建设安全工作的思路、目标和重点,提出工作措施和要求,与265个单位签订安全生产告知承诺书;切实深化安全专项整治,积极做好安全生产工作。全面部署春节前后安全、文明施工工作,春节期间建设安全生产形势稳定;部署开展节后复工安全生产工作,确保复工复产安全,120个企业、项目部上报复工备案表、办理备案复工手续;做好重点时段安全生产管理工作,全面部署夏季高温、二十国集团(G20)杭州峰会、国庆等重大时段的建筑安全生产工作,确保建设工程安全生产形势稳定。深入开展建筑安全专项整治,制定《2016年江阴市建筑安全专项整治工作方案》,明确专项整治目标、整治重点和工作要求;高度重视建筑起重机械安全管理,召开起重机械管理例会,规范建筑起重机械安全管理工作程序,加强日常维护保养管理,严把检测关,严防安全生产事故发生。2016年,江阴市政府安全生产委员会办公会制定《关于开展2016年"安全生产月"和"安全生产暨阳行"活动的通知》,开展以"强化安全发展观念,提升全民安全素质"为主题的"安全生产月"活动,进一步强化"红线"意识和"底线"思维。"安全生产月"活动期间,江阴市建设工程质量安全监督站参加江阴市安委会在学院场组织安全生产咨询活动,展出宣传板10块,下发法律法规、光盘、文明施工图集500余份,同时开展"打非治违"专题行、安全隐患曝光行、应急救援专题行等暨阳行活动,切实深入工地、深入项目部,营造全社会积极参与活动的浓厚氛围。2016年,发生5次建筑安全生产事故,死亡6人,没有发生3人以上较大安全生产事故,与2015年相比事故次数下降28.6%,死亡人数下降14.3%。

建筑市场管理

【概况】 2016年,江阴市住房和城乡建设部门以创建文明城市为目标,以城乡环境综合整治为抓手,完善市场监管和信用管理信息平台,实现与市公共交易中心信息互通,推进审批"一号通",启用省监理信用管理新系统,全面实现江阴市建筑市场"数据一个库、监管一张网、管理一条线"。

【参与文明城市创建】 2016年,江阴市住房和城乡建设部门把文明城市创建工作摆到全局重中之重的位置。加强公益宣传,继续在工地、窗口、企业、办公区域、住宅小区等宣传文明创建,按标准设置城区工地围挡和遮阳棚公益广告。加强文明工地整治。制定《2016年江阴市建筑安全专项整治工作方案》,将文明施工专项整治贯穿于日常监督检查中,督促施工单位、监理单位落实扬尘控制,制定并宣贯建筑工程安全文明标准化管理图集,持续推进"六化"(文明施工常态化、安全施工标准化、现场布置条理化、机料摆放定置化、作业行为规范化、环境影响最小化)标准,重点开展扬尘治理、垃圾清运和严禁抛洒等整治活动。全年检查工地207个次,发现并整改隐患556条,签发建设工程施工安全隐患整改通知书20份,签发建设工程施工局部停工通知书28份。组织对江苏省、无锡市文明工地申报资料的收集与上报,严格资料审查和现场考核,推进省市级建设工程标准化文明示范工地创建,创建成功省级安全文明施工标准化示范工地10个。加强市政道桥设施整治。按七网格、三大类分阶段实施养护、改造及新建,完成文富路、通江路等道路修补10746平方米,修复人行道板17383平方米、侧平石10278平方米。加强村庄环境整治,参与农村危旧房改造调研等相关工作,深化长效管理督查考核,完成30个长效管理示范村庄和2个美丽乡村建设,申报省传统保护村落和人居环境范例奖各1个。加强城区宜居环境整治。9个改造型城中村纳入棚户区改造规划,8个改善型城中村和14个老小区改造全面完成。加强城区混凝土(沥青)企业搬迁整治,2个搬迁完毕,2个原地改造。

【工程建设监管执法】 2016年,江阴市工程建设稽查大队围绕"新违建零增长、老违建负增长"的目标,

2016年,为配合文明城市创建,市住建局加强对建筑工地车辆管理

(市住建局提供)

综合执法,将防违、控违、治违的日常工作同创建全国文明城市和城乡环境综合整治工作密切结合起来。五个稽查中队工作深入一线,弥补不熟悉当地工作环境而发生错漏的情况,基本达到城乡建筑工程监管全覆盖的目标。严格按照行政执法工作流程依法行政,明确履职标准和工作制度,规范使用执法记录仪,对于发现的违法建设工程项目按照无锡市建设局制定的分段执法查处程序进行分类处理,做到及时、准确。先后扎实配合参与创建全国文明城市和城乡环境综合整治、打非治违专项行动、综合执法大检查等行动,对检查中发现的违法违规行为,按情节轻重分别处以信用扣分、经济处罚、暂停执业资格等行政处罚。加强部门之间的联络与配合,强化建工条线的系统化管理;与镇(街道)建管所积极沟通,有机结合、整合资源、优势互补、形成执法合力;同时注重横向联动,及时将违法建设查处情况抄告市各相关部门,联合执法,联手行动,共同遏制违法违规行为,形成良性的工作机制。发现违章项目293项,立案查处8件,结案10件(含2015年结转),收缴罚款301万元,抄送建设前期用地、规划手续未完备的违建工程项目累计21批252项,比上年下降10.3%。是年,江阴市工程建设稽查大队修编发放《建设行政法律法规汇编》《建设行政法律法规宣传手册》《江阴市建筑业企业信用日常考核计分管理办法》《江阴市监理企业信用日常考核计分管理办法》,深入12家建筑企业开展法制宣贯,不断提高建筑从业人员的法律意识、法律素质和法制观念,宣传相关办事流程和程序,依法办事,依法维护自己的权益。

【建筑企业信用管理】 2016年,江阴市住房和城乡建设部门按照《关于实施〈江苏省建筑业企业信用综合评价办法(试行)〉的补充通知》,重新修订《江阴市建筑业企业信用综合评价实施细则(试行)》;通过“一号通”项目审批系统,对426项报审工程项目实行统一编号,贯穿项目审批全过程,实现江苏省、无锡市、江阴市三级平台数据互通、互认和互用;通过“数字建设”考评系统,对在江阴市承接工程项目的建筑业企业实行日常考核量化计分。开展建筑业企业年度综合信用分考评,完成168个建筑业企业综合信用分评定,并将评定结果同步到江阴市政务服务中心网上招投标系统,作为工程招投标的评分依据。实现“建筑市场—施工现场”两场联动,极大地提高企业对自身信用的重视程度。是年,录入工程建设不良行为扣分单52份,办理江阴企业年度信用手册165份,外地建筑业企业单项信用手册130份。

【建筑企业资质管理】 2016年,江阴市住房和城乡建设部门根据部、省、市主管部门要求,对全市建筑业企业资质进行简单换证工作,全市有239个企业换发新版资质证书。加强建筑业企业资质管理,完成20个建筑业企业的资质申报(其中监理3个,新办10个,增项1个,升级2个,套改4个)。做好建造师注册管理工作,全年为607人次建造师发放注册证书、延期贴纸,其中一级建造师66人次,二级建造师541人次。

【工程建设造价管理】 2016年,江阴市住房和城乡建设部门巩固和完善工程造价体系,加强计价管理,结合江阴实际,按照“税价分离”的原则,调整指导价发布原则,增发除税指导价,及时转发江苏省住房城乡建设厅《关于建筑业实施营改增后江苏省建设工程计价依据调整的通知》,对工程造价咨询企业实行网上监管,完善工程造价咨询企业信用档案,实行差别化监督管理。是年,完成1个工程造价咨询企业的甲级资质申报,3个甲级企业和2个乙级企业的资质延续申报。全市有造价咨询企业9个,有招标代理机构10个。办理工程招标控制价备案143份,核定现场安全文明施工措施费54项;完成造价师注册及续期注册12人次,造价员变更46人次。同时,及时测算发布人工工资指导价、建设工程材料信息指导价和园林苗木指导价。

【施工许可与竣工备案】 2016年,江阴市住房和城乡建设部门为进一步完善江苏省建筑市场监管与诚信一体化平台建设,实现工程建设各个监管环节信息网上闭合管理。6月6日起,江阴市建筑工程(含房屋建筑工程和市政基础设施工程)使用江苏省建筑工程竣工验收备案系统进行网上竣工验收备案。全年发放施工许可证162张,施工面积333.72万平方米;完成竣工验收备案项目167项,备案面积543.83万平方米。

【建设工程监理】 2016年5月1日起,江阴市住房和城乡建设部门开始使用江苏省建筑市场监理信用管理系统,对所有新开工工程项目进行网上监理合同备案。同时,取消外地工程监理企业进入江阴市承接监理业务资质核验事项。是年,全市有市内监理企业14个,外地进驻江阴监理企业84个。全年办理建设工程监理合同备案141份,工程规模218.86万平方米,工程造价67.83亿元。

【城建档案管理】 2016年,江阴市城乡建设档案管理部门紧紧围绕年初制定的目标任务和重点工作,加强基础业务建设,强化单位内部管理,档案管理得到进一步提升。抓好安置房和重点民生工程项目,开展档案业务指导服务162人次;全力服务市政工程项目,完成全市范围内13万米天然气高压管线及配套项目竣工档案的审核和接收,涉及47个工程,共计242盒资料;全年接待查阅464人次,调阅案卷约2190卷。围绕江苏省村镇建设档案室目标管理评估办法,加强对青阳、祝塘两镇档案室的指导,使其达到江苏省一级村镇建设档案室标准。完成数字化扫描8200卷,至年末,馆藏数字化档案达76340卷。全年接收城建档案项目183项,单体工程891个,面积717万平方米;签订报送责任书154份,专项验收意见书168份;出具接收证明书183份;入库项目139项,排架入库6570卷。至年末,馆藏档案达148912卷,卷内目录达603959条。 (沈希婷)

■类目编辑 党 辉

商贸流通业

综　述

【概况】 2016年，江阴市委、市政府贯彻中央经济工作会议精神，出台《关于加快产业强市建设的若干政策意见》，将鼓励服务业探索创新、扶持老字号企业拓展市场、发展连锁经营、推进城区农贸市场标准化改造、提升发展商贸服务业列为强富美高新江阴建设的一大战略重点。市人大和市政协领导视察骨干商贸企业和服务业重点建设项目，听取全市服务业工作汇报。市场监督管理局落实“三证合一”（营业执照、组织机构代码证、税务登记证这三证合为一张），简化工商行政审批，降低市场准入门槛。商务局贯彻落实商务部加快内贸流通创新推动供给侧结构性改革电视电话会议暨全国市场运行和消费促进工作会议精神，按照商务部等13部门《关于开展加快内贸流通创新推动供给侧结构性改革扩大消费专项行动的意见》和江苏省商务厅关于消费促进活动总体部署，举办商务大讲堂，开展商务干部业务培训；定期召开服务业工作例会、重点重大服务业项目建设推进会、经济分析会，开展实体商业转型升级专项调查和老字号专题调研，联合行业协会（商会）举办江阴购物节、春季和秋季汽车节、家装博览会等节庆会展活动；按照商务部《关于废止部分规章的决定》，规范商务行政综合执法，加强成品油市场监管和再生资源回收经营者备案登记管理，停止酒类经营者备案登记和酒类流通随附单，营造良好的营商环境。“营业税改增值税”在商贸服务业全面施行。各镇（街道）围绕创建全国文明城市三年行动计划、2016年度经济发展和社会建设目标，实施新市镇建设、农贸市场标准化改造和商业街区业态调整。城市中心商圈虹桥南路贯通至毗陵路；云亭世纪阳光购物广场百货店、山观吉麦隆超市等一批商贸重点项目竣工开业；澄星八佰伴商业体、南门印象商业广场、凤凰广场等项目加快建设，江阴华联罗森供应链基地等项目开工建设。全市纯三产投资165.21亿元，比上年下降18.7%；社会消费品零售总额776.05亿元，比上年增长10.1%；服务业增加值1357.93亿元，比上年增长8.3%，占全市地区生产总值比重的44%，比上年提高0.6个百分点。

【顾山镇被列为“江苏省农村电子商务示范镇”】 顾山镇地处江阴、无锡、常熟、张家港四市交界，镇域面积49.51平方千米，下辖12个行政村、2个社区居委会，户籍人口56016人，外来暂住人口46910人，其产品以金顾山水蜜桃、针织服装为特色。2015年，顾山镇党委和镇政府成立创建电子商务示范镇领导小组，按照江阴市委、市政府《关于加快产业强市建设的若干政策意见》，出台《顾山镇关于促进电子商务快速发展的奖励办法》，重点推进江苏众网互联网有限公司电子商务园平台和顾北村省级电子商务示范村建设。江苏众网互联网有限公司被列为无锡市国家物流标准化试点单位；金顾山物流中心电子结算和税务监管等服务能级得以提升，吸纳物流货运企业475个，完成开票销售额10.2亿元，纳税8400万元；“旗枪”“琴曼”“南极绒”等20多个品牌内衣服装生产企业网络营销成效显著，网上零售额3.62亿元，比上年增长70%，全镇批零贸易业完成销售额6.3亿元，工业总产值154.33亿元；村民开设网店逾260个，金顾山水蜜桃销售额达600余万元。2016年1月15日，江苏省商务厅发出公布首批“江苏省农村电子商务示范镇”通知，顾山镇创建成为“江苏省农村电子商务示范镇”。

（沈敏能）

批零贸易业

【概况】 2016年，江阴市商务局以国务院办公厅《关于深入实施“互联网+流通”行动计划的意见》和《关于推进实体零售创新转型的意见》精神为指导，按照商务部加快内贸流通创新推动供给侧结构性改革电视电话会议暨全国市场运行和消费促进工作会议的总体部署，稳步推进商品市场转型升级、线上线下融合发展、城区农贸市场标准化改造、城镇商业街区建设、“淘江阴”生鲜配送中心和社区直投站点建设，巩固和发展“平价商店”创建成果；组织城区各商业体及各大商家开展节庆促销活动；会同江阴电视台和行业协会(商会)联合举办春季和秋季车展等8项促销活动,增加消费新供给。江苏吉麦隆超市管理有限公司加快市内外网点并购与布局,在市内新开北大街店、山观店、长山店和长寿店,在省内靖江、苏州、常州和浙江湖州等城市加速布点,旗下门店数达64个;江阴华联商厦有限公司开办华联一家连锁超市15个;江阴九澄网购电子商务有限公司开设“淘江阴”生鲜农产品社区直投站120个;江阴市苏之酥食品有限公司在S19宛山荡服务区、S38芙蓉服务区和沙溪服务区开设6个“苏之酥”直营连锁门店;云亭世纪阳光购物广场百货店、山观吉麦隆超市、祝塘大润发玛特超市等一批大中型零售网点竣工开业;周庄有色金属合约交易所更名为江苏沿海商品交易中心有限公司。是年,全市商贸流通业完成固定资产投资17.23亿元,比上年增长9.33%;全市批零贸易业完成商品销售总额5232.09亿元,比上年增长11.1%(其中:限额以上批零贸易企业完成销售额2575.63亿元,比上年增长11.1%;限额以上批零贸易企业完成社会消费品零售额233.45亿元,比上年增长7.2%)。江阴市名列长三角县域商业十强前茅。

2016年江阴市各镇(街道)、开发区商品贸易情况一览

表26 单位:万元

单位 \ 各项指标	限额以上批零企业		限额以上批零企业	
	销售额	比上年增减(%)	零售额	比上年增减(%)
高新区	1653927	10.2	60409	19.3
临港开发区	9244747	11.6	205368	17.0
靖江园区	878486	-11.6	41834	0.4
澄江街道	4290122	6.2	1503348	5.8
南闸街道	184019	10.0	36173	8.3
云亭街道	373423	26.9	46418	8.7
月城镇	332614	15.6	21736	-0.8
青阳镇	264721	8.8	23693	21.8
徐霞客镇	637437	6.5	33483	9.8
华士镇	1212810	26.7	104763	13.0
周庄镇	1734407	9.2	123699	-0.1
新桥镇	3881906	24.6	41805	12.1
长泾镇	122131	9.4	45882	0.4
顾山镇	630433	-4.0	15818	12.3
祝塘镇	315138	13.3	30049	11.7

2016年江阴市主要零售商店销售业绩一览

表27 单位:万元

单位名称	销售额	比上年增减(%)
江阴华地百货有限公司	115359.1	-0.6
江阴华联商厦有限公司	21961.4	-18.0
江阴市国际购物中心有限公司	23942.0	-15.8
江阴市银泰百货有限公司	8674.9	-11.9
大润发超市江阴店	35185.5	4.3
大统华超市江阴门店	76040.0	-0.6
麦德龙江阴商场	33737.8	-4.5
五星电器江阴门店	13570.4	14.4
苏宁电器江阴门店	19140.0	-6.4

2016 年江阴市限额以上批零业商品分类销售额一览

表 28 单位:万元

商品分类	销售额	比上年增减(%)	零售额	比上年增减(%)
粮油食品类	537388	20.7	304459	11.4
饮料类	19765	17.1	16149	3.5
烟酒类	283266	7.3	40129	7.6
服装鞋帽针纺织类	4610641	24.4	233271	9.5
化妆品类	21031	9.8	18331	6.4
金银珠宝类	593695	-9.0	69914	7.4
日用品类	110871	16.4	55623	3.3
五金、电科类	181159	22.3	7321	11.9
体育、娱乐用品类	7869	21.3	3915	-1.2
书报杂志类	13382	3.0	11531	3.9
电子和音像制品类	2234	71.6	770	-10.3
家电和音像器材类	85098	-8.2	69758	-4.9
中西药品类	191414	3.3	77210	10.0
文化办公用品类	56824	19.7	31859	3.7
家具类	11296	7.1	10471	35.7
通讯器材类	17178	32.2	13011	4.7
煤炭及制品类	1255607	-16.5	—	—
石油及制品类	1214816	-2.4	305990	0.7
化工材料及制品类	6721267	8.5	—	—
金属材料类	8867343	-14.7	—	—
建筑及装潢材料类	21555	17.1	24013	11.4
机电产品及设备类	597215	50.7	5	-13.6
汽车类	907904	8.3	842624	8.6
棉麻类	148476	-30.4	—	—
其他类	340325	-24.9	14503	23.3
合计	25756320	11.1	2134388	5.7

【江阴市形成肉菜商品市场保供稳价体系】 2016 年,江阴市商贸管理办公室积极保障市民生活必需品供应,以肉菜商品市场保供稳价为重点,采取组织江阴市江南农副产品批发市场、无锡澳华食品有限公司、江阴鹏程生鲜物流配送中心、南农蔬菜专业合作社和江苏吉麦隆超市管理有限公司参与江苏省农产品流通体系建设,推荐淘江阴参与江苏省鲜活农产品直供社区示范工程建设,鼓励江阴邵府食品有限公司创新发展,协助市政府开展城区农贸市场标准化改造,动员吉麦隆、大统华、大润发、新时代、世纪阳光、华联一家、华平百货、璜土信特、南闸如海和山观南亚等综合超市创建“平价蔬菜专营区”。通过定期走访、现场办公、结对子和分片挂钩等服务途径,努力引导实体商业学习贯彻商务部等 13 部门《关于开展加快内贸流通创新推动供给侧结构性改革扩大消费专项行动的意见》精神。根据天气变化,合理安排经营储备,建立以 1 个批发市场、10 个公益性菜市场、50 个平价超市和 100 个生鲜食品社区直投站为骨干的市级肉菜商品市场应急供稳价体系。是年,该体系向全市平价供应各类蔬菜 62267 吨、猪肉 17032 吨、牛羊肉 1156 吨。

【江阴市汽车流通协会成立】 2016年6月26日,江阴市汽车流通协会在江苏广吉汽车集团公司成立,并举行协会第一次会议。会上审议并通过《江阴市汽车流通协会章程》,投票表决选举江苏广吉汽车集团公司董事长黄建伟任会长,江阴市全顺汽车有限公司胡鹏程任常务副会长,江阴市盛达汽车销售服务有限公司总经理陈金根、江阴宝诚汽车销售服务有限公司总经理刘维佳、江阴中进雷克萨斯销售服务有限公司总经理张斌、江阴市永兴汽车销售有限公司董事长解永兴、江阴市南华汽车集团公司董事长丁南、江阴新东亚汽车销售服务有限公司董事长蔡国强任副会长,江阴市汽车交易中心董事长金越平任秘书长,江苏广吉汽车集团公司总经理李金才任执行副秘书长。该协会成员单位有56个汽车品牌4S店。协会成立后,设立慈善基金,先后组织会员单位到城中社区关怀“五保”户、资助贫困家庭和贫困大学生;9月23日至26日组织62个品牌322台参展车辆在天华艺术中心举办首届协会大型车展活动,实现订单952辆。是年,江阴市汽车流通协会会员单位销售汽车3987辆,实现营业收入54.3亿元。

【江苏吉麦隆超市新增21个网点】 2016年,江苏吉麦隆超市管理有限公司以国务院办公厅《关于推进实体零售创新转型的意见》精神为指导,在市内改造璜塘店、新华店、长泾店和青阳店,新开长寿店、山观店、长山二店和北大街店的同时,加强与供货商合作,加大融投资和并购力度,加快市外网点布局。年内,在无锡市新开长安店、西漳店、藕塘店和港下店,在苏州市新开横扇店和角直店,在常州市新开前黄店和孟河店,在南通市新开叠石桥店、张芝山店和姜灶店,在张家港市新开南丰店,在昆山市新开周市店,在靖江市新开鑫宏发店,在宜兴市新开官林店,在常熟市新开大义店,在浙江湖州市新开新塍店。总计新增21个“吉麦隆”超市网点,营业面积12.33万平方米。是年,该公司连续4年为40名家庭困难学生上大学提供资助,被江阴团市委授予圆梦行动特殊贡献奖。 (沈敏能)

供销合作经济

【概况】 2016年,江阴市供销总社全面贯彻落实中共中央、国务院,省委、省政府和无锡市委、市政府深化供销合作社改革的文件精神,扎实推进全市供销社综合改革试点工作,以提升为农服务能力为根本,创新联合社治理机制。年内,领办、合办农民专业合作社8个,创建省级农民专业合作社示范社5个。累计建成专业合作社136个,入社成员6800户,带动农户40000户,实现销售6.8亿元,助农增收3亿元。组织江阴专业合作社52种产品参加全国总社和省政府在镇江举办的2016海峡两岸(江苏)名优农产品展销会。组织专业合作社人员参加“无锡市供销系统干部职工能力素质提升暨技能等级考核鉴定”培训班。对全市供销系统建设发展农村和农产品电子商务进行整体规划,网上供销社注册用户7000人,累计建成14个代购、代销网上“双代店”,1家城区直销门店,农资供应网络覆盖全市。

【推进综合改革】 2016年,江阴市供销总社扎实推进综合改革。创新基层组织体系。全市组建6个区域性基层社联合社,联合社与基层社实行“五保留五统一”(保留基层社牌子,保留基层社法人主体,保留基层社账务单独记账,改制人员及历史遗留问题仍保留在原基层社处理,离退休人员工资福利等支付标准及支付渠道仍保留在原基层社;统一规划发展,统一管理人员,统一管理资产,统一管理收支,统一绩效考核)发挥联合社作用,落实市总社授权联合社的行政管理职责,以联合社为抓手发展区域事业,下达年度目标任务,进行日常行政管理、资产、财务管理信息化“两化”建设、财务资产管理、绩效考核等工作。推进基层社改造升级,全面完成省、无锡市总社基层组织建设目标任务,创建自主经营实体、农民社员主体、合作经济组织联合体和经济实力强、为农服务能力强的2个“三体两强基层社”,推进5个薄弱基层社改造工作,开展农民综合性合作社试点工作。健全基层社人事、工资管理和绩效考核机制,制定下发《关于基层社在册行政岗位管理人员工资报酬的指导意见》和《关于基层社人员分类管理的指导意见》,逐步完善和建立工资报酬发放、考核、奖惩体系。 (陆锡良)

粮油购销

【概况】 2016年,江阴市粮食局严格执行国家粮食购销政策,加强粮食流通市场监管,推进粮食基础设施建设,去库存、抓转型、促发展,不断提高全市粮食安全保障水平。粮食市场形势发生深刻变化,国内外粮食价格倒挂,粮食“高库存、高进口、高成本”问题较为突出。受天气因素影响,小麦质量超标情况比较严重,全市实行等内粮食收购和等外粮食收购双线收购方案,等内小麦收购价2.36元/公斤,收购市内小麦97吨;等外小麦收购价按照不同质量等级,分别为1.1元/公斤和1.4元/公斤,收购市内小麦3500吨,满足农民售粮需求。年内,外地收购小麦2.9万吨。稻谷收购价3.1元/公斤,市内收购1.57万吨,外地收购3.3万吨。全市纳入统计的61个粮油企业销售粮食121.32万吨,销售食用植物油2.31万吨。江阴市军粮供应站坚持“优质、及时、卫生、安全、按需”的原则,做好驻江阴部队的军粮供应工作,实现军粮供应满意率100%。江阴市粮食局加强粮食基础设施建设,加快粮库改造和建设,在青阳开工建设江阴地方粮食储备库3.5万吨大型平房仓项目(一期);推进江阴市陆桥粮油管理所立筒仓建设项目,全面提高粮食仓储能力。江阴市粮食局加强行业文明建设,积极参加电视台、报社、电台等媒体主办的“政风热线”“12345民生热线”等栏目,解答热点难点问题,进行粮食政策解读,邀请社会各界对粮食工作进行评议,提高全行业文明服务水平。10月11日,江阴市粮食局被江苏省文明委评为2013—2015年度江苏省文明单位。

2016 年江阴市主要粮油零售价格一览

表 29 单位:元/公斤

月份\名称	二级粳米	特二级面粉	四级菜油	一级大豆油
1 月	4.27	3.78	9.70	8.49
2 月	4.25	3.78	9.70	8.49
3 月	4.27	3.78	9.70	8.34
4 月	4.32	3.77	9.70	8.39
5 月	4.27	3.75	9.72	8.15
6 月	4.28	3.74	9.70	8.11
7 月	4.23	3.70	9.70	8.06
8 月	4.23	3.66	9.70	8.32
9 月	4.27	3.65	9.70	8.34
10 月	4.28	3.65	9.70	8.45
11 月	4.22	3.65	9.70	8.44
12 月	4.26	3.71	9.89	8.34

说明:价格为是月每周价格平均数

【粮食收购】 2016 年,国家继续实行最低收购价政策,小麦最低收购价为 2.36 元/公斤,稻谷最低收购价为 3.1 元/公斤。江阴小麦赤霉病超标现象比较严重,农民种植的小麦普遍不符合政策性收购质量要求,江阴市粮食局制定双线收购的方案,符合质量指标的等内粮,按照 2.36 元/公斤价格收购;不符合质量指标的等外粮,实行临时收储方案。对于赤霉病大于 1.5% 小于等于 3% 的小麦,收购价为 1.4 元/公斤;对于赤霉病大于 3% 的小麦,收购价为 1.1 元/公斤,满足农民售粮需求。全市完成小麦收购 3.3 万吨,其中市内收购 0.4 万吨,外购 2.9 万吨。是年秋粮收购,市场价低于国家最低收购价 0.5 元/公斤,江阴市按照 3.1 元/公斤的国家最低收购价进行收购,市内收购稻谷 1.57 万吨,外地收购稻谷 3.3 万吨,切实维护农民利益。加强秋粮收购市场秩序管理,通过核实售粮农民的身份证明、承包合同等相关资料,防止异地调粮赚取差价。加大种粮大户的服务力度,全市稻谷种植面积在 0.67 公顷(10 亩)以上的种粮大户 657 户,合计种植面积 5733.33 公顷,合计产量 5.1 万吨。江阴各粮食收购企业开展上门验粮、上门收购等优质服务,帮助联系整晒场地,延长收购时间,增设收购库点,让农民满意。

【地方储备粮管理】 2016 年,江阴市粮食局积极探索提高粮食储备水平的有效办法,按照规范化、精细化管理要求,确保储粮常储常新,数量真实,质量良好。年内,全市地方储备粮销售均采用公开招标的方式,地方储备粮销售全部在南方小麦网招标销售,成交小麦 2.9 万吨,稻谷 2.7 万吨,储备粮轮换更加规范。市粮食局健全应急供应机制,完善应急供应网络,建成粮油应急供应店 17 个,落实大米、面粉、食用油等成品粮油储备任务,增强市场应急保供能力。加强市场监测体系建设,在全市建立 15 个粮油信息采集点,定期监测市场交易、粮食库存、粮食价格等信息,编发 52 期粮食行情周报向社会发布,全市粮油市场保持平稳。

【粮食流通产业发展】 2016 年,江阴市粮食经营企业抢抓机遇,大力发展主食产业,开发新型优质健康粮油产品,推进粮油深加工,加强"岁穗福"大米、"晶口福"食用油等品牌建设,提高产品附加值。中央直属企业中粮贸易江苏有限公司发展多种经营,做好稻谷、小麦、玉米三大品种经营,销售粮食 100.05 万吨;中央直属企业中粮麦芽(江阴)有限公司,发展粮食精深加工,转化用粮 34.6 万吨,保持良好发展态势。江阴市属国有粮食经营企业完成经营量 23.72 万吨,销售量 10.88 万吨,销售收入 30230.6 万元。江阴市华贸粮油配送有限公司完成经营量 1.84 万吨,销售量 10000 吨,销售收入 2982.7 万元。江阴市华贸粮油购销有限公司完成经营量 5.04 万吨,销售量 2.33 万吨,销售收入 7292.8 万元。江阴白屈港粮食储备库完成经营量 16.84 万吨,销售量 7.55 万吨,销售收入 19955.1 万元。江苏江阴金汇油脂有限公司销售食用油 9946 吨,销售收入 5876.4 万元。

【粮食仓储设施建设】 2016 年,江阴市粮食局组织实施粮食收储供应安全保障工程,加强粮食仓储设施建设,支持科学储粮技术应用、收储专用机械装备、烘干设施、质量检测、信息化管理等项目建设,提高全市粮食仓储设施软硬件水平。年内,在青阳开工建设江阴地方粮食储备库 3.5 万吨大型平房仓建设项目(一期),主体封顶,完成投资 3100 万元,运用机械通风、环流熏蒸、粮情检测、低温储粮等绿色储粮技术,提高全市粮食仓储能力。年内,江阴市陆桥粮油管理所立筒仓建设项目主体封顶,建设 8 只立筒仓,仓容 2 万吨,完成投资 3200 万元,全面提高粮食仓储能力。全市建立以江阴白屈港粮食储备库、江阴地方粮食储备库为中心库,各乡镇粮管所为收纳库的仓储体系。

(何晓峰)

烟草专卖

【概况】 2016 年,江阴市烟草专卖局(无锡市烟草公司江阴分公司)围绕"推动转型升级,争当发展楷模"目标,以"三争"(争当行业楷模、争当省级标兵、争当基层先进)发展要求,加强指标对标,提升管理能力。全年销售卷烟 6.43 万箱,比上年下降 4.5%;实现销售收入 24.17 亿元,比上年增长 0.37%。上缴税金 9500 万元(其中:国税 8274 万元、地税 1226 万元),比上年增长 0.62%。是年,被评为江苏省文明单位、无锡市文明单位,获"江阴市百强明星企业""江阴市重点骨干企业"等称号。无锡市烟草公司江阴分公司客户服务科被评为全国质量信得过班组、江苏省质量信得过班组,《降低车辆运行费用定额》项目获江苏省优秀 QC(质量管理)小组成果二等奖,激扬 QC 小组被评为江苏省优秀质量管理小组。

【卷烟营销】 2016 年,无锡市烟草公司江阴分公司面向消费、面向市场、面向品牌,从消费、状态、价类、价位、品规、客户、区域、进度、流通、政策十个方面进行分析,积极开展市场监测,有节奏、有重点进行卷烟投放。9 月,全面推开市场化取向改革,卷烟订货启用"新商盟"省级营销平台后,着重做好客户服务工作,着力抓好品牌培育、信息采集工作。开展"消费者在哪里,我们就到哪里"主题营销活动,开展驻店营销,指导零售户销售,帮助客户减少库存、增长销量、提升类别、获取盈利。年内,完成重点品牌卷烟销售 5.75 万箱,低焦油品牌卷烟销售 5435.07 箱,分别占销售总量的 89.46% 和 8.45%;细支卷烟销售 1560.45 箱,比上年增长 268.34%。

【市场监管】 2016 年,江阴市烟草专卖局先后开展"冬季会战""闪电 19 号""闪电 20 号"及清理整顿卷烟零售户专项行动,与公检法和法制部门召开打假联席会议和两法衔接工作会议;与靖江市、海安市烟草专卖局等单位多次交流沟通,深入探讨打假形势,交换和分析有价值的情报;成功破获"1·25""11·18"两件符合国标的假烟网络案件。全年查处涉烟案件 547 件,查获非法卷烟 1526.76 件,其中假烟 28 万支,上缴罚没款 62.65 万元,辖区市场净化率始终保持 97% 以上,获江苏省烟草专卖局通令嘉奖 3 次。年内,受理许可证件 661 件,其中新办 458 件、变更 19 件、延期 184 件;正常供货 7449 户,注销 282 户。

【内设机构调整】 2016 年 10 月,根据无锡市烟草专卖局《关于印发进一步调整明确市、县级局内设机构及主要职能的规定的通知》,专卖监督管理科与内部专卖管理监督派驻组实行合署办公,调整后的机构名称为:专卖管理科(专卖稽查大队)、内部专卖管理监督派驻组;新增法规科(监察科),将法规、监察、企业管理等相关职能整合至该部门。

【国家烟草专卖局局长凌成兴到江阴调研】 2016 年 12 月 6 日,工业与信息化部党组成员,国家烟草专卖局党组书记、局长,中国烟草总公司总经理凌成兴在江阴烟草考察调研。调研期间,凌成兴考察城中基层服务站,走访部分卷烟零售客户,了解南京(红华西)牌香烟销售情况,并与部分消费者进行交流。

(张 炜)

盐业专营

【概况】 2016 年,江阴市盐务管理局(江苏省苏盐连锁有限公司江阴分公司)围绕集团公司确定的总体目标、总体思路,积极应对 2017 年盐业体制改革,进一步优化机构设置、管理体制、人力资源配置、成本费用管控、职工收入分配等方面的改革,进一步调整产品结构,提高质量增加效益,超额完成上级公司下达的各项经济指标。是年,公司实现营业收入 6295.4 万元,比上年增长 8.5%,完成认账利润 684.53 万元,完成责任指标 114.09%,为公司迎接盐业体制改革打下坚实的基础。

【盐政监督管理】 2016 年,江阴市盐务管理局从"三个注重"入手,深化盐政管理工作。注重市场稽查,通过组织开展各类专项检查和与边界地区条线单位、政府职能部门联合执法检查,进一步加强市场稽查力度,全年出动盐政执法人员 506 人次,查处违法案件 36 件,查处并没收盐产品 1.34906 吨,罚没款 4450 元,有力打击盐业违法行为,保障江阴食盐市场的稳定。注重盐政宣传与服务,启动稽查与客户经理营销走访相结合的联动机制。通过搭建营销、盐政信息互动平台,为营销保驾护航,积极与电视台、报纸等媒体联系,宣传竹盐等新品盐。积极开展食盐法制宣传工作,联合业务部门开展进社区、进学校、进超市、进工厂、进餐馆"五进"系列活动,对 26 个乡镇 4 所学校、25 个社区(小区)、78 个食盐放心店、125 个餐馆、15 个食品厂进行宣传教育,共组织宣传活动 36 次,盐政投稿 36 篇。3 月 15 日,江阴市盐务局组织人员参加市消费者委员会在江阴学院场举办的"新消费 我做主"大型咨询服务活动。5 月 15 日全国第 23 个"防治碘缺乏病日"联合卫计委等相关部门在徐霞客镇璜塘医院开展主题为"坚持科学补碘,建设健康中国"的宣传日活动。6 月中旬,开展主题为"尚德守法 全面提升食品安全法治化水平"的全国食品安全宣传周活动。积极开展打击"制贩假盐"联合执法专项行动保障全市食盐安全,加强对食品加工厂、饭店食堂、化工废渣盐等单位的食盐监督管理,会同江阴市公安局、食安委等单位对江阴市内各大农贸市场、大小商超进行全面检查整治。对食品加工厂、奶牛养殖场、化工厂等进行全方位的集中检查,确保食盐市场质量安全。为确保国庆节日期间食盐安全,积极参加由市政府牵头,分管市长带队,食品药品监督、公安、农林、质监、市场监督管理、卫生、粮食、盐务、商务等部门组成联合检查组,对食品城、西石桥农贸市场、文林农贸市场等单位进行联合检查，进一步强化相关单位和从业人员的责任意识、安全意识、诚信守法经营意识，以实际行动共同维护良好的食品安全环境。通过各种形式多样的宣传活动，打造健康、安全、放心消费食盐的良好氛围，向广大消费者深入宣传盐业专营政策，碘盐真伪鉴别，引导广大市民树立安全消费食盐、少吃盐，吃好盐的理念。注重队伍建设。是年，调整执法人员结构，加强市场监管力量，为更好地发挥盐政职能提供人力保障。

【品种盐结构调整】 2016年，江阴市盐务管理局面对严峻的市场形势，进一步调整产品结构。在上年品种结构调整的基础上，充分调整产品的销售结构。不断提高低钠盐的销售比重。至12月底，公司品种盐销售达到6344吨，占小包装食盐的比重达70.38%，小包装销量全年达到9014吨，完成保总量的目标任务。

【非盐集采商品营销】 2016年，江苏省苏盐连锁有限公司江阴分公司非盐集采商品销售发展良好。5月，成立健康厨房平台，专业对接大型餐饮、团体膳食、集体伙食等消费终端，满足其对非转基因食用油较旺盛的消费。年内，阜丰U香玉米油进行外包装改良，公司抓住契机迅速将阜丰U香玉米油推向市场，以月均100～150箱左右的速度进行购进销售。是年，公司味精销售1073.8万元，酱醋销售4.4万元；酒水类天赐缘、珍缘系列销售17.64万元，食用油销售219.22万元。非盐集采商品总计销售1315.06万元，完成年度计划970万元的135.57%。（张　慰）

重点市场

【概况】 2016年，江阴市拥有各类商品交易市场101个，其中生产要素市场1个，生产资料市场32个，消费品市场68个。是年，江阴市创建国家文明城市第二年，也是创建省优秀管理城市、省食品安全示范城市的关键年，市政府高度重视市场软硬件建设，筹资5000万元建设基金，用于城区农贸市场新建与改造工作。对市场主办单位实施农改商以奖代补措施，有效调动市场主办单位实施改造的积极性，年内规划新华、小河、黄山、浮桥、大桥、西郊、普惠、文林、长寿、月城等10多个农贸市场的新建与改造工作。同时，农贸市场主办方也自筹资金3800多万元用于改造工作，通过标准化建设，有效改善市场消费经营环境，提升市场规范化管理水平。参照2015年3个农贸市场引进物业管理公司管理的做法，璜塘、峭岐、马镇、新华、大桥等多个农贸市场也相继引进物业管理公司实施管理，收到良好的效果。城中菜场区域管理再次公开招标物业管理公司，将该区域的流动摊贩、车辆停放、门（店）外摊管理等内容纳入招标项目，通过管理单位全天候、全过程、全方位区域化管理，职能部门严格的绩效监督考查，有效转变城中农贸市场外“脏乱差”等问题。市场监管部门严格依法行政，认真贯彻宽进严管的政策要求，以市场信用分类监管为抓手，不断完善市场管理规章制度建设，上半年市市场监督管理局筹资10多万元，为全市57个农贸市场更新各项管理制度24项，统一制作并张贴规范制度牌1008块。同时，市市场监督管理局狠抓市场食品安全，年内查处市场主办单位不履行法定义务案件2件，查处商品交易市场内违法违规案件83件，查处网络市场案件24件，较好地维护市场经营秩序。根据政府对新桥、青阳等镇疑似伤寒病性的防控预案，相关农贸市场主办单位严格按照预案要求，落实各项防控措施。年底，根据周边地区H7N9禽流感疫情散发情况，按市政府防控通知要求，各农贸市场主办单位立即关停活禽类经营交易活动，有效隔断H7N9禽流感疫情的传播介质。无锡市对江阴市新生活家居广场管理有限公司等20个三星级以上诚信文明市场进行现场复审，18个市场顺利通过复审工作。江阴市新华农贸市场物业管理服务有限公司获无锡市四星文明诚信市场认定。在宏观经济形势依然严峻的情况下，江阴市各类专业市场积极应对，迎难而上，江阴长江港口物流园区交易中心、江苏华东石化物资交易市场、江阴沿江石化市场有限公司、江阴市贯庄金属材料市场有限公司、江苏长阳金属材料市场有限公司等5个专业市场继续保持百亿市场行列。是年，5个百亿市场完成市场成交额1683.29亿元，较上年增长19.7%；实现开票销售1494.76亿元，比上年增长21.89%；上缴税收8.63亿元，比上年增长26.99%。

（马　新　陆晓晓）

2016年江阴市百亿市场主要经济指标一览

表30　　单位：万元

名称＼指标	成交额		开票销售		上缴税金	
	总额	比上年增减(%)	总额	比上年增减(%)	总额	比上年增减(%)
江阴长江港口物流园区交易中心	5089189	42.21	4387232	42.82	35057	0.25
江苏华东石化物资交易市场	4979483	26.68	4255968	26.68	11862	19.02
江阴沿江石化市场有限公司	3081322	26.59	3081322	26.59	26517	-43.18
江阴市贯庄金属材料市场有限公司	2482901	12.34	2122161	12.34	5789	5.87
江苏长阳金属材料市场有限公司	1200000	-4.0	1100886	-9.80	7059	30.26
合计	16832895	19.70	14947569	21.89	86284	26.99

2016年,江阴长江港口物流园区完成开票销售800多亿元,上缴税金5亿余元。图为江阴长江港口物流园区交易中心　　(市服务业办提供)

【江阴长江港口物流园区交易中心】 该中心位于滨江西路2号,入驻客户3400余个,拥有各类商务、交易服务配套用房8万平方米,是一个融物流、商贸为一体的大型综合交易市场。2016年,完成开票销售438.72亿元,上缴税金3.5亿元。

【江苏华东石化物资交易市场】 该市场位于滨江西路2号,入驻客户700余个,是一个以石油化工产品为主的大型专业交易市场。2016年,完成开票销售425.6亿元,上缴税金1.19亿元。

【江阴市贯庄金属材料市场】 该市场位于江阴市果园路9号,总投资3亿元,占地15.87公顷,入驻客户400余个,年吞吐钢材量800万吨,年钢铁销售量达到400万吨,是华东地区规模较大、现代化设施齐全的钢铁专业市场之一。市场先后被评为全国十大金属材料交易市场、中国服务业企业500强、中国诚信企业示范单位、江苏省文明市场,并连续五年蝉联全国金属材料市场“十强”。同时,市场积极开拓钢铁现货电子交易平台,华钢网覆盖无锡、常州、苏州、杭州、南京等地区,拥有专业钢铁生产、贸易、终端等会员客户5000余个。2016年,完成开票销售212亿元,上缴税金5789万元。

【江阴沿江石化市场】 该市场位于璜土镇新材料产业园,成立于2006年,入驻企业800余个。近年来,市场依托优越的地理环境和绝佳的码头优势,大力推进石油化工产品的交易,逐步形成“高层次、辐射远、规模化”的市场格局。2016年,完成开票销售308.13亿元,上缴税金2.65亿元。

【江苏长阳金属材料市场】 该市场位于江阴—靖江工业园区沿江高等级公路21号,是一个融仓储、金属加工、物流配送、贸易经营于一体的综合性大型物流配送交易市场。市场总投资3亿元,占地面积25万平方米,入驻客户240余个,拥有室内仓库5万平方米、室外仓库3万平方米,年吞吐钢材量300万吨。2016年,完成开票销售110亿元,上缴税金7059万元。

【红星美凯龙江阴商场】 该商场位于五星路539号,占地面积3.7万平方米,建筑面积8.6万平方米,是中国第一家居品牌红星美凯龙倾力打造的第七代家居商场。商场汇聚来自全球300多个一线家居品牌,是集家具、建材、家饰于一体的一站式家居购物广场,是江阴地区档次较高、规模较大、品类齐全、配套设施齐备的首个超五星级家居商场。是年,完成开票销售2.1亿元,上缴税金165万元。

【江阴新生活国际家居广场】 该广场位于锡澄高速、沿江高速江阴出口处,总投资1.2亿元,占地3.33公顷,总经营面积8万多平方米,是一个集自动化、现代化、购物休闲于一体的家居购物广场。自2006年9月开业以来,广场以规范的管理、优质的服务、良好的形象、显著的效益,赢得广大消费者的信赖和厚爱,先后荣获“全国诚信市场”“省五星级文明诚信市场”“无锡市星级文明诚信市场”“江阴市十佳诚信企业”“江阴市维权达标企业监督站”“江阴平安法制市场创建先进单位”等称号,并多次被无锡市市场监督管理局、无锡市消委会、无锡市家具协会评为“先进企业”“消费者满意单位”。是年,完成开票销售1亿元,上缴税金350万元。

【江南农副产品批发市场】 该市场位于锡澄路88号,是一个集副食、粮油、蔬菜、水果、水产、冷冻制品等为一体的大型综合性农副产品批发市场。市场注册资本8500万元,占地面积21.8公顷,建筑面积16万平方米,总投资3.6亿元,入驻各类经营户近1000户,主要分为副食区、水果区、蔬菜区、水产区、粮油区、家禽区、猪肉批发区、冷冻区、半成品区、自产自销区、零售区、干货区及商贸城等十三大区域。市场农产品批发量占到江阴市消费量的80%以上,批发范围辐射至张家港、靖江、常州和无锡等周边地区。近年来,通过市场的不懈努力,在全国同行业和苏南地区享有很高的知名度和优良口碑,曾获得农业部“定点市场”“全国农产品综合市场——十大市场”“全国农产品综合批发——五十强市场”等荣誉称号。是年,完成成交额46亿元,上缴税金298万元。

【江阴市纺织市场】 该市场位于澄张路558号,占地0.68公顷,建筑面积10万平方米,拥有营业用房1300余套,入驻商户400余户,从业人员1800人,是一家以经营布匹为主的大型专业批发市场。市场依托良好的交通区位优势和江阴发达的纺织工业优势,不断发展壮大,并形成自己的特色,商品辐射全国、远销海外,在全国布匹专业市场中享有一定的知名度,也是江阴唯一面向全国、海外的专业市场。是年,完成开票销售8亿元,上缴税金800多万元。

(陆晓晓)

■类目编辑　党　辉

餐饮住宿业

【概况】 2016年，江阴市商贸管理办公室贯彻落实商务部、国家标准化管理委员会联合发布的《快餐企业经营规范》《餐饮企业连锁经营规范》《餐饮企业经营者与消费者订立合同的规范要求》和《餐饮分餐服务与操作规范》，开展餐饮市场调研，组织编制《江阴市餐饮业发展“十三五”规划纲要》，引导星级酒店和餐饮名店策应供给侧结构性改革，调整菜肴结构、营销定位和竞争策略，适应餐饮消费市场新常态；支持江阴市烹饪协会承办2016中餐国际化发展（华西）论坛活动，支持青果路美食街管委会举办江鲜美食节和龙虾美食夜宵活动；按照《江阴市餐饮场所燃气安全专项整治实施方案》的要求，开展餐饮业安全大检查。市市场监管局承接食品安全管理职能，会同市卫生监督所加强餐饮和住宿业分级管理。新桥、长泾等镇对民间厨师进行健康体检，对从业者携带乙型副伤寒的长泾聚点烧烤店施行封闭消毒；徐霞客等镇对酒店、宾馆和旅馆的防火安全开展专项督查。市烹饪协会主动承接政府事务，承办2016年江阴市职工中式烹饪技能比赛，启动“食尚江阴”万人培训工程；联合市国税局举办餐饮企业“营改增”专题培训；组织百名厨师赴陕西渭南参加第26届中国厨师节。是年，肯德基汽车穿梭餐厅落户临港街道，有田日本料理、巴奴毛肚火锅、一碗兰面馆、尚睿·淳咖啡进驻江阴，青果路美食街新增世纪龙虾海鲜城、东膳门饭店、蒸来了海鲜馆、香天下火锅夜宵、冰城串吧和宽窄巷子成都串串香等11个餐饮服务门店。江阴酒仙楼餐馆更名为江阴老塘前餐饮管理有限公司，江阴市高升国际大酒店、丽池精品酒店、夏港平安大酒店、暨阳三元坊美食城等一批新网点建成开业，新长江雅阁国际大酒店等一批市级重点项目恢复建设。全市住宿和餐饮业完成固定资产投资24.48亿元，是2015年的18.6倍。全市新增“中华餐饮名店”4个（江阴永丰源大酒店、江阴市蒋公馆餐饮管理有限公司、徐霞客镇新天航渔港大酒店和青阳镇福达大酒店）；申港河豚鱼村大酒店的红烧河豚、江阴永丰源大酒店的蟹黄汤包、金玉楼江鲜馆的红烧江鳗、青阳福达大酒店的青阳烩鳝和青阳旌阳大酒店的旌阳老鹅被无锡市商务局、无锡市农业委员会、无锡广播电视集团和无锡市烹饪餐饮行业协会评为真正无锡味推荐乡村美食。市第十一届蟹黄汤包节在江阴永丰源大酒店举办，中国烹饪协会名厨专业委员会副主席、江阴市烹饪协会、餐饮业商会会长吴协平为永丰源大酒店成为中华餐饮名店，仰氏红烧河豚、稻草鸭和糖醋籽鲚被认定为中国名菜进行授牌。至年末，全市餐饮服务单位（包括学校、工厂和建筑工地食堂）总数6579个，比2015年增加1012个；住宿服务单位总数627个，比2015年增加8个。全年江阴市住宿和餐饮业营业收入71.76亿元，比2015年增长12.7%，其中限额以上企业实现营业收入21.36亿元，比2015年增长4.9%，限额以上企业完成社会消费品零售额18.36亿元，比2015年增长5.5%。

【2016中餐国际化（华西）论坛】 2016年8月27—30日，由中国烹饪协会主办，江阴市烹饪协会、餐饮业商会承办的2016中餐国际化（华西）论坛在江阴华西新市村举行。来自全球26个国家和地区的中餐行业组织参加该论坛，国内多位顶级餐饮界专业人士应邀作讲座并传授培训，共同探讨中餐“走出去”的“国际化”之路。论坛期间，来自全球26个国家和地区中餐组织的主席、副主席出席中餐国际化（华西）论坛成员国会议，就中餐标准化、传承和弘扬中餐文化、树立中餐国际品牌、中餐人才培养与技术传播等议题进行深入讨论与交流，大会一致同意“中餐国际化（华西）论坛”每年举办一次，并确定将华西村作为论坛长期会址。来自加拿大、澳大利亚、美国和国内北京、山西、江苏、吉林等地的十余个餐饮、旅游、中餐技术设备企业代表出席中餐国际合作项目交流会，发布11项国际投资合作项目。中餐顶级烹饪大师李耀云、高炳义、卢永良、周晓燕、钱以斌、尹亲林和刘波平分别为海外中餐名厨研修班授课，讲解中餐菜系烹饪最新创新成果及实践经验的同时，还现场制作菜品，并开展学员与培训导师之间的答疑互动。论坛上，江阴市烹饪协会被中国烹饪协

会授予"中国美食国际推广特殊贡献奖"。

【江阴名厨赴泰国交流厨艺】 2016年7月14—21日，应曼谷中国文化中心邀请，中国烹饪协会派遣江阴市烹饪协会会长吴协平携7位江阴厨师赴泰国曼谷开展"2016年源味中国——中国非遗美食文化走进泰国"交流活动。在曼谷中国文化中心，中方厨师代表团与泰国烹饪协会、泰国电视3台、泰国MSC泰餐厨艺学校等泰国机构合作，举行厨艺教学交流、中华美食品鉴及电视节目的录制，开展"中华美食，世界非物质文化瑰宝——中国非遗美食图片展"等活动。在泰国MSC泰餐厨艺学校，中方为泰国烹饪协会副会长春蓬带队的泰国烹饪大师们现场制作"文思豆腐""中式元宝虾""橘瓣鱼元"3道佳肴并介绍其美食文化内涵；泰方制作并介绍泰餐名菜"冬阴功汤""绿咖喱鸡汤"的做法。双方还就进一步开展中泰烹饪教学合作交流等内容进行洽谈。美食品鉴活动现场，中国美食文化代表团为中国驻泰国大使宁赋魁、泰国枢密院大臣格森、泰中文化促进委员会主席披尼·扎鲁颂巴、泰国文化部副部长查薇拉等多位中泰贵宾制作江阴"非遗"蟹黄汤包以及鱼汤小刀面、桂花拉糕等淮扬名菜与小吃，并为贵宾们展示中餐刀工、雕刻绝技。泰方贵宾们被江阴厨师将一块豆腐切成万余条豆腐丝、把果蔬雕出双凤攀塔和镂空西瓜花灯的技艺所折服。该活动新华社派出两名记者全程陪同，在新华网、人民网、中国网、光明网、《光明日报》、中央电视台国际频道等媒体进行报道。

【顾山镇举办2016中国江阴蒸菜(八大碗)美食节】 蒸菜(八大碗)是顾山镇的著名美食，是江阴市非物质文化遗产。顾山镇政府挖掘传统蒸菜(八大碗)文化底蕴，大力培育"中华餐饮名镇"特色餐饮品牌，涌现新东方、北国之春、金顾山、云蝠烧鹅仔、华清苑等一批特色酒店。2016年12月15日，由中国烹饪协会名厨委员会、江阴市烹饪协会和江阴市顾山镇政府联合举办的2016中国江阴蒸菜(八大碗)美食节在江阴市新东方酒店隆重开幕。来自安徽、贵州、山西、湖南、陕西和江苏等9个省份31个餐饮单位的名厨们与顾山八大碗制作名厨同台竞肴，交流烹饪技艺。美食节邀请了中国烹饪协会名厨委员会主席高炳义大师等多位具有国家级评委资格的专家担任评委，现场设个人赛金奖、特金奖，蒸菜宴席金奖、特金奖四个奖项，江阴市新东方酒店、江阴北国之春度假村分别获蒸菜宴席特金奖和金奖。

【首届月饼美食节暨月饼制作大赛举办】 长泾月饼历史悠久，相传光绪二十九年(1903年)，当朝宰相翁同龢回乡省亲，路过长泾张慎裕茶食店时，曾买"张慎裕"月饼作伴手礼品，带往京城，献进皇宫。从此，长泾月饼一举出名，成为江阴特产。2016年8月15日，由江阴市长泾镇总工会主办，江阴市烹饪协会、餐饮业商会承办的首届长泾镇月饼美食文化节暨月饼制作技能大赛在明清街蒋公馆餐饮酒店举行。长泾镇19个月饼制作单位挑选上乘葱油、豆沙、核桃仁、瓜子仁、果脯、肉松、咸菜等原料参赛，制作各种大小苏式月饼，演绎家乡味道，吸引众多食客前往观展品鉴。美食节还设立DIY(自己制作)区，邀请小红房糕饼店的师傅现场制作十斤重大月饼，并指导参观的小朋友亲手制作苏式月饼。月饼制作技能大赛评委会根据各家月饼制作的成形外观、味感质感、营养卫生、实用推广性五个方面进行评比，遴选出张慎裕、小红房、大众、田甜、留香园等一批具有浓郁长泾特色的"金牌月饼名店"。(参见《街道·镇概况》类目中《长泾镇》分目相关条目)

【高升国际大酒店竣工开业】 2016年10月1日，由江阴市新财盛百货商城投资2亿多元新建的江阴市高升国际大酒店竣工开业。该酒店位于五星路378号，建筑面积1.37万平方米，设有71间客房(其中：标准客房30间、单人房36间、高级套房5间)，180桌餐位(其中：13间餐饮包厢，4个宴会大厅)，1个200平方米多功厅和340个汽车停泊车位。开业以来，先后成功举办世界刘氏大会、新财盛百货商城十周年庆典等活动并接办33场大型婚庆活动。

【牧野鲜生城市中央厨房(一期)竣工投产】 2016年12月12日，由江阴牧野鲜生食品科技有限公司投资750万元建设的城市中央厨房(一期)竣工开业。该城市中央厨房位于江阴市东外环路528号，一期项目面积4500平方米，配置全净水清洗、全冷链保鲜、全封闭烹制和全流程测控等流水线生产设备，引入ISO 9001:2000质量管理体系和HACCP(危害分析与关键控制点)食品安全卫生体系，采用"6S"模式(EPS-企业项目分解体系、WBS-项目群下工作分解体系、RBS-项目群资源分解体系、CBS-项目群费用分解体系、KMS-项目群知识管理体系、OBS-组织责任分解体系)进行现场管理，日产各种套餐2万份。至年末，牧野鲜生平均每天向江阴市人民医院和市急救中心提供2700份病员餐，向江阴市福澄颐养院、城东街道养老服务中心和城中、花园等12个社区居家养老服务中心提供3000份老人餐，向华士高中、城中实验小学和周庄长西幼儿园等7所学校提供9450份学生餐，向艾尔姆风能叶片制品有限公司、江阴市锡能实业有限公司等17个企事业单位提供4850份商务餐。（沈敏能）

旅游业

【概况】 2016年，江阴市旅游业策应国家旅游发展"515战略"、"畅游江苏"品牌建设以及无锡建设旅游度假胜地目标，紧密结合江阴实际，以旅游与城市融合发展为战略，以市场需求为导向，立足现实、着眼长远、务实创新，大力推动江阴旅游业转型升级。全年累计接待游园人数2373.71万人次，比2015年增长0.37%；旅游总收入累计259.69亿元，比2015年增长9.3%。全市旅行社地接人数累计105.39万人次。

【旅游基础设施】 2016年，江阴市园林旅游局强化规划引领旅游发展意识，启动编制《江阴市全域旅游规划》和《江阴"十三五"旅游规划》，加快江阴旅游发展总体规划修编，指导区域性及单体旅游项目的总体规划、控制性详细规划与修建性详细规划制订，帮助南闸街道花果村制订"花山风景区"旅游规划，加强对新桥、云亭、璜土等镇（街道）旅游产业发展规划编制的指导、协调以及规划进展情况的跟踪；通过科学的旅游规划，推动江阴传统旅游景区改造升级，引领江阴新增旅游投资向重点区域集聚发展，加快形成休闲片区。政府加大投入，对江阴旅游指示标识系统进行了全面体检，及时维修、更新、撤除或增设，重点完成江阴大道、海港大道和芙蓉大道旅游指示标识设置。江苏学政文化旅游区、江阴滨江要塞旅游区、朝阳山庄等完成游客中心和旅游厕所的新建或改建、扩建。两个江苏省旅游咨询点、江阴市24小时旅游咨询投诉热线和景区、社区旅游咨询点，构建成全市三级旅游咨询服务网络。加快旅游景区、乡村旅游区WiFi（无线网络）信号覆盖并供游客免费使用。在此基础上，两个AAAA级景区率先实现景区电子语音讲解服务，智慧旅游进程加快。

【旅游行业管理】 2016年，江阴市园林旅游局加强各级各类旅游标准宣传贯彻，组织开展全市星级饭店管理人员、乡村旅游点讲解员、旅游统计人员培训班；开展A级景区整治，乡村旅游点厨房、厕所、停车场"三整治"等专项整治工作；引导旅游经营单位参与各种主题的创建、评选活动，加强诚信体系建设。3个星级饭店、13个乡村旅游点顺利通过江苏省旅游局的复核。黄嘉喜来登酒店入围江苏精品休闲度假饭店；黄嘉喜来登酒店、中国旅行社和华西旅行社积极申报省级诚信旅游示范单位；桃园山庄大酒店、黄嘉喜来登酒店获评无锡好口碑休闲度假饭店；泓昇苑酒店、来富岛大酒店、黄嘉喜来登酒店、长寿度假村、新扬子大酒店分别建成书香驿站。切实推进文明旅游，配合江阴市创建全国文明城市工作，对市区范围内星级饭店及旅行社文明旅游工作进行检查并督促整改，在《城市生活》杂志刊登旅游文明宣传内容，全年完成18期。开展江阴旅游志愿者招募工作，完成100名旅游志愿者招募，初步搭建旅游志愿者管理、培训体系。定期召开旅行社安全工作会议及星级饭店消防安全联席会议，组织开展春节、小高考、高考、安全生产月安全检查等专项检查。

【旅游招商引资】 2016年，江阴市园林旅游局组织顾山"红豆缘"等乡村特色旅游商品参加中国国际旅游交易会、全省旅游商品创意设计大赛。指导原朝阳山庄提升改造，引进民间资本，投资1000余万元，建成以赏花为吸引点的综合性休闲景区朝阳花谷，并于6月17—19日举办首届朝阳花谷自驾露营帐篷节，吸引游客1万余人次。积极配合徐霞客镇洽谈梦东方旅游项目，大力推进省级徐霞客休闲旅游度假区的实质性运作。12月9日，梦东方·徐霞客国际旅游度假区项目在江阴市政府举行签约仪式，现场同时签订总规模100亿元的文旅发展基金一期合作协议。是年，市园林旅游局积极推进海澜集团有限公司飞马水城项目，马文化博物馆对外开放，游客中心、威尼斯酒店、马儿岛酒店加快建设。集文化休闲、乡村田园和小镇展示为一体、总长16.5千米的新桥绿道在阳光生态旅游度假区建成开放。

【旅游形象推广】 2016年，江阴市园林旅游局大力开展旅游推介活动，组织全市相关旅游企业参加南京国际度假休闲及房车展览会和无锡国际休闲度假旅游博览会，开展霍城—江阴两地旅游交流合作等活动。组织江阴主要景点举办广场旅游咨询活动，展示江阴旅游特色商品，发放宣传资料5000余份。联合常熟、太仓、张家港共同推出"长三角旅游友城卡"，组织江阴9个景区加盟，通过旅游集散与社区旅游咨询服务站全面推出，让更多的市民享受优惠便利。与中国旅游报社、中国散文报社、同程网、上海广播电视台、江苏省广播电视总台合作，以线上媒体宣传、线下社区活动、俱乐部活动等相结合的方式，量身打造"乐游江阴"强势品牌；与周边电台联合举办"行走江南——霞客故里赏花祈福行"活动，组织无锡十大旅游微信公众号宣传江阴。全面升级改版江阴旅游微信，常态化推送新旅讯、全攻略等旅游栏目，增强与游客互动；加强江阴旅游网的网站建设，及时更新旅游动态资讯，做好官方微博的维护建设工作。5月，举办第十一届中国徐霞客国际旅游节18项系列活动，包括海峡两岸纪念徐霞客朝圣公祭活动、徐霞客出游处里程碑揭幕仪式、第三届敔山湾帐篷音乐节、首届朝阳花谷自驾露营帐篷节、华西孔孟文化旅游节、江阴顾山红豆赏花节、月城双泾水乡美食节等。旅游节开幕式与海澜马文化博物馆开馆仪式合二为一。系列活动充分展示了游圣故里江阴的知名度、美誉度和影响力。

【旅游质量监督】 2016年，江阴市园林旅游局对全市各旅行社旅游广告刊登和规范性宣传情况进行专项检查，规范旅游广告宣传行为，为广大游客提供真实可靠的旅游消费信息。开展旅行社设立分公司和服务网点备案检查，联合市市场监督管理局、市公安局等相关部门，先后开展对旅游服务咨询公司的专项检查，对江阴中顺旅游咨询公司、江阴市澄北弘谷泰健康咨询服务部、江阴阿进旅行社、江阴市澄南庄稼人食品商行等旅游企业的违法违规行为进行查处。全年受理各类旅游投诉54例，全部得到及时妥善解决。

（高振华）

社区服务业

【概况】 2016年，江阴市商贸管理办公室贯彻商务部《关于促进农村生活服务业发展扩大农村服务消费的指导意见》精神，按照《全国居民生活服务业发展"十三五"规划》，指导相关行业协会落实美容美发业、洗染业、沐浴业、家庭服务业和家电维修服务业等行业经营规范与服务标准，组队参加江苏省和无锡市生活服务业职业技能大赛。公安部门会同所在镇（街道）政府（办事处）结合创建全国文明城市，依法加强对开锁业的名录管理，对寄卖业、旧货交易业、金银首饰加工业、置换业、印刷业、汽车租赁业和机动车维修业的备案管理，对浴室、娱乐、美容美发等服务行业社会治安实行分级管理。各镇（街道）对再生资源回收场所进行环境整治；对迪厅、网吧、美容院和浴室等人员密集场所进行安全生产专项督查。市委、市政府领导及市民政局、商务局领导分别视察澄乐居社区养老服务中心、夕阳红爱心护理院、市社区服务求助中心和家庭服务行业协会，全市家政服务与居家养老和社区服务事业快速发展。江阴代表队在2016年江苏省家庭服务业职业技能大赛上以总成绩第三名获得优秀奖，家政服务选手方秋磊获“江苏省十大家政服务明星”称号，母婴护理选手王忠芬获“江苏省十大育婴服务明星”称号，养老护理选手孙亚平、蒋粉红获“江苏省十大养老服务明星”称号；在2016年无锡市生活服务业职业技能大赛上，江阴市家庭服务行业工会、江阴夕阳红老年康乐中心获大赛优秀组织奖，远望医院育婴师选手刘帅名列第一，获“金牌服务能手”“无锡市技术能手”“无锡市五一创新能手”“无锡市青年岗位能手”和“无锡市巾帼建功标兵”称号。江阴市美容美发业商会成功承办全国工商联美容化妆品联盟换届会议。江阴市家庭服务行业协会网站于2月17日成功投运。全市家政、美容、理发、浴室、洗染、摄影、维修、擦鞋、洗车、婚庆等居民服务业在各自行业协会的带领下，在以设施更新和服务创新吸引消费的同时，加快服务网点布局，不断提高行业规范化、便利化、现代化水平。3月10日，江阴市乐茵儿童用品有限公司冠名的第五届“剃龙头”公益活动分别在江阴市福利院和江阴市展览馆同步举行，活动现场为200位婴儿提供免费理发服务，并向福利院的35名弃儿赠送儿童用品。年内，臻殿婚礼策划室、宝珀护肤造型合洗SPA(水疗)会所、茶斯洗护青云中殴美容养生会所、丽康足浴休闲和茶斯洗护生活馆等一批新店开张；佐恩精品衣物洗涤护理有限公司引入特许经营管理模式，连锁门店发展到28个，服务范围拓展到10个镇(街道)。至年末，江阴澄乐居社区居家养老服务中心建成27个；全市有家政服务企业89个、美容美发店1712个、浴室239个、足道店213个、洗染店187个、摄影店178个、各类维修网点2035个、擦鞋店15个、洗车店77个、婚庆服务单位221个和清洁服务企业135个。

【首批3个“心灵驿站”建成】 2016年初，江阴市家庭服务行业协会在员工制家庭服务企业市福澄颐养院、市夕阳红老年康乐中心和市社区服务求助中心有限公司先行开展“心灵驿站”创建活动。4月28日，协会会同澄江街道总工会在福澄颐养院举行了3个企业“心灵驿站”的授牌仪式。“心灵驿站”建成后，各单位工会定期开展对员工的心理疏导及心理咨询；经常开展对员工的思想教育及技能培训；组织员工开展娱乐活动，加强员工之间的交流沟通；关心员工生活，维护员工的合法权益；鼓励员工积极参加志愿者服务活动。年内，江阴市总工会派资深心理专家对福澄颐养院老人及养老护理员进行以“做个健康快乐的福澄人”为主题的心理健康公益讲座。至年末，江阴市家庭服务行业协会“心灵驿站”向员工进行心理疏导及心理咨询累计1305人次。

【公益活动走进城中社区】 2016年5月30日，江阴市家庭服务行业协会工会会同澄江街道总工会、城中社区在人民路步行街学院场举办“2016工会联合志愿者、大型公益在社区，家庭服务行业走进城中社区”惠民公益活动。来自江阴市13个家政品牌单位的50余名志愿者分别参加家电维修、家庭保洁、磨刀、配钥匙、清洗油烟机、管道疏通、家庭教育咨询、中小学生文化辅导、育婴师技能培训咨询、老人按摩、测量血压、老人理发、儿童理发、母婴护理咨询、月嫂咨询、孕妇健康教育咨询、小儿湿疹护理咨询、居家养老服务咨询等20项服务项目。社区服务求助中心的配钥匙、磨菜刀、清洗油烟机和修理家电服务项目，桃源足道和勤善堂为老年人保健按摩、测量血压服务项目，澄乐居和金豆坊为老人和儿童理发服务更受社区居民欢迎，现场有500余位社区居民受益。

【市美容美发业商会开启人才培育工程】 2016年6月，江阴市美容美发业商会针对许多会员单位存在人员流动性大且专业技能下降，导致消费者投诉增多的情况，组织理事以上单位领导赴常熟市经典美容机构学习取经。依托江阴市名妆职业培训学校，在全行业推行以员工持技能等级证书上岗为内容的行业品牌创建活动。香港华娜、姿彩美丽、巴黎春天、康正美容、雅妍和挺好等10个会员单位积极响应，对38名新员工全部进行委托培训，于9月率先达到全员持技能等级证书上岗的创建要求，被商会树立为品牌创建活动示范店。11月11日，商会会同江阴市人社局培训中心、美容美发行业工会和江阴名妆美业创客集在万达广场举办2016中国国际美容化妆(江阴分赛区)全能大赛，现场有25名化妆选手和24名韩式半永久化妆术选手参赛，5名选手获美容化妆技能高级证书。

【绿色家装率先推行】 2016年，江阴市装饰装修行业协会根据市民家庭越来越注重“无害、安全”装饰装修的动向和国家倡导“低碳、环保”生活方式的号召，组织会员单位赴云南、贵州、湖北以及江苏省内张家港、江阴等地开展“绿色建材，环保装潢”主题活动。广州设计周期间，承办“2016跨界设计精英思想会(江阴站)”活动。开展“霞客杯”家装优质工程评选，参加市消费者委员会“3·15”广场咨询活动，与金三角广场家居村联合举办金三角首届家装节，率先在业内和全省家装市场力推绿色家装行动。协会专门成立甲醛检测机构，常年为市民家庭开展免费检测甲醛公益活动，免费为458个市民家庭进行检测，对其中302户甲醛超标家庭提出专业建议与治理方案。是年，协会受理并解决家装及建材投诉32件，协助市消费者协会、媒体解决纠纷10件，被江阴市委、市政府授予“江阴市十佳社会组织”称号。 (沈敏能)

■类目编辑　徐文辉

金融

综　述

【概况】　2016年，江阴市金融机构围绕市委、市政府高水平全面建成小康社会、建设“强富美高”*新江阴的总目标，开拓进取、埋头实干，各项工作取得显著成效，为全市经济平稳健康发展提供有力支撑。至年末，全市有银行机构27个，各项存款余额3624.54亿元，比2015年增长16.95%；各项贷款余额2751.37亿元，比2015年增长10.7%；表外融资余额1919.18亿元，比2015年增长16.66%。全市拥有保险分支机构49个，其中产险机构23个、寿险机构18个、专业代理机构8个。全年保费收入61.05亿元，比2015年增长22.32%。全市小额贷款公司18个，贷款余额28.2亿元，比2015年下降4.4%。融资性担保公司5个，担保余额26.76亿元，比2015年增长2.1%。典当公司10个，典当余额1.05亿元，比2015年下降42.5%。证券营业部20个，开户总数277082户，比2015年增长11.95%；托管总市值783.54亿元，比2015年下降20.6%；年交易额8308.05亿元，比2015年下降44.22%。期货营业部3个，新增开户数517户，比2015年下降23.18%；年交易额3046.88亿元，比2015年下降43.91%。商品交易所2个，谋求转型发展，申报交易新品种。

【信贷投放稳定增长】　2016年3月，江阴市政府召开全市金融工作会议，向各银行下发年度目标责任书，出台《江阴市金融业支持地方经济发展考核办法》，引导银行业支持实体经济发展。至年末，全市金融机构各项本外币存款余额3624.54亿元，比2015年增加525.25亿元，其中非金融企业存款余额1738.91亿元，比2015年增加279.1亿元。各项贷款余额2751.37亿元，比2015年增加265.86亿元，其中非金融企业及机关团体贷款余额2402.93亿元，比2015年增加211.75亿元；住户贷款余额348.35亿元，比2015年增加54.46亿元。存贷款增量与周边地区相比处于领先态势，表外融资大幅增长，表外融资余额1919.18亿元，比2015年增加274.12亿元。直接债务融资业务稳步推进，全年江阴企业通过银行间市场发行债券132.5亿元，年末存续余额261亿元，发行金额占无锡地区总量的35.48%，比2015年上升2.76个百分点。扩大涉农信贷投放，发放1.8亿元支农支小再贷款，支持富民惠农金融工程。

【金融保障】　2016年，江阴市政府扶持中小微企业发展，出台《江阴市中小微企业信贷风险补偿“资金池”实施细则（试行）》，江阴农商银行、农业银行江阴分行、江苏银行江阴支行3个“资金池”合作银行，向符合条件的中小微企业发放贷款324笔计10.3亿元，为企业减少利息1700万元。推动创新业务落地，农业银行江阴分行成功发放江阴首笔“苏科贷”；江阴浦发村镇银行成功办理全国首笔保险公司参与的供应链金融业务；江阴农商银行推出“企业公积金贷款”“拍卖贷”等新型金融产品；平安银行与江阴港港口集团股份有限公司签约开展合作，物联网金融业务实现零的突破。推广应收账款质押，全年办理应收账款质押业务123笔，金额44亿元，比2015年增长406%。推动诚信体系建设，发挥舆论宣传引导作用，运用各类媒体和平台，曝光失信企业和“老赖”名单，树立诚信守法导向。

【金融风险有效化解】　2016年，江阴金融运行总体平稳，未发生系统性、区域性金融风险。不良贷款余额和不良贷款率实现“双降”，全市不良贷款余额42.06亿元，不良贷款率1.53%，比2015年分别减少3.76亿元和下降0.31个百分点。开展互联网金融整治，市金融办出台《关于开展防范和处置非法集资的工作意见》，形成互联网金融风险专项整治工作机制，成立整治工作领导小组，对互联网金融风险专项整治活动中8项分项领域开展普查工作，发放普查告知书、普查登记表1000余份，调查企业960余个。加快出险企业处置，江阴市西城钢铁有限公司总额35.43亿元银团于2月正式合拢，剥离非主营业务资产；化解徐霞客镇“双达系”企业25亿元债务风险，整体破产重整工作于6月中旬结束。降低企业财务成本，对经有关部门和金融机构共同认定的出险企业减免罚息4800万元。推进互助资金平台建设，新增镇级

转贷平台1个,缓解中小企业转贷压力,化解担保圈风险。至年末,全市各转贷平台为中小企业转贷97.72亿元。 (陈涛涛)

银 行

【概况】 2016年,江阴市银行业面对风云变幻的国内外经济环境,认真贯彻执行稳中求进的宏观经济政策,围绕江阴市产业发展战略,转变工作思路,加强信贷政策和产业政策的协调配合,创新金融服务方式,提升金融服务质量,防范和化解金融风险,支持江阴经济社会持续平稳发展。年末,全市各项存款余额为3624.54亿元,比2015年增长16.95%,其中非金融企业存款余额1738.91亿元,比2015年增加279.1亿元。各项贷款余额2751.37亿元,比2015年增长10.70%,其中非金融企业及机关团体贷款余额2402.93亿元,比2015年增加211.75亿元;住户贷款余额348.35亿元,比2015年增加54.46亿元。存贷款增量摆脱低增长的颓势,创近3年来最好水平,与周边地区相比也处于领先地位。直接债务融资业务稳步推进,年内江阴企业通过银行间市场发行债券132.5亿元,年末存续余额261亿元,发行金额占无锡地区总量的35.48%,比2015年提高2.76个百分点。全市不良贷款余额及不良贷款率实现"双降",不良贷款余额42.06亿元、不良贷款率1.53%,比2015年分别减少3.76亿元、下降0.31个百分点;全市银行通过常规清收、依法诉讼等渠道处置不良贷款52.54亿元,银行资产质量明显提升。

2016年江阴市银行机构存款情况一览

表31

单位 \ 类别	人民币存款		外币存款	
	年末余额(亿元)	比2015年增减(%)	年末余额(亿美元)	比2015年增减(%)
人民银行江阴市支行	3.89	-75.02	—	—
农发银行江阴市支行	11.61	21.70	—	—
工商银行江阴支行	156.79	10.01	2.45	-13.12
农业银行江阴分行	479.42	4.80	2.30	0
中国银行江阴支行	230.66	1.86	3.98	5.85
建设银行江阴支行	233.96	7.32	2.20	-53.78
交通银行江阴支行	200.50	2.55	0.88	35.38
浦发银行江阴支行	404.72	65.02	0.92	-57.01
招商银行江阴支行	68.29	-7.52	0.26	-56.67
中信银行江阴支行	81.90	23.03	0.27	-55
华夏银行江阴支行	75.46	30.94	0.04	-88.57
兴业银行江阴支行	68.52	50.59	0.08	-71.43
南京银行江阴支行	89.23	62.83	0.11	-21.43
光大银行江阴支行	68.03	37.57	0.07	-75
民生银行江阴支行	136.47	49.92	0.85	—
恒丰银行江阴支行	56.07	37.53	—	—
浙商银行江阴支行	20.77	137.92	—	—
广发银行江阴支行	26.67	273.53	—	—
平安银行江阴支行	37.27	214.25	0.01	—
南洋银行江阴支行	8.33	16.34	0.13	-51.85
宁波银行江阴支行	52.96	73.75	0.39	225

续表31

单位＼类别	人民币存款		外币存款	
	年末余额(亿元)	比2015年增减(%)	年末余额(亿美元)	比2015年增减(%)
江苏银行江阴支行	110.04	9.81	0.29	262.50
江阴农村商业银行	680.04	8.17	1.33	72.73
无锡农商银行江阴支行	26.14	48.69	—	—
江阴浦发村镇银行	14.14	6	—	—
汇丰银行江阴市支行	3.70	36.53	0.04	—
邮储银行江阴市支行	91.37	14	—	—

2016年江阴市银行机构贷款情况一览

表32

单位＼类别	人民币贷款		外币贷款	
	年末余额(亿元)	比2015年增减(%)	年末余额(亿美元)	比2015年增减(%)
人民银行江阴市支行	—	—	—	—
农发行江阴市支行	27.79	7.55	—	—
工商银行江阴支行	309.81	4.35	2	-22.18
农业银行江阴分行	315.01	8.40	0.39	-80.18
中国银行江阴支行	201.54	-0.81	1.13	-48.64
建设银行江阴支行	274.08	10.88	2.86	-20.78
交通银行江阴支行	199.18	-2.01	0.18	-37.93
浦发银行江阴支行	186.30	4.57	0.63	-47.06
招商银行江阴支行	54.15	-16.82	0.03	200
中信银行江阴支行	55.99	77.63	0	-100
华夏银行江阴支行	47.33	63.94	0.15	-53.13
兴业银行江阴支行	35.81	22.05	—	—
南京银行江阴支行	44.48	53.06	—	—
光大银行江阴支行	72.80	27.76	0.21	-52.27
民生银行江阴支行	51.37	3.65	—	—
恒丰银行江阴支行	36.05	119.55	—	—
浙商银行江阴支行	17.32	56.88	—	—
广发银行江阴支行	23.98	304.38	—	—
平安银行江阴支行	29	164.84	—	—
南洋银行江阴支行	7.94	-0.63	0.03	-80
宁波银行江阴支行	27.80	69.41	0.01	-50

续表32

单位	人民币贷款		外币贷款	
类别	年末余额(亿元)	比2015年增减(%)	年末余额(亿美元)	比2015年增减(%)
江苏银行江阴支行	82.46	13.01	0.55	66.67
江阴农村商业银行	464.22	6.49	0.46	36.90
无锡农商银行江阴支行	59.58	73.75	—	—
江阴浦发村镇银行	14.05	12.04	—	—
汇丰银行江阴市支行	3.14	30.83	0.18	-21.74
邮储银行江阴市支行	19.74	49.55	—	—

【中国人民银行江阴市支行】 2016年,支行有职工47人。内设办公室、纪检监察室、金融服务一部、金融服务二部、金融管理部、外汇管理部6个部室。全年认真执行稳健货币政策,紧密联系地方实际,加大金融支持实体经济力度;深入开展"两学一做"*学习教育,提升金融服务和管理水平,维护金融稳定,为保持地方经济和社会稳健发展提供有效金融支持。

加大金融支持力度。完善政策传导机制,发挥窗口指导作用,定期组织召开全市银行行长联席会议,分析经济金融形势;深入开展调查研究,及时宣传和解读金融领域重大政策,推进经济金融协调互动。深化普惠金融体系建设,加大"三农"*及中小微企业金融支持。争取1.8亿元支农支小再贷款,支持辖区富民惠农金融工程,惠及小微企业及农户51户;联合市政府有关部门制定《江阴中小微企业信贷风险补偿"资金池"实施细则(试行)》,为扶持中小微企业发展提供政策保障。优化直接债务融资结构,推动创新业务落地,成功办理全国首笔保险公司参与的供应链金融业务,完成供应商贷款2笔,金额500万元;引导江阴农村商业银行推出"企业公积金贷款""拍卖贷"等新型金融产品,发放贷款金额650万元;推进应收账款质押业务,办理应收账款质押业务123笔,金额44亿元,比2015年增长406%;促推平安银行江阴支行与江阴港港口集团股份有限公司签约开展合作,实现物联网金融业务零的突破。

2016年11月4日,人民银行江阴市支行组织召开江阴市银行行长联席会议,辖内26个银行金融机构、市金融办及银监办主要负责人参加会议

(人民银行江阴市支行提供)

夯实金融稳定基础。加强金融风险监测和报告,全年开展大企业经营风险状况调查3次,上报重大事项报告3项。推进互联网金融专项整治,会同江阴市政府和有关部门对第三方支付平台进行走访调查,并联合市金融办召开无证支付机构风险整治工作督办会议,对市民卡公司退出支付领域提出具体要求;牵头市公安局、银监办等部门建立防电信诈骗涉案银行账户快速查控绿色通道机制,切实提升互联网金融专项整治的协作能力和工作水平。持续推进信用体系建设,做好"诚信江阴网"的相关信息披露工作,强化征信业务的日常管理和服务,全年办理个人征信查询35467人次,比2015年增长16.81%。加大地方法人金融机构的管理,对江阴农村商业银行和江阴浦发村镇银行2个法人金融机构,以及江苏华西集团财务有限公司、三房巷财务有限公司2个财务公司开展宏观审慎评估。

优化金融服务环境。创新金融消费教育载体,联合江阴农村商业银行制作"防范非法集资、维护财产安全"专题动漫,丰富金融知识传播的有效途径。加快国库现代化和信息化建设,全年入库地方公共预算收入229.91亿元,比2015年增长5.02%。持续优化农村支付环境,组织农村金融综合服务站"回头看",提升服务站运行效能;加快农村金融服务基础设施建设,实现自助柜员机行政村有效覆盖。《金融时报》江苏记者站对人民银行江阴市支行农村支付环境建设情况进行调研采访。落实工商营业执照、组织机构代码证和税务登记证“三证合一”政策，全年受理办结核准类账户行政许可及变更30840件，比2015年增长58.84%。深化人民币流通满意工程，推动硬币自循环试点工作，组织金融系统开展“家庭硬币唤醒”活动，全年银行柜面回笼硬币48.6万元，有效减少硬币沉淀；开展“反假知识大比拼”知识竞赛，建立银警联动假币监测反应工作机制，进一步延伸人民币反假工作网络；推进发行库精细化管理，提升发行库管理水平，获2016年度江苏省发行库操作技能竞赛团体二等奖。

强化外汇管理服务。开展外汇资金“控流出、扩流入”工作，走访重点外贸企业，解读相关政策措施，做好风险提示。加强对全市银行结售汇情况的监测，加大扩顺差工作力度，2016年，全市银行结售汇顺差为27.7亿美元，比2015年增加28.34亿美元。推进外汇政策先行先试工作，实施外币“资金池”企业的动态管理，在全国实现首例“资金池”企业的退出和其他企业的增补；年内新核准江阴市金桥化工有限公司、海澜集团有限公司2个企业开展跨国公司外币“资金池”业务，全年开办跨国公司外币“资金池”企业6个，开办跨境人民币双向“资金池”业务企业4个，有效拓宽企业融资渠道，节约企业财务成本。

（赵曙英）

【中国银行业监督管理委员会无锡监管分局江阴办事处】 2016年，无锡银监分局江阴监管办事处，有员工4人。年内，根据无锡银监分局统一部署，开展“两学一做”*学习教育活动。协同无锡银监分局，紧密结合辖区银行业案防工作实际和“两加强两遏制”（加强内部管控、加强外部监管；遏制违规经营、遏制违规犯罪）回头看专项检查工作要求，组织开展“员工行为整治深化年”活动。

加强金融监管。年内做好辖区银行机构基础数据统计汇总工作，密切关注存贷款的变动及不良贷款的增长情况、辖内农村法人银行机构特别是村镇银行的信用风险、声誉风险以及江阴地区个别担保圈的实时运行状况，尽可能地通过银行了解更多的实际情况。通过监管走访、政府行长联席会议、监管例会等，及时传达无锡银监分局最新监管精神和监管要求，指导银行守住风险底线，防范各类风险，努力提升金融服务水平，改善和规范经营行为，体现社会责任，大力支持实体经济发展。配合市金融办出台《江阴市银行业服务实体经济开展考核实施方案》，实现小微企业贷款增速不低于各项贷款平均增速、贷款户数不低于2015年同期户数、申贷获得率不低于2015年同期水平的“三个不低于”，制造业贷款占比及不良贷款率等指标纳入考核体系。

维护地方金融生态环境。做好来电来访投诉客户的接待工作，特别是对主动上门老年客户，做到热诚接待、耐心交流，涉及存单变保单的情况，本着为民监管的宗旨，银行有能力解决的要求银行快速解决，银行不能独立解决的，要求与保险公司协商解决，尽量让客户感到满意。对缠访的企业，办事处站在客观的角度开展信访调查，做好企业与银行间的沟通，年内成功处置江阴龙山管业有限公司和中信银行江阴支行的贷款纠纷。成功处理金融消费者投诉事件5件，切实保护金融消费者的合法权利。

维护辖内经济金融稳定。密切配合无锡银监分局和江阴市政府，组织协调江阴辖内银行业金融机构重大事项，发挥左右沟通、上下联动的桥梁作用，多次参加江阴市政府金融办组织的维护地方金融稳定、打击企业逃废债务等专题会议，要求银行维护地方金融稳定，积极支持地方经济发展，同时对企业逃废银行债务行为予以有力打击。

推创新助转型。做好江阴农商银行法人机构改革工作，推动江阴农商银行登陆资本市场，成为全国首个A股上市农商银行，提升江阴地方形象和影响力。鼓励江阴农商银行做大做强，年内江阴农商银行常州分行开业，无锡分行获批筹建。推进银行业安全保卫工作，按照银监会与公安部要求精神，会同江阴市公安局对辖内银行业金融机构进行安全大检查，对存在的问题督促其整改，确保银行运行安全无事故。推动银行业开展防范电信诈骗活动。及时转发上级文件，主动督促，推动开展银行业防范和打击电信诈骗活动。2016年，联合江阴市公安局、市见义勇为基金会对全市26个银行业金融机构进行2次表彰活动，表彰见义勇为先进个人44人次，发放见义勇为奖金5.1万元。

2016年年末，全市银行业金融机构网点数280个，比2015年增加4个，从业人员4880人，比2015年增加65人，在编人员4616人，比2015年增加271人；存款余额3624.54亿元，比2015年增加525.25亿元，增长16.95%；贷款余额2751.37亿元，比2015年增加265.86亿元，增长10.7%；不良贷款余额42.06亿元，比2015年减少3.76亿元，不良贷款率1.53%，比2015年下降0.31个百分点；全年实现账面利润49.56亿元。（金仁明）

【中国农业发展银行江阴市支行】 2016年，支行有在编员工18人。内设办公室、信贷业务部、会计结算部3个部室。支行坚持“稳中求进、好中求快”的工作总基调，聚精会神谋发展，夯实根基重管理，各项业务呈平稳提升态势。年内，足额保证政策性业务资金需求，发放县级储备粮贷款10844万元，其中调入稻谷12820吨、小麦2900吨。低成本资金支持地方经济，投放重点建设基金2亿元，支持周庄镇历史文化街区保护项目，期限15年，年利率1.2%，成为无锡第2笔也是金额最大的一笔农发重点基金项目。

支持新型城镇化建设项目。获批临港经济开发区新型城镇化建设项目贷款22亿元，全年投放6亿元。该项目通过加大绿化投入，完善集中安置区、新镇区道路网络和通讯、供水、电力等基础设施建设，进一步消除城乡差别，提升农民生活环境质量，对促进地方经济转型升级加速，提高城镇化率起到积极推动作用。

2016年年末，支行各项贷款余额27.79亿元，比2015年增加1.95亿元，增长7.55%；各项存款余额

11.61 亿元,比 2015 年增加 1.85 亿元,增长 21.7%;企事业单位日均存款 11.42 亿元,比 2015 年增加 2.57 亿元,增长 29%;完成国际结算业务量 9175 万美元,创历年新高;实现中间业务收入 214 万元;实现利润 4847 万元。（郁聪慧）

【中国工商银行股份有限公司江阴支行】 2016 年,支行有员工 399 人。内设综合管理部、个人金融业务部、公司金融业务部、机构与结算业务部、国际业务部、信贷管理部。下辖 1 个营业部和 23 个二级支行、1 个储蓄所、105 台自动柜员机。是年,支行面对经济结构调整、经济形势严峻局面,全体员工坚定信心,直面挑战,奋力拼搏,紧密围绕"市场、客户、质量、队伍"四条主线来开展工作,全力推进业务经营和内控管理协调发展,取得良好成效。

稳定信贷投放。支行支持江阴企业多元化发展,及时有效地为企业解决融资问题,全年本外币各项贷款余额 323.73 亿元,比 2015 年增加 10.13 亿元,实现贷款余额和增量双上升,其中人民币各项贷款余额 309.81 亿元,比 2015 年增加 12.9 亿元;人民币流动资金贷款余额 218.57 亿元,比 2015 年增加 17.89 亿元;项目贷款余额 53.89 亿元,比 2015 年增加 5.60 亿元。表外业务拓展租赁业务 1 单 7 亿元。审批过会私募 2 单 20 亿元,该私募项目开辟与区(县)级平台类客户合作的新路径,是服务实体经济的有效方式。

推广优质金融服务。支行不断创新产品结构、改进服务体验、完善服务渠道,着力打造"服务最佳银行"和"客户首选银行"。年内,支行人民币对公存款时点余额 91.97 亿元,人民币储蓄存款时点余额 64.83 亿元。至 2016 年年末,私银客户数 149 户,比 2015 年增长 48%;管理私人银行客户个人金融总资产 23.62 亿元,比 2015 年增长 56.3%。

基础结算便捷。支行继续扩大"工商企业通"战果,抓好新开户源头。全年加强与市场监督局的联系,派员驻点市场监督局在行政审批中心的办公点,学习企业名称核准及营业执照、组织机构代码证、税务登记证"三证合一"后的操作流程;同时走访市场集中区等,与中介机构进行广泛的交流与合作。至年末,全流程电子化工商执照成功发出 35 张营业执照,直接开户 35 户。支行又根据客户反映开户时间长,收费高的问题,通过实地调查、研究取经,优化部分开户录入功能,缩短开户时间,同时对由支行办理工商企业通的客户免收首年电子银行年费。通过一系列优化措施,极大地方便客户办理,给客户带来实际的优惠。

电子银行业务。支行充分发挥电子银行的技术优势,架构符合互联网商业惯例和用户体验的金融产品销售和服务体系,打造"互联网+"的金融生活生态圈,推广互联网产品,通过现场示范、线上咨询等方式指导客户使用,并强调安全防范的方法。支行全年手机银行净增客户 47005 户,工银 e 支付净增客户 31181 户,融 e 行移动端动户数 64248 户,新增融 e 联客户 49178 户。通过发展商户,扩大融 e 购商城的影响力,通过组织宣讲团,深入企业、社区进行宣讲,受到客户的好评。

内控案防平稳。支行强调合规经营,诚实稳健,全体员工牢牢树立风险意识、合规意识,坚持高标定位,把"零案件、零重大事故、零重大负面舆情"作为内控案防的工作目标,在全行形成良好的风险防控机制,为业务经营提供有力保障。继续深入开展"两学一做"*学习教育,严格落实"三会一课"(定期召开支部党员大会、支部委员会、党小组会、按时上好党课)制度。要求各级管理人员落实一岗双责,确保经营管理与内控案防共发展。重视每两月定期召开的案防分析会,加大对重点领域和关键环节风险专项排查与治理。持续抓好新准则、条例等各项制度规定的学习贯彻。要求各级管理人员以身作则、率先垂范,要求各部门负责人密切关注员工日常思想行为动态。制订案防应急处置预案。积极预防和妥善处置突发事件,维护支行正常经营秩序。

2016 年年末,本外币各项存款余额 173.82 亿元,人民币各项存款余额 156.79 亿元;本外币各项贷款余额 323.73 亿元,比 2015 年增加 10.13 亿元;实现拨备前利润 6.67 亿元。（杨　瑾）

【中国农业银行股份有限公司江阴分行】 2016 年,分行有在岗职工 688 人。内设公司业务部、国际业务部、零售银行业务部、信用卡与电子银行部、财会运营部、风险与信贷管理部、综合管理部、人力资源部、网点管理部 9 个部室。下辖营业部、要塞、周庄、华士、新桥等 38 个营业网点,1 个金融便利店(原文定支行),448 台自助设备。是年,分行努力把握经济金融新常态,深入贯彻落实上级行决策部署,面对有效需求不足、存贷利差缩小和案防风控压力加大的"三重挤压",大力推进比学赶超,攻坚克难,真抓实干,各项工作取得新成效,圆满完成预定目标任务。年内,分行被评为 2016 年度总行级运营基础管理先进单位、2016 年总行安全保卫"三化三达标"优秀支行、2013—2016 年度江苏省文明单位、2016 年度全省创利大行等,分行党委被省行评为 2016 年度"四好"领导班子,周庄支行党支部被评为总行先进基层党组织。

支持地方经济。围绕地方水利建设、县域城镇化、棚户区改造等重大民生工程,加强与政府部门沟通对接,项目拓展取得较好成效。年内通过总行、省行审批项目 5 项,审批金额 38.8 亿元,其中完成政府购买服务棚户区改造项目 2 项,实现此类品种零的突破。至年末,全行政府平台贷款余额 33.6 亿元,比 2015 年增加 18.3 亿元。用足用好上级行各项政策的同时,积极创新金融产品,向上争取指标,着力为更多的先进制造业、现代服务业和科技创新型企业提供便捷、高效、务实的信贷支持,全年为 61 个新拓展小微企业发放贷款 2.95 亿元。

服务"三农"。持续加大对"金农贷"等成熟产品的推广力度,大力支持家庭农场、种养大户、农业合作社等农业新型经营主体。坚持网点和"三农"团队相结合,做大农户贷款规模。至 2016 年年末,分行农户贷款客户数 206 户,比 2015 年增加 55 户,农户贷款余额 1.19 亿元,比 2015 年增加 4507 万元。其中向璜土葡萄种植大户发放100万元“金农贷”，助其搭建电商平台，推广线上销售模式。遍布全市各个行政村的223个“金穗惠农通取款服务点”，全年实现金融交易6.88万笔5013万元，助农取款2.7万笔702万元，让村民能够足不出户享受金融服务。

创新服务模式。年内布放80台超级柜台，有序做好全面推广应用，先后组织两次全员专题培训，外勤引导员全部通过上岗考试，确保超级柜台的顺利应用，同时对前端服务员加强管理，确保其理论实务和服务营销意识双提升，充分发挥其引导分流作用，超级柜台业务分流率有效提升至87%。发挥“江阴农行”微信平台线上便捷、灵活、内容丰富的优势，积极联系各大商户开展品类丰富的增值活动，吸引大量粉丝参与到线上优惠活动，有效提升银客沟通互动，扩大“江阴农行”微信平台品牌影响，进一步提升农行“金穗卡”的美誉度和影响力。

推进风险化解。按照“风险敞口减少，担保措施不弱化，业务操作合规合法”的原则，实质性化解风险。年末不良贷款实现“双降”，不良贷款余额1.5亿元，比2015年减少5.5亿元，不良贷款率0.47%，比2015年下降1.81个百分点，低于同业平均1.06个百分点。针对电信网络诈骗案件持续高发态势，分行加强对客户的宣传提示，立足源头把控，着力提高大堂、柜面一线人员识别、防控外部诈骗的能力。全年堵截各类诈骗案件35件，帮助客户避免经济损失126万元。

2016年年末，分行本外币各项存款余额495.4亿元，比2015年增加23亿元；本外币各项贷款余额317.7亿元，比2015年增加13.9亿元；完成国际结算业务量75亿美元；实现中间业务收入3.24亿元，与2015年基本持平；实现账面利润12.4亿元，比2015年增加3.2亿元。（吴芝琮）

【中国银行股份有限公司江阴支行】 2016年，支行有职工516人。内设综合管理部、业务管理部、风险管理部、公司金融部、个人金融部、监察部、营业部7个部门。下辖16个乡镇网点、8个城区网点。是年，支行坚持“发展和平安”主基调不动摇，以“系统有担当，同业有口碑”为发展定位，以“系统增贡献，市场增份额，管理增效能”为目标，坚定信心，务实奋进，全面持续推进业务基础夯实与资源配置优化，各项业务持续推进。年内，支行被评为江苏省文明单位、江阴市2016年度重点骨干企业，江阴市2016年度“万人评议机关”中取得金融序列第二名、国有银行序列第一名。

夯实客户基础。支行根据市场趋势与客户需求，适时开展17场贵金属展销会、定期开展保险沙龙、基金沙龙等活动；利用互联网与移动技术创新营销形式与渠道，开门红、二季度分别利用微信开展“出国金融留学季”“寻找最美全家福”等活动，采用线上线下吸粉，扩大中行品牌市场认知度，夯实客户基础。年内，争揽江阴市友佳珠光云母有限公司在韩国上市资金1.08亿元，神宇通信科技股份公司开立最大份额募集账户1.5亿元。

推进业务落地。以嘀嗒支付、大额存单产品组合为重点，拓展商圈和三方沉淀资金，提升负债；以信用贷、中银e贷为重点，积极走进重点行业，推进非住房贷款的发展；灵活运用投行产品，成功叙做省行首笔中银精选净值理财、博弈睿选表外期次类理财业务，实现支行净值型、挂钩型理财产品营销重大突破；成功叙做省行首笔柜台回购式债券业务1000万元，为银行间债券市场的零售拓宽销售渠道；叙做辖内首笔2448万元外贷；落地辖内首笔并购贷款1.9亿元；落地支行首笔平层股票质押式回购业务，产生中收150万元。资金方面成功发行利港发电第一期1亿元超短期融资券业务，填补支行超短期融资券债券承销业务空白。国际条线成功开立全国首笔天然气服务贸易项下国内证。

优化布局网点。年内提升网点对外服务形象，完成申港支行、祝塘支行的原址装修项目、暨阳支行的迁址项目。为顺应金融互联网和客户先上行为发展趋势，建成智能化网点14个，覆盖率56%，进一步优化服务流程，提高网点服务效率，提升客户体验。完成1个试点农村金融服务站建设，拓展农村客群。

整合资源配置。成立片区营销中心（东片区），由3名片区消贷经理对接东片区8个网点的消贷资源，集中人力、集中资源开拓资产市场。充分发挥分期中心、出国金融中心资源、人才的集中优势，重点推进消费金融、出国金融业务。年内，支行营业部被评为省级四星级出国金融中心，成为分行首个十项产品全部达标的出国金融分中心。分期中心月均发放1100万元，总量排省行第一，成为全省唯一的四星级消费金融中心。

获省文明单位。年内，支行注重服务细节，优化服务流程，深化服务内涵，深入推进以创建文明单位为目标的精神文明建设工程，被评为2013—2015年度江苏省文明单位，辖内周庄支行被评为江苏银行业普惠金融文明规范服务四星营业网点。持续推进公益文化，完善消费者保护工作制度体系，增强公众风险防范意识；壮大中行志愿者队伍，开展中行特色志愿者活动，举办第二届“暖冬圆梦”大型公益活动；推进青少年实习基地建设，方便学生社会实践；对接经济薄弱村，促进“城乡结对、文明共建”，提升中行品牌形象。

2016年年末，支行各项存款余额258.24亿元，当地市场份额比2015年下降0.99%；各项贷款余额209.39亿元；完成国际结算业务量70.72亿美元；实现中间业务收入2.24亿元，在分行辖内贡献度为22.58%；实现账面利润4.07亿元。

（钱　敏）

【中国建设银行股份有限公司江阴支行】 2016年，支行有职工421人。内设综合办公室、财务会计部、公司业务部、个人金融部、风险管理部、国际业务部、住房部7个部门，下辖1个综合型支行，29个二级支行。是年，支行以“固基、强本、创优、增效”八字方针作为全行工作的指导思想，紧跟上级行经营思路及理念，始终保持“坚定信心、目标不变、加快推进”的工作节奏，取得一些成绩，支持江阴地区经济建设。

强化党的工作建设。支行通过突出“三会一课”的正常化开展,要求全行党员职工参与到党的政治生活中去,把党的路线、政策、方针传达给干部员工,使得党员职工能够在自己的岗位上更好地服务群众,服务客户。是年,支行被选为省、无锡市分行党建工作联系点。支行响应上级行党委号召,印发党委2016年党建工作规划及党建和“两学一做”学习教育工作安排表,组织党员集中学习,党委领导班子成员以普通党员身份参加支部集中学习。要求各党支部召开专题党员会议,围绕“学党章党规”“学系列讲话”组织开展专题讨论等形式多样的活动。是年,支行完善建立“党员之家”与“职工小家”。按照支行的规划目标,在原有“党员之家”的基础上,完善拓展建设6个“职工小家”。

重视国际业务市场。支行紧抓国际业务产品窗口期,摸准企业业务需求,适时推出相关产品,带来可观中间业务收入与各项存款。全年支行多部联动,与上级行国际条线通力合作,主动为支行三房巷支行配套低风险代收代付组合产品,期限均为一年,为无锡市分行首开先河,并增加对公存款和表内贷款5.28亿元,利息收入1763万元,实现前端中间业务收入368万元,后端中间业务收入也相当可观。

推动电子银行生态圈建设。支行积极营销教育类产品,开发江阴教育APP(手机软件)缴费系统,该缴费系统整合线上线下功能,线上利用支行的跨行付接口为家长提供手机缴费功能,线下结合柜面为家长提供现金缴费通道。通过该系统,抢占线上APP缴费的入口、同时成为线下唯一现金缴费银行。该系统于2016年9月在3所学校试点成功,有2681名学生家长使用,其中线上缴费2533名学生家长,柜面缴费148名学生家长。支行累计储备政府类项目资金50亿元,江阴临港经济开发区夏港园区投资有限公司政付通项目上报省行,高新区和江阴澄西资产经营城镇化贷款项目处于评级评估阶段。

细化内控提升管理。是年,支行完成住房部搬迁,东门支行和长江支行合署办公搬迁,要塞支行和文定路支行合署办公搬迁。开展和完成青阳支行、城中支行、长江支行、九五部队自助区、长泾离行式自助银行、南闸医院离行式自助银行、青阳东街离行式自助银行、西石桥离行式自助银行、江阴中专离行式自助银行9个网点和自助银行的开设。围绕总体工作目标,选好人、用好人、管好人,为经营业务的发展提供有力的组织人事保证。全年支行党委对全行中层干部调整24人,提拔干部14人,提拔营运主管2人,提拔七级专业技术职务人员3人,八级专业技术职务人员22人,优化职务序列晋升人员42人。通过调整、交流、提拔,进一步优化人力资源,调动积极性,使江阴支行整体合力得到明显提高。

2016年年末,一般性存款时点余额246.42亿元,国有四行占比21%;一般性日均存款余额238.24亿元,国有四行占比20.51%;各类贷款时点余额293.94亿元,国有四行占比25.68%;各类贷款日均余额286.84亿元,国有四行占比25.54%;全行不良率2.09%,下降1.3个百分点,实现不良贷款余额、比率“双降”;实现国际结算业务量14.66亿美元,结售汇7.15亿美元;实现中间业务收入1.91亿元,国有四行占比21.26%。 (林 俊)

【交通银行股份有限公司江阴支行】 2016年,支行有职工212人,其中在编员工206人,长期合同工5人,派遣员工1人。内设办公室、信贷部、个金部、公司部、国际部、风险管理部、会计部等7个部门。下辖营业部和华西、周庄、高新区、要塞、城中、临港、城南、紫金9个营业网点。是年,支行坚持“全面从严治党,坚持创新驱动,强化精细管理,提升发展质效”工作思路不动摇,以“两学一做”学习教育为抓手,抓风控,抓发展,各项业务和经营管理取得新进展。优化服务网点,1月,原城东支行更名为周庄支行。6月,原百花园支行更名为城中支行。

支持实体经济发展。根据行业指引,积极推进政银企合作,大力支持重点项目、民生工程、小微企业、科技创新类企业等实体经济,加大信贷支持力度。全年发放各类贷款184.05亿元,开具银票346.07亿元,银票贴现173.91亿元,开立信用证62.12亿元。

夯实风险管理基础。2016年7月,支行领导班子作出调整。新的领导班子从建章立制和风险排查入手,加强风险的管理和控制,对所有授信客户逐一排查,进行梳理,制订相应的处置方案,健全以“全覆盖、全流程、责任制、风险文化”为核心的全面管理体系,做到“早识别、早预警、早处置”,着力提升风险识别能力、缓解能力和抵补能力。全年支行资产不良率4.14%,累计化解清收24.59亿元。

2016年年末,支行人民币存款时点余额201.7亿元,比2015年增长2.2%;贷款余额199.18亿元,比2015年下降2.01%;完成国际结算业务量70.45亿美元,比2015年增长13.01%。 (薛德兴)

【上海浦东发展银行江阴支行】 2016年,支行有职工273人。内设办公室、法律合规部、资金财务部、授信管理部、风险管理部、公司业务管理部、交易银行部、零售业务管理部、运营管理部、信息科技部、消费及小微金融部11个管理部室,设有票据业务中心、金融市场部、零售市场部、公司金融一部、公司金融二部5个营销团队。下辖营业部、朝阳路、虹桥路、人民路、澄东、澄西、开发区、周庄小微、云亭小微支行9个营业网点。是年,支行全力以赴增效益,多管齐下促转型,积极稳妥控风险,一着不让强管理,经营管理取得较好成效,主要经营指标屡创新高,巩固在系统内和江阴同业中的领先地位。加强文化建设,布置道德讲堂,开展企业文化整理及宣传工作,提炼出“团结、奉献、创新、担当”的江阴浦发文化,使其成为推进各项工作取得更大成绩的强力武器。组织迎新年长跑运动会、职工趣味运动会,建设“职工之家”,组建新一届太极拳协会、瑜伽协会。组织职工竞赛,夺取南京分行职工龙舟赛冠军,蝉联南京分行第八届业务技术比赛团体第一名。履行社会责任,开展军民共建,组织集体献血活动。开展精准化扶贫,筹划现代化绿色农业项目"靠浦农场"。5个党支部对10户困难家庭进行结对帮扶。组织"衣旧情深"公益活动,将募捐衣物送往甘肃省贫困山区。年内,支行被评为上海市金融系统先进基层党组织、浦发银行先进基层党组织、浦发银行南京分行先进集体、江阴市重点骨干企业、江阴市百强明星企业。

加快业务转型。通过业务转型为地方经济发展融资500多亿元。交易银行业务快速发展,实现交易银行特色业务量991亿元。在系统内率先成立金融市场部,新增政府债务平滑投放33亿元,实现票据贴现199亿元,同业业务效益和规模均列浦发银行南京分行系统内第一。

创新零售体制。支行对零售和运营工作进行改革创新,探索零售运营新体制。把面对厅堂客户的运营人员分为零售运营,不接触客户的运营人员分为会计运营。对零售运营人员给予有针对性的营销技能培训,通过开展"王牌营销、快乐运营"活动,激发员工的热情和工作乐趣,推动零售业务持续快速发展,个人金融资产时点余额历史上首次突破180亿元大关。

强化内控管理。支行开展"两加强两遏制"(加强内部管控、加强外部监管;遏制违规经营、遏制违规犯罪)回头看专项检查,组织开展20多次合规案防检查,持续开展合规经营调查,组织员工兼职经商行为专项排查,着力防范风险隐患。开展"员工行为整治深化年"活动,组织警示教育,举行合规知识网络考试,提升员工遵纪合规的意识,实现零案件、零重大违规事件、零上访。

2016年年末,本外币日均存款260亿元,比2015年增加5亿元;贷款余额191亿元,比2015年增加5亿元;多项经营指标创下历史新高,稳居南京分行之首。（王银行）

【江苏银行股份有限公司江阴支行】 2016年,支行有职工96人。内设营业部、公司业务部、零售业务部、小微业务部、业务管理部、办公室、安全保卫部7个部室,下设朝阳路、科技园、周庄、临港4个经营性支行。是年,支行坚持稳中求进总基调,以转型创新为主线,抢抓机遇、主动作为,聚焦价值创造,稳增长,调结构,控风险,塑特色,扎实开展各项工作。年内,江苏银行成功登陆A股。支行被评为江阴市服务地方先进单位、江阴市重点骨干企业、江阴市银行业金融机构执行人民银行政策A类银行、执行外汇管理规定A类银行、江阴市金融统计考核评比先进单位、江阴市反假货币宣传先进单位、无锡分行监管统计竞赛先进集体;支行党支部被分行评为先进党支部,周庄支行被评为江苏省普惠金融乡镇网点文明规范服务五星级网点。

加大信贷投放。支行围绕地方经济社会发展和供给侧结构性改革,加大信贷投放力度,积极配合市政府推进政、银、企抱团合作,大力支持江阴地区重点项目、民生工程建设与实体经济。通过个性化的产品创新、便捷的业务流程、专业的金融服务,切实满足各类企业经营发展融资需求。作为市内3个科技型中小微企业风险补偿贷款合作银行之一,支行加大创新推力科技型企业发展,有力支持中小微企业健康稳定发展。全年发放各类贷款86.8亿元,办理银票贴现166.92亿元。

加强风险防控。支行针对经济下行期风险防控形势,持续优化风险管理体系和机制流程,全面落实风险防控责任,强化各类风险防控措施。根据监管部门要求和上级行部署,组织开展非法集资专项排查、金融投资风险警示教育、"员工行为整治深化年"活动。以平安金融创建活动为契机,构筑人防、物防、技防相结合的安防堡垒,全年未发生重点安全事故,资产质量保持良好水平。

强化党建工作。支行根据总、分行党委要求,深入开展"两学一做"学习教育,通过上党课,党员"亮身份、树形象",开展建党95周年系列活动,召开专题学习研讨等方式,教育广大党员自觉按照党员标准规范言行,引导全体党员按照行纪行规履职尽责。深化"党员进社区"活动,与25个结对社区开展活动115次,提升公众金融知识水平和风险识别能力。

提升服务品质。支行秉承"以客户为中心"的服务宗旨,围绕分行"用心服务、快乐你我"特色文化理念,以开展"星级网点"等争创活动为抓手,积极改进服务措施,创新服务手段,完善服务细节,提升服务效率和服务水平。支行在分行114个营业网点服务质量考评中,辖内5个营业网点均名列前茅;在分行19个管辖行考评中名列第一。

2016年年末,支行各项存款余额112.05亿元,比2015年增加11.34亿元,增长11.26%;各项贷款余额86.31亿元,比2015年增加11.19亿元,增长14.89%;全年完成国际结算业务量15.82亿美元,比2015年增加0.36亿美元,增长2.33%。（石　蕾）

【招商银行股份有限公司江阴支行】 2016年,支行有员工114人。内设综合办公室、公司业务部、信贷管理部,下辖营业部、虹桥南路支行、周庄支行3个网点。是年,支行围绕总行战略方针,全面执行无锡分行年初部署的"控风险、轻经营、严管理、优服务、重关爱——努力开创无锡分行轻型发展新局面"的重要工作指导思想,深化战略转型,抢抓市场机遇,积极支持当地经济发展。继续加快战略转型、服务升级,厅堂、理财、市场,私钻"四位一体",进一步打造招行零售品牌。与市政府共同发起设立公司制江阴城市发展基金,注册资金规模30亿元。该基金是无锡分行,乃至总行首单城市发展基金。成功营销及审批通过30亿元政府平台类债券业务,并积极拓展央企及央企在江阴子公司业务,获批新授信,并与中粮集团有限公司、中国光大集团股份公司、中国建材集团有限公司、中国航空技术国际控股有限公司、中国中信集团公司、碧桂园控股有限公司等建立良好合作关系。利用贴现为企业解决流动资金,全年贴现量112.23亿元,比2015年增长50%。

2016年年末,支行全折自营存款余额70亿元,人民币自营贷款余额54亿元,人均创利175万元。

（沙立刚）

【江苏江阴农村商业银行股份有限公司】 2016年,江阴农商银行有正式职工1419人。内设办公室、人力资源部、公司业务部、小微业务部、国际业务部、风险管理部、信贷管理部、财务部、稽核审计部等22个部室。江阴下辖营业部、璜土等27个支行、48个分理处、353台自动柜员机,江阴辖外设立江苏常州分行,江苏盱眙等7个支行、4个分理处,控股设立四川宣汉诚民等5个村镇银行、4个支行、2个分理处。是年,该行全面深入推进普惠转型发展,以"扩面稳增、提质增效、创新调整、规范防险、优化形象"为目标稳健经营全行业务,取得良好成绩。9月2日,该行在深圳证券交易所正式挂牌,股票简称"江阴银行",股票代码002807,成为全国首个A股上市农商银行。年末,入选中国服务业企业500强,被江阴市政府评为服务地方先进单位,在2016年度"万人评议机关"活动中获金融系统第一名。

支持实体经济发展。该行牢牢把握做小做散重点,丰富产品储备,拓宽融资渠道,加快推进"资金池"业务、"小银团"业务,积极对接地方重点重大项目,优化信贷投放结构,稳步提升金融支持实体经济发展。至年末,全行各项贷款余额525.26亿元,比2015年增加26.67亿元。其中小微企业贷款余额289.03亿元,比2015年增加27.16亿元,贷款户数6541户,比2015年净增1032户;快贷授信余额21.86亿元,客户数量5962户,户均贷款25.92万元,较好地完成小微企业贷款增速不低于各项贷款平均增速,小微企业贷款户数不低于2015年同期户数,小微企业申贷获得率不低于2015年同期水平"三个不低于"目标。

加速"互联网+"融合。该行与腾讯达成战略合作,成为首个腾讯"互联网+"金融实践基地,上线微信支付、微信摇周边、微信提现等新业务;拓展第三方支付渠道,陆续完成京东支付、苏宁易购等6个第三方支付平台的对接工作;整合收单渠道,推出"收银宝"全网收单业务,年内拓展收银宝商户3317户;加快落地民生领域应用,与全市16所中小学校对接推出校园缴费通,达成无锡地铁全面受理金融IC卡的应用功能。

探索金融服务新模式。该行深入探索"智慧金融""智慧生活""智慧商业"新型金融服务模式,积极构建接地气的社区"智慧银行"。是年,"金邻里"社区银行被评为江苏省银行业"创新服务"有影响大事,是全省唯一获评的农村商业银行金融创新服务项目。

2016年年末,该行资产总额1040.85亿元,突破千亿元,比2015年增长15.04%。各项存款余额736.41亿元,比2015年增长8.85%;各项贷款余额525.26亿元,比2015年增长5.35%;江阴辖内存贷款市场份额分别占江阴全市27个金融机构的19.38%和17.26%,继续保持领先。外汇存款余额1.33亿美元,外汇存款日均1.17亿美元;国际结算业务量37.5亿美元,结算业务笔数位列全市银行业第三。该行资产规模不断壮大,经营稳健,全行营业收入24.69亿元,营业支出16.55亿元;实现利润总额8.33亿元。 (卢皎娜)

【中信银行股份有限公司江阴支行】 2016年,支行有员工46人。内设公司业务部、国际业务部、零售业务部、营业部、办公室5个部门,下辖1个二级支行。是年,支行紧紧围绕南京分行提出的"三大平台"(协同、同业、海外)、"三大服务"(传统商行、综合融资、资源整合)、"三个一流"(服务一流、团队一流、业绩一流),努力践行"最佳综合融资服务银行发展战略"。全年存款稳步增长,贷款止跌回升,不良贷款下降,效益保持稳定,结构持续优化。支行全面贯彻上级行要求的"全员、全过程、全方位"的风险管理理念,全力以赴守住风险底线。

信贷投放总量增长。支行在江阴地区的贷款投放余额55.99亿元,比2015年增加24.34亿元。其中公司贷款余额52.82亿元,个人贷款余额3.17亿元。表外业务投放总投放量53.66亿元,比2015年增加1.81亿元。

信贷结构优化。支行以行业结构的安排防控周期性信贷风险,结构安排向中长期贷款倾斜,向优质大项目和战略客户倾斜,向高层级平台和有现金流的项目倾斜,向水电气、交通、教育、卫生、养老、环保等服务业和跨周期性行业倾斜。优化客户结构。重点加强战略客户营销,强化中型客户经营,加大项目融资营销。授信合作进入客户短名单,力争成为主办行。优化业务结构,着力推动低资本消耗业务,提升发展质量。

健全营销组织体系。支行继续以客户需求为导向,以名单制管理、综合方案营销为原则,发挥中信集团内部协同优势,通过"投行+商行""境内+境外""线上+线下""对公+对私""表内+表外"等多种模式,加强对客户的营销和管理,形成专业化的"一户一方案"。通过持续的客户开发与授信推动,客户基础得到进一步夯实。在新客户开发的基础上,加快客户结构调整步伐,围绕"开发一批,提升一批,调整一批"的工作思路,带动客户整体风险资产收益水平的持续提升。

创新零售工作方法。支行贯彻执行总行零售二次转型发展战略,践行"专业专注、用心用情、持之以恒、追求卓越"的理念,打造零售客户最佳体验银行。在开展总行"感恩季"活动的同时,配套开展零售渠道建设专项营销活动及"中信兄弟连"公私联动营销竞赛活动,积极搭建五大平台,实现客户的增长和中收的提升。理财、保险、基金均创历史新高。同时,以创建文明城市为契机固化服务品质。

2016年年末,支行各项存款余额83.79亿元,比2015年增长18.88%;各项贷款余额55.99亿元,比2015年增长77.63%;完成国际结算业务量5亿美元。全年未发生新增不良贷款,不良贷款余额3309万元,比2015年下降0.4%。

(张苏苏)

【中国邮政储蓄银行股份有限公司江阴市支行】 2016年,支行有员工125人。内设综合管理部、综合业务部、拓一部、拓二部4个部门,下辖6个二级支行、28个代理营业所。是年,该行围绕"全面、持续、深化转型"为主线,以"做大、做稳、做实、做精、做强"的工作总基调,深刻领会,统一认识,坚定信心,凝心聚力,全面抓好各项工作落实。年内,支行在无锡市分行"同庆八周年,共谱新篇章”大型歌咏比赛中荣获最佳组织奖及第一名，员工荣获2016年度江苏金融系统银行证券保险综合业务技能竞赛银行业对公业务赛项优秀奖、江苏金融系统银行综合业务技能竞赛选拔赛个人三等奖等奖项。

支持地方经济。支行积极参与地方重大项目和基础设施建设，年内成功营销江苏长电科技股份有限公司、江阴浚鑫科技股份有限公司、江阴模塑集团有限公司核心客户，向全市重点大企业发放公司贷款11笔、金额14.5亿元。积极走访专业市场、工业园区、商会，巩固和扩大优质中、小企业客户基础群体，积极推广新产品。坚持服务“三农”，全年发放涉农贷款35笔，金额1.47亿元，余额1.23亿元。至年末，支行发放零售小微贷款2亿元、消费类贷款8.34亿元，小微企业贷款2.76亿元。新业务有序推进，年内办理票据贴现业务74.89亿元，金融市场业务10.5亿元，国际结算业务量27.6亿元。其中贸易融资业务占无锡全市邮储银行系统业务量的83.8%，占全省邮储银行系统业务量的15.3%。

加强风险管控。加强制度建设，风险合规工作有效开展。通过员工行为专项排查、飞行检查，持续深入开展“三个办法”员工行为规范教育活动，使员工增强法制观念、树立风险意识、提高防控能力。完善各类应急处置预案，组织全行网点人员定期开展防抢演练。支行注重资产质量管理，进一步细化制定不良资产处置措施和考核办法，抓好不良贷款处置重点支行和重点责任人，狠刹不良率和逾期率，年末比2015年分别下降0.32个百分点和0.21个百分点。年内成功清收存量不良贷款318万元，不良贷款核销331.12万元。

提升服务品质。支行积极改进服务措施，创新服务手段，完善服务细节，多举措并行提升服务效率。不断夯实基础服务能力，提高客户满意度。每月组织网点专人检查、非现场检查标准学习，组织经典投诉案例与风险提示学习；加强网点软服务建设，加强厅内功能区域的划分和宣传品的整齐摆放；支行多名员工在省市分行各类操作技能比赛中获得佳绩。此外，支行不断延伸金融服务范围，深入社区、学校、企业，通过讲座、现场宣传等方式，向社会公众普及反假币、反洗钱等金融知识。

2016年年末，江阴市支行各项存款余额91.37亿元，比2015年增加11.24亿元，比2015年增长14%，其中居民存款余额84.22亿元，比2015年增加10.91亿元；各项贷款余额19.74亿元，比2015年增加11.22亿元，比2015年增长49.55%。　（瞿佳红）

【华夏银行股份有限公司江阴支行】 2016年，支行有员工74人。内设营业部、公司客户部、个人客户部、国际业务部、综合管理部、风险管理部6个部室，下辖周庄、新桥、临港3个支行。是年，支行始终秉承“质量、效益、速度、结构协调发展”的经营理念，以产品为龙头，以形象为中心，坚持资产质量第一，坚持服务地方经济的经营宗旨，促进各项业务的健康发展。积极推进与政府融资平台的合作，支持地方表内投放重大项目4.8亿元，其中投放临港河道治理项目3亿元、高新区河道治理项目1.8亿元。推广和运用理财融资产品，发放理财融资业务总金额8亿元，起到有效缓解信贷规模不足、支持支行客户的作用。支持地方经济，获批各类项目13户，金额10.4亿元，投放10.2亿元。积极配合政府参与困难企业的协调和帮扶，不抽贷压贷。积极扶贫帮困，热心公益事业，多次组织公益活动回馈社会，慰问环卫工人，开展社区金融宣讲，帮扶贫困村等。2016年，被江阴市政府评为服务地方先进单位。

2016年年末，支行本外币各项存款余额75.74亿元，比2015年增长26.43%；本外币贷款余额48.37亿元，比2015年增长56.35%；完成国际结算业务量73220.39万美元，比2015年增长125.13%；资产质量保持精良，不良率为零。　（陈颐菁）

【南京银行股份有限公司江阴支行】 2016年，支行有职工44人。内设办公室、公司金融一部、公司金融二部、公司金融三部、公司金融四部、小企业业务部、个人业务部、业务管理部、营业部9个部室。是年，支行紧紧围绕总分行“坚持稳中求进，深化创新转型，提升基础管理，强化风险控制，注重发展质效”总体要求，朝着“中小银行中一流的综合金融服务商”的战略愿景和建设中等规模商业银行的发展目标，调整业务结构，各项业务健康有序发展。开展“两学一做”学习教育，对照总分行下发的学习教育实施方案和党支部书记职责任务清单，开展“领导干部立家规、共产党员正家风”等一系列活动，推进党员领导干部专题民主生活会。

创新小微金融服务模式。支行大力发展小微企业，倾斜资源配置，全年有限的表内新增资源用于小微企业的投放，并且明确小微企业业务的完成情况实行“一票否决制”，以“苏科贷”“快捷贷”“鑫联税”等为突破口，全力推进微贷业务的发展。全年支行小微企业授信客户68户，贷款余额7.57亿元。

2016年年末，支行一般性存款余额89.98亿元，其中对公存款79.23亿元，比2015年增加31.01亿元；储蓄存款余额10.75亿元，比2015年增加3.3亿元。贷款余额44.48亿元，比2015年增加15.43亿元，上缴税费934万元，实现全年安全无事故。　（毛可俞）

【兴业银行股份有限公司江阴支行】 2016年，支行有员工51人。内设综合部、零售业务拓展部、企业金融业务部（下设四个部门）和小企业部7个部门。是年，支行面对复杂严峻的宏观经济形势，坚持稳中求进的工作总基调，合理统筹“质量、效益、客户、规模”各项目标，坚持合规发展，着力提升经营效益，大力推进客户体系建设，各项经营管理保持稳定、持续、健康发展。

深化创新转型。支行认识新常态下市场需求和行业竞争格局的发展变化，以更加贴近市场、高效协同联动、加快转型步伐为主要目标，继续深化体制机制改革，激发新一轮内生增长动力。以流程银行建设为目标，以客户体验为中心，以落实责任为导向，持续优化业务流程，加大流程和劳动组合变革力度,切实提高流程的轻型化和管理的精细化水平,提高工作效率和业务核心竞争力。年内,支行成功落地江阴高新区投资开发有限公司结构化融资13.7亿元,江阴临港经济开发建设有限公司应收账款资产证券化10.5亿元。

夯实内控案防基础。支行坚持"全行全员全流程"理念,认真落实"员工合规内控提升年"专项活动,在全行培育树立"合规创造价值"的理念。例行检查、专题检查和突击抽查相结合,强调业务检查的流程规范和痕迹管理。持续开展常态化员工行为排查。通过民主生活会、家访、谈心等方式多渠道了解员工的异常行为,做到提前预警、提前防范。严格落实案件防控工作,做好风险应急预案,确保安全运营。全年无一件案件发生。

延伸金融服务范围。支行通过改善服务环境,加强员工技能和服务技巧培训,大力提升服务水平。同时,不断延伸金融服务范围,深入社区、学校、企业等地区,通过"进企业、进社区、进学校"等形式,向社会公众普及反假货币、反洗钱、防范电信诈骗等金融知识和维权手段,帮助金融消费者提升自我保护意识和维权能力。

2016年年末,支行各项存款余额69.11亿元;各项贷款余额35.81亿元;银票、信用证、保函等表外融资余额115.69亿元;完成国际结算业务量2.32亿美元;上缴各项税费421.6万元。（张　怡）

【江阴浦发村镇银行】 2016年,该行有正式职员39人。内设综合管理部、资金财务部、风险管理部、业务管理部、微贷中心、营业部6个部门,下辖周庄支行1个网点。是年,该行坚持"控风险、调结构、强管理、保效益"的工作思路,加强组织建设,力促转型发展,提升服务质量,各项工作取得较好成效。顺应"互联网+"的战略思维,推动公司网银和个人手机银行上线,延伸服务触角,提升金融服务能力,有效弥补该行物理网点不足的缺陷。年内,被评为全国服务"三农"和小微企业优秀村镇银行。

强化市场定位。该行秉承"服务'三农',支持小微"的经营理念,提高金融支农支小服务能力。设立微贷中心,为广大小微企业、个体工商户、农户提供更加专业化、特色化的小微服务。微贷中心成立半年,发放二手车贷109笔1181万元;创业贷款64笔1325万元;一般小微企业及个人客户贷款24笔2709万元。明确服务对象,加大30万元以下个人创业贷款、个人消费贷款和100万元以下小微企业贷款的投放力度,实现小微和个人贷款客户数量持续增长,贷款户均和大额贷款占比逐月下降,有力扩大金融惠及面。

践行社会责任。该行对利港街道的黄丹村,南闸街道的蔡泾村、曙光村和龙运村等经济薄弱村进行精准化扶贫,全年投放贷款2100万元,敞口银票1600万元,惠及农户超过200户,增加就业岗位50余个,并通过改善生活基础设施等方式,有效改善当地村民的居住环境和生活水平。

2016年年末,江阴浦发村镇银行资产总额19.61亿元,比2015年增长11.23%;各项存款余额14.14亿元,比2015年增长6%;各项贷款余额14.05亿元,比2015年增长12.04%;上缴税费1271.81万元。

（周明霞）

【中国光大银行股份有限公司江阴支行】 2016年,支行有正式员工41人。内设公司部(下设经营部门)、零售部(下设经营部门)、营业部、国际结算部4个部门。是年,支行面对依旧复杂的宏观经济环境,努力坚持合规管理、严控风险、稳步发展。围绕提高员工政治素养、实现员工管理精细化队伍建设的梯队化、通过不同手段和渠道防控并处置风险、优化业务结构,不断扩大业务规模。坚持业务品种多样化,业务结构合理化。以模式化融资、国际结算业务为重点,利用集团内部资源开拓融资租赁、保险资金、证券资金等渠道。客户结构形成由政府平台、大企业集团、中小企业和微型企业四部分组成的客户群体。年内,支行继续支持江阴城建工作,申报并获批江阴城建项目资金40亿元。

2016年年末,支行本外币存款时点68.53亿元,比2015年增加17.28亿元;对公授信客户101户;本外币公司贷款余额71.17亿元,比2015年增加13.56亿元;结算外汇账户43户,国际结算业务量6.16亿美元。（史　超）

【中国民生银行股份有限公司江阴支行】 2016年,支行有职工55人。下设综合管理部、公司业务部、零售业务部、财富管理部、营业部等7个部门。是年,支行始终坚持服务地方经济服务社会大众,不断推出创新产品满足不同客户需求,推进服务转型,履行社会责任,努力提高服务质量和同业竞争力。加大对地方优质企业、小微企业的支持力度,同时积极推出创新产品,不断提高审批和放款效率。持续推进厅堂一体化服务,释放传统厅堂柜台的运营产能,通过团队、流程、管理一体化,不断为客户办理业务时提高效率和服务质量。整合各项资源,成立财富金融服务联盟,定期开展系列主题活动,提升支行金融服务品牌,真正做到服务大众,情系民生。结合案防形势新特点,全面组织开展多项风险排查,强化问责机制做到违规必究,坚持开展案防教育筑牢合规思想防线,落实操作风险督导检查规划、全面开展操作风险排查,营造平稳运营环境。

2016年年末,支行各项存款余额142.39亿元,比2015年增长35%;各项贷款余额51.37万元,比2015年增长3.65%;表内外业务余额253.74亿元;账面利润0.85亿元。

（刘　诣）

【恒丰银行股份有限公司江阴支行】 2015年2月7日,支行试营业,3月12日正式开业。地址位于澄江中路155号。2016年,支行有员工30人。内设行长室、综合管理部、业务管理部、直属公司业务一部、直属公司业务二部、营业部6个部室。是年,支行面对复杂多变的经济金融形势,秉承"恒必成、德致丰"的治行理念,认真落实总行"1112(一个愿景、一个文化、一个目标、两个策略)·5556(五大强行战略、五大工作方针、五大引领、六大能力)"工程和"12345"行动纲领(1是做金融综合解决方案的提供商;2是金融云平台

2015 年 3 月 12 日，恒丰银行江阴支行开业。地址位于澄江中路 155 号
（纪晓华 摄）

和大数据平台 2 个平台；3 是数字银行、交易银行、银行的银行三大特色银行；4 是布局平台金融、龙头金融、家庭金融、O2O 金融四大金融创新模式；5 是投行、资管、平台、人才盘点和以“One Bank”为核心的绩效评价体系五大战略落地工具）。积极探索调整存量业务结构，新增授信企业业务品种的选择，成功开创分行 3 笔和省行 2 笔创新业务，降低支行风险敞口占比，保证资产的质量。积极开展金融知识普及工作，引导广大消费者正确运用金融知识，增强风险防范意识和责任意识，共创和谐金融环境，结合人民银行江阴市支行和上级分行要求，通过布放展板、发放资料、现场讲解等方式，走进活动中心和社区，围绕金融消费者日常生活中所必要的金融基础知识、金融新业态的有关知识和业务开展宣传教育。积极拓展市场，优化客户结构，防范金融风险，扎实工作，稳步营销，各项业务保持良好发展势头，市场地位取得进步。年内，支行被评为无锡市“巾帼文明岗”。

架设合作共赢桥梁。2016 年 4 月 8—10 日，支行配合总行投资银行部和分行公司金融部，成功协办债券投资者交流会议，第一创业、东吴证券、华宝证券、鑫元基金等 10 个机构的 14 名投资人先后参会，并实地考察江阴市的多个上市公司。让机构投资人与企业进行面对面交流，并对企业生产经营情况进行实地考察，参与实地考察的投资人运用专业的分析方式，根据企业的实际经营情况，评估企业债券的投资价值，做出正确的判断。支行作为债券主承销商搭建企业与机构投资者面对面的交流平台，提高市场信息的对称性，增强投资人对实体企业的了解。

支持江阴经济建设。积极配合市政府参与困难企业的协调和帮扶，不抽贷压贷，发放中长期贷款占比 23%，比 2015 年增长 17%。全年投放小微客户 31 个，贷款结余额 95334 万元。与南闸、青阳、临港经济开发区等辖区企业建立合作互信，为农贸市场、农田水利、日用化工等与民生问题息息相关的产业提供金融服务。深化客户经理负责制，定期、不定期拜访客户，及时为客户提供金融产品的最新动态，了解客户对支行产品、服务的意见和建议，丰富服务内涵，增强客户满意度，夯实合作共赢、健康发展的基础，得到新老客户的广泛认可。

2016 年年末，支行各项存款余额 57.26 亿元，比 2015 年增加 3.08 亿元，增长 5.67%；表外业务余额 62.91 亿元，比 2015 年增加 23.21 亿元，增长 58.46%。全年实现安全无事故。（宋雯雯）

保　险

【概况】 2016 年，江阴市保险行业认真贯彻落实国务院《关于加快发展现代保险服务业的若干意见》和江苏省政府《关于加快发展现代保险服务业实施意见》文件精神，主动适应经济发展新常态，充分发挥保险作用，参与政府实事项目，勇于承担社会责任，满足群众保险需求，在服务地方经济社会发展中发挥积极作用，取得较好的社会效益。全年协会积极配合市公安局推动江阴市城区道路交通事故综合服务中心建设。这一工程的建成，极大地提高行政效率，提升交警、保险公司为民服务的能力，使江阴城区的道路交通事故能够一站式得到处理和保险理赔。年内，保险协会与交警大队合作，继续加大对交通事故反欺诈工作力度，全年破获反欺诈案件 128 件，金额 543 万元，有效地打击江阴保险市场的违法犯罪活动，净化江阴的保险市场环境。继续开好一季度一次的交通调解委员会对接联席会议，努力解决好广大保户的理赔难、理赔慢的问题，推出“道路交通事故轻微伤残免鉴定”新举措，加快对伤残案件的理赔速度。积极配合市文明办开展文明城市创建，积极参与文明单位创建和评选，有 5 个保险公司被江阴市文明办评为文明单位。积极做好保险消费者投诉，全年受理并及时解决投诉案件 9 件，其中涉寿险 5 件、产险 4 件，受到保险消费者的好评。年末，江阴市保险行业协会被市消费者协会评为维权先进单位。全年实现保费收入 61.05 亿元，比 2015 年增长 22.32%，其中产险保费收入 21.1 亿元，比 2015 年增长 5.24%；寿险保费收入 39.95 亿元，比 2015 年增长 33.78%。财产险保费占比 34.56%，寿险保费占比 65.44%。人身险首年期缴业务 10.51 亿元。全年产寿险赔（给）付 17.14 亿元，其中产险赔付 12.27 亿元，综合赔付率 58.15%，人身险赔付 4.87 亿元。企财险赔付 0.61 亿元，赔付率 44.16%。车险赔付 10.16 亿元，赔付率 57.72%，退保金 2.88 亿元,比2015年减少3.42亿元,人身险满期给付和年金给付3.45亿元,全市保险密度4964元,比2015年增加950元,增长23.67%,高于全省水平。保险深度1.98%,比2015年上升0.25个百分点,低于全省水平。至2016年年末,全市保险机构49个,其中产险机构23个,寿险机构18个,专业代理机构8个。

2016年驻江阴市各主要财产保险机构业务情况一览

表33

公司名称	保费收入(万元)	比2015年增减(%)	赔款(万元)	比2015年增减(%)	赔付率(%)
人保产险江阴支公司	66376	6.64	40628	8.81	61.21
太保产险江阴中心支公司	55319	1.44	33326	-1.16	60.24
平安产险江阴中心支公司	42778	8.23	23367	6.62	54.60
天安产险江阴支公司	1204	-21.92	736	-22.76	61.17
中华联合产险江阴支公司	2817	-29.73	2194	-7.49	77.89
华安产险江阴支公司	2289	30.12	1111	21.21	48.55
大地产险江阴支公司	1533	114.70	332	-34	21.67
安邦产险江阴支公司	526	6.23	331	-26.77	62.87
阳光产险江阴支公司	2879	20	1089	-7.95	37.82
太平产险江阴支公司	5691	0.89	3271	-9.57	57.47
都邦产险江阴支公司	1145	-15.39	896	44.75	78.29
永诚产险江阴支公司	658	-31.90	536	-66.23	81.39
国寿产险江阴市支公司	17365	9.17	9620	-26.33	55.40
亚太产险江阴支公司	177	-76.82	348	34.36	196.41
安诚产险江阴支公司	1312	1.67	374	159.72	28.53
紫金产险江阴支公司	2642	-9.12	1614	0	61.09
泰山产险江阴支公司	1599	-26.15	1009	233	63.13
安盛天平江阴支公司	3965	257.43	1308	—	32.98

2016年驻江阴市各主要寿险保险机构业务情况一览

表34

公司名称	保费收入(万元)	比2015年增减(%)	赔(给)付					
			赔款(万元)	比2015年增减(%)	满期给付(万元)	比2015年增减(%)	年金给付(万元)	比2015年增减(%)
中国人寿江阴支公司	160965	22.56	6159	17.74	17145	-4.91	7157	64.17
太保人寿江阴支公司	82852	27.05	4382	-1.68	959	-6.12	4747	-2.07
平安人寿江阴支公司	62530	38.90	3187	34.30	1942	1.28	390	-31.75
泰康人寿江阴支公司	1551	152.60	79	243.48	8	66.67	—	—
同方全球人寿江阴支公司	1364	37.40	23	-53.06	—	—	43	0.89
太平人寿江阴支公司	25828	19.45	—	—	—	—	—	—
友邦人寿江阴支公司	4612	56.52	176	-20.72	—	—	34	731.30
新华人寿江阴支公司	2349	1.50	23	109.09	1611	-25.64	232	190.33
中意人寿江阴支公司	20873	103.30	53	29.29	—	—	—	—
人民人寿江阴支公司	21002	14.70	37	-32.73	—	—	—	—
国联人寿江阴支公司	15587	—	70	—	—	—	—	—

(赵国明　顾　颖)

【中国人民财产保险股份有限公司江阴支公司】 2016年,中国人保财险江阴支公司积极发挥保险功能作用,抓住服务供给侧结构性改革和脱贫攻坚战略两大主线,主动对接地方经济发展,努力贴近社会事业需要,业务规模进一步壮大,推动保险服务实体经济的能力再上新台阶。全年实现保费收入66376万元,承担社会风险责任总额29000亿元,风险总额接近江阴市地区生产总值的126倍,是江阴地区唯一年度保费超6亿元的财险公司。年内,连续第四年获评江阴市服务地方先进单位。

深化党建促进业务发展。支公司党总支以开展"两学一做"学习教育为抓手,以党组织和党员队伍为重点,严格抓好理论学习、党课教育、汇报思想、党员评议等环节,积极开展支部书记讲党课、党员诚信宣誓、参观吴仁宝旧居、观看警示教育片等活动,不断推进党的基层组织建设,不断提高基层党建工作科学化水平,把"业务发展抓党建,抓好党建促业务"作为党建工作的出发点和落脚点,有力地推动公司各项工作的全面发展。年内,在无锡市分公司"激情飞歌颂人保"唱红歌比赛中获团体一等奖。

探索创新农村普惠金融业务。支公司聚焦新型农业经营主体,建立适应新型农业主体的保障模式。在开展农业保险经营的同时,响应中央"脱贫攻坚"号召,面向新型农业经营主体开办"向日葵"一揽子保障计划、"农耕乐"雇主责任险等支农融资业务,探索建立适应新型农业经营主体的保障模式,推进涵盖生产、流通、仓储、销售、融资、人员意外等各环节的一揽子综合农村金融保险产品。试点开办"农业保险贷"项目,为有资金需求的农业经营主体提供生产资料融资、农业设施融资、风险管理、市场信息方面的保险增值服务。

积极应对农业保险大灾。2016年,支公司作为政策性农业保险独家承保单位,以高效设施保险为主要抓手,进一步扩大保障范围、提高保障力度,切实降低江阴地区农业生产风险,有力提高涉农保险保障水平。面对大面积冰冻、小麦赤霉病、暴雨、菌菇"绿霉菌"等灾害,支公司积极响应,第一时间启动应急预案,分9个片区,组织200余名农业保险服务人员及乡镇服务网点工作人员配合政府有关部门深入田间地头,连续奋战几个月,配合各级农林部门做好灾情勘察和理赔工作,及时赔款兑付,为灾区民众恢复生产提供可靠保障。全年承保全市小麦10292.15公顷、水稻10641.47公顷、油菜145.84公顷、林木1795.93公顷、农业设施2678.41公顷、桃树188.11公顷、梨树222.48公顷、葡萄1004.91公顷;承保奶牛1152头、能繁母猪4385头、育肥猪58335头,承担农业风险3.93亿元,支付政策性农业保险赔款2638.35万元,比2015年增加591万元,惠及农户9万余户次,落实政府扶农惠农政策,为增强农业保险服务能力、规范农业保险服务内容、提升农业保险服务水平发挥积极作用,得到广大农户的高度认可。

持续强化人才队伍建设。坚持把抓好队伍建设、加快员工成长作为公司建设发展的基础工程,持续完善公开透明的员工职涯成长体系,在公司内部发现人才、挖掘人才、打造人才成长"通道",培养一批政治素质高、具管理能力的后备干部。通过部分管理岗位内部竞聘,培养和提拔一批年轻人员充实管理队伍,实现服务支持部门的专业化、年轻化。整合车商渠道,新设二级专业团队,提高经营专业化,提高新车市场快速应变力。培养农网专员团队,着力提升农网服务能力和乡镇区域影响力。存量业务直销专业团队建设持续完善,切实加强市场对接呼出功能。强化非车险专营机构和专业团队建设,夯实业务发展基础。

推广民生保险服务民生。支公司继续抓好"慈福综合民生保险"品牌建设,逐步完善以自然灾害公众责任险、养老机构综合责任险、城乡户籍居民住房财产险等内容的综合保险新模式。全年自然灾害公众责任险承保163.68万人,城乡户籍居民住房财产险承保61.86万户家庭,"和谐家园险"承保近57204户家庭,养老机构综合责任保险承保全市2883位老人,养老机构团体意外保险承保全市1894位老人,全方位保障江阴地区市民的生产、生活安全。全年赔付各类民生类保险赔款656.25万元,比2015年增长45.49%,得到广大市民的认可,进一步辅助做好社会管理工作,较好地缓解政府救济资金压力,发挥保险救济救难功能。

2016年年末,支公司完成保费收入66373万元,比2015年增长6.64%。其中,车险完成保费收入51510万元,非车险完成保费收入14038万元,农险完成保费收入825万元,保持业务快速发展,市场份额保持第一,持续引领江阴财险市场。

（卞　莉）

【中国人寿保险股份有限公司江阴支公司】 2016年度,江阴支公司深入贯彻总公司追求个险队伍和期交业务"双领先"发展战略,以江苏省分公司"三优四强"(平台支撑优、创新能力优、服务体验优,系统化协作强、市场化竞争强、专业化技能强、模式化创新运作强)现代企业建设目标为引领,大力弘扬"新四个一"精神,坚持转型升级、强势对标,坚持实干兴司、创新突破,直面竞争、敢于亮剑,业务取得新突破,队伍跃上新平台,构筑起了江阴支公司发展新优势。年末,支公司被评为中国人寿集团公司全国优秀基层单位。

文化引领强信心。支公司始终坚持"四个一"精神,即憋足一口气,拧成一股绳,横下一条心,共圆一个梦,多年来始终能够攻坚克难、勇立潮头。2016年,支公司提出"新四个一"精神,即江阴精神一刻不忘,再造江阴一着不让,创新发展一马当先,领跑全国一如既往。并使之成为统领一切工作的精神核心。新"四个一"精神的提出,使江阴支公司上下进一步凝聚力量,激发斗志,共同奋进。

个险首年期交保费3亿元。支公司实现个险渠道首年期交保费成功跃上3亿元的高新平台,成为全省乃至全国第一个突破3亿元的县支公司。

举办分业经营20周年庆典。2016年5月15日,江阴支公司在江阴大剧院举行分业经营20周年庆典活动。庆典活动回顾江阴公司的发展历程,表彰优秀员工和销售人员,同时呈现一台自编自演的文艺演出。

创新扩张。江阴支公司提出始终聚焦"有效规模人力扩张带动业务持续增长"的经营思想,以机构扩张为核心,以架构的成长为载体,以基本法经营为基础,以制度的创新为保证,全力培养代理人的企业家精神,不断提升江阴支公司的持续发展能力与市场竞争能力的队伍建设指导思想。同时,敢于规划,积极布局,队伍发展取得长足进步。至2016年年末,在册人力数4018人,主管队伍人员332人。

成功中标残疾人意外保险。支公司团险渠道面对激烈的市场竞争,积极主动开展工作,努力拓展优质业务。2016年7月下旬,市政府进行"残疾人意外保险"招标活动,公司成功中标,为全市27000余名残疾人提供保障。

市首例获赔"大学生村干部保险"。"大学生村干部保险"主要针对人群是解决大学生村干部后顾之忧的险种。保费为每人每年60元,其中40元由省分公司捐赠,20元由江阴市政府财政拨付。2016年,华士镇某村干部患病,根据"大学生村干部保险"条款,省分公司决定给付重大疾病保险金30万元。6月3日,支公司理赔人员送上30万元重大疾病保险金和无锡市分公司的慰问金。该险种能及时有效地缓解大学生村干部罹患重病造成的经济困难。

2016年年末,支公司全年实现总保费收入16.1亿元,首次跨入16亿元。市场份额为41%。首年新单保费6亿元,市场份额35%;首年期缴3.45亿元,市场份额为37%。其中10年期及以上期缴保费1.99亿元,短险保费7450万元。(刘　燕)

【中国平安财产保险股份有限公司江阴中心支公司】 2016年7月,经江苏保监局批复同意升格为江阴中心支公司。是年江阴中心支公司遵循总公司以"专业创造价值"为核心的文化理念,业务规模逐年攀升,业务发展稳健。经营业务范围涵盖车险、企财险、工程险、货运险、责任险、家财险、意外及健康险等一切法定产险业务及国际再保险业务,适时推出诉讼财产保全责任险、会计师事务所职业责任保险、司法鉴定职业责任保险、董事及高级职员责任险、招股书责任险、绑架勒索保险、首台套保险、国内贸易信用保险、非机动车综合险、装修类保险、租房类保险、奶粉保险等符合市场需求的新险种。

"快易免"服务升级。自2009年全国首推"快易免"服务承诺以来,江阴中心支公司始终坚持"诚信为本,科技引领,勇于创新,锐意变革",连续8年升级服务标准,通过大数据挖掘客户需求,在业内首次推出赔款即时到账、零查勘简易理赔、微信理赔等服务举措,全面推行"线上+线下"的理赔服务模式,努力为客户打造最便捷、最透明、最贴心、最放心的理赔服务模式,持续引领行业服务水平提升;持续优化移动互联平台"平安好车主"APP手机软件,围绕车主出行生活,打造从"车保险"到"车服务、车生活、车娱乐"的全方位生态圈,为车主提供一站式金融生活消费体验。

2016年年末,江阴中心支公司保费收入42778万元,比2015年增长8.23%,市场份额20.61%,份额比2015年上升0.75个百分点;全年结案34434件,结案率99.8%,赔款23367万元,为地方经济建设和社会和谐提供有效保障。(胡烽海)

【中国人寿财产保险股份有限公司江阴市支公司】 2016年,支公司积极贯彻落实总、省公司和中支公司年度工作会议精神,面对新形势和挑战,积极作为,大胆突破,围绕年度目标任务开展工作。在发展方面,坚持存量要稳、增量要快、总量要大、质量要优;在管理方面,坚持思维要新、标准要高、响应要快、工作要实。全年业务总量保持系统内县级支公司领先地位。年内,支公司获评江阴市文明单位、江阴市服务地方先进单位以及江阴市重点骨干企业等。

强化队伍建设。支公司不断完善人力资源管理制度,畅通上下沟通渠道,定期开展谈心活动,通过与员工的沟通交流,了解员工的思想动态和工作情况,听取合理建议。在考核政策的制订上,坚持"业绩定岗、岗位取酬"的原则,编制、薪酬等资源向一线销售人员倾斜,为员工提供公开、公平、公正的上升通道。加大对职能部门和经营团队主管的培训与帮扶,充分发挥经营团队负责人的主观能动性,培养主管独立自主的经营能力,提升综合管理水平。

多措并举发展业务。支公司全力推动车辆保险业务发展,从强化续保管理入手,做稳做实存量业务。始终坚持服务品质,树立公司品牌形象。通过落实总、省公司"365+"客户服务承诺,以"用心服务,以客为尊"的服务理念,强化大案跟踪指导,加大反保险欺诈打击力度,加强过程化管理,深化绿色理赔服务站调解功能,落实监管单证简化要求,切实提升案件处理效率,办实事、求实效,把理赔精细化管理的要求落实到理赔各环节。继续强化非车险经营意识,创新重点渠道发展,深耕中心乡镇职场,切实降低工业、农业生产风险,为江阴地区经济发展提供有力保障。积极推广农业补充保险等新险种,实实在在为种粮大户、果农解决后顾之忧。全年承保非车险业务2601.66万元,占全险种的14.49%。

提升公司软实力。支公司业务发展的同时始终不忘提升公司软实力。公司党支部积极有序开展"两学一做"学习教育活动,进一步强化认识把握重点,充分发挥领导班子践行党员示范表率作用,引导公司管理职能部门人员自觉担当。全面开展"从严要求落实年"活动,深入开展非法集资风险防范和处置工作。落实保监会自查整改工作,促进公司合规经营,促使公司经营水平的提升。门店窗口服务标准、规范,环境卫生整洁,宣传物品、便民服务、服务设施设备齐全,多次被省公司通报表扬。强化乡镇机构基础建设,就近解决乡镇客户的需求,提升公司品牌形象。强化工会、共青团、志愿者等群团工作,完善健全员工关爱制度。成立"学雷锋支援服务队",积极参与社会公益事业,组织志愿者进行无偿献血、爱心助残等公益活动。在江阴第三届“十佳江阴好人”颁奖典礼上，赠送每位好人价值20万元的家庭财产保险产品，产生良好的社会效应。

2016年年末，支公司完成保费收入1.74亿元，比2015年增长9.17%，其中车险1.42亿元，占比85.51%。业务总量居全系统县级支公司首位，承担风险保额649.37亿元，实付赔款9620.27万元。（吴永燕）

证　券

【概况】 2016年，江阴市有华泰证券江阴分公司、国联证券江阴分公司、东北证券江阴营业部、南京证券江阴营业部、光大证券江阴营业部等20个证券公司，全年开户数277082户，托管市值783.54亿元，交易额8308.05亿元，营业收入29542.33万元，上缴税金964.44万元。

2016年驻江阴市主要证券营业部经营情况一览

表35

单位＼指标	开户数(户)	托管市值(亿元)	交易额(亿元)	营业收入(万元)	上缴税金(万元)
华泰证券江阴分公司	147286	501.03	4076.62	13608.80	257.61
国联证券江阴分公司	27923	63.49	924.78	4518.13	81.70
东北证券江阴营业部	41321	63.07	1048.03	4746.67	188.65
南京证券江阴营业部	20578	52.28	520.96	2600.23	239.91
光大证券江阴营业部	2704	11.91	116.92	657.34	8.77
东吴证券江阴营业部	1537	2.86	83.17	944.16	26.26
海通证券江阴营业部	9672	8.50	87.10	591.45	53.22
中信证券江阴营业部	2408	3.82	85.72	147.78	2.55
中泰证券江阴营业部	4426	4.49	98.94	383.44	22.50
银泰证券江阴营业部	372	0.54	19.73	63.91	17.74
西部证券江阴营业部	2168	18.86	442.67	-580.59	10.79
东海证券江阴营业部	1490	1.01	112.44	125.26	1.89
银河证券江阴营业部	7143	26.15	173.97	719.50	8.98
国元证券江阴营业部	956	12.02	14.86	92.09	1.82
国信证券江阴营业部	1983	3.68	142.75	337.14	21.54
长城证券江阴营业部	1675	1.78	198.18	323.99	16.37
招商证券江阴营业部	1433	5.56	29.82	107.90	1.85
长江证券江阴营业部	1404	1.60	107.29	68.99	2.18
中天证券江阴营业部	109	0.47	16.17	58.19	0.11
东方证券江阴营业部	494	0.41	7.93	27.95	0

（陈涛涛）

【华泰证券股份有限公司江阴分公司】 2016年，中国证券市场经历年初的熔断逐步企稳走好，全年市场呈现存量资金博弈震荡筑底的行情。中国经济增速换挡，政府在“调结构”的同时，牢牢把“稳增长”作为经济托底的手段，宽松的货币政策和积极的财政政策，均对市场形成有力支撑和预期。随着多层次资本市场体系的建立和完善，新股发行体制改革的深化，“新三板”*、港股通、期权等制度创新和产品创新的推进，中国证券市场逐步走向成熟，证券市场为中国经济提供投融资服务等功能将日益突出和体现。随着

C 类营业部的遍地开花，互联网证券的快速发展，证券市场竞争加剧，是年行业平均佣金率继续大幅下滑，以通道业务为主的业务模式难以为继。在转型中实现继续领跑，就必须挖掘新业务优势，积极主动向财富管理转型。年内，华泰证券江阴分公司加强合规与风险管理，紧抓"创新转型"，并在私募产品方面有所突破，财富管理转型取得一定进步。全年完成交易额 4076.62 亿元。（刘　怡）

【国联证券股份有限公司江阴分公司】 2016 年，江阴分公司下辖大桥北路营业部、申港营业部、华士营业部、周庄营业部和青阳营业部，以专业的能力和综合的服务致力于助政府搭台、为企业服务、帮客户理财工作。在政府创建的全方位发展平台基础上，发挥集团和公司综合金融平台的优势，在江阴市场搭建为企业服务的综合金融平台，为企业提供多层次、高效率的金融解决方案。深入了解企业金融服务需求，利用公司专业团队和丰富金融市场经验，解决企业投融资需求，助力企业快速发展。发挥公司专业投资研发能力和丰富产品的设计能力，为客户提供投资咨询服务和财富管理服务，帮助客户资产保值增值。年内，江阴分公司新开户 4771 户，完成交易金额 924.78 亿元，理财产品销售 92378 万元，"新三板"完成挂牌 5 个，完成企业股权质押 3.8 亿元。（范华君）

典　当

【概况】 2016 年，江阴市汇丰宁典当有限公司停止营业。根据上报的 10 个典当公司经营情况：当户数 1654 户，典当余额 10469 万元，绝当贷款余额 3959 万元，上缴税金 74 万元。

【江阴市大阳典当有限公司】 2016 年，公司全体员工认真学习、严格执行商务部颁发的《典当管理办法》，规范管理、规范经营，抓住机遇，稳步发展，对客户的每一笔贷款都进行实地考察，对客户的每一份资料都认真审核，严格履行各种手续，做好风险控制，保障资金的安全回收。在低风险的基础上全面开展柜面传统、机动车、财产权利质押、房地产抵押等业务。全年发生典当续当业务 3295 笔，期末典当余额 1392 万元，其中柜面传统质押典当余额 392 万元，财产权利质押典当余额 412 万元，房地产抵押典当余额 588 万元。全年实现营业收入 195.5 万元，上缴税金 8.3 万元。（郭向明）

2016 年江阴市主要典当公司经营情况一览

表 36

公司名称	当户数（户）	典当余额（万元）	绝当贷款余额（万元）	上缴税金（万元）
江阴市大阳典当有限公司	496	1392	396	8.30
无锡安泰典当有限公司	434	1809	1670	6
江阴泰昌典当行	125	1724.10	1771.46	8.62
无锡银信典当有限公司	128	2152	121	0
江阴市元通典当有限公司	103	1990.60	0	6.63
无锡宝信典当有限公司(分公司)	5	7.2	0	39.21
江苏天华典当有限公司(分公司)	166	280.91	0	0.17
江阴永利典当有限公司	173	336.19	0	0.63
江苏新亿典当有限公司江阴分公司	4	95	—	0
江苏瑞祥典当有限公司	20	681.90	0.20	4.20

（陈涛涛）

港口口岸

港口口岸建设与管理

【概况】 2016年，江阴港口口岸系统围绕全市开放型经济和服务业发展，进一步推进贸易便利化，圆满完成各项工作任务。全港完成建设投资1.47亿元，中粮码头一期续建、港口集团大港码头扩建工程竣工验收，联合铁钢、中石化码头改扩建工程投入试运行，丽天石化码头改扩建工程建成，申港河航道疏浚二期工程完成。加快港口转型，继续修编《无锡(江阴)港总体规划》，实施黄田港港区功能改造，生产性码头退城搬迁结束，配合做好城区渡口外迁准备。大宗散货码头实施粉尘防治综合改造，苏南集装箱码头大型港作机械100%电气化，江阴港港口集团股份有限公司、中船澄西船舶修造有限公司、中信中煤江阴码头有限公司新增5套高压船用岸电设施，实现靠港船舶零排放。提升口岸效能，电子口岸二期工程微平台、海关保税仓库管理、第三方检验机构卡口验放等系统投入运行，落实区域通关一体化改革，完善关检合作“三个一”(一次申报、一次查验、一次放行)通关模式配套措施，建立进口废钢船查验协作配合机制。夯实安全防线，开展江阴港“港口安全管理年”活动，口岸单位加强港口危险化学品进出口协同监管，推进安全标准化建设，中信码头通过江苏省安全标准化二级考评，沿江危险化学品码头实施标准化复评，港口危险货物应急物资公共储备库启动建设，重大危险源信息平台基本建成。规范港政管理，开展沿江及内河港口岸线资源普查、在建水运工程项目质量监督、港口经营服务检查，继续推进港口未批先建行为、长江水上非法过驳市场等整治行动，建立内河港口管理协作机制，建成并投入使用江阴港首艘港口执法艇，更好地维护港口建设和经营发展的良好秩序。推行联审会办、现场帮办等举措，优化审批服务，挂钩服务重点港口企业，解决实际问题50多个。至年末，江阴港沿江拥有千吨级以上码头泊位126个、舾装泊位8个，其中万吨级以上泊位38个，10万吨级以上泊位5个，对外开放泊位40个。全年完成港口货物吞吐量1.32亿吨(不含靖江园区)，集装箱吞吐量47.65万标箱(外贸5.53万标箱、内贸42.12万标箱)。是年，江阴口岸被评为江苏省文明口岸，市口岸办被评为江苏省共建文明口岸活动先进组织者。

2016年江阴港分货类吞吐量一览

表37　　　　单位：万吨

货物分类	吞吐量	其中		其中		占全港(%)	比上年增减(%)
		进港	出港	外贸	内贸		
煤炭及制品	5398.79	3478.86	1919.93	163.78	5235.01	40.91	-3.35
矿建材料	243.44	136.43	107.01	8.09	235.35	1.84	-61.48
石油、天然气及制品	720.63	475.17	245.46	127.97	592.66	5.46	-1.16
化工原料及制品	1238.91	962.64	276.27	643.44	595.47	9.39	14.02
金属矿石	4432.41	2791.32	1641.09	1150.64	3281.77	33.59	43.74
有色金属	11.81	6.61	5.20	0.93	10.88	0.09	122.65
钢铁	620.36	316.44	303.92	206.80	413.56	4.70	-22.09
木材	4.63	2.33	2.30	1.98	2.65	0.04	-42.02

续表 37

货物分类	吞吐量	其中		其中		占全港(%)	比上年增减(%)
		进港	出港	外贸	内贸		
化肥及农药	19.27	8.05	11.22	0.01	19.26	0.15	120.70
粮食	169.35	90.98	78.37	22.65	146.70	1.28	34.79
机械、设备、电器	54.84	10.64	44.20	31.27	23.57	0.42	47.48
轻工、医药产品	112.74	64.16	48.58	5.25	107.49	0.85	9.55
农、林、牧、渔业产品	45.63	20.80	24.83	3.50	42.13	0.34	9.81
其他	124.53	61.95	62.58	13.31	111.22	0.94	-65.22
总计	13197.34	8426.38	4770.96	2379.62	10817.72	100.00	4.73

说明:吞吐量统计口径自2016年起不包括靖江园区,比上年增减情况按照2015年吞吐量剔除靖江园区后进行年度比较

【省内首创第三方检验机构卡口验放管理系统】 2016年9月,由市口岸办投资、江阴电子口岸公司与江阴出入境检验检疫局联合开发的第三方检验机构卡口验放管理系统启用。该系统同步接入江阴电子口岸平台运行,为江苏省内首创。系统数据库录入江阴地区具备合法资质的第三方检验机构信息和检验人员信息,货主有检验业务需求时,由第三方检验机构通过该系统提出业务申请,江阴出入境检验检疫局审核人员比对相关报检信息进行审核,审核通过后自动生成条形码,由第三方机构的检验人员在进出开放码头电子卡口时进行扫描识别,开展货物检验。年内,该系统完成审批业务1600余票,为规范第三方检验机构监管,杜绝非法检验机构扰乱对外贸易检验鉴定市场提供有效支撑。

【沿江港口岸线资源普查完成】 2016年4月起,江阴港按照江苏省交通运输厅统一部署开展沿江港口岸线资源普查工作,普查内容包括规划港口岸线的开发利用、未利用港口岸线资源储备、码头泊位现状等情况,普查基准点为2015年12月31日。经码头企业数据填报、岸线资源现场测绘、普查数据上报和复核等工作,至9月完成沿江港口岸线资源普查。普查确定:江阴沿江港口已利用岸线23.2千米(全部为深水岸线,其中已利用公用岸线10.3千米),未利用岸线1千米,分别占规划港口岸线总长的96%和4%。该次普查为港口发展战略制定、港口岸线管理提供详细基础资料。

【建立内河港口管理协作机制】 2016年6月,市政府出台《关于加强我市内河港口管理工作的实施意见》,建立由市口岸办(港口局)牵头,各镇(街道)、高新区、临港开发区及市政府相关职能部门共同参与的内河港口协作监管机制,将内河港口码头建设、经营管理与各镇(街道)、开发区的土地利用、产业政策、日常管理相衔接,形成网格化监管体系。年内,市口岸办(港口局)梳理内河港口具体管理事项,明确各镇(街道)、开发区责任部门,走访部分镇(街道),从规划建设、经营管理、安全监管等方面着手增强综合监管力度,着力整治内河港口码头违法建设、无证经营行为,消除各类安全隐患,维护内河港口建设和经营秩序,推动内河港口管理协作机制发挥长效作用。

【自主完成首个水运工程项目质量监督】 2015年9月,根据省交通运输厅、无锡市交通运输局关于港口工程建设质量监督工作权力下放要求,市口岸办(港口局)规划建设科增挂"港口工程质量监督科"牌子,主要负责对江阴港水运工程项目质量实施强制性行政监督和安全监管。2016年1月起,市口岸办(港口局)通过综合督察、飞行检查、安全消防专项检查等举措,对位于无锡(江阴)港申夏港区的江阴港港口集团股份有限公司大港码头扩建工程自主开展质量监督。该项目占用长江岸线189米,建设1个2万吨级件杂货泊位和2个2000吨级内档件杂货泊位,经质量鉴定为合格项目,并于11月通过竣工验收,成为市口岸办(港口局)首个自主完成的水运工程质量监督项目。

【加强港口危险化学品安全监管】 2016年12月,江阴市口岸办、江阴海事局、海关、边防检查站、出入境检验检疫局联合出台《江阴口岸关于加强港口危险化学品安全监管工作的意见》,立足江阴口岸危化品码头、仓储单位量多点广的实际情况,进一步明确进出口危化品安全管理企业主体、政府监管、部门联动、社会监督的责任体系,同时就落实经营主体责任、加大各部门监管力度、严厉打击各类违法犯罪活动、探索先进管理方式等工作重点提出具体目标及措施。年内,上述各部门在履行自身职责基础上,坚持突出重点与统筹兼顾、管理与服务、打击非法与保护合法相结合,加强事前审批和事中事后监管,着力构建江阴港口口岸危化品安全生产预防预控、联防联控治理体系,有效杜绝重特大港口危险化学品火灾爆炸和港口设施保安事件的发生。

【港口危险货物应急物资公共储备库启动建设】 2016年6月,根据江苏省交通运输厅港口局关于加强沿江沿海港口应急物资公共储备库建设的要求,江阴港启动港口危险货物应急物资公共储备库建设,总投资280万元。11月,市口岸办(港口

局)委托中国船级社质量认证公司南京分公司编制的《江阴市港口应急物资公共储备库建设方案》通过专家审核,根据江阴港口危险货物码头企业的分布、作业品种、吞吐量和应急物资公共储备库的应急辐射范围,确定在石庄、利港、长山地区建设3处公共储备库,分别由3个码头企业提供原有库房改造为港口应急物资公共储备专用库房,应急物资种类包括检测、消防、减污、救生、个体防护设备等。2017年7月前完成库房改建、应急物资政府采购和入库。

【江阴港外贸金属矿石吞吐量猛增】 随着长江12.5米深水航道的上延,江阴港成为7万吨级及以上船舶减载直达港口,大宗散货江海联运区域性中转港地位凸显。2016年,江阴港充分发挥新建成一批规模化、高等级码头的硬件优势,加强与宁波—舟山港的协作,开展沿海二程矿石船舶接卸和部分外贸直达船舶接卸业务,20万吨级好望角型船舶在宁波—舟山港减载至10万吨左右就可直抵江阴港,减少一次中途装卸转运,每吨铁矿石节约运输费用6美元,有力推动外贸金属矿石进口。年内,江阴港外贸金属矿石吞吐量达1150.64万吨,比上年增长97.84%,60%供应苏州、无锡、常州企业,其余中转至重庆、武汉等长江中上游港口,大幅降低矿石物流运输成本。 (吴承彬)

海 事

【概况】 2016年,江阴海事局围绕水上安全监管中心工作,大力推进"三化"(革命化、正规化、现代化)建设,圆满完成各项工作目标任务。全年监管进出港船舶20.9万艘次,其中国内航行船舶20.5万艘次,国际航行船舶4046艘次(其中外国籍船舶3692艘次);监管船舶货运量1.6亿吨,其中国内航行船舶货运量1.36亿吨,国际航行船舶货运量2366.42万吨;安全监管船舶载危险货物1861.3万吨,其中XY类危险货物(具有较大污染危害性货物)运输量799.4万吨;安检船舶1306艘次、滞留船舶17艘次,经开航前检查的船舶没有发生在国外被滞留现象;船舶交通管理中心(VTS中心)运行8784小时,跟踪船舶81236艘次,交通组织723次,提供信息服务49236次;出动海巡艇巡航4141艘次、执法人员3699人次,巡航时间6996小时,巡航里程62760海里,维护船舶208艘次,发现并纠正违章7181艘次;实施行政处罚331件;推动辖区17艘渡船完成抗风等级标注工作,安全渡运人员329.7万人次、车辆219.9万辆次、货物1614.3万吨,组织水上搜救17次,救助人员157人次,人命救助成功率96.91%;深入开展志愿服务活动,成立水上搜救志愿者站,开展各项演练20余次,进一步提升搜救技能。是年,江阴海事局通过江苏省文明单位复检,海事局指挥中心、政务中心、长山海事处、"海巡06706"艇获江苏海事局"四示范"窗口称号,船舶交通管理中心获青春建功"十三五"开局年模范青年集体、全国青年文明号等称号,水上搜救志愿者站入选江阴市首批志愿服务站,水上安全知识进校园活动获评江阴市十佳志愿服务项目。

【水上交通安全突出违法行为专项整治】 2016年8月起,江阴海事局贯彻落实长江海事局关于开展水上交通安全突出违法行为专项整治活动工作要求,集中开展为期3个月的整治活动,严厉打击船舶超载等五类影响水上交通安全形势的突出违法行为,消除辖区内安全隐患,保障辖区安全形势稳定。活动期间,检查船舶8547艘次,其中电子巡航抽查4680艘次,现场检查3867艘次;实施船舶安全检查202艘次,查处各类船舶违章1584件,其中船名标识不规范440件、AIS(船舶自动识别系统)未开启513件、船舶超载211件、违法采砂22件、非法安装大功率电台60件、干扰通信秩序29件,辖区通航秩序得到有效治理。是年,辖区发生事故险情24次,比上年下降14.29%,其中一般等级及以上水上交通事故4次,死亡失踪6人,沉船8艘,直接经济损失890.9万元,未发生涉及渡船、桥梁、危化品船舶等级事故和船舶污染事故,辖区水上安全形势总体稳定。

【成功处置"银色小草"轮载苯乙烯聚合重大险情】 2016年8月11日下午,江阴海事局接到江苏丽天石化码头和相关收货人报告,原计划8月14日靠泊江阴的巴拿马籍"银色小草"轮所载货物苯乙烯出现严重聚合情况,该航次约有1400吨苯乙烯聚合物达到10000PPM(百万分比浓度),如果得不到有效控制,可能会导致船壳破裂而沉船和严重的苯乙烯泄漏污染事故。接到报告后,江阴海事局迅速要求相关单位补充书面报告,同时联系长江引航中心、江阴引航站、厦门海事局危防处,将具体情况及安全隐患进行沟通,采取果断措施,阻止该轮进入长江江苏段水域,避免重大险情发生,有效保障长江江苏段水上安全和水域清洁,江阴海事局得到江苏省水上搜救中心的肯定和表扬。

【海事监管整治】 2016年,江阴海事局采取多项措施抓好安全监管重点,加强寒潮大风、台汛等季节性安全防控,做好法定假日、二十国集团(G20)领导人杭州峰会等重点时段和桥区、渡线等重点水域的安全监管,突出渡船、危化品等重点船舶检查,防控并举,保障辖区安全形势总体稳定。年内,以"平安交通"建设为载体,组织开展"苦战50天,党员上一线"、"雷霆行动"、船载危险品安全专项整治、事故隐患排查治理"回头看"等11项专项活动,提升水上安全监管能力,消除长期停航船"顺昌弘"轮等安全隐患。组织开展专门课题研究,努力破解监管难点,强化非法过驳、非法采砂、渔船碍航、"三无"(无船名、无船籍港、无船舶检验证书)船等高压整治,动静联动,提升水上安全监管能力,黄砂过驳区整治初见成效。抓好行政审批和检查,全年办理船舶登记122艘,办理国际航行船舶进出口岸查验手续3921艘次,办理船舶载运危险货物申报审批9208艘次,滞留船舶17艘次,对142件船员违法行为实施记分处理,全力保障江阴地方经济发展。开展船载易流态化固体散装货物和危险货物集装箱安全监管,有效推进口岸单位合作机制,查处集装箱载运危险品瞒报、谎报行为,提升水域环境防护能力。

【保障超大型船舶安全进江】 2016年,江阴海事局面对进江船舶大型化趋势带来的航行风险增加,码头靠泊等级、进江船舶吃水限制(枯水季节)等方面不能完全满足规范要求等问题,贯彻落实"一带一路"*、长江经济带、长三角区域发展一体化等国家战略,主动对接江阴港"进大船、建大港"目标,本着服务港航企业、助推口岸发展原则,全力保障超大型船舶安全进出江阴港。年内,加强与上级主管部门沟通,在条件可达、保障可靠、风险可控的基础上争取政策支持;严格把关申报材料,仔细审核船舶进出江航行方案,确保方案科学严谨、合理可行;主动走访江阴港港口集团股份有限公司、江阴兴澄特种钢铁有限公司等重点企业,督促企业落实安全生产主体责任,落实安全措施,优化作业流程,提高安全意识;全面排查船舶进出长江各个环节的风险,制定相应的应急应对措施,化解可能出现的风险;实施全程动态监控,及时提供气象、通航秩序等航行安全信息服务,安排海巡艇全程维护,通过全方位服务确保航行安全。通过这些措施,超大型船舶进江免去二次减载环节,单艘超大型船舶一次进江节约货物运输成本近300万元,有效降低企业经营成本,提升货物周转效率。同时,带动仓储、运输、代理、物流等相关产业的快速发展,创造直接经济效益近10亿元。是年,到江阴港超大型船舶达141艘次,比上年增长171%,载货量1092万吨,增长165%。 (邹文捷)

海 关

【概况】 2016年,江阴海关围绕海关总署、南京海关两级关长会议精神和江阴市委、市政府决策部署,以"重党建、强基础、促改革、严管理"为着力点,强化监管维护进出境秩序,打击走私实现量质并举。年内,深化改革提升口岸通关效率,保税仓库出入库网上审核等自主改革项目取得成效;优化服务帮助企业,促进外贸稳定增长;强化党建落实从严治关要求,队伍素质水平得到提升。全年征收关税和进出口环节税70.3亿元;监管进出口货运量2671.8万吨,货值89.2亿美元;监管进出境船舶2609艘次、集装箱42091标箱,进出境人员53651人次;验放报关单37577份;办理加工贸易手册1594份,备案金额42.7亿美元;减免海关税款3604万元;侦破走私犯罪案件5件,查处走私违规行政案件95件,罚款609万元。是年,江阴海关先后被评为江苏省文明单位、南京关区"四好"达标先进基层单位等。

【8个企业通过海关高级认证企业重新认证】 2014年12月,海关总署出台《海关企业信用暂行管理办法》,海关注册登记企业的管理类别不再分为AA、A、B、C、D五个类别,而是以企业信用状况为基础,分为认证企业、一般信用企业和失信企业,其中认证企业又分为高级认证企业和一般认证企业,按照诚信守法便利、失信违法惩戒原则,分别适用不同的海关管理措施。其中高级认证企业在进出口货物通关时,可享受较低查验率、优先办理通关手续、信任放行、设立企业协调员、AEO(经认证的经营者)互认国家或地区海关提供的通关便利,以及其他海关总署规定的通关便利措施。为保持新旧政策的衔接,原江阴地区17个适用海关AA类管理的企业在2014年直接过渡为高级认证企业,海关对高级认证企业每3年重新认证一次。2016年5月,南京海关对江阴地区其中10个高级认证企业实施重新认证作业,这是新办法实施以来首次对江阴地区高级认证企业开展重新认证,其中8个江阴企业通过认证,分别为江阴市红柳被单厂有限公司、法尔胜集团进出口有限公司、中船澄西船舶修造有限公司、江阴市金桥化工有限公司、帝斯曼工程塑料(江苏)有限公司、江阴福汇纺织有限公司、江苏扬子江船厂有限公司和江苏兴业塑化股份有限公司。

【保税仓库出入库网上审核系统上线运行】 2016年初,江阴海关提出保税仓库出入库网上审核系统建设方案,被列入南京海关2016年度改革试点项目。4月8日,江阴海关保税仓库出入库网上审核系统在江阴华西化工码头保税仓库上线试运行,5月19日推广至江阴口岸所有12个保税仓库全面运行。该系统是江阴口岸国际贸易"单一窗口"的重要组成部分,实现保税仓储货物出入库申报、修改、删除、货代委托等保税仓库货物出入库全流程无纸化操作,以及申报、审批进度提醒和单证查询、统计、打印等功能,也是江苏省内口岸首次实现保税仓库出入库无纸化管理。系统运行后,江阴海关辖区保税仓库经营企业足不出户就可办理出入库单证审核手续,平均出入库申报作业时间从原先的3小时降为3分钟,有效加快保税货物通关速度。是年,江阴海关通过该系统办理保税货物出入库手续2097票,出入库货运量356.5万吨,货值22亿美元。

【南京关区加工贸易监管一体化改革实施】 2016年12月28日,江苏省全面实施南京关区加工贸易监管一体化改革,原先在省内35个海关业务现场分散办理的加工贸易业务,改为在互联网上通过金陵、苏州、南通三个集中作业中心以区域集中作业模式办理。上述三个集中作业中心通过信息化系统集中办理管理片区内企业加工贸易手账册的设立、变更和核销等业务;原各海关承担的办理加工贸易业务现场仅负责验证监管、担保金征退等业务,以及业务咨询等事项。改革实施后,江阴市加工贸易业务集中到苏州集中作业中心办理,企业无需至江阴海关工作现场,只需通过网上向集中作业中心进行无纸化申报,即可完成相关海关申报手续,有助于进一步提高加工贸易申报效率,提升南京关区执法统一性。2017年1月6日,江苏阳光服饰有限公司成功申领编号B23127150001的电子化手册,成为一体化模式下江阴市首票电子化手册。

【2项税则调整建议被国务院关税税则委员会采纳】 江阴兴澄特种钢铁有限公司为全球少数几个可生产直径大于700毫米合金连铸坯的企业,但这一高端特钢产品出口时被视作普通产品需缴纳15%的出口关

税，对企业开拓国际市场带来较大不利影响。江阴长电先进封装有限公司作为高新技术企业，拥有国内最先进的封装技术研发服务平台，其封装的集成电路芯片用于诸多国际知名品牌终端产品中，但企业所需的集成电路芯片测试设备基本从国外进口，需缴纳5%的进口关税，增加企业生产成本。2016年，江阴海关开展进出口税则调研活动，了解到上述两个企业的诉求，主动走访企业，收集相关信息，邀请海关总署和南京海关关税职能部门到工厂实地调研，通过逐级上报税则调整建议的方式帮助企业反映产品的特殊性以及对行业发展的税负影响。12月30日，国务院关税税则委员会公布2017年关税实施方案，江阴海关上报的2项税则修订调整建议被采纳，分别为：集成电路测试分选设备进口关税实施2%的暂定税率，取消直径700毫米以上（含700毫米）合金钢圆坯15%的出口关税，两项关税调整方案于2017年1月1日起实施，以江阴长电先进封装有限公司和江阴兴澄特种钢铁有限公司为代表的集成电路测试行业和合金钢坯生产行业成为此次税则调整的直接受益者。

【开展打击走私“国门利剑2016”联合专项行动】 2016年，根据海关总署统一部署，江阴海关缉私分局开展打击走私“国门利剑2016”联合专项行动，对农产品、重点涉税商品、枪支等走私违法活动开展专项打击和集中整治。1月5日，立案侦查“中上远7”轮涉嫌走私成品油案，查证涉嫌走私成品油13000吨，案值5900万元，涉嫌偷逃税款1645万元，该案移送无锡市人民检察院审查起诉。1月7日，立案侦查郑某、胡某团伙涉嫌走私成品油案，查证涉嫌走私成品油3600吨，案值2610万元，涉嫌偷逃税款736万元，该案移送南通海关缉私分局并案侦查。5月18日，立案侦查陈某、林某涉嫌走私冻品案，查获涉嫌走私鸡翅等冻品1197吨，其中禁止进口冻品1125吨，涉税货物案值125万元，涉嫌偷逃税款27万元，该案成为南京海关缉私局和厦门海关缉私局跨关区协作侦办的走私冻品首案，也是江阴地区首次查获走私冻品案，被海关总署缉私局确定为二级挂牌督办案件，移送厦门海关缉私局泉州分局并案侦查。8月27日，江阴海关缉私分局和江阴市公安局开展联合行动，在犯罪嫌疑人阚某住所查获涉嫌走私枪支5支、铅弹900余发，以及瞄准镜、气瓶等气枪零配件若干，成为江阴海关缉私部门首次查获的涉枪类走私犯罪案件，该案移送江阴市公安局进行侦办。10月21日，立案侦查江阴某石油公司涉嫌走私成品油案，现场查获涉嫌走私成品油1000吨，查证涉嫌走私成品油15000余吨，总案值8155万元，涉嫌偷逃税款3358万元，该案移送无锡市人民检察院审查起诉。

（许金辉）

边防检查

【概况】 2016年，江阴边防检查站（以下简称“江阴边检站”）贯彻落实党的十八届五中、六中全会精神，以推进公安部“四项建设”（基础信息化、警务实战化、执法规范化、队伍正规化）为主线，围绕中心、服务大局，全力维护口岸辖区和队伍内部“两个稳定”。全年动用警力1.6万余人次，检查出入境（港）中外籍船舶3876艘次、中外籍旅客员工73639人次，监护外轮2943艘次，办理各类证件17649份，甄别各类报警和人员背景核查790人次；开通“边检绿色服务通道”8次，救助遇险船员13人，为船员家属会亲提供便利21次，化解矛盾纠纷9次；开展打击“货郎船”与外轮非法交易专项行动4次，为口岸企业挽回经济损失380余万元；组织警力到企业码头走访调研、提供法律法规咨询、现场办公46次，开展边检业务培训6场次。年内，江阴边检站与国安、国保、反恐、出入境等单位签订合作备忘录、联动协议9份，开展联合执法等活动7次、实战演练18次，圆满完成二十国集团（G20）领导人杭州峰会、“神舟”、“天宫”系列测控船出入境等重大边防安保任务。先后开展“警营开放日”、边检服务品牌集中推介等活动，发放调查问卷1000余份、宣传纪念品100余份，解答各类咨询40余条。是年，江阴边检站被江苏省公安边防总队表彰为安全工作先进单位，执勤业务一科被武警江苏省边防总队表彰为全省边检“十佳文明服务科队”，执勤业务一科、监护一中队被武警江苏省边防总队表彰为基层建设先进单位。

【G20峰会边防安保】 2016年，江阴边检站按照上级要求，认真做好二十国集团（G20）领导人杭州峰会“环浙护城河”边防安全保卫工作任务，积极谋划，精心组织，周密部署，狠抓各项边防安保措施落实，切实营造江阴口岸安全、和谐、稳定的边防环境。6月22日至7月31日G20峰会边防安保前期阶段，江阴边检站通过召开敏感期维稳工作视频会、党委会、专题分析会等形式传达学习上级维稳会议精神，对边防安保工作进行专门部署。及时启动风险评估预警机制，由指挥中心牵头组织开展风险研判和桌面推演，全面分析风险隐患，查找安保薄弱环节，细化完善针对性措施。通过组织开展营门反袭扰、口岸反闯关等突发情况的处突演练，进一步提升部队应急处置能力和水平。根据安保期间客流高峰情况，合理部署警力，周密安排勤务，确保口岸查验高效顺畅。8月1日至8月27日实战阶段，严格落实全天候双人值班制度，定期组织机关、基层中队开展视频拉动、随机拉动、全站性合成拉动等演练，有效提升部队指挥领导、快速反应和现场处置能力；同口岸联检单位、代理公司及码头企业联合开展“护航G20”反恐维稳隐患专项排查，堵塞口岸安全漏洞。8月28日至9月7日决战阶段，围绕各项工作方案及上级指示，深入推进各项边防安全保卫措施的落实，确保口岸通关有序，内外沟通协作顺畅，反恐处突迅速有力，为峰会营造平安、和谐、稳定的口岸环境。安保期间，全站出动警力862人次、车辆112台次，检查出入境船舶550艘次、人员10024人次，检查重点国家船舶2艘次、重点国家人员21人次、入浙船舶7艘次，办理各类证件3167余份，查处违法违规案件5件。

2016年1月27日,江阴边检站围绕G20安保工作,开展处理突发事件演练。图为监护二中队在华西码头值勤点开展涉恐分子袭击执勤点哨兵演练活动 (江阴边检站提供)

【开展监巡合一实战演练】 2016年8月31日,江阴边检站以"涉恐涉爆分子企图利用伪假护照偷渡入境"为事件想定,组织开展监巡合一实战演练。是日14:30,该站业务科在办理马绍尔群岛籍"皇家水晶7号"轮入境检查手续时,发现一名持叙利亚伪假护照涉恐人员企图偷渡入境,值班人员立即将警情汇报值班领导,并上报站指挥中心,指挥员依据警情迅速启动《涉恐涉爆事件处突预案》,并下达抓捕命令。在外执行日常巡查任务的巡查队第一时间赶到现场,开展事件先期处置工作。随后,边检站应急处突分队赶到现场,警戒组对码头及船舶实施全面警戒并控制外轮梯口,抓捕组登轮对船员逐个进行人证对照检查,未发现此涉恐人员后随即安排警力对生活区、机舱、甲板设施等部位进行详细搜查,最终在杂物仓中将该涉恐人员抓获,实战演练圆满结束。通过演练,有效检验部队应急指挥、快速反应和现场处置能力,为筑牢"环浙护城河"防线打下良好基础。

【承办全省公安边防部队督察干部培训班】 2016年1月11日至14日,全省公安边防部队督察干部培训班在江阴边检站监护三中队举办,来自全省各支队级单位的督察长(副督察长)、兼职督察干部及部分督察联络员共65人参加培训,培训内容涵盖理论学习、业务授课、学习交流、网上督察实践、督察干部业务能力、作风纪律建设等,着重对执法办案督察重点及方法、现场督察方式方法和新形势下纪检监督干部如何提高监督执纪能力进行培训,以网上督察和督察信息系统应用操作为重点进行督察业务授课,组织开展网上交叉督察,检验参训人员网上督察水平及督察信息系统应用操作能力。参训的各支队级单位交流督察工作经验和不足,扬长避短,并积极为公安边防工作和队伍建设建言献策,促进公安边防部队政风行风建设。通过培训,各级督察机构的执行力、凝聚力和战斗力得到强化,有效促进边防安保工作顺利完成。

【推行边检"多证通"服务机制】 2016年7月1日起,海(江)港口岸边检"多证通"在全省范围内全面启用,该项工作由江苏省公安边防总队主管,省内各海(江)港边检站负责辖区内边检"多证通"证件的受理、审核、制发等,服务对象办理"多证通"证件后,在江苏省内跨地级市的开放口岸登外轮时可通过激活开通异地使用功能直接登轮作业,无需重新在异地提出上下外轮申请。7月起,江阴边检站以报检大厅为宣传主阵地,通过执勤现场播放宣传片、LED(发光二极管)屏滚动播放、张贴公告和宣传海报、微信推送等方式向服务对象展示《关于实施边检"多证通"服务机制的公告》《江苏省公安边防总队边检"多证通"证件签发流程》《证件使用须知》等内容,让服务对象全面了解边检"多证通"申办对象、申办时间、办理须知和签发流程。组织官兵深入码头一线,面向涉外企业、代理单位和码头作业人员,发放"多证通"调查问卷100余份,组织进企座谈交流10余次,围绕"多证通"办理条件、签发流程、实施效果、推广前景等方面,收集意见建议46条,为服务对象提供咨询服务200余次,并及时跟进反馈,优化配套服务措施,进一步提升服务对象满意度。 (刘海波)

出入境检验检疫

【概况】 2016年,江阴出入境检验检疫局(以下简称"江阴国检局")以践行国家质检总局(以下简称"总局")"十二字"(抓质量、保安全、促发展、强质检)方针为主线,围绕江苏出入境检验检疫局(以下简称"省局")"深化、集成、突破、推广"主基调,紧扣"强局特色培育年"主题,开启全面建设一流现代化口岸强局的新征程。年内,强化"互联网+物联网+检验检疫"应用,建设江阴检验检疫"两平台一窗口"(决策指挥平台、查验监管平台和单一窗口)云监管体系,构建口岸检验检疫数据监管系统;推进综合查验+双随机口岸查验模式,查验率下降20%,把关成效提升59%。探索构建以风险管理为核心的动态化、差别化卫生检疫新模式,实现出入境船舶无纸化卫生检疫。在全省检验检疫系统(以下简称"全省系统")率先上线e-CIQ(中国电子检验检疫)主干系统,实现e-CIQ系统中废物原料业务全省首次成功申报,并在全国系统率先完成外网申报与e-CIQ对接。建成国家出口高性能特钢产品质量安全示范区,帮助江阴兴澄特种钢铁有限公司、江苏长电科技股份有限公司申报为中国出口质量安全示范企业,帮助江苏阳光集团申报为省内首批消费品“同线同标同质”（以下简称“三同”）企业。全年检验检疫出入境货物 1.43 万批、货值 45.29 亿美元，分别比上年下降 13.77% 和 2.69%，其中出境 6711 批、4.87 亿美元，分别下降 4.71% 和 6.92%，入境 7586 批、40.42 亿美元，分别下降 20.47% 和 2.16%；发现不合格货物 713 批、货值 7.73 亿美元；进出境集装箱检验查疫 3.21 万标箱，比上年下降 13.24%；实施船舶检疫 2595 艘，比上年增长 22.58%；完成出入境人员检疫查验 5.13 万人次，增长 16.9%，健康体检 872 人次，下降 12.89%；签发各类优惠原产地证 2.05 万份，签证金额 15.5 亿美元，帮助企业减免国外关税费用 3266 万美元。是年，江阴国检局被评为全国文明单位、江苏省文明单位、江苏检验检疫系统文明单位标兵。

【编制《江阴检验检疫事业“十三五”规划纲要》】 2016 年，江阴国检局按照江苏检验检疫事业发展“十三五”规划纲要要求和完善对外开放体制机制总目标，围绕“深化、集成、突破、推广”主基调编制《江阴检验检疫事业“十三五”规划纲要》，制定“十三五”（2016—2020 年）时期建设发展目标。总体目标：建设一流现代化口岸强局，依法履职更加规范，国门安全有效保障，服务发展彰显作用，人才建设实现突破，强局基础更为坚实。发展路径：大力实施法治立检、改革兴检、服务优检、科技精检、人才强检、文明亮检“六大工程”；围绕深化落实“六大工程”，编制《六大行动计划》，将发展思路项目化；通过细化并明确工作目标、工作内容、工作措施、完成时间、责任部门和配合部门六项指标，将发展目标表格化，同时监督考核可量化。该规划的编制完成为江阴国检局“十三五”期间的跨越发展指明方向，勾画出较为科学合理的发展蓝图。

【开展关检“百千万”活动】 2016 年 3 月，江阴国检局贯彻落实省局关于开展关检“百企走访、千企座谈、万企征询”活动部署要求，确定是月为“企业调研月”，以服务企业、服务发展为目标，采取单独调研和联合调研相结合的方式，深入企业宣传贯彻新出台的服务外贸措施，实地了解企业在外贸方面遇到的困难，提高对企业检验检疫优惠政策的知晓度，进一步提高服务针对性。其间，走访企业 15 个、收集问题 26 个，为企业解决无纸化通关等实际问题 18 个，帮助江阴进出口企业解决实际困难，促进地方外贸转型发展。

【“互联网＋物联网＋检验检疫”信息化改革】 2016 年，江阴国检局积极建设“两平台一窗口”的江阴口岸检验检疫云监管体系，通过电子口岸“单一窗口”串联决策指挥平台和查验监管平台，实现前台查验与后台指挥的协调统一。“单一窗口”实现“船、港、货、人”数据统一申报，口岸各部门信息共享共用，一站式放行；决策指挥平台建立数学模型，对事前、事中、事后收集的数据进行云计算，动态调整监管对象的风险等级和信用等级，利用规则引擎建立检验检疫负面清单，实现基于风险管理的双随机抽批；查验监管平台根据指挥平台指令实施综合查验、精准查验，开展飞行监管，其结果通过“单一窗口”实现电子放行，形成闭环式的监管体系。年内，江阴国检局建立口岸船舶查验标准规则库，由指挥决策平台对申报信息进行风险分析、自动研判，随后由监管系统根据指令实施检验检疫监管，基本实现船舶检疫全程无纸化，形成江阴口岸船、港、货、机构的云监管网络，有效减少“介入式”监管，提升口岸通关效能。

【在全省系统率先上线 e-CIQ 主干系统】 2016 年 7 月，江阴国检局率先在全省系统试点运行中国电子检验检疫（e-CIQ）主干系统。该系统以大数据、大集中技术为支撑，通过全面整合检验检疫现有资源，高度集成系统数据和应用，对报检数据、体系监管数据、法律法规、工作手册等业务资源实现统一管理，形成全流程、全业务、全覆盖并跨行政区、跨机构业务辖区的全新一体化“互联网＋质检”模式，极大优化检验检疫工作流程，提升贸易便利化水平，大幅降低企业制度性成本。7 月 25 日，江阴国检局在该系统中完成全省系统首票入境货物通关。同日，在全国先行试点单位废物原料无法完成通关的情况下，市国检局首批进口废纸从申报查验到最终通关放行顺利完成，首次在 e-CIQ 系统中申报并通过废物原料业务，为推动全国检验检疫“一体化”开展有益探索。10 月 28 日，e-CIQ 在全国检验检疫机构上线运行，进入全国运行模式，所有进出口企业、贸易商可在全国任何地区选择报检、通关，出口货物经过产地检验检疫后，口岸不再进行二次查验；进口货物到达口岸后，可直接运往使用地再行查验，避免重复检验检疫，为贸易各方减少费用、节省时间。

【2 个企业入选中国出口质量安全示范企业】 中国出口质量安全示范企业评选是经各直属检验检疫局评估推荐、总局审核授予的出口企业质量最高荣誉，在进出口业务方面将享受总局赋予的出口产品免予检验、出口援外物资和政府协议检验商品实施验证监管等 10 项优惠措施。2015 年 8 月初，经江阴市政府推荐，在江阴国检局的帮助指导下，江阴兴澄特种钢铁有限公司向省局提交申报中国出口质量安全示范企业的申请报告。10 月，省局派出评估组对该公司进行现场评估，推荐该企业为中国出口质量安全示范企业。2016 年 2 月 1 日，总局公布第二批中国出口质量安全示范企业名单，兴澄特钢入选。7 月，江阴国检局在对申报企业进行筛选和考核的基础上，向总局推荐江苏长电科技股份有限公司参与第三批中国出口质量安全示范企业的评选。9 月，该公司以零不符合项通过省局组织的专家现场评估。12 月 30 日，总局公布第三批中国出口质量安全示范企业名单，长电科技入选。至此，江阴共有 4 个企业入选中国出口质量安全示范企业，数量位居全省县级市第二。

【培育江苏首批“三同”企业】 2016 年 8 月，国务院为促进消费品标准和质量提升，要求提高消费品国内国际标准一致性程度，推动实现内外销产品“同线同质同标”（出口企业在同一条生产线上，按照相同的标准生产出口和内销产品，从而使供应国内市场和供应国际市场的产品达到相同的质量水准)。9月,江阴国检局帮助江苏阳光集团有限公司开展“三同”工作,多次深入企业了解其生产线配置、产品标准选用、质量控制能力及内外销市场分布等基本状况,帮助启动首批消费品“三同”生产企业申报工作,协助做好试点产品国际国内先进标准的收集工作;与企业就“三同”公共服务平台的操作细节、国内外有关标准差异、二维码及“三同”标志的正确使用等事宜进行探讨,组织开展相关培训工作,选用国际国内先进标准作为“三同”生产标准,增强质量、品牌和营销意识;对企业“三同”的验证、监督与日常监管融合,指导企业做好“三同”消费品的生产、自检自控及生产记录的维护归档等工作。11月,江苏阳光集团有限公司入选为首批消费品“三同”生产企业,并成为全国“三同”公共服务平台首批上线的12个企业之一,通过该平台可向消费者展示其质优的“三同”产品,消费者在国内即可购买符合国际先进标准的产品,也可以通过平台对“三同”产品进行有效溯源。年内,阳光集团有7批产品获“三同”产品认定,分别为男式和女式西服套装、男式单西服、男式西服大衣以及3批毛纺面料。

【截获重大疫情】 2016年2月,江阴国检局在对一批加拿大大麦进行表层检验检疫时,截获检疫性病原真菌葡萄茎枯病菌,这在国内尚属首次。葡萄茎枯病菌属于茎点霉属真菌,能够浸染双子叶植物和针叶树,会引起树木叶斑和软腐病,严重危害小麦、葡萄、水稻、蚕豆、马铃薯等多种农作物的种植。为此,江阴国检局要求收货企业提供处理预案,同时要求该批大麦产生的下脚料由加工企业集中收集并进行焚烧处理,防止有害生物传入和扩散。11月,江阴国检局在韩国进境的废钢船中截获菜豆拟茎点霉,这在全国口岸属首次截获。菜豆拟茎点霉种类多、分布广,在热带和亚热带地区种类尤其多,主要危害被子植物和裸子植物,会引起溃疡、烂茎、根腐、树皮坏死等多种症状。为此,江阴国检局对相关货物实施除害处理,并加强对货物和船舶的后续检疫监管。是年,江阴口岸截获有害生物490种、1.45万种次,比上年分别增长11.1%和7.7%。

(陈 涛 汤琳琳)

2016年2月,江阴国检局在进境大麦中截获检疫性病原真菌葡萄茎枯病菌。图为检疫人员正在对大麦进行表层检疫 (江阴国检局提供)

长江引航

【概况】 2016年,长江引航中心以“三化”建设和“阳光引航”为统领,不断提高服务能力和服务水平,圆满完成各项工作任务。全年引领中外籍船舶59192艘次(含移泊12899艘次)、里程769万千米、总吨9.05亿吨、净吨4.97亿吨。其中引领国际航线船舶44300艘次(含移泊10092艘次),国内航线船舶14892艘次(含移泊2797艘次),引领江阴港中外籍船舶5679艘次(含移泊586艘次)、里程81.21万千米、总吨8254万吨、净吨4585万吨。年内,长江引航中心在服务主题上求实,在安全主线上求稳,在队伍主体上求严,举办服务对象座谈会26次,走访港航企业近100个;引领南京港进江船舶吃水11.36米,保证引航服务能力同步适应12.5米深水航道建设;开展遵章守纪规范操作机制年活动,安全形势持续稳定;组织1700余人次参加各类培训,进一步提升队伍素质。是年,长江引航中心及所属南通引航站、江阴引航站被评为江苏省文明单位。

【推进“阳光引航”】 2016年,长江引航中心深入推进“阳光引航”,努力为航运企业提供“保船期、保安全、降成本”的优质引航服务。是年,积极推进夜间引航,有效节省船期,提高船舶进出江运营效率。克服雾、霾、寒潮大风等恶劣天气120天,完成疏港船舶3286艘次,成功完成船舶抢险任务21次,优先保障4256艘次电煤船舶、7931艘次油船等载运民生物资船舶引航。为港航企业排忧解难,对各类受限船舶制定引航方案,实现“精准服务”,引领船长250米以上超大型船舶2421艘次、吃水10.8米以上船舶2189艘次,分别比上年增长23.2%和87.2%。严格执行引航收费和引航作业辅助拖轮使用等规定,为小微航运企业减免引航费40余万元。年内,长江引航中心受到服务对象肯定和认可,年社会满意率达97.71%。

【引航服务能力建设】 2016年,随着长江经济带发展战略和长江沿线港口转型升级的深入推进,12.5米深水航道初通南京。为保证引航服务能力同步适应航道建设,长江引航中心主动应对船舶大型化态势,开展12.5米深水航道初通南京课题研究及与沿海引航机构的随船现场学习,提升引航技术储备能力;主动对接港航服务需求,通过走访港口企业、签订引航技术对接服务协议，量身定制引航方案，为航运企业提供精准服务；主动服务口岸转型升级，充分利用引航技术优势助推沿江港口大船大港建设。是年，引航中心引航计划受理率、按时开航率均达到100%，引领最大船舶吃水太仓港达12.1米、南通港达12米、镇江港达11.5米、南京港达11.36米，引领到泰州港最大船长达300米，有效增强长江沿线港口竞争力。

【遵章守纪规范操作机制年活动】 为进一步夯实引航安全基础，确保长江引航安全形势持续稳定，长江引航中心在2016年开展以“遵章守纪强责任　规范操作保安全”为主题的遵章守纪规范操作机制年活动。年内，开展汛期百日安全、安全生产月、平安引航等专项活动，强化遵章守纪规范操作意识。完善安全管理体系，健全船舶追越、违章处罚和安全责任追究等方面制度，分层级签订安全责任书608份，强化责任落实。加强引航业务科长监控室轮流值班、业务领导随船督查和引航班组工作，筑牢前沿安全防线。深入排查、整改各类安全隐患101处，发布安全提醒7243次、安全信息50万余条，促进安全预防预控。全年安全形势持续稳定，各项安全指标低位运行，未发生有引航责任的重特大船舶事故和污染事故。

【特殊船舶引领】 2016年，长江引航中心引领特种船舶9238艘次，比上年增长21.4%，其中引领江阴港特种船舶810艘次，增长11%；引领夜航船舶31506艘次，夜航率53.2%，其中引领江阴港夜航船舶4538艘次。5月11日，成功引领船长320米、吃水10.51米、载重吨229228吨的巴拿马籍“昂格”轮抵达江阴港，为是年进入江阴港长度最长、吨位最大的船舶；5月18日，引领4艘开普敦型船舶进出江阴港，创江阴港单日接靠超大型船舶数量之最；7月1日，引领船长达300米、载重吨达20.78万吨的好望角型马绍尔籍“亚萨梦想”轮安全靠泊江阴港，开创江阴港营运船舶长度和吨位之最；9月12日，引领吃水达11.36米的利比里亚籍“斯奎尔”轮安全停靠江阴黄田港6号码头，刷新江阴到港船舶吃水深度纪录，也是长江南京以下12.5米深水航道二期工程初通期允许通过的最大吃水深度。是年，累计引领18万吨开普敦型海轮进出江阴港口140艘次，引领吃水11米及以上船舶173艘次。　　（黄　伟）

船舶检验

【概况】 2016年，中国船级社江阴办事处（以下简称“江阴办事处”）认真贯彻落实中国船级社（以下简称“CCS”）系统工作会、安全质量工作会各项要求，开展职业健康安全教育和安全生产月活动，确保检验安全质量；为江阴港口的航运、船舶制造业服务，努力保护江阴港口水上的人身和财产安全，保护相关水域及环境，全年江阴办事处未发生人员安全事故和安全质量责任事故。年内，完成各类船舶检验655艘次，其中入级营运检验船舶208艘次，国内营运检验船舶331艘次，入级建造和国内建造船舶20艘，船舶审核96艘次。焊工考试人员1651人，完成工艺认可38批、各类船用产品检验2926个工作控制号，各类检验总收入3470余万元。是年，江阴办事处连续第十一次被评为江苏省青年文明号。

【64000DWT散货船“大联”轮交船】 “大联”轮是中船澄西船舶修造有限公司为中外运长航集团建造的4艘6.4万吨级系列散货船的第三艘船，入CCS船级，挂中国香港特别行政区区旗，2015年1月9日开工建造，总长199.9米，型宽32.26米，设计吃水11.3米、航速14.4节。建造期间，江阴办事处驻中船澄西项目组按照规范、公约和批准图纸的要求开展各项检验工作，配合船厂和船东圆满完成各项检验任务，为船舶顺利交付提供有力保障。2016年1月8日，“大联”轮命名和交付仪式在中船澄西船舶修造有限公司举行，中外运长航集团董事张建卫、CCS江苏分社总经理范强、中船澄西船舶修造有限公司董事长王永良等参加命名和交付仪式。

【客户培训】 2016年，江阴办事处贯彻CCS为客户提供优质服务的理念，积极开展培训服务，满足客户个性化需求。4月7日，CCS江苏分社和江阴办事处组织专家赴江阴利电煤炭运销有限公司，为近百名岸基及船上管理人员开展“船舶水动力节能技术研究及应用”和“IMO（国际海事组织）新生效要求及热点介绍”培训交流，阐释节能技术在提升船舶能效、降低船队运营成本方面所能发挥的作用，为公司降低运营成本提供思路。7月和8月，江阴办事处分别为江苏扬子江船业集团公司230余名质检员和中船澄西船舶修造有限公司70名质检员提供培训。培训分基础知识、船体专业、轮机专业和电气专业四门课程，通过培训进一步提升公司质检员对船级社、船级检验、法定检验的概念了解，掌握新造船质量控制及现场检验控制要点，提升其检验能力和水平。

【首次进行超大型矿砂船建造检验】 2016年11月18日，江苏扬子江船业集团公司为工银金融租赁有限公司承建的第五艘和第六艘40万吨系列超大型矿砂船（VLOC）开工建造，该船型属于第二代超大型矿砂船，是目前全球最大、最先进的矿砂运输船，也是扬子江船业首次建造该型号船舶，入CCS船级，总长362米，型宽65米，型深30.4米。上述两艘船由江阴办事处进行建造检验，这也是江阴办事处首次开展这类船舶的建造检验，得到CCS总部高度重视。年内，CCS江苏分社和江阴办事处选派优秀验船师组成驻扬子鑫福VLOC项目组，根据船厂建造特点对现场检验工作进行策划，积极参与船厂的生产设计工作，对生产设计图纸进行审查，提供技术指导，确保船舶建造顺利进行，得到船厂高度好评。　　（蒋　颖）

■类目编辑　承　鸿

城乡规划

【概况】 2016年，江阴市规划部门强化规划引领，加强技术保障，持续推进江阴城乡规划工作再上新台阶，完成规划编制、实施管理、信息化和队伍建设等重点工作，全力服务“强富美高”*新江阴建设。是年，牵头制定江阴市城乡建设“1310工程”*，完成万达广场北侧地块、花山互通周边地区城市设计和人民西路、环城西路街景设计。深化环城森林公园环山路规划，完成环城绿道无障碍设计和马拉松赛道路线规划初步方案。开展滨江公园、应天河公园设计方案整体优化提升。做好北大街历史文化街区及周边地区城市设计多方案评审和优化。做好火车站周边地区城市设计及控制性详细规划修编、运河公园规划设计国际招标前期工作。完成综合交通发展战略规划研究、主城区公共自行车租赁点布局规划、城市地下空间开发利用规划。完成江阴市城市近期建设规划、管线综合规划、高立柱广告设施设置规划、长泾河北街历史文化街区保护规划等成果，并上报审批。完成海绵城市专项规划、地下综合管廊专项规划、电动汽车充电设施近期布局规划主要成果。开展江阴市域轨道交通线网规划专题研究。完成美丽村庄建设规划10个。《江阴市城市地下空间开发利用规划》获2016年度城乡建设系统优秀勘察设计项目江苏省三等奖、无锡市一等奖。积极配合推进沿江城际铁路、盐泰锡宜城际铁路的前期研究和启动建设工作，开展轨道交通枢纽站和周边城市路网衔接研究，做好交通枢纽区域和轨道交通廊道规划管控。优化完善《江阴市城乡规划实施管理技术规程》《江阴市建设工程电子审图计算规定》，牵头做好“联合审图”服务，加快推进电子报批试运行。全年受理并办结各类规划审批事项1959件，完成施工图审查约279万平方米、规划核实约478万平方米；联合审图抄告方案审查、施工图审查项目332件，累计建筑面积约908万平方米。制定“2016年度规划局跟踪服务项目一览表”，全年累计开展规划巡查310余次。完成规划“一张图”信息化系统建设，完成全市域地下空间设施普查。完成数字江阴地理空间框架和“天地图·江阴”系统软、硬件建设，促进各部门、各行业间的地理信息数据的统筹管理和共建共享。编制《江阴市规划局行政权力事项办事指南》，做好《江阴市建设项目日照影响分析管理实施细则》廉洁性评价，依法做好规划编制及建设项目批前公示、批后公布643件，按要求公开各类信息232条，解答各类咨询281件，依法保障群众对城乡规划管理的知情权、参与权和监督权。夯实市民规划师制度，组织召开市民规划师会议3次。

【江阴市综合交通发展战略规划研究】 2016年，为应对城市交通大环境的变化，江阴市规划局组织编制《江阴市综合交通发展战略规划研究》，6月，对外公开招标，8月确定江苏省城市规划设计研究院为中标单位。该规划主要针对区域交通快进快出及城市交通高峰缓堵两个专题进行研究。其中区域交通快进快出主要通过构建快速轨道交通系统、快速公路网络系统、快捷交通枢纽体系、快速区域交通衔接及快速过江通道来实现区域客、货运交通有序分离、快进快出、高效通达。城市交通高峰缓堵主要通过合理选择交通发展模式、完善中心城区骨架路网、构建快捷城市公交系统、制定交通需求管理措施来缓解交通矛盾，改善道路通行环境。该规划2016年底完成主要成果。

【江阴北大街历史文化街区及周边地区城市设计】 北大街历史文化街区及周边地区区位独特，历史文化底蕴丰富，是江阴市传统城市形象的代表地区。但现状与江阴日新月异的市容市貌及经济社会发展不匹配，亟须整合改善，注入活力与生机。2016年，为进一步指导该地区的建设，江阴市规划局组织编制《江阴北大街历史文化街区及周边地区城市设计》。6月，对外公开招标，10月，确定江苏省城镇与乡村规划设计院为中标单位。该设计范围主要包括君山片区、北大街片区和北门岛片区三个区块以及定波公园、君山路西侧居住社区和锡澄运河西侧带状滨河地块，用地面积93公顷。该设计将北大街地区作为老城区与滨江商务区之间的功能衔接区，打造成集传统文化体验、文化产业、创意产业、公共服务、旅游休闲、宗教

2016 年,江阴市规划局组织编制的《江阴北大街历史文化街区及周边地区城市设计》效果图 （市规划局提供）

游览、城市休闲、生活居住等功能于一体,既展示江阴历史文化名城古韵本色,又集成现代城市服务功能的城市生活区,成为"城市双修"的最佳实践区和城市空间创新供给侧改革的示范区。该规划 2016 年年底完成主要成果。

【长泾镇河北街历史文化街区保护规划】 长泾镇具有典型的江南水乡传统格局和风貌特色,2010 年经国务院批准公布为第五批中国历史文化名镇。2016 年 7 月,为促进历史文化街区的进一步发展,对接最新的总体规划要求和现状建设条件,江阴市规划局委托江苏省城市规划设计研究院(江苏省城市交通规划研究中心)编制《长泾镇河北街历史文化街区保护规划》,8 月,形成论证成果。该规划划定历史文化街区的保护范围,整体保护历史文化街区范围内典型"水－街－巷"格局的水乡民居空间序列和传统肌理,保护河北街、杨树弄、曹家弄、汪家弄、后街 5 条历史街巷,保护 3 处文物保护单位、18 处登记不可移动文物、历史建筑及传统风貌建筑,保护传统水系、桥梁、古树名木、古码头等历史环境要素,保护与传承非物质文化遗存等。规划将河北街塑造成体现长泾镇自明清以来的传统风貌和独特历史文化特征的集生活居住、传统商业、休闲旅游于一体的综合功能区,以及展示长泾镇江南水乡文化、民族工商、大姓氏族、名人先贤、民居民风等内容的主题街区。

【江阴市环城绿道工程规划研究】 2016 年,为响应"十三五"江阴城乡建设"1310"工程,沟通城市公共开放空间各公园绿地,优化城市生态系统和景观结构,为市民提供多样化选择的公共休闲设施和空间,江阴市规划局委托江阴市城乡规划设计院编制《江阴市环城绿道工程》规划研究,于年末完成规划成果。该规划形成"三经六脉连江山、环城绿道串碧澄"未来环城绿道网格局,分期建设"近期一小环、中期一大环、远期多个环"的城市绿道网络。"近期一小环"全长 30 千米,通过将芙蓉湖公园、黄山森林公园、黄山湖公园、鹅鼻嘴公园、滨江公园、运河公园、应天河公园、大桥公园八大主题公园串通,形成湖山道、滨江道、大桥道、运河道 4 段景观绿道,将中心城区各个旅游景点相串联,形成展现江阴江河风情、历史遗存的慢行贯通式无障碍绿色廊道。"中期一大环"全长 71 千米,通过将城市公园与江阴南部环城森林公园相串联,展现江阴秀山、碧水,形成自然生态的贯通式绿色廊道。"远期多个环"通过将中心城区水系、绿化廊道相贯通,形成展现城市风貌、文化特色的城市串联式的绿色廊道网络。

【江阴市环城森林公园环山路规划研究】 2016 年,为加快实施环山路建设,串联各山体空间,并做好环山路与森林公园内部道路及登山步道出入口的对接,增加森林公园的可达性,把森林公园变成可进入的生态开敞空间,江阴市规划局委托江阴市城乡规划设计院编制《江阴市环城森林公园环山路规划研究》,8 月,完成规划成果。该规划形成南北两条线,南线全长 32.8 千米,着眼于在绿色中穿行,打造城市外围的生态景观道路,并与山体保持适当距离,便于观景。北线全长 36.8 千米,与城市道路联系更为紧密,使森林公园与城市的联系更为便捷。另外,规划还对道路断面、景观、与各级道路和森林公园出入口的协调都做研究,以指导后续的开发建设。

【江阴市地下综合管线规划(2015—2030)】 近年来,随着城市快速发展,地下管线建设规模不足、管理水平不高等问题日益凸显。2014 年,国务院办公厅、省政府相继发布关于加强城市地下管线建设管理的相关政策和文件,要求 2015 年底前完成城市地下管线普查并编制完成地下管线综合规划。在此背景下,2015 年初,江阴市规划局委托江阴市城乡规划设计院编制《江阴市地下管线综合规划(2015—2030)》,于 2016 年年底完成规划成果。规划以江阴市全市域为规划范围,首先在地下管线普查数据的基础上,参考各管线专业单位提供的管网资料,全面梳理调研、系统了解市域各市政管线工程现状并梳理评估各类管线专业规划,作为管线综合规划的基础;其次规划以新版城市总体规划为指导,结合各行业发展特点,深化市域供水、排水(雨水、污水)、燃气、供电、通信、供热等管线工程系统规划,为管线综合统筹做准备。最后规划以《城市工程管线综合规划规范》为基础,明确市域地下管线综合模式,以及各类地下管线之间平面和竖向的空间布局要求,研究并确定标准管线断面等。另外规划还分析国内外综合管廊建设的经验、国家相关政策,结合城市发展规划,确定入廊管线种类及综合管廊建设区域、规模、断面形式等,为有序推进地下综合管廊建设奠定基础。

【江阴市高立柱广告设施设置规划】 2016 年,为规范江阴市域内高速公路与快速路两侧高立柱广告设施的规划和管理,市城市管理局、规划局委托市城乡规划设计院编制《江阴市高立柱广告设施设置规划》,6月完成规划成果。规划以江阴市全市域为规划范围,根据上位规划和相关法律法规,在《江阴市户外广告设施设置规划(2011)》的基础上,明确江阴市高立柱广告可以设置在市域内的五条高速公路和九条快速路两侧区域,确立高立柱广告设施设置的具体范围和设置标准,并划定高立柱广告禁止设置区、控制设置区、允许设置区三个区域。按照分区控制原则进行设定,禁止设置区内禁止设置高立柱广告;控制设置区内高速公路和快速路沿线高立柱广告设施单侧设置间距原则上不低于1500米;允许设置区原则上不低于1000米。

【江阴市美丽村庄建设规划】 为更好地贯彻2015年12月习近平总书记在中央城市工作会议上的讲话精神以及2016年江苏省委一号文件《关于落实发展新理念 深入实施农业现代化工程建设"强富美高"新农村的意见》精神,2016年江阴市规划局委托江苏省城镇与乡村规划设计院、江阴市城乡规划设计院对青阳镇悟空村、月城镇卧龙村黄家浜、顾山镇红豆村等10个村庄编制美丽乡村建设规划,旨在营造农村宜居环境、建立有序空间秩序,以促进农村生产发展、生活优化、生态提升,于2016年年底完成规划成果。规划主要在遵循《江阴市镇村布局规划》的基础上,立足村情民需进行村庄调研、现场踏勘,围绕基础设施、空间优化、环境整治、生态保育、产业规划等五个方面开展规划研究工作,并进行经济投资估算,为下一步推进实施具体建设工作做好基础。该规划2016年底完成主要成果。

【江阴市地下空间设施建(构)筑物普查】 地下空间是城市宝贵的战略性空间资源和新型土地资源。通过地下空间数据普查,建设地上地下一体化空间数据库,编制地下空间开发利用规划,科学高效开发、管理、利用地下空间资源,是现代化城市建设的一项重要内容和发展方向。2014年起,江阴市规划局率先在全国县级城市开展江阴市全市域地下空间设施〔地下建(构)筑物〕普查,总计普查639处地下空间设施,总建筑面积475万平方米。2016年4月17日,项目通过专家的验收和鉴定,项目测绘成果和相关技术应用受到与会专家的充分肯定。项目完善江阴市地理空间数据库的数据体系,提升城市地上地下一体化规划建设管理水平。该项目建设中完成的"江阴市地下移动激光采集技术的研究与应用"课题,获2016年度中国地理信息产业协会地理信息科技进步奖二等奖和2016年度江苏省测绘地理信息科技进步奖一等奖。

【"十三五"江阴城乡建设"1310工程"*信息管理系统】 2016年,为服务保障城乡建设"1310工程"顺利推进,"1310工程"建设指挥部办公室会同江阴市规划局基于"天地图·江阴"开发"十三五"江阴城乡建设"1310工程"信息管理系统,于12月上线运行。该系统是"十三五"江阴城乡建设"1310工程"的配套信息管理系统,由各责任部门(单位)将"1310工程"各重点项目实施进度进行实时上报,指挥部办公室进行汇总督查。各责任部门可研究制定牵头项目的工作计划、实施方案,细化进度安排,通过系统及时向指挥部办公室上报项目有关信息。指挥部办公室可通过系统对项目各个推进阶段全过程进行监控,并填报监督意见等,最终实现市委、市政府对"1310工程"全过程的动态管理和统筹协调,确保在"十三五"期间顺利推进落实"1310工程"。该系统为推进"1310工程"提供高效的信息化辅助平台,并为促进空间地理信息资源的充分利用、积极探索共建共享提供新思路。

【市城乡规划设计院】 2016年,市城乡规划设计院在市场大环境较为严峻的态势下,积极适应新的生产经营环境,有效强化生产经营、队伍建设、质量管理等工作。全年完成规划项目28项,市政项目51项,景观项目12项,勘察测量项目47项,建筑项目16万平方米。在2016年度无锡市城乡建设系统优秀勘察设计项目评选中获奖14项。其中江阴市城市地下空间开发利用规划、江阴市供电公司澄南生产基地规划、石牌南区安置房规划获一等奖。在江苏省城乡建设系统优秀勘察设计项目评选中,江阴市城市地下空间开发利用规划、石牌南区安置房规划获三等奖。(王伟利 杨梦晨)

城市建设

【概况】 2016年,江阴市住房和城乡建设部门认真落实城市建设五年行动计划,紧扣"1310工程"*等重点项目,狠抓提前谋划、建设推进和项目服务与监管,涉及滨江亲水、江阴绿道、交通畅通、城市管理、民生实事等工程的相关项目全部纳入建设计划,虹桥南路(环南路—芙蓉大道)、通达路、第四期保障房等18项项目竣工,应天河风光带、夏东路改造、市医疗中心等27项项目加快推进,草拟完成建设海绵城市实施意见。

【扬子小区区间道路春阳路道路改造工程竣工】 春阳路位于江阴市滨江地区,西起临江路,东至春申路,路宽22米,道路全长251.7米。春阳路沿线主要相交道路为临江路和春申路。该工程由江阴市城乡规划设计院设计,江阴华信建设工程有限公司施工,江苏外建工程管理有限公司监理,于2015年12月开工,2016年12月竣工。

【扬子小区区间道路春晓路道路改造工程竣工】 春晓路位于江阴市滨江地区,西起临江路,东至春申路,路宽22米,道路全长274.65米。该工程由江阴市城乡规划设计院设计,江苏铭优智能工程有限公司施工,江苏外建工程管理有限公司监理,于2015年12月开工,2016年12月竣工。

【横三路道路工程竣工】 横三路位于江阴市城市客厅,道路整体呈东西走向,设计西起纵五路,东至纵六路,为单幅路形式,路宽13米,全长约197米。该工程由江阴市城乡规划设计院设计,江阴市华士水利建设工程有限公司施工,江苏外建工程管理有限公司监理,于2013年8月开工,2016年12月竣工。

【纵五路道路工程竣工】 纵五路位于江阴市城市客厅,道路北起黄山防火通道,南至横三路,为单幅路形式,路宽9米,全长约302米,沿线主要相交道路由北向南依次为黄山防火通道、规划横二路、横三路。该工程由江阴市城乡规划设计院设计,江苏贵兴市政工程有限公司施工,江苏外建工程管理有限公司监理,于2014年11月开工,2016年12月竣工。

【春麓路东侧道路工程竣工】 春麓路东侧道路位于江阴市滨江区域,西起春麓路,东至鲥鱼港路,为单幅路形式,路宽16米,全长约413米。该工程由江阴市城乡规划设计院设计,江阴市城市建设有限公司施工,江苏腾飞工程项目管理有限公司监理,于2013年11月开工,2016年12月竣工。

【江阴市锡能实业有限公司周边规划道路工程竣工】 江阴市锡能实业有限公司周边规划道路位于澄江街道,包括丰收路和安慧路,其中:丰收路路宽16米,全长约328米,沿线主要相交道路由西向东依次为金三角路、安慧路。安慧路路宽9米,全长约603米,沿线主要相交道路由北向南依次为站西路、丰收路及紫金路。该工程由江阴市城乡规划设计院设计,江阴市新德建设工程有限公司施工,江苏马洲项目管理有限公司监理,于2015年12月开工,2016年12月竣工。

【普惠路中段道路及排水工程竣工】 普惠路中段(人民西路—青山路)道路排水工程北起人民西路,南至青山路,属城市主干道,路宽40米,全长为520米。道路路拱为直线型,路拱横坡为2%。排水工程分为设置雨水管道和污水管道,雨水管道,位于非机动车道内,平行道路中心线,距侧石1米,设置两条排水管,雨水自北向南排入芦花沟,雨水口采用边沟式,布置在非机动车道边缘和机动车道边缘,雨水口设置间距为30~40米。污水管道位于非机动车道内,平行于道路中心线,距非机动车道边2.5米,由南向北排入五星路污水预留井,设计坡度为1‰。该工程由江阴市城乡规划设计院设计,江阴南方建设集团有限公司施工,江苏腾飞工程项目管理有限公司监理,于2014年2月开工,2016年1月竣工。

【虹桥南路南延伸段一期工程竣工】 虹桥南路南延伸段(环城南路—芙蓉大道)位于江阴城区南门地区,属于中心城市道路向南自然延伸,为城市主干道。道路整体呈南北走向,起点位于环城南路,终点为芙蓉大道,道路全长1649米(包括应天河桥)。虹桥南路(环城南路—毗陵路)段总宽度为36米,虹桥南路(毗陵路—芙蓉大道)段总宽度为40米。路面采用沥青混凝土路面,水泥稳定碎石基层。人行道面层铺设透水砖。虹桥南路雨水主要收集道路路面雨水、转输其他道路雨水以及道路两侧地块的雨水,有2个排水系统,其中一个由北向南排入东转河,其余雨水分别由北向南、由南向北汇总后排入运粮河。虹桥南路收集的污水以运粮河为界,运粮河以北污水远期由北向南接入规划仲伟路污水系统,近期向北与环城南路污水系统沟通;运粮河以南污水由北向南接入毗陵路污水系统。在虹桥南路毗陵路至芙蓉大道段有一座桥梁跨越应天河,该桥梁总长55米,跨径布置为16米+22米+16米三跨简支梁。桥梁与河道成85度斜交。该工程由江阴市城乡规划设计院设计,江阴市市政建设工程有限公司施工,江苏外建建设咨询监理有限公司监理,于2012年10月开工,2016年12月竣工。

【虹桥南路塘前路节点工程竣工】 虹桥南路、塘前路节点工程是虹桥南路(环城南路—毗陵路)段与塘前路平交位置的一项工程。在该交叉位置,南北偏西走向的忠义街从此节点通过。出于对忠义街历史街区的保护,以及对虹桥南路地下空间的开发利用,将虹桥南路与塘前路平面交叉口按照立交形式布设,架空桥梁下方设置下沉式广场,忠义街从下沉广场南北穿过。该工程范围为虹桥南路、塘前路交叉口部分,包括架空交叉口结构、下沉广场、塘前路人行通道、虹桥南路人行通道。架空道路:南北向长约114米,东西向长约205米,面积约11390平方米;下沉广场:南北向长约114米,东西向长约168米,面积约11990平方米;塘前路人行通道:长52.05米,宽3.9米,面积203平方米;虹桥南路人行通道:长63.07米,宽3.9米,面积246平方米。该工程由南通市市政工程设计院有限责任公司设计,江阴市市政建设工程有限公司施工,江苏中源工程管理股份有限公司监理,于2013年10月开工,2016年12月竣工。

【通达路道路及排水工程竣工】 通达路(梅园路—中山南路)道路及排水工程位于江阴市南门地区,道路呈东西走向,为单幅路形式,路宽15米,全长313米。通达路雨水主要收集道路路面雨水、道路北侧地块的雨水以及其他道路的雨水,共1个排水系统,雨水排入中山路排水系统。污水收集道路两侧的生活污水。污水由东向西接入梅园路污水系统。该工程由江阴市城乡规划设计院设计,江苏广泽建设有限公司施工,江苏启泰工程咨询有限公司监理,于2015年10月开工,2016年12月竣工验收。

【龙河华都东侧规划道路工程竣工】 龙河华都东侧规划道路(塘前路—通达路)位于江阴市南门地区,道路整体呈南北走向,路宽15米,全长约157米,为城市支路。龙河华都东侧规划道路路面雨水及道路两侧汇水范围内的雨水通过道路雨水管道排出,在机非混合车道两侧边缘设置雨水口,雨水口设置间距为30米,雨水收集后由北向南接入通达路雨水系统内。该工程由江阴市城乡规划设计院设计,江阴市新远见工程有限公司施工,江苏启泰工程咨询有限公司监理,于2015年11月开工,2016年12月竣工。(*沈希婷*)

城市管理

【概况】 2016年,江阴市城市管理局认真贯彻各级决策部署和工作要求,紧紧围绕"创文创优"目标,牢牢把握"1310工程"重点,以民意引领工作,坚持"文明创建,城管先行",坚持依法行政,坚持完善城市治理体系,市容秩序在有效治理中不断改善,城乡环境在综合整治中持续优化,社会管理在全民参与中初见成效。全年依法查处行政处罚案件 45642 件,行政许可按时办结率 100%;拆除违法建设 1300 余处、15 万平方米,完成新建住宅小区单项验收 44 次;全年办理特种垃圾处置证 15005 张,办理建筑垃圾处置许可 419 件,处置工程渣土约 120 万立方米,处置建筑垃圾约 25 万吨,查处各类违反建筑渣土管理规定的违法行为 185 次,淘汰不符合规定的建筑垃圾运输车辆(黄标车)139 辆;受理"12345"公共服务热线投诉 6848 件,满意率 100%;充分挖掘可利用的停车资源,新增人行道临时机动车停车泊位 1046 个,改造低洼泥泞停车场 1 个,700 余平方米,设置停车场收费亭 18 座,更新、增设主城区人行道护栏 6000 余米。

【推进省环境综合整治"931"行动】 2016 年,江阴市紧紧围绕全国文明城市创建和省优秀管理城市创建要求,在巩固提升江苏省城市环境综合整治"931"行动(九整治、三规范、一提升,"九整治"是指整治城郊接合部、整治城中村、整治棚户区、整治老旧小区、整治背街小巷、整治城市河道环境、整治低洼易淹易涝片区、整治建设工地、整治农贸市场;"三规范"是指规范占道经营、规范车辆停放、规范户外广告设置;"一提升"是指提升城市长效管理水平。)2013—2015 年三年创建的基础上,积极开展两年接续行动,结合全市"七整七治三提升"(指 2015—2017 年三年城乡环境综合整治行动,整治城中村、城郊接合部、老旧小区、背街小巷、城乡河道、农贸市场、城乡绿化;治理违法建筑、工地环境、停车秩序、户外广告、市容镇貌、环境扰民、村庄环境;提升市民文明素养、综合治理能力、长效管理水平。)城乡环境综合整治三年行动计划为载体,以整治和规范群众反映强烈的城市环境问题为突破口,精心组织,周密部署,切实增强城市管理部门的协同,强化制度保障,完善机制体制,提高治理能力,落实长效举措,提升管理效能,着力构建"治标有效、治本有道"齐抓共推的整治工作局面,努力实现城市环境品质的全面提升。是年,统筹完成江阴市城市环境综合整治行动的 23 项"九整治"项目、43 处"三规范"项目和 934 项拓展项目,不断提升城市长效管理水平。

【持续改善市容秩序】 2016 年,江阴市城市管理局落实"七整七治三提升"城乡环境综合整治要求,坚持以整开路,持续优化城乡市容环境秩序。组建成立机动中队,实行 24 小时错时管理、弹性工作机制。开展"科队"挂钩结对,实现管理重心下移,管理力量下沉,充实一线执法管理力量,进一步充实城区中队管理力量。扎实开展"十大行动",即开展无证摊、亭棚摊点、门店秩序、停车秩序、工地秩序、户外广告、违法建设等整治行动,以及示范创建推进行动、社区结对共建行动、队伍素质提升行动。督促规范影响人行道(盲道)早点摊 1100 余次,查处取缔 180 次;劝导驱离流动摊贩 1904 次,处罚 622 次,基本取缔城区无证流动摊贩。按照"人民公安、百姓城管;公安治安、城管治乱"的方针,强化城警联动,集中清理各类僵尸车 420 辆、工程运输黄标车 130 辆,加大对过境"黄砖车"的整治力度,查处各类不按规定停车行为 29443 次,其中严管路段 11687 次;根治江阴文明广场乱停车、大桥路彩云桥养殖户扰民、江南农副产品批发市场环境脏乱差等历史遗留问题,诸多长期困扰市民的热点难点问题得到有效破解。

【深入开展违建治理】 2016 年,江阴市城市管理局深入推进全市范围内违法建设综合整治,按照全市城乡建设大会要求,坚决对新增违建"零容忍",加强对水岸新都、锦绣庄园、阳光假日、弘建国际等重点违建区域的查处管控。落实新建小区业主签订无违建责任书,发放"无违建小区创建"告知书 2000 余份,召开房产开发商和物业公司约谈会,新建小区成立 5~6 人物业专职巡查队伍,做到第一时间发现、第一时间制止、第一时间报告,真正实现新建小区"零违建"。同时,切实发挥江阴市违法建设综治办的统筹协调、监督考核作用,多次召开违法建设处置联席会议,组织开展全市层面的专项督查,累计发送违建专题函告 276 份。全年累计拆除违法建设 1300 余处、15 万平方米,完成新建住宅小区单项验收 44 次。

【优化建筑渣土管理】 2016 年,江阴市城市管理局开展工程运输车辆运输秩序专项整治行动,通过制定建筑工地管理规范,召开建筑工地管理现场会,对建筑工地实行标准化管理。坚持疏堵结合,教育在先,开展建材运输车辆密闭运输专项整治,减少运输车辆扬尘污染,建筑垃圾处置许可进驻行政服务中心。全年处置工程渣土约 120 万立方米,处置建筑垃圾约 25 万吨,淘汰不符合规定的建筑垃圾运输车辆(黄标车)139 辆。全年办理特种垃圾处置证 15005 张,办理建筑垃圾处置许可 419 件,移交和协助中队查处各类违反建筑渣土管理规定的违法行为 185 件。

【数字化城管高效运行】 2016 年,江阴数字城管系统受理各类案件 49379 件,其中快捷上报案件 21215 件,一般上报案件 17973 件,市民上报案件 8196 件,电话举报案件 1704 件。2016 年应处置数字城管案件 47560 件,实际处置 45130 件,处置率为 94.89%,按期处置 37414 件,按期处置率 78.67%。全年受理"12345"公共服务热线投诉 6479 件,市民满意率达 99.99%。逐步健全和完善数字城管指挥协调机制,推动建立城管委议题报送机制,形成热点、难点问题协调处置台账,全年协调解决各类热点难点问题 23 个,联动部门现场协调 35 次,形成专题调研报告 5 篇。数字城管完成 132 个自建视频监控,同时与公安部门完善视频资源共享协调机制,通过对 9300 个治安、交通视频监控信号的数据共享,实现对城市管理重点区域的实时监控。数字城管镇街二级平台建设稳步推进,南闸街道、新桥镇通过综合验收。

【打造"城市啄木鸟"品牌形象】 2016 年,江阴市"城市啄木鸟"公众交互平台实现四个"全覆盖":52 个职能部门全覆盖、469 个案由全覆盖、987 平方千米市域全覆盖、24 小时时域全覆盖,注册用户累计 32300 余人,上报有效案件 5.7 万件。通过"文明江阴"微信公众号等新媒体方式,每周发布"城市啄木鸟案例",

倡导市民文明生活，打造“城市啄木鸟”品牌，其“互联网+”“全民参与”的创新亮点在全省推广。“城市啄木鸟平台”接待来自全国各地的考察代表团24个，接待访客550余人次。推动城市啄木鸟运行效能纳入市级机关、乡镇科学发展年度绩效考核及文明创建考核，提高联动部门处置效能，有效提升“城市啄木鸟”品牌形象。

【强化城管队伍建设】 2016年，江阴市城市管理局引入治警理念强化城管队伍建设，全面提升法律、文明、安全、功德“四大意识”，真正把纪律、规矩挺在前面，把教育提醒做在前面，主动作为解难题，从严从实管队伍，一着不让抓整改，努力提升队伍建设和纪律作风建设水平。开展为期两个月的“纪律作风教育整顿”，严格落实“八个一”活动（召开一次纪律作风动员会、上好一堂纪律条规教育课、办好一次家属座谈会、开好一次岗位风险讨论会、排查一批重点关注对象、开展一次谈心交心活动、撰写一篇触及灵魂的心得体会、提交一篇务实可行的剖析整改报告）。全面开展城管“大练兵、大培训”活动，组织开展执法业务知识竞赛、执法案卷制作评比、队列会操大比武、每月一法学习、城管大讲堂和城管系统“十佳城管卫士”“十佳城管协管之星”评选等活动。是年，该局基层站所标准化建设通过无锡市纪委、无锡市城管局考核验收。 （陆军浩）

房屋拆迁

【概况】 2016年，江阴市政府房屋征收管理办公室继续贯彻“惠民、依法、阳光、和谐”八字方针，依法拆迁、惠及民生。围绕“1310工程”*，以及征收（拆迁）安置指挥部的工作展开，与多部门沟通协调，重新修订、调整征收拆迁计划，当好新一轮城市建设“急先锋”。制定完善各项政策规定，加强政策宣传和解释工作，做好群众矛盾的梳理和调解工作；加强行业监管，继续推行现场督查和网签备案相结合的方式。9月被江阴市评为2011—2016年全市法治宣传教育先进集体。全年全市征收拆迁完成132万平方米，其中主城区完成51万平方米；全市建成安置房145万平方米，其中主城区安置房建成12.5万平方米。

【加紧推进征迁安置工作】 2016年，江阴市政府房屋征收管理办公室围绕“1310工程”提早谋划，调整完善征收拆迁计划。根据“1310工程”项目的具体安排和时间节点，积极与相关业主单位和市发改委、市规划局、市财政局、澄江街道办事处等相关部门共同开展专题研究，调整完善2016—2019年的征收拆迁计划。为加快项目的启动，加快征收拆迁手续办理，根据项目启动的轻重缓急，积极办理项目的立项、规划、国土等相关前期批文，及时办理项目征收拆迁手续，着力加快属地街道实质启动项目实施的步伐。加快遗留项目扫尾清障，重点抓好“1310工程”涉及的南门片区、虹桥南路、毗陵西路、青山路等重点片区、重点道路项目的清障扫尾工作。根据新的住宅房屋消防要求，并结合提高市安置房得房率的实际需求，对原先的安置房设计方案进行调整，根据“1310工程”需启动的安置房项目，协调相关设计单位进行方案的优化设计，并落实原有资金的支付情况；根据待实施项目的实际情况，与业主单位、属地街道一起开展安置房需求统计汇总、户型匹配等工作。

【确保信访维稳工作稳定】 2016年，江阴市政府房屋征收管理办公室根据征收拆迁和信访政策法规要求，依法做好信访处理、矛盾调解、维稳工作。依法履行信访职责，处理信访事项。高效高质答复“12345”公共服务热线呼叫中心咨询，共答复139件，及时答复率100%；接待群众来访1184件次、299人次；处理各类群众来信13件，都深入调查实际情况，详细收集相关材料，严格按《信访条例》予以答复；配合市政府做好信访复查、复核工作，处理信访复查案件7件，参加信访复核案件2件。做好涉法涉诉案件应诉和重点户稳控工作，涉及拆迁的行政复议和行政诉讼案件共有3件，根据《中华人民共和国行政复议法》《中华人民共和国行政诉讼法》的要求精心准备相关答复、诉讼材料，确保案件胜诉率100%。密切关注重点信访户的动向，确保矛盾纠纷处于可控的状态。利用空中热线、政风面对面活动，做好宣传工作。

【配合街道稳妥分房】 2016年，江阴市人民政府房屋征收管理办公室配合澄江街道按照先易后难的原则，分批逐个按区域安置，做到分一批成一批，确保稳定。12月1日至15日配合澄江街道举行南门安置分房活动，此次安置分房为历年来最大规模，共安置1134户，分房1625套，涉及12项拆迁项目，涵盖5个社区（村）。安置对象为南门旧城改造项目动迁户，安置房小区位于南门地区黄金地段，分别为塔南美苑一期、塔南美苑二期、塔南家苑、塔南花园、龙河华都5个安置小区，分别有45平方米、70平方米、90平方米、105平方米、125平方米5种户型，共计2008套房源。

【城西管理区安置房交付使用】 城西管理区安置房由江阴市普惠建设有限公司开发，位于澄江街道大安路北、南园路东、中山南路西、塘前路南侧，项目建设用地26021平方米，规划容积率1.86，绿化率36.5%。规划建设2幢高层住宅楼和一幢商业用房以及配套房管及物业用房。因北侧南园菜场拆迁未到位，房管及物业用房暂未启动建设。实际施工地面总建筑面积为44106.05平方米，地下建筑面积为6691.65平方米，住宅套数为428套。该项目由江阴市城乡规划设计院设计，由江阴市华厦建设工程有限公司承建，由江苏建协建设管理有限公司实施监理。该项目于2012年4月开工，2013年年底初验。因西侧围墙及道路征地与所在社区发生争议项目延期至2016年10月竣工验收，并交付街道实施安置，在12月1日至15日的拆迁户选房中，该小区428套住宅被选392套，一次选房率达91.5%。 （沈希婷）

住房公积金管理

【概况】 2016年，江阴市新增住房公积金缴存职工33767人，比上年增长13%;净增住房公积金缴存职工12453人,比上年增长57%;归集住房公积金(含新职工住房补贴)26.25亿元,比上年增长9%;发放住房公积金个人贷款5577笔19.7亿元,放贷笔数和金额分别比上年增长17%和18%;住房公积金个贷率较上年增长近10%;通过发放住房公积金贷款带动住房消费47亿元,购房面积68万平方米,占全市同期商品住房成交面积的26%。是年,住房公积金微信公众号的关注人数达2.1万人。

【扩面工作采用多种新模式】 2016年,江阴市住房公积金管理中心从多方面入手,积极探索可持续的住房公积金扩面新模式。重新建立以社保所为主要依托的扩面网络。在市政府对各镇(街道)下达年度新增扩面任务的同时,中心考虑到各个板块覆盖率的差异,通过与社保数据的比对筛选,以超过50人以上未建制单位为扩面目标单位,另外下达净增5000人的专项扩面指标,以此作为各板块是否完成年度任务的重要依据。结合社保年检,下基层、进企业,尤其对重点企业上门服务,有2个市属重点企业新设立住房公积金账户。以出具合规证明为抓手,推动上市及拟上市企业全员缴存公积金,新增10个单位2358名缴存职工。中心对各劳务派遣企业负责人及经办人进行政策宣传,重申违法责任,并提出年度扩面要求。年内,全市劳务派遣企业新增1127名缴存职工。全面推动政府编外人员全员建制。年底,市人社局、编办、财政局联合发文要求政府编外人员从2017年1月1日起全员参加住房公积金制度。以公积金贷款楼盘准入为抓手,推动重点企业缴存住房公积金,督促相关企业递交于2017年启动住房公积金缴存建制的承诺书。试点约谈、执法扩面模式。下半年对33个单位发放设立账户通知书,其中有4个单位在规定时间内办理账户设立及缴存手续,增加缴存职工147人。中心对余下的29个单位则全部发放约谈通知书,截至12月底,执法扩面的单位中有21个单位办理相关手续,增加缴存职工2183人,占同期社保人数的82.7%。另有3个单位计划于2017年1月办理,并提交计划承诺书,5个单位进入中心行政执法流程,约谈单位成功率为82.8%。扩面方式的有效转变直接促使缴存职工数的大幅增加,是年,江阴市住房公积金管理中心提前3个月完成无锡市政府下达的年度扩面任务,全年新增缴存职工33767人,净增缴存职工12453人,比上年分别增长13%和57%,其中,净增缴存职工数超过2012—2014年三年总和。

【贷款发放量创历史新高】 2016年,受房地产"去库存"政策的影响,加之住房公积金贷款政策较为宽松,贷款利率也降至历史最低水平,公积金贷款需求旺盛,江阴市住房公积金管理中心应贷尽贷地满足住房公积金缴存职工的资金需求,贷款业务办理量和发放额均创历史新高。全年,中心大力推广公积金贷款银行代办服务,采用"委托银行收件和预审,中心审批"的模式办理贷款,最大限度地方便贷款职工。中心依托六个受托银行遍布全市各镇(街道)的网点及强大的客户经理队伍,为职工申请住房公积金贷款提供靠前服务,全年受理代办件1933笔7亿元,商品房贷款代办率达到76%,代办服务基本实现"零盲区"。是年,中心发放住房公积金贷款5577笔19.7亿元,放贷笔数和金额分别比上年增长17%和18%。

【规范提取秩序】 近年来利用虚假材料骗取、套取公积金的事件层出不穷,江阴市住房公积金管理中心对这部分职工采取口头告诫与账户冻结措施,仍无法从源头堵住漏洞。为打击不法中介,2016年9月6日,中心发现假材料后主动报案,公安部门经过调查取证,破获一件伪造公章案,有关人员被抓获归案。是年,中心发现假材料12份,有力保障职工住房公积金账户资金安全。

【完成银行网点布局】 为进一步方便缴存单位及职工就近办理业务,2015年初,江阴市住房公积金管理中心加大银行业务网点建设力度,计划两年内逐步打造四个公积金综合业务网点。2015年10月,在农商行澄江支行新设立江阴市第一个公积金综合业务网点。2016年12月,中心提前完成全市外设银行网点的总体布局,其中综合网点4个,支取网点3个,此举将全市边远乡镇至分中心业务网点的车程由40分钟缩短至15分钟之内,不但方便单位经办人和缴存职工办理汇缴、支取等业务,还分流业务大厅的人数,进而缩短办事职工的等待时间。

【首次开通银行网点周末办理提取业务】 为方便广大缴存职工办理住房公积金提取业务,从2016年4月18日起,江阴市住房公积金管理中心开通两个银行网点在双休日(法定节假日除外)办理住房公积金支取的部分业务,具体办理网点为:周六—建设银行住房信贷部(人民中路127号),周日—农商行澄江支行(环城南路199号),主要业务包括办理购买商品房、存量房支取、退休支取、离开江阴市支取等。

(邬秉斌)

公用事业

【概况】 2016年,江阴市公用事业按照创新、协调、绿色、开放、共享发展理念,围绕"民生、均衡、精明、品质公用"的目标,不断完善公用事业基础设施建设,持续提升公用产品保供能力,全面推进城乡一体的公用事业"五网一体系"(精细高效的环卫保洁网、安全优质的供水保障网、系统合理的污水处理网、稳定可靠的燃气供给网、绿色高效的路灯照明网和功能完善的数字化监管平台)建设。实施各类工程项目32项,其中完工项目20项,在建项目12项。全年供水量26916.23万立方米,日均供水量73.74万立方米,水质水压达标率100%。全市21个城镇综合污水处理厂平稳运行,处理污水1.34亿吨。新建天然气管网238.7千米,新增天然气居民用户4万户,全年供应天然气5.45亿立方米,液化石油气2.9万吨。全市新增照明建设管理道路6.6千米、光源301个,累计建成照明设施627千米,亮灯率和设施完好率分别为99%和98%。全年受理"12345"公共服务热线、"数字城管"等民生诉求2781件,签收率、办结率、满意率均为100%。江阴市市政建设管理部门加强市政行业精细化管理，完成先锋路、塘前路、通江路、天华轴线雨水工程等改造工程。全年完成城区人行道板修复17383.1平方米、沥青混凝土路面修补11746.1平方米，侧平石修复10277.9米，沥青灌缝24538米。开展汛前预防工作，加大雨水管网养护力度，完成雨水管网清疏611.47千米，清疏检查井10879座次，雨水箅27142座次，累计巡查道路里程85276千米，处理违章排水18次，全面提升城市的防汛抗涝能力。（周爱华 邱 敏）

【环境卫生管理】 2016年，江阴市环境卫生管理部门按照生活垃圾无害化处理的要求，严格执行垃圾控量、落实错峰清运、加强终端监管等各项措施，全力保障全市生活垃圾收运体系平稳运作，生活垃圾无害化处理率和全量焚烧率达到100%。年处理渗滤液7.3万吨，粪渣1.56万吨，共计8.86万吨。狠抓生活垃圾源头管理，严查不可燃垃圾及建筑装潢垃圾混入生活垃圾。加大收运环节的硬件设施投入，年内新增环卫作业车辆48辆，淘汰"黄标车"59辆。城区机械化清扫率达到88%，乡镇达到54%，生活垃圾密闭化收运率100%。

【城镇生活污水处理】 2016年，全市新建污水主管网20.5千米，累计建设污水主管网1052千米。光大水务（江阴）有限公司全年处理污水6408.05万吨，日平均处理量17.5万吨，比上年同期增加0.42万吨，增长2.5%。支付污水处理费、污泥费分别为8895.52万元和882.21万元。18个镇级污水处理厂全年处理污水7049.82万吨，日均处理量19.26万吨，比上年同期减少0.92万吨/日。城区、集镇建成区生活污水集中处理率分别为96.8%和86.9%。

【城区污水管网设施管养】 2016年，城区污水管网设施管养工作完成城区污水泵站基础信息统计及城区重点排水户普查工作，统计污水泵站10座，普查重点排水户387户，编制《江阴市城区污水泵站基础信息汇总》；组织实施城区污水泵站大修，完成城区10座污水泵站机电设备维修保养、泵站远程控制设备安装调试、房屋内外墙壁粉刷及泵站内部绿化等项目，投入资金349.6万元。修订完善《江阴市城区污水管网设施运行维护管理办法》，全年疏通污水管网685.38千米，清疏污水井11613座，应急疏通管道21.45万米，清掏污泥914立方米，更换井盖87个，修复井框3套，城区污水管网设施年运行率达到98.5%，平均完好率达到96.8%。补充完善《江阴市城区生活污水投诉处置基本办法》，新增投诉类型及处置办法6条。

【农村生活污水治理】 2016年，全市新建50个村庄生活污水处理设施，截至年底，全市完成460个村庄污水治理。完成74套分散式污水处理设施改造，改造金额358.6万元。改造完成后，交由第三方专业单位进行设施的日常维护运行及出水水质检测。

【供节水管理】 推进供水管网的新建和改造，2016年新建DN75（公称直径75毫米）以上供水管网73.79千米，改造供水管网35.37千米；高层住宅二次供水改造完成文定一村5幢等3项项目的改造。小湾水厂30万吨/日的深度处理改造项目按计划有序推进，完成土建60%工程量。绮山应急备用水源地工程完成库区土方开挖50%工程量。做好节水日常工作，积极创建节水型载体，成功创建省节水型企业（单位）1个，省节水型小区2个。

【燃气管理】 2016年，江阴市投资1.58亿元新建天然气管网238.7千米。至年末，全市拥有天然气管网总长2365.95千米，其中高压管线269.2千米、中压管线936.75千米、低压管线1160千米。管道天然气年销售量为5.45亿立方米，其中，工业用户720户，售气量3.5亿立方米；居民用户23.7万户，售气量0.95亿立方米；公共服务用户3207户，售气量1亿立方米。全市建有液化石油气储配站11座，液化石油气供应站25座，全年销售液化石油气2.9万吨。全市建有天然气汽车加气站10座，全年供应液化天然气和压缩天然气1858万立方米。

【城区热网建设工程】 2016年江阴苏龙热电有限公司投资1.5亿元，启动热网整合青月支线工程、东盛支线工程、滨江热网综合整治热网建设工程。建成后将实现南闸街道东盟工业园区、月城镇工业园区以及规划高新区青阳园区的集中供热，全长35千米，替换原有10吨以下燃煤锅炉37台，替换锅炉蒸发量共计120吨/小时。

【照明管理】 2016年，江阴市照明管理处全面落实绿色照明评价标准，相继投入200万元完成砂山路、长江路、文化东路、朝阳路、中山路、黄田港桥、通江北路、君山路、老梅园路等9条道路的423盏老旧路灯节能改造，节电率达50%以上；投资约70万元完成城区部分存在安全隐患的景观亮化设施改造。主动对接街道社区，在老旧小区和小街小巷补装路灯120个，更换光源93个，迁移路灯10个，拆除路灯91个。召

2016年，江阴市公用事业管理局做好生活垃圾分类基础建设和宣传工作

（市公用事业局提供）

开全市首次照明管理工作现场交流会议，周庄镇完成照明二级平台试点工作，顾山镇完成建设单灯控制系统，临港街道和南闸街道完成二级平台建设方案。

【新华路污水管网工程竣工】 新华路污水管网新建工程起始范围从人民东路至大桥路，主要收集新华路南侧天鹤六村等居住小区的生活污水后接入大桥路污水主管。管道全长631米，位于道路南侧，距离道路边线2米。全程采用开挖施工，管材采用内肋增强螺旋波纹管，接口连接方式为承插电热熔连接。该工程由信息产业电子第十一设计研究科技工程股份有限公司设计，江苏锦南市政工程有限责任公司中标承建，无锡市政工程建设咨询管理有限公司监理。该工程于2016年9月开工，2016年12月底竣工。

【人民西路污水管道工程竣工】 人民西路污水管道新建工程，起点为西外环路，终点为文富路，污水管线全长约900米，主要收集人民西路两侧地块污水，接入普惠路现状污水管，最终接入澄西污水处理厂。主管采用牵引施工，管材为承压1.0MPa(兆帕)直壁聚乙烯管，支管采用开挖施工，管材为内肋增强聚乙烯螺旋波纹管。该工程由信息产业电子第十一设计研究科技工程股份有限公司设计，江阴市澄祥鑫建设有限公司中标承建，无锡市政建设咨询监理有限公司监理。该工程于2016年10月开工，2016年12月竣工。

【镇澄路污水管道工程竣工】 镇澄路污水管道新建工程，起点为老夏港河，终点为西外环路，污水管线全长约1500米，主要收集镇澄路两侧地块污水，接入夏东路现状污水管，最终接入澄西污水处理厂。主管采用牵引施工，管材为承压1.0MPa(兆帕)直壁聚乙烯管，支管采用开挖施工，管材为内肋增强聚乙烯螺旋波纹管。该工程由信息产业电子第十一设计研究科技工程股份有限公司设计，南通金原建设工程有限公司中标承建，无锡市政建设咨询监理有限公司监理。该工程于2016年9月开工，2016年12月竣工。

【世纪大道照明工程竣工】 周庄世纪大道照明工程北起西大街，南至沿江高速，全长5.3千米，累计安装路灯245套，投资额约500万元。该工程由南京路灯工程建设有限责任公司设计，江阴市华厦建设工程有限公司中标承建，江苏外建建设咨询监理有限公司监理。该工程于2015年3月开工，2016年12月竣工。

【公用事业监管平台投入运行】 公用事业监管平台一期工程于2016年3月通过验收并投入运行，对江阴市环卫、供水、污水、照明、燃气五张网实施全面监管。项目总投资额232.7万元，监管平台视频监控共计53个，实时监控8类数据：生活垃圾进厂数据、花山垃圾渗滤液处理厂尾水、环卫车辆运行状态、水源地水质、光大环保能源(江阴)有限公司尾水水质和乡镇污水厂尾水水质、光大环保能源(江阴)有限公司中控数据、液化气站数据、天然气总撬压力。

（周爱华）

【市政路桥管养】 2016年，江阴市市政管理部门全面落实“道路巡查全面覆盖、道路修护快速反应、道路监管严格考核”精细化管理的工作要求及市文明城市创建要求，通过每周、每月的定期与不定期市政道路设施养护巡查与考核，做到发现问题及时解决，全面提升道路养护质量，为创建工作的进一步开展打下良好的基础。加强快速维修、规范维修、抢险维修的能力建设，在保证质量的前提下，减少长距离、多作业面、双向施工、占道面积过大的封闭作业，把施工对交通的影响降到最低。至年末，全市完成城区沥青、混凝土路面修补11746.1平方米，人行道板修复17383.1平方米，侧平石修复10278.9米，沥青灌缝24538米，市政设施完好率达到95%以上。桥梁养护及时到位，在做好日常养护巡检的基础上，按照专业检测机构对管养范围内桥梁的检测结果及维修建议，认真制订养护计划。完成黄田港大桥加固维修工程、新华路通道抢修工程、高峰桥拆除工程和老东门桥附桥给水管道拆除工程。委托专业检测机构对西门桥墩柱及桥面平面移位进行监测，对西门桥维修加固方案进行论证，对新华路通道沉降进行连续监测。同时部署开展新一轮城区桥梁结构定期检测和常规定期检测工作。另外，完成杏春桥、五星桥部分结构及城区其他中小型桥梁栏杆的油漆工程，并对城区桥梁制作公示牌。市政道路挖掘规范管理，严格道路开挖审批，配合住建局审批中心窗口，进一步明确和规范申请开挖城市道路的有关办理条件、审批程序，全面提升开挖审批办事效率，全年办理开挖审批97件，审批率100%。

【城市防汛排涝应急管理】 2016年，江阴市市政管理部门立足于防大汛、抗大涝、抢大险，树立“早部署、快落实，抢时间、抓先机”的工作目标，以设施维护为基础，以应急抢险为重点，以管理创新和技术创新为支撑，创新思维，扎实工作，全面提升防汛工作水平。完成华侨路新建雨水管工程、高巷路雨水管道抢修工程、文化中路段雨水管道疏通。实施城区排涝设施改造项目，完成雨水管网检测，完成凤凰路、通渡路等改造点雨水设施改造及主管清淤。提前组织汛前预防工作，主动采取各种应对措施，提高城市的抗涝能力。是年，市政处组织应急单位5个，成立由30名专业抢险人员、110名社会抢险人员组成的抢险队伍。储备抢险物资水泵20台，发电机11台，应急车辆14辆，同时新增添2台大功率移动泵车。全年组织汛期值班工作10余次，参与汛时防汛应急及人员设备调度6次。汛前初步建成的城区排水防涝信息化平台及城区防汛排涝应急中心。

（邱　敏）

电力供应

【概况】 2016年，江阴市供电公司紧紧围绕“全面创新年”活动工作主线，以安全稳定和优质服务为基础，以电网建设和企业发展为重点，有力有序推进各项工作，较好的完成全年目标任务。全社会用电量、供电量和售电量分别达到244.9261亿千瓦时、224.5279亿千瓦时和220.5092亿千瓦时，分别比上年增长3.96%、5.11%和5.11%；供电线损率1.79%，与上年持平；综合电压合格率城区和农村分别为99.98%、99.99%,供电可靠率城区和农村分别为99.97%、99.93%;电费回收率100%。完成电网建设固定资产投资2.95亿元。至年末,江阴市供电公司拥有35千伏至110千伏变电所74座,主变容量638.3万千伏安。新建及改造10(20)千伏线路547.90千米,新建及改造配电变压器1052台、8.96万千伏安。安全生产平稳,累计连续安全生产5861天。是年,江阴市供电公司主动对接地方发展,编制“十三五”农网升级改造规划,签订《一流配网建设合作协议》,推动电网建设、新能源发展纳入地方控制性详规。完成全市配网单元制规划编制工作。开展配网建设百日劳动竞赛,创新管理举措。建成新桥智能配网示范区,改造14条配电自动化线路,全年完成配网投资6.5亿元,创历史新高。开展配网标准化创建,打造顾山镇等示范点。加强农网项目全过程管理,推进小城镇(中心村)农网改造升级工程,改造低压台区925个、低压线路365.58千米,累计完成项目投资1.41亿元。开展“品质苏电、智惠生活”优质服务主题活动,推出“澄电心连新”供电服务十项措施,主动对接全市139项重大产业项目,实施“定项、定时、定人”服务。安装智能网荷互动终端3户,控制负荷8万千瓦。实施电力需求响应,单次响应规模达29.3万千瓦。拓宽营销互动服务渠道,宣传“掌上电力”“电e宝”等APP(手机软件)应用,推广省公司微信公众号25.8万户。建成全省首个无人自助营业厅,完成三表(水、电、气)一体化采集9225户。圆满完成“天宫二号”发射测控等重要保电任务。建成660千瓦澄南屋顶光伏电站,服务67户光伏并网发电项目,并网容量达25.8兆瓦。推广低压岸电系统3套,建成快充站5座、充电桩523台,关停燃煤自备电厂1个,全年完成电能替代任务4.73亿千瓦时。全年开展带电作业571次,多供电量176.1万千瓦时。完成15个安置房配套电力设施建设。在2015年老旧表箱改造基础上,又投入资金900万元,全面完成全市老旧小区计量装置封闭性改造任务。推动供电与供水、燃气等基础设施实现互联互通、互补互用,成功试点推进“电、水、气”三表合一。公司连续9次被评为全国“安康杯”竞赛活动优胜单位;被中国质量协会、全国用户委员会评为2015年度全国实施用户满意工程先进单位;被国家电网公司评为2016年配电网标准化建设改造创建活动达标单位;被江苏省精神文明建设指导委员会评为2013—2015年度江苏省文明单位;被国网江苏省电力公司评为2016年度县级供电公司同业对标综合标杆、业绩标杆、管理标杆单位;被国网江苏省电力公司评为供电服务先进单位;被无锡市政府评为安全生产先进单位;被江阴市政府表彰为2016年度服务地方先进单位、2016年度百强明星企业。

【获评全国“安康杯”竞赛优胜单位】 2016年,江阴市供电公司在全国“安康杯”竞赛中,紧紧围绕“依法治企”和“自主创新”活动工作主线,立足务实精益,坚持创新进取,大力建设统一的优秀企业文化,打造一流员工队伍,有力有序推进各项工作,高水平完成各项安全生产任务,积极为地方经济建设保驾护航。这一系列的成绩在社会上和系统中树立良好的企业形象,企业凝聚力和向心力不断增强。公司坚持贯彻贴近基层、贴近职工、贴近实际的工作方针,坚持改革创新、依法治企、优质服务,为地方经济社会发展做出贡献。是年10月,被中华全国总工会、国家安全生产监督管理总局表彰为全国“安康杯”竞赛优胜单位。公司连续九年获此殊荣。

【获评全国实施用户满意工程先进单位】 长期以来,江阴市供电公司始终坚持国家电网公司使命愿景,践行“四个服务”企业宗旨和“你用电,我用心”服务理念,牢固树立“把真诚献给社会,把方便带给客户,把困难留给自己”的服务风尚,落实“品质苏电,智惠生活”优质服务举措,不断深化服务内容,创新服务手段,强化服务细节,提高全员技能,创新服务品牌,围绕公司核心业务,全力以赴做好电力供应。公司客户服务水平在行业内外始终处于领先地位,顾客满意度和忠诚度得到中国质量协会高度肯定。2016年11月,在中国质量协会召开的全国实施用户满意工程推进大会上,公司被表彰为2016年全国实施用户满意工程先进单位。

【班组首获“全国质量信得过班组”称号】 近年来,江阴市供电公司认真贯彻落实上级公司质量管理工作要求,以提升基层员工素质、推动公司班组建设为目标高度重视并大力开展质量管理工作。明确班组建设目标,每年制定符合班组实际的工作目标,根据目标制定相应的措施,明确责任落实到人。开展形式多样的技能培训,除进行常规的每月份生产知识考问、规程考问和技术问答外,还通过开展“每周一题目”“反事故演习”等活动,培养学习兴趣,提高大家的业务水平。持续开展质量改进和革新活动,大力推广全面质量管理,积极开展小改小革、“金点子”合理化建议。多项群创成果荣获各级嘉奖,部分成果形成国家专利,应用于工作后,有效降低人员劳动强度,保证公司电网的安全稳定运行。2016年12月,变电工程分公司电缆班获“2016年全国质量信得过班组选拔赛一等奖”,并被评为全国质量信得过班组,这标志着公司质量管理工作再获新突破。

【海上测控任务电力保障】 2016年,江阴市供电公司全面落实军工海上测控安全供电工作的部署和要求,编制军工海上测控安全供电保障手册,按照电力保障“零差错、零闪动、零投诉”的“三零目标”,按照“分层次、分时段、分重点”原则细化保电安排,组织开展有针对性的无脚本桌面推演,在重点时段内执行特级标准,确保重要设备在重要时段“零闪动”。保电人员开展江阴电网运行方式分析,绘制重要保供电接线图,准确检查相关变电站供电电源、基地变电站母线分配方式,开展风险点分析,优化方式安排,细化保电措施,开展电网负荷预测、电力平衡等工作。同时,供电公司还加大对相关线路和变电所巡视检查、消缺频次,合理调整停电计划,保证任务期间电网封网运行。

年内,市供电公司完成2月1日“新一代北斗导航卫星”长征三号丙运载火箭发射、3月30日第二十二颗“北斗导航卫星”长征三号甲运载火箭发射、6月12日第二十三颗“北斗导航卫星”长征三号丙运载火箭发射、6月25日长征七号火箭发射、8月6日搭载“天通一号01卫星”长征三号乙运载火箭发射、10月17日搭载“神舟十一号”载人飞船的长征二号F运载火箭发射、11月3日新一代运载火箭长征五号运载火箭发射、11月22日长征三号丙运载火箭发射、12月11日长征三号乙运载火箭发射的测控基地保供电工作。

【江阴首套“大规模源网荷友好互动系统”安装投运】 2016年4月27日,江阴首套“大规模源网荷友好互动系统”在江阴宗承钢铁有限公司35千伏变电所安装投运。作为国家电网一项重大技术突破,源网荷系统通过快速精准控制客户的可中断负荷,将事故应急处理时间从原先的分钟级提升至毫秒级。可中断负荷由用电客户自主选择,如空调、部分照明用电,被切除后安全保障用电不受任何影响,最大程度保障企业产能和电网设备安全。除应对停电事故,源网荷系统在日常运行中也能发挥重要作用:通过需求侧响应、主动配合系统友好互动,实现电力“移峰填谷”和智慧用电。至年底,江阴宗承钢铁有限公司、江阴市兴澄特种钢铁有限公司及江阴市华润制钢有限公司3个企业安装源网荷系统。

【规范物业用电】 近年来,因部分小区物业服务企业缺乏专业电工,导致配电间无人值守,配电设备长期得不到正常维护,设备损坏事故时有发生;部分物业公司虽配有电工但业务素质低,误操作事故频发,导致线路跳闸、电源倒送,严重危及人身、设备安全。2016年,江阴有物业专用变压器的小区148个,占所有小区的32%。为规范居住区物业用电秩序,消除各类安全隐患,年内,市供电公司联合市经信委、住建局组织开展2016年居住区物业用电安全专项检查。成立居住区物业用电安全专项检查领导小组,就电气设备现状、专业电工配备和配电间日常管理等方面,对小区物业配电间开展隐患排查。同时,多次召开居住区物业用电安全专项检查推进会,通报检查工作中发现的一些问题和安全隐患。迎峰度夏期间,全市居住区物业配电间未发生一次进水被淹事故。对68个小区配电间电气设备进行电气预防性试验。组织100余名物业企业电工报名参加高压电工进网证考试,专业电工持证上岗率大幅提高。各物业配电间完善设备台账及管理机制,物业用电安全管理水平得到提升,有效化解社会矛盾。

【助力城市低碳建设】 2016年江阴市供电公司围绕“能源开发清洁替代、能源消费电能替代”目标,在全市范围加快新能源发展规划,加快电动汽车充电设施建设步伐。年内,市供电公司在电动汽车充电设施建设方面主要以充电桩群布点方式在江阴全市范围内选点布置。前期主要以机关大院、公共事业单位、商业区、公共停车场等场所进行电动汽车充电设施建设推广建设。充电桩群建设主要采用电动汽车群智能充电系统,采用快慢结合,以7千瓦交流慢桩为主,30/60千瓦直流快桩为辅,根据用户需求及现阶段电动汽车充电需求采用快慢组合方式。同时,市供电公司积极探索光伏清洁发电新模式,在澄南生产区建设投运660千瓦屋顶分布式光伏发电项目。截至年底,建成快充站5个,布充电桩523个,其中交流充电桩377个,直流充电桩146个,验收投运充电桩209个。屋顶光伏发电项目总计发电224837千瓦时,余电上网67640千瓦时,光伏发电补贴和上网电费总计12万元,产生经济效益30.43万元,折合节约标准煤80余吨。

【新桥镇设立江苏首个供电自助营业厅】 2016年6月24日,新桥供电自助营业厅在全省率先投入试运营。自助营业厅采用人性化、智能化设计,装有自助业务受理机、自助缴费终端、高拍仪等智能设备,操作简单,客户无需引导,能在任意时间,通过这些设备轻松办理用电业务。用户携带二代身份证、产权证等相关证件,即可在营业厅自助办理终端完成新装、增容、更名过户、拆表销户等业务申请,信息进入系统后,供电人员会主动联系客户,办理后续业务。在业务办理过程中有疑问,也可以通过应急呼叫装置向供电营业人员取得人工服务,或是通过发起语音、视频对话,连线供电服务热线实时获得帮助。自助缴费终端只需输入客户总户号,就可以进行对江阴市供电公司供电范围内的客户进行电费充值。自助营业厅还将增加发票打印、电费清单打印、异地缴费等功能。自助营业厅建成前新桥供电所营业厅仅有3名工作人员,要负责受理新桥镇区域范围内225台综合变压器、1.64万电力客户的综合业务。建设24小时智能供电自助营业厅,大大缓解新桥营业窗口的业务办理和收费压力,也为客户提供全天候不间断的供电营业服务,提升供电服务品质,让客户畅享智惠生活。

(沈志平　张优花)

房地产开发

【概况】 2016年,江阴市房地产市场管理部门以加强开发资质审核和综合验收管理为抓手,进一步完善房地产开发行业管理工作流程,进一步加强新商品房建设及交付使用管理,规范交付使用竣工验收操作程序,维护商品房交易中双方当事人的权益,确保商品住房项目单体工程质量,节能环保性能、配套基础设施和公共设施符合交付使用的基本要求。在全面推行商品住房工程质量分户验收制度的基础上,建立健全商品住房交付使用管理制度。是年,江阴市房地产市场管理部门对49项项目进行综合验收,面积328万平方米。发放住宅质量保证书、住宅质量说明书22795套。

【房地产企业资质管理】 2016年,江阴市房地产开发管理部共受理审核房地产开发企业资质核准、延期申报等共134个,其中:资质核准56个;办理延期及变更78个;资质发证102个。　(邱　敏)

房地产保障与管理

【概况】 2016年,江阴市住房和城乡建设部门有序推进保障房建设,进一步完善住房保障体系,第四期保障房35万平方米全面竣工,全年棚户区新开工改造2400套,基本建成2400套,全面完成省下达任务。是年,规范物业管理,开展诚信体系建设,认真推进达标创优和资质升级,1项项目被评为2016年度无锡市物业管理示范项目;1家物业企业三级升为二级资质,2个物业企业暂三级升为三级,3个获暂三级资质。全年完成11项项目的前期物业招投标开标定标。完成房屋安全鉴定231次,出具房屋安全鉴定报告35份,出具房屋安鉴意见书14份,总计鉴定面积约4万平方米。其中危房33例,面积5266平方米,完成旅馆等公共场所房屋安全性鉴定8例,鉴定面积约1.3万平方米。

【第四期保障房全面竣工】 第四期经济适用住房、廉租住房和公共租赁住房建设项目是市委、市政府的实事工程,位于澄江街道,东临西外环路,西至葫桥村村道,南靠芙蓉大道,北至毗陵路,由江阴城市建设投资有限公司融资,江阴市住房和城乡建设局负责建设,该项目建筑面积35万平方米,高层住宅共3699套,一次规划,分期施工,于2011年12月开工,2016年12月竣工。

【老小区改造有序推进】 老小区改造作为关乎百姓居住质量、直接惠及民生的大事,2016年2月,由江阴市住房和城乡建设局牵头,澄江街道实施,进行新一轮老小区改造,从整修路面、外立面出新、停车位改造等方面对景园小区、虹桥七村(20~35幢)、文富二区、普惠苑一期、西杏二村、公园新村、天鹤三村(9~14幢)、环西新村、东方花园、长江花园、天鹤六村、天鹤二村(8~16幢)、颐河绿苑二期、东海花园二期等14个建造年代较早、基础设施较差的老小区进行改造。12月底,老小区改造工程全部竣工,增加车位1960个,在缓解老小区停车难问题的同时,小区环境得到显著改善。

【扩大住房保障范围】 2016年,江阴市住房和城乡建设部门为扩大江阴市廉租住房保障受益面,经公开征求社会意见,对住房保障标准进行调整,将享受廉租住房租金补贴的住房困难家庭由原先的人均月可支配收入1600元以下放宽至1780元以下,且人均住房面积在18平方米以下的低收入家庭。其中,符合低保(特困)、家庭人均建筑面积在12平方米以下的住房困难家庭,可申请廉租房实物配租。

【保障房准入退出机制严格执行】 2016年,江阴市住房和城乡建设部门按照"三审两公示"(三审:所在社区初审,澄江街道和民政审核,各相关部门联合会审,两个公示:街道审核公示,各相关部门联合会审后公示)审核制度,强化住房保障审核,做到应保尽保。截至年底,累计廉租住房保障914户,其中租金补贴523户,实物配租391户;累计公租房审核配租368户,共266套。强化退出机制,截至2016年年底,累计取消廉租房保障家庭542户,其中租金补贴371户,实物配租171户。全年腾退公租房90套,经济适用房上市50户。 (邱　敏)

村镇建设

【概况】 2016年,江阴市住房和城乡建设部门以科学规划为引导,扎实推进新型城镇化和城乡发展一体化工作。注重村庄环境长效管理质量,促进镇(街道)基础公共服务的均等化,巩固全市村庄环境整治成果,使村庄环境长效管理呈现常态化。做好无锡市下达的30个村庄环境长效管理示范点工作,提升星级康居乡村环境质量,完成"江苏省美丽乡村"和"江苏省人居环境范例奖"的创建和申报工作,临港街道申南村牌楼下和月城镇沿山村汪家村两项项目通过初验。璜土镇璜土村申报为江苏人居环境范例奖,该项目通过省级验收。完成城中村改造工作,完善自查考核与台账资料的收集整理。完善全国农村人居环境信息系统,全市10个镇、5个街道和2个经济开发区,下辖行政村224个(有下辖自然村),自然村3027个。10个镇镇区现状用地面积0.8万公顷,人口24.52万人;农村现状用地面积1.03万公顷,人口44.59万人。长江自来水覆盖率100%,日供水能力54.36万立方米,供水管道长1612千米。绿地面积达0.21万公顷。

【村庄环境长效管理】 2016年,江阴市村庄环境长效管理领导小组进一步健全村庄环境考核督查机制,实行定期考核和不定期暗访、督查相结合。全年组织考核4次,迎接无锡市考核2次,30个长效管理示范点全部通过验收。

【农村人居环境信息系统】 2016年,江阴市住房和城乡建设部门按照住建部、省住建厅要求,继续完善全国农村人居环境信息系统,做好江阴市的农村人居环境信息4类42项基础数据以及10项照片信息的采集工作,全面掌握镇(街道)、村的第一手资料,至年末,此项工作基本完成。

【城中村改造】 2016年,江阴市住房和城乡建设部门根据《江阴市城乡环境综合整治三年行动计划》,做好市政府赋予的"三改一拆"(改造旧住宅、旧厂区、城中村,拆除违法建筑)涉及的"城中村"改造任务,坚持城乡统筹、突出重点、整体推进,全年完成8个城中村改造任务,总投资约1800万元,整治重点放在污水治理、拆除违建、清淤河道、整修路面、清除垃圾、墙面出新等方面,累计排设污水管道约5000米,完成墙面出新约10万平方米,清淤河道2000米,铺设沥青路面1.5万平方米,投入约600万元优化绿化景观,新建水冲式公共厕所1处。

(邱　敏)

■类目编辑　党　辉

综　述

【概况】 2016年，江阴市环境保护局紧扣"三亮行动"（亮出绿色发展旗帜，亮出量化考核牌，亮出严格执法砺剑）"三基建设"（基础设施建设、基本管理建设、基层队伍建设），全面开展环保专项整治，加大环境监管执法力度，破解基层管理瓶颈，提升环保忠诚卫士形象。年内，全市出动环保执法人员20153人次，检查企业8230个次，其中节假日、夜间检查3966个次；征收排污费10585.56万元。全年各类环保专项资金投入1.98亿元，重点开展燃煤锅炉淘汰、超低排放提标改造等环保重点项目，推动26个行政村覆盖拉网式农村环境综合整治。查处各类环境违法行为案件607件，下达行政处罚决定书477份，处罚金额2679.77万元，其中配套新修定的《中华人民共和国环境保护法》，实施按日计罚案8件、查封扣押案121件、限产停产案26件、移送环境污染犯罪案8件。审批建设项目环境影响评价文件518份，拒批项目5项，否决项目19项，劝阻项目16项；登记表项目实行当天办结制，当天办结率提高至8.1%。积极配合中央环保督察，全面完成督查组交办的信访问题103个；接报调处各类环境信访6329件，接报率及调处率均为100%。全市环境空气达标天数比例（优良率）为66.7%，重污染天数为7天，比2015年减少14天；大气首要污染物PM2.5浓度每立方米0.061毫克，比2015年下降10.3%。集中式饮用水源地水质达标率100%，三类以上水体占全市水体比例稳步提高。是年，市黄山湖公园路"生态文明一条街"建设被江苏省环境宣传中心评为环境宣传优秀奖；市环保局被环境保护部评为2016年环境执法大练兵县级表现突出集体。

【中央环保大督查】 2016年7月15日，中央第三环保督察组进驻江苏，开展为期一个月的环保大督查工作，由中央环境保护督察组对党委和政府及其有关部门开展国家环保决策部署贯彻落实情况（包括环境质量变化，区域性、流域性突出环境问题，群众反映强烈、社会影响恶劣的偷排偷放、治污设施不正常运行等突出环境问题）、突出环境问题及处理情况、重大环境安全隐患问题等方面的督查。同日，江苏省委召开中央第三环境保护督察组督察江苏省工作动员电视电话会议，江阴市随即召开迎检动员大会，成立市级协调联络组，由常务副市长孙小虎任组长，市委办、市政府办和市委组织、宣传、公安、环保、信访等单位为成员单位，下设6个工作组，由职能部门主要负责人任组长。各镇（街道）、园区成立以属地政府主要领导为联络组组长、分管镇长为总协调、环保所（科）长为总联络人的基层联络组，形成党政主要领导亲自抓、分管领导具体抓的工作格局。针对督察组反馈问题，市环保局坚持"六个一"（第一时间当天交办、第一时间现场调查核查、第一时间处置、第一把手负责、第一时间书面回复、第一时段按时上报）原则，全部完成中央环保督察交办的信访问题整改103个，其中，下达责改书124份，立案处罚94件，处罚金额602.6万元，实施查封扣押企业9个，行政约谈25人次，诫勉谈话30人次，撤销职务1人，免职5人，被处罚金12人，移送公安部门案件2件。

【环保宣传】 2016年，江阴市环保宣教工作紧扣生态文明建设主旨，关注生态文明、绿色发展和生活方式绿色化等民生内容，打造全市环境宣传工作重点和亮点，形成环境宣传集聚效应。年内，市环保局开设大型环保公开课"绿芙蓉课堂"，内容涵盖水、气、声、渣、核与辐射、生态文明建设以及环保法律法规等，培训对象为重点企业法人代表、乡镇环保条线负责人、新办企业法人、违法企业法人、环境信息化评定为红色黑色企业法人以及社会各界关注环保工作的热心人士等。利用电视、电台进行环保宣传，制作播出环保电视专题《聚焦环保》4期，每期节目15分钟；在每日《江阴新闻》中插播环保公益广告，及环保宣传滚动字幕；制作播出环保电台专题《幸福家园好环境》，每两周1期，每期10分钟。注重报纸平台发布，在天气预报三分之一版面刊登环保投诉热线；在《江阴日报》刊发《江阴环保》专版4期，发布环保新闻稿件20篇。加强手机网络平台建设，在《江阴日报》"秀江阴"客户端发布空气质量日报；开通环保微博及"江阴环保"微信公众号，保障每周至少更新1期，通过创设话题、互发、互评、互转等形式，搭建环保信息发布新渠道，加强与市民沟通，提供环保资讯。开展环保系列活动，与中华环保联合会深度合作，开展环保公益组织交流培训，引导公众科学、有序参与环保工作；组织开展“绿色环保江阴行”“儿童环保节”“环保微电影大赛”“绿色学校开放日”“公众看环保”“儿童环保节”“阳光执法”等“6·5”世界环境日主题系列活动，向社会宣传环保理念、法律法规，传播环保正能量。是年，市环保局在黄山湖公园西侧公园路打造约2千米的“生态文明一条街”，形成环保宣传亮丽风景线，被江苏环境宣传中心评为环境宣传优秀奖；市周庄中学成功创建省级绿色学校，市梅园社区成功创建省级绿色社区。

【环保审批】 2016年10月，江阴市被《江苏省建设项目环境影响评价改革试点办法》列入试点城市，开始进行环境影响评价（简称：环评）制度改革，初步形成江阴环评改革方案，试行降级申报、公示缩短、备案改革等新政策。同时，试行法人述评制度，对新审批的环评项目法定代表人进行环保专业培训并进行环保专项考试。年内，市环保局开展现场服务130余次，开展现场调研11次；梳理重点项目136项，全程进行一对一跟踪审批服务；严控项目准入，对区域内未完成上年度减排任务的项目以及无总量平衡的项目坚决不批，对不在工业园区内有污染产生的项目、无污水管网的项目不批。是年，完成审批建设项目518项，其中登记表164件、报告表320件、报告书34件；预审核与辐射类建设项目15项，核与辐射申领手续17个，核与辐射延续手续44个；办理危废转移手续128厂次，验收“三同时”项目*243项；群众满意率100%，按期完成率100%，审批正确率100%。市环保局行政许可科被市政务服务中心评为“红旗窗口”3次。

生态环境治理

【概况】 2016年，江阴市环保局紧扣问题导向，全力补齐生态短板，着力提升全市生态环境质量。年内，扎实推进水环境综合整治，制定出台《江阴市水污染防治工作方案》及水环境治理系列指导性文件，制定“一河一策”，完成河流环境综合整治28条。持续实施大气污染防治蓝天工程，紧扣环境质量改善约束性指标，全面贯彻国务院《大气污染防治行动计划》（简称“国十条”）、《江苏省大气污染防治条例》（简称“省十条”）工作要求，完成杭州G20峰会、无锡世界物联网会议等空气质量保障任务；推进热电整合，超额完成阶段目标，推动燃煤机组超低排放升级改造，完成燃煤机组超低排放升级改造任务6台，燃煤锅炉整治305台；加强排放标准管理，淘汰黄标车及老旧车辆8712辆，完成中船澄西船舶修造有限公司等4个企业的船舶岸电系统改造；实施完成江苏中印印务集团有限公司等89个企业的挥发性有机物治理项目，全市扬尘污染治理项目18项。全力推进固体废物的规范化管理，加强企业主体责任意识，提高规范化管理水平。全年，完成大气污染物减排项目172项，水污染物减排项目291项，主要污染物减排（化学需氧量、氨氮、总氮、总磷、二氧化硫、氮氧化物）均超额完成年度任务，分别比2015年下降2.67%、2.67%、2.89%、3.33%、6.06%、5.53%。

【水污染治理】 2016年，市环保局根据年度生态文明大会的专项部署，扎实推进水环境综合整治，作为生态文明“牛鼻子工程”推进。年初修订并实施《江阴市水环境质量考核办法》，每月通报考核及排名情况，提升至水环境质量考核比重40%。4月，制定出台《江阴市水污染防治工作方案》及《江阴市河道环境综合整治工作方案（2016—2020年）》等系列指导性文件，全面部署落实水污染防治工作。年内，加快城乡黑臭河道整治，重点整治无锡市下达的15条黑臭河道综合整治任务中的9条；制定“一河一策”工作方案，组织镇（街道）、园区制定“十三五”黑臭河道整治计划，通过清淤、沟通水系、污水截流等措施，完成河流环境综合整治28条。

【大气污染防治】 2016年，江阴市制定下发《江阴市2016年度大气污染防治年度实施计划》，全面贯彻大气污染防治“国十条”“省十条”的要求。年内，继续推进实施大气污染防治蓝天工程，完成杭州G20峰会、无锡世界物联网会议等空气质量保障任务。推进热电整合，3月实施关停江阴民达热电有限公司，完成全市第一阶段热电整合，该阶段累计关停热电企业10个，超额完成阶段目标。同时，启动华能江阴燃气电厂建设，开展全市第二阶段热电整合工作。推动燃煤机组超低排放升级改造，完成燃煤机组超低排放升级改造任务6台，其中包括江阴利港电力机组4台、江阴热电机组2台。推动燃煤锅炉整治，制定并实施江阴市燃煤锅炉政策，完成燃煤锅炉整治305台，通过审核实施上大压小整治企业12个。加大车船污染治理力度，加强全市4个机动车检测站点的日常检查，切实规范机动车环保检测机构运行管理，从源头防控机动车污染；加强排放标准管理，是年4月1日起全市全面执行国五排放标准，淘汰黄标车及老旧车辆8712辆；完成中船澄西船舶修造有限公司等4个企业的船舶岸电系统改造。推进挥发性有机物治理，以化工园区、印刷、涂装、汽车制造行业为重点，完成海伦石化等4个石化企业泄露检测与修复（LDAR）技术改造，江苏中印印务集团有限公司等89个企业挥发性有机物治理项目。加强扬尘污染治理，对大型物料堆场、煤堆场进行扬尘污染治理，完成扬尘污染治理项目18项，其中投资2.3亿元的江阴兴澄特种钢铁有限公司原料场封闭改造项目实施改造。

【固体废物处置】 2016年，江阴市抓住固废管理关键环节，全力推进规范化管理，落实企业主体责任，提高规范化管理水平。年内，市环保局在8月1日新版《国家危险废物名录》实施前，就危废类别、代码变更的有关事项，指导和规范全市危险废物名录衔接工作。组织危险废物经营单位规范化管理培训会议1次，抽查危废经营单位18厂次，调查和统计涉及持久性污染污泥排放企业15个。审核通过进口固体废物加工利用企业进口事项66厂次，核准进口废塑料、废船等 5 个类别 179.07 万吨。对奔驰、常隆等汽车 4S 店危险废物管理情况进行调查摸底,在项目评审、现场检查、申报审核等环节,梳理检查典型性固废管理问题 24 类,下发督查通知书 24 份。是年,组织全市 667 个企业开展危险废物管理计划申报,累计审核 1561 厂次,通过 1026 厂次。

【节能减排】 "十二五"规划以来,江阴市创新实施排污权交易,深入推进污染物总量减排工作。2016 年,全市投入约 50 亿元实施重点减排工程,通过狠抓源头总量控制,深挖管理减排潜力,持续改善全市环境质量。4 月,制定《关于进一步加强主要污染物总量减排和源头管控工作的通知》,完善排污总量交易制度,实施更严格的总量平衡制度,全年办理新增总量项目平衡 117 项,交易排污权 4 个,交易额 136.9 万元。是年,江阴市被列入全省排污证改革试点城市,试行排污许可证改革发放工作,就无锡市许可证发放系统进行发证人员与企业外网申报操作培训,对热电、污水厂等重点行业进行发证。年初核定企业排污权 358 个,发放排污许可证 128 张。全年完成大气污染物减排项目 172 项,水污染物减排项目 291 项。主要污染物减排指标在原化学需氧量、氨氮、二氧化硫、氮氧化物基础上增加总氮、总磷指标,全市化学需氧量、氨氮、总氮、总磷、二氧化硫、氮氧化物减排均超额完成年度任务,分别比 2015 年下降 2.67%、2.67%、2.89%、3.33%、6.06%、5.53%。 (姚京君)

生态环境优化

【概况】 2016 年,江阴市园林旅游管理局按照"建设现代化有特色的美丽宜居城市"的目标要求,紧扣"城乡统筹""绿色发展""民生优先"发展战略,落实《"十三五"江阴城乡建设"1310 工程"*》部署,扎实开展绿化造林、工程建设、环境整治、绿化管护等各项工作。3 月 11 日,在应天河公园组织开展春季全民义务植树活动,全市四套班子领导、驻江阴部队官兵及机关干部约 200 人参加。4 月,市园林旅游局被江苏省住房和城乡建设厅评为江苏省风景园林和城市绿化工作先进单位。全年完成全民义务植树 100 万株。开展"绿化广场咨询""送绿进社区""网上快乐植树"等系列活动,向市区 28 个小区赠送花草花籽和绿化技术服务,发放宣传册 1000 多册;新增爱家尊邸、敔山岭秀园林式居住区 2 个。至年末,全市建成区绿化覆盖率 42.86%,绿地率 39.55%,人均公园绿地面积 15.95 平方米。

【绿化规划推进】 2016 年,江阴市围绕节约型园林城市和海绵城市理念,加强绿化规划设计,丰富植物品种。年内,市园林旅游局按照江阴市《"十三五"江阴城乡建设"1310 工程"》部署,推进实施滨江亲水、靓山亲山、江阴绿道、环境整治等工程,启动滨江公园、运河公园、应天河公园二期、环城森林公园、江阴绿道等项目的规划设计。这些规划建设与城市总体规划深度契合,围绕建设"现代化、有特色、美丽宜居"城市目标,及"用好山水资源、挖掘历史文化、坚守大气精致、永葆绿水青山"的理念,彰显江阴亲山近水的城市特色。同时,在行道树规划中引进新品种娜塔栎 222 株、北美枫香 168 株、七叶树 98 株、巨紫荆 42 株、二乔玉兰 121 株等,总计 270 万元,丰富城区行道树色彩,改变原有的单一树种,营造"一路一树、一路一景"的景观效果。

【绿化工程建设】 2016 年,市园林旅游局加快打造各类公园绿地、滨河绿化、重要道路绿化工程,确保绿化工程出精品。年内,完成海渡路、暨南大道乡镇重要道路绿化工程,绿化面积约 6.7 万平方米,工程造价 1049.37 万元;世纪大道绿化工程,绿化面积约 22 万平方米,工程造价 2546 万元;虹桥南路、青山路绿化工程、花北路、纵五路等城区重要道路绿化工程,绿化面积约 1.5 万平方米,工程造价约 500 万元;埠路桥东侧应天河南、北两侧绿地,绿化面积约 2.4 万平方米,工程造价 416 万元;江阴大道(花山互通)绿化工程面积 36 万平方米,工程造价 3198.86 万元;乡镇重要道路峭张路、芙蓉大道西延段、天华轴线南延段绿化工程面积 4.8 万平方米,工程造价 552 万元;城区重要道路虹桥南路、兴业路、通达路、春阳路、春晓路等绿化工程面积 1.6 万平方米,工程造价 460 万元。至年末,全市完成各类绿化续建和新开项目 16 项,建设面积约 77.39 万平方米,工程总造价约 9619.96 万元。

【绿化环境整治】 在 2015 年完成一期、二期绿化环境整治项目的基础上,2016 年,江阴市按照《江阴市城乡环境综合整治三年行动计划(2015—2017)》部署,切实加强绿化环境整治,继续推进新的城乡绿化环境整治项目。年内,完成浮桥路、暨南大道顾山出口、人民西路西外环路口、天华轴线等项目,及"江阴之歌""绿色江阴""家和万事兴"等 6 个文化建绿景点。开展城区公园绿地提升工程,完成望江公园、芙蓉园、通渡园、花园小游园、体育馆、体育中心等整治和增绿补绿。实施中山公园提升改造工程,对中山公园心经碑房屋、中山塔、公园地坪、厕所、照明系统等设备设施进行局部封闭提升改造,建设游客服务中心、增设电子监控、增加游览指标设别系统以及广播和无线网络系统,对公园建筑物立面进行粉刷出新、绿化进行完善提升,增加绿地围栏,规范商业网点经营,有效解决噪音扰民等突出问题。

【城乡绿化管护】 2016 年,江阴市按照新修订的《江阴市园林绿化管护考核管理办法》,科学制定考核要求和百分考核标准,加强平时考核力度。同时,加强工作人员技能培训,4 月、5 月分两批组织 18 名养护管理和考核人员赴上海普陀区园林开发公司参加绿化养护技能培训,就公园绿地、城区公共绿地、城市行道树养护管理三个专题学习上海绿化管护先进理念。是年,由市财政负责督查考核的绿地面积 3200 万平方米,分 34 个标段,分别由 21 个企业的 1788 名养护工人负责养护。年内,市园林旅游局完成绿化管理相关的"110"联动处理事项 224 件,交通事故定损事项 87 项,"12319"城管信息联动事项 2679 件,"12345"绿化投诉事项 552 件,群众电话诉求事项96件,绿化行政审批踏勘事项316件。

【绿化科研创新】 2016年,市园林旅游局加大园林绿化科研创新力度,推进绿化电子信息化服务。年内,推出江阴市绿化技术监督指导站绿化信息微信公众号"绿江阴",每周发布动态信息5篇,包括绿化养护、行业动态、品种推广、家庭园艺等。开辟微信专栏"花事知多少",对江阴本土观赏植物按照季节进行定期发布和科普介绍。开展绿地树木科普,推出二维码树木标牌,在全市主要绿地公园安装树木扫描二维码3000个,便于市民了解主要乡土树种、开花植物等的品种、习性、用途等。是年,进一步推进绿地地理信息管理系统建设,同江阴市规划局和江苏省测绘院合作,完成全市54平方千米建成区范围绿地系统开发调试工作,逐步实现查询江阴市园林绿地统计数据及绿地分类数据,推进信息共享、信息互通、信息共建的有效应用,绿地的分类分级管理和动态管理等。(高振华)

生态基础设施建设

【概况】 2016年,江阴市公用事业管理局紧紧围绕年度工作目标任务,扎实推进电厂三期扩能、有机垃圾就地处理及垃圾分类试点三项重点工程,逐步建立生活垃圾多元化处理模式;围绕城市创建主题,开展环境综合整治,规范行业内部管理。全力做好生活垃圾源头减量、应急控量工作,全年无害化处理生活垃圾52万吨(含外运1.6万吨),平均日处理量1424吨,总发电量1.69亿千瓦时。市政府、人民医院餐厨项目处理餐厨废弃物289吨,产出有机腐熟料15.3吨,油脂380公斤。西郊果蔬处理站处理果蔬垃圾2573吨,产出有机腐熟料189.5吨。年处理渗滤液7.3万吨,粪渣1.56万吨,计8.86万吨。 (周爱华)

【餐厨与果蔬类有机垃圾就地式处理项目】 2016年,江阴市主城区设置的16个餐厨垃圾就地式处理点及在各镇(街道)建立的14个果蔬、餐厨垃圾综合处理点均完成建设并通过初验,转入试运行。其中,餐厨垃圾就地式处理点主要针对城区及高新区的江阴初级中学、江阴市实验小学、江阴军事文化博物馆等食堂餐厨垃圾,设置有机垃圾处理设备进行单独收运和处理,总处理能力为16.5吨/天。果蔬、餐厨垃圾综合处理点主要针对新城东街道、祝塘镇、长泾镇等镇(街道)的有机垃圾,独立建立有机垃圾收运及处理体系,总处理能力为137吨/天。果蔬和餐厨废弃物经综合处理生成肥料和污水,减量化90%以上,其有机肥料回归农田和绿化种植,产生污水处理后达到接管标准。同时,市公用事业管理局制定下发《关于加快构建有机垃圾收运体系的通知》等指导文件,对各单位收集容器、收运车辆及队伍做出具体规范要求,指导全市构建完善的有机垃圾收运、处置体系。是年,市政府和人民医院餐厨项目、西郊果蔬处理站3个站点累计处理有机垃圾2862吨,产出有机腐熟料204.8吨,油脂380公斤。

【光大垃圾发电厂三期扩能项目启动】 2016年1月7日,江阴市政府与中国光大国际有限公司正式签订江阴市垃圾发电厂特许权协议补充协议,推进江阴市光大垃圾发电厂三期扩能项目。该项目计划投资5.8亿元,采取主厂房在原址改扩建方案,扩建规模为日处理生活垃圾1000吨,装机容量30兆瓦,配置500吨/日机械炉排焚烧炉2台与30兆瓦凝汽式汽轮机发电机组1台。年内,陆续完成江阴市光大垃圾发电厂搬迁补偿协议及土地出让合同签署,取得无锡发改委核准的项目申请报告评审文书;完成南侧(办公及生活区)2.13公顷用地土地出让合同签署、北侧(三期主厂房及附属厂房)0.83公顷用地土地转性审批;完成渗滤液处理站、配套设施区工程规划许可证,以及项目前期的环评、稳评、安评、职评等20余项项目的审核报批。

【生活垃圾分类】 2016年,江阴市继续推进生活垃圾分类试点"12345"行动(在1个商业综合体、2个自然村、3个居民小区、4个公立单位和5个菜场超市等15个点开展生活垃圾分类),从宣传指引、设施配备、分类收运等各环节入手,联合市场化公司推动试点工作。年内,市公用事业管理局开展丰富多样的生活垃圾分类宣传活动,设计江阴市垃圾分类标识,用四色分类桶,标明四色分类法。创建"江阴生活垃圾分类"微信公众号,推送活动信息、行业动态60条,关注人数3547人。完成15个试点学校、机关、小区等垃圾分类宣传专版、指示牌、宣传标语制作1000余个,设计制作有害垃圾简易投放袋100个,在江南华都、锦江花园和兴澄锦园3个试点小区累计发放绿色、黄色垃圾袋60余万只。在全市范围内的1个商业综合体、2个自然村、3个居民小区、4个公立单位(机关和学校)及5个菜场超市配备分类收集桶3300余只、分类收集亭14座,初步形成"焚烧处理为主、有机处理为辅"的生活垃圾处理模式,率先在省内开展生活垃圾源头减量、分类处理的积极探索。 (徐蕾)

生态环境监管

【概况】 2016年,江阴市环保局以民生需求为导向,坚决遏制各类环境违法行为,不断提升环境监管水平。是年,全市有序推进环保违法违规建设项目清理"三个一批"(淘汰关闭一批、整顿规范一批、完善备案一批)工作,梳理违法违规建设项目5382项,完成阶段性清理任务;积极探索"企业环保信用体系建设",完成全市企业环保信用评价1555个;扎实开展水、气、声、土壤、底泥等各项环境质量监测,完善自动预警监测体系;开展PM2.5源解析,强化重点河道调查和断面的调查,不断提升科研能力;组织开展环境执法大比武,实施"夜查+双休"错时监管,"环境监察+环境监测"的执法比武,形成全天候执法、全员参与的执法模式;集中力量精准治污,以提高环境质量为核心,精心组织全市重点污染源专项整治;创新环境监管模式,推进环保网格化监管、污染源随机抽查,加大环境监管执法力度。是年,接报调处各类环境信访6329件,其中省级以上信访426件,接报率及调处率均为100%。查处环境违法案607件,下达行政处罚决定书477份,处罚金额2679.77万元,其中配套《中华人民共和国环境保护法》,实施按日计罚案8件、查封扣押案121件、限产停产案26件、移送环境污染犯罪案8件。

【被评为全国执法大练兵县级表现突出集体】 2016年9月至11月,市环保局根据环境保护部统一部署,参加全国执法大练兵活动。通过全天候、全覆盖的执法检查,在污染源日常监管、专项检查、群众举报或媒体反映环境违法案件查处等执法工作中进行大练兵,严厉打击各类环境违法行为,切实维护群众的环境权益。3个月内出动执法人员2836人次,检查各类污染源1135厂次,其中节假日检查428厂次;立案查处环境违法案件142件,其中按日计罚案件3件、查封扣押案件23件、限产停产案件22件、司法联动案件2件;下发行政处罚决定书202份,处罚金额1229.76万元。全市涌现出一批基层执法能手及环保优秀典型,立案数量、处罚金额、适用新修订的《中华人民共和国环境保护法》处罚案件数等刚性指标名列全省前列,其中江阴市的"李军兵涉嫌环境污染犯罪案件"等6份案卷被作为省内优秀案卷进入全国执法大练兵活动表现突出单位的最终评比。是年,市环保局被环境保护部评为2016年环境执法大练兵县级表现突出集体。

【环保违法违规项目清理】 2016年,江阴市以规范企业经营行为、防范环境风险隐患、改善全市生态环境质量为出发点,强化责任落实,有序推进环保违法违规建设项目清理"三个一批"工作。年内,成立清理"三个一批"项目办公室负责专项推进,推动产业政策认定,强化清理工作指导;制定下发《江阴市清理工作指南》《江阴市违规违法建设项目清理细化方案》,严格审核把关,坚持完善备案通过国家产业政策认定、符合生态红线保护规划管控要求、治污实施运行稳定达标排放3项标准;设立环保违法违规建设项目清理现场评审专项资金,采用公开招标方式进行服务外包项目采购;定期进行通报、领导现场督办、典型执法推动,严控清理工作进度,确保完成任务。全年梳理违法违规建设项目5382项,按照上级时序要求完成阶段性清理任务。

【企业环境行为信用评价】 2016年,市环保局全面贯彻实施《深入推进环境保护信用体系示范建设实施方案》《江苏省环保信用体系建设规划纲要》和《关于运用信用手段加强事中事后环境监管的指导意见》文件精神,继续探索企业环保信用体系建设。年内,加强环境管理,利用经济调控手段,全力促进辖区内企业落实环境保护主体责任;优化信息自动归集和自动评分软件,完善信用评价信息自动归集和评价体系,加强事中、事后监管,促进企业转型升级。全年,完成2015年度1555个企业环保信用评价,其中国控企业56个(绿色22个、蓝色19个、黄色4个、红色7个、黑色4个),市控企业12个(绿色1个、蓝色10个、黄色1个),非国控企业1487个(绿色52个、蓝色1168个、黄色197个、红色54个、黑色16个)。

【环境监测】 2016年,市环保局扎实开展水、气、声、土壤、底泥等各项环境质量监测。年内,强化实验硬件建设和自动监测硬件建设,完成实验室硬件建设项目723万元设备的招投标工作;完成实验室扩项工作,提升监测能力,通过计量认证和实验室认可的技术能力项目376项。加强大气污染防治精细化管理,与南京大学合作开展PM2.5源解析;完善自动预警监测体系,强化重点河道调查和断面的调查,提升科研能力。加强监督监测,承接验收、环评和委托监测事项约730件,对全市223个水污染源、133个大气污染源进行在线仪比对、星级评定、重金属化工企业等专项监测。积极参加信访及应急监测工作,完成"申港老水泥厂何驰军废桶"等案件信访应急监测任务150余件,"周庄赤石净水案"等4件环境违法案件的监测报告数据认可工作。加强专题研究,编写《江阴市主城区内河水质现状》《关于江阴市地表水好于Ⅲ类水质比例监测统计数据的说明》《黄山港水质调查报告》《关于锡澄运河城区段的调查汇报》等专题研究报告;成功申请江苏省科研基金项目课题《污染源中挥发性有机物的监测方法探索及其在县级市典型化工园区的挥发性有机物污染情况调查中的应用》;全年发表省级以上论文4篇,其中《印染废水处理厂排水中有机物的荧光方法表征》被美国《科学引文索引》期刊收录,《2011—2015年度江阴市环境质量报告书》获江苏省环保厅环境质量报告书评选三等奖。是年,获手工监测数据94053个,自动监测数据94.44万个,编制《江阴市环境质量月报》12期,《江阴市水污染源在线仪比对监测报告》4期。

【环境执法大比武】 2016年,市环保局加强环境执法监管,开展执法办案、执法监测"大比武",组织环保一线工作人员参加比赛,提升环境执法队伍整体素质和执法水平,加快解决影响科学发展和损害群众健康的突出环境问题。该次环保执法办案"大比武"以新修订的《中华人民共和国环保法》及配套办法为办案依据,比赛内容包括案件数量、案件质量、案件类型和罚款金额4个方面。环保执法监测"大比武"将参赛人员分为3个大组,对应城东、城南和城西3个区域。每个区域对应1组,每4个月各组的检查区域进行轮换。竞赛小组人员对全市涉水排污单位进行检查,摸清企业运行状况,查找企业存在的问题并对企业进行监测采样,采样时间和方式可灵活多样。该次环境执法大比武是市环保系统首次举办大规模的业务技能大比武,通过量化目标、任务到人、严查严处、加强稽查,形成全天候执法、全员参与比武的执法模式。全年,全市查处各类环境违法行为案件607件,比2015年上升100%。下达行政处罚决定书477份,处罚金额2679.77万元,其中配套新修订的《中华人民共和国环境保护法》,实施按日计罚案件8件、查封扣押案件121件、限产停产案件26件、移送环境污染犯罪案件8件。

【环境执法监管】 2016年,江阴市创新建立网格化监管机制,将全市划为市、镇（街道）、村（社区）三级网格，开放园区作为特殊网格，设立网格长，锁定重点对象，通过各级督查、抽查、巡查方式，实现辖区环境监管全覆盖。全市各镇（街道）、园区均制订网格划分方案并向社会公布，配备相关车辆和装备。年内，开展污染源随机抽查，将随机抽查作为选取日常监督检查对象的主要方式。全市梳理出排污单位9244个，其中重点排污单位67个、一般重点单位1023个、一般次要单位6182个、建设项目1716项、特殊监管256个，每月抽取比例分别为10%、6%、0.5%、1%、8%，抽查企业1502厂次。完善信息化监管平台，完成铝氧化企业日报系统等软件任务1000多个，为一线执法提供更加高效技术服务及技术支撑。全年出动环保执法人员20153人次，检查企业8230厂次，其中节假日/夜间检查3966厂次，累计征缴排污费10585.56万元，挥发性有机物（VOCS）排污费97.8万元。

【环境专项整治】 2016年，市环保局以提高环境质量为核心，集中力量精准治污，通过问题排查、明确时限、强化考核等手段全面开展重点污染源专项整治。年内，制定下发《关于加强工业废水处理污泥应急环境管理工作的通知》，明确污泥应急处置的环境管理要求，打通规范处置通道；强化污水处理厂规范化建设，在全市38个污水处理厂开展规范化建设及运营管理行动，制订考核表，开展自评、现场核查、整改、抽查。开展铝型材（铝氧化）行业环境专项整治，要求企业加强自我管理、完善清污分流、规范治污设施、规范危废（污泥）处置、做清各类台账、确保达标排放。通过整治，大部分企业的车间环境、污染防治设施运行、环境管理水平有所改善和提高，优化铝型材（铝氧化）行业产业结构，提升工艺装备及污染防治水平。开展化工园区及突出环境问题专项检查，对重点检查企业的环评和“三同时”制度执行情况、污染防治设施建设、运行和达标排放情况等做到应查尽查、应处尽处，排查出环境隐患103个，解决环境问题50余个，立案查处问题企业30个。开展印染行业整治“回头看”活动，对超总量排放、废水预处理设施建设不到位等问题强化检查，关停32个企业的37个车间。开展“十小”（不符合国家产业政策的小型造纸、制革、印染、染料、炼焦、炼硫、炼砷、炼油、电镀、农药等严重污染水环境的生产项目）企业取缔整治工作，成立工作小组，贯彻部门联动、全面排查、依法严肃处理等措施，取缔整治“十小”企业128个。开展危险废物专项检查，专项检查危废企业（其中危废经营单位19个，危废产生单位257个）276个，立案查处3个。组织开展机动车维修行业危废专项整治，对全市1000余个企业指导规范管理。推进污染源自动监控专项检查，排查78个企业109个自动监控点位，完善在线监控站房，细化考核细则加强运维考核，加强有效性审核，强化对异常数据的处理，完成整改监测点不规范企业2个、排污口不规范企业1个。开展秸秆禁烧巡查，加强重点区域的巡查，确保不发生重大环境污染事件，秸秆禁烧巡查出动11351人次，下发通报99期。强化核与辐射管理，有效维护核与辐射环境安全，督促协调4个涉源单位对46枚闲置源进行及时收贮，回收率100%；48个企业领取辐射安全许可证，16个企业开展辐射安全许可证延续工作，13个企业完成辐射安全“三同时”环保竣工验收。

【环境信访】 2016年，市环保局突出重复信访企业及重点信访板块的环境管理工作，对信访调处存在问题分类培训，对久拖不决信访重点督查，对区域问题开展信访约谈，强化源头压降信访。年内，落实信访属地负责制，结合网格化监管，以周庄镇、华士镇为试点，推行信访下移，及时发现环境信访隐患，第一时间赴现场调处信访，综合协调解决问题。落实领导带案包案制，开展局长大接访活动，定期梳理重点信访，由局领导带案下访，定期跟踪，直至问题解决。落实隐患情况通报制，定期向全市通报存在的主要环境信访问题，提出信访工作的处置建议，督促积极整改。落实重点信访稽查制，采取联合稽查、专项稽查等方式，每月对排查的重点信访企业开展督查，稽查信访企业70余个。落实业务培训制，以乡镇为单位，逐个开展培训，提升信访调处技能，提高信访答复质量。全年接报调处各类环境信访事件6329件，其中省级以上信访426件，接报率及调处率均为100%；交办乡镇突出环境信访问题185个，信访接访71批116人次，带案下访74个问题91厂次；编制信访简报10期。

【环境应急管理】 2016年，市环保局制定《江阴市环境应急专家管理办法》，组建全市34人的专家库和10支救援队伍，完善市、镇、企业三级应急救援体系，对全市200个风险企业开展应急管理培训。年内，快速应对突发环境事故，第一时间赴现场，采取合理措施，妥善收集和处置遗留污染物，防止次生污染发生。加强风险源企业监管，对环境风险企业开展专项检查，形成企业应急管理一厂一档。保障水源地环境安全，落实水源地巡查计划，开展小湾、西石桥水源地达标建设工作。结合中央环保督察检查，加强对江阴南荣码头、恒阳仓储等问题企业的重点督查。优化和调整环境应急管理平台，实现环境应急全过程管理和企业应急管理事项全覆盖。督促、指导应急演练，会同市政府办、安监局等相关部门在中石化长山油库组织开展“江阴市突发危险化学品事故应急救援演练”，配合市应急办、公用事业局等部门在江南水务澄西水厂开展原水污染应急演练，提升突发环境污染事件的应急响应能力。是年，应对并妥善处理突发环境应急响应16件，检查环境风险企业和水源地企业128厂次，完成环境风险评估及应急预案编制和备案218份。

（姚京君）

■类目编辑　李银花

综 述

【概况】 2016年,江阴市信息化建设稳步前进,连续五届入选全国城市信息化50强,江苏省首个信息化PPP项目落地江阴,中芯长电半导体(江阴)有限公司(以下简称中芯长电)成为大陆首个实现14纳米中段硅片加工量产企业。江阴市建成江苏省首个光网县级市,实现第四代移动通信(4G)网络全覆盖。全市物联网产业年收入192亿元,比2015年增长20%。中芯长电一期于6月实现规模量产;公共自行车项目于7月1日正式投运,入选2016年长三角十大公共自行车推广典范;中德电子一期于10月竣工;神宇通信科技股份公司于11月成功在创业板上市。阿里云创业创新基地试运行,乐创汇被评为省级众创空间;12所学校开展"智慧课堂"项目试点,实现传统课堂向高效课堂、个性化课堂及"智慧课堂"的转变;全市新建公交电子站牌30个,电子站牌总数131个,江阴主城区相关主干线关键路段站牌实现电子化。

【继续入选全国城市信息化50强】 2014年以来,江阴市不断开拓创新智慧城市建设,于2016年启动政府信息化PPP(政府和社会资本合作)项目,成为江苏省第一个信息化类的PPP实践,电子政务云平台有效实现政务资源的整合,在全省县级市中第一个建成"全光网"城市,百兆光纤和4G网络都实现全市域覆盖。"智慧教育、智慧医疗、智慧水利、智慧城管"的应用提高着江阴市的城市管理水平和百姓方便程度。是年9月10日,由中国计算机用户协会、宁波市政府主办的"2016年中国(宁波)智慧城市推进大会暨第五届中国城市信息化50强"发布会召开,会议主题是"智慧城市 · 惠民兴业"。会上,江阴市与全国各地级市同台竞技,再一次入围中国城市信息化50强,已连续五届入选,此次位列全国县级市第二。该奖项的评选旨在探索城市信息化建设的规律,总结和交流城市信息化的经验,开创一条具有中国特色,符合中国实际的智慧城市建设之路。

【全省首个信息化PPP项目启动】 2016年,江阴市信息化办公室作为实施主体的江阴市政府信息化PPP项目于3月启动,9月正式签署项目合同,标志着江苏省首个信息化PPP项目正式落地,也是江阴市首个PPP项目进入实施阶段。该项目作为全省2016年度第一批入库的PPP项目,历时半个月走完一系列准备流程,顺利进入实施阶段。项目建设主要为"四云一平台",即:云核心平台、财政子云平台、人社子云平台、公安子云平台和视频监控综合平台,以满足全市电子政务应用统一承载的需求。其中,云核心平台是为了满足全市各部门的通用需求,搭建全市电子政务应用通用的基础硬件平台;人社、公安、财政子云是为了满足3个部门对硬件设备的特殊需求,视频监控综合平台是将全市视频监控资源整合汇聚的平台。项目估算总投资3亿余元,特许经营的合作期限为15年(含建设期)。根据项目融资建设和运营、管理的实际情况,项目的投资回报机制设计采用政府付费的回报机制解决,降低政府投入法人成本,保证了信息化设施运行和管理的旋律。该项目旨在通过构建全市统一的政务信息系统和业务支撑平台,在整合现有的视频专网、治安监控、车辆行踪管理监控平台及各部门的视频监控资源基础上,打通政府部门间的信息沟通的隔阂,推动政府部门内部实现信息的共享和互联互通,提高政府治理能力和运作效率,同时也将有力地促进和维护社会治安稳定、促进社会和谐稳定。

【持续推进"平安江阴"建设】 2016年,江阴市扎实开展"平安家庭""平安校园""平安企业""平安寄递"等19个系列平安创建活动和对15个社会治安重点地区的专项整治。全面完成既定技防建设任务,在500个已建封闭小区出入口安装1000余套高清抓拍系统,完成169个老小区和早期拆迁安置小区800个监控点建设,实现技防探头布点向背街小巷和自然村的延伸。(秦光华)

信息基础设施建设

【概况】 2016年,江阴市建成全省首个光网县级市,具备全面向市民提供100兆带宽进家庭的接入能力。实现4G网络全覆盖,全市开通覆盖酒店、购物广场、体育中心、医院等区域的免费公众热点6000个。全力推进信息技术，打造"智慧江阴"。

【建成全省首个光网县级市】 "光网城市·智慧江阴"建设自2015年3月启动以来，全市各相关部门高标准、高要求推进智慧城市建设。2016年5月17日，江阴市召开"光网城市·智慧江阴"建设推进会。会上举行云计算数据中心授牌仪式，江阴电信与市经信委签订框架协议，并与相关企业签约云计算重点项目。年内，在基础网络建设方面，建成全省首个光网县级市，已具备全面向市民提供100兆带宽进家庭的接入能力；实现4G网络全覆盖，可为市民提供最高下载速率达300兆比特每秒的无线网络接入能力；开通覆盖酒店、购物广场、体育中心、医院等区域的免费公众热点6000余个。在"智慧江阴"应用建设方面，利用物联网、云计算、大数据以及移动互联网技术，积极推进城市信息化建设，全力推进信息技术在经济发展、政府事务、企事业单位管理、百姓生活等领域的广泛应用，努力打造智慧政务、智慧产业、智慧民生。 (秦光华)

【中国电信集团公司江阴分公司】 2016年，中国电信集团公司江阴分公司充分发挥信息化建设主力军作用，紧紧围绕"光网城市·智慧江阴"建设各项目标要求，加快提升信息通信基础设施承载能力，全面提高"光网城市·智慧江阴"应用水平，不断提升服务支撑能力。完善信息通信基础设施建设，加快全光网城市建设，光网覆盖率100%，新增光宽带业务受理率100%，传统交换设备退网率100%，建成全省首个全光网县级市，具备全面向市民提供100M带宽进家庭的接入能力。加快推进无线网络建设，精心组织网络优化工作，无线网络质量不断提升。开通4G基站1779个，完成江阴全覆盖，结合4G+网络技术为市民提供最高下载速率达300兆比特每秒的无线网络接入能力。开通免费公众热点6000余个，具备同时为15万市民提供免费WiFi热点接入的能力。推进"智慧江阴"建设工作，投入资金超千万，对云计算数据中心进行全新升级，建成全国第二个建设微模块的数据机房，并被中国电信集团评为四星级机房。成功中标江阴市政府信息化PPP项目，为政府打造政务云平台、视频监控综合平台，确保"智慧江阴"建设的顺利展开。承接开发江阴市委机要保密局、市规划局、徐霞客镇、顾山镇等政府部门政务办公平台。成功签约江阴教育信息化公共服务平台二期项目、为全市130所中小学提供云盾安全业务。为海澜集团电商平台提供14台云主机+云盾服务，将物联网与云计算相结合，为海澜新能源提供电力信息采集及存储服务。着力构建安全健康的网络环境，做好"江阴信息港"及其合作频道的信息发布审核工作，净化网络环境。加强网站备案管理工作，完成1558个接入网站的备案及资料清理工作。加强信息安全监管，要求ISP、CDN客户建立完善信息安全管理平台，做到关键词过滤功能，防止非法信息的传播。持续关注垃圾短信治理工作，加大处理问责力度。强化服务质量提升工作。全面规范门店服务行为，促进服务提速增效。做好行风评议，创建群众满意示范点，积极参与文明城市创建活动。是年，公司先后被评为江苏省文明单位、江阴市文明创建信息工作先进集体、市重点骨干企业等。 (巍　勋)

【中国移动通信集团公司江阴分公司】 2016年，中国移动通信集团公司江阴分公司以聚焦"4G发展、全业务拓展、数字化服务"三大战略为重点，大力弘扬先锋文化，党员示范带头，员工齐心协力，围绕客户需求，加强新技术、新领域、新模式的研究，依托先进技术和业务、服务优势，加快信息化行业应用、4G网络建设，致力于江阴地区移动通信事业的发展，手机上网、手机游戏、手机阅读、手机视频、手机导航、手机动漫等一系列新业务，引领着移动生活新时尚。提前完成江阴社会治安监控项目建设，并延伸至国土、建设、老小区技防改造等领域，为"智慧江阴"建设助力添彩。客户总数超140万户，运营收入超12亿元，全年固定资产投入1.2亿元。顺利完成LTE四期基站和4G五期提前布站点开通，4G基站总数超1900个。7月3日，江阴遭遇特大暴雨，造成多地被淹，多个基站出现进水或存在进水隐患情况，江阴分公司立刻组织防汛抢险，出动维护人员55个，车辆186次，水泵30台，沙袋50包，巡检基站超过91个，成功把水挡在了基站门外，守住了网络维护的生命线，至4日，江阴未因汛情退服损失、退服任何一个基站。是年，通过采用维护人员对全网细致测试、基站扩容、增派应急通信保障车、加大光缆巡检、24小时网管监控的运用等一系列手段完成江阴U-17四国足球邀请赛等重要活动的通信保障工作。先后开展"阳光助学"、慰问新城东养老中心孤寡老人、"无偿献血"等公益活动，先后荣获江苏省文明单位、江苏省价格诚信单位、江阴市百强明星企业等荣誉。

(汪海欧)

信息产业

【概况】 2016年，江阴市信息产业不断发展。全年物联网产业收入192亿元，增长20%，软件产业收入达到90亿元，增长22%；云计算产业收入达到19亿元，增长20%。电子信息产业方面，中芯长电一期于2016年6月实现规模量产，中德电子一期于10月竣工，神宇通信科技股份公司于11月成功在创业板上市。创新创业领域，阿里云创业创新基地试运行，乐创汇被评为省级众创空间，江阴市首届"i创杯"互联网双创大赛成功举办。

【首届"i创杯"互联网双创大赛】 2016年7月26日，江阴市"i创杯"互联网创新创业大赛暨无锡市"i-Park杯"互联网创新创业大赛在江阴市三牛众创空间举办，大赛由市经信委、市信息化办公室、市科技局、市人社局联合主办，由江阴三牛众创空间承办，无锡市信息化和无线电管理局副局长华解语到会。大赛共收集到21项参赛项目，各个团队竞相角逐，对自己所带来的项目一一进行讲解，演示，剖析，阐述项目的形成与理念，展示自己所带来的技术创新。最终和黄记早餐配送等5项项目脱颖而出，最终获得晋级无锡决赛的资格。“i 创杯”是基于互联网创新创业资源，推进互联网创新创业文化发展，发现存在于互联网的新技术、新产品、新业态和新模式，探寻“互联网 +”促进传统产业转型升级的创新方式，为“草根创客”及大众创业营造更好的创业环境。 (秦光华)

【中芯长电一期投产】 中芯长电自2014年8月落户江阴高新区以来，仅用一年多时间，总投资12亿美元的中芯国际3D集成芯片项目就完成一期项目的无尘室建设、设备采购、工艺调试、产品验证等，并于2016年6月实现规模量产，形成每月2万片Bumping加工产能和25000片以上的硅片电性能测试能力。7月28日，中芯长电一期规模量产暨14纳米中段硅片加工量产仪式在江阴高新区举行，标志着中芯长电率先成为中国进入14纳米先进工艺技术节点产业链并实现量产的半导体公司。 (宦华健)

【中德电子一期竣工】 江阴润玛电子材料股份有限公司投资建设的中德微电子材料基地项目，于2014年2月开工建设，总投资16亿元，项目达产后，将形成50亿元的销售规模，技术能力达到世界先进水平，成为国家集成电路产业链的重要组成部分。2016年10月，一期项目全部竣工，进入设备安装调试阶段，部分产品完成试生产。

【“神宇股份”上市发行】 2016年11月1日，神宇通信科技股份公司成功在创业板上市发行，股票代码300563。神宇通信在江阴高新区投资的1.8亿元神创电子于年内竣工投产，项目建成后将成为业内领先的射频同轴电缆、金属线材、无线组件生产研发基地。(参见《企业上市》类目《阵容变化》分目相关条目)

【阿里云创业创新基地试运行】 2016年3月30日，江阴高新区阿里云创业创新基地试运行。该基地是江阴高新区与阿里云事业部联合共建，阿里云通过“创客 +”平台向基地创业者提供云资源扶持、导师引荐等创业相关的综合服务，主要承担江阴高新区“苗圃—孵化器—加速器”科技创新孵化链条中的前段苗圃的重要职能，是江阴高新区着力打造的众创空间示范点。该基地总计面积2046平方米，分两大功能区。西部功能区为创业区，有122个独立工位，13个独立办公室、6个公共会议室、一个茶水休息吧，满足创业人员的工作需要。东部功能区为创新服务区，设有一站式综合培训路演厅、咖啡吧及一站式科技创新服务综合办公室。江阴高新区阿里云创业创新基地，由江阴高新技术创业园管委会下设的江阴乐创汇孵化器管理有限公司进行运行管理，依据《江阴高新区阿里云创业创新基地实施细则》，为个人创业和小微创新企业成长提供低成本、便利化、全要素的开放式综合服务平台。至年末，先后集聚15个服务机构，引进创业项目15项。 (宦华健)

【万舜云商平台上线启动】 万舜控股是省内保险代理行业的领军企业，2015年7月成功挂牌“新三板”，成为国内首个登陆新三板的综合保险代理公司。自年底入驻江阴高新区以来，致力研发现代“金融保险 + 传统商业 + 互联网”相互融合的创新模式，通过历时一年的努力，于2016年11月14日，万舜云商“互联网 + 金融保险”平台上线启动，是由万舜云商投资2000万元研发的、具有自主知识产权的金融保险门户级电商平台。万舜云商正式上线启动，同时有9个万舜云商的上下游产业公司。该平台是汇集千余种保险商品的线上交易“保险超市”，将吸引关联金融、保险企业进驻配套服务，实现从厂家、产地至客户的直通服务，形成从引流到盈利的完整电商生态圈。

【乐创汇被评为省级众创空间】 2016年3月，江阴高新区与阿里巴巴事业部共同打造的苏南首个阿里云创业创新基地——乐创汇建成，以打造新型创业生态环境为重点，依托现有的孵化器载体和专业化的配套服务，依托阿里云创客 + 资源，聚集天使投资、创投机构和江阴民营资本，以及国内专业的导师团队，为个人创业和小微创新企业成长提供低成本、便利化、全要素的开放式综合服务平台。先后引进15项创业项目，领域涉及节能环保、物联网、环保监测技术、智能电网、电子信息技术等，项目入驻率超50%。11月，江阴高新区乐创汇列入江苏省科技厅第四批省级众创空间备案的通知名单，成为省级众创空间，使江阴高新区众创工作建设上升到一个新的发展平台，众创空间建设也将继续加快发展，形成大众创业、万众创新的生动局面。 (秦光华)

信息化应用

【概况】 2016年，江阴市信息化应用重点在于提高信息惠民，12所学校开展“智慧课堂”项目试点，实现传统课堂向高效课堂、个性化课堂及至“智慧课堂”的转变；全市新建公交电子站牌30个，电子站牌总数131个，江阴主城区主要路段基本全覆盖；公共自行车项目于7月1日正式投运，入选2016年长三角十大公共自行车推广典范。另外，城乡建设“1310工程”* 信息管理系统正式上线运行，民生档案一站式服务平台，国土资源综合视频智能监管系统投运。

【入选2016年长三角十大公共自行车推广典范】 江阴市建设公共自行车服务系统、倡导绿色出行方式，有效解决公交出行“最后一千米”问题，落实“公交优先”战略，缓解城市交通拥堵，推进节能减排、保护生态环境、打造宜居城市，促进城市的健康和可持续发展，营造和谐的交通环境。自2015年11月28日免费试运行，各个环节逐步调整稳定，2016年7月1日开始正式收费运行。公共自行车的建设运行，受到市委、市政府和上级部门的肯定，得到企事业单位、社会团体、社区街道的好评，也受到江阴市民和外地游客的称赞。10月15日，在第六届中国消费经济高层论坛暨首届中国“骑行天下”昆山峰会上，江阴市作为公共自行车成功推广城市，被中国消费经济高层论坛组委会评为2016年长三角十大公共自行车推广典范城市和2016年长三角十大最美骑行城市之一。至年底，江阴公共自行车2016年度的平均日租用量为5337人次，其中日最高租用量为16199人次；累计租用量为211.92

万人次，其中微信租用量为50.49万人次，占比23.83%，卡租用量161.43人次，占比76.17%；微信关注人数超过5.5万人，市民总骑行时间约69.75万小时。

【建成民生档案一站式服务平台】 2016年，江阴市档案局建设民生档案一站式服务平台，通过专业的设计开发，系统部署在政务网站上，除了提供针对本地数据库常规的档案检索、利用功能外，还提供市、镇（街道）两级档案资源库联网共享，实现"异地利用、就地出证"功能，面向社会提供档案公共服务。该平台系统提供包括婚姻状况、独生子女、退伍军人、下放人员、插队人员、收养、社员建房、干部任免、拆迁、土地证、工商登记和介绍信等177万余条民生档案跨馆查档服务，利用者凭身份证，不必到档案馆，就能在就近的镇（街道）等查询点，查到本人的有关信息，为公民利用档案提供极大的便利。（俞小羽）

【12所学校开展"智慧课堂"试点】 2016年，江阴市教育局不断探索"互联网+教育"的途径与方法，在全市中小学校推进"智慧课堂"项目的试点工作，出台《江阴市中小学"智慧课堂"试点项目实施方案》，组织开展该项目的建设与教学研讨会，参加各"智慧课堂"相关的培训和研讨活动，积极培育江阴市级"智慧课堂"项目试点学校，在全市范围内建立"试点先行、典型引路"的推进机制。"智慧课堂"以新的教学媒体、全新的课堂设计、全新的互动平台、全新的教学方式，整个课堂与传统课堂相比发生实质性的变化。学生人手一台色彩靓丽的PAD，课前、课中、课后学生可根据自身学习情况自主选择观看教学视频；教师不再局限于多媒体讲台，走下讲台进行移动教学；课堂练习实时分发到学生的智能终端中，学生作答后自动进行批阅、汇总，教师立即进行全班反馈，真正实现互动课堂。至年底，全市有12所学校成为无锡市、江阴市级"智慧课堂"试点学校。"智慧课堂"力求通过用"云+端"一体化方式，实现课前、课中、课后的联动，实现传统课堂向高效课堂、个性化课堂及"智慧课堂"的转变，从而有效推动学校教育信息化工作。

【国土资源综合视频智能监管系统投运】 2016年，江阴市国土资源局与中国移动江阴分公司、江苏国图信息产业股份有限公司合作，通过租赁的形式，建成江阴市国土资源综合视频智能监管系统。11月28日，通过专家组验收。该系统在全市域的城郊和镇郊4G基站架设202个高清探头，每个探头具备1.5千米半径的覆盖视野，实现全市城郊和镇郊的视频监管全覆盖。同时，建成1个局指挥中心、15个分局（所）监控中心，通过局指挥中心和各分局（所）监控中心形成上下联动的监管机制，创新了国土资源"慧眼守土"监管新模式。软件上，建成国土资源综合动态视频智能监管信息系统，将国土资源"一张图"平台与高清视频探头有机结合，研制了探头自动辅助定位、视场线、电子水印叠加和执法巡查记录与国土资源"四全"（全流程优化审批、全区域便民服务、全业务网上办理、全节点效能监督）服务平台的四大创新功能。此外，作为探头盲区的补充，还开发了海康野外单兵仪与监管信息系统的接口开发以及数据采集，平板实时坐标采集，地块离线分析功能的模块开发，有效提升了国土资源综合监管的精细化水平。

【新建公交电子站牌30个】 2016年，江阴市公共交通公司按照市政府规划要求，完成电子站牌三期30个点的续建。通过该项目的建设，加大电子站牌的覆盖面，江阴主城区相关主干线关键路段站牌实现电子化。电子站牌能提供更加实时准确的公交信息，更好地满足市民出行需求，提升江阴公交服务水平，提高市民满意度和幸福指数。是年，在5个公交首末站发车区安装了实时发车屏幕，告知市民公交车准确的发车时间，有效督促驾驶员准点发班。至年底，电子站牌累计一期、二期、三期的60个、41个、30个，总数131个。

【"1310工程"信息管理系统运行】 2016年，江阴市规划局稳步推进数字江阴地理空间框架项目建设，建立江阴市唯一、权威的地理信息平台，为社会公众、政府部门、企事业单位集中提供空间地理信息服务，促进地理信息资源的充分利用，并积极探索共建共享新思路。由江阴城乡建设"1310工程"建设指挥办公室牵头、江阴市规划局基于"天地图·江阴"开发的"十三五"江阴城乡建设"1310工程"信息管理系统于12月正式上线运行，从而实现"十三五"规划全市范围内组织实施的城乡建设十大重点工程实时进度上报、指挥部汇总督查，"1310工程"建设全过程动态管理。该系统上线运行，为高效推进"1310工程"建设提供高效的信息化辅助平台。

【市检察院智能化办案工作区建成】 2016年，江阴市检察院为全面落实最高检院及江苏省检察院关于检察机关自侦办案工作区设置的规定及省院《关于办理职务犯罪案件同步录音录像规定》文件精神，加大投入，精心设计，采取多项举措，高标准、严要求建成新的独立办案工作区。对比原有的办案工作区，新办案工作区功能设置更加齐全合理，设备更加现代化、智能化。设有同步录音录像和安保监控两套系统，同步录音录像系统全部采用分辨率1080P的数字高清摄像机，从设备到人员严格做到"审录分离""看审分离""看录分离"，两套系统共配置4台专用网络存储及备份设备，每台容量达到64T，充分符合同步录音录像存储时间不少于3年、安保监控录像存储不少于2年的要求；整个办案区多角度、全方位布设电子监控系统，覆盖工作区的每一个功能区域，实现无盲区、无盲点监控，并为每间讯问室（询问室）配置独立的光盘刻录设备；办案区还设有微表情微动作识别系统、身心监护系统、电子笔录系统，具备数字化证据采集固定功能及互动性远程指挥功能，实现现场审讯、侦查指挥、后台监控等多功能于一体的信息化办案模式。（参见《武装政法》类目中《检察》的有关条目）（秦光华）

信息化环境建设

【概况】 2016年，江阴市进一步推动信息化发展基础环境建设，人才建设方面,全市相继组织首届首席信息主管(CIO)培训、信息技术服务标准(ITSS)系列培训,并组织21名企业信息化工作负责人取得“无锡市首席信息主管(CIO)资格证书”。基础网络与平台方面,全市交管所行政服务业务网建成、综治信息系统与政府“12345”公共服务系统联网运行、公用事业监管平台投入运行,进一步夯实发展的基础。

【举办首届首席信息主管培训】 2016年11月8—11日,江阴市信息办组织全市60余名党政机关及重点企业首席信息主管(CIO)举行首届CIO培训。培训中以智慧江阴建设为重点内容:一是如何通过“互联网+”促进政务服务提速增效,有序推进政务和公共服务信息资源开放共享,构建全业务覆盖、全流程办理的电子政务平台和公共服务云,实现一站式、即时性的政府云服务,简化优化公共服务流程,做到“让数据多跑路,百姓少跑腿”。同时加快智慧城区和智慧社区建设,鼓励发展移动互联、服务共享的网络消费,促进市民生活方式智慧化。二是如何发挥信息资源的聚变效应,推动政府数据开放共享、推动资源整合,形成全市统一的数据交换平台与数据资源池,实现跨部门数据的充分利用。通过筹备建立统一的政务信息资源共享平台,形成完善的数据共享体制机制,有效支撑政务系统跨部门应用的建设与协同。三是如何注重基于大数据的智慧应用,政务信息资源的聚合储备强大的数据基础,大数据挖掘是智慧政务的“最后一千米”,通过数据的精准分析,用数据说话、决策与管理。通过建设全市统一的大数据平台,在此基础上实现智慧应用,例如人社大数据推动建立与完善全市社会保障体系,水利大数据实现防汛智能分析与联动调度等。4天时间内,学员还系统学习互联网+政务、大数据、云计算等前沿信息技术,借鉴深圳、无锡等先进城市在大数据建设方面的优秀经验,现场观摩了杭州城市数据大脑,并结合自身工作实际进行讨论研究。

【综治信息系统与政府公共服务系统联网】 为增强综治信息系统的实战化效能,通过前期调查研究,江阴市委、市政府将“探索综治信息系统与政府‘12345’公共服务系统实现联网运行”,作为2016年的综治重点工作,并被列入无锡2016年政法综治工作创新项目。2016年9月该项目完成合并,10月开始试运行。该项目主要内容:充分发挥综治信息系统对综治工作的支撑作用和村(社区)网格化服务管理的基础作用,由全市网格员将发现的矛盾纠纷、社会治安问题和公共安全问题,及时输入综治信息系统,通过综治信息系统自动向“12345”公共服务系统推送,再由“12345”系统进行分流指派,落实解决问题的责任单位。依托“12345”政府公共服务系统120余个党、政、群和水电气等联动单位的力量,成熟的交办、反馈、回访、监督和考核等工作机制,保障问题得到及时有效解决,最终实现综治信息网上汇集、决策指令网上响应、办事流程网上流转、工作过程网上监督,工作绩效网上考核。至12月31日,基层网格员收集并反映的各类矛盾纠纷、治安问题和公共安全隐患问题345个,全部通过综治信息系统推送到“12345”平台,并及时落实办理责任,85%的问题已得到有效解决。此项工作得到省委政法委的高度肯定,经验在全省推广,并向到江苏调研的中央政法委领导专题汇报江阴市的创新工作。

【市交管所行政服务业务网建成】 2016年,江阴市交通运输局按照无锡市交管所公共服务规范要求,对基层站所实行公共服务标准化全覆盖,利用江阴市运管处网络和技术优势,组建市交管所行政服务业务网,将多个行政服务业务整合,并下放至各乡镇交管所。年初,市运管处完成全市交管所内部网络改造,优化网络拓扑,提升网络性能,强化网络安全,为市交管所行政服务业务网的接入工作做好技术准备。根据各业务网络地址规划特点,设计该网络的路由选路和防火墙隔离规则;通过IP地址NAT转换,隔避免交管所公共服务业务网络与各业务网的拓扑干扰;建立VPN站点,使该网络灵活接入便于管理。系统从可接入6个不同业务网络,通过升级接入能力提升至12个不同业务网络。至年底,该网络先后将江苏省运政业务网、江苏省路政业务网、江阴市行政权力网等行政服务业务接入各乡镇交管所。这项工作使广大群众可以前往就近的基层站点办理交通行政服务业务,为群众带来了实惠和便利。

【公用事业监管平台投运】 2016年3月1日,江阴市公用事业管理局一期监管平台通过验收并投入运行,该平台可对全市环卫、供水、污水、照明、燃气5网实施全面监管。项目总投资额232.7万元(硬件104.7万元,软件128万元)。该监管平台视频监控有53个。实时监控数据有生活垃圾进厂数据、花山渗滤液厂尾水、环卫车辆运行状态、水源地水质、光大尾水水质、乡镇污水厂尾水水质、光大中控数据、液化气站数据和天然气总撬压力8类。

【IT服务项目经理和工程师培训】 为贯彻落实国家工信部和国家标准化管理委员会联合印发的《信息技术服务标准化工作行动五年行动计划(2016—2020)》的通知,着力于信息技术服务标准(ITSS)的推广应用及信息技术人才培训,提升江阴市政府与企事业单位的信息化运维水平。2016年10月17—21日,江阴市信息办委托中国ITSS实训基地举办江阴市党政CIO培训暨信息技术服务标准(ITSS)系列培训班,全市党政机关和事业单位30位学员、企业单位10余位学员参加。培训班从服务技术、服务技巧和服务规范3个层面展开,通过理论学习与案例讲解相结合的方式帮助学员熟练掌握信息技术服务标准(ITSS)基本理论,有效提升IT服务能力。经过5天的培训,学员通过相关考核,由工信部电子标准化研究院颁发IT服务项目经理和IT服务工程师资质证书。

(秦光华)

■类目编辑 赵修平

交通·邮政·物流

交 通

【概况】 2016年，江阴市全年完成交通基础设施建设投资6.5亿元。锡澄运河航道整治工程全线25千米航道竣工投运。3月28日，江阴境内最大互通——锡澄高速江阴南互通开通营运，江阴申港—靖江上五圩渡口南北两岸工程全部竣工。5月8日，无锡境内唯一一座三级航道复线千吨级船闸——新江阴船闸正式通航运营。滨江路新锡澄运河桥、新桥黄泥浜桥、青阳光明路、锡澄线大修、峭岐迎宾路改造、河豚路大修等工程竣工投运。芙蓉大道快速化改造工程完成方案设计，各项前期工作有序推进。S340省道江阴段、紫金路、周庄砂山路、新桥新华路等工程前期工作加快实施。南沿江城际铁路江阴段开工前各项准备工作扎实推进，盐泰锡宜城际铁路前期工作加快进度，铁路江阴站综合客运枢纽规划建设相关工作协调推进。全市完成省市道中修66.5千米。完成S259等4条新接养省道生命防护工程，月桐线、南焦线、祝文线等县道安防工程。新改建农村公路12.12千米，改造维护桥梁31座。管养重点公路里程首次超过600千米，国道管养实现零突破（达43千米）。完成申张线应天河口锚地疏浚工程（三期）、华西瓠岱桥段驳岸修理，锡澄运河水上服务区工程加快实施，干线航道通航保证率超99%，优良闸次率达100%，全年征收过闸费5930万元，创历史新高。落实“一车三方”动态监管机制，通过交通、公安、安监三个部门合作、联合执法，重拳打“黑”治“超”，强力治“乱”整“破”，全年查处违法超限运输177辆次、卸驳载1055吨，检查车辆2128辆次、“黑车”180辆，查处危化品运输车32辆，查获涉嫌违章案件802件，全市路产路权得到依法有效维护，运输市场环境得到优化。完善驾培智能化管理系统，277辆教练车实施“先培后付、预约培训”的驾培新模式，占全市教练车的33.5%。41个汽车维修企业被省交通运输厅评为维修信誉等级企业，7个驾校全部通过省信誉驾校评定，继续走在全省驾培行业前列。市交通运输局全力打造互动型、服务型、创新型法治宣传教育新模式，被无锡市委、市政府评为2011—2015全市法治教育先进集体。全年无一件行政复议被变更、撤销和行政诉讼败诉案件，行政权力网上运行率和按时办结率均达100%。做好节日期间及“春运”的安全监管和安保工作，组织开展以“安全生产月”“打非治违”、保障二十国集团（G20）领导人杭州峰会、治理“两客一危”（从事旅游的包车、三类以上班线客车和运输危险化学品、烟花爆竹、民用爆炸物品的道路专用车辆）等活动为载体的安全生产大检查和安全隐患大排查，组织实施工程建设排查、公交消防逃生、内河水域搜救、公路综合应急特情演练，全年整改安全隐患972处，事故整改率达100%，行业安全监管水平和应对突发事件处置保障能力稳步提升。市交通运输局被评为江阴市安全生产综合先进单位。2016年，江阴城镇公交公司投资4100万元，投放250辆纯电动公交车，加快低碳交通、绿色公交发展步伐。全市新增城市公交线路1条，调整优化公交线路12条。外滩公交首末站基本完成前期工作，新华站停车场扩建工程正进行建设用地报批。完成新建公交候车亭80座，新建公交电子站牌30个，完成中心城区公共自行车租赁点布局规划。江阴市作为公共自行车成功推广城市，荣获“2016年长三角十大公共自行车推广典范城市”和“2016长三角十大最美骑行城市”称号。完善空港城市候机楼运营，引进无锡、常州两个机场进驻，开通江阴至无锡高铁站、江阴至常州高铁站两条定制班线。江苏省公共交通一卡通工作有序推进，全市残疾人实行刷卡免费乘坐公交。行政村公交覆盖率达100%，自然村公交通达率达93%以上。文明创建亮出特色，“文明窗口”“江阴好司机”“交通青春之星”等系列活动有效开展，市交通运输局下属9个单位被评为无锡市文明单位，1人因见义勇为获江阴好人提名奖，文明、积极、向上、和谐的交通风貌得到社会各界普遍认可。

【锡澄高速江阴南互通开通】 锡澄高速江阴南互通位于江阴互通与璜塘互通之间，与沿江峭岐枢纽互通相距1千米，地处徐霞客镇与云亭街道交界处。2014年7月1日开工，2016年3月28日正式开通。这是江阴境内规模最大、通行道口最多、通行能力最强的高速公路互通。总投资5.38亿元,呈双喇叭形,改建锡澄高速公路0.98千米,新建匝道8.06千米,改建主线桥梁1座,新建匝道桥7座,同步实施沿线交通工程、房屋设施、环境保护、绿化等相关配套工程。江阴南互通与一般高速互通相比,在匝道与高速公路主线之间增设集散车道,不仅满足规范要求,也实现了安全通行的目标。江阴南互通收费站设18个出入道口,平时实施6进9出,预留1进2出,通行规模为近期0.8万辆车/天,中期1.5万辆车/天,远期2万辆车/天。锡澄高速江阴南开通后,对全市路网体系完善,形成江阴城市外部货运绕越体系,优化高速公路互通布局,加快城市南拓,构建城市外环通道起到重要作用。

2016年12月26日,黄泥浜桥改造工程竣工　　(周国锋 摄)

【新江阴船闸通航】 2016年5月8日,锡澄运河三级航道整治工程新江阴船闸正式通航。随着锡澄运河江阴段25千米航道整治工程的竣工,原锡澄运河黄田港至黄昌河口航道段改为江阴长江新夏港口至锡澄运河黄昌河口通行。锡澄运河江阴船闸也由原黄田港口迁建至新夏港河水利套闸位置。新江阴船闸改建工程是锡澄运河整治工程中唯一一座按二级水工建筑物标准新建的三级航道复线千吨级船闸,也是无锡境内唯一一座三级航道复线千吨级船闸,船闸设计年通过能力达1.25亿吨,上游服务区兼顾船闸远调锚地功能。原锡澄运河江阴船闸继续保留,提供市域防汛防旱功能,原锡澄运河市区改道段将打造成“十里沿江、八里沿河”的重要城市功能区。新江阴船闸通航后,将大大提高锡澄运河通航能力,全线可畅行千吨级船舶,对进一步完善苏南综合交通运输体系,推进全省沿江沿海开发战略的加快实施,提升区域经济社会发展的综合竞争力有着重要作用。

【黄泥浜桥改造工程竣工】 黄泥浜桥位于江阴市新桥镇南环路,起于长新大道交叉口,终点接南环路。该桥改造工程于2015年11月5日开工,2016年12月26日完工,总投资2500万元。为融入海澜威尼斯水城景观需求,黄泥浜桥主体结构按照公路一级标准建设,全长180米,宽27米。采用三幅断面(两边连续梁幅,中间简支梁幅)形式,连续梁设置成拱形桥洞,更具江南水乡风味。桥上结构融入欧式风格,设置4座桥头堡,其顶端的飞马雕塑与基桥装饰和谐统一,使桥梁富有欧洲古典韵味。新桥南环路黄泥浜桥改造工程的竣工,提高了桥梁通行等级,对提升新桥的特色小城镇建设有重要的作用。

【光明路(一期)改造工程竣工】 光明路(一期)改造工程起于青阳镇—月桐路规划,路线向东与3条规划道路、3条现状道路平交,跨越4条河流,终于纵一路,双向六车道二级公路,全长1.77千米。全线设桥4座,箱涵4道。该工程于2016年3月10日开工,年底竣工,总投资7700余万元。光明路(一期)改造工程的竣工,提升了道路等级,优化了江阴高新区青阳园区的通行环境。

【河豚路大修工程竣工】 河豚路位于江阴澄西片区,通过滨江路、镇澄路、港城大道和芙蓉大道与中心城区相连。大修工程起于滨江路,终点接港城大道,全长2.1千米。沥青砼路面上面层采用SMA－13(最大直径13毫米的沥青玛蹄脂碎石),铺设4厘米厚,下面层采用AC－25(最大直径25毫米的沥青混凝土),铺设8厘米厚,双向四车道布置,单幅12.5米,两块板式,中分带8米,全幅宽33.5米。工程于2016年7月23日开工,年底建成通车,总投资4275万元。河豚路大修工程的竣工,在构筑中心城区与澄西片区交通设施对接与共享的同时,也提升了公路等级,优化了行车环境。

【滨江东路养护首次使用新工艺】 2016年11月5日起,江阴首次在滨江东路采用AC－20(最大直径20毫米的沥青混凝土)中添加抗车辙剂(PR)进行中修,这也是无锡市在普通公路养护中修中首次使用该工艺。PR是法国研发的一种新型沥青混合料稳定添加剂,可有效抗高温剪切和抗低温开裂。此次中修主要是滨江路江海桥至黄山港桥段,共改造老沥青路面6000平方米。采用新工艺中修,有效提高了公路使用寿命,降低了超载车辆对沥青路面造成的车辙病害,有效保护了公路通行环境。

【长泾养护工区改造完成】 长泾养护工区位于长泾镇北侧,云顾线与泾南路交界处,与长泾派出所、交管所相邻,占地5420平方米,房屋建筑面积1317.5平方米。因原办公楼设施陈旧,功能划分不清,难以适应公路养护现代化的发展需求,2016年8月

20日起，市交通运输局对长泾养护工区的办公区、生活区、生产作业区及中心绿地进行标准化改造，工程投资300万元，12月17日完工。改造后，进一步提高了区域内公路管养能力，改善了生产办公和生活条件。

2016年8月26日，第三届十佳江阴好人颁奖典礼　　（市邮政局提供）

【公共自行车服务网络建设】 2008年起，江阴在全国县级市中首个引入公共自行车系统，设置21个服务网点。2015年，江阴将公共自行车服务网点改扩建列为市政府为民办十件实事之一，启动126个网点改扩建工程。至2016年年底，新增2600余个锁止器，投入公共自行车2500辆。采用通租通还的方式，对租用情况进行实时监控并及时调配，日均租用量达5570人次。是年，在第六届中国消费经济高层论坛暨首届中国“骑行天下”昆山峰会上，江阴市被中国消费经济高层论坛组委会评为2016长三角十大公共自行车推广典范城市和2016长三角十大最美骑行城市。（袁静菊）

邮　政

【概况】 2016年，江阴市邮政局主动适应经济新常态，紧紧围绕“一体两翼”（“一体”指以邮政窗口资源为基础、以市场需求为导向、适应现代电子商务发展模式、线上线下相结合的邮政综合便民服务平台，“两翼”指金融翼和寄递翼）和“五大平台”（普惠金融服务平台、公共服务平台、电子商务的物流配送平台、邮文化服务平台、数据库营销平台）建设理念，坚持以提升企业经营效率和效益为目标，以创新转型为主线，推进和谐企业建设，各项工作迈上新台阶。全年实现业务收入3.06亿元，比2015年增长11.7%，位列全省县（市）局第二。年内，市邮政局第七次蝉联江苏省文明单位称号，被江阴市评为2016年服务地方先进单位。市邮政局经营联合党支部被评为江苏邮政“一创两争”（创建先进基层党组织，争做优秀共产党员，争当敬业奉献好青年）先进基层党组织。“助老邮路”志愿服务队被评为江阴市十佳好人特色团队，“助老邮路”被评为2015年度江阴市优秀志愿服务项目，投递员朱其伟、朱锡忠、蔡利梅被评为江阴市最美志愿者。

2016年4月23日，《全民阅读》特种邮票暨《江阴百景》邮册首发活动
（市邮政局提供）

【举办《全民阅读》特种邮票暨《江阴百景》邮册首发活动】 2016年4月23日，江阴市委宣传部、市文明办、市文广新局、市园林旅游局、市邮政局在市图书馆联合举办爱读书·爱生活·爱江阴——4·23《全民阅读》特种邮票暨《江阴百景》邮册首发式，借此活动倡导全民阅读，进一步推进江阴书香城市创建工作。同时，市委宣传部、市文广新局、市园林局、市邮政局共同向贫困学生代表捐赠一批爱心图书。《江阴百景》邮票珍藏册是以“江阴百景”征集评选活动中评选出的“江阴百景”为设计主线，由江苏省集邮公司、市邮政局联合限量发行。外包装采用风格古典、高雅的天地盒，内装邮册采用线装书的形式，设计精美。全册配置中国邮政发行的江阴百景个性化邮票，浓缩了江阴丰富的历史文化和秀美的自然旅游风光，体现了邮文化与江阴地方文化的完美结合。

【“助老邮路”服务队获“十佳江阴好人”团队奖】 2011年起，市邮政局积极弘扬尊老、敬老，爱老、助老的中华民族传统美德，在全市城乡常年开展“助老邮路”活动。投递员通过

上门走访，了解帮扶对象的生活需求，给予精神上的慰藉，让他们感受到邮政人的关爱；为帮扶对象捎带、购买一些生活用品，帮助老人干一些力所能及的工作；在每年的端午、中秋、春节等传统节日开展上门送温暖活动。对于有一定文化的老人，市邮政局还赠送《江南保健报》《家庭医生》等报纸杂志，方便老人学习健康保健知识。2016 年 8 月 26 日，市邮政局“助老邮路”志愿服务队荣获第三届“十佳江阴好人”团队奖。

【开辟退伍军人邮寄“绿色通道”】 为进一步做好驻军退伍服务工作，2016 年 9 月 1 日，市邮政局专门选派 20 名工作人员组成军人包裹揽收工作组走进驻江阴部队，在军营现场设立临时邮局，为 150 名退伍军人开辟绿色通道，提供包裹收寄服务。工作组加班加点现场收件、封装、分拣，邮寄军营包裹 240 余件，缩短了包裹的寄递时限，确保了退伍军人的包裹能够及时、快速、准确地寄递到家乡，受到部队官兵的广泛好评。

【江阴南街集邮专卖店开业】 2016 年 10 月 29 日，为回馈江阴广大的集邮爱好者，打造一个交流互通，利于收藏、投资的集邮平台，江苏集邮专卖店江阴南街店在江阴南街 48 号正式开业。主要经营中国集邮总公司发行的新邮预订和兑付、零售业务，各类集邮品、珍邮、历年年册，以及江阴题材集邮品的开发等。开业庆典活动现场还专门邀请了中国科学院昆明植物研究所教授级画家、中国科普作家协会美术专业委员会委员、邮票设计家曾孝濂出席，由他设计的《花之韵》花鸟珍藏邮票特供折也于是日发行，并在现场签售，吸引了众多邮迷前往。据统计，截至 2016 年底，江阴市集邮协会有纳费会员 3000 余人，集邮爱好者 1 万余人，同时拥有基层集邮组织 48 个，连续多年被评为全省先进集邮协会，并被江苏省邮协授予“集邮者之家”称号。（洪志云）

物　流

【概况】 2016 年，江阴市依托沿江港口、码头，京沪、宁沪、常合（沿江）高速和新长铁路，高新区和临港经济开发区、江阴—靖江工业园区三个开放园区，积极融入“一带一路”倡议和长江经济带建设，推动以港口码头、物流园区、专业市场和重点物流企业为载体的现代物流业快速发展。全市规划建设江阴长江港口综合物流园区、城东物流园区、城西物流园区、金三角物流园区和江阴—靖江物流园区 5 个重点物流园区，全年实现开票销售 1459.74 亿元。先进制造业与现代服务业有机融合，全市 30 项服务业重点项目中有 8 项涉及现代物流业，分别是中粮江阴粮食物流仓储扩建项目、江阴综保区、中能液化天然气项目、华联一家食品加工物流中心、惠风和物流园一期、兴澄特钢仓储物流中心、中国石化长山油库滨江库区扩建工程、海澜之家智能化物流仓库项目；全年全市在物流运输和仓储方面完成投资 62.5 亿元。年内，江苏省经信委对第一批至第九批江苏省重点物流基地和江苏省重点物流企业 2014 年、2015 年的经营状况进行了复核，江阴长江港口综合物流园区、江阴保税物流中心和江苏江阴—靖江工业园区物流园区 3 个江苏省重点物流基地和江苏江阴港港口集团股份有限公司、江阴市长江钢管有限公司、江阴市贯庄金属材料市场有限公司、江阴华西化工码头有限公司、江苏丽天石化码头有限公司和海澜之家服饰有限公司 6 个江苏省重点物流企业参加并通过复核。江阴市中粮（江阴）粮油仓储有限公司被评为第十一批省重点物流企业。全年全市完成物流营业收入 3083 亿元；港口货物吞吐量 1.32 亿吨，比 2015 年增长 4.7%，其中外贸吞吐量 2380 万吨；集装箱运量 47.65 万标箱，比 2015 年增长 4.2%；外贸航行船舶 3921 艘次，比 2015 年增长 8.7%。江阴港新开两条航线，港口发展转型升级，新增 3 个万吨级泊位、两个开放泊位。

【华联罗森食品生产及物流基地落户临港经济开发区】 2014 年，上海罗森便利有限公司与江阴华联商厦有限公司建立战略合作关系，由江阴华联在江苏苏州、无锡、常州地区开设连锁式便利门店，这也是罗森首次进入江苏市场。随着双方合作的进一步深化，罗森与江阴华联决定联合投资建立江苏区域的生产加工及物流配送基地总部，总投资超 2 亿元。2016 年 6 月 20 日，临港经济开发区举行华联罗森食品生产及物流基地项目签约仪式。项目投资合作方罗森是日本第二大连锁式便利店，在中国拥有超 700 家门店。项目将配置食品加工、中央厨房、仓储物流中心及电子商务中心等功能设施，为罗森便利店、华联社区超市提

2016 年 9 月 27 日，中国石化长山油库滨江库区扩建工程竣工（俞桂春 摄）

供食品生产加工及物流配送服务。项目建成后，将辐射整个长三角地区500个以上的门店。同时，中央厨房的运营还将为江阴企事业单位在餐饮后勤服务社会化、专业化、标准化方面提供服务。

【中粮(江阴)粮油仓储有限公司建设】 中粮(江阴)粮油仓储有限公司为中粮集团下属仓储物流企业，于2006年5月由中粮外资公司中粮英属维尔京群岛捌肆有限公司出资1500万美元注册成立，隶属于中粮贸易江苏有限公司管理。主营业务为大宗进出口农副产品的中转、仓储。公司位于江阴高新区，总占地面积15.6万平方米。公司拥有经营用仓储设施7万吨级粮油码头一座、500吨级泊位4个(水工结构兼靠2000吨级)、16吨门机1台、25吨门机2台、10吨固定式门机4台，另有13.9万吨筒仓、1.85万吨(均以散粮计)平房仓及工作塔、打包站等附属配套设施，具备完整的接卸巴拿马型进口散粮船的条件，可以同时接卸进口散粮船、减载船。粮食生产作业采用全程封闭式输送、自动计量。接卸散粮可达2万吨/天，出粮装船可达1.5万吨/天，年设计粮食吞吐量350万吨。公司通过ISO 9001质量管理体系及SOLAS(海上人命安全)公约认证，具备国家进口粮食指定口岸资质，至2016年，累计接转来自美国、巴西、阿根廷、加拿大、乌拉圭、澳大利亚等国的大豆、大麦、玉米、小麦、高粱等多宗农副产品。

【海澜之家获评江苏省首批智慧物流示范企业】 智慧物流示范企业主要包括四种类型：综合型、运输型、仓储型、技术服务型。2016年，海澜之家服饰有限公司积极申报仓储型智慧物流示范企业，经过严格评审，江苏省经信委公布全省首批15个智慧物流示范企业名单，海澜之家服饰有限公司榜上有名。海澜之家物流中心承载着全国数千家门店的货品配送，为节约用工和提高效率，海澜集团投入10亿元建设7层高的智能高架立体仓库，引进世界上先进的高位自动化立体装置，大大提高了土地利用效率。物流配送采用业内最先进的SAP(企业管理解决方案)信息管理系统，全流程跟踪每一件货品。所有供应商的货品统一集中到总部物流园，然后直接发往门店，每件货品都拥有唯一的条形码，装有传感设备的物流系统可以自动识别，借助条形码，仓储、配送、销售等各个环节总部都能准确掌握。智慧物流示范企业试点工作是实现智慧物流建设的一项重要内容，也是推动物流转型升级、促进实体经济降本增效的一条重要途径。

【临港开发区获评中国进出口商品流通示范基地】 在2016年召开的第二届中国国际生鲜流通大会上，临港经济开发区港口发展局被中国交通运输协会农产品冷链物流专业委员会评为中国进出口商品流通示范基地。在招商引资上，临港经济开发区港口发展局大力强攻平台型、基地型招商，围绕物流金融、互联网+物流、物流+电商等创新模式，紧盯万科冷链物流基地、辉华供应链管理(外贸综合服务)平台、安通物流园、荷兰EsivaH. Oud连锁超市等项目，立足产业链、供应链和价值链"三链"协同发展需要，全力推动临港物流业朝着智能化、国际化、金融化、网络化转型发展，成功引入德国啤酒、巴西黄鱼、西班牙橄榄油和日本矿泉水等高端进口消费品贸易商、供应链管理和电商物流企业，为江阴港成为生鲜冷冻食品物流基地，申报进口肉类指定口岸，打造南美水产品华东区域集散中心，以及成为上海自贸区高端消费品的集散中心和物流承接基地夯实了基础。

【江阴保税物流中心升级为国家综合保税区】 江阴保税物流中心位于临港开发区境内，规划面积1.2平方千米，首期开发运作面积0.45平方千米，拥有8万平方米的普通仓库和一幢1.2万平方米的恒温恒湿专用食品仓库。中心自2009年5月封关运作以来，引进世界500强企业4个，与全国26个省市的650余个贸易流通企业开展业务，进出口业务在江阴市重点进出口企业中的覆盖率达到99%。为了进一步提升功能政策平台，满足业务发展的需要，中心自2012年开始申报国家综合保税区，于2016年1月14日经国务院正式获批。综合保税区作为国家对外开放的政策功能区，是设立在内陆地区、具有保税港区功能的海关特殊监管区域。江阴综合保税区规划面积3.6平方千米，分两期开发，建成后将充分发挥区位优势和政策优势，重点发展保税加工、保税物流、保税服务等业务，为江阴经济转型升级和对外开放合作提供新支撑，引领新发展。至年末，江阴综合保税区完成东片卡口改造及相关土建工程，一期围网工程完成招标并开始施工，联检大楼改造维修工程进入收尾阶段，综保区监控系统、卡口智能化及网络环境和计算机管理系统工程建设有序推进。在加快建设的同时，江阴综合保税区进一步发展6个特色基地，并引入国际分拨中心。对接法尔胜泓昇集团有限公司、信越化学工业株式会社、保千里视像科技集团等企业，加快保税加工产业发展。重点突破大宗货物交易市场和液态化工品交易市场建设，主动布局液化天然气集散中心，打造集物流、资金流、信息流于一体的长三角液化天然气集散中心。承接上海自贸区的溢出效应，广泛与上海华辰隆德丰企业集团有限公司、百联集团等20多个企业联系对接，建设现代化商务中心。全力打造智能制造中心、现代物流中心、展示交易中心和贸易结算中心，积极争取跨境电子商务试点，加快建成现代产业集聚区、保税物流示范区、服务贸易特色区。

【进口商品供应链服务平台推介会】 2016年，中国江阴港进口商品供应链服务平台推介会在临港经济开发区举行。活动现场成立江阴港进口商品直销中心、上海红酒交易中心指定交割仓库、优e村跨境贸易供应链服务平台，现场宣布咯吱供应链一城一仓千家店计划。此次活动以对接上海自贸区、加速融入长江经济带建设为契机，有利于进一步发挥江阴港的港口优势和国家综保区的政策优势，扩大江阴港在整个华东地区的辐射力和影响力。

(谢励涛)

■类目编辑 徐文辉

发展计划管理

【概况】 2016年，市发改委积极适应经济发展新常态，围绕目标任务创新举措求发展，扎实推进经济社会发展、重大项目建设、供给侧结构性改革、能源结构调整等重点工作，确保全市经济和社会健康有序发展，实现全市“十三五”规划良好开局。深化行政体制改革，成立食品安全检测中心、不动产登记中心并全面运转。改革财税体制，一般公共预算收入、政府性基金收入、社保基金收入和国有资本经营收入四本预算全部纳入预算编制范围，政府性债务全面纳入预算管理，财政预决算、市级部门预决算、“三公”* 经费预决算以及2016年度政府专项资金清单全部向社会公开，“营改增”试点全面推进，顺利实现税制改革平稳转换。全面实施以“三证合一、一照一码”为核心的工商登记制度，推进区域通关一体化改革并实行一站式通关作业。着力补强发展短板，全面查找城乡建设、生态环保、民生保障等方面的发展短板，以“1310工程”* 为牵引，加大轨道交通、快速路网建设、环境整治以及教育、医疗、文化、体育等公共服务有效供给。

【国民经济和社会发展目标管理】 2016年，市发改委围绕全市产业强市等六大战略，倒排“十三五”发展规划年度目标任务，牵头制定《江阴市2016年度全市国民经济和社会发展计划》，并分解国民经济和社会发展年度重点目标。按照“月报、季督、年总结”推进机制，每季度形成《国民经济和社会发展重点工作目标执行情况报告》，做好全市重点工作完成情况的跟踪监测。经济运行稳中有进，全年地区生产总值突破3000亿元，比上年增长7.4%。工业运行稳步提升，全市规模以上工业完成产值5874.66亿元，比上年增长2.8%。服务业持续增长，全市完成服务业增加值占地区生产总值比重达44%，比上年提升0.6个百分点。高效农业不断推进，农业适度规模经营比例达86%，高标准农田比重达59.6%，高效农业比例达63%。创新驱动成效显著，高新产业规模不断壮大，高新技术产业产值占规模以上工业产值的比重提升至45.2%。研发实力大幅提升，新认定省高新技术企业119个，建成国家级众创空间企业1个，新批省工程技术研究中心8个。品牌创新不断增强，万人有效发明专利拥有量突破17件。人才引进力度不断加大，新增各类人才1万人。城乡面貌不断改善，全面启动城乡建设“1310工程”。功能配套建设不断完善，锡澄高速公路江阴南互通建成投用，夏东路改造等27项项目加快推进；锡澄运河25千米航道竣工投运；鲥鱼港公园、应天河风光带建设扎实推进。公共交通网络不断优化，外滩公交首末站、新华站停车场改续建工程进展顺利，新建候车亭80座，新建公交电子站牌30个。城市管理不断加强，改造完成梅园里等8个改善型城中村、景园小区等14个老小区、天鹤菜场等12个农贸市场；主城区机动车停车泊位新增1046个。生态环境逐步优化，大力推进大气污染防控，全市累计关停热电企业12个，完成6台燃煤机组超低排放升级改造任务，淘汰与整治燃煤锅炉305台。大力推进水环境整治，加快实施城乡黑臭河道整治，综合整治河流28条；加强农业面源污染治理力度，农业废弃物综合利用率达到96%。加快基础设施建设，光大环保能源垃圾电厂三期工程有序推进；新建污水主管网20.5千米，完成44个小区生活污水管网改造。加强地质环境治理，新增造林绿化172.73公顷，人均公园绿地面积15.95平方米。民生福祉持续提升，城镇和农村居民人均可支配收入分别为5.5万元和2.8万元，在全省县级市排名中位居前列。就业形势稳定，全年提供就业岗位5.9万个，解决本地劳动力就业3.7万人。保障体系更趋完善，城保扩面4.6万人，居民养老保险基础养老金、被征地农民养老年龄段人员养老补助金标准分别由每人每月250元、600元提高到280元、670元；新农合人均筹资标准提高到800元。教育投入进一步加大，新开学校基础建设项目9项，总投资4.23亿元。教育现代化水平持续提升，是年，全市高考本二以上进线率、总均分居无锡市第一。医疗保障水平稳步提升，完成妇幼与计生资源的整合，加强妇幼健康服务联合体建设。社会救助精准实施，全年临时救助4000余户次，支出金额370余万元。文体服务不断加强，组织公益性文化演出500余场，建成全民阅读公益服务点100个；全民健身综合馆开工建设，承办国家级以上赛事11次，组织各类群众性体育活动500余项次。

【工作目标绩效考核】 2016年，市发改委面对新形势新任务，突出中心导向、综合考量、量化为主、稳定优化等原则，牵头编制《2016年度开放园区工作目标绩效考核实施方案》，进一步强化对经济建设发展、增加有效投入、扩大开放程度等方面的要求，充分体现考核工作的导向性作用，确保绩效考核更加科学全面。采取季度监测、半年评审、年度考核等方式，有效激励3个经济开发园区开发水平的持续提升。构建重点目标管理平台，建立情况通报、定期分析例会等沟通机制，认真跟踪监测重点目标完成情况，及时协调解决相关问题，每季度形成《全市国民经济和社会发展重点工作目标执行情况报告》和《市委市政府为民办十件实事执行情况报告》，督促各责任单位按照时序推进目标任务。年内，针对无锡科学发展考核的新变化，强化绩效考核牵头部门职能作用，做好59个考核指标的跟踪推进，做好考核数据核实报送和对上条线沟通衔接。是年，全市绩效考核名列无锡市前茅。

【经济运行分析调研】 2016年，市发改委面对新常态、新情况、新要求，加强与经济金融部门的纵横联动，强化与镇街园区版块的上下协调，按照月跟踪、季预测等方式，对全市经济形势的跟踪分析，每季度形成经济运行分析报告，认真评析当前经济运行情况，根据经济走势预判，提出稳定经济发展的对策建议。同时，针对全市经济社会发展中的重大问题，围绕重大项目建设、新兴产业发展、经济转型提升等课题，主动走访周边地区和基层一线，深入开展专题调研，深入了解全市经济社会发展实情，深入剖析当前全市经济的运行情况、发展结构和矛盾问题，判断展望经济发展趋势，提出经济转型发展对策建议，为市委、市政府决策提供参考。

【生产要素争取】 2016年，市发改委坚持主动服务、靠前服务，积极加强对上项目、资金和政策争取，全力服务企业发展。先后组织江阴长江港口综合物流园区申报2016年度省级示范物流园区；组织江阴协统聚氨酯喷涂模塑工程技术研究中心申报2016年度第二批省级工程中心和工程实验室；组织相关企业申报省级太湖水专项资金项目16项，申报省军民融合产业专项3项，申报进口设备免税项目1项。年内，先后为相关企业争取国家进口棉花配额10986吨；为江苏中宏环保科技有限公司等企业争取省级战略性新兴产业专项资金3000万元；为江阴华欧德汽车动力系统研发有限公司等企业对上争取专项债券约7亿元。

【固定资产投资管理】 2016年，江阴市积极优化要素配置，扩大有效投入，全市固定资产投资总体呈现总量高位运行，增速放缓的态势。全年全市完成固定资产投资1133.03亿元，比上年增长0.4%。产业分布上：一产完成投资5.55亿元，比上年下降16.9%。二产完成投资495.4亿元，比上年下降3.7%，其中服装业、设备制造业和电子设备制造业保持较高速增长，其他行业均有不同程度的回落。三产完成投资632.07亿元，比上年增长4.1%，其中，纯三产比上年下降18.7%，直接拉低三产投资增速。

【重点重大项目管理】 2016年，市发改委认真做好全市重点重大项目管理工作。全年安排重点重大项目92项，总投资989亿元，计划完成投资243亿元。其中，工业项目42项，总投资462亿元；服务业项目30项，总投资319亿元；基础设施、社会事业项目20项，总投资208亿元。加快实施重点重大项目步伐，进一步加强对投资和经济转型的引领促进作用。年内，全市92项重点重大项目完成投资227亿元，其中，工业项目完成投资120亿元，服务业项目完成投资86亿元，社会事业和基础设施重点项目完成投资21亿元。30项列入无锡市重大计划的项目，完成投资总额241亿元。

【能源管理】 2016年，市发改委坚持生态立市方略，全面促进资源节约利用，推进全市循环经济建设，定期组织召开秦望山产业园领导小组及办公室推进会，及时协调推进建设中的重大问题，稳步推进产业园建设。扎实推进园区循环化改造，督促高新区、临港开发区对照改造实施方案，编制园区循环化改造自评报告，稳步推进实施，确保按时完成循环化改造目标任务。为控制温室气体排放，规范碳排放权交易市场的建设和运行，根据中央、省有关碳排放权交易市场建设的要求，深入梳理全市化工和钢铁行业重点排放单位，完善重点排放单位信息，组织相关企业填报温室气体排放报告和补充数据，为推动碳排放权交易市场建设打下基础。围绕全市生态保护刚性指标，不断优化全市能源结构，按照《江阴市煤炭消费总量控制和目标责任管理实施方案》，在保障全市能源供应安全前提下，加强煤炭总量控制，有序推进全市热电企业整合，关停热电企业1个。大力发展清洁能源利用，积极推动燃气项目建设，华能江阴燃气电厂项目获省发改委正式核准。扎实推动分布式光伏发电项目建设，鼓励企业充分利用金融杠杆作用，做大做强全市光伏发电应用市场，年内，全市完成备案屋顶光伏发电项目97项，总装机容量304.62兆瓦，总投资22.86亿元。

【推进供给侧结构性改革】 2016年，市发改委围绕“去产能、去库存、去杠杆、降成本、补短板”五大攻坚任务，积极推进供给侧结构性改革，制定下发《关于推进供给侧结构性改革的实施意见》，从化解产能、培育新动能、深化创新驱动、降低企业成本、补强短板5个方面，制定出61项具体举措，努力破解制约经济社会发展的突出矛盾和问题，持续发力供给侧，改变需求拉动为供需平衡。根据国务院《关于钢铁行业化解过剩产能实现脱困发展的意见》，充分运用市场化、法治化手段，坚决打击“地条钢”违规违法行为，科学精准推进钢铁去产能，通过全面排查整治，关停企业54个，压减钢铁产能约200万吨，提前完成全市三年压减任务。坚持“房子是用来住的、不是用来炒的”的定位，综合运用金融、土地、财税、投资等多种手段,稳妥化解房地产库存,去库存周期从年初的35个月降至年底的27个月,年底全市库存商品房632.16万平方米。坚持标本兼治、综合施策,有节奏、有步骤地降低杠杆率,稳定控制金融风险,设立中小微企业信贷风险补偿资金池、互助资金平台,引进两项规模100亿元的产业基金,为实体经济健康有序发展提供有力支撑,全年完成政府债券置换34亿元,组织企业完成首发融资28.18亿元、再融资108.72亿元。面对经济下行压力,出台《关于降低实体经济企业成本促进经济平稳健康发展的实施意见》,从水电气要素价格、企业税费负担、制度性交易成本、企业融资成本、用人成本5个方面,助力企业发展,全年降低企业成本约49.8亿元。围绕突出重点,紧盯难点,瞄准创新发展、城乡建设、生态环保、民生保障等亟须解决的短板矛盾,着力扩大有效供给,全面增强企业发展活力,有效提升区域发展综合竞争力和群众幸福获得感。

【深化经济体制改革】 2016年,江阴市继续深化经济体制改革,着力扩大开放。江阴综合保税区按照"获批后一年内完成封关验收"总要求,全面启动实施"300天行动计划"。实施"走出去"战略,积极参与国家"一带一路"*行动计划,年内,江苏华西村海洋工程服务有限公司等多个企业在境外设立公司或在境外投资,"走出去"的项目在全省县级市中领先。推进实施产业强市战略,出台《关于加快产业强市建设的若干政策意见》(简称"产业强市三十条"),加大对重点重大项目、龙头骨干企业、高成长性企业、中小微企业的财政支持力度,鼓励项目加快落地建设,不断推进产业转型升级。鼓励发展跨境电商,利用云蝠集团公司的海外仓,扩大其公共服务功能,辐射到全市乃至全省外贸企业,打造形成省级跨境电商公共海外仓。实施创新驱动战略,推进国家知识产权示范城市建设,设立国家知识产权局区域专利信息服务(南京)中心江阴分中心。深化资本运作,全市新增上市企业7个,实现首发融资28.18亿元,新增"新三板"挂牌企业19个。

【深化农村综合改革】 2016年,江阴市持续推进农村土地确权改革和村级经济股份合作制改革。全年完成25个试点村土地确权任务,新启动12个村确权改革工作,完成5个村股份合作制改革。深化完善农村产权交易体系,年内新成立14个镇(街道)级农村产权交易服务中心,形成覆盖全市的市、镇(街道)、村农村产权交易网络。

【完善生态环境保护体系】 2016年,江阴市继续优化调整省级生态红线保护区域,全市红线区域面积占比达21.06%。完善主要污染物排污权有偿使用和交易试点制度,实行新增污染物"增一减二"平衡制度,开展排污许可制度改革试点,实行"一证式"管理,全年发放新排污许可证128个。落实完善动态环境信用评价制度,推行分类管理,实行黑名单制度,全年对1555个企业实施环保信用等级评价。

(耿海建)

财 政

【概况】 2016年,江阴市各级财政部门围绕全市重点工作目标任务,贯彻实施积极财政政策,大力支持产业强市战略,聚力深化财税体制改革,全力抓好增收节支工作。全市完成一般公共预算收入229.91亿元,其中,一般公共预算税收收入完成191.2亿元,税收占比为83.17%。坚持打好政策引领、资金扶持、减税降费"组合拳",重点支持实体经济发展。坚持富民导向,把保障和改善民生放在重要位置,不断提升群众获得感和幸福感。全市一般公共预算支出75%以上用于民生,总支出达173亿元。坚持深化财税体制机制改革,不断提升财政管理水平。大力支持城市建设,全年完成151项政府投资项目的概算审核及批复工作,总额56.72亿元,保障全市"1310工程"建设资金需求。

2016年江阴市一般公共预算收入情况一览

表38　　单位:万元

项目	一般公共预算收入								
	合计			国税		地税		财政	
	完成实绩	比上年增长(%)	上年	完成实绩	比上年增长(%)	完成实绩	比上年增长(%)	完成实绩	比上年增长(%)
市本级	374738	-9.17	412564	22280	101.37	86380	-39.51	266078	2.85
高新区	340526	10.17	309089	188448	59.82	133905	-20.73	18173	-18.35
临港经济开发区	406259	-13.15	467780	217233	28.87	168410	-38.70	20616	-15.73
靖江园区	64529	12.82	57196	46096	36.96	15296	-19.14	3137	-32.14
镇(街道)合计	1113004	18.09	942525	538493	57.46	495494	-5.53	79017	3.93
全市合计	2299056	5.02	2189154	1012550	50.41	899485	-20.39	387021	0.25

2016年江阴市一般公共预算支出情况一览

表39 单位:万元

项目	当年度预算数(调整)	当年度完成情况		上年完成	与上年相比	
		完成数	完成调整预算(%)		增减额	增减(%)
一、一般公共预算支出合计	2214945	2262583	102.15	2053514	209069	10.18
(一)一般公共服务	157745	163728	103.79	135347	28381	20.97
(二)国防	3850	6402	166.29	6697	-295	-4.40
(三)公共安全	116450	134746	115.71	114292	20454	17.90
(四)教育	332370	374108	112.56	338805	35303	10.42
(五)科学技术	63180	68807	108.91	58911	9896	16.80
(六)文化体育与传媒	26050	24816	95.26	24368	448	1.84
(七)社会保障和就业	210250	279750	133.06	243311	36439	14.98
(八)医疗卫生	103950	111534	107.30	103754	7780	7.50
(九)节能环保	102250	90249	88.26	87878	2371	2.70
(十)城乡社区事务	493380	493608	100.05	502412	-8804	-1.75
(十一)农林水事务	112820	115336	102.23	112687	2649	2.35
(十二)交通运输	92300	104821	113.57	89132	15689	17.60
(十三)资源勘探电力信息等事务	190180	132859	69.86	76081	56778	74.63
(十四)商业服务业等事务	62330	55477	89.01	53677	1800	3.35
(十五)金融监管等事务支出	1220	1014	83.11	787	227	28.84
(十七)援助其他地区支出	10627	12007	112.99	9838	2169	22.05
(十八)国土资源气象等事务	15050	9872	65.59	17286	-7414	-42.89
(十九)住房保障支出	94300	67130	71.19	63668	3462	5.44
(二十)粮油物资管理事务	3860	4089	105.93	3963	126	3.18
(二十一)债务付息及发行费支出	10530	10459	99.33	3019	7440	246.44
(二十二)其他支出	12253	1771	14.45	7601	-5830	-76.70
二、基金预算支出合计	257135	277934	108.09	181479	96455	53.15
三、国有资本经营预算支出合计	18000	13007	72.26	16397	-3390	-20.67
预算支出合计	2490080	2553524	102.55	2251390	302134	13.42

【**财政收入平稳合理增长**】 2016年,全市各级财政部门强化收入征管、挖掘增收潜力,确保财政收入增幅稳定在合理区间。继续实施"以月保季、以季保年、以块保面"策略,紧咬年度目标,狠抓推进落实,加强收入预测分析,明确收入目标任务,落实财政稳增长举措,拓展征管思路,加强协税护税,加大对营业税、契税等税收收入清理入库力度,全年全市一般公共预算收入完成229.91亿元,比上年增长5%,顺利完成无锡市下达的目标任务。其中,一般公共预算税收收入完成191亿元,比上年增长5.93%,税收占比为83.17%。

【**支持地方经济转型升级**】 2016年,市财政局认真落实积极财政政策,做好政策引领、资金扶持、减税降费工作,支持经济转型升级。大力支持产业强市战略,认真落实市委、市政府出台的《关于加快产业强市建设的若干政策意见》,配套出台《江阴市产业强市发展专项资金管理办法》,统筹安排好产业强市发展专项资金,重点支持先进制造业和现代服务业的重大项目与重点企业,支持重点重大项目与龙头骨干企业、高成长性企业、中小微企业,鼓励企业技术创新、关键技术研发和科技成果转化。"十三五"规划期间,市财政将累计安排100亿元产业强市发展资金,其中2016年度安排15亿元,加大对实体经济的投入。大力支持供给侧结构性改革,全面兑现减税降费政策,支持去产能、去库存、去杠杆、降成本、补短板,推动经济发展提质增效。全市全年实现营改增等税收减负15亿元、行政事业性收费等非税减负2.4亿元,减轻了实体经济企业负担。同时,积极对上争取资金11亿元,利用财政股权投资基金用于支持各类企业转型发展。

【推行政府和社会资本合作模式】 2016年,江阴市为创新重大项目及政府性投资工程投融资机制,积极推行政府和社会资本合作(PPP)模式*。构建PPP管理机制,出台《江阴市关于推广运用政府和社会资本合作(PPP)模式的实施意见》,明确推进PPP模式的重要意义、总体目标和适用范围,明确组织实施PPP项目的方法和操作规程,明确加强财政管理、开展绩效评价等项目监管内容,明确推行PPP模式的各项保障措施,为全市推进PPP工作提供制度依据。同时明确,在新建公共服务项目中,逐步增加使用PPP模式的比例。成立PPP项目管理机构即PPP工作领导小组,市政府办公室印发《关于成立政府和社会资本合作(PPP)工作领导小组的通知》,统一协调部署全市PPP工作推广运用工作。市财政局成立PPP管理中心,作为负责PPP工作的日常管理机构,承担全市PPP工作的规划指导、政策制定、宣传培训工作和PPP项目筛选、信息发布、融资支持、合同管理、绩效评价等工作。年内,经反复论证并经市政府常务会议通过,选择"江阴市政府信息化PPP项目"作为江阴市首项PPP项目,项目总投资3亿元。市财政局积极开展项目前期工作,选择江苏省现代资产投资管理顾问有限公司作为PPP项目咨询服务机构,组织行业主管部门及法律、财务等专家完成项目的"物有所值"评价及财政承受能力论证,编制项目实施方案经市政府批准,入选江苏省PPP项目库。6月8日起进入政府采购程序。"江阴市政府信息化PPP项目"成功立项,开创了江阴市采用PPP模式支持经济发展的新途径。

【保障民生资金支出】 2016年,市各级财政部门在一般公共预算支出中优先保障各项民生。全市一般公共预算支出75%以上用于民生,民生支出达173亿元。坚持教育优先投入,在义务教育阶段免学杂费、中等职业教育免学费等政策全面落实的基础上,从秋季学期起,全市公办幼儿园生均公用经费按每生每年800元标准拨付,其中财政拨款不低于每生每年400元,各幼儿园基本建设投入资金也纳入地方财政保障。提高社会保障水平,居民养老保险待遇由每人每月250元提高到每人每月280元,被征地农民养老补助金由每人每月600元提高到670元,新农合人均筹资标准由每人每年740元提高到每人每年800元,居民最低生活保障标准由每人每月670元提高到每人每月760元。健全社会救助体系,全年安排保障弱势群体基本生活、残疾人康复救助等资金超1.2亿元。加大就业资金投入,全年小额担保贷款基金规模增至2000万元,贷款担保总额扩大至1亿元,用于支持就业困难人员自谋职业、自主创业。落实再就业各项优惠扶持政策,安排好促进就业专项资金,全年拨付5.57万名再就业人员岗位补贴、保险补贴等2亿元。支持生态环境改善,全年统筹安排资金2.1亿元用于推进大气、水污染和农村生态环境整治。

【推进财政管理改革】 2016年,市财政部门积极做好推进财政管理改革工作,着眼建立现代财政制度,全面深化各项财税体制机制改革,不断提升财政管理水平。全面推开"营改增"改革,组织协调国税、地税等部门积极推进改革工作,全市减税效应明显,对稳增长、调结构起到积极作用。巩固完善全口径预算管理体系,实现一般公共预算、政府性基金、社保基金和国有资本经营"四本预算"统筹、统编、统批、统管。积极推进财政信息公开,全面向社会公开财政预决算、市级部门预决算、"三公"经费预决算以及政府专项资金清单。试点开展国库集中支付电子化改革,进一步提高财政支付效率,保障财政资金安全高效运行。试点开展综合性绩效评价,选择市科技局开展部门整体评价,对2014—2016年三年内部门经费编制执行、"三公"经费执行、预决算公开、部门整体目标完成等情况进行分析,促进部门从整体上提升预算绩效管理水平和资金使用效益。

【政府性债务管理】 2016年,市财政部门加大严控新增债务力度,进一步压降举债成本,积极推进地方政府债券置换工作,全年累计完成政府债券置换34亿元。妥善防控镇(街道)政府性债务风险,出台《关于进一步加强镇(街道)政府性债务管理的意见》,进一步规范镇(街道)债务管理,稳存量、控增量、防变量、降成本、优结构。创新重大项目及政府性投资工程投融资机制,拓宽融资渠道,提高直接融资比例,成功发行江阴地区第一单超短期融资券和第一单"永续债"(即无期债券,它并不规定到期期限,持有人也不能要求清偿本金,但可以按期取得利息。永续债券一般仅限于政府债券),"永续债"资金作为权益入账,既降低了融资成本,又改善了财务报表结构。

【新一轮国资国企改革启动】 2016年,市财政部门启动新一轮国资国企改革工作,通过建立完善国有资产运行框架,明确国资企业分类和功能定位,稳步实施国资企业整合重组,充分发挥国资国企在战略性新兴产业培育中的引导作用、在全市基础设施和公用事业建设中的骨干作用、在现代服务业和民生保障中的基础作用。国资监督管理机制进一步完善,制定下发《江阴市国有资产监督管理体制改革方案》,独立组建市国有资产监督管理办公室,负责全市的国资国企改革工作。市财政局撤销内设科室国资管理科和国资考评科,增设行政事业资产管理科,撤销下属事业单位江阴市董事监事(财务总监)管理中心和江阴市市属集体资产管理办公室建制,原相关职责和人员划入国有资产监督管理办公室。改革后,市财政局不再承担除行政事业单位国有资产以外的监管职责。 (周文辉)

税 务

·国家税务·

【概况】 2016年,市国税系统继续以"抓收入、推改革、强党建、带队伍”为工作主线，积极发挥税收职能作用，助推全市经济发展和民生保障。坚持组织收入原则，全力以赴履行“为国聚财、为民收税”主责，全年累计组织国税收入250.37亿元。进一步落实小微企业税收优惠政策，减免所得税8466万元。以推进“营改增”工作的经验和方法全力推进“金税三期”工作，在双轨测试、单轨切换、正式运行各阶段，精准开展测试，深入细查短板，加强宣传培训，放量现场管理，全力布控保障，实现“金税三期”工程平稳上线。全面落实国家税务总局《国家税务局地方税务局合作工作规范（2.0版）》，积极稳妥推进新一轮深化优化税收管理改革。深入推广说理式执法文书，多渠道开展法治培训。开展“便民办税春风行动”，不断提高办税服务品质，切实提高纳税人的满意度和获得感。统一全市纳税服务标准、服务规范、服务承诺，实现十大类121个办税事项“全省通办”。继续开展查访监察，加大“一案双查”（是指在查处纳税人、扣缴义务人和其他涉税当事人税收违法案件中，对税务机关或者税务人员的执法行为规范性和履职行为廉洁性进行检查，对违纪违法行为依照有关规定进行调查和追究责任的活动）力度，重点突出效能监察，全年共发现税收执法规范性问题18个，责任追究15人次，提出整改建议23条，下发监察建议书10份。层层签订廉政责任状，强化主体责任和“一岗双责”。梳理涵盖58条禁止性事项、215个对应案例的负面清单，实现纪律红线清单化、违规事项具体化。组织三批次全员知识更新学习，举办“两学一做”暨“营改增”知识综合竞赛。依托岗位大练兵、业务大比武活动锤炼税收业务精兵，全系统162人次参加税务总局、省国税局“两测”考试，参考率100%。是年，市国税局在无锡国税系统年度绩效考评中连续第二年居辖市（区）局组榜首。

【组织收入】 2016年，市国税系统积极克服经济下行压力增大、区域税源增长乏力、结构性减税规模扩大等多重收入“利空”因素，全市国税系统上下坚持组织收入原则，全力以赴履行为国聚财、为民收税主责，实现收入总量、公共预算收入总量、地方财政贡献度三项指标新高度。全年累计组织国税收入250.37亿元，比上年增长9.39%；财政公共预算收入101.26亿元，首破百亿元，比上年增长50.41%；对地方财政的贡献度升至44.12%，国税收入对地方财力的保障性作用更加凸显。强化模板指引运用，全年实现应对总成效3.39亿元，其中直接补税入库1.64亿元；对36个单位下发欠税追征平台任务书，追缴入库欠税2969万元。继续发挥稽查整顿规范税收秩序作用，全年查补入库6329万元。紧盯税源重点项目，所得税年度汇缴调整入库税款14.82亿元，非居民企业所得税入库4.49亿元。上下联动强化政策支持、涵养税源，加快推进重点企业主辅分离和物流水运平台等项目，实现单项单月“营改增”收入净增600万元。对全市30个申报异常企业进行对照分析，调整税金8.55亿元。

【税收优惠】 2016年，市国税系统继续全面落实小微企业税收优惠政策，发挥税收杠杆作用，全年为全市小微企业减免所得税8466万元，增值税6400万元。办理各类出口退税94.39亿元，直接减免电池涂料等行业消费税3.9亿元，为131个高新技术企业减免所得税7.56亿元，研发费加计扣除3.03亿元，固定资产加速折旧优惠689万元，减免车购税1341万元，有力助推了产业升级和创新富民。

【推进“营改增”与“金税三期”工程】 2016年，市国税系统秉承把大事办好、把好事办实、把难事办妥的理念，积极推进“营改增”“金税三期”工程的实施。科学制定工作方案，全面实施网格化管理，依托电教室全程实时督导。强化联络员、四级值班、应急处理制度等7项工作机制，年内，先后编发49期“营改增”扩围专报，制定三期计111条责任清单，实现工作进度和工作质量同步管控。召开传媒互联网、医药、军工、环保与新能源四大行业重点企业座谈会，开展抽样调研，做细税负分析，完成开好票、报好税、分析好、改进好四项既定目标任务。至年底，全市1.17万个纳税人实现平稳交接，全年入库新扩围“营改增”收入10.3亿元，99%以上新增试点纳税人实现税负下降的改革预期，有效降低了实体经济税收负担和运行成本。

【税收征管改革管理】 2016年，市国税系统加快税收征管改革步伐，以中央《深化国税、地税征管体制改革方案》为总揽，深入推进税务总局《国地税合作规范（2.0版）》，抓好江苏省国税局深改工作“50个到位”的落实。建立国税、地税联席会议机制，全年累计召开联席会议7次。完成国税、地税办税服务厅互设办税窗口、互派工作人员、互设自助设备，实现纳税人“进一道门，办两家事”。联合举办5场专题合作培训，累计参训人数1819人次。全年交换国税、地税涉税情报数据量约50兆字节，间接助力风险应对成效3121万元。借助“江阴市纳税人之家”共同打造全省首个国税、地税联合维权平台，联合对102个单位开展信用等级评定复核工作。试行国税、地税联合稽查，相互推送税收违法行为线索47条。强化基层分局税源基础管理的兜底职能，纳税服务“一体化”格局不断优化。深化整合科室应对职能，有序开展深度分析和典型解剖，狠抓风险管理全流程控制，做实风险管理“一条龙”规范。全年对1151个单位下发应对任务，户均成效34.62万元。积极推进商事登记制度改革，完成31023户纳税人“三证合一、一照一码”工作。严格落实行政审批“零超时”，各类税收审批完成时限下降至3个工作日，审批提速57%。全面推行实名制办税，采集4.86万户纳税人实名信息，其中单位纳税人采集率达87.77%。细化“双打”（打击虚开增值税专用发票和打击骗取出口退税违法犯罪）工作指引，全年定性虚开增值税专用发票3472份，涉案金额3.39亿元，查办查补10万元以上大要案15件、100万元以上8件。推行税收政策确定性提问制度，累计解决8项基层政策执行疑难问题。

【纳税服务】 2016年，市国税系统坚持开展“便民办税春风行动”，不断提高办税服务品质,切实提高纳税人的满意度和获得感。统一全市纳税服务标准、服务规范、服务承诺,实现10大类121项办税事项全省通办。在市地税局办税服务主厅设置建筑业专窗,集中办理全市建筑业项目登记、经营地报验等业务的服务新模式。积极推广电子税务局,开启“线上办税”新模式,纳税人上门办税次数比“线上办税”前下降40%。全年依托“语信通”发送专项提示提醒4588条,使办税服务精准度进一步提升;接听特服号咨询5.18万户次,接通率达82.24%。持续引导自助办税,全年分别实现自助领票21.65万份、自助代开4.23万份。围绕“营改增”和“金税三期”上线举办专题培训102场,策划编发微信宣传专辑6期,国税、地税联合开展政策宣讲,发放《常用涉税问题汇编》2万余册和各类宣传资料2.5万余份。拓展“指尖办税”功能,编制18条办税辅导二维码,推送江阴国税纳服微信息332条。深化税邮共建合作,在城区邮政网点投放7×24小时自助办税设备,借助邮政特快专递网络投递各类涉税文书2.98万件。做实纳税信用等级增值利用,推动税银合作范畴升级,通过江苏银行“税e融”累计为全市89个守信小微企业发放5649万元贷款。

(顾素华　周骏琳　陈力智)

·地方税务·

【概况】　2016年,江阴市地税系统突出固本强基、提质增效年度工作主线,依法组织收入,深化征管改革,坚持依法治税,优化纳税服务,强化队伍建设,各项工作取得新进展。全年完成地税收入总量225.74亿元,比上年增长12.16%。入库非税收入91.02亿元,比上年增长4.96%,有力支持了地方经济社会发展。全面提高重点税源监控比例,将927户重点税源户和41个上市公司列入重点监控分析对象,税收预测准确率达99.85%。积极开展营业税清项目、清税源、清税款“三清三落实”活动,累计梳理销售不动产相关数据11925条,核实纳税人征收方式认定信息3096条,通过清项目、清税源、清税款累计组织入库税款3.98亿元。全过程实施企业所得税管控,分企业、分行业、多层次开展汇缴培训30余场,完成8073个企业年度汇缴申报,全年推送事中管理企业56个,有效调整项目金额2143.7万元,推送汇缴期后风险任务613户,查补企业所得税830.85万元。分类别实施个人所得税征管,年所得12万元以上个税自行申报人数18289人,补缴税款458.25万元;两处或两处以上收入个税自行申报人数6014人,人均补缴税款1162.03元;核实自然人股权转让事项1237户,核实调整率为47.94%,累计入库税金5332.42万元。是年,江阴地税局获全国总工会职工书屋示范点、江苏省文明单位、江苏省“六五”普法先进单位等荣誉。

【推进“营改增”工作】　2016年4月,江阴市地税系统全面推行“营改增”工作,以“三清三落实”为抓手,研究制订行之有效的清欠措施、计划,集中力量攻坚破难,确保“营改增”工作基础扎实有效;组织干部学习改革文件,最大限度缓解移交过程中的矛盾。至5月1日,全市地税系统顺利完成“营改增”管户移交9252户,实现试点纳税人数据移交、过渡期发票管理、相互委托代征等工作的无缝衔接,推行“营改增”工作全面完成。

【“金税三期”系统顺利运行】　2016年8—10月,江阴市地税系统开启“金税三期”上线推广工作模式,全系统干部职工坚持“5+2”“白+黑”的工作节奏,全力做好“金税三期”双轨试运行测试工作,完成测试业务量15996笔。同时,进行3次人海仿真压力测试,加班921人次,累计完成压力测试业务量9660笔。10月1—7日,全市地税系统办结完成预留业务量576笔。10月8日,“金税三期”正式对外运行。至月底,全月办理各类涉税业务7万余笔,申报入库各项税费收入13.98亿元,企业缴税业务申报准确率98.23%,税款入库率98.14%。年内,税务登记、申报纳税等87项主要业务运行顺畅,核心征管系统、电子税务局和委托代征系统运行稳定。

【风险应对绩效量质齐升】　2016年,江阴市地税系统树立“引导式”风险应对理念,编印《中等风险应对案卷样本》,每季召开风险应对绩效分析推进会,定期发布《税收风险管理报告》,全年累计推送中等风险管户2189户,累计入库应对绩效9.93亿元,应对贡献率达8.84%,占无锡市地税系统应对绩效的37.94%,准期风险应对率达100%,风险应对有效率达99.26%,中等风险户均应对时间缩短为15天,户均应对绩效38.87万元。探索大企业风险管理团队化运作,圆满完成国家税务总局千户集团其中的江阴3个集团所属80余个成员企业的数据采集任务及2016年首批风险应对任务。承办并完成国家税务总局定点联系企业二次审计工作以及融资性担保公司税收风险分析工作,创新开展“新三板”企业风险团队化识别试点工作,针对重组并购、股权投资等事项主动采集企业公开信息,年内,共完成应对企业10个,取得应对绩效3168万元。

【税收征管基础工作】　2016年,江阴市地税系统继续进行专业化实施土地增值税清算,探索性实施土地增值税清算委托协审,对3个具有实施土地增值税清算的定点服务机构出具鉴证报告26份,该3个机构全年累计核减成本达6846.98万元,折合税款2100万元。递进式推进欠税清缴,区分欠税类别,差别化制订清欠举措,实施集约化催缴提醒;依托媒体加大清欠力度,在《江阴日报》显要版面对全市75个欠税企业进行欠税公告。强化部门协作,多角度开展联合清欠。年内,江阴地税局联合相关部门向江阴市信用办递交“税收严重失信黑名单”,通过向江阴市人民法院发协助函,依法扣押欠税企业税款230万余元。严肃税收法律刚性权威,大力度实施强制执行,实施了江阴地税成立以来首例查封和依法委托拍卖机构成功实施了无锡市地税系统首例拍卖;全年强制划缴15个企业银行存款,扣缴金额70余万元,查封12个企业132套房产,金额1.35亿元。

【地税信息化工作】　2016年,江阴市地税系统积极探索,勇于实践,全市地税信息化工作取得丰硕成果，承接无锡市地税系统微信企业号移动办公系统，年内完成一期项目开发；利用开源百科系统架构税务百科系统，并成功研发出契税申报网上预约系统。国地税数据共享机制初步建立，明确了“内部需求统一汇集、数据部门统一交换”的数据交换流程，在“三证合一”的基础上探索建立纳税人基础信息关联库。大数据治税探索工作稳步推进，协助无锡地税局开发完成地税大数据税务智能搜索系统，以购买数据服务的方式加强互联网涉税信息采集，共采集域内927个重点税源企业资产交易数据、涉税公开数据10万余条，为“三清三落实”“新三板”企业风险应对团队化运作、稽查选案提供有力支撑。

【落实税收优惠政策】 2016年，江阴市地税系统进一步落实小型微利企业所得税优惠政策，累计为2638个企业减免税款1280.77万元。落实企业所得税相关税收优惠政策，根据《中华人民共和国企业所得税法》，为全市50个企业享受研发费加计扣除1.44亿元，44个企业享受支付残疾人工资加计扣除2088.52万元，26个高新技术企业享受高新技术企业减免税优惠8528.46万元。落实困难企业房土两税税收优惠政策，共对20个困难企业和重点扶持企业减免城镇土地使用税1167万元，对19个企业减免房产税1765.1万元。

【税务稽查】 2016年，江阴市地税系统有效发挥税务稽查震慑作用，强化稽查积案清理，先后对15件未结案件进行全面清理，查补入库税款、滞纳金和罚款合计3844.96万元，积案清理率100%。加大偷税漏税大案与要案查处力度，全年查处百万元以上案件2件，千万元以上案件1件，查补入库税收收入1.17亿元，其中稽查自查查补6073.97万元，比上年增长9%。试行国地税联合稽查，相互推送税收违法行为线索47条，对7个涉税单位进行联合稽查，联合开展打击发票违法犯罪活动1次，联合查补税款78.32万元。强化发票违法犯罪活动查处，成立税警联合行动小组，严厉打击全市范围内假发票的行为，共查处违法企业35个，查处非法发票份数179份，涉及发票金额794.79万元，查补入库税收收入57.41万元。

【优化纳税服务举措】 2016年，江阴市地税系统不断优化纳税服务新举措，开发完成契税网上申报预约系统，对涉及税收优惠的不动产交易实行网上申报预约，审核通过后及时通知纳税人就近选择办税大厅办税，实现契税缴纳全市通办。切实做好纳税信用等级的运用，通过税银合作累计为全市282个小微企业发放贷款8.8亿元。正式启动现代化纳税服务体验区，积极推动体验区纳入江阴市“文明城市课堂”观摩体验点，累计接待纳税人超7000人次，动漫点击率超1万余次，优惠事项办理点击率超3000余次，纳税人累计通过二维码扫描下载电子资料达10172条，有582个企业读取纳税行为报告。结合“推进营改增试点，服务供给侧改革”的税收宣传月主题，先后开展“税企连心共成长，青春有梦齐飞扬”青年企业家创业税收政策专场宣讲会、“助力供给侧改革，服务一带一路企业”专场政策解读会等多个宣传活动。实体化推进国地税联合办税，办税服务厅互设自助开票机、自助发票发售机，互设实体办税窗口并互派工作人员至对方办税服务厅工作，实现国地税涉税事项“一窗通办”。率先建立全省首个国地税联合维权平台“江阴市纳税人之家”，围绕“营改增”和出口退税主题联合开展维权活动3场，累计参与人数290余人次。

（徐　佳　顾方媛）

审　计

【概况】 2016年，市审计局主动适应新常态、践行新理念，更加有效地履行审计监督职责。坚持把审计工作自觉融入江阴经济社会发展大局，坚持审慎区分无意过失与明知故犯、工作失误与失职渎职、探索实践与以权谋私，坚持一手抓揭露重大违纪违法问题、一手抓揭示体制机制性问题，在促进政令畅通、维护群众利益、推动深化改革和科学发展、推进民主法治建设和反腐败斗争等方面发挥了重要作用。全年共完成审计项目70项，提交各类审计报告82篇，查出违规资金6598.84万元、管理不规范资金29.27亿元，追缴财政资金29343.44万元，移送违法违纪案件线索9件。编发《江阴审计信息》84期，相关信息、宣传稿件被审计署网站采用7篇、江苏省审计厅网站采用46篇、无锡市审计局采用78篇。是年，市审计局被评为2013—2015年度无锡市文明单位、2016年度无锡市审计系统审计信息宣传工作先进集体。

【财政预算执行审计】 2016年，市审计局财政预算执行审计（以下简称“财政同级审”）按照“全口径、全覆盖”的要求，围绕“财政预算执行、部门预算执行、非税收入征缴、国资运营管理、税费征管质量、自收自支事业单位制度执行、专项资金绩效、政府重点建设”八个专题开展审计，并将高新区、临港经济开发区纳入审计范围，重点关注财政支出结构、转移支付支出、存量资金盘活、超收收入安排、国资平台公司运营情况等内容，促进深化财税改革、优化支出结构和提高资金绩效。6月，形成《2015年度本级预算执行和其他财政收支的审计工作报告》，市十六届人大常委会第三十一次会议听取并审议通过该报告。10月，市十六届人大常委会第三十五次会议听取并审议通过《市政府关于2015年度财政同级审整改工作情况的报告》。年内，财政同级审促使各相关部门制定和修改规范性文件3份，到位历保并轨资金81200.17万元，清理结余结转资金3304.93万元，收缴入库24207.44万元，整改违规资金1105.03万元，初步建立同级审整改工作长效机制，充分发挥了财政同级审的建设性作用。

【部门预算执行审计】 2016年，市审计局认真开展对相关部门及其下属二级预算单位2015年度部门预算的执行情况进行专项审计调查。部门预算执行审计重点关注各部门预算编制和执行、资金使用及效益、奖金福利发放、结余资金管理、政府采购制度执行、公务卡使用及现金管理等情况，并对上一轮部门预算执行情况审计整改情况开展“回头看”。审计调查报告指出,部分单位存在支出预算编制不够科学合理、在专项经费中列支基建支出、规范津贴补贴制度执行不到位、未严格执行政府采购制度、年末额度结余突击转入代扣款专户等问题。同时,形成《谨防代扣款专户成为行政事业单位转移资金的“避风港”》的审计专报,促使市财政局发出《关于加强市级预算单位代扣款账户管理的通知》,并组织对全市预算单位代扣款专户进行了清理。全年市审计局对财政局、国土局、住建局、水利农机局、农林局、卫计委、体育局、城管局、园林旅游局、公用事业局10个部门及其下属70个二级预算单位2015年度部门预算的执行情况进行专项审计调查。

【政策执行审计】 2016年,市审计局按照江苏省审计厅的统一部署,先后对国地税“营改增”、减轻企业规费负担、降低企业用工用能成本、简政放权、放管结合、优化服务改革政策措施落实情况6个方面开展专题审计,推动供给侧结构性改革和“三去一降一补”*任务落实,促进政令畅通。围绕中央关于转变作风等部署,对中央八项规定*和省市委十项规定*落实情况进行审计,持续加强“三公”经费和会议费管理使用情况审计监督,促进厉行勤俭节约。年内,围绕转方式、调结构、防风险等经济发展重点任务,对有关国有企业开展审计,先后完成对江阴城市建设投资有限公司、江阴市华水农业水利开发建设投资有限公司、江阴市公有资产经营有限公司、江阴市新农村建设发展有限公司和江阴市土地储备中心5个单位的政策审计,通过审计,揭示出管理的薄弱环节和监督盲区,进一步规范国有资产的监督管理,达到了提升国资公司经营水平和制度执行力的目的。

【民生资金和生态环保项目审计】 2016年,市审计局扎实开展重点民生资金和生态环保项目审计,维护人民群众利益。围绕水资源的管理和保护,组织实施水利工程水费绩效审计调查,关注水利工程水费的征收管理和专项资金的使用情况,促进水资源优化配置和可持续利用。围绕特殊困难群体权益,组织实施残疾人救助补贴资金审计调查,关注残疾人康复训练、治疗、教育、就业培训等8大项27小项的专项补助资金管理和拨付情况,确保专项资金落到实处,取得实效。关注民生项目资金经济效益和社会效益情况,对医疗中心、120急救中心、中小学校舍安全、老小区综合改造、拆迁安置房、农村桥梁改造、绮山备用水源地应急供水、澄西污水厂二期扩建、中小河流综合整治、防洪排涝、环境整治等重点民生工程进行工程跟踪审计。审计结果显示,各项民生资金使用执行情况良好,通过审计,保障了民生工程顺利实施。

【经济责任审计】 2016年,市审计局按照全面从严治党要求,聚焦守法、守纪、守规、尽责,立足权力运行与责任落实,深化经济责任审计,促进领导干部勇于任事、干净干事。推进审计监督关口前移,完成市管主要领导干部的经济责任审计;推进党政同审,对相关街道、镇的党委书记和镇长(主任)开展同步审计,围绕党政领导干部权力运行过程、特点,分别以重大经济事项决策、执行和全部政府性资金为主线,合理区分党政领导责任,坚持“以权定责、以责定评”,促进街道、镇党委书记与镇长(主任)的团结合作,共谋发展策略。推进审计结果公开,在政府信息公开栏目发布2位科级干部的经济责任审计结果,为领导干部增强依法行政意识、经济责任意识、廉洁自律意识起到了很好的促进作用。全年完成14位市管主要领导干部经济责任审计,其中7位领导干部为任中审计,任中审计比例50%;完成南闸街道、祝塘镇、璜土镇、徐霞客镇4个镇(街道)党委(党工委)书记和镇长(主任)的同步审计。在经济责任审计过程中,重点加强对“三公”经费等开支的审查,审计结果表明,自八项规定发布后,被审计单位的相关经费都明显下降,较好地落实了八项规定相关要求。

【政府投资审计】 2016年,市审计局围绕市重点重大工程项目,认真关注工程资金管理、项目质量和建设管理的规范性,促进提高公共投资绩效。全年组织开展政府投资项目跟踪和竣工结算审计63项,完成政府投资额审计13.81亿元,核减1.37亿元,核减率9.9%;推进征收(拆迁)项目全程跟踪审计,坚持第三方评审机制,完成拆迁资金审核13.88亿元,核减3585.91万元。扎实开展对口援疆资金和建设项目审计,年内,两次派出审计组赴新疆霍

2016年5月17日,审计人员在江阴市绮山应急备用水源地工程现场审计

(市审计局提供)

城县开展现场跟踪审计，重点审计2014年至2016年援疆规划任务完成情况和援建资金使用情况，并实地查看在建项目的现场管理情况及完工项目的投入使用情况，保障援疆工作的顺利交接和持续推进。审计结果显示，2014年至2016年的援建项目及时投入使用，援建项目的社会效益和经济效益得到了充分发挥。

【社有资产运营管理审计】 2016年，市审计局首次将市供销合作总社社有资产运营管理情况纳入审计范围，组织对市供销合作总社、国资集团公司、29个基层供销合作社以及市供销合作总社全资、合资、参股的10余个企业开展审计调查，重点关注社有资产所属企业的法人治理结构、内部管理、资产运营效率、对外投资、经济担保、大额采购、资产和股权转让变动等内容，审计调查报告揭示资金管理、投资决策、资产运营等六个方面18个问题，通过审计调查，促进了社有资产规范管理、保值增值，防止社有资产流失。

（顾　敏）

统计管理

【概况】 2016年，江阴市统计部门紧紧围绕全市经济社会发展，以业务求精、法治求严、工作求实、方法求新、质量求高为总体要求，狠抓数据质量不放松，较好地完成了各项统计工作任务。贯彻落实国家、江苏省市统计工作会议精神，严格执行统计报表制度，高质量完成各项年、定报工作，扎实开展农产量调查、企业景气调查、劳动力调查、富民监测调查等统计定期调查，全面反映全市农业生产、工、商企业经营状况、劳动力及民生状况。认真组织开展人口变动调查、企业降成本落实情况抽样调查、规下（年销售在500万元及以下规模的企业）文化产业企业调查、电子商务平台摸底调查、妇女儿童监测等调查工作，为各部门和社会各界提供了调查信息资料。启动实施第三次全国农业普查，开通江阴市第三次全国农业普查网站，全面完成农普机构、人员、经费“三落实”工作，保障农普工作顺利开展。全面深化统计改革创新，围绕新业务、新要求，举办相关业务培训40余场，培训人数近4900人次。强化单位名录库数据动态更新，名录库村（社区）更新节点覆盖范围近50%，全市动态名录库有4.4万个法人单位，与第三次全国经济普查时期相比新增近1万个，为“一套表”企业的数据上报、规下单位的各类调查工作提供了统计数据保障。大力强化依法治统，年内，对全市75个企业开展集中统计执法检查，对22个企业实施行政指导，对5个镇（街道、园区）和100个联网直报企业的统计规范化建设情况进行回看回访。是年，市统计局获无锡市2016年度市（县）区统计工作综合考核优秀等次，2016年度江阴市绩效考核优胜单位，2016年度全市党政信息工作先进集体一等奖。

【全国第三次农业普查摸底】 2016年，全国第三次农业普查全面启动。此次普查对象是在境内的农村住户，包括农村农业生产经营户和其他住户；城镇农业生产经营户；农业生产经营单位；村民委员会；乡镇人民政府。普查的主要内容包括：农业从业者基本情况；农业土地利用与流转情况；农业生产与结构情况；新型农业经营主体与农业规模化、产业化发展情况；新农村建设情况；农村人居环境与农民生活方式变化情况。普查标准时点为2016年12月31日，时期资料为2016年度资料。市统计局根据上级部署，科学谋划、提前部署，确保各项前期准备工作有序开展。制定下发《江阴市第三次全国农业普查工作方案》，成立以市分管领导为组长、市13个部门为成员的农业普查领导小组，设立农业普查领导小组办公室，组建覆盖市、镇、村三级普查机构258个，集中办公人员近千人，同时保证各级经费落实。市农业普查领导小组办公室制定《江阴市第三次全国农业普查领导小组办公室各工作组岗位职责》《江阴市第三次全国农业普查考核办法》，保证农普各项工作流程通畅、落实到位；下发《关于认真做好江阴市第三次全国农业普查指导员、普查员选聘工作的通知》，组建起一支2500余人的文化程度较高、责任心强、沟通力好、能够适应农普工作要求的农普指导员和普查员“两员”队伍；与市委宣传部联合印发《江阴市第三次全国农业普查宣传工作方案》，通过江阴电视台、《江阴日报》、三农普网站、江阴统计微信公众号等媒体媒介，多方位、多渠道深入开展农普宣传工作。抓好“两员”培训工作，分10期每期

2016年12月2日，江阴市统计法治暨第三次全国农业普查宣传日广场活动　（市统计局提供）

2班,对全市2500余名“两员”开展业务培训;组织开展掌上电脑(PDA)数据处理业务培训会6期,培训农普指导员近400人。精心组织摸底清查,全年顺利完成28.8万个户普通农户、1500户规模农业经营户、84.3万农村人口和1300余个农业经营单位的摸底清查工作,为下一年正式普查登记奠定了基础。

【统计改革】 2016年,市统计局认真落实上级各项统计改革举措,扎实推进5000万元以上投资项目联网直报方法制度改革。按照此项改革要求,市统计局召开全市固定资产投资统计制度方法改革工作部署会,召集各镇(街道、园区)和相关企业的统计人员座谈,开展项目建设情况实地督查,分8个批次对500多个涉报企业和部门的统计人员进行业务培训。有效实施新产业、新业态、新商业“三新”统计制度,扎实开展众创、众包、众扶、众筹“四众”企业专项统计调查,对全市180余个企业开展排查,确定“四众”企业21个,为“三新”统计工作开展打好基础。积极推进富民监测调查改革,创新开展基础工作示范点创建,从镇(街道、园区)统计站的工作规范、村辅助调查员的素质能力入手,开展走访、做好辅导。年内,经过评比,确定2个示范点和3个后备示范点,以此推动富民监测高效高质开展。优化基础数据采集方式,主动开发建立市级农业统计直报平台,该平台囊括全市农林牧渔业统计调查等多项年(定)报数据,并延伸至农林、水利农机等部门多项基础资料,通过优化基础数据采集方式,提高了统计数据审核质量,有效克服了农业统计中薄弱环节。

【统计服务】 2016年,市统计局以服务全市中心工作为宗旨,充分发挥统计监督职能,认真做好苏南现代化建设示范区、八项工程(转型升级工程、科技创新工程、农业现代化工程、文化建设工程、民生幸福工程、社会管理创新工程、生态文明建设工程、党建工作创新工程)和全面建设小康3项重点统计监测,完善以经济社会运行指标为内容的月度监测。精心打造统计产品,全年编发《信息速递》250期、《统计月报》22期、《经济运行报告》4期。围绕全市“两会”、表彰大会等重大活动充分准备资料,精心制作展板,编印《经济运行排行榜》,取得较好的社会反响。编发《主要经济指标汇编》《统计公报》和《统计年鉴》满足社会各界对统计资料的不同需求。高质量开展统计分析研究,全年完成分析、报告84篇,有12篇文章在省级以上期刊和公开学术性研究高校学报上刊载,其中2篇分别被统计类核心期刊《统计与决策》《中国统计》录用,1篇技术总结获全省1%人口抽样调查优秀技术论文三等奖,1篇课题获2014—2015年度江阴市优秀科学技术论文二等奖。创新提升信息化水平,全面优化“江阴统计”微信公众平台,直接关联至街道(镇)、村(社区)、联网直报企业的统计人员,打通服务基层的“最后一公里”;重点打造“一个平台、两大突破、四项功能、六位一体”的江阴统计大数据平台,实现跨部门、跨专业、跨平台的数据集成,年内,平台数据库完成加载1300万条数据、2500张报表、6万个单位和6000个指标分组。

【统计基础】 2016年,市统计局进一步加强统计法治和基层基础建设,为深化统计改革和促进统计事业发展提供有力保障。积极开展法治宣传,围绕依法治统撰写统计理论微故事——《为自己买单》,结合“12·4”国家宪法日和“12·8”全国统计法制宣传日,在利港公园开展统计法治暨第三次全国农业普查宣传月广场活动;印制2.5万份统计宣传资料,以邮政直邮通形式向全市各层面宣传统计法治建设;在“江阴统计”微信平台增设法制宣传栏,拓宽宣传渠道。进一步规范统计执法行为,在统计执法检查中首次引入“双随机”抽查方式,于江苏省统计依法行政管理系统平台上对江阴联网上报工业企业随机抽取23个进行执法检查,占检查总数的30%,克服“任性”检查,实行“阳光”、文明执法,营造出公开公平公正统计执法环境。开展统计基层基础补短板专项活动,针对企业统计规范化建设薄弱环节,制定“三表两册一示范”的整改措施,即通过建立企业统计执法检查、行政指导回访名录表,企业培训需求反馈表和企业事务处理进度表,印制统计普法手册,推送统计微信电子册及树立企业规范化示范样本六项措施,切实解决企业统计工作目的不明、业务水平不高、法制意识不强等主要问题和矛盾;针对投资数据欠规范问题的薄弱板块,以“强化宣传+全员培训+严肃整改”的方式真抓实管,确保基础数据源清流洁。 (何 敏)

价格管理

【概况】 2016年,市物价局以深化价格改革促进实体经济发展,强化价格监管促进市场秩序规范为抓手,把推进物价供给侧结构性改革、降成本稳增长放在价格工作的突出位置,全面推进价格机制改革,积极营造宽松价费环境。联合市监察部门开展收费“三公开”(物价网站、部门网站、收费窗口公开)工作,针对降低制度性交易成本和降低公共资源交易成本两个方面开展巡查。组织清费降本减负专项督查,督查反映取消、暂停、免征收费项目以及清费减负政策落实到位。各行政收费单位都能严格按标准收费,无越权定价、超标准收费现象。加强成本调查监审工作,成立成本监审专家库,先后对新能源汽车充电服务价格和5个热电企业的蒸汽成本进行调查。在全市各镇(街道)价格监督管理站建立15个价格争议调解办公室,围绕政府中心工作和重大事件、重点行业开展价格争议调处,及时解决矛盾纠纷。积极创建价格诚信单位,经过考核验收,全市有10个单位参评江苏省价格诚信单位,25个单位被评为无锡市价格诚信单位,37个单位被评为江阴市价格诚信单位并授牌。

【探索惠民药店建设】 2016年,市物价局积极探索惠民药店建设,建立药品价格监测机制,在全市近500个药店中选定4大连锁药店和16个单体药店共184个数据采集点,联合市社保中心甄选确定200种常用药品,充分利用监测中心价格采集分析平台，运用信息化手段对上述选定的数据采集点中确定的常用药品进行数据采集汇总分析整理和应用。利用江阴信息港、中国江阴党政网站集群、市人力资源和社会保障网、“掌上江阴”等网络媒体定期对外公布主要常用药品价格，在《江阴日报》固定版面上每月刊登常用100种药品零售价格。按照政府引导、企业参与、自愿申报、合理布局、择优选定原则，坚持信誉好、管理严、质量优、价格惠的创建标准试点建设17个惠民药店，开拓惠民新渠道。惠民药店自挂牌成立后，年内，累计销售药品64851件，平价药品营业额214.20万元，平价药品让利金额20.58万元，销售价格比市场平均价格低8.07%。

【停车场收费管理】 2016年，市物价局进一步加强对全市各类停车场收费管理力度。对全市83个各类停车场在执行明码标价、收费公示制度和实行政府定价、政府指导价等执行情况组织专项检查，对个别无收费公示牌、未经主管部门批准私自设立临时停车场、无证经营的，移交管辖部门处理；对违反明码标价规定的5个停车场，情节轻微的发函限期整改；对违反规定收费的1个停车场，没收违法所得1735元，并处罚款2000元。

【落实降本减负政策】 2016年，市物价局继续落实降本减负政策。对全市192个行政事业性收费单位进行年报统计，对涉企行政事业性收费目录、涉企经营服务性收费项目（政府定价部分）目录、政府性基金目录以及市级行政审批事项涉及的行政事业性收费目录进行清理。对照《江阴市涉企收费项目目录》，公布57项涉企行政事业性收费项目、67项政府定价部分涉企经营服务性收费项目、23项政府性基金收费项目，对照落实国家、省清费减负相关政策文件，其中涉及10项行政事业性收费符合清费减负条件。在公布的行政审批中介服务收费项目及收费目录清单中，按照国家、省清费减负相关政策，暂停征收收费项目8项，针对小微企业免征收费项目16项、减免减半7项、降低标准6项。全年为企业降低负担4305万元。

【平价商店监管】 2016年，市物价局加大对全市平价商店的监管力度，投入江苏省、无锡市两级价格调节基金76.5万元，完成平价商店网络监管服务平台升级改造。在全市51个平价商店安装电子显示屏、摄像头等电子设备，通过规范平价商店网络数据采集交换系统和视频监管系统，实现平价商店的远程监管和数据传输智能化、价格公示的电子信息化，提高了对平价商店日常化、信息化管理水平，保证了全市平价商店处于良好的运营环境。年内，全市平价商店平价蔬菜销量为2508.28万千克，销售价格平均比农贸市场价格低40.87%；非蔬菜类农产品销量为1353.16万千克，销售价格平均比农贸市场价格低17.42%；平价农产品为市民减轻“菜篮子”负担9303.23万元。

【规范价费秩序】 2016年，市物价局继续加强平时和节日期间的市场价格监督和巡查力度，积极开展全市医改公立医院医药价格、商品房销售明码标价、涉企收费减免政策落实情况进行专项检查。年内，先后对15家医改公立医院违规收费进行查处，涉案款项33.82万元全部收缴到账。拓展价格咨询和举报渠道，加强举报电话值守，及时受理各类价格举报投诉，共受理各类咨询投诉案件807件。健全应急机制及时化解价格纠纷，及时解决徐霞客镇峭岐社区的21个企业联名信访反映腾达热力能源公司蒸汽价格问题，涉及违规的182万元多收款项全部清退。全年查处价格违法案件32件，查纠价格违法行为60件，实施经济制裁总额231.51万元，其中罚没40.99万元，退还消费者190.52万元。

【价格认定】 2016年，市物价局认真做好价格认定工作，高水平、高质量做好刑案价格、行政执法案件价格、涉案车物损案件价格以及拆迁安置房政府回购价格认定工作，在江阴市首次完成存量房计税价格认定工作，对江阴范围内所有小区不同物业形态共计569个房屋样本，以复核审查的形式进行存量房计税基准价格的认定。全年完成各类价格认定1151件，标的额7.79亿元。

【物价宣传】 2016年，市物价局进一步加大物价政策信息公开宣传力度，在全市各大医院、大型商场超市及中国电信江阴分公司各大网点宣传物价信息，充分利用报社、电视台、微信公众号等各类媒体进行宣传。举办电台《空中热线》栏目和积极参加“3·15”消费者权益保护日等活动全方位进行物价宣传，现场接待解答群众提出的涉及民生的电价、自来水和天然气阶梯价格、停车收费、医疗收费等咨询。全年发放《价格便民服务手册》500余份，印发《物价宣传直邮通》2万余份。

（聂立友）

国土资源管理

【概况】 2016年，市国土资源管理部门认真履行“保护资源、节约集约、维护权益、改革创新”的工作职责，负重奋进，务实工作，顺利通过国家土地例行督察，圆满完成各项目标任务。突出“精准保障”，统筹调配红区指标267.73公顷，保障新桥大学城、顾山海澜工业园区等重大项目用地需求。完成项目报批282.32公顷，保障远景能源等新兴产业用地。出让经营性土地31.53公顷、成交价9.8亿元，面积数与上年比持平，较好地策应了房地产“去库存”。完成供地357.07公顷，保障重点项目的开工建设。突出“全面保护”，新划入永久基本农田面积491.6公顷，全市永久基本农田达到2.54万公顷，保护率提高到78%。完成2010年以后的高标准农田上图入库工作，入库面积1.34万公顷。凸显耕地后备资源价值，耕地开垦费由20元/平方米提高到50元/平方米，占用基本农田的，耕地开垦费加收40%。深挖土地利用潜力，全面完成31729个企业的工业用地调查，初步建立土地利用绩效共享数据库平台。制定《江阴市城镇低效产业用地再开发实施方案》，为低效用地再开发提供制度保障。出台《江阴市闲置土地处置规程》，全年盘活存量土地141.4公顷。严格规范用地秩序，全市14个国土窗口实现服务标准化全覆盖，窗口形象和服务水平明显提升;依托国土资源综合智能动态监管平台,实现土地执法全方位、全天候动态监控,用地秩序明显好转,年内,市政协民主评议国土工作以96%的满意度高票通过,实现以评促建。突出“维权服务”,组建信访调处中心,妥善处理信访案件422件574人次,人数比上年下降30.7%。规范办理28个村组的撤组手续,6247名被征地农民享受基本生活保障。完成秦望山建材矿区地质环境治理,复绿3.3万平方米,生态环境进一步改善。制定《关于开展工业用地弹性出让试点工作的意见》,降低了企业用地经营成本;建立多部门评审优质项目机制,落实各类用地优惠政策项目13项,推动有限的土地资源向好项目集聚。加强国土资源精细化管理,全市累计架设202个高清视频探头,建成国土资源综合动态智能监管系统并运行。年内,“天地图·江阴”门户网站、数字江阴地理空间框架公共服务平台(政务版)系统建成并上线运行,为“智慧江阴”建设奠定坚实基础。

【不动产登记中心揭牌颁证】 2015年12月28日,江阴市正式批准成立江阴市不动产登记中心,该中心为市国土局下属事业单位,副科级建制,经费渠道为财政差额拨款,主要承担不动产登记有关政策、业务、技术等方面的支持保障工作。该中心设13个内设机构,包括综合科、服务一科、服务二科、审核一科、审核二科、督查科、档案信息科7个职能科室和高新区分中心、临港分中心、华士分中心、长泾分中心、青阳分中心、徐霞客分中心6个分中心,均为正股级建制。2016年4月18日,中心正式对外服务。7月22日,中心揭牌成立,颁发江阴市第一本房地合一不动产权证书,实现房地合一发证。10月初,江阴市不动产登记信息与国家级信息平台成功对接,实现实时共享。全年不动产登记中心累计发放不动产证书34665本,不动产证明23464本,较好维护了企业群众的房地权益。

【工业用地调查全面完成】 2015年6月,为全面掌握江阴工业用地利用水平、土地利用规模和用地分布,为产业结构调整、企业用地、低效产业用地再开发等提供基础数据支撑,根据江阴市政府统一部署,市国土局和相关部门采用“试点先行、条块结合、以块为主、技术协作单位密切配合”的工作模式,以2013年、2014年度经济普查数据为基础,在全市范围内组织开展工业用地绩效调查工作。2016年9月,全市工业用地调查全面完成,调查地块12623宗,其中工业用地10343宗,面积1326.67公顷;调查企业31729个,其中工业企业16405个,初步建立了土地利用绩效共享数据库平台,实现部门间信息共建共享。

【“慧眼守土”工程初步建成】 2015年,为全面落实江苏省国土资源厅和无锡市国土资源局有关“以信息化引领国土资源管理现代化”的要求,提升全市国土资源科技化、信息化、现代化管理水平,市国土局启动“慧眼守土”工程。12月31日,市国土局通过市公共资源交易中心公开采购,确定南京国图信息产业股份有限公司和中国移动通信集团公司江阴分公司为该项目软、硬件建设合作单位。2016年6月2日,“慧眼守土”工程初步建成,全市架设202个高清视频探头,并按照统一标示的要求建成1个监管指挥中心和15分局(所)监管中心,以及基于“一张图”工程开发的综合视频智能监管平台。通过综合视频监管平台与国土资源“一张图”的有效结合,将高清视频探头在“一张图”平台图层上叠加,初步应用于国土资源违法用地巡查、基本农田保护巡查、设施农用地、建设用地批后监管、地质灾害防治等多项远程监管,提升了国土管理信息化水平,实现国土资源精细化管理。

【秦望山宕口整治工程全面完成】 2012年,江阴市启动秦望山宕口整治工程。该工程位于市月城镇西北约1千米,距江阴市区约5.5千米,分为东段和西段治理两个阶段,主要采用削坡降坡、锚杆加固、挂网客土喷播等施工工艺。6月,该工程由江阴市公共资源交易中心公开招标,工程中标总价2507.34万元,其中国土资源部补助资金1000万元,月城镇投入1507.34万元。此外,根据实际施工情况,原施工方案进行了优化和变更,增加工程预算经费400万元。工程实施主体为市月城镇政府,10月开工建设。2015年底,江阴秦望山宕口西段整治工作全部完成,复绿面积8万平方米,按期完成年度生态文明建设目标任务。2016年年底,秦望山宕口东段进行喷播复绿,完成复绿面积约3.3万平方米。至此,秦望山宕口整治工程全面完成。复绿总面积11.3万平方米。该项目的治理完成,保障了人民群众的生命财产安全,有效改善了生态环境。 (卫志友)

市场监督管理

【概况】 2016年,市市场监督管理工作突出强监管、保安全、促发展、塑形象的主线,强化担当意识、实干意识、廉洁意识,全力开创江阴市场监管工作新局面。按照上级精神继续完善组织机构工作,市市场监督管理局共设16个职能科室、1个执法大队和15个基层分局,另受江苏省工商局委托管理江苏江阴—靖江工业园区分局。6月30日,市市场监督管理局璜土分局挂牌成立,正式履行对璜土镇辖区市场监管各项职责。推进商事登记制度改革,企业“五证合一、一照一码”全面实施,“一表申请、一窗受理、信息共享、限时办结、统一发证”的协同机制基本建成。12月1日,全市个体工商户营业执照和税务登记证“两证整合”改革成功推行,进一步简化个体工商户登记注册程序,促进了个体私营经济健康发展。深入实施品牌、标准化和质量管理“三大战略”,“三名商标”(知名商标、著名商标、驰名商标)江阴板块品牌活力持续增强。悉心帮扶助推企业发展,积极探索境外融资办理动产抵押登记办法,为企业拓宽融资渠道不断发力。积极发挥江阴私营个体经济协会职能,积极了解和掌握小微企业生存发展状况,有针对性地提出政策建议,为小微企业成长及发展营造良好环境。全局下属检验检测机构检测产品参数、校准项目、检测项目均不同程度地增加,检测服务能力进一步提升。以省级食品安全示范城市创建为抓手,地方政府属地负责、监管部门依法履职、企业主体诚信经营、社会各界广泛参与的食品安全保障体系初步构建。药品药械和特种设备安全监管逐步走向正规。综合执法力度持续增强,全年查办案件727件,罚没款2056.89万元,进一步规范市场秩序,树立了市场监管执法权威。消费维权机制更趋完善,工商"12315"、质监"12365"、食药监"12331"热线三线整合,统一受理、处置和答复的投诉举报体系逐步完成。围绕全国文明城市、国家卫生城市、省级食品安全示范城市、省级优秀管理城市及江阴平安市场创建等各类创建工作,全面加强市场日常和专项监管,市场综合环境得到较大提升。是年,市场监督管理局行政许可服务科被国家工商总局表彰为企业登记工作成绩突出窗口单位。

【商事制度改革】 2016年10月1日起,市市场监督管理局根据国务院商事制度改革部署,在2015年度推进的组织机构代码证、税务登记证、营业执照"三证合一、一照一码"改革基础上,整合社会保险登记证和统计登记证,由市场监管部门核发加载统一社会信用代码的企业营业执照,推进企业"五证合一、一照一码"改革举措。在改革中,为提高登记效率,进一步优化办事流程,建立"一表申请、一窗受理、信息共享、限时办结、统一发证"的协同机制,登记时间从一个月缩短至一周内,有效提高了企业注册便利化程度。12月1日,将个体工商户营业执照和税务登记证进行整合,全面实施个体工商户"两证整合"改革,全年完成全市2000余个企业营业税改征增值税"一照一码"换照工作。年内,新增企业6950个,比上年增长13.4%,注册资本374.8亿元,比上年增长3%;新增个体工商户15396个,比上年增长9.4%,注册资本13.6亿元,比上年增长10.6%;新增农民专业合作社42个。年末,全市实有各类市场主体132320个,注册资本总额达4542.7亿元。

【质量品牌强市】 2016年,市市场监督管理局深入实施品牌、标准化和质量管理"三大战略","三名"商标江阴板块品牌活力持续增强。全年新注册商标1571件,新增中国驰名商标3件、省著名商标17件、无锡知名商标38件及集体商标1件。至年末,全市有注册商标总数35570件,中国驰名商标总数52件,省著名商标总数162件,无锡知名商标总数340件。年内,新增江苏名牌4件,至年末,全市有中国世界名牌总数1件,中国名牌总数13件,省级名牌总数125件。全年组织17个企业申报AA级以上质量信用等级认定工作,至年末,江苏省工业企业质量信用评价系统中共录入江阴籍企业582个,其中AAA级5个,AA级5个,A级558个,B级14个。新增能源管理体系认证获证企业7个,全市累计通过能源管理体系企业有33个。年内,江苏华宏实业集团有限公司获第九届江阴市"市长质量奖",年末,全市拥有江苏省质量奖3个,无锡市"市长质量奖"5个,江阴市"市长质量奖"11个。是年,江苏阳光集团有限公司、江阴兴澄特种钢铁有限公司获中国质量奖提名奖,同时,这两个企业还荣获2016年度全球卓越绩效奖。

【标准引领作用凸显】 2016年,"江阴制造"在国际国内话语权进一步增强,年内,完成13项国家、行业标准制修订工作,建成2个省级农业标准化示范区,新增全国标准化工作组1个及国家、行业标准21项。全市品牌质量标准工作继续保持全国县级市领先。至年底,全市累计104个企业成为345项国家标准、行业标准的第一起草单位,并为12项国际标准立项,在省县级市内名列前茅。技术标准战略从传统产业向新兴产业转移,全国手风琴标准化工作组在江阴市成立,技术标准战略工作对文化产业的助推作用初步显现。进一步健全具有江阴市特色的地方农业标准体系,园艺综合标准化示范区、废弃物综合利用标准化示范区均于年内通过省质量技术监督局验收,成为江阴市建成的第5个和第6个省级以上农业标准化示范区,农业标准化工作从畜禽、水产、园艺等传统产业向废弃物综合利用等新兴产业方向发展。年内,江苏江南水务股份有限公司顺利通过省级服务标准化试点验收,并取得国家级服务标准化试点工作,成为无锡地区唯一一个国家级的服务标准化试点单位。

【帮扶助推企业发展】 2016年,市市场监督管理局主动加强与外汇管理部门沟通协调,积极探索境外融资办理动产抵押登记办法,为企业拓宽融资渠道提供方便。年内,域内有2个企业利用动产浮动抵押成功向境外机构融资0.5亿美元。全年全市累计办理动产抵押登记432件,担保主债权196.69亿元;办理股权出质登记93件,担保主债权207亿元。至年底,全市实有股权出质登记261件,出质股权数为160.2亿元,担保标的额(融资)为438.6亿元。开展"守重"(守合同重信用)企业培育和发展工作,引导企业重视企业信用体系建设,成功申报国家级"守重"企业8个、省级"守重"企业43个,全市形成从国家到省、市、县4级逾1200个"守重"企业群体。积极发挥私个协会职能,对312个小微企业进行走访调查,了解和掌握小微企业生存发展状况,有针对性地提出政策建议,为小微企业成长及发展营造良好环境。

【检验检测能力增强】 2016年,市市场监督管理局下属技术检验检测机构检测产品参数、校准项目、检测项目均有所增加,检测服务能力进一步提升。年内,质检所完成铝合金建筑型材产品国家和省级联动监督抽查178批次。该所主导研究的食品包装材料中污染物的表面增强拉曼光谱快速检测方法研究及应用项目荣获中国轻工业联合会科学技术进步奖二等奖、江阴市科技进步奖三等奖;主导起草的1项国家标准通过审定,制定的1项行业标准提交上报工业和信息化部,申请2项实用新型专利获得授权,顺利通过中国合格评定国家认可委员会(CNAS)实验室定期监督评审+扩项评审29项,资质认定扩项评审143项;出具检验检测报告、检测数据2万余份。计量所积极开展"两免费"(对全市医疗卫生机构和农贸市场的计量器具进行免费检定)检定服务活动,完成全市38个医疗机构、2个社会福利机构、16个计生服务站、16个社区卫生服务中心的30类医疗器具2800余件的强制检定任务,完成57个农贸市场4000余件在用计量器具的检定工作,开展定量包装商品和商品包装专项计量监督检查任务366批次。纤检所顺利通过中国国家认证认可监督管理委员会组织的资质认定复评审和扩项评审,具备天然纤维等6大类476种产品、157项参数的检验能力,参与完成并发布3项行业标准的制定,参与1项国家标准的起草工作,完成针织、蚕丝等产品监督抽查650批次,共完成检验报告1.4万余份,检验产品1.6万余批次。6月,江阴市食品安全检测中心顺利通过江苏省检验检测机构资质认证,正式承担全市食品安全检测工作。

【综合执法力度持续增强】 2016年,市市场监督管理局严厉打击无证无照、商标侵权、违法广告等案件,加大对企业虚假宣传行为的查处,严厉打击传销,规范直销行为,认真查处重大食品药品和餐饮违法案件。针对江阴籍企业进行商标权重点保护,积极为海澜集团有限公司、江阴市传澄制袜有限公司等公司外出打假维权,有效地维护企业的合法权益,受到企业肯定。重点加大网络执法力度,推进"以网管网"举措,有效使用江苏省工商局网络交易监测平台检查网站网店2635个,实地检查网站网店172个,网络消费监管力度得到有效提升。全年,共查办各类案件727件,移送公安部门案件17件,罚没款2057万元。

【文明市场创建工作】 2016年,市市场监督管理局围绕文明城市创建、国家卫生城市、省级食品安全示范城市、省级优秀管理城市及江阴平安市场创建等各类创建工作,制定《江阴市集贸市场标准化管理规范》,全面加强日常监管,促进市场规范,市场综合环境得到较大提升。全年,共计组织3场105人次农药残留检测培训,农药残留检测10万多批次(不包括检测试剂检测),检测率位居无锡市第一。指导商品交易市场落实好市场信用体系建设,全市市场均实施对场内经营者星级认定和信用分类管理工作。采取民办资本投入与政府支持相结合的方式,完成城区12个农贸市场升级改造工程,食品安全快速检测配套设施初步建成。

【信用分类监管有序】 2016年,市市场监督管理局稳步推进企业行政处罚信息通过企业信用信息公示系统公示机制,促进企业诚信体系建设,加大企业年报通知力度,通过信函、电话、短信等形式进行确认通知。全年应年报企业主体40998个,通过年报企业主体34411个,年报率达83.9%。根据江苏省工商局要求,对企业年报工作进行定向抽查,抽查结束后,将抽查结果在企业信用信息公示系统统一公示,全市列入异常名录市场主体6547个,依法移出经营异常名录市场主体1274个。

【消费维权机制完善】 2016年,市市场监督管理局认真组织放心消费宣传活动,在"3·15"消费者权益日期间利用电视、报纸、网络等媒体大力宣传,制作发放各类宣传资料共计3万余份。全年印刷放心消费交通旅游宣传地图1万份,联合市消委会共同编印《消费之友》杂志6期共发行1.5万余册。9月,以放心消费创建为宣传主题,以改善环境促进消费为目的,以宣传政策、提高消费信心、拉动消费需求、推进消费维权、引导科学消费为重点,动员消费者、经营者、社会各界广泛参与,积极倡导食品放心、旅游舒心、服务温馨理念,在全市开展15场放心消费巡展宣传活动。组织编写《老年消费维权漫画读本》,用维权工作中的实际案例警示、提示老年消费者。针对预付卡消费投诉维权难的情况,在市场监督管理局周庄分局探索实施"消费警示红黑榜"和组建公益维权研究社等,为消费者提供"一站式、全程化"消费维权咨询指导和法律援助服务。加大流通领域商品质量监督检查和监测工作,全年共完成电器、服装鞋帽、汽车配件等45类商品279个批次抽检任务。全年,接待来电来访咨询1.2万余人次,受理各类投诉举报案件6176件,为消费者挽回经济损失250余万元,及时签收率、及时回复率及满意率都保持100%。江阴市消委会积极发挥基层维权组织的作用,全年共接待来信来访3.3万余人次,受理消费投诉案件1173件,挽回经济损失141.3万元。 (张宝明)

国有资产经营管理

【概况】 2016年,全市国有资产管理工作紧紧围绕"规范管理、保值增值"的工作目标,加强国资公司人财物管理并强化监管,统筹推进国资改革等各项工作,国有资产实现进一步保值增值。积极探索编制国有资本经营预算,全年国有资本经营预算收入1.9亿元,实际完成2.01亿元,预算支出1.9亿元,实际完成1.3亿元。按照国有资产保值增值、资本收益最大化要求考核企业经营业绩,合理测算各国资公司薪酬总额,对国资公司重大管理事项决策、重要干部任免、重要项目投资、大额资金使用集体决策和报备案制度的贯彻落实情况以及内控制度建设与执行情况进行监督检查,委托会计师事务所对国资公司2016年度经营业绩情况进行审计,切实履行出资人职责,全面提升国资公司管理水平。年内,由国资办直接监管的6个一级公司经营状况良好,审计总资产271.06亿元、负债160.81亿元、净资产110.25亿元、资产负债率59.33%,全年度利润总额16.82亿元。按照20%的国资收益上缴比例,及时收缴国资公司2015年度国有收益9158.18万元。国有房屋租金价格合理增长,全市有经营性房屋487处,全年举行8次拍租会,成交标的147个,拍租成交租金总额3059.27万元,成交年租金939.49万元,比原年租金872.56万元增长7.67%。加大市场调研和招商力度,对位于黄山路41号的1处948.26平方米近3年一直流拍的存量国有房屋成功进行公开拍卖,成交拍卖价格779.5万元。按照统一政策、统一方法、统一步骤、统一要求和分级实施的原则,积极部署、组织完成全市(含镇街、园区)行政事业单位资产清查工作。根据市级公车改革意见,市财政局对公车办理

移交的229辆封存公车进行委托评估,举行公车拍卖4场,累计拍卖收入426万元。（周文辉）

【江阴市新国联投资发展有限公司】2016年,公司面对经济形势疲软,用电需求下降,节能减排要求不断提高的新形势,狠抓能源产业不动摇,强化内部管理不放松,取得良好业绩,全年实现净利润2.72亿元。电力能源产业取得新突破,履行股东职责,强化电力投资企业现代企业制度建设和管理,及时掌握电力企业生产经营状况,对存在的问题及时提出整治建议。主要热电企业累计发电量212.37亿千瓦时,供热量871.39万吨。华能江阴项目于7月获得江苏省发改委核准。热电整合工作有序推进,江阴苏龙热电有限公司、江阴热电有限公司加大热网改造力度,降低热网损耗,提高了供热效能。江阴苏龙热电有限公司青月支线全面开工建设,为青阳、月城等镇的一线中小工业锅炉的整合工作夯实了基础。生态环境持续有效改善,江苏利港发电有限公司完成3号、4号、6号、7号四台机组的超低排放改造;江阴热电有限公司完成3号、4号机组的超低排放改造。江阴苏龙热电有限公司、江阴周北热电有限公司、江阴利港发电股份有限公司主动承担社会责任,掺烧江阴污水处理厂的污泥,实现综合利用。物业管理实现新提升,公司强化安全责任,推行精细化管理,以增效降耗为目标,严格落实岗位责任,做好设备维护工作,确保公司所属物业正常运营。对外投资取得新突破,配合市政府做好恒天金石产业基金的前期管理工作,完成江阴秦望山产业园投资发展有限公司一期、二期、三期注册资金出资,累计出资1.47亿元。内部机构有新调整,为加强电力投资管理、热网整合、环保产业等相关工作,新设立能源环保事业部,重启对外投资部,制订公司对外投资发展规划,完善对外投资风险管控流程。年末,公司管理资产230亿元,总资产141.85亿元,净资产64.51亿元。（陈 浩）

【江阴广播电视集团】2016年,集团面对宏观经济形势继续下行、媒体竞争日益激烈等给经营创收带来的困难,发挥攻坚克难、锐意开拓的精神,创新形式,部门协同,努力拓展经营创收渠道,始终坚持降本增效内涵式发展,取得较好成效。全力推动传统广告转型,全案营销模式初步形成。3月,以全案营销模式承办的顾山红豆乡村游项目取得成功,产生了良好示范效应,相继带动“顾山桃花节”“寻找最美爱情故事”“lady创客精英评选”等关联项目;经营类节目《爱尚江阴》尝试打通地推、移动端和电视屏的闭环传播,为全媒体营销做出有益探索。活动营销持续向好,全年举办江阴广播成立60周年系列活动、巅峰砍价团、车友嘉年华、江阴市汽车购车节、家博会等近10项大型营销活动,经济效益和社会反响良好。影视制作、演艺活动、培训市场有序拓展,演艺中心承办“中国好声音”江阴赛区比赛、第三届江阴“十佳好人”颁奖典礼、江阴市十大杰出青年颁奖典礼等10多项大型活动,制作“创的智慧——江阴企业转型升级实践与案例”、江阴市经贸节招商片等10多部电视专题片,以“梦之星”俱乐部为载体,举办青少年夏令营和冬令营系列活动。新媒体经营大幅提升,通过提高服务质量,大力拓展微信广告业务、微信代维业务和活动营销业务,全年新增8个微信代维号,举办“十佳少儿体育之星”“十大科技之星”等营销活动,全年经营总收入比上年增长92.2%,成为广电经营创收的重要平台。积极开拓电子商务,完成家装电商平台“筑江阴”的开发工作,“淘江阴”获评江苏省商务厅生鲜农产品直供进社区示范项目,为无锡独家。有序布局文化影视产业,集团作为投资方之一参与拍摄的《那一年,我十七岁》拍制完成;江阴电视台美术馆和江阴电视台艺术家居生活馆立项启动。是年,集团实现营业收入6632.73万元,降幅保持在可控范围内,全年主营业务成本与上年持平,超额完成市国资办下达的年度任务指标。（袁爱民）

【江苏江南水务股份有限公司】2016年,江阴市域范围全面实施阶梯水价,公司面对市场和政策环境的变化,通过做好安全、做精运营、做优服务、做实发展等各项举措,使工作呈现出稳健、务实、提升的良好势头。逐步推广用户分级服务,建立大用户贵宾(VIP)通道,通过数据采集与监视控制(SCADA)系统实时在线数据,开发应用大用户用水监测系统。推行网格化客户联系卡跟踪制度,逐步实现点对点、分级精准服务。透明大众服务,推出水厂开放日定制服务活动,全年有14批次1630人参加该活动。委托独立第三方进一步了解用户评价,调查用户满意率达88.45%。维护城市用水安全利益,落实安全工作机制,全年查出隐患17处,依法处理私接、改造、破坏供水设施等各类事务及纠纷50余次;改造小湾水厂、周庄加压站的监控系统,新增38个管网水水质检测点,依托技术力量构筑安全防线。深化抄收业务改革,月城等有条件的镇(街道)取消走收制度。澄中供水公司试点普通表、远传表和大用户水表分类管理,保证抄表质量“三率”(到位率、实抄率、准确率)和水费回收率。全年公司完成供水量2.69亿立方米,比上年增长5.4%;售水量完成2.48亿立方米,比上年增长4.2%;水质综合合格率保持100%。极力做好抗灾保供工作,年初,受极端严寒气候的影响,全市冻裂水表2.8万余只,冻裂水管、阀门等4000余处,公司从舆论引导、防灾准备、应急抢修、后勤支援等方面构筑一条全方位、多角度的安全保供战线,确保城市供水安全。不断增强供水设施“体质”。锡澄路、澄杨路、长山大道、峭岐迎宾大道等30个供水管网新改建工程竣工通水;绮山应急备用水源配套DN2000(公称直径2000毫米)原水管道完成工程总量的50%;全年铺设DN100以上管道109.1千米。月城镇实现直供水,完成澄江街道璜塘上村、顾山镇顾北村等6个村级供水管网及一户一表改造工程。小湾水厂深度处理项目整体土建工程量完成70%。完成澄江街道文定一村,花园一村、永联公寓等3个老旧小区二次供水设施改造。通过“智慧云”服务管控平台,高效维护管理278个小区的二次供水设施,保障了高层及老旧小区居民的用水需求。是年,公司获“2013—2015 年度江苏省级文明单位”称号,公司中心营业大厅获“江苏省青年文明号”称号。（刘冠民）

【江阴市旅游文化产业发展有限公司】 2016 年,公司坚决贯彻创新求变谋发展、优质高效创效益的工作思路,齐头并进,狠抓落实,各项工作稳步推进,不断提升绿化管理水平,加强公园景区管理,发挥绿化养护管理突击队优势。致力建设好苗圃与废弃物处理站,全年处理粉碎物累计 3000 多立方米,管理维护绿地 3200 万平方米,日常管养行道树 3.8 万余棵。配合处理完成“110”“12345”及城管投诉、市民求助等突击任务近 1000 次。完成中山公园环境综合整治工程及鹅鼻嘴公园鹅山南、北坡崩塌地质灾害治理工程,滨江要塞旅游区经复查确认继续保留“江苏省文明单位”称号。配合文明城市创建,按要求做好各个节点的花草摆放工作,做好 11 个全民阅读公益服务点项目建设,完成 3000 余个公园植物二维码标识安装,近 6.5 万平方米的城乡环境整治增绿补绿工程绿化改造任务。下属子公司江阴城市集散旅行社强化“地接为主”的经营思路,深化电商门票销售合作,积极推广江阴旅游,组织“旅游进社区”“旅游进酒店”活动,扎根社区做好旅游营销。加强国有资产经营管理,做好经营网点租赁与管理工作,有序推进长江饭店及周边地块旧城改造项目,转变思路,渐进式地解决租赁中的突出问题。重视安全生产工作,强化安全基础,抽查普查两手抓,严查严管除隐患。年内,江阴市风景园林工程有限公司承接的锡澄高速南出入口景观改造提升工程获江苏省“扬子杯”优质工程奖,中山公园养护工程获 2016 年度无锡市绿地养护优良工程奖。是年,公司实现创收 5503 万元,利润总额 826 万元,全面完成市国资办下达的年度经济目标任务。（冯　奕）

【江阴市国风文化艺术有限公司】 2016 年,公司紧紧围绕中心工作和服务人民群众的文化需求,强化产业发展、强化制度管理、强化资源利用。抓服务,促发展,群众文化活动丰富多彩;抓产业,促效益,提升文化产业发展实力;抓管理,促规范,全面建立长效内控机制。不断适应市场的不断变化,积极推出丰富多彩的文艺演出,举办精彩纷呈的文化活动,多方位引领,共建共享文化成果。全年举办各类深受群众喜爱的文化活动 1672 场次,受众 52.2 万人次。加快发展文化产业,积极探索,充分整合利用文化资源,通过打造精品培训、市场化运作各类场地资源、文企联姻等方式,多渠道拓展业务。全年公司经营性创收收入 1751.47 万元,实现净资产收益率 11.72%,利润总额 475.35 万元,超额完成年度经济指标任务。（杜颖波）

【江阴暨阳体育产业发展有限公司】 2016 年,公司面临新形势、新任务、新要求,坚持改革创新和规范化建设,各项工作扎实有序推进,体育中心的市民认可度和社会美誉度得到进一步巩固和提升。先后成功承办全国游泳俱乐部锦标赛、四国男篮争霸赛以及国际 U17 青年足球锦标赛、“一带一路”U15 男足锦标赛、全国 U17 男足联赛等国家级以上赛事 7 项 50 余场次。组织举办或协办第二届元旦公益徒步大会、全民健身节荧光夜跑、第二届半程马拉松赛以及游泳、乒乓球、羽毛球、篮球赛等全市性群众体育赛事 7 项 90 余场次。组织举办体育公益大讲堂 5 期。年内,体育中心累计接待观众及各类健身休闲市民 120 余万人次,被评为“江苏省十佳人气场馆”。继续坚持节假日免费开放等惠民政策,扩大免费开放区域,在江苏省体育局组织的年度体育场馆免费低收费开放工作综合评价考核中,体育中心的三个场馆均名列前茅,其中水蘑方获综合评价得分第一。结合市场变化,继续探索拓展培训市场,累计开展暑期游泳、羽毛球、跆拳道、夏令营等体育培训班 15 期培训学员 3524 人次,进一步筑牢江阴体育培训的品牌基石。继续完善“江阴体育大汇”微信平台,主动探索培育自主品牌活动,充分发挥平台的便捷优势,凝聚社会共识和力量,引导推动全民健身,共建共享体育发展成果。至年底,“江阴体育大汇”微信平台有“粉丝”52000 人,体育大汇网站有注册会员 15101 人。全年公司完成开票销售 3955 万元,上缴国资 200 万元,实现净利润 940.6 万元。（陆　澄）

【江阴市国信市民卡有限公司】 2016 年,公司继续坚持创造便捷、服务市民的宗旨,围绕全年工作目标,稳步推进市民卡的发展。全年发放江苏省社会保障卡和新版江阴市民卡共 61 万套,累计换卡 72 万套,超过全市存量卡数量的一半。公司官方微信平台“江阴市民卡”推出自助服务功能,可查询与该平台绑定的市民卡相关的个人信息、账户信息、社保缴费信息及个人公积金缴存信息,可以对绑定的市民卡进行预挂失和解挂,也可以对市民卡上的联机账户、脱机账户和工会蛋糕账户进行线上充值。9 月,《江阴市职工医保个人账户上年累计结余资金购买商业保险的操作办法》出台,规定所有参加市职工基本医疗保险、待遇享受正常、个人账户上年(医保年度)累计结余资金在 3000 元及以上的人员可以申请办理医保个人账户用于“商业购险”的业务。年内,全市有 90 人购买健康保险。12 月,公司按照中国人民银行关于第三方支付业务开展的要求,市民卡退出非公共交通消费领域。（袁　园）

■类目编辑　陈学超

科学技术

综　述

【概况】 2016年，江阴市科技系统紧紧围绕高水平建设创新型城市和苏南国家自主创新示范区总目标，坚持稳中求进总基调，深入实施产业强市战略和创新驱动战略，深化拓展科技创新工程，着力提升科技创新能力、加快科技成果转化、深化科技体制改革和构建良好创新生态，聚力打造具有一定国际竞争力的先进制造业基地和创新型经济发展高地。年内，成功举办第二十六届科技节，帮助企业承担实施无锡市级以上各类科技计划项目352项，实施重点产学研项目60项，获批省级以上各类科技创新载体7个，获批无锡市级以上各类研发机构31个，新建江阴市级产业技术研究院1个、江阴市院士工作站7个，获批省级以上各类科技型企业289个，获江阴市级以上各类科技进步奖项99项。是年，市知识产权局被评为省知识产权工作先进集体和省行政执法工作先进集体。市科技局党支部被评为江阴市“五先五好”服务型党组织。

【第二十六届科技节】 2016年10月25日上午，作为科技节系列活动之一，市政府在中船澄西船舶修造有限公司隆重举行市绿色船舶产业技术研究院揭牌仪式。下午，市委、市政府在市机关综合楼举办第二十六届科技节暨科技创新大会。市领导、“科技镇长团”全体成员、市有关部门、镇（街道）、园区负责人以及全市科技创新创业先进代表和省高新技术企业、科技“小巨人”培育企业等300余个企业代表参加。其间，表彰市十佳高新技术企业、市十佳民营科技企业、市十佳知识产权示范企业、市十佳职工科技创新标兵和市科技进步奖79项、市第四届专利奖12项。举行国家“火炬”现代中药配方颗粒特色产业基地和江苏省江阴新能源科技产业园揭牌、向市绿色船舶产业技术研究院兑现产业配套资金、向国家级和省级众创空间各1个及新建江阴市4个众创空间授牌、5项重点产学研合作项目签约、合作银行与科技型中小企业科技信贷项目签约5个仪式。市委书记陈金虎为中国科学院院士孙家栋、中国科学院院士陈可冀和中国工程院院士陈勇颁发江阴“人才国际化、企业国际化、城市国际化”咨询委员会委员聘书，孙家栋院士作为院士代表发言，科技部原党组成员、秘书长张景安作重要讲话。

科技管理和服务

【概况】 2016年，市科技局在全市科技系统继续开展“服务能力提升年”活动，全面贯彻落实江苏省政府科技创新政策精神，制定出台《关于实施创新驱动战略加快建设特色产业强市和创新型城市的若干意见》（简称“江阴科技创新20条”），编印《企业科技创新工作指南》和《“江阴科技创新20条”解读》，召开科技创新专项资金项目指南发布会，第一时间把最新科技政策送到企业。同时，继续开展科技“三服务”（服务基层、服务企业、服务人才）、“百人千企”科技服务月等活动，全年组织现场办公200余次，发放资料4000余册。指导、帮助企业争取各级各类科技项目资助和政策扶持，为企业开展技术创新活动保驾护航。全年帮助企业承担实施无锡市级以上各类科技计划项目352项，争取科技扶持资金9150.2万元。

（安雪松）

【承担科技计划项目352项】 2016年，市科技局在全市组织申报实施科技项目和培育科技创新型企业中，继续做好组织、协调和向上争取工作，全年获批实施国家、省、无锡市级各类科技计划项目352项，其中获批国家级、省级创新载体项目7项，无锡市级以上各类研发机构项目31项；国家级科技计划项目7项，均为国家重点研发计划项目。江苏省级项目279项，其中重大科技成果转化项目4项、重点研发计划项目9项（产业前瞻与共性关键技术项目6项、社会发展2项、现代农业1项）、省基础研究计划项目2项（自然科学基金），省创新能力建设计划项目2项，苏南国家自主创新示范区建设项目1项，省科技企业上市培育计划项目11项，省知识产权战略推进计划项目1项，省农村科技服务超市分店、便利店项目7项，省百件优质发明专利项目2项，省“专利合作协定”国际专利申请（PCT）专项资助项目6项，省电子商务平台知识产权保护项目1项,省众创空间知识产权保护项目1项,省企业知识产权管理贯标先进单位项目2项,省高新技术产品项目230项;无锡市级各类科技计划项目35项。全年获各级各类扶持资金9150.2万元,其中国家级项目获资助1827万元,江苏省级项目获资助7321.3万元,无锡市级项目获资助1.9万元。

(刘　礼)

【科技中介服务】 2016年,全市科技中介服务机构继续提供各类科技项目申报及管理、科技项目咨询、科技查新、科技文献资源查询、知识产权保护等服务,举办科技培训活动。年内,市生产力促进中心为28个企业提供高新技术企业及后备高新技术企业申报辅导服务,其中11个企业获批高新技术企业。与省科技情报所合作开展科技查新62项,继续与江南大学学历教育合作,完成近400名学生的辅导和考试并全部获得学历证书。组织申报省高新技术产品220种,申报成功率位江苏省前列。开展高新技术企业、高新技术产品、科技查新、中小企业备案等培训10次,有近200名企业人员参加。江阴市科技型中小企业备案系统成功上线,完成全市500余个科技型中小企业科技信息数据入库。市科技创新服务中心全年收集企业产学研需求信息项目75项,向企业推送项目成果450余项。认定技术合同111份,辅导1200余个市内大中型、规模以上工业企业做好科研统计工作。为129个企业提供科技文献信息代查代检、翻译服务。开展科技文献利用培训5期,其中有10个科技型企业成为第一批江苏省企业知识平台用户。组织58个企业参加技术合同备案培训会、清华大学无锡应用研究所等各类科技培训与活动。市知识产权服务中心做好科技辅导服务,有3个企业成为国家知识产权优势企业、5个企业完成知识产权贯标认证、1个企业获江苏省知识产权战略推进计划一般项目。提供各类培训、讲座20余场,其中江苏省知识产权工程师培训班合格率100%。继续搭建江阴市专利专题数据库,为5个企业定制企业专题数据库,为企业和个人提供知识产权侵权纠纷咨询服务20余次。

(丁　哲　叶李斐　卞锋炜)

【省农村科技服务超市累计12个】 2016年,江阴市科技局继续建设和培育农村科技服务超市,组织市内农业专业合作社等申报,全年获批江苏省农村科技服务超市分店、便利店7个。分别为:江阴故乡情农业发展有限公司承担的江阴经济林果产业分店、江阴市金顾山水蜜桃专业合作社承担的红豆经济林果产业便利店、江阴市璜土镇葡萄专业合作联社承担的璜土经济林果产业便利店、江阴市鹏程农业科技有限公司承担的江阴设施蔬菜产业分店、江阴家佳食用菌专业合作社承担的长泾设施蔬菜产业便利店、江阴市绿泾苑农业科技有限公司承担的月城设施蔬菜产业便利店、江阴临港前横湖家庭农场承担的临港特种水产产业便利店。至此,全市累计有省农村科技服务超市12个,科技超市规模总量和分店数、便利店数均位于全省前列,已建成的省级农村科技服务超市运行正常,优质服务得到赞同。(郭　峰)

2016年江阴市获国家级科技计划项目一览

表40

类　别	项目名称	承担单位
国家重点研发计划项目	再生聚酯纤维高效制备技术	江苏恒泽复合材料科技有限公司
	新型动物源性材料——贻贝粘蛋白材料和产品的标准化研究	江阴贝瑞森生化技术有限公司 中国食品药品检定研究院
	环境友好的丙烯直接氧化合成环氧丙烷新技术与工业示范	江苏怡达化学股份有限公司
	轴承钢冶金质量控制基础理论与产业化关键共性技术研究	江阴兴澄特种钢铁有限公司
	汽车齿轮用钢质量稳定性提升的关键技术开发与应用	
	高强度弹簧钢及切割钢丝关键技术开发及应用示范	
	工模具钢冶金过程的共性技术	

2016年江阴市获江苏省级科技计划项目一览

表41

类　别	项目名称	承担单位
科技成果转化专项资金项目	全球首创2000兆帕a级超耐久型桥梁缆索研发及产业化	江苏法尔胜股份有限公司
	海洋工程用低碳当量高均质系列特厚钢板的研发及产业化	江阴兴澄特种钢铁有限公司
	东欧极寒地区高性能道路材料核心技术研发与产业化	江苏宝利国际投资股份有限公司
	6~10兆瓦高效风电机组用轮毂等关键部件研发及产业化	江苏吉鑫风能科技股份有限公司

续表41

类　别	项　目　名　称	承　担　单　位
重点研发计划(产业前瞻与共性关键技术)项目	基于低功耗SOC集成的智能轮胎传感器和监测系统的开发(竞争项目)	江苏博锐格电子科技有限公司
	工业废水重金属超导磁吸附分离资源化技术研究(开发应用项目)	江苏旌凯中科超导高技术有限公司
	紫外光谱法烟气汞在线监测系统(开发应用项目)	江阴市嘉臣光电科技有限公司
	高效环保燃煤粉工业锅炉系统(开发应用项目)	江苏双良锅炉有限公司
	万瓦级大模场有源光纤制备技术研究(重点项目)	江苏法尔胜光子有限公司
	人工髋关节软骨生物材料、工艺与设备的开发(重点项目)	江阴司特易生物技术有限公司
重点研发计划(社会发展)项目	具有原位组织诱导功能的无抗原脱细胞猪皮基质敷料	江阴奔翔生物科技有限公司
	基于化学发光免疫分析技术(CLIA)的肺癌血清肿瘤标志物试剂盒的研发	江苏泽成生物技术有限公司
重点研发计划(现代农业)项目	水稻秸秆裹包微贮饲料生产关键技术研究与产品开发	江苏绿泾园农业科技发展有限公司
基础研究计划(自然科学基金)项目	食管癌TAF通过CNTN－1/游离泛素调控食管癌放射敏感性的机制研究(面上研究项目)	江阴市人民医院
	基于磁致伸缩的超声导波在缆索无损检测中的应用(青年基金项目－孙杰)	江苏法尔胜材料分析测试有限公司
创新能力建设计划(科技设施类)项目	江苏省高性能金属线材制品关键技术重点实验室(获评企业重点实验室)	江苏法尔胜泓昇集团有限公司
	江苏省船舶修造工程技术研究中心能力提升(重点企业研发机构能力提升——评估为优)	中船澄西船舶修造有限公司
科学技术奖二等奖项目	重布线/嵌入式圆片级封装技术及高密度凸点技术研发及产业化	江苏长电科技股份有限公司
	高分辨率电子电路光刻胶制备关键技术与应用	江南大学 江苏广信感光新材料股份有限公司
科学技术奖三等奖项目	基于无线专网全寿命周期的智能配用电测控保护计量集成系统关键技术与应用	东南大学 江阴长仪集团有限公司
	太阳集能少反射铝箔	江阴新仁科技有限公司
	用于风力发电领域关键性高强度、耐腐蚀发电机主轴大型模锻成型技术研发及运用	江阴南工锻造有限公司
高新技术产品项目	车险移动视频查勘定损平台	江苏汉德天坤数字技术有限公司
	应用于智能移动终端射频模块的高密度LGA集成电路封装产品	江苏长电科技股份有限公司
	应用于电源转换的高性能覆晶片式集成电路封装产品	
	超精准输血相容性微柱凝胶检测卡	江阴力博医药生物技术有限公司
	高效长寿命电镀钻石线锯	江苏中博钻石科技有限公司
	轻量化轿车底盘护板	江阴精力汽车装备有限公司
	SOP16L(12R)系列超宽排高精度引线框架	江阴康强电子有限公司
	风雷裸眼3D全息与终控系统软件	江苏风雷文化传媒有限公司
	多功能状态监测保护装置	江阴市全盛自动化仪表有限公司
	精密电子零件环保载带	江阴新杰科技有限公司
	抗感应LED指示灯	江阴长江电器有限公司
	石墨烯改性远红外电热膜	江苏同创节能科技有限公司

续表41

类　别	项　目　名　称	承　担　单　位
高新技术产品项目	高档乘用车悬架弹簧用热轧盘条	江阴兴澄特种钢铁有限公司
	出口微合金化轿车碳素轮毂轴承用钢 G55 + Cr	
	超高强度海洋工程用钢 E690 钢板	
	桥梁结构用高韧性 Q370q 钢板	
	X65MS 抗 HIC、SSCC 高韧性管线钢	
	一种具有超强袋体强度的及独创的简易操作结构的一次性内镜取物袋	江苏风和医疗器材有限公司
	新型环状分圈喷涂结构的三元催化剂	江苏帕艾尼尔科技有限公司
	专业、便捷、安全的大宗化工商品一体化网络交易平台	江阴华西村商品合约交易中心有限公司
	移动视频监控系统开发集成服务平台	江苏宏晶微电子科技有限公司
	SCK 城市消防远程智慧监测管控云平台及产品的研究应用	江苏斯菲尔电气股份有限公司
	基于多网融合等技术的(Sfere - PMS)系列分布式配电自动化管控系统及新型配电装置	
	低咖啡因茶多酚	江苏德和生物科技有限公司
	智能视频监控系统	江苏汉德天坤科技发展有限公司
	抗疲劳、超光亮镍钛丝	江阴法尔胜佩尔新材料科技有限公司
	智能远传水表	江阴市立信智能设备有限公司
	高品质弹簧钢 55CrMnA	江苏泰富兴澄特殊钢有限公司
	保证淬透性齿轮钢 20CrMoH	
	高频低饱和双极型晶体管芯片	江阴新顺微电子有限公司
	低功耗自动对焦 1300 万像素高清手机摄像头	江阴新晟电子有限公司
	遥控快速启闭耐压舱口盖	江阴市黄山船舶配件有限公司
	高度洁净的泡沫式节水洁具	江苏飞慕生物科技有限公司
	煤矿用无线遥控手自一体侧卸装煤机	江苏中煤矿山设备有限公司
	抗硫石油钻杆	江阴德玛斯特钻具有限公司
	新型节能离子膜电解槽出液管	江阴市宏泽氯碱设备制造有限公司
	电动汽车随车移动充电宝	江苏西比亚新能源科技有限公司
	高强度耐折弯汽车用加热线	江阴神辉电工材料有限公司
	汽车平衡悬架系统用 V 型球座	江阴联华铸造有限公司
	把手一体式冰箱门边框(包角)	江阴市泰博电子科技股份有限公司
	数控高光洁度等离子切割机床	江苏博大数控成套设备有限公司
	激光等离子双模切割机	
	数控钻铣切机	
	ZLYJ 系列高精度低噪音挤出机齿轮箱	江苏昊克传动科技股份有限公司
	夸微保税仓库管理系统软件 V1.0	无锡夸微科技有限公司
	夸微报关行制单与申报系统软件 V1.0	
	CDPF 柴油发电机组尾气净化器	江阴华音陶瓷机电科技有限公司

续表41

类　别	项　目　名　称	承　担　单　位
高新技术产品项目	大比表面超高纯氧化铈	江阴加华新材料资源有限公司
	自密封防粘接输液用橡胶件	江阴市鸿萌橡塑制品有限公司
	超低六氯苯百菌清	江阴苏利化学股份有限公司
	晶硅电池正面银浆	江阴市天邦涂料股份有限公司
	HLG高耐洗涤剂性水溶性丙烯酸树脂	江阴恒兴涂料有限公司
	增强冷却型柴油机曲轴箱盖	江苏飞达压铸有限公司
	高强电机散热皮带轮	江阴市美托金属制品有限公司
	高效离子膜电解槽	江阴鋼电尔电化设备有限公司
	注射用冷冻干燥用卤化丁基橡胶塞	江阴市海华橡塑有限公司
	气冷罗茨真空机组	江阴爱尔姆真空设备有限公司
	高效节能环保型板式烟气冷却器	江苏江涛环境工程有限公司
	新型智能扩散上下料机器	江阴方艾机器人有限公司
	WC5E铰接式、平推自卸防爆柴油机无轨胶轮车	江阴市卡利格机械有限公司
	纸面石膏板	泰山石膏(江阴)有限公司
	直臂自行式高空作业平台	江阴市华澄特种机械工程有限公司
	新型环保相册内芯纸材	江阴比图特种纸板有限公司
	可调节限扭回转驱动装置	江阴凯迈机械有限公司
	双玻光伏组件	江苏核新太阳能电力股份有限公司
	纳米喷镀塑钢复合增强冰箱门把手	江阴亿豪环保科技有限公司
	高效空气滤芯净化装置	江阴亿豪环保科技有限公司
	悬索桥主缆用1770MPa锌铝合金镀层钢丝及索股	江苏法尔胜缆索有限公司
	超高阻隔多层共挤易揭复合包装膜	江阴申隆包装材料有限公司
	换挡软轴用掣动推拉套管	江阴泰阳成索业有限公司
	纤维带钢绳索具	江阴泰阳成索业有限公司
	高效高精度易操作复合型钻杆矫直机	富华中元江苏重机科技有限公司
	乙二醇乙醚乙酸酯	江苏怡达化学股份有限公司
	高效率高稳定低成本光伏全自动串焊机	江苏中企瑞驰工业机器人自动化有限公司
	高精度带挡位平行轴斜齿轮减速机	江阴国润机械有限公司
	低内阻一致性稳定动力型防爆锂电池盖帽	江阴市瑞鸿电子有限公司
	安全型嘧菌酯悬浮剂	江阴苏利化学股份有限公司
	差分吸收光谱法烟气排放监测系统	江阴市嘉臣光电科技有限公司
	高强度长寿命汽车离合器从动盘总成	无锡联信离合器有限公司
	内燃固定平台铁水罐搬运车	江苏海鹏特种车辆有限公司
	2016-609547轻量化汽车传动轴系统	江苏格尔顿传动有限公司
	一体式控制气缸的汽车转向管柱	江苏格尔顿传动有限公司

续表41

类　　别	项　目　名　称	承　担　单　位
高新技术产品项目	超大型起升高度门座式起重机	江苏华澄重工有限公司
	防护型药用包装膜	江阴宝柏包装有限公司
	新型多功能L型加油机	江阴市富仁高科股份有限公司
	智能锁式轻型更衣柜	江阴市四方游泳设备有限公司
	硬质合金精密蜗杆铣刀	江阴塞特精密工具有限公司
	风力发电用2.3兆瓦底板	江阴市惠尔信机械有限公司
	高精度万能五轴机专用50主轴箱	
	风力发电机连接盘	
	复合溶菌酶口腔喷雾剂	江苏雪豹日化有限公司
	带精密计时模块的智能电能表	江阴长仪集团有限公司
	特种印刷镍铁复合镍网	江阴市镍网厂有限公司
	动力设备振动与松动安全监测系统	江阴众和电力仪表有限公司
	超纯净氟材料内衬	江阴市江南氟塑有限公司
	高效四氟气制动管	
	高稳态PVDF注塑件	
	高性能可拆板式换热器	江阴市哈格诺换热设备有限公司
	柱上智能无功补偿装置	江苏方程电力科技有限公司
	电力智能机器人设备	江阴亨德拉科技有限公司
	CAP1000核电厂主给水文丘里管流量测量装置	江阴市节流装置厂有限公司
	手持式简易水平仪	江阴香江光电仪器有限公司
	对中杆用水泡仪	
	涂覆装饰金属板	江苏海陆科技股份有限公司
	船用电梯中开防火门	
	切割钢丝用高强度工字轮	江阴市一达管件科技有限公司
	定位烫金与普通烫金同工序工艺包装材料	江苏中印印务集团有限公司
	绿色水性油墨印刷包装材料	
	无版缝镭射图文转移工艺包装材料	
	一体式银联支付型加油机	江阴市富仁高科股份有限公司
	一体化智能孔板式流量计	江阴市神州测控设备有限公司
	非金属矿用超导磁选机	江苏旌凯中科超导高技术有限公司
	多连杆式吊艇架	江苏佼燕船舶设备有限公司
	自由降落式救生艇降放装置	江阴市北海救生设备有限公司
	高效节能环保型工业有机废气净化设备	江阴怡天环保设备有限公司
	水冷涡轮壳	江阴机械制造有限公司
	V-PHC电瓶盖	江阴协统汽车附件有限公司
	液化天然气罐式集装箱	江苏秋林特能装备股份有限公司
	单线0.5Mt/a高浓度燃料水煤浆制浆成套装备	

续表41

类　　别	项　目　名　称	承　担　单　位
高新技术产品项目	超薄鼓包汽车排气系统内凹隔热罩	江阴创博机械制造有限公司
	高稳定高精度旋转机械监控保护装置	江阴市华恒仪表有限公司
	高精度复合式调心球面滚子轴承	江阴吉爱倍万达精工有限公司
	高载荷长寿命环保型轴承	无锡沃尔德轴承有限公司
	整车电泳工艺客车前后围	江阴市晨盛汽车附件有限公司
	氧化锌抗菌聚丙烯管道	江特科技股份有限公司
	高透气易收纳立体舞台表演服	江阴万祥工艺制品有限公司
	DAD100－1角度可调卷收器紧急锁止三点式安全带	江阴市达安汽车零部件有限公司
	太阳能晶硅片切割用高性能碳化硅微粉	江苏浩博新材料股份有限公司
	剖分式同向平行双螺杆混炼挤出机	江苏新达科技有限公司
	智能冷库用高强度低热阻散热铝箔	江阴新仁科技有限公司
	高效耐磨船用舾装件	江阴双马重工装备有限公司
	环保型沥青搅拌设备	江阴市鑫海公路机械材料有限公司
	高光电转换率、低翘曲晶体硅太阳能电池背电极用铝浆	江苏泓源光电科技股份有限公司
	超软态大轴多栅线涂锡铜带	江苏亿欣新材料科技股份有限公司
	基于无线技术的电能管理系统	江苏安科瑞电器制造有限公司
	码垛输送系统	江苏锦明工业机器人自动化有限公司
	通用机械用特级合金钢锻件	江阴南工锻造有限公司
	抗交流干扰的直流继电器	江阴市新昶虹电力科技股份有限公司
	HAG系列WZ0001高速主、被动锥齿轮	江阴市科安传动机械有限公司
	高强度高结晶热塑型PBT树脂	江苏和时利新材料股份有限公司
	轨道双层减振降噪扣件	江苏江凌测控科技股份有限公司
	振动传感器	
	全机械密封罗茨真空泵	江阴天田真空设备制造有限公司
	基于高效原位解交联技术的功能化改性沥青	江苏宝利沥青股份有限公司
	全天候耐寒阻燃棚布	江阴科强工业胶带有限公司
	高磁性、高强度不锈钢丝	江阴祥瑞不锈钢精线有限公司
	高转用率快干型热升华转印纸	江阴市全佳数码科技有限公司
	GX系列高速线材轧机锥箱锥齿轮	江阴市科安传动机械有限公司
	高强度耐磨分体式张紧装置	江阴市长龄机械制造有限公司
	高稳态电控中央回转接头	
	TPMS胎压监测气嘴	江苏博锐格电子科技有限公司
	高仿真皮革高分子装饰膜	江阴华东装饰材料有限公司
	兽用铜座注射针	江阴采纳科技有限公司
	耐腐蚀高效率T3镀锡钢带(马口铁)	江阴科玛金属制品有限公司

续表41

类　　别	项　目　名　称	承　担　单　位
高新技术产品项目	2.1兆瓦低温弱风型风力发电机主轴	江阴振宏重型锻造有限公司
	低滚动阻力轮胎用高强度钢丝	江苏胜达科技有限公司
	环保型生物复合增塑剂(DETP)	江阴市向阳科技有限公司
	环保型高回弹聚氨酯泡沫组合料	
	环保型仿生纹理金属复合板	江苏标榜装饰新材料股份有限公司
	轿车用高强度高密封节能型管路系统	江阴标榜汽车部件有限公司
	抗PID衰减长寿命光伏组件	江苏东鋆光伏科技有限公司
	低电阻高效光伏焊带	江阴爱康光伏焊带有限公司
	基于石墨烯复合技术的高强度高阻燃头盔	江阴市达菲玛汽配科技有限公司
	炼钢转炉烟道式余热锅炉	无锡翔龙环球科技股份有限公司
	PVC-U消音排水管	江苏百通塑业发展有限公司
	缓冲氧化腐蚀液	江阴市化学试剂厂有限公司
	基于大数据云计算平台的高精度集成式液化天然气站	江苏邦达通新能源装备有限公司
	高精密高可靠长寿型电路板	江阴科利达电子有限公司
	一次注塑成型整体加筋式检查井	江阴市中财模塑有限公司
	阿克明斯特地毯织机	江阴市华方新技术科研有限公司
	高纯铝蚀刻液	江阴润玛电子材料股份有限公司
	高强度轻量化碳纤维铲式担架	江阴万事兴医疗器械股份有限公司
	高世代铜制程平板显示用水系光阻剥离液	江阴江化微电子材料股份有限公司
	高效型Y81液压金属打包机	江苏华宏科技股份有限公司
	高速铁路用高性能铜镁合金绞线	江阴电工合金股份有限公司
	新型环保、多道密封集装箱门密封条	江阴海达橡塑股份有限公司
	无缝护套高等级铁路贯通地线	江阴和宏精工科技有限公司
	72片高效多晶硅太阳能电池组件	江苏英富光电科技有限公司
	高强度无卤阻燃PA66	江阴市龙山合成材料有限公司
	梅花倒立式收线机	江阴市华方机电科技有限公司
	轨道列车型材挤压用高效长寿命挤压模具	江阴市江顺模具有限公司
	太阳光谱选择性透过功能PVC薄膜	江苏名阳高分子新材料有限公司
	多功能可降解环保型轿车内嵌饰件	江阴延利汽车饰件股份有限公司
	复合防护层钢丝索	江阴市新天金属制品有限公司
	轻质防火绝缘耐压聚氨酯动车司机室面板	江苏奥派交通装备股份有限公司
	分组递减压缩率的智能水箱拉丝机	江阴市华方机电科技有限公司
	羊毛绢丝弹力星光呢	江苏倪家巷集团精毛纺织有限公司
	毛棉弹力精粗花呢	
	高性能、低VOC、局部镶嵌面料的汽车内嵌饰件	江阴延利汽车饰件股份有限公司
	卧式DPW650型气瓶	江苏深绿新能源科技有限公司

续表 41

类　　别	项　目　名　称	承　担　单　位
高新技术产品项目	超净高纯硝酸	江阴润玛电子材料股份有限公司
	RY 合金钢中间辊	江阴润源机械有限公司
	新型便捷式遮阳板总成	江阴万事兴汽车部件股份有限公司
	HF928B 高速自动分条整经机	江阴市华方新技术科研有限公司
	再生聚酯(PET)短纤维生产线	江阴市德赛环保设备有限公司
	超净高纯硝酸	江阴江化微电子材料股份有限公司
	马海毛真丝易护理花呢	江苏倪家巷集团精毛纺织有限公司
	高纯度低成本大截面方硅芯	江阴东升新能源有限公司
	高牢度低色变无醛固色剂	江阴市尼美达助剂有限公司
	工业过程优化集成控制系统	江苏元和自动化科技有限公司
	高黏度介质搅拌器	江苏柯恒石化电力机械有限公司
	纳米陶瓷隔热安全膜	江阴通利光电科技有限公司
	自动换挡操纵机构总成	江阴市康乾车业有限公司
	高精度节能型数控磨床	江苏特贝尔精密机械科技有限公司
	中大型储罐集肤效应电伴热装置	江阴市华能电热器材有限公司
	高阻隔耐穿刺热收缩膜	江阴升辉包装材料有限公司
	耐高温蒸煮膜	
	G6 多晶硅铸锭炉用石英坩埚	无锡舜阳新能源科技股份有限公司
	全烟气跟踪组合脱硝设备	江苏亿金环保科技有限公司
	高效节能高性能变压器铁芯	江阴华新电器有限公司
	高速成型板栅连冲系统	江苏东顺新能源科技有限公司
	超高温涡轮	无锡瑞昌精密铸造有限公司
	高效节能覆膜滤筒	江苏人和环保设备有限公司
	耐磨易清灰聚酯滤筒	
	节能型无电源快速燃气蒸饭箱	无锡利邦厨具有限公司
	高透自降解除污光伏组件	江苏润达光伏股份有限公司
	四栅高效光伏组件	
	易护理纯棉机织面料	江阴芗菲服饰有限公司
	罗布麻多纤混纺针织面料	
	涤棉竹混纺机织面料	
	股线效应涡流纺纱针织面料	
	汽车节能型矩形点火线圈铁芯	江阴华新电器科技股份有限公司
	高速电脑凹版印刷机	江阴市力达印刷包装机械有限公司
	伺服活塞	无锡鹰贝精密轴承有限公司
	高精度深孔阀套	
	新型氨基酸水溶肥料	江阴市联业生物科技有限公司

续表41

类　别	项　目　名　称	承　担　单　位
高新技术产品项目	复合改性高密度聚乙烯中型散装容器	江阴康爱特包装股份有限公司
	超低温海上风电法兰	江阴市恒润环锻有限公司
	软态厚基材高速涂锡汇流带	江苏亿欣新材料科技股份有限公司
	RF-JS002 高效集合型救生衣	无锡兴泰船舶装备有限公司

（刘　礼）

产学研合作

【概况】　2016年，市科技局深入开展产学研协同创新，着力构建以企业为主体、市场为导向、产学研相结合的技术创新体系。是年，市科技局组织市内企业与大连理工大学、中科院大连化物所、大连交通大学、西南交通大学等高校院所开展点对点、行业小分队式产学研对接交流活动，全年实施重点产学研项目60项，新批江苏省工程技术研究中心8个、江苏省研究生工作站4个，获批无锡市级院士工作站2个，无锡市工程技术研究中心17个，新建江阴市级企业院士工作站7个，全市规模以上工业企业研发机构覆盖率75%。（安雪松）

【企业院士工作站建设】　2016年，江阴市继续推进"院士集聚计划"，以企业创新需求为导向、企业研发机构为依托、产学研合作项目为纽带，引导省内外院士及其创新团队向企业集聚，为企业服务，攻克产业核心关键技术，促进科技成果产业化，培养企业创新人才队伍，为增强企业自主创新能力和市场竞争力提供有力支撑。是年，市科技和人才工作领导小组批准建立江阴市级企业院士工作站7个，分别是江苏元和新能源科技股份有限公司(中国科学院院士陈勇)、优彩环保资源科技股份有限公司(中国工程院院士俞建勇)、江苏春申堂药业有限公司(中国工程院院士洪涛)、无锡菩禾生物医药技术有限公司(中国工程院院士钟南山)、江阴天江药业有限公司(中国科学院院士陈可冀)、无锡禾美农化科技有限公司(中国科学院院士何鸣元)、江阴北斗平台科技有限公司(中国科学院院士孙家栋)。江苏双良锅炉有限公司和江苏宝利国际投资股份有限公司成功申报为无锡市院士工作站。至此，全市拥有企业院士工作站50个，其中省级院士工作站10个，无锡市级院士工作站18个，江阴市级院士工作站22个；累计引进中国科学院院士和中国工程院院士"两院院士"45人。

【规模以上工业企业研发机构建设】2016年，江阴市加快创建创新型城市，全方位培育企业创新能力，坚持把企业研发机构建设作为提升自主创新能力的战略抓手，取得显著成效。是年，新增江苏省级工程技术研究中心8个，省级企业重点实验室1个，省级研究生工作站4个；无锡市级工程技术研究中心17个；江阴市级工程技术研究中心138个。至年末，全市拥有国家级工程技术研究中心2个、企业技术中心7个，博士后工作站15个；江苏省级工程技术研究中心140个、企业技术中心66个；无锡市级工程技术研究中心248个；江阴市级厂办研究所及工程技术研究中心750个。全市大中型企业研发机构覆盖率96%以上，规模以上工业企业研发机构覆盖率75%。（李海春　窦艳成）

知识产权工作

【概况】　2016年，江阴市知识产权局围绕国家知识产权示范城市建设要求，实施知识产权强市战略，提升企业自主创新能力和产业核心竞争力，推动全市知识产权工作快速发展。年内，加强知识产权专项资金管理，出台《江阴市科技创新专项资金(知识产权推进计划)管理办法》文件，进一步提高资金使用效益，不断提升企业知识产权创造、管理和运用水平。是年，江阴市被评为2015年度国家知识产权示范城市工作先进集体。

【发明专利申请量超万件】　2016年，江阴市专利申请总量达18535件，其中发明专利申请10693件，比2015年增长69.38%，首次超万件；专利授权4912件，其中发明专利授权679件；《专利合作条约》国际专利申请(PCT)数量69件，比2015年增加42件。年内，企业成为发明创造主力军，法尔胜集团有限公司的"内置光纤光栅传感器的桥梁用智能缆索系统"获第十八届中国专利奖优秀奖。江苏联优信息科技有限公司的"一种集中控制式无线传感网络通讯协议及实现装置"、江苏长电科技股份有限公司的"滚镀四面无引脚封装结构及其制造方法"获省百件优质发明专利奖。江苏法尔胜泓昇集团有限公司的"高强度奥氏体不锈弹簧钢丝的制作方法"、江苏泓源光电科技股份有限公司的"含有炭黑助剂的光伏电池用导电浆料及其制备方法"获第九届无锡市专利奖优秀奖。江阴东升新能源有限公司的"多晶硅方硅芯及其搭接结构"等19件专利获无锡市专利保险试点项目。继续开展江阴市第四届专利奖评选活动，江苏华西村海洋工程服务有限公司的"大功率潜水射流前后喷冲气举海底管线挖沟机及挖沟工艺"、江阴贝瑞森生化技术有限公司的"一种使用混合吸附色谱分离纯化贻贝粘蛋白的方法"2件专利获金奖，江阴凯迈机械有限公司的"制动式回转驱动装置”、江阴众和电力仪表有限公司的“事件顺序记录时间最大累计误差的精确测量以及消除方法”等10件专利获优秀奖。是年,江阴市万人发明专利拥有量17.19件,比2015年增加3.03件。

【国家知识产权示范城市建设】 2016年,市知识产权局按照国务院《关于新形势下加快知识产权强国建设的若干意见》要求,持续推进国家知识产权示范城市建设,充分发挥知识产权在城市创新驱动发展和经济提质增效升级中的重要作用。是年,组织规模以上工业企业负责人知识产权培训和知识产权工程师、专利信息分析利用、专利布局实战等培训20余场次,有1500余人次参加。不断提升企业知识产权管理和运用水平,江苏华宏科技股份有限公司、江苏斯菲尔电气股份有限公司、江阴芗菲服饰有限公司3个企业被确认为国家知识产权优势企业。江苏怡达化学股份有限公司、江阴市长龄机械制造有限公司被评为省企业知识产权标准化管理先进单位,中建材浚鑫科技股份有限公司获省知识产权战略推进计划项目支持。新增知识产权管理标准化示范创建企业18个。设立国家知识产权局区域专利信息服务(南京)中心江阴分中心,该中心为全国县级市第一个区域专利信息服务分中心。

【省内首个县级专利行政执法巡回审理庭成立】 2016年,市知识产权局为推进专利行政执法规范化建设,加大专利行政执法力度,不断提升企业知识产权保护意识及工作水平,设立全省县级市首个专利行政执法巡回审理庭,4月投入运营。该庭主要由市知识产权局行政执法人员负责审理调解专利侵权行政执法案件。是年,办理假冒专利执法案件70件,独立处理专利侵权纠纷案件1件,案件数量与质量较上年有明显提升。江阴市全顺汽车澄杨路汽车城通过省“正版正货”示范创建街区项目验收。江苏趣搭网络科技有限公司的“魔购百货”电商平台获评省电商平台知识产权保护项目,江苏圣澜服饰创意有限公司的江阴三牛众创空间获评省众创空间知识产权保护项目。 (徐竹君)

科技创新载体

【概况】 2016年,江阴市获批省级以上各类科技创新载体(园区)7个,分别为国家级4个:国家“火炬”特色产业基地、国家科技服务业区域试点单位、国家级“星创天地”、国家级众创空间;省级3个:省级科技产业园区1个、省级众创空间2个。是年,建成江阴市绿色船舶产业技术研究院,新建众创空间4个,成立首个江阴市众创空间联盟,苏南国家自主创新示范区建设稳步推进。

(安雪松)

【市绿色船舶产业技术研究院成立】 2016年10月25日,江阴市绿色船舶产业研究院在中船澄西船舶修造有限公司揭牌成立,该院是江苏省首个以绿色船舶修造为研究领域的产业技术研究院,由中船澄西船舶修造有限公司牵头发起,联合市内船舶修造领域29个重点骨干企业组建而成。该院致力于推进绿色船舶建造、高新技术研究应用开发、加快实施传统行业绿色改造升级,为船舶产业提供绿色新工艺新工法、构建绿色船舶修造体系等领域,以产业应用技术研发为重点,通过整合国内外领先的船舶制造行业创新资源,开展技术创新、成果转化、项目孵化、人才培养和公共技术服务等,建设成为国内外有影响力的产业技术创新中心。

【众创空间建设】 2016年,江阴市为推动大众创业、万众创新,围绕重点产业领域发展细分领域众创空间,促进成熟产业链与创新创业的结合,解决产业需求和行业共性技术难题,着力构建一批低成本、便利化、全要素、开放式的众创空间,鼓励龙头骨干企业围绕主营业务方向建设众创空间,形成以龙头骨干企业为核心,高等学校、科研院所参与,辐射带动中小微企业成长发展的产业创新生态群落。10月,市成立首个众创空间联盟,以“合作、创新、发展、共赢”为宗旨,以“三自原则”(自主探索、自我管理、自律发展)为基础,互通互融,协同发展,推动创新创业服务资源开放共享与衔接,调动全社会创新创业要素的力量,为创新创业者提供良好的工作空间、社交空间和资源共享空间。是年,市科技局按照《关于支持众创空间发展促进大众创新创业的实施意见》和《江阴市众创空间认定管理办法(试行)》,认定雏鹰梦工场、牛商e工场、达牛设计谷、乐创汇为江阴市级众创空间。三牛众创空间获批国家级众创空间,澄e工场、乐创汇获批江苏省级众创空间。

(李海春 窦艳成)

【新认定省级科技产业园1个】 2016年9月30日,江阴新能源科技产业园被省科技厅认定为省级科技产业园。该科技产业园有远景能源(江苏)有限公司、浚鑫科技股份有限公司等高新技术企业11个,远景能源(江苏)有限公司和浚鑫科技股份有限公司企业技术中心等20个无锡市级以上企业技术中心,浚鑫科技股份有限公司、江苏孚尔姆焊业股份有限公司、江阴市天邦涂料股份有限公司3个上市企业。省级科技产业园的建立将极大推动全市新能源产业发展。至此,全市拥有江苏省江阴新能源科技产业园、江苏省江阴传感网科技产业园、江苏省江阴文化创意科技产业园、江苏省江阴现代中药及生物医药科技产业园、江苏省江阴机械装备科技产业园6个省级科技产业园。

【新增国家特色产业基地1个】 2016年,江阴市新增国家特色产业基地1个,即国家“火炬”计划江阴高新区现代中药配方颗粒特色产业基地。该基地已形成较为完整的现代中药配方颗粒特色产业链,有江阴天江药业有限公司、江苏四环生物股份有限公司、江苏德和生物科技有限公司、江苏华宏医药股份有限公司等创新型龙头骨干企业,孵育了江苏丰颂生物科技有限公司、江苏春申堂药业有限公司、无锡佰翱得生物科学有限公司等80余个相关科技创新型中小企业,集聚各类产业高层次人才300余人和产业相关技术研发人员4000余人。将现代中药配方颗粒产业作为重点发展的战略性新兴产业,以及建设苏南国家自主创新示范区的主要发展产业之一,通过"引种子、建苗圃、育森林",围绕"孵化、加速、产业化"3个层次,建立专业孵化器、加速器、产业园等科技载体,提供专业、全面、优质的服务,实现现代中药配方颗粒产业从无到有、从小到大,着力打造五百亿元级现代中药配方颗粒产业集群。至此,全市累计拥有7个国家特色产业基地,分别是:江阴国家新材料高新技术产业化基地、国家"火炬"计划江阴高性能合金材料及制品产业基地、江阴国家风电装备特色产业基地、国家"火炬"计划江阴物联网产业基地、江阴高新区特钢新材料及制品特色产业基地、江阴国家现代服务业研发与检测服务产业化基地、国家"火炬"计划江阴高新区现代中药配方颗粒特色产业基地。是年,江阴国家特色产业化基地承担各类科技计划项目150余项。新材料产业继续在全市高新技术产业中占主导地位,全年实现销售收入1414亿元,保持平稳发展。国家"火炬"计划高性能合金材料及制品产业基地,完成销售收入510亿元。江阴国家风电装备特色产业基地,远景风能(江苏)有限公司等骨干企业高速发展,全年申请专利300余件,实现销售收入319亿元。国家"火炬"计划物联网产业基地,实现销售收入125亿元。

(毛燕军)

【新增"星创天地"1个】 2016年,江阴市贯彻落实科技部《发展"星创天地"工作指引的通知》精神,立足区域特色,大力培育面向农村创业的"星创天地",这是国家首次实施农业科技"星创天地"创新创业工程。"星创天地"是发展现代农业的众创空间,是以农业科技园区、科技型农民专业合作社等为载体,面向农业科技特派员、返乡农民工、大学生等创新创业主体,通过市场化机制、专业化服务和资本化运作方式,集聚创新资源和创业要素的新型"一站式"综合孵化平台,对于进一步激发农业农村创新创业活力,优化农村创新创业环境,提高农业创新供给质量和产业竞争力具有重要意义。是年,市科技局组织市内科技型农民专业合作社等申报"星创天地",江阴故乡情果业专业合作社创建的"江阴经济林果星创天地"被科技部认定国家首批"星创天地",同时被纳入国家级科技企业孵化器管理和服务体系,这是市首个农业领域国家级科技创新创业平台。

(郭　峰)

科技创新型企业

【概况】 2016年,江阴市继续以全面提升企业创新能力为核心,深入强化企业在创新生态系统中的主体作用,切实将创新资源引到企业,研发机构建到企业,创新政策落到企业,科技服务覆盖到企业,着力培育以"科技型中小企业—民营科技企业—科技小巨人企业—高新技术企业—科技型上市企业—创新型领军企业"为梯队的创新型企业集群。按照《江阴市"专精特新"科技"小巨人"企业三年培育计划》标准,评定"专精特新"科技"小巨人"培育企业34个。是年,获批省级以上各类科技型企业289个,其中被认定国家知识产权优势企业3个,省高新技术企业119个(当年认定数首次突破100个),民营科技企业167个。

(安雪松)

【高新技术产值占市规模以上工业总产值44.5%】 2016年,全市有国家"火炬"计划重点高新技术企业22个,在全国同级县(市)中继续名列前茅。江苏长电科技股份有限公司、法尔胜泓昇集团有限公司、江阴兴澄特种钢铁有限公司、江苏新扬子造船有限公司、远景能源(江苏)有限公司、双良节能系统股份有限公司6个高新技术企业入选江苏省百强创新型企业。江阴硅普搪瓷股份有限公司、江阴市北海救生设备有限公司等119个企业被省科技厅、财政厅、国税局、地税局认定为高新技术企业,累计318个。全市省高新技术(后备)企业累计93个。全市高新技术企业(含高新技术后备企业)累计411个。江阴苏利化学股份有限公司、江阴市友佳珠光云母有限公司等31个企业通过省级高新技术企业重新认定。江苏长电科技股份有限公司的"应用于智能移动终端射频模块的高密度LGA集成电路封装产品"、江阴兴澄特种钢铁有限公司的"超高强度海洋工程用钢E690钢板"等230种产品被认定为省高新技术产品。全年,全市高新技术产业产值2611.93亿元,占全市规模以上工业总产值的44.5%。

(毛燕军)

2016年江阴市新增江苏省级高新技术企业一览

表42

序号	企业名称	行业领域	企业类型	所在园区、街道、镇
1	江苏德和生物科技有限公司	生物与新医药	有限责任公司	高新区
2	江苏联固电气有限公司	先进制造与自动化	有限责任公司	
3	江苏网新博创科技有限公司	电子信息	有限责任公司(法人独资)	
4	江阴长江电器有限公司	先进制造与自动化	有限责任公司	
5	江阴力博医药生物技术有限公司	生物与新医药	有限责任公司	
6	江阴全华丰精锻有限公司	先进制造与自动化	有限责任公司	
7	必维申优质量技术服务江苏有限公司	高技术服务	有限责任公司	

续表42

序号	企业名称	行业领域	企业类型	所在园区、街道、镇
8	江苏风雷文化传媒有限公司	电子信息	有限责任公司	高新区
9	江苏福隆生物技术有限公司	生物与新医药	有限责任公司	
10	江苏同创节能科技有限公司	新材料	有限责任公司	
11	江苏优胜信息技术有限公司	高技术服务	有限责任公司	
12	江苏中博钻石科技有限公司	新材料	有限责任公司	
13	江阴东瑞电气有限公司	先进制造与自动化	有限责任公司	
14	江阴法尔胜佩尔新材料科技有限公司	新材料	有限责任公司(中外合资)	
15	江阴凯博通信科技有限公司	电子信息	有限责任公司	
16	江阴名鸿车顶系统有限公司	先进制造与自动化	有限责任公司(中外合资)	
17	江阴新杰科技有限公司	电子信息	有限责任公司(中外合资)	
18	江苏达瑞医疗科技有限公司	先进制造与自动化	有限责任公司	
19	江苏利得智能监测科技有限公司	先进制造与自动化	私营有限责任公司	
20	江阴市创裕机械有限公司	先进制造与自动化	有限责任公司	
21	中芯长电半导体(江阴)有限公司	高技术服务	有限责任公司(台港澳法人独资)	
22	富华中元江苏重机科技有限公司	先进制造与自动化	有限责任公司	临港经济开发区
23	江阴爱尔姆真空设备有限公司	先进制造与自动化	有限责任公司	
24	江苏中基复合材料股份有限公司	新材料	股份有限公司(中外合资)	
25	江苏坤奕环境工程有限公司	资源与环境	有限责任公司	
26	江阴市翔诺电子科技有限公司	航空航天	有限责任公司	
27	江阴市海华橡塑有限公司	生物与新医药	有限责任公司	
28	江阴市和润精密钢管有限公司	新材料	有限责任公司	
29	江苏晟翔云数据信息技术有限公司	电子信息	有限责任公司	
30	江阴市华澄特种机械工程有限公司	先进制造与自动化	有限责任公司	
31	江苏金汇自动化技术有限公司	先进制造与自动化	有限责任公司	
32	江阴市嘉臣光电科技有限公司	资源与环境	有限责任公司	
33	江苏巨光光电科技有限公司	资源与环境	有限责任公司	
34	江阴市美托金属制品有限公司	新材料	有限责任公司	
35	江阴市晨盛汽车附件有限公司	先进制造与自动化	有限责任公司	
36	江阴市宝能特种钢线有限公司	新材料	有限责任公司	
37	江阴苏利化学股份有限公司	生物与新医药	股份有限公司(中外合资)	
38	江苏星科精密模具有限公司	先进制造与自动化	有限责任公司	
39	江苏江涛环境工程有限公司	资源与环境	有限责任公司	
40	江阴恒兴涂料有限公司	新材料	有限责任公司(台港澳与境内合资)	
41	江阴凯迈机械有限公司	新能源与节能	有限责任公司(港台澳法人独资)	
42	远景能源(江苏)有限公司	新能源与节能	有限责任公司(台港澳与境内合资)	
43	江苏博大数控成套设备有限公司	先进制造与自动化	有限责任公司	
44	江阴市东杰纺机专件有限公司	先进制造与自动化	有限责任公司	
45	江苏亿利达水处理设备有限公司	资源与环境	有限责任公司	

续表42

序号	企业名称	行业领域	企业类型	所在园区、街道、镇
46	江阴市宏泽氯碱设备制造有限公司	资源与环境	有限责任公司	临港经济开发区
47	江阴晟翔科技有限公司	新能源与节能	有限责任公司	
48	无锡博康医疗器械有限公司	新材料	有限责任公司	
49	江苏西比亚新能源科技有限公司	先进制造与自动化	有限责任公司	
50	江阴市鸿萌橡塑制品有限公司	生物与新医药	有限责任公司	
51	江苏双良新能源装备有限公司	新材料	有限责任公司	
52	江阴硅普搪瓷股份有限公司	新材料	股份有限公司	
53	江苏新扬子造船有限公司	先进制造与自动化	中外合资	靖江园区
54	江阴长仪集团有限公司	先进制造与自动化	民营企业	澄江街道
55	江阴塞特精密工具有限公司	先进制造与自动化	有限责任公司	
56	江阴亨德拉科技有限公司	先进制造与自动化	有限责任公司	
57	江阴香江光电仪器有限公司	先进制造与自动化	有限责任公司	
58	江苏中印印务集团有限公司	先进制造与自动化	有限责任公司	
59	江阴市凯业纺织机械制造有限公司	先进制造与自动化	私营有限责任公司	
60	江苏常隆客车有限公司	先进制造与自动化	有限责任公司	
61	江阴市全佳数码科技有限公司	资源与环境	有限责任公司	云亭街道
62	江阴科强工业胶带有限公司	新材料	有限责任公司	
63	江阴南方新能源科技有限公司	新材料	有限责任公司(台港澳与境内合资)	
64	江阴市新昶虹电力科技股份有限公司	先进制造与自动化	股份有限公司	
65	江苏和时利新材料股份有限公司	新材料	中外合资	
66	江阴天田真空设备制造有限公司	新能源与节能	有限责任公司	
67	江苏南农高科技股份有限公司	生物与新医药	股份有限公司	南闸街道
68	江苏日新印染机械有限公司	先进制造与自动化	有限责任公司	
69	江阴南工锻造有限公司	新材料	私营有限责任公司	
70	江阴市北海救生设备有限公司	先进制造与自动化	有限责任公司	月城镇
71	江苏佼燕船舶设备有限公司	先进制造与自动化	有限责任公司	
72	江阴怡天环保设备有限公司	资源与环境	有限责任公司	
73	江阴双马重工装备有限公司	先进制造与自动化	有限责任公司	徐霞客镇
74	江阴市天马电源制造有限公司	先进制造与自动化	有限责任公司	
75	江阴新仁科技有限公司	新材料	有限责任公司	
76	江苏新达科技有限公司	先进制造与自动化	有限责任公司	
77	江阴市尚时环境工程有限公司	资源与环境	有限责任公司	
78	江苏同发新能源股份有限公司	新能源与节能	股份有限公司	
79	江阴高峰医疗科技有限公司	新材料	有限责任公司	
80	江阴市哈格诺换热设备有限公司	新能源与节能	有限责任公司	
81	江阴久盛科技有限公司	新能源与节能	有限责任公司	

续表42

序号	企业名称	行业领域	企业类型	所在园区、街道、镇
82	江阴普顿塑胶有限公司	新材料	私营有限责任公司	青阳镇
83	江阴吉爱倍万达精工有限公司	先进制造与自动化	有限责任公司	
84	江特科技股份有限公司	新材料	股份有限公司	
85	江阴市洪腾机械有限公司	先进制造与自动化	私营有限责任公司	
86	无锡沃尔德轴承有限公司	先进制造与自动化	有限责任公司(台港澳法人独资)	
87	江阴市星宇塑胶有限公司	新材料	有限责任公司	
88	江阴华美光电科技有限公司	新材料	有限责任公司	华士镇
89	江阴科玛金属制品有限公司	新材料	有限责任公司(台港澳与境内合资)	
90	江阴市中财模塑有限公司	新材料	有限责任公司	
91	江阴市化学试剂厂有限公司	新材料	有限责任公司	
92	江阴采纳科技有限公司	新材料	有限责任公司	
93	江阴三凌金属制品有限公司	新材料	有限责任公司	
94	江苏博锐格电子科技有限公司	先进制造与自动化	有限责任公司	
95	江阴市润冶重工机械有限公司	先进制造与自动化	有限责任公司	周庄镇
96	江阴六环合金线有限公司	新材料	有限责任公司	
97	高安工业(江阴)有限公司	新材料	外资企业	
98	江阴市恒业锻造有限公司	新材料	有限责任公司	
99	江阴电工合金股份有限公司	新材料	股份有限公司	
100	江阴道达汽车饰件有限公司	先进制造与自动化	有限责任公司	
101	江阴滨江医疗设备有限公司	生物与新医药	有限责任公司	
102	江苏英富光电科技有限公司	新能源与节能	有限责任公司	
103	江苏瑞德新能源科技有限公司	新材料	有限责任公司	
104	江阴万事兴医疗器械股份有限公司	生物与新医药	股份有限公司	
105	江阴东升新能源有限公司	新材料	股份有限公司(非上市)	新桥镇
106	江阴鑫宝利金属制品有限公司	先进制造与自动化	有限责任公司(中外合资)	
107	江苏元和自动化科技有限公司	先进制造与自动化	有限责任公司	
108	江阴兴吴呢绒科技有限公司	新材料	有限责任公司	长泾镇
109	无锡舜阳新能源科技股份有限公司	新材料	股份有限公司	
110	江阴升辉包装材料有限公司	新材料	有限责任公司(台港澳与境内合资)	
111	江苏特贝尔精密机械科技有限公司	先进制造与自动化	有限责任公司	
112	江阴市恒润环锻有限公司	新材料	有限责任公司	祝塘镇
113	江阴市友佳珠光云母有限公司	新材料	有限责任公司	
114	江阴康爱特包装股份有限公司	新材料	有限责任公司(中外合资)	
115	江阴芗菲服饰有限公司	新材料	有限责任公司	顾山镇
116	无锡瑞昌精密铸造有限公司	先进制造与自动化	有限责任公司	
117	江苏东顺新能源科技有限公司	资源与环境	有限责任公司	
118	无锡利邦厨具有限公司	新能源与节能	有限责任公司	
119	江苏人和环保设备有限公司	资源与环境	有限责任公司	

(周　洁)

【重点成长型科技企业股权投资】 2016年,江阴市继续按照省财政厅《关于区域重点成长型企业发展扶持资金实行股权投资等使用方式的意见》,发挥财政资金作用,利用股权投资促进区域重点成长型科技企业发展。是年,市财政出资800万元,与省财政厅的800万元扶持资金组成江阴市扶持重点成长型科技企业发展股权投资资金1600万元,对符合条件的重点成长型科技企业进行股权投资,先后对江阴市科诺塑业有限公司、江阴市达泰机械制造有限公司2个科技型企业投资600万元。同时,市高新技术创业投资有限公司自筹资金,先后对江阴市向阳科技有限公司、江苏春申堂药业有限公司、江阴恩特莱特镀膜科技有限公司、江阴斯坦德利医疗科技有限公司、江阴骏华纺织科技有限公司、江阴鼎顺针织品有限公司、江阴市光科真空机械有限公司、江阴市达菲玛汽配科技有限公司、江阴利尔包装有限公司9个科技型企业投资2100万元。

【科技信贷突破3亿元】 2016年,江阴市启动科技型中小微企业信贷风险补偿资金池贷款工作,确定中国农业银行江阴市分行、江苏银行江阴支行、江苏江阴农村商业银行3个银行为合作银行,向3个合作银行注入风险补偿资金1亿元。是年,市科技局向合作银行推荐15批132个科技型中小微企业,其中向96个企业发放科技贷款3.93亿元。

(毛燕军)

科技成果

【概况】 2016年,江阴市有5项项目获江苏省科学技术进步奖,其中二等奖2项,三等奖3项;获无锡市科技进步奖15项,其中二等奖4项、三等奖11项;有79项项目获江阴市科技进步奖,其中特等奖2项、一等奖10项、二等奖20项、三等奖47项。

【2项项目获江苏省科学技术进步二等奖】 2016年,江苏长电科技股份有限公司完成的“重布线/嵌入式圆片级封装技术及高密度凸点技术研发及产业化”项目获二等奖。该项目在国内率先开始重布线/嵌入式圆片级封装技术、高密度凸点及相关先进封装技术的研究和产品开发,掌握了包括中道封装在内的完整的先进封装技术,创立国内首个企业级先进封装设计与仿真服务平台数据库,形成多项具有自主知识产权的先进封装技术并实现产业化。江苏广信感光新材料股份有限公司参与完成的“高分辨率电子电路光刻胶制备关键技术与应用”项目获二等奖。该项目运用复杂工艺,自主制备无机光敏纳米二氧化硅,并通过引入无机光敏纳米二氧化硅,利用其表面双键与紫外光固化碱溶性预聚物中双键相互作用,得到光敏纳米二氧化硅改性的光致抗蚀材料,在保持其原有分辨率、铅笔硬度等特性的基础上,有效降低其光敏参数、热膨胀系数,从而明显提高感光敏感性能、热尺寸稳定性能等,确保高分辨率电子电路板的制备要求。

【4项项目获无锡市科学技术进步二等奖】 2016年,江苏法尔胜光子有限公司完成的“大尺寸光纤预制棒制备工艺及装备集成创新”项目获二等奖。该项目自主研发“全火焰水解法”技术制备出低水峰光纤预制棒,并成功应用于大尺寸光纤预制棒的制备,打破国外的技术垄断,同时将技术创新、工艺优化与设备研制有机结合,改变中国光纤预制棒生产设备主要依赖进口的被动局面,提高了中国光纤预制棒装备保障能力。江阴长仪集团有限公司完成的“基于无线专网全寿命周期的智能配用电测控保护计量集成系统”项目获二等奖。该项目产品是集测控、保护、计量于一体的智能配用电集成系统,将配用电网的实时运行、电网结构、设备、用户以及地理图形等信息以无线专网通信为主传送并进行集成,构成完整的自动化系统,实现配用电网运行监控及管理的自动化、信息化和一体化,提升了配用电智能化水平,提高了配用电质量和供电可靠性。中船澄西船舶修造有限公司完成的“海上风力发电塔制造技术研究”项目获二等奖。该项目以开发2.5兆瓦以上风力发电设备的风力发电塔为目标,研究塔身材料选型、焊接工艺、加工装配工艺、工装夹具、涂装工艺、吊索具、装船绑扎方式优化、生产设计8个专题,通过开发研究和技术攻关,改善产品质量,提高产品稳定性,最终实现海上风塔项目的承接。江苏胜达科技有限公司完成的“双层防爆轮胎用高扭转回火胎圈钢丝”项目获二等奖。该项目通过热处理淬火优化工艺、高精度中频回火技术、胎圈钢丝表面化学置换镀高锡青铜镀层的镀液参数、智能控温技术、阴阳极脱脂除油技术等方法,提升胎圈钢丝的性能,产品扭转性能达到74次/360°左右,与橡胶黏合力更强,减少钢丝用量,经国内多个大型轮胎制造企业使用,实现了进口替代。

(刘国安)

■类目编辑　成甦萍

教　育

综　述

【概况】 2016年，江阴市教育部门加快教育改革创新，积极促进教育均衡发展，不断提高教育教学质量，较好完成各项重点工作。年内，全面实施《江阴市域教育设施布局规划（2013—2030）》，推进城乡整体联动，扩充优质教育资源，持续改善学校办学条件。提升学生文明素养，建设市级文明校园89所、校外实践基地60个。提升学生体育艺术和科技教育水平，举办全市第三届校园足球冠军赛、中小学足球暑期夏令营和小锡班5周年精品节目展演暨颁奖会等活动，参加国家、省、市级科技创新比赛，获奖人数超500人次。开展学生体质健康监测工作，小学生、初中生、高中生体质健康合格率分别为99.59%、98.81%和99.49%。加强教师队伍建设，招聘新教师179人，落实免费男幼师岗位4人，招聘幼儿园编外用工100人，面向初中毕业生招收免费男幼师10人。推动城乡教师资源均衡发展，有14所中学、8所小学的64名教师参与"三人一校三学科"结对交流活动。推进学前教育课程改革与创新发展，根据江苏省学前教育课程游戏化建设项目要求出台《关于开展江阴市幼儿园课程游戏化建设项目申报的通知》，在全市启动幼儿园课程游戏化建设项目申报工作，深度推进幼儿园课程改革，全面提升幼儿园保教质量，确保高位均衡发展学前教育，澄江、云亭2所中心幼儿园申报省级课程游戏化项目，西郊、月城、临港、长泾、南闸5所中心幼儿园申报第一批江阴市级课程游戏化项目。6月19日，在国务院副总理刘延东组织召开的民生工作座谈会上，江阴市作为江苏省唯一的县（市、区）代表介绍推进义务教育均衡发展的经验。是年，江阴市被江苏省政府评为促进义务教育均衡发展先进县（市、区）、江苏省责任督学挂牌督导创新市，市教育局被评为江苏省教育工作先进集体和江苏省《全民科学素质行动计划纲要》实施工作先进集体；江阴市教育现代化监测综合指标总得分90.67分，达到江苏省首批教育现代化示范区的创建要求；教育普及度、教育公平度、教育开放度、教育保障度、教育统筹度等关键指标分别达99.83%、93.40%、96.10%、97.71%、96.71%，经第三方测评的教育满意度为85%，在全省处于领先水平。至年末，全市有高等学校1所；普通高中12所；初中39所，包括6所公办九年一贯制学校（含天华艺校）、体育中学和特教中心；中等职业学校6所，公办小学41所；幼儿园（办班点）97所（个），其中民办幼儿园25所；特殊教育学校1所。各类学校在校学生209772人，教职员工16788人，其中专任教师14260人。

（陆余平）

【教育经费投入】 2016年6月，江阴市财政局、教育局联合出台《关于进一步完善学前教育经费保障机制的通知》，将学前教育经费全部纳入财政保障体系，形成覆盖全学段的教育经费财政全额保障机制。是年，全市教育经费总支出41.39亿元，占公共财政预算支出的16.51%，其中预算内教育经费支出37.41亿元。每生每年公用经费标准为：幼儿园每生每年400元，小学每生每年800元，初中每生每年1100元，普通高中每生每年1500元，职业高中每生每年2100元。全市义务教育阶段公用经费拨款总额11842.52万元（含免除义务教育阶段学生学杂费2930.51万元），新市民学生经费由财政保障。适龄残疾儿童全员接受义务教育，实施残疾儿童15年免费教育。继续实行家庭经济困难学生减免和补助政策，对义务教育阶段按小学每生每年1000元（低保家庭1500元）、初中每生每年1250元（低保家庭2000元）标准发放生活补助，共计发放141.12万元，受助学生2163人次。对家庭经济困难的高中阶段学生按每生每年2000元标准发放教育费用补助，共计发放50.8万元。根据《江苏省关于扩大中等职业教育免学费政策范围进一步完善国家助学金制度的实施办法（试行）》等文件精神，免除中等职业学校学生学费2298.01万元，涉及学生20891人次，发放中等职业学校学生国家助学金153.5万元，涉及学生1805人次。根据江苏省财政厅、省教育厅《关于做好免除普通高中建档立卡等家庭经济困难学生学杂费有关工作的通知》精神，秋季学期免除普通高中家庭经济困难学生学杂费13.2

万元,涉及学生155人。 (谭 华)

【学校基本建设】 2016年,江阴市大力推进学校基本建设,列入市政府投资计划项目28项,其中2015年续建项目12项,2016年新建项目9项,启动2017年前期项目7项,总投资28.44亿元(含续建),总建筑面积30.12万平方米(含续建)。年内,云亭实验小学东校区和云亭中心幼儿园东区完成主体封顶,共计投资1.8亿元,总占地面积6.34公顷,总建筑面积4.64万平方米。江阴中等专业学校一、二期改造,市第一中学生活区改造和江阴实验中学整体改造等项目基本完工。市新澄江中心小学建设、市第一初级中学易地新建工程分别完成总投资的85%、90%,市辅延中心幼儿园易地新建、市春申幼儿园新建、市敔山湾幼儿园新建、江苏省南菁高级中学实验学校改扩建、市要塞中学改扩建、江阴初级中学维修改造、江阴高级中学校舍维修改造及运动场改造等项目有序推进。 (王时强)

【学生德育工作】 2016年,江阴市教育部门结合文明城市创建,推进社会主义核心价值观教育、文明礼仪和行为规范养成教育。编印9万册《中小学核心价值观教育、文明礼仪教育手册》,分发至全市各中小学。全市学校广泛开展"八礼四仪"(八礼:仪表之礼、仪式之礼、言谈之礼、待人之礼、行走之礼、观赏之礼、游览之礼、餐饮之礼;四仪:7岁入学仪式、10岁成长仪式、14岁青春仪式、18岁成人仪式)和"五小行动"(光盘、尊长、守序、遵时、整理)系统活动,养成学生良好行为规范。组织江阴市文明风尚好少年、江阴小市长、江苏省追梦好少年评比活动,引导青少年践行社会主义核心价值观。开展法制宣传教育,建设"一校双法制副校长"队伍,落实《青少年法制教育》课程,开展法制教育巡讲和法制故事大家讲活动,在校园内外营造良好遵法学法守法用法的法治氛围。开展生态文明教育,组织"公众看环保"和"生态文明进校园"等活动,引导中小学生树立协调人与自然、人与社会关系的价值观念,全面提高生态文明素质。开展走进华西、走进红色教育基地、走进名企等活动,组织学生参加军训18739人次、参加社会实践59149人次,培养学生自立自强能力和坚强意志。开展家长学校建设,成立全市家长学校总校,培养53名家庭教育高级讲师,编写市级家庭教育教材,征集192个家庭教育优秀案例和90个优秀家庭教育视频资源,评选414名市级优秀家长志愿者和28所优秀家长学校,构建学校、家庭、社会三位一体的育人机制,促进学生德智体等全面发展。建设网上家长学校、家庭教育APP(应用程序),发布家庭教育文章1255篇、视频29个,累计阅读量超164万人次,并在江阴电台开设《家长也来晚自修》广播课程,家长学校满意度达98.6%。开展"紫藤花开"心理教育月活动,组织心理剧展评和"青爱杯"教师心理优质课会课比赛,云亭中学被评为江苏省心理健康教育示范学校,市北大街小学、市第一中学、长泾中学、市第一初级中学、江阴中等专业学校被评为无锡市心理特色学校。4月,江阴市承办全国青春期教育研讨会暨中陶会青春期教育专业委员会成立大会,500余名专家学者参加会议。6月13日,全国人民代表大会教育科学文化卫生委员会副主任王佐书调研青爱工程(中国青少年艾滋病防治教育工程)江阴基地,视察并高度评价云亭中学和云亭实验小学的青爱工作。年末,市财政安排专项资金165万元为6所职业学校安装生命救护设备,开设生命救护课程,使学生掌握初步的应急救护知识,提高应急避险和应急救护技能。是年,云亭中学被评为全国"青爱小屋"标杆学校、省心理健康特色学校,江阴职业技术学院和华士高级中学被评为全国青爱特色学校,建成1个江苏省级、2个无锡市级英雄中队,江苏省南菁高级中学学生杨家骝、市敔山湾实验学校学生李奕纯被评为省"最美中学生"。 (沈志荣)

【校园安全】 2016年,江阴市教育系统努力建设安全标准更高、稳定基础更牢、师生员工更满意、社会各界更认可的平安校园。年内,江阴市教育局组织食品安全、校车安全检查,与公安局交警大队联合安排人员全天候监控校车运行情况,176辆校车运行平稳,未发生食品安全事故。联合多部门协同开展校园周边环境整治等专项治理活动,幼儿园持续开展校园安全大检查,整治一般安全隐患489个、较大安全隐患20个。4月至10月,开展防溺水教育活动,学生溺水死亡事件降至1例,为历年最低。开展消防课程"进军训"、消防知识"进课堂"等5项活动,强化消防安全教育管理理念,提升消防安全意识和自防自救能力,遏制火灾事故发生。是年,江阴初级中学、市实验小学、市第二实验幼儿园等13所学校被评为无锡市平安校园示范校,98%的学校在年度安全考评中达到合格以上标准。

(徐建刚)

【教育国际交流与合作】 2016年,江阴市贯彻国家和江苏省有关部门要求,加强中小学生境外修学旅行活动管理工作,推动中小学生境外修学旅行活动规范有序、健康安全开展,全市26所学校、幼儿园接收115名外籍及中国香港、澳门、台湾学生就读。全市学校先后接待350名境外师生、友人到访。年内,江苏省南菁高级中学成为省教育厅汉语推广基地学校,接收来自美国、加拿大、澳大利亚等国家的汉语学习交流团到校开展文化交流活动;接待共建学校德国圣布拉辛高级文理中学安排的19名学生及5名管理人员来访,开展为期31天的交流学习活动;先后接待来自澳大利亚维多利亚州未来领袖青少年交流项目的墨尔本Marcellin中学、吉朗圣约瑟夫中学68名师生来访,开展为期一个月的汉语学习和文化交流活动;接待参与省教育厅苏教国际"锦绣江苏"项目的38名美国、西班牙师生来访,学习交流10天。江阴高级中学、市第一中学组织36名国际课程班学生赴美国、德国等国家的著名高校留学,组织110余名骨干教师赴美国、英国、加拿大、德国等国家研修学习,全市有570名学生参加境外修学旅行活动。天华艺校承办"亲情中华夏令营江苏无锡营"、首届港澳青少年同愿同行夏令营无锡营、"天华故乡行"江阴旅港同乡会青少年夏令营等活动,吸引来自美国、德国、加拿大等国家与中国香港、澳门地区的100余名华裔青少年和外国青少年到江阴感受中华优秀传统文化。至年末，全市有22所学校与国外40所学校建立友好学校关系，定期开展师生互派、互访活动和教育文化交流活动。

（成　娟）

【推进“智慧课堂”试点项目】 2016年，江阴市教育局积极探索“互联网+教育”的途径和方法，8月出台《江阴市中小学“智慧课堂”试点项目实施方案》，在全市中小学校推进“智慧课堂”项目试点工作。该项目力求通过用“云+网+端”（云计算+互联网+智能终端）一体化方式，改变传统课堂以教师和书本为中心的教学模式，学生人手一个智能终端，教师在平板电脑上通过智慧教学平台进行授课，课堂练习实时下发到学生的智能终端；学生完成练习后，系统平台可立即进行自动汇总统计，教师根据统计结果有针对性地进行讲解；学生也可在课余时间继续观看系统自动推送的讲解视频，完成针对性练习，真正实现传统课堂向高效课堂、个性化课堂和“智慧课堂”的转变，从而有效推动学校教育信息化工作迈上新台阶。年内，市教育局组织开展江阴“智慧课堂”建设与教学研讨会，参加各级“智慧课堂”相关的培训和研讨活动，培育江阴市级“智慧课堂”项目试点学校，在全市范围内建立“试点先行、典型引路”的推进机制。至年末，全市有12所学校成为无锡市、江阴市级“智慧课堂”试点学校。

（万增林）

【教育科研成果】 2016年，江阴市教育科研取得丰硕成果，获得多项重要荣誉。5月，江阴市承办江苏省教育科学精品课题建设工作会议暨第三届江苏省教育精品课题颁奖活动，市教育局在会上介绍全市教育科研工作和精品课题建设经验，市教育局、市教师发展中心、市南华中等专业学校承担的课题研究项目被评为精品课题。7月，在第四届江苏省教育科研成果评比中，市教育局获一等奖，江苏省南菁高级中学、峭岐实验小学获二等奖，江阴高级中学、市第一初级中学、市澄江中心小学、云亭实验小学、临港实验学校、市第二实验幼儿园、市澄江中心幼儿园获三等奖。同月，在江苏省教育厅组织的首批教育研究成果评比中，市第二实验幼儿园、江苏省南菁高级中学分别获二等奖和三等奖。12月，在第五届全国教育科研成果评比中，江苏省南菁高级中学获二等奖。

（许建国）

【省示范性县级教师发展中心创建成功】 2015年9月起，江阴市教育局推动市教师发展中心申报创建江苏省示范性县级教师发展中心。11月，江苏省教育评估院组织评估专家组对市教师发展中心的培训硬件、师资水平、培训工作等进行检查评估，给予高度评价。此后，市教师发展中心根据评估专家组反馈意见和建议进行落实整改，完善运行机制，初步实现市教师进修学校、市中小学教育科学研究室、现代教育技术中心、教育局培训管理办公室的功能整合与人员融合，逐步形成“以教科研为引领，教学研究为中心，教师培训为抓手，信息技术为支撑，后勤服务为保障”的工作机制；扎实开展教科研训各项工作，提升教育质量，促进教师、学校、学生的发展；研究制定规划，理清整体发展思路。至2016年4月，市教师发展中心完成整改工作，整改措施和实效得到省教育评估院认可。4月19日，江苏省教育厅确认江阴市教师发展中心为江苏省示范性县级教师发展中心，全市教师培训、教科研工作转型、区域内教科研训一体化工作得到上级认可。是年，市教师发展中心理顺体制机制，在服务江阴教育、单位内涵建设、自身队伍建设、研训一体化实践、学科指导能力提升等方面取得一定成效。

（陈卫东）

【开展知识产权教育试点工作】 2014年12月，国务院办公厅转发《深入实施国家知识产权战略行动计划（2014—2020）》，要求建立若干知识产权宣传教育示范学校。2015年10月，国家知识产权局、教育部联合印发《关于开展全国中小学知识产权教育试点示范工作的通知》，在全国具备一定条件的中小学中开展知识产权教育试点、示范学校的认定和培育工作，通过试点促推广，通过示范促深化，整体推进全国中小学知识产权教育工作。12月，确定首批30所全国中小学知识产权教育试点学校，江阴市华士实验中学成为江苏省唯一的全国试点学校，试点时间从2015年12月至2017年12月。2016年，华士实验中学利用国家知识产权局对试点学校提供的经费、资源和培训等政策开展专利申请活动，激发学生创新潜能，培养学生知识产权意识；成立学校创客中心，建成新能源低碳生活体验馆，进一步加强学习与生活的联系，提升学生动手实践能力和创新能力。年内，学校成功申请专利46项，其中发明专利4项，指导泛长江三角洲青少年创客联盟成员15所学校成功申请专利200多项，其中发明专利10项。

（沈军辉）

基础教育

【概况】 2016年，江阴市基础教育以促进教育公平、提升教育质量为重点，以教育改革创新为动力，努力实现学校内涵发展、教师专业发展、学生全面有个性发展，不断提升基础教育水平。年内，市教育局出台《义务教育质量评估方案》，建立规范化、制度化、科学化的质量监测体系。深化基础教育课程教学改革，出台《关于深化区域教研工作的实施意见》，推进学校发展共同体建设，完善市级、片区、校本三级网络教研机制。继续推进2015—2016学年学校内涵发展第一轮规划的“课程建设年”工作，建立课程建设现场推进机制、优秀校本课程和课程体系建设示范学校评比制度，举办课程建设成果展示现场会，江苏省南菁高级中学、市第一中学、南菁高级中学实验学校、江阴初级中学、璜土中学、市实验小学、市城中实验小学、市花园实验小学、市晨光实验小学、华士实验小学10所学校被评为江阴市学校课程建设示范学校；确立2016—2017学年为学校内涵发展第一轮规划的“课堂教学改革年”，实施课堂教学改革，以“构建积极教育，建设‘三力’（学习有动力、课堂有活力、师生长能力）课堂”为总体目标，制定下发《关于进一步深化中小学课堂教学改革的指导意见》，推进分层教学、走班制、导师制、网络化等教学组织模式改革，把学习主动权还给学生，让学生在课堂教学改革中自由、主动、持续成长，落实立德树人根本任务。促进艺术教师队伍建设，提高学校艺术教育普及水平和质量，健全艺术教育质量保障体系；组织实施义务教育学校标准化建设监测，整体提升学校办学水平。12 月，江苏省南菁高级中学举办全国高中"审美课堂"教学论坛，全国近百所高中近千名专家、教师到场观摩研讨。是年，市第二实验小学的"'幸福乐园'特色文化建设"被确立为江苏省小学特色文化建设工程项目，江苏省南菁高级中学课题《指向提升国际理解素养的学习生活建构》被省教育厅、财政厅定为省基础教育前瞻性教学改革项目，长泾中学课题《"语文·英语"阅读课程基地》被确定为省高中课程建设项目。（华　猛）

学前教育　全市年末有幼儿园(办班点)97 所(个)，省、市级优质幼儿园分别占全市幼儿园总数的 61.46% 和 14.58%，3～6 岁在园幼儿 42432 人，比上年增加 1044 人，其中新市民子女 13186 人，江阴户籍适龄幼儿入园率达 100%，有 13 个镇(街道)建成无锡市学前教育现代化乡镇。年内，全面启动实施第二期《江阴市学前教育五年行动计划》，根据"政府主导、社会参与、城乡一体、均衡公平、规范优质"原则，突出学前教育公益性、普惠性导向，加快公办和普惠性民办幼儿园建设、健全幼儿园管理体制、加大学前教育经费投入、加强幼儿园教师队伍建设、提高幼儿园保教质量、健全幼儿园监管体系，计划在 2020 年构建城乡一体、资源充足、布局合理、充满活力、质量优良、人民满意的学前三年教育体系，为幼儿和家长提供方便就近、灵活多样、多种层次的学前教育服务。恢复 0～3 岁婴幼儿早期教养指导工作网络(早教中心—早教站—早教点)和职能，各镇(街道)早教站点开展灵活多样的早期教养服务，提高 0～3 岁婴幼儿家长和看护人员科学育儿水平，构建托幼一体化的学前教育公共服务体系。市教育局、财政局、物价局联合下发《江阴市普惠性民办幼儿园认定和管理实施细则》，实施普惠性民办幼儿园公用经费补助制度，开展第一批普惠性民办幼儿园认定工作，璜塘同福幼儿园、徐霞客镇陈子幼儿园被认定为江阴市普惠性民办幼儿园。是年，新建、改扩建幼儿园 6 所，扶持指导 4 所民办幼儿园登记注册。（周雅萍）

小学教育　全市年末有公办小学 41 所，在校学生 93439 人，其中新市民学生 41877 人，小学入学率、巩固率、毕业率均保持 100%，有 35 所省义务教育现代化学校。年内，推进课程教学改革，首次进行全市学科质量监测，围绕小学生核心素养编发语文、数学、英语 4 年级至 6 年级的考试纲要(试行稿)，研究并编发语文、数学、英语各年级上下册教材的教学要点(试行稿)。10 月，江苏省教育厅召开小学教学改革现场观摩研讨会，市教育局在会上作《江阴市区域推进小学教学改革与创新的实践与探索》交流发言。（邵国凤）

中学教育　全市年末有普通中学 51 所，其中公办普通高中 12 所(8 所四星级高中，4 所三星级高中)，初中 39 所(含 6 所九年一贯制学校、体育中学和特殊教育中心校)；在校初中生 39863 人(含新市民学生 12681 人)，高中生 16568 人(含新市民学生 3149 人)。初中生入学率、巩固率、毕业率分别为 100%、100%、99.8%。参加江苏省 2016 年学业水平测试必修科目考试学生 5319 人，有 4856 人参加高考，录取 4772 人，录取率 98.27%，其中本科录取率 92.13%，普通高中本一进线 1259 人，进线率 28.13%，本二进线 3277 人，进线率 73.21%。江苏省南菁高级中学本一进线率达 76.43%，居全省前五名，该校学生王羿在北京大学自主招生考试中名列全国第一。（华　猛）

特殊教育　2016 年，江阴市新增送教上门的重度残障儿童 63 人，新增 4 个资源教室。至年末，特殊中心校有学生 72 人、资源教室 6 个，为随班就读儿童的特殊需求提供支持。（邵国凤）

【体艺科技教育成果】　2016 年，江阴市各学校学生足球队积极参加国家、江苏省、无锡市组织的各项比赛，取得优异成绩。其中江阴高级中学男子足球队蝉联全国 U17 青少年足球联赛冠军，市第二中学初中女子足球队获全国青少年校园足球联赛总决赛初中组冠军，高中女子足球队获江苏省"省长杯"青少年校园足球联赛高中组冠军，市第一初级中学男子足球队获江苏省"省长杯"青少年校园足球联赛初中组冠军，市第一中学、市第一初级中学、市第二中学分别获无锡市青少年校园足球联赛高中男子组、初中男子组和高中女子组冠军。1 月，市花园实验小学的校园情景剧《夏令营之歌》获全国艺术展演一等奖。4 月，市第一初级中学校园情景剧《女生宿舍那点事》获全国中小学生艺术展演一等奖。11 月，世界教育机器人学会在上海国家会展中心举办世界教育机器人大赛 2016 赛季世界锦标赛，市第一中学参与积木机器人赛、扩展任务赛和微镜头等项目角逐，获特等奖两个、一等奖两个。

【传统文化进校园】　2016 年 3 月，市教育局下发《关于在全市中小学开展"锡剧进校园"活动的通知》，要求市锡剧团挑选 90 分钟优秀锡剧节目进学校演出，是年起每年安排 50 场，计划 3 年内送戏到每一所学校。同月，市教育局下发《关于印发江阴市中小学武术进校园实施方案的通知》，利用体育课、大课间、活动课组织学生开展武术学练活动，组建武术兴趣社团，组队参加无锡市、江苏省、全国以及国际性的青少年武术比赛，把推进武术进校园与校园文化建设相结合，营造浓厚的校园人文教育氛围，让师生在校园武术中受到传统文化熏陶。年内，市教育局在全市中小学开展唱锡剧视频评比、音乐教师锡剧课型比武、锡剧进校园争先创优等活动，评选传承振兴锡剧示范学校、学唱锡剧先进个人、模范小锡班等，以"熟悉地方戏曲、弘扬传统艺术、传承特色文化、提高审美修养"为目标，传承锡剧文化精髓，普及锡剧基本知识，探索实施素质教育的新途

2016年9月30日,江阴市学校小锡班"教学质量提升年"现场推进会在云亭实验小学举行。图为该校学生在推进会上演唱《双玉蝉——赠蝉》选段
（云亭实验小学提供）

径、新思路,推动中小学师生学唱、会唱、爱唱锡剧,打造锡剧特色教育品牌,激发青少年热爱故土、热爱祖国的情感。11月,市内学校参加省第九届中小学生武术锦标赛,获集体比赛项目一等奖2个、二等奖4个。至年末,市锡剧团在全市学校演出50场。

【推进全国青少年校园足球试点工作】 2016年,江阴市继续做好全国青少年校园足球试点县(区)的有关工作。1月,市教育局派遣市第二中学初中女足、高中女足、市第一初级中学男足赴云南、广西(北海)进行高原和海边沙滩针对性训练,学习足球发展经验和训练理念,加强与各地青少年足球交流。6月,在敔山湾实验学校举办第二轮江阴市中小学体育教师校园足球教练员培训班,133名小学体育教师和130名中学体育教师参加为期6天的培训,提高校园足球从业人员工作能力和综合素养,推动校园足球工作的开展。7月至8月,举办全市中小学生校园足球夏令营,26所中小学的276名足球运动员参加为期20天的集中训练,聘请国家级和有等级资格的13名教练员对运动员进行足球基本知识、基本技术、比赛常识、战术的指导和训练。9月,市教育局下发《江阴市中小学校园足球外聘教练员管理条例》,开展外聘教练员工作,解决学校足球师资匮乏难题,构建校园足球教学和训练保障体系。10月起,市政府为全市义务教育阶段中小学生免费提供《江苏校园·魅力足球》教科书,开设规定的足球课。年内,市教育局举办第二届"澄星杯"江阴市青少年校园足球联赛,有105支中小学球队参加,共进行434场比赛,市第一中学高中男子足球队、市第二中学女子足球队分别获高中男、女组比赛冠军,市第一初级中学男子足球队、月城中学女子足球队分别获初中男、女组比赛冠军,山观实验小学男子足球队、华士实验小学女子足球队分别获小学(甲组)男、女组比赛冠军,临港实验学校男子足球队、月城实验小学女子足球队分别获小学(乙组)男、女组比赛冠军。（华　猛）

职业教育

【概况】 2016年,江阴市职业教育以内涵发展为主线,加强学校基本建设和师资队伍培养,现代职教体系不断完善。年内,全市职业学校招生3827人,外地高职和部省属中专招生742人,对外培训3.58万人次。毕业学生3744人,97.4%拥有学历毕业证书和中级技能等级证书,一次性就业率98%,专业对口就业率85%。有525人参加2016年江苏省对口单独招生考试,录取率100%,其中本科进线287人,进线率54.7%。江阴中等专业学校的机电一体化等4个专业被评为无锡市首批职业教育现代化品牌专业,市华姿中等专业学校的园林技术等2个专业被评为无锡市现代化特色专业。至年末,全市有中等职业学校6所,专任教师1076人,其中高级及以上职业资格证书教师332人,在校学生12990人。全市中等职业学校新增实验实训设备1076万元,总值达7197万元。中等职业教育有

2016年12月7日,江苏省第三届职业学校足球锦标赛开幕式在江阴中等专业学校举行。图为该校九狮社团参加开幕式表演（江阴中等专业学校提供）

江苏省级示范(品牌、特色)专业20个,无锡市级重点建设(示范)专业29个,无锡市职业教育现代化品牌专业4个,无锡市现代化特色专业2个,有计算机应用与软件技术、数控技术2个国家级紧缺型人才培训基地,有省级实训基地4个、校外实训基地213个。是年,江阴中等专业学校团委被共青团中央评为全国五四红旗团委,在全省中等职业学校中首获该项荣誉。

【现代职教体系建设】 2016年,江阴中等专业学校分别与常州工学院和南京晓庄学院合作开展中职与普通本科分段培养。6月,设计算机应用、电子与信息技术2个专业,分别招生30人和35人,学生在江阴中等专业学校经过3年理论和技能学习,毕业考试合格后可直接进入大学对口专业学习。继续采取注册入学方式,与江阴职业技术学院合作开展中高职"3+3"分段培养,招生专业达6个,全年招生230人。市华姿中等专业学校首次采取注册入学方式,与苏州农业职业技术学院和江阴职业技术学院开展中高职"3+3"分段培养。6月,设园艺技术、电子信息工程技术2个专业,分别招生40人和30人,学生在江阴中等专业学校经过3年理论和技能学习,毕业考试合格后可直接进入大学对口专业学习。11月,江阴中等专业学校接受无锡市政府教育督导室组织的综合督导,共分两个阶段,第一阶段为课堂教学评估,第二阶段为综合督导检查,其中课堂教学评估中评定结果为A级课的占37.6%,综合督导结果为优秀。

【参加各类比赛】 2016年,江阴各职业学校积极参加各级组织的比赛和评比,取得良好成绩。3月,参加全国职业院校技能大赛,江阴中等专业学校和中船澄西技工学校均获学生组金牌,其中江阴中等专业学校学生王迪、张星星获中职组户式中央空调安装与调试项目全国金牌第一名,这也是该校自2014年夺得职业技能大赛国赛首金以来的又一次新突破。4月,参加第三届江苏省技能状元大赛,中船澄西高级技工学校学生顾丰波获焊接比赛技能状元;参加省中等职业学校文明风采大赛,获一等奖19个,二等奖13个。5月,参加省第七届职业教育创新大赛,获一等奖2个,三等奖4个。6月,参加江苏省职业学校教学大赛,获一等奖1个,二等奖1个,三等奖5个。8月,参加全国职业学校创新创效创业大赛,获二等奖3个,三等奖1个,获奖数量占江苏省获奖总数的10.8%。12月,参加江苏省职业学校技能大赛,获金牌5枚、银牌17枚、铜牌18枚,奖牌数再创新高。

(王金海)

社会教育

【概况】 2016年,江阴市社会教育继续完善社区教育三级网络,社区居民全年参加各类教育培训活动的总人次达到常住人口的60%以上。开展多层次、多形式培训活动,全年培训1076098人次,其中青少年校外教育培训98717人次,现代农民培训(农村劳动力转移培训)204806人次,从业人员继续教育(含下岗失业人员培训、新市民、外来务工人员培训)278459人次,老年教育培训107880人次,快乐生活闲暇教育386236人次。6月,周庄镇成人教育中心挂牌成立江阴开放大学周庄学习中心,这是江苏省批准县市开放大学挂牌成立后的首个乡镇学习中心,该中心围绕终身教育和学习型社会建设目标,推进成人高等学历教育和社会教育。年内,顾山、长泾、徐霞客社区教育中心创建为江苏省标准化社区教育中心,全市社区教育中心100%达省级标准化建设要求,月城镇农科教基地红专农业专业合作社橄榄树实验基地创建成为省教育服务"三农"高水平示范基地。

【优化江阴市终身学习网】 2016年,江阴市教育局继续优化终身学习网,深入推进数字化终身学习平台,提升市民终身学习的参与率。5月,组织社区教育工作者教育技术能力(微课设计与制作)培训,各社区教育中心开发提交31件(种)乡土课程(读本)、微课程。12月,开展江阴终身学习网"百姓学习之星"评选活动,根据学习网实名注册用户的学分情况,评出一等奖15个,二等奖100个,三等奖201个,优秀奖541个。是年,全市实际登录终身学习网人数超19万人,比上年增加8万人,学习访问量超74万人次,比上年增加近30万人次,观看视频并获得学分17257人,获取总学分663198分。至年末,江阴终身学习网上线微课程资源达4105门,比上年末增加584门。

【开展优秀乡土课程、微课程评选活动】 2016年,江阴市教育局继续组织开展全市社区教育优秀乡土课程(读本)、微课程评选活动,收到参评课程(视频)31件(种),评出一等奖3个,分别为澄江街道成人教育中心的《丝丝盘花扣悠悠中国结》、临港成人教育中心的《面塑》、周庄镇成人教育中心的《不老长寿面》;二等奖6个,分别为澄江街道成人教育中心的《人间万象,塑千面人生》、南闸街道成人教育中心的《百寿图》、青阳镇成人教育中心的《折断麦秆来作画(二)》、华士镇成人教育中心的《陶艺系列课程》、祝塘镇成人教育中心的《农历——我们如何记录时间》、周庄镇成人教育中心的《言偃传学》;三等奖11个,分别为澄江街道成人教育中心的《原始崇拜的节日》、云亭街道成人教育中心的《色彩的明度渐变》和《好朋友》、城东街道成人教育中心的《解决劳资纠纷的润滑剂之有效沟通》和《亭的导游》、长泾镇成人教育中心的《三角插彩虹鸟》和《发禄袋的制作》、新桥镇成人教育中心的《衍纸画的制作》、月城镇成人教育中心的《西点制作DIY——蔓越莓饼干的制作》、璜土镇成人教育中心的《苏南火龙果栽培技术》、周庄镇成人教育中心的《弘扬文明新风学身边好人、践行雷锋精神》。12月,无锡市教育局开展社区教育优秀课程资源评选工作,江阴市14所成教中心参加评选,提交33门课程,占无锡总评选课程的60%,获奖课程25门,占获奖课程总数的70%,其中4门获一等奖、6门获二等奖、15门获三等奖。

【民办教育】 2016年,江阴市教育局审批设立江阴小荧星艺术幼儿园、江阴阳光国际亲子园、江阴安庭博苑幼儿园、江阴周庄长西幼儿园4

所民办幼儿园。注销江阴市多元智能培训中心、市开明进修学校、市民生学校（业余）、市英桥培训学校4所培训机构。至年末，全市有民办教育和社会培训机构101所，其中民办中小学1所，民办幼儿园25所，民办非学历教育培训机构41所，民办非学历教育培训备案单位34所。

（王金海）

高等教育

【概况】 2016年，江阴市有普通高校1所，即江阴职业技术学院，全年招收全日制大专生1173人，其中江苏省招生964人，跨省招生209人；毕业2171人，223人获学士学位证书，13人被合作高校评选为优秀毕业生；招收成人教育学历学生1921人，其中远程教育415人，联办本专科642人，业余大专864人，学院有成人高等学历在校学生5566人。年内，学院举办各类培训36批次、学术讲座166场次、非学历教育培训6520人，组织各类社会化考试1.9万余人。开展品牌专业立项评审工作，设210万元专项经费用于7个品牌专业建设，其中电气自动化技术专业被立项为无锡市品牌专业，获建设资金10万元。围绕人才培养目标推进信息化课程建设，支持在线开放课程资源平台，加强教学实施与互动交流、课程定性考核与定量评价，15门课程被立项为院级精品课程资源。组织开展信息化教学竞赛和微课比赛，教师陈圆获省微课教学比赛一等奖、庄敏获省信息化教学设计大赛二等奖。加强校企实训基地建设深度融合，学院的工业互联与先进智造产教融合实训平台被确立为江苏省高等职业教育产教深度融合实训平台，获建设资金350万元；江阴智能制造与创新实训基地被确立为无锡市产教融合现代化实训基地，获建设资金10万元；与江苏长电科技股份有限公司合作的课题《项目引领，校企互融共赢》被确立为无锡市校企合作示范组合，与江苏海澜集团有限公司合作的课题《电子商务、物流管理》被确立为无锡市现代学徒制重点项目，分别获建设资金10万元。注重学生创新能力和职业技能培养，实施“一系一品”工程，立项江苏省大学生实践创新训练计划21项，学院学生参加各级各类技能比赛，获国家级奖项一等奖1个、二等奖2个、三等奖5个，获省级奖项一等奖1个、二等奖6个、三等奖13个，获无锡市级奖项一等奖2个、二等奖6个、三等奖12个。至年末，学院设7个系37个专业，有全日制在校学生3795人；教职员工496人，其中副教授以上高级职称教师154人，博士5人。

【师资队伍建设】 2016年，学院加强师资队伍建设，提升专任教师水平。年内，选派教师参加各级各类培训630多人次，有13人赴境外培训研修，62人参加国家级、省级项目培训，100人赴浙江大学参加高等职业教育骨干教师能力建设研修，45人赴清华大学参加骨干教师教育教学能力提升研修，90名科级以上干部赴浙江大学参加高等职业教育创新发展与学校管理专题研修，2名骨干教师赴国内知名高校访学研修。是年，学院有1人入选为省“333工程”第五期第三层次培养对象，1人入选为省“青蓝工程”优秀青年骨干教师培养对象，2人获“2016年度江阴市教书育人标兵”称号，5人被评为江阴学院教学名师。至年末，学院有专任教师359人，其中骨干教师175人。

【科研开发和产学研合作】 2016年，学院申报40项省级以上课题，有17项被批准立项，其中1项成功获批2016年度全国教育科学规划课题项目，实现国家级科研课题“零”突破，获经费资助2万元；与南京工业大学联合申报的国家自然科学基金项目成功获批，获经费资助20万元。此外，学院还获批江苏省高校哲学社会科学研究项目11项、江苏省职业教育教学改革研究课题1项、江苏省高等教育学会高等教育科学研究“十三五”规划课题1项、无锡市科协软科学研究课题1项、江阴市科协软科学研究课题2项，省级纵向课题立项比上年增长188%。加大科技服务力度，与江苏万舜股份有限公司、江苏长电科技股份有限公司、江苏倪家巷集团有限公司、江苏诚创科技服务联盟集团等企业的产学研合作逐步向纵深推进，横向项目签约经费55.15万元，实际到账经费60.75万元。全年学院立项24个院级科研课题，8个纵向项目设立配套资金，资助17.5万元，1个省信息融合工程中心通过验收，36个院级课题结题。参加首届无锡市科协青年会员创新创业大赛，分别有2项项目获一等奖和二等奖。首次设立江阴学院大学生科研基金项目，大学生科协会员申报专利实现“零”突破。是年，学院获江苏省教育科学优秀成果奖三等奖1项，1人当选江阴市“三创”（创新、创业、创优）人才，1人获首届江阴市“十大科技之星”提名，1人获江苏省科研先进个人。申报专利47项，其中发明专利17项、实用新型专利28项、外观设计专利1项、作品登记1项；授权专利28项，其中发明专利8项、实用新型专利19项、外观设计专利1项。

（张新华）

文化事业

·公共文化服务·

【概况】 2016年，江阴市认真贯彻党的十八大精神，以“十三五”规划设计为总纲，以创建全国文明城市为抓手，进一步深入开展“文化走基层、服务进万家”惠民活动，全面实施文化提升工程，推动全市文化建设迈上新台阶。重点提升基层公共文化设施服务能力和水平，提高文化阵地的开放利用率，在每万人拥有公共文化设施面积1947平方米、全市村（社区）文化活动室建设达标的基础上，建成20个优秀示范点。举办全市图书馆管理员培训班，城乡共有200余人参加，提高对全民阅读重要性的认识和管理图书、推广好书的能力。深入推进“书香江阴”建设，江阴市被中国图书馆协会评为“书香城市（区县级）”。深入开展市民文化节和“芙蓉花奖”评比等文化惠民品牌活动，全年开展文化惠民活动3000多场，举办47场各类艺术展览（其中大型书画、摄影等展览12场），举办基层文艺骨干业务培训班7期、市民艺术培训课堂11期、“暨阳大讲坛”14场。举行小锡班现场推进会、锡剧进校园现场会等活动。全年组织公益性文化演出500余场。锡剧团演出220场，观众55万人次；评弹团全年演出1100场（其中下乡演出255场），观众25万人次；江阴大剧院演出40场，观众5.2万人次；百乐城书场演出180场，观众4.5万人次。全市影剧院放映电影8500场，观众25万人次。16个农村数字电影队送影下乡公益放映3200场，观众160.6万人次；进校园放映爱国主义教育题材影片2239场，观众39.8万人次；慰问消防官兵144场；还与市总工会等单位联合开展送影下乡活动150次。

【“书香城市”建设】 2016年初，江阴市委、市政府把开展全民阅读、建设“书香江阴”摆上重要议事日程，把他作为创建全国文明城市、提升城市文化品质的重要抓手，用“全民阅读”给江阴打上了“学习·创新·创造”的印记。1月，下发《全民阅读点建设指南》《全民阅读点建设方案》。4月，召开江阴市全民阅读公益服务点建设推进会，并给各责任单位下发《江阴市全民阅读公益服务点建设目标任务书》。累计建成100个全民阅读公益服务点。城市阅读联盟点“三味书咖”新增3个，累计8个。市图书馆全年接待读者283.4万人次，比2015年增长6.6%；图书流通200.3万册次，比2015年增长163.7%；新办借书证8808张，被评为全国最美基层图书馆。是年12月，江阴市被中国图书馆学会评为“书香城市（区县级）”，形成全民阅读社会化发展的“江阴模式”。

【文化部公共文化验收组到江阴检查】 2016年4月26日，由文化部公共文化司副司长陈向红率领的第二批“国家公共文化服务体系示范区”第六验收组到江阴市进行检查验收。江阴市副市长龚振东、市文广新局局长蒋青陪同。陈向红副司长一行重点验收江阴市图书馆的少儿馆、综合借阅室、公共电子阅览室、新书速递吧等服务窗口，并参观江阴市首个24小时自助图书馆——天鹤社区图书馆。通过检查验收，江阴市的公共文化服务体系建设获验收组一行好评，并为无锡市获评国家公共文化服务体系示范区提供依据。

【国家公共文化服务体系建设专家到江阴调研】 2016年5月7日，国家公共文化服务体系建设专家委员会主任、北京大学教授李国新，国家公共文化服务体系建设专家委员会副主任、上海图书馆馆长吴建中，国家公共文化服务体系建设专家委员会委员、首都图书馆原馆长倪晓建等领导到江阴考察调研全民阅读社会化发展进程。他们到江阴市图书馆、周庄镇山泉村图书分馆、华士镇文化服务中心和华士镇图书分馆、香山书屋、新华社区图书分馆、丰硕茶楼图书分馆、天鹤社区24小时自助图书馆等单位，实地考察江阴在图书总、分馆制建设等方面的推进情况，并在江阴组织召开“全民阅读社会化发展江阴模式”课题论证会。

【新华书店中心门店改造升级】 位于老城区人民中路的江阴新华书店中心门店初建于1976年，设施陈旧，尤其是在2015年6月的大暴雨中，一楼店堂曾进水30厘米，书架受潮变形，其他设备也受损严重。2016年4—7月，对新华书店中心门店进行全面改造升级，一楼利用层高增加跃层设计，扩大主业经营面积，改善通风效果，增加阅读区域，便于读者阅览和购书；二楼淘汰部分零散出租柜，引进视立佳、护童学习桌两个全新合作项目；三楼增设艺术类图书专区和音像制品专区；四楼增加少儿绘本馆、互动区域、休闲茶吧；五楼成立小主人报教育培训基地。改造后的中心门店成为集图书音像、人文关怀、培训教育、多元销售为一体的综合性书店，陈旧设施更换一新，售书环境明显改善。年内，该门店实现销售3800万元。另外，全面改造设在该门店内的新华书店物流仓库，硬件设施、软件装备、仓储环境、办公条件等有很大改善，为全市100余所中小学、10个乡镇网点、231个农家书屋、机关企事业单位的图书配送，以及电商工作的拓展创造有利条件。

【六小龄童走进暨阳大讲坛】 2016年8月14日，著名表演艺术家、国家一级演员六小龄童应邀走进暨阳大讲坛，以《苦练七十二变，笑对八十一难》为主题作了精彩讲座，吸引500多位市民听讲。讲座中，六小龄童与大家分享对孙悟空这个角色和西游文化的感悟，还在现场耍起金箍棒，演示美猴王的一系列经典动作。他在讲坛上呼吁：希望更多的年轻朋友了解祖国的传统文化，包括《西游记》的文化精髓。

【首辆流动图书车投放使用】 2016年4月25日，江阴市首辆流动图书车正式投放使用。该图书车装载图书2500余册，内设图书阅览区，提供办理读者证、借阅图书等服务。流动图书车与市图书馆总馆、分馆及“三味书咖”阅读联盟点之间实行图书通借通还，方便读者借阅。流动图书车在市政府、万达广场、贯庄社区、立新社区、梅园社区、江锋社区设立6个流动服务站。

【举办各类文艺展览47场】 2016年，江阴市先后举办各类文艺展览47场。其中在市展览馆举行大型书画展12场，主要有江阴市书画院画师作品展、江阴市新春油画展、当代青年油画邀请展、江苏省书法名家精品巡回展、江阴市女画家优秀作品展、浙江画院余昌梅、姚晓东、于宏达中国画作品展等。位于寿山路的文化画廊布置的展览主要有江阴市中小学生书画大赛优秀作品展、江阴市青年美术教师作品展、“瀚墨书情·美丽江阴”群众写春联活动优秀作品展、江阴摄影人优秀作品展、江阴市第十四届少儿书画现场比赛优秀作品展、江阴市“芙蓉花奖”优秀作品巡展等。各类文艺展览吸引众多书画爱好者前往参加，为广大市民提供优美的视觉艺术享受。 （邵振良）

·江阴日报·

【概况】 2016年，江阴日报社（以下简称“报社”）坚持守土有责做好报业，转型创新拓展产业，围绕建设“强富美高”新江阴营造氛围，引导舆论。致力提高舆论导向的正确性、精准性和艺术性，初步建成融合报纸、网络、微博、微信、城市电子屏、阅报栏于一体的全媒体业态，奠定《江阴日报》的本土化、平民化、社区化、网络化的布局。为坚持舆论导向，做好报业主业，报社在头版打好新闻报道“组合拳”，配合市委、市政府2016年度先进表彰大会、“两会”、全市千企转型提升发展暨人才强企大会、江阴市第十三次党代会、全市生态文明建设暨水环境整治大会、全市城乡建设大会等行动，开展一系列重大时政宣传报道。在报道经济建设成就的同时，报社还推出专版，集中报道“江阴好人”的感人事迹。推出“叫全国的文明从江阴发起”栏目，报道一批典型的公益人物，以身边榜样激励群众。按照市委宣传部要求和报社自身发展需要，着力推动全媒体融合，调整改革内部管理机制，同步进行手机客户端升级。报社外宣工作继续取得好成绩，在《新华日报》《扬子晚报》《江苏经济报》《无锡日报》等报刊发布各类外宣稿70余篇。稿件创优成绩突出，报社有57篇次作品获各级优秀新闻奖：获江苏省级报纸优秀奖作品3件，其中二等奖1件，三等奖2件；获无锡市报纸优秀作品奖19件，其中一等奖3件，二等奖5件；获中国县市区域报新闻奖作品19件，其中一等奖4件，二等奖7件；获江苏省县市报新闻奖作品11件，其中获最高奖项荣誉奖1件，一等奖1件；获无锡日报报业集团新闻论文奖作品5件，其中一等奖1件。此外，还有1件新闻作品获无锡市新闻奖。面对严峻形势，报社积极调整经营思路，拓展创收渠道。在减缓整体经营亏损的同时，拓展网站微信托管、海南房产营销、健康产业、资产拍卖中介等新产业增长点。报社全年经营总收入按国资办考核口径实现3037万元，与2015年基本持平。启动报社整体搬迁工程。

【主流舆论场营造】 2016年，报社配合市委、市政府各阶段的中心工作，在《江阴日报》头版先后开设“贯彻党代会精神，深入推进‘六大战略’”“建设生态宜居城，打赢治水攻坚战”“深入开展‘两学一做’，推进全面从严治党”“开启城乡建设新征程，合力共建美丽宜居城”“争创全国文明城市，争做文明江阴市民”等重点专栏，努力提高政策宣导的精准性和艺术性，弘扬社会正气，倡导文明新风。围绕市委提出的“产业强市”战略，根据市委宣传部“产业强市风正劲”主题宣传活动的部署，《江阴日报》在头版开设“立足新起点，建设新江阴”“产业强市风正劲”专栏，及时报道江阴加快改造提升传统产业、加快培育壮大新兴产业、加快重大产业项目落地、加快提高开发区建设水平等方面的先进典型，报道各镇（街道）、各部门高效服务发展、服务企业的新举措。充分发挥《江阴日报》、江阴网、“秀江阴”微信公众号、“秀江阴”APP客户端、《今日澄商》主题专刊等全媒体采编平台的优势，推出聚焦江阴本土企业的“转型风起！360°看澄企”大型全媒体新闻主题行动，组织精兵强将深入企业一线采访，全景式解读、展示一批重点骨干企业在产业强市新征程中勇担重任的“压舱石”风采，以及“专精特新”成长型中小企业万马奔腾的发展热潮。这一大型新闻主题活动贯穿全年。报社还把《江阴日报》刊登的优秀作品结集成册印制出版，作为全市企业转型发展的鲜活教材。

【全媒体融合运营】 2016年上半年，报社通过调研学习和专题论证，确立适应全媒体融合运营的全新组织框架,7月,全媒体融合机构、人员调整全面到位,开始全媒体采集、发布新流程运营。各部门紧紧围绕市委、市政府的中心工作,以群众反映的热点、社会关注的焦点为宣传工作的着力点,采用图、文、视频等形式,灵活多样地进行网络宣传报道。新媒体发布中心积极应对"秀江阴"手机客户端、微信公众号新媒体平台及《缤纷花季》周刊、小号等新领域的新挑战,做到一人多职,一专多能。"秀江阴"APP手机客户端进入正常运行轨道,完成"两会"、党代会的同步直播工作。新媒体研发中心积极策划组织各种活动,扩大江阴网的影响力,在办好"健康直通车""12345民生热线"栏目的同时,创新思路,对江阴网的多个栏目进行改版。在维护好部门、镇微信公众号的同时,新媒体研发中心还承接部门、镇、村的多家外网。新媒体管理中心以推广"秀江阴"为抓手,先在APP客户端策划全市中小学生作文竞赛,又在微信公众号上策划"你点赞我捐款"活动,实现新媒体与报纸互动开展公益活动,下半年还举办全城萌宠选秀大赛。

【"秀江阴"新媒体组成矩阵】 2016年7月,报社在"秀江阴"微信公众号运营1周年之际,总结经验教训,扩大新媒体成果,推出7个微信小号与《江阴日报》5个服务子刊相对建立"缤纷花季""玩转暨阳""社情城事""滋味生活""今日澄商"5个"秀江阴"微信公众号小号。围绕这5个小号,组建5个微信群,号主和群主都由《江阴日报》子刊的责任编辑担任。此外,全媒体经营中心创立"二月初八"小号,新媒体研发中心创立"女神GOGO购"小号,由此组成"秀江阴"微信矩阵。报社的采编们将平面媒体报道与新媒联动起来,有效延伸报纸的阅读空间,吸引众多青少年读者。如小号"缤纷花季"以教育和学校为主阵地,以小记者团活动为推手,在教育界影响日增。

【产业经营增长新亮点】 2016年,报社通过抓新增项目、抓转型发展,努力开源节流,寻求产业经营突破。围绕政务、商务、会务发掘产业转型延伸创收项目,以策划各类活动带动传统广告业务,重点服务好大客户,经过招投标,为金三角专业市场举办春季、秋季家博会。此外,报社以战略联盟与镇(街道)、部门联动,以专业服务与政企新媒体合作启动,以产业互补与企业合作互动,弥补传统广告营收下降之缺。是年,新媒体网站微信托管收入呈现快速上升势头;为金三角整体营销持续盈利,为海南房产营销收获颇丰,健康产业、资产拍卖中介产业创收稳中有升。

【报社举办迎新春音乐会】 2016年12月26日晚上,报社邀请中国广播民族乐团到江阴,以精彩的民乐表演与暨阳百姓共迎新春,近1200位观众在江阴大剧院享受这场特别的视听盛宴。报社为弘扬江阴民乐之风,主办迎新春音乐会已连续5年。这次音乐会由青年指挥家葛亚南担纲指挥,民族管弦乐《庆典序曲》拉开音乐会序幕。著名胡琴演奏家、国家一级演员、中国广播民族乐团名誉首席姜克美,乐团琵琶首席、国家一级演员陈音等倾力合作。演奏家们与乐队演员一起接连演奏琵琶《春江花月夜》、唢呐《黄土情》、民族管弦乐《金蛇狂舞》等十多首经典雅乐。更让观众们欣喜的是,他们还特别为江阴观众演奏了刘天华名作《良宵》和《光明行》。

【"寻宝江阴"公益活动】 2016年4月26日起,报社与江阴市博物馆联合举办"寻宝江阴"大型公益活动。其间邀请无锡博物院副院长蔡卫东、杨启明及马旭明等文博专家,到江阴为市民免费鉴定宝物。这项活动持续至12月31日,分寻宝、亮宝、评宝、赏宝四个环节,很多收藏爱好者纷纷将藏品送到报社参与评选。主办方筛选出近百件优质藏品在《江阴日报》和江阴网上同时刊登发布,并请国家文物鉴定委员会委员杨震华等权威专家进行评选,对其中最具价值藏品的收藏人给予奖励。

【第四届全市广场健身操(舞)大赛】 2016年,报社与市体育局联合举办第四届江阴市广场健身操(舞)大赛,从5月初开始宣传发动到10月16日进行决赛,历时5个月。全市各镇(街道)及部分企业组队参赛,有45支团队近700人参加这项赛事。经过预赛、复赛,最后有17支团队到市体育馆进行决赛,青阳镇灵芝队摘得桂冠。年内,由报社发起的这项赛事被列入全市十大群众体育活动项目。 (张东平)

·广播电视·

【概况】 2016年,江阴广播电视集团(以下简称"集团")面对日益复杂多变的传媒生态和依旧严峻的宏观经济形势,紧紧围绕转型发展总目标,狠抓改革融合重点工作的推

2016年12月26日,报社举办迎新春音乐会。图为胡琴演奏家姜克美与乐团合奏《庆典序曲》 (江阴日报社提供)

进落实，坚持做强新闻宣传主业，舆论引导形成场系、坚强有力，内容生产践行融合、鲜活多样，部门协同创新，经营创收遏制颓势，技术事业建设有序推进，运营管理不断规范，发展环境更加清廉和谐，圆满完成市委、市政府下达的新闻宣传、产业经营各项指标任务，为建设"强富美高"新江阴提供坚强的舆论支持和产业驱动。全年新闻宣传和节目生产获各级各类奖项近40项，技术事业建设获各级各类奖项4项，党建群团工作获各级各类奖项5项。

【新闻宣传导向有力】 2016年，江阴广播电视主流新闻栏目"江广新闻"和"江阴新闻"共组织《1310筑梦江阴》《争创全国文明城市，争做文明江阴市民》等系列报道和专栏40个，刊播报道400多条。首次举办全媒体大型新闻节目《星企耀江阴》，通过广播、电视、网站、微信、微博、APP等平台和渠道的合力报道，集中宣传江阴企业转型升级的经验和亮点。年内，集团对外发布的广播稿被中央人民广播电台主要栏目录用8条，被中国国际广播电台录用12条，被江苏人民广播电台主要栏目录用138条；对外发布的电视新闻被中央电视台录用35条，其中主要栏目6条，被江苏电视台主要栏目录用114条。广播电视外宣发稿量继续保持全省县级广电系统前列。"江阴发布"阅读量保持稳中有升的态势，跻身全省政务微信排行前列。大澄网开辟《治国理政进行时》专版，刊登中央和省市重要时政新闻。"最江阴"微信公众号加大对江阴普通市民文明素质的宣扬和真善美闪光点的报道，率先发掘报道了勇救落水者而未留名的田小猛的事迹，将好人精神广泛宣扬，引起良好社会反响。田小猛因此被评为第三届"十佳江阴好人"。录制播出40多期"空中热线"，并举办1期"面对面·向人民承诺、请人民监督"媒体直播活动。

【节目生产内容创新】 2016年，集团的广播主频率调频90.7汽车电台完成新一轮改版，突出"本土"和"服务"两大特色；江阴手机音乐台完成整体改版的筹备工作，以网络版的全新面貌和全新渠道抢占线上线下收听市场；江阴广播微信公众号围绕"互动、好玩、有用"开发新的功能版块，借助"映客""花椒"等直播平台，《吃香喝辣》《开心二人转》等主打节目同步常态化地进行视频直播，有效地拓展在线收听收看人群，为广播注入新的活力；借助"蜻蜓FM"，江阴广播节目实现直播、回放和重点节目推荐。电视各频道定位进一步明晰，频道栏目设置经过调整进一步优化，大型全媒体公益节目《华西村·我有一个梦》全年完成10期节目的制作播出，还发放圆梦基金30万元，帮助30人成功圆梦。集团和华西新市村以此节目为依托，牵头成立"江阴企业公益联盟"，产生良好社会反响。"帮女郎"增设新版块"帮女郎的朋友圈"，播报朋友圈新闻，其他电视节目也都形成常态化线上推广。

【移动新媒体影响力扩大】 2016年，集团的广电微信矩阵（含"最江阴""大江阴""江阴发布""江阴吃香喝辣""江阴广播""优活江阴""江阴车友会""悦墨""江阴梦之星"等）总粉丝数约100万人。"最江阴"微信粉丝总数突破50万人，比2015年翻一番，周阅读量保持在100万以上，以其独特的原创性和互动性卫冕全国城市台微信榜。建立高质量高水准代维微信公众号11个，涵盖市委组织部、纪委、宣传部和政法委，市经信委、交通局等部门和单位。"最江阴"微信公众号被国家新闻出版广电总局人才交流中心评为2016年度全国地方广电微信公众号最具影响力十强之一。

【新闻综合频道高清播出】 2016年，集团围绕提升用户体验目标，投资1486万元，完成江阴电视播出系统高清化改造。至年底，江阴电视实现了从前端拍摄制作到终端播出的生产全程高清化，是江阴电视生产和技术的一次质的飞跃。江阴电视新闻综合频道播出高清化在全国县级电视台中处于领先地位。

【技术改造推动发展】 2016年，集团持续升级完善全台网、演播室等生产配套设施设备，全媒体内容生产共享平台通过验收，新的广电工艺系统建设阶段性目标全面完成。着眼直播、互动等全媒体、融合化生产传播方向，制订完成技术改造方案并有序推进落地实施，年内大型节目移动直播系统开始搭建并试用，栏目直播系统改造进入施工阶段。初步完成集团大数据采集系统方案的制订工作，VR技术调研持续跟进。完成长泾差转台维修项目。完成中波台发射机更换和自动检测系统升级以及江苏省新闻出版广电局无线数字地面电视上覆盖工程。自主开发江阴手机音乐台页面版APP，完成大澄网改版技术开发工作。网络直播、生产经营小技术开发等近百次互联网技术配合服务工作均告完成。全年实现安全播出无事故。

【规范管理降本增效】 2016年，集团对内设机构进行微调，增设艺文中心和包装录制中心，合并总编室和生产经营管理办公室。建立编委会工作机制，加强对新闻宣传和内容生产、产业经营日常业务的统筹协调。进一步完善并实施集团绩效薪酬考核管理方案，初步建立"以岗定薪、薪随岗走、拉开差距、正向激励"的人力资源考核管理机制。出台实施《集团重点工作督办实施办法》《关于进一步规范各类采购行为的规定》《大型活动管理办法》等规定，基本完成广播电视经营管理系统建设，规范了对经营业务的管理。建设并上线运行广电办公自动化系统，提高管理运营工作效率。做好经费使用检查工作，组织完成《集团办公用品领用制度》廉评。"三公"经费支出连续五年持续下降，物业后勤维护成本从严从紧，全年主营业务成本与2015年基本持平。

（袁爱民）

·文艺创作成果·

【概况】 2016年，江阴市文化部门为繁荣文艺创作，积极组织文艺工作者深入经济发展前沿和生产建设第一线开展采风创作，在丰富多彩的人民生活中收集素材，激发灵感，拓展文艺创作题材内容；以举办展览、展演、展示和参加上级文艺赛事活动为契机，锤炼广大文艺工作者的创演能力；设立与江苏省各文艺协会相衔接的"江阴文艺协会奖"，营造精心创作、多创精品的良好氛围，产生了一批思想性、艺术性、观赏性相统一的精品佳作。作家协会会员出版散文集《满江红》、儿童文学集《盛开太阳的葵花》、诗集《探微》、长篇历史小说《彪悍南北朝之铁血双雄会》、散文集《江阴女作家丛书》等。民间文艺家协会完成《党员八条廉洁》故事创作,其中3个故事分获江浙沪故事邀请赛金、银、铜奖,2个故事分获第六届江苏省少儿曲艺大赛一等奖和三等奖。还有5件民间工艺作品入选第四届东方工艺美术之都博览会,其中铸胎掐丝鎏金珐琅器七龙爪棱形炉获评江苏民间文艺“迎春花奖”。戏剧曲艺家协会会员创作的小戏《今天老师来家访》入围第十七届全国群星奖,小品《活在别处》获“天穆杯”全国小品展演最佳创作奖和优秀表演奖,小戏《扁头不在家》获江苏省“五星工程奖”金奖,剧本《金山寺》获第三十届田汉戏剧奖剧本三等奖和第十四届江苏省戏剧文学奖。音乐舞蹈家协会会员创作的歌曲《打工的汉子》《山水霞客》获第三届无锡市“群芳奖”音乐类金奖。美术家协会完成6幅江阴市重大题材油画作品创作,2件油画作品入选吴冠中艺术馆全国油画展,2件国画作品入选首届颜真卿全国书画展,3件油画作品入选第九届江苏省油画展,4件美术作品入选江苏省第七届水彩粉画展,3件美术作品入选江苏省首届青年油画展。书法家协会有1件书法作品入选纪念中国共产党95周年全国书法名家邀请展;15件书法作品入展江苏省第十届新人书法篆刻作品展,其中1件获无锡地区唯一的优秀作品奖;4件书法作品入选林散之双年展,其中1件作品获提名奖。摄影家协会有20余幅作品入选国家级展览,15幅作品在江苏省文联和省摄影家协会联合举办的第二十二届摄影艺术展览中获优秀奖。

2016年江阴市文学创作主要成果一览

表43

类别	著作(作品)名称	作者	出版社或发表刊物	体裁	篇幅(万字)	发表时间或期刊号
文学著作	《满江红》	王荣方	上海文汇出版社	散文集	30	12月
	《盛开太阳的葵花》	卞文达	江苏凤凰文艺出版社	儿童文学集	30	10月
	《彪悍南北朝之铁血双雄会》	陈　炜	现代出版社	历史小说	28	12月
	《心底花开》	陆文勤	江苏凤凰文艺出版社	散文	17.5	
	《光·影》	余　月		散文、诗歌、小说集	17.5	8月
	《风铃草的夏天》	吴正毅		小说	8	9月
	《阅微杂记》	朱华英		散文集	15	5月
	《一个人,一座城》	梁凤玉		诗集	10.5	6月
	《腐乳飘香》	刘艳萍			16	7月
	《菡萏花开月正明》	张　霞			10	8月
	《探薇》	张　翔			5	11月
	《现代文学家胡山源》	李建华	文汇出版社	传记文学	35	1月
	《音乐教育家刘北茂》				25	
文学作品	《大宅里:回望繁华落幕》	邬丽雅	《雨花》	散文	1.2	第十一期
	《有眼不识神医》		《太湖》	小说	0.7	第二期
	《喧闹的麻雀》	卞文达	《百花洲》		1.5	第一期
	《白蝴蝶》		《文学少年》		0.7	第七期
	《陈小丰的香椿树》		《太湖》	中篇小说	6.8	第三期
	《养在教室里的蜗牛》	余　勇	《文学少年》	儿童文学	0.5	第一期
	《窗外站着一棵树》	胡美凤	《诗刊》	诗歌	42行	
	《油菜花典故》(外一首)	张　翔	《中国诗歌》		0.04	第六期
	《太湖的鱼》		《绿风》		0.02	
	《树洞》(外四首)		《北京诗人》		0.8	第二十二期
	《大美张家口》(外一首)	金　彪	《中国诗》		0.02	2月

续表 43

类别	著作(作品)名称	作者	出版社或发表刊物	体裁	篇幅(万字)	发表时间或期刊号
文学作品	《姐姐,我在涨满月色的江边离开》	金　彪	入选《华人文学作品精选》	诗歌	0.04	3 月
	《团圆节》		《中国魂》		0.02	
	《花神渡桥》		《金陵晚报》		0.01	5 月
	《水域》		《几江诗刊》		0.05	7 月
	《龙泉,一场画意诗情的狂奔》(外二首)		《崑仑》		0.06	8 月
	《流泪的红罂粟》		《国家禁毒诗选》		0.05	9 月
	《致我越来越小的母亲》		《诗潮》		0.03	
	《南京花神庙》(外一首)		《雨花文艺》			第十七期
	《采茶女》	李建华	《风流一代》			第四期
	《拓展党史著作的感染力》		《大江南北》	文学评论	0.3	第一期
	《请相信爱的力量》	吴正毅	《中国新闻出版广电报》			5 月
	《用梦想和奋斗筑造美好如画的未来》		《边疆文学》			11 月
	《春天的糖》		《娃娃画报》	童话	0.1	1 月
	《独特的财富》	吴长海	《中国教师报》	散文	0.2	3 月 30 日
	《徐霞客故里行》	胡美凤	《人民日报》		0.12	1 月 25 日
	《黄史塘,一条江的记忆》	陆文勤	《钟山》		0.8	12 月
	《胶片后的感伤与温暖》	余　月	《山东文学》		0.6	四月刊

2016 年江阴市民间文艺参赛(参演)情况一览

表 44

作品名称	作者	门类	参赛(参演)名称	时间	获奖情况
《深山飞出钢琴声》	徐凤清创作　包婷婷演讲	故事	“我在书场听故事”江浙沪故事邀请赛	5 月	金奖
《80 万》	蔡红霞创作　姜少伯、蔡红霞演讲				银奖
《奔跑吧兄弟》	梅玉珍创作　陆乐演讲				铜奖
《自习课》	洪锐演讲　陈洁锦辅导		第六届江苏省少儿曲艺大赛	7 月	一等奖
《山娃得奖》	金佳豪演讲　宋春娣辅导				三等奖
			上海市民文化节“缤纷长三角 浦东川沙杯”第七届故事邀请展演	10 月	最佳故事奖
《分身术》	龚子儒演讲　管银华辅导				最佳表演奖
《撵不走的女村官》	徐凤清创作		第三届“野马渡杯”全国新故事征文比赛	11 月	一等奖
《金牌陪护》	徐凤清创作		“中国故事节”枫泾故事会征文比赛		中国好故事奖
《青阳湖畔的生死较量》	徐凤清创作		“法宝杯”中国法治好故事创作大赛	12 月	银奖
	蔡红霞演讲				铜奖
七龙爪棱形炉	高明华设计　胡文明制作	铸胎掐丝鎏金珐琅器	第四届东方工艺美术之都博览会暨江苏民间文艺“迎春花奖”之民间工艺美术作品奖评奖活动		迎春花奖
金马车	顾晓萍设计制作	纸艺			入展
鹏程万里	陈慧萍设计制作	麦秆画			
玫瑰人生	郭亚娟设计制作	珠绣			
和平鸽	陆明设计制作	灰塑			

2016 年江阴市戏剧曲艺作品参赛(参演)情况一览

表 45

作品名称	作者	门类	参赛(参演)名称	时间	获奖情况
《今天老师来家访》	蔡晓英等	小戏	第十七届全国群星奖	10 月	入围
《扁头不在家》	高玉红等		第三届无锡市群芳奖	6 月	金奖
			第十二届江苏省“五星工程奖”决赛	11 月	
《活在别处》	杜文广　单建东等	小品	“天穆杯”第五届全国小品展演	9 月	最佳创作奖优秀表演奖
			第三届无锡市群芳奖	6 月	金奖
《金山寺》	胡永中	剧本	第三十届田汉戏剧奖		剧本三等奖
			第十四届江苏省戏剧文学奖	2 月	江苏省戏剧文学奖
《雪地等车》	姜少伯等	评弹	第三届无锡市群芳奖	6 月	金奖

2016 年江阴市音乐舞蹈作品参赛(参演)情况一览

表 46

作品名称	作者	门类	参赛(参演)名称	时间	获奖情况
《打工的汉子》	顾黎强	音乐类	第三届无锡市群芳奖	6 月	金奖
《山水霞客》	王　立　周建水				
《希望的田野》	李　吉	广场舞			
《忆江南》	陈乔虹　季红英				

2016 年江阴市美术作品参赛(参展)情况一览

表 47

作品名称	作者	门类	参赛(参展)名称	时间	获奖情况
《拐角阳光》	王　俭	油画	吴冠中艺术馆全国油画展	5 月	入选
《拐角阳光》			第九届江苏省油画展	11 月	
《走向深海》	夏晓云	水彩画	第七届江苏省水彩粉画展	6 月	优秀奖
《城市边缘》			江苏省首届高校百名青年艺术家联展	10 月	入选
《山溪看雨》	陶建荣		第七届江苏省水彩粉画展	6 月	
《鱼悦》	陶　镧				
《我有一个梦》	金　蓉				
《叨叨与我》	仰　超	油画	江苏省首届青年油画展	8 月	优秀奖
《叨叨与我》			第九届江苏省油画展	11 月	入选
《江上行板》	夏　静		吴冠中艺术馆全国油画展	5 月	
《三姑庙》			第九届江苏省油画展	11 月	
《屏山祠堂》			江苏省优秀青年美术家作品展	10 月	
《萨瓦迪卡》			江苏省首届青年油画展	8 月	
《我们都是大自然的背景》	薛红艳				
《状态》	曹亚明		第九届江苏省油画展	11 月	优秀奖
《中国梦》			第三届无锡市群芳奖	6 月	金奖
《素雪暗浮香》	陈　亮	国画			
《闲云》			江苏省优秀青年美术家作品展	10 月	入选
《清华》			首届“颜真卿杯”全国书画展	11 月	
《深秋季节》	周文忠				

2016 年江阴市书法作品参赛(参展)情况一览

表 48

作品门类	作者	参赛(参展)名称	时间	获奖情况
草书	蒋君慧	江苏省书法双年展	5 月	提名奖
		国缘杯国学精粹书法展	4 月	三等奖
		诗书画印大展书法专项	5 月	入展
篆刻		诗书画印大展篆刻专项		
草书		颜真卿杯全国书法展	6 月	
	许　达	全国书法名家邀请展	5 月	
		江苏省书法院年度学术提名展		
		第四届林散之奖书法展		
		江苏省优秀青年书法家作品展		
		江苏省首届紫金京昆艺术群英会书画摄影作品展		
		江苏省文艺迎春大展		
篆书	武传国	全军书法展优秀作品展		
	武宝民	江苏省书法双年展		
篆刻		篆刻篆书精品展		
草书	李　红	江苏省第十届新人展	3 月	优秀奖
行书	肖　勇	第四届林散之江苏书法双年展	5 月	入展
		全国师生书法作品展	3 月	园丁奖
		第五届性灵派全国书法展	10 月	特等奖
	丁晓春	江苏省“亭林杯”硬笔书法大赛	3 月	优秀奖
草书	金平等 13 人	江苏省第十届新人书法作品展		入展
隶书	许建铭	“翰墨传薪”书法交流展	9 月	
		成都杜甫草堂“杜甫千诗碑”		入选

2016 年江阴市摄影作品参赛(参展)情况一览

表 49

作品名称	作者	参赛(参展)名称	获奖情况
《家长里短》	周湘基	“大美新疆绚丽阿克苏”全国摄影大展	入展
《绶带竹影》		“斑布杯”全国摄影大展	
《跨国瀑布美如画》		“地景中国·观景罗平”摄影大展	
《看灯人如潮》	卢小海	“十里秦淮·灯彩金陵”全国摄影大展	
《荷兰花海音乐节》		“荷兰花海杯”中国花卉摄影大展	
《花海争艳》	庞志健		
《大地色彩》	庄东威		
《旋律》	杨震东	“苏州阳山新城杯”全国摄影大展	
《明长城遗韵》	高一峰	“神奇丹霞·美丽临泽”全国摄影大展	
《明珠坠人间》			

续表49

作品名称	作者	参赛(参展)名称	获奖情况
《暗香疏影》	庞志健	"盛世太平·印象荻溪"全国摄影大展	入展
《乐摄宝》	庄东威	"我的城市我的家"全国摄影大展	
《梦里老家》			
《祈福》		第二届"中华情·两岸美"海峡两岸职工摄影大展	
《梦幻101》			
《栖霞美景》	卢小海	"美丽栖霞山 文化璀璨地"全国摄影大展	
《圣地》	陶耀平		
《水之魂》	黄　丰	江苏省第二十二届摄影艺术展览	优秀奖
《文化蝶变的江南古镇》			
《徽州古韵》	汤春鸣		
《破浪》	杨震东		
《音符》			
《青砂器制作》	周少峰		
《非遗的窑工》			
《孤独的鹭鸟》	朱建荣		
《谧》			
《民工夜生活》	庞志健		
《拼搏》			
《夜荷之语》	杨　莉		
《少女与时光》	沈旻旭		
《铸造工人》	范建华		
《铭记和平》	朱　帅		
《千禧晨光》	许清泉	"大美泗洪夏之声"全国摄影大赛	
《荷花仙子下湿地》			
《欢乐的绿博园工》	范建华	江苏澳吉尔盱眙旅游农业摄影大赛	

(龚　翼　邵　军)

文化产业

【概况】 2016年,江阴市委、市政府出台《关于加快产业强市建设的若干政策意见》和《江阴市产业强市发展专项资金管理办法》等文件,鼓励文化产业发展,重新设立1000万元文化产业引导资金,积极营造良好的文化产业发展环境。完成文化产业增加值87.85亿元,实现稳步增长的目标。重大项目有新的进展,金一黄金艺术品运营服务平台正式上线。中南红文化集团股份有限公司于2015年收购的大唐辉煌传媒有限公司和上海千易志诚文化传媒有限公司,2016年度业绩稳步提升。中南文化继续收购深圳值尚互动科技有限公司和北京新华先锋文化传媒有限公司等文化企业,与中国电影股份有限公司签订战略合作协议。中影与中南影业联合制作的影片《我的战争》上映。注册资本5000万元的江苏中南影业有限公司公布7部新片发布计划,有2部电影公映。橙天嘉禾影城项目完成主体建筑施工。海澜集团马文化博物馆开馆。江阴金杯安琪乐器有限公司的"金杯乐器"品牌建设与艺术培训一体化项目获江苏省文化产业引导资金140万元的扶持。新华书店江阴公司实现图书销售1.75亿元、营业收入1.46亿元,均超额完成目标任务。全年全市18个影院95块银幕票房收入超亿元。

【新华书店江阴公司开展图书推广活动】 2016年,新华书店江阴公司工作人员深入机关、企事业等单位介绍重点图书，扩大征订政治读本覆盖面，全年征订《中国共产党章程》《习近平总书记系列重要讲话读本(2016年版)》《习近平关于严明党的纪律和规矩论述摘编》《中国共产党廉洁自律准则 中国共产党纪律处分条例》《习近平谈治国理政》《党的十八届六中全会文件及辅导读物》等7万多本。举办经典回眸畅销书展、2016年礼品书展、迎“六一”少儿口才表演等活动，丰富读者假日生活，带动图书销售。先后邀请儿童作家杨红樱、秦文君、丁立梅、梅子涵到实验小学、澄江中心小学、立新小学、北涸中心小学、一中、市中和山观中学举办文学讲座。作家与学生面对面交流，共同分享“快乐阅读，诗意写作”的经验，现场销售图书12万元。中心门店的一楼大厅和四楼绘本区装修后，多次举办新书发布会、读书分享会，为读者提供与作家面对面交流的平台，吸引众多读者踊跃参与，扩大书店的亲和力。开展凤凰姐姐讲绘本、积木拼插比赛、说江阴方言比赛等多种形式的互动活动，加强与读者交流，推动新书和重点书的推广。每逢周末在步行街开设图书夜市，设摊350余次，接待读者40余万人，为打造学习型城市发挥积极的推进作用。开展各类图书推广活动230次。书店微信平台公众号由原来的订阅号升级为服务号，使读者能在第一时间更直观地看到推广新书的内容，关注6000多人。是年，新华书店江阴公司实现图书销售1.75亿元，比2015年增长3.5%；营业收入1.46亿元，比2015年增长2%；实现利润1100万元，比2015年增长17%。

【海澜马文化博物馆开馆】 2016年5月18日上午，海澜马文化博物馆正式开馆。馆内展出来自30多个国家的43个品种的名贵马共48匹。(参见“街道·镇概况”类目中新桥镇有关条目)

【金一黄金艺术品运营服务平台上线】 2016年4月27日，金一黄金艺术品运营服务平台挂牌上线仪式在江阴市举行。江苏金一文化发展有限公司董事长钟葱、上海文化产权交易所总裁张天、金一黄金艺术品运营服务平台总裁缪建洪、江阴市政协主席徐冬青先后在仪式上讲话。随后，他们一道启动上线。“吉猴报喜”和“紫气东来”两款产品当天分别以166.40元和93.60元的涨停价开盘，宣告黄金艺术品交易中心挂牌上线成功。中央电视台、上海《文汇报》《新闻晨报》《解放日报》《生活周刊》《新民晚报》、新华网、土豆网、优酷网、江阴电视台、《江阴日报》等众多媒体对此进行报道。 (邵振良)

【中南影业战略发布会举行】 2016年5月9日，江苏中南影业有限公司战略发布会在北京举行。中南红文化集团股份有限公司董事长陈少忠，中南影业董事长刘春、总裁常继红携当红一线男星刘烨、杨祐宁以及著名导演尹力、著名作家兼中南影业首席文学官天下霸唱等一同登台亮相。发布会上，中南影业公布7部新片发布计划。首先发布的是由刘烨、王珞丹、杨祐宁主演，中国电影股份有限公司与中南影业联合制作的战争大片《我的战争》。刘烨和杨祐宁在会上介绍，这是一部“中国真正的战争大片”，于年内正式上映。接下来，发布会介绍中南影业与曹保平导演达成独家战略合作关系，双方合作3部电影，分别是计划在年内上映的西部片《追凶者也》、女性情感史诗题材的《白麻雀》、古装武侠片《秦末无刀》。还介绍了尹力导演筹备多年、由韩三平担任监制的谍战史诗大片《白橘子》和翻拍自国内经典之作的新版《跟踪追击》。此外，3D动作魔幻大片《摸金玦》在该次发布会上压轴亮相。这部集魔幻、动作、悬疑、惊悚、喜剧、爱情元素于一身的商业巨制，是中南影业的重磅之作，改编自天下霸唱的小说《摸金玦之鬼门天师》，为古墓探险题材。天下霸唱担任编剧，中南影业邀请国内一线明星加盟。

【大唐辉煌力作亮相中国国际影视展】 2016年8月25日，第十四届中国国际影视节目展在北京展览馆盛大开幕。广电总局副局长童刚一行莅临参观大唐辉煌传媒有限公司(以下简称“大唐辉煌”)展台，听取大唐辉煌董事长王辉对公司力作《警花与警犬》的优异播出成绩等相关情况的汇报。此次影视节目展上，大唐辉煌恢宏大气的展台区吸引了众多行业人士围观和驻足探讨。大唐辉煌此次携全新力作《下一站，别离》亮相影视节目展，并首度公开主演于和伟、李小冉手系红线，直面爱情的深情海报。都市情感题材和超强主创配置，使得该剧一经亮相立即成为展会的亮点。此外，于和伟、侯梦莎领衔主演的青春励志剧《警花与警犬》，陈键锋、杜若溪领衔主演的悬疑剧《藏宝图》，凌潇肃、王媛可领衔主演的青春励志剧《幸福我们在路上》，秦卫东、李菁菁领衔主演的农村轻喜剧《欢天喜地过大年》，巩峥、徐梵溪领衔主演的抗战爱情剧《我的爱情撞上了战争》等题材迥异的电视剧项目，也受到参展商和媒体的关注。

宣传大唐辉煌力作《下一站，别离》的海报 (大唐辉煌提供)

【《地狱6米深》洛阳杀青】 2016年10月27日，由中南影业有限公司投资出品的网络电影《地狱6米深》在河南洛阳正式杀青。影片取材自2011年洛阳警方破获的一起真实案件，由荣获韩国釜山新媒体电影节最佳影片奖(《老兵》)的新锐导演何一铮执导。《地狱6米深》通过对真实事件的戏剧呈现，探究人性的罪恶与挣扎。为避免落入情色片的套路，该片弱化“性侵”的画面表现，不以“色情”为噱头去博取眼球，而是留给观众客观的、直指人性的思考。 (金啸峰 李 莉)

群众文化

【概况】 2016年,江阴市深入开展"文化走基层、服务进万家"主题惠民活动,打响"书香江阴"读书节、市民文化节和"芙蓉花奖"评比等文化惠民品牌,组织举办群众喜闻乐见、具有江阴地方特色的社区文化节、百姓歌会、特色家庭及特色文艺团队展演等活动,举办"天华故乡行"二胡演奏会、长三角地区江南丝竹展演等,组织文化辅导员培训和群众文艺爱好者培训,有效地推进了基层特色文化建设。

【第二十届"书香江阴"读书节】 2016年4月22日,江阴市召开第二十届"书香江阴"读书节暨全民阅读公益服务点建设推进会,持续两个月的市民读书节活动从此启动。这届读书节以"中国梦"和社会主义核心价值观为主题,分启动推广、专家讲座、系列比赛、评选活动、阵地活动、馆庆活动、展览展示、网络互动8大板块,举办各类活动逾百场。"春天与经典诗文的相遇"全民诗歌朗诵大赛是这届读书节中启动最早的大型群众性文化活动,通过基层的预选和复赛,于6月4日在市图书馆4楼报告厅举行总决赛。该届全民诗歌朗诵大赛,由市读书活动指导委员会主办,市图书馆承办。全市各镇(街道)、机关、学校、企业1000多名选手报名参加。在基层组织初赛后,全市分3个片区进行复赛。通过决赛后,周庄镇的张菁,云亭街道的胡可慧,月城镇的金伟国、金曦童获一等奖。还评出二等奖5名,三等奖10名。南闸街道文化服务中心、周庄镇文化服务中心、澄江街道文体站获得优秀组织奖。这场群众性的诗歌朗诵大赛,把"书香江阴"读书活动推向了高潮。

【市第十六届少儿故事大赛】 2016年3月初,由江阴市委宣传部、市文广新局、教育局、文联主办,市文化馆、市民间文艺家协会承办的江阴市第十六届少儿故事大赛启动。通过层层演讲、选拔,于5月31日在市文化馆艺术剧场举行决赛。此次决赛分为儿童组和少年组,采取现场打分的方式评出名次。最终评出儿童组一等奖1名、二等奖2名、三等奖2名,少年组一等奖2名、二等奖3名、三等奖7名。城中实验小学的廖星煜演讲的故事《豁牙齿的狼》获儿童组一等奖,山观实验小学的洪锐演讲的故事《自习课》和长泾实验小学的龚子儒演讲的故事《分身术》获少年组一等奖。

【第三届江阴市"芙蓉花奖"群文会演】 2016年5月11—13日,第三届江阴市"芙蓉花奖"群众文艺会演在市文化馆举行。来自江阴城乡的文艺爱好者向观众表演了戏剧曲艺、音乐舞蹈、广场舞蹈等原创舞台节目。经过评比,戏剧曲艺类中的小戏《扁头村长》,小品《这个冬天不太冷》,故事《特殊的保安》3个节目获创作一等奖;还评出表演奖一等奖3个,二等奖6个,三等奖9个,优秀演员奖5个。音乐舞蹈类中的舞蹈《芙蓉花开》,歌曲《慈碑》和《别等到》3个节目获创作一等奖;还评出二等奖5个,三等奖7个。广场文艺类评出一等奖4个,二等奖5个,三等奖6个。

【第十四届少儿书画现场比赛】 2016年5月20日,江阴市第十四届少儿书画现场比赛在市文化馆举行,有来自江阴城乡各中小学和幼儿园的180名学生参赛。此次比赛分美术和书法两类,按年龄分成5个组进行。在活动现场,这些有书画特长的小参赛者尽情地挥毫泼墨,各显神通。经专家评比,美术类评出幼儿组金奖5名,银奖10名,铜奖15名,优秀奖29名;儿童组金奖4名,银奖7名,铜奖13名,优秀奖19名;少年组金奖4名,银奖7名,铜奖12名,优秀奖12名。书法类评出儿童组金奖1名,银奖3名,铜奖5名,优秀奖11名;少年组金奖1名,银奖3名,铜奖5名,优秀奖7名。

【第二届市民文化节系列活动】 2016年下半年,江阴市以第二届市民文化节的形式举行了12场文化惠民系列活动,先后举行"芙蓉花开文明城"市民艺术节开幕式暨江阴市"芙蓉花奖"颁奖典礼、"美丽滨江,携梦飞翔"江阴市优秀节目巡演、"飞舞的水袖梦"暨阳戏台市民周特别节目、"弦索声中听江南"长三角地区江南丝竹展演、"嗨尼来嗦江阴话"方言大赛、"欢歌劲舞嗨起来"全市优秀群众文艺团队大赛、"文明江阴"手机摄影大赛、"中医的奥秘"江阴"非遗"巡讲新课堂、"田埂戏苑"锡剧经典剧目赏析、"笔情墨友"美术书法优秀作品赏析会、"大音希声"江南丝竹大家学、"你眼中的世界"摄影艺术讲座、2016年无锡市"群芳奖"美术书法摄影作品(江阴站)巡展、2016年江阴市"芙蓉花奖"优秀美术书法摄影作品巡展、"岁月的色彩"江阴市书画院老画家作品联展、"回望精彩"市民文化节闭幕式等。活动以文化馆为主阵地,并深入到村和社区。城乡近百支文艺团队共同参与,欢歌劲舞,好戏连台,为百万市民奉献展示江阴精神文明发展成果的文化盛宴。

【第二届新市民子女夏令营】 2016年7月12—15日,江阴市文化馆利用学生暑假举办第二届新市民(外来务工者)子女公益文化夏令营。来自江阴市第二实验小学、立新小学、城南小学的89名新市民子女在夏令营老师和文化志愿者的带领下,围绕"小城故事"这个主题,聆听江阴的历史故事,参观江阴的名胜古迹,了解第二故乡江阴的文化,丰富暑假生活,受到他们和其父母的一致好评。

【13项作品获无锡"群芳奖"金奖】 2016年6月中旬,第三届无锡市"群芳奖"举行舞台类决赛。此次决赛分曲艺、小戏小品、音乐、舞蹈、广场文艺5个类别,其中,江阴市顾黎强作曲的男声四重唱《打工的汉子》,王立作曲的歌曲《山水霞客》,姜少伯创作的微型评弹《雪地等车》,杜文广创作兼表演的小品《活在别处》获金奖;刘冰编导的少儿舞蹈《不能忘却的记忆》、杜文广导演的小品《这个冬天不太冷》获得银奖。此外,曹亚明创作的油画《中国梦》,陈亮创作的国画《素雪暗浮香》,倪烁渊画的儿童画《阅兵大典》,杨猛写的隶书《苏轼 江神子》,汤春鸣拍摄的照片《江南雪》,缪培拍摄的照片《民工生活组照》获金奖。陆敏画的水彩画《海的女儿》,许琰画的国画《风景组画》,徐剑鹏画的油画《大

地》,陶建荣画的油画《大厦从这里崛起》,金锋写的草书《行书宋词五首》等,李忠其写的隶书《白居易诗五首》,庄勇拍摄的照片《太湖之春》,黄丰拍摄的照片《水乡魂组照》获银奖。此次评选活动中,江阴市共获13项金奖、15项银奖、14项铜奖。

【市群众文艺优秀节目巡演】 2016年9月,江阴市从群众演出团队中挑选出30个优秀文艺节目,组织以"美丽滨江、携梦飞翔"为主题的优秀节目巡演活动。9日是首场,巡演队到临港街道的春申广场进行精彩表演。12日到周庄镇事业中心广场表演,14日到青阳镇文体中心广场表演。巡演队的演员们共演出舞蹈《嬉狮》《六月清荷》《大家一起来》,歌曲《露天戏》《小康不小康、关键看老乡》《爱汇成河》《慈碑》《春回大地》《背影》,小戏《智擒假币犯》《到底为了啥》,表演唱《刘姥姥游江阴》等,每次演出都有千余群众围观,掌声和喝彩声此起彼伏。

【青少年和中老年艺术培训】 2016年8月12日,江阴市首届青少年二胡大师培育班在市文化馆二楼开学,从全市中小学中挑选出来的24名小选手欢聚一堂,在名师的指导下切磋技艺。9月22日,江阴市文化馆群众艺术中心举办的中老年艺术公益培训班开学,开设广场舞、合唱、锡剧、越剧、计算机、国画、书法等11个班,有350多名中老年人参加培训。

【文化辅导员与群众文化骨干培训】 2016年,江阴市为提高文化辅导员和群众文艺骨干的业务能力,推动群众文化健康发展,先后举办3期培训班。7月21—22日,第一期江阴市村(社区)文化辅导员业务培训班在市文化馆举行,来自澄江街道、长泾镇、月城镇、青阳镇、周庄镇、祝塘镇的115名村(社区)文化辅导员参加培训。培训内容有小品的编、导、演、创作和音乐欣赏两门专业课程,还开设"如何成为一名合格的村文化辅导员"这门课程,为文化辅导员们答疑解惑、拓宽工作思路、理清工作目标。8月7—9日,由江阴市文广新局主办的群众文艺骨干培训班在文化馆举行,文化馆所有业务人员等百余名群文骨干参加培训。学习内容有公共文化数字建设与基层服务、发达国家文化建设最新动态及对中国的启示等。还邀请江苏省文化馆副馆长戴珩作题为《文化馆总分馆制与文化馆站的发展方向》的讲座。12月28—29日,第二期江阴市村(社区)文化辅导员业务培训班在市文化馆举行,来自华士镇、璜土镇、徐霞客镇、南闸街道、祝塘镇、临港街道、顾山镇、城东街道、新桥镇的135名村(社区)文化辅导员参加培训。学习内容与上期基本相同。

【市"学校小锡班"精品节目展演】 2011年,江阴市为传承地方特色艺术,在城乡的小学校里陆续开办"小锡班",利用课余时间辅导小学生演唱锡剧。为检验他们5年多来的学习成果,于2016年12月17日在天华文化中心江阴大剧院举行一场精品节目展演,来自全市学校的"小锡班"学员代表们轮流登台展示学习成果,向千余名观众呈现精彩的锡剧盛宴。演出结束后,江苏省委宣传部副部长徐宁,无锡市委常委、宣传部部长王国中,无锡市委常委、江阴市委书记陈金虎为演员们颁发"小芙蓉花奖"等奖状。

【江浙沪"澄星杯"锡剧票友大奖赛】 2016年12月,由江阴市委宣传部、市文广新局、市教育局、市文联、市广电集团、江阴日报社、江阴澄星实业集团有限公司主办,市文化馆、市戏曲票友协会承办,市戏剧家协会、市锡剧团协办的江浙沪"澄星杯"锡剧票友大奖赛,在市文化馆艺术剧场举行。比赛分初赛、复赛和决赛三个阶段。9月上、中旬经过初赛激烈的角逐,有59组选手成功进入20日举行的复赛,分别有老年组18组、中青年组21组、少儿组20组。每个组别得分前10名的选手进入决赛。29日举行决赛。最终评出老年组一等奖1名,二等奖3名,三等奖6名;中青年组一等奖1名,二等奖3名,三等奖6名;少儿组一等奖1名,二等奖4名,三等奖7名。

【市第六届儿童绘本剧表演大赛】 2016年6月14日,江阴市第六届儿童绘本剧表演大赛在市文化馆艺术剧场举行。该次活动由市文广新局、教育局主办,市图书馆承办。全市共有21所学校组织学生参加,选出12件作品进入决赛。最终,江阴市第二实验幼儿园小朋友表演的《我的幸运一天》与江阴市实验小学同学们表演的《鸭子骑车记》同获一等奖。 (邵振良)

企业文化

【概况】 2016年,江阴市广大企业的干部职工把文化建设当作企业核心竞争的重要因素,在创建学习型企业的同时,努力打造各具特色的人本文化、创新文化、服务文化、诚信文化、爱心文化、健康文化和娱乐文化,充分发挥文化力量在战略引领、凝聚职工、提升效率、优化形象、增强市场竞争力等方面的作用。市总工会利用《江阴日报》"职工之家"专栏、江阴电视台、江阴工会网、《江阴工人》期刊、"江阴职工之家"微信公众号等多种媒体,广泛开展企业文化宣传,并发动全市职工开展以"当好主力军,建设新江阴"为主题的新时期江阴工人精神、江阴工匠精神大讨论,年内形成新时期江阴工人精神表述语:"敢想敢做敢攀登,创造创新创一流"。而与工人精神息息相关的新时期江阴工匠精神表述语为"专业专注,精准精美"。江苏长电科技股份有限公司(以下简称"长电")等大中型企业带头把发扬这种精神作为企业文化建设的新内容,着手编撰《工匠群英谱》等书籍,将企业文化建设推向新高潮。

【"当好主力军,建功'十三五'"主题征文比赛】 2016年5月起,市总工会发动全市职工开展"当好主力军,建功'十三五'"主题征文比赛,于8月上旬揭晓。澄江街道总工会选送的《夕阳红里的"小棉袄"》,祝塘镇总工会选送的《进厂二十一年》,港口集团工会选送的《明道的黎明》等一批工人撰写的优秀作品获奖。这次比赛历时3个多月,共收到来自全市城乡的征文稿件近300篇。这批职工征文主题鲜明,内容丰富,作者们记叙许多身边职工爱岗敬业、岗位奉献、岗位成才,努力践行江阴工人精神和江阴工匠精神的感人事迹。市总工会邀请专家组成评审组对征文进行认真评比，最终评出一等奖5篇、二等奖10篇、三等奖20篇、优秀奖28篇。这些优秀作品分别被《江阴工人》、江阴工会网等杂志和网站登载。

【“我身边的工匠”主题演讲比赛】 2016年，市总工会发动广大职工开展“我身边的工匠”主题演讲比赛。经过各基层工会的预赛、选拔和推荐，有49名选手进入复赛；复赛选手又经过激烈的角逐，产生12名选手参加市总工会于11月25日举行的决赛。他们在决赛中声情并茂地讲述各行各业职工追求卓越的职业态度和创造创新创一流的岗位实践活动。评委们从演讲内容、语言表达、整体形象、现场效果、演讲时间5个方面对选手进行评分。最终，徐艳秋和钱炜获一等奖，其余10名决赛选手分获二、三等奖。

【市职工羽毛球比赛】 2016年7月13日，由市总工会、体育局主办，市羽毛球协会、职工文体协会承办的江阴市职工羽毛球比赛开幕。比赛为期3天，来自各镇(街道)、园区等工会组织的46个企事业单位，368名选手参加比赛。这是江阴市规模较大的一次职工球类比赛。比赛分男团、女团，男单、女单，男双、女双6个单元。参赛选手们在比赛过程中展现高超的球技和顽强拼搏的体育精神，彰显各自行业的特色和风采，比出成绩，赛出风格，取得运动成绩和精神文明双丰收。经过3天的拼搏，法尔胜工会、市级机关工会、华士镇总工会获男子团体前三名，高新区总工会、临港经济开发区总工会、市级机关工会获女子团体前三名；李响东、高怡筠分获男、女冠军；男双和女双分别由李响东、崔云组合和邹微、徐丽丽组合获胜。

(聂小琴)

【长电企业文化建设】 2016年，长电确立“专注专业，精益求精，永争第一，尽善尽美”的长电工匠精神，将此作为企业文化建设的新内容。长电并购总部设在国外的企业之后，通过各种学习教育活动，将长电文化植入国外企业，让在国外工作的1万多名员工的心灵融入长电。在全市率先承办“为你悦读”进企业活动，倡导全员读书的新风尚。

长电文化植入国外企业　2015年8月，长电以7.8亿美元并购总部设在新加坡的星科金朋公司。该企业拥有1万多名员工，分布在亚洲和欧美诸国。2016年，为了实现“同一个企业、同一个团队、同一个梦想”的整合目标，长电采取多种形式，以“和睦卓越的大家庭式”长电文化为中心，相互真心拥抱对方。从年初开始，长电向国外公司发送内刊《长电报》，邀请参加年会和大型集体活动，倡导“尊重、包容、进取、求是”的核心价值观，宣传“争先、高效、团结、严谨、重才、守纪”的长电企业精神和“专业专注、精准精美”的长电工匠精神。长电工会还在国外公司的员工中培养、发展通信员和联络员队伍，鼓励他们积极为《长电报》投稿和反映员工心声。报上及时刊登长电国外公司的新闻报道，让长电的国内外员工一起分享长电人在国内和世界各地取得的成果。工会邀请国外公司的员工加入长电微信群，并组织他们参加职工代表座谈会，听取他们的意见，解决他们的实际问题。邀请他们参加乒乓球比赛、歌咏比赛和文艺会演，使他们在生产经营上、思想感情上融入长电这个“和睦卓越的大家庭”。

“为你悦读”走进长电　2016年10月28日，由市总工会主办，江阴广播电视集团、香山书屋、长电工会和新潮仁爱基金会联办的“为你悦读”走进长电活动在长电科技城东厂区职工活动中心举行。市总工会主席刘文红，长电工会主席沈阳和新潮仁爱基金会主席沈伟定等出席活动。作为江阴首个“为你悦读”活动进企业的承办单位，长电工会从资料采集、人员落实到会场布置都进行了精心准备。活动当天到现场参加“悦读”活动的长电职工有150余人。有些职工还带着子女一起来参加“悦读”。为方便不能到现场来的朋友，长电工会还开通微信现场直播。活动中，江阴广播电视集团的节目主持人张露、王琪和长电职工郑叶、王品英分别向大家推荐介绍《蔡康永的说话之道》《把时间当作朋友》《蒋勋说唐诗》《少有人走的路》4本书。长电工会还为在场的来宾准备200本推荐书籍，让他们能够边听边看，同推荐人一起分享书中的经典内容。这次活动展示长电员工爱读书、善读书、读好书的新风尚，把学习型企业建设向纵深推进。

“长电好声音”职工歌咏比赛　2016年4月28日晚上，由长电主办的“长电好声音”职工歌咏比赛总决赛在市文化馆艺术剧场举行。长电工会主席沈阳等出席活动并为优胜歌手颁奖。这次比赛以“唱响长电，秀出梦想”为主题，先在基层进行一个多月的发动、报名和选拔，经过初赛和复赛后，来自长电总部和下属江阴长电先进封装有限公司、江阴新顺微电子有限公司、江阴新晟电子有限公司、江阴新基电子有限公

2016年4月28日晚上，参加“长电好声音”歌咏比赛的获奖者在总决赛现场合影留念　(长电工会提供)

司等单位的20名职工参加公司主办的总决赛。为了保证比赛的公平与公正,长电邀请两位声乐专家担任总评委,长电工会下属的各分工会负责人担任评委,还有20位热爱歌唱的大众评委。舞台上,选手们用美妙动听的歌声展现工人的风采;观众席上,300多名聆听者沉浸在歌声的海洋中,不时为选手们鼓掌叫好。最终,长电集成电路中心的褚斌以一曲自弹自唱的吉他曲《故乡》获得一等奖,该中心的徐森和新晟电子公司的蒋君获二等奖,来自长电滁州公司的余巧红、集成电路中心的徐静、宿迁公司的郭浩获三等奖。这次比赛展现长电职工朝气蓬勃的精神风貌和多姿多彩的文化生活。 (陆静艳)

【法尔胜企业文化建设】 2016年,江苏法尔胜泓昇集团有限公司(以下简称"法尔胜")以表彰奖励首批法尔胜工匠为抓手,大力弘扬"敢想敢做敢攀登,创新创优创一流"的江阴工人精神,深入开展企业文化建设,着重打造创新文化、服务文化和健康文化,并把爱心文化进一步推上新台阶。

10名工匠受表彰 2016年7月1日,法尔胜为推出的首批10名工匠举行颁奖仪式。这批工匠中有桥梁缆索灌锚安全的守护者,有让人唇齿留香意味难忘的面点大师,有学有所得、技有所长的操作工,有用独到经验校准系统参数的工艺师,有用极致专注驯服庞大机械的技工,有用榔头为枪、扳手为盾的机修工,有工作30载质量检测零失误的试验员,还有从工人到领域翘楚的调试员。这次颁奖典礼形式新型,职工们用诗和歌舞赞美工匠精神,演出工人们自己创作的《扬帆的人儿去远行》《唱给夜班的拉丝工》《一路汗水一路歌》等反映工匠工作、生活和情操的歌舞节目。演出结束后,市总工会和法尔胜的领导为10名工匠颁奖。

爱心文化发扬光大 2016年,法尔胜把"奉献爱心"当作企业文化的重要内容,精心培育,传承发扬。1月9日,该公司举行企业职工编撰的文集《美善》首发式。这部文集主要记录和反映法尔胜星源文化"爱心基金会"和"蒲公英论坛"的文学志愿者们致力于法尔胜企业文化和慈善事业,奉献爱心,扶弱帮贫,不断传递爱、表达爱、播撒爱的人和事。《美善》发到广大职工手中以后,通过阅读和交流,爱心在企业进一步发扬光大。3月2日,200多名职工参加无偿献血,献血总量6.15万毫升。是月4日,公司党委、工会、团委联合组织"慈善一日捐"活动,当天募集善款23.77万元,用于救灾、助残、助学、济困。年末,该集团获评江阴市十大慈善企业。

企业影协为会员职工颁奖 2016年9月4日,法尔胜泓昇摄影协会在成立10周年之际举行颁奖大会,对获得"特殊贡献奖""终身收藏奖""勤奋优秀奖""执著成就奖""组织奉献奖""摄影动力奖"的职工和法尔胜泓昇第七届摄影大赛金影奖、银影奖、铜影奖的获奖者进行颁奖。是日,还举行"全国文化动力荣誉奖"获得者、法尔胜泓昇集团董事局主席周建松拍摄的《西藏情怀》影册首发式。

首届职工掼蛋比赛 2016年8月20日,法尔胜在总部商务楼大厅举办首届职工掼蛋比赛。掼蛋因其具有草根性、易变性、合作性和较强的娱乐性而深受广大职工喜爱。这次比赛由集团所属各公司推荐64名职工参加,通过抽签分成八个组,每个组八对选手分四桌捉对比拼,经过三轮产生前八强。然后,这批选手再重新抽签,分上、下区各四对进行循环赛。循环赛又分三轮进行,各区从头名中决出冠亚军。经过一天的比赛,金属制品本部的张龙明和崔云获冠军,精工装备事业部的李文辉和卢丛明获亚军。

职工田径运动会 2016年10月23日,法尔胜在江阴体育中心举行主题为"建功'十三五'争当主力军,畅想百年梦提升精气神"的职工田径运动会。该次职工田径运动会比赛项目有:男子100米、200米、400米、4×100米接力、3000米和跳高、跳远、铅球等10项,女子100米、200米、400米、4×100米接力、1500米和跳高、跳远、铅球8项。有418名职工报名参赛。他们在比赛中顽强拼搏,运动水平整体有所提升。最后,贝卡尔特(江阴)联队、金属制品事业本部队、资产投资管理集团公司队分获团体总分前三名,集团行政综合队获组织奖。

(周建忠)

【农行江阴分行编撰图志】 2016年,农业银行江阴分行为纪念在全市金融系统中率先由支行晋升为分行和复建35周年,精心编撰一部题为《历史的跨越》的图志。该图志以习近平总书记系列讲话精神为指导,遵循实事求是的原则,系统、翔实地反映江阴农行人35年来高举"面向'三农'、服务城乡"的旗帜,勇于担当、勇往直前、勇立潮头、高歌猛进的足迹,反映江阴农行创新发展的辉煌历史和快速转型、晋升分行的成功经验。这部图志选用600余张精美的图片反映农行江阴分行人的奋斗历程,并配有简洁的文字,便于读者领悟其中生动的细节,还刊登部分回忆录,让读者体味创业的艰辛和创新的喜悦。每章还配一首诗作引言,增强图书的可读性。图志出版后,作为企业文化建设的一项内容,放在分行和各支行的图书室供广大职工阅读,还发给全行700多位职工,作为传统教育的学习资料。是年,农行江阴分行的行史馆参照这部图志上的内容,对展览板块进行增补和完善,并组织员工参观。 (肖秋云)

【华宏集团"爱商"融入企业文化】 2016年,江苏华宏实业集团有限公司把"大爱无疆"的"爱商"融入企业文化建设,设立以宏安助老金、宏康助医金、宏梦助学金为内容的"三助"基金,使职工父母老有所养、患病职工医有资助、职工子女学有所帮。是年发放"三助"资金35.13万元。该公司总经理胡品贤还带领爱心妈妈团队为社会上有困难的妇女儿童提供关爱服务和经济援助。她们的事迹被编为"无锡好人"中的文艺节目展演。她们的团队被评为江阴市十佳志愿者服务队。华宏集团被评为江苏省慈善突出贡献单位。"爱商"和"智商""情商"一起,成为华宏集团企业文化的特色和亮点。

(胥燕华)

文化交流

【概况】 2016年,江阴市文化部门接待来自莫桑比克的马尼卡省省长阿尔贝托·蒙德拉纳一行9人等外国政要、艺术家,以及国内山东、云南、浙江、贵州、上海等省、市到江阴参观访问的政府官员、艺术家和文艺团队。文化艺术展览继续采取引进来、走出去的方式,活动频繁,丰富多彩。市锡剧团到江浙沪地区及香港特区进行精彩演出。市图书馆馆长宫昌俊出席中国图书馆年会时,在上海浦东分会场介绍江阴市在图书馆总、分馆体系等阅读设施的基础上,开展"三味书咖"城市阅读联盟建设,引导社会力量构建现代公共文化服务体系,提升公共文化服务效能,推进全民阅读事业跨越式发展的新模式,得到与会专家的高度评价。江阴市天华艺术学校成功承办和协办"亲情中华"夏令营江苏营、首届港澳青少年"同愿同行"无锡夏令营、江阴旅港同乡会青少年夏令营,并热情接待来自33个国家和地区的70多名中国华侨国际文化交流促进会海外理事以及法国艺术家的参观和交流。

【市锡剧团赴江浙沪地区和香港演出】 2016年,江阴市锡剧团以成立60周年为契机,走出江阴,赴江浙沪地区和香港进行交流演出,深受观众好评。在上海的逸夫舞台演出时,中央电视台"空中剧院"栏目组对他们表演的大型现代锡剧《江姐》进行现场录制,在业内和江浙沪地区产生强烈反响。9月下旬,市锡剧团应香港江苏旅港同乡联合会的邀请,赴香港进行文化交流演出。24日晚,香港特区政府的153名官员和500多名旅港同乡联合会会员欢聚在九龙龙堡酒店的胡应湘大礼堂观看了江阴市锡剧团演出的戏曲联唱《中国戏曲百花齐放》、二胡齐奏《战马奔腾》等精彩节目。演员们高超的表演技巧和淋漓尽致的现场发挥,赢得全场掌声雷动。演出后,港方组织人员到后台对演员们精彩的表演表示祝贺,并发出希望他们再次到港演出的邀请。香港《商报》对这次演出活动作专题报道。25日、26日,剧团全体人员参观香港文化中心,并与香港演艺学院的师生进行交流。

【艺术珍品展览】 2016年,市文广新局和博物馆工作人员积极与外地文化部门合作交流,引进外地珍贵展品到江阴市博物馆展览。2月,在江阴市博物馆举办乌克兰中央美院教授作品展;9月,相继举办徐州圣旨博物馆馆藏圣旨精品展、扬州博物馆馆藏古代雕刻艺术展和大理历代名碑拓片精品展。是年,江阴市博物馆珍品被送到外地展览。4月,选送42件珍品参加在苏州博物馆举办的江南地区藏金银器展;12月,江阴市博物馆将"霞印天下"主题书画展送到浙江省金华市文化馆布展。此外,江阴市展览馆还与昆山市文化部门联合举办江阴、昆山妇女书法作品联展等文化艺术交流活动。 (邵振良)

【"亲情中华"夏令营】 2016年7月4—17日,2016"亲情中华"夏令营江苏营在江阴市天华艺术学校举办。来自美国、加拿大、德国等国家的华裔青少年到江阴进行文化寻根之旅,用心感受中华传统文化的魅力。这次夏令营由中国侨联主办,江苏省侨联、无锡市侨联承办,江阴市侨联、市天华艺术学校协办。(参见《群众团体和组织》类目《江阴市归侨侨眷联合会》分目相关条目)

【江阴旅港同乡会青少年夏令营】 2016年7月18—24日,由江阴市委统战部、市侨办主办,江阴市海外联谊会、江阴旅港同乡会协办,江阴市天华艺术学校承办的"天华故乡行"江阴旅港同乡会青少年夏令营在天华艺校举行。(参见《江阴市人民政府》类目《侨务和港澳同胞事务》分目相关条目)

【首届港澳青少年"同愿同行"无锡夏令营】 2016年7月21—24日,市天华艺术学校承办首届港澳青少年"同愿同行"无锡夏令营。来自中国香港和澳门的10余所中学的近30名学生和无锡辅仁高中、天一中学等学校的学生,与天华艺术学校的师生们共同体验了中国武术、书法绘画、民族乐器等中国传统文化,进一步增强对中华民族的归属感、对中华文化的认同感和对伟大祖国的自豪感。

【台湾两小学师生到江阴进行音乐交流】 2016年4月8日,台湾新竹市三民小学的30名师生到江阴市天华艺校进行音乐交流,表演《撑船歌》《劝世歌》《赛马》等乐曲。12月4日,台湾新北市大丰小学的80余名师生到江阴市天华艺校进行音乐交流。两校师生在市文化馆艺术剧场体验了中国画、京剧脸谱绘彩、武术和中国鼓等传统文化课程。晚间,在市文化馆艺术剧场联合举办"天华之声·大丰之乐"两岸青少年音乐会。大丰小学的同学们献演4首民乐合奏,天华艺校民族乐团也奉上高水平的演奏,音乐会全场座无虚席。这次音乐会在天华民乐团伴奏、大丰小学合唱团演唱的一曲江苏民歌《茉莉花》中落下帷幕,全

2016年7月4日,"亲情中华"夏令营江苏营在江阴市天华艺术学校开营
(市天华艺术学校提供)

2016年12月4日,"天华之声·大丰之乐"两岸青少年音乐会在市文化馆艺术剧场举行　　(市天华艺术学校提供)

场观众热情奔放,同声齐唱,两岸深情融汇全场。　　(史晓晔)

文化管理

【概况】 2016年,江阴市加强对全市文化、广播影视、新闻出版、文物等市场经营行为的监督管理,努力建设繁荣活跃、规范有序的文化市场。深入开展"扫黄打非"进基层工作,认真组织整治无证"黑网吧"等多个专项整治行动,为创建全国文明城市营造良好的社会文化环境。加强对广播电视节目安全传输、安全播出的监督管理,完成重要会议、重大活动等重要节点的安全播出专项保障工作。全年组织5次医疗广告专项检查,在控制医疗广告的同时,增加公益广告播出数量,7种公益广告每天轮番播出13次。开展地面卫星接收设施专项整治执法行动,年内出动125人次,收缴56只非法安装使用的地面卫星接收设备。加强对非法电台的监管监听监测,处理两处非法电台。市文化市场执法大队共出动检查102次,检查单位1145个次;受理各类举报67件,办结案件67件;立案查处营业性演出单位和印刷企业各1个;取缔无证"黑网吧"34个、擅自从事娱乐场所经营的单位7个,制止非法演出活动11次;查缴非法书刊500余本、音像制品1000余张。

【网吧管理】 2016年,市文化市场执法大队联合有关部门制定网吧行政处罚和监管工作实施方案,进一步规范行政处罚行为。召开全市网吧管理协调小组会议,并组织执法人员进行网吧管理专项培训。7月15日,市文化市场执法大队联合网安大队、市场监管局在市行政事业中心三楼会议室召开全市网吧暑期专项整治工作会议,15个镇(街道)文化服务中心主任和133个网吧业主参加会议。会上下发《关于开展2016年江阴市暑期网吧专项整治工作的通知》,对网吧整治工作进行全面部署。全年以暑期为网吧整治的重点,开展联合检查20余次,取缔无证"黑网吧"34个,立案查处违规经营单位9个,其中责令停业整顿1个。各社区还组织退休教师等老年志愿者到网吧巡查,维护广大青少年的健康成长。

【电影放映专项治理】 2016年,江阴市加入城市主流院线的电影院有18个,银幕总数95块,共12584个座位,全年票房收入超1亿元。为确保电影市场健康发展,积极进行电影放映专项整治,进一步强化管理。年内根据电影放映许可证审批程序,完成6个电影院的审批工作。对全市的电影院进行全面巡检,主要内容有:影院社会监督公示牌悬挂情况、电影票是否印制正确、售票系统是否规范、影院票务系统安装的硬件设备和网络环境是否符合要求。检查中发现存在问题,当即要求及时纠正。经过整改,江阴市影院在江苏省和无锡市有关部门组织的抽查中成绩优良。全年还对全市影院的安全情况进行两次大检查,发现并解决存在的问题,保证全市电影院的安全放映。

文化遗产保护

·物质文化遗产保护·

【概况】 2016年,江阴市的文物保护工作以抓好文保单位的消防、安防和防雷、防汛为重点,经常性地开展文物安全巡查,确保文物安全。文物修缮工作有序推进,黄山炮台旧址、国民党江阴要塞司令部旧址、心经碑房、高城墩遗址、赵氏宗祠和承先桥的修缮工程做好前期准备工作,市博物馆文物库房的恒温恒湿项目申请资金、启动项目招标,刘氏故居的APP导览系统建设完成。围绕国际博物馆日和世界文化遗产日开展系列活动,增强市民的文物保护意识。积极配合中央电视台"国保档案"栏目组拍摄介绍江阴历史文化6集专题节目。有序开展可移动文物排查,文物档案进一步完善。各文博场所努力做好参观者的接待工作,其中徐霞客文保所年内接待来自各地的参观者5万余人次,免费讲解500余场次,充分发挥其爱国主义教育基地的作用。

【可移动文物普查】 2016年,江阴市博物馆组织开展可移动文物普查,共排查531个单位,其中机关单位102个,事业单位356个,国有企业55个,其他25个,最终确立文物收藏单位21个,申报藏品6021件/套,计17511件。通过普查,摸清全市收藏可移动文物单位的情况,并掌握藏品的具体数量和分布情况。随着藏品信息的不断收集和更新,全市的可移动文物信息资源库逐步建立和完善,文物收藏单位名录、国有可移动文物名录都收纳其中,每一件国有可移动文物都拥有各自的“身份证”。全市国有可移动文物资源的标准化、动态化管理初步实现。

【国际博物馆日和世界文化遗产日活动】 2016年5月18日(国际博物馆日)至11月11日(世界文化遗产日),江阴市各文博场馆开展50余场宣传和展示活动。其间,市博物馆开展“点陶成金”新曼生十八式紫砂壶艺术展、童眼寻宝活动、文物图片展、“寻宝江阴”文物鉴定公益活动等。国民党江阴要塞司令部旧址举办“手绘经典传承记忆”征稿活动。江阴文庙开辟了泮池书房,专门设立国学阅读和地方文化专架,开办国学沙龙等传播和保护传统文化的活动。

【刘氏故居保护】 2016年6月上旬,江阴市文管部门根据无锡市安监局、文物处的整改要求,更换全国重点文物保护单位刘氏故居展室及院内的照明灯具。刘氏故居展室照明灯具原来采用白炽灯和荧光灯,不仅光照度弱,而且散热多,存在火灾隐患。文管部门将这些灯具全部更换为发热量极小的LED灯光,确保安全。7月,还对刘氏故居更换安装高清监控设备,内外计16路,基本覆盖主要展区和外围。9月8日,刘氏故居智能导览APP项目正式上线并通过验收。

【江阴要塞司令部旧址科学保养】 2016年10月,江阴市文管部门聘请专业公司对国民党江阴要塞司令部旧址进行精细测绘,对其建筑的倾斜、风化、开裂及地基沉降现象进行监测记录。通过对建筑物各监测点的定期测绘及沉降速率和沉降曲线图的分析,随时了解有关建筑状态,为文物保护决策提供更加全面、准确的数据,对突发事件提前预警,防止文物建筑遭受损伤。还完成对司令部内部建筑的数字三维扫描建模工作,实现文保建筑的数字化,建立了文物建筑的三维模型数据库及图片档案资料库,真实地留存古建筑的历史信息,建立古建筑档案,为历史建筑的保养、维修、布展以及考证研究提供完整的资料。12月,国民党江阴要塞司令部旧址的科学保养工作经无锡市文物局有关专家到现场论证,受到一致好评。

·非物质文化遗产保护·

【概况】 2016年,江阴市进一步做好非物质文化遗产的保护和传承工作,新增8项省级非遗代表性项目,举行小锡班现场推进会、锡剧进校院现场会、全市二胡班汇报演出、长三角地区江南丝竹展演等活动。开设“中医的奥秘”江阴非遗巡讲新课堂,制作播出10集资料片《江阴好中医》,还组织江阴非遗美食进入联合国总部、泰国展示。“朱氏针灸”被国家中医药管理局命名为“澄江针灸学派传承工作室”。中央电视台“过把瘾”栏目组到江阴录制反映非遗项目锡剧艺术在群众中普及与传承情况的专题节目——《暨阳戏台》。

【新增8项省级非遗代表性项目】 2016年1月6日,锡剧艺术、中医肝胆疾病外治法、谢氏骨科诊法、朱氏内科诊法、周氏妇科疗法、精细木作技艺、黑杜酒酿造技艺和华士酱油酿造技艺8项非物质文化遗产项目由江苏省政府正式公布为省级非遗代表性项目。至此,江阴市非物质文化遗产保护项目有国家级1项,江苏省级13项,无锡市级30项,江阴市级66项。

【江阴非遗美食进入泰国和联合国总部展示】 2016年10月,江阴市烹饪协会经过精心组织,承办“2016年源味中国——中国非遗美食文化走进泰国”文化交流活动。江阴的烹饪大师到泰国,通过美食品鉴、教学交流、美食电视节目宣传等形式,展示中国传统美食文化,推广中国非遗美食,促进了中泰非遗美食文化交流,得到泰国王室、政要、中国驻泰大使馆、文化部的赞誉,圆满完成出访任务。新华社派出两名记者对这项活动进行全程报道。随后,江阴市非物质文化遗产代表性项目——蟹黄汤包制作技艺被引入联合国总部,参加“正宗中国味——2016年中国非遗饮食美食节”活动。

【“朱氏针灸”被国家中医药管理局命名】 “朱氏针灸”起源于清代同治年间,创始人朱孔阳,为浙江宁波的名中医,1863年迁居江阴行医,兼设药铺,并将医术传给儿子朱邦正。朱邦正之子朱道新自幼跟随父亲学习、实践中医针灸,深悟“朱氏针灸”之术,30岁时有“澄江名医”之称。朱道新之子朱树德16岁就跟随祖父学“朱氏针灸”,深得祖父真传,19岁独自出诊,擅长喉科针灸。朱树德又将医术传给儿子朱晓华。朱晓华传承“朱氏针灸”,自创“小针刀治疗膝关节侧韧带损伤”“针刀配合骶疗牵引治疗腰椎间突出症”等独特的针灸疗法。“朱氏针灸”经过五代人的传承和发扬,形成独特的中医理论和诊疗方法。2016年5月12日,江阴市中医药学会、青阳医院联合举办“朱氏针灸”研讨会暨针灸疗法培训班。是月,非物质文化遗产传承示范点——“朱氏针灸”被国家中医药管理局命名为“澄江针灸学派传承工作室”。这是江阴市首个国家级传承工作室。

【央视“过把瘾”栏目组到江阴录制《暨阳戏台》】 2016年3月起,江阴市文化部门接待中央电视台“过把瘾”栏目组到江阴录制戏剧专题节目《暨阳戏台》,深入宣传江阴的省级非物质文化遗产项目——锡剧艺术在群众中的普及与传承情况。至10月底,共录制12场,收录城东街道,璜土、徐霞客、长泾、华士、云亭、祝塘6个镇,长青艺术团、姊妹越剧团、戏剧票友协会3个群众演出团队的戏曲爱好者和20所小学的师生演出的节目,以及江阴市锡剧团建团60周年的专场演出资料。这次录制的《暨阳戏台》专题节目,定于2017年1月初在中央电视台戏曲频道播出。

(张晓琳　邵振良)

■类目编辑　李缉宁

卫　生

综　述

【概况】　2016年，江阴市有医疗卫生机构584个，其中医院、卫生院45家，社区卫生服务中心7个；编制床位5905张，实际开放床位8080张；卫生技术人员9405人。全市卫生事业经费5.46亿元，占全市财政支出的2.42%。全市医疗服务门急诊1035万人次，比上年增长3.4%；收治住院29万人次，比上年增长3.6%。实施2016年度新型农村合作医疗保险工作，人均保费800元，参合群众54万人，参合率100%，261.95万余人次得到结报补偿，受益面100%，其中住院结报补偿9.7万人次，结报总金额4.2亿元，政策性补偿率80%，实际补偿率50%，门诊结报250万人次，结报总金额5894万元。加快推进重点工程，市医疗中心建设进展顺利，顾山社区卫生服务中心建成投用，建设市妇幼保健院、异地新建市中医院等重大卫生工程顺利列入市委、市政府“1310”*工程。实施社区卫生服务站（村卫生室）提档升级工程，全市107个社区卫生服务站（村卫生室）完成提档升级建设并通过市级验收。全面整合全市卫生计生信息资源，初步建成覆盖全市的区域健康信息平台。按照城乡一体化目标，依托医联体信息平台和三级医院资源优势，进一步完善区域影像、心电、检验、病理、消毒五大共享中心内涵建设，各共享型中心服务能力和效率持续提升，实现全市医技检查同质化服务，有效解决基层医疗机构技术力量薄弱、诊断能力不足问题。是年，江阴市被评为国家卫生城市（区），国家级妇幼健康优质服务示范县（市、区）、江苏省人口协调发展先进县（市、区）、血吸虫病消除达标县（市、区）。璜土、华士、新桥、周庄、长泾、顾山6镇被评为国家卫生县城（乡镇）。市中医肝胆医院中医肝病疗法（肝胆疾病中医外治法）、市中医院朱氏诊法（咽喉诊、脐腹诊）列入第四批江苏省级非物质文化遗产代表性项目名录；长寿医院周氏妇科疗法、中医骨伤医院正骨疗法（谢氏正骨疗法）列入省级非物质文化遗产代表性项目名录扩展项目名录；市人民医院、市中医院被评为2013—2015年度省文明单位；市人民医院手术麻醉科、市中医院心内科肾内科病区被评为2014—2015年度省卫生计生系统省级青年文明号；文林卫生院列入省乡镇卫生院示范中医科建设项目；市中医院被评为2015—2019年度省科普教育基地；周庄镇三房巷世纪花苑村卫生室被评为2016年度省示范村卫生室；云亭社区卫生服务中心被评为全省免疫规划（预防接种）工作先进集体；城中社区卫生服务中心被评为省中医药特色社区卫生服务中心建设单位；市中医院针灸康复科被评为省中医重点专科；城东社区卫生服务中心被评为省首批优秀社区卫生服务中心；市人民医院心血管内科、神经外科、神经内科被评为省级临床重点专科建设单位；市急救中心在省第一届卫生应急院前急救技能大赛中获团体优胜奖。

【血吸虫病消除达标】　2016年10月10日，江苏省动物疫病预防控制中心专家组一行9人对江阴市消除血吸虫病进行考核评估，江阴市相关领导陪同考评。专家组一行通过听取汇报、现场查螺查病、资料审核、防治知识测试和检测技能及钉螺鉴定技能考核等方式，严格按照评估指标对全市消除血吸虫病工作进行全面评估。省专家组对全市消除血吸虫病工作取得的成绩给予充分肯定，确认全市达到血吸虫病消除标准。通过此次查验，全市进一步加强对血防工作的组织领导，认真总结经验，建立健全敏感、有效的血吸虫病监测体系，严控源头，强化监测，标本兼治，持之以恒抓好城市化以后的血防工作，巩固防治成果，更好地保障全市人民身体健康。

【新农合筹资水平和保障水平提高】　2016年，江阴市进一步提高新农合筹资标准，人均筹资800元，比2015年增长8.1%，其中市级财政人均补贴315元，比2015年增长6.8%；镇（街道）财政人均补贴305元，比2015年增长7%。基金总盘子4.3亿元，大病救助基金5000万元。新农合保障内涵不断丰富，覆盖门诊、住院、康复、老年护理和体检等诸多方面，进一步完善以新农合为主、医疗救助、大病保险和商业补充保险为辅的四位一体多层次医疗保障体系。年内，市新农合继续深化支付方式改革，进一步完善以总额付费为主，按病种付费、按床日付费和按项目付费为辅的综合支付方式。全年补偿261.95万人次,补偿总金额4.8亿元,受益面100%。其中住院补偿9.86万人次,补偿总金额3.7亿元;大病救助2.27万人次,救助总金额5895万元,住院实际补偿比达52%。门诊补偿249.95万人次,补偿总金额5894万元,门诊政策内补偿比达51%。筹资水平的进一步提高,有效地提高城乡居民的医疗保障水平,缓解广大参合群众"因病致贫、因病返贫"问题,切实减轻参合群众的就医经济负担。

【餐饮服务食品安全监管职能移交】 2016年3月1日起,江阴市卫计委承担的餐饮服务许可及餐饮业、食堂等消费环节食品安全监管职能,以及餐饮服务许可、食品安全监管工作的政府信息公开以及信访、投诉举报、业务咨询等事项的职能移交给市市场监督局。为确保工作的延续性,按照"人随职能走"的原则,市卫生监督所餐饮服务环节22名监管人员随职调市市场监督局工作。为完成此次职能交接,市卫计委就职能调整、选配人员及资料移交等事宜,前期做了充分的准备工作。按照市政府相关要求,与市人社局等相关部门进行反复沟通磋商,做到了把握条件严格,选配程序合法,人员到位迅速。提前通知各个分所整理餐饮、保化产品的管理档案、监管资料和监管设备,逐一登记交接,确保餐饮单位企业信息准确,监管资料完整,执法设备齐全。对个别分所的卫生监督员进行重新填充组合,合理搭配,开展相关工作人员全部到位,保证职能交接后,各项工作顺利展开。

【二级及以上医院实行"限输令"】 2016年7月1日起,江阴市贯彻落实国家、江苏省、无锡市卫计委关于进一步加强抗菌药物临床应用管理工作的通知精神,在全市各二级及以上医院全面停止门诊患者(儿科除外)静脉输注抗菌药物,在年底前全面停止门诊患者(儿科除外)静脉输液。对确需输液的患者,转入急诊或住院治疗,也可引导至基层医疗机构治疗。通过加强医疗机构输液管理,有利于进一步规范医疗行为,杜绝过度检查、过度医疗,同时引导公众理性的医疗消费,可有效控制医疗费用的不合理增长,促进医疗行业健康发展。市卫计委要求全市各医疗机构严格执行《抗菌药物临床应用管理办法》和《江苏省抗菌药物临床应用分级管理目录(2015年版)》,切实做好抗菌药物处方点评工作,加强对医师培训和指导,规范诊疗和用药行为,优化诊疗流程,逐步降低静脉输液,特别是抗菌药物使用比例和使用量,加强抗菌药物临床应用综合管理,落实抗菌药物分级管理制度,强化督查与考核,落实抗菌药物临床应用管理工作主体责任,确保"限输令"有序推进并落实到位。

【15~69周岁城乡居民健康素养抽样监测】 2016年,江阴市为全面掌握全市城乡居民健康素养基础数据,大力推进健康城市建设,打造人民满意的"健康江阴",市爱卫办按照国家卫计委下发的《全民健康素养促进行动规划(2014—2020)》的通知要求进行部署,由市健康促进中心负责启动城乡居民健康素养监测工作。抽取在徐霞客镇(新须毛村、南苑村)、澄江街道(大桥社区、文定社区)、南闸街道(蔡泾村、曙光村)3个国家级监测试点区域的450户居民进行调查。重点了解15~69周岁城乡常住居民的健康素养水平,主要包括居民健康素养、烟草流行监测和中医药文化健康素养等3大内容。此次调查和以往有所不同,是由调查人员携平板电脑和纸质问卷进行入户调查,以面对面自填和问询的方式获取调查结果,力求最真实、最可靠地获取全市居民健康素养现状。为熟练掌握调查监测流程以及操作方法,11月10日,在市健康促进中心召开居民健康素养监测工作培训会,邀请无锡市疾控中心专家就监测流程及操作方法对调查人员进行现场培训。是月21日,完成15~69周岁年龄段调查,数据报省健康中心评估。

【省超声医学工程学术年会举办】 2016年5月28—29日,江阴市举办江苏省超声医学工程学会第四届理事会2016年学术年会暨第三届江苏省超声医学工程学会青年医师学术论坛。中国超声医学工程学会理事长、江苏省超声医学工程学会原理事长、江苏省科协学会部部长、江苏省医学会超声分会主任委员等领导和专家在开幕式上讲话,江阴市卫计委主任严军明到会致辞。全省各医疗卫生单位超声科500名医师与会,有50余名老、中、青超声医学专家就当前超声医学的最新进展,分别针对介入超声、超声造影、弹性成像、实时三维超声显像、腔内超声等技术临床应用,作精彩的学术讲座和案例报告。为鼓励青年医师积极参与、认真实践,努力提高自身专业技术水平,会议在举办的青年医师学术论坛中增设病例竞赛环节,并对优秀论文获得者和病例竞赛优胜者颁发证书。通过两天的大会学术交流,对全省超声医学的理论研究和诊断治疗水平得到促进和进一步提高,同时也为全市超声医生提供与国家及省级专家交流的机会,

2016年11月10日,江阴市在市健康促进中心召开居民健康素养监测工作培训会 (王 琦 摄)

进一步推动全市超声医学专业技术的发展和临床应用的深入。

【“世界防治麻风病日”宣传慰问活动】 2016年，针对江阴市没有新发生麻风病人，登记在册的存活麻风病人，均无传染性，但部分患者治愈后仍留下严重残疾，生活困难的情况。市卫计委、市残联、市红十字会、市疾控中心及全市各医院、社区卫生服务中心在第63届“世界防治麻风病日”暨第29届“中国麻风节”来临之际，为宣传普及麻风病防治知识，推动《无锡市消除麻风病危害规划(2012—2020)》的贯彻落实，围绕“加速行动、消除麻风危害”这一活动主题，开展宣传慰问活动。1月26日，市卫计委联合市残联、市红十字会及市疾控中心成员前往山观、华士、月城、利港、城区等地看望和慰问5位麻风病残老困难人员，慰问组一行仔细查看询问麻风病患者的生活起居设施和生活、医疗、康复等情况，并发放慰问金及水果、食用油等生活用品。至31日“世界防治麻风病日”，全市各级医院、社区卫生服务中心围绕宣传主题，开展多种形式的宣传活动，先后发放《麻风病防治知识》宣传单7000余份，接受健康知识咨询1000余人次。通过宣传日活动，关爱麻风病残老困难人员，提高人民群众防病意识和自我保健意识，改善公众对麻风病的认知态度，减少对麻风病的恐惧和偏见，进一步巩固全市麻风病防治成果。

【“全国爱眼日”大型眼科义诊】 2016年6月4日，江阴市教育局、市卫计委主办，江阴光明眼科医院、市健康促进中心承办的“6·6”全国爱眼日大型眼科义诊暨“寻找千里眼少年”活动启动仪式，在步行街学院广场举行，城区中小学生代表200余人参加启动仪式。该活动以“呵护眼睛，从小做起”为主题，通过寓教于乐的竞赛环节和爱眼游戏，旨在发现一批视力健康学生的共性特点及环境因素等，达到形成具有样本数据研究价值和社会科普教育意义的活动目地。启动仪式后，医务人员免费为现场市民进行眼睛健康义诊，展示近视防控宣传版面10块，发放爱眼保健知识资料2000余份，通过本次活动呼吁大家：爱护眼睛，从小做起。

【“全国爱牙日”义诊活动】 2016年9月20日，江阴市开展以“口腔健康、身体健康”为主题的第28个“全国爱牙日”。由市卫计委牵头，市口腔病防治所组织，市健康促进中心、市人民医院、市中医院共同举办的“9·20”全国爱牙日义诊活动在步行街学院广场顺利举办。活动现场，口腔科的专家们通过现场检查，为前来咨询和问诊的市民答疑解惑，并通过口腔模型和示意图等，为大家讲解口腔的日常护理及治疗原理等健康知识，同时呼吁大家关心身体健康，要从口腔健康开始。活动现场还为广大市民免费测量血压60余人次，发放爱牙、护牙礼品200余份，发放口腔健康宣传手册800余册。

【“联合国糖尿病日”宣传活动】 2016年11月14日，江阴市开展以“共同关注糖尿病”为主题的第10个“联合国糖尿病日”。由市疾病预防控制中心联合云亭街道办事处和云亭社区卫生服务中心在云亭绿城广场开展大型义诊、咨询和宣传活动，以进一步普及糖尿病防治知识，积极倡导科学健康的生活方式，提高全市城乡居民糖尿病防控意识和糖尿病防治知识知晓率。活动现场，市疾控中心慢性病防治专业人员和云亭医院内科医师进行义诊，为糖尿病患者提供咨询和个性化的健康生活方式指导、用药指导等，现场耐心详细解答了糖尿病相关防控知识、如何自我保健和自我监测血糖等问题。云亭街道澄盐志愿者服务队的志愿者们和云亭街道癌症康复协会部分癌友也参与该宣传活动，癌症康复协会的癌友们的歌舞和乐器表演等为活动添彩，也吸引了众多居民和行人前来参加该次义诊、咨询和宣传活动。活动同时展出糖尿病防治知识宣传展板6块，发放糖尿病防治知识手册、彩页500余份，免费测血糖100余人次，测血压200余人次，现场义诊、咨询解答50余人次。

【首辆无动力献血房车投用】 2016年1月18日，江阴首辆无动力献血房车在步行街亮相。该车外观设计简洁大方，车内部宽敞明亮、布局合理、流程规范，分别划分为体检征询区、化验区、采血区、休息区等，配有紫外线消毒机、冷暖空调、生化仪等先进设备，另外还配有微波炉、饮水机、储血冰箱，可同时为多名献血者提供优质献血服务。车顶配置电子屏幕，无偿献血滚动宣传标语吸引众多爱心人士主动走上该车，献出一片爱心。无动力献血房车的投入使用，既为广大市民提供了便利、舒适、温馨的献血环境，增进了献血者与血站工作人员之间的感情，也是对无偿献血的一种有效宣传方式。

【“德得有爱”心理健康志愿者服务队】 2016年6月25日，江阴市“德

2016年6月25日，江阴市“德得有爱”心理健康志愿者服务队在步行街学院广场举行授旗仪式 （吴　亦　摄）

得有爱”(出自《道德经》,同于德者,德也乐得之)心理健康志愿者服务队在步行街学院广场举行授旗仪式,市卫计委、市文明办等领导出席活动。授旗仪式结束后,“德得有爱”江阴市心理健康志愿者服务队立即开展活动,通过“健康直通车”网络直播平台,线上线下(OTO)同步为广大市网民答疑解惑。来自南京脑科医院主任李箕君、市第三人民医院精神科主任严叶良以及市健康促进中心高级讲师姚红梅3位“德得有爱”志愿者成员,参与第25期“健康直通车”网络直播活动,以“关注孩子心理健康、让孩子快乐成长”为主题,围绕青少年等心理问题,与全市网民互动,并进行详细的讲解。由市卫计委、江阴日报社、市健康促进中心、江阴网联合打造的“健康直通车”网络直播活动,是江阴首档健康类网络直播平台,作为全市卫生部门权威信息发布平台,先后成功举办了25期。该平台以关注大众身心健康,倡导健康理念和健康生活方式为主旨,第一时间发布全市医疗卫生和医疗机构先进设施设备信息,为广大市民传递最新健康资讯。此次活动,通过网络直播平台,为现场千余名市民和全市近4000名网民答疑解惑,创新志愿服务形式。 (潘　燕)

爱国卫生

【概况】 2016年,江阴市爱国卫生工作围绕建设健康城市、卫生创建、改水改厕、除害防病、健康促进与健康教育、农村环境卫生整洁行动等内容展开工作。全市环境卫生治理工作和群众健康教育工作得到加强,全市的环境卫生得到较大改善、广大群众的健康水平有大幅度提高。制定下发《江阴市建设全国健康促进试点市工作意见》《江阴市建设健康城市规划(2016—2020)》《江阴建设市健康村镇工作意见》等,启动江阴市第三轮健康城市建设,明确2016年为启动年。年内,加快健康镇村建设工作,璜土镇和璜土村代表全市接受江苏省级健康镇村建设验收;健康教育和健康促进工作得到加强;卫生镇村创建成果得到巩固,有15个村通过省卫生村复审;烟草烟雾控制工作得到提升,新增16个“无烟单位”;有效控制伤寒疫情,实施秋季肠道传染病防控,重点加强农村改厕,新建和改建农村公厕100座,完成以接管式为主的生态改厕1890户,新建成病媒生物防制规范化社区15个;加强生活饮用水监测,制定江阴市生活饮用水监测项目实施方案并组织实施,每季度向社会公开水龙头水质。推进健康场所建设,加强健康细胞工程建设,全年建成健康小屋1个;新建(提升)健康步道5条,完善提高健康主题公园2个。

【建设健康促进示范县试点工作】 2016年,江阴市作为第二批全国健康促进县(区)项目试点之一。10月,市爱卫会下发《江阴市建设全国健康促进试点市工作意见》。该意见确定全市实施“将健康融入所有政策”的策略,倡导健康优先、健康教育先行理念,营造健康生活方式支持性环境和开展健康生活方式行动氛围,普及科学健康相关知识,加强健康卫生行为指导,增强全市人民群众健康意识,提高健康行为能力,预防和控制各类传染性疾病和非传染性疾病的发生、发展,努力提高全民健康素养知识与技能水平。年内,围绕意见在建立健全健康促进体制机制、培训和能力建设、健康促进综合干预和监测评估4个方面13个分项19个子项明确具体工作内容,探索建立“全国健康促进试点市”工作模式和长效管理机制。依照意见中完成全市居民健康素养水平高于全省平均水平,成人吸烟率下降3%,经常参加体育锻炼人数比例达到32%,成人肥胖率控制在12%以内,儿童青少年肥胖率不超过8%,95%以上的学生达到《国家学生体质健康标准》合格以上等级的工作目标。意见明确全市各相关部门的具体职责和时间表,要求市内相关部门制定有利于居民健康的公共政策,建设促进健康的支持性环境,各镇(街道)要发挥试点健康社区、健康家庭、健康促进医院、健康学校、健康机关和健康企业的示范和辐射作用,提高社区居民的参与程度。提高健康教育能力,加强行政人员和健康教育专业人员培训,制作健康主题的公益广告和宣传材料,开展健康知识巡讲活动等。

【建设健康城市行动计划下发】 2016年12月26日,江阴市政府下发《江阴市建设健康城市行动计划(2016—2020)》(以下简称“行动计划”),同时下发《江阴市建设健康城市指标体系(2016—2020)》。该行动计划以保障和促进人的健康为宗旨整合健康教育与健康促进资源,拓展健康传播的渠道和方法,进一步提升健康城市建设的社会动员和支持力,提高健康支持性环境建设的水准和覆盖面,以健康城市建设推进“强富美高”新江阴建设,以全民健康促进高水平全面建成小康社会目标的实现。通过开展健康城市建设,加快发展健康服务业,全面提升群众健康素养和健康水平,实现健康环境、健康社会、健康人群协调发展的工作目标。主要任务与行动计划是按照突出健康、问题导向、项目管理、持续改进的建设主线,围绕营造健康环境、建设健康社会、培育健康人群三项主要任务,实施蓝天行动、碧水行动、环境卫生整洁行动、基本公共服务提升行动、病媒防控行动、无烟城市行动、全民健身行动、慢病防控行动、职业病防治行动和市民健康素养促进行动10个健康城市建设重点行动计划。针对上述10个行动计划,分别落实相关责任单位,并有具体的完成落实指标的措施。建设健康城市指标体系具体分为健康环境、健康社会和健康人群三大体系43项具体目标,分为2016—2020年5个年度分类实现数据,43项目标均有具体部门统计落实。

【健康村镇建设】 2016年11月23日,江阴市爱卫会围绕建设江苏省健康村镇总目标,以居民的健康为着眼点,改善居民人居环境提高居民健康水平和综合素质为宗旨,强化健康促进,积极干预和控制影响人群健康的危险因素,坚持推进综合管理,持续推进人与环境和社会的全面、协调发展。下发《江阴市建设健康村镇工作意见》,工作重点以开展农村环境综合治理、完善农村基础设施、加强农村改水改厕、加强农村医疗卫生服务和提升市民文明卫生素质大力开展讲卫生、树新风、除陋习活动，摒弃乱扔、乱吐、乱贴、乱行等不文明行为。通过健康村镇建设，营造健康环境、构建健康社会、优化健康服务、发展健康文化，提高人民群众健康水平，促进经济社会可持续发展，推进健康江阴建设。年内，市爱卫会实地指导健康镇村建设，全市璜土镇璜土村、周庄镇山泉村、华士镇华中村和华西中心村、澄江街道立新和普惠苑社区6个村（社区）参加省健康示范村（社区）试点，璜土镇启动省级健康示范镇试点建设工作。年底，上述6个村（社区）通过江苏省组织的验收。

【国家卫生镇（街道）复审】 2016年9月，江阴市爱卫会制定下发《江阴市城乡环境整洁行动实施方案》，开展城乡环境卫生整洁行动，以“四加强、三整治、双提升”* 为主要内容，持续深入开展环境卫生整洁行动。统筹治理城乡环境卫生问题，实现城乡环境卫生基础设施水平全面提升，大气污染、地表水环境污染和噪声污染综合治理取得明显成效，城乡生产生活环境更加整洁有序、健康宜居。配合市住建部门加强农村环境卫生长效管理，全市农村环境卫生面貌得到较大提升。年内，云亭街道、青阳镇被全国爱卫办列入国家卫生镇（街道）复审范围。复审镇（街道）党委和政府遵循“政府组织，部门协调，群众参与，社会监督”的爱国卫生工作方针，定标准、定人员、定责任、定时限、定质量，加强督查力度，形成各负其责、互相配合的良好工作机制。扎实开展健康教育工作，实施环境卫生长效管理，依法进行环境保护，加大环保建设投入力度。10月，经全国爱卫办复审组的明察暗访，青阳镇和云亭街道通过复审。

【“江阴健康”品牌打造】 2016年，江阴市爱国卫生工作着力打造“江阴健康”品牌，切实提升健康教育效果。以关注大众身心健康，倡导健康理念和健康生活方式为主旨，与江阴日报社倾心打造“健康直通车”网络直播互动节目2期。编辑出版《江阴健康》赠刊，全年编辑发行4期，免费赠阅。进一步推进“健康五进——百名医师健康巡讲”活动。开展健康讲座93场，受益群众1.5万余人次。在《江阴日报》开辟“健康你我她”科普专栏，以国家基本公共服务为内容每月在《江阴日报》A2版上刊登一期居民知识问答，进一步扩大国家基本公共服务宣传覆盖面，全年刊登12篇。与中国移动江阴分公司合作设立健康贴士短信平台，发送健康短信，全年发放25条25万人次。倾力打造江阴健康网及“江阴健康”微信公众平台，以新媒体为推手，开辟健康教育宣传的新途径。在江阴健康网站的“健康指导”“寻医问药”栏目里，每月发布2次，每次3篇健康知识文章。“江阴健康”微信公众平台每周向公众发布一期权威健康信息；在“江阴健康”微信公众平台和江阴健康网站的“健康指导”栏目中，全年推出24期健康知识文章。年内，全市印发健康教育宣传资料211余万份，其中市级印发25种10.8万份（册）；播放音像资料21944次；开展公众健康咨询活动328次，其中市级活动9次；举办健康教育讲座1235场次，其中市级健康讲座93场；新媒体255次，其他（视频播放等）1765次。每月更新健康教育宣传栏256个。

【爱国卫生月暨健康教育宣传月活动】 2016年4月，江阴市爱卫办积极开展江苏省第19个健康教育宣传月活动。制订下发实施方案和工作计划，具体围绕健康教育、健康场所建设、病媒生物防制、传染病防治等重点内容，精心组织，认真实施，确保活动取得实效。爱国卫生月中，开展健康教育专项宣传、义诊活动71场次，发放各类宣传资料15万余份，制作各类健康知识展板1000块，张贴宣传画3000余份，受益群众达30万余人次。由市爱卫办、江阴市健康促进中心、江苏华宏医药股份有限公司联合开展“华宏医药杯”健康生活你来赛征文活动，共征集到征文292篇，评选出个人一等奖2人，二等奖5人，三等奖10人，鼓励奖30人，集体组织奖5个。

【烟草烟雾控制】 2016年，江阴市爱卫办结合全市文明城市创建工作，大力开展禁控烟活动。巩固无烟医疗卫生系统成果，组织健康促进中心等单位两次对全市医疗卫生系统无烟环境进行检查督导；加大对各类公共场所禁控烟工作宣传，张贴禁控烟标识，全社会禁控烟意思明显得到加强。围绕“5·31”世界无烟日，市卫计委、爱卫办、健康促进中心在城西中心小学、城中实验小学，开展“拒绝烟草的危害　共享无烟生活”签名宣传活动；选派专家参加广播电台主持的“健康驿站”节目，宣传禁控烟；编印、制作《拒绝烟草危害、共享健康生活》读本2万

2016年9月14日，江阴市卫生监督员督查市人民医院禁控烟工作

（徐　洁摄）

本,朝阳公园健康长廊版面12块;组织开展无锡市网络控烟知识竞赛。年内,建成市物价局等15个“无烟单位”。

【病媒生物防制】 2016年,江阴市爱卫办积极做好病媒生物防制工作。制定下发《关于开展春季突击灭鼠的通知》《关于切实做好春夏季传染病防控工作的通知》等文件,利用宣传栏、橱窗等宣传阵地,大力宣传苍蝇、蚊子、老鼠、蟑螂“四害”危害及杀灭方法,增强居民除害防病意识和能力。充分发挥专业消杀人员、社区工作人员、爱卫办三支队伍作用,确保除“四害”工作深入开展。全年清理“四害”滋生场所1400多处,投放灭鼠药物30万余包、灭蟑药物6万包、灭蝇药物8万包,增设毒饵站7500余个、灭蝇笼100余个。年内,建成病媒生物防制规范化社区15个。通过有效防制,“四害”密度始终控制在国家标准范围内。

(陶卓芬)

卫生监督

【概况】 2016年,江阴市依法把好卫生许可关,共审核发放、注册、变更各类许可证、资格证2184件。围绕各级各类目标任务,全面部署各条线专项检查26次,各行业监督覆盖率100%,立案处罚82件,到账罚没款27.75万元。公共场所监督频次2次以上,检查公共场所单位2829个,抽检沐浴、住宿场所公共用品1300件,合格率分别为95%、99.8%;抽检公共场所空气质量合格率95.6%,集中空调通风管采样合格率94.4%;暑期游泳池水、浸脚池水样合格率分别为91%、98.7%。巩固国家卫生城市创建成果,开展小旅店、小浴室、小美容美发店、小歌舞厅“四小”行业(营业面积小于300平方米)专项检查,完善长效机制。启动并推进爱国卫生监督行动年活动,开展控烟和病媒生物防制两大专项检查,对96个重点场所进行建档。完成4个农村供水加压站、44个二次供水单位饮用水(其中4个属居民住宅区)及对3个无负压供水单位的登记备案。开展水样抽检23户次,现场快速水质检测198项次,合格率均为100%。涉水产品生产企业抽检8份样品,合格率100%。开展春秋两季学校卫生和传染病防控专项督查,检查各级各类学校和托幼机构245个,监督频次均在两次以上,进一步规范校卫生室、保健室的设置和配备。抽检10所学校的饮用水样品10份,有3份不合格,均为细菌超标,给予警告处罚并责令整改。检查各类有证医疗机构2358户次,实施行政处罚10件,不良执业行为记分10个。503个医疗机构进行量化评分,其中A级单位138个,B级单位360个,C级单位5个。对30个公立医疗机构进行消毒质量监测,总合格率98.20%,略高于2015年。协助对186个诊所、门诊部、医务室进行现场校验。督查预防接种和第二类疫苗使用情况,41个预防接种单位均符合规范要求。餐饮具集中消毒单位全年抽检4批次270件样品,总合格率98.9%。抽检消毒产品生产企业3个,其中1个企业涉及违法被处罚。核查80个消毒产品经营单位经营的卫生巾,没有发现不合格消毒产品。采集9个餐饮单位经营的90件湿巾样品进行检测,5个存在问题单位被约谈并责令整改。检查放射诊疗机构65个,职业健康检查、职业病诊断、放射卫生技术服务等机构18个。组织249名放射诊疗医务人员进行职业健康相关培训。组织15个职业健康检查、职业病诊断、放射卫生技术服务机构负责人赴省卫生监督所参加学习培训。13个放射诊疗机构示范单位完成卫生监督信息公示工作。开展“法律六进”(进机关、进乡村、进社区、进学校、进企业、进单位)宣传活动34次,悬挂宣传标语30幅次,接受现场咨询5000余人次,印发宣传资料15000份。利用媒体、网络对外宣传103篇次。受理各种投诉举报案件143件,回复结报率100%。

【卫生监督所被列为参公管理单位】 2016年1月,江阴市卫生局卫生监督所根据无锡市人社局相关文件精神,被列为参照公务员法管理单位。全所80名卫生监督员通过书面考试。其后因1人退休,1人病故,最后78人通过江阴市人社局审核。3月1日,该所餐饮服务环节监督职能划归市市场监督管理局,22名监管人员随职调市市场监督管理局工作。23日,江阴市卫生局卫生监督所正式更名为江阴市卫生监督所。7月1日,市卫生监督所所属卫生监督员均列为参公人员管理。10月,结合法律法规规章、周边县市和江阴实际情况,多次修议“三定”(定机构、定职能、定编制)方案。经批准,该所核定事业编制60人,经费渠道为财政全额拨款。领导职数为:所长1人,副所长4人。中层职数为:科长(分所长)14人,副所长(副分所长)13人。

【打击非法行医行为】 2016年,江阴市卫生监督部门加强政府部门联合行动,开展打击非法行医活动27次。全年出动卫生监督员1175人次,监督车辆362车次,督查非法行医181户次,取缔59个,实施行政处罚40件,罚没款19.94万元,没收非法药品和器械215箱(袋),申请法院强制执行1件,向公安移送涉嫌犯罪案件1件,向市场监管局发送非法行医案件线索通报函15份。充分利用全市225个打击非法行医活动监测哨点,开展非法行医巡查、信息报告、查处回访和报表规范填报等工作。根据协查信息报告,采取夜间巡查或集中整治,全年取缔乡村医生“日公夜私”违法行为11次,充分发挥基层卫生监督协管员“前沿哨点”作用。

【建立执法全过程记录制度】 2016年,江阴市卫生监督部门贯彻国家卫计委办公厅《关于建立卫生计生监督执法全过程记录制度的通知》中有关“依托手持执法终端、视频监控设施、信息系统平台等多种手段,对卫生计生监督执法中的各个环节实施全过程记录。利用移动设备作为执法终端,快速有效地获取现场检查、取证、上传及打印文书等监督信息。”的精神。8月,开展卫生计生监督执法全过程记录制度建设工作,投入资金18.14万元配备移动执法终端55台,新增执法记录仪10台,满足日常监督,快速有效地获取现场检查、取证、上传及打印文书等监管信息。增设两间有实时视频监督的询问室,实现执法全程留痕,确保全方位公正监督。

【实施传染病防治分类监督综合评价】 2016年,江阴市卫生监督部门为更好地推动全市医疗卫生机构传染病防治卫生监督工作,探索“互联网+卫生监督评价”机制,市卫生监督所在全市医疗机构实施传染病防治分类监督综合评价工作,以逐步实现传染病防治“监管可控、成效可量、模式常态、效率优化”目标,提升全市医疗卫生机构传染病防控水平。根据医疗卫生机构的类别和级别、传染病防治重点及风险程度,将全市医疗卫生机构分为医疗机构、疾病预防控制机构和采供血机构三类进行分类分级监督。监督检查的内容包括综合管理、预防接种、传染病疫情报告、疫情控制、消毒隔离、医疗废物处置和病原微生物实验室生物安全管理7项。按照评价表对各医疗卫生机构7项内容进行监督检查和综合评价。评价结果分为总得分大于85分为优秀单位,60~85分为合格单位,小于60分或关键项不合格为重点监督单位。对综合评价结果予以通报,加大重点单位的监督检查力度,督促整改到位。对违法违规行为,依法予以查处。7月19日,举办全市医疗卫生机构传染病防治分类监督综合评价工作暨培训会议。全市55个医疗机构的院长、副院长、院内感染管理人员、防保科等138负责人出席会议并参加培训。市传染病防治先进单位代表市人民医院、市中医肝胆医院院长作代表性发言。培训会特邀江苏省卫生监督所传染病防控监督专家授课,并就传染病防治分类监督方法及综合评价原则,各类医疗机构传染病防治监督检查、评分进行详细讲解和培训。　(徐　洁)

疾病预防控制

【概况】 2016年,江阴市报告甲乙类传染病13种1648例,报告发病率98.65/10万,较2015年增长11.65%。共报告11例死亡病例,分别为艾滋病10例和肺结核1例。规范开展疫情报告管理工作,未发生法定传染病漏报现象,网络直报率100%,及时率100%,卡片完整率99.71%,信息准确率99.12%、传报卡及网络直报信息一致率100%。动态监视辖区内传染病疫情,完成疫情简报、专报、预报134份,实现疫情预警预测。全年接种一类、二类疫苗47万剂次,报告预防接种疑似异常接种反应368例,均及时调处,无重大预防接种异常反应发生。对全市23个初筛实验室和11个快速检测点加强技术指导,全年检测各类人群182431例。全年干预各类高危人群12767人次,娱乐场所高危行为人群干预社区覆盖率100%。全年发现登记活动性肺结核患者544例,发现5例耐多药肺结核可疑者,耐多药可疑者培养阳性率87.88%。严格执行结核病人的报告、转诊、追踪、家属筛查和系统管理的制度,结防“五率”(医疗机构病人报告率、病人转诊率、病人系统管理率、结核病防治机构追踪到位率和病人家属筛查率)全部达到要求。开展历史血吸虫流行村基本情况调查,完成血防查螺面积249.5万平方米,血防查病3876人,未发现螺情和病情,完成血吸虫病省级消除达标考核。完成疟疾血检6588人,新发现3例输入性病例,均得到及时控制诊治。开展土源性线虫病、蛲虫病等肠道寄生虫病监测,共调查1602人,未发现病人。开展地方病监测,网络报告甲状腺肿大病人588例,监测批发零售碘盐108份,儿童碘盐200份,孕妇碘盐100份,为江阴碘缺乏病的防治工作提供基础性数据。对高血压、糖尿病、恶性肿瘤病人登记、随访和管理,全市高血压患者健康管理率42.3%、规范化管理率87.9%;糖尿病患者健康管理率46.3%、规范化管理率95.9%,恶性肿瘤规范化管理率94.7%。全市35周岁以上人群首诊测血压率达100%,新发“慢五病”(恶性肿瘤、高血压、糖尿病、冠心病、脑卒中)网络直报发病报告率、完整率和正确率均≥95%,随访确认率100%,确认后信息完整率≥90%,肿瘤ICD-O-3(世卫组织制订的国际疾病分类中所有恶性肿瘤和中枢神经系统的良性肿瘤编码)完整率100%,均达到上级目标。在全市范围内开展死因网络直报工作,全市死因直报覆盖率100%,死亡病例网络报告率100%,死亡卡填写完整率100%,15天内报告及时率100%,死因诊断正确率99.80%,不明原因死亡率3.77%,各项指标均达到上级考核要求。全年对396个单位进行职业健康监护,共体检16452人次,发现职业禁忌症312人。对76个医疗机构的CT机房和普通X射线机房进行检测,检测样品1832件,开展个人剂量检测1249人次,完成各类医疗机构放射机房建设项目职业病危害预评价和控制

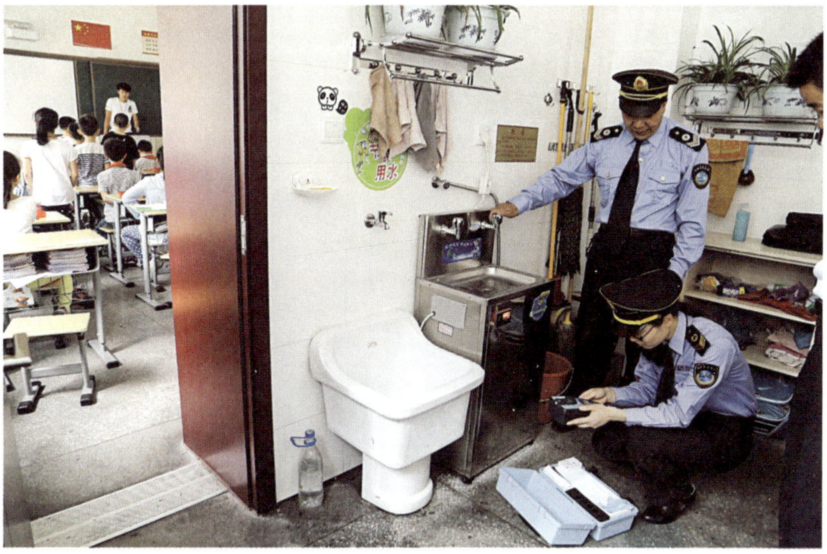

2016年5月31日,江阴市卫监所开展对学校饮用水卫生监测。图为卫生监督员在市实验小学新校区进行现场检测　(徐　洁摄)

效果评价44项。全年受理职业病诊断要求96人,诊断职业病64人,其中尘肺48人,其他职业病16人,尘肺占诊断职业病病例的75%。对水产品中放射性核素、李斯特氏菌、副溶血性弧菌、霍乱弧菌、沙门氏菌,畜类食品中兽残、非法添加物,贝类食品中肠道病毒等相关食源性致病因子进行监测,共检测203件样品,合格率为93.1%。完成社区人群中食源性疾病主动监测300户次,上报食源性疾病病例1087例,采集哨点医院食源性疾病样本195份,通过监测数据分析,掌握本地食源性疾病发病流行特征和致病因子分布情况。全年检测生活饮用水样品218件6262项次;监测公共场所单位95个,检测各类公共场所样品1324件;开展江苏省农村环境卫生状况调查点工作,共调查5个乡镇20个行政村100户家庭。全市96所中小学校,74所幼儿园开展缺课监测工作,并且全部实现监测数据的网络直报,监测工作覆盖率100%,日报告率93.6%。"人体脊柱侧凸测量仪"获国家实用新型专利。食品安全风险监测县级中心和省食源性疾病监测哨点建设工作通过无锡市卫计委组织的考核验收,进一步完善全市食品安全风险监测网络。新开展动物性食品中盐酸克仑特罗等4种常见β类激动剂的检测工作,开展水中总磷、总氮、铝、挥发性酚、总氰化物等项目的流动分析方法。积极参加各级各类业务培训和继续教育80人次。鼓励开展学术课题研究,科技创新成果不断涌现。承担6项课题,其中市(厅)级课题3项,县(局)级课题3项。年内发表论文66篇,其中SCI论文2篇,中文核心2篇,统计源期刊25篇。实行"健康证明"和"卫生知识培训合格证"二证合一,精简办证手续。完成食品和公共场所从业人员健康体检92670人次,发放健康证明88735份,建议调离工作岗位195人次。继续提供优质的慢性病门诊服务,全年诊疗3.1万人次。

【调整脊髓灰质炎疫苗免疫策略】 2016年4月1日起,江阴市根据江苏省卫计委要求,把脊髓灰质炎灭活疫苗(注射接种)纳入儿童免疫规划,继续保持无脊髓灰质炎状态,防止和减少脊髓灰质炎疫苗相关麻痹病例的发生。要求适龄儿童的第一剂次免疫改用脊髓灰质炎灭活疫苗,取代口服的脊髓灰质炎减毒活疫苗。调整后,能避免概率极低的疫苗相关病例风险,接种更加安全。脊髓灰质炎灭活疫苗原属二类疫苗,纳入免疫规划后第一剂次免费,减轻计免儿童家庭的经济负担。调整后适龄儿童应接种4剂次脊髓灰质炎疫苗,其中2月龄接种1剂次脊髓灰质炎灭活疫苗,3月龄、4月龄各接种1剂次脊髓灰质炎减毒活疫苗,12月龄内完成基础免疫;4周岁接种1剂次脊髓灰质炎减毒活疫苗进行加强免疫。

【推广使用预防接种专用APP软件】 2016年4月,江阴市顺应"互联网+"发展趋势,充分发挥互联网的高效、便捷优势,提升服务能力和管理水平,根据江苏省卫计委办公室《关于在预防接种服务中推广应用APP软件的通知》要求,推广使用省卫计委指定的省预防接种专用APP软件(育苗通)。"育苗通"是全省首款实现宝宝打疫苗与接种单位数据同步的智能APP,为宝宝预防接种提供全程管理服务,不仅能够实时收到门诊医生发来的宝宝打针通知信息,为家长提供宝宝接种自动提醒、在线预约、在线查询等多种功能,还提供丰富的疫苗接种知识,日常育儿常识和权威专家咨询等服务,让宝宝的预防接种过程轻轻松松、明明白白。市疾控中心积极开展APP软件的宣传培训,同时要求各接种单位利用预防接种家长学校、办理接种证以及儿童在接种门诊候诊或接种后留观等时机,帮助指导儿童家长正确安装和使用APP软件。至年底,全市2周岁以内儿童的家长安装使用率达到60%以上,其他年龄组,也动员家长进行微信绑定。"育苗通"APP的普及和使用,将更好地发挥预防接种信息系统的作用,有助于提高全市预防接种的服务质量。

【二类疫苗"零差率"销售】 2016年4月,江阴市为贯彻落实江苏省物价局关于《规范医疗卫生机构药品加价率管理的通知》文件精神,规范药品市场价格秩序,促进全市基本公共卫生服步均等化,充分体现公共卫生服务的公益性,全市以实际购进价为基础,全面取消乙肝疫苗、狂犬疫苗等16种二类疫苗15%~25%的加价率,实行"零差率"销售。预防接种是以提高人群免疫水平,达到预防和控制针对性传染病发生和流行的最经济、有效的手段,也是国家基本公共服务的重要内容。疫苗分为两类,一类疫苗由政府向居民免费提供,二类疫苗由居民自费、自愿选择接种。市疾控中心和全市各接种单位严格执行该项政策。以2015年销量为统计依据,实行"零差率"政策后,全年为全市居民节约100万元二类疫苗开支。这项惠民政策的实施,意味着全市老百姓将从中受益,通过更实惠的二类疫苗价格减轻老百姓的医疗负担,更好地增强市民们对于流感、水痘等常见疾病的抵抗力。

【高血压患者居家远程血压监测展开】 2014年,江阴市启动社区高血压患者居家远程血压监测项目试点工作,该项工作是社区高血压防治管理的一种新模式,通过无线网络数据传输技术,建立血压监测与健康管理平台,居民在家中测量血压,社区医生远程就能实时掌握血压动态变化。2015年,市卫计委下发《江阴市社区特定人群高血压患者居家远程血压监测服务项目实施方案》,加强对特定人群高血压患者的远程血压监测服务。项目以具备自我测量血压或由家人(监护人)协助测量血压的全市已确诊并建档管理的肢体残疾高血压患者为实施对象,免费发放远程监测血压计并现场指导使用方法及注意事项,实时掌握血压动态变化,适时开展健康指导,智能预警、提早干预、并跟踪治疗。为顺利开展此项工作,市疾控中心分批组织项目工作的责任医生及管理人员进行业务培训,讲解项目的组织管理、实施方案和考核方法等,同时定期组织专业人员,对各个社区卫生服务中心和医院的监测服务项目的工作进行业务督导和指导。至2016年年底,全市17个社区卫生服务中心有182个服务站开展该项目监测工作，完成特殊人群远程高血压监测人数1774人，其中残疾级别一级到四级的人数分别为147人、562人、801人和264人。项目在运人数为1320人，血压控制率50.8%，服务对象配合率92.1%。通过该项目工作的展开，提高了社区特定人群高血压患者的高血压知晓率、治疗率和控制率。同时，社区医生根据监测数据及时与患者沟通，进行生活方式及药物指导，进一步提高了社区医生管理效率和效能，提升全市社区特定人群高血压防治工作水平。

【开展贝类中诺如病毒监测】 2016年，江阴市疾病预防控制中心公共卫生所按上级要求开展贝类中诺如病毒监测工作，主要针对市场上常见的牡蛎、贻贝、蛤等贝类海产品进行监测，以了解贝类食品中，主要生物性致病因子的污染状况，掌握相关海鲜食品安全状况，并分析相关食品安全风险。采样工作从1月开始，每月从市场上随机采集贝类产品15～20份，进行诺如病毒的检测。采样范围覆盖全市各个镇（街道），采样地点覆盖生产、批发、零售等各个市场流通环节，采样单位包括养殖基地、海鲜市场、饭店、酒店及烧烤店等。整项监测工作7月完成，采样贝类产品110份，双壳贝类食品中诺如病毒带毒率为28.32%，其中GⅠ型占9.37%，GⅡ型占75.00%，混合型占15.63%。监测结果及时上报，并进行汇总分析。

【"最美接种医生"评选】 2015年底，由中华预防医学会、中国疾病预防控制中心、光明网联合主办的"寻找最美接种医生"公益活动正式启动，江苏省随即启动开展全省"最美接种医生"评选活动。根据选送要求，江阴市向无锡市选拔推荐4名优秀候选人，分别是月城社区卫生服务中心的陈亚、刘文霞，城中社区卫生服务中心的吴士芬，以及利港医院的刘菊红。其中，陈亚因其先进事迹突出，被无锡市选送参加江苏省"最美接种医生"评选，2016年4月22日，经江苏省"最美接种医生"公益活动组委会评选领导小组评定，陈亚被评为"江苏省十佳最美接种医生"，25日受表彰。吴士芬、

2016年4月25日，江苏省疾控中心评选"最美接种医生""优秀接种医生"表彰大会上，江阴市选手陈亚被评为"江苏省十佳最美接种医生"

（曹恒富 摄）

刘文霞、刘菊红3人从无锡市各区（市）推荐的20名候选人中脱颖而出，被评为"无锡市十佳最美接种医生"。

【获国家实用新型专利】 2016年2月10日，江阴市疾控中心公共卫生所缪国忠发明的"一种人体脊柱侧凸测量仪"技术通过审查，正式获得国家知识产权局颁布的实用新型专利证书。该项技术填补国内脊柱侧凸筛查领域无精确测量工具的空白，是市疾控中心首次获国家级实用新型专利技术的荣誉。该测量仪属人体形态测量技术领域，主要由带刻度主板、管道、不锈钢珠、硅胶塞组成。刻度主板上设置圆形弧管道，刻度主板一次性成型，不锈钢珠放入管道内，并在管道内注入纯净水。管道两端使用硅胶塞塞紧，管道镶嵌入刻度主板圆弧槽内。该实用新型测量仪适用于儿童、青少年及成人脊柱侧凸的筛查过程中的量化指标。该测量仪结构简单、操作方便，可以有效解决临床上对人体脊柱侧凸检查中无法量化指标问题，为进一步复查提供依据。

【规范预防接种管理】 2016年2月，江阴市卫计委吸取"山东济南非法经营人用疫苗"事件教训，迅速组织开展自查并积极配合上级监管部门检查，检查结果显示：江阴从未采购和使用过涉案疫苗。同时，贯彻国家、江苏省、无锡市卫计委《关于开展预防接种规范管理专项活动的通知》精神，全市认真组织开展调查工作，梳理排查存在问题；严格按规范要求采购配送一类、二类疫苗；完成区域预防接种视频监控系统建设，实现预防接种远程督导，年内第一阶段完成23个，剩余6个等待改扩建完成后安装。推广预防接种专用APP软件，推动预防接种异常反应保险补偿工作，实施二类疫苗"零差率"政策，调整脊灰免疫规划策略，将第一剂次脊灰注射灭活疫苗纳入常规免疫程序，完成二价脊灰减毒活疫苗替换三价减毒活疫苗。开展新生入托入学预防接种证查验，重点加大对薄弱地区、管理盲点和流动儿童等对象的管理力度，坚持每月分析通报接种率，加大对接种单位的督导力度，一类疫苗的接种率95%以上。全年接种一类、二类疫苗47万剂次，报告预防接种疑似异常接种反应368例。

【确诊两例横纹肌溶解综合征病例】 2016年，江阴市疾控中心根据上级文件精神启动小龙虾相关横纹肌溶解征应急监测工作，要求全市继续做好小龙虾相关横纹肌溶解征和异常健康事件的报告工作，并深入探究致病因素，评估小龙虾食品安全风险，从根本上保障消费者食品安全和身体健康。横纹肌溶解综合征

是指一系列复杂因素引起的横纹肌损伤、细胞膜完整性改变、细胞内容物渗出而导致的综合症状和体征,其典型症状为全身肌肉酸痛,可伴发热、全身乏力、少尿、无尿等。尽管食用小龙虾和发病之间存在关联,但其致病机理目前尚不十分明确。夏季是小龙虾消费旺季,南京等地也出现多例因食用小龙虾而引起的横纹肌溶解综合征患者。对此,市疾控中心提醒市民在食用小龙虾时应保持谨慎,务必将小龙虾清洗干净,不可食用脑、胃囊等部位。7月19日,市民刘某与孙子两人因食用自家烹制的蒜泥清水小龙虾出现颈部、背部酸痛症状到市人民医院就诊,市疾控中心接到报告后根据病人的流行病学史、临床表现及实验室检查,确诊为横纹肌溶解综合征,该病例为无锡地区首次确诊病例。两例患者经对症治疗一周后康复出院。

【艾滋病综合防治工作接受省级督导】 2016年11月3日,江阴市疾控中心接受江苏省疾控中心年度艾滋病综合防治工作督导,督导组一行5人在听取汇报、现场查看、现场访谈和查阅资料后,分成3个小组,分别到市人民医院本部的呼吸内科、肛肠科等科室调研PITC的工作进展,到人民医院东区抗病毒治疗点核查抗病毒治疗情况,到月城社区卫生服务中心(中医肝胆医院)督查艾滋病宣传干预工作、国家级艾滋病流动人口哨点监测和艾滋病筛查实验室等内容。同时还对疾控中心艾滋病筛查实验室的工作进行核查指导。检查结束后,对江阴的艾防工作给予肯定,并寄予厚望并保证技术支持,督导组一致认为:江阴虽处于艾滋病后示范区时代,但对艾滋病防治工作没有丝毫的松懈,各项工作完成得非常踏实认真,并在不断完善工作机制,创新工作模式,使艾防工作跨上一个新台阶。

【"12·1"世界艾滋病日主题宣传】 2016年12月1日,江阴市卫计委、市教育局在第29个"12·1"世界艾滋病日,与江苏省江阴华姿中等专业学校联合举办"携手抗艾、重在预防"为主题的宣教活动暨青爱工程江阴基地工作总结会,以提高学生群体防病意识,促进身心健康,让校园飘起红丝带。市疾控中心、市健康促进中心、全市116所学校和幼儿园的主要领导、德育主任、心理老师等260人参与,中国青爱工程无锡慈善家联谊会也参与此次宣传活动。活动围绕"青爱工程"展开,与会代表参观学校的"青爱小屋";听取北京景山学校高级教师刘莹的《预防艾滋病健康教育的参与式教学》讲座,刘老师用丰富的教学经验传授如何用参与式教学方法对学生进行艾滋病健康教育,以取得最佳的教学效果;江阴华姿职业学校学生表演诗朗诵,学生激情的表演配上优美的音乐和冲击的画面给与会人员极大的震撼和感动;一名学生代表宣读"预防艾滋病从我做起"的倡议书,向全市教师和青年学生发出倡议。"青爱工程"江阴基地利用"青爱工程"平台,帮助青少年树立健康的交友观、引导青少年养成健康的生活方式,预防和减少青少年艾滋病感染,以实际行动遏制艾滋病流行,推进健康中国建设。

【首次启动艾滋病病人社区管理模式】 2016年6月,江阴市卫计委根据省卫计委《关于进一步加强全省艾滋病抗病毒治疗工作的通知》要求,下发《江阴市艾滋病病毒感染者和病人管理工作方案(试行)》,15个镇(街道)的社区卫生服务中心指定专人负责艾滋病人随访管理工作,并与随访责任医生签订保密协议。6月底,市疾控中心组织培训。7月,对新发现病人开始在社区进行首次随访,市疾控中心派专人进行现场督导。至12月底,覆盖13个镇(街道)(占比86.67%)的社区卫生服务中心,病人依从性良好。

(周静菊)

妇幼保健

【概况】 2016年,江阴市妇幼保健工作紧紧围绕深化改革这一发展目标,以创建妇幼健康优质服务示范工程为抓手,以妇幼健康和计划生育服务机构整合为契机,突出体制机制创新、管理创新和服务创新,全面提升妇幼健康优质服务内涵。年内,江阴市荣获2016年度"国家级妇幼健康优质服务示范县(市、区)"称号,完成了妇幼保健和计划生育机构整合。全市分娩总人数18783人,活产婴人数18746人,孕产妇死亡率0,婴儿死亡率2.14‰,新生儿出生缺陷发生率4.69‰,孕产妇健康管理率95.17%,0~6岁儿童保健管理率99.86%,全年为66例医学需要人工终止妊娠的孕妇出具医学诊断意见书。全年妇幼公共卫生服务项目经费2033万元(包括中央、省、市补助金),全额拨付各项目单位确保基本及重大妇幼公共卫生服务项目的实施,投入233.17万元用于免费婚孕前健康检查,免费婚检率98.16%。继续推进无锡市产科标准化建设和无锡市现代化妇儿保门诊建设,四院、峭岐医院、顾山卫生院、文林卫生院、河塘医院等5个单位通过无锡产科标准化建设评审,申港社区卫生服务中心妇保门诊、顾山卫生院妇儿保门诊通过无锡市现代化妇儿保门诊建设评审,同时启动实施江苏省基层医疗卫生机构妇幼健康规范化门诊建设,通过标准化建设,不断提高群众就医感受。加速推进妇幼信息系统与医院信息系统整合进程,妇幼信息系统整合一期工程27个医疗单位,有25个完成孕产妇健康管理模块与HIS系统整合,二期工程进入准备阶段。

(龚爱新)

【孕期营养评价及干预获省科研项目立项】 2016年3月,江苏省卫计委开展妇幼健康科研项目和引进新技术项目活动,组织全省县级及以上妇幼健康服务机构(包含妇幼保健计划生育服务中心、妇幼保健机构、计划生育技术服务机构)、儿童医院以及提供妇幼健康服务的综合性医院开展该项目的申报。10月13日,江阴市妇幼保健院申报的"结合人体成分分析的营养评价及干预模式在围产期保健中的应用"科研项目通过审核,获省妇幼健康科研项目立项及资金资助。该项目主要研究孕期个性化营养干预模式、流程、效果评价,在孕妇初诊时进行人体成分分析、运动膳食调查和营养评估,制定个体化干预方案;通过确定干预指标,对妇幼信息平台进行动态监测，对采集的数据进行分析及效果评价，发现指标异常及时调整干预方案；最后依据研究数据，在江阴市妇幼信息系统中开发适合江阴妇女的围产营养软件。该项目的研究成果能适用于广大基层医院的普及和推广，能有效地控制孕妇体重的增长，预防和降低营养相关并发症的发生，改善妊娠结局，避免巨大儿的发生，降低剖宫产，促进自然分娩等。（孟国忠）

【母婴保健服务机构和人员资格准入】 2016年8月，江阴市卫计委加强对母婴保健专项技术服务机构和人员资格的准入，实施母婴保健专项技术服务的医疗机构和个人，应依法取得相应的执业许可证，证件有效期3年；医疗机构执业许可实行年度校验，并在批准的服务范围内依法执业。依法开展母婴保健专项技术服务的医疗机构执业许可年度校验，对从事助产技术服务的25个医疗机构和33个计划生育技术服务的医疗机构服务许可进行现场校验评估。9月，依法开展全市医疗机构和专项技术人员的母婴保健专项技术服务许可考核换发证工作，核发医疗机构母婴保健技术服务执业许可证33个，其中婚前医学检查服务许可的医疗机构1个，助产技术服务许可的医疗机构25个，计划生育技术服务许可的医疗机构33个。全市母婴保健专项技术服务人员中，申请婚前医学检查服务资格20人，申请助产和计划生育技术服务资格480人，通过江苏省卫生厅网上统一报名资格审核、参加无锡市卫计委实践技能考核和江苏省卫生厅理论考试，取得婚前医学检查考核合格证书20人，取得助产和计划生育技术考核合格证书446人。（龚爱新）

【省新生儿急救协作中心】 2016年，江阴市人民医院经过申报、专家评审和审批等程序，入选为南京儿童医院新生儿医疗中心。7月14日，南京儿童医院新生儿危急重症救治协作网络挂牌成立，市人民医院成为首批该网络的区域性中心单位，成为江苏省新生儿急救中心江阴协作中心。主要负责江阴地区危重新生儿的救治、危重新生儿向南京儿童医院转运联络及双向转诊。该中心的成立，进一步加强江阴市人民医院与江苏省急救中心、南京儿童医院新生儿医疗中心的联系，有利于提高江阴市危重新生儿抢救成功率，改善患儿预后。（许文烂）

【组建无锡市妇幼健康服务联合体】 2016年5月，江阴市妇幼保健所（院）正式挂"无锡市妇幼保健院妇幼健康服务联合体成员单位"牌。由此，市妇幼保健所获无锡市妇幼保健院在管理、技术、人才、设备等多方面的合作支持。根据妇保所业务特点及发展需求，对不孕不育门诊、高危妊娠门诊、产前诊断及优生遗传指导门诊、产后康复门诊等方面重点帮扶；在产前筛查、新生儿疾病筛查等医技项目进行帮扶和质量控制，并通过定期派驻专家坐诊、远程会诊、技术指导、业务培训等多形式共建特色专科门诊等。同时开通双向转诊绿色通道，无锡市妇幼保健院将专家门诊、重症产科和新生儿科病房等稀缺资源向成员单位开放，确保上转患者得到优先诊治、下转患者后续治疗方案及时传递基层，建立涵盖治疗、康复、护理的功能连续、全程服务链。根据省卫计委《关于实行妇幼健康项目分级服务的通知》的要求，推进母婴保健专项技术分级服务，促进基本医疗服务下沉，推进分级管理，强化无锡市妇幼保健院对江阴妇幼健康项目服务指导和帮扶。依托无锡市妇幼保健院培训基地，建立初级妇幼保健医师规范化培训机制，对江阴市妇保所医务人员公布并开放继续教育和业务学习课堂，互派妇幼健康管理人员、临床业务人员到双方单位进修学习和工作服务，共同创造和应用新技术、新项目，因地制宜开展科研协作，联合申报科研项目，提高基层人才队伍素质和科研水平。双方对传统医疗服务模式改造创新，建立妇幼健康联合体信息共享平台和妇幼共享信息系统，远程督导联合体成员单位做好妇幼保健、基本和重大妇幼公共卫生服务项目工作，推动江阴市妇幼保健所逐步向二级妇幼保健院转型。至2016年底，无锡市妇幼保健院先后派驻20多位专家，以每月一次轮流定期在江阴坐诊。

【"三八"节妇女保健进社区】 2016年3月8日，江阴市卫计委为庆祝第106个国际劳动妇女节，倡导健康生活方式，进一步提高女性健康意识健康水平，在妇女节来临之际，各医疗卫生单位采取多种形式，通过上街义诊、健康讲座、发放宣传资料、张贴宣传栏，利用网站、微博、微信等网络新媒体，深入居委、单位以及

2016年3月8日，江阴市开展"三八"节妇女保健活动进社区活动（街道小区义诊活动）。图为在顾山吉麦隆超市前的活动现场　（李佳骏 摄）

公共场所等组织开展一系列健康服务活动,为广大妇女献上一份特殊的节日礼物。截至3月10日,全市发放宣传资料151种9966张,宣传栏58种次135个,播放音像资料27种83次,全市播放累计时间达53天;各医疗卫生单位协同妇联、计生共开展公众健康咨询活动32次,服务对象2800人次;开展健康知识讲座29次,服务对象1026人次;各单位制作传播材料,其中平面材料1039种次,音像制品15种次,手机短信254条;个性化健康教育910人,知识知晓率97.16%,受到健康教育培训2228人次数。通过该活动,进一步促进了女性健康知识的普及,养成良好健康行为。

【妇幼保健和计划生育技术服务资源整合】 2016年9月,江阴市委、市政府落实中央及省市决策部署,优化整合妇幼保健和计划生育技术服务资源,坚持"市县合、乡增强、村共享"的基本原则,将市妇幼保健所(院)和市人口与计划生育服务中心合并组建江阴市妇幼保健院,增挂江阴市妇幼保健计划生育服务中心牌子,为市卫计委下属全民事业单位,副科级建制,进一步明确了新设立机构的主要职责、内设机构和人员编制。各镇(街道)卫生院或社区卫生服务中心增挂妇幼保健计划生育服务站牌子,承担各区域计划生育技术服务和妇幼保健职能。至年底,市和镇(街道)两级妇幼与计生资源整合工作全部到位,为推进妇幼健康事业建设和促进人口均衡发展助力。 (龚爱新)

【"世界母乳喂养周"宣传活动】 2016年8月,江阴市开展"母乳喂养是社会可持续发展的关键"为主题的"世界母乳喂养周"宣传活动。1—7日是第25个"世界母乳喂养周",全市各医疗卫生单位大力开展支持母乳喂养宣传活动,采取各部门、多层面、多渠道广泛普及宣传母乳喂养知识,营造母乳喂养良好的社会氛围,促进母乳喂养。活动期间,各单位通过强化人员培训、举办专题讲座、发放宣传资料、电视报纸宣传等方式,积极开展母乳喂养健康教育活动。市人民医院举行了母乳喂养周活动,采用课堂授课形式,通过新妈妈哺乳经验分享,准妈妈准爸爸现场情景表演,活动产生了良好的宣传效果。同时通过市电视台、报社对此次活动进行宣传,使更多的民众通过不同的宣传,获得母乳喂养的知识,认识到母乳喂养的优点和重要性。市中医院围绕主题组织一系列的宣传活动,在产科门诊、孕妇学校、产科病区等不同场所进行多种形式的宣传,广泛普及母乳喂养知识、提高母乳喂养率。各乡镇卫生院充分发挥社区卫生服务中心功能,给社区居民发放母乳喂养宣传资料,以拉横幅、设立咨询台、宣传版面、黑板报、张贴宣传标语,孕妇学校讲课,观看录像等形式,为前来咨询的群众提供服务。充分利用电台、网络等新媒体的渲染力开展母乳喂养知识宣传。活动周全市各医疗单位对妇产科及新上岗的医务人员进行相关培训21次733人次,参加宣传活动的医务人员达224人次,举办健康讲座31场,发放宣传资料4792份,制作宣传版面58块,主题横幅34条,对公众开展健康咨询人数1917人次,宣教人数2592人次。通过活动周宣传,母乳喂养宣传教育工作得到进一步提升,科学育儿深入人心,形成全社会关心促进母婴健康,提高下一代身体素质的氛围。

(潘　燕　龚爱新)

医政工作

【概况】 2016年,江阴市卫计委深入推进医改相关工作,编制《江阴市医疗机构设置规划(2015—2020)》,进一步推动医疗资源下沉基层,组建3个联合病区,建成4个片区医院重点专科、5个基层医疗机构特色科室建设。大力推进预约诊疗服务,实现全市挂号微信公众号预约。在全市二级以上医院实施"先诊疗后付费"服务模式改革。深化资源共享型中心建设,实现全市医技检查同质化服务。构建分级诊疗制度,以信息化手段推动高血压、糖尿病的分级诊疗试点工作。调整和完善了15个专业质控小组,强化医疗质量和安全的核心制度落实。深化等级医院创建工作,市人民医院成功建成三级甲等医院。以电子病历为核心的医院信息化建设初见成效,二院、五院等六家医院电子病历应用达到了二级,人民医院电子病历达到五级。护理管理工作进一步加强,完成"江阴市静脉治疗规范促进项目"的编制。全市12家二级以上医院开展优质护理服务,有118个优质护理病房,病房满意度均在95%以上。市人民医院心内科、神经外科、神经内科被省卫计委确认为省级临床重点专科建设单位,人民医院消化内科、心内科被评为无锡市重点专科创建单位和无锡市护理临床重点专科建设单位;消化内科、静疗两个专科入围无锡市专科基地评审。重视医院感染管理工作。所有二级医院开展院感的综合性监测,加强了院感的控制。大力推进"平安医院"创建工作,强化科技创新和人才培养工作。年内,获国家自然科学基金项目1项、省自然科学基金项目1项、省卫生计生委科研项目2项、无锡市科技局科研立项2项、无锡市卫生局卫生科技项目11项、无锡市基层适宜卫生技术推广项目3项;8个单位被无锡市卫计委确认为全科专业住院医师规范化培训实践基地。强化抗菌药物临床应用管理,巩固基本药物制度实施成果。建立基层机构与其双向转诊的上级联系用药制度,按照20%的比例扩大基本药物配备使用,满足群众慢性病治疗用药需求。推进院前急救服务体系建设。按照无锡市《关于加快全市涉农地区院前急救网点建设意见的通知》要求,调整全市急救网络站点布局,进一步完善急救医疗服务体系。扎实推进乡村医生签约服务工作,积极开展服务站提档升级及省示范村卫生室创建工作。全市120个社区卫生服务站(村卫生室)开展提档升级工作,至年底有107个服务站(村卫生室)通过卫生、人社、财政组织的验收,通过率89%。市人民医院连续6年获评中国县级医院竞争力百强医院并位列第二,获评2013—2015年度"江苏省文明单位"。

【接受三级医院现场评审】 2016年10月17—20日,江阴市人民医院

2016年11月19日，江阴市人民医院接受国家卫计委医政医管局组织的专家，进行三级综合医院评审。图为评审汇报会现场　（倪中建 摄）

接受江苏省卫计委专家组三级医院现场评审。在4天时间内，评审专家分成医院管理组、质量药事组、医疗技术组、护理院感组，采用追踪方法，通过查阅资料、实地查看、现场考核、人员访谈、走访患者和家属等形式，深入医院各个部门、科室，对照标准，逐一严格检查，全方位、多角度地对市人民医院各项工作进行考核评判。10月20日进行现场评审反馈，专家组成员按照各组检查的情况进行分组反馈，在肯定创建成绩的同时，客观地指出存在问题和不足，并提出切实可行的改进措施和方法，对医院发展提出许多建设性意见和建议。11月17—19日，国家卫计委医政医管局组织专家，对江阴市人民医院进行三级综合医院评审现场评价调研。专家组分别从医院综合管理、医疗管理、药学管理、护理管理、院感管理等方面，通过文档查阅、个案追踪、系统追踪、设备设施检查、病历审阅、对患者及其家属以及相关人员访谈等途径进行检查，以发现问题为主线，运用PDCA理论与追踪检查等方法，关注患者安全、医疗品质和服务成效，注重对医院日常工作的监督、制度落实和过程管理，实现医院管理的全面提升。　（苏春蕾）

【3专科建成省级临床重点专科单位】　近年来，江阴市人民医院加大临床专科建设力度，通过人才引进、人才培养和医学科学研究、新技术、新项目的开展，促进专科发展，提高临床服务能力，更好地满足了群众就医需求。2015年全省有86家医院232个临床专科申报省级临床重点专科，经过省卫生和计生委专家初审、现场测评、投诉处理、结果公示、审查核实等环节，新确认29个专科为省级临床重点专科建设单位。2016年4月29日，江阴市人民医院心内科、神经外科、神经内科3专科被省卫计委确认为省级临床重点专科建设单位。至年底，市人民医院有骨科、消化内科、心血管内科、神经外科、神经内科5个省级临床重点专科建设单位，中西医结合肿瘤科1个省中医临床重点专科。

【获国家和省自然科学基金】　2016年7月，江阴市人民医院申报的“食管癌TAF通过CNTN-1/游离泛素调控食管癌放射敏感性的机制研究”项目通过江苏省财政厅、江苏省科学技术厅审核，获2016年省级自然科学基金（青年科技人才专项资金）。8月17日，国家自然科学基金委员会下发《关于公布2016年度国家自然科学基金申请项目评审结果的通告》，市人民医院申报的《食管癌相关成纤维细胞通过CNTN-1/游离泛素调节食管癌放射敏感性的机制研究》，获得2016年度国家自然科学基金面上项目资助。

（王芳军　高　映）

【市人民医院与陕西潼关县人民医院对口支援签约】　2016年9月12日，江阴市人民医院与陕西省潼关县人民医院举行对口支援签约仪式，确立两院在医疗卫生领域对口支援合作关系。该项合作是根据国家卫生计生委关于城乡医院对口支援工作有关要求，以及江苏省卫生计生委关于全省三级医院对口支援陕西省县级医院的相关工作部署的。此次签约期限为3年（2016—2018）。签约期内，双方通过在管理和技术两个层面派驻专家帮扶和选派人员培训等形式，积极强化临床专科建设，培养专科后备人才，努力提升潼关县人民医院的综合服务能力和科学管理水平，出色完成对口支援任务，造福潼关当地群众。

【3D打印技术应用于外科手术】　2016年4月8日，江阴市人民医院成功为一骶骨肿瘤患者实施全市首例3D打印技术辅助骶骨肿瘤整块切除术，术后患者无特殊不适及并发症。3D打印辅助治疗，在节约手术时间、降低手术成本的同时，让骨科的手术更加安全、精准。该手术的成功，标志着世界先进的3D打印技术正式进入江阴市骨科医疗领域。　（朱云荣　方剑锋）

【首例腹腔镜下巨脾切除术】　2016年1月12日，江阴市人民医院为一肝硬化、脾功能亢进的49岁女性患者成功实施了江阴市首例腹腔镜下巨脾切除加贲门周围血管离断术，手术仅用了80分钟顺利完成，腹部仅有4个约一指宽的小孔，术后一周患者即康复出院。　（赵振国）

【内镜下治好结肠-腹壁瘘】　2016年3月2日，江阴市人民医院顺利完成了无锡地区首例结肠-腹壁瘘的肠镜下关闭治疗，手术采用消化道内镜技术或双镜（消化道内镜和腹腔镜）联合技术对患者结肠瘘口进行局部缝合，术后5天患者康复出院。　（王芳军　邵国益）

【首例完全腹腔镜远端胃癌根治重建术】　2016年10月20日，江阴市人民医院首次采用Uncut Roux-en-Y技术，开展一例完全腹腔镜下远端胃癌根治术。Uncut Roux-en-Y是一种新型的消化道重建技术，相对于传统的Roux-en-Y吻合方式而言，在完全腹腔镜下完成胃癌根治以及消化道重建的 Uncut Roux-en-Y 吻合术，能使患者术后更快恢复。此外，Uncut Roux-en-Y 吻合术不离段空肠，不影响小肠运动复合波的传导，能最大限度减少术后滞留综合征、胆汁反流、残胃炎等各种术后并发症的发生。（凤丽萍）

中医工作

【概况】 2016 年，江阴市中医工作坚持加强团队建设，普及中医经方，提升服务内涵。市人民医院通过全国综合医院示范中医科复评考核；市中医院针灸康复科获省中医重点专科；市中医肝胆医院顺利通过二级中医专科医院的等次评审，市中医骨伤医院顺利通过二级中医专科医院的定级验收；城中社区卫生服务中心、新桥卫生院中医综合诊疗区建成并通过省中医药管理局检查验收；文林卫生院获省乡镇卫生院示范中医科称号，城中社区卫生服务中心获省中医药特色中心称号；中医肝胆医院邹逸天获得江苏省第二批名中医传承工作室建设项目；积极开展中医师承教育，依托刘鲁明、顾植山、王德明名中医工作室，在江阴市范围内公开共招录 25 名学员跟师学习；青阳医院胡可、山观医院戴红、利港医院杨海娣、祝塘社区卫生服务中心史卫华 4 人被评为第二批江苏省农村优秀中医临床人才；全面推进中医经方在社区卫生工作中的应用和普及，遴选基层 30 名中医人员参加经方培训，做好经方传承；依托江阴市中医药学会，开展中医药文化科普巡讲活动，弘扬中医药文化。

【首个国家中医学术流派传承推广基地】 2016 年 5 月 12 日，江阴市青阳医院针灸科被国家中医药管理局审核通过，成立澄江针灸学派传承工作室江阴青阳工作站，成为全市首个国家中医学术流派传承推广基地。青阳医院针灸科是江阴市中医特色专科、南京中医药大学第二临床医学院临床教学实习基地。青阳医院“朱氏针灸”曾先后入选江阴市和无锡市非物质文化遗产名录。“朱氏针灸”历经 7 代传承和发扬，通过家传、师带徒以及融入现代的院校教育，形成了独特的诊疗理论及方法，为广大患者带来福音，取得了卓越的医学成就，造福一方百姓，是青阳镇独特而宝贵的文化遗产。（刘　明）

【“肝胆疾病中医外治法”列省级非遗项目】 2016 年 1 月 14 日，江阴市中医肝胆医院中医肝胆科特色疗法“肝胆疾病中医外治法”列入江苏省政府发布的《关于第四批省级非物质文化遗产代表性项目名录的通知》，成为省级非物质文化遗产。该疗法有 130 余年历史，以省名中医邹逸天 3 代祖传专治黄病的秘方为基础，经过以邹逸天为首的专科团队潜心研究，开拓创新，成为治疗各类肝病的特色疗法，效果显著，深受患者欢迎。市中医肝胆医院以此为契机，进一步做好该疗法的传承、科研和产品的开发利用，造福广大肝病患者。（缪雄刚）

【市中医院被评为省文明单位】 近年来，江阴市中医院把精神文明建设责任目标纳入医院总体工作规划，坚持与业务工作同部署、同推进，形成班子齐抓共管，全体干部职工自觉参创的工作机制。按照文明单位测评标准，以文明创建“六个一”（一个道德讲堂；一个“学雷锋”志愿服务队；一个服务品牌；一个结对村；一个公益广告宣传栏；一个善行义举榜）为抓手，转变服务理念，改进工作作风，完善服务规章，坚持三个文明一起抓，集中力量开展文明单位创建工作。全院业务收入、门诊量、出院病人及各项中医药数据多年均达到并超过三级中医医院标准。医院院领导班子团结协作、务实清廉，严格执行“三重一大”（指涉及重大决策，重要干部任免，重大项目安排和大额度资金使用的事项）事项集体讨论制度及院务公开工作制度。结合江阴市创建全国文明城市工作，加强中国特色社会主义和中国梦宣传教育。医院高度重视中医药文化建设，构建独具特色的中医药文化体系，扩大了医院的知名度和美誉度。进一步加强人才培养和人才队伍建设。成立了由 14 个成员单位组成的中医院医联体，并落实对口支援工作政策，进行援疆、下乡支农等，开展义诊、名医下乡、技术支持。与多家医院开展技术协作、中医药交流等社会公益性活动。2016 年，市中医院申报创建江苏省文明单位，通过创建活动，进一步深化公立医院改革、落实改善医疗服务行动计划、维护人民群众健康权益。11 月，江阴市中医院通过江苏省精神文明建设指导委员审

2016 年 6 月 20 日，江阴市中医院进市实验幼儿园学校，进行各种急救小常识演练和卫生小贴士讲解（季晓东 摄）

核，被评为江苏省文明单位。

【名医堂建成省科普教育基地】 江阴市中医院名医堂近400平方米，有10个诊室，自2010年组建以来，市中医院融名老中医药专家学术经验和江阴中医流派的发掘整理、传承、临床应用为一体，以江阴“历史文化名城”的创建相结合，提升中医理论、临床、科研、教学水平，推进区域中医整体学术水平提升，加快中医文化的传播，扩大了社会影响。2016年2月，江阴市中医院名医堂通过江苏省科学技术协会、省科技厅、省教育厅评审，成为2015—2019年度江苏省科普教育基地。教育基地的建成，将进一步促进名老中医传承发展，中医学术思想和临床经验展示，增强江阴中医优秀的文化底蕴，弘扬澄江医家的仁心风范，提高全民科学素质做出积极贡献。

（周凤云　吴国英）

【市中医院针灸康复科建成省中医重点专科】 江阴市中医院针灸康复科初建于20世纪50年代，经数代人的努力和传承，得到持续的发展，形成在周围地区享有盛誉的特色专科。多年来抓住推进公立医院综合改革契机，大力实施专科强院战略，按照“规范建设专科，建强专业队伍，提高医疗质量，增强服务能力”的思路，高标准、高要求，全面提高专科建设水平和医疗服务质量。2016年12月，市中医院针灸康复科顺利通过江苏省中医药局验收审核，成为该院继皮肤科、儿科之后第3个省中医重点专科。该科坚持以针灸治疗为基础，开展针刀微型外科治疗慢性软组织损伤、颈腰椎病及脊柱相关疾病的治疗为特色及发展方向，结合传统正骨手法及各种康复理疗手段，提高针灸科常见病、多发病的疗效。（张梓岗　王　芳）

【市中医院与广东廉江市人民医院建为友好医院】 2016年，江阴市中医院为贯彻落实国务院《中医药发展战略规划纲要》，进一步深化公立医院改革，传承中医国粹，弘扬中医药文化，全面推广使用中医中药，拓宽服务领域，本着互利互惠、共同合作的原则，加强医院文化建设和专科专病建设，提高医疗人员的业务素质和技术水平，更好地为百姓健康服务，市中医院与广东省廉江市人民医院经沟通协商决定建立友好医院。4月8日，市中医院与廉江市人民医院建立友好医院签字仪式，在市中医院举行，两院院长签订友好医院协议。协议签订后，两院将每年组织一届医疗改革及中医药发展论坛，定期组织学术交流活动，建立传帮带机制，加强重点专科对口扶持，强强合作。开展专医专药项目研讨与合作，普及推广“西医学中医”、中医临床护理、“中医治未病”江阴模式等。市中医院将“袁士良名中医工作室”在廉江市设分点。

（蒋佳英　周凤云）

【中美脑中风协作组江阴市中医院合作基地揭牌】 2016年11月19日，在江阴长晟温德姆至尊豪廷大酒店举行的脑卒中防治项目启动仪式暨开颅术后颅内感染防治新进展学习班上，为中美脑中风协作组江阴市中医院合作基地正式揭牌。市中医院借此新平台，在进行脑卒中高危因素的筛查、管理、干预、治疗和康复等领域能更好地为市民提供帮助。脑卒中是一种常见病、多发病，根据全国第三次居民抽样调查显示，脑血管病成首位死因。对此，市中医院在中美脑中风协作组——北京安贞医院教授张勤奕为组长的安贞医院专家组支持下，先后派遣神经内科、神经外科，以及介入科、超声波、放射、麻醉、护理等科室各专业的骨干医生进修培训，取得相应的资质。同时，成立由专人负责，多学科联合的脑卒中中心，中心设置筛查、溶取栓、介入、手术、健康与康复指导5个专业小组，专设两个脑卒中门诊，各小组制定完善工作流程和规章制度，医院健全完善相应的检查设备，能够胜任从特定人群的健康教育到有针对性地筛查，从高危人群的管理到手术和非手术干预，以及脑卒中发病后的手术和非手术治疗到康复指导的工作。

（路　楷　程伟虹）

【第七届“澄江膏方”文化节】 2016年11月至2017年1月，江阴市中医院举办第七届“澄江膏方”文化节，弘扬中医药传统文化，普及和传播中医药养生知识，倡导健康的生活方式。活动期间，市中医院省、无锡市级名中医等为广大市民量身定做，符合各自身体需求、独具个性的膏方，让更多的人群享受膏方文化的精髓，“治未病”实现健康生活。膏方以其易于吸收、方便食用、针对性强等特点，越来越受到了人们的青睐。（周凤云　吴国英）

【刘鲁明工作室落户市中医肝胆医院】 2016年2月28日，江阴市中医肝胆医院举行刘鲁明中医工作室揭牌暨拜师仪式，从全市筛选的10名学员依次向上海市名中医教授刘鲁明进行拜师仪式。市中医肝胆医院以此为抓手，加大与上海肿瘤医院的战略合作，与刘鲁明中医工作室的专家共同提高肿瘤诊疗能力，为肿瘤患者提供手术、化疗、放疗（与远望医院合作）、微创（介入、微波消融、热疗）、中医中药等治疗手段，逐步成为全市肿瘤患者治疗的重要基地。（缪雄刚）

■类目编辑　赵修平

综 述

【概况】 2016年，江阴市体育工作践行"为城市发展添光彩，为百姓健康谋福利"主旨，把"两学一做"教育活动和文明城市创建工作贯穿始终，坚持主动融入大局，服务民生，敢于创新发展，全力保持体育事业健康可持续发展，圆满完成年度各项目标任务。在全国基本公共体育服务体系建设现场推进会上，被国家体育总局指定为示范观摩县市；江阴体育中心被评为江苏省十佳人气场馆，江阴高中男足获全国男子足球U17联赛冠军，二中女足获全国初中女子校园足球联赛冠军。

【市公共体育服务体系建设被观摩】 多年来，江阴市紧紧围绕广大人民群众日益增长的体育健身需求，以《全民健身条例》为指导，以现代化和人民满意为目标，强化政策支持，加大资金投入，整合各方资源，大力推动并形成了覆盖城乡、组织完善、设施齐全、活动丰富的具有江阴特色的公共体育服务体系。2016年，全市体育场地总面积472万平方米，人均达2.74平方米。是年4月7日，国家体育总局副局长冯建中率全国基本公共体育服务体系建设现场推进会部分与会代表一行200余人观摩考察江阴市公共体育设施建设。市领导蔡叶明、龚振东陪同考察。与会代表先后考察了青阳镇文体中心、在建的华西农民健身中心、华士镇陆桥社区天华体育中心、新桥镇全民健身活动中心、海澜国际马术俱乐部等地。冯建中充分肯定了江阴市体育工作。指出：江阴公共体育服务体系起点高、水平高，设施齐全，体系建设完善，服务水平、配套很到位，每个地方都有体育指导员，社会组织健全、服务人群全面，尤其是江阴乡镇有这么高水平的公共体育服务体系，已处于全国领先水平。参加实地考察的与会代表们也都纷纷给予好评，认为青阳镇文体中心的"文体融合"、华西新市村和海澜集团股份有限公司的社会资本投资体育事业、华士镇陆桥社区天华体育中心的"民企反哺体育公益"、新桥镇全民健身活动中心在建设上镇级与学校两方经费"合二为一"和在开放上社会人士与学校学生使用"一分为二"的先进理念等都有很强的示范作用。

【"奥林匹克文化中国行——走进江阴"活动】 2016年8月12—13日，江阴市举办"奥林匹克文化中国行——走进江阴"活动，"奥林匹克文化中国行"活动是由国家体育总局发起的公益体育宣传活动，旨在宣传奥林匹克文化，弘扬中华体育精神。江阴市作为活动首站，能在提升江阴市民对奥林匹克和体育健身运动的认识的同时，充分展示江阴城市魅力，提升江阴城市美誉度，助推江阴文明城市创建。该活动分：奥行体娱晚会、奥行奔跑、奥行互动、奥行展览、奥行旅游五个部分。活动中，邓亚萍、陶璐娜、马燕红、贾占波、郑海霞、宋晓波、戴韫等奥运冠军热情参与，中央电视台体育频道（CCTV－5）、中央人民广播电台、《人民日报》、新华社、《中国体育报》、江苏卫视、江苏人民广播电台等主流媒体，以及腾讯体育、新浪体育、搜狐体育、新华网、人民网等近100个媒体全力支持。其中，8月12日的奥行体娱晚会分为更快、更高、更强三个部分，以奥运冠军为主线，有武术、歌舞、书法绘画、冠军互动、现场观众奥运知识问答等环节，展示奥林匹克运动文化在国内发展的强劲势头。13日上午8时，"奥行奔跑"项目在市体育馆拉开帷幕。奥运冠军们与2022名江阴市民一起进行5千米的奥行奔跑，还与市民进行乒乓球、羽毛球和篮球的互动，并通过民间体育达人的参与，点燃江阴人体育健身的热情。奥行展览让观众有幸看到许多难得一见的里约奥运火炬和百米体育邮票，看到奥运体操冠军马燕红、射击冠军贾占波在奥运赛场比赛的照片。8月13日启动奥行旅游活动，奥运冠军和所邀嘉宾与媒体记者参观中南体育健身公园、天华体育中心和博物馆等，最后观赏海澜马博物馆和马术表演。

【江阴体育中心被评为省十佳人气场馆】 2016年，江阴体育中心坚持改革创新和规范化建设，各项工作扎实有序推进，市民的认可度和社会美誉度得到进一步巩固和提升。先后成功承办全国游泳俱乐部锦标赛、四国男篮争霸赛以及国际U17青年足球锦标赛、"一带一路"U15男足锦标赛、全国U17男足联赛等国家级以上赛事3项8次50余场。

组织举办或协办江阴市第二届元旦公益徒步大会、全民健身节荧光夜跑、第二届半程马拉松赛以及游泳、乒乓球、羽毛球、篮球赛等全市性群众体育赛事7项90余场次。组织举办体育公益大讲堂5期。10月27日，江苏体育产业大会在溧阳隆重举行。会上，江阴体育中心凭借优质的软硬件服务和良好的运营管理业绩，在全省体育中心中脱颖而出，荣获江苏省十佳人气场馆。是年，该中心接待观众及各类健身休闲市民超过120万人次。

【江阴二中澄星女足获全国联赛冠军】 2016年8月10日，在山东潍坊市举行2016年中国初中女子校园足球联赛全国总决赛。代表江苏参赛的江阴二中澄星女足（初中组）于2012年3月组队，队员都是2001年、2002年出生的江阴本地姑娘。她们在课余时间参加足球训练，球艺不断提高，多次获得省市女足比赛的好成绩。此项赛事由中国中学生体育协会主办，参赛球队都是各省市、自治区校园足球的优胜球队，代表了中国初中女子校园足球的最高水平。8月的山东潍坊天气变化不定，时而艳阳高照，酷热难耐；时而大雨如注，湿透衣背。女足队员们克服困难，凭借扎实的足球功底和顽强毅力，在小组循环赛中大比分战胜河南队、河北队。随后在交叉淘汰赛中以5:0战胜新疆队，以4:0战胜山西队。在决赛前的准备会上，主教练汪坤洁鼓励全队沉着应战，戒骄戒躁，合理分配好体能争取全胜利。在10日下午与内蒙古队的决赛中，二中队员们发挥稳定，在上半场就以2:0领先。下半场比赛，二中队员越战越勇，连续破门，最终将比分定格在4:0。江阴二中澄星女足以未输一场、未丢一球的优异成绩荣获全国联赛冠军，为江阴校园足球再添光彩。同时，该队还获得最佳教练员、最佳球员、最佳射手、最佳守门员称号。

群众体育

【概况】 2016年，江阴市群众体育以“体育服务民生”为出发点，全面落实全民健身国家战略，广泛开展全民健身活动，完善体育健身基础设施、推动健身组织良性发展，不断满足群众的健身需求，提档升级“10分钟体育健身圈”，体育社团网络延伸、活动普及，新注册成立协会就有6个，赛事活动组织品牌化、体系化，按照“三大品牌、六大联赛、九大系列”格局，不断推动赛事活动上规模、成体系，举办了元旦公益徒步大会、半程马拉松赛等有影响力、也深受广大市民喜爱的大型活动，创设“全澄欢乐跑”等新型项目。

【迎新年全民健身系列活动】 2016年1月1日上午，江阴市各界群众3500余人相聚江阴体育中心主体育场内，举行2016年江阴市全民健身活动启动仪式暨“江阴农商银行杯”第二届元旦公益徒步大会，主题为：“祝福江阴，为爱行走，运动同健康相伴，体育与文明同行”。大会分为5千米亲子行和10千米健步行，活动报名费全部用于资助江阴孤寡老人和失学儿童，现场设置捐书箱和捐衣箱。全市有2000余名个人和480余个家庭3500余人参加活动，江阴市市长沈建主持启动仪式。无锡市委常委、江阴市委书记陈金虎发表热情洋溢的新年致辞，市领导为该次元旦公益徒步大会鸣枪开跑。随后的绿色生活，健康和谐爱心公益徒步行，185名社会各界志愿者参与其中，其中包括社会普通志愿者135人、社会各界摄影志愿者20人、蓝天救援队30人，分布在赛道各路段，为徒步行提供最强大的保障，并清洁会场，体现江阴人的文明素质。

【举办全民健身节系列活动】 2016年8月8日，江阴市全民健身节暨“全澄欢乐跑”启动仪式在江阴体育中心举行，由市体育局主办，市社会体育管理中心和暨阳体育产业发展有限公司承办，旨在通过活动鼓励市民积极参与体育锻炼，进一步掀起全民健身热潮，不断提高全民身体素质。全市有1000余名体育爱好者参加夜跑，举行形式多样的健身展示活动。在8月至11月的全民健身节期间，全市城乡广泛、深入开展趣味运动会、健身展示、健身项目培训等精彩活动为内容的全民健身活动，各镇（街道）、各单项体育协会、俱乐部在全民健身节期间根据各自实际情况开展群众喜闻乐见、形式多样的全民健身活动。

【第二届半程马拉松赛】 2016年10月23日，江阴市体育局、市土地储备中心主办的2016年江阴第二届半程马拉松赛，在敔山湾举行，比赛分3项项目，包括21千米的半程马拉松比赛、10千米迷你跑比赛以及5千米亲子跑比赛。比赛吸引来自无锡、张家港等周边地区和江阴市的长跑爱好者2329名选手参赛，

2016年1月1日，江阴市全民健身活动启动仪式暨“江阴农商银行杯”第二届元旦公益徒步大会活动。图为健身步行队伍　　　　（陆　澄　摄）

选手们在微风细雨中,享受着奔跑的快乐。8时整,随着比赛发令枪的响起,参赛选手们瞬间点燃激情,浩浩荡荡地出发。长跑人群中,不乏六七十岁的老人,还有父母拉着幼小的孩子一起奔跑,选手们都踏着自己的节奏,寻找运动的快乐。经过角逐,上届江阴"半马"男子组冠军获得者段宇亭率先冲过终点线,以1小时23分04秒的成绩卫冕;张艳艳以1小时36分35秒的成绩,成为女子组冠军。江阴市第二届半程马拉松赛的成功举办,既提升了城市形象,推进全民健身,增强人民体质,又激励全市上下,进一步弘扬江阴精神和体育精神,共创文明城市,共建美好家园。

【首届健身气功比赛】 2016年8月8日上午,江阴市在市体育馆举行2016年全国百城千村健身气功交流展示活动暨市健身气功比赛,全市各镇(街道)健身气功站点的20支队伍200余名选手参赛,并进行了精彩的展示。比赛活动设新功法表演、集体展示、个人比赛、老四套功法6分钟版集体展现等四大板块。经过一天紧张激烈的比拼,张梅芬、陈丽星、汤琴囡、赵汝娣4人分获八段锦、易筋经、五禽戏、六字诀个人比赛特等奖。徐霞客村、红星村、任九房村健身站点代表队获健身气功老功法集体比赛优胜奖。

竞技体育

【概况】 2016年,江阴市竞技体育工作加快"体教结合"模式创新推进,加快建立"一镇一特"训练项目布局,深化"体育三进校园"工程,创新推进"镇镇笼式足球场建设",备战参赛获省以上金牌23枚,向国字号足球队输送7名集训球员,全年组织承办17次省级以上大型赛事,举办国际青年足球锦标赛、"一带一路"U15国际男子足球锦标赛等大型国际赛事,为全市打造足球运动城市名片奠定扎实基础。市业余体校各项目在江苏省比赛中争金夺银,获金牌21块、银牌26块、铜牌24块。学生"人人学会游泳"工程扎实推进,新增培训点2个,全市累计游泳培训点21个,年内培训合格学生16004人,合格率为98.27%。深化"体育三进校园"工程,投入经费近700万元为各镇街小学配送20个笼式足球场设施,采购并对2015年配送到各学校的三大球进行以旧换新。先后组织男足国少队等深入基层学校,协调体校和二中足球教练定期到基层学校进行对口辅导,与市篮球协会合作开展篮球教学进课堂。全年组织各级各类中小学体育竞赛9项15次。

【全国象棋儿童赛】 2016年8月10—14日,全国象棋儿童赛暨"中国体育彩票"全国象棋青少年活动在江阴举行,比赛吸引全国各地的102个代表队461名小棋手参赛。同时举办全国象棋初中级教练员培训班,来自全国各地的96名教练员参加为期4天的培训,考核合格后颁发中国象棋协会教练员证书。比赛期间还组织运动员们参加2016年"中国体育彩票"全国象棋青少年活动——象棋大师车轮战、象棋塑造智慧人生讲座和运动员象棋文化知识抽奖活动。14日最后一轮比赛,泉州师范学院附属小学争得甲组团体冠军,厦门晨鹰象棋俱乐部获得乙组团体冠军,临安市棋类协会获丙组团体冠军,扬州市实验小学获得丁组团体冠军;厦门晨鹰象棋俱乐部、浙江省泰顺县体育局、安徽寿县棋类运动协会、河北队、重庆璧山县棋类协会和江阴市月城实验小学荣获精神文明运动队;江阴市城中实验小学获得甲组团体第二名。

【U15男子国际足球锦标赛】 2016年8月25—27日,2016年"一带一路"U15男子国际足球锦标赛在江阴市举行。比赛由江苏省体育局主办,省政府外事办、江阴市政府和省国际体育交流中心承办,旨在响应"一带一路"国家发展战略,促进"一带一路"国家的足球和文化交流,积极探索新形势下国际体育交流渠道,努力打造江苏传统品牌赛事。参赛队伍有巴基斯坦使馆学校足球队、哈萨克斯坦斯杜社8号足球队、柬埔寨学院U15足球队、马来西亚赛帕卡国际足球学校足球队、日本东方FC西班牙U15足球队、新加坡U15足球队和中国江阴一中飞扬足球队。8支球队在江阴体育中心展开20场比赛,8月27日,伴随着柬埔寨队3∶2战胜哈萨克斯坦队,历经3天20场次的精彩角逐,该足球锦标赛在江阴体育中心落下帷幕,来自"一带一路"沿线的柬埔寨、日本、哈萨克斯坦、巴基斯坦、西班牙、新加坡、马来西亚、中国的U15健儿们顽强拼搏,敢打敢拼,赛出成绩、赛出友谊。最终柬埔寨队获得冠军,哈萨克斯坦队获得亚军,日本队获得季军,江阴一中获得第4名。

2016年8月25—27日,2016年"一带一路"U15男子国际足球锦标赛在江阴市举行。图为柬埔寨队与哈萨克斯坦队比赛 (陆 澄 摄)

2016 年江阴市承办体育重大赛事一览

表 50

项目	时间	参赛队	人数(人)	地点
2016 年江苏省小太阳杯儿童棋类比赛	1 月 2—3 日	58	875	辅延中心小学
“四方杯”2016 全国游泳俱乐部锦标赛	4 月 22—24 日	28	729	市民水上活动中心
江苏省第十届国际跳棋特色学校比赛	4 月 23 日	7	115	周庄实验小学
2016 年中国足协“江阴周庄杯”国际青年足球锦标赛	5 月 10—14 日	4	96	江阴体育中心
2016 年江苏省青少年举重锦标赛	5 月 16—23 日	14	307	市初级中学
2016 年四国男篮争霸赛	5 月 20—22 日	4	48	市体育馆
2016 年全国男子篮球联赛	5 月 27 日—9 月 9 日	14	168	
韩国足球代表队访问赛	6 月 24—27 日	6	124	江苏省江阴高级中学
2016 年全国象棋儿童赛	8 月 10—14 日	102	610	市澄星大酒店
2016 年江苏省国际跳棋锦标赛	8 月 17—18 日	11	186	
2016 年“一带一路”U15 男子国际足球锦标赛	8 月 25—27 日	8	133	江阴体育中心
2016 年全国青少年男足 U17 联赛第三阶段	9 月 6—20 日	8	215	
2016 年江苏省城市假日联赛“四方杯”游泳俱乐部冠军赛	11 月 19—20 日	18	508	市民水上活动中心
“江阴周庄”2016 全国业余棋王大赛	11 月 19—21 日	32	238	周庄镇
2016 年全国青少年男子足球 U17 冠军杯赛	11 月 8—16 日	5	105	江阴体育中心

2016 年江阴市参加上级体育比赛成绩一览

表 51

参赛单位(人员)	名称	时间	地点	成绩
张祯业 顾华江	2016 年全国青少年足球联赛	2016 年	云南昆明、山东潍坊、江苏江阴	男子 U17 冠军
张祯业 顾华江	2016 年全国青少年足球锦标赛	1 月 2—13 日	广西北海	男子 U17 季军
陈　佳	2016 年全国垒球冠军赛	3 月 7—14 日	四川攀枝花	女子冠军
周艳兵	2016 年全国田径大奖赛系列赛	4 月 15—19 日	山西太原	女子 4×100 米亚军
许紫春	2016 年全国女子拳击锦标赛	4 月 17—22 日	河北迁安	女子拳击季军
江阴高中	2016 年全国青少年男子足球 U17 联赛	4 月、6 月、9 月、10 月	云南昆明、山东潍坊、江苏江阴	男子冠军
汪　丽	2016 年江苏省县组田径比赛	4 月 27 日—5 月 23 日	江苏张家港	女子 100 米栏亚军 女子 200 米栏亚军
王楚涵				男子 800 米季军 男子 1500 米季军
林清润				男子跳远冠军 男子跳高亚军
曹洛豪	2016 年江苏省举重锦标赛	5 月 16—23 日	江苏江阴	男子 62 公斤级抓举冠军 挺举冠军　总成绩冠军
黄家彬	2016 年全国男子拳击锦标赛	5 月	山东淄博	男子拳击冠军
金之煌	2016 年全国青年锦标赛	6 月 26—28 日	内蒙古鄂尔多斯	男子 4×100 米亚军

续表51

参赛单位（人员）	名称	时间	地点	成绩
汪　丽	2016年全国少年田径锦标赛	6月10—13日	山东济南	女子100栏季军
许美玲	2016年全国田径冠军赛暨大奖赛总决赛	6月18—23日	重庆	女子4×100米亚军
周艳兵				女子4×100米亚军
张雨电	2016年江苏省青少年拳击锦标赛	7月	江苏淮安	男子拳击季军
缪　骏	2016年江苏省青少年柔道锦标赛	7月12—15日	江苏泰兴	男子66公斤冠军
张钦宇				男丙73公斤季军
周宇平				男甲100公斤季军
江阴体校	2016年江苏省省长杯总决赛	7月18—22日	江苏张家港	男子初中组冠军
	2016年江苏省青少年足球锦标赛	7月26日—8月1日	江苏常州	男子甲组亚军
吴　凡	2016年全国足球精英联赛	7月22—30日	云南泸西	男子冠军
朱嘉豪				
沈桃林				
谢志伟				
滕　超				
葛江涛				
江阴二中	江苏省青少年年度比赛	7月2—8日	江苏南通	女子季军
	江苏省校园足球省长杯比赛	7月17—19日	江苏张家港	初中女子亚军
	江苏省校园足球省长杯比赛	7月21—29日	江苏张家港	高中女子冠军
	2016年中国校园足球联赛总决赛	8月1—10日	山东潍坊	初中女子冠军
吴以恒	2016年江苏省青少年击剑锦标赛	8月4—10日	江苏常州	16~17岁组男子花剑团体季军
朱春宇				16~17岁组男子花剑团体季军
钱　龙				16~17岁组男子花剑团体季军
葛晶晶				12~13岁组女子花剑团体亚军
范宇晨				12~13岁组女子花剑团体亚军
赵紫晗				12~13岁组女子花剑团体亚军
苏云玥				12~13岁组女子花剑个人亚军
				12~13岁组女子花剑团体亚军
朱晨曦				12~13岁组男子花剑团体冠军
				12~13岁组男子花剑个人季军
赵　楠				12~13岁组男子花剑团体冠军
唐海波				14~15岁组男子花剑团体季军
徐志远				
闫宇豪				14~15岁组男子花剑团体季军
				14~15岁组男子花剑个人季军

续表 51

参赛单位（人员）	名称	时间	地点	成绩
汪　丽	2016 年江苏省青少年田径锦标赛	8 月 21—26 日	江苏扬州	女子 100 米冠军
				女子 100 米栏季军
薛慧洁				女子 4×400 米冠军
张峰硕				男子 800 米小全能季军
李加恒				男子 200 米季军
				男子 4×100 米季军
陆伟一				男子 100 米季军
				男子 200 米季军
				男子 4×100 米季军
金之煌				男子 100 米冠军
				男子 200 米冠军
钱文泽				男子 110 米栏亚军
李宇杰	2016 年全国田径锦标赛	9 月 13—17 日	天津	男子 4×100 米季军
周艳兵				女子 4×400 米亚军
许美玲				女子 4×100 米冠军
陈　佳	2016 年全国垒球锦标赛	9 月	辽宁大连	女子冠军
曹洛豪	2016 年江苏省举重冠军赛	11 月 3—7 日	江苏射阳	男子 69 公斤级抓举季军、挺举亚军、总成绩亚军
袁玮鸿	2016 年江苏省青少年柔道冠军赛	11 月 18—21 日	江苏苏州	男甲 100 公斤级季军
徐　聪				男丙 50 公斤级季军
杨成鹏				男丙 45 公斤级季军
缪　骏				男丙 66 公斤级季军
赵紫晗	2016 年江苏省青少年击剑冠军赛（总决赛）	11 月 16—21 日	江苏苏州	女花团体（13 岁以下组）冠军
苏云玥				女花团体（13 岁以下组）冠军
				女花个人（13 岁以下组）冠军
葛晶晶				女花团体（13 岁以下组）冠军
钱　龙				男花团体（16～17 岁组）亚军
邵宏焱				男花团体（16～18 岁组）亚军
吴以恒				男花团体（16～19 岁组）亚军
闫宇豪				男花团体（14～15 岁组）亚军
				男花个人（14～15 岁组）季军
朱晨曦				男花团体（13 岁以下组）季军
赵　楠				男花团体（14 岁以下组）季军
季雨成				男花团体（15 岁以下组）季军

体育产业

【概况】 2016年,江阴市体育产业注重引导培育,国家产业基地建设上有新成果,江阴市文明体育塑胶有限公司、江阴市天华纱业有限公司等产业单位获得省级荣誉,海澜马术表演项目入围国家体育产业示范项目,江阴市四方游泳设备有限公司有望实现全市体育企业首个"新三板"*上市的突破,全市有江苏海澜集团有限公司、江阴市天华纱业有限公司、江阴市四方游泳设备有限公司、江苏长电科技股份有限公司、江苏凯路威电子科技有限公司5个单位获省级体育产业发展专项资金资助290万元,连续6年保持全省县级市第一,累计2360万元。尤其是"医保健身一卡通"的贯彻实施,真正是惠民利民,实施短短一个多月的时间,划转业务80余万元。体育彩票年销量5.98亿元,创历史新高。江阴体育中心运营稳健保障有力,全年完成开票销售3380万元,实现净利润756万元,被评为江苏省十佳人气场馆,尤其是体育大汇网站微信平台建设达到一定水准,在全市和周边地区有较大反响。

【国家体育产业示范基地考察组调研江阴】 2016年9月21日,江阴市体育局局长顾洪伟、副局长张海等陪同江苏省体育局副局长颜争鸣带领的国家体育产业示范基地考察组一行,考察全市国家体育产业示范基地建设情况。考察组一行首先来到华西农民健身中心,该中心由华西集团公司投资建设运营,总投资22亿元,总建筑面积3.19万平方米,由体育健身中心与文化中心两大中心组成,成为当地全民健身运动新的示范区。随后,考察组来到华士天华生态园,该园被评为江苏省四星级乡村旅游点,生态园占地20公顷,集餐饮、休闲、旅游、度假为一体的综合生态园,公司投资5000万元建成的天华体育中心,列无锡地区首个建设规模最大、投资金额最多、涉及项目最广。年内该公司继续投资1200万元建设全省首个体育博物馆。最后,考察组一行前往新桥海澜国际马术俱乐部和江阴体育中心。海澜集团是江苏省体育产业基地,在"马"字上做文章,启动总投资100亿元建设"中国威尔顿马术小镇"。江阴体育中心多次被省体育局评为十佳人气场馆。每到一处,考察组仔细察看现场,询问项目有关情况,对江阴市体育产业发展给予了高度评价。

【职工基本医保账户结余用于运动健身】 2016年,江阴市体育局创新谋划,医保余额用于健身顺利实施。为了引导群众养成新的健康理念,有效激活医保个人账户,拓展医疗保险个人账户使用功能,培养职工基本医疗保险参保人员体育健身意识,发挥医保个人账户余额在运动健身方面的作用,让百姓多运动、少看病。在调研周边县市有关成熟做法并借鉴学习成功经验的基础上,体育局多次与人社部门沟通协调,走访调研全市部分体育场馆、召开部分场馆负责人座谈会,听取各方意见和建议,出台《江阴市职工基本医疗保险个人账户结余用于运动健身试行细则》,完成首批6个定点健身场馆申报审核、公示定点工作,促成医保卡余额用于健身新政策11月1日全面实施。全市参加职工基本医疗保险、待遇享受正常、个人账户上年(医保年度)累计结余资金在3000元及以上的人员(医保状态正常),持本人身份证、江苏省社会保障卡、江阴市民卡(代办为双方有效证件原件及卡),每年7月10日—9月30日(2016年为11月1日至12月31日)每周一至周五办理业务。每人每年限转一次,逾期不再受理;市民卡服务网点成功受理参保人员购买申请后,即刻将申请人医保个人账户相应金额划转至本人市民卡健身专款账户,健身专款账户即可刷卡消费。至12月31日,有544人办理健身账户划转业务,共83.32万元;用于定点场馆刷卡消费38.57万元。

2016年9月21日,国家体育产业示范基地专家组考察调研江阴体育产业基地。图为考察组在天华体育馆调研 (赵抗震 摄)

【体产品牌强势登陆省体产大会】 2016年10月27日,江阴市体育产业参加溧阳举行的2016年江苏体育产业大会,市体育局组织全市10余个骨干体育用品生产企业参会,布置成江阴展位。在大会上一举获得多项殊荣,江阴体育中心凭借优质的软硬件服务和良好的运营管理业绩,在全省体育中心中脱颖而出,被评为江苏省十佳人气体馆;市文明体育塑胶有限公司荣获江苏省十佳体育用品企业;江阴海澜马文化主题旅游景区被评为2016中国体育旅游十佳精品景区,并在大会上进行重点发布。更加引人注目的是,以省地共建模式启动体育健康特色小镇建设项目,由省体育局与江阴市政府签署共建协议,龚振东副市长出席会议并代表签约。

(周 玲)

■类目编辑 赵修平

人口管理

【概况】 2016年,市公安局紧紧围绕基层基础工作更牢、实有人口管理服务更强、行政管理服务更优,服务基层服务群众更实的工作目标,以服务管理实有人口为基础,以信息化手段为依托,攻坚克难,砥砺前行,全力打造质态更优、水平更高、人民群众更满意的人口管理服务品牌。年内,受理审核公民因私出国47967人次,批准赴港澳43001人次、赴台湾12357人次;受理审核境外人员过境停留签证1911件,签证延期及换发124件,居留许可867件,补换发台胞证76件。至年末,全市有户籍人口1248036人,总户数373233户,其中男性619577人,女性628459人;外来暂住人口966803人,其中务工714676人,务农22228人,投资经商35332人,其他人员194567人。

【异地居民身份证办理】 2016年,市公安局根据公安部、江苏省公安厅要求,在上年开通省内异地身份证办理基础上,全面推开跨省异地办证,在城区高巷路92号及周庄镇、祝塘镇、青阳镇、云亭街道、临港街道设全国异地办证点,并通过电视、广播、报纸、江阴公安微警务、网络媒介广泛宣传,先后刊播专题节目8期,在街道、社区、户政窗口等地张贴、发放各类宣传资料3万余份,全力宣传好、执行好、落实好便民措施,方便群众办证。全年受理省内异地办证5824张,跨省异地办证5221张。

【户口登记管理专项清理整顿】 2016年,市公安局继续开展户口登记管理专项清理整顿工作,提升依法治理水平和群众满意度,通过建立齐抓共管、全面排摸、边改边建、合力监督日常工作机制,着力解决户口登记管理中存在的错、重、假问题,实现户口和公民身份证号码准确性、唯一性、权威性。年内,江阴市户口清理整顿专项工作获公安部专项检查验收组高度称赞和肯定。2014—2016年,市公安局累计清理各类户口近7.1万户,核查户口资料32万余份,更正户口登记项目998项,依法注销重户口12户,成功解决139例无户人员依法落户,按时完成全国重错号纠错3对,补录无相片人员112人;成功解决月城镇徐铠彬户口事例和经验获央视等全国主流媒体专题报道。

【群防群治】 2016年,市公安局严格按照群防群治力量至2020年需占常住人口4%的工作目标,逐年稳步提升比例,拓展社区巡防力量。群众性义务防范队伍由社区治安积极分子拓展至出租车驾驶员、快递员、送奶工、保洁员等社会从业人员共同参与,广泛开展义务巡逻、看家护院、邻里守望等治安防范活动,为社区民警开展辖区巡逻防范工作提供群众性基础力量。至年末,全市有群防群治人员14550人。

【流动人口日常管理】 2016年,市公安局按照底数清、情况明、信息准工作要求,专门组织对全市出租屋、建筑工地、集中住宿点等流动人口落脚点进行全面排查见底,严格落实治安责任人管理责任,在全市推广应用流动人口社会化综合服务管理平台。至年末,全市登记在册外来人口96.68万余人,出租房屋19.1万余户,配备一线外来人口协管员1293人,采集变更核对流动人口和出租房屋数据40万余项,抓获各类违法人员4347人,其中网上逃犯40人;积极推动信息化建设,提升社会面自主申报率和实有人口管控信息化率。

【出入境服务管理】 2016年,市公安局继续提升出入境服务管理水平,对有困难和需求的申请人做到急事急办、特事特办,为赴台湾高雄进行抗震救灾的红十字蓝天救援队10余人开通绿色通道,加急办理往来台湾通行证及签注。4月1日起,推出居住证持有人可在居住地申办因私出入境证件的利民措施,确保江阴89万“新市民”与本地户籍居民享有同等办理出入境证件的权利。年内,市公安局及时、准确、高效受理省内异地人员申办因私出入境证2852人次,外省人员申办因私出入境证1957人次。

(朱 斌 胡 娟)

生育管理

【概况】 2016年,江阴市户籍人口出生12457人,人口出生率10.02‰,出生政策符合率99.94%。是年,贯彻落实中共中央、国务院

《关于实施全面两孩政策、改革完善计划生育服务管理的决定》,扎实稳妥实施全面两孩政策。严格执行计划生育"一票否决"审核工作,审核15批次1385个单位(个人)人口和计划生育情况信息,受理再生育审批314份,发放批准再生育一个孩子生育证314份,实行生育服务登记13464份。

【实施全面两孩政策】 2016年1月1日起,江阴市开始实施全面两孩政策。采取主题学习、宣传咨询、集中宣传等多项措施,做好政策宣传工作。充分利用广播、电视、报刊、网络等渠道,主动做好政策解读,及时回应社会关切问题,向群众解释关于生育服务证、独生子女证的办理程序、所需材料、办理时间等内容。印发各类计划生育政策宣传折页20万余份,向群众提供一对一、面对面宣传服务,解答群众关切的具体问题。市卫生和计划生育委员会对市、镇(街道)、村(社区)三级计生干部进行全面两孩政策、《江苏省人口与计划生育条例》和规范计划生育行政执法等方面内容的业务培训,加强计生干部对政策理解,切实提高业务能力,确保政策平稳实施、衔接有序。是年,举办培训班两期,培训人数400人次。

【计划生育奖励扶助】 2016年,市卫计委依法依规保障计划生育家庭合法权益。全年审核并发放农村独生子女家庭养老奖励扶助金、计划生育特别扶助金和持独生子女父母光荣证企业退休人员一次性奖励金计7517.1万元,为1418名计生特扶对象办理住院护工服务保险19.6万元。是年,建立江阴市计划生育特殊家庭联系人制度和信息核查制度,在确保数据安全,保护个人隐私基础上做到对全市计划生育特殊家庭底数清、情况明。

【流动人口计划生育服务管理】 2016年,江阴市级、云亭街道共投入资金18万元,在云亭社区卫生服务中心设置流动人口卫生计生公共服务中心,打造融政策宣传、计生证明办理、卫计信息互通互享等功能为一体的流动人口卫生计生"一站式"服务平台示范点,全面落实流动人口健康档案、健康教育、儿童预防接种、传染病防控、孕产妇和儿童保健、计划生育6项基本公共服务。年内,市卫计委开展年度全国流动人口动态监测工作,完成11个镇(街道)50个村(社区)动态监测任务,办理流动人口生育服务登记证明1401份。 (陈文广)

社会保障

【概况】 2016年,江阴市持续推进城乡一体社会保障体系建设,进一步提升保障待遇。年内,9531名被征地农民纳入城保保障范围,完成城保扩面新增4.6万人,净增1.1万人;居民养老保险基础养老金、被征地农民第四年龄段人员保养金标准分别调高至280元/月、670元/月;连续第12次调整提高企业退休人员养老金,每月平均增长146元,人均月养老金达1962元;对城镇职工医保参保人员重、大病患者进行医疗救助,救助金额3093万元,其中年度救助1.13万人,救助金额2521万元;举办系列退休职工文体活动,组织16万余名退休职工参加体检。至年末,基本养老、医疗、工伤、失业、生育保险参保人数分别为56.4万人、71.84万人、42.89万人、44万人、43.29万人。

【企业基金征缴费率调低】 2016年,市人社局为增强企业盈利能力和发展活力,减轻企业负担,稳定职工队伍,将企业职工基本养老保险单位缴纳比例由20%降至19%,将失业保险费率由2.5%降至2%;细化工伤保险行业基准费率,由三档调整为八档,基准费率最高由2.4%降为2%,最低由0.8%降为0.3%,平均费率由1.45%降至1.14%,为企业减负近2亿元。

【社会保险制度完善】 2016年,江阴市开征建筑业工伤保险,对从事建筑业新建项目的8739名职工开征工伤保险费572.53万元。扩大医保个人账户使用范围,将个人账户结余用于体检、健身和购买商业保险,有16个险种6个健身场所供群众选择。全面推行零售药店医保定点协议管理,出台《江阴市职工基本医疗保险定点医药机构协议管理办法(试行)》,公开准入条件,新增219个医保定点药店。推出惠民平价药店,公布首批17个惠民平价药店,上百种药品进行平价销售。

【全民参保登记】 2016年,江阴市为推动社会保险由广覆盖迈向全覆盖,全面启动全民参保登记工作,按照查不漏户、户不漏人、人不漏项工作要求,各村(社区)组建全民参保登记核查员队伍,累计入户调查29.86万人,其中本地户籍和外地户籍登记率分别为98.65%、87.22%,

2016年3月11日,市人社局举行"全民参保登记"工作业务培训

(市人社局提供)

根据采集数据分析，全市社会保险（含城保、居保、被征地、新农合、省内外参保）综合参保率91%，其中本地户籍参保率95.87%，外地户籍参保率74.8%，为实现参保扩面精准发力提供有效依据。

【医保智能监管系统建设】 2016年，市人社局实施医保远程实时监控三期工程建设，建立对定点医药机构、医师、参保人员"三位一体"监控服务体系，并建成医保智能审核系统，利用专业知识对医保交易数据进行分析，大幅提高医保违规行为定位精度。全年利用智能监管系统，梳理出疑似不合理医保费用数据100万条，进一步筛查，共剔除不合理费用187.9万元、不合理住院444人次、不合理门诊处方500余张，对规范医疗服务行为、完善付费方式、控制医疗费用、确保基金安全起到重要作用。

【社保经办服务便捷高效】 2016年，市人社局建立医疗、工伤基金先行支付机制。建立"无锡市一卡通"系统平台，为江阴市民赴无锡市范围内定点医院就医打通结算通道。批量发放省社会保障卡及新版市民卡70万张，社会保障卡持卡人数130万人。创建市民卡微信平台，通过微信可查询个人信息、账户信息、社保缴费信息及个人公积金缴存等信息，并实现市民卡各类账户网上充值功能。拓展市民卡工会业务服务范围，至年末，有20个特约商户计56个门店，服务124个机关和企事业单位13600余名职工。"12333"社保咨询热线提供服务17.6万人次，综合咨询服务满意度98.4%。是年，建成市人力资源档案信息化集中管理平台，计划3年内将31万卷市区库存人力资源档案全部扫描入库。

就业创业

【概况】 2016年，市人社局加强就业形势分析研判，出台就业创业新政策，在经济下行压力加大情况下，采取有力手段，促进充分就业、质量就业。全年新增就业岗位5.9万个，实现本地劳动力再就业3.7万人，城镇登记失业率2.29%，农村调查失业率2.83%。扶持自主创业2550人，带动就业12970人。年内，发放开业补贴、租金补贴等689.1万元，发放创业培训补贴247.46万元、创业担保贴息贷款7100万元，落实中小微企业信贷风险补偿资金池贷款1.07亿元。

【就业服务】 2016年，市人社局落实大龄困难人员再就业扶持政策，核发社保补贴2.02亿元、稳岗补贴787.75万元、再就业培训补贴235.1万元、农村劳动力培训补贴468万元。对9525名江阴籍应届高校毕业生进行实名制管理，江阴籍返乡大学生就业率93%，困难家庭大学生100%就业。实施失业预警，科学筛选并建立江阴市就业失业监测指标共十大类78项重要指标，对250个样本企业进行用工监测，通过对企业岗位流失率、登记失业率增幅等指标监测监控，形成统计分析报表图表，直观全面反映江阴市就业形势和用工情况。全年举办春季城乡联动专场招聘暨"创江阴"新春创业推介会、未就业高校毕业生专场招聘会等各类招聘会116场，参会单位3156个。深化见习实训，全年征集开发482个见习岗位，331名大学生报名参训。

【创业服务】 2016年，江阴市制定出台《关于进一步做好新形势下就业创业工作的实施意见》，优化创业环境、贷款、扶持、培训、孵化、税费等10项创业政策，提高政策集成性和精准度，将扶持对象拓展到毕业5年内高校毕业生和普通高校在校生，租金补贴等创业补贴实现扩面提标，推动创业工作深入开展。创业担保贷款基金规模由1000万元提高至2000万元，放贷额度由5000万元提高至1亿元，全年发放创业担保贷款7100万元；落实中小微企业信贷风险补偿资金池贷款，对45个创新创业型中小微企业成功放贷1.07亿元。大力推进创业载体建设，建成江南大学国家科技园（江阴）创业园，一期工程面积1370平方米，分公共服务区、苗圃孵化公共工位区和孵化区三个区域。在夏季高校毕业生大型招聘会现场同步举办创业项目加盟会，邀请市内外29个企业参会，促成近百人达成加盟合作意向。成功举办大学生创业公益夏令营、创业沙龙、创富人生训练营等系列活动，激发各类群体创业热情。开展省级大学生优秀创业项目遴选，选出2016年江苏省大学生优秀创业项目10项。

【江阴创业加盟云市场建成】 2016年，市人社局有效集聚各类创业加盟优质信息资源，搭建高校、企业与社会投资力量的创业项目发布、合作平台，建成江阴市创业加盟云市场，为创业者提供项目宣传和合作渠道。该平台主要设置咨询频道、项目加盟、品牌风采、我要融资、榜上有名、高校专区六大模块。是年，江阴海之语电子商务有限公司等20个企业注册为企业会员并发布加盟信息，上海交通大学、东南大学、南京理工大学等高校创业项目陆续上线。

【江阴市"创业大学"初步建成】 2016年12月，江阴市在天安数码城初步建成"创业大学"并计划2017年正式招生，成为全省首个县级市建立的创业培训大学，一期总面积2500平方米，以大众学的平台、大课堂的架构、大服务的体系三大建设目标为引领，开设创业雏鹰班、创富人生班、创业明星班、创业门诊班、网络创业班五位一体课程，建立创业认知、创业测评、创富人生、创海领航、创越时空、创胜之道、创领品牌、创销为王8个重点模块，全力打造江阴创业者成功创业的"黄埔军校"。

劳动维权

【概况】 2016年，市人社局着力防范化解过剩产能引起的企业职工安置、社保基金收支矛盾、拖欠农民工工资、人事考试、各类因待遇问题引起的集访等风险隐患，实现全市劳动关系整体和谐稳定。高效运行劳动关系分色预警系统，全年预警劳资矛盾6935件，比2015年下降41%。开展规范企业用工"蓝盾"专项行动，指导18个关停企业、9个裁员企业为3781名职工发放经济补偿金3153余万元，补缴社会保险1048万元。组织专项执法检查6

次,共检查用人单位 8505 个,涉及职工 34.74 万人,督促企业补缴社会保险费 656 万元,追发劳动者工资待遇 1.67 亿元。年内,对 596 个企业实施劳动监察"一诉全查";接待劳动监察举报投诉案件 4696 件,受理工伤申请 4559 份,调处受理劳动争议案件 6754 件;移送 41 件欠薪逃逸案件至公安部门;全市规模以上企业劳动合同签订率 99.79%,工资集体协商建制率 98%。

【书面审查】 2016 年,市人社局将书面审查分为直审、轮审和镇(街道)审,直审单位为江阴市工业百强企业和日常举报投诉多、参保率低、工伤多、仲裁案件多、群体性事件多的 50 人以上用人单位,轮审单位为镇(街道)根据劳资矛盾和分色预警等情况抽选 1 ~ 3 个村的用人单位,其余用人单位由镇(街道)自行审查。市直审、轮审用人单位必须由市劳动保障监察大队和社保中心、人社局劳动关系监察科共同负责审查,并聘请会计师事务所对轮审企业进行拉网式资料审查。全年审查企业 10308 个,涉及职工 49.14 万人。

【行政执法与行政约谈相结合工作机制建立】 2016 年,市劳动保障监察大队通过监察员主动与被举报投诉单位和重点监控单位进行约谈,向用人单位了解情况、分析矛盾焦点、宣传法律法规、提出化解矛盾建议并听取用人单位陈述和申辩,采取先谈后查、调处优先办案方式化解劳资矛盾,大大缩短案件办结周期,得到用人单位和劳动者双方普遍认可,实现严格执法与文明服务有机结合。全年约谈单位 218 个,通过约谈追发劳动者工资待遇 7816 万元,涉及职工 8679 人,督促参保缴费 278 万元,涉及职工 385 人。

【劳动人事争议仲裁】 2016 年,市劳动人事争议仲裁院以提升办案质效与社会公信力建设为目标,深化基层调解组织示范化建设,着力推进队伍专业化与工作规范化,进一步提升效能,及时维护当事人合法权益。全年调处各类劳动人事争议案件 6754 件,涉案标的 4.25 亿元,其中立案处理 2395 件,涉案标的 2.52 亿元。立案处理案件中,工伤待遇等社会保险争议 807 件、劳动报酬争议 785 件、确认劳动关系争议 81 件、经济补偿金、赔偿金以及其他争议 722 件。至年末,结案 2324 件,结案率 97%,其中裁决结案 550 件,调撤结案 1765 件,中止执行案件 9 件。是年,确立 7 个镇(街道)劳动人事争议调解中心为调解组织规范化建设示范点,在临港街道设立劳动人事争议调解仲裁庭,妥善协调化解集体上访和群体性劳动争议 302 件 3534 人次。

【工伤认定和劳动能力鉴定】 2016 年,市人社局进一步简化工伤申报流程,开通工伤认定网上申报系统,全年受理工伤认定申请 4559 份,其中认定工伤 4335 份,经调解撤销终止 50 件;受理伤残鉴定 2778 人,评定伤残等级 2431 人,受理病退鉴定 480 人,符合病退条件 328 人;因果关系鉴定 48 人,司法鉴定 4 人。6 月 29 日,澄江康复医院与无锡市第九人民医院合作,被列入江苏省康复定点机构。至年末,完成工伤康复 71 人。 (王春来)

民政事务

【概况】 2016 年,市民政局认真贯彻落实市委、市政府决策部署,紧扣民生保障主责,紧盯各项任务目标,着力从体制机制、政策制度、方法手段、平台载体等方面推进民政工作。民生保障精准发力,低保标准提高至月人均 760 元,至年末,全市有低保对象 5153 户 8667 人,发放救助金 4909.8 万元。养老服务快速发展,新增养老床位 300 张,新建及升级标准化居家养老服务站 29 个,新建助餐点 36 个;继续实施养老援助服务,投入资金 480 万元,惠及困难老年家庭 10501 户。双拥安置全面加强,深化"优抚之家"建设,组织烈士公祭日,开展"双拥在基层""爱心献功臣"等活动,不断提升军人荣誉感。公共服务有力有效,深化绿色惠民殡葬,全年免除丧葬费 823.6 万元,惠及家庭 8843 户。对村(社区)进行优化调整,至年末,全市有村委会 197 个,社区居民委员会 56 个,村居合一社区 46 个。加强福利彩票销售管理,全年销售福利彩票 5.44 亿元,再创历史新高。是年,江阴市被国务院表彰为"全国双拥模范城",慈善公益指数继续保持县级城市第一。

【社会救助制度完善】 2016 年,江阴市相继出台《江阴市社会救助办法》《江阴市城乡居民临时救助实施办法》《江阴市国家"综合减灾示范社区"以奖代补和救灾应急资金管理使用办法》《江阴市特困家庭深度救助实施意见(试行)》等文件,推动社会救助由"收入型"向"支出型"转变,碎片化向体系化转型。开展综合减灾示范社区创建工作,在学习培训、外出参观基础上,协调相关减灾部门在物资、技术等方面给予创建单位帮助和支持,全年新增君山社区为全国综合减灾示范社区。

【专项救助】 2016 年春节,江阴市走访困难对象 8.1 万户,发放慰问金 7987.4 万元,按中央和省规定足额发放城乡困难群众节日慰问补助 162.7 万元。积极做好临时生活救助,全年救助困难群众 5937 户次,发放救助金 892.1 万元;向 243 名原市属破产企业精简退职职工发放定期生活补助 217.1 万元;实施民生保险(自然灾害公众责任保险、居民住房财产保险)投保扩面,将常住居民纳入保险范围,全年支付救助金 405 万元,惠及受灾家庭 4650 余户。从 7 月 1 日起,江阴市低保标准由月人均 670 元提高至 760 元,至年末,全市有低保对象 5153 户 8667 人,共发放低保金 4909.8 万元。

【救助管理】 2016 年,市民政局贯彻落实上级关于做好救助管理工作有关精神,发挥市、镇(街道)、村(社区)三级救助网络作用,累计救助各类流浪乞讨人员 305 人,其中 60 周岁以上老人 30 人,患有精神疾病 35 人,痴呆、残疾人 19 人,流浪未成年人 1 人。积极开展寻亲服务,利用全国救助管理系统、全国救助寻亲网以及"今日头条"栏目等多种途径帮助 95 人次开展寻亲服务。开展专项救助行动,实施街面巡查、劝导服务和主动救助,在"夏季送清凉""寒冬送温暖"专项救助中分别救助

51 人次、53 人次。组织开展农村留守儿童摸排,同时同步开展留守妇女和留守老人摸排,经查,全市有留守儿童 13 人、留守妇女 14 人、留守老人 37 人。

【孤残儿童供养】 2016 年,江阴市出台《关于加强江阴市困境儿童分类保障工作的通知》,严格落实困境儿童生活、医疗、教育、监护、救助等保障标准,全年向 130 名孤儿支出供养金 233 万元。规范弃婴移交、接收流程,市儿童福利院共接收公安部门移交弃婴儿童 2 人,办理家庭送养 82 人,其中国内家庭送养 79 人、港澳家庭送养 1 人、涉外家庭送养 2 人。至年末,市儿童福利院集中供养弃孤儿童 54 人,其中上学儿童 6 人,璜土敬老院寄养大龄弃儿 8 人,澄江颐养院托管"三无"(无劳动能力、无生活来源、无赡养人或抚养人)人员 1 人。

【"五保"和"三无"供养】 2016 年,江阴市"五保"和"三无"供养工作坚持村(社区)、镇(街道)、市三级网上审批制度,全程公开,入户调查,做到应保尽保,严格按照规定办理。年内,全市有农村"五保"对象 1054 人,其中集中供养 439 人,分散供养 615 人;有城镇"三无"人员 47 人,其中集中供养 29 人,分散供养 18 人。"五保"对象供养标准为每人每月 920 元,"三无"对象供养标准为每人每月 1240 元。"五保"和"三无"对象免费参加新型农村合作医疗保险,并被列入大病救助对象。

【优待抚恤】 2016 年,江阴市严格落实"两参"(参战参核)人员补助标准自然增长机制和节日慰问机制,发放补助金 844 万余元、义务兵家庭优待金及立功奖励金 2765 万元。关心涉军困难群体生活,春节前夕,上门走访慰问居家休养的部分 1 ~4 级残疾军人、住院精神病残疾军人,及时下拨上级慰问金 60 余万元;向 4209 名农村籍退役士兵发放生活补助 547 万元,向 85 名老年烈士子女发放生活补助 40 万元,向企业退休的 78 名抗美援朝老战士发放慰问金 16.4 万元。

【退役安置】 2016 年,江阴市共接收 2015 年度秋季、冬季退役士兵 489 人,市、镇(街道)两级共发放退役士兵一次性经济补助金 3045 万元,安置率 100%;另接收 2016 年秋季退役士兵 452 人、军休干部 4 人、退休士官 1 人和复原干部 1 人。改进退役士兵职业教育和技能培训工作,提高退役士兵就业竞争能力,25 名退役士兵参加短期创业培训,22 名退役士兵参加江阴职业技术学院成教院的中长期职业技能培训和学历教育,104 名退役士兵参加江南大学成人高等学历教育,20 名退役士兵复学。

【双拥工作】 2016 年,"八一"建军节期间,市领导带领相关部门分组走访慰问驻地各部队、江苏省军区、无锡军分区和无锡预备役高炮团,各镇(街道)主要领导到共建单位走访慰问,累计赠送慰问金 400 余万元。联合 63680 部队、73055 部队、江阴边检站、市人武部开展"爱心献功臣"军地联合走访慰问活动,走访重点优抚对象 60 人,发放慰问金 6 万元。是年,江阴市被表彰为全国双拥模范城,第四次获此殊荣。

【殡葬服务】 2016 年,江阴市认真贯彻落实民政部等九部委出台的《关于推进节地生态安葬的指导意见》,通过网络等媒体加大推行节地生态安葬宣传,推进全市殡葬事业深入发展。落实海葬补贴政策,免除参加海葬活动的 2 户家庭海葬费用,并奖励每户家庭 1500 元。开展"清明树新风"主题宣传月活动,与市文明办联合发放"弘扬文明祭祀新风、营造平安清明环境"倡议书,宣传倡导文明低碳祭扫和鼓励节地生态安葬。加强殡葬服务设施建设,启动花山公墓殡葬服务用房和花山殡仪馆集中守灵殡仪服务中心建设,营造有利于殡葬改革的良好环境;临港街道、月城镇、顾山镇等 7 个镇(街道)投入资金近 446 万元,加强殡葬基础设施改造,不断提升服务环境。全年火化遗体 12789 具,出售墓穴 849 个,免除户籍居民基本丧葬服务费 826.3 万元,惠及家庭 8843 户。

【区域边界平安建设】 2016 年,市民政局推进平安边界建设,汇编全市 5 条界线界桩基本情况,标绘《江阴市行政区域界线管理界桩管护网络图》,编制下发《界桩管护网络图》和《界线详图》,明确各镇(街道)、村(社区)和界桩管护员三级界线管理责任人工作职责。加强锡苏线、锡常线界桩检查管理,成立联检工作领导小组,对界线界桩进行联合检查,有效维护边界地区和谐稳定。

【婚姻登记】 2016 年 2 月 1 日起,市民政局针对民政部新颁布的《婚姻登记工作规范》中增加离婚登记询问笔录和婚姻当事人按指纹环节,及时组织从业人员学习培训,严格按照新规范操作执行,进一步规范婚姻登记流程。做好结婚登记热线和"12345"热线话务平台对接整合,从 4 月 21 日起结婚登记热线由"12345"话务员接听,并加强后续反馈沟通,确保婚姻当事人顺利办证。年内,办理结婚登记 9066 对,离婚登记 3096 对,补办婚姻登记证 1686 份,婚姻登记率和登记合格率均为 100%。继续配合市婚姻家庭指导中心做好离婚调解工作,接待离婚当事人 1899 对,劝返 502 对,劝和率 26.4%。 (张宝云)

退休职工管理

【概况】 2016 年,市退管中心紧紧围绕工作职责,不断提高服务质量,以服务促管理、以服务促效率、以服务促便民,积极组织开展各项活动,提升社会化管理服务水平。年内,接收企业退休人员人事档案 1.57 万份,并及时采集信息、统一归档、纳入社区管理,档案收缴率 100%,社区管理服务率 100%;完成养老金领取资格异地网上协助认证 3368 人次,其中省内其他地区 1175 人次、外省 2193 人次,现场办理书面认证 300 人次,协助认证率 90.11%;出版 4 期《江阴退管》(季刊),内容涵盖邻里之间尊老爱老先进事迹、退管中心和各镇(街道)开展各类文体活动、养老金调整及医保相关政策、中老年人养生保健常识等,为退休人员提供不间断精神营养。是年,全市 12.4 万余名退休职工参加免费体检。

【走访慰问活动】 2016 年,市退管中心共走访慰问 10290 人,发放慰问金及慰问品价值237万余元，其中春节期间慰问企业特困退休人员1080人，发放慰问金和棉被、食用油等生活用品价值110万余元；高温期间慰问企业退休人员中的劳模、鳏寡老人、高龄、重病和特困人员1612人，发放夏令用品价值16万余元；对全市6316名70周岁、75周岁、80周岁、85周岁及以上老人进行生日慰问，发放生日蛋糕价值63万余元；对1282名去世退休人员进行吊唁并协助家属料理后事，办理丧葬抚恤费，发放慰问金48万余元。

【文体活动】 2016年，市退管中心创新文体活动形式，不断丰富退休人员精神文化生活。4月20—21日，在江阴水蘑方乒乓球会所举办江苏省老年人体育节江阴分会场启动式暨江阴市第六届退休人员“人社杯”乒乓球比赛，全市各镇（街道）、市级机关的22支乒乓球代表队110名老年运动员参赛。5月12—13日，在江阴市唯才人力资源开发有限公司举办第六届退休人员“人社杯”象棋、围棋比赛，全市19个单位80名老年象（围）棋选手参加角逐。8月中旬，举办“夕阳美 社保情”企业退休人员书画比赛，收到参赛作品38幅，其中选送的优秀作品获江苏省赛区4个三等奖，获无锡赛区3个一等奖、2个二等奖、1个三等奖。10月23日，联合市老年体协在江阴市第一中学体艺馆举办“人社杯”柔力球比赛，全市15支代表队200余名老年运动员参赛。 （刘利芬）

老龄工作

【概况】 2016年，江阴市加强养老机构规范化建设，推进居家养老服务，做好养老服务指导工作和“幸福一点通”*助老工程，实施安康关爱行动，组织开展老年文体活动和敬老月系列活动，不断提升全市老龄工作水平。年内，发放尊老金2611.60万元；新增养老床位300张，全市有养老床位12041张，每千名老人拥有福利床位41张；江阴元林老年大学共开设6个系、43门课程、124个班级，就读学员4032人次。是年，江阴市被省老年体协评为首批江苏省老年人体育特色项目门球之乡。全市有老年人健身团队1900余个，老年体育人口16.5万余人，占全市老人总数58%。

【养老服务】 2016年，江阴市新建及升级标准化居家养老服务站29个，累计建成社区居家养老服务站253个，新建助餐点36个，居家养老服务实现全覆盖。华士颐养中心和周庄镇养老服务中心标准化居家养老服务站建设完成，成为面向社会老人开放的区域性养老服务中心。年内，对全市居家养老服务站进行摸底评估，逐一盘查基础设施、查阅台账资料，为每个居家养老服务站建立档案材料。对全市21个养老机构收住的3075名江阴户籍老人进行数据采集和评估鉴定，评定失能老人1254人、半失能老人461人、自理老人1360人，全年给予养老机构床位补贴资金543.39万元，其中市财政补贴270.23万元。对全市居家养老援助服务对象进行摸底调查，为需要提供居家养老援助的20891人次服务对象发放补贴504.95万元。是年，输送77名护理员赴无锡参加初级护理员培训，向符合条件的446名护理员发放护理员补贴，其中向363名初级护理员每人发放补贴500元，向51名中级护理员每人发放补贴1000元，向32名高级护理员每人发放补贴2000元。

【安康关爱行动】 2016年，中国人寿江阴支公司在全市所有镇（街道）继续开展以老年人意外伤害综合保险为主要内容的安康关爱行动，发挥商业保险在养老保障中的重要作用。中国人寿江阴支公司在各中心镇（街道）均有网点，为老年人提供保险服务，专门为老年人保险理赔设立绿色通道，并指定专人负责，为老人提供优质、专业、高效服务。至年末，全市15.5万余名老年人投保，承保率46.97%，保费收入778万余元，2755名老年人获得赔付382.78万元，赔付率49.2%，全年提供老人险咨询服务51097人次。

【老年体育】 2016年10月16日，市老龄委在市体育馆举行江阴市庆祝全国第四个老年节暨老年人体育健身项目展示大会，各镇（街道）和市空竹协会的16支代表队300余名运动员表演八龙戏珠、木兰情、五星红旗飘起来等节目，展示江阴老年人精神风貌和健康活力。11月18日，全国老年人健步走大联动江阴分会场启动式暨江苏省老年人体育节江阴分会场闭幕式在黄山湖公园举行。年内，市老年体协指导、督促全市15个镇（街道）根据自身强项和特点建立的老年人特色健身团队做大做强。全市老年人参加体育锻炼项目40项，健步走锻炼人数超过15万人，广场舞锻炼人数6.5万人，佳木斯操、太极拳、健身球（操）、柔力球、乒乓球、健身气功等健身项目人数超5000人。此外，门球运动受老年人青睐，至年末，全市有55片门球场，14个门球分会109支门球队，全年举行各类门球比赛720场，参加人数超过1万人次。是年，市太极拳协会及部分分会在国内外重大赛事上获金牌73枚、银牌48枚、铜牌27枚。

【敬老月宣传庆祝活动】 2016年9月28日，江阴市举行庆祝全国第四个老年节暨“多彩金秋”老年风采展示颁奖会，市中医院护理部等10个单位获江阴市“敬老文明号”称号。10月16日，市领导分组到养老机构和村（社区）看望高龄老人、空巢老人，送去慰问金18.4万元。敬老月期间，组织老年文艺团队走进福澄颐养院、南闸敬老院、云亭敬老院等进行公益性慰问演出十余场，为全市253个居家养老服务站和敬老院赠送《老年周报》《江南保健报》《祝您健康》等刊物3500余份。据不完全统计，敬老月期间，全市共召开各种敬老座谈会、茶话会332场，参加人数11521人次；开展文艺演出281场次，参加人数38116人次；举办健身讲座232次，参加人数16677人次；为老年人进行健康体检204549人次；为老年人提供法律咨询992人次；发放慰问金总额3099.6万元，其中镇级慰问6736人，发放慰问金242.6万元，村（社区）级慰问182090人，发放慰问金2857万元；镇（街道）有线电视报道109次，在市级以上报刊发表文章、报道57篇次;参与老年健身活动展示15369人次,参加各类老年文体活动58973人次;4632名志愿者为21706人次老年人提供服务。 (秦建国)

民族宗教事务

【概况】 2016年,江阴市民族宗教工作紧紧围绕全市经济社会发展大局,深入学习中央民族工作会议及全国宗教工作会议精神,依法管理民族宗教事务,积极引导宗教与社会主义社会相适应,不断促进民族宗教关系和谐稳定。年内,市民宗局积极贯彻新颁布的《中国公民民族成分登记管理办法》,主动对接市公安局调整民族成分变更审批流程;向36户少数民族低收入家庭发放补助金5.4万元,为123名少数民族中考考生办理加分证明,发放少数民族贫困优秀学生助学金3.8万元;组织穆斯林群众200余人次赴无锡清真寺过开斋节和古尔邦节;澄江街道、华士镇成立市民族团结促进会分会,至此,市民促会在全市各镇(街道)全部建立分会;新批准筹建神华寺佛教活动场所,全市合法宗教活动场所累计101处;全年举办100人以上重大宗教活动114场,均安全无事故;举办江阴市宗教活动场所财务人员培训班和市民促会干部培训班,近300人参加培训。是年,君山寺圆通阁项目建设方案获市长办公会议讨论通过,后续建设有序推进,国际礼拜堂装潢竣工,周庄镇飞锡寺宗教文化中心项目开工建设,城东天主教堂主体工程完工。全市累计20个宗教活动场所被认定为江苏省三星级以上宗教活动场所,13个宗教活动场所通过省三星级档案室测评,三星级以上宗教活动场所和三星级档案室数量均列无锡市第一。

【清真食品补贴发放】 2016年,为尊重少数民族群众宗教信仰,保障生活饮食需求,市民宗局与财政局联合印发《关于对回族等10个少数民族居民发放清真食品补贴的通知》,并通过报纸、网络、微信等渠道进行广泛政策宣传。年内,向户籍在江阴市且居民户口簿及身份证均认定为回族、维吾尔族等10个少数民族的262人发放清真食品补贴3.78万元。

【三市宗教工作座谈会在江阴召开】 2016年5月26日,省委统战部副部长、省民委主任、宗教局局长李国华在江阴主持召开无锡、常州、镇江三市宗教工作座谈会。会议深入探讨基层宗教工作面临的重点、热点和难点问题,就做好新形势下宗教工作,修改《江苏省宗教事务条例》等内容提出建议。会议期间,李国华带领调研组实地调研君山寺、青阳天主教堂等宗教活动场所,听取江阴宗教工作情况汇报并与江阴宗教界代表人士进行座谈交流。市领导陈金虎、蔡叶明、陈兴华陪同调研。

【纪念巨赞法师诞生108周年系列活动】 2016年,江阴市开展纪念当代佛学家、爱国高僧巨赞法师诞生108周年系列活动。3月20日,接待国家宗教局宗教文化出版社社长任继春到江阴调研巨赞法师书籍出版事宜;24日,组织佛教界代表人士赴浙江天台县国清寺为巨赞法师扫墓。4月9日,市佛教协会、君山寺举办巨赞法师胸像揭彩仪式暨圆寂追思会,著名雕塑艺术家张秉田将创作的法师胸像赠予君山寺巨赞纪念堂。9月30日—10月10日,举办纪念巨赞法师诞生108周年佛教文化书画展,60余名高僧大德及书法家的140余幅作品参加展览。

【江阴市巨赞法师研究会成立】 2016年11月6日,江阴市巨赞法师研究会成立大会在君山寺举行,国家宗教事务局副局长蒋坚永、江阴市委书记陈金虎等领导参加大会。研究会致力于研讨、阐扬和传承巨赞法师爱国爱教的精神和学术思想,加强佛教思想文化建设,促进佛教健康发展。全国政协原副主席张怀西、中国佛教协会会长学诚任荣誉会长,王新潮任会长。

【宗教界慈善公益活动】 2016年,江阴市宗教界积极投身慈善事业,继续推进"1+5"帮扶工程(1个宗教活动场所帮扶5个贫困家庭或5个贫困学生)和"慈善周"活动。年内,江阴市宗教界为受到强龙卷风灾害的阜宁、射阳等地捐款捐物价值48万余元,帮助灾区人民重建家园;江南弥陀村等具备条件的宗教场所大力发挥宗教养老功能,为江阴市社会养老事业做出贡献;飞锡寺、悟空寺定期组织僧人义务献血。是年,江阴市宗教界为慈善公益事业捐款捐物价值200余万元。

(俞　超)

2016年9月30日至10月10日,市委统战部、市民宗局在君山寺举办纪念巨赞法师诞生108周年书画展 (市民宗局提供)

2016年江阴市少数民族(户籍)分布情况一览

表52

单位:人

区域＼族类	蒙古族	苗族	回族	土家族	满族	朝鲜族	壮族	维吾尔族	侗族	彝族	畲族	黎族	布依族	藏族	傣族	白族	水族	羌族	瑶族	傈僳族	土族	仫佬族	仡佬族	哈尼族	布朗族	景颇族	达斡尔族	俄罗斯族	锡伯族	纳西族	毛南族	佤族	高山族	鄂温克族	德昂族	总计 族数	总计 人数
澄江街道	40	82	138	72	212	29	63	1	20	8	4	—	9	6	—	4	2	8	13	—	5	3	—	1	—	—	2	—	1	—	—	—	—	—	—	22	723
南闸街道	9	27	15	60	4	3	29	1	11	7	—	—	8	2	—	1	—	6	1	—	—	—	—	1	—	—	—	—	—	—	—	—	—	—	—	16	185
云亭街道	12	46	9	42	10	5	9	—	28	14	6	—	8	—	—	—	—	—	1	—	—	—	—	—	—	1	—	—	—	—	—	—	—	—	—	13	191
城东街道	25	58	27	83	31	5	17	—	20	16	2	—	49	—	—	—	—	4	11	—	—	—	—	4	1	—	1	—	—	1	—	—	—	—	—	17	355
临港街道	17	32	22	34	32	11	303	2	13	19	2	4	4	—	2	1	4	5	3	2	—	—	2	6	1	—	—	—	3	1	—	2	—	2	—	26	529
璜土镇	5	18	7	35	8	6	72	3	16	3	—	—	2	2	—	—	1	—	1	—	1	—	2	—	—	—	—	—	—	—	—	—	—	—	—	16	182
月城镇	3	84	8	86	—	—	9	—	16	—	—	3	8	—	1	4	4	1	5	—	—	—	—	—	—	—	—	—	4	—	—	—	—	—	—	14	236
青阳镇	—	201	12	203	14	—	9	—	53	5	—	4	4	1	—	—	—	—	2	—	4	—	—	—	—	—	—	—	—	—	—	—	—	—	—	12	512
徐霞客镇	2	321	14	321	8	3	78	—	160	6	2	6	12	5	2	4	—	8	3	—	2	—	8	—	—	—	—	—	2	—	—	—	1	—	—	21	968
华士镇	6	47	25	53	12	5	11	—	33	10	—	1	43	—	—	6	1	5	2	—	—	—	6	—	—	—	1	—	—	—	—	—	—	—	1	18	268
周庄镇	5	81	20	111	11	3	17	—	36	8	3	1	47	—	4	3	—	1	—	—	2	—	7	—	—	—	1	—	—	—	—	—	—	—	—	18	361
新桥镇	2	11	11	5	7	3	7	—	9	4	—	—	8	—	—	—	—	2	—	—	—	2	3	—	—	—	—	1	—	—	—	—	—	—	—	14	75
长泾镇	2	27	6	22	2	1	19	—	10	3	1	—	34	2	—	—	—	1	—	—	—	—	1	1	—	—	—	—	—	—	1	—	—	—	—	16	133
顾山镇	1	32	7	32	6	—	23	—	1	10	—	—	54	—	—	1	2	1	2	—	—	—	2	—	—	—	—	—	—	—	—	—	—	—	—	14	174
祝塘镇	5	113	10	147	6	3	34	—	38	3	—	1	47	1	—	1	—	1	2	—	1	1	4	—	—	—	—	—	—	—	—	—	—	—	—	18	418

文明创建

【概况】 2016年,江阴市文明城市创建工作高举中国特色社会主义伟大旗帜,围绕培育和践行社会主义核心价值观,从爱、敬、诚、善着手,突出理想信念、乡风文明、经济民生、社会环境、生态文明、城乡一体化和长效常态机制七个方面,全力推进创建工作精细化制度化长效化,市民文明素质和城市文明程度不断提升,城乡环境面貌持续改善。年内,江阴市社会文明测评指数在全省12个县级提名城市中名列第二。

【创建全国文明城市工作推进会召开】 2016年5月16日,江阴市委、市政府召开全市创建全国文明城市工作推进会,无锡市委常委、江阴市委书记陈金虎要求进一步动员全市上下凝聚共识、鼓足干劲,持续深入推进全国文明城市创建工作,市委副书记、政法委书记蔡叶明作工作报告,总结2015年全市创建成绩,部署2016年重点工作。会议下发《江阴市创建全国文明城市2016年重点工作》等文件和各责任单位目标任务书。会后,各单位全面发动干部群众开展创建工作,部分镇(街道)和相关责任单位分别赴周边城市考察学习创建经验,结合实际制订工作计划,逐项推进落实创建工作。

【文明城市创建常态长效运行】 2016年,江阴市及时调整各级创建领导机构,细化分解创建网格责任,落实市镇村分级负责制,确保创建横向到边、纵向到底,全面覆盖。推进实施暗访测评、督查考核、排名通报和考核问责机制,市委办、政府办、市纪委和文明办每季度联合相关单位对镇(街道)创建工作暗访巡查,市民巡访团每月2次深入镇(街道)和村(社区)明察暗访,模拟实地测评组进行每周1次暗访督查,委托第三方专业测评机构每季度组织实地测评,并在“一报两台”(《江阴日报》、江阴电视台、江阴人民广播电台)开设创建曝光台,直击创建重难点和矛盾、问题,有效促进责任落实、工作推进和年度目标顺利完成。同时,各部门结合岗位职责,充分依托网站、微信、“城市啄木鸟”APP、“12345”服务热线等载体,收集群众诉求,倒逼问题整改。

【第三届“十佳江阴好人”评选】 2016年,江阴市继续开展“寻找江阴好人”等主题活动,在全市广泛发动群众推荐道德榜样,广泛宣传好人事迹,涌现一大批感人至深的“平民英雄”。全年推荐各类好人150余人,经过资格审查、群众评议、评委会评审等环节,最终选出具有代表性和影响力的丹心铸警魂——洪汝荣、仁医济苍生——沈伟生、大爱融坚冰——蒋士凡、善行暖乡情——顾阿英、行孝润无声——张顺珠、美德照人心——赵全明、匠铸良心秤——刘世英、爱心接力——陆梦姣和王丽君、铁肩担道义——赵永秋、危难见担当——田小猛为第三届“十佳江阴好人”;评选城东街道长山社区见义勇为居民、“助老邮路”服务队、海澜卫士爱心志愿服务队为第三届“十佳江阴好人”团队奖;授予“华西村·我有一个梦”大型全媒体公益行动为第三届“十佳江阴好人”特别奖。8月26日,江阴市举行第三届“十佳江阴好人”颁奖典礼,表彰获奖好人和团队。颁奖典礼通过现场播放事迹短片、互动访谈等形式,全方位展示“十佳江阴好人”先进事迹和美德。年内,田小猛被评为“中国好人”和“江苏好人”、吴协恩被评为江苏省时代楷模,陆梦娇等15人被评为“无锡好人”。

【核心价值观宣传教育】 2016年,江阴市强化核心价值观宣传阐释,加大公益广告宣传力度,全年新增落地围挡5805平方米,新设灯杆旗2000杆、广告牌659平方米,在公园、商场、小区等设置一批遵德守礼提示牌,各类电子屏公益宣传比例超30%,城区基本实现步行五分钟可见公益广告目标。利用“一报两台”和“江阴发布”“文明江阴”公众微信等新媒体,开设专题专栏,常态化刊播核心价值观、“讲文明树新风”等公益广告,编发“文明江阴”微信352期。选树榜样引领,举办第三届“十佳江阴好人”颁奖典礼,开展“最美人物”“风尚好少年”等推荐评选活动,组织“传承美善、德耀江阴”座谈会暨江阴市道德辅导员聘任活动,慰问礼遇道德模范、身边好人,指导镇(街道)和村(社区)建立善行义举榜,新建好人主题广场1个,引导群众学习好人、争当好人。加强文化涵育,完成100个全民阅读服务点建设,组织“十佳江阴好人”事迹巡展,持续深化“我们的节日”主题活动,整理宣传人文历史和名人名贤故事,组织经典诵读和征文演讲比赛,开展科技文化卫生“三下乡”及赠送美德春联、邻里守望相助等活动,在激发全社会参创热情中涵养社会文明。办好道德讲堂,规范村(社区)和文明单位道德讲堂建设,指导镇(街道)拓展延伸讲堂阵地,开展“身边人讲身边事、身边事教身边人”宣讲活动1100余场,感召激励群众向上向善向好。

【群众性精神文明创建活动】 2016年,江阴市下发《江阴市文明镇(街道)、文明村、文明单位、文明社区、文明校园创建管理办法》,组织评选2013—2015年度群众性精神文明创建工作先进单位,共推荐评选出江苏省文明镇8个、文明村24个、文明单位(社区、校园)43个,无锡市文明镇9个、文明村25个、文明单位(社区、校园)175个,江阴市文明镇(街道)14个、文明村120个、文明社区63个、文明单位(校园)564个;开展省级文明单位互评互学活动,推动创建活动制度化规范化长效化。围绕家风建设,开展最美家庭、五好文明家庭和星级文明户评选、“传承好家训、弘扬好家风”家规家训征集等活动,表彰江阴市最美家庭20户,五好文明家庭标兵户30户,五好文明家庭150户。吴仁彪家庭获评全国五好文明家庭,吴协恩家庭获评省文明家庭,张纪清家庭获评省文明家庭、省最美家庭。

【综合整治有效推进】 2016年,江阴市进一步规范秩序,对全市主次干道交通秩序进行专项整治,严查闯红灯、超速、酒驾、违停等各类交通违法行为案件185.3万件,清理“僵尸车”486辆。围绕农贸市场脏乱差、乱摆乱放等不文明现象,集中组织“拂晓行动”,取缔流动摊贩,清理菜场及周边积存垃圾和堆积物1.4万余吨。进一步完善设施,新辟公交线路1条、优化12条,新建电子站牌30个、公交候车亭80个,标准化改造主城区农贸市场7个。进一步美化环境,召开全市生态文明建设暨水环境整治大会,按目标任务、时间节点,强势推进工业污染防治、河道环境综合整治、排水达标区建设、畜禽养殖污染综合治理,全面推进城中村和老旧小区改造,常态推动村庄环境长效管理30个示范点建设督查,完成建成区18个小区楼道美化亮化工程。

【关心关爱未成年人成长】 2016年,江阴市实施关爱未成年人“朝阳行动”计划。以“我的中国梦”为主题,以深化社会主义核心价值观和文明礼仪养成教育为重点,开展“我们的节日”“七彩夏令营”“缤纷的冬日”“核心价值观I行动”“五小行动”等活动,印发《核心价值观和“八礼四仪”宣传手册》9万册、《江阴市中小学生文明交通宣传手册》1.5万册免费发放给全市中小学生。统一制作150余块展板配发到学校,做到社会主义核心价值观十二个主题词常学常记。拓展深化“八礼四仪”养成教育,组织“八礼四仪”教育观摩活动100余场次。开展美德少年等身边榜样学习活动常态化,举办江阴市首届“文明风尚好少年”评选颁奖典礼,10人获评江阴市首届十佳“文明风尚好少年”、50人获评江阴市首届“文明风尚好少年”,4人获评无锡市第四届十佳“文明风尚好少年”,6人获评“江阴小市长”。组织近5万名学生走进华西走进名企走进红色教育基地,教育引导青少年从小知党恩、听党话、跟党走。持续推进校外课堂建设,青阳实验小学蓓蕾少年宫获中央专项彩票公益金支持,长泾河塘中心小学新荷少年宫,璜塘实验小学健搏少年宫、长寿实验小学逸趣少年宫获省级彩票公益金支持,长泾实验小学银河少年宫在省工作培训会做经验交流。充分发挥“五老”(老干部、老战士、老专家、老教师、老模范)义务监督员作用,开展净化社会环境专项治理,整治校园周边环境。

诚信建设

【概况】 2016年,江阴市围绕诚信江阴建设总体部署和文明城市创建相关工作要求,积极践行创新发展理念,统筹部署,狠抓落实,不断完善社会信用体系建设,推进信息整合、信息应用,扩大社会影响力,大力普及信用文化,营造良好社会氛围,扎实推进全市社会信用体系建设各项工作。年内,累计归集近101万条信用信息。

【社会信用体系建设】 2016年,江阴市进一步完善保障社会信用体系建设,新增市规划局、园林旅游局、农机水利局、公用事业管理局、民防局、编办、口岸办为信息归集部门,市企业信用数据库共归集35个涉信部门285个信息类别、涵盖工商、税务、安全生产、产品质量、食品药品安全、环境保护、交通运输等领域的4万余个法人企业近101万条信用信息。提升公共信用信息服务平台功能,实现与省、无锡市信用平台信息实时互通共享。年内,诚信江阴网全面公开企业基础信息、许可信息、行业等级评定信息,率先对社会公众提供企业失信行为信息查询服务,并新增行政许可和行政处罚信用信息“双公示”端口,至年末,网上公开该两类信用信息59210条,其中行政许可40885条,行政处罚18325条。

【诚信示范创建活动】 2016年,江阴市围绕文明城市创建示范要求,积极组织开展各类诚信示范创建活动,在生产制造、商贸流通、窗口行业企业开展诚信主题创建示范活动及先进单位评选,提升企业诚信经营理念,将诚信渗透到企业生产、流通、消费各个环节。通过江阴电视台“暨阳风采”、《江阴日报》“诚信建设专版”、市经信委和文明办公众微信等宣传媒介播放诚信故事短片、刊登诚信群体及个人先进事例,大力弘扬诚信文化。加强失信曝光力度,在市中心学院广场大屏幕公开曝光失信“老赖”,定期滚动发布超600人次,强化社会性惩戒威慑力。

社会志愿服务

【概况】 2016年,江阴市持续开展“学雷锋、学‘炎黄’、见行动”主题实践活动,结合全国文明城市创建,在全市城乡组织一系列秩序引导、礼仪宣传、环境美化、扶弱助困、惠民利民、网络文明传播等特色化、项目化、社会化志愿服务活动。年内,统一命名挂牌130个志愿服务站、175个志愿服务岗,使用“志愿江苏·江阴”这一平台开展志愿者和各类组织的注册工作,开展主题实践活动49次,特色志愿服务活动500余次,引导市级机关2000余人次、社会志愿者3000余人次参与文明劝导。

【统一志愿服务平台】 2016年,江阴市为不断夯实志愿服务工作基础,统一使用规范化平台——“志愿江苏·江阴”开展注册工作,全年注册志愿者92214人、各类组织555个,累计审核时长402469小时的2826个活动,组织注册、活动和时长记录均排无锡市第一名。建设一批新阵地,统一命名挂牌130个志愿服务站、175个志愿服务岗,继续落实志愿服务礼遇激励政策,组织各类志愿服务专题培训,进一步提高全市志愿服务水平。

【志愿服务活动】 2016年,江阴市继续在全市范围内开展“学雷锋、学‘炎黄’、见行动”主题志愿服务活动,并广泛结合重大节日、重要节点,拓展延伸志愿服务范围。年内,组织“澄马”志愿服务活动1次、文明劝导志愿服务活动2次,每次均提供超千人次志愿服务。深入实施志愿服务品牌化,宣传推广志愿服务特色品牌、项目和典型事迹。通过江阴文明网、志愿江苏网、“文明江阴”公众微信、微博进行志愿服务宣传600余篇。是年,4项优秀项目参加首届江苏志愿服务交流会,获评全国优秀志愿服务组织1个,获评江苏省最美志愿者1人。 (林豆豆)

■类目编辑 谢 诚

自然灾害防治

·气象灾害·

【梅雨】 2016年6月21日到7月19日为梅雨期，梅雨期长度29天，梅雨量617.8毫米，梅雨期内出现大暴雨1天，暴雨3天，大雨4天。入梅比往年略偏迟，出梅明显偏迟。梅雨天数比常年多5天，梅雨期时间偏长，梅雨期雨量比常年多148.5%，属于异常偏多。

【暴雨】 2016年全市共有2次大暴雨、11次暴雨，大暴雨分别是6月22日153.7毫米和9月16日120.3毫米，其中6月22日大暴雨给全市造成了严重的灾害。暴雨分别是5月21日80.1毫米、6月28日65.8毫米、7月2日62毫米、7月3日89.3毫米、8月21日67毫米、9月29日56.8毫米、9月30日81.8毫米、10月8日61.5毫米、10月21日73.9毫米、10月22日57.9毫米和10月26日61.5毫米。暴雨导致城区多处道路、多个小区出现积水，低洼农田受涝。

【寒潮】 2016年市内共有5次寒潮，分别是1月22—24日、2月13—15日、11月21—23日、12月13—15日和12月26—28日。其中，受寒潮天气影响，1月22日夜里到25日全市持续低温，出现严重冰冻，居民家中水表、水管和阀门等出现大面积冻坏；22日夜里到23日出现较明显的道路结冰，24日至25日早晨部分道路仍有结冰现象，因道路结冰引发了多起交通事故。

【台风】 2016年，市域共出现4次台风影响，分别是7月11日受1601号台风"尼伯特"的残留低压影响，9月14—16日受1614号台风"莫兰蒂"外围影响，9月28—30日受1617号台风"鲇鱼"外围影响，10月21—22日受1622号台风"海马"外围影响，均无明显灾情。

【高温】 2016年7月20日—8月2日，江阴市出现连续14天35℃以上的高温天气，其中有12天的最高气温超过37℃，其中7月24日最高气温达39.7℃，创建站以来7月最高气温历史新高，持续的高温给人民的生产生活带来较大的不利影响。

·气象预报预警·

【概况】 2016年，江阴市气象局继续深入推进气象现代化建设，认真做好汛期、"三农"等气象服务，加强科学管理和党建工作，深化县级气象综合改革，切实转变工作作风，务实创新，狠抓落实。全年24小时晴雨预报准确率89.1%，比省定指标高14.1%；最高气温预报准确率86.9%，比省定指标高16.9%；最低气温预报准确率93.2%，比省定指标高23.2%；灾害性天气预报准确率也高于省定指标。是年，江阴市气象局先后被评为服务地方先进单位、护林防火先进集体、科普示范先进集体、文明单位。

【气象服务】 2016年，江阴市气象局在决策和公众气象服务中，在每次重大性、转折性天气变化时，及时发布重要天气公报。在春运、汛期、农忙、高温暑期、节假日等时期发布各类专题天气服务信息，配合做好重大社会活动的各项服务，为决策层安排生产、组织活动等提供天气参考。全年共制作发布重要天气公报40期，天气旬报36期，春运专题气象服务材料40期，农业专题气象服务材料29期，护林防火专题气象服务材料7期，预警信号84次，气象应急短信传送160条，发送80.3万人次，开具气象资料证明105份。全年通过电台、电视台、报纸、"96121"声讯电话、"江阴气象"网站、"江阴气象"微博、"江阴气象"微信，"直通式为农气象服务"QQ群、"天气公报预警信息分享"QQ群等多种形式向社会公众及时发布最新的预报、预警以及天气实况等，为公众的生产生活以及出行活动提供了重要参考。

【重大气象灾害应急响应】 2016年，江阴市气象局多次启动重大气象灾害应急响应，分别为：1月20日14时，无锡市气象局应对低温雨雪冰冻天气过程，启动重大气象灾害Ⅳ级应急响应命令；6月28日9时，无锡市气象局为应对暴雨，启动重大气象灾害Ⅳ级应急响应命令；7月2日11时，无锡市气象局为应对暴雨，启动重大气象灾害Ⅲ级应急响应；7月7日16时，无锡市气象局为应对1601号台风"尼伯特"的影响，启动重大气象灾害Ⅳ级应急响应命令；7月21日14时，无锡市气象局为应对连续高温天气，启动重大气象灾害Ⅳ级应急响应命令，至7月

25 日 13 时提升为Ⅲ级应急响应命令;9 月 13 日 13 时,无锡市气象局为应对 1614 号台风“莫兰蒂”的影响,启动重大气象灾害Ⅳ级应急响应命令,至 9 月 14 日 17 时提升为Ⅲ级应急响应命令;11 月 21 日 11 时,无锡市气象局为应对强冷空气影响,启动重大气象灾害Ⅲ级应急响应。每次接到应急响应指令后,江阴市气象局立即响应,严格按照响应命令流程,积极开展气象预报预警服务、气象应急服务、气象保障服务等各项工作。

【防雷减灾】 2016 年,江阴市雷电防御中心严格按照法律法规积极开展防雷法定年检、防雷设计审核和防雷竣工验收等工作。全年共计对 1256 个单位开展了防雷年检,出具整改通知 61 份,并督促单位及时整改;共审核防雷项目 125 项,总面积 317.09 万平方米;开展防雷装置竣工检测 164 项,验收面积达 604.23 万平方米,从源头把关并消除防雷安全隐患。5 月,雷电防御中心参与了市气象局和文广新局组织开展的重点文物保护单位防雷安全工作专项检查。6 月,参加危化品突发事故应急救援演练,提升工作人员应急处置能力。是年,该中心认真分析全市防雷安全形势,重点加强了沿江危化品企业防雷安全工作。同时结合防雷装置年度检测数据,制定了《2016 年江阴市易燃易爆危化品防雷重点单位安全管理汇总目录》,建立易燃易爆场所防雷安全信息库。危化企业防雷年检覆盖率达 100%,严格督查企业做好防雷安全隐患整改,并每月及时向地方政府上报检测检查情况。

【气象科普】 2016 年,江阴市气象局继续做好气象科普宣传,围绕世界气象日、安全生产月、防灾减灾日、科普宣传周等主题,积极组织开展气象科普宣传活动和气象局开放活动。6 月,为扩大江阴气象志愿者的影响力,在“志愿江苏”网站上完成注册工作;7 月,江阴市气象台被授予“江阴市志愿服务岗”;9 月,江阴市气象志愿者团队建立“江阴气象志愿者”微信群;11 月 25 日,气象台 2 人参加江阴市“12345 民生热线”网上直播节目,通过网络向市民答疑解惑有关气象科普和防灾减灾方面的问题。全年共接受新闻采访 60 次,完成气象防灾减灾与科普宣传活动 5 次;共接待科普参观团队 9 次,约 400 人,包括世界气象日活动、暑期学生夏令营活动、幼儿园亲子活动、气象爱好者参观活动等;积极指导 15 个街道和镇气象信息服务站开展基层(农村和社区)气象为农服务、气象防灾减灾科普宣传等工作,组织气象信息员进行培训,分别指导和帮助月城镇和璜土镇完成国家级标准化气象灾害防御镇和省级标准化气象灾害防御镇的申报工作。 (李 珠 耿 丹)

· 防汛防旱 ·

【概况】 2016 年 5 月 1 日至 9 月 30 日为江阴市汛期,江阴市总降雨量达 1402.7 毫米,约为常年同期的 2 倍,为 1957 年建站以来仅次于 2015 年历史最多(1406.3 毫米)。其中,5 月和 7 月雨量明显偏多,6 月和 9 月雨量异常偏多。9 月降雨量达 358.6 毫米,为常年同期的 4.3 倍,刷新历史极值(原极值 281.2 毫米,出现在 1990 年 9 月)。梅雨期为 6 月 21 日至 7 月 19 日共 29 天,天数比常年多 5 天,梅雨期内江阴市平均气温比常年同期略偏高,梅雨量 617.8 毫米,比常年梅雨量多 148.5%(常年为 248.6 毫米),异常偏多。汛期内河水位(青阳)出现 53 天超警戒的水位,最高内河水位出现在 7 月 3 日为 5.33 米,超过警戒水位 1.33 米(此前历史最高值为 5.33 米)。汛期长江潮位出现 41 天超警戒的潮位,最高长江潮位出现在 7 月 6 日为 6.52 米,超警戒水位 1.02 米。年内,市政府及有关部门扎实做好防汛抗旱防台风工作,科学防范了长江流域 1998 年以来最大洪水、太湖地区历史排名第二的流域性特大洪水,成功抗御了“尼伯特”“莫兰蒂”和“鲇鱼”等强台风袭击,有效应对了局部严重洪涝,保障了人民群众生命财产安全。

【抵御短时间强降雨】 2016 年汛期,江阴市呈现集中性、区域性及雨势强的特点,出现大暴雨 2 天,暴雨 7 天,最大降雨出现在 6 月 22 日,日降雨量 153.7 毫米(此前在 2015 年 6 月 27 日出现雨量极值为 241.5 毫米)。由于降雨过程短,雨势强,导致城区多处道路、多个小区积水,部分低洼农田受涝。针对汛情,市水利农机局利用沿江水利设施全力向长江动力排水的同时,市防汛防旱指挥部(以下简称防指)多方协调、全力筹措物资度汛,共动用各型号移动式机泵 182 台套,编织袋 41.48 万只,木材 331.2 立方米,毛竹 8310 枝,树棍 3975 枝,钢管 4100 根,铁丝 5525 千克,元钉 2085 千克,土工布 3.5 万平方米,块石 28200 吨,柴油 75 吨。汛期沿江的各闸站共排水

2016 年江阴市汛期降雨量统计一览

表 53

站名	汛期总雨量(毫米)	雨日(天)	汛期最大日雨量(毫米)
肖山	1213.40	57	148.80(6 月 21 日)
青阳	1119.00	65	85.60(7 月 1 日)
定波	1229.60	63	150.00(6 月 21 日)
气象台	1402.70	67	153.70(6 月 22 日)

2016 年江阴市汛期水位特征值统计一览

表 54

江河名	站名	最高水位(米)	日期	最低水位(米)	日期
长江(江阴段)	肖山	6.52	7 月 6 日	2.14 米	9 月 27 日
锡澄运河	青阳	5.33	7 月 3 日	3.46 米	9 月 12 日

(刘永明)

172180.74万立方米。重大汛情有：6月21日至22日，全市普降暴雨，全市23个自动气象站有16个雨量站实测雨量超过100毫米，至6月23日8时灾情基本解除。6月30日至7月3日，全市出现持续大范围暴雨、局部大暴雨的强降雨过程，江阴本站（城区）总雨量181.8毫米，全市最大降雨量出现在利港，为250.2毫米。内河青阳水位7月3日最高达5.33米，超警戒水位1.33米。7月4日15时灾情基本解除。

【防御台风】 2016年对江阴市有影响的台风主要有1号台风“尼伯特”、14号台风“莫兰蒂”和17号台风“鲇鱼”。三次台风过程给市内带来了明显的降雨影响，风的影响不大。其中，受台风“尼伯特”残留低压与冷空气共同影响，7月11日白天市内出现了对流性天气，局地出现短时强降雨。受台风“莫兰蒂”和北方弱冷空气共同影响，9月14日至16日全市出现了明显的降雨过程，其中14日为中雨，15日为大雨，16日为大暴雨。受台风“鲇鱼”和冷空气共同影响，9月28日至30日市内出现强降雨，其中29日和30日均出现暴雨。市水利农机局加强宣传，迅速行动，及时采取有效措施。一是高度关注台风走向。保持与气象部门联系，及时掌握近期天气状况及未来走势，利用已建成的防汛指挥网络，实时更新气象信息。二是预降内河水位。充分利用沿江水利工程设施，让长江潮汐与动力排水相结合，全力预降低内河水位。三是强化巡查责任制。增派巡逻人员、加密巡逻次数，加强对江港堤防工程、重点圩区堤防工程、闸站工程以及设备设施的检查工作，及时发现隐患，处理隐患。四是落实防汛值班制。坚持24小时值班，及时掌握全市的水情、雨情、工情和气象信息，做好领导决策指挥的参谋工作。由于应对有力，3次台风均未造成大的危害。

·防震减灾·

【概况】 2016年，江阴市防震减灾工作中加强地震灾害防御，严格建设工程抗震设防管理，广泛开展防震减灾科普宣传，努力提高抗御地震灾害的能力；加快建设地震观测台站，切实有效地保护地震观测环境和设施；维护地震监测台站，加强地震监测预报；完善地震应急体系建设。是年，全市的防震减灾事业有了全面发展。

【地震灾害防御】 2016年，江阴市防震减灾工作根据“预防为主、防御与救助相结合”的工作方针，加强建设工程抗震设防要求管理，严格按照法律法规的要求，规范行政审批程序，严把建设工程抗震设防要求审批关，共完成建设工程抗震设防要求审批项目123项。充分利用“5·12”防震减灾日、“7·28”唐山大地震纪念日、“科普宣传周”开展防震减灾科普宣传系列活动，采购科普宣传材料支出5万余元，制作防震减灾科普宣传展板16块。年内，重点指导辅延小学开展了地震应急演练，在学校开展防震减灾科普宣传；参加市科协组织的科普宣传活动，在学院场进行科普宣传，发放防震减灾科普宣传材料，开展现场科普咨询活动，努力提高群众、学生的防震减灾意识和自救互救能力。

【地震监测】 2016年，江阴市加强地震监测台站建设和维护。积极维护白石山地震台和君山强震台，保障正常运行。5月，在无锡市地震局的指导下，分管领导带领地震办主要骨干赴深圳考察地震监测仪器，顺利完成监测仪器的采购工作；10月全面完成地震监测仪器安装调试，无线网络通信传输，设备运行正常。是年，江阴市地震应急数据处理中心运行正常；MDCB电磁波地震前兆监测台运行良好，数据交换及时准确；全面推进周庄卧龙湖地震监测和地震强震台建设。

【地震应急体系建设】 2016年，江阴市防震减灾管理部门继续指导镇（街道、开发区）、重点企业，生命线工程修订《地震灾害应急预案》；指导学校、企业开展地震应急演练，建立地震应急物资储备仓库，逐步完善地震应急物资储备。积极推进地震应急避难场所建设，市住建局组织市民防局、园林旅游局、市城市园林设计院有限公司等部门有关人员，赴宿迁、连云港考察学习地震应急避难场所建设的经验，谋划建设全市中心应急避难场所。（邱 敏）

农产品质量安全

【概况】 2016年，江阴市围绕“确保不发生重大农产品质量安全事件”这一总目标，加强宣传培训，稳步发展“三品”认证（无公害农产品认证、绿色食品认证、有机食品认证），加强监管执法，主要农产品抽检合格率继续保持在98%以上。年内，组织执法人员参加全国渔业安全生产、农业执法业务等培训；组织农业投入品管理对象重点学习《农药标签和说明书管理办法》《饲料和饲料添加剂管理条例》《农产品质量安全法》和农资基本知识，以及《中华人民共和国刑法》关于刑事案件立案追诉标准和两院司法解释等法律法规，设立农资溯源应用试点单位41个并进行远程培训，强化企业诚信守法经营和产品质量安全意识；稳步发展“三品”认证，完成认证产品5万吨，“三品”个数达380个；强化农产品质量安全预警监测和执法查处，100%与行政村签订农产品质量安全监管责任书，100%与种、养大户签订农产品质量安全承诺书，100%与农资生产经营企业签订守法经营承诺书；建立农资生产监管企业16个，“一对一”监管16人。全年出动执法人员876人次，抽检各类农资产品、农产品、水产品132批次，查处各类违法行为案件37件，其中立案查处9件，教育整改18件；共巡查农药、肥料、兽药、饲料、种子生产经营企业140个次、规模养殖场18个，下达因未建立投入品经营使用台账而责令整改通知书3份，抄报工商超范围经营农药企业（户）3个。举办了“放心农资下乡宣传周”活动，开展植物检疫专项检查，全年未发生一次农产品质量安全事件，有效保障了农产品质量安全。（丁建英 王明兆）

【创建省级农产品质量安全市通过验收】 2016年，江阴市通过加强农业投入品的溯源管理从源头上把好农产品的质量安全关；通过推广生物农药、测土配方施肥技术、规模化养殖场污染的综合治理等农业适用新技术和无公害农产品生产技术规程来进一步加强生产管理;通过加强对农产品质量安全的监测、产地准出与市场准入的全面开展来加强产后管理,全面提高了江阴农产品质量安全水平,切实保障了江阴农业产业发展和人民群众"舌尖上的安全"。年末,江阴市通过创建省级农产品质量安全市验收。(王明兆)

【放心农资下乡宣传周活动】 江阴市农林局自2012年起一年举办一次"放心农资下乡宣传周"活动,已先后在月城、徐霞客、璜土等镇举办。2016年5月4日在利港街道农贸市场举办了"放心农资下乡宣传周活动",发放购买农资提醒卡,以及《识假劣维权手册》《农产品质量安全人人有责》《禁限用农药、兽药清单》《农产品安全生产基础知识》等宣传资料2000余份、挂图手册110份,展销放心农资产品2000千克,回复农民现场咨询200余人次。全年通过设立服务台、发放宣传资料、现场指导等大规模的宣传和现场咨询等活动,有力地维护了农民合法利益。 (丁建英 王明兆)

【农药使用零增长行动稳步推进】 2016年,按照《到2020年江阴市农药使用量零增长行动方案》要求和目标,农林局植保部门积极采取强化测报、科学精准用药、大力推广综防技术和高效低毒低残留农药及生物农药、推进专业化统防统治与绿色防控融合、进行高效植保机试验示范等措施,确保有效控制重大病虫危害,确保重要农产品有效供给,顺利实现农药使用零增长的目标。据测算,全年全市化学农药用量为815吨,比2015年减少1.8%;高效低毒低残留农药使用面积占比86.3%,比2015年增加4.6%。

(邵益栋)

【植物检疫专项检查】 2016年,江阴市农林局开展植物检疫专项检查,对1个苗圃生产企业进行生产地点检疫,苗木调运检疫2次,调进复检1次;对祝塘镇沃土生物生产的马铃薯种子进行了产地检疫,数量300万粒;对中江种业生产的扬麦20号、苏麦8号、生选6号小麦种子进行了产地检疫,面积60公顷。在璜土、澄江、南闸等街道、镇设立林业有害生物监测点11个,设立美国白蛾监测点5个,开展重大植物疫情监测工作,避免植物重大疫情发生。 (丁建英 王明兆)

食品药品安全

【概况】 2016年,江阴市全力加强食品药品安全监管,紧紧围绕食品药品安全"四个最严"总要求,严格落实监管"四有两责"工作机制,以全国文明城市和食品安全示范城市创建为抓手,积极构建地方政府属地负责、监管部门依法履职、企业主体诚信经营以及社会各界广泛参与的食品药品安全保障体系。是年3月,江阴市市场监督管理局正式承接市卫生监督所餐饮食品安全监管职责。年内检查各类食品经营户和涉药涉械企业共计16780户(个)次,核发食品经营许可证6575张,核发、变更、注销药品药械经营许可证753张。

【食品药品安全宣传】 2016年,江阴市市场监督管理局加强宣传教育,大力推进社会共治,促进全民参与。在利用报纸、展板、橱窗、知识读本等传统宣传基础上,开通短信群呼平台、微信公众号,利用地方网络论坛等新型宣传方式,对消费者宣传、沟通、交流。新建7个食品药品安全科普宣传站(全市累计已建成30个),针对不同受众和活动主题,创新开展特色宣传,实现村(社区)、学校、医院、企业和敬老院全覆盖。积极开展"食品安全宣传周"活动,在市内文化广场和镇(街)集场庙会宣传,并结合电子广告屏、横幅等流动宣传。举行"'关注民生·聚焦食品安全'空中热线"进社区大型广播电视直播和"12345"网上直播活动,同时,在"3·15"消费者权益日、"5·15"碘缺乏病防治日"10·16"世界粮食日、"安全用药月"等开展专题特色宣传。全年,共编印发放《食品药品安全科普读本》《预防食物中毒小常识》《进出口食品质量安全》《粮油消费常识》等各类宣传手册2万余册,答复咨询群众5000余人次。

【食品生产流通执法检查】 2016年,江阴市市场监督管理局严把食品经营主体准入关,把现场核查、从业人员培训、健康证明、食品制售加工和贮存条件等作为准入的重要关口,对销售婴幼儿配方乳粉的一律实行专项核查,加大食品小作坊专项治理力度,在上年排查徐霞客、华士、周庄、青阳等4个试点镇基础上,部署开展全市食品小作坊和食品摊贩摸底调查工作,截至年末,共排查食品小作坊2180个,食品摊贩665个。加强重点领域专项整治,开展节日食品、校园周边食品、进口食品、农村食品、冷冻肉制品等安全专项整治,共计出动执法人员10724人次,检查食品经营户9027户次。

【食品安全检测】 2016年6月,江阴市投资近5000万元组建的江阴市食品安全检测中心顺利通过现场考核,取得了江苏省检验检测机构资质认定证书。检测中心具备了食品部分两大类20小类,包括80种产品和146项参数;非食品部分四大类4小类,包括30种产品和65项参数的检验检测能力。江阴市市场监督管理局统一全市食品抽样检验计划,建立"专业分工、各有侧重、覆盖完整、资源共享"的技术支撑体系,逐步形成风险监测和监督抽检相结合、委托检验和企业自检相结合、实验室检测与快速检测相结合的多层次的检验检测体系,实现268个学校食堂、57个农贸市场以及规模超市、食品供应基地快速自检能力全覆盖。全年全市食品实验室检测7530批次,达4.18批次/千人,农贸市场农药残留快速检测近10万批次,超额完成年度检测任务。

【食品安全监管】 2016年,江阴市市场监督管理局以食品安全示范城市创建为抓手,积极构建地方政府属地负责、监管部门依法履职、企业主体诚信经营及社会各界广泛参与的食品安全保障体系。3月,承接卫生监督所餐饮食品安全监管职责,至年末,核发销售类食品经营许可证3909张,餐饮类食品经营许可证2666张,清理注销原餐饮服务许可证779张。对268个学校食堂和177个民办幼儿园(含看护点、早教机构)食品经营资质进行全面清理检查。积极倡导遵德守礼，文明节约用餐环境，发放张贴文明用餐告示牌12000余张、文明用餐桌牌18000余张。完成“一带一路”中哈合作发展国际研讨会、中高考等8次重大活动，共计6.5万人次的餐饮安全保障工作。认真开展食品专项整治，全年共销毁不安全食品2354千克，立案查处食品案件298件，移送公安机关案件17件，罚没款600万元，对食品违法行为形成了强大震慑，全市未发生重大食品安全事故。

【药品药械安全监管】 2016年，江阴市市场监督管理局完善药品药械许可验收工作，实现许可信息全部网上公示、阳光运行。全年，共核发、变更、注销药品药械经营许可证等事项753项。上报ADR（药品不良反应）报告1122例，MDR（医疗器械不良事件）693例，药物滥用监测350例。结合国家、省、市局药械监管要求，把疫苗、特殊药品、冷链管理药械、高风险企业、中药饮片、流通领域等15项专项检查作为工作重点，制定了一系列专项整治检查方案，共计检查企业603个次，完成药品抽样280批次。查处涉药案件71件，罚没款546.8万元。将501个零售药店全部纳入过期药品定点回收单位，成为全省首个全部药店设置回收点的县级市。全年共计回收家庭过期失效药品1万余盒（瓶）。（张宝明）

公共卫生安全

【概况】 2016年，江阴市强化传染病和突发公共卫生事件监测预警网络，通过监测预警和风险评估，及时发现聚集性传染病疫情的苗头，快速有效处置各类传染病疫情。全市累计报告甲乙类传染病13种1648例，累计报告发病率98.65/10万，比2015年上升11.65%。共报告11例死亡病例，分别为艾滋病10例和肺结核1例。完成国家伤寒+副伤寒、手足口病监测点任务，完成了省级禽流感和不明原因肺炎监测、住院肺炎监测、肠道传染病综合监测任务和无锡市肠道传染病流行病学监测、流感监测、禽流感监测任务。继续与无锡市疾控中心、美国杜克大学合作开展人畜共患疾病国际监测项目，提高新发传染病监测预警能力。规范开展疫情报告管理工作，未发生法定传染病漏报现象，网络直报率为100%，及时率为100%，卡片完整率为99.71%，信息准确率为99.12%、传报卡及网络直报信息一致率为100%。对相关食源性致病因子进行监测，共检测203件样品，合格率为93.1%。开展生活饮用水和农村环境卫生监测工作，全年共检测生活饮用水样品218件6262项次；监测公共场所单位95个、各类公共场所样品1324件。开展学校卫生监测工作。全市96所中小学校，74所幼儿园全部实现了监测数据的网络直报，监测工作覆盖率达100%，日报告率为93.6%。年内，迅速启动Ⅳ级突发公共卫生事件应急响应，快速有效处置新桥伤寒局部流行疫情。

【突发公共卫生事件应急处置】 2016年，江阴市卫生计生系统充分发挥传染病疫情防控“主力军”作用，迅速反应、果断出击、密切配合、联防联控、科学处置，及时有效处置各类突发传染病疫情。新桥夏秋季伤寒局部流行疫情发生后，迅速根据疫情进展，启动Ⅳ级突发公共卫生事件应急响应，指导疫情调查和处置，在较短时间内有效控制疫情。市疾控中心积极做好病例检索和疫情监测，开展流行病学调查，以追溯传染源和传播途径，及时发现并收治疑似病例；加强病人救治和管理，严格落实院内感染各项防控措施，病人在定点医院隔离治疗，严格病人出院标准，落实出院病人管理措施，严格家庭密切接触者管理，控制传染源；对所有病例居住地及其可能污染的场所进行终末消毒，加强爱国卫生运动和环境综合整治，切断传播途径；加强食品安全监管，全面筛查食品从业人员，防止病从口入；加强健康教育，入村、入户宣传肠道传染病预防知识，保护健康人群。11月底，疫情得到控制，结束Ⅳ级响应。12月5日，青阳甲型副伤寒疫情暴发后，借鉴新桥伤寒局部流行疫情处置的成功经验，精准化确定传染源，果断采取有力措施，快速有效控制住了疫情。同时为防止冬春疫情反复，督促青阳镇继续做好环境消杀工作，学校继续按照前期防控工作要求，落实好各项防控措施，严防学校出现疫情反复。12月中旬，苏锡常地区出现H7N9禽流感疫情。江阴市在防控人感染H7N9禽流感疫情中有力有序。12月31日凌晨全面暂停活禽交易，并按照“依法、科学、规范、统一”的防控原则和“有力、有序、有效、有度”的防控方针，迅速行动，联防联控，扎实做好人感染H7N9禽流感防控工作。全市共报告3例人感染H7N9禽流感确诊病例，其中1例死亡，2例治愈出院。年内，对食品安全事件迅速调查处置，共调查处置食品安全事件8件，其中细菌性食物中毒事件5件、小龙虾横纹肌溶解征3件；将先后暴发的4次托幼机构手足口病疫情判为突发公共卫生事件，尽早介入处理，严格落实防控措施，有效控制疫情。卫生计生系统在突发公共卫生事件中，迅速反应、处置能力明显提高。

【公共卫生监测】 2016年，江阴市卫生计生管理部门，根据江苏省、无锡市下达的食品中化学污染物和食源性致病菌监测任务，开展食品安全风险监测工作。对水产品中放射性核素、李斯特氏菌、副溶血性弧菌、霍乱弧菌、沙门氏菌，畜类食品中兽残、非法添加物，贝类食品中肠道病毒等相关食源性致病因子进行监测，共检测203件样品，合格率为93.1%，结果均及时上报国家食品安全风险监测数据库，不合格的食品及时通报给卫计委行政部门。完成社区人群中食源性疾病主动监测300户次，上报食源性疾病病例1087例，采集哨点医院食源性疾病样本195件，通过监测数据分析，掌握本地食源性疾病发病流行特征和致病因子分布情况。开展生活饮用水和农村环境卫生监测工作。全年共检测生活饮用水样品218件6262项次；监测公共场所单位95个，检测各类公共场所样品1324件；开展江苏省农村环境卫生状况调查点工作，共调查5个镇20个行政村100户家庭，及时进行数据分析、汇总及上报。开展学校卫生监测工作。全市96所中小学校,74所幼儿园都已开展缺课监测工作,并且全部实现了监测数据的网络直报,监测工作覆盖率达100%,日报告率为93.6%。疾控中心设计的“人体脊柱侧凸测量仪”项目获国家实用新型专利。是年,成功建成食品安全风险监测县级分中心。

【防控伤寒疫情】 2016年8月,新桥镇及周边地区发生了伤寒疫情。江阴市卫生监督部门根据市委要求,启动Ⅳ级突发公共卫生事件应急响应,成立领导小组,制定《新桥及周边地区伤寒疫情防治工作方案》,全面部署分工,保障人民群众的身体健康和生命安全。加强饮用水、餐具集中消毒企业、幼托机构、学校和重点公共场所卫生监督检查。规范各医疗机构传染病防控,排查非法行医点,扩大传染病疑似病员搜索范围。开展农贸市场病媒生物防制措施落实情况监督以及生活饮用末梢水有效余氯检测频次。市爱卫办以新桥及周边5镇为重点,辐射全市其他镇(街道),加强伤寒疫情防控,重点对大三格化粪池的取缔、农村环境卫生、农贸市场卫生、病媒生物防制等爱国卫生工作开展督导。督导面覆盖全市15个镇(街道)。积极布置秋季肠道传染病防控工作,推进“池改厕”工作。9月29日,召开全市各镇(街道)爱国卫生工作现场推进会,下发《关于进一步做好秋季肠道传染病防控工作的通知》,对传染病预防、病媒生物防制、大三格化粪池取缔、村庄环境卫生等工作进行部署;针对消杀工作、健康教育、农贸市场整治、大三格化粪池取缔等工作,组织与会人员现场观摩并进行培训,进一步强调重点。年内,市卫生监督部门检查医疗机构401个,非法行医点88个,公共场所1248个,涉水产品企业5个,餐饮具集中消毒单位8个,集中(二次)供水单位5个,客运站3个,学校246所。对周庄、华士、新桥、顾山、长泾、祝塘6个镇的末梢水进行了现场监督检测,共检测102个次单位项目504项次,合格率100%。走访督查73个病员家庭的消杀情况。新建和改建农村公共厕所100座,完成以接管式为主的生态改厕1890户。11月,伤寒疫情得到控制,终止Ⅳ级应急响应。

【应对电话诈骗艾滋病感染者事件】 2016年7月15日,市疾控中心艾防所接到一名艾滋病患者电话,患者说有自称是上海卫生局工作人员的电话,对方知晓其患有艾滋病,能准确说出患者姓名,并宣称国家政策能发7800元补助,让患者提供银行卡号并按其指示去取款机上操作。患者接到电话后半信半疑,便拨通全市疾控中心艾防所电话核实。艾防所工作人员接到电话后高度重视,详细询问并记录了电话内容,再三叮嘱患者提高警惕,不要上当受骗。艾防所领导随即拨打了患者提供的电话号码,交流中判断为诈骗行为,意识到病人的信息可能遭到泄露,立即上报。经了解发现此事件不是市内个例,全国范围内类似诈骗行为已涉及至少22个省份。市疾控中心根据事态发展及上级要求,立即对全市所有艾滋病感染者和病人增加了一次随访,为覆盖全体患者,逐个进行了电话随访,年老患者先随访,耐心安抚对此事件反应激动的患者,对非工作时间内科室的未接来电一一回拨,不遗漏一个电话。通过随访让每一患者都能知晓此事件,提醒辖区所管病人提高警惕,避免财产损失。同时,宣传《艾滋病防治条例》,指明艾滋病患者个人隐私信息受法律保护,不法分子盗用艾滋病患者信息实施诈骗,是违法犯罪行为,呼吁接到诈骗电话的患者把信息及时反馈给疾控中心以利于公安部门破案。截至7月22日,全市共有23名患者接到此类诈骗电话,没有造成财产及其他严重损失,艾防所将相关信息登记并实时反馈给了无锡市疾控中心。多名患者对艾防所的及时提醒表示感谢,也对艾防所的医生增加了一份信任。年内,中国疾控中心已报请公安部门立案侦查,依法进行严厉打击。 (潘 燕)

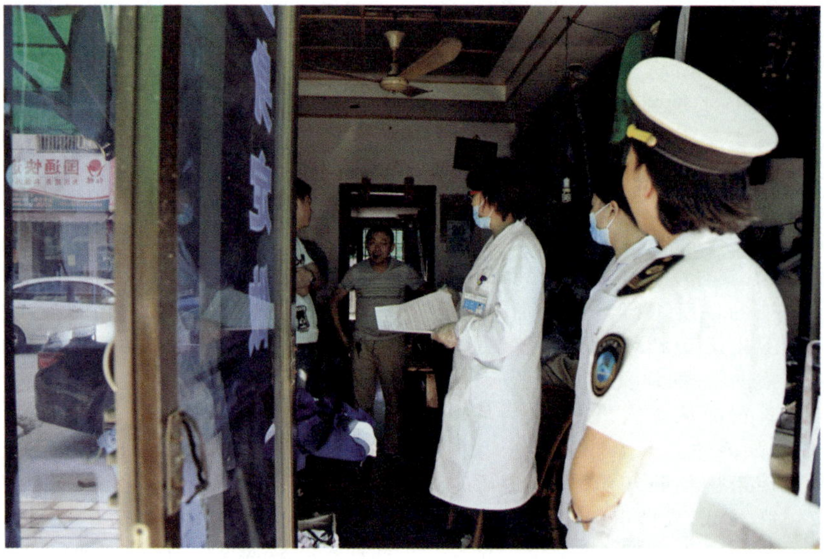

2016年9月20日,卫生监督员走访督查新桥镇农贸市场附近一位伤寒出院病人家中消毒处置情况 (徐 洁 摄)

生产安全

【概况】 2016年,江阴市安全生产监督管理工作认真贯彻落实习近平总书记、李克强总理关于安全生产的系列重要指示精神及省、无锡市有关要求,牢固树立安全生产红线意识、底线思维,始终坚持科学发展、安全发展,狠抓各项工作措施落实,全年生产事故死亡人数和事故数分别比2015年下降29%和31%,没有发生较大以上及有影响的事故,安全生产总体形势继续保持平稳。江阴市连续3年被国务院安委会办公室评为全国安全生产月活动优秀单位,江阴市安监局再次被评为全省非煤矿山及冶金等工贸行业安全生产先进集体。

【组织领导强化】 2016年，市委、市政府高度重视安全生产工作，主要领导亲力亲为，多次带领市有关部门亲临基层一线检查安全生产工作，多次专题研究安全生产重点问题，部署安全检查专项行动和各类隐患整治工作；亲自带队开展节前安全生产大检查，参加"安全生产月暨安全生产暨阳行"启动仪式。全国"两会"、G20峰会、十八届六中全会、省党代会等重要时段前夕，市政府安全生产委员会分别组织相关部门，在全市范围开展安全生产大检查，发现500余处隐患，进行通报并限期整改到位。

2016年6月7日，江阴市突发危险化学品事故应急救援演练暨第23个安全生产月启动仪式 （江阴市政府网提供）

【责任体系健全】 2016年，按照"党政同责、一岗双责、失职追责、齐抓共管"的工作要求，市委、市政府主要领导分别与各板块、各部门和市安全生产直管企业党政一把手签订了安全生产责任书和告知承诺书，督促引导各地区、各部门、各单位履职尽责。修订完善《江阴市安全生产目标管理考核办法》，进一步明确了各地区、各部门及各直属企业安全生产目标任务、考核细则。对全市的安全生产目标管理考核，实现了安全生产责任"五级五覆盖"。扎实开展企业安全生产主体责任专项行动，督促企业做到"五落实"（落实"党政同责"、落实"一岗双责"、落实组织领导机构、落实管理力量、落实报告制度）、"五到位"（安全责任到位、安全投入到位、安全培训到位、安全管理到位、应急救援到位），进一步强化了企业安全生产主体责任意识。

【专项整治】 2016年，江阴市安全生产监督管理部门在危化品领域：检查危险化学品企业235个，其中列入红表企业6个、黄表企业34个、蓝表企业164个，多次组织第三方专家检查华西化工、三房巷储运等危化企业，整改隐患53处，按照时序进度和整治要求取得良好效果；61个危险化学品生产企业完成了自动化监测监控系统完善和改造。在工贸领域：强化冶金煤气、粉尘防爆、涉氨制冷等重点领域核查，共核查出涉爆粉尘企业90个，涉及有限空间作业企业216个，均已落实安全防范措施；10个液氨储罐使用企业和4个液氨制冷企业已基本整改到位。职业病防治领域：共整治陶瓷、耐火材料、电焊烟尘企业322个，达标265个。消防领域：突出人员密集场所、山林防火等重点区域，共排查企业3943个，督促整改隐患3137处。燃气领域：检查燃气餐饮场所和学校935个（所），燃气储配站11个，供应站25个，汽车加气站9个，排查整治安全隐患163处。建设工程领域：突出深基坑、起重机械、吊篮、防高空坠落、防坍塌等专项整治，共检查346个，排查危险性较大工程53个，整改隐患846处。道路交通领域：突出工程车、危化品车违法整治，共整治安全隐患3526处。交通运输领域：检查各类旅游车225辆次，查处手续不全旅游包车5辆，梳理整顿34个危化品运输企业及568辆危险品运输车。特种设备领域：重点开展叉车、电梯、气瓶等专项整治，共排查叉车使用单位973个，叉车4016台；全年投保电梯11356台，投保率达81%。教育领域：组织开展校车安全等专项整治，排查整治安全隐患22处。

【打非治违】 2016年，江阴市立案查处工业企业123个，其中职业病防治违法违规行为8次；关停、搬迁不符合安全生产条件的危化品生产和使用企业6个，依法对2个企业采取停止供电强制措施；查处各类交通违法行为为1.6万余次；查处一般程序消防执法案件223件，责令"三停"单位45个，临时查封44个；对7个电梯维保单位实施行政处罚；查处违法超限车辆1823辆；查处黑气站点21个，查扣液化石油气钢瓶652只，查处私存液化气钢瓶僵尸车3辆、非法营运车1辆；查处"三无"船只9艘，查处船舶超速、违章抛锚等行为294次。

【隐患排查】 2016年，江阴市安全生产监督管理部门深入开展安全生产大检查，共执法检查企业4315个，排查隐患11231处，开具限期整改指令595份，事前立案处罚企业87个。采用政府购买服务方式，聘请外地资深专家对全市222个高危企业进行"安全体检"，现场排查隐患，查出各类安全隐患2538处。通过安全托管、第三方检查、开展企业互查、行业互查、地区互查方式，不断拓宽隐患排查覆盖面。紧抓重大安全隐患挂牌督办，报请无锡挂牌督办项目7项，江阴市级挂牌督办24项，全部按时序进度整改到位。综合运用信息技术，利用市安全生产综合监管智能一体化平台，各企业上报各类隐患16896处，整改16027处，整改率达94.9%；利用二维码和视频技术，对300个企业实施了可视化实时远程监管监察，排查出各类隐患4075处，整改完成率达90.7%。市重大危险源监测中心实时对全市71个企业164个重大危险源点进行预警监测。全面推广在建工程升降机安装使用智能化人脸识别系统,对273项建筑施工项目实施LBS无线定位。

【安全标准提档升级】 2016年,江阴市共完成1350个规模以上工贸企业和全部危化品生产、经营、储存企业安全标准化创建。全市407个企业通过安全标准化三级复审,11个企业通过二级标准化复审,1个企业通过一级标准化复审。启动小微企业安全标准化创建工作,305个小微企业标准化创建达标。33个建筑施工项目建设工地申报江阴市级文明工地,27个建筑施工项目建设工地申报省级、无锡市级文明工地,10个建筑施工项目建设工地获评省级文明工地。切实加大财政资金扶持力度,高标准推进沿江危化品应急救援基地建设。

【应急演练】 2016年,江阴市推进企业应急管理,完善全市安全应急联动机制,加强应急预案备案和检查管理工作。突出班组、车间一线岗位的现场处置方案演练,提高第一时间应对事故反应能力。多次组织点对点生产安全事故应急预案演练检查督导,在中石化长山油库举办危化品应急救援演练,在各类企事业单位开展灭火疏散逃生演练116次。

【安全宣教】 2016年,江阴市通过《江阴安监手机报》、安监微信、微博等媒体刊登安全报道648条,播出安全警示片48次,江阴安监、江阴交警、江阴消防、江阴“职工之家”等一批微信推送在全市形成安全生产宣传的集聚效应。认真组织“安全生产月暨安全生产暨阳行”“119消防宣传月”“安全冬训”等一系列活动。组织“最美安全员”评选和安全生产宣传教育示范活动评比,市安监局被国务院安委办评为全国“安全生产月”活动先进单位。安全社区、安全诚信企业建设有序推进,在镇、村、学校、企业开展文明交通达标创建,营造出浓厚的安全宣传氛围。积极开展安全培训,并通过网上安全培训学校,丰富安全培训途径。开展全员培训“回头看”,探索推广员工岗前“一分钟培训法”。是年,培训法定“三类”人员15189人,比2015年增长4.5%;组织消防培训182次、安监论坛11期、危化品生产企业及安全管理员“小班化”教育培训24次。 (贡　庆)

特种物品与设备安全

【危险化学品管理】 2016年,市公安局治安大队先后组织开展“缉枪治爆”、危险化学品安全生产攻坚和安全生产检查整改、枪爆物品大排查及涉枪案件核查等专项行动,全面加强民用爆炸物品、易制爆危险化学品、烟花爆竹等涉爆单位和剧毒、放射源等危化品单位的日常管控工作。共检查各类涉危单位500余个次;收缴各类非法枪支18支,子弹343发,管制刀具44把,弓弩1把;共查处涉危刑事案件4件,刑事处罚5人;治安案件6件,治安处罚7人;完成8项爆破工程的实地踏勘、安全评估、爆破现场监管和安全警戒工作。

【易燃易爆危险品单位消防监管】 2016年8月,江阴市吸取天津“8·12”特大火灾事故以及南京、山东等地易燃易爆危险品单位火灾事故教训,根据国家、省和无锡市有关部门的统一部署,在全市组织开展易燃易爆危险品场所消防安全专项检查整治行动。坚持政府主导,分析江阴形势任务,提出工作建议。8月18日,消防大队提请市委主要领导带领有关部门负责人,对2个沿江石化企业消防安全管理工作进行专项督查。8月23日,消防大队组织防火监督人员联合各地安监办、派出所分片集中约谈全市136个易燃易爆危险品单位责任人和管理人。组织与会人员集中观看了江苏省危险化学品事故典型案例警示教育片,通报近期各类火灾事故发生情况。8月27日,市领导带队对2个石化企业开展专项督查,并召开全市安全生产大检查工作推进会,对加强易燃易爆危险品消防检查进行专题动员部署。8月30日至9月2日,市公安局组织对全市易燃易爆场所进行为期4天的专项检查,共检查各类单位28个。市消防大队与市安监局危化品管理部门联系,确定279个易燃易爆危险品单位整治对象,研究制定《江阴市易燃易爆危险品场所专项整治方案》,统一印制《石油化工企业消防简明手册》500本,组织专项整治人员集中业务学习。消防大队和各派出所对全市279个易燃易爆危险品场所进行逐一排查检查,共发现各类火灾隐患和消防违法行为244处,督促整改各类火灾隐患和消防违法行为94处,实施执法处罚9次。

(朱　斌　胡　娟)

【核与辐射安全管理】 2016年,江阴市强化核与辐射管理,加强常规监管、增强预警能力、提升软硬实力,维护核与辐射环境安全。年内,督促协调4个涉源单位对46枚闲置源进行及时收贮,回收率100%;48个企业领取辐射安全许可证,16个企业开展辐射安全许可证延续工作;完成13个企业的辐射安全“三同时”环保竣工验收;预审核与辐射类建设项目15项,办理核与辐射申领手续16个、核与辐射延续手续44个,办理危废转移手续单位128个次,项目征地、三同时验收的群众满意率100%,按期完成率100%,审批正确率100%。 (姚京君)

【特种设备安全监管】 2016年,江阴市市场监督管理局修订完善《特种设备安全监察工作手册》,进一步规范行政许可、监督检查等环节,推进特种设备安全监管信息化建设。全年培训各类特种设备人员8416人次,接受特种设备开工告知1321份,新注册登记特种设备3987台(套),注册登记率99.6%,委托江苏省特种设备安全监督检验研究院江阴分院检验特种设备24060台(套)。积极推进电梯责任保险投保工作,全年投保电梯11356台(套),投保率达81%。深入推动气瓶安全信息化监管,全市在用工业气瓶总数约15万只,气瓶瓶帽安装率达95%以上。集中开展电梯维保质量监督抽查,抽查电梯维保单位45个,其中行政处罚8个,降星处理14个。实施燃煤锅炉节能提升综合工程,积极配合发改部门推广清洁能源,整治落后燃煤小锅炉,全年共注销燃煤锅炉160台(套),培训锅炉操作人员420人次。持续开展企业复工复产、春节、五一等节前特种设备安全大检查，督促企业认真贯彻执行特种设备使用“三落实、两有证、一应急”（落实管理机构、责任人员、规章制度，设备有使用证、作业人员有上岗证，制定特种设备应急预案）的要求，现场检查企业309个，排查各类隐患310处，签发特种设备安全监察指令书46份，立案查处案件18件，严厉打击特种设备违法行为，全年特种设备安全事故数比2015年下降66%。（唐晓白）

【特种押运安全保卫】 2016年，江阴市特种押运保安服务有限公司主营业务：守护、押运等保安服务；安全技术防范服务；银行自助设备运行维护外包服务等。公司配备符合《专用运钞车防护技术条件》的押运车和枪弹；配置了车载实时监控、钱箱交接物联网、门禁道闸、监控报警等系统；所有技防设施符合《银行营业场所风险等级和防护级别的规定》（GA38－2004）标准，为全市银行、企事业单位提供武装守押业务服务。年内，公司有从业人员280余人，为30多个单位提供服务。在守护押运服务中做到了“诚信、规范、创新、共赢”，得到银行等客户单位的一致肯定。

（江阴市特种押运保安服务有限公司）

火灾事故与防范

【概况】 2016年，江阴市共发生火灾事故986次，比2015年下降51.7%；亡2人，下降60%；伤5人，上升67%；直接财产损失1201.9万元，上升44.6%。继2002年以来连续14年未发生有重大人员伤亡的火灾事故。

【灾情分析】 2016年，江阴市发生的火灾事故从起火场所情况看，发生住宅火灾336次，直接财产损失120.09万元，亡1人，伤2人，分别占总数的34.1%、9.9%、50%和60%，火灾次数居所有场所之最；厂房火灾241次，直接财产损失327.5万元，伤2人，分别占总数的24.4%、27.2%和40%；交通工具火灾171次，直接财产损失126.1万元，分别占总数的17.3%、10.5%；物资仓储场所火灾15次，直接财产损失497万元，损失数居所有场所之最；餐饮场所火灾24次，直接财产损失6.2万元；商业场所火灾15次，直接财产损失54万元；农副业场所火灾15次，直接财产损失27.9万元；宿舍火灾15次，直接财产损失2.9万元；露天框架火灾11次，直接财产损失0.3万元；办公场所火灾7次，直接财产损失2万元；宾馆火灾5次，直接财产损失1.2万元；公共娱乐场所火灾5次，直接财产损失2.7万元；建筑工地火灾3次，直接财产损失1.4万元；公园火灾2次，直接财产损失0.2万元；动拆迁组火灾2次，直接财产损失1.1万元；学校火灾1次，直接财产损失4.5万元；养老院火灾1次，亡1人，直接财产损失500元。其他火灾122次，直接财产损失24.4万元。

从火灾原因情况看，发生电气火灾237次，亡1人，直接财产损失99.3万元，分别占总数的24%、50%和8.3%，次数、损失数居各类火灾之首；遗留火种火灾104次，亡1人，直接财产损失75.8万元，分别占总数的10.5%、50%和6.3%；自燃引起火灾104次，直接财产损失41.3万元，分别占总数的10.5%和3.4%；生活用火不慎火灾90次，直接财产损失19.3万元，分别占总数的9.1%和1.6%；生产作业类火灾56次，伤1人，直接财产损失90.2万元，分别占总数的5.7%、20%和7.5%；玩火火灾9次，直接财产损失0.7万元；放火火灾6次，直接财产损失0.2万元；吸烟火灾4次，直接财产损失0.1万元；静电火灾1次，直接财产损失为21.9万元。不明原因火灾220次，伤1人，直接财产损失650.6万元，其他火灾253次，伤3人，直接财产损失278.3万元。

从24小时火灾分布情况看，18时至20时发生火灾131次，直接财产损失562.2万元，伤1人，分别占总数的13.3%、46.8%和20%，火灾次数、损失数居全天候之首。0时至2时，发生火灾63次，亡1人，直接财产损失69.6万元；2时至4时，发生火灾29次，直接财产损失26.9万元；4时至6时，发生火灾48次，直接财产损失52.9万元；6时至8时，发生火灾65次，直接财产损失68.8万元；8时至10时，发生火灾84次，直接财产损失73.6万元；10时至12时，发生火灾93次，伤2人，直接财产损失66.7万元；12时至14时，发生火灾108次，直接财产损失67.2万元；14时至16时，发生火灾99次，伤1人，直接财产损失56.6万

2016年5月7日，江阴市亦铭纺织有限公司发生火灾。图为西区中队开展火灾扑救 （市公安局提供）

元;16 时至 18 时,发生火灾 100 次,伤 1 人,直接财产损失 83.5 万元;20 时至 22 时,发生火灾 96 次,亡 1 人,直接财产损失 25.2 万元;22 时至 24 时,发生火灾 70 次,直接财产损失 68.6 万元。

【火灾防范】 2016 年,江阴市除强化防火管理体系外,加强新型技术防范手段应用,稳步推进建筑消防设施联网监测工作,协调落实专项经费 244.2 万元,在 172 个二级重点单位推广安装智能安全监管云 APP 软件,指导全市重点单位开展消防大数据联网系统基础数据前期采集工作。联合教育、民政、住建等部门下发《关于积极推广安装独立式感烟火灾探测器等简易消防设施的通知》,在全市老年人、残疾人和儿童建筑场所,独居老人家庭和商业"三合一"等场所推广安装独立式感烟火灾探测器等简易消防设施。年内,推广安装独立式火灾报警装置 221 只、简易喷淋 11 套、保护面积 5455 平方米。加强基层灭火作战单位建设,继续抓实网格化消防管理,将消防网格化管理纳入基层综合服务平台和社会综治、平安建设考核内容,每月派员开展网格化消防管理指导服务工作,组织镇(街道)、村(社区)网格员、行业部门分管领导开展集中培训。继续建强用好微型消防站,督促指导 243 个设有消控室的重点单位、79 个村(社区)完成微型消防站建设工作,指导开展灭火演练 46 次。建立区域联防协作组织,在化工集中区建立区域联防协作组织 4 个、成立化工事故处置专家小组 1 个,在城区综合商业区等地建立区域联防小组 5 个,并定期组织业务培训、互查互检、业务交流和联合演练活动。

域内安全技防

【概况】 2016 年,江阴市公安局按照"覆盖全市、城乡一体、水陆联动、全网运行"的要求,扎实推进社会面视频监控织密补盲、提档增效。新建桥梁、涵洞、拆迁工地等治安关键点位监控探头 516 处,高清制高点监控 216 个。169 个无技防设施老小区 800 个监控探头全部建成,新增人像识别比对系统 24 套、车载移动高清监控 28 套。同时,研发视频专网实战软件平台,启动全市视频监控综合平台建设,汇聚整合全市各类视频资源,为打击犯罪、服务民生提供有力的技术支撑和保障。全市社会面视频监控 18.05 万个,其中公安自建 1.8 万个,社会单位 16.25 万个,每平方千米覆盖 187 个。

【规范新建小区安防建设】 2016 年,江阴市严格贯彻落实《江阴市新建居民住宅小区安全防范设施建设和管理工作意见》要求,规范安全技术防范设施建设方案设计论证和竣工验收等工作环节,坚持"拟建即评"和"建好才验",实现新建小区安全防范设施建设 100% 方案评审、100% 竣工验收,全年共验收新建商品房项目 55 项,在出入口、主要通道、沿街商铺门口、楼栋门厅、电梯轿厢等部位安装视频监控 8900 余个,基本实现了视频监控全覆盖,小区治安状况明显改善。同时,大力推进居民小区和商业广场技防监控数字高清化发展,在小区出入口安装车辆和人员抓拍设施,并接入市公安局视频专网实现联网。年内,30 项拟建项目的安全技术防范建设方案已全部按数字化、联网化要求着手实施建设;9 项竣工验收的新建项目在出入口已安装人员和车辆抓拍并实现联网。

【运用新手段监管公共安全】 2016 年,江阴市公安局整合交通、安监、教育等政府部门资源,建立重点车辆监控平台,对全市公路客运、旅游客运、危化品运输车、校车共 1506 辆重点车辆运行情况实施在线监控,同时纳入出租车 3G 监控、公交车 4G 监控资源,有效遏制超速、疲劳驾驶、不按规定线路(时间)运作等违法行为。上报公安部列项研发"安全监管智慧云平台",集治安、内保、交通、消防、车管等监管需求于一体,采用物联网、视频智能分析处理等技术,纳入监管单位 380 个、重点车辆 1510 辆、加油站 111 座、重要部位 553 处、专用仓库 344 个监管要素,落实消防专项经费 244.2 万元,在 172 个二级重点单位安装"智能安全监管云"APP 软件,指导全市重点单位开展消防大数据联网系统基础数据前期采集工作。

(朱斌　胡娟)

场所安保

【概况】 2016 年,江阴保安服务业在保障江阴经济建设、增加社会就业、维护社会稳定和治安秩序等方面发挥了重要的作用。积极发展业务,加强保安队伍管理,坚持高标准、严要求、重服务、保安全的原则,努力打造企业品牌形象,为江阴市各承保单位做好服务。同时,调查发现,江阴市保安市场存在管理体系不够完善,依法经营理念还不强,保安员年龄老化,保安岗位岗多员少,部分公司保安员培训不到位等情况。年末,全市有保安服务企业 6 个,保安队伍近 4200 人。

【江阴市保安服务有限公司】 江阴市保安服务有限公司(以下简称公司)是江阴第一个由江苏省公安厅依法审核允许成立,并在 2010 年 1 月 1 日国务院《保安服务管理条例》的颁布实施后第一个获得江苏省公安厅颁发的保安服务许可证的企业,也是市内唯一一个由江阴市公安局派驻公安民警实施监管的专业化保安服务企业,成为无锡市保安协会理事单位。2016 年是公司成立以来第 24 个年头,面对保安服务业务激烈竞争和压力倍增形势,注重法制化、规范化建设,依照上述条例,服务大局,深抓基础规范,推动"保安服务建设为先、教育培训为本、保安队伍管理为要"基本理念的实践创新。

队伍建设　坚持经济效益和社会效益并重,业务建设和队伍管理两手抓、两手都要硬的方针,加强队伍管理,开展"保平安创客户满意度促和谐、争创客户满意度服务执勤点保安员"主题活动,整改违规违纪问题,对直管部门负责人进行经济问责考核扣分,规范保安队伍管理和保安服务行为。公司重视保安服务业务经营的合法性和安全性,对全体保安员工岗位培训,要求全体保安员严格遵守公司规章制度和客户单位相关规定,规范执勤,在 3 月

1日至11月30日开展以“练技能、强素质、求实效、树形象”为主题的岗位大练兵活动，增强员工政治、法律基本知识和保安服务专业知识。公司还组织两级督察对队伍训练情况和队员保安服务质量进行全天候、多渠道监督检查，促进队伍整体素质和形象提升。从法制教育、安全教育和完善健全管理制度入手，要求各保安部、各大队、各执勤点，在每周一次的例会上组织安全教育和法制教育，依法规范执勤，提高保安服务质量和客户的满意度。

拓展业务　公司针对江阴知名度提高和经济高速发展，全国很多商业银行进驻江阴的情况，把2016年定为“业务发展年”，坚持以市场为导向，抓住市场机遇，大力拓展银行人防保安业务，新增“银行服务岗”（广发银行、浙商银行委托派遣保安服务）和“地税局服务岗”（江阴地税局委托派遣保安服务）。同时，按照市公安局“内强素质、外塑形象、着手转型、打造品牌”的工作思路，将保安服务创新工作摆在重要位置，并在服务水平和服务标准化上下功夫。开展人防护卫服务、银行巡防服务、校卫服务、技防服务、消防器材销售服务，全年创利税万元，经济效益得到提高。

保护权益　以人为本，保护员工的合法权益，改善员工的福利待遇，依据《保安服务管理条例》以及《江阴市最低工资标准》规定，提高员工的劳动报酬，加大执行《中华人民共和国社会保险法》力度，为新进队员100%购买社会保险和意外伤害险，保证了保安员的合法权益。2016年，公司为22个银行网点，500余个企业提供了1800多项人防服务，全年未发生刑事案件、重大治安事件和安全事故，确保了客户人身、财产和信息的安全。全年协助客户单位调处各类纠纷事件200余件；拾得现金3万余元全部上交；银行保安阻截电信诈骗案件15件，避免损失100余万元；协助客户单位及时扑救火灾6次；帮助客户单位抓获犯罪嫌疑人10人，挽回经济损失50余万元。公司获客户单位和人民群众好评，服务满意度达98%。是年，公司被无锡市保安协会评为无锡市优秀保安公司；有3名保安员被评为无锡市优秀保安员。

2016年江阴市（场所）保安服务有限公司一览

表55

公司名称	成立时间	公司地址	从业人数	服务单位
江阴市保安服务有限公司	1992.7	江阴市梅园大街397号	1800余人	506个
江苏飞鹰保安服务有限公司	2005.3.29	江阴市大桥路96-100号	400余人	50余个
江阴市全鹏保安服务有限公司	2010.6.28	江阴市安居巷90-92号	370余人	79个
江阴市雄鹰保安服务有限公司	2010.8.13	江阴市杨岸路101号	500余人	40余个
江阴市春风保安服务有限公司	2012.3.28	江阴市周庄镇宏苑路7号	300余人	60余个
江阴市飞龙保安服务有限公司	2012.10.28	江阴市澄杨路11号	600余人	80余个

（李小良）

信息安全

【概况】　2016年，江阴市认真落实各项安全保护措施，不断加强全市重要信息系统和主要政府网站的安全防护保障能力。创新工作机制，加强联络保障，深化各单位间协作配合，共建网络社会群防群治新格局。市信息办积极推动国土局土地交易系统、灾备中心容灾备份系统等13个重要信息系统开展风险评估和等级保护工作，对教育局130个学校网站提供安全实时监测；面向全市百强企业和上市公司开展网络信息安全免费诊断服务活动，为问题较严重的企业提供现场安全服务；依法督促落实信息安全管理责任，G20峰会、世界物博会期间，重要信息系统安全有序运行。9月，中船澄西船舶修造有限公司的梅晓晶参加“天翼杯”江苏省第五届信息安全技能比赛，荣获无锡市企业组中唯一的二等奖。

【企业信息安全免费“体检”】　2016年5月12日开始至6月30日，江阴市机要保密局、经信委、信息办与公安局联合开展重点企业信息安全免费“体检”活动。这次活动范围广，覆盖全市百强工业企业及上市公司，后期还将覆盖全市百佳企业及重点商贸流通企业。在活动方式上做到三个结合，即服务与检查相结合、全面普查与重点诊断相结合、远程检测与上门服务相结合；活动成效上力求三个到位，即管理责任落实到位、管理措施落实到位、隐患整改落实到位，重点发现企业潜在的漏洞与隐患，避免经济损失；长效管理上完善三项机制，以服务促提升，逐步建立并完善全市信息网络安全的应急处置机制、事件通报机制和促进企业信息安全防护能力提升的服务机制。“体检”中重点检查指导各企业的网络安全工作体系建设，帮助企业发现网站和在线业务系统的安全漏洞并提出整改建议，特别针对防入侵、防攻击、防篡改等方面的管理与技术措施进行检查和指导。对于远程检测问题较大的企业，则提供上门实地服务，重点发现企业潜在的漏洞与隐患，避免经济损失。共检测了93个企业网站，对19个企业进行了上门服务，取得了管理责任落实到位、管理措施落实到位、隐患整改落实到位的实际效果。

【信息安全等级保护】 2016年，江阴市认真落实各项安全保护措施，不断加强市内重要信息系统和主要政府网站的安全防护保障能力。市信息办积极推动人社局、灾备中心等13个重要信息系统开展风险评估和等级保护工作，市容灾备份系统、土地交易系统达到等级保护三级标准，建设局业务系统、市民卡系统、人口数据库系统等11个系统达到二级标准；对教育系统130个学校网站提供安全实时监测；面向全市百强企业和上市公司开展网络信息安全免费诊断服务活动，为问题较严重的企业提供现场安全服务；依法督促落实信息安全管理责任，G20峰会、世界物博会期间，为全市重要信息系统安全有序运行提供了有力保障。初步创新工作机制，加强联络保障，深化各单位间协作配合，逐步构建起包括行业部门、测评机构、安全厂商等在内的技术支撑力量，依照政府引导、部门协同、行业自律、公众参与的方式，共建网络社会群防群治新格局。2月13日，无锡市信息安全等级保护工作推进会上，表彰了2016年度无锡市信息安全等级保护工作“十佳先进单位”，江阴市人力资源和社会保障局、市数据容灾备份中心及远景能源软件技术有限公司3个单位因加快安全体系建设、完善各项管理机制与规章制度、提高“人防”的能力、加大安全投入和在网络部署、硬件配置、软件系统等方面优化，提高了“技防”能力而获此殊荣。

(秦光华)

【4个企业获评省两化融合网络信息安全试点、示范企业】 2016年，随着智能制造、两化融合等工作的深入推进，工业制造领域的信息安全形势日趋严峻。江苏省经信委为让企业充分意识网络信息安全对生产经营的重要性，通过开展省两化融合网络信息安全试点、示范企业认定进一步探索工业制造领域的信息安全管理机制、路径，提高风险隐患发现、突发事件处置恢复、专业支撑服务能力，树立信息安全管理达标企业。9月和12月，省经信委分别公布了2016年省两化融合网络信息安全试点、示范企业名单。全省共认定两化融合网络信息安全示范企业10个，其中有江阴兴澄特种钢铁有限公司，为无锡市入选的2个企业之一；认定两化融合网络信息安全试点企业50个，其中江阴市有3个，分别为远景能源(江苏)有限公司、江阴中达软塑新材料有限公司、江阴利港发电股份有限公司，占无锡市4个入选企业的3席。

【打击涉网犯罪成效显著】 2016年，江阴市针对当前涉网案件越来越高发的态势，打击涉网犯罪工作从案件源头抓起，切实加大对现行涉网案件的侦查力度，开展了“集中打击黑客攻击破坏违法犯罪”等一系列专项行动，充分利用多种手段，突破一批重大案件。对有价值的线索一查到底，力争办成精品案件和有影响案件，打响网安主侦案件品牌。全年主动破获案件47件，共抓获网络犯罪嫌疑人457人，其中包括公安部督办的佳佳拍侵犯公民个人信息案以及杨某等人利用支付宝二维码刷码实施诈骗案等一批有重大影响的网络案件，涉案总价值1200余万元。

(姚春霞)

应急管理

【概况】 2016年，江阴市紧紧围绕建设经济强、百姓富、环境美、文明程度高的新江阴，认真贯彻落实上级有关加强应急管理工作的指示精神，夯实基础，稳扎稳打，各项工作持续有效展开，全市总体情况平稳向好，未有较大以上应急突发事故发生。

【宣传教育】 2016年，江阴市结合全国“防灾减灾日”“消防宣传日”和“安全生产月”，组织各级各部门采取集中培训、现场宣讲、设置宣传栏、印发宣传单、悬挂标语等多种形式，广泛深入开展应急知识宣教活动，组织开展应急避险、应急救护、意外逃生等避险救护技能，力促法律法规和安全常识进机关、进学校、进社区、进农村、进企业、进家庭，不断增强群众防灾避险意识和应对突发事件的能力。继续按计划发放《江阴市民应急手册》6.2万册，实现全市各镇(街道)学校全覆盖。组织编印《家庭应急防御指南》。7月邀请国家行政学院教授邹积亮给应急条线干部作突发事件科学应急处置的专题讲座，9月邀请无锡市安监局危化处处长刘伟江和南京工业大学教授皮教文对全市危化企业作危化品企业安全管理方面的专题讲座。相关部门也根据自身实际，积极开展培训活动。在深入开展创建“全国综合减灾示范社区”活动中，市民政局特邀请市气象局专家在各创建综合减灾示范的社区举办气象灾害防范避险知识讲座，引导社区居民正确认识气象规律，提高灾害防范意识和能力；市疾控中心举办急性传染病控制培训班等。各镇(街道)充分利用机关干部和村干部学习培训会，组织机关干部和村主要干部深入学习突发事件应对的法规以及有关会议精神。通过宣教培训，使全市应急条线干部进一步掌握应急突发事件处置的流程、方法、技巧和相关注意事项，增强应对突发事件的危机意识，提高处理突发事件的能力。各镇(街道)高度重视、及早规划，积极参与创建工作培训，进一步完善以基层为载体的减灾工作长效机制。澄江街道君山社区被评为全国综合减灾示范社区。

【应急演练】 2016年，江阴市按照应急预案“横向到边、纵向到底”的目标要求，全市上下根据年初的部署要求，认真吸取以往在处置突发公共事件中的经验教训，加强调研并广泛听取相关部门和人员的意见，对相关市级专项预案和部门预案进行了修订完善。同时还联合安监、环保、卫生等相关部门对各镇(街道)的应急预案编制及修订进行了一次全面的检查与指导，增强了各类预案的可操作性和合理性。各级各部门根据应急预案和自身实际，确定年度重点演练项目，并有针对性进行演练。6月7日在中石化长山油库举行“安全生产月”活动启动仪式暨突发危险化学品事故应急救援演练，以接近实战、直观逼真的应急救援演练全面检验市应急预案体系、应急救援队伍和应急处置机制，有效提升了市内危化领域突发

2016年11月9日下午，北涠中心小学全体师生举行了一次校园消防应急演练 （北涠中心小学提供）

事故应急救援能力；9月29日在无锡市相关部门指导下开展辐射事故应急演练桌面推演；10月27日组织江南水务股份有限公司开展源水突发污染应急处置演练。全市先后组织重点企业、社区、村和人员密集场所举办各类应急演练1500余次，提高了应急队伍的快速反应处置能力、共同救援能力和协同作战能力。

【预警防范】 2016年，江阴市依托公安、城管、安监、公用事业、气象等部门监测预警网络进行实时监测，及时分析研判突发事件隐患和趋势，提出防范和应对对策，以达到预防或减少事故发生，突发事件风险隐患总体上得到有效控制。针对防汛、防旱、防寒及雾霾等恶劣天气，气象、海事、农林、公安等部门加强预测监测，并与无锡市相关部门紧密联防，及时发布预警信息，通过预警平台及时将预警信息发送到机关、镇（街道）、园区、学校、企事业单位等责任人手中，及时组织灾害的预防和施救。开展风险调查和隐患排查，围绕护林防火、防汛排涝、重大节假日等特殊敏感时段，各级各部门切实加强对重点单位、重点区域的巡查督导，确保应急管理措施、物资、人员三到位。市应急办还结合强降雨、强台风等特殊时段对全市镇（街道）进行了全面检查，重点检查各相关单位应急预案修订及应急救援队伍、应急救援装备和应急救援物资储备等情况，督促各相关单位认真做好应急防范工作。4—6月，由市安委办、应急办牵头，市安监、环保、消防、交通运输、港口、卫生、市场监管等部门，分6个片区对各镇（街道）园区危化品领域安全生产应急救援工作开展情况进行督促检查，强化全市各级对危险化学品安全生产应急管理工作的意识，提升应对危险化学品突发事件的处置水平。加强硬件设施建设，根据突发事件预测预防需要和自身特点，加大了相关硬件设施的建设。特别是为了做好防汛工作，进一步提升市防灾减灾能力，在对已建防洪排涝工程进行维修加固和完善的基础上，完成了长泾镇东部、祝塘镇文林社区防洪排涝工程建设。继续推进新沟河延伸拓浚工程、新桥圩区防洪排涝工程等工程建设，重点推进2015年汛后确定的全市15个镇（街道）65项应急防汛工程建设，确保主汛期到来之前，重点地段的防汛应急工程发挥作用。

【应急处置】 2016年，江阴市按照相关要求积极做好应急处置工作。加强应急值守，严格落实24小时应急值班、重大节假日或特殊时段领导带班制度，提高值守与应急能力。6月防汛期间，全市各级各部门高度重视，领导带班、专人值班，相关包镇（街道）、包村、包企业领导干部到岗到位，全面负责本辖区本单位安全度汛。坚持执行值班工作定期抽查和通报制度、责任追究制度等，确保24小时电话畅通，做到早发现、早报告、快应对，保证突发事件处理及时、信息报告及时，信息渠道畅通无阻。强化信息报送，进一步强调突发事件信息的报送范围、核报要求、报送方式、督查反馈等工作规定，强化信息报告责任，突发事件信息报告机制得到进一步规范和完善，信息报告质量和效率有了很大提高。对影响较大的突发事件，严格追究相关部门和单位在信息报告工作中的迟报、漏报、推卸责任等行为，并在年底综合考核中予以通报。加大督查力度，重点督查相关应急预案有没有完善到位、相关制度有没有执行到位以及日常举措有没有落实到位等，对发现的工作不负责任、预案不完善、防控措施不力和谎报、瞒报，造成疫情传播流行和严重后果的，及时下发督办通知单，并视情向市委、市政府通报，同时严肃追究相关人员的责任。上半年，针对部分学校出现季节性传染病疫情、秦望山隧道上方山体塌方、“5·9”长江水域两船碰撞等应急突发事件，市应急办与相关部门第一时间赶赴现场协调，确保了突发事件得到有效处置。针对5—6月强降雨天气，市防汛指挥部分五个督查组对全市15个镇（街道）逐一进行了督查，督促各地对防汛工作的各项准备工作再检查、再细化、再落实。下半年，针对新桥暴发伤寒疫情，成立市级专项督导组，对新桥及周边乡镇开展伤寒疫情防疫工作进行专项督导，伤寒疫情在较短时间内得到了有效的控制。 （程顺德）

■类目编辑 王萍芳

街道·镇概况

澄江街道

【概况】 澄江街道地处江阴市中心城区，是江阴市委、市政府所在地及全市政治、经济、文化中心，孕育“刘氏三杰”（刘半农、刘天华、刘北茂）、教育家吴研因、爱国高僧巨赞、中国中药化学研究先驱赵承嘏、“中国机器人之父”蒋新松等一批优秀儿女。区域面积82.71平方千米，下辖29个社区、11个行政村。2016年年末，有户籍人口270399人，其中男性133141人、女性137258人；有少数民族22个723人。有外来暂住人口159318人，其中男性90049人、女性69269人。

政治建设　始终坚持党要管党、从严治党，以“两学一做”*学习教育为强大动力，扎实推进基层党建各项工作，为推动街道经济社会稳健发展提供坚强保证。精神文明建设成果丰硕。紧扣全国文明城市创建，深入开展“澄江最美形象”各类先进评选，大力推广“善行义举榜”，广泛开展“道德讲堂”宣讲活动，积极宣扬“澄江好人”“道德模范”等先进典型，蔡启新、范菊华获第三届“十佳江阴好人”提名奖。全年建成社会主义核心价值观示范社区5个、主题长廊3个，申报志愿服务站12个、志愿服务岗21个、志愿服务先进典型12个，志愿江苏平台注册志愿者近3万人。思想政治建设扎实推进。大力深化学习型领导班子、“五好”（思想作风好、民主决策好、科学发展好、清正廉洁好、团结和谐好）班子建设，街道获评无锡市先进基层党组织。强化思想理论武装，以180个基层党组织为阵地，13000余名基层党员投身“两学一做”学习教育，班子领导沉入基层结对联系“一企一村一社区”，带头开展参加一次学习会、组织一次组织生活会、上好一堂党课等“六个一”活动，严格执行基层党组织定期召开支部党员大会、支部委员会、党小组会，按时上好党课“三会一课”制度，规范组织生活，形成常态化的党员日常教育机制。干部队伍建设不断优化。以基层“两委”换届为契机，进一步规范选拔任用干部程序，严格落实全程纪实制度，180个基层党组织完成换届选举，其中28个社区、11个村选举产生班子成员372人，其中书记39人，副书记66人，一批在文明创建、征收拆迁等一线历练的优秀年轻干部走上基层领导岗位。基层组织建设巩固提升。大力推进服务型党组织建设，“双强双带”（强班子、强素质，创建带领致富党组织、争当创业致富带头人）、“双强双好”（党建强、经济强，班子好、发展好）主题竞赛全面开展，在职党员进社区“三个一”工程深入推进，党建活力不断激发。组织开展“党建统一活动日”等形式多样的党建活动，整理出版《澄江街道“十佳”风采录》，有力激发党员正能量。全年新建企业党组织2个、社会组织党组织1个。党风廉政建设切实增强。修订完善“两个责任”*清单，健全责任传导机制，“两个责任”管理考核平台建设任务高标准落实。深化廉政教育标准化建设，严格执行《中国共产党廉洁自律准则》《中国共产党纪律处分条例》，作风建设常态化、长效化机制更加健全。贯彻落实党内监督条例，更新完善领导干部廉政档案25份，街道103名中层正职及社区、村干部填报“个人有关事项报告”。加大监督执纪问责力度，全年查处党员干部27人，营造风清气正的发展环境。与此同时，街道人大工委、政协工委围绕中心积极履职，换届工作圆满完成。

经济建设　以项目建设为龙头，以企业创新为动力，全力以赴主攻有效投入，坚定不移推进产业升级，街道经济发展继续保持平稳向上的良好态势。经济总量持续攀升。全年完成地区生产总值436.18亿元，比2015增长7.57%；公共财政预算收入32.5亿元，比2015年增长13%；全社会固定资产投资153.3亿元，比2015年增长9.81%；限额以上批发零售业零售额150.33亿元，比2015年增长5.6%；到位注册外资3000万美元，主要经济指标增幅高于全市平均增幅，经济发展总量和质量继续位居全市镇街前列。产业结构稳固优化。坚持把稳增长与优结构结合起来，制定出台街道《关于推动企业创新驱动发展的实施意见》，全力推动工业经济转型升级、服务业扩量提质、经济发展提升水平。全年完成服务业增加值296.24亿元，比2015年增长7.6%，占地区生产总值比重67.92%；完成高新技术产值198.59亿元，占规模以上企业总产值63.5%。企业上市突破进展，“雪豹日化”“神宇通信”分别在香港交易及结算所有限公司、深圳证券交易所上市，“华钢网络”“博阳机电”在“新三板”*挂牌，街道上市企业扩容至8个。项目建设有力推进。全面落实项目季度督查推进、领导挂钩联系、专人对接协调等有效举措，全力加快重点项目建设。街道在建拟建重点服务业项目12项，总投资156.65亿元，其中，澄星广场塔楼施工至35层，商场部分年内封顶，九方城加快地面施工，南门印象广场进行桩基工程施工，新长江希尔顿酒店进行幕墙施工，创客空间大厦、橙天嘉禾工程主体完工，新财盛百货商城、盈嘉国际商务中心投入运营，项目投入步伐不断加快，发展后劲持续增强。

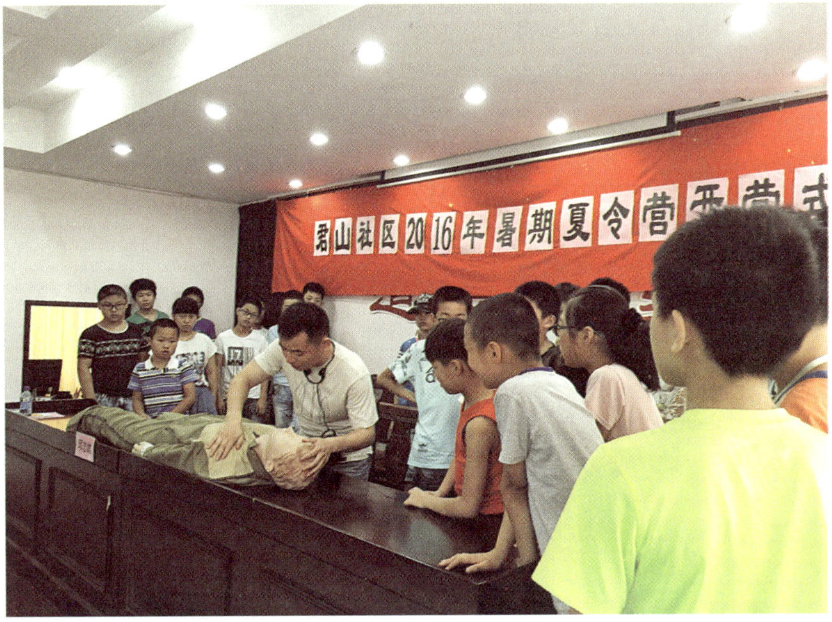

2016年7月，君山社区开展暑期夏令营活动。图为专业人员在为学生讲解急救知识 （君山社区提供）

社会建设　科技创新成效显著，全年申报国家专利914件，其中发明专利507件，获批省高新技术企业7个、民营科技企业5个、工程中心1个、高新产品25种、研发中心1个，省级名牌1种，参与起草并颁布行标3个。始终坚持以保障和改善民生为中心，以街道十件民生实事为抓手，大力推进各项事业均衡优质发展，努力让市民群众有更多获得感。保障水平稳步提高。全年城镇居民人均可支配收入40029元，比2015年增长8%。实施更加积极的就业创业政策，全年完成职业技能培训2245人，实现本地劳动力就业5822人，困难家庭大学生就业率100%。社会保障体系不断完善，基本养老、城乡低保、新农合、被征地农民等保障标准稳步提升，全年新增城保扩面5821人，发放镇办企业退休金1387万元、各类困难补助1951万元。社会事业均衡发展。教育投入持续加大，投入1500万元实施城中实验、英桥国际等23所小学、幼儿园校舍、操场维修改造工程，按期完成100套学校班班通、5000套课桌椅更新任务。基层卫生医疗服务水平稳步提升，世新社区等7个社区卫生服务站新建、改造工程全面竣工，街道环境卫生长效管理不断加强。体育健身蓬勃开展，完成澄南花苑等42个小区健身场地改造升级工程，第十届小学生阳光体育运动会成功举行。文化事业繁荣发展，39个全民阅读点及3个市图书馆分馆建成开放，小锡剧《扁头不在家》获省第12届“五星工程奖”金奖，5个节目走上央视舞台，儿童文学集《盛开太阳的葵花》正式出版，举办文化惠民演出12场，受益群众近万人。公共服务高位提升。街道便民服务中心贯彻多元化综合大服务理念，服务效率和服务质量同步提升，26个窗口全年办理各类事项近11万件，居全市首位，“12345”公共服务呼叫中心热线受理督办市民诉求4059件，群众满意率99.9%。养老服务持续优化，塔南、江锋、君山、城中、蒲桥5个社区日间照料中心建成投运，创新试点北大街、城中等社区老年人助餐点，2000户老年人家庭“幸福一点通”*终端设施更新到位。计生服务扎实推进，落实全面“单独二孩”政策，完成全国流动人口动态监测，开展育龄妇女免费健康体检，覆盖群众1.3万余人。社会治理巩固加强。集体资产管理规范运行，黄田港、秦泾、绿园等“空壳村”资产量化工作稳妥推进，26个行政村完成“三资”*管理情况专项审计。街道农村产权交易中心平稳运行，58项资产出租项目进入中心公开招标，成交金额987万元，年租金提高22%。法治澄江建设深入推进，“七五”普法全面启动，40个村（社区）法律顾问选聘全覆盖。加大社会组织孵化培育力度，全年新增注册社会组织31个。江阴寻亲志愿者协会、江阴新源社工服务社等一批社会组织走上社区公益舞台，公益坊“暖衣回馈中心”建成投运。积极构建综治、司法、民调、信访“四位一体”工作新格局，全年受理群众来访集访730批近1万人次，调解基层各类矛盾纠纷2073件，化解信访积案13件，历时多年的锡澄高速、澄张连接道路及新长铁路建设遗留问题妥善化解。扎实推进老小区防控体系建设，景园小区等8个小区技防改造全面完成。积极推进市民防灾救灾知识普及，君山社区获评全国防灾救灾示范社区。严格落实安全生产责任制，开展小微企业专家安全体检，消除安全隐患，社会大局保持和谐稳定。

2016年澄江街道主要经济社会指标一览

表56

指　　标	单　位	数　量	比2015年增减(%)	指　　标	单　位	数　量	比2015年增减(%)
地区生产总值	亿元	436.18	7.57	到位注册外资	万美元	3000	0
人均地区生产总值	万元	16.13	3.90	工业企业	个	369	-10.20
财政收入	亿元	56.25	—	服务业增加值	亿元	296.24	7.60
第二、第三产业增加值占地区生产总值比重	%	99.82	0(百分点)	限额以上批发零售业销售总额	亿元	429.01	6.24
农业总产值	亿元	1.96	1.40	限额以上批发零售业零售额	亿元	150.33	5.60
粮食总产量	万公斤	121	-14	小学校	所	15	0
工业总产值	亿元	339.39	1.30	小学校在校学生数	人	22894	0.70
其中:规模以上工业总产值	亿元	312.92	4.50	数字电视入户率	%	99	0(百分点)
工业利税总额	亿元	37.67	-12.06	农村居民人均可支配收入	元	40029	8
其中:规模以上工业利税总额	亿元	34.70	-8.90	社保参保率	%	89.80	-8.13(百分点)
工业用电量(规模以上)	亿千瓦时	6.03	37.50	劳动合同签订率	%	99	4.21(百分点)
全社会固定资产投资	亿元	153.30	9.81	月薪制实施率	%	93	0.54(百分点)
其中:工业投资	亿元	1.72	-7.29	新型农村合作医疗参保率	%	100	0(百分点)
服务业投资	亿元	151.58	10.04				

说明:澄江街道辖区内中学均为市属学校,故只统计小学学校数、小学在校学生数

2016年澄江街道开票销售收入前10名企业一览

表57

名次	企　业　名　称	销售收入(亿元)	法人代表	名次	企　业　名　称	销售收入(亿元)	法人代表
1	江阴澄星实业集团有限公司	246.15	李　兴	6	江苏海鹏投资集团有限公司	14.57	胡鹏飞
2	江阴市贯庄金属材料市场有限公司	184.31	王国安	7	江阴天力燃气有限公司	14.30	张伟志
3	江苏红柳床单有限公司	31.17	黄建钧	8	江苏大众医药集团	11.20	刘柏生
4	江苏富仁集团有限公司	19.02	袁仁伟	9	江阴新浩再循环纸业有限公司	9.54	张浩荣
5	江阴华地百货有限公司	14.89	方　芳	10	江阴宝柏包装有限公司	9.39	刘伟佳

2016年澄江街道各村(社区)基本情况一览

表58

村(社区)名称	户数(户)	人口(人)	村(社区)党支部(党总支、党委)书记	村(社区)主任	村开票销售收入(亿元)	人均可支配收入(元)
绮山村	1035	2812	王明章	黄全洪	2.37	39989
花北村	780	2338	张士强	徐国强	1.44	37363
皮弄村	1050	4075	徐　刚	钱海祥	3.42	39150
谢园村	430	2200	张　敏	徐苏英	2.11	39398
斜泾村	600	2898	夏惠文	夏惠文	4.09	44225
工农村	692	2365	王丹锋	邢　伟	0.16	42861
红光村	810	3280	沈建明	刘建刚	0.66	37676
通运村	746	2265	林　毅	黄华良	3.08	45150
璜塘上村	798	3102	杜玉娟	沈　洪	3.47	41481

续表58

村(社区)名称	户数(户)	人口(人)	村(社区)党支部(党总支、党委)书记	村(社区)主任	村开票销售收入(亿元)	人均可支配收入(元)
葫桥村	879	3079	李君成	蒋建秋	1.57	28956
黄田港村	601	2260	金满兴	—	—	—
蒲桥社区(含蒲桥村)	6398	18396	陆惠明	陈亚娟	2.20	—
立新社区(含立新村)	12408	22422	沈　刚	沈　刚	0.54	—
大桥社区(含要塞村)	5377	10275	丁士福	马荷华	4.81	—
澄南社区(含澄南村)	5525	12381	徐中兴	徐中兴	2.11	—
先锋社区(含先锋村)	9046	21969	顾建刚	顾建刚	2.20	—
革新社区(含革新村)	4516	12486	冯洪清	冯洪清	1.52	—
贯庄社区(含贯庄村)	11295	18777	徐建卫	徐建卫	5.26	—
文富社区(含文富村)	11974	24003	黄和洪	黄和洪	16.79	—
新华社区(含新华村)	6671	18204	巫　敏	巫　敏	2.91	—
浮桥社区(含浮桥村)	13781	28839	蒋星卫	蒋星卫	1.81	—
梅园社区(含梅园村)	2120	4668	彭正平	凌荣亚	—	—
黄山社区(含黄山村)	7258	15393	宋建丰	宋建丰	9.43	—
江锋社区(含江锋村)	6209	17883	许　钢	许　钢	—	—
普惠社区(含普惠村)	3594	8625	王俊华	吴国平	0.97	—
夏东社区(含夏东村)	4496	10548	夏建锋	夏建锋	0.81	—
世新社区(含谢北村)	3316	4520	顾庆丰	陆惠军	2.30	41500
城中社区	5545	16455	范春燕	黄晓峰	—	—
环城东路社区	4075	9906	吕桂芬	眭菊萍	—	—
文定社区	6525	18639	张　静	承　育	—	—
芙蓉社区	5370	14211	施菊英	杜海华	—	—
塔南社区	3806	11226	夏　菁	卞荷娟	—	—
西大街社区	1548	4527	李联峰	杜慧菁	—	—
君山社区	4269	12417	王利民	陈玉琴	—	—
北大街社区	4386	11130	吴　敏	季波娜	—	—
澄康路社区	6674	18852	周怡科	浦　嵘	—	—
澄江路社区	6452	17355	吴　海	徐丽君	—	—
花园社区	6546	19404	蒋建娣	吴胜男	—	—
天鹤社区	5185	14934	赵丽君	吴　钢	—	—
普惠苑社区	5140	13158	蔡国明	徐晓芸	—	—

说明:黄田港村及各社区无开票收入,故无数据,村居合一社区仅有村经济数据

【街道通过省文明办创建测评】 2016年,街道坚持把城市管理作为创建全国文明城市的着力点、市民生活品质提升的关键点,主动顺应群众的新愿望、新期盼,以强有力的工作举措,着力破解群众反映强烈的突出问题,努力打造和谐宜居的城市环境。细化分解《全国文明城市测评体系》《未成年人思想道德建设工作测评体系》,层层落实目标责任,组建街道创建巡访团每周巡访,全年排查创建宣传、环境保洁、便民服务、城市管理等各类问题500余项,第一时间梳理总结,坚决立即整改,综合整改率95%。围绕城郊接合部、老小区、背街小巷、拆迁工地等城区重点区域,大力开展环境综合整治,清除垃圾5000余吨,清理河道6200米,投入2900余万元实施楼道出新工程,粉刷楼道2507个、面积93万平方米。年内,街道通过省文明办组织的创建工作年度测评。

【澄江街道拆迁安置】 2016年,街道牵头起草《关于进一步加强城区

房屋征收拆迁和安置工作的实施意见》,优化完善征收拆迁体制机制,努力形成推进新一轮征收拆迁的强大攻势。全年完成拆迁面积51万平方米,其中民房1066户、企业23个,北门岛、通运包家村周边、毗陵路西段、中专校改扩建等5项项目全面完成,南门遗留项目清障工作取得突破性进展,打通虹桥南路、夏东路等城区重点道路,保障梅园、黄山小区等安置房地块顺利建设;全面完成南门旧城改造、澄南花苑等22项项目3125套安置房分房工作,安置面积30.1万平方米,2072户被拆迁过渡户搬入新居。

【老城区改造】 2016年,街道全面落实市城乡环境整治三年行动计划纲要,城中村改造加快推进,桥下村地块竣工投运,江阴市工具厂地块接受验收,刘家村地块主体封顶,杨岸村地块挂牌出让,通运梅园里等8个改善型城中村环境综合整治全面完成;投入6000万元,完成景园小区等14个老小区综合改造,改造面积85万平方米;新民巷等15个区块背街小巷改造全面竣工。

【群众文化】 2016年10月30日,长青艺术团的越剧《白蛇传》选段《游湖》、芙蓉花艺术团的舞蹈《春播》、冰心业余文化艺术团的男声独唱《小康不小康,关键看老乡》、夕阳之约艺术团的舞蹈《嬉狮》、街道文体站的小锡剧《扁头不在家》5个节目参加"我们的中国梦,文化进万家"——中央电视台《过把瘾》下基层走进江阴的节目录制,12月31日在央视戏曲频道播出,彰显澄江街道群众文化的实力。

【社区建设】 2016年,街道大力推进社区综合服务平台建设,大桥、立新等社区配套用房交接验收,世新社区筹建成立,"智慧社区"信息平台建设加快推进。紧扣"社区减负、政社互动"要求,建立群众评议参与机制,完善社区建设目标考评体系。搭建社区网格管理服务长效机制,社区工作者走访居民家庭4.8万户,解决各类群众诉求6500余件。

【物业管理】 2016年,街道健全完善物业管理推进机制,启动实施街道新一轮小区调查排摸工作,更新完善小区档案信息2300余条,物业管理月度考核、联席会议制度有效落实,加大业委会引导规范力度,完成蓝天豪庭等12个小区业委会成立、换届工作。推进物业分类管理,开放式小区保洁招标托管全面铺开。制定出台《关于老旧小区房屋维修与危房改造实施意见》,逐步化解无房屋维修基金老旧小区房屋维修难题。开展物业管理综合整治行动,拆除违建面积2.1万平方米。

(钱　莎)

城东街道

【概况】 城东街道是中国著名作家、出版家、教育家胡山源的故乡,位于江阴市主城区东部,东临张家港市,东南毗邻周庄镇、云亭街道,西连澄江街道,北枕长江。街道前身为新城东办事处(原山观镇和长山办事处撤并),于2009年12月18日成立。2012年3月,江阴高新区和城东街道实施一体化管理。区域面积53平方千米,下辖12个社区居委会。2016年年末,辖区总人口155778人,有户籍人口73119人,其中男性36404人、女性36715人;有少数民族17个355人。有外来暂住人口82404人,其中男性49254人、女性33150人。

政治建设　党工委紧紧围绕江阴高新区决策部署,牢牢把握"服务发展、服务民生"两大中心工作,勇于担当,不辱使命,顺利完成年初确定的各项任务,以崭新业绩服务保障高新区转型发展。扎实开展"两学一做"*学习教育,贯彻落实省、市党代会精神。认真落实党风廉政建设"两个责任"*,健全"两个责任"办公室工作机制。制定党工委领导班子主体责任清单29项、班子成员责任清单52项、纪工委监督责任清单29项。顺利完成团结、金童、许姚等6个村党组织优化整合,形成12个社区党总支组织架构。撤销2个企业党支部,新发展党员33人,按期转正预备党员25人,圆满完成街道、社区各级换届选举工作。采用全程纪实方式提拔机关中层干部1人,社区"两委"干部19人,调整干部21人,退职干部4人,新招录2名事业性质人员。9名大学生村干部全部进入社区"两委"班子。建立街道基层党组织"统一活动日"制度,开展活动80余次。做好3000余名党员组织关系集中排查,建立一人一档登记管理制度。强化服务型党组织建设,有序推进金山社区党建示范点建设,江阴中南重工集团有限公司党支部加入江阴市上市企业党建联盟。评比表彰江阴市"五先五好"*服务型党组织4个、优秀共产党员8人,高新区"五先五好"服务型党组织10个、优秀共产党员80人,街道优秀共产党员86人。举行纪念建党95周年系列活动。建成杨市社区党总支服务阵地,完善石牌社区"三代(主动下访征民意,担当社区居民诉求的代言人;主动上门办民事,担当社区居民事务的代办人;主动服务解民忧,担当社区居民利益的代理)二室(党组织书记工作室和党代表工作室)一中心(党群服务中心)"服务品牌,探索金山社区微党建模式。杨市社区党总支党建带群建深入推进,建成"江苏省妇女儿童之家"示范点。

社会建设　街道坚持以人为本、民生优先,统筹各项社会事业建设,扎实办好各项民生实事,全力推动群众生活持续改善,幸福指数不断提高。完成双牌河道、东苑和西苑新村广场绿化、7个社区天然气管道安装、6个社区便民服务中心改造、第二实验小学新建教学楼等多项工程。有序推进寿山截洪沟一期工程、江虹河清淤、山观二中、长山中心幼儿园改扩建等工程。修建锦隆、双牌、杨市等8个社区停车位2250个。完成石牌、寿山、山源3个社区卫生服务站提档升级。杨市社区建成市病媒生物防制示范点。城东社区卫生服务中心、山观医院原地改扩建工程启动前期手续。整合妇幼保健和计划生育技术服务资源,设立卫生和计划生育办公室。摸清社区老年人养老服务需求,向社会购买服务为450名老人提供居家养老援助服务,街道养老服务中心试行公建民营管理。全年提供就业岗位3230个,解决本地劳动力就业1521人。困难家庭大学生实行一对一服务,就业率100%。扶持自主创业138人,培养高技能人才120人,完成职业技能、网络创业培训1145人。完成城保扩面5390人,公积金扩面2161人。做好朝阳、山源、香山、寿山村等自然村的28个村民小组、2490人的即征即保工作,发放历次被征地农民保障8023人、6350万元。完成新农合参保29800余人。为65周岁以下新农合参保群众、高血压、糖尿病患者和65周岁以上老年人免费体检18500余人,并建好健康档案。建成滨江、双牌社区全民阅读公益服务点4个,举办送戏、送电影、送文艺演出等各类活动200余场。落实无锡市级非遗项目传承保护人,新增江阴市级非物质文化遗产2项。全民健身活动展开,成立江阴市棋类协会城东分会,乒乓球、健身气功、广场舞等群众性体育比赛均取得较好成绩。完成"慈善一日捐"35万元,慈善冠名基金205万元。发放慈善、低保、残疾人、困难家庭学生等各类补助1450余万元。进一步推进社区管理居民自治模式,由居民代表会议自主选聘物业公司。深入推进"一区一品",完善政府购买服务考核机制。创新社区数字信息化管理平台,网格化管理有序高效。标准化建设街道两级综治中心,形成经济建设、政治建设、文化建设、社会建设"四位一体"维稳新格局。努力构建和谐劳资关系,培育无锡市级诚信企业5个,完成企业劳动保障书面审查440个,企业工资集体协商合同签订205份,劳动合同规范签订率100%。办理上级交(转)办信访件36件,按时办结率100%。接收"12345"公共服务呼叫中心热线受理各类投诉1900余件,按时办结率100%,群众满意率98%以上。创新普法模式,联合江阴兴澄特种钢铁有限公司成立"法律公益之家",进社区、企业举办普法专题讲座27场。金童社区获评省民主法治示范社区、石牌社区获评无锡市法治文化建设示范点,杨市社区获评江阴市"六五"普法先进集体。完善防汛防台应急预案,完成江阴元林康复医院、金童生活广场等重点项目稳定风险评估3项。开展食品安全专项检查4次,排查小作坊103个、摊贩31个,备案登记农村家庭自办宴席105个,街道全年未发生食品药品安全问题。做好夏秋两季秸秆禁烧工作,秸秆焚烧实现零通报。加强农业面源污染治理力度,关停畜禽养殖场11个。强化安全隐患排查,全年未发生重大安全事故。

2016年城东街道各社区基本情况一览

表59

社区名称	户数(户)	人口(人)	社区党支部(党总支、党委)书记	社区主任
山观社区	1148	3833	黄　华	钱春华
金山社区	2994	9441	刘奇云	姚　刚
双牌社区	2074	6791	梅国荣	梅国荣
锦隆社区	1302	4060	郭建龙	郭建龙
杨市社区	1897	5730	何永良	何永良
滨江社区	1669	5240	何成伟	何成伟
长山社区	2045	6448	沈民富	沈民富
石牌社区	2589	8669	黄炜冬	黄炜冬
金童社区	1456	4246	王士忠	王士忠
寿山社区	2188	7966	秦国民	吴建国
山源社区	1649	6040	顾耀平	顾耀平
蟠龙社区	1227	4545	—	—

说明:社区无人均可支配收入和开票销售收入

【换届选举完成】 2016年,街道选举市第十三次党代会代表9人、市十七届人大代表22人,协商推荐市十五届政协委员10人。完成街道65个党(总)支部换届,选举产生党(总)支部书记64人、副书记33人、委员118人。完成11个社区居委会、纪律监督委员会换届,选举产生新一届居委委员105人、纪监委委员50人。完成街道和12个社区妇联换届,选举产生街道新一届妇联执委委员11人、市第十三次妇代会代表8人。

【环境综合整治】 2016年,街道结合全市全国文明城市创建活动,深入推进城乡环境综合整治三年行动计划,开展家前屋后、背街小巷、道路两侧、辖区河道环境治理。年内,清除存积垃圾160处、乱张贴和乱涂写150余处,清理卫生死角125处,清洁水体50处。取缔马路市场15个,拆除违章搭建35处。新增环卫密闭车14辆,改造公厕2座,餐厨垃圾无害化处理设施全面建成。锦隆、双牌社区道路道板和围墙改造等工程全面完成,修复破损路面8200平方米,新增路灯40只,完成双牌菜场改造升级工程。

【城东街道拆迁安置】 2016年,街道围绕国润金华新能源项目、延陵东路等市重点重大项目和紧危房户拆迁工作,拆除农户690户、企业11个,拆除面积16.2万平方米,完成市政府下达的目标任务。安置方式采用"部分货币、部分房屋"相结合的办法,集中分配安置房6批,安置分房687户、1184套,货币安置260户。新开工拆迁项目全部实现"拆安同步",做到"当季度启动、当季度拆除、当季度安置"。年内,街道获市委、市政府表彰的绩效考核拆迁安置优胜单位二等奖。

【街道文明创建推进】 2016年,街道大力推进文明城市创建,弘扬文明风尚,道德讲堂、家长学校和校外辅导站建设全面覆盖。注册志愿者4000余人次,发放各类文明宣传手册2万余份,秩序维护、文明劝导、环境整治等志愿者服务活动常态化进行。开展"弘扬好家风、传承好家训""星级文明户""洁净楼道"等创建评比活动,制作家风、家训系列宣传片8期,收集家训家规100条、家风故事25篇,评选"星级文明户"1300户、"洁净楼道"322个。建成滨江、双牌社区全民阅读公益服务点4个,举办送戏、送电影、送文艺演出等各类活动200余场。 (蒋 烨)

南闸街道

【概况】 南闸,因闸得名。宋代天禧年间建黄田闸和蔡泾闸,黄田闸位于江阴以北,又称北闸,蔡泾闸位于黄田闸之南,明代万历年间,改称南闸。南闸街道地处江阴市南郊,东接云亭街道,东南与徐霞客镇相连,南与月城镇隔河相望,西邻常州市焦溪镇,西北与临港街道接壤,东北紧挨中心城区澄江街道。辖区面积45平方千米,耕地面积1535公顷,集镇建成区面积4.5平方千米,下辖11个村(其中2个村居合一)。2016年年末,有户籍人口48303人,其中男性24516人、女性23787人;有少数民族16个185人。有外来暂住人口25181人,其中男性14487人、女性10694人。

政治建设 街道严格落实新形势下全面从严治党的新要求,强化责任导向,推进党建工作跃上新台阶。自觉推进学习型党组织建设,坚持党工委中心组学习不放松,领导干部上党课做示范、机关中层学习交流成常态。制订街道2016年度党工委中心组学习计划,把"四个全面"*总体部署、文明创建工作要求、《中国共产党纪律处分条例》、中共十八届六中全会精神、省市第十三次党代会精神等内容列为学习重点。扎实推进中心组理论学习,坚持两周一次的党工委中心组例行学习制度,全面学习习近平总书记系列重要讲话精神。健全机关学习制度,坚持举办逢双月一次的"领导干部党课大讲堂",每次安排2名街道班子领导上党课。深化蹲村干部到村指导、督促学习制度,以学习制度的刚性执行保障理论学习落到实处。从严落实党建责任,着力推动基层党组织建设规范化,完成全街道54个党组织的换届选举工作。泗河村党建示范点顺利建成,完善南闸医院和远能电力装备有限公司"雁阵计划"建设,南闸医院党支部作为优秀基层党组织,被确认为江阴唯一一个省委组织部双重管理的社会组织。规范干部选拔任用,认真落实干部选拔任用条例与选拔任用事前报告和全程纪实,干部监督管理实现全覆盖。选优配强村"两委"*班子,大学生村干部全部进入村"两委"班子,干部队伍梯队建设得到加强。持续抓好党风廉政建设,坚持全面从严治党,严格落实党风廉政建设"两个责任"。深化廉政教育,构筑拒腐防变思想防线。强化对工程建设、"三资"*管理等重点领域的制度制约和监管问责。对11个村(社区)实施财务联合会审,发现问题4类13个,督促立行立改问题8个,提出意见建议3条。用纪律尺衡量党员干部行为,全年通报批评1个单位,诫勉谈话7人。发挥群团组织的桥梁纽带作用,服务转型发展、人民群众、中心工作。全年组建独立工会3个,组建工会小组3个,新增会员171人,组织农民工入会71人;新建团支部5个,重点打造团建示范点2个,规范非公企业团组织建设5个,新增商会会员单位3个,新建企业科学技术协会2个。强化队伍建设。以村"两委"换届选举为契机,进一步配强培优基层团组织工作力量,增强群团工作活力。选树最美青年、最美志愿者、最美家庭、最美新型农民等各类先进典型182人(户),充分发挥典型的榜样示范作用,带动群团队伍素质整体提高。强化阵地建设。通过用活阵地资源、发挥联动效应、完善配套设施等方式,推进群团服务工作。年内,街道成立南苑书社,为书法爱好者提供学习和交流的平台。江阴市金品石材加工厂和泗河村工会完成"职工之家"组建。泾西公寓、紫金社区"青少年之家"投入运行,积极推进曙光村、观山村"青少年之家"打造,"童心共筑中国梦、相约七彩夏令营"项目获无锡市暑期项目第一名,街道"妇儿之家"入选全市"十佳妇儿之家"。

经济建设 全年实现地区生产总值64.51亿元,比2015年增长5.3%;完成财政收入5.82亿元,比2015年增长0.87%;完成工商业开票销售收入172.76亿元,比2015年增长1.93%,其中工业开票销售收入91.78亿元,商业开票销售收入80.98亿元;完成工业总产值107.51亿元,比2015年增长1.4%,其中规模以上工业产值93.8亿元,比2015年增长4.08%;新增到位注册外资1000万美元;实现固定资产投资9.82亿元,比2015年增长9.50%;完成农业投资3500万元。加快发展现代、高效、生态农业,街道高效农业面积累计1300公顷,其中蔬菜565公顷,林果苗木529.33公顷,水产175.07公顷;各类专业大户894户。构建"企业+农户"模式,发挥南农蔬菜配送中心龙头作用,促进龙运食用菌产业园健康发展;着力推进玫瑰园和桑果园建设,加快推进农业现代化。高新技术企业产值17.37亿元,高新企业产值占规模以上工业产值的18.5%,比2015年增长6.57%。服务业发展具有区域特色,电子商务发展势头较好。"淘江阴"社区生鲜直投站项目覆盖江阴城乡面积的80%以上,设立直投站点80余个,有近10万户用户在线注册,每天订单量约1200单,每天销售额5万元,打通社区消费"最后一公里",完成"鲜活农产品直供社区"的初步建设。金三角家居村申报电商平台项目,蔡泾村获批省农村电子商务示范村。

社会建设　科技创新发展成效优。全年完成专利申请585件,专利授权总量115件。新增省级高新技术企业3个,省民营科技企业15个,申报科技型中小企业13个,新增省高新技术产品7种。落实就业创业扶持政策,实现本地劳动力就业2108人,扶持自主创业102人,推荐就业68人。本地大学毕业生就业率95.8%以上,困难家庭大学毕业生就业率100%。突出应保尽保、扩面提标,完成新增企业职工基本养老保险1326人,城保净增人数315人,全年发放历次被征地农民对象1706人,新增居民养老保险对象3372人,居保续保率98.9%,新增农民基本养老保险发放对象267人。开展薄弱村脱贫转化,制定"一村一策"进行精准扶贫。通过盘活资产等方式,帮助街道4个经济薄弱村努力增收。加强社会救助,落实城乡一体化低保标准增长机制,发放低保金、救助补助金及优抚金1400万元。认真做好慈善救助工作,全年募集善款174万元,救助贫困家庭1000余户。完成7个村组835人的即征即保工作。完成村(居)民委员会换届选举,推进第三次全国农业普查工作。11个行政村土地承包经营权完成确权。实施5个村卫生服务站的提档升级,完成街道卫生服务中心健康小屋建设,为13000余名群众免费健康体检,新农合参保对象23282人。南闸医院被评定为二级甲等医院。南闸实验学校在南菁中学自主招生中实现零的突破;南闸中心小学被评为全国学校体育工作示范学校。"十分钟健身圈"进一步完善,新增群众健身点7个,丁果湖湿地公园5000米健身步道、首个老年标准化门球场顺利建成。"狮山湖杯"秦望山定向越野赛、"全澄欢乐跑"南闸站展示活动及江阴市第二届精英定向越野赛,极大提升秦望山体育运动休闲基地在全市范围内的影响力。文明创建纵深推进,围绕新版全国文明城市测评体系要求,制定并印发年度创建重点工作。完善文明村、文明单位、文明街道管理,组织不文明交通行为专项整治、公共场所礼仪教育,文明城市创建工作取得实效。评选"江阴好人""最美南闸人",街道3名市民被评为"江阴好人",其中田小猛成为见义勇为"好人"典型,并被评为"中国好人"。广泛发动社会力量参与文化活动,"宜居南花园杯"系列文体活动、"市民大舞台"才艺展示、"送戏下乡"、"宜居南花园・狮山湖杯"摄影比赛、"清乐杯"书画展等群众喜闻乐见的文体活动陆续开展,全年举办各类大型群众文艺活动70余场次。加强未成年人思想道德建设,通过"两江画院杯"少儿书画比赛、少儿故事演讲比赛、"七彩夏日"夏令营等活动,促使未成年人在实践体验中明道理、强本领、增素质。深入推进阳光信访,全年接待人民群众来信来访90批次25件,全部得到有效化解,连续多年无信访积案。强化源头防范,开展社会稳定风险评估11项。深化矛盾纠纷网格化排查化解机制,全年受理"12345"公共服务呼叫中心热线受理740条。大力开展"民主法治村"创建和"七五"普法活动,街道所有村(社区)均被评为无锡市民主法治村。切实完善技防设施建设,全年新装监控探头130只,街道主要道口技防设施率100%。加强安全生产监管,严格落实安全生产责任制,全街道安全形势总体稳定。

2016年南闸街道主要经济社会指标一览

表60

指　标	单　位	数　量	比2015年增减(%)	指　标	单　位	数　量	比2015年增减(%)
地区生产总值	亿元	64.51	5.30	到位注册外资	万美元	1000	4900
人均地区生产总值	万元	13.36	3.73	工业企业	个	705	11
财政收入	亿元	5.82	0.87	服务业增加值	亿元	38.07	5.60
第二、第三产业增加值占地区生产总值比重	%	96.90	0.12(百分点)	限额以上批发零售业销售总额	亿元	18.40	10
农业总产值	亿元	3.66	-1.61	限额以上批发零售业零售额	亿元	3.62	8.50
粮食总产量	万公斤	269.70	-53.80	中小学校	所	2	0
工业总产值	亿元	107.51	1.40	中小学校在校学生数	人	4527	1.62
其中:规模以上工业总产值	亿元	93.80	4.08	数字电视入户率	%	100	0(百分点)
工业利税总额	亿元	6.90	-7.88	农村居民人均可支配收入	元	35406	9
其中:规模以上工业利税总额	亿元	6.02	-7.40	社保参保率	%	96	0(百分点)
工业用电量	亿千瓦时	2.76	1.09	劳动合同签订率	%	95	-3(百分点)
全社会固定资产投资	亿元	9.82	9.50	月薪制实施率	%	95	0(百分点)
其中:工业投资	亿元	6.93	15.40	新型农村合作医疗参保率	%	100	0(百分点)
服务业投资	亿元	2.61	24				

2016年南闸街道开票销售收入前10名企业一览

表61

名次	企 业 名 称	销售收入(亿元)	法人代表	名次	企 业 名 称	销售收入(亿元)	法人代表
1	江苏双宇电工材料有限公司	20.35	符明君	6	江阴宇杰制衣有限公司	2.06	缪 鹏
2	江阴南工锻造有限公司	5.27	高 欣	7	江阴市永盛冷暖设备有限公司	1.86	张永全
3	江阴市三鑫精密钢管有限公司	3.70	王佩芬	8	江苏日新印染机械有限公司	1.81	姜东日
4	江阴德耐特重工科技有限公司	2.77	张晓钟	9	江阴市惠尔信机械有限公司	1.78	徐惠民
5	江阴联通实业有限公司	2.48	六定中	10	江阴市东泽铝业科技有限公司	1.76	孙宇东

2016年南闸街道各村(社区)基本情况一览

表62

村(社区)名称	户数(户)	人口(人)	村(社区)党支部(党总支、党委)书记	村(社区)主任	村(社区)开票销售收入(亿元)	人均可支配收入(元)
花果村	917	3451	邓耀官	顾志刚	0.19	25852
谢南村(紫金社区)	6500	20000	谢兴福	张 徽	4.90	28000
曙光村	1052	4018	金顺才	徐国刚	1.68	23000
涂镇村	968	3501	谢金华	袁达成	5.68	25000
南新村(南闸社区)	1320	4384	花雷成	何 刚	0.88	24000
南闸村	1070	3720	王 梁	陆惠忠	1.16	25495
蔡泾村	1962	6805	薛建忠	冯学森	4.50	25000
观山村	910	3180	吴克平	顾晓军	35.58	30000
泗河村	1228	4327	金锡强	曹国洪	0.52	26064
观西村	1505	5092	徐 峰	张军伟	1.70	28000
龙运村	1762	5949	蒋中平	吴建刚	2.52	20552

【村(社区)换届选举完成】 2016年10月31日,南闸街道通过一票制、二票制和选民代表的选举方式,全面完成第十一届村委会和第六届社区居委会换届选举工作。该次选举有11个村委会、2个居委会参加选举,海选比例100%,其中10个行政村采用一票制直接选举的方式,全街道选民登记45153人,选举产生新一届村(居)委会成员50人。通过换届选举,进一步优化村委会和社区居委会班子结构,为推进社会主义新农村和"强富美高"新南闸建设奠定坚实的组织基础。

【南闸街道拆迁安置】 2016年,街道成立拆迁工作领导小组,下设后勤保障组和工作指导组,推行整体拆迁,确保拆迁工作的"公正、公平、公开",严格做到"三个统一",即统一由15户被拆迁户主联名申请拆迁,一户不签字拆迁不启动;统一采用"约束式整体拆迁合同",一户不签约合同不生效;统一约定交钥匙时间,一户不交钥匙不实施拆房作业。全年完成137户民房、1个企业拆迁,拆迁面积3.4万平方米。完成建设14.9万平方米称心阁三期安置房并交付使用。全年安置511户,分配759套安置房,包括称心阁二期、三期安置房和紫竹苑剩余安置房的分房安置。

【蚕业研究所产学研基地成立】 2016年,东岳生态农业科技发展有限公司投入300万元,新增流转土地13.33公顷,进行基础设施建设,平整土地,移栽桑树,以果桑树为基本元素,全力建造20公顷的果桑生态园。公司主打桑葚观光采摘体验、桑葚酒和桑叶茶加工三大生态产品,优化特色农产品生产布局,融合农业与旅游休闲、教育文化、健康养生等理念,形成观光、体验、创意农业的新业态。7月29日,中国农业科学院蚕业研究所产学研基地在南闸街道东岳生态农业科技发展有限公司挂牌成立,坚持互惠互利、共同发展的基础,建立全面的产学研合作关系,实现优势互补、合作双赢、科技教育与经济协同发展的目标。

【市平安志愿者协会南闸分会成立】 2016年12月9日,江阴市平安志愿者协会南闸分会成立。分会的宗旨为宣传和发动会员及社会力量积极参与和开展社会治安综合治理工作;组织群防群治力量在相关机关的指导下开展平安志愿服务活动,切实维护社会治安的持续稳定。会长为陆慧,理事成员26人,分别为街道综治办、安监所、司法所、派出所、城管中队等相关部门、驻街道单位负责人或科员以及各村综治干部。分会成立后，开展平安志愿者服务，充分发挥平安志愿者规模庞大、覆盖广泛的优势，进一步织密治安巡防网络，推动治安防范工作实现数量和质量的新提升。

【南闸街道南苑书社成立】 2016年11月29日，南闸街道南苑书社揭牌成立，由江苏省书法家协会副主席李啸和江阴市文联主席王敏共同为书社揭牌。该书社由街道文联书画协会和街道社区教育中心共同管理使用。南苑书社由街道财政投入10万元建成，位于南闸社区教育中心，是南闸书画爱好者开展书画培训、交流、举办小型展览的场所。成立后举办10余期书画公益培训班。通过开展书画专题讲座、培训班和交流活动，进一步浓郁了南闸的文化氛围。

【市侨联南闸街道分会成立】 2016年4月29日，江阴市侨联南闸街道分会成立，并举行第一次会议，会议选举产生领导班子，选出市侨联南闸街道分会主席金莉、副主席六颖康和秘书长陈进维。年内，市侨联南闸分会定期开展走访慰问，邀请侨联、侨眷观看群众文化演出，春节、中秋节期间举办留学生、留学生家长座谈会，加强同侨眷的沟通联系。该分会充分发挥侨联组织的政治参与和民主监督作用，努力提高为侨服务水平；充分发挥侨联组织善于牵线搭桥的优势，促进华人、华侨和港澳台同胞与南闸街道开展互惠合作；充分发挥侨界人才荟萃、智力密集的优势，努力把侨务资源转化为保持南闸经济平稳、健康、持续发展的助推力。 （李星星）

云亭街道

【概况】 云亭街道位于江阴城区东南部，距城区中心6千米，是国家重点文物保护单位——佘城遗址所在地，绮山森林公园绝大部分在其境内，东邻周庄镇，南临徐霞客镇，西与澄江街道、南闸街道接壤为邻，北与城东街道毗连。长山大道、云顾公路贯穿南北，澄杨公路、江阴大道横亘东西。区域面积40.17平方千米，耕地面积1107公顷，下辖7个行政村和4个社区居委会。2016年年末，有户籍人口47489人，其中男性23551人、女性23938人；有少数民族13个191人。有外来暂住人口34330人，其中男性19355人、女性14975人。

政治建设 街道党工委深入学习贯彻党的十八大系列文献精神和江苏省委、无锡市委全会精神，围绕打造“山水绿城·活力云亭”总目标，以加快经济、社会、城镇“三个转型提升”为工作主线，统筹推进稳增长、促转型、抓改革、优生态、惠民生等各项工作。强化党员干部理论学习，打造学习型班子。党的群众路线教育实践活动和“三严三实”*专题教育成果明显，“两学一做”*学习教育全面展开。强化学习教育，党工委中心组开展学习活动12次，召开党工委（扩大）学习会2次，邀请专家为云亭发展论坛“两学一做”学习专题授课2次，组织两级干部集中学习、观看影片、听报告会、交流讨论5次，教育党员干部2万余人次。严格依照《2016年度云亭街道党工委中心组理论学习计划》的要求，坚持做到“四个一”（制订一个学习计划，记好一本学习笔记，撰写一个调研课题，每月组织一次交流），每位中心组成员都作一次中心发言，完成一篇调研文章的撰写。继续加强队伍建设，全年选拔4名干部到关键岗位，抓好党员干部“五从严五提升”*常态化教育管理，组织机关干部、村（社区）书记参加“四个提升”*培训、“江阴大学堂”培训等活动。先后组织80多个基层党组织2400多名党员参加学习会、座谈会、知识竞赛等多种形式的“两学一做”学习教育活动。推进基层组织建设，顺利完成6个村、4个社区的“两委”换届工作，调整村（社区）书记2人，进入村（社区）“两委”班子年轻优秀干部24人。深入推进党员建功活动和党员示范岗、党建示范点建设，分别评选出“十佳先进基层党组织”“十佳优秀共产党员”“十佳优秀党务工作者”。深化非公企业党建品牌建设，通过共建联建新增党组织4个，撤并党组织1个，2个党组织获江阴市“五先五好”*服务型党组织。完成49名公务员、30名事业单位人员年度考核，按程序规定完成13名公务员职务晋升，下派机关干部“墩苗”2人，基层上挂锻炼2人，提拔中层干部4人，基层干部40人，调整机关干部14人。不断壮大党员干部队伍，全年发展党员20人，转正预备党员20人，培训入党积子45人。邀请市领导到街道上党课，组织100余名干部参观青阳廉政教育基地。严格街道党建责任、党建经费、党费管理，用党内关爱、结对共建等方式，增强党员干部守纪意识和法治意识，营造廉洁从政氛围。严明党的纪律，依法依纪查处腐败案件，严肃查办党员干部中失职渎职，徇私枉法，贪污受贿，腐化堕落案件。全年查办党员干部违纪案件17件，基层职务侵占案件1件，受贿、贪污案件3件，合同诈骗和抽逃出资案件1件，玩忽职守案件1件，酒驾案件2件，安全责任事故案件2件，土地违法案件2件，涉赌案件3件，盗窃案件1件，受到党纪处分党员16人，其中开除党籍8人。完成信访案件2件。围绕云亭城管中队队长陈某受贿、挪用公款一案，街道纪工委对云亭城管中队开展“一案四访”*工作，用身边案例教育、警示党员干部。强化跟踪督查，提升街道工作执行力。围绕街道中心工作，对文明创建、十件惠民实事工程、65项重点工作、用地中存在的问题进行整改，发出督查通报6期。采取惩治从严，预防为主系列，加强党员干部日常的学习教育，安排各级组织开展党课辅导、专题报告、业务培训等各类学习15次，发放学习资料5000余套，累计培训党员及群众9000余人次，党员受训面90%以上，组织1500余名党员干部观看中篇评弹《李良宝的故事》《源头上防治腐败玩家的发生》。积极弘扬正能量，不断开展道德讲堂活动，组织60多名志愿者参与“小爱也温暖”“法律服务进企业”“学雷锋·献爱心”活动。在街道范围内聘请60名责任心强，公道正派，热心为群众办事的“政情、社情、民情”三情联络员，搭建党和群众联系的纽带和桥梁，营造民情上达，政令畅通的政治清明氛围。

经济建设　坚持产业强镇,促转型,控风险,保持平稳健康经济态势。全街道完成地区生产总值91.76亿元,比2015年增长7.2%;工商开票销售收入213亿元,比2015年增长5%;工业总产值225.01亿元,其中规模以上工业产值150.7亿元,比2015年增长4.2%;财政收入11.5亿元;固定资产投资45.34亿元,比2015年增长11.2%;完成进口总额45820万美元,到位注册外资642万美元。加快创新转型,全年完成高新产业产值65亿元,全社会研发投入4亿元。新增技改扩能项目12项,总投资2.25亿元。工业园区成功创建省级道路建设产业集群和无锡市机械制造特色产业集聚区。江苏和时利新材料股份有限公司等6个企业申报省高新技术企业,无锡华晟有荣服装有限公司等10个企业申报省民营科技企业。全街道全年申报省高新技术产品19种,完成专利指标820件,江苏宝利国际股份有限公司、江苏吉鑫风能科技股份有限公司成功申报省成果转化项目,分别获省扶持资金800万元、900万元;江苏和时利新材料股份有限公司获省工业支撑项目;江阴市长龄机械制造有限公司获评省企业知识产权管理优秀企业;江苏宝利国际股份有限公司申报无锡市院士工作站。工业项目投入提速,全年工业投入15.34亿元,比2015年增长13.5%。街道在建项目15项,总投资58.4亿元,其中投资20亿元的海基新能源锂电池项目竣工,投资1.7亿元的江苏吉鑫风能股份有限公司精加工项目竣工;投资1亿元的新昶虹全塑箱体项目和投资1.1亿元的成祥铝业扩能项目竣工。全街道拟建项目15项,总投资17.25亿元,其中投资1.8亿元的欧力德激光项目土地挂牌;投资2000万美元的台湾远东工业皮带项目通过环评。同时强化招商引资力度,开展招商活动11次,全年对接意向项目37项,签约项目10项,落地项目18项,总投资42亿元。资本经营不断扩容,无锡绿力环保科技股份有限公司、江苏江凌测控科技股份有限公司、江苏金牡丹装饰工程股份有限公司、江苏云峰科技股份有限公司4个企业成功挂牌"新三板"*,总数8个,占全市总数的五分之一。新昶虹电力科技股份有限公司成为江阴市唯一一个进入创新层"新三板"挂牌企业。江阴天力重科安装股份有限公司、江苏科强新材料股份有限公司、江阴新诚誉纱线有限公司、江阴市佐恩精品衣物洗涤护理有限公司4个企业完成"新三板"挂牌前期准备;街道主板、"新三板"上市后备企业动态保持在10个。公共财政预算投入占地区生产总值比重7.4%,服务业增加值占地区生产总值比重47.4%,投资贡献率0.32%,亿元地区生产总值建设用地占用下降率6%。产业支撑明显提高。街道开票超亿元企业有35个,比2015年增加2个,其中工业企业29个,商业企业6个。江苏大经集团有限公司开票超20亿元;江苏吉鑫风能科技股份有限公司、江苏宝利国际投资股份有限公司、无锡百川化工股份有限公司3个企业开票均超10亿元。重点规模企业贡献进一步加大,江苏吉鑫风能科技股份有限公司、江苏宝利国际投资股份有限公司、无锡百川化工股份有限公司等12个企业入库税金均超千万元,其中吉鑫科技入库税金超亿元。规模以上工业企业产销状况良好,效益指标保持一定增长。服务行业稳步发展,商业开票和限额以上零售总额按照时序进度完成目标任务,商业开票比2015年增长30%以上,服务业增加值比2015年增长8.9%。江苏大经集团有限公司销售超20亿元,江阴雷驰汽车销售服务有限公司销售超2亿元。依托街道工业基础强的优势,鼓励支持工业企业将设计、研发、物流、营销和售后服务等内部功能制离,新增分离企业3个,宝利国际分离出宝利油品和宝利航空项目,晟宏化纤分离出江阴宝信纺织原料公司。3项超亿元服务业项目相继投入开工,江阴第二水源地总投资9.9亿元。绮山金融中心初具规模,入驻金融类企业10个。通过云亭产业金融投资说明会成功签约15项意向信息项目,总投资40多亿元。通过江阴城市服务业发展恳谈会平台推介云亭6个地块。年内新引进外资项目4项,总投资4亿多元。投资2000万美元的彩事成地毯项目正常生产,投资2250万美元欧力德光电,投资1540万美元的远宏传动科技2项项目办结执照。继续加强农业产业提升,是年水稻种植面积302.08公顷,占可耕地面积39.4%,单产610公斤;三麦种植面积244.53公顷,占可耕地面积31.9%,单产310公斤。全街道机耕面积277.87公顷,占耕作总面积92%。新增水稻高速插秧机1台,联合收割机2台,中型拖拉机2台,喷杆式喷雾机1台,粮食烘干机4台。改造电灌站4座,有农业专业合作社28个。年内产生猪9153头,存栏9343头,清退小型畜禽养殖场35户、减少生猪存栏16000头。家禽上市6.05万羽,鱼塘面积59.99公顷,年产鱼360吨。种植果树38.27公顷,蔬菜3.8公顷,花卉5公顷,大棚面积29.27公顷。街道有文化产业企业5个。

社会建设　全年12个企业申报江苏省高新技术企业。完成专利指标807件,完成全年指标的161%,名列全市第三。新建研发机构9个,完成全年指标的150%。全社会研发投入4亿元,84个企业研发机构备案办结率100%,名列全市第一。中小学校认真组织"八礼四仪"*教育活动,云亭中学5名教师进小学换岗,2名教师进市一中交流,是年中考被南菁高中、江阴高中录取学生34人,1名学生竞争进南菁高中,2名学生通过自主招生进江阴高中,学校"青爱小屋"被授予"全国青爱工程十佳标杆小屋"称号。云亭实验小学获市"百灵鸟"文艺会演一等奖。4月中旬,全国400余名幼教专家、幼儿园园长到云亭中心幼儿园观摩"积极开展户外游戏、全面落实课程游戏化"主题户外活动课。成人教育中心全年开展职业技能培训777人,特种作业培训408人次。文化中心组织开展"我们节日欢乐汇""七彩假日,金色童年""向国旗敬礼·为祖国庆生"等系列活动,举行绿城广场锡剧周周唱,全年送戏下乡75场次,送电影90多场次,百姓书场演出60多场次,全年举行单项性文体活动20余场次。

开展惠民送春联、书画迎新春活动，举行“翰墨飘香·文明花山”书法笔会，敔山村、花山村、佘城村、云亭社区常年开设书画校外辅导站。金彪诗歌《今年春天·我在天涯为你写诗》获第三届中外诗歌散文邀请赛一等奖，故事《难送的红包》、广场文艺《盛世花开》、歌曲《秋问》获江阴市“芙蓉花奖”三等奖。推进爱国卫生运动，新建2座农村冲水式公厕，开展3场健康讲座，特邀市健康促进中心老师到街道举行肠道病传染防治知识讲座。在绿城广场举行“预防慢性病、幸福云亭人”主题健康活动，发放宣传资料2000余份，免费为群众送医送药332人次。无偿献血95000立方厘米，超额完成年度指标。云亭社区卫生服务中心免费为群众测血压、测血糖。有序推进新农合，全年参保人数16428人。发放“单独二孩”生育服务登记证1973张，再生育申请表13张，独生子女证120张，计生符合率99%。免费孕前健康检查225对，孕前风险评估570人，出生新生儿283人。开展全民健身运动，街道举办第三届全民运动会，全年新增体育场地3片。民政部门强化养老服务体系，3个社区居家养老中心设施达标，10人通过社会工作者考试。积极开展双拥工作，两节前夕街道领导分别慰问驻军。集镇建设有序推进，城镇功能逐步完善。新建云亭实验小学东校区及配套幼儿园工程，年底前全部封顶并完成墙砌，保温工程开始施工。拆迁倚山应急水源地花山段民宅46户，拆迁面积10467.72平方米。为工业集中区沿山村被拆迁户，老干部旧宿舍楼被拆迁户，26户江阴大道被拆迁户进行分房安置，下发4452本房产证。交通网络进一步畅通，完成云新路东延段、绮红路道路改造，时山路基础工程完工，启动小吴巷路东延段建设，云台路北段升级为市级道路工程，定山桥主体工程完工。大力推进污水处理力度，张家村、后姚家村、东南村、小钱家村开工建设污水处理工程。启动沈家湾浜防洪排涝系统改造工程，于农贸市场西门口安装隔离柱，修复外墙仿真石，在绿城广场设置两处非机动车辆停车指示牌，更换破旧果壳箱，新增210只垃圾桶。拆除各类灯具360套，完成黄思巷路路灯灯头改换。严格控制“三高两低”*工业项目及未批先建项目14项，清理违规违法项目176项，关停33项，完善手续备案133项。“三同时”项目*执行率100%，淘汰燃煤锅炉12台，5个企业完成ISO 14000环境管理体系认证，3个企业进行环境应急预案编制。人社部门组织24个企业参加江阴市夏季高校毕业生大型招聘会，组织园区15个企业赴南京工程学院参加2016年应届毕业生大型招聘会，提供各类就业岗位2300余个。累计办理退工2293人次，办理社保补贴2983人，为7858名被征地农民发放保障款1330.68万元，为街道居民新领补领省卡和市民卡6598张，为19000余名居民集中办理换卡。处理各类信访事件58件，处理劳资纠纷156件，涉及人员664人，涉及金额706.82万元。协商解决工伤事故10件，涉及金额209.28万元。街道总工会春节期间走访慰问困难企业20个，慰问困难职工130余人，发放慰问金10万余元。建立困难职工家庭档案152户，为35名大学、中学学生发放助学金5.6万元。

2016年云亭街道主要经济社会指标一览

表63

指　标	单位	数量	比2015年增减(%)	指　标	单位	数量	比2015年增减(%)
地区生产总值	亿元	91.76	7.20	到位注册外资	万美元	642	7925
人均地区生产总值	万元	20.08	6.50	工业企业	个	985	2
财政收入	亿元	11.50	—	服务业增加值	亿元	43.70	8.90
第二、第三产业增加值占地区生产总值比重	%	98.89	-0.21(百分点)	限额以上批发零售业销售总额	亿元	37.34	26.90
农业总产值	亿元	1.95	-1.50	限额以上批发零售业零售额	亿元	4.64	8.70
粮食总产量	万公斤	400.30	14.50	中小学校	所	4	0
工业总产值	亿元	225.01	1.36	中小学校在校学生数	人	4460	1.40
其中:规模以上工业总产值	亿元	150.70	4.20	数字电视入户率	%	98	0(百分点)
工业利税总额	亿元	22.65	16	农村居民人均可支配收入	元	36742	10.60
其中:规模以上工业利税总额	亿元	22.18	18.50	社保参保率	%	100	0(百分点)
工业用电量	亿千瓦时	8.33	1.60	劳动合同签订率	%	100	0(百分点)
全社会固定资产投资	亿元	45.34	11.20	月薪制实施率	%	100	0(百分点)
其中:工业投资	亿元	15.34	13.50	新型农村合作医疗参保率	%	100	0(百分点)
服务业投资	亿元	30.00	10.10				

2016 年云亭街道开票销售收入前 10 名企业一览

表 64

名次	企业名称	销售收入(亿元)	法人代表	名次	企业名称	销售收入(亿元)	法人代表
1	江苏吉鑫风能科技股份有限公司	17.51	包士金	6	江阴康瑞不锈钢制品有限公司	4.45	朱　卫
2	无锡百川化工股份有限公司	10.69	郑铁江	7	江阴市科茂金属制品有限公司	4.16	陈传度
3	江苏宝利国际投资股份有限公司	10.21	周德洪	8	江阴绮星水泥有限公司	4.11	刘德旗
4	江苏和时利新材料股份有限公司	6.57	瞿建华	9	江阴祥瑞不锈钢精线有限公司	4.01	胡建祥
5	江阴市万祥铝业有限公司	4.69	高张度	10	江阴市诺金纺织有限公司	2.42	杨　勇

2016 年云亭街道各村(社区)基本情况一览

表 65

村(社区)名称	户数(户)	人口(人)	村(社区)党支部(党总支、党委)书记	村(社区)主任	村(社区)开票销售收入(亿元)	人均可支配收入(元)
定山村	2061	7215	殷开誉	朱华忠	11.09	38029
云新村	1436	5025	曹经纬	陈　强	7.23	37260
毗山村	2204	8532	沈建钧	黄永岳(副书记)	14.34	36653
云亭村	1393	5377	李金虎	江和平	15.59	38560
佘城村	1426	5226	钱　江	谭金忠	4.94	34397
花山村	1390	5077	朱雪春	吴建锋	6.92	37671
敔山村	1406	4920	李　春	金冬芬(副书记)	—	36815
云亭社区	1324	4320	刘敏虎	徐　娟(副书记)	—	—
云东社区	1136	3976	曹经纬	陈　强	—	—
金云社区	3572	12502	卜晓东	朱芳菲(副书记)	—	—
迎瑞社区	1602	5610	李　春	李　芬(副书记)	—	—

【云亭中学法制教育受到省调研】 云亭中学自“六五”普法以来,坚持依法治校理念,开展学校普法工作,让学生学法知法守法,从初一学生进校开始就设立法治教育校本课程,每年 3 月设立“法治教育节”,运用法治讲座、主题班会、法治辩论、法治征文、法治板报、法治故事等形式进行生动活泼的法治教育,并将法治教育融合“青春家园”,设立心理咨询室、法治教育室、情绪宣泄室,多方位、全角度让学生体验遵纪守法的七彩阳光。学校网站设立心海导航、心理案例、心理测试、心理互助等 10 个栏目,“以法呵护、以心润泽”促进学生的心理健康。学校先后被评为全国青少年普法教育先进单位、省绿色学校、省平安学校、省健康促进金牌学校、无锡市依法治校示范校等。2016 年 5 月 31 日,江苏省法工委调研组一行到云亭中学调研法制教育。

【省关工委派员到云亭企业关工委视察】 2012 年,云亭街道先后成立江阴吉鑫风能科技股份有限公司关工委、江苏宝利国际投资股份有限公司关工委、江阴柳工道路机械有限公司关工委等 12 个民营企业关工委,被江阴市评为“五有五好”民营企业关工委。2015 年 7 月 3 日,街道关工委扩大企业关工委规模,在工业集中区 C 区成立由 18 个成员单位组成的全市首批企业联合关工委。设立园区企业关工委办公室,指派 1 名退休教师负责。聘请 10 名老党员、老专家、老教师、老战士、老模范“五老”志愿者担任网吧义务监督员及组成园区矫正工作小组,保证了企业员工子女“零犯罪”记录。是年 6 月,街道关工委被江苏省关工委、江苏省精神文明建设委员会办公室评为全省“关心下一代工作先进集体”,被无锡市精神文明建设指导委员会办公室、无锡市文化广电新闻发展局、无锡市关工委评为无锡“五老”网吧义务监督工作先进集体。11 月 5 日,街道关工委在工业集中区 A 区成立第二个由 12 个成员单位组成的联合关工委,逐步实现园区企业关工委的全覆盖,此创新举措得到省关工委的肯定。2016 年 4 月 27 日,江苏省关工委视察组一行到云亭视察企业关工委。

【“协力新能源”上市“新三板”】 无锡市协力新能源股份有限公司是专业生产光伏太阳能组件铝边框的企业。2010 年,公司引进源自德国及日本的技术及生产设备并落户云亭。公司秉承“同心协力、共创辉煌”的理念，逐步走上规模化、专业化的道路。在巩固国内市场的前提下，致力开发海外市场，并取得显著成效。公司产品取得ETL、JET、TUV等国际认证。产品99%出口美国、欧洲、东南亚、日本等国家和中国台湾地区等。公司与新加坡、马来西亚等国达成意向性协议，越南、泰国也被同步纳入开发名单。2016年4月15日，该公司在全国中小企业股份转让系统挂牌，成功成为“新三板”上市企业。

【第三届全民运动会举行】 2016年6月19日，街道举行第三届全民运动会。该届运动会设棋类、球类、田径、拔河、跳绳、游泳、骑车及亲子类、趣味类等21项比赛项目，有28支团队，1408人参加比赛，涉及机关、村委、社区、企事业等单位，实现街道所有单位的全覆盖。开幕式上分别举行“青春云亭、秀美云亭、魅力云亭、活力云亭、幸福云亭”五个板块的富有云亭地方特色的文艺演出。江阴市体育局、文广新局、总工会、妇联领导和街道三套班子成员出席开幕式，街道党工委书记陈卫东致开幕词。整个运动会历时5个多月，11月5日结束。 （邬士金）

临港街道

【概况】 临港街道位于江阴市城区西部，东临主城区，西与璜土镇相连，南与南闸街道和常州市相邻，北枕长江。街道区域总面积143.41平方千米，其中长江水域面积18.84平方千米，下辖35个行政村（社区）和管理1个城市社区。2016年年末，辖区总人口195708人，有户籍人口125691人，其中男性65254人、女性60437人；有少数民族26个529人。有外来暂住人口70017人，其中男性42196人、女性27821人。

政治建设 街道牢固树立服务发展、服务民生、服务群众的理念，以打造人居环境、现代农村、百姓幸福、社会和谐、基层党建“五大示范区”为建设目标，紧密围绕征地拆迁保项目、文明创建强基础、环境整治惠民生三大工作主线，不忘初心，勇于担当，主动作为，各项工作取得长足发展。从严治党纯净新生态，加强干部队伍建设。精心组织推进“两学一做”*学习教育，落实基层党组织“统一活动日”制度和“三会一课”制度，开展各类活动259次，解决实际问题69个，7个党组织被无锡市和江阴市评为先进典型。积极开展向李良宝学习活动，在党员群体中营造“比学赶超”的浓厚氛围。认真落实信念坚定、为民服务、勤政务实、敢于担当、清正廉洁“20字”好干部标准，全面落实干部选拔任用工作全程纪实，选拔任用中层干部6人。严格程序落实党员管理，健全机关干部和村（社区）干部绩效考核办法，开展干部轮训等各类学习培训活动，推出党员教育微课堂，广大党员干部坚定科学发展的意识、信心明显增强，驾驭复杂局面、解决复杂问题的能力明显提高。加强民主政治建设，坚持党的领导、人民当家做主、依法治街有机统一，人大、政协参政议政实现制度化、规范化、程序化，形成生动活泼、安定团结的政治局面。坚持把加强党的领导、发扬基层民主、严格依法办事、遵循法定程序、强化工作统筹贯穿始终，顺利完成村（社区）“两委”和市党代表、人大代表、政协委员换届，实现风清气正、选优配强的目标，调整村（社区）书记7人，主任16人，选举市党代表17人、人大代表42人，推荐市政协委员25人，一批政治思想素质好、事业心责任感强、带富能力强、敢想敢干的优秀人才被选进村（社区）“两委”班子和代表委员队伍，为街道城乡改革发展打下坚实的基础。加强党风廉政建设，严格落实党风廉政建设“两个责任”*，细化党风廉政建设“五张清单”*，健全“两个责任”办公室工作机制，形成书记负总责，抓班子成员，班子成员抓分管线、片、村等一级抓一级的党风廉政责任网络。强化预防警示，落实经常性思想教育工作，采用约谈、拉家常等形式常提醒、常吹风、常点评，年度述职述廉28人，营造良好的政治生态。加强农村纪检舆情信息监督，不断强化群众身边“四风”*问题查处，查办各类违纪案件26件，信访案件55件，处分违纪党员26人，其中6人被开除党籍，营造风清气正的发展环境。

社会建设 服务发展开创新局面，全力推进征地拆迁，为城市发展和经济建设抢时间、腾空间。全年完成综合保税区、景贤村新锡澄运河服务区项目、申西村中节能地块、江市社区常隆客车项目拆迁和朝阳河（路）清障，签约拆迁农户314户、企业18个，拆除农户202户、企业18个。安置被拆迁户918户1439套，货币安置被拆迁户592户，房票安置160户，确保综合保税区、新锡澄运河服务区等重点工程、重大项目建设按节点稳步推进。全力保障项目落地。强化职能部门、村（社区）之间的协调配合，有理有节妥善处理群众利益诉求，全年办理国有土地征用17宗45.33公顷，依法依规完成2个村（社区）4个组民政撤组工作和23个村（社区）66个组次的被征地即征即保工作，纳入保障1137人，发放保费2300余万元。强化问题调处村（社区）属地负责机制，扎实做好项目落地、工程建设中涉地、涉农、涉民等矛盾的调处化解工作，有效优化辖区建设和发展环境。文明创建实现新突破，城市形象日新月异。辖区道路“分级管理”持续加强，全年取缔、规范经营店铺摊点32个，拆除破旧广告350余处，拆除违建50件计7782平方米，专项整治僵尸车6次，清理道路沿线乱堆放800余平方米、暴露垃圾200多吨，城市痼疾“脏乱差”等不文明现象得到有效遏制。全面完成10个自然村庄环境提升工程，申南村牌楼下自然村创建省级“美丽乡村”，并通过省级验收。启动畜禽养殖污染治理两年行动，整治277户畜禽养殖污染户，重点推进申兴村生猪养殖小区和东支社区养殖污染综合整治和关停工作，清理整治河道71条，辖区养殖污染情况得到有效遏制，河道断面水质明显改善。建成全市首个餐厨果蔬垃圾处理系统，实现生活类有机垃圾就地集中处理与资源化利用。市场化运作道路绿化管养，新增绿化面积28.67公顷，江市社区成功创建省级绿化示范村。活动载体丰富多元。机关、村（社区）、学校、企业等道德讲堂成立，开展社会公德、家庭美德、职业道德和个人品德教育,以“身边人讲身边事、身边人讲自己事、身边事教身边人”的形式传播凡人善举,建好临港精神高地,凝聚起辖区建设发展的正能量。“爱在临港”等志愿者队伍日益蓬勃壮大,“文明临港、从我做起”系列志愿活动如火如荼,近6000人参与到辖区文明交通劝阻、发放公益广告、整治城乡环境、助力公益课堂等志愿服务活动中,开展公益活动1050余场次,汇聚成传递爱心、传播文明的强大社会暖流。组织开展“同悦书香全民阅读”活动、寻找“最美庭院”活动和星级文明户评比、家风家训故事征集等活动,举办“星光璀璨耀临港”才艺大赛等文体活动260多场次,以群众喜闻乐见的形式提升公民文明素养和文明创建知晓度,推动群众性创建不断向纵深迈进。民生事业取得新成就,就业创业持续推进。着眼“大众创业、万众创新”,成功举办街道首届“创在临港”青年创业大赛和产生你的企业想法、创办你的企业创业培训班,组织50名大学生参加市大学生创业公益夏令营,发放各类创业补贴41万元,小额担保贷款525万元,营造良好的创业氛围和创业热情。举办春夏两季大型招聘会,提供近5000个就业岗位,全年帮助本地劳动力实现就业5355人;全面实施高校毕业生实名制管理工作和动态跟踪服务,应届毕业生就业率96.4%,困难大学生就业率100%。强化校企合作的职业技能培训工作,鼓励街道公共实训基地积极参与企业内职工培训,全年开设培训班73个,培训4090人;开展“培训送企业”活动10场,培训企业职工1750人次,实现劳资双赢。规范企业用工,保障劳动者权益,审查企业用工情况1352个,审查企业工资集体协商制度788个,开展职工工资支付专项检查3次、企业500余个;调解劳动争议、工伤等案件340件,涉及金额1420万元,帮助农民工追讨工资700余万元,成功处置群体性劳资纠纷6件,全年案件调解率90%以上。民生保障及时跟进。完成辖区全民参保登记调查21333人,新增企业参保4723人、灵活就业参保人员1937人,办理失业金申领登记1077人次,申请慢性病门诊补贴661人,上缴和发放历保资金5亿多元。纳入居民最低生活保障880户,全年发放补助金额797万元,切实解决好特困群众的实际困难。夏季洪涝灾害期间,第一时间发放受灾补助资金35万元、保险理赔15万元,有力地保障灾后社会稳定和困难居民的基本生活。做好贫困户救济补助工作,发放各类救助48.3万元,慰问五保户、特困户、孤老、低保等对象4637人次426万元。社会事业不断完善。完成新港小区、明珠花园、兴港小区1—13号等安置小区和利南街背街小巷改造,新开港隆苑、东港小区、兴港小区14—37号等安置小区和夏港农贸市场改造项目,实现功能性提升,群众获得感进一步增强。完成缪荃孙图书馆改造,修缮辖区11所学校校舍,夏港实验小学综合楼改造主体竣工,西石桥卫生服务中心开工建设顺利实施,社区卫生服务站有序提档升级,金江花苑小区建成中医服务示范站。全面完成西石桥中心小学和临港实验学校素质教育综合督导评估,交流教师78人,有力地促进师资力量的均衡发展和结构优化。推进文化站公共服务标准化创建工作,建成3个村(社区)文化活动室创建示范点,成功创建3个书香社区和1个书香公园。体育事业蓬勃发展,华兰男子职业篮球俱乐部获取NBL联赛资格,凯胜体育走进辖区校园开展培训、竞技活动,为校园足球注入活力。社会治理打造新天地,信访维稳工作成效明显。建立矛盾纠纷缓冲机制,“一村(社区)一法律顾问”工作全面推进。完成重大政治活动期间的信访维稳任务,开展省委巡视组在江阴巡视期间交办事项办理情况“回头看”、信访积案化解专项等活动。全年受理群众来信来访86批次、305人次,完成重点矛盾纠纷排查42件次、上级交办转办信访事项53项,办结化解重点信访事项6项,一批长期群访、缠访、闹访、非访、越级访事件得到有效化解和控制。全年组织矛盾纠纷排查820余次,累计化解重大亡人纠纷22件、群体性纠纷42件、矛盾纠纷2784件,及时处置跳楼信访事件2件,社会局面呈现稳中向好态势。“平安临港”建设全面升级。规范和完善网格化服务管理运作机制,网格化服务管理的信息化、实战化水平稳步提升、成效凸显。充实和健全治安志愿者队伍和专职巡防队伍,街道、村(社区)两级综治中心规范化建设和治安重点地区专项整治扎实推进,新增技防探头111只,老旧小区技防监控实现全覆盖,重特大刑事案件数量明显呈下降趋势,抢劫、抢夺、盗窃“两抢一盗”侵财性案件得到有效遏制,利港集贸市场等重点地区治安、经营秩序明显好转。融合公安技防、水文气象等功能的街道防汛防台指挥系统全面建成,防灾救灾能力进一步提升。健全安全生产工作机制,全面开展各类安全大检查15次,改造危桥7座,加固堤岸、维修闸门17处(个),街道安全生产工作形势基本趋稳。“三农”工作迸发新活力,特色农业良性发展。完成农业投资1亿元,新增高效设施农业20.53公顷,高效设施渔业40公顷。申港三鲜养殖基地试验成功稻蟹共生循环、池塘集约化循环流水等养殖新技术,大力培育“长江二号”蟹苗新品种,综合实力和影响力不断提高。振江生物科技扩展铁皮石斛种植面积,“芳湖仙品”品牌进一步做大做强。新华发蔬菜基地圆满解决蔬菜后期深加工和销售问题,进一步做大做强产业链。全力推广红心猕猴桃、无花果种植等高效农业新技术,经济效益不断增强。完成新型职业农民培训83人、农业技术培训300人,完成现代渔业园区朝阳河整治和朝阳河路改建工程,园区基础设施水平稳步提升。农村工作扎实推进。完成10个村的土地确权登记颁证工作,推进新一轮4个村的土地确权工作。成功申报无锡市家庭农场4个、无锡市示范家庭农场1个,申报省级“一事一议”项目12项,共198万元。扎实推进6个村的脱贫转化工作,复耕挂钩项目土地10.41公顷,占补平衡项目土地2.25公顷,整改土地违法用地19宗、办结17宗。开展农村集体“资金、资产、资源”管理专项检查整治,规范化做好村(社区)财务代理工作三务(党务、政务、村务)公开工作。

加强村级集体资金、资产、资源管理，稳妥推进农村产权交易，完成村（社区）集体资产清查，确保村级集体资产、资源、农民土地承包经营权流转等项目应进必进，实现农村资源效益最大化。

2016年临港街道各村（社区）基本情况一览

表66

村（社区）名称	户数（户）	人口（人）	村（社区）党支部（党总支、党委）书记	村（社区）主任	人均可支配收入（元）
长江村	793	3412	李洪耀	范兴龙	53800
三元村	560	2194	徐君才	袁耿骅	33041
李沟头村	181	666	张　平	石建林	32784
新沟村	128	512	蔡国明	曹洪良	31818
三联村	1220	4769	恽裕兴	刘宇平	34103
景贤村	556	2107	蒋惠军	柳泽华	29041
夏南村	288	1024	黄惠忠	冯明飞	28815
于门村	1152	4318	李秋珍	曹甫生	33749
申南村	1888	7272	何惠忠	余　军	35599
夏港社区	1242	3472	夏宏武	夏　勇	32090
东刘村	693	2606	虞国裕	沈东华	34280
滨江村	1629	6212	宋桃英	宋桃英	34457
创新村	1188	4538	徐夏芳	郑　坚	35388
申西村	1208	4586	高　明	符林章	32693
申浦村	832	3061	时建明	时建明	35139
申港村	951	3428	胡建军	殷振迅	36397
横塘村	1194	4544	黄明华	殷　梁	30833
申兴村	1722	6540	殷宜俊	薛栋亭	28709
维常村	815	2827	钟　渊	徐立军	26419
东支社区	710	2517	常国和	薛　强	30041
苏港路社区	336	859	曹　军	曹　军	—
黄丹村	1197	4527	任金华	王永忠	30046
巨轮村	1114	4190	曹剑芬	曹建锋	29000
西奚墅村	832	3107	陈华中	缪仲昌	28015
西安社区	580	2300	魏国瑜	施正海	35072
兴利社区	732	2843	赵勇洪	董德章	26886
利港社区	1750	6041	姚建军	姚建军	32175
兴港社区	936	2876	奚华良	周玉虎	32985
陈墅社区	851	3298	江建洪	张　波	25650
仁和社区	746	2799	黄　平	黄　平	34152
龙港社区	621	2084	黄　平	王添金	33321
苍山村	1072	3491	戚国兴	康晓春	28856
江市社区	1176	4175	汤春明	汤春明	32265
北郭庄村	1478	4776	孙佩俊	孙佩俊	26500
后梅社区	850	2963	盛南华	唐建华	33004
西石桥社区	1518	4757	吴助国	牟学军	26814

【牌楼下村通过省级“美丽乡村”验收】 2016年11月，申南村牌楼下村通过江苏省农村改革综合领导小组办公室、省住建厅、农委和财政厅委托无锡市委农工办、财政局、住建局、规划局联合组织的江苏省“美丽乡村”创建工作验收，入选无锡地区第二批省级“美丽乡村”。验收组认真听取临港街道申南村关于创建省级“美丽乡村”的工作汇报，查看创建工作台账和村庄环境。对创建工作给予充分肯定，认为申南村牌楼下村设施配套完善、生态环境优美、产业特色鲜明、社会安定和谐、宜居宜业宜游，完全符合省级美丽乡村创建标准。

【球庄村通过省级村庄绿化示范村验收】 2016年，江市社区按照“林荫型、景观型、休闲型”绿色江苏村庄绿化示范村建设的总体要求，在球庄自然村全面实施“治污、美化、绿化、致富、和美”五大工程，以身边增绿、改善生态、优化人居环境为主要内容，全自然村建成绿化面积8公顷，林网化率94%以上，远超规定标准，并落实专人对树木和花卉进行长期管护，为村民建成一个“村在林中、路在绿中、屋在园中、人在景中”的生态宜居绿色家园。是年8月，江市社区球庄村通过省林业局委托江阴市农林局组织的验收，成功创建省级村庄绿化示范村。验收组对进村道路、小游园、宅前屋后、河道绿化等一一对照标准进行实地检查，听取绿化创建情况汇报，并对创建资料进行认真查阅，认为江市社区球庄村创建省级绿化示范村成效显著，农村人居环境改善，村级造林绿化显著，有生态效益，也有经济效益，真正体现“一村一品”的特色，达到省级村庄绿化示范村创建标准。

【江市社区农村金融综合服务站开业】 2016年12月28日，由中国银行江阴支行、江阴市农林局联合组建的农村金融服务站在临港街道江市社区正式开业。中国银行江阴支行行长和市农林局领导为服务站揭牌。该金融综合服务站是江阴市农林局在江阴范围内开设的首个试点单位。在社区便民服务中心设立窗口，整合之前益农信息社资源。中国银行江阴支行提供支持，为社区村民和附近企业、工人提供办卡、小额存取款、转账等业务。

【于门村成立“阳光学堂”】 2016年3月5日，于门村启动“阳光学堂”项目，并开展“学雷锋、创文明”志愿活动，小学员们通过清捡白色垃圾等志愿行动，积极投身到辖区环境综合整治活动，以此向村民宣传文明行为准则，倡导所有人一起参与到文明城市创建、“书香于门”建设的活动中。“阳光学堂”是于门村委经过探索、着力打造的新市民管理新模式。该项目是通过开办一个校外课堂、开设一个学习讲座、组织一类拓展活动、搭建一座爱心桥梁、组建一支志愿者队伍等活动形式，帮助新市民及其子女更好更快地融入于门、建设于门、共享于门，丰富新市民及其子女的精神、文化生活，促进他们综合素质全面提升，进而实现共同参与、协同管理的农村管理新模式。

【市侨联临港街道分会成立】 2016年11月17日，街道召开临港街道侨联分会成立大会，会议选举产生街道侨联分会主席、副主席、秘书长。街道办事处主任王文平、市侨联主席刘锋为新成立的侨联分会、街道“侨之家”揭牌。街道有涉侨人员119人，其中港澳居民1人，侨眷36人，归国留学生51人，海外留学生31人。市侨联主席刘锋在临港街道侨联分会成立大会上发表讲话。

（江龙平）

璜土镇

【概况】 璜土镇是江阴市黄金西大门，北枕长江，西、南与常州无缝相融，东接临港街道。璜土历史悠久，是5000多年前良渚文化的发祥地之一。生态环境优美，是中国优质葡萄生产基地，具有江苏葡萄第一镇的美誉。区域面积64.49平方千米，耕地面积2085公顷，下辖12个行政村（其中3个村居合一）。2016年年末，户籍人口57364人，其中男性28700人、女性28664人；少数民族16个182人。有外来暂住人口48601人，其中男性28490人、女性20111人。

政治建设 镇党委、政府坚持“党要管党，从严治党”，紧贴“三严三实”*要求，强化主体责任，突出构建党建工作新常态。提升领导班子能力素质，全年党委中心组学习14次，组织外出实地考察2次、廉政教育和市常委授课各一次，完成调研报告18篇，发送廉政短信600余条。认真开展“两学一做”*学习教育，通过4次专题讲座，主题培训等形式，不断增强党员干部党性修养。修订完善机关双百分考核和农村干部绩效考核制度，完善干部竞争性选拔机制，重点推进年轻干部成长快车道建设，轮岗和交流干部12人。各基层组织以冬训、七一为契机，集中学习，基层书记上党课60节，培训3600人次，党员参训率98%，签订廉政承诺书120份。开展镇第十三届党委、市镇两级人大代表、基层党组织和村民委员会换届选举工作，选举产生镇党代表100人，市党代表7人，镇人大代表83人，市人大代表17人，基层党支部委员117人，村民委员55人，推荐市级以上政协委员9人。大力推进党建工作，新增璜土村老干部活动中心党建示范点。严格落实党风廉政建设“两个责任”*，学习宣传两部法规和典型案例。开展群众身边不正之风和腐败问题专项惩治行动，建成1个清廉文化示范点。完成行政村“两委”班子及成员的任职审计；审核各类合同、协议300余份，涉及金额6500万余元，建立第三方审计制度，核减金额40万元。年内对违规的党员干部立案13件，结案13件，受理信访24件，办结21件，办理“12345”公共服务呼叫中心热线受理655件，诉求满意率95%以上，确保社会大局平稳可控。

社会建设 以完善功能为重点，加快推进道路、绿化、管网等基础设施建设，为快速转型奠定基础。坚持“一园三区，南城北园”的空间布局，进一步细化完善镇级建设规划，结合自然村特点和新农村建设，重新布局规划重点村，特色村和一般村。投入300多万元完成璜郑路等14条镇村道路的路面维修和两侧绿化提升改造，以及璜土河桥等4

座危桥建设。全面完成宝湾物流、黄冈中学等项目地块拆迁清障及绿海香洲居民小区二期248套住房安置工作。投入1500多万元分步启动新世纪、启港苑等5个拆迁安置小区的污水管网、绿化、路灯、停车位等维修改造和天然气接入工程。投入1600多万元的学校校安工程、敬老院消防设施和卫生服务中心提档升级等80多项民生项目完成。美丽乡村建设重点提升东贯庄、篁村新农村建设,亮点打造璜土村"公园模式"示范样板。璜土村获江苏省人居环境范例奖,被评为中国美丽乡村建设示范村。以"文明创建"为主线,大力开展环境综合整治,致力打造全市"最干净、最有序"的乡镇。加强水、气环境治理,完成东风河疏浚整治工程,加快推进扬子大道、桃花港路等5路污水管网建设。建成一个餐厨果蔬类有机垃圾集中处理点。文明创建不断深化,全面启动"星级文明户"创评工作。创新举办"道德讲堂"活动53次,征集家风家训1300多条,网络评选首届璜土"十佳"好人,注册志愿者4000人,通过江苏省文明镇复审,璜土村获评江苏省文明村。健全完善长效管理机制,建立镇、条线、村(社区)三级联动管理队伍,严格落实日巡查、周通报、月讲评、年终奖惩制度,落实加大对行政村、物业公司的考核。持续开展部门联动执法,全年查处各类违章行为559件,拆除违法建设27件,清理环境卫生死角2800余处。落实加大民生事业投入,加快社会事业建设。年初投入740万元改造内河、沟渠;汛前投入256万元,加强西横河、北塘河、小湖港等沿线临时设防,配备116万元应急抢险物资;启动总投资8000万元防洪排涝的泵站、堤闸建设;完成汇南、常泽桥2村自来水"一户一表"改造和启动小湖村850余户自来水户表改造。提供就业岗位2800多个,举办各类技能培训18期,解决本地劳动力就业2210人,扶持自主创业170人,城保扩面新增2130人。投入1200万元完成7所学校26项设施维修改造和教技装备提升,璜土社区教育中心建成江苏省标准社区教育中心,中考稳居全市第一方阵。新建芦墩村卫生服务站,完成5个村级卫生服务站提档升级。通过江苏省三星级合格档案室复查,镇级"职工之家"通过无锡市总工会验收。

2016年璜土镇各村(社区)基本情况一览

表67

村(社区)名称	户数(户)	人口(人)	村(社区)党支部(党总支、党委)书记	村(社区)主任	村(社区)开票销售收入(亿元)	人均可支配收入(元)
利城村	1086	3729	曹　波	周文军	1.20	30000
北湖西村	911	2898	刘建维	刘建维	0.91	18234
高果村	1511	5254	许建明	金建东	2.10	32100
璜土村(社区)	1718	5276	钱俊贤	钱俊贤	2.16	11739
小湖村(社区)	2225	6965	周国伟	周国伟	22.34	36678
篁村村	1915	6210	高旭伟	许俊华	0.32	28000
常泽桥村	1121	3635	张建清	仇震亚	0.63	27207
汇南村	1045	3278	丁　成	丁　成	1.07	27670
芦墩村	1009	3567	蔡志国	周　雷	1.30	36029
石庄村(社区)	1120	3585	彭　辉	朱立军	20.08	32000
花港苑村	2837	10365	彭文锋	彭文锋	7.95	29688
启港苑村	865	3071	金小平	金岳彪	5.78	26561
华湖社区	9765	21798	曹　洁	曹志俊	—	—

【省首个"葡萄电商村"成立】 2016年,璜土镇加大电商人才培训力度,鼓励故乡情果业合作社与顺丰速运集团合作,搭乘"互联网+"平台。4月建立江阴"葡萄电商村",这是全省首个"葡萄电商村",于7月30日正式上线运行。"葡萄电商村"通过传统包装、营销模式改革,物流配送创新,使璜土葡萄突破销售瓶颈,形成产品向商品转型,销售范围近至华东地区,远至北京、广东、河南、湖北、四川等地区。销售旺季,实现日均订单量突破1300单。在2016年葡萄节期间,该镇葡萄销售1.5万吨,其中800吨通过电商渠道实现。

【中共璜土镇第十四次代表大会召开】 2016年5月27—28日,璜土镇党委召开中共璜土镇第十四次代表大会。该次大会应到正式代表100人,实到99人。27日,大会由镇党委副书记、镇长谈海平致开幕词,镇党委书记曹乐平代表上届党委作题为《敢于担当,善于作为,全面奏响璜土发展最强音》的工作报告,镇纪委书记黄辉代表上届纪委作报告。大会正式通过"两委"报告和中共璜土镇党委会2016—2020年党建工作规划3个决议。28日,代表们学习选举办法,选举产生中共璜土镇第十四届委员会和中共璜土镇纪律检查委员会,并选举产生中共江阴市第十三次代表大会代表。

【江阴经济林果产业分店开张】2016年5月,经江苏省科技厅评审验收,江苏农村科技服务超市江阴经济林果产业分店成立,该分店位于璜土镇江阴市故乡情果业专业合作社内,下辖江阴璜土葡萄产业便利店(璜土镇集镇迎宾东路99号)和江阴顾山水蜜桃产业便利店。分店于是月28日开张服务。分店提供高质量的经济果林产业科技服务,充分利用江苏农村科技服务超市省科技库的科技信息,为地区果农提供政策法规,新技术推介、农业科技特派员及专家咨询等科技服务,更好地为果农增收提供科技服务平台。

【璜土第九届葡萄文化节开幕】2016年7—9月,璜土镇举办2016年江阴·璜土第九届葡萄文化节。7月30日,在璜土现代农业休闲观光园举办2016年江阴·璜土第九届葡萄文化节新闻发布会,葡萄电商、传统经销商、种植大户和媒体记者300余人参加。会议期间,举行葡萄商签约和璜土镇葡萄电商村启动仪式,颁发一级代理商铜牌。是日,在璜土镇文体中心举办《醉美金土地》——璜土诗书画联展,展现美丽、和谐、文明璜土之美。8月中旬,璜土镇团委、妇联,在葡萄园农家乐举办小手牵大手欢乐夏令营活动。9月17日,璜土镇政府在江阴敔山湾举办2016年江阴·璜土第九届葡萄文化节音乐晚会。政府搭台,果农唱戏,提供平台宣传推介璜土葡萄,开辟葡萄销售电商之路,与快递公司合作水果冷运,让璜土葡萄通过网络销售到全国各地。

【璜土镇"安康·爱心驿站"启用】璜土镇"安康·爱心驿站"是镇总工会2016年度的惠民工程之一,9月28日正式对外启用。驿站位于璜土集镇璜石路53号,面积15平方米,配有一名专职志愿者服务,备有空调、微波炉、茶水用具、常用药品和桌椅等,主要为在户外作业的劳动者(主要是环卫工人)提供遮风挡雨、烧水热饭、换衣如厕、临时小憩等服务。至年末,驿站接待户外作业劳动者482人次。 (曹 云)

月城镇

【概况】 月城镇是中国民间文化艺术之乡,位于江阴市西南,东与徐霞客镇毗邻,南连青阳镇,西接常州市武进区,北以秦望山为界与南闸街道接壤;紧靠沪宁、沿江高速公路,锡澄公路、锡澄运河、海港大道和江阴大道纵贯全镇,镇东设有新长铁路货运站。区域总面积38平方千米,耕地面积1740公顷,下辖9个行政村和2个社区居委会。2016年年末,有户籍人口43689人,其中男性21692人、女性21997人;有少数民族14个236人。有外来暂住人口11428人,其中男性6736人、女性4692人。

政治建设 严格落实干部选拔任用条例和全程纪实要求,顺利完成镇、村两级党组织换届,有力保障市镇两级人大、政府、市政协换届工作,为推进月城新一轮发展提供坚强的政治保障和组织保障。强化管党治党主体责任,严格落实领导班子成员"一岗双责"(一个单位的领导干部应当对这个单位的业务工作和党风廉政建设负双重责任),积极推进基层书记抓党建责任体系建设,创新开展"基层党组织统一活动日""党员过政治生日"等党建项目。坚持民主集中制,实行集体领导和个人分工负责相结合,完善班子成员、机关干部和村干部联合一线接待接访机制,支持人大和政协工委工作,完善"年度实事工程人大代表(政协委员)选议"、人大监督等制度,广泛听取社会各阶层的意见建议,进一步提高科学决策、民主决策能力。严格执行中央"八项规定"*和省市"十项规定"*,不断细化优化管理方式,扎密制度笼子。廉政文化、廉政教育常态深入,全面实施镇属单位和村级财务审计检查,大力推进党务、政务、村务"三务直通车",强化执纪问责,严肃查处违纪违规党员,营造出不敢腐、不想腐、不能腐的政治环境。深入推进"两学一做"*学习教育,组织开展"两学一做"知识竞赛,"立家规、正家风"等系列活动,形成浓厚的学教氛围。以中青年干部、党组织书记、党务干部和新一届"两委"班子成员专题培训为重点,发挥月城大讲堂、马克思主义教育基地、《水韵月城报》、"水韵月城"微信公众号等载体作用,认真学习领会习近平总书记系列重要讲话、党的十八届六中全会精神,江苏省、无锡市党代会精神,着重做好"结合"文章,内化于心外化于行,增强全体党员干部中国特色社会主义道路自信、理论自信、制度自信、文化自信"四个自信"和政治意识、大局意识、核心意识、看齐意识"四个意识"。

经济建设 全年完成地区生产总值52.55亿元,比2015年增长3.18%;完成工商开票销售收入131亿元,比2015年增长1.36%,其中工业开票销售93亿元,商业开票销售38亿元;实现利税8亿元,与2015年基本持平;政府全口径财政收入6.24亿元,比2015年增长4.1%;公共财政收入3.28亿元,比2015年增长9%;全社会固定资产投资21.27亿元。完成工业投资10.64亿元,其中技改资金5亿元,传统钢铁行业占全镇产业比重由2011年的45.96%下降至2016年的21%,车船装备等新兴行业所占比重由2011年的17.51%增至2016年的28%。新材料、新能源装备等产业规模不断扩大,实现产值11.6亿元,占规模以上工业产值18%以上。电子商务等新业态异军突起,互联网销售额超5亿元,为传统产业发展注入新动力。现代服务业实现开票销售38亿元,零售业物流、房地产等服务业新业态发展加快,开票销售在服务业总值中占比28.83%。农业适度规模经营比例、设施农业比例继续提升,三次产业比重为4.1∶50.4∶45.5,结构进一步优化。

社会建设 年度下发科技创新奖励资金60多万元,加大产学研合作及创新、创业、创意"三创载体"建设力度,建设重点产学研项目8项,申报省级高新企业4个、省高新产品5种,新增省民营科技企业6个、省成果转化项目1项、省知识产权贯标项目1项、省农业服务超市1

个，获批无锡市金桥工程2个、江阴市创新基金项目7项、兴农富民工程3个。加强企业研发中心建设，获批江阴市工程技术中心5个、无锡市工程技术中心3个。全年申请专利250件、其中发明专利60件、专利合作协定（PCT）专利2件。新增“新三板”* 挂牌企业2个，后备上市企业10个。优化人才引进机制，新增各类人才1059人，其中高层次人才62人。重视高技能人才培养，举办第二届职工技能大赛，发放优秀专技人才津补贴，培育“月城工匠标兵”。坚持教育优先发展战略，“创名校、当名师、育优生”活动扎实有效，建成启用小学综合楼，完成幼儿园提能扩班改造，成功创建“全国社区教育示范乡镇”；基本医疗保险覆盖面不断扩大，新农合参保率100%，村（社区）卫生服务管理一体化初步形成，爱国卫生运动持续开展，疾病防控更加有效，全面“单独二孩”政策平稳实施，优生优育观念深入人心；文化体育品牌更加靓丽，“书香月城”建设成效显著，送电影、送书、送戏下乡等文化惠民活动深受欢迎，文艺创作量多质好，15件原创作品获市级以上大奖，全民健身氛围浓郁，新增群众健身点设施6处，棋类和球类项目在市级竞技中摘金夺银，“微马”“广场舞”等群众性体育活动丰富多彩。依据西部丰富的河网湿地景观资源以及双泾生态园、农夫果园、秦望山文化博览园等特色人文景观，完善修编镇西部地区规划。加强重点工程建设，完善基础设施，完成华润制钢技改扩能项目和秦望山产业园一期拆迁，启动秦望山产业园地面附着物清理和三河运输社拆迁，完成房屋征迁759户26万平方米。新建文汇路、胥林路、石塘湾路等道路，完成月山路、人民路、卧龙大街、红旗路、北环路东段等主干道路的改造，完成北环路、戚月线、月东路与锡澄公路道口的渠化美化工作，全镇路网更加安全畅通。启动文化小区综合改造，完成水韵社区宴会厅建设，对卧龙、双泾和黄桥3个村的社区卫生服务站进行提档升级，完成农贸市场改造，推进滨河公园建设。集镇区和工业集中区消防管网更加完善，自来水、天然气管网基本全面覆盖到位，热力管网加快建设，城镇综合承载能力大幅提升。全镇削减化学需氧量13.9吨、氨氮2吨，完成上级下达节能减排的任务。整治问题企业37个，关停污染和落后产能企业8个，淘汰、整治燃煤锅炉6台。全面落实农村环境长效管理考核机制，大力推进全镇畜禽养殖污染防治，关闭拆除21个养殖场，减少畜禽养殖1.2万头。全年投入中小河流治理资金1500万元，完成3条河道的疏浚治理，清淤3.8万立方米，拓浚、疏浚河道4.09千米，整修护岸（坡）3.1千米，新建、改建农桥6座、泵站1座，实施防洪排涝工程5个。完成月东路、月翔路、月发路沿线企业生活污水管网建设，确保月城工业集中区内的污水管网全覆盖，实施双泾苏家村等自然村农村生活污水接管和集中处理工程，有效地提升周边河道的水质。大力开展植绿复绿，完成土地复垦0.85公顷，镇村绿化面积13.33公顷，秦望山山体复绿7万平方米；全力提升绿化管护能力，绿化管护面积65万平方米，绿化改造2000平方米，全镇林木覆盖率29.1%；推广秸秆综合利用，落实护林防火责任制，加强护林防火宣传和日常监管，全年山林火灾事故零发生。加大对芙蓉湖水利风景区和湿地公园的保护力度，推进双泾生态园提标改造，丰富农业观光资源，提升休闲旅游品质。2016年10月，“无锡市2016回味乡愁乡村行”农业休闲观光系列活动启动仪式在月城镇举行。推进就业创业，全年提供就业岗位512个，扶持自主创业102人，解决本地劳动力就业1015人，残疾人实现就业31人，高校毕业生就业率94.4%以上。扩大保障覆盖，新增企业职工养老保险和居民养老保险4820人，居保、职工养老保险参保率98%以上，发放新版社保卡2万余张，发放社保资金1352万元，被征地农民、企退职工、退工转岗人员权益得到充分保障；就业失业监测机制更加完善，规模以上企业工资集体协商率100%，办结劳资纠纷107件，追讨工资31.58万元，结案率98%以上。强化救助托底，发放低保家庭年救助金1.04万元，全年临时救助和慈善帮扶650人次，为困境儿童、五保老人、残障人员、优抚对象等发放补助金450余万元。成立水韵社区，完善镇（村、社区）便民服务体系建设，优化网格化服务机制。坚持人防技防相结合，完善视频监控、驻点安保、联防巡察“三位一体”平安建设体系，杜绝抢劫、抢夺、盗窃“两抢一盗”现象，镇域治安持续向好；群众利益诉求渠道更加畅通，“阳光信访”、领导接访和机关下访制度更具实效，司法调解、安置帮教和社区矫正作用发挥良好；社区网格化管理初步形成，流动人口和特殊人群管理更加规范，生产、消防、食品药品安全监管得力，群众安全感持续上升。

图为月城镇双泾生态园一角　　（月城镇党政办提供）

2016年月城镇主要经济社会指标一览

表68

指标	单位	数量	比2015年增减(%)	指标	单位	数量	比2015年增减(%)
地区生产总值	亿元	52.55	3.18	到位注册外资	万美元	1500	1.35
人均地区生产总值	万元	12.02	3.09	工业企业	个	624	0
财政收入	亿元	6.24	4.10	服务业增加值	亿元	23.12	7.58
第二、第三产业增加值占地区生产总值比重	%	108.05	13.93(百分点)	限额以上批发零售业销售总额	亿元	33.26	15.60
农业总产值	亿元	4.54	-5.02	限额以上批发零售业零售额	亿元	1.98	-1.20
粮食总产量	万公斤	3928	-15.05	中小学校	所	2	0.00
工业总产值	亿元	99.47	1.90	中小学校在校学生数	人	2900	2.40
其中:规模以上工业总产值	亿元	63.50	2.95	数字电视入户率	%	100	0(百分点)
工业利税总额	亿元	6.62	30.83	农村居民人均可支配收入	元	31789	8.49
其中:规模以上工业利税总额	亿元	5.53	35.54	社保参保率	%	100	0(百分点)
工业用电量	亿千瓦时	6.60	13.79	劳动合同签订率	%	100	0(百分点)
全社会固定资产投资	亿元	21.27	19.43	月薪制实施率	%	100	0(百分点)
其中:工业投资	亿元	10.64	25.47	新型农村合作医疗参保率	%	100	0(百分点)
服务业投资	亿元	10.63	17.72				

2016年月城镇开票销售收入前10名企业一览

表69

名次	企业名称	销售收入(亿元)	法人代表	名次	企业名称	销售收入(亿元)	法人代表
1	江阴市仕明钢管有限公司	12.44	张宏博	6	江阴协统汽车附件有限公司	3.92	钱德洪
2	江阴市长锦钢铁有限公司	6.62	黄长城	7	江阴天奋科技有限公司	3.77	陈　铭
3	江阴市华盛印刷有限公司	4.90	严树珊	8	江阴市振隆光伏科技有限公司	3.32	王介福
4	江苏秋林特能装备股份有限公司	4.63	钱秋林	9	江苏省宏晟重工集团有限公司	3.15	偶洪元
5	江阴泰富沥青有限公司	4.24	丁爱民	10	江苏佼燕船舶设备有限公司	2.84	华世正

2016年月城镇各村(社区)基本情况一览

表70

村(社区)名称	户数(户)	人口(人)	村(社区)党支部(党总支、党委)书记	村(社区)主任	村(社区)开票销售收入(亿元)	人均可支配收入(元)
戴庄村	1200	4298	钱秋林	吴伯骏	6.21	26560
月城村	1543	5405	秦中华	殷建伟	9.27	28233
秦皇村	909	3709	苏冬青	葛建清	1.68	26000
沿山村	1198	4468	梁林宝	顾栋华	29.14	29200
卧龙村	1140	4313	吴国华	黄志刚	4.79	25500
双泾村	2754	9381	钱德洪	沈生林	13.87	27250
下塘村	905	3324	薛金方	沈　键	3.81	27465
蔡庄村	725	2531	严伟明	沈建新	2.39	24817
黄桥村	1102	4229	翟　民	翟　民	0.97	25368
月城社区	719	2016	司建荣	司建荣	—	—
水韵社区	265	993	刘登峰	刘登峰	—	—

【中共月城镇第十四次党代会召开】 2016年5月26日,中共月城镇第十四次代表大会召开。大会通过镇党委工作报告的决议、镇纪委工作报告的决议、中共月城镇委员会2016—2020年基层组织建设规划的决议。选举产生新一届委员会、纪律检查委员会,并明确五年工作的主要目标和任务。会上,117名党代表民主投票,以差额选举的方式产生中共月城镇第十四届委员会、纪律检查委员会,选出出席江阴市第十三次党代会代表。选举产生杭成、陈峰、荣英姿、陈建国、周韧逸、朱晓君、计鹏宇、黄珂、陆梓梓9位为中共月城镇第十四届委员会委员;陈建国、鲁帮军、顾谷香、陈秋萍、方晓晖5位为中共月城镇纪律检查委员会委员;杭成、荣英姿、朱晓君、梁林宝、刘登峰、曹利杰、邹芳娣7位为出席江阴市第十三次党代会代表。

【月城镇第十八届人代会第六次会议召开】 2016年6月23日,月城镇召开第十八届人民代表大会第六次会议,选举产生新一任人大主席和2名副镇长。该次大会应到代表67人,实到61人,符合法定程序。根据大会通过的选举办法,与会代表认真履职,投票选举徐志伟为月城镇人大主席,孙健、徐小虎为月城镇政府副镇长。

【2项项目落户月城】 2016年9月20日,月城镇在双泾云外水庄水上会议室举行2016年经贸合作洽谈会,与广大客商畅谈合作意向,共谋创新发展。来自知名企业有投资意向的中外嘉宾及镇骨干企业、外资、外贸企业负责人等参加洽谈会。江阴市委常委、市人武部政委尹平及镇领导杭成、陈峰、荣英姿、杨峰等出席会议。该次经洽会上有2项项目落户月城,分别是江阴福鼎通信器材有限公司投资1.2亿元的陶瓷传感器制造项目,江阴中南置业有限公司总投资2亿元、占地2公顷的度假酒店项目。

【"回味乡愁乡村行"活动】 2016年10月21日,由无锡市农业委员会主办,江阴市农林局、江阴市月城镇政府承办的"2016回味乡愁乡村行"农业休闲观光系列活动在月城镇双泾村拉开帷幕。无锡及江阴市领导参加启动仪式。启动仪式当天开展精彩纷呈的休闲观光农业体验活动,面向市民、拍客、媒体记者发放"走在乡间的小路上——秋季农业休闲观光攻略",组织村民俗文化节目表演,举办休闲农业产品现场展示展销活动,宣传推介市级休闲农业活动项目。此次系列活动突出"农旅结合",突出特色小镇建设,突出生态观光和互动体验,促进市民与农民互动交流,让村民记住乡愁。

(戴翊婷)

青阳镇

【概况】 青阳镇位于江阴市南端,东与徐霞客镇接壤,南与无锡市惠山区堰桥街道、前洲街道相邻,西与常州武进区芙蓉镇隔河相望,北与月城镇毗邻。中心镇区距江阴市区18千米。区域面积67.56平方千米。下辖15个行政村、1个街道办事处和4个社区居委会。2016年年末,有户籍人口70181人,其中男性35052人、女性35129人;有少数民族12个512人。有外来暂住人口35071人,其中男性19892人、女性15179人。

政治建设 坚持全面从严治党,深入贯彻落实党的十八大、十八届三中、四中、五中、六中全会和习近平总书记系列重要讲话精神,严格执行党的政治纪律和政治规矩,强化管党治党主体责任,持之以恒落实中央"八项规定"* 和省市"十项规定"*,作风建设常态化机制更加健全,从严治党不断取得新成效。从严从实开展"两学一做"* 学习教育,成立学习教育领导小组,并下设办公室,出台《关于在全镇党员中开展"学党章党规、学系列讲话,做合格党员"学习教育的实施方案》,制订学习计划,下发《习近平总书记系列重要讲话》读本、《中国共产党章程》等学习资料,对全镇在册党员3986人,参加组织生活等情况进行全面排查和核实,镇党政领导、联络指导员主动到联系点上党课,党支部书记为全体党员上党课,开设"学习讲堂",先后邀请市委党校教员作"两学一做"学习教育专题讲座2期,组织赴周庄中共江阴"一大"旧址重温入党誓词,以学习教育座谈会、镇党委换届推进会等为契机,向全镇近300名基层党组织班子成员播放《焦裕禄》《高德荣先进事迹报告会》《吴仁宝老书记》等教育片,下发《我身边的优秀党员》纪录片,充分利用农村党员远程教育站点,教育引导广大党员干部学先进、找差距、作表率。实行党员承诺制,打造出一批能够体现单位特点、具有示范作用的党员示范岗、责任区,实行在职党员挂牌上岗制度,结合党员固定活动日,围绕"新时期共产党员思想行为规范""学习系列讲话、强化政治意识、大局意识、核心意识、看齐意识'四个意识',做一个有信仰、有情怀、有担当、有操守的人"等方面,按季度专题开展一次学习讨论,深入开展党员志愿服务活动,督促党员真正提高认识,推动学习教育落到实处、取得实效。实施结对导学,成立"两学一做"学习教育联络督导小组,选派联络指导员,通过召开座谈会,查看学习记录及工作台账、听取专题汇报等方式了解、指导、督查学习教育情况,促进广大党员真学、深学、细学。深入贯彻《干部选拔任用条例》,坚持教育在先、警示在先、预防在先,组织(中共)党代表、人大代表、政协委员"两代表一委员"、换届工作人员、镇党委下级党政正职、机关中层正职,共145人观看学习警示教育片《镜鉴》,严肃换届纪律,严格换届程序,完成村(社区)和镇党委换届工作。继续以农村强班子、强素质,创建带领致富党组织、争当创业致富带头人"双强双带"、社区"双强双创"、企业政治素质好、业务素质好、致富能力强、带富能力强"双强双好"为活动载体,在农村全面深化有持续稳定的集体收入,有功能齐全的活动阵地,有先进适用的信息网络,有群众拥护的带头人,强化村党组织领导责任的"四有一责"建设,在社区全面深化整合功能强、服务功能强、承载功能强、实现信息化的"三强一化"建设,在窗口单位和服务行业普遍开展亮标准、亮身份、亮承诺,比技能、比作风、比业绩,领导点评、党员互评、群众评议的“三亮三比三评”和“承诺践诺”活动,在“两新”*组织全面深化“先锋公益伙伴”活动。深化开展基层党建示范点建设,打造悟空村“两学一做”基层党建示范点,不断完善和创新基层党组织活动载体。利用江阴市党员干部远程教育站点、青阳“无线知识堂”等网络平台,开展党的十八届三中、四中、五中、六中全会精神、“三农”*政策、新农村建设等视频在线教育培训,通过“党组织统一活动日”、走出去参观、请进来辅导、党组织书记上党课等多种类中短期学习培训,进一步领会习近平总书记系列重要讲话精神,不断增强党员干部的理论素养和党性修养。全年培训入党积子56人,其中非公企业35人,占总培训人数的62.5%。继续严格党员发展工作程序坚持和完善公示制、预审制、双推一定制、票决制、谈话诫勉制、失责追究制等系列制度,确保新党员的质量,全年发展党员47人。不断健全与浙江大学等10多所高校合作共赢,努力搭建“政产学研”合作平台,举办大学生专场招聘会2期,新增各类人才455人,其中新引增专业技术人才165人。开展教授博士柔性进企业活动,新引进高层次人才18人。另外,新引进海外留学人才4人,新增国外技术管理人才项目1项,新建江阴市级博士后科研工作站1个、“海外工程师工作室”1个。严格落实全面从严治党责任制,完善镇村两级党组织主体责任清单,修订党风廉政工作考核办法,讲授廉政党课2次,推动形成党性党风党纪大宣教格局,完善信访举报接待制度,把握运用监督执纪“四种形态”*,强化监督制约,规范权力运行,出台《政府投资建设项目行政监察实施办法》等制度,加大对重点领域、关键岗位和重要环节的风险防控,风清气正干事业的氛围浓厚。

经济建设 面对严峻的宏观经济形势,始终把“稳增长”作为首要任务,加强政银企合作,经济发展稳中有进、稳中向好。全年完成地区生产总值61.73亿元,比2015年增长6.3%。完成财政收入4.07亿元,比2015年增长27.2%。完成规模以上工业总产值77.89亿元,比2015年增长3.6%。新增到位注册外资395万美元,增长159.5%。全年完成进出口总额2.2亿美元,增长5.6%,其中自营出口1.85亿美元,增长8.9%。全年完成全社会固定资产投资30.64亿元,增长7.1%,超亿元项目5项。工业完成投资16.71亿元,润东润滑油、苏龙幕墙项目竣工投产,皇富金属、冉溪环保项目开工建设,神探特种车生产项目加快手续办理并实施基础工程,德森汽车零部件、盛翔聚氨酯材料等4项用地项目在办理报批;服务业完成投资13.27亿元,恒和地产、钻石广场项目加快推进。经济洽谈会上新签约6项项目,总投资额6.4亿元。通过召开百企转型大会,加大企业技术创新主体培育力度,不断健全政策激励机制,企业转型升级的动能不断集聚,创新活力不断迸发,以江阴市友邦家居用品有限公司、江阴市德鑫汽车零部件座椅有限公司、无锡宇盛厨卫有限公司、迪锐克斯座椅(江阴)有限公司为代表的优势成长型企业全力加快产品提档升级,呈现积极向好的发展态势。突出抓好资本经营,全方位加大扶持力度,广信材料、江特科技分别在深圳证券交易所创业板成功上市和全国中小企业股权转让系统挂牌,实现青阳上市公司和“新三板”*挂牌企业零的突破。存量盘活初见成效,江阴钢材市场12.47公顷土地成功竞拍;江阴市兆顺不锈中板公司7.2公顷和3.13公顷码头用地拍卖成功;江阴市勤业化机机械有限公司与无锡诚益机械有限公司存量老厂房盘活使用,分别引进江阴高海金属制品有限公司与无锡宝联管业制造有限公司两个企业;江苏华实钢管有限公司3.17公顷土地也成功盘活,引进富凯机械项目。深入实施绿色发展战略,强化源头治理,严格环保执法,关停“三高两低”*企业6个,淘汰S7高能耗变压器7台、燃煤锅炉25台,通过清洁生产审核1个,完成6个企业的挥发性有机化合物尾气治理,完成工业园区企业生活污水接管35个,新建4.7千米污水管网,清理整治环境违法违规建设项目356项,万元地区生产总值能耗下降17%。

社会建设 全年完成专利申请近816件,授权239件,申请国际专利6件;获批省高新技术企业6个、省民营科技企业10个;新建市级企业研发平台机构8个;成功申报省高新技术产品6种;江阴洪腾机械有限公司参与起草制定国家标准,“洪腾”商标获批江苏省著名商标;江苏广信感光新材料股份有限公司荣获江苏省科学技术二等奖,获评市级科技进步奖3个;新批准市“专精特新”科技“小巨人”企业1个;获批江阴市科技创新各类项目7项;新建市级博士后科研创新基地1个,获批省家庭农场示范项目1项。突出建管并举理念,将“精细化”贯穿于城镇规划、建设、管理的各个环节,科学统筹城乡一体化发展,着力完善城镇功能配套,规范提升城镇管理,城乡格局逐步完善,镇村面貌更趋优化。毓秀园安置房竣工投运,年内安置被拆迁户830户。青阳大桥与青桐路连接道路建成通车,圣杨路、公园路改造和杨庄桥改建工程基本结束,圣杨路、新青峭路亮化工程建成投运。改造自来水管道37.5千米,疏通雨水管道40千米,完成桐岐区域供水户表改造1543户,迎秀花园安置小区1334户燃气管道加装工程基本结束。改造完成2个村级便民服务大厅,“社区减负”工作取得扎实成效。紧紧围绕文明城市创建活动,深入开展城乡环境专项整治,强化村庄环境长效管理,国家卫生镇顺利通过上级复查。集中开展锡澄路沿线、农贸市场周边环境专项整治,重拳治理占道经营、违停乱放、暴露垃圾等突出问题,立案查处违建68件、拆除违建面积1170平方米,新设公益广告27处,全年整改违法用地面积1.61公顷,拆除违法用地面积5180平方米。坚持民生优先,十件为民实事基本完成。高度关注就业创业,全年提供就业岗位2248个,实现本地农村劳动力就业2859人,扶持自主创业129人。农民人均可支配收入27350元,比2015年增长8%。全面落实双拥优抚保障和安置,累计发放各类补、救助资金1000余万元,困难群众、特殊群体基本生活得到保障。城保扩面新增参保1650人，各类保险和生活待遇全部发放到位。开展被征地农民即征即保工作，安置征保人员1454人。持续加大教育投入，教学质量稳步提升，平安校园日益稳固。文化惠民活动深受百姓欢迎，书香公园、书香社区成为文化阵地新亮点。成功承办江阴市篮球联赛，群众性体育健身活动广泛开展，柔力球健身队荣获全国性比赛二等奖。加大医保惠民力度，完成7个社区卫生服务站的提档升级。全面加强农村"三资"管理，规范完善村账镇代理工作，农村土地确权登记工作稳妥推进。深入推进"法治青阳""平安青阳"创建工程，启动实施"七五"普法教育，法治文化阵地特色鲜明，人民调解实现全覆盖，安全生产不断强化，食品药品监管、劳资矛盾协调举措有力，社会大局和谐稳定。

2016年青阳镇主要经济社会指标一览

表71

指　　标	单　位	数　量	比2015年增减(%)	指　　标	单　位	数　量	比2015年增减(%)
地区生产总值	亿元	61.73	6.30	到位注册外资	万美元	395	159.50
人均地区生产总值	万元	6.41	3.72	工业企业	个	714	-2.05
财政收入	亿元	4.07	27.20	服务业增加值	亿元	30.28	7.90
第二、第三产业增加值占地区生产总值比重	%	94.19	0.02(百分点)	限额以上批发零售业销售总额	亿元	26.47	8.80
农业总产值	亿元	10.28	-4.97	限额以上批发零售业零售额	亿元	2.37	21.80
粮食总产量	万公斤	1678.70	-28.65	中小学校	所	6	0
工业总产值	亿元	112.86	15.80	中小学校在校学生数	人	9822	-0.78
其中:规模以上工业总产值	亿元	77.89	3.60	数字电视入户率	%	99	0(百分点)
工业利税总额	亿元	6.26	3.47	农村居民人均可支配收入	元	27523	8.70
其中:规模以上工业利税总额	亿元	4.46	16.75	社保参保率	%	70	1.50(百分点)
工业用电量	亿千瓦时	5.71	4.35	劳动合同签订率	%	98	1(百分点)
全社会固定资产投资	亿元	30.64	7.10	月薪制实施率	%	92	1(百分点)
其中:工业投资	亿元	16.71	6.10	新型农村合作医疗参保率	%	100	0(百分点)
服务业投资	亿元	13.27	10.40				

2016年青阳镇开票销售收入前10名企业一览

表72

名次	企　业　名　称	销售收入(亿元)	法人代表	名次	企　业　名　称	销售收入(亿元)	法人代表
1	无锡市金涛铜业有限公司	10.53	金　唐	6	迪锐克斯座椅(江阴)有限公司	3.44	吴金娣
2	江阴市澄润石油化工有限公司	6.02	赵亚军	7	江苏裕华汽车零部件有限公司	3.38	谢　放
3	江阴市方强铜业有限公司	4.85	王美林	8	江阴俱进钢板加工有限公司	3.04	陈汉强
4	江苏星源航天材料股份有限公司	4.00	王世英	9	无锡早川电子有限公司	2.62	早川雅弘
5	江苏巴赛尔聚烯烃新材料有限公司	3.68	谭冬春	10	江苏广信感光新材料股份有限公司	2.37	李有明

2016年青阳镇各村(社区)基本情况一览

表73

村(社区)名称	户数(户)	人口(人)	村(社区)党支部(党总支、党委)书记	村(社区)主任	村(社区)开票销售收入(亿元)	人均可支配收入(元)
街西村	578	1813	郑　云	胡志龙	4.14	26366
青联村	900	3006	沈国清	陈国兴	12.11	28000
小桥村	1326	4905	闵海华	闵建良	19.11	31200
建义村	943	3346	张国清	庄晓平	25.64	25000
里旺里村	1426	5209	朱伟清	吴耀兴	11.18	26000
悟空村	1468	5463	黄永庆	吴上飞	5.44	26640
普照村	1350	5042	王林仁	顾彰荣	3.67	25200
芦塘村	1344	5005	薛　俊	李伟良	6.82	24850
邓阳村	714	2658	王建峰	薛荣伟	3.50	28100
塘头桥村	1145	3944	陈林芳	薛思新	4.77	28592
新安村	993	3585	吴伟祥	奚甫清	2.26	31060
桐岐村	1026	3569	马兴洪	顾敏刚	3.49	26366
赵宕村	1104	4130	李立新	吴国庆	5.30	26000
泗河口村	1125	4399	曹文江	冯海光	5.38	26031
树家村	1412	5483	江　海	王建峰	4.67	26500
旌阳社区	1250	3012	沈海峰	沈海峰	—	27523
迎秀社区	1833	4906	何　萍	何　萍	—	27523
桐岐社区	88	212	钱　宏	钱　宏	—	27523
旌秀社区	244	660	姜　桦	姜　桦	—	27523

【青阳镇武装工作受省军区工作组调研】 2016年5月31日,江苏省军区司令员李大清率工作组一行到青阳镇,检查调研基层武装工作和企业民兵组织建设情况。工作组一行先后查看镇物资部办公室、战备器材库、资料室等,认真听取相关情况汇报。省军区司令员李大清对镇武装部工作给予充分肯定并提出要求,希望基层武装组织认清使命任务,加强基层武装部相关队伍建设,落实党管武装工作各项制度,创新落实工作方法手段,发扬模范民兵优良传统,开创发展新局面。无锡市委常委、江阴市委书记陈金虎,无锡市委常委、无锡军分区政委柳江南,无锡军分区司令员叶少军,江阴市委常委、市人武部部长戴旭东,江阴市人武部政委尹平及镇领导郁秋皓、邹星洪、曹建华分别陪同检查调研。

【中共青阳镇第十四次代表大会召开】 2016年5月26—27日,中国共产党青阳镇第十四次代表大会举行,镇党委领导郁秋皓、邹星洪、张晓新、曹建华、李放、赵玺、葛艳、葛燕峰、刘明钧及大会主席团成员在主席台就座。大会由主席团执行主席张晓新主持。参加该次大会的正式代表有175人,列席代表18人。镇党委书记郁秋皓代表中共青阳镇第十三届委员会向大会作工作报告。镇纪委书记葛艳代表中共青阳镇纪律检查委员会向大会作纪委工作报告。大会以差额选举的方式,选举产生新一届中共青阳镇委员会委员、纪委委员和出席江阴市第十三次党代会代表。大会审议并通过党委工作报告的决议、纪委工作报告的决议和《中共青阳镇2016—2020年党的基层组织建设规划的决议》。镇党委书记郁秋皓代表新一届党委委员讲话并代表党委集体表态。镇党委书记郁秋皓在闭幕式上作重要讲话。

【青阳镇第十八届人民代表大会第五次会议召开】 2016年1月14—15日,青阳镇召开第十八届人民代表大会第五次会议,镇领导郁秋皓、邹星洪、张晓新、李玉虎、邱振海、赵华、华林其、王吉及大会主席团成员在主席台就座。大会由主席团执行主席张晓新主持。大会应到会代表91人,实到代表85人,列席代表79人,应邀参加旁听市民代表8人。镇长邹星洪代表镇政府向大会作政府工作报告。镇人大副主席李玉虎代表镇人大向大会作人大工作报告。镇党委书记、人大主席郁秋皓在闭幕式上发表重要讲话。会议通过顾健辞去青阳镇政府副镇长职务请求的决定。大会以无记名投票的方式,依法选举王吉为青阳镇政府副镇长,王吉在会上向宪法宣誓就职。大会审议并通过《青阳镇人民政府工作报告》《青阳镇人民代表大会工作报告》《青阳镇2015年财政预算执行情况和2016年财政预算草案的报告》。通过关于政府工作报告的决议;通过关于人大工作报告的决议;通过关于2015年财政决算情况和2016年财政预算报告的决议;听取并通过关于2015年财政预算执行情况和2016年财政预算草案的审查报告。

【青阳镇妇女第十四次代表大会召开】 2016年12月28日,青阳镇妇女第十四次代表大会召开,来自全镇各界的妇女代表108人以及特邀列席的女企业家、女干部代表参加这五年一次的妇女大会。大会听取镇妇联第十三届委员会的工作报告,选举产生新一届妇联执委和出席江阴市妇女第十三次代表大会的代表。镇党委领导杭成、张晓新、李放、葛艳参加会议。市妇联副主席孔晓燕到会祝贺,她希望广大妇女提高素质,推动发展,建功立业。青阳镇党委书记寄语与会代表要实现自我发展,在"强富美高"新青阳建设中贡献"她"力量。希望广大妇女干部群众把握形势,在做好妇女工作中提高新认识;认真履职,在服务青阳发展中创造新业绩;发挥优势,在建设文明家庭中做出新贡献;恪守本职,在妇女儿童维权中务求新作为;提升素质,在创新创业创优中展示新形象,为建设"强富美高"的新青阳做出贡献。

【青阳镇百企转型大会召开】 2016年4月15日,青阳镇召开百企转型提升发展大会,推进产业强镇战略,加快推动产业发展和企业转型升级。全镇252个产值超千万元的重点骨干企业负责人、相关部门和驻青单位、金融单位负责人及各行政村主要负责人参加会议。青阳镇党委书记号召全镇上下,确立产业强镇的鲜明导向,凝聚转型提升的强烈共识,营造支持和服务企业、关心和尊重企业家的浓厚氛围,政企同心、携手并进,抢抓发展先机,加快转型提升,奋力推动青阳实体经济发展再上新台阶。会议下发《关于加快产业强镇建设的若干政策》《关于实行镇党政领导与规上工业企业、服务业重点企业和农业龙头企业挂钩服务的通知》等政策意见。会上,与会人员观看江阴企业转型升级宣传片《创智成诚》,听取《关于加快产业强镇建设的政策意见》。江阴市洪腾机械有限公司、江苏广信感光新材料股份有限公司、江阴农商银行青阳支行等7个单位和部门负责人作交流发言。

【青阳镇经贸合作洽谈会召开】 2016年9月20日,青阳镇召开2016年度经贸合作洽谈会,镇领导与参会客商20余人汇聚一堂,活动紧紧围绕"专精特新、合作共赢,建设'强富美高'新青阳"主题,坚持以产业强镇为导向,以项目合作为纽带,引进和推动落户一批新项目,为青阳的产业发展注入新的活力。与会成员共同观看"专精特新、资本经营、合作共赢"青阳镇招商引资宣传片。通过多种形式的积极会商和共同努力,宏扬汽车制冷设备、三林商业综合体等6项项目成功签约,总投资额6.4亿元。

【青阳镇承办"雪柯杯"篮球俱乐部联赛】 2016年10月16日,江阴市"雪柯杯"FJBA男子篮球俱乐部联赛在青阳镇体育馆开幕。该联赛由江阴市社会体育管理中心、市篮球协会主办,青阳镇篮球协会承办,青阳商会、市雪柯塑胶制品有限公司协办。江阴市政协原副主席、江阴市篮球协会名誉主席张时献、江阴市体育局局长顾洪伟和青阳镇镇长邹星洪、副镇长张振军出席联赛开幕式。来自全市镇(街道)、各企业的16支男子篮球队参加比赛,经过8天48场激烈的角逐,比赛于10月23日降下帷幕。青阳镇男子篮球队荣获冠军,江苏华兰股份队荣获亚军,周庄镇男子篮球队、江苏苏青集团正山泉队分别荣获第三、第四名。主办方通过手机网络现场直播12场比赛,在线观众3万多人次,提升了FJBA男子篮球俱乐部联赛的品牌效应。 (吴全伟)

徐霞客镇

【概况】 徐霞客镇是明代杰出地理学家、旅行家、探险家徐霞客的故乡,是国家卫生镇、全国环境优美乡镇、全国旅游特色景观旅游名镇、全国经济发达镇行政管理体制改革试点镇、江苏省省级休闲旅游度假区。该镇位于江阴市南部,东与祝塘镇、周庄镇接壤,南和无锡市惠山区堰桥镇隔界河相望,西同青阳镇、月城镇毗邻,北连南闸街道、云亭街道。区域面积110.17平方千米,下辖21个行政村(其中7个村居合一)。2016年年末,有户籍32497户109796人,其中男性54741人、女性55055人;户籍人口中有少数民族21个968人。有外来暂住人口51074人,其中男性28444人、女性22630人。

政治建设 紧紧围绕全市争创全国文明城市总目标、总任务和总要求,以"两学一做"*学习教育为主线,深化行政体制改革,服从服务"强富美高"*新徐霞客建设大局。全年召开党委全体(扩大)会议3次,班子集中学习13次。结合学习型机关建设与机关作风效能建设,在机关工作人员中开展"每月一讲"等学习教育活动,组织新任村书记参加无锡市专题培训,举办入党积子与新党员培训班,开展"两学一做"示范教育培训。充分利用党员微学堂、基层党校、远程教育网、网格化等载体,广泛宣传徐霞客镇的"好书记、好干部、好党员"先进事迹。创新"百场讲座进基层""千名书记讲党课""万名党员争先锋"活动内容和形式,组织开展宣讲活动14场,开展9轮党员干部普遍性教育培训,党员参训率98%。全年发展党员46人,转正预备党员43人;七一期间,表彰优秀共产党员95人、模范共产党员8人,党员示范岗10个,党风廉政规范化建设示范点3个,"五先五好"*服务型党组织10个。严格按照《关于加强和改进"两代表一委员"产生工作的通知》,对22名市党代表候选人、254名镇党代表候选人、36名市人大代表候选人和165名镇人大代表候选人进行考察和纪实。4—12月,完成市镇两级人大代表选举和镇党委、企事业党组织及村(社区)"两委"换届工作,选举产生江阴市人大代表32人、徐霞客镇人大代表119人;21个行政村党组织和村(社区)委员会换届全部采用党员推荐、群众推荐、党内选举"两推一选"方式,选举产生党组织班子116人,村(社区)委员会班子112人,新配备村(社区)书记4人;提拔机关干部15人,镇属学校中层干部6人,村(社区)干部34人。广泛开展"五先五好"*基层党组织创建活动,充分发挥基层先进典型的示范导向作用。探索基层服务型党组织建设"以强带弱、共促发展"新格局,创建北渚社区党建示范点,采取"抱团取暖"的方式率先联合马镇区域的基层党组织。坚决落实党风廉政建设"两个责任"*,对21个行政村进行全面审计,对群众反映突出的问题、廉政风险"高危"领域、村书记离任等加强审计监督。建成阳庄村、新街村、市场监督管理分局3个党风廉政规范化建设示范点,北渚村、新须毛村、综合执法局3个争创党风廉政规范化建设示范点,制定出台《徐霞客镇农村集体"三资"管理制度》《徐霞客镇建设工程管理办法(试行)》等制度,完善徐霞客镇机关各部门权力运行廉洁风险防控体系清单,促使公权在监督中运行。全年完成交办案件36件,自办案件9件,给予党纪处分45人;诫勉谈话16人次,挽回经济损失37余万元。成立市侨联徐霞客分会,承办"台湾学子看无锡"夏令营等活动。完善机关事业单位信息管理系统,认真做好公务员职务职级并行、退休人员养老金调整、机关事业人员应休未休年假补贴发放等工作。对全镇编外用工进行梳理,确定各条线编外用工名额。以"美丽霞客·文明先行"为主线,启动新一轮文明城市创建工作。研究制定《徐霞客镇2016年度全国文明城市创建工作重点》《徐霞客镇文明城市创建百分考核细则》《徐霞客镇环境卫生长效管理实施意见》,多次召开文明创建工作专题推进会,全面落实网格化创建责任,组织开展以文明创建进村(社区)、进学校、进企业、进工地、进市场(农贸市场、商场)、进家庭为主要内容的系列文明评选活动,以点带面,全面开展创建工作。认真梳理城镇管理、镇容镇貌、氛围营造、文明素养等方面存在的差距和问题,狠抓垃圾减量分类、交通秩序整治,小餐饮店、小浴室、小网吧、小歌舞厅、小旅馆"五小"行业管理,村(社区)亮化美化等薄弱环节,《徐霞客报》开设文明创建专栏,全方位报道社会各界参与创建的工作动态。坚持"为民、惠民、育民"的宗旨,广泛发动群众参与"文明霞客·感动你我""绿色家园·从我做起""共创文明城市·共建绿色家园"等为主题的创建活动。设立公益广告500余处,组织30多个镇文明志愿组织开展各类志愿活动235次,参与者5000余人。全年在无锡市级媒体用稿23篇,省级及以上新闻单位用稿51篇,在江阴市级媒体报道300余篇,向江阴市文明办推荐"江阴好人"9人,其中1人获评"无锡好人"、2人获评"江阴好人",评选出第四届"霞客好人"10人。徐霞客便民服务中心、江阴市峭岐实验小学2个单位获评江阴市青年文明号;成立职工法律援助律师团,为75个企业提供法律援助;完成辖区内21个村(社区)妇联组织换届工作,成立首个公益组织(暖流行动)妇女联合会。人民武装工作纳入党委政府的议事日程,在制度化建设上取得新成效;组织基干民兵和民兵预备役进行山林防火、警民联防训练以及参与文明创建等活动,完成49名新兵征集任务,货币化安置退伍士兵48人。

经济建设 全年实现地区生产总值116.44亿元;完成全社会固定资产投资46.12亿元;财政收入13.5亿元,其中公共财政预算收入7.2亿元;实现工商业开票销售357.6亿元;到账外资1500万美元。实现农业总产值10.15亿元,成功签订引进投资1亿美元的都市农业项目,建设徐霞客凯地家庭农场、耕耘园等农业项目12项,申报落实省级现代农业产业项目3项。突出农业信息技术应用导向,开展农产品电子商务示范基地建设、农业物联网示范基地建设,新建项目18项,总投资1.54亿元;"三资"投农*1.62亿元。新增设施农业84.3公顷,重点推广稻田养塘鳢33.35公顷;引进农业新品种5种,示范农业新技术3项,培育科技示范户150户;启动《江阴市畜禽养殖污染综合治理两年(2016—2017)行动计划》,关闭禁养区和限养区内重点小散养殖户301户。新建排涝泵站6座;完成徐霞客村界河京沪高铁段圩堤加高加固工程、马镇北渚驾校段圩堤灌浆工程;完成丁岸桥、新璜河1号桥2座省农桥建设;完成23条村镇河道的清淤工作,清淤长度9.6千米,整治黑臭河道2条;创建省级绿化示范村1个,新增绿化造林面积60.56公顷,绿化覆盖率24.5%;秸秆还田率98%;全年争取生态补偿金1600万元。实现工业总产值340.07亿元,其中规模以上工业总产值271.99亿元;完成工业投资24.91亿元;完成工业项目及政府工程项目备案、核准56项,技改扩能项目35项;14个行政村土地确权登记颁证工作通过江阴市验收;徐霞客镇农村产权交易服务中心交易项目数连续三个月排名全省第一;外贸进出口总额8.29亿美元,其中自营出口额6.75亿美元;在江阴市经贸合作洽谈会上成功签约3项目,签约总额106亿元。实现服务业增加值41.08亿元,服务业投资20.28亿元;限额以上法人零售3.35亿元,限额以上批零总额63.74亿元;新办主辅分离企业3个,累计13个。全年单位地区生产总值能耗下降4.4%,万元规模以上工业增加值能耗下降4.6%,重点用能企业万元产值能耗下降4.7%,完成年度减排量化学需氧量116.01吨、氨氮16.68吨;完成清洁生产审核企业2个,能源管理体系认证企业2个,关停"三高两低"*企业5个,完成节能及循环经济项目1项,完成4个企业挥发性有机化合物废气治理任务;开展钢铁行业去产能、"地条钢"专项整治及热电堆场整治,淘汰改造10蒸吨以下燃煤锅炉15台、落后变压器24台,拆除中频炉3台。完成徐霞客镇人民路北侧、冶坊桥沿河10个企业的生活污水接管,1个污水厂规范化管理验收;取缔瓶片清洗小作坊28个,完成2个铝氧化企业专项整治。全年审批项目38项，拒批项目8项，检查“三同时”项目*38项，验收13项，发放排污许可证37份；对2015年1月1日前建成的项目进行清理，清理出467项违法违规项目，清理关停93个，完善手续53个，备案305个。在中央第三环境保护督察组进驻江苏省期间，处理8件交办件；全年处理环境信访552件。

社会建设　全年科研经费支出3.8亿元，专利申请和授权分别为540件和200件；高新技术产业产值占规模以上工业企业产值比重63.3%；规模以上工业企业新建研发机构11个，申报各级各类科技计划项目11项，组织实施重点产学研项目2项，申报高新技术企业9个，认定省民营科技企业8个，建立研究生实习基地10个；获批省名牌1个、申报无锡名牌3个；新增各类人才980人，培养高技能人才295人，柔性引进外国专家和海外智力项目1项，获批江阴博士后工作站1个，申报省“双创人才”*项目1项，“333”工程*2个，“六大人才高峰”人才项目2项；江苏雪豹日化有限公司、江苏同发新能源股份有限公司相继上市；组织江阴鑫海公路机械材料有限公司、江阴市天马电源制造有限公司、江阴市雷奥机器人技术有限公司等企业参加中国工业博览会；申报无锡市科普示范家庭1户，徐霞客镇被评为无锡市科普示范乡镇，宏岐村获批无锡市科普示范村(社区)；特种作业人员培训562人。完善江阴终身教育学习网——徐霞客镇社区教育中心分平台网站建设，学习登录人数1.49万人，发表社区新闻稿件129篇。完成社区教育示范校验收，社会对政府办学的满意度95%以上。阳庄菜园滕国俊获评江苏省劳动模范。着力推进“书香徐霞客”建设，在霞栖苑安置小区和鑫城湖公园建设2个公共文化阅读点，向每个村送书刊200本，以满足人民群众日益增长的精神文化需求。整合村(社区)文化资源，文化活动室集阅读、娱乐、休闲为一体，免费开放，全年无休。广泛开展“八礼四仪”*、公祭英烈、童心向党、向国旗敬礼等养成教育，新增“彩虹课堂”，举办全镇少儿故事演讲比赛与澄南片少儿故事复赛等活动，峭岐实验小学圆满完成小锡剧班的教学任务。坚持出书出作品，连续三年举办廉政书画比赛，整理汇编出版《霞客清风书画集》；继续做好非物质文化遗产的普查、发掘和宣传工作，举办2016年海峡两岸纪念徐霞客公祭典礼，树“徐霞客出游始发处零公里里程碑”。2016年江阴市第四届“芙蓉花奖”文艺会演活动中，徐霞客镇创作的故事《特殊的保安》获一等奖，创作的小品《苍蝇》获二等奖，创作的广场舞获二等奖，创作的歌曲《我看见了你》获三等奖；徐霞客镇1人获江阴市文学艺术奖，实现镇文学艺术奖领域零的突破。全年送戏进村超100场，送电影80场、送评弹45场、送展览10个，受惠群众超20万人次。完成方园一村六期、方园一村七期、冯溪家苑、霞栖苑五期安置房建设，继续深化市场化安置模式，分房682户1204套，所有被拆迁户均安置到位。全年投入建设资金1.91亿元，完成人民路东段停车位改造、锡澄高速下穿人非混行道、新仁路延伸段砼路面、冯溪路、迎宾大道、马镇外环北路延伸段等道路桥梁工程；完成璜塘小学扩建室外绿化、20座学生候车亭采购、安装等校园建设工程；完成综合执法局改造、便民服务中心改造、消防中队车库、鑫城湖公园修缮、徐霞客公园修缮、明清街修缮工程等社会事业工程；完成马镇外环北路延伸段、金北路路灯、锡城高速花山互通绿化工程和峭岐人民路两侧绿化等工程。完成城保扩面2612人，居民养老保险续保率98%。年度劳动保障书面审查和社会保险登记验证945个。职工技能培训鉴定取证人数1071人。徐霞客镇籍高校毕业生就业率94%，其中困难家庭大学生就业率100%。举办就业招聘会4场，提供就业岗位3085个，本地农村劳动力实现就业人数1152人；村级平台劳动力失业登记及动态维护率100%；认定就业再就业困难人员528人，累计认定5577人，新增社保补贴发放191.84万元，累计发放社保补贴860.25万元。发放失业人员特困户补助43人；完成异地退休人员健康认证1000多人和企业退休职工健康体检8512人，退休职工体检率82.26%。全年调处各类劳资纠纷293件，涉及人员1250人，为职工讨回工资款及经济补偿款近1000万元；调处工伤93件，涉及人员93人，调处金额900多万元。新建3个“职工之家”，建成首个环卫职工“安康爱心驿站”，3个“无锡市爱心母婴室”。工会组建率和职工入会率均为90%以上，登记会员信息1.4万人；规范工资集体协商，签订“企业工资专项集体合同”、女职工专项保护协议、劳动保护卫生协议等797个；调整马镇区域基本农田200.1公顷。完成民政撤组5组，完成对1983年清退民办教师的认定工作。全镇各部门募集各类捐款270.37万元，走访慰问各类困难家庭和人员457户462人；全年在职职工医疗互助参保人员为6530人，享受城市、农村低保救助459户772人，发放保障金215.5万元；发放各类生活救助金470万元，各类军属补贴772.63万元，各类残疾人补助、补贴730.05万元，形成“慈福”民生系列保险品牌，切实加大普惠性保障力度。完成全国残疾人基本服务状况和需求信息数据动态更新工作，新增残疾人工作岗位6个，24名残疾儿童少年入学。配合开展辖区内小学生五六年级及初中学生脊柱侧突的筛查，筛查学生4721人。4名选手参加江阴市残疾人乒乓球、羽毛球比赛，徐霞客镇获团体总分第四名和优秀组织奖。14个星级档案室通过江苏省星级档案室复查，完成档案电子化23429件。镇便民服务中心整合152项行政审批和公共服务事项，在全国率先实行“一窗式受理、一步法审核、一枚章审批”。全年中心办理业务145679件，办结率100%；政府工程招标项目229项，金额1.15亿元，节约资金1988万元。徐霞客镇综合执法局成立，由88名执法队员组成的综合执法队伍，统一承接和行使城管、环保、安监、文广新等与社会管理相关的647项行政执法权限，基本实现“一支队伍管执法”。全镇技防监控1215只，基本对路面、安置小区及自然村道口进行全覆盖。钓岐村、新街村通过省级民主法治示范村(社区)验收,至此省级村上升至9个,创建率42.8%。认真实行敏感期每日"零报告"制度,镇办公自动化电子网络办公系统平台登记受理各类群众来访274批1251人次,集访总量比2015年下降51.7%。全年办理人民来信及上级交办事项48件,及时答复率100%。化解各类信访、纠纷928件,调解成功率96%以上。破刑事案件118件,抓获刑事作案人员187人,破治安案件434件,抓获违法人员224人。全年办理一孩服务证533张,"单独二孩"生育服务登记证381张,再生育一孩证29张,独生子女父母光荣证3533对。

2016年徐霞客镇主要经济社会指标一览

表74

指标	单位	数量	比2015年增减(%)	指标	单位	数量	比2015年增减(%)
地区生产总值	亿元	116.44	4	到位注册外资	万美元	1500	-50.40
人均地区生产总值	万元	10.60	4	工业企业	个	1198	-9.70
财政收入	亿元	13.50	8.09	服务业增加值	亿元	41.08	2.50
第二、第三产业增加值占地区生产总值比重	%	95.65	0.13(百分点)	限额以上批发零售业销售总额	亿元	63.74	6.50
农业总产值	亿元	10.15	1.40	限额以上批发零售业零售额	亿元	3.35	9.80
粮食总产量	万公斤	1843.50	-22.60	中小学校	所	6	20
工业总产值	亿元	340.07	5	中小学校在校学生数	人	9031	0.51
其中:规模以上工业总产值	亿元	271.99	4	数字电视入户率	%	96	0(百分点)
工业利税总额	亿元	18.03	-24	农村居民人均可支配收入	元	26804	10.39
其中:规模以上工业利税总额	亿元	12.12	-30.40	社保参保率	%	98	0(百分点)
工业用电量	亿千瓦时	12.13	8.20	劳动合同签订率	%	92	0(百分点)
全社会固定资产投资	亿元	46.12	8.20	月薪制实施率	%	95	0(百分点)
其中:工业投资	亿元	24.91	8	新型农村合作医疗参保率	%	100	0(百分点)
服务业投资	亿元	20.28	12.40				

2016年徐霞客镇开票销售收入前10名企业一览

表75

名次	企业名称	销售收入(亿元)	法人代表	名次	企业名称	销售收入(亿元)	法人代表
1	海润光伏科技股份有限公司	97.51	孟广宝	6	江阴市南阳彩色纤维母粒有限公司	3.79	朱涵晓
2	江阴新仁科技有限公司	44.53	曾明柳	7	江阴康丽服装有限公司	3.72	夏婉珍
3	阿法拉伐(江阴)设备制造有限公司	10.64	GORAN MATHIASSON	8	江苏同发新能源股份有限公司	3.64	谢晨毅
4	无锡圣马科技有限公司	6.39	孙秉忠	9	江阴市向阳特种化纤有限公司	3.33	李国良
5	江苏霞客环保色纺股份有限公司	5.36	汪瑞敏	10	江阴金球铜业有限公司	3.11	朱　翼

2016年徐霞客镇各村(社区)基本情况一览

表76

村(社区)名称	户数(户)	人口(人)	村(社区)党支部(党总支、党委)书记	村(社区)主任	村(社区)开票销售收入(亿元)	人均可支配收入(元)
金凤村	1570	5357	张国兴	许　栋	9.62	30500
任九房村(社区)	1497	4386	任巍峰	任建平	102.55	32647
方园村(社区)	2035	7032	潘岳明	施文革	9.53	32557

续表76

村(社区)名称	户数(户)	人口(人)	村(社区)党支部(党总支、党委)书记	村(社区)主任	村(社区)开票销售收入(亿元)	人均可支配收入(元)
新须毛村	981	3643	张亚良	孔忠平	7.44	36000
璜东村	1047	3927	王　斌	严　刚	10.13	36516
上东村	1733	6192	张同昌	王　凯	15.13	36020
璜塘村(社区)	1365	4047	张银初	华晓亚	41.07	30000
北渚村(社区)	2003	6471	徐　虎	曾雷军	15.19	28938
徐霞客村(社区)	1270	4081	沈玉娟	沈贤斌	4.94	24145
马镇村	1121	3779	俞立夏	张静德	7.06	26750
湖塘村	1038	3448	张　坚	范燕玉	1.73	20795
红星村	1400	4925	王玉萍	顾建彬	8.35	28090
阳庄村	1266	4416	金　平	郭　峰	2.32	25467
皋岸村	1783	6321	孔维章	李金华	5.99	26916
东宏村	1759	6255	蒋洪青	沈贤明	7.32	23440
黎明村(社区)	1277	4510	陆　振	封晓忠	10.60	23531
峭岐村(社区)	2329	6236	陈加平	徐　锋	4.28	28560
钓岐村	1567	5421	吴雪英	林文兴	6.08	26000
宏岐村	1748	6233	吴余清	陈建华	6.11	27369
新街村	965	3525	胡建国	王林平	2.97	24820
南苑村	2762	9685	胡君良	王其海	3.88	20196

【获全国百城千村健身气功交流展示系列活动“展示奖”】 健身气功是以自身形体活动、呼吸吐纳、心理调节相结合为主要运动形式的民族传统体育项目,徐霞客镇经过十多年积极推广,从无到有逐步壮大,习练者发展近千名,建有健身气功培训中心点2个,无锡市体育局批准设立习练站点16个,健身气功健身点35个,配备健身气功指导员72人。徐霞客镇健身气功队多次代表无锡市参加江苏省和全国的比赛活动,屡获佳绩,还每年组织一次镇级健身气功比赛,推动健身气功习练活动蓬勃发展。2016年2月,该队获全国百城千村健身气功交流展示系列活动“展示奖”。

【率先在全省实行“一窗式”政务服务】 2016年11月28日,徐霞客镇政务服务中心启用新大厅,面积2200平方米,使用综合信息平台,原有26个业务窗口缩减为14个综合窗口,在全省率先实行“一窗式”政务服务。该中心承接市级下放各类行政审批和公共服务事项228项,集受理权、审核权、审批权于一体,对外统一使用“江阴市徐霞客镇行政审批专用章”。为尽可能地方便群众办事,中心有187项网上办理事项,通过网上办事大厅和手机APP实现,其中105项可实现不见面办理。变被动服务为主动服务,按照“即时即办、定时代办、上门特办”的原则,全镇21个村级便民服务中心和179个网格员组成的代办服务队伍,与政务服务中心构建“1+21+179”模式的网格化便民服务体系。属于村办理范围的,一律在村限时办结。对于存在实际困难的村民,提供上门特办服务。中心实行“一窗办、网上办、督着办”,为企业和群众提供更快捷、更便民、更阳光的办事体验。至年末,中心办理各类审批服务事项145679件,办结率100%;政府工程招标项目229项,金额1.15亿元,节约资金1988万元。

【梦东方项目签约】 2015年年末,徐霞客镇获批设立江苏省休闲旅游度假区。2016年,江阴市政府和徐霞客镇政府引进梦东方·徐霞客国际旅游度假区项目,由天洋控股集团投资。该集团拟在生态环境优美的“游圣”徐霞客的故乡,打造集文化小镇、休闲度假、精品酒店为一体的大型旅游度假区,项目总占地333.5公顷,预计总投资约200亿元。12月9日,该项目在市政府举行签约仪式。天洋控股集团董事局主席兼总裁周政,无锡市市长汪泉,省旅游局局长秦景安,无锡市和江阴市领导陈金虎、刘霞、孙小虎、徐冬青、计军、吴芳、费平、唐仲贤等以及徐霞客镇领导叶韩清、王光华出席签约仪式。梦东方项目的签约,有助进一步打响徐霞客品牌,对进一步完善城市功能、提高城市品质、繁荣城市经济都具有重要意义。

【纯电动公交车投入运营】 2016年3月3日,江阴市首批20辆纯电动公交车率先在徐霞客镇投用并上路运营,这标志着徐霞客镇在打造环保绿色出行迈出实质性的第一步,为纯电动汽车的发展奠定坚实基础。纯电动公交车单从外观上看与普通的公交车并没什么两样,但在运行过程中纯电动公交车起步稳,无噪音,乘客在乘坐的过程中更加舒适。徐霞客镇有区域公交线路4条、干线公交3条。此次投用的20辆纯电动公交车用于镇村公交503路、505路、506路、507路霞客区间线路。投用后,原有发车线路、发车时间和密度不变。在相关充电装置等设施完善的基础上,下一步纯电动公交车普及所有公交线路,电动车数量也将由20辆增至40辆。

【镇网格管理系统初具规模】 2016年7月,徐霞客镇以行政管理体制改革为契机,制定下发《关于进一步深化村(社区)网格化服务管理工作实施意见》,重组行政资源,进行流程再造,成立镇管理服务指挥中心。全镇划分为21个一级网格和179个综合网格,逐步构建"1+21+179+N"的工作体系,即做强一个指挥中心,做实21个一级网格,做细179个二级网格,延伸N个公共社会管理系统。网格管理系统整合全镇社会管理服务对象和民生服务元素,传统条线网格整合为一张综合网格,对于每一级网格所包含的人口信息、企业信息、党员信息、民政信息、应急处理信息等进行统计,并在网格中显示,集聚信息资源、优化管理流程、细化督查步骤。在镇级层面,通过中心协调联动,指挥督办相关部门在限期内及时处理业务。系统重组管理服务链,创建"天上有云,地上有格,格中有人,人能管事,管理有序,序后评估,评后考核,考核入档,归档入云"的九步闭环工作流程。与市级"12345"公共服务呼叫中心相接,通过协调联动,诉求件的受理、交办和督办过程更加通畅,办结率得到明显提高。通过精细化管理、人性化服务、多元化参与、信息化支撑的"四位一体"工作体系,真正做到排查全覆盖,监管全天候,管理全流程,服务全方位,全面提升徐霞客镇综合治理服务水平。

【峭岐两道路拓宽工程竣工】 峭岐人民路、迎宾路两道路是峭岐工业园区和峭岐社区的主干道路,由于车流和人流量较大,设施老化,通行不畅。2014年始,徐霞客镇为彻底改善这一现状,先后经过土地流转、征用、补偿等流程,对两道路实施拓宽工程,其中峭岐人民路拓宽工程,于2015年4月1日开工,2016年1月2日竣工,项目总造价1162万元。拓宽后的峭岐人民路东至峭璜路、西至黎明桥,全长1.42千米,采用城市次干道标准设计,由原来的7.5米拓宽至13.5米。迎宾路道路工程于是年3月开工,12月竣工验收,全长2.3千米,改造后由9米拓宽至12米。此两道路的完工,进一步完善峭岐道路交通路网,改善出行条件。

【加载统一社会信用代码个体工商户执照首发】 个体工商户原来申请需要依次,分别由市场监管部门核发营业执照、税务部门核发税务登记证。2016年,个体工商户申请时只需填写一张申请表格,由市场监管部门一窗受理,将营业执照、税务登记证合并为一张证照。12月1日,江阴市个体工商户营业执照和税务登记证"两证整合"启动仪式在徐霞客镇便民服务中心举行,80后创业者澄中探味饭店老板孔唯龙成为领取全市首张"两证整合"营业执照的个体户,这是江阴市首张加载统一社会信用代码的个体工商户执照。实行"一条龙"服务后,原来需要登记的76个数据压缩为20个,大大缩短执照的办结时间,避免申请人在多个部门之间往返奔波。新执照的突出特点是加载统一社会信用代码,这意味着个体工商户也能像企业一样拥有属于自己的身份证号,以后个体工商户凭统一社会信用代码就可以在银行、人社、公安等多个部门办理相关业务。

【"霞行天下"微信公众号开通】 2016年4月22日,由徐霞客镇宣传科主办、各部门协办的"霞行天下"微信公众号正式开通。微信公众号立足更直观、更及时反映全镇在党务政务、经贸招商、文化交流、旅游节庆等方面的工作全貌,围绕镇、村重点工作,注重深度报道,聚焦重大活动和产业动态,传承历史文化。创新对外宣传报道新形式,图文并茂,加强与群众的沟通,着眼扩大全镇的宣传声势和影响力,加强形象提升,把握正确舆论导向,营造良好的舆论氛围。至年末,共刊发微信68期272篇。

【周湘云书法作品被人民大会堂收藏】 2016年6月1日,当代书画名家邀请展在中国国家画院(国展)美术中心开幕,徐霞客镇周湘云受到展会组委会邀请,30多件书法作品参展,得到中国画院领导的表扬和肯定。周湘云为中国书画艺术委员会委员,江苏省书法家协会会员,徐霞客镇书画协会副会长,徐霞客书画院院长,他诸体皆擅,尤精楷书。扎实的功底,博采众长,形成自己清丽劲秀、古朴雅健的艺术风格,深得专家学者们的高度好评和社会的广泛认可。开幕式上周湘云为此次展览特意书写的6尺楷书苏东坡《石苍舒醉墨堂诗》,被人民大会堂收藏。 (卢淑琴)

图为收藏证书

(徐霞客镇党政办提供)

华士镇

【概况】 华士,原名华墅、华市,又称龙砂,素为江南名镇,有5000年的考证史,3200年的文字记载史。宋元时,华士地区已成为江南棉花交易集散中心,有"日出万匹,衣披天下"之美誉。华士钟灵毓秀,曾有"小小华士赛苏州"之誉。华士人文荟萃,南宋至清末,出进士50人,举人62人。华士名医辈出,有"大江南北延医者,都于华墅"之说。华士镇位于江阴市东部,东与张家港接壤,常合(沿江)高速公路、340省道横贯该镇,地理位置优越,水陆交通便捷。华士镇是全国文明镇,下辖27个行政村和2个社区居委会,是

“天下第一村”华西新市村的所在镇。镇域总面积74.58平方千米,耕地面积1910公顷。2016年年末,有常住人口93193人,其中男性46238人、女性46955人;有少数民族18个268人,其中男性41人、女性229人。有外来暂住人口112593人,其中男性61511人、女性51082人。

政治建设　全面贯彻落实党的十八大和十八届三中、四中、五中、六中全会对加强党的建设的部署和要求,以全面从严治党为主线,强化管党治党主体责任,突出“两学一做”*学习教育。深入开展“两学一做、走进华西”“学华西、谋转型、强产业”“走进华西学习‘时代楷模’”等系列主题活动。制定下发《华士镇“两学一做”学习教育实施方案》。七一建党节前后为联系村党员、群众讲授党课14场,培训基层党员群众3000余人,全镇248个党支部都开展“支部讲党课”和主题党日活动。上报“两学一做”创新案例4篇。大力推行农村基层党组织“星级化”管理工作,推动全面从严治党向农村基层延伸。圆满完成镇党委、镇直属党组织及下属支部、村(社区)两委、人大换届工作。组织全镇村(社区)书记赴浙江考察学习;组织好市管领导干部专题轮训、“江阴大学堂”、“两学一做”学习教育示范培训、村(社区)书记论坛暨示范培训、“两新”*组织党组织书记示范培训等培训班。组织开展公务人员网上学法考试。进一步理顺党组织设置和党员隶属关系,撤销1个企业党委、2个党总支和10个党支部,新组建党支部3个。表彰先进基层党组织30个,优秀党组织书记30人,优秀党务工作者33人,优秀党员217人。华西新市村、曙新村、陆丰村被评为江阴市“五先五好”*服务型党组织。召开庆祝五一国际劳动节暨先进表彰大会,表彰模范“职工之家”10个、优秀工会工作者20人、工人先锋号20个、文明职工100人、职工优秀技术创新成果10项、职工优秀合理化建议10项。开设各类免费艺术培训项目20多项,培训青少年1万多人次。《不平静的青阳湖》获2016年全国法治故事大赛银奖。广场舞蹈《希望的田野》获无锡市第三届“群芳奖”金奖。成功注册“华士之窗”微信公众号,并试运行。开展“新风景、正能量”文化墙、“社会主义核心价值观进万家”等活动。实现建筑工地围挡公益广告全覆盖。全镇新建独立工会10个,工会小组55个,吸纳工会会员2000多人。开展安全生产宣传活动,发放安全知识、职业病防治、劳动法律法规等宣传资料2000多份,接受群众咨询30多次。完成415名基干民兵和36名预备役人员的整组任务。年内征集新兵41人。狠抓廉政教育和预防工作,成立党风廉洁建设督察组,梳理责任清单,明确各村支部书记为落实党风廉洁建设责任制的第一责任人。对村委相关负责人进行诫勉谈话47人次,给予党纪处分3人次;协调并督办中央环保督察组交办信访件4件,实施诫勉谈话5人次,积极配合上级检察机关办案涉6人次,追缴赃款挽回经济损失600余万元。

经济建设　全年完成地区生产总值279.34亿元,比2015年增长8%。完成公共财政预算收入12.24亿元,比2015年增长31%。实现工商业开票销售收入740亿元。完成固定资产投资50.63亿元,增长13.7%,其中工业投资26.86亿元,增长12.2%。完成服务业开票销售225.12亿元。服务业增加值93.36亿元,占地区生产总值比重33.4%。全镇粮食总产量797.15万公斤,比2015年下降11.1%。全镇经济企稳回升的势头日益显现,经济运行核心指标排名位列全市镇(街道)第一。土地确权加紧推进,村级规范管理日趋完善。出台《关于进一步规范村级“三资”管理的工作意见》,进一步对村级资金、资产、资源规范管理。开展村级财务管理督察活动,重点检查贯彻落实情况、财务公开制度情况。服务效能巩固提高,办理各类审批服务事项30多项。搭建企业、银行沟通平台,开展银企对接,为16个入会企业转贷89笔,转贷金额5亿元。全镇传统产业改造升级,新兴业态项目快建快投。全年关停“三高两低”*企业6个,关停10蒸吨以下锅炉9台、废旧塑料造粒小作坊10个。完成576项环保违建项目清理和年度减排目标。积极推进铝氧化、污水处理专项整治,年减排化学需氧量57吨、氨氮7.5吨。

社会建设　新办自营出口获权企业5个,申报主辅分离企业2个、省高新技术企业8个、中国驰名商标1种。向阳科技、标榜汽车部件申报江苏省成果转化项目。博锐格电子获批江苏省科技支撑计划。苏阳电子申报江苏省国际合作项目。华西融资租赁、华西新能源、海澜之家智能仓储物流、传澄微商等一批新兴业态脱颖而出。江阴科玛金属制品有限公司等7个企业获江苏省高新技术企业认定。完成专利申请1100件,其中发明专利申请758件,实用新型专利申请293件,外观专利申请52件,专利授权总量247件,有效发明专利拥有153件,发明专利授权量12件。从严从实推进人才强企,始终围绕产业强镇、人才强企的主导战略。积极对接参加江阴市重点骨干企业、重点项目人才对接专场招聘会,江苏苏阳电子股份有限公司、江苏爱康科技股份有限公司等5个企业参加无锡市“百企千才”高校行大连、西安专项招聘会。申报创新创业“双创”人才1个、双创博士1个。全年提供就业岗位6000个,实现本地劳动力就业2500人,新增城保扩面3800人。农民人均可支配收入3.9万元,增长11.4%。全年募集慈善基金386.5万元,支付各类救助金204.11万元,惠及困难群众2520人次。新建成标准化居家养老服务中心2个、老年助餐点3个。曙光幼儿园、陆桥中学综合楼、华西文体中心相继落成启运,红苗小学教学楼及操场改建基本完工。全年新增健身站点9个、整治达标90个。江阴华西钢铁有限公司等3个企业完成堆场扬尘整治,江阴天虹板业有限公司等4个企业实施有机废气治理,华西污水处理厂日处理1万吨扩建及华中污水厂提标改造工程相继完成。新建陆桥联圩工程,完成陆桥排涝站、新建浜排涝站主体部分,华塘河沿线管网进入勘测设计,完成家河清淤面积13.33公顷。建设人民西路延伸段,整治东华路沿线;启动澄鹿路集镇段排水管道工程。积极推进畜禽养殖污染整治,签订关停企业协议50个,拆除30个。以全市文明城市创建为契机,重点围绕清水、治气、增绿开展治理,积极推进城乡环境综合整治。稳步实施村庄绿化,生态环境持续改善,新增绿化面积6.67公顷。俭益路、东华路、天华生态园节点5.5万平方米绿化改造提升工程顺利完成。举办各类体育比赛及活动200多次、参与人数2万人次。推进社会管理网络化建设,补充完善162个网络区域工作机制。各个村(社区)设网络管理站,并配备专人实行定员定点管理。推进“互联网+”城市交通模式,缓解镇区拥堵和停车难问题。全年调处各类矛盾纠纷1342件,调解率100%,调解成功率99.4%。受理“12345”公共服务呼叫中心受理咨询、投诉、建议、求助等信息1789件,诉求人满意率99.6%。建立健全信访工作网络,阳光信访系统受理信访件67件。完成环南路三期安置房、人民路改建项目、扩建改造张家圩圩区工程等社会稳定风险评估项目14项。扎实推进技防镇、村建设,全镇平安村(社区)创建参与覆盖率100%。全面推进网络化环境监管,有效调处各类环境信访559件,中央环保督查组7个交办问题全部办结。开展社区禁毒系列活动40余次,禁毒讲座15次,发放宣传资料2000余份。破案295件。

2016年华士镇主要经济社会指标一览

表77

指标	单位	数量	比2015年增减(%)	指标	单位	数量	比2015年增减(%)
地区生产总值	亿元	279.34	8	到位注册外资	万美元	2000	0
人均地区生产总值	万元	30.11	3.60	工业企业	个	1042	0.97
财政收入	亿元	23.56	8.62	服务业增加值	亿元	93.36	14.40
第二、第三产业增加值占地区生产总值比重	%	99.40	0(百分点)	限额以上批发零售业销售总额	亿元	121.28	26.70
农业总产值	亿元	2.90	5.30	限额以上批发零售业零售额	亿元	10.48	13
粮食总产量	万公斤	797.15	-11.10	中小学校	所	6	0
工业总产值	亿元	855.29	3.60	中小学校在校学生数	人	12367	0.93
其中:规模以上工业总产值	亿元	738.96	3.70	数字电视入户率	%	96.10	0.5(百分点)
工业利税总额	亿元	51.61	-1.60	农村居民人均可支配收入	元	39027	11.40
其中:规模以上工业利税总额	亿元	45.25	-2.30	社保参保率	%	98	0(百分点)
工业用电量	亿千瓦时	31.47	0.96	劳动合同签订率	%	98	0(百分点)
全社会固定资产投资	亿元	50.63	13.70	月薪制实施率	%	98	0(百分点)
其中:工业投资	亿元	26.86	12.20	新型农村合作医疗参保率	%	100	0(百分点)
服务业投资	亿元	23.20	12.70				

2016年华士镇开票销售收入前10名企业一览

表78

名次	企业名称	销售收入(亿元)	法人代表	名次	企业名称	销售收入(亿元)	法人代表
1	江苏华西集团公司	246.25	吴协恩	6	江苏天华纱业集团	17.97	周爱明
2	江苏海达科技集团有限公司	88.19	徐友才	7	江苏爱康科技股份有限公司	16.47	邹承慧
3	海澜之家服饰有限公司	52.69	周建平	8	江苏向阳集团有限公司	15.74	李国良
4	江苏蝙蝠塑料集团有限公司	31.66	孟永华	9	江苏东鋆光伏科技有限公司	11.86	徐文亚
5	江阴市天达针纺织有限公司	23.02	李 旦	10	江阴市创新气门嘴有限公司	11.64	徐进良

2016 年华士镇各村(社区)基本情况一览

表 79

村(社区)名称	户数(户)	人口(人)	村(社区)党支部(党总支、党委)书记	村(社区)主任	村(社区)开票销售收入(亿元)	人均可支配收入(元)
华西新市村	484	2003	吴协恩	吴协恩	357.02	90100
华西一村	1228	4526	曹江涛	曹江涛	3.92	36180
华西二村	1050	3721	朱文明	朱文明	4.08	41640
华西三村	855	3210	刘进杰	刘进杰	8.53	35000
华西四村	516	1852	谢士兴	谢士兴	—	20000
华西五村	724	2767	朱惠洪	朱惠洪	8.20	30800
华西六村	656	2392	周建国	周建国	1.33	28500
华西七村	629	2335	吴　挺	沈玉平	0.22	30650
华西八村	816	2944	季惠忠	季惠忠	0.32	27000
华西九村	515	1918	吴金福	吴金福	8.47	29800
华西十村	680	2584	唐玉兴	唐玉兴	2.11	31000
华西十一村	853	3102	唐龙彪	唐龙彪	4.23	32818
华西十二村	573	2140	王　超	王　超	5.68	30800
华西十三村	968	3474	费仁德	费仁德	5.19	30000
华士村	1155	3744	徐长江	徐华江	13.15	43780
向阳村	700	2875	李国良	李江勇	17.91	52500
陆南村	743	2655	费　澄	费文洪	3.47	31420
陆桥村	878	3108	张忠敏	张忠敏	1.17	39200
陆新村	926	3153	孙政刚	夏　斌	2.40	30000
红苗村	719	2475	顾建军	王　勤	12.54	37800
陆丰村	1045	3776	周爱明	沈菊良	54.51	43000
勤丰村	984	3764	赵卫东	蔡瑞兴	19.65	33044
华中村	1368	4783	徐泽峰	赵正华	23.61	42080
华益村	1133	4257	华建国	吴元章	3.30	35050
龙河村	1349	4922	赵建洪	陶玉良	11.05	40200
曙新村	986	3560	赵正洪	徐惠高	51.76	37600
龙砂村	829	3154	汪少清	赵澄华	26.47	49670
华士社区	2518	6521	殷浩泉	李　哲	—	—
陆桥社区	562	1492	陈东升	徐勤弟	—	—

【华士镇列 2016 年全国综合实力千强镇第 53 位】 2016 年以来,华士镇以加快建设“强富美高”新华士为总目标,积极推进经济社会统筹发展,全力以赴稳增长、促转型、惠民生、维稳定,保持各项事业稳健发展的好势头。前三季度,全镇完成地区生产总值 194.55 亿元、公共财政预算收入 8.71 亿元、农民人均可支配收入 3.61 万元,经济运行综合得分排名位列全市镇(街道)第一。11 月 7 日,由中国中小城市经济发展委员会、中小城市发展战略研究院、中小城市科学发展指数研究课题组等单位通过《人民日报》和《2016 中国中小城市发展报告绿皮书》联合发布第十二届中国中小城市科学发展指数研究成果。同日,2016 年全国综合实力千强镇榜单出炉,华士镇位列榜单第 53 位,在无锡市各镇(街道)中排名第 1 位。

【华士实验中学学生发明项目获国际奖】 2016 年亚洲国际青少年发明比赛在马来西亚首都吉隆坡举办,此次参赛项目有 1000 多项,分为大学组和中小学组,参赛国家有 26 个。华士实验中学学生赵一菁、李梓萌、赵小扬发明的项目“脚踏式环保喷泉”参展。该项目是利用脚压的方式提供动力使得水喷出形成喷泉,从而无需额外加装水泵等动力元件,且水能够重复循环使用。国际评委对华士实验中学学生关注生活中的环境问题,进行探究并提出自己独特的解决方案给予充分肯定,并期待学生的发明能产业化并投放市场。是年5月14日,该比赛落下帷幕,华士实验中学的“脚踏式环保喷泉”项目获铜奖。

【华士实验中学入选全国知识产权教育试点学校】 进入21世纪以来,华士实验中学作为中央教育科学研究所的附属学校,坚持科研兴校,牢固树立教育质量是学校生存与发展之本的理念,以特色建设为突破口,努力搭建科技创新教育运作平台,特别是以低成本发明创造为核心的科技教育,使学校建设特色明显、学生素质全面发展,成为该校重要办学特色,特色教育成就了学生的“发明家”梦想。特别是2010年后,学生产生有价值的创造发明设想3000多项,获国家专利300多项,学校被中国科学院老专家技术中心认定为未来科学家培养计划教育基地(学校)。2014年国家知识产权局、教育部联合启动组织申报首批全国中小学知识产权教育试点学校活动,全国有26个省(区、市)的111所学校提交有效申报材料。经多轮评审,2016年12月28日,国家知识产权局公布首批30所全国中小学知识产权教育试点学校名单,确定中国人民大学附属中学等30所学校为全国中小学知识产权教育试点学校,华士实验中学名列其中,成为江苏省唯一一所试点学校。

【华士供电所获评“中国最美金牌供电所”】 一直以来,华士供电所以真诚对待客户,从客户需求出发,用心、贴心做好供电服务的细节工作。该所为辖区内负控客户推出“购电CALL”服务,及时进行“购电CALL”免费服务提醒,为大客户负控购电实现“零跳闸”,避免企业因跳闸造成损失,受到了企业主们的欢迎。通过建立社区客户经理服务平台,在小区公示栏、副食店门口或百姓聚集地每月定期公布电费信息,并在公布栏内公示客户经理联系方式,方便给用户释疑解惑或提供相关的服务。社区客户经理和“亲情”党员服务队与孤寡、残疾老人实行“一对一”结对服务,开展“常走进”活动,每月走进敬老院、校园、五保户、困难户,帮忙解决用电和生活之忧,义务对电气设备进行健康体检,确保用电安全。2015年5月,由中国电力传媒集团有限公司主办的2014—2015年度“让人民群众满意用电、寻找最美供电所”评选活动启动,经过网络与微信投票、评委会初选复选、终审等环节,最终评出30个“中国最美金牌供电所”。2016年1月20日,在中电传媒集团召开的全国基层供电所建设经验交流研讨会上揭晓评选结果,华士供电所荣获“中国最美金牌供电所”称号。

【中央及省市媒体集中采访宣传华西村】 2016年7月18—19日,《人民日报》、新华社、《光明日报》、《经济日报》、中央人民广播电台、中央电视台、《新华日报》、《无锡日报》等20多个中央和省市主流媒体深入华西新市村,全面了解华西党建新亮点。在华西期间,各级新闻媒体记者深入田间地头、农民家庭,通过听报告、实地参观考察、现场采访提问等方式,就华西如何加强党的建设、提升基层党员队伍等方面进行多角度采访,全面深入了解相关情况。随后,先后推出专题报道。7月27日、28日,新华社先后播发通稿《信仰为根,制度为本,监督为盾——江苏省华西村党性教育见闻》和《华西村:转型跨越“新一波”》,《新华每日电讯》分别于次日进行全文刊登。同时,江苏省、无锡市、江阴市等各级党报党刊,以及中国政府网、中国文明网、人民网、新华网、凤凰网、新浪网、搜狐网、网易网等数十个网络媒体,对相关报道进行转载。

【向阳村获评江苏省文明村】 2013年以来,华士镇向阳村深入开展社会主义核心价值观宣传教育,扎实推进网络化法治建设,创新社会管理模式,成立社区便民服务中心,建立向阳村志愿服务队。积极推进民主议事,完善村规民约,积极开展文明户、文明家庭等创建活动,注重开展家风家训建设。完善建设向阳公园、阳康苑老年活动中心,为老有所乐提供功能完备的场所,同时,积极发挥工青妇等人民团体的纽带作用,经常开展篮球、乒乓球、拔河等比赛,健身舞、功夫扇、街舞、棋类、书画等体育、健身、娱乐活动,发展泰清寺佛教慈善事业,大力弘扬众生平等、善良慈悲的传统美德。2016年10月11日,经过申报推荐、组织测评、审核公示,三年一次的江苏省群众性精神文明创建评选结果揭晓,华士镇向阳村榜上有名,被评为2013—2015年度江苏省文明村。

【中共华士镇第十三次代表大会召开】 2016年5月26—27日,中国共产党华士镇第十三次代表大会召开。大会审议并通过中共华士镇第十二届委员会工作报告和纪律检查委员会工作报告,审议通过《中共华士镇委员会2016—2020年党建工作规划》,选举产生中共华士镇第十三届委员会、纪律检查委员会和华士镇出席江阴市第十三次党代会的代表。会议全面总结华士镇第十二次党代会召开五年来的工作,客观分析了当前形势,提出以后五年工作的指导思想和奋斗目标,为推进华士镇“十三五”期间经济社会发展提供重要的思想和组织保证。该次党代会的成功召开,标志着华士的发展迈入一个崭新的历史阶段。

【陆桥社区教育基金会成立】 2014年以来,华士镇党委、政府大力实施科教强镇战略,始终把教育摆在优先发展地位,通过建立奖教激励机制来促进全镇教育水平进一步提升,倡导和鼓励企业及社会各界积极捐资助学,引导社会各界广泛参与教育事业,汇聚各方资金,发展华士镇教育事业,营造全民尊师重教的氛围,帮助寒门学子,奖励优秀学生,资助优秀教师。陆桥社区教育基金会率先由江苏天华纱业集团、江苏康妮集团公司、江阴美纶纱业有限公司3个企业提出,各捐出120万元、50万元、50万元。经过多次探讨及周密的筹备,2015年5月,市教育局、民政局同意核准该基金会批文。6月底,验资账号开始接受企业家的捐款。8月起,陆桥社区企业家们纷纷捐款,至10月27日,该地区7村1社区的113个企业及个人参与捐款,金额477万元。2016年1月9日,陆桥社区教育基金会成立大会在陆桥实验小学召开，会议宣读陆桥社区教育基金会批复，通过《江阴陆桥社区教育基金会章程（草案）》，选举教育基金会的理事和监事。理事由企业家代表费庆和、周爱明等7人组成，其中费庆和担任理事长，监事由孙政刚、曹忠明等10人组成，孙政刚出任监事长，刘金南任秘书长。镇党委书记翟菁、理事长费庆和为陆桥社区教育基金会揭牌，授陆桥社区教育基金会会员牌，还代表基金会为20名学生发放首批奖学金、助学金。

【华西干部学院在华西村成立】 2016年7月14日，华西干部学院在华西新市村成立，作为江苏省委着眼于优化全省干部培训基地布局、打造江苏省干部培训工作品牌的重要举措，无锡市委常委，江阴市委书记陈金虎和省委组织部干教处处长过利平为华西干部学院揭牌，市领导赵国权、薛良、徐冬青、孙小虎、计军、孙英、冯爱东、吴芳、袁秋中、陈兴华、戴旭东等参加成立仪式。活动还为华西干部学院现场教学点进行授牌。陈金虎强调，华西干部学院的成立，为江阴干部教育培训事业的发展提供更广阔的舞台，也提出新的更高要求。全市上下要加强组织领导，为办好华西干部学院凝聚强大合力。

【市寻亲志愿者协会华士分会成立】 江阴市寻亲志愿者协会是依法成立的纯公益性社会团体，接受市民政部门领导和监督。2016年5月29日，江阴市寻亲志愿者协会华士分会挂牌成立，协会将奉行“奉献、有爱、互助、进步”的宗旨，为寻找失散亲人提供帮助和服务。华士分会有志愿者12人，大家热心公益事业，利用业余时间为寻找失散亲人的市民奉献爱心。该分会的成立，为江阴寻亲协会增添一支重要力量。

（张爱峰）

周庄镇

【概况】 周庄镇是具有6000多年历史的文明古镇，地理位置优越，经济发达，人口众多，宋、元时期就有“江南布码头”盛誉，有工业企业1200余个，拥有江苏三房巷集团有限公司、江苏华宏实业集团有限公司、江阴江东集团公司、江苏倪家巷集团有限公司等一批龙头骨干企业，涤纶化纤、纺织、装饰型材、汽车零部件、橡塑制品、轨道交通、新能源太阳能配件等为优势产业。该镇西距江阴市区17千米，常合（沿江）高速公路、云顾公路穿镇而过，省道澄鹿公路、芙蓉大道东西横亘，世纪大道及国家3级航道张家港河纵贯南北；东与华士镇毗连，南与祝塘镇、徐霞客镇为邻，西与云亭街道、城东街道接壤，北以东横河为界与张家港市相望。区域面积75.96平方千米，耕地面积2470公顷，下辖15个行政村和1个街道办事处（含3个社区居民委员会）。2016年年末，该镇有户籍人口105518人，其中男性52880人、女性52638人；有少数民族18个361人。有外来暂住人口109138人，其中男性61730人、女性47408人。

政治建设 圆满完成镇党委换届、基层党组织换届、村（居民）委员会换届、市镇两级人大代表换届四项选举工作。召开中国共产党周庄镇第十五次代表大会，选举王寅、朱军安、严伟荣、吴国忠、张明德、季勇、赵峰、顾文浩、钱丽英、殷良忠为中共周庄镇第十五届委员会委员，选举朱军安、朱甫平、刘敏芳（女）、余军平、顾永新为中共周庄镇纪律检查委员会委员。召开周庄镇第十八届人民代表大会第一次会议，通过等额、差额选举的办法选举何玉林为新一届周庄镇人大主席，王凯为新一届周庄镇政府镇长，潘江、张学春、王春平、张建国、朱军安为新一届周庄镇政府副镇长。镇人大依法监督和政协工委的民主监督政府工作，镇政府就全镇经济社会发展、实事工程建设情况等重大事项及时向人大进行汇报，按时办结人大代表意见建议20件，代表满意率进一步提升。镇行政服务中心接件26369件，村级便民服务中心建成率90%。认真做好各类来信来访办理，畅通民意表达渠道，全年办理“12345”公共服务呼叫热线中心各类诉求咨询2050件。强化领导挂钩联系制度，加强融资管理，防范金融风险。扎实开展“两学一做”*学习教育，坚决执行中央“八项规定”*和省市“十项规定”*，强化勤俭节约办事，切实改进文风会风。严控“三公”经费*支出，切实规范机关办公用房、公务用车管理。进一步健全工作机制，全面规范工程建设、土地出让、拆迁安置、政府采购等重点领域、重点环节的工作程序。深入贯彻落实党风廉政建设责任制，坚持“一岗双责”，切实提高廉洁从政意识。

经济建设 全年实现地区生产总值302.72亿元，比2015年增长6.27%。工商业开票销售1067亿元，比2015年增长4.51%。规模以上工业总产值881.12亿元，比2015年增长2.34%；新兴产业产值396亿元，占工业总产值的41%。完成全口径财政收入20.24亿元，比2015年下降5.3%；公共财政预算收入10.7亿元，比2015年增长12.9%。完成自营出口21.83亿美元、到位注册外资5850万美元。实现工业利税总额66.91亿元，比2015年增长12.83%。完成服务业增加值81.96亿元，比2015年增长4.60%；限额以上批发零售总额12.37亿元。新增高标准农田16.67公顷，完成农业总产值4.5亿元。完成全社会固定资产投资62.35亿元，比2015年增长7.53%，其中工业投资32.1亿元，比2015年增长6.82%；服务业投资30.25亿元，比2015年增长11.91%。

社会建设 申请专利1288件，获江阴市第四届专利优秀奖3项、江阴市科技进步奖7项、江阴市科技创新专项资金7项、无锡市科技进步奖1项。组织申报省科技成果转化项目2项、省科技支撑项目1项，1个企业在“新三板”*挂牌、1个企业申报首次公开募股（IPO）材料。申报省高新产品32种、省高新技术企业11个、省民营科技企业11个、市科技“小巨人”企业3个，新建企业研发机构6个，10个企业入选省“企企通”试点。组织20个企业到高校开展人才和产学研对接。申报江阴市博士后工作站1个、无锡市有突出贡献中青年专家1人。创建市“两化融合”*示范企业1个，申报中国驰名商标1种，新增省著名商标2种、无锡市知名商标3种。华宏集团获江阴市市长质量奖。深化名师、名校、名科“三名工程”内涵，稳

步提升教师队伍综合能力素质，全面加强学校各项管理，优化教育资源配置，全面提升教育的协调均衡水平，接受新市民子女入学7130人。组织开展群众文化体育活动35场，成功举办镇第二届全民运动会、“江阴周庄”全国象棋业余棋王赛等重大赛事。人口管理服务各项惠民利民政策全面落实。稳步推进医养结合的社会化养老服务模式。完成9个村卫生室提档改造，三房巷世纪花苑卫生室和东林村卫生室创建为省级示范卫生室。强化综合监管职能，夯实食品药品安全管理基础。做好卫生防疫防控工作。有序推进国家新型城镇化综合试点，编制《周庄镇近期建设规划(2016—2020)》，编制排水专项规划、中心区城市设计及张家港河两岸历史文化街区“一河两岸”修建性详细规划、至公桥设计、公园绿地规划设计。三房巷村、华宏村、周庄村进入中国名村影响力排行榜百强。“一河两岸”历史文化街区改造项目加快推进，完成金海路、鸡龙山路、永安路改造工程，完成云顾路和世纪大道交叉口改造，白蛇路和周山路交叉口改造、周西路转西大街路口改造正在实施中，完成周山路倪家巷大桥改造。完成长寿农贸市场改建工程。推进控源截污工程，铺设污水管网2.2千米，新建农村生活污水治理设施4处。推进易积水路段排水管网建设，铺设雨水管1.4千米。持续开展环境综合整治，《周庄镇水系规划》通过专家审查，整治6条黑臭河道，疏浚河道6条，按时间节点推进防汛排涝工程。完成拆迁面积10.45万平方米，新开工建设安置房7.8万平方米，其中江东花苑安置房封顶，长南村安置房一期抓紧推进。关停“三高两低”* 企业7个。实施能源管理体系评价企业2个、清洁生产审核企业3个，挖掘重点节能及循环经济项目10项，淘汰10蒸吨/小时及以下燃煤锅炉100台，地区生产总值能耗下降4%。完成畜禽养殖整治52个。完成成片造林10公顷。山泉村、倪家巷村创建为省“水美乡村”，完成芦墩浜景观河道改造、2座农村桥梁改造。加大检查监管考核力度，着力提升环境卫生长效管理水平，新建餐厨垃圾处理中心，完成“池改厕”10只。推进环境监管网格化管理，开展铝型材企业、人革企业、污水处理厂等各类专项整治，完成一批突出环境问题整治。完成30个工业企业生活污水接管和857项项目关停一批、规范一批、提升一批“三个一批”项目的清理。发放各类救助金、补助金、敬老金2100余万元。提供就业岗位4100个，安置本地劳动力就业1368人，扶持自主创业198人。新增城保扩面4200人，居保续保率稳定在96%以上，全民参保登记完成98%以上，职业技能培训鉴定人数2073人，高技能人才培养495人。稳妥推进农村土地承包经营权确权登记颁证工作和农村产权交易服务中心建设。农村居民人均可支配收入41880元。完善风险评估机制，加强各类矛盾纠纷排查化解，平安创建有序推进，安装技防监控探头1017只，完成6个老小区的技防改造，社会治安持续稳中向好，群众安全感和满意度不断提升。获评省“六五”普法先进镇，李全兴获评省第三届十大法治人物。如期完成村(居)委换届选举，获评省“和谐社区”建设示范镇。坚决执行安全生产“党政同责、一岗双责”制度，有效防范和坚决遏制重特大事故发生，全镇安全生产形势持续稳定向好。

2016年周庄镇主要经济社会指标一览

表80

指　标	单　位	数　量	比2015年增减(%)	指　标	单　位	数　量	比2015年增减(%)
地区生产总值	亿元	302.72	6.27	到位注册外资	万美元	5850	17.00
人均地区生产总值	万元	28.69	1.05	工业企业	个	1371	0.20
财政收入	亿元	20.24	-5.30	服务业增加值	亿元	81.96	4.60
第二、第三产业增加值占地区生产总值比重	%	99.30	0.05(百分点)	限额以上批发零售业销售总额	亿元	173.44	9.20
农业总产值	亿元	4.50	0	限额以上批发零售业零售额	亿元	12.37	-0.10
粮食总产量	万公斤	1.07	0	中小学校	所	6	0
工业总产值	亿元	973.06	1.92	中小学校在校学生数	人	15050	0.54
其中:规模以上工业总产值	亿元	881.12	2.34	数字电视入户率	%	100	0(百分点)
工业利税总额	亿元	66.91	12.83	农村居民人均可支配收入	元	41880	11.50
其中:规模以上工业利税总额	亿元	60.08	14.94	社保参保率	%	100	0(百分点)
工业用电量	亿千瓦时	34.84	5.54	劳动合同签订率	%	100	0(百分点)
全社会固定资产投资	亿元	62.35	7.53	月薪制实施率	%	100	0(百分点)
其中:工业投资	亿元	32.10	6.82	新型农村合作医疗参保率	%	100	0(百分点)
服务业投资	亿元	30.25	11.91				

2016 年周庄镇开票销售收入前 10 名企业一览

表 81

名次	企业名称	销售收入（亿元）	法人代表	名次	企业名称	销售收入（亿元）	法人代表
1	江苏三房巷集团有限公司	467.77	卞平刚	6	江阴市长乐新科技电源有限公司	37.24	李生虎
2	江苏华宏实业集团有限公司	184.41	胡士勇	7	江苏鑫裕装潢材料有限公司	18.08	王永芳
3	江阴江东集团有限公司	78.10	陈　明	8	江阴市电工合金股份有限公司	17.96	冯岳军
4	江苏倪家巷集团有限公司	62.31	倪成良	9	江苏海豹集团	14.94	胡德良
5	江阴模塑集团有限公司	43.73	曹明芳	10	江阴海达橡塑股份有限公司	9.50	钱振宇

2016 年周庄镇各村（街道）基本情况一览

表 82

村（街道）名称	户数（户）	人口（人）	村（街道）党支部（党总支、党委）书记	村（街道）主任	村（街道）开票销售收入（亿元）	人均可支配收入（元）
周庄村	3817	13428	赵　峰	徐惠庆	83.04	44800
金湾村	1341	5217	周国民	周　峰	20.10	44500
三房巷村	2887	10672	成洪才	成洪才	382.52	43168
鸡龙山村	746	2835	余文兴	余文兴	26.56	42500
山泉村	818	3198	李全兴	曹献忠	18.90	43800
华宏村	2213	8585	胡士勇	陈决平	185.72	41560
陶城村	1957	7191	袁晓华	陆　炳	9.86	36040
东林村	1134	4135	章洪良	章洪良	14.71	34444
稷山村	829	3048	蒋中华	蒋中华	3.00	34512
宗言村	2159	8323	殷良忠	陈艰朴	46.52	43950
倪家巷村	1449	5843	徐明岳	杨忠庆	76.88	43179
周西村	974	3836	葛珠良	邬国龙	48.33	42711
长乐村	1163	4224	李浩庆	蒋建龙	47.16	37656
长寿村	2943	10457	蔡永兴	袁士财	19.85	35851
长南村	2458	8789	孙长福	李文希	14.76	34894
街道办事处	2539	5709	许　青	许　青	—	—

【“华宏科技”加入美国废料回收工业协会】 2016 年 8 月 15 日，经美国废料回收工业协会（ISRI）审核通过，江苏华宏科技股份有限公司加入该协会。该协会是美国废弃物回收利用行业最有影响力的协会，也是全球最大的再生资源行业组织。协会集废弃物再生利用研究与贸易于一体，在全世界有一定的知名度和影响力。协会制定的废料规格手册（标准）被许多国家在进出口贸易中采用。“华宏科技”在加入美国废料回收工业协会以后，会与北美和全球市场的更多再生利用企业持续开展合作、分享信息，促进共同发展。

【“江化微电子”中标国家强基工程】 2016 年，江阴江化微电子材料股份有限公司瞄准中国制造业转型升级的薄弱点，集中力量进行重点攻关，通过自主研发拥有自主知识产权的铜蚀刻液配方，并设计液体电子化学品定量灌装系统，解决行业内不同金属层同步蚀刻、杂质离子控制、颗粒控制、精密混配和超净过滤灌装工艺等技术瓶颈，实现 G8 及以上高世代液晶面板制造用高精度铜蚀刻液的产业化稳定生产，提升行业配套材料国产化能力，填补国内空白。该公司是无锡科技领军企业、国家高新技术企业，专业生产适用于半导体、晶体硅太阳能、平板显示器（FPD）以及发光二极管（LED）、硅片、锂电池、光磁产品等工艺制造过程的专用湿电子化学品——超净高纯试剂、光刻胶配套试剂。年内，该公司的高精度铜蚀刻液项目，被工信部、财政部通过招标形式认定为工业强基工程项目。

【山泉村建成全省首个“aWiFi 村”】 山泉村积极响应国家“智慧农村”建设号召，满足广大村民日益增长的精神文化生活需要，于2016年7月与中国电信江阴分公司签署"aWiFi"覆盖协议，全力打造"智慧山泉"。山泉村投资150万元，架设无线访问接入点(AP)132个，于10月全面完成山泉村"aWiFi"整村覆盖。10月19日，山泉村举行"智慧山泉·无线覆盖"建设开通仪式，成为全省首个"aWiFi村"。"aWiFi"整村覆盖起到"农村信息化"建设的带头作用，满足村民及游客无线上网的需求。同时，山泉村还设计专属登录页面，用于村务信息发布和村庄品牌文化宣传，村民一键登录、安全验证后即可随时随地查看村内新闻动态。"aWiFi"整村覆盖对山泉村智慧村庄建设和旅游业发展打下坚实基础。

【"智慧周庄"信息化平台上线】 2016年5月5日，数字电视"智慧周庄"信息化平台正式上线，这是全市成立的首个镇社区电视平台。"智慧周庄"是利用数字电视这一平台，专为周庄镇搭建的点播专区，该平台共设"今日周庄""城建周庄""人文周庄""生活广角""教育在线""便民服务""最新通知""非常帮助""周庄影院"九个板块。上线后，该镇以"智慧周庄"平台为契机，逐步完善互动信息化功能，让用户足不出户，在电视中享受医疗、金融、购物、安保、交通等全方位的信息服务，真正成为智慧社区的得益者。凡家里安装数字电视机顶盒的用户，只要打开数字电视机顶盒，在广电高清"优"电视首页界面上，直接按遥控器"8"即可进入"智慧周庄"平台，随时收看或回看关于周庄镇发布的所有新闻动态和信息。

【首台"REFLEX－500移动式打包剪切机"出口海外】 2016年8月4日，江苏华宏科技股份有限公司首台出口海外市场的"REFLEX-500移动式废金属液压打包剪切机"启程发运，这标志着华宏科技在优化升级、开拓市场方面又迈出了坚实的一步。此次出口海外的"REFLEX-500"就是与法国科派斯公司合作研发的一款优秀的、基于业内领先技术、满足细分市场需求的新型移动式废金属液压打包剪切机。该产品具有高效作业、操作简便、运营成本低等优势。

【周庄镇第二届全民运动会举办】 2016年6月30日，周庄镇第二届全民运动会开幕式在周庄实验小学东区操场举行。该次运动会的主题是"更高更快更强、创新创优创业"，设有20项竞技类体育项目和12项趣味类体育项目，比赛时间为6—9月，各村(社区)、部门组成26支代表队、2000余名运动员参赛。最终，华宏村代表队获总分第一名，宗言村、长乐村分获第二名、第三名。

【冠名国际青年足球锦标赛】 2016年5月10—14日，由中国足球协会主办，江苏省足球协会、江阴市体育局承办、周庄镇冠名的2016年"江阴周庄杯"国际青年足球锦标赛在江阴体育中心举行。其中12日晚上，无锡市委常委、江阴市委书记陈金虎为比赛开球。该次赛事是江阴市承办的最高规格国际赛事，有中国、伊朗、日本、乌兹别克斯坦4支男足U－17国家队参赛。5月10日、12日、14日每天16:00、19:30各有一场比赛。央视5频道直播5月10日、12日、14日的比赛。另有北京、天津、广东电视台体育频道及乐视体育、腾讯体育进行直播。

【体彩全国象棋业余棋王赛举行】 2016年，由江阴周庄冠名的"江阴周庄"2016年中国体育彩票全国象棋业余棋王赛历时7个月，覆盖全国30个省、市、自治区，在261个县市举行373站分站赛，总参赛人数超5万人。比赛分老年男子组、老年女子组、公开男子组、公开女子组、少年男子组、少年女子组、儿童男子组、儿童女子组8个组别，棋手年龄最小的只有4岁，最大的95岁。11月21日，该棋王赛总决赛在周庄镇落幕，260多名来自全国各地，在分站赛中脱颖而出的象棋高手激烈博弈，最终产生8个组别的棋王。

(刘敏芳　李益强)

新桥镇

【概况】 新桥镇是国家卫生镇、全国环境优美乡镇、国家园林城镇、国际花园城市、国家安全社区、全国文明村镇、全国宜居小镇示范。该镇位于江阴东大门，东北与张家港市毗邻，东南与顾山镇连接，西与华士镇接壤，西南与长泾镇隔泰清河相望。距江阴市政府驻地25千米，镇政府驻新郁中路128号。区域面积19.6平方千米，下辖10个行政村和4个社区居委会。2016年年末，有户籍人口7197户25681人，其中男性12600人、女性13081人；有少数民族14个75人。外来暂住人口37732人，其中男性21140人、女性16592人。

政治建设　突出从严治党，努力加强组织建设和党员干部队伍建设。以贯彻党的十八届六中全会、习近平总书记系列重要讲话和江苏省、无锡市党代会精神，深入推进学党章党规、学系列讲话、做合格党员"两学一做"学习教育，扎实开展专家讲党课、"书记讲党课"、"党委班子成员送党课"、手抄党章一百天等活动，组织党员观看红色越剧《丁香》、电影《遵义会议》等文艺精品，举办"践行'两学一做'、建功美好新桥"演讲比赛，引领党员创先争优。镇党委表彰一批以周建平、陈丽芬等为代表的功勋企业党委书记、党员示范户等先进典型，树立起新桥党员忠诚事业、崇尚创业、爱岗敬业的先锋形象。放大"十星文明户""五好文明家庭""文明楼道"等各类榜样作用，使其成为引领群众价值取向的鲜明坐标。贯彻落实市委十二届七次扩大会议精神，向全镇发出"打造产业升级新优势，当好转型发展的排头兵；打造城镇品质新优势，当好文明创建的排头兵；打造宜居环境新优势，当好生态文明建设的排头兵；打造民生福祉新优势，当好惠民富民的排头兵；打造作风建设新优势，当好真抓实干排头兵"的号召，着手制订全镇"十三五"发展新蓝图。镇党委新出台《关于开展作风建设突破年活动实施意见》《加强村级管理补充规定》等一系列文件，组建党风廉政建设巡查小组，严格执行中央"八项规定"*、省市"十项规定"*，全面落实党风廉政"两个责任"*，建立内部巡视制度，廉政警示教育常态化，干部队伍廉洁自律意识不断增强。加强依法行政、高效施政、廉洁从政，政府服务

能力有效提升。践行“既严以修身、严以用权、严以律己,又谋事要实、创业要实、做人要实”要求,强化作风建设的监督检查,党风廉政建设责任制和“一岗双责”责任制有效落实。完成镇党委、基层党组织、村民委员会(社区居民委员会)换届工作,产生新一届市镇两级党代表、人大代表和政协委员,充实一批政治素质高、业务能力强、道德品质好的优秀人才,为加快新桥事业发展提供组织和人才保障。以基层党建阵地建设标准化、服务群众精细化、社区管理网格化、制度建设规范化为标准,最大限度发挥园区党群公共服务中心作用,提升基层党组织和党员干部在各项工作中的战斗堡垒和典型示范作用。合并组建绿园社区党总支,打下“村社合一”试点基础。创新大学生村干部与老干部帮扶机制,“心桥微服务”主题实践访谈活动助年轻村干部成长。加强财政预算管理,“三公”经费*不断下降。深入推进“企业服务月”“三走进三服务”*等活动,解决发展难题29个。推进民情观察员、政务监督员机制,努力打通联系服务群众的“最后一公里”。开设党群微信平台宣扬示范典型,发挥榜样力量。依法行政扎实推进。办理人大代表建议14件,满意率100%。镇总工会获评全国“安康杯”竞赛宣传工作先进单位,绿园社区获评全国科普示范社区,海澜集团有限公司、康定社区获评江苏省文明单位,黄河社区获评江苏省科普示范社区。于燕获评“无锡工匠”,海澜卫士志愿服务队获第三届“江阴十佳好人”团队奖、洪汝荣获评第三届“江阴十佳好人”,曹秀明、朱建龙获评市首批“十大科技之星”,周立宸获评“江阴十大杰出青年”。刘虎宝、陶建获江阴市见义勇为奖。

经济建设　坚持稳增长主线,深化转型升级,有效化解经济下行压力,经济质效实现新提升。全年完成地区生产总值157.6亿元,比2015年增长9.12%;工商业开票销售919亿元,比2015年增长24.69%;公共财政预算收入16.2亿元,比2015年增长31.1%。完成规模以上工业总产值597.4亿元,比2015年增长6.6%;到位注册外资8000万美元,主要指标保持全市第一方阵。江苏阳光集团有限公司获“中国质量奖提名奖”“亚洲质量创新奖”“全球卓越绩效奖”3项大奖,海澜集团有限公司获评江苏省首批智慧物流示范企业,海澜之家市场门店增至4700个,覆盖全国80%以上县市。江苏精亚洁净股份有限公司“新三板”*挂牌,江阴市尼美达助剂有限公司和江阴海美金属新材料有限公司成为江苏省首批“专精特新”挂牌企业,江阴东升新能源有限公司和江阴市尼美达助剂有限公司获评江阴市“专精特新”科技“小巨人”企业。江苏焱鑫科技集团有限公司、江阴鑫辉太阳能有限公司、江阴市振新实业有限公司等成长型企业保持稳定增长。江苏春辉生态农林股份有限公司与中建集团、中船研究院等央企合作,经营模式由苗木销售向园林设计、绿化工程总包转变,全年销售超9亿元,增长60%。坚持项目拉动,创新驱动,发展动力进一步增强。全年完成全社会固定资产投资43.16亿元,比2015年增长9.22%。其中服务业投入28.83亿元,比2015年增长11.69%。签订一批体量大、后劲强的新项目,江苏阳光集团有限公司投资5亿美元在埃塞俄比亚建设阳光工业园,投资1.2亿元与美国、以色列等国合作开发医疗新品。西交利物浦大学江阴校区签约确定落址新桥。实施产业强镇“5520”计划(5年之内,启用5亿元资金,实施20条产业强镇政策)。设立中小企业互助转贷资金,推动转型升级。制订实施《新桥镇生态文明建设暨水环境整治三年(2016—2018)行动计划》和《新桥镇深化排水达标区建设实施意见(2016—2018)》,多措并举提升生态水平。投入3800余万元,完成白子港引水、西线水系沟通、海澜总部防汛闸站、阳光总部防洪墙等一批水利工程。疏浚徐家圩东浜、水潭西浜等河道10余条。完成新桥花园、新桥实验幼儿园、阳光公寓、街心公园及周边雨污分流工程,疏通雷下村等小区污水管道23.7千米。加强河道断面水质监测,开展雨污分流项目“回头看”活动,保证项目建设成效。扎实开展镇村环境综合整治,新建改造农村公厕35座,新增绿化面积5.53公顷。持续推进节能减排,关停“三高两低”*小企业小作坊11个、养殖场3个,“三同时”项目*建设执行率100%。

社会建设　江苏元和新能源科技股份有限公司成立院士工作站,全镇新增各类高层次人才36人、专利授权260件、省级新产品7种、省级高新企业2个。重点推进圩里村、新桥村、郁桥村等区域拆迁,全年签约民房138户,拆除民房2.7万平方米、厂房5000平方米。解决农户向社区集中、承包耕地向规模经营集中、工业企业向园区集中“三集中”历史遗留问题248户。建设东方花苑二期等安置房12.2万平方米。高标准建成海澜马文化博物馆、黄泥浜桥、110千伏李家变电站、阳光健身绿道等一批重点项目,着力推进海澜马儿岛艺术文化中心、马儿岛酒店、威尼斯大楼以及神华寺等一批重点项目。加快完善城镇公用配套设施,东岳路、花园路、永泰路竣工通车。康宁路、庄桥路、顺湖路、马嘶路改造等项目顺利推进。黄河社区、康定社区居家养老服务中心建成启用。黄河社区卫生服务站、敬老院完成提标改造。新桥社区睦邻中心服务功能加快完备。全年新建改造小区停车位924个。进一步优化城镇管理,成立城镇管理委员会,建立市镇联动数字城管二级指挥平台,协调处置各类环境问题800余件。率先建成启用数字城管“啄木鸟”二级平台,有效吸引居民参与文明创建。坚持以人为本,加快发展民生事业,不断提高群众生活水平。社会保障更加完善,六道保障线水平稳步提升,实现城保扩面2353人、住房公积金参保2000人,办理被征地农民保障1089人。新农合人均筹资标准提高到800元,政策性住院补偿比达80%。发放各类关爱资金423万元。农民人均可支配收入4.2万元。社会事业协调发展。继续开展名师工程建设,新增无锡市学科带头人1人,中考成绩继续领先全市同类学校。青少年活动中心培训学生1560人。新桥中心小学国际象棋队获江苏省团体冠军。完成健康体检1.6万人，为1957户家庭提供家庭医生结对服务，不断巩固"群众满意乡镇卫生院"建设成果。义务献血超11万毫升，超额完成市下达的任务。全面落实"单独二孩"政策，扎实开展优生优育宣传指导服务。举办文化体育节、睦邻节、送戏进社区、公益朗诵会等活动，弘扬传统优秀文化，引导广大市民践行社会公德、家庭美德、职业道德。海澜集团有限公司举办全国马术盛装舞步锦标赛、大型情景魔幻秀等精彩活动，充分展示新桥企业家文化惠民的社会责任。小学档案工作高质量完成省三星级复审，建管所档案室建成无锡市首批省一级村镇建设档案室。全镇注册志愿者3000人。镇入围省共建体育健康特色小镇首批乡镇。社会环境和谐稳定，全面推进村、社区网格化管理，健全一村一社区一名法律顾问机制，成立中小企业法律服务站，开展"零矛盾上交、零信访、零诉讼、零发案、零犯罪、零事故"和谐社区创建活动，全年调处各类群众诉求200余件。开展爱国卫生运动，严格整治食品餐饮行业，全面取缔餐饮流动摊点，关停无证无照餐饮店168个、食品小作坊3个，免费体检3000余人，疫苗接种1600多人，战胜伤寒疫情，保障群众身体健康。开展安全生产专项整治10次、"打非治违"联合整治15次，努力促进全年无重特大生产安全事故发生。依法严厉打击犯罪，新增技防监控169只，进一步增强群众安全感。扎实开展文明城市创建活动，全面启动"七五"普法工作，提升文明新桥创建成效。

2016年新桥镇主要经济社会指标一览

表83

指　　标	单　位	数　量	比2015年增减(%)	指　　标	单　位	数　量	比2015年增减(%)
地区生产总值	亿元	157.60	9.12	到位注册外资	万美元	8000	-15
人均地区生产总值	万元	61.38	5.80	工业企业	个	290	11.90
财政收入	亿元	35.50	23.50	服务业增加值	亿元	71.20	13.01
第二、第三产业增加值占地区生产总值比重	%	99.17	6.38(百分点)	限额以上批发零售业销售总额	亿元	388.19	24.60
农业总产值	亿元	2.20	-9	限额以上批发零售业零售额	亿元	4.18	12.10
粮食总产量	万公斤	81.20	-13.40	中小学校	所	2	0
工业总产值	亿元	604.30	6.40	中小学校在校学生数	人	4145	4.60
其中:规模以上工业总产值	亿元	597.40	6.60	数字电视入户率	%	100	0(百分点)
工业利税总额	亿元	93.30	11.1	农村居民人均可支配收入	元	42038	11.08
其中:规模以上工业利税总额	亿元	92.70	12.80	社保参保率	%	100	0(百分点)
工业用电量	亿千瓦时	6.40	1.80	劳动合同签订率	%	99	0(百分点)
全社会固定资产投资	亿元	43.16	9.22	月薪制实施率	%	95	0(百分点)
其中:工业投资	亿元	14.13	3.10	新型农村合作医疗参保率	%	100	0(百分点)
服务业投资	亿元	28.83	11.69				

2016年新桥镇开票销售收入前10名企业一览

表84

名次	企　业　名　称	销售收入(亿元)	法人代表	名次	企　业　名　称	销售收入(亿元)	法人代表
1	海澜集团有限公司	545.50	周建平	6	江苏振新实业有限公司	8.50	张建锋
2	江苏阳光集团有限公司	240.20	陈丽芬	7	江苏精亚集团有限公司	6.00	陶永生
3	江阴鑫辉太阳能有限公司	30.50	邵爱军	8	江苏鑫联制品有限公司	3.60	刘惠丰
4	江阴市强力化纤有限公司	17.70	倪利锋	9	江苏龙阳纺织有限公司	3.40	郁玉才
5	江苏焱鑫科技有限公司	17.50	周国华	10	江阴市旺发科技有限公司	2.80	汪　东

2016年新桥镇各村(社区)基本情况一览

表85

村(社区)名称	户数(户)	人口(人)	村(社区)党支部(党总支、党委)书记	村(社区)主任	村(社区)开票销售收入(亿元)	人均可支配收入(元)
郁桥村	748	2634	钱　刚	姚利丰	3.69	43004
黄河村	760	2667	郁叙法	谢福祥	9.22	41423
圩里村	846	3170	尤惠清	徐川宝	1.46	42015
新桥村	991	3434	张建锋	张海明	9.50	43623
雷下村	524	1853	许柏新	张国龙	3.06	43800
六保村	345	1231	—	薛丽娜	17.82	40360
马嘶村	871	3191	陶永明	周建斌	18.85	41773
何巷村	594	2059	陈建国	陶正阳	3.60	43644
苏市村	644	2364	朱建平	陶雪丰	8.55	40455
苏圩村	417	1531	陶妙锋	徐宏伟	0.47	42656
绿园社区	24	71	叶永毅	王永忠	—	—
黄河社区	3	8	郁建明	郁建明	—	—
康定社区	41	123	许柏新	陶东岐	—	—
新桥社区	358	1344	张海明	周爱国	—	—

【阳光集团获全球卓越绩效奖】 一直以来,江苏阳光集团有限公司坚持走“质量兴企”之路,把质量作为巩固品牌、强化品牌、支撑品牌、提升品牌的核心内容来抓,形成“质量第一、顾客满意”的质量经营观,明确质量工作的追求和方向,为质量管理注入不竭的推动力。先后获“全国纺织行业质量奖”“江阴市市长质量奖”“无锡市市长质量奖”“江苏省质量奖”“中国质量奖提名奖”等国内外多类质量奖奖项。阳光呢绒被评为“中国世界名牌”,公司成为“出口服装免验企业”。2016年9月,在首届亚洲质量功能展开与创新研讨会上,公司作为纺织服装行业唯一代表参会,凭借“基于新木桶理论的经纬编织法管理模式”,从100余个国内外企业中脱颖而出,荣获“亚洲质量创新奖”。在新西兰罗托鲁瓦举行的第二十二届APQO国际质量会议上,公司凭借自身卓越管理绩效和创新能力再次获得质量领域的国际大奖——全球卓越绩效奖(亚太质量奖)。当地时间11月21日晚8时,公司首席质量官曹秀明代表阳光集团领取大奖。自此,公司实现从全国纺织行业、江阴市、无锡市、江苏省、中国到亚洲再到世界质量领域各级奖项的“大满贯”。

【绿园社区获评“全国科普示范社区”】 2015年以来,新桥镇绿园社区以提高全民科学素质为目标,注重社区科普载体创新、科普队伍建设、科普知识普及,营造社区科普教育氛围。把科普工作列入党总支部、居委会的议事日程,融入社区建设、综治、精神文明等工作中,目标明确、组织有序、责任到人,承担起对辖区居民普及科学技术知识、方法和科学思想的职责。投入专项资金建立科普学校、展示馆、图书室、宣传栏等基础设施,科普服务覆盖延伸到社区的所有居民,充分发挥着科学技术普及对改善民生的引领和支撑作用。定期宣传科普知识,开办科普讲座、图书展示活动,在全国科普日、科技周期间组织开展形式多样、内容丰富的群众性、社会性的科普活动,使社区居民及时、方便、快捷的学习各类科普知识,让居民们广泛参与到社区科普学习中来,有效树立居民们的“爱科学、学科学、用科学”理念,促进社区公众科学素养的提升。2016年6月,中国科协、财政部授予绿园社区“全国科普示范社区”荣誉称号。

【江苏首个供电自助营业厅投运】 2016年6月24日,江苏首个24小时智能供电自助营业厅在新桥镇投运。该营业厅装有自助业务受理机、自助缴费终端、高拍仪等智能设备,操作简单,客户无需引导,就能在任意时间通过这些设备,完成用电业务申请、自助扫描、电子档案上传、自助缴费、自助查询等业务。支持新装、增容、更名过户、拆表销户等传统营业厅的所有业务,还有发票打印、电费清单打印、异地缴费等功能，给用户提供更多便利。办理过程若遇到疑问，可通过应急呼叫装置与营销服务人员联系，获得实时帮助。(参见《城乡建设与管理》类目《电力供应》分目相关条目)

【中共新桥镇第十二次代表大会召开】 2016年5月28—29日，中共新桥镇第十二次代表大会召开。镇党委副书记吴广致开幕词，全镇115名党代表和41名列席代表参加会议。镇党委书记赵强作题为《再接再厉、矢志不渝、在更高起点上开创"花园城镇、美好新桥"新局面》的党委工作报告，镇纪委书记张萍作题为《坚持挺纪在前，贯彻从严治党，努力开创党风廉政建设和反腐败工作新局面》的纪委工作报告。大会以无记名投票的方式差额选举产生中国共产党新桥镇第十一届委员会委员：赵强、吴广、刘江军、赵叶勤、潘丹、谈海燕、张萍、钱伟。赵强当选为书记，吴广当选为副书记。选举产生中国共产党新桥镇第十二届纪律检查委员会委员：张萍、管庆春、胡军、王俊华、刘崟。张萍当选为书记。选举产生出席中国共产党江阴市第十三次代表大会代表：赵强、吴广、赵叶勤、谈海燕、张建锋、江南、王洪明。审议通过新桥镇第十一届党委、纪委工作报告的决议和《中共新桥镇委员会2016—2020年党建工作规划》的决议，党委书记赵强致闭幕词。

【镇公共资源交易中心启用】 2016年1月1日，镇农村集体产权暨公共资源交易服务中心在园区管理服务中心启用。农村产权交易中心是政府主导、服务"三农"*的非营利性机构，交易行为属于公益服务性质。成立新桥镇农村集体产权暨公共资源交易服务中心，对镇域范围内的村级集体资产、农民土地承包经营权等各类农村产权进行规范，实现统一交易监督、统一信息发布、统一交易流程、统一交易规则、统一交易文书、统一档案管理的"六统一"管理模式，促进农村集体资产保值增值，保障镇村集体和农民合法权益。

【海澜马文化博物馆开馆】 2016年5月18日，海澜马文化博物馆开馆。该项目占地面积0.87公顷，建筑面积30960平方米。馆内设置4个专业展馆，负一层为收藏馆，收藏与马相关的各类艺术品。一层为世界名马博览馆，汇集世界30个国家、43个品种48匹活体名马。二层为马文化体验馆，用现代化声光电的手段、穿越时空的方式，从马的自然繁衍到马走入人类文明，从马耕时代的崛起到浴血战场的光荣，再现马与人类文明共同前进的历史。该馆是世界唯一的活体化马文化博物馆。

【黄泥浜桥竣工通车】 位于镇南环路的黄泥浜桥，为3×13米预应力混凝土空心板简支梁桥。因新建的海澜威尼斯水城有船只通行，老桥通航净空不足，2015年10月，新桥镇政府决定拆除黄泥浜桥并改建。改造起点位于长新大道交叉口，终点接顺南环路，长度369.136米(含桥长)。黄泥浜桥主体结构采用公路一级标准，融入海澜威尼斯水城景观需求，采用三幅断面(连续梁幅+简支梁幅+连续梁幅)，连续梁设置成拱形桥洞，更具江南水乡风味。中间机动车道为简支梁幅，采用7×20米预应力混凝土空心板梁，两侧非机动车道及人行道为连续梁幅，采用7×20米钢筋混凝土变截面连续箱梁。桥梁全长180米，宽27米。桥梁中孔通航净空尺寸13×4.5米(净宽×净高)。路面为混凝土沥青，道路等级为二级公路。桥上结构更是融入欧式风格，并设置四座桥头堡，其顶端的飞马雕塑与基桥装饰和谐统一，有欧洲古典韵味。该工程由江阴市交通规划勘测设计院设计，江阴市交通局建设，江阴市交通工程建设总公司施工，于2016年12月底竣工通车。黄泥浜桥的重建，不仅提高桥梁通行等级，更成为新桥示范特色镇的一张靓丽名片。

【新桥绿道建成】 新桥绿道位于新桥镇西环路以西区域，是阳光生态旅游度假区的一个组成部分，集文化休闲、乡村田园、小镇展示等功能于一体。绿道由三大健身环及若干支路连接而成，总长16.5千米，其中红环全程9.5千米，蓝环全程8千米，黄环全程4.5千米，贯穿于旅游度假区的7个板块之中。绿道在黑色的沥青路上绘制富有个性和创意的线性、加油鼓劲的话语，让游客在骑行中更具激情、更富趣味。绿道两侧花卉苗圃一路一景，沿途还设计休闲驿站、观景平台、咖吧茶室等休闲场所，让游客驻足小憩，感受远离城市的宁静。该项目总投资3000万元，于2016年8月开工，11月完成基础道路建设。 (赵彩宝)

长泾镇

【概况】 长泾镇北依长江，南临太湖，古名"东舜城"，是吴文化的发祥地之一，也是中国著名电影表演艺术家上官云珠和著名化学家、催化学科奠基人之一张大煜的故乡；地处江阴市东南，界于沪宁高速公路与常合(沿江)高速公路之间，东与顾山镇毗邻，南与无锡市锡山区接壤，西与祝塘镇交界，北连华士、新桥两镇。区域面积54平方千米，耕地面积2298公顷，下辖12个行政村。2016年年末，该镇有户籍人口56744人，其中男性27790人、女性28954人；有少数民族16个133人。有外来暂住人口37867人，其中男性20695人、女性17172人。

政治建设　坚持全面从严治党，持续学习宣传党的十八大和十八届三中、四中、五中、六中全会精神，有序组织"两学一做"*学习教育，突出问题导向，认真查摆整改，政府机关作风建设有效加强。规范用人选人，严格全程纪实，紧紧围绕"管理全面、标准严格、环节衔接、措施配套、责任分明"的要求，把从严管理干部作为从严治党的重点紧抓不放，严明党的纪律，完善制度规定，强化刚性执行，落实好领导干部个人事项申报、重大事项报告等各项制度，引导广大党员干部自觉践行"三严三实"*。召开长泾镇第十三次党代会，选举产生中国共产党长泾镇第十三届委员会委员和中国共产党长泾镇纪律检查委员会委员，选举产生出席江阴市第十三次党代会的代表。完成村(社区)"两委"、基层党组织换届选举，选优配强基层领导班子，加强教育培训，切实提升基层干部的能力素质和管理水平,为长泾新一轮发展提供坚强的政治保障、组织保障。镇人大依法履职职能、人大监督的实效性不断增强,镇人大办结人大代表意见、建议21件,对政府5件实事工程、2016年经济社会发展主要目标任务进行定期视察与监督。政协长泾镇工作委员会围绕涉及民生的热点、难点、重点问题开展主题调研和视察,人民政协政治协商、民主监督和参政议政的重要作用不断强化。坚持依法行政,建设阳光政府、服务政府、廉洁政府,树立人民政府的良好形象。全年政府按规定网上公开文件140件,发布微信动态信息1100余条,办理各类审批服务事项1560件,受理办结"12345"公共服务呼叫中心受理咨询诉求945件。

经济建设　坚持发展为第一要务,努力化解经济下行压力,经济增长稳定在合理区间。全年全镇完成地区生产总值58.52亿元,比2015年增长4.24%;全口径财政收入6.46亿元,比2015年增长21.08%;一般公共预算收入3.61亿元,比2015年增长21.21%。加快改造提升传统产业,着力培育新兴产业,切实提高实体经济质量和效益,全年实现工业总产值127.43亿元,比2015年增长2.05%,其中规模以上工业总产值85.57亿元;完成工业开票销售113.27亿元,比2015年增长3.28%;工业应征税金2.6亿元;工业用电6.66亿千瓦时。规模以上工业企业发展稳健,其中55%的企业有增长,新兴产业不断壮大,产值比2015年上升10个百分点;资本经营有序推进,新增境外上市企业1个、"新三板"挂牌企业1个。着力改善服务业结构,不断扩大服务业规模,镇商贸物流园建设发展水平稳步提升,进园企业增至150个,平台集聚效应显现;全镇完成服务业增加值29.27亿元,比2015年增长6.32%;完成限额以上批发零售业零售额4.59亿元。积极推广农业科技,加强水利农机建设,提高农业生产效益。全年完成农业总产值3.61亿元,农业投入1.05亿元;新增高效设施农业面积20公顷,农业机械化水平90%以上,农业适度规模经营比例85%以上,农业废弃物综合利用率96%。新增农民专业合作社2个,累计35个;全力做好土地确权工作,加强全镇村级规范化管理,做好薄弱村结对帮扶,有效促进农民增收致富。积极加大有效投入,完成全社会固定资产投资25.31亿元,比2015年增长7.8%;其中工业投资12.9亿元,服务业投资11.36亿元。进一步完善园区配套设施,规范企业生产经营,全力推进招商引资,一批重点项目成功落地。全镇投资超千万元项目有31项,其中超亿元项目7项,计划总投资26亿元,2项项目被评为江阴市优质投资项目,21项工业技改项目竣工投产,为稳增长增添后劲。有效落实对外贸易服务机制,着力优化外贸服务平台,3个企业获中小微外贸企业融资;年内完成协议注册外资4513万美元,到位注册外资2170万美元,比2015年增长11.91%;实现进出口贸易2亿美元,其中出口1.7亿美元。

社会建设　产业发展水平不断提高,继续奖励创新优化发展企业,进一步引导广大企业持续加大对科技创新、品牌建设的投入,促进产业转型升级。全年申请专利350件,其中发明专利210件,获批省高新技术企业4个、省民营科技企业8个、省市工程技术研究中心6个、省市认定企业技术中心3个,新增省高新技术产品9种,积极创建中国粗纺呢绒名镇,获评省纺织服装特色名镇建设示范单位。积极推动教育事业均衡发展,持续教育投入,努力改善办学条件,注重内涵特色,教学质量进一步提高,中高考取得佳绩。提升卫生一体化管理效能,完成10个村(社区)卫生服务站提档升级工程。开展公共卫生体检,加强公共卫生管理,扎实做好伤寒疫情防控工作,确保群众健康安全。加强食品安全检测,规范食品小作坊、食品摊贩、农村自办宴席等生产经营行为。广泛开展全民健身活动,巩固推进"十分钟健身圈"工程,继续开展学生"人人学会游泳"三年行动计划,认真组织澄东片广场舞大赛等体育活动。加强基层公共文化服务阵地建设,全年组织公益性文化演出27场,加强文化遗产保护利用,举办首届"长泾月饼"文化旅游活动,承办第五届南京大学—剑桥大学设计思想论坛。发展老年事业,建设长泾公园门球场,营造尊老助老的社会氛围。做好计划生育管理服务工作。坚持以人为本,加快民生事业建设,着力提升公共服务水平,群众生活水平不断提高。年内实现本地劳动力就业1560人,扶持自主创业130人,新增城保扩面1802人,全面完成全民参保调查登记工作。居民养老保险基础养老金、被征地农民养老年龄段人员生活保障费、城乡低保、企业退休人员养老金等保障标准稳步提升。新农合人均筹资标准提高至800元。全年农民人均可支配收入增长10%。深入推进企业职工工资月薪制,执行率90%以上,有效防控化解各类劳资矛盾纠纷。关心社会弱势群体,积极开展助困助医助老助残助学、"慈善一日捐"等活动,发动社会各界爱心捐款,坚持党员干部结对帮困,让困难家庭和困难人员得到政府和社会的帮助。深入推进平安长泾、法治长泾建设,不断完善大调解机制,全年镇村受理各类矛盾纠纷1120件,调处成功率90%。扎实推进安全大检查活动,执法检查各类企业320余个,整改事故隐患317条,整改率99%,培训安全责任人321人次,危化品企业全面开展安全标准化创建。全面启动"七五"普法宣传教育,群众性学法普法活动不断普及。全面完成技防"补盲补缺",新增高清监控探头91只,打造现代化、立体化治安防控体系建设。深入推进网格化管理服务工作,积极开展平安企业、平安校园、平安家庭等系列创建活动,社会大局安定有序、和谐稳定。做好人民武装和双拥优抚工作,完成新兵征集24人。

2016 年长泾镇主要经济社会指标一览

表 86

指　　标	单　位	数　量	比 2015 年增减(%)	指　　标	单　位	数　量	比 2015 年增减(%)
地区生产总值	亿元	58.52	4.24	到位注册外资	万美元	2170	11.91
人均地区生产总值	万元	10.31	2.28	工业企业	个	589	1.03
财政收入	亿元	6.46	21.08	服务业增加值	亿元	29.27	6.32
第二、第三产业增加值占地区生产总值比重	%	96.31	0.4(百分点)	限额以上批发零售业销售总额	亿元	12.21	9.40
农业总产值	亿元	3.61	3.08	限额以上批发零售业零售额	亿元	4.59	0.40
粮食总产量	万公斤	15439	-6.90	中小学校	所	5	0
工业总产值	亿元	127.43	2.05	中小学校在校学生数	人	8335	1.35
其中:规模以上工业总产值	亿元	85.57	0.40	数字电视入户率	%	99	0(百分点)
工业利税总额	亿元	10.90	2	农村居民人均可支配收入	元	29276	10.30
其中:规模以上工业利税总额	亿元	6.86	5.30	社保参保率	%	99	0(百分点)
工业用电量	亿千瓦时	6.66	0.83	劳动合同签订率	%	98	0(百分点)
全社会固定资产投资	亿元	25.31	7.80	月薪制实施率	%	90	0(百分点)
其中:工业投资	亿元	12.90	6.20	新型农村合作医疗参保率	%	100	0(百分点)
服务业投资	亿元	11.36	9.70				

2016 年长泾镇开票销售收入前 10 名企业一览

表 87

名次	企　业　名　称	销售收入(亿元)	法人代表	名次	企　业　名　称	销售收入(亿元)	法人代表
1	江阴通利光电科技有限公司	15.74	周永南	6	江阴兴吴呢绒科技有限公司	4.89	吴栋标
2	江苏苏青水处理工程集团有限公司	6.00	蒋惠平	7	无锡共成交通器材有限公司	2.58	李文义
3	江苏升辉投资集团有限公司	5.79	宋建新	8	江阴瀚鸿服饰有限公司	2.42	包晓丰
4	江阴市康源印染有限公司	5.16	夏国庆	9	江阴比图特种纸板有限公司	1.90	仰午正
5	江阴市明康电子科技有限公司	4.98	颜明康	10	江阴和创服饰有限公司	1.76	朱建平

2016 年长泾镇各村(社区)基本情况一览

表 88

村(社区)名称	户数(户)	人口(人)	村(社区)党支部(党总支、党委)书记	村(社区)主任	村(社区)开票销售收入(亿元)	人均可支配收入(元)
泾南村(社区)	1280	4150	吴宪宏	吴　刚	5.98	29872
和平村	896	3310	吴文勇	程永建	4.07	32940
习礼村	1110	4031	陈伟南	顾　静	1.82	34750
泾东村(社区)	1970	6023	夏均宾	夏均宾	4.81	29088
长东村	1078	3958	吴栋标	吴建刚	17.27	29000
南涸村	1928	6657	李明法	谢　明	5.77	30400
花园村	1426	4749	宋建新	蔡建东	41.19	38000
刘桥村	1447	5025	刘　达	刘　荣	5.49	29520

续表88

村(社区)名称	户数(户)	人口(人)	村(社区)党支部(党总支、党委)书记	村(社区)主任	村(社区)开票销售收入(亿元)	人均可支配收入(元)
蒲市村	1650	5795	周东明	周学明	2.82	28460
河塘村(社区)	1565	5573	王永芳	周新峰	9.70	31464
王家村	1326	4923	顾明香	华晓平	3.46	31952
蔡桥村	629	2405	蒋海滨	何诞华	1.78	29500

【鸣冬艺术团获评娱乐养老“全国十佳社团”】 鸣冬艺术团成立于2011年7月，由江阴市鸣冬储运贸易公司出资冠名成立。艺术团由长泾镇退休干部、退休教师、退休职工及各界民乐和民间文艺演唱爱好者组成，以“自娱自乐、奉献社会、文化养生、繁荣长泾地方民俗文化”为宗旨，以长泾镇老干部活动中心为主要活动场所，固定每月15日为艺术团集训日。艺术团每年演出不少于20场，连续两年荣获“江阴市优秀群众文化团队”的称号，并获市民乐演奏二等奖等奖项。2016年10月4日，该艺术团参加“爱染夕阳”重阳节晚会演出，并荣获娱乐养老“全国十佳社团”称号。

【中共长泾镇第十三次代表大会召开】 2016年5月30日，中共长泾镇第十三次代表大会开幕，来自全镇各基层党组织的130名党员代表出席会议。会上，六扬代表中共长泾镇第十二届委员会作题为《实现新作为，开启新征程，为全面实现“十三五”目标任务而努力奋斗》的工作报告。报告对五年工作进行回顾总结，提出以后五年的形势任务和目标举措。会议由执行主席陶郁峻主持，江国虔致开幕词，龚正巍代表上届纪委作工作报告。31日，大会圆满完成各项预定的议程胜利闭幕。大会选举产生中国共产党长泾镇第十三届委员会委员和中国共产党长泾镇纪律检查委员会委员，还选举产生出席江阴市第十三次党代会的代表。

【镇村建设】 2016年，长泾镇镇村建设以创建文明城市为引领，完善土地空间利用、功能配套布局，规划锡东电厂复工七大民生工程，推进长泾实验小学综合楼、东舜湖公园景观等设计，深化地下综合管廊、长泾老街等专项规划，形成科学、集约的城镇格局。环西路、虹桥路、泾南路等5条主干道路管线入地工程；菜场美食街、蓉欣南路、兴隆路等5条道路改造提升，新建泾菱路；完善环南路、虹桥路南段交通设施，推进锦河街、虹桥路、派出所停车场建设。加强水利建设，完成东部防洪排涝工程二期、东清河及张家港河堤防加固加高工程、全国重点县小农水工程，翻建省公益农桥3座；启动叶家桥圩区、习礼圩区等6个防汛应急工程。实施虹桥路、兴园路、人民路中段等道路垃圾上门收集，努力塑造干净、整洁、有序的集镇形象。严格土地执法，制止违法用地17件、面积1.66公顷。整治35个自然村，拆除违章建筑31处、面积1945平方米，取缔废旧物品回收点134个，协议关停畜禽养殖场91个。完善卫生设施增设、补绿增绿等配套。健全部门联动执法机制，持续推动集镇流动摊贩、门店秩序管理。深化物业属地管理机制，提升小区物业管理水平。

【生态环境持续改善】 2016年，长泾镇加大生态保护力度，强化生态综合整治，全镇环境质量持续改善。持续推进印染、化工等行业整治，关停“三高两低”*企业3个，完成53台10蒸吨燃煤锅炉整治、10个印染企业定型机有机废气改造，完成市下达的总量减排任务。积极推进绿色低碳发展，4个传统企业完成产业绿色化改造，推动重点骨干企业清洁化生产，有效减少污染物排放。加强大型物料堆场、燃煤堆场等污染治理，完成2个热电企业原料堆场封闭改造。大力推进治污水、防洪水、排涝水、保供水、抓节水“五水共治”工程，完成花园村、长东村、河塘村等部分村庄“一户一表”农村自来水管网改造，完成巷上、门楼下、陶北庄农村生活污水控源截污改造，新建污水主管网7.7千米，新建村庄生活污水分散式集中处理设施3个，完成关庙浜综合整治，完成全国重点县中小河流整治一期工程。加强水资源保护，清淤河道28条，土方47万立方米。引导推进垃圾分类和餐厨垃圾集中收集处理。大力实施生态修复工程，完成造林绿化10公顷。重点整治直排偷放、建筑扬尘、秸秆焚烧、噪音扰民等突出问题。推进企业环保违法项目专项清理，规范整顿非法违规项目419项。

【“通利科技”在韩交所上市】 江阴通利光电科技有限公司(简称“通利科技”)成立于2001年，专注于精密涂布功能性新材料和高分子薄膜材料的自主研发，科技创新，量身定制。公司(中国工厂)拥有14.8万平方米的标准厂房和1000等级无尘室车间(采用日式净化处理系统技术)，并引进德国、意大利等地先进生产设备，整合国内外精干的研发团队，运用国际最先进的工艺和技术，围绕物联网、消费电子、汽车、航空航天、建筑节能、“智慧城市”等产业领域，开发生产各种功能性新材料。公司拥有多项“发明专利”“国家重点新产品”“科学技术成果”“软件著作权”等，功能性新材料中多项产品被评为江苏省高新技术产品，并被列入国家“火炬”计划。2016年10月25日，“通利科技”在韩交所高增长市场成功挂牌上市，“通利科技”董事长兼首席执行官周永南及相关机构领导出席挂牌仪式并致辞祝贺，共同为“通利科技”挂牌交易敲钟上市。

【第五届南京大学—剑桥大学设计思想论坛召开】 2016年6月27日，由南京大学—剑桥大学建筑与城市合作研究中心主办的第五届设计思想论坛在长泾镇蚕种场召开,来自国内外的30多名建筑设计专家和学者出席此次论坛。此次论坛主题是环境、作用和形式。来自清华大学、南京大学、华中科技大学以及挪威奥斯陆建筑与设计学院、美国宾夕法尼亚大学设计学院的教授与学者围绕主题进行为期两天的研讨。作为重要案例,蚕种场独特的建筑格局和设计构造也是此次议题之一。

【首届"文辉教育发展基金"颁发】 江阴"文辉教育发展基金"由江阴市长泾镇花园村老书记包文辉于2014年出资500万元设立,对为学校发展和学生成长做出贡献的教师进行奖励,从而进一步促进学校教师队伍的专业发展,打造高素质的教师队伍,推动学校发展,办人民满意的学校。2016年1月8日,江苏省江阴长泾中学首届"文辉教育发展基金"颁奖典礼在该校致真楼三楼报告厅举行。市教育局副局长陈华,基金出资人包文辉,长泾镇相关领导,兄弟学校领导,基金会全体理事、监事及该校全体教师出席该次颁奖典礼。该次颁奖典礼是基金设立后的首次颁奖大会,按照"江阴文辉教育基金颁发条例"中所规定的奖项与要求,通过自主申报并由基金会评审委员会组织集体评议,评选产生2014—2015年度获奖团体和个人,除长泾中学全体教师获"学校发展贡献奖"奖外,还有"个人突出贡献奖、团队突出贡献奖、特别贡献奖、忠诚服务奖、特别成就奖"五个奖项,获奖面超40%,发放奖金总额40万元。

【文化旅游推广日活动】 2015年以来,长泾镇把文化保护与旅游开发相结合,通过挖掘泾水古韵、泾水人家的历史文化旅游资源,推动文化旅游事业的发展。2016年5月1日,长泾镇在历史文化街区开展丰富多彩的群众文化活动。首先在明清街头功德碑前广场上举行简短的启动仪式。随后,镇老年协会文艺团队、泾东艺术团等文艺团队进行演出,吸引众多游客驻足欣赏。除了精彩的演出,镇还推出景点门票免费送活动,向群众发放2000张长泾老街景点门票。

【首届长泾镇月饼美食文化节举办】 2016年8月15日,长泾镇在明清一条街举办首届长泾镇月饼美食文化节,宣传长泾传统糕点制作技艺,留住家乡味道,弘扬传统文化,促进长泾月饼制作技术人才培养和长泾月饼品牌知名度的提高,加快长泾精神文明建设步伐。活动主要包括:"长泾月饼、老街、老味道"组合特价游推广活动、新市民家庭亲子月饼DIY(自己制作)、长泾月饼手工制作技术规范研讨会、长泾月饼手工制作大赛暨长泾月饼品鉴会等。大赛所有参赛作品,通过评委及观众综合评判,根据分数高低,设一等奖2人,二等奖3人,三等奖5人,优胜奖若干名,前5名颁发"金牌月饼名店"牌匾。 (费 倩)

顾山镇

【概况】 顾山,新石器时期末就有先民聚居,禹治震泽称龟山,春秋时期是吴楚通衢,南梁时定名顾山,宋元时成集设镇至今。该镇位于江阴市东南边缘,距江阴市区41千米,东南以顾山山为界,和常熟市尚湖镇、无锡市锡山区东港镇相接,西紧连长泾镇,北隔新沙河,与张家港市杨舍镇塘市社区毗邻。省道云顾公路、暨南大道横越该镇东西,通锡高速、锡张公路纵贯该镇南北,并直达沪宁高速公路、常合(沿江)高速公路两道口。申张航道、十一圩航道在境域内相交畅流。区域东西长12.6千米,南北宽10.4千米,总面积49.51平方千米,耕地面积1863公顷,下辖12个行政村、2个社区居委会。2016年年末,有户籍人口56141人,其中男性27371人、女性28770人;有少数民族14个174人。有外来暂住人口47941人,其中男性25854人、女性22087人。

政治建设 镇党委理论学习制度化,学习贯彻党的十八届六中全会和省市党代会精神,精心组织"两学一做"*学习教育。全年组织党委中心组学习12次,形成专题调研报告14篇。开展"金顾山大讲坛"活动12次,"千名书记讲党课"活动40余场,轮训党员3193人次,参训率98%以上。完成镇"两委"、基层党组织、村(居)委和人大换届工作。印发"两学一做"职责任务清单、拟订90项学习教育内容。创新"党员统一活动日"制度,红豆村党委被评为全市唯一一个江苏省党员干部现代远程教育示范基地。开展2期"弘扬井冈精神、坚定理想信念"中层干部培训班。开展"学习华西经验、践行'两学一做'"主题党日活动。推行"非公党组织星级管理""村务监督制""党建责任清单制"3项党建示范项目。江阴市一裴服饰有限公司建成市级非公企业党组织示范点。开展"香山有约"党员志愿活动和新党员宣誓活动。以创建全国文明城市为契机,全力推进创建工作精细化、长效化管理,举办各项创建活动:首届中国金婚寿桃大典在红豆村举行;"道德讲堂活动"有特色;"红豆爱心联盟"赴贵州为土家族学生送上帮扶资金;央视"国宝档案"栏目拍摄红豆树专辑;央视七套《美丽乡村中国行》"长江两岸是我家"栏目聚焦美丽乡村红豆村。首次获评江苏省文明镇,红豆村、涸东村、赤岸村获评江苏省文明村。探索镇互联网企业组织党建工作。制定《2016年党风廉政建设工作责任分解》,把8类重点项目分解为28项具体任务。探索实施村级小微权力清单管理制度。加强廉政宣传教育,建设漫画长廊、德政廊、廉政橱窗。开展"传承廉洁家风、弘扬清风正气"活动。作风建设常态化、长效化,刚性执行中央"八项规定"*和省市委"十项规定"*,认真落实"两个责任"*,细化党风廉政建设"五张清单",从严监管村级"三资"*。镇统战工作有新进展,召开民主党派、无党派人士的情况通报会,民族、宗教领域和谐团结,商会得到提高扩容。

经济建设 经济运行稳中有进。全年完成工商开票销售265.5亿元,比2015年增长3.4%;公共财政预算收入5.3亿元,比2015年增长22.5%。完成规模以上工业总产值107.2亿元,比2015年增长4.15%。企业上市持续推进,圣华盾防护科技股份有限公司"新三板"*成功挂牌。面对经济下行巨大压力,依法防范和处置金融风险。组织开展工业企业"健康体检",保障经济平稳增长。服务业稳步提升,完成限额以上批发零售业零售额1.58亿元,比2015年增长12.26%。江苏众网互联网园区完成提档升级,新引进企业216个,累计475个,实现开票销售10.1亿元,入库税金8200万元,电子商务平台集聚效应得到显现,并创建成江苏省电子商务示范镇。云蝠投资控股有限公司洛杉矶公司仓库被认定为江苏省首批跨境电子商务公共海外仓试点。高效农业加快推进,完成农业投资4000万元,新增高效农业规模种植面积40公顷,秋粮生产又获丰产。"金顾山"系列农产品市场扩大。新增农业专业合作社2个。

社会建设 科技创新显著提升,实施重点产学研项目5项,获批省高新技术企业5个,省民营科技企业6个,省高新技术产品18种,新批江苏省博士后科研工作站1个,申报国家专利699件。发放科技创新奖励资金111.7万元,7个企业争取到市级科技创新专项补助金200万元。江阴芗菲服饰有限公司获评江阴市"十佳"知识产权示范企业,"圣华盾"商标获评中国驰名商标。公共服务持续优化,启动"名师培育行动",顾山社区教育培训中心创建成省标准化社区教育中心,扶持建成普惠性民办幼儿园1个。公共卫生服务进一步优化,顾山医院正式投用,全民免费体检22408人。人口计生服务持续优化,"单独二孩"政策平稳实施。开展红十字"博爱送万家"救助活动,年内成功献血421人,累计采血量12.8万毫升,超额完成市下达任务。并全面完成救护员培训37人及科普员培训370人。全面提升公共文化服务水平,建成全民阅读点2个,成功申报市级非遗项目2项。举办文化"五送"下乡201场,举办第五届"相约周少梅故里——2016年江阴江南丝竹会演"活动。召开顾山镇文联第二次代表大会。社会保障逐步完善,解决本地劳动力就业1400人,扶持自主创业152人,推荐就业84人,全年农民人均可支配收入30799元,比2015年增长9.8%。保障体系不断完善,全年新增城保扩面1897人,新农合人均筹资标准提至800元,全镇参合人数27956人,财政补贴850万元,全年发放各类扶困经费362万元。"法治顾山""平安顾山"扎实推进,全年镇村受理各类矛盾纠纷772件,调处成功率98%。全年完成安全生产托管企业252个,开展各类安全生产专项整治8次,开展打非治违联合整治25次。开展食品安全专项整治7次,取缔无证无照餐饮经营户70户。技防建设进一步加强,新增监控探头381只,坚决打击各类违法犯罪行为,社会民生和谐稳定。民生环保深入开展,新建污水管网3.7千米,完成鲤岸河河水环境整治一期工程,完成控源截污区块4个。新建泵站19只,渠道1.8千米。整治张家港河支浜5条,清淤2万立方米。关停整治畜禽养殖场62个。完成造林绿化21.33公顷。慈善事业稳步发展,成立顾山公益坊。

2016年顾山镇主要经济社会指标一览

表89

指　　标	单　位	数　量	比2015年增减(%)	指　　标	单　位	数　量	比2015年增减(%)
地区生产总值	亿元	74.57	4.53	到位注册外资	万美元	116	—
人均地区生产总值	万元	13.40	3.55	工业企业	个	816	0.25
财政收入	亿元	10.43	6.57	服务业增加值	亿元	37.59	3.68
第二、第三产业增加值占地区生产总值比重	%	96.64	-0.46(百分点)	限额以上批发零售业销售总额	亿元	63.04	-3.98
农业总产值	亿元	4.27	1.67	限额以上批发零售业零售额	亿元	1.58	12.26
粮食总产量	万公斤	707.40	-33.92	中小学校	所	3	0
工业总产值	亿元	154.33	3.60	中小学校在校学生数	人	5869	-0.15
其中:规模以上工业总产值	亿元	107.20	4.15	数字电视入户率	%	95	0(百分点)
工业利税总额	亿元	9.67	-4.12	农村居民人均可支配收入	元	30799	9.80
其中:规模以上工业利税总额	亿元	6.94	-12.65	社保参保率	%	93	0(百分点)
工业用电量	亿千瓦时	4.80	-9.89	劳动合同签订率	%	98	0(百分点)
全社会固定资产投资	亿元	30.81	10.19	月薪制实施率	%	98	0(百分点)
其中:工业投资	亿元	15.50	10.06	新型农村合作医疗参保率	%	100	0(百分点)
服务业投资	亿元	14.78	10.12				

2016 年顾山镇开票销售收入前 10 名企业一览

表 90

名次	企业名称	销售收入（亿元）	法人代表	名次	企业名称	销售收入（亿元）	法人代表
1	江苏云蝠服饰股份有限公司	9.40	郭　健	6	沐祥集团有限公司	4.23	郭亚霓
2	江阴市江洲铜业有限公司	7.59	刘　江	7	江阴市民达投资有限公司	3.50	郭新民
3	江苏澄阳投资集团有限公司	5.11	杨　亮	8	江苏亿金环保科技有限公司	3.45	宋正兴
4	江苏润达光伏股份有限公司	4.45	陈俊律	9	江阴日毛纺纱有限公司	3.20	冈田启
5	江阴裕华铝业有限公司	4.26	徐建刚	10	江苏通达家居用品有限公司	2.89	陈泱光

2016 年顾山镇各村(社区)基本情况一览

表 91

村(社区)名称	户数(户)	人口(人)	村(社区)党支部(党总支、党委)书记	村(社区)主任	村(社区)开票销售收入(亿元)	人均可支配收入(元)
新龚村	1951	7216	郭正平	项建良	17.00	36200
涸东村	900	3100	杨　亮	周伟杰	31.50	36500
南曹庄村	1133	4286	毛二度	周　斌	21.00	36600
顾北村	726	2585	赵玉龙	周旦平	23.89	35100
红豆村	1781	6287	吴敏东	夏飞龙	15.71	34160
解放村	831	2735	潘立新	许敏达	11.01	33220
涸南村	917	3180	唐伯恩	徐健荣	1.89	30600
万兴村	980	3140	王洪兴	王永标	3.50	30420
东岐村	1118	3949	吴红一	刘文广	5.10	32200
鉴青村	650	2137	陈金星	陈　新	3.74	30960
赤岸村	1321	4468	李振华	李子红	3.24	30370
李家桥村	786	2906	钱为民	徐　敏	5.25	30200
顾山社区	2032	5819	孙祖涛	周　昶	12.05	36200
北涸社区	1459	4411	金建瑜	徐　波	2.55	30650

【云蝠跨境电子商务公共海外仓投运】 2016 年 7 月 19 日，云蝠投资控股有限公司跨境电子商务公共海外仓举行投运发布会，标志云蝠为打造立体化、国际化、数字化物流平台夯实基础。海外仓是市场主体探索出来的跨境电商物流仓储一种便捷可行的方式，能提高物流通关效率，降低物流仓储成本，提升跨境电商企业的备货能力。云蝠在美国洛杉矶、加利福尼亚州建立自己的海外仓，从接单到产品上市，只需 45 天，可缩短一半以上时间。位于加利福尼亚州的海外仓，仓库面积 3 万平方米，容量 30 万立方米，具备清关、运输、仓储、质检、定制包装、配送、退货等相关处理功能。云蝠还将扩建洛杉矶仓库，筹建纽约仓库，力争实现仓库面积 10 万平方米，容量 100 万立方米，年吞吐量 1000 万标箱的目标。

【“圣华盾”挂牌上市】 圣华盾防护科技股份有限公司是一个专精于安全作业防护服装研发生产的高新技术企业，主要针对复杂环境下从业人员的个体安全防护需求研发及生产各类防御物理、化学、生物等外界因素伤害的安全作业服装(包括阻燃防静电、防电弧、防金属飞溅以及防化防腐蚀等)，产品涉及工业、公共卫生和应急救援等十个专业领域，基本实现防护服产品类别全覆盖。年生产各类安全作业服装 200 余万套。“圣华盾”商标“SWOTO”分别取自五个单词的首字母，即 safe(安全)、wisdom(智慧)、office to outdoor(从办公室到户外)。而这正是圣华盾人的愿望——让劳动者穿上呵护备至的防护服，少些危险，多些安全，少些疲惫，多些舒适，与健康为伍，与快乐相伴，向世界展现中国劳动者的新形象。2016 年 7 月 11 日，“圣华盾”在“新三板”挂牌上市，这是中国安全作业装行业首个挂牌上市企业。

【顾山农企首上农博会】 2016 年 5 月 13—15 日，为期三天的首届江苏名茶展销暨休闲观光农业博览会在江苏国际农业博览中心开幕。作为无锡4个参展单位之一的顾山镇,组织了红豆专业合作社等4个农企赴会参展,展出的草鸡蛋、雪菊茶、蜂产品、红豆工艺品等吸引众多南京市民前来驻足品鉴。通过实物展示、现场品尝、图片展示等方式,展示休闲农业发展取得的成效,积极推介和宣传镇特色乡村旅游产品和休闲观光农业精品线路。展销活动取得广泛好评,部分特色农产品在展会首日就被抢购一空。展会期间,省委常委、副省长徐鸣巡视镇展区,与参展企业代表进行亲切交谈,并了解展销情况。他指出,顾山是有着晋梁文化的浪漫之地,具有不可复制的区域特色,围绕"品、住、行、游、购、娱"主题,展示美丽乡村的独特魅力。

【首届中国金婚寿桃大典在顾山举行】 2015年以来,顾山镇充分发掘山水、文化、生态资源优势,以千年红豆树为核心,以"情满顾山、爱在红豆"为主题,以致富百姓为目标,大力发展乡村旅游。2016年7月24日,首届中国红豆故里金婚寿桃大典在红豆村举行。此次活动由顾山镇政府、深圳市婚姻家庭文化促进会、无锡市婚姻行业协会主办。30对平均年龄在70岁以上的金婚老人在子女的陪同下,相聚红豆故里,共同庆祝金婚。活动现场,金婚老人们与大家分享50年相知相爱、风雨同舟的情感历程,并在红豆树下合影留念,吸引不少的市民、游客驻足围观。为给老人们助兴,组委会特别为金婚老人准备中式礼服款的"情侣服",还特意安排小提琴演奏等文艺演出。

【"红豆爱心联盟"捐资助学】 2011年江阴"红豆爱心联盟"成立,几年来得到全江阴爱心人士的关心和支持,队伍从18个顾山人,发展到江阴各学校120多人。2016年12月,江阴"红豆爱心联盟"120多名善心好人又筹措8.81万元助学款,捐赠给贵州印江洋溪小学、中山小学、洋溪中学,并结对帮扶3所学校的140名学生。这些善款大多用于添置学校教学中的投影仪、打印机等办公用品,还有图书、电脑等学习用品,大大改善山区孩子们的学习条件。至年末,江阴"红豆爱心联盟"累计捐资助学金额40多万元,结对帮扶受惠学生近400人,让贫困学生重振学习和生活的信心。 (毛德彦)

祝塘镇

【概况】 祝塘镇是徐霞客的祖居地,位于江阴市东南,南北分别与无锡市区、江阴市区相距20多千米,云顾、祝陆、祝璜、祝文公路在镇区交汇,暨南大道和长山大道分别在镇域内过境4.9千米和3.3千米,锡华大河贯穿全境,是澄东地区重要的交通枢纽。区域面积59.59平方千米,耕地面积2824公顷,下辖12个行政村(其中2个村居合一)。2016年年末,有户籍人口60866人,其中男性30146人、女性30720人;有少数民族18个418人,其中男性33人、女性385人。有外来人口90098人,其中男性45951人、女性44147人。

政治建设 扎实开展"两学一做"*学习教育,组织广大党员认真学习党章党规、习近平总书记系列重要讲话,争做合格党员。依托"大爱祝塘"微信公众平台,开设"炎黄微观点""炎黄之声"有声朗读等专栏,创新教育活动形式;通过开展书记上党课、"学党史、明党规、强党性"知识竞赛等活动,全镇"两学一做"学习教育工作得到省"两学一做"督查组肯定。七一期间,成功选树先进基层党组织10个、优秀党员标兵10人、优秀共产党员70人。农村基层党建创新项目获全市项目展评二等奖。江阴市茂达棉纺有限公司党总支通过非公企业党组织"雁阵计划"AAAAA级评定,金庄村建成市党建工作示范点。率先在全市乡镇中召开党代会,完成镇党委换届;完成12个村(社区)党组织和28个直属党组织换届选举工作。严格党员发展标准和程序,全年发展党员35人,培训入党积子42人。认真落实干部选拔任用条例与选拔任用事前报告和全程纪实,干部监督管理实现全覆盖。坚持党要管党,全力推动全面从严治党,认真落实党风廉政建设"两个责任"*。加强组织协调,强化责任追究,督促各部门认真抓好职责范围内的党风廉政建设和反腐败工作。认真做好老干部、统战、群团、人武等多项工作,发挥优势凝聚合力,有力助推全镇经济社会发展。

经济建设 全年实现地区生产总值83.21亿元,比2015年增长2%;完成工商业开票销售226.82亿元,比2015年增长9.45%;其中工业开票销售186.14亿元,增长4.07%,商业开票销售40.68亿元,增长43.37%。实现工业总产值262.49亿元,增长2.51%;其中完成规模以上工业总产值146.7亿元。完成限额以上批发零售业零售额3.01亿元,增长11.9%。实现进出口总额4.79亿美元,增长11%;其中自营出口4.58亿美元,增长10.4%。新增到位注册外资2750万美元。完成工业用电量7.32亿千瓦时,增长23.23%。实现财政总收入10.57亿元,增长9.42%。水稻种植面积0.13万公顷,平均每公顷产量9450公斤,总产1234.73万公斤,全年稻麦总产1667万公斤。全年实现农业总产值5.21亿元,落实建设重点农业项目5项。全年实现固定资产投资34.13亿元,增长7.55%;其中完成工业投资19.2亿元,服务业投入14.09亿元,分别比2015年增长6.08%和10.04%;完成农业投资8400万元。全年有超5000万元工业项目13项,其中超亿元工业项目12项。华能热电、泰科纳米二期、石墨烯可见光催化项目和尚东二期房地产等重点项目成功签约;恒润环锻、采纳科技新上项目顺利投产;鹰贝轴承、瑞加云母、泰科纳米、必克液压和恒泽二期扩能等一批超亿元项目加快基建进度;恒泽三期、优彩研发中心、天而然高档面料扩能等拟建项目加紧手续办理。景阳华府、尚东花苑等4项服务业项目基本完工。

社会建设 强化科技支撑,实现全社会研发投入1.56亿元。全年完成专利申请576件,发明专利申请381件,专利授权111件。新增省高新技术企业3个、省民营科技企业10个、省工程技术研究中心1个、无锡市工程技术研究中心2个、江阴市十佳民营科技企业2个。积极申报市级科技发展资金8项、市

级“小巨人”计划1项,获评市科技进步奖4项,其中联业生物有机肥项目荣获特等奖。3个企业参与7项国家、行业标准制(修)订,5种产品通过专家评审。市级“百强”“百佳”企业增至10个。“中晶新材”在韩交所成功上市,成为祝塘第一个上市公司;优彩环保资源科技股份有限公司与东华大学院士俞建勇成功签约,建成全镇首个院士工作站,其循环再生有色涤纶短纤维通过国家级绿色纤维认证,公司被工信部列入首批符合再生化学纤维行业规范条件生产企业名单;成功举办石墨烯应用技术产业论坛,石墨烯研发与应用联合工程中心落户碳谷科技集团有限公司。持续加大教育教学设备投入。启动祝塘实验幼儿园扩建前期准备工作。祝塘中学通过三星级高中复评;祝塘二中、文林中学中考成绩双双进入全市第一方阵。全年完成总投资近亿元全长3.2千米的镇区人民路、镇北路管线入地及路面、道板改造工程,集镇道路通行效率有效提高,城镇形象得到进一步提升。云顾路镇区段和环西路沿线新增停车位500个;完成新圩路西段拓宽工程,启动富林桥引道和景阳弄改造等工程。管网建设日趋完善。完成环南路、云顾路、景阳弄2千米生活污水管道铺设;完成云顾路东侧、环北路南侧600米雨水管道铺设;完成金庄路、金昌路及永昌工业园区周边1.9千米雨水管道铺设,园区部分地段排水不畅问题得到解决。水利工程加快推进。实施总投资3000万元的国家、省中小河流整治祝塘项目区建设,疏浚整治河道6.15千米,拆坝建桥7座。投资800多万元积极实施全镇临时应急防洪排涝工程,投资100万元实施市级镇村河道轮浚及防洪排涝改造工程,均在年内汛期发挥明显作用。完成省公益性桥梁改造2座。有序推进总投资7000万元的市级应急防洪排涝工程祝塘项目区建设,青祝河、富贝河应急防洪排涝工程全面启动,锡华河应急防洪排涝工程年内完成开工前期准备工作。投资500万元完成镇区北农贸市场整体改造,成为江阴市乡镇农贸市场亮点工程。全面启动社区农贸市场改造。完成占地面积9200平方米的社会主义核心价值观主题公园——积庆公园建造,祝塘文史馆和“江抗”祝塘纪念馆建成开馆,成为祝塘进行对外宣传、展示自身形象和提升文化软实力的重要窗口。完成祝塘派出所一期改造和城管中队搬迁改造工程,签订供电所、农机站搬迁协议,启动交警中队搬迁改造和供电所新建工程。水环境、大气质量持续改善。切实加大重点企业监管和重点行业整治,督促企业投入3600余万元用于煤改气、治污设施升级及内环境整治提升。完成蔡巷上等6个农村生活污水点源建设及纵二路生活污水泵站建设。大力实施祝文河等河道综合整治与工业集中区控源截污接管工程,辖区水环境质量考核位列全市第一方阵前列。全力打好燃煤锅炉整治淘汰攻坚战,关停小锅炉11台;34台中高温定型机全面升级到位,关停“三高两低”*企业3个。违法违规项目加快清理。按照“三个一批”清理要求,全面完成108项环保违法违规项目清理。加大“三同时”项目*管理,完成项目验收15项。扎实开展黑作坊取缔、印刷企业油墨废水整治及小片印花企业清洗废水规范“回头看”工作。生态修复不断加强。实施畜禽养殖污染综合治理两年(2016—2017)行动计划,签订关停协议245份,关停小散乱差养殖户85户。全面完成地下水禁采封井工作。大力开展绿化造林,云顾路绿化改造全面竣工,青祝河绿化工程全面启动。年内新增绿化造林面积50公顷,建成省级村庄绿化示范村1个,获评无锡市绿化造林先进镇。成功申报农业生态补偿资金990万元。环境综合整治加快实施。联合多部门完成镇区和社区重要路段、重点区块的全面整治,强化农贸市场及其周边环境治理,乱设摊、乱堆放、乱停车等现象得到有效遏制。始终保持违建管控高压态势,拆除各类违建8370平方米。顺利通过2016年土地例行督查。村庄环境长效管理月考核常态化,总体环境质量显著提升。全面完成全镇40%的自然村庄环境整治,成功打造12个村庄环境综合整治示范点;永昌小大房、北湾史家堂被命名为市级村庄环境长效管理示范点。文明创建纵深推进。健全网格化创建体系,印发《2016年创建全国文明镇行动纲要》,着力开展志愿服务、文明乡风、乡土文化传承、整治陋习等工程,扎实推进文明创建工作。有效利用简报、微信等媒介,多角度报道社会各界参与创建的动态和热情,编印创建简报50期。全力打造“10分钟志愿服务圈”,设立“炎黄爱心驿站”20个;建成“炎黄爱心联盟”志愿服务平台,广泛开展志愿服务活动。以道德讲堂为载体,深入开展社会主义核心价值观教育;深化文明户、文明家庭创建,评选“十星级文明户”495户,其中“十星级文明示范户”31户,获评省级和市级最美家庭各1户。《五福村志》《石堰村志》《富顺村志》3部村志相继编印完成,北湾村等2个村史馆完成布展,“一村一品”打造取得实效。完善就业创业服务,解决本地劳动力就业2556人,扶持自主创业163人,推荐就业73人;完成住房公积金指标980人,新增小额贷款放贷15批次。应届大学毕业生就业率99.3%。突出应保尽保、扩面提标,完成居保续保3917人、新增320人,完成城保扩面2800人,净增扩面指标800人。成功调处劳资纠纷220件,追发工资240万元,工伤调解14件。加强社会救助,落实城乡一体化低保标准增长机制,累计发放低保金、救助补助金及优抚金1061万元。全年募集善款104万元,救助贫困家庭600户。完成建南村、金庄村5个组348人的即征即保工作。全年拆迁民房8.3万平方米,安置分房308户。社会事业协调发展。圆满完成村(居)民委员会换届选举,扎实推进第三次全国农业普查工作。全面完成10个行政村土地承包经营权确权资料上传。新建日间照料中心2个,全镇居家养老服务覆盖率100%;养老中心实现第三方社会化托管运营,环卫服务外包工作扎实推进。完成群众免费健康体检32770人,新农合参保32850人。市五院成功增挂“江阴市澄东康复医院”牌子。“十分钟健身圈”完成提档升级,新增健身站点19个。成功举办全镇首届全民体育运动会,参与人次近万人,全民健身活动广泛开展。芳草地健身队获市全民广场舞比赛一等奖,太极拳市级比赛获优胜奖、组织奖和个人特等奖。文林社区建成无锡市科普示范社区。文艺创作成果丰硕,累计刊印《筑塘》9期,广场舞《忆江南》荣获无锡市“群芳奖”金奖。承先桥修缮正式启动。全面完成新时期祝塘党史专题资料征编试点工作,《祝塘抗日烽火》完成编印。档案、便民服务、人口计生、残疾人等各项事业取得新进展。全镇大局稳定和谐。深入推进阳光信访,不断加大信访信息公开力度;积极探索建立视频接访,实现多部门多地点联合接访、联合会商,接处访效率进一步提高。强化源头防范,开展投资项目社会稳定风险评估7项。深化矛盾纠纷网格化排查化解机制,全年累计受理调处“12345”公共服务呼叫中心热线受理1580条,及时受理率、及时答复率均为100%。“七五”普法正式启动。“市民学法园地”覆盖面进一步扩大,新增宣传窗口15个。村村建立法律援助联系点,公共法律服务建设走在全市前列。全镇青少年法治教育馆建成投用。大力推进技防镇建设,完成老小区技防监控设施改造,镇村主要道口技防设施率100%。加强安全生产监管,严格落实安全生产责任制,全面推进企业安全托管,全镇安全形势持续稳定。

2016年祝塘镇主要经济社会指标一览

表92

指标	单位	数量	比2015年增减(%)	指标	单位	数量	比2015年增减(%)
地区生产总值	亿元	83.21	2	到位注册外资	万美元	2750	183.33
人均地区生产总值	万元	13.70	0.74	工业企业	个	1088	11.93
财政收入	亿元	10.57	9.42	服务业增加值	亿元	27.99	7.58
第二、第三产业增加值占地区生产总值比重	%	96.20	0(百分点)	限额以上批发零售业销售总额	亿元	31.51	13.35
农业总产值	亿元	5.21	-0.86	限额以上批发零售业零售额	亿元	3.01	11.66
粮食总产量	万公斤	1667	-17.23	中小学校	所	7	0.00
工业总产值	亿元	262.49	2.51	中小学校在校学生数	人	8890	1.87
其中:规模以上工业总产值	亿元	146.70	-8.08	数字电视入户率	%	99	0(百分点)
工业利税总额	亿元	20.50	1.79	农村居民人均可支配收入	元	31931	9.02
其中:规模以上工业利税总额	亿元	12.12	-7.90	社保参保率	%	100	0(百分点)
工业用电量	亿千瓦时	7.32	23.23	劳动合同签订率	%	98	0(百分点)
全社会固定资产投资	亿元	34.13	7.53	月薪制实施率	%	98	0(百分点)
其中:工业投资	亿元	19.20	6.08	新型农村合作医疗参保率	%	100	0(百分点)
服务业投资	亿元	14.09	10.04				

2016年祝塘镇开票销售收入前10名企业一览

表93

名次	企业名称	销售收入(亿元)	法人代表	名次	企业名称	销售收入(亿元)	法人代表
1	江阴市百舸有色金属材料有限公司	37.50	徐宇清	6	江阴市飞燕实业有限公司	3.24	蒋云南
2	优彩环保资源科技股份有限公司	9.93	戴泽新	7	江阴市茂达棉纺厂有限公司	2.78	郁广益
3	江阴市友佳珠光云母有限公司	8.47	戴加龙	8	江阴市春达铝业有限公司	2.76	朱忠良
4	江苏贝德服装集团有限公司	6.46	蒋忠伟	9	江阴迪新金属工业有限公司	2.69	丁建明
5	江阴市恒润环锻有限公司	4.78	承立新	10	江阴市文林利达布厂	2.65	包贤明

2016年祝塘镇各村(社区)基本情况一览

表94

村(社区)名称	户数(户)	人口(人)	村(社区)党支部(党总支、党委)书记	村(社区)主任	村(社区)开票销售收入(亿元)	人均可支配收入(元)
永昌村	1239	5017	王 华	王 征	47.47	25000
建南村	1600	6210	王 良	颜荣良	38.58	28500
文林村(社区)	2043	6967	张荣庆	龚东良	31.80	34000
金庄村	1932	7338	孔瑞用	何德兴	31.47	30000
景阳村(社区)	1272	4989	陆金伟	沈岳虎	19.86	15600
永平村	1579	5071	华 兴	华 兴	14.82	25600
北湾村	937	3243	王军伟	潘学红	13.22	24800
河湘村	1279	4578	龚 军	朱建飞	12.87	24800
茂龙村	1595	5489	顾叙兴	顾叙兴	5.07	20900
富顺村	918	3548	潘浩德	孙建刚	4.82	24000
五福村	1427	4853	张星伟	季 刚	3.19	23600
石堰村	1053	3642	黄岳兵	徐立新	1.32	23800

【石墨烯应用技术产业论坛召开】 2016年11月25日,石墨烯应用技术产业论坛在江阴黄嘉喜来顿酒店召开,论坛由中国科学院国家纳米科学中心和江阴市政府主办,中国碳谷科技集团有限公司(允升国际下属全资子公司)承办。中科院院士刘忠范、成会明,中科院国家纳米科学中心主任刘鸣华应邀参加论坛。论坛会上,国内首个"石墨烯研发与应用联合工程中心"揭牌,落户江阴祝塘中国碳谷科技集团有限公司。该中心由中科院国家纳米科学中心与允升国际联合成立。成立后进一步推动石墨烯下游应用的发展,突破石墨烯发展"最后一公里"的瓶颈。同时,签约石墨烯基长效防腐材料、石墨烯基油水分离材料、石墨烯复合纤维材料、快充式长寿命石墨烯基电化学储能器件和石墨烯可见光催化环保技术5项应用项目,标志着允升国际在石墨烯下游应用方面取得突破性进展。

【"优彩资源"院士工作站揭牌】 优彩环保资源科技股份有限公司是祝塘镇重点骨干企业,2015年入库税金名列全镇第一,是全市百强企业,是行业协会官方认定的"国家再生有色纤维新材料研发生产基地"和"绿色纤维"研发基地。公司以创新求发展,加强产学研合作,建立"东华大学—优彩环保产学研合作基地""东华大学研究生实习基地"。公司形成核心技术团队,在产品开发、工艺技术、服务质量上均跻身行业领先水平。2016年8月20日,"优彩资源"院士工作站签约挂牌仪式在祝塘镇政府会议中心一楼举行。这标志着祝塘镇首个院士工作站正式成立,也意味着全镇在推进产学研合作、引进聚集高层次人才方面探索出一条新路子。签约挂牌仪式上,中国工程院院士、东华大学教授俞建勇与优彩资源科技股份有限公司董事长戴泽新签约,并与中国化学纤维工业协会副会长贺燕丽、国家科技部试点联盟联络组秘书长李新男、工信部消费品工业司调研员陈新伟、江阴市副市长赵强共同为院士工作站揭牌。"优彩资源"院士工作站成立,进一步推动"优彩资源"自身的快速发展,为祝塘产业层次再提升、产业结构再优化注入新的强劲动力。

【镇党委班子完成换届】 2016年4月26日,全市镇党委换届工作会议召开之后,镇党委迅速传达并贯彻落实会议精神,专门下发《关于认真做好中共祝塘镇第十三次代表大会选举工作的通知》,明确了代表名额、代表结构、代表条件、代表的产生过程和选举办法。经过基层党组织自上而下、自下而上充分酝酿,广泛征求意见的基础,初步确定出全镇党代表候选人。5月5日,纪委、组织和信访等部门完成对镇党代表候选人的联审,并进行适时调整。是月6—12日,由镇党委委员牵头成立6个工作组,集中对全镇41个直属党组织推荐的党代表候选人逐一进行考察谈话,严格把关。是月13—18日,全镇各基层党组织陆续召开党员大会,通过差额选举方式,产生出席镇第十三次党代会的代表150人。是月25—26日,中共祝塘镇第十三次代表大会召开。会议认真听取和审议镇党委书记赵炯所作的党委工作报告和镇纪委书记倪涛峰所作的纪委工作报告,并讨论通过《祝塘镇2016—2020党建工作规划》,选举产生新一届镇党委、纪委班子及出席江阴市第十三次党代会的代表。在换届选举过程中,镇党委严格规范操作程序,"九严禁"换届纪律学习贯彻到位、集体谈心谈话到位、换届纪律承诺书签订到位,全镇换届工作有序平稳。

【祝塘企业上市实现零突破】 2016年1月28日,中国晶体新材料股份有限公司(简称"中晶公司")在韩国交易所成功挂牌上市,由此成为祝塘镇第一个上市公司,也是江阴第36个上市公司。"中晶公司"是人工晶体合成云母生产基地,占到全球产能的90%。公司主要从事于合成云母片、合成云母粉、合成云母带、天然云母带、煅烧云母带等产品的生产与销售，产品广泛应用于高档汽车、高档彩妆化妆品、高档家电、冶金、高品质耐热材料、高品质绝缘材料、高档建筑建材、航天航空等多个领域。“中晶公司”该次赴韩国上市，首次发行1100多万股，每股价格3000韩币（折合人民币16.5元），募集资金约1.8亿元人民币。

【镇区北农贸市场改造工程】 祝塘镇区北农贸市场建造于20世纪90年代中期，是祝塘镇区较大的农贸市场之一，因经济的快速发展，导致集镇人口、车辆大量增多，市场原有的基础设施破损严重且不符合发展需要，自由市场区域的流动摊贩、占道经营、店外经营、杂物堆放、停车矛盾、噪声扰民等问题日益突出。2015年9月，为进一步改善集镇环境面貌，提升城镇品质功能，优化人居环境，结合江阴全国文明城市和祝塘全国文明镇创建，本着安全、美化、实用的原则，镇党委、政府及祝塘市场监管分局投资500万元对该市场实施整体升级改造，改造面积为2600平方米，由江苏同仁建筑设计院设计，无锡市亿达建设工程有限公司负责施工。2016年1月，农贸市场全面完成升级改造，市场内部设置市场分布示意图、公共服务休息区、居民购物买菜区、食品检验检测室、电子显示公告屏并提供咨询服务、公平秤复秤等，还设立专门区域进行活禽宰杀。通过摊点规范化、门店独立化、消费放心化、服务人性化等各项举措，农贸市场为周边广大群众营造出舒心的购物环境。

【农村土地确权登记颁证推进】 按照上级总体部署，在保持现有农村土地承包关系稳定和尊重历史、实事求是的前提下，对土地二轮承包工作的进一步完善，建立健全土地承包经营权登记簿，妥善解决承包地块面积不准、四至不清、空间位置不明、登记簿不健全等问题，把农户承包地块、面积、合同、权属证书全面落实到户，依法赋予农民更加充分而有保障的土地承包经营权，维护农民合法权益。祝塘镇石堰村从2013年8月率先启动农村土地承包经营权确权试点工作，并于年底完成确权工作。随后景阳村（社区）从2014年7月启动该项工作，并于12月完成确权工作。其他10个行政村，从2016年5月开始农村土地承包经营权确权登记颁证工作，经全面稳妥推进。至年末，镇完成农村土地承包经营权确权登记颁证工作，涉及全镇12116户农户42737人，1920公顷承包地。

【镇北路与人民路完成改造】 为改善集镇面貌，缓解交通压力，提高道路通行效率，2015年9月，总投资9800万元的祝塘镇区镇北路、人民路改造工程启动。镇北路改造工程西起云顾路、东至人民北路东侧200米处，全长1147米，道路总宽度23米，包括强弱电管线入地和两侧人行道及路面改造；人民路改造工程北起环北路、南至云顾路，全长2020米，道路宽度12米，包括强弱电管线入地和两侧人行道及路面改造。该工程的强弱电管线入地分别由国家电网江阴供电公司和中国电信江阴分公司组织施工，道路两侧道板改造及路面沥青摊铺由江苏慧海建设工程有限公司中标并负责施工，江苏科兴工程建设监理有限公司负责监理，江阴敬业工程造价师事务所有限公司负责审计。2016年10月，镇北路、人民路全面完成改造。

【祝塘积庆公园建成】 祝塘积庆公园位于镇区南街西侧、青祝河南侧，是一个集园林景观、健身、休闲、游园等多功能于一体的综合广场。该公园于2016年5月28日动工建设，10月竣工，占地面积9204平方米，包括入口停车区、健身活动区、文化活动区、纪念展示区和生活休闲区等五大功能区。健身活动区由1个塑胶健身场地和1个门球场组成。文化活动区设有守望亭、闻澜廊和俯仰轩3处具有江南水乡风格的景观建筑，中央文化广场是一处较大的娱乐活动场所。纪念展示区包括祝塘文史馆和“江抗”祝塘纪念馆两大展馆，分别以展板、实物和视频等形式展示千年古镇祝塘的发展历程与“江抗”在祝塘创建抗日根据地开展军事斗争的历史片段及相关资料。生活休闲区沿边设置一排中式建筑，建筑前广场和天井内设置室外休闲座椅，可供附近的居民喝茶、休憩、聊天。公园内有桂花、花石榴、红玉兰等十余种各类花卉树木，绿化面积570多平方米。

【梧塍园建成】 大宅里村，古称梧塍里，为明代著名地理学家、旅行家、文学家、游圣徐霞客的祖居之地，有近800年的建成史。2015年10月，祝塘镇投资40余万元在大宅里村东侧开始兴建梧塍园，至2016年3月建成。该园小巧玲珑、典雅别致，是一个半开放式的公园。园内有徐霞客像、古银杏树、照壁、文化墙、梧塍亭等景点。历尽沧桑已有600多年树龄的古银杏树枝节繁茂、苍劲有力，相传为当年给梧塍徐氏做家教的《水浒传》作者施耐庵手植。粉墙黛瓦的文化墙上逐一展示了梧塍先陇、长寿幽居、梅窗诗思、竹屋书声、璜塘春涨、毗岭晴岚、西畴稼穑、北墅桑麻、南浦渔歌、东原牧笛等梧塍十景，以及梧塍徐氏与当时社会名流交游的场景，极富文化气息和艺术魅力。

【镇首部村志《五福村志》印刷】 2016年7月，由祝塘镇五福村村民委员会编纂的《五福村志》正式内部出版，为该镇首部印刷出版的村志。全志约15万字，包括彩照及附图428幅，设17章56节，上起事物发端，下限2015年底，古今并叙，着重记述中华人民共和国成立以来各个不同历史时期的村政事务，农工商诸业的发展，村民生活的变化，较为完整地保留乡村记忆。《五福村志》的内部出版填补该镇行政村一级志书的空白，为五福人民留下了一笔丰富的历史文化遗产，也是该镇文化建设领域的一项丰硕成果。

【“祝塘杯”“米酒王”争霸赛举行】 2016年2月3日，由市文广新局和祝塘镇共同主办的“一杯米酒·一缕乡愁”江阴市首届“祝塘杯”“米酒王”争霸赛在祝塘镇文化中心举行，来自全市各乡镇（街道）的近30位米酒制作者带着他们亲手调制的米酒参加现场角逐。比赛由专业评委、群众代表评委和参赛人员共同投票，评委们在现场品鉴玻璃酒壶中的米酒后，为心目中的“米酒王”投上一票。经过激烈的角逐，来自文林的年逾古稀的“酿酒大师”费志和酿制的米酒以浓郁醇厚、甘甜绵软的独特口感和上佳色泽获得评委的一致认可，成为首届“米酒王”。此次比赛充分调动乡镇群众参与乡土文化培育的积极性，有力助推物质文化遗产项目产业化进程，彰显江阴特色乡土文化魅力。

【学党史明党规强党性知识竞赛】 2016年6月28日，祝塘镇“两学一做”学党史、明党规、强党性知识竞赛决赛在镇会议中心一楼举行。在前期25支队伍进行半决赛的基础上，由镇机关、行政村(社区)、学校和企业组成的6支代表队参加最终决赛。比赛现场，各参赛队伍围绕《中国共产党章程》、《中国共产党廉洁自律准则》、《中国共产党纪律处分条例》、习近平总书记系列重要讲话精神和“两学一做”学习教育活动、江阴市市情、祝塘镇镇情等相关内容，依次进行共答题、抢答题和风险题等三种题型的竞赛，整场比赛始终洋溢着紧张活泼的气氛。经过一番激烈的角逐，文林中学代表队获得团体第一名，江阴市茂达棉纺有限公司和祝塘中心小学代表队获团体第二名；文林中学闫晓红获“最佳答题手”称号，祝塘中心小学王玉芸获“最佳台风奖”。

【市首个乡镇文史馆开馆】 祝塘文史馆位于祝塘南街积庆公园内，于2015年10月开始筹建，2016年10月建成开馆，该文史馆为江阴市首个乡镇(街道)文史馆，总投资近130万元，占地面积约300平方米。展馆以时间为轴，通过展板依次展示史前舜帝传说舜城遗迹、南朝萧梁至两宋时期西舜乡经济文化的发展、元明时期西顺乡的大开发、清代祝塘文林经济文化的繁荣和近代祝塘文林的经济文化建设，丰富翔实的图片和真实简练的文字高度浓缩并逼真记载了一个有着近九百年文字记载史的江南古镇的发展历程。祝塘文史馆的建成，既为深入发掘当地文史资源、深化地方文史研究、推动文史工作交流提供了一个良好平台，又成为祝塘进行对外宣传、展示自身形象、提升文化软实力的一个重要窗口。

2016年10月，祝塘文史馆开馆　　（纪晓华 摄）

【“江抗”祝塘纪念馆建成】 “江抗”(江南抗日义勇军简称)祝塘纪念馆位于祝塘南街积庆公园内，于2015年10月筹建，2016年10月建成开馆。“江抗”祝塘纪念馆总造价140多万元，占地面积320平方米。展馆采用声、光、电和多媒体技术以场景还原、实物展示等形式展出烽火遍地颜家桥痛击日寇、老“江抗”转战祝塘歼敌顽、新“江抗”在祝塘创建抗日根据地开展军事斗争、“江抗”与祝塘的军民情谊、祝塘抗日烈士名录等五大板块的内容，记述“江抗”部队在祝塘地区的抗日斗争的历史片断，旨在激励大家时刻铭记历史教训，不忘传承先辈优良传统，为推动全镇经济社会发展凝聚更为强大的精神力量。

【《祝塘抗日烽火》完成编印】 2016年8月，为配合“江抗”祝塘纪念馆开馆，祝塘镇组织人员完成《祝塘抗日烽火》一书编印，作为前往纪念馆参观者的赠阅读本，以及对全镇青少年进行抗战历史教育和爱国主义教育的学习材料。该书5万余字，包括珍贵历史照片及附图近200幅，分4章17节，依次讲述：日寇铁蹄践踏江南，祝塘军民奋起反抗；“江抗”军祝塘摆战场，洒热血打击日伪顽；新“江抗”扩军广建政，祝塘成抗日根据地；抗日志士彪炳千古，英勇事迹流芳百世；并全文收录《“江抗”老战士于玲回忆录》。该书旨在激励全镇人民时刻铭记历史教训，传承先辈优良传统，弘扬铁军革命精神，为文明祝塘建设做出新的更大的贡献。

【镇首届全民体育运动会举办】 2016年6月6日，祝塘镇在祝塘中心小学操场举行全镇首届全民体育运动会开幕式。开幕式上，伴随着“弘扬‘炎黄’精神、建设大美祝塘，我运动、我快乐”的口号声，来自镇机关、各村(社区)、学校、派出所、城管、交警等单位的24支方队身着统一服装、手持国旗、高举代表队队旗有序通过主席台。随后举行啦啦操表演、中学生体操、鼓号队表演、警棍盾牌操、太极拳表演等文体表演。首届全民体育运动会为期8个月，有上万人次参与，设有羽毛球、跳长绳、拔河、消防演练、自行车慢骑、中小学生田径比赛等24项群众体育比赛项目。

（何国荣　沈伟星　李中林）

■类目编辑　纪晓华

组织机构和领导人员名录

市级机构

中共江阴市委

书　　记　陈金虎
副 书 记　沈　建(至7月)
　　　　　蔡叶明
　　　　　崔荣国(赴新疆工作)
　　　　　袁秋中(7月任)
常　　委　孙小虎(至7月)
　　　　　计　军
　　　　　孙　英(女,至7月)
　　　　　钱文琴(女,至6月)
　　　　　冯爱东
　　　　　吴　芳(女)
　　　　　陈兴华(2月任)
　　　　　戴旭东(至7月)
　　　　　费　平(7月任)
　　　　　余银龙(7月任)
　　　　　程　政(7月任)
　　　　　尹　平(7月任)

江阴市人大常委会(党组)

主　　任　赵国权(至10月)
代 主 任　郑　元(10月任)
副 主 任　倪颖伟
　　　　　郑　元
　　　　　朱　敏
　　　　　黄耀清
党组书记　赵国权(至7月)
　　　　　孙小虎(7月任)

江阴市人民政府(党组)

市　　长　沈　建(至7月)
代理市长　蔡叶明(7月任)
副 市 长　孙小虎(至7月)
　　　　　计　军(至7月)
　　　　　吴　芳(女)
　　　　　费　平
　　　　　龚振东
　　　　　封晓春(至2月)
　　　　　唐仲贤
　　　　　程　政(至7月)
　　　　　虞卫才
　　　　　韩　民
　　　　　赵　强(7月任)
　　　　　余新泉(挂职)
党组书记　沈　建(至7月)
　　　　　蔡叶明(7月任)
副 书 记　孙小虎(至10月)
　　　　　费　平(7月任)

政协江阴市委员会(党组)

主　　席　薛　良(至1月)
　　　　　徐冬青
副 主 席　须振宇
　　　　　黄丽泰(女,兼)
　　　　　张英毅
　　　　　喻伟力
　　　　　陈兴初
党组书记　薛　良(至7月)
　　　　　徐冬青(7月任)
副 书 记　须振宇
　　　　　韩　民(12月任)

中共江阴市纪律检查委员会

书　　记　孙　英(女,至7月)
　　　　　余银龙(7月任)
副 书 记　郁李达
　　　　　陈明波
常　　委　陆　欣
　　　　　沈　斌(至4月)
　　　　　顾行行
　　　　　邹宇伟
　　　　　冯　涛(7月任)

市委办公室

主　　任　张韶峰
副 主 任　唐晓峰
　　　　　汤建影
　　　　　谢映军
　　　　　曹雪刚(4月任)
　　　　　石效民(12月任)
市委政策研究室
主　　任　郭　诚
副 主 任　刁　衍(12月任)

市委组织部

部　　长　钱文琴(女,至6月)
　　　　　崔荣国(7月任,赴新疆工作)
副 部 长　张志浩
　　　　　王建新
　　　　　冯明刚
　　　　　叶雪琴(女,兼,5月任)
部务委员　王　青
　　　　　时军文

市委组织员办公室
主　　任　张志浩
市新经济社会组织党工委
书　　记　王建新
副 书 记　范　荣(12月赴新疆工作)

市委宣传部

部　　长　袁秋中(至7月)
　　　　　程　政(7月任)
副 部 长　周晓虹(女)
　　　　　杨建忠
　　　　　薛建国
文明办主任　薛建国
副 主 任　曹　琰(女)

市委统战部

部　　长　缪　红(至2月)
　　　　　陈兴华(2月任)
副 部 长　卞　宏(至11月)
　　　　　陈雪源
　　　　　高文展
　　　　　陶建国(兼,4月任)
　　　　　潘少峰(12月任)
部务委员　潘少峰
　　　　　汪小琳(女,4月任)

市人民政府侨务办公室

主　　任　高文展

市委台湾工作办公室

主　　任　江　城
副 主 任　赵　笛(女,至4月)
　　　　　吴树坚
　　　　　周　东(4月任)

市委政法委员会

书　　记　蔡叶明(至7月)
　　　　　吴　芳(女,7月任)
副 书 记　韩　民(至7月)
　　　　　王庆春(兼,12月任)
　　　　　顾培植
　　　　　陶金虎(至4月)
　　　　　许海英(女,4月任)
　　　　　梅　强(无锡派挂)

市社会治安综合治理委员会办公室

主　　任　顾培植
副 主 任　潘　麒
　　　　　许海英(女,至4月)
　　　　　沙雪蓉(女,4月任)

市机构编制委员会办公室

主　　任　俞烈彪
副 主 任　夏宏伟
　　　　　张　华

市委农村工作办公室

主　　任　许忠新
副 主 任　李湘阳
　　　　　孔玉兰(女)

市委市级机关工作委员会(纪工委)

书　　记　屠湘如
副 书 记　徐益民(至11月)
　　　　　周雯虹(女)
　　　　　王旭东(12月任)
纪工委书记　徐益民(至11月)

市委老干部局

局　　长　叶雪琴(女)
　　　　　王建新(12月任)
副 局 长　薛　卫
　　　　　孙　渊

市委机要保密局

局　　长　唐晓峰
副 局 长　俞　良
　　　　　石效民

市信访局

局　　长　印国兴
副 局 长　朱小卫(至4月)
　　　　　袁春霞(女)
　　　　　邓国平(4月任)

市史志办公室

主　　任　吴海英(女)
副 主 任　王萍芳(女)
　　　　　李孜渊

市档案局、档案馆

局长、馆长　张　伟
副局长、副馆长　缪红珍(女)
　　　　　张　平
　　　　　郭　盛(4月任)

市接待办公室

主　　任　何忆芳(女)
副 主 任　宣雪忠
　　　　　朱学民(女)
　　　　　林贤青(女)

市人大办公室

主　　任　梅海荣
副 主 任　赵　东
　　　　　唐　微(女)
市人大研究室
主　　任　袁金英(女)

市人大工作委员会

内务司法工委
主　　任　徐　斌
副 主 任　龚楚华(至5月)
　　　　　李　兵(5月任)
财政经济工委
主　　任　夏伟忠(至11月)
　　　　　黄立新(女,11月任)
副 主 任　黄立新(女,至5月)
　　　　　陈晓平(11月任)
环境资源城乡建设工委
主　　任　张伯庆(至11月)
　　　　　徐志伟(11月任)
副 主 任　徐志伟(至5月)
　　　　　龚楚华(5月任)
教科文卫工委
主　　任　高小乒(女)
副 主 任　袁忠良
人事代表联络工委
主　　任　徐　强(女,5月任)
副 主 任　缪　勤(女,至11月)
　　　　　熊　黠(女,11月任)
农业农村工委
主　　任　黄立新(女,5月至11月)
　　　　　陈　骏(12月任)
副 主 任　缪　勤(女,至11月)
　　　　　唐　微(女,5月任)

市人民政府办公室(党组)

主　　任　张　忠
副 主 任　顾　平
　　　　　金啸峰(至7月)
　　　　　万小溪(至5月)
　　　　　吴家湘
　　　　　许　伟
　　　　　林　琪
　　　　　朱新开(5月任)
　　　　　徐韶润(8月任)
党组书记　张　忠
人民政府研究室
主　　任　蒋万春(至7月)

市金融工作办公室

主　　任　顾　平
副 主 任　黄建祥

市机关事务管理局（党组、纪检组）

局　　长　陈建龙
副 局 长　陆桂兴
　　　　　刘晓军
党组书记　陈建龙
纪检组长　秦　伟

市发展和改革委员会（党组）

主　　任　包锡龙
副 主 任　王　凯（至8月）
　　　　　郝周光
　　　　　薛　健（至11月）
　　　　　朱佳虎
　　　　　门开阳（9月任）
党组书记　包锡龙
副 书 记　王　凯（至8月）

市经济和信息化委员会（党委、纪委）

主　　任　王利峰
副 主 任　那叶青
　　　　　翁国琪
　　　　　薛德网
　　　　　陶　宏
　　　　　陆正宇
党委书记　王利峰
副 书 记　肖朱东
纪委书记　毛　亚（女）

市信息化办公室

主　　任　翁国琪
副 主 任　秦光华（5月任）

市教育局（党委、纪委）

局　　长　陈兴初
副 局 长　王　健
　　　　　陈　华
　　　　　单红霞（女）
党委书记　过建春
副 书 记　陈兴初
　　　　　徐前锋
纪委书记　付良洲（至11月）

市人民政府教育督导室

主　　任　过建春

市科学技术局（党组）

局　　长　赵志军
副 局 长　吴自强
　　　　　俞均彦
　　　　　陈光亚（女）
党组书记　赵志军

市人力资源和社会保障局（党委、纪委）

局　　长　季相云
副 局 长　施晔新（女）
　　　　　袁　飞
　　　　　华　江
　　　　　刘小微
　　　　　赵勇兵
党委书记　季相云
副 书 记　吴建农（至4月）
　　　　　范晓君（4月任）
纪委书记　夏　晓

市财政局（党组、纪检组）

局　　长　张少波
副 局 长　王维秧（至5月）
　　　　　李　琦（女，至5月）
　　　　　黄海华（至11月）
　　　　　张海红
　　　　　陈正华
　　　　　赵晓平（5月任）
　　　　　张海霞（女，5月任）
党组书记　张少波
党组副书记　陈明波（12月任）
纪检组长　张　虎

市人民政府国有资产监督管理办公室

主　　任　张少波

市公安局（党委、纪委）

局　　长　韩　民
　　　　　王庆春（12月任）
副 局 长　张德根
　　　　　孙瑞元
　　　　　赵　敏
　　　　　卢　刚
　　　　　杨　勇
党委书记　韩　民
　　　　　王庆春（12月任）
政　　委　严会东
副 书 记　严会东
政治处主任　朱福顺
纪委书记　符加良

市维护稳定工作领导小组办公室

主　　任　张德根（至8月）
　　　　　赵　敏（8月任）
副 主 任　陆林东

市监察局

局　　长　郁李达
副 局 长　陆　欣

市民政局（党委、纪委）

局　　长　钱华光
副 局 长　陈晓东
　　　　　徐　强（女，至5月）
　　　　　赵国平
　　　　　殷文华
　　　　　蒋玉军（5月任）
党委书记　钱华光
副 书 记　华　青
纪委书记　徐国军

市司法局（党组、纪检组）

局　　长　章见良
副 局 长　陈卫宏
　　　　　徐国良
　　　　　洪向宇（女）
党组书记　章见良
纪检组长　陈　开（至4月）
　　　　　张　磊（4月任）

市国土资源局（党委、纪委）

局　　长　蒋和兴
副 局 长　赵晓敏（女）
　　　　　胡伟峰
　　　　　张国兴
　　　　　吴　勇
　　　　　唐文忆
党委书记　蒋和兴
副 书 记　赵晓敏（女）
纪委书记　周安伯

市住房和城乡建设局（党委、纪委）

局　　长　蔡　欣（至8月）
　　　　　童金良（8月任）
副 局 长　洪朝晖
　　　　　陆　雁（女，至5月）
　　　　　陈　斌
　　　　　陈　林
　　　　　朱念东
　　　　　陈君平
　　　　　邵　骥
　　　　　张　悦（女）
党委书记　蔡　欣
副 书 记　华　锋（至9月）
纪委书记　濮益飞

市交通运输局（党委、纪委）

局　　长　张光伟（至8月）
　　　　　顾文浩（8月任）
副 局 长　华勇清（至11月）
　　　　　钦沉浮

傅士才
邱明玉
党委书记　张光伟(至8月)
顾文浩(8月任)
副书记　王玉龙(至11月)
纪委书记　俞卫东

市水利农机局(党委、纪委)

局长　卢建法
副局长　周琛(11月任)
刘汉秋(至5月)
张伟龙(至11月)
徐志华(5月任)
陈转兰(女)
党委书记　卢建法
副书记　席卫平
纪委书记　陈熙(4月任)

市农林局(党委、纪委)

局长　胡品洪
副局长　孔秋海(至11月)
曹亚成
臧存龙
龚荣进
党委书记　胡品洪
副书记　夏源秋
纪委书记　张金龙

市商务局(党委、纪委)

局长　查建标
副局长　陈鑫
徐立刚
陈华(女)
党委书记　查建标
副书记　钱标
纪委书记　吴灏(女)

市招商局

局长　王建强
副局长　吴芸芸(女)
杨军颜

市文化广电新闻出版局(党委、纪委)

局长　蒋青(女)
副局长　钱晴(女)
孔维度
严文华
党委书记　蒋青(女)
副书记　陆建兴
纪委书记　周钧

市卫生和计划生育委员会(党委、纪委)

主任　严军明
副主任　蒋尧严(至5月)
钱大雁(赴新疆工作)
俞勤龙
许晨(女)
严海东(5月任)
党委书记　严军明
纪委书记　王辉(4月任)

市市场监督管理局(党委、纪委)

局长　陈俊虎
副局长　鄂青(至5月)
冯学锋
徐银芬(女,至11月)
易海红(女)
陈国强
仲崇前(至1月)
杨益生
潘文伟
黄新栋
缪志东
党委书记　薛炯
副书记　陈俊虎
纪委书记　赵晓新(至11月)

市审计局(党组、纪检组)

局长　汤龙生
副局长　顾国平
周铁
李焱(女)
党组书记　汤龙生
纪检组长　韩映红(女)

市环境保护局(党委、纪委)

局长　陈福良
副局长　沈天星(至5月)
金丹菁(女)
张明军
李煜(女)
张荣(5月任)
党委书记　陈福良
副书记　浦强
纪委书记　张荣保

市规划局(党组、纪检组)

局长　缪敏(至8月)
仇丰(8月任)
副局长　计慧红(女)
曹建峰
张旻
总工程师　汪运志(12月赴新疆工作)
党组书记　缪敏
仇丰(12月任)
纪检组长　蒋宇正

市统计局(党组)

局长　陈泓(女)
副局长　季克军
倪秋萍(女)
党组书记　陈泓(女)

国家统计局江阴调查队

队长　江兆成

市安全生产监督管理局(党组、纪检组)

局长　严建定
副局长　唐建荣
邹海江(12月赴新疆工作)
顾敏华(女)
党组书记　严建定
纪检组长　朱伟

市粮食局(党委、纪委)

局长　徐文侠
陈峰(12月任)
副局长　曹焕平
薛华君
党委书记　徐文侠
陈峰(12月任)
副书记　陈骏
纪委书记　任天佑

市体育局(党组)

局长　顾洪伟
副局长　张海(女)
张健
党组书记　顾洪伟

市物价局(党组、纪检组)

局长　张建明
副局长　赵惠千
陈华
党组书记　张建明
纪检组长　姚剑波

市人民政府法制办公室(党组)

主任　张晓东
副主任　万小溪(5月任)
张宪伟(至1月)
郭盛(至5月)
彭松波(5月任)
党组书记　万小溪(4月任)

市城市管理局(党委、纪委)

局长　顾志强(至8月)
张德根(8月任)
副局长　吴子东
吴新
陈开(5月任)
党委书记　顾志强(至8月)
张德根(8月任)
副书记　姚剑刚
纪委书记　葛文华

市园林旅游管理局（党组、纪检组）

局　　长　顾金辉
副 局 长　吴有成
　　　　　李俊泉
　　　　　楚海芹（女）
党组书记　顾金辉
纪检组长　吴　敏（女）

市民防局

局　　长　施迪庆
副 局 长　陈　江（女）
　　　　　陆永祥

市公用事业管理局（党委、纪委）

局　　长　陈国君
副 局 长　屠汉玉（至11月）
　　　　　黄勇锋
　　　　　沈天星（5月任）
党委书记　陈国君
副 书 记　吴群力
纪委书记　李国忠

市民族宗教事务局（党组）

局　　长　卞　宏
　　　　　陈雪源（12月任）
副 局 长　冯正兴
　　　　　赵雁军（5月任）
党组书记　卞　宏（至11月）
　　　　　陈雪源（12月任）

江阴高新技术产业开发区党工委、管委会

党工委书记　陈金虎
副 书 记　沈　建（至7月）
　　　　　蔡叶明（7月任）
　　　　　冯爱东（主持工作）
主　　任　沈　建（至7月）
　　　　　蔡叶明（7月任）
纪工委书记　孙　英（女，至7月）
副 主 任　冯爱东
　　　　　陈耀才（至9月）
　　　　　陶正贤
　　　　　郁秋皓（至11月）
党工委委员　李　平
主任助理　刘纳新
纪工委
副 书 记　顾爱芬（女，至4月）
　　　　　沈　斌（4月任）
监察局
副 局 长　徐琴芳（女）
党政办公室
副 主 任　陈勇奇
　　　　　刘明波
　　　　　夏天华
党群工作部
部　　长　徐岳明
副 部 长　柳　蔚（女）
人大常委会高新区工作委员会
主　　任　庞忠德
招商局
局　　长　严倪芳（至11月）
副 局 长　孙企华
　　　　　周建峰
　　　　　陈　飞（5月任）
经济发展局
局　　长　黄　健
副 局 长　朱学泽
　　　　　钱建青
　　　　　张晓华
财政局
局　　长　刘纳新
副 局 长　黄志锋
　　　　　钱昇贤（5月任）
规划建设局
局　　长　陈　炜
副 局 长　吕道锋
科学技术局
局　　长　王　彪
副 局 长　张云霞（女）

城东街道党工委、纪工委

党工委书记　冯爱东（至2月）
　　　　　李满刚（2月任）
副 书 记　严伟荣（12月任）
　　　　　张丽君（女）
纪工委书记　俞晓峰
人大工委
主　　任　庞忠德（至5月）
　　　　　刘平华（5月任）
办事处
副 主 任　沈　强
　　　　　邱　奕
　　　　　李克雨（女）
　　　　　王文忠

江阴高新技术创业园管委会

主　　任　王　彪
副 主 任　时　平（5月任）

江阴高新区青阳工业园区

党委书记　郁秋皓
　　　　　杭　成（12月任）
副 书 记　张晓新
主　　任　孟胡坤
副 主 任　张剑峰
　　　　　陈　斌
　　　　　葛燕峰
财政和资产管理局
局　　长　张剑峰
经济发展局
局　　长　李国建
规划建设局
局　　长　丁正方

江阴临港经济开发区党工委、纪工委

主　　任　徐冬青（至7月）
　　　　　计　军（7月任）
党工委
副 书 记　徐冬青（至7月）
　　　　　计　军（7月任）
副 主 任　赵巧新
　　　　　尹志华（12月任）
　　　　　方枫云
纪工委书记　卢澄晓（女）
主任助理　童金良（至8月）
　　　　　孙展峰
党政办公室
主　　任　邱晓东
副 主 任　邹鹏辉（至11月）
监察局
局　　长　戴佳廉
副 局 长　王　洁（女）
党群工作部
部　　长　庞祥芬（女）
副 部 长　吴玉兰（女）
　　　　　徐剑锋
人大常委会临港经济开发区工作委员会
主　　任　顾少农（至11月）
　　　　　朱节文（11月任）
财政局
局　　长　吕中立
副 局 长　方忠耀（至4月）
　　　　　侯骥菁
　　　　　沈正兴
经济发展局
局　　长　朱节文（至11月）
副 局 长　吴建兵
　　　　　孟　峰
　　　　　韩　俊（12月赴新疆工作）
招商局
局　　长　徐洪伟
副 局 长　徐建锋
　　　　　徐建栋
规划建设局
局　　长　朱进华
副 局 长　虞　初
　　　　　华云岐
　　　　　俞　晖
港口发展局
局　　长　吕　涛

副局长 仰炯豪
黄 海
便民服务中心
主 任 陈海峰
副主任 刘 军(至4月)

临港街道党工委、纪工委

党工委书记 徐冬青(至7月)
计 军(7月任)
副书记 王文平
缪建伟(至11月)
吴春华(女)
纪工委书记 李罗娜(女)
人大工委
主 任 邹鹏辉(至11月)
缪建伟(11月任)
办事处主任 王文平
副主任 吴志强(至11月)
杨种峰
钱 锋
吴国平
王顺元

江阴临港经济开发区下属事业单位

金属新材料产业园管委会
主 任 邵红良
副主任 缪敏华
王 嵘
新能源产业园管委会
党委书记 赵巧新
主 任 谢 挺
副主任 孙惠峰(12月赴新疆工作)
沈 平
机械装备产业园管委会
党委书记 方枫云
主 任 徐科新
副主任 曹 鸣
石化新材料产业园管委会
主 任 徐洪伟
副主任 顾正飞
李 昀
国际商务中心
主 任 陈益军(至11月)
副主任 陈 奕(女)
姜 浩
周 英(女)
周 青
长江港口综合物流园区管委会
主 任 许登明
副主任 高建钢(至11月)
刘光旭
范春燕(女)
江阴市保税物流中心
主 任 吕 涛
副主任 朱华英(女)
袁建明

靖江园区党委、管委会

书 记 程 政
赵巧新(12月任)
主 任 梁英航
副书记 梁英航
孙明江
副主任 陶 虹(挂任)
印江红(12月任,挂任)
章 军
沈宏伟
办公室主任 马建民
招商局局长 徐宇锋
经济发展局
局 长 章 军(至5月)
张文向(5月任)
财政局局长 刘 铭
规划建设局
局 长 沈宏伟(至5月)
于景峰(5月任,12月赴新疆工作)
港口事务局
局 长 金柏伟(5月任)

市政务服务管理办公室(党委、纪委)

主 任 魏 锋
副主任 殷永华
周正洪
刘忠明(5月任)
蒋玉军(至5月)
党委书记 魏 锋
副书记 龚定娟(女)
纪委书记 吴燕萍(女)

市口岸办公室(党组)

主 任 傅建荣
副主任 钱满清
沈 平
华 明
党组书记 傅建荣

市政协办公室

主 任 黄林法
副主任 蔡玉梅(女,至3月)
黄卫良
陆 雁(女,6月任)
政协研究室
主 任 瞿江烨(女)

市政协专门委员会

学习文史委员会
主 任 胥洪才
邹鹏辉(12月任)
副主任 杨静燕(女,至6月)
提案委员会
主 任 郁志刚
副主任 徐 伟(至6月)
经济科技委员会
主 任 孔菊伟(至6月)
陈益军(12月任)
社会法制与海外联络委员会
主 任 刘国兴
教文卫体委员会
主 任 张建平
副主任 翁新月(女,至6月)
城镇建设与环境保护委员会
主 任 朱 健
副主任 杨健荣(至6月)

市法院(党组、纪检组)

院 长 王立新
副院长 夏明丰
王新达
陈忠宇
朱行军
党组书记 王立新
党组副书记 夏明丰
政治处主任 陶晓东
纪检组长 黄 东(女)

市检察院(党组、纪检组)

检察长 胡洪平
副检察长 吴海平
赵建新
朱彩娟(女)
党组书记 胡洪平
党组副书记 吴海平
政治处主任 缪红雄
纪检组长 沙智刚
反贪污贿赂局
局 长 丁宏斌
反渎职侵权局
局 长 诸梦莺(女)

市工商联(党组)

主 席 黄丽泰(女,兼)
周 江(12月任)
副主席 陶建国
金锡妹(女)
刘 政
党组书记 陶建国

市总工会(党组)

主 席 刘文红(女)
副主席 胡荣华
徐 飞
张红霞(女)
党组书记 刘文红(女)

团市委(党组)
书　　记　叶海舟(4月任)
副 书 记　叶海舟(至4月)
　　　　　居　琳(女)
　　　　　李　宁(4月任)
党组书记　叶海舟(4月任)

市妇女联合会(党组)
主　　席　胡莹洁(女)
副 主 席　施丽娟(女)
　　　　　孔晓燕(女)
党组书记　胡莹洁(女)

市科学技术协会(党组)
主　　席　吴　钢
副 主 席　吴　彪
　　　　　杨红波(女)
党组书记　吴　钢

市归侨侨眷联合会(党组)
主　　席　刘　锋
副 主 席　苏曦泓
　　　　　单红霞(女,兼)
　　　　　史晓晔(女,兼)
党组书记　刘　锋

市文学艺术界联合会
主　　席　王　敏(女)
副 主 席　周林海

市残疾人联合会
主　　席　虞卫才(兼)
副 主 席　沈　军(至9月)
　　　　　蒋万春(9月任)
　　　　　万小溪(至9月)
理 事 长　沈　军(至9月)
　　　　　蒋万春(9月任)
副理事长　江　良
　　　　　沈小狮

市红十字会
会　　长　龚振东(兼)
副 会 长　陈兴初(兼)
　　　　　刘永红(女,至6月)
　　　　　檀春节(6月任)
　　　　　严军明(兼)
　　　　　屠湘如(兼)
　　　　　万小溪(兼,至6月)

市委党校
校　　长　陈金虎
副 校 长　俞伟人(主持工作)
　　　　　杨　赟(女)
　　　　　陈建华

江阴日报社
社　　长　张再兴
总 编 辑　李　春(女)
副总编辑　单　旭
　　　　　陈　曦(至7月)
　　　　　陈　忠
　　　　　夏新炯

市供销合作总社(党委、纪委)
主　　任　濮益民(至8月)
　　　　　朱富强(8月任)
副 主 任　黄伟庆
党委书记　濮益民(至8月)
　　　　　朱富强(8月任)
副 书 记　包云丹
纪委书记　胡振芳

江阴广播电视集团(党委、纪委)
董 事 长　缪剑波
总 经 理　缪剑波
副总经理　刘志刚
　　　　　许　坚
党委书记　缪剑波
总 编 辑　刘志刚
副 书 记　朱琳琳(女)
纪委书记　朱琳琳(女)

市文化艺术集团
董 事 长　蒋　青(女)
总 经 理　蒋　青(女)
副总经理　徐富康

市土地储备中心(党组、纪检组)
主　　任　薛洪都
副 主 任　黄建华
　　　　　何志强(至5月)
　　　　　季德鸿(5月任)
党组书记　薛洪都
纪检组长　许　玲(女)

职业技术学院(党委、纪委)
院　　长　钱　红
副 院 长　沈春英(女)
　　　　　张庆堂
　　　　　刘文君
　　　　　杭　强
党委书记　钱　红
副 书 记　董泽民
纪委书记　董泽民

南菁高级中学(党委)
校　　长　杨培明
副 校 长　赵长缨
　　　　　陈　颖(女)
　　　　　戴加成
　　　　　马维林
　　　　　张敏军(12月任)
党委书记　杨培明
副 书 记　周　源

江阴高级中学(党委)
校　　长　郁洪千
副 校 长　陈　康(至5月)
　　　　　陆振华
　　　　　张国英(女)
　　　　　顾晓峰(女)
　　　　　吕有为(5月任)
党委书记　郁洪千
副 书 记　陈　康(4月任)

江阴市教师发展中心(党委)
主　　任　蒋志远(9月任)
副 主 任　蒋志远(至9月)
　　　　　糜冠兴
　　　　　王华平
　　　　　顾晓峰(女,9月任)
　　　　　刘　开(9月任)
党委书记　蒋志远

江阴中等专业学校(党委)
校　　长　潘永惠
副 校 长　浦建平
　　　　　常　征
　　　　　朱永林
　　　　　张　寅
党委书记　潘永惠
副 书 记　邵鹏飞

街道、镇级机构

澄江街道党工委、纪工委
党工委书记　张国兴(至8月)
　　　　　　张光伟(8月任)
副 书 记　谢洪兴
　　　　　毛　勇
　　　　　刘建国
纪工委书记　卢　芳(女)
　　　　　　周秋龙(12月任)
人大工委主任　王华明
办事处主任　谢洪兴
副 主 任　唐雪江
　　　　　黄岳君
　　　　　陈祖平
　　　　　沈彦峰

何　冰
马　凯

南闸街道党工委、纪工委

党工委书记　缪　慧
副 书 记　李志浩
朱富强(至8月)
纪工委书记　陈　熙(至4月)
张　琼(女,4月任)
人大工委主任　曹其龙
办事处主任　李志浩
副 主 任　钱昇贤(至5月)
顾丰良
许铁军(3月赴睢宁挂职)
王　焘
张　纲(5月任)
严　枫(女,5月任)

云亭街道党工委、纪工委

党工委书记　陈卫东
副 书 记　程建明
邬闽澄
纪工委书记　顾建萍(女)
人大工委主任　缪明球
办事处主任　程建明
副 主 任　茅卫兵(至5月)
朱学明
沈利兴
包　煜
费天雄(5月任)

璜土镇

党委书记　曹乐平
副 书 记　谈海平
张　荣(至4月)
朱小卫(4月任)
纪委书记　黄　辉(4月任)
人大主席　占纪平
镇　　长　谈海平
副 镇 长　戴士良
臧　新(12月赴新疆工作)
徐文山
冉隆峰(8月任)

月城镇

党委书记　杭　成
顾志强(12月任)
副 书 记　陈　峰
徐洪伟(12月任)
徐志华(至4月)
荣英姿(女,4月任)
纪委书记　陈建国
人大主席　陈国新
镇　　长　陈　峰
副 镇 长　杨　峰
荣英姿(女,至6月)
周海兵
孙　健(6月任)
徐小虎(6月任)
朱晓君(6月任)

青阳镇

党委书记　郁秋皓
杭　成(12月任)
副 书 记　邹星洪(至11月)
朱佳虎(12月任)
张晓新
纪委书记　葛　艳(女)
人大主席　郁秋皓
副 主 席　李玉虎
镇　　长　邹星洪
副 镇 长　邱振海
赵　华
华林其
顾　健(至1月)
王　吉
张振军(9月任)

徐霞客镇

党委书记　叶韩清
副 书 记　王光华
范晓君(至4月)
张浩伟(4月任)
何志强(4月任)
纪委书记　陈中华
鲍文君(12月任)
人大主席　陶杏全
镇　　长　王光华
副 镇 长　张浩伟(至8月)
陆峥嵘
刘忠明(至8月)
舒建华
钟　卿
包凯凯(8月任)
程　云(8月任)
李　强(8月任)

华士镇

党委书记　翟　菁
副 书 记　黄　伟(至5月)
陈剑雄(5月任)
孙　健(至4月)
门开阳(至9月)
杨伟兵(9月任)
龚　英(女,12月任)
纪委书记　李富国
人大主席　陈　献(至11月)
镇　　长　黄　伟(至8月)
陈剑雄(8月任)
副 镇 长　张光明
龚　英(女)
杨伟兵
王士龙
曹海凌(8月任)

周庄镇

党委书记　吴国忠
副 书 记　顾文浩(至8月)
王　凯(8月任)
严伟荣
钱丽英(女)
纪委书记　朱军安
李　刚(12月任)
人大主席　何玉林
镇　　长　顾文浩(至9月)
王　凯(9月任)
副 镇 长　潘　江
徐韶润(至9月)
王旭东
张学春
王春平
张建国(9月任)

新桥镇

党委书记　赵　强
副 书 记　吴　广
陈剑雄(至5月)
顾春宇(8月任)
纪委书记　张　萍
潘　丹(12月任)
人大主席　张国江
镇　　长　吴　广
副 镇 长　季德鸿(至10月)
顾春宇(至10月)
王　馥(女)
陶培鸿(10月任)
汤振伟(10月任)

长泾镇

党委书记　六　扬(女)
副 书 记　江国虔
陶郁峻
纪委书记　周逸岗(至4月)
龚正巍(4月任)
人大主席　季　峰
镇　　长　江国虔
副 镇 长　孙仲英
余　江
刘国兴
钱　浩
陶理江

顾山镇

党委书记 顾文瑜
副书记 仇 丰(至8月)
季 震
吴晓东(12月任)
纪委书记 刘志伟(12月赴新疆工作)
人大主席 费锦菊(女,至8月)
镇长 仇 丰(至8月)
季 震(8月任)
副镇长 王 强(至8月)
冯 健(3月赴睢宁挂职)
俞新钢
吴晓东
王新龙
徐 斌(8月任)
瞿国丰(8月任)

祝塘镇

党委书记 赵 炯
副书记 汪汉明(至11月)
夏建辉(4月任)
马 军(12月任)
纪委书记 倪涛峰
人大主席 汪汉明(5月任)
镇长 赵 炯(至5月)
夏建辉(8月任)
副镇长 夏建辉(至8月)
徐 铭
马 军
汪小琳(女,至5月)
谭荣伟
佘晓萍(女,5月任)
徐向东(5月任)

(*为机构撤销或更名,为新成立机构或机构整合) (市委组织部供稿)

驻江阴机构

江阴市人民武装部

部长 戴旭东(至5月)
政委 尹 平
代职部长 陈海峰(5月任)

江阴市国家税务局

局长 万庆涛
副局长 闵三红
陆晓东
杨潮阳
朱 斌
纪检组长 陈洪庆

无锡市江阴地方税务局

局长 任东飚
副局长 顾敏明
陈增伟
钱敏郁
顾 恩
纪检组长 徐 益
党组成员 董庆健

江阴市气象局

局长 黄 葵
副局长 周章洪

江阴市邮政局(党委、纪委)

局长 袁雪梅
副局长 沈 军
党委书记 袁雪梅
纪委书记 沈 军

江阴市电信局(党委、纪委)

局长 洪 伟
副局长 徐宏良
陈建东
陈燕武
党委书记 洪 伟
纪委书记 徐宏良

江阴市供电公司(党委)

总经理(兼党委副书记) 潘 勇
副总经理 许立新
吴卫东
徐国平(至1月)
党委书记 朱庆连(2月任)
纪委书记 顾文献

江阴市盐务管理局

局长 沈 辉
副局长 杨建伟
邵菊琴

江阴烟草专卖局

局长(经理) 吴建良
副局长(副经理) 于 进
副经理 杨 珏
党组书记 吴建良

中国人民银行江阴市支行

行长 戴新海
副行长 周 蓉(女)
王黎明

中国银行业监督管理委员会无锡监管分局江阴办事处

主任 朱立新

中国工商银行股份有限公司江阴支行

行长 朱伊民(至6月)
蒋 俊(6月任)
副行长 桂卫萍(女)
诸 红
徐 园
徐 鸣(6月任)
侯春容(12月任)

中国农业银行股份有限公司江阴分行

行长 胡 兵
纪委书记 宋 健
副行长 宋雪平
张建强
宋 健
严益群

中国农业发展银行江阴市支行

行长 蒋 敏
副行长 季以红
吴 森

中国建设银行股份有限公司江阴支行

行长 朱 勤(至6月)
夏恩奇(7月任)
副行长 王永清(至11月)
徐 锋(12月任)
孙 伟
贡震宇
车 琳(女,12月任)

中国银行股份有限公司江阴支行

行长 史雪芳(女,至9月)
陈 涛(女,10月任)
纪委书记 黄凤和(女)
副行长 潘 亮
王振君
黄伟敏(女)
朱晓鸣(至10月)
张玉洪(11月任)

交通银行股份有限公司江阴支行

行　　长　张品娟(女)
副 行 长　王莉群(女)
　　　　　顾宇晖
　　　　　耿东霞(女)

江苏江阴农村商业银行股份有限公司

董 事 长　孙　伟
行　　长　任素惠(女)
监 事 长　宋　萍(女,至6月)
　　　　　高进生(6月任)
副 行 长　仲国良(至6月)
　　　　　卜新锋
　　　　　金　武
　　　　　吴　开
　　　　　王　峰
　　　　　过晟宇(6月任)

上海浦东发展银行股份有限公司江阴支行

行　　长　陈　晨
副 行 长　李　明
　　　　　王新颜
　　　　　李　旭

江苏银行股份有限公司江阴支行

行　　长　陈　虹(女)
副 行 长　张慧芸
　　　　　殷　飞
行长助理　赵国健

招商银行股份有限公司江阴支行

行　　长　范文涛
副 行 长　顾　军
行长助理　徐广怡

中国邮政储蓄银行股份有限公司江苏省无锡市江阴市支行

行　　长　俞　彪(至11月)
　　　　　孙亚丽(女,11月任)
副 行 长　顾敏军
　　　　　朱　健(至11月)
　　　　　林　莉(女,11月任)

中信银行股份有限公司江阴支行

行　　长　王　栋
副 行 长　沈卿芸(女)
　　　　　缪红光
行长助理　徐　渊(女)

中国人民财产保险股份有限公司江阴支公司

总 经 理　朱　勇
副总经理　顾　军
　　　　　顾志峰(9月任)
　　　　　王　盛(9月任)
总经理助理　顾志锋(至9月)
　　　　　王　盛(至9月)
　　　　　何尧军(至9月)

中国人寿保险股份有限公司江阴支公司

总 经 理　顾立新
总经理助理　顾晓静
　　　　　张　芳

江阴海事局(党组)

局　　长　韦庆才
党组书记　韦庆才
政　　委　丁湖海
党组副书记　丁湖海
副 局 长　王益鸣(至11月)
　　　　　王长宁(12月任)
　　　　　徐义勇
　　　　　祝忠武
纪检组长　丁湖海

江阴海关(党组)

关　　长　薛晓星(至6月)
　　　　　马红兰(6月任)
党组书记　薛晓星(至6月)
　　　　　马红兰(6月任)
副 关 长　陶　宏
　　　　　陈书新
　　　　　徐　迅
驻江阴海关纪检监察
特 派 员　丁江华

江阴海关缉私分局

局　　长　陶　宏
　　　　　(兼江阴海关副关长)
政　　委　陈　明
副 局 长　毛帮富

江阴边防检查站(党委)

站　　长　陈智敏(至3月)
　　　　　张　莉(7月任)
政　　委　卢忠茂(至6月)
　　　　　陈正雷(6月任)
副 站 长　薛　锋(至3月)
　　　　　朱宇翔
　　　　　崔恒宽(至6月)
　　　　　程景涛(6月任)
　　　　　吴旭光(6月任)
副 政 委　周　伟
参 谋 长　徐智文
政治处主任　程景涛(至6月)
　　　　　李雨成(6月任)
后勤处长　冯士伟

江阴出入境检验检疫局(党组)

局　　长　戴云徽(至1月)
　　　　　顾高浪(1月任)
党组书记　戴云徽(至1月)
　　　　　顾高浪(1月任)
副 局 长　何松涛
　　　　　任龙平(9月任)
　　　　　李　浩
　　　　　姚　武
纪检组长　任龙平(至9月)

中国船级社江阴办事处

主　　任　蔡　高(5月任)
副 主 任　蔡　高(主持工作,至4月)
　　　　　郭劲东
　　　　　王宏斌

长江引航中心(党委)

主　　任　程学仨(10月任)
党委书记　张铜宁
副 主 任　程学仨(至10月,主持工作)
　　　　　孙琪琳
　　　　　许崇标
党委副书记　宋　维
纪检组长　宋　维

■类目编辑　杨佳杰

新任江阴市市长、人大常委会主任、政协主席简历

蔡叶明

1965年12月生，江苏张家港人，中共党员，大学学历，学士学位，高级审计师、高级会计师。1984年9月起，在苏州大学财会系读书。1988年8月，任无锡市审计局工交审计科、江苏兴业会计师事务所科员。1991年4月，在无锡市无线电厂财务科实习。1992年4月，任无锡市审计局工交科科员。1993年4月，任江苏兴业会计师事务所外资业务部副主任。1994年12月，加入中国共产党。1995年4月，任无锡市审计局财金处科员；11月，任无锡市审计局工交审计处副处长。1996年4月至1997年5月，挂职无锡庆丰纺织有限公司总经理助理。1997年6月，任无锡市审计事务所所长。1998年4月，任无锡市审计局副局长、党组成员。2001年9月，任无锡市纪委常委；12月，任无锡市纪委常委、监察局副局长。2006年1月，任江阴市委常委、纪委书记。2007年6月，任江阴市委常委、纪委书记、江阴经济开发区纪工委书记（兼）（正处级）；11月，任江阴市委常委、组织部部长、江阴经济开发区纪工委书记（兼）（正处级）。2008年6月，任江阴市委常委、组织部部长、江阴临港新城（江阴临港经济开发区）党工委书记。2011年6月，任江阴市委常委、副市长（正处级）、政府党组副书记。2013年1月，任江阴市委副书记；12月，任江阴市委副书记、政法委书记。2016年7月，任江阴市委副书记、江阴市代市长，江阴市委政法委书记，江阴高新技术开发区管委会主任。2017年1月，任江阴市委副书记、江阴市市长，江阴市委政法委书记，江阴高新技术开发区管委会主任。（池　永）

孙小虎

1962年6月生，澄江街道人，中共党员，省委党校研究生学历。1979年5月，进入江阴印染厂工作。1984年12月，任江阴印染厂团委副书记、书记。1987年6月，加入中国共产党。1988年8月，任江阴市团委青工部部长。1992年2月至2002年11月，历任祝塘镇党委委员、副镇长、党委副书记、镇长、党委书记、人大主席。2002年11月至2003年2月，任江阴市委常委，祝塘镇党委书记、人大主席。2003年2月至2005年6月，任江阴市委常委、宣传部部长。2005年6月至2006年1月，任无锡市锡山区委常委，锡山经济开发区党工委副书记、管委会副主任（正处级）。2006年1月至2007年10月任无锡市锡山区委副书记，副区长，锡山经济开发区党工委副书记、管委会副主任（正处级）。2007年10月至2011年6月，任江阴市委常委，江阴经济开发区党工委副书记（正处级），江阴经济开发区管委会副主任（主持工作）。2011年6月至2016年7月，历任江阴市委常委、政法委书记、副市长、市政府党组副书记（正处级）。2016年7月，任江阴市人大常委会党组书记。2017年1月，任江阴市人大常委会主任、党组书记。（何思施）

徐冬青

1963年12月生，澄江街道人，中共党员，党校研究生。1980年9月，进入南京炮兵学院学习，任班长、团支部书记。1981年

12月,加入中国共产党。1983年8月,任南京炮兵学院院务部政治处干事、团委常务副书记。1985年8月,任南京炮兵学院汽车队副政治指导员、政治指导员、代理队长、党支部书记。1988年2月,任南京炮兵学院政治部组织科正连职干事兼党委秘书、院团委组织部部长。1989年2月,任解放军23基地政治部秘书处正连职、副营职秘书兼党委秘书。1991年3月,任23基地俱乐部主任、文化工作站站长兼远望影剧院经理、党支部书记。1992年5月,任23基地政治部秘书处正营职秘书兼党委秘书。1993年9月,任江阴市委组织部办公室秘书。1994年11月,任江阴市委知识分子工作办公室副主任。1996年3月,任江阴市委组织部青干科副科长。1998年11月,任江阴市委组织部组织科科长。2001年10月,任江阴市委台湾工作办公室副主任(主持工作)。2002年11月,任江阴市委台湾工作办公室主任。2003年1月,任江阴经济开发区党政办公室主任;7月,任江阴经济开发区党政办公室主任、开发区机关党委委员;11月,任青阳镇党委书记。2006年2月,任青阳镇党委书记、人大主席;4月,任江阴市委常委、宣传部部长。2011年6月,任江阴市委常委、江阴临港新城党工委副书记、管委会主任。2012年2月,任江阴市委常委、江阴临港新城党工委副书记、管委会主任、申港街道党工委书记。2013年3月,任江阴市委常委、江阴临港经济开发区党工委副书记、管委会主任、临港街道党工委书记。2016年1月,任江阴市政协主席、江阴临港经济开发区党工委副书记、管委会主任、临港街道党工委书记;7月,任江阴市政协主席、党组书记。 (任陈芳)

江苏省级以上先进个人

赵志军

1968年5月生,周庄镇人,中共党员,研究生学历。2011年7月任市科技局局长后,他紧紧围绕高水平建设创新型示范城市和苏南自主创新示范区战略目标,团结带领江阴科技战线同仁积极实施创新驱动战略,不断开创科技创新工作新局面。2014年,江阴市通过国家知识产权示范城市考核,被列入第三批国家知识产权示范城市。2015年,全市积极推进国家知识产权示范城市建设,全年新申请专利14010件,其中申请发明专利6313件,授权专利7502件,全市万人发明专利拥有量14.2件。因知识产权工作成绩突出,2016年9月,江阴市被国家知识产权局评为2015年度国家知识产权试点示范城市工作先进集体,赵志军被评为2015年度国家知识产权试点示范城市工作先进个人。 (周红芬)

吴有成

1963年8月生,徐霞客镇人,中共党员,本科学历。2004年任江阴市绿化委员会办公室副主任、市园林旅游局副局长以来,一直从事园林绿化的规划、建设和管理工作。每年组织开展全民义务植树和"服务进社区、送绿进家园"活动,广泛开展园林式单位、园林式居住区创建和绿化认建认养活动。以绿地系统规划全覆盖为统领,统筹城乡绿化发展。先后参与组织编制三轮《江阴市城市绿地系统规划》。参与实施"文化建绿"工程,完成22条主干道、60多个文化建绿景点,成为江阴绿化建设中的亮点。组织制定《江阴市园林绿化管护考核管理办法》《江阴市城市园林绿化养护技术规定》等管理办法和技术规程,大力开展森林抚育、生物防治、物理防治工作,推进绿地地理信息管理系统建设投用。2016年度,吴有成被全国绿化委员会授予"全国绿化奖章"。 (高振华)

黄　剑

1976年1月生,周庄镇人,中共党员,法律硕士。江阴市法院审判委员会委员、行政审判庭庭长。他先后从事民商事、刑事和行政审判工作,具有较深厚的法学理论功底和调研能力,在国家级法律类核心期刊和最高法院理论刊物发表调研文章和案例20余篇,撰写论文获得中国法学会青年法学论坛征文一等奖和第十三届"长三角法学论坛"一等奖。他在江阴市法院开展全国审判权运行机制改革试点工作中主要承担规章制度和规范性文件起草制订、改革经验总结上报、重点调研课题撰写等工作,先后2次被无锡市中级人民法院记个人三等功。2016年1月,黄剑被最高法院评为全国法院先进个人。 (高　悦)

孙汉才

1960年5月生,月城镇人,中共党员,大专学历,月城镇司法所所长。孙汉才一直坚守在基层一线,狠抓司法所业务建设,积极化解矛盾纠纷,维护社会稳

定。2006年，他首创在镇、村两级人民调解委员会设立专职人民调解员的“双泾模式”，并在全省得到推广。2012年，为有效解决月城镇与邻市接边地区群众间的纠纷化解难题，协调建立“接边地区人民调解委员会”，先后调处纠纷300余件。2014年，为方便老弱病残、外来人口化解纠纷，他开启“调解大篷车”，带领司法所工作人员到田间地头、村头巷尾现场解决问题。他组织月城镇司法所联合月城业余锡剧团编排《讨工钱》等30多部法制小戏，累计下乡演出50余场，受教育人数达2.5万余人次；累计帮助25名安置帮教人员找到工作，促成2名帮教人员成功创业；先后接待来访群众2万余人次，办结各类来信来访事项5000余件。他获个人三等功、二等功各一次。2014年，被江苏省法制宣传教育工作领导小组评为江苏省“六五”普法中期先进个人。2016年，孙汉才被人力资源和社会保障部、司法部表彰为全国司法行政系统先进工作者。

（包丹凤）

陈新文

1978年11月生，江苏宿迁人，中共党员，本科学历，江阴市财政局办公室主任。2013—2016年，在市财政局法规科工作期间，认真落实《全国财政法制宣传教育第六个五年规划》，积极组织开展财政法规政策宣传，完成财政“六五”普法规划确定的各项任务。建立健全局党组学法制度，将法治财政标准化建设纳入全市财政工作总体布局。建立健全财政机关事业人员法律知识培训制度，开展《中华人民共和国预算法》《中华人民共和国行政诉讼法》专题讲座，开展“法在身边”法制征文摄影比赛，开展政府采购等案例分析研讨。围绕财政法规政策、财税体制改革、会计服务等重点工作，深入基层开展政策宣传解释；围绕中央、省、市出台的一系列减税降费政策，深入企业开展政策宣传，鼓励企业用足用好政策，切实减轻企业负担。市财政局被评为江苏省法治财政标准化建设先进单位和示范点、江阴市依法行政工作先进单位、江阴市“六五”普法先进集体。2016年12月，陈新文被财政部评为2011—2015年全国财政法治宣传教育先进个人。（周文辉）

郭　健

1957年10月生，顾山镇人，中共党员，高中学历，经济师，江苏云蝠服饰股份有限公司董事长，无锡市第十四届人大代表。1975年9月参加工作，郭健坚持注重科技研发，通过产学研合作，壮大企业人才队伍。在坚持以毛衫为主打产品的同时，多元化并举，发展棉针织服装和梭织服装，提升企业竞争力。他注重打造世界品牌，将“SHERFFER”品牌注册到全球30多个国家，并在美国开办集设计、营销为一体的分公司。2014年，公司实现销售1.7亿美元，自主品牌出口占到销售额的60%左右。他先后被无锡市政府评为无锡市优秀民营企业家和无锡市劳动模范，并担任多项社会职务。2016年6月，郭健被人力资源和社会保障部、中国纺织工业联合会评为全国纺织工业劳动模范。

黄　磊

1977年5月生，澄江街道人，中共党员，本科学历，江苏红柳床单有限公司副总经理，中国家纺协会副会长，江阴市人大代表。2007年初，公司董事会派他赴美国开设红柳销售公司。经过近三年的发展，该销售公司拥有20位美国员工，2个面积超过15000平方米的大型仓储配载中心，1个研发中心和2个半制品工厂，成为美国十大零售商的优质供应商。他不断转变经营方式，多渠道拓展国内市场，红柳公司旗下品牌棉质巢进驻大润发、欧尚、乐购和家乐福等大型连锁超市，旗下品牌莱诗敦进驻淘宝网。2016年6月，黄磊被人力资源和社会保障部、中国纺织工业联合会评为全国纺织工业劳动模范。

杜永峰

1978年5月生，周庄镇人，中共党员，本科学历，江阴市华宏化纤有限公司技术科科长。2003年起，他直接参与和领导公司每一种新产品的研发。至2015年末，公司荣获国家专利12项，其中发明专利4项，分别是：新型黑色涤纶短纤维生产系统、新型除尘吹风装置、超有光高强缝纫线用纤维的生产方法和高强中伸型无纺布专用涤纶短纤维的生产方法。实用专利8项，分别是：聚酯工艺塔塔顶微正压蒸汽热量回收系统装置、聚酯生产工业废水处理装置、涤纶短纤维有色丝生产装置、牵伸介质供给装置、烟道气余热回收装置、乙二醇蒸汽喷射泵真空机组系统、应用于蒸汽锅炉的PLC控制装置以及黑丝新型生产系统。2016年6月，杜永峰被人力资源和社会保障部、中国纺织工业联合会评为全国纺织工业劳动模范。

许敏微

女，1969年1月生，城东街道人，江阴市申澄服装有限公司服装缝制车间主任。她勤奋好学、刻苦钻研，娴熟地掌握服装缝制工艺相关的先进技术和经验。从普通员工一步步走向一线管理人员岗位后，她认真学习管理知识，同时以身作则，与服装缝制车间的同事们一起奋力拼搏，团结合作。她爱岗敬业、积极进取，影响和带动周围的同事一起营造良好的工作氛围。2016年6月，许敏微被人力资源和社会保障部、中国纺织工业联合会评为全国纺织工业劳动模范。

（俞　青）

许文波

1974年11月生，璜土镇人，中共党员，大专学历，江阴故乡情农业发展有限公司经理。2012年，许文波投身葡萄产业，建立璜土镇故乡情果业专业合作社。他在管理上做到生产资料统一采购，产品统一营销，技术统一指导，各类矛盾统一协调。他以凝聚社员、服务社员为宗旨，在内部建设上坚持树品牌、建标准。2015年，合作社有登记注册社员62人，并开设2个市区直营店，总营业额为1230万元。2016年，他与顺丰速运集团有限公司签约，共同开发葡萄电商村。是年2月，许文波被共青团中央、农业部评为全国农村青年致富带头人。

张　强

1989年3月生，新桥镇人，本科学历，海澜集团凯诺科技股份有限公司行政部部长。2012年5月，张强进入海澜集团工作。2013年，他主导推动服装车间现场管理改革，扭转车间脏乱差局面，服装生产效率得到极大提升。2014年初，他担任公司行政部部长，对公司生产管理软件进行更新升级，提高综合管理效率。2015年，他筹划成立智慧化包装车间。在负责营销管理期间，他带领市场研究中心团队，建立利用手机软件远程管控的大数据营销平台。他向公司提交营销部总体架构改革建议，将营销流程业务进一步核心化、细分化，促进公司业绩迅速提升。2016年5月，张强被共青团中央、人力资源和社会保障部评为全国青年岗位能手。

（陈启迪）

田小猛

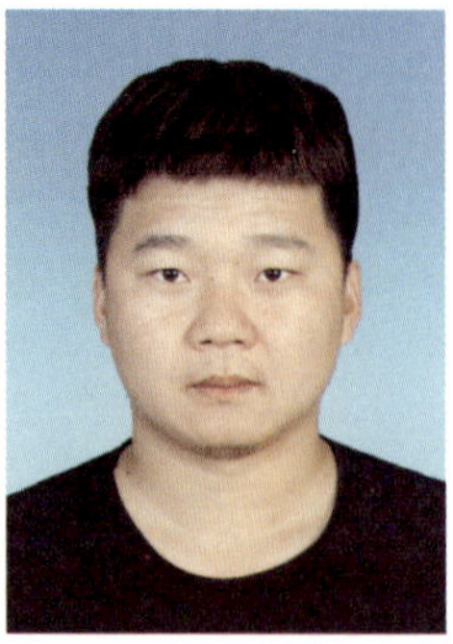

1989年生，江苏新沂人，江阴南闸街道新市民。2016年5月21日中午，暴雨倾盆，一辆轿车失控冲进2米深的南闸工农河中，车中5人全部落水。危急之时，恰巧路过的田小猛迅速脱去衣服跳入河中，先救起年龄最小的女孩，顾不上休息又在水中艰难往返4次，和过路群众一起将其他4人都救上岸，最后默默离开现场。事后，被救助的一家人通过多种渠道寻找救命恩人。通过警方的帮助，终于找到田小猛。中央电视台新闻频道“新闻直播间”栏目、《新华日报》、江苏卫视“新闻眼”栏目、澎湃新闻网、《无锡日报》分别报道田小猛英勇救人的事迹。8月，由中央文明办主办、中国文明网承办的“我推荐、我评议身边好人”活动发布“中国好人榜”，田小猛当选见义勇为类“中国好人”。

（周甜甜）

赵　军

1968年4月生，华士镇人，中共党员，研究生学历，研究员级高级工程师，法尔胜泓昇集团有限公司路桥线缆事业部副部长，南京航空航天大学兼职教授。赵军长期从事路桥材料领域的研究和管理，他负责研制开发的桥梁缆索用有涂层七丝钢绞线、大桥缆索用高强度低松弛镀锌钢绞线、桥梁缆索成套技术、千米级斜拉桥关键技术和耐久型超高强度平行钢丝拉索关键技术及产业化等多项科技项目获得成功。他主持开发的23项科技成果项目通过省级鉴定，主持完成3项国家标准、2项行业标准的起草；主持完成2项国家科技支撑项目和3项省部级科技项目；获15项发明专利，56项实用新型专利，发表论文10多篇。赵军获国家科学技术进步二等奖、一等奖和3项省部级科技进步一等奖。研究成果广泛应用于700多座国内外桥梁工程项目。他先后被评为无锡市有突出贡献中青年专家、江苏省科技企业家、江苏省产业教授，被列入江苏省“六大人才高峰”高层次人才培养对象，江苏省“333”高层次人才培养对象。2013年，他获国务院颁发的政府特殊津贴。2016年4月，赵军被中华全国总工会授予“全国五一劳动奖章”。

钱　刚

1966 年 2 月生，云亭街道人，中共党员，博士学位，研究员级高级工程师，江阴兴澄特种钢铁有限公司总经理。他主持、参与多项重要冶金课题攻关。2007 年，主持开发出 320×480 毫米连铸方坯，达到国内领先水平。2011 年，410×530 毫米连铸方坯出炉，创国际先进水平。2011—2012 年，他主持的“大功率风电机组用轴承钢关键技术开发”课题，被列入国家“十二五”首批 863 计划，获 2012 年度冶金科学技术三等奖。2012—2015 年，他主持研发的 Q345R 压力容器用钢板被江苏省科技厅认定为高新技术产品；主持的“高品质特殊钢大断面连铸关键技术和装备开发与应用”项目，获 2015 年度国家科学技术进步二等奖。2016 年 4 月，钱刚被江苏省委、省政府评为江苏省劳动模范。

周云勤

女，1978 年 2 月生，安徽阜阳人，中共党员，大专学历。2008 年 5 月，她进入中国邮政集团公司江苏省江阴市分公司人民路投递分部工作，任投递员。她勤劳朴实，吃苦耐劳，对待工作尽心尽力，一丝不苟。2011 年起，江阴邮政在全市城乡开展“创建助老邮路，争当爱心使者”活动，她与邮路上多位行动不便、需要帮扶的“空巢”老人结成对子，主动承担起关心和帮扶老人的责任，为老人们代领养老金、代缴水电费和电话费，帮老人们购买、捎带米、油和其他生活用品。每逢端午、中秋、重阳等传统佳节，她还不忘带上些慰问品上门探望慰问，是江阴邮政“助老邮路”志愿帮扶项目的先锋模范。她的事迹多次被上级公司报刊及江阴地方媒体进行宣传报道。2015 年，她被评为无锡市劳动模范。2016 年 4 月，周云勤被江苏省委、省政府评为江苏省劳动模范。

胡　澄

1971 年 9 月生，长泾镇人，中共党员，本科学历，高级技师，江苏苏青水处理工程集团有限公司研发室主任。1995 年，毕业于江苏工业学院有机系化学工程专业，进入江阴市对外贸易公司工作。2000 年，进入江苏苏青水处理工程集团有限公司任研发工程师。2004 年，研发出“弱碱阴离子交换树脂”新产品。该产品为国内竞争力最强、成本最低的树脂，广泛应用于食品发酵、糖类的脱水、提纯等领域。他带领团队平均每年要研制出两三种新产品，至 2015 年年末，研发出 30 余种新产品，广泛应用于电力、石化、冶金、食品、医药、环保等领域。2016 年 4 月，胡澄被江苏省委、省政府评为江苏省劳动模范。

张春雷

1970 年 9 月生，盐城阜宁人，中共党员，研究生学历，高级工程师，法尔胜泓昇集团有限公司科技管理部副部长、技术中心副主任、副总工程师。作为集团专业技术领头人之一，他在核心产品技术研发、市场开拓等方面做了大量卓有成效的工作。他主持研发电气化铁路用钢丝绳、健身器械用钢丝绳、基于水浴淬火+热镀锌技术的高性能金属线材制品、光缆增强用碳素钢丝、操纵用钢丝绳等产品。累计获发明专利成果 2 项，获实用新型及专利合作条约（PCT）专利成果 30 项。参与 7 项冶金行业国家标准、4 项企业标准的制定。发表专业论文 20 篇。2012 年，他被评为无锡市劳动模范、中国钢铁工业优秀科技工作者。2014 年，获全国工商联科技进步二等奖。2015 年，获中国专利优秀奖、江苏省科学技术三等奖等多项奖项。2016 年 4 月，张春雷被江苏省委、省政府评为江苏省劳动模范。

沈永新

1968 年 10 月生，华士镇人，中共党员，大专学历，助理工程师，江苏扬子江船业集团公司生产管理部副部长、加工车间主任。他主持新船型万箱船前道生产工艺研究，通过一系列试验积累现场生产数据，从而形成一整套万箱船生产工艺技术指导方案，该项目获集团公司管理创新、科技进步奖。他主持制定船舶生产计划控制、质量控制及生产过程关键环节控制点作业指导管理制度，从而达到生产过程质量稳定，满足国内外船东苛刻要求，为集团成为国内首个批量建造并交付万箱船最多的民营船企做出积极贡献。2014 年，他被评为 2011—2013 年度江阴市优秀共产党员。2015 年，被评为无锡市劳动模范。2016 年 4 月，沈永

新被江苏省委、省政府评为江苏省劳动模范。

许　斌

1967年12月生，澄江街道人，中共党员，研究生学历，助理工程师。他1985年进入江阴市供电公司工作。2001年起，历任华明工程公司经理、华明发展公司经理、市供电公司基建部主任、市供电公司线运工区主任、澄新农电服务公司经理、市供电公司运维站常务副经理等职。在澄新公司工作期间，他不断规范企业经营行为，推行“以质量、以信誉、以服务赢市场”理念，注重质量管理，公司被评为无锡市AAA重合同守信用企业、江苏省安装行业优秀企业。在运维站工作期间，他主持完成省电力公司下达的14个110千伏变电所单主变租赁增容工程；全力组织推进江阴新农村电网建设工作，保质保量完成全部工程。2006年，他被评为无锡市劳动模范。2008年，被评为江苏省电力建设功臣个人。2009年，被评为江苏电网建设“百日冲刺”劳动竞赛先进个人，获“江苏省五一劳动奖章”。2015年，被评为江苏省安装行业优秀企业经理。2016年4月，许斌被江苏省委、省政府评为江苏省劳动模范。

瞿建忠

1968年6月生，华士镇人，中共党员，大专学历。作为华西村第一批大学生之一，1992年，他回到华西村，投身新农村建设。工作中，他锐意进取，积极探索企业管理与科学发展的先进模式，在多个工作岗位上创造突出业绩。1999年起，他任华西村股份有限公司特种化纤厂副厂长。他审时度势，把握市场动向，及时调整产品结构，促进产销平衡。2014年起，他任华西农产品交易有限公司副总经理。他扎根湖北，以农产品项目为中心，紧抓建设、招商和运营工作进程，积极协调各方资源，有效控制项目开发风险，确保华西天门农商城、华西十堰农商城等项目建设顺利进行和健康运营发展。2015年3月，华西天门农商城被评为湖北省供销社先进集体；4月，他被评为无锡市劳动模范。2016年4月，瞿建忠被江苏省委、省政府评为江苏省劳动模范。

缪志强

1967年12月生，临港街道人，中共党员，研究生学历，江苏双良集团有限公司副总裁、江苏双良节能股份有限公司董事长，江阴市商会副会长，无锡市人大代表。他大力推进双良“自主创新+引进合作+双良制造+全球市场+资本推动”运营模式，并重发展国内国际市场，倾力打造“绿色双良，健康双良，国际双良”。通过创新研发和高端技术引进，他和团队自行研制节水型空冷器、海水淡化系统等节能新型产品，积极参与工业余热利用、城市集中供热、雾霾治理、工业节水、海水淡化等绿色产业。他积极把握国家战略布局带来的市场机会，把双良打造成中国节能环保产业的标杆。同时，他还心系家乡，勇担社会责任，热心慈善事业。2013年8月，他被评为江苏省科技企业家。2015年，被评为无锡市劳动模范。2016年4月，缪志强被江苏省委、省政府评为江苏省劳动模范。

李全兴

1965年11月生，周庄镇人，中共党员，本科学历，高级经济师，江苏万事兴汽车科技集团董事长，周庄镇商会副会长。他一直从事汽车零部件的开发、生产和企业管理工作。亲自主持汽车用多点电喷进气管项目科技攻关，成功填补国内空白，提升担架、汽车用多功能商务台等多个产品获国家发明专利。他坚持走规模经营企业发展道路，“万事兴”商标被认定为国家驰名商标。他积极回报社会，累计慈善捐资300万余元。2009年1月他担任周庄镇山泉村党委书记、村主任后，全面推进村级民主自治，创出新农村建设样板，在江阴全市推广学习。山泉村先后被评为江苏省管理民主示范村、省社会主义新农村建设先进村、省民主法治示范村、省康居示范村等。他先后被评为江阴市优秀共产党员、江阴市勤廉为民党员模范、无锡市优秀共产党员、无锡市乡镇工业优秀工作者、无锡市劳动模范、2013年“全国十大最美村官”等。2016年4月，李全兴被江苏省委、省政府评为江苏省劳动模范。

唐　懿

女，1986年12月生，青阳镇人，本科学历，技师，中国石化销售有限公司江苏江阴石油分公司陆上西片区经理。唐懿2009年7月从常熟理工学院毕业后进入中石化江苏江阴石油分公司工作。2014—2015年任中石化江苏江阴石油分公司澄东大道加油站站长期间，带领员工比学赶帮超，使油站提前实现销售油品

超万吨、非油品销量翻番的目标任务。她严格贯彻实施石油天然气工业HSE（健康、安全与环境管理体系）管理目标，定期组织员工学习安全知识，提高安全意识，定期开展各类应急预案演练，不断提升员工紧急状态下的安全处置能力，确保油站平稳、安全运行。2014年、2015年，澄东大道加油站被中石化江苏石油分公司评为“为民服务、创先争优”金牌示范站。2015年，她获江阴市最美青工先锋奖，被评为江阴市青年岗位能手、无锡市劳动模范。2016年4月，唐懿被江苏省委、省政府评为江苏省劳动模范。

谢兴福

1970年1月生，南闸街道人，中共党员，本科学历。2007年任南闸街道谢南村党总支书记后，他率先垂范，全力以赴推进村级生态文明建设，带领全体村干部奋战在环境整治和文明创建一线，以完善社区基础设施为重点，以加强社区服务为要务，把谢南村建成全国学习型社区、江苏省绿色社区、江阴市四星级社区。他心系辖区企业员工，在村内建成面积1600平方米的“职工之家”，拥有羽毛球场、图书室、乒乓球室等多个活动场地，满足辖区企业职工健身文化娱乐需求。他先后被评为江阴市先进工作者、无锡市大学生村官工作先进个人、无锡市劳动模范，并当选无锡市第十五届人大代表。2016年4月，谢兴福被江苏省委、省政府评为江苏省劳动模范。

范春燕

女，1976年2月生，澄江街道人，中共党员，本科学历，澄江街道城中社区党总支书记。范春燕注重从居民最实际、最关注的问题入手，带领社区班子成员创造性开展工作。创办四点钟学校，解决双职工家庭孩子放学后的生活照料和学习问题；成立助老服务社，使老年人能在社区安心养老；创办老手艺手工坊，把辖区内手艺人组织起来，为居民提供便利服务。她主推创办爱心“火炬基金”，帮扶贫困家庭学生完成学业，参与帮扶的爱心单位78个，爱心人士3000余人，受助学生200余人次。组织实施社区公益创投项目“睦邻小屋”，受助老人163人次。社区先后被评为江苏省和谐示范社区、全国计划生育先进集体，她也先后被评为江阴市勤廉好村官、无锡市劳动模范、无锡市优秀人大代表。2016年4月，范春燕被江苏省委、省政府评为江苏省劳动模范。

张　伟

1970年11月生，顾山镇人，中共党员，大专学历。2008年，张伟在镇村两级大力支持下，自筹资金300万余元，创办神宇果品专业合作社。他钻研农科技术，构建高效农业生产链，在果园内散养鸡、鸭、鹅等禽类，建造温室大棚培育生产灵芝、猴头菇、秀珍菇等食用菌。将果树修剪下的枝条粉碎后作为食用菌栽培基质原料，将菌土作为果树生长有机肥料，降低化学肥料施用量和农业成本。他在镇村两级的帮助下，整合闲散土地资源，扩大种养规模，带动周边农户共同致富。他引进专业技术人才，采用钢架连接大棚栽培技术，发展特色果品生产。积极传播先进种植、养殖技术，聘请专业技术老师免费为周边农民培训，对象超2000人次。他致富不忘回馈社会，为村里修建一条主干道和安装太阳能路灯。2009年，他被评为无锡市劳动模范。2016年4月，张伟被江苏省委、省政府评为江苏省劳动模范。

钱建新

1975年3月生，月城镇人，中共党员，大专学历，江阴市月城鲜果源家庭农场场长。2007年初，他承包4公顷土地，进行葡萄规模种植。7月，他发起成立江阴市双泾兴农葡萄专业合作社，以市场为导向，以品牌为重点，不断拓展销售渠道，“双泾”牌各类水果在市场上打响知名度。2014年起，他又扩展承包土地面积，引进种植油桃、草莓、水果玉米、猕猴桃等多个水果品种，打造以农业休闲旅游为主的精品水果采摘基地。2015年，他带领大学生创业，注册江阴市优果百汇农业有限公司，建立“鲜果源”微信公众号及微商城——U果云商城，运用“互联网+”的模式拓展农业休闲旅游市场。他家庭被评为江阴市农业产业化示范带动户、江阴市十佳农业产业化示范带动户，他被评为江阴市十佳青年农民、江苏省农村青年致富带头人、无锡市劳动模范等。2016年4月，钱建新被江苏省委、省政府评为江苏省劳动模范。

滕国俊

1967年6月生，江苏金坛人，高中学历。2008年5月，他注册的滕国俊生态农业有限公司落户马镇阳庄。2009年6月，他联合徐霞客镇马镇阳庄菜园成立江阴市滕国俊阳庄菜业专业合作社，任总经理。该社与江苏省农科院蔬菜研究所、荷兰瑞克斯旺（中国）有限公司、无锡朝阳鲜菜配送中心签订产学研销一体化协议书，建成江苏省农科院蔬菜新品种江阴实验基地、荷兰瑞克斯旺（中国）有限公司江南保护地种植实验基地，成为江南食品城蔬果配送供应商。他牵头成立江苏骏马大道蔬果专业合作联社，统一协调位于海南、山西、河南、内蒙古的合作社种植基地，实现跨省（自治区）生产销售网络一体化。他带领合作社农户创建无公害农产品基地，70种农产品获无公害农产品证书。2015年，他被评为无锡市劳动模范。2016年4月，滕国俊被江苏省委、省政府评为江苏省劳动模范。

吴正德

1962年8月生，月城镇人，中共党员，中专学历，江阴市澄江环境卫生管理所职工。吴正德1998年10月进入江阴市澄江环境卫生管理所工作。2006年起从事淘粪工作，带领四五个同事负责11个社区、98个单位、52座公共厕所的化粪池清淘任务。多年来，他每天清晨5点半到岗，风雨无阻，所辖区域的化粪池清运及时，打扫得干干净净。老城区环卫设施比较差，经常有单位或居民楼化粪池管道出现堵塞，机械无法清淘，他就人工清理，再难也将之疏通、清淘干净，让客户和群众满意。他将手机号留给社区、居民，24小时开机，接到电话，第一时间赶到现场，以解客户、群众燃眉之急。他先后被评为江阴市环卫标兵、江阴好人、江阴市群众身边的好党员等。2012年，被评为无锡市劳动模范。2016年4月，吴正德被江苏省委、省政府评为江苏省劳动模范。

陈晓萍

女，1967年12月生，临港街道人，中共党员，本科学历，中学高级教师，江阴市实验幼儿园园长。陈晓萍自1985年8月起，从事幼教工作30余年，她潜心探索幼教理论和从教艺术，以优异的教科研成绩成为江阴幼教战线的领头人。她带领幼教团队创新实践，在省内率先开展“儿童艺术启蒙教育”研究，主持的课题《0～6岁婴幼儿艺术启蒙实践研究》成果获江苏省教学成果二等奖。她先后出版《寻找不一样的我》《星星点灯　艺美童心》专著2本，发表学术论文20余篇，并被聘为国际早期教育联合会常务理事、上海市儿童艺术教育研究中心研究员。她先后被评为江苏省特级教师、无锡市首批中小学教育名家培养工程培养对象、无锡市首批名师工作室导师、无锡市教育系统优秀共产党员、江苏省精品课题优秀主持人等。2015年，被评为无锡市劳动模范。2016年4月，陈晓萍被江苏省委、省政府评为江苏省先进工作者。

朱叶峰

1972年9月生，新桥镇人，中共党员，本科学历。1992年8月，参加公安工作。2012年12月任城中派出所所长后，面对辖区地处江阴市主城区，商贸金融单位众多、老旧居民住宅集中、人员流动性大、治安情况复杂等情况，他迎难而上，狠抓队伍建设，从改革内部运作机制着手，挖掘内部潜能，增强干警综合战斗力。他带领全所干警积极开展廉政文化建设，切实提高拒腐防变能力，营造良好廉政氛围；坚持推行“谁办案、谁负责，谁把关、谁负责，谁审批、谁负责”案件监管制度，确保每件案件办理都做到公开、公平、公正。2015年，城中派出所绩效考核名列全市派出所前茅，辖区群众对派出所工作满意率达98%以上。2015年2月，他被无锡市公安局记三等功二次。4月，被评为无锡市劳动模范。2016年4月，朱叶峰被江苏省委、省政府评为江苏省先进工作者。

（夏伟刚）

尹　平

1973年5月生，安徽天长人，中共党员，大学学历，正团职，上校军衔，江阴市委常委、市人武部政治委员。2013年尹平任市人武部政委后，不断创新理论学习，组织人武部开展理论学习“十有”经验做法被江苏省军区推广转发，个人在军地媒体发稿20余篇，被无锡军分区评为政工研究先进个

人。作为市人武部党委书记，注重发挥党委委员的主观能动性；坚持党要管党，及时提醒和督促党员，遵守各项规定；团结同志，互帮互助，有商有量，坚持原则，发挥党委领导核心作用。构建、完善各级民兵党组织建设，君山社区民兵党组织经验做法被无锡军分区转发。2016年，他带领人武部全体党员扎实开展党的群众路线教育实践活动，相关经验做法被江苏省军区教育实践简报转发。2016年6月，尹平被江苏省军区党委表彰为优秀党务工作者。

陶　科

1983年10月生，长泾镇人，本科学历，江阴市第二届青年联合会委员。他2005年6月参加工作，任江阴市人民武装部军事科职工。陶科能力素质全面，业务技能熟练。他连续五年参与保障江苏省女兵体检心理测试工作；先后参与保障江苏省长江大桥防护演习、全省民兵“三精”（精准射击、精熟操作、精确指挥）比武竞赛、南京战区郭兴福教学法比武竞赛、国防动员系列指挥研练、全省民兵“打得准”比武竞赛等大项活动；代表江苏省军区赴国防部参加征兵系统软件研发测试工作，为全国征兵工作软件研发提供宝贵的基层经验。2007年至2015年先后参与编纂《江阴军事志》和《江阴军事年鉴》（创刊号）；在《解放军报》《中国国防报》等军地报刊发表新闻报道10余篇，整理装订整组、征兵等各项业务工作汇编资料400余册。2016年10月，在无锡军分区干部专题教育会上作优秀事迹报告。2017年1月，陶科被江苏省军区评为优秀职工标兵。

王　勇

1974年1月生，青阳镇人，中共党员，本科学历，青阳镇人武部副部长。王勇1997年3月参加人民武装工作。他在征兵、国防动员、民兵整组等工作中积极作为，出色完成各项任务。19年来，青阳镇先后为部队输送630余名新兵，有40人转改士官，21人考学、立功、提干。青阳镇多次被无锡市政府、无锡军分区评为基层建设和征兵工作先进单位，并被评为江苏省基层武装规范化建设先进单位。服役期间他是全师有名的教练班长，手榴弹投掷和400米障碍一直保持着全团纪录。民兵训练中他始终按照基于大纲、严于大纲、险于大纲的训练要求，从难从严磨砺队伍，组织队伍参加市人武部七次重大演训活动。2014年作为教练员，组织参加全省民兵应急分队“打得准”比武竞赛，取得团体总分第一名和6个单项名次的优异成绩。在完成维稳处突、急难险重任务中，和青阳镇的民兵预备役人员一起先后完成扑灭山林大火、抗击强台风、抗洪抢险等重大任务。2017年1月，王勇被江苏省军区评为优秀专武干部标兵。　　（符银芬）

江苏省条线系统、无锡市、江阴市先进个人

【江苏省条线系统先进个人】

姓　名	工　作　单　位	荣　誉　称　号	授　予　单　位
2011—2015年度：			
居永久	市司法局	全省普法工作先进个人	江苏省委宣传部、省法制宣传教育工作领导小组办公室、省司法厅
周勤康	祝塘镇司法所	全省普法工作先进个人	江苏省委宣传部、省法制宣传教育工作领导小组办公室、省司法厅
龚国贤	江南水务股份有限公司	全省普法工作先进个人	江苏省委宣传部、省法制宣传教育工作领导小组办公室、省司法厅
2012—2015年度：			
周建华	城西法律服务所	优秀基层法律服务工作者	江苏省司法厅
2013—2015年度：			
徐　华	江阴职业技术学院	全国大学生英语四六级考试优秀考务工作者	江苏省教育考试院

2014—2015 年度：

朱　焘	江阴海关	南京海关优秀团员	中共南京海关直属机关委员会、共青团江苏省省级机关工作委员会
吴　傲	江阴海关	南京海关优秀团干部	中共南京海关直属机关委员会、共青团江苏省省级机关工作委员会
梁雄辉	市国土局	全省国土资源信访工作先进个人	江苏省国土资源厅
刘　明	市建筑工程管理处	先进工作者	江苏省工程造价管理协会

2015 年度：

曹静丽	市政府办	全省政务信息工作先进个人	江苏省政府办公厅
朱　勇	中国人民财产保险股份有限公司江阴支公司	江苏省人保系统优秀党务工作者	中国人民保险江苏省党建协调委员会
陶秀玉	中国人民财产保险股份有限公司江阴支公司	中国人保财险江苏省分公司劳动竞赛“销售先进”	中国人保财险江苏省分公司
卞　莉	中国人民财产保险股份有限公司江阴支公司	中国人保财险江苏省分公司优秀共青团干部	中国人保财险江苏省分公司
赵梦琪	中国人民财产保险股份有限公司江阴支公司	先进青年岗位能手	中国人保财险江苏省分公司
范欣欣	市南华中专	宣传工作先进个人	民盟江苏省委
陈春雷	民盟江阴经济支部	社会服务工作先进个人	民盟江苏省委
夏东江	民盟江阴澄江支部	社会服务工作先进个人	民盟江苏省委
李惠珍	民盟江阴澄江支部	社会服务工作先进个人	民盟江苏省委
郁喻迪	江阴边检站	红旗车驾驶员标兵	江苏省边防总队
吴有为	市文广新局	江苏省全民阅读工作先进个人	江苏省全民阅读活动领导小组
杜朝仙	江阴职业技术学院	全国英语等级应用考试优秀工作者	江苏省高等专科英语应用能力考试委员会办公室
张　涛	市检察院	全省预防青少年违法犯罪工作先进个人	江苏省综治委预防青少年违法犯罪工作领导小组

2013—2016 年度：

陆勇	市林业指导站	江苏省森林防火工作先进个人	江苏省森林防火指挥部

2016 年度：

陈教智	市法院	二等功	江苏省高级人民法院
高　悦	市法院	全省法院信息工作先进个人	江苏省高级人民法院
张丽莉	市交通运输局	全省镇村公交发展先进个人	江苏省交通运输厅
卞　莉	中国人民财产保险股份有限公司江阴支公司	中国人保财险江苏省分公司十佳“魅力团支书”	中国人保财险江苏省分公司
马红兰	江阴海关	南京关区优秀处级干部	南京海关
陶　宏	江阴海关	南京关区优秀处级干部	南京海关
张　坤	江阴海关	南京关区先进个人	南京海关
王春艳	江阴海关	南京关区优秀共产党员	中共南京海关直属机关委员会
张　坤	江阴海关	南京关区优秀共产党员	中共南京海关直属机关委员会
杨　勇	江阴海关	南京关区优秀党务工作者	中共南京海关直属机关委员会
范欣欣	市南华中专	江苏省职业学校创新创效创业大赛优秀指导教师	共青团江苏省委等

周晓虹	市委宣传部	江苏省三八红旗手	江苏省妇联
杨　蓉	澄江街道芙蓉花志愿者工作站	江苏省婚姻家庭纠纷优秀调解员	江苏省妇联、省维护妇女儿童合法权益联席会议暨“平安家庭”创建活动领导小组
柳　芳	无锡天奕律师事务所	江苏省维护妇女儿童权益优秀公益律师	江苏省妇联、省维护妇女儿童合法权益联席会议暨“平安家庭”创建活动领导小组
孔晓燕	市妇联	妇女儿童工作先进个人	江苏省政府妇女儿童工作委员会
陈　泓	市统计局	妇女儿童工作先进个人	江苏省政府妇女儿童工作委员会
王亚伟	江阴边检站	个人嘉奖	江苏省边防总队
周　斌	江阴边检站	个人嘉奖	江苏省边防总队
许忠新	市委农工办	全省农工办系统先进工作者	江苏省委农工办、省扶贫工作领导小组办公室
孔玉兰	市委农工办	全省扶贫办系统先进工作者	江苏省委农工办、省扶贫工作领导小组办公室
王　剑	江阴高级中学	江苏省青少年优秀科技辅导员	江苏省教育厅
余　平	民盟江阴教研支部	江苏省教科研系统先进个人	江苏省教育厅
王　翔	民盟江阴高新区支部	纪念民盟江苏省委成立60周年先进个人	民盟江苏省委
沙智慧	民盟江阴临港支部	纪念民盟江苏省委成立60周年先进个人	民盟江苏省委
李惠兴	民盟江阴南华支部	纪念民盟江苏省委成立60周年先进个人	民盟江苏省委
钱　晴	市文广新局	纪念民盟江苏省委成立60周年先进个人	民盟江苏省委
邹凤翔	市第一中学	纪念民盟江苏省委成立60周年先进个人	民盟江苏省委
龚振东	民盟江阴市委	纪念民盟江苏省委成立60周年先进个人	民盟江苏省委
黄宇昕	民盟江阴市委	纪念民盟江苏省委成立60周年先进个人	民盟江苏省委
毛洪财	双良节能系统股份有限公司	第十二届江苏省优秀科技工作者	江苏省科协
崔莉峰	市华峰葡萄专业合作社	江苏省“基层科普行动计划”农村科普带头人	江苏省科协
史永健	市国家税务局第三税务分局	全省国税系统优秀党务工作者	江苏省国家税务局党组
李全兴	周庄镇山泉村党委	江苏省“最美基层干部”	江苏省委宣传部
		江苏省第三届“十大法治人物”	江苏省依法治省领导小组办公室、省委宣传部、省法制宣传教育工作领导小组办公室
顾敏华	市疾病预防控制中心	全省疾病预防控制工作先进个人	江苏省卫生和计划生育委员会
朱建丰	市疾病预防控制中心	全省疾病预防控制工作先进个人	江苏省卫生和计划生育委员会
王惠珍	陆桥卫生院	江苏省优秀基层卫生骨干人才	江苏省卫生和计划生育委员会
袁月石	陆桥卫生院	江苏省优秀基层卫生骨干人才	江苏省卫生和计划生育委员会
胡　光	陆桥卫生院	江苏省优秀基层卫生骨干人才	江苏省卫生和计划生育委员会
夏丽君	市城东社区卫生服务中心	江苏省优秀基层卫生骨干人才	江苏省卫生和计划生育委员会
孟未震	市城东社区卫生服务中心	江苏省优秀基层卫生骨干人才	江苏省卫生和计划生育委员会
徐　云	市城东社区卫生服务中心	江苏省优秀基层卫生骨干人才	江苏省卫生和计划生育委员会

贾岳平	石庄卫生院	江苏省优秀基层卫生骨干人才	江苏省卫生和计划生育委员会
黄小珍	临港街道西石桥社区卫生服务中心	江苏省优秀基层卫生骨干人才	江苏省卫生和计划生育委员会
钟进锋	临港街道西石桥社区卫生服务中心	江苏省优秀基层卫生骨干人才	江苏省卫生和计划生育委员会
张亚红	临港街道西石桥社区卫生服务中心	江苏省优秀基层卫生骨干人才	江苏省卫生和计划生育委员会
居逸萍	临港街道西石桥社区卫生服务中心	江苏省优秀基层卫生骨干人才	江苏省卫生和计划生育委员会
陈　艳	市城中社区卫生服务中心	江苏省优秀基层卫生骨干人才	江苏省卫生和计划生育委员会
陈丹丹	市云亭社区卫生服务中心	江苏省优秀基层卫生骨干人才	江苏省卫生和计划生育委员会
华春彬	市云亭社区卫生服务中心	江苏省优秀基层卫生骨干人才	江苏省卫生和计划生育委员会
邹炳新	月城卫生院	江苏省优秀基层卫生骨干人才	江苏省卫生和计划生育委员会
朱霞红	新桥卫生院	江苏省优秀基层卫生骨干人才	江苏省卫生和计划生育委员会
赵惠珠	市新桥社区卫生服务中心	全省免疫规划(预防接种)先进个人	江苏省卫生和计划生育委员会
束方燕	市疾病预防控制中心	全省免疫规划(预防接种)先进个人	江苏省卫生和计划生育委员会
袁冰峰	市中医院	第二批江苏省优秀中青年中医临床人才	江苏省中医药局
杨海娣	利港医院	第二批江苏省农村优秀中医临床人才	江苏省中医药局
胡　可	青阳医院	第二批江苏省农村优秀中医临床人才	江苏省中医药局
戴　红	山观医院	第二批江苏省农村优秀中医临床人才	江苏省中医药局
史卫华	市祝塘社区卫生服务中心	第二批江苏省农村优秀中医临床人才	江苏省中医药局
邹逸天	市中医肝胆医院	第二批省名老中医药专家传承工作室建设项目专家	江苏省中医药局
吴协恩	华士镇华西村党委	时代楷模	江苏省委宣传部
张　涛	市检察院	二等功	江苏省检察院
盛月育	市检察院	全省检察机关民事行政检察业务竞赛优秀办案人	江苏省检察院
		全省检察机关行政执行监督专项行动先进个人	江苏省检察院政治部
华　军	市公安局刑警大队	全省公安机关打击侵财犯罪质效提升年活动成绩突出个人	江苏省公安厅政治部
陈　骞	市公安局政治处	江苏省“平安家庭”创建活动先进个人	江苏省妇女联合会
张　兴	市公安局交警大队城中中队	全省公安机关G20峰会安保工作成绩突出个人	江苏省公安厅政治部
王道祥	市公安局祝塘派出所侦查办案中队	全省公安机关G20峰会安保工作成绩突出个人	江苏省公安厅政治部
徐丹阳	市公安局政治处	三等功	江苏省公安厅
唐振健	澄江街道人民调解委员会	全省“最美人民调解员”	江苏省司法厅
吴　婷	市司法局	全省司法行政系统安置帮教工作先进个人	江苏省司法厅
王振祥	祝塘镇司法所	全省社区矫正“严格执法、严格管理”集中整治活动先进个人	江苏省司法厅
薛巧芬	青阳镇司法所	全省社区矫正“严格执法、严格管理”集中整治活动先进个人	江苏省司法厅

林　红	江苏信卓律师事务所	江苏省优秀律师	江苏省司法厅
傅建荣	市口岸办	江苏省文明口岸先进个人	江苏省口岸办
朱文钟	市口岸办	江苏省文明口岸先进个人	江苏省口岸办
王　亚	市港口管理处	江苏省文明口岸先进个人	江苏省口岸办
张吴军	江阴海关	江苏省文明口岸先进个人	江苏省口岸办
章　炜	江阴中远物流有限公司	江苏省文明口岸先进个人	江苏省口岸办
梁洪健	市住建局	建筑节能与绿色建筑工作先进个人	江苏省住房和城乡建设厅
程元善	市白蚁防治所	江苏省白蚁防治协会先进个人	江苏省白蚁防治协会
吴翔宇	市白蚁防治所	江苏省白蚁防治协会先进个人	江苏省白蚁防治协会
杭建伟	江阴职业技术学院	全省教科研系统先进个人	江苏省教育科学研究院
陈　斌	江阴职业技术学院	江苏省教育工作先进个人(优秀共产党员)	江苏省教育厅、中共江苏省委教育工委
张燕红	江阴职业技术学院	优秀教练员	江苏省高职高专院校体育教学指导委员会
蒋振杰	江阴职业技术学院	全省大中专学生志愿者暑期文化科技卫生“三下乡”社会实践活动先进工作者	江苏省委宣传部、省文明办、省教育厅、团省委、省学生联合会
沈明强	江阴高级中学	江苏省教育工作先进个人(优秀教育工作者)	江苏省教育厅、中共江苏省委教育工委
缪丽君	江阴高级中学	江苏省教育工作先进个人(教学名师)	江苏省教育厅、中共江苏省委教育工委
戴娅萍	市特殊教育中心校	江苏省教育工作先进个人(优秀教育工作者)	江苏省教育厅、中共江苏省委教育工委
陆丽萍	市第一初级中学	江苏省教育工作先进个人(优秀教育工作者)	江苏省教育厅、中共江苏省委教育工委
朱学尧	江阴高级中学	课题研究先进个人	江苏省教育科学研究院现代教育技术研究所
束红伟	市第一中学	江苏省青少年篮球锦标赛(丙组)优秀裁判员	江苏省体育局
丁进锋	市第一中学	江苏省青少年电子技师认定活动优秀科技辅导员	江苏省教育厅、省科协
花海忠	市第一中学	江苏省青少年普及机器人大赛优秀科技辅导员	江苏省教育厅
陈　钢	市第一中学	江苏省青少年科技模型竞赛优秀科技辅导员	江苏省教育厅
陈　薇	市第一中学	江苏省第十七届中学生田径运动会(苏南)优秀裁判员	江苏省学生体协中小学工作委员会
严文慧	市桐岐中学	江苏好少年	江苏省少工委
陆敏刚	长泾中学	江苏省第五期“333 高层次人才培养工程”第三层次培养对象(中青年学术技术带头人)	江苏省人才工作领导小组
钱志刚	长泾中学	优秀青少年科技教育校长	江苏省教育厅、省科技厅等
周鎏云	长泾中学	青少年科技教育先进个人	江苏省教育厅、省科技厅等
刘鹏程	长泾中学	优秀组织工作者	江苏省青少年科技教育协会
		优秀科技辅导员	江苏省教育厅、省科协
		优秀辅导员	江苏省体育局、省教育厅、省科协等
张兴利	长泾中学	优秀科技辅导员	江苏省教育厅、省科协
吕秋萍	市实验小学	江苏省教育工作先进个人	江苏省教育厅

黄　强	市青阳实验小学	江苏省青少年电子技师认定活动优秀科技辅导员	江苏省教育厅、省科协
张力勇	市璜塘实验小学	优秀青少年科技教育校长	江苏省教育厅、省科协、省文明办
王　贤	市璜塘实验小学	优秀科技辅导员	江苏省教育厅、省科协
潘玉秀	市祝塘实验幼儿园	江苏省青少年科技教育活动优秀科技辅导员	江苏省青少年科技教育协会
陈光亚	市科技局	江苏省专利行政执法工作先进个人	江苏省知识产权局
潘　雷	市邮政局	江苏邮政"一创两争"优秀共产党员	江苏省邮政分公司党组
孙钰洁	市邮政局	江苏邮政"一创两争"敬业奉献好青年	江苏省邮政分公司党组
马君平	市邮政局	江苏省文明职工	江苏省委宣传部、省文明办、省总工会

【无锡市先进个人】

一、无锡市"六五"普法先进个人(无锡市委、市政府表彰)

沙雪蓉(市综治办)
李　兵(市人大办)
于风怀(市司法局)
李继武(澄江街道司法所)
宋陈诚(华士镇司法所)
查国龙(璜土镇司法所)
周国宏(南闸街道司法所)
孙　涛(城东街道司法所)
蔡　炯(普悦律师事务所)
魏君琪(江民律师事务所)
周延钟(市公用事业管理局)
蔡文娅(江阴地税局)
修斌瑶(中国人民银行江阴市支行)
王寅炯(市委办)
费　佳(市政府办)
邓秀琴(市委组织部)
吴　纯(市政府法制办)
黄春英(市委党校)
陈　军(市人社局)
徐　颖(市国土局)
季　春(市水利农机局)
计慧红(市规划局)
薛欢欢(市检察院)
谢小龙(市住建局)
吴　敏(市园林旅游局)
戴锡新(市物价局)
朱熙博(市环保局)
周　勇(市安监局)
陈　蕾(市经信委)
邢广澄(市民防局)
居　琳(团市委)

二、2016年无锡市有突出贡献中青年专家(无锡市委、市政府表彰)

卞忠华(江苏三房巷集团有限公司)
常建强(市华士实验中学)
黄本华(法尔胜泓昇集团有限公司)
杨海军(江苏阳光集团有限公司)
季文杰(中船澄西高级技工学校)

三、无锡军分区先进个人(无锡军分区表彰)

(一)三等功

张　帆(市人武部)

(二)优秀共产党员

葛振华(市人武部)

【江阴市先进个人】(江阴市委、市政府表彰)

一、2016年度优秀企业家

(一)工业

吴协恩　周建平　钱　刚　任元林　孙　峰　周　江　张　雷　李洪耀　陈丽芬

缪文彬　金亚洪　杨其莻　俞　敏　王新潮　徐友才　赵纪法　黄丽泰　张国平
卞平芳　任向东　李　兴　孟广宝　龚国贤　廖振铎　曹明芳　拉尔斯·法布里修斯
袁　勇　胡士勇　包士金　袁仁伟　黄　磊　蔡晓洪　高兴元　李天伟

(二)服务业

周立宸　潘　勇　梁　鑫　孙　伟　刘　振　缪洪达　张伟志　朱永方　许丽芳
吴建良　许　峰　陈　晨　吴锦明　方　芳　张品娟　朱　勇　赵建国　夏思奇
陶　园　黄翠娥　陈　磊　蒋　俊　胡　兵　郭顺华　陈　涛　范建刚　顾亚平
王　勇　朱　斌　姚　永　刘柏生　郭　靖　徐剑东　陈　伟　霍钧平　王国安
季中华

二、2016 年度优秀总经理

(一)市属

工业、建筑业:郭良清　金和良

服务业:黄　坚　俞　强　陈　娟　顾立新　陈　虹　范文涛　费　伟　马　力　周剑明
陆海燕　缪红光

(二)高新区

工业:戚继尧　刘　叶　马建忠　陈少忠　张　峰　黄珑琳　尹鹏均　姚　君　李　政
陈　灏　张士泉　俞　麟　范建刚　刘成龙

服务业:包丽君　徐延阳　谢雄胜　王　萍　杭　伟　柳伟清　金士良　朱小惠　陈　朗

(三)临港经济开发区

工业:胡　震　周剑峰　孙　杰　奚英军　陈利民　缪金凤　朱洪钧　孙志华　华国平
任锦华　郑银良　吴　钊　金基永　刘　平　恽相才　王永良　乔俊阳　贾兰娣
周凤珍　余宗勋　徐耀琪　孙　霞　顾晋南　吴银芝　吴红清　单志才　高建华
王　冲

服务业:赵少丰　韩　杰　孙　芳　周德洪　陈　爽　叶卫春　陈金忠　顾　峰

(四)靖江园区

工业:方春生　赵德胜　刘禧德　徐广宇　孙乙钦

服务业:张宏飞

(五)澄江街道

工业:刘志恺　徐士官　张　衡　范选国　陈建章　李秋雁　汤晓楠　刘燕明　谢桃根
张建春　张浩荣　张惠国　史方度　沈　剑

服务业:解红光　胡鹏飞　叶寿泉　严群波　束德宝　王兆丰　谢　红　胡建新　黄建伟
曹国华

(六)南闸街道

工业:六颖康　王晓龙　陈国贤　徐惠民　肖　澄　文　碧　周伟洪

服务业:李廷飞　徐雅芬

(七)云亭街道

工业:周德洪　瞿建华　郑铁江　李国忠　周　明　吴建春　夏泽民　朱　卫　刘德旗
施福德

服务业:刘燕蓉　黄　平　曹昌军

(八)月城镇

工业:华世正　钱德洪　陈　龙　程海滨　严树珊　王坚群　严伟明　顾中达　钱秋林
唐　侠　薛生亮　徐方新

(九)青阳镇

工业:松本利之　李有明　谢　放　焦建忠　秦安君　缪　贞　闵海华　薛洪权

(十)徐霞客镇

工业:孙秉忠　沈国祥　曾祥爱　广濑次郎　夏婉珍　黄坤大　曹宇炫　李宇伟　周　枫
曾国新

(十一)华士镇

工业:邹承慧　徐进良　周爱明　李国良　赵卫东　赵建明　孟永华　费庆和　喻祥富
赵正洪　胡银福　徐长江　赵建新　赵亦初　姜建军　李　旦　顾维明　章坤良

孙政刚
服务业:许瑞龙　施敏捷　赵　沁　李满良
(十二)周庄镇
工业:倪成良　钱振宇　陈力皎　殷福华　胡德良　吴奕宏　张理罡　李生虎　承良元
徐　泓　李全兴　赵浩良　赵平宝　陈继忠　袁益凯　苏存章　卞良法
服务业:沈　彪　顾小兵　薛进良
(十三)新桥镇
工业:周国华　于万旭　张建锋　陶永生　陈建国　徐东英　倪利锋　汪　东
(十四)长泾镇
工业:蒋惠平　宋建新　李文义　吴栋标　周永南　仰午正　蔡一民
服务业:徐中勤　吉祖军　周云飞
(十五)顾山镇
工业:郭　健　杨仁荣　宋正兴　强正平　郭正平　王万里　毛二度　陈太球　郭亚霓
李一新　徐多宝　闾田啓
(十六)祝塘镇
工业:承立新　戴泽新　蒋忠伟　郁广益　王　东　赵　舵　任海涛　朱　斌　戴加龙
顾　军　包建新　唐良君　周和兴　颜世仪
服务业:戴泽新

三、2016 年度先进工作者
(一)高新区
许晓红　陈志焕　张继宏　周震华　朱维军　黄　芳　罗宏伟　刘　军　梅国海
吴世民　姚明文　冯建明　徐维清　周其忠　马利中　周德兴　马广其　孙　瑜
陈　朗　张　峰　陈玉平　刘奇云　何永良　王士忠　秦国民　顾耀平　周桂芳
胡国才　郑力强　季　渊　展　翔　曹晓成　张瑶琴
(二)临港经济开发区
奚　涛　赵雄伟　沈正兴　吕伟江　陈红玉　黄　英　丁小红　周　英　王生虎
陆华静　奚新洪　陈晓艳　江龙平　戴士良　查国龙　吴国光　张志杰　郭　娟
任　锋　汤伟国　沈耀忠　俞建伟　屈佳芬　顾丽静　杨卫国　吴建峰　杨　平
李洪耀　蒋惠军　夏宏武　徐夏芳　高　明　胡建军　黄明华　钟　渊　黄　平
江建洪　钱俊贤　高旭伟　周国伟　彭　辉　丁　成　徐　瑛　王俊华　徐兴度
刘荣增　夏宏希　李春阳　缪金焕　郭建东　林幼琴　荆　静　韩　杰　吴　刚
江小涛　周　凯　李　刚　吴　亮　钱丽军　董　妍　牛新亭　潘喜乐　范忠奇
(三)靖江园区
卜忠平　周科伟　丁林海　刘清泉　任建刚　王毅民　杨万祥　钱鹏海　陈伟宏
韩维娜　夏　青　杨恒桂
(四)澄江街道
沈　丽　张国兴　杨小中　李洪兴　沈利球　徐顺湘　赵　玫　丁士福　许　钢
王俊华　张　静　王利民　彭正平　张士强　徐　刚　张建兴　沈云彪　孙兴焕
王国平　张　力　徐金芬　陈国银　季兴发　沈志文
(五)南闸街道
周　中　符明君　金越平　吴满元　戴洪汝　奚　龙　吴士全　缪　鹏　冯易易
郑先明　张永全　李献忠
(六)云亭街道
邬钦君　钱军平　沈建钧　李　春　顾文雅　李凤霞　曹和兴　孙亚平　胡建祥
朱海荣　朱宇洪　王　成
(七)月城镇
丁爱民　陈　铭　偶洪元　闵振兴　张禹贤　吴新意　蒋玉芬　钦建华　梁林宝
杨剑树　倪仁福　章均涛

(八)青阳镇

俞　麟　吴　庆　鲍旗立　马仕兴　朱跃强　金　唐　张国清　马兴洪　陈林芳
时建军　孙育震　戴红飞　张海刚　陈永团　陈加兴

(九)徐霞客镇

李伟铭　冯明科　沈　阳　曾　荣　王新标　施建清　谢晨毅　张国清　孔祥明
朱涵晓　冯淑君　潘韦达　周　平　刘家金　徐　虎　任巍峰　许伟兴　李彩琴

(十)华士镇

何建南　吴凤英　瞿建军　孙海燕　孙　斌　华明浩　卞少云　赵林华　王玉庭
毛炳坤　徐泽峰　汪少清　张忠敏　费　澄　陈宇杰　李富国　殷　妮　张　正

(十一)周庄镇

周国民　葛珠良　江金岳　赵　清　余林法　许剑峰　卞惠良　薛　超　胡品贤
朱大勇　顾士清　黄冬升　顾根兴　徐金楼　黄伟忠　朱向阳　孔德彪　程雪峰

(十二)新桥镇

胡　宾　朱晓丰　郁正达　刘柏松　陈海东　徐栋芳　王　伟　钱　刚　张海明
石　烨　赵益峰　周爱国

(十三)长泾镇

王永芳　吴文勇　顾明香　吴建刚　刘　荣　黄明龙　胡玉东　王丹栋　刘叙丰
钱　平　夏明芳　包理丰　颜明康　吴琴贤　周克非

(十四)顾山镇

钱为民　孙祖涛　刘文广　赵方伟　吴卫江　欧阳明辉　冯建云　王飞鸿　屈红娟
吴　斌　蔡立波　高　羽　张　伟　王建红　王爱东

(十五)祝塘镇

周云龙　包敢峰　潘涌江　张　洁　潘宗江　江宜宾　黄岳兵　王军伟　孔瑞用
杜金凤　黄新华　承　皓　姚正兴　王训峰　郭　勇

(十六)工业直属

华　锋　徐　晖

(十七)服务业直属

吴云彪　缪舒炎　洪　伟　刘　杰

附:其他条线系统先进个人

姓　名	工　作　单　位	荣　誉　称　号	授　予　单　位
张　涛	市检察院	对未成年人检察工作做出贡献个人	最高人民检察院政治部
		第一届全国未成年人检察业务标兵	最高人民检察院未成年人检察工作办公室
陈莺燕	澄江街道蒲桥社区	中国家庭发展追踪调查成绩突出个人	国家卫生和计划生育委员会家庭司
朱巧云	市特殊教育中心校	全国交通银行特教园丁奖	教育部办公厅、中国残联办公厅、交通银行办公室
彭桂林	江阴边检站	士官优秀人才	公安部边防管理局
夏源秋	市农林局	长江珠江流域禁渔期执法管理先进个人	长江流域渔业资源管理委员会、珠江流域渔业管理委员会
陆洪霞	市第一中学	全国中小学生网络虚拟机器人设计竞赛优秀指导教师	中国教育技术协会信息技术教育专业委员会
任　丽	民盟江阴高新区支部	第十三届中国优秀特长生展示(测评)活动优秀辅导教师	中国教育电视协会、中国文化信息协会等
薛花娟	法尔胜泓昇集团有限公司	冶金先进青年科技工作者	中国金属学会
陈丽芬	阳光集团有限公司	中国纺织技术带头人	中国纺织工业联合会、中国纺织工程学会

逝世人物

戴心思

1926年12月生，山东蓬莱人。1940年10月参加革命工作后，先后任山东蓬莱县崮山、雨山区各救会儿童团长、青救会副会长。1943年6月加入中国共产党。1943年后任蓬黄福联中、北海联中学生会主席，北海专员公署教育师范队队长。1945年后任黄县莱北区教育实验区教育助理、莱北区代理区长、北海专属实验小学校长。1946年后任城厢区教育助理，区委副宣传委员、宣传委员、副书记。1948年任黄县县委秘书。1949年后任北海地委南下干部大队直属队队长，江苏金山县委宣传部副部长，县委委员、宣传部部长。1951年后任松江地委宣传部教育科长兼党校负责人、地委党务组副组长。1953年后任川沙县委副书记，松江地委组织部副部长，地委委员、组织部部长。1957年任川沙县委书记。1958年任江阴县委书记。1965年任苏州地委副书记兼副专员。1971年任苏州地委常委、地区革委会生产指挥组组长。1973年任镇江地委常委、地区革委会副主任。1974年任江苏省体育运动委员会党委书记、主任。1975年任苏州地委副书记、地区革委会副主任。1978年任苏州地委副书记、行署副专员。1980年任苏州地委副书记、行署专员。1982年任苏州地委书记。1983年任苏州市委书记。1985年兼任苏州市人大常委会主任。1987年任苏州市人大常委会主任、党组书记。1994年7月离休。2009年9月，中央组织部批准享受副省长级医疗待遇。2016年3月25日，因病医治无效在苏州逝世，享年90岁。

何　允

1921年11月生，澄江街道人，中共党员。1927年，进入江阴辅延小学读书。1933年考入江阴南菁中学初中部学习。青年时期在上海学习无线电技术，1940年在重庆国际广播电台工作。1948年在上海交通大学读研后，放弃去美国攻读天文学的机会，毅然奔向条件艰苦的解放区，参与建设广播电台。1953年到上海人民广播电台工作，参与试制成功20千瓦广播调频发射机。1954年加入中国共产党。同年，他主持设计成功全国首个广播电台全自动报时系统，报时准确度达百分之一秒。1956年被任命为上海人民广播电台副总工程师。1958年参与筹建上海电视台，后参与彩色电视机试制。1976年10月，任上海市广播事业局副总工程师，1978年任总工程师，1982年任上海市广播电视局副局长兼总工程师。他组织技术人员研制成功50千瓦调频发射机、100千瓦中波发射机等多项设备。提出建设上海电视塔的基本工艺方案，并参加国内第一套双环式电视天线系统的研制工作。1986年，参与建立上海市广播科学研究所。1987年3月，任该所第一任所长兼总工程师。1988年8月，任上海市广播电视局顾问。参与上海东方明珠电视塔和广电大厦工艺设计。20世纪90年代，他带领团队研发及开通上海有线电视光纤传输网络，成为全国首创。2002年，他获得中国广播电视协会颁发的杰出贡献荣誉奖。他还是一名资深天文爱好者，作为上海市天文学会会员，对上海市天文学会和启明星联盟的建设发展给予巨大的支持与关心，他出资向上海天文学会捐赠第一台高倍天文望远镜，被命名为“何镜”，向上海天文博物馆捐赠多台天文望远镜、多套天文著作。2016年9月初，国际天文学联合会小行星中心将2006年发现的一颗小行星(编号2006 HY20)命名为“何允星”，以表彰其在专业领域的杰出贡献和对天文事业的支持。9月21日，何允因病医治无效在上海逝世，享年95岁。

(史　志)

■类目编辑　邢　盈

重要文件目录

2016 年中共江阴市委重要文件目录

一、1 月 26 日，江阴市委办公室、市政府办公室联合发《关于全面建立网格化环境监管体系的实施意见》（澄委办〔2016〕2 号）。

二、2 月 22 日，江阴市委发《印发〈关于落实从严管理干部“五个要”的若干规定〉的通知》（澄委发〔2016〕3 号）。

三、2 月 22 日，江阴市委发《印发〈关于推动党委（党组）落实全面从严治党责任的若干规定〉的通知》（澄委发〔2016〕4 号）。

四、3 月 2 日，江阴市委、市政府联合发《关于印发〈江阴市委市政府 2016 年重点工作〉的通知》（澄委发〔2016〕5 号）。

五、3 月 22 日，江阴市委印发《中共江阴市委常委会议事决策规则》（澄委发〔2016〕6 号）。

六、3 月 22 日，江阴市委、市政府联合发《关于印发〈2016 年全市农村工作要点〉的通知》（澄委发〔2016〕7 号）。

七、3 月 23 日，江阴市委、市政府联合发《关于继续实施帮扶经济薄弱村工作的意见》（澄委发〔2016〕9 号）。

八、3 月 25 日，江阴市委发《印发〈关于实施党风廉政建设责任追究的办法（试行）〉的通知》（澄委发〔2016〕10 号）。

九、3 月 29 日，江阴市委、市政府联合发《关于印发〈江阴市 2016 年国民经济和社会发展重点工作目标责任分解〉的通知》（澄委发〔2016〕12 号）。

十、3 月 29 日，江阴市委办公室、市政府办公室联合发《关于印发〈2016 年项目招引建设竞赛活动实施意见〉的通知》（澄委办〔2016〕13 号）。

十一、3 月 30 日，江阴市委、市政府联合发《关于加快产业强市建设的若干政策意见》（澄委发〔2016〕13 号）。

十二、3 月 30 日，江阴市委、市政府联合发《印发〈关于鼓励企业兼并重组发展总部经济的意见〉的通知》（澄委发〔2016〕14 号）。

十三、4 月 21 日，江阴市委办公室、市政府办公室联合发《印发〈关于深入开展全民阅读加快推进“书香江阴”建设的实施意见〉的通知》（澄委办〔2016〕18 号）。

十四、4 月 25 日，江阴市委办公室发《印发〈关于在全市党员中开展“学党章党规、学系列讲话，做合格党员”学习教育的实施方案〉的通知》（澄委办〔2016〕19 号）。

十五、5 月 12 日，江阴市委办公室发《关于印发〈中共江阴市委全面深化改革领导小组 2016 年工作要点〉的通知》（澄委办〔2016〕22 号）。

十六、5 月 12 日，江阴市委办公室、市政府办公室联合发《关于印发〈2016 年江阴市创建全国文明城市重点工作〉的通知》（澄委办〔2016〕23 号）。

十七、5 月 18 日，江阴市委、市政府联合发《关于进一步深化水污染防治工作的意见》（澄委发〔2016〕22 号）。

十八、5 月 18 日，江阴市委办公室、市政府办公室联合发《关于印发〈江阴市 2016 年生态文明建设实施方案〉的通知》（澄委办〔2016〕25 号）。

十九、6 月 14 日，江阴市委发《关于加强和改进党的群团工作的实施意见》（澄委发〔2016〕27 号）。

二十、7 月 4 日，江阴市委、市政府联合发《关于降低实体经济企业成本促进经济平稳健康发展的实施意见》（澄委发〔2016〕30 号）。

二十一、8 月 1 日，江阴市委、市政府联合发《关于推进供给侧结构性改革的实施意见》（澄委发〔2016〕35 号）。

二十二、8 月 1 日，江阴市委办公室发《关于认真学习贯彻江阴市第十三次党代会精神的通知》（澄委办〔2016〕44 号）。

二十三、8 月 17 日，江阴市委、市政府联合发《关于印发〈“十三五”江阴城乡建设“1310 工程”实施意见〉的通知》（澄委发〔2016〕37 号）。

二十四、8 月 19 日，江阴市委办公室发《关于印发〈市第十三次党代会今后五年主要工作任务的责任分解〉的通知》（澄委办〔2016〕50 号）。

二十五、10 月 20 日，江阴市委、市政府联合发《关于实施创新驱动战略,加快建设特色产业强市和创新型城市的若干意见》(澄委发〔2016〕47 号)。

二十六、12 月 16 日,江阴市委发《关于向吴协恩同志学习的决定》(澄委发〔2016〕56 号)。

二十七、12 月 19 日,江阴市委办公室、市政府办公室联合发《关于印发〈江阴市特困家庭深度救助实施意见(试行)的通知〉》(澄委办〔2016〕68 号)。

二十八、12 月 26 日,江阴市委、市政府联合发《关于进一步深化国资改革促进国企发展的意见》(澄委发〔2016〕59 号)。

(市委办)

2016 年江阴市人大常委会重要文件目录

一、1 月 12 日,江阴市人大常委会发《关于表彰 2014—2015 年度市人大先进代表小组、代表活动积极分子和优秀联络员的决定》(澄人发〔2016〕4 号)。

二、3 月 1 日,江阴市人大常委会发《2016 年江阴市人大常委会工作要点》(澄人发〔2016〕8 号)。

三、3 月 8 日,江阴市人大常委会发《关于 2016 年基层人大工作的指导意见》(澄人发〔2016〕9 号)。

四、3 月 8 日,江阴市人大常委会发《关于 2016 年市人大代表小组活动的意见》(澄人发〔2016〕10 号)。

五、4 月 26 日,江阴市人大常委会发《关于开展义务教育均衡发展情况专题询问的实施方案》(澄人发〔2016〕11 号)。

六、5 月 6 日,江阴市人大常委会发《关于组织开展市人大代表“回选区、见选民”活动的通知》(澄人发〔2016〕12 号)。

七、5 月 6 日,江阴市人大常委会发《关于批准 2016 年一般公共预算支出调整方案的决议》(澄人发〔2016〕13 号)。

八、5 月 6 日,江阴市人大常委会发《关于设立市人大常委会农业农村工作委员会的决定》(澄人发〔2016〕14 号)。

九、6 月 3 日,关于印发《江阴市人大常委会开展〈江苏省物业管理条例〉执法检查方案》的通知(澄人发〔2016〕17 号)。

十、6 月 22 日,江阴市人大常委会发《关于评议安全生产工作情况的实施意见》(澄人发〔2016〕19 号)。

十一、7 月 13 日,江阴市人大常委会发《关于批准江阴市 2015 年度财政决算的决议》(澄人发〔2016〕26 号)。

十二、7 月 13 日,江阴市人大常委会发《关于批准 2016 年国有资本经营收支预算调整方案的决议》(澄人发〔2016〕27 号)。

十三、8 月 25 日,江阴市人大常委会发《关于组织开展 2016 年度“市人大代表活动周”专题活动的实施意见》(澄人发〔2016〕32 号)。

十四、9 月 18 日,江阴市人大常委会发《关于授予崔东等七人“江阴市荣誉市民”称号的决定》(澄人发〔2016〕33 号)。

十五、9 月 18 日,江阴市人大常委会发《关于批准 2016 年一般公共预算支出调整方案的决议》(澄人发〔2016〕34 号)。

十六、9 月 18 日,江阴市人大常委会发《关于全市市、镇两级人民代表大会换届选举问题的决定》(澄人发〔2016〕35 号)。

十七、9 月 18 日,江阴市人大常委会发《关于江阴市第十七届人大代表名额分配的决定》(澄人发〔2016〕36 号)。

十八、9 月 18 日,江阴市人大常委会发《关于各镇新一届镇人大代表名额确定的决定》(澄人发〔2016〕37 号)。

十九、9 月 18 日,江阴市人大常委会发《关于任命江阴市选举委员会及其办公室组成人员的通知》(澄人发〔2016〕38 号)。

二十、9 月 18 日,江阴市人大常委会发《关于任命各镇选举委员会组成人员的通知》(澄人发〔2016〕39 号)。

二十一、10 月 31 日,江阴市人大常委会发《关于开展第七个五年法治宣传教育的决议》(澄人发〔2016〕43 号)。

二十二、10 月 31 日,江阴市人大常委会发《关于加强政府投资重点项目资金监督的规定》(澄人发〔2016〕47 号)。

二十三、10 月 31 日,江阴市人大常委会发《关于加强园区、街道财政预算审查监督的暂行办法》(澄人发〔2016〕48 号)。

二十四、11 月 22 日,江阴市人大常委会发《关于调整江阴市选举委员会成员名单的通知》(澄人发〔2016〕53 号)。

二十五、11 月 22 日,江阴市人大常委会发《关于批准调整各镇选举委员会成员名单的通知》(澄人发〔2016〕54 号)。

二十六、12 月 12 日,江阴市人大常委会发《关于批准 2016 年一般公共预算收支调整方案的决议》(澄人发〔2016〕55 号)。

(市人大办)

2016 年江阴市政府重要文件目录

一、1 月 6 日,江阴市政府办公室发《江阴市 12345 政府公共服务热线整合建设实施方案》(澄政办发〔2016〕1 号)。

二、1 月 11 日,江阴市政府发《2016 年春节期间市区有限制许可燃放烟花爆竹的公告》(澄政发〔2016〕1 号)。

三、1 月 14 日,江阴市政府办公室发《江阴市长江水上搜救应急预案》(澄政办发〔2016〕2 号)。

四、1月18日，江阴市政府办公室发《江阴市工业性用地调查工作方案》（澄政办发〔2016〕4号）。

五、1月21日，江阴市政府办公室发《关于做好2016年春运工作的通知》（澄政办发〔2016〕5号）。

六、2月16日，江阴市政府办公室发《江阴市2016年行政执法监督工作计划》（澄政办发〔2016〕9号）。

七、2月29日，江阴市政府办公室发《关于成立江阴市公立医院管理委员会的通知》（澄政办发〔2016〕11号）。

八、3月3日，江阴市政府发《关于确认行政执法证件有效的公告》（澄政发〔2016〕6号）。

九、3月3日，江阴市政府办公室发《关于成立江阴综合保税区建设工作领导小组的通知》（澄政办发〔2016〕12号）。

十、3月10日，江阴市政府发《关于表彰2015年度全市依法行政工作先进集体的决定》（澄政发〔2016〕9号）。

十一、3月14日，江阴市政府发《关于表彰2015年度江阴市财政收入增长先进单位、征收先进部门和非税收入征收先进部门的决定》（澄政发〔2016〕7号）。

十二、3月14日，江阴市政府发《江阴市财政收入考核管理办法》（澄政发〔2016〕8号）。

十三、3月21日，江阴市政府办公室发《江阴市2016年工业经济发展目标分解表》（澄政办发〔2016〕15号）。

十四、3月22日，江阴市政府发《关于对2015年江阴百日招商竞赛活动先进单位进行表彰的决定》（澄政发〔2016〕13号）。

十五、3月29日，江阴市政府发《江阴市第三次全国农业普查工作方案》（澄政发〔2016〕12号）。

十六、3月29日，江阴市政府发《关于表彰2015年度全市开放型经济工作先进单位的决定》（澄政发〔2016〕14号）。

十七、3月29日，江阴市政府办公室发《江阴市2016年度国有建设用地供应计划》（澄政办发〔2016〕16号）。

十八、3月30日，江阴市政府发《关于江阴市2016年度重点重大项目安排的通知》（澄政发〔2016〕15号）。

十九、3月30日，江阴市政府发《关于调整全市"工业百强企业"和"创新型百佳中小企业"名单的通知》（澄政发〔2016〕17号）。

二十、3月30日，江阴市政府办公室发《江阴市2016年节能工作实施意见》（澄政办发〔2016〕17号）。

二十一、3月31日，江阴市政府办公室发《关于成立政府和社会资本合作（PPP）工作领导小组的通知》（澄政办发〔2016〕18号）。

二十二、4月18日，江阴市政府发《2016年江阴市有序用电方案和电力供应应急预案》（澄政发〔2016〕20号）。

二十三、4月18日，江阴市政府办公室发《江阴市全面推开营业税改征增值税试点工作方案》（澄政办发〔2016〕19号）。

二十四、4月26日，江阴市政府办公室发《关于印发江阴市土地例行督察迎检工作实施方案的通知》（澄政办发〔2016〕21号）。

二十五、5月5日，江阴市政府办公室发《关于深刻吸取靖江"4·22"事故教训切实加强易燃易爆危险品场所消防安全工作的通知》（澄政办发〔2016〕22号）。

二十六、5月10日，江阴市政府办公室发《关于推广运用政府和社会资本合作（PPP）模式的实施意见》（澄政办发〔2016〕23号）。

二十七、5月10日，江阴市政府办公室发《关于建立双随机抽查机制加强事中事后监管的实施意见》（澄政办发〔2016〕24号）。

二十八、5月10日，江阴市政府办公室发《江阴市关于开展防范和处置非法集资的工作意见》（澄政办发〔2016〕25号）。

二十九、5月11日，江阴市政府发《江阴市产业强市发展专项资金管理办法》（澄政发〔2016〕24号）。

三十、5月11日，江阴市政府发《关于取消和承接一批行政审批等权力事项的通知》（澄政发〔2016〕26号）。

三十一、5月16日，江阴市政府办公室发《江阴市畜禽养殖污染综合治理两年（2016—2017）行动计划》（澄政办发〔2016〕29号）。

三十二、5月17日，江阴市政府办公室发《江阴市工业污染防治工作方案（2016—2020）》（澄政办发〔2016〕26号）。

三十三、5月17日，江阴市政府办公室发《江阴市河道环境综合整治工作方案（2016—2020）》（澄政办发〔2016〕27号）。

三十四、5月17日，江阴市政府办公室发《江阴市网格化环境监管体系考核细则》（澄政办发〔2016〕28号）。

三十五、5月18日，江阴市政府发《关于调整江阴市防汛防旱指挥部成员的通知》（澄政发〔2016〕28号）。

三十六、5月18日，江阴市政府办公室发《江阴市深化排水达标区建设实施意见（2016—2020）》（澄政办发〔2016〕30号）。

三十七、6月13日，江阴市政府发《关于成立法律顾问委员会的通知》（澄政发〔2016〕31号）。

三十八、6月14日，江阴市政府发《关于进一步做好新形势下就业创业工作的实施意见》（澄政发〔2016〕32号）。

三十九、6月20日，江阴市政府发《关于加强我市内河港口管理工作的实施意见》（澄政发〔2016〕35号）。

四十、6月27日，江阴市政府办公室发《关于进一步做好徐霞客镇集中行政审批和综合执法权限承接工作的通知》（澄政办发〔2016〕36号）。

四十一、7月1日，江阴市政府办公室发《江阴市土地例行督察整改工作实施方案》（澄政办发〔2016〕38号）。

四十二、7月4日，江阴市政府办公室发《关于进一步加强主汛期地质灾害防治工作的通知》（澄政办发〔2016〕37号）。

四十三、7月20日，江阴市政府发《2016年江阴市安全生产目标管理考核办法》（澄政发〔2016〕40号）。

四十四、7月20日，江阴市政府发《关于进一步加强全市地下水资源管理工作的意见》(澄政发〔2016〕41号)。

四十五、7月20日,江阴市政府办公室发《江阴市突发公共卫生事件应急预案》(澄政办发〔2016〕40号)。

四十六、7月20日,江阴市政府办公室发《江阴市创建江苏省妇幼健康优质服务示范市实施方案》(澄政办发〔2016〕41号)。

四十七、7月21日,江阴市政府发《江阴市水污染防治工作方案》(澄政发〔2016〕42号)。

四十八、7月26日,江阴市政府发《关于表彰2015年度征兵工作先进单位和先进个人的通知》(澄政发〔2016〕44号)。

四十九、7月26日,江阴市政府办公室发《关于贯彻落实〈无锡市社区戒毒康复条例〉的实施意见》(澄政办发〔2016〕44号)。

五十、7月26日,江阴市政府办公室发《江阴市突发道路交通事故应急预案》(澄政办发〔2016〕45号)。

五十一、7月26日,江阴市政府办公室发《江阴市突发火灾事故应急预案》(澄政办发〔2016〕46号)。

五十二、7月28日,江阴市政府办公室发《对基层站所公共服务标准化全覆盖运行情况检查评估方案》(澄政办发〔2016〕48号)。

五十三、8月9日,江阴市政府发《江阴市行政审批中介服务事项目录清单》(澄政发〔2016〕48号)。

五十四、8月9日,江阴市政府发《关于调整市政府领导分工的通知》(澄政发〔2016〕49号)。

五十五、8月10日,江阴市政府办公室发《江阴市2017年度政府集中采购目录政府采购限额标准和公开招标数额标准》(澄政办发〔2016〕50号)。

五十六、8月11日,江阴市政府发《关于给予查国龙等同志奖励的通知》(澄政发〔2016〕47号)。

五十七、8月18日,江阴市政府办公室发《关于调整市政府办公室领导分工的通知》(澄政办发〔2016〕52号)。

五十八、9月1日,江阴市政府办公室发《关于加快推进燃煤锅炉整治的通知》(澄政办发〔2016〕53号)。

五十九、9月1日,江阴市政府办公室发《江阴市高层地下建筑和城市大型综合体消防安全专项整治方案》(澄政办发〔2016〕54号)。

六十、9月18日,江阴市政府发《江阴市政府各部门责任清单》(澄政发〔2016〕55号)。

六十一、9月18日,江阴市政府办公室发《江阴市2016年政务公开工作要点》(澄政办发〔2016〕56号)。

六十二、9月19日,江阴市政府办公室发《关于调整江阴市市区国有土地上住宅房屋征收与补偿相关费用标准的通知》(澄政办发〔2016〕57号)。

六十三、10月12日,江阴市政府办公室发《关于进一步加强全市电梯安全工作的意见》(澄政办发〔2016〕58号)。

六十四、10月13日,江阴市政府发《关于表彰2016年江阴市科学技术进步奖的通知》(澄政发〔2016〕59号)。

六十五、10月13日,江阴市政府发《关于表彰2016年江阴市第四届专利奖的通知》(澄政发〔2016〕60号)。

六十六、10月14日,江阴市政府发《关于授予江苏华宏实业集团有限公司2016年度江阴市市长质量奖的决定》(澄政发〔2016〕63号)。

六十七、10月14日,江阴市政府发《关于成立江阴市城区房屋征收(拆迁)安置工作指挥部的通知》(澄政发〔2016〕64号)。

六十八、10月14日,江阴市政府发《关于聘任市政府法律顾问的决定》(澄政发〔2016〕65号)。

六十九、10月19日,江阴市政府办公室发《江阴市成品油市场集中专项整治工作方案》(澄政办发〔2016〕59号)。

七十、10月24日,江阴市政府办公室发《关于进一步加强镇(街道)政府性债务管理的意见》(澄政办发〔2016〕60号)。

七十一、10月27日,江阴市政府办公室发《江阴市创建国家农产品质量安全市实施方案》(澄政办发〔2016〕61号)。

七十二、10月31日,江阴市政府发《关于调整2016年度住房保障标准的通知》(澄政发〔2016〕68号)。

七十三、11月2日,江阴市政府办公室发《关于开展"119"消防宣传月活动的通知》(澄政办发〔2016〕62号)。

七十四、11月3日,江阴市政府办公室发《关于开展全市政府网站专项整治工作的通知》(澄政办发〔2016〕63号)。

七十五、11月9日,江阴市政府发《关于贯彻落实〈省政府关于机关事业单位工作人员养老保险制度改革的实施意见〉的通知》(澄政发〔2016〕69号)。

七十六、11月9日,江阴市政府办公室发《江阴市城镇低效产业用地再开发实施方案》(澄政办发〔2016〕65号)。

七十七、11月10日,江阴市政府发《关于公布第五批市级非物质文化遗产名录的通知》(澄政发〔2016〕70号)。

七十八、11月15日,江阴市政府发《关于进一步加强质量品牌建设促进产业强市的意见》(澄政发〔2016〕72号)。

七十九、11月16日,江阴市政府办公室发《关于印发建立2017年度无偿献血应急队伍的通知》(澄政办发〔2016〕66号)。

八十、11月18日,江阴市政府发《关于取消和新增一批行政审批等权力事项的通知》(澄政发〔2016〕74号)。

八十一、11月29日,江阴市政府发《关于贯彻〈进一步放宽户籍准入政策的意见〉的通知》(澄政发〔2016〕77号)。

八十二、11月29日,江阴市政府办公室发《关于分解下达2016年11、12月份能源消费总量控制目标的通知》(澄政办发〔2016〕69号)。

八十三、12月1日,江阴市政府办公室发《关于开展全市安全生产督查检查工作的通知》(澄政办发〔2016〕70号)。

八十四、12月5日,江阴市政府办公室发《关于切实做好当前和元旦春节前后安全生产工作的通知》(澄政办发〔2016〕71号)。

八十五、12月4日,江阴市政府办公室发《关于成立江阴市工程建设招投标协调小组的通知》(澄政办发〔2016〕72号)。

八十六、12月8日,江阴市政府发《2017年新型农村合作医疗制度实施意见》(澄政发〔2016〕80号)。

八十七、12月15日,江阴市政府办公室发《江阴市"十小"企业取缔整治工作实施方案》(澄政办发〔2016〕75号)。

八十八、12月15日,江阴市政府发《关于加强困境儿童分类保障工作的实施意见》(澄政发〔2016〕81号)。

八十九、12月15日,江阴市政府办公室发《江阴市临时救助实施办法》(澄政办发〔2016〕76号)。

九十、12月17日,江阴市政府办公室发《转发市史志办关于编纂2017版〈江阴年鉴〉意见的通知》(澄政办发〔2016〕78号)。

九十一、12月26日,江阴市政府发《江阴市建设健康城市行动计划(2016—2020)》(澄政发〔2016〕85号)。

九十二、12月26日,江阴市政府发《关于2017年春节期间市区有限制许可燃放烟花爆竹的公告》(澄政发〔2016〕86号)。

九十三、12月28日,江阴市政府办公室发《关于暂时停止全市活禽交易的通知》(澄政办发〔2016〕79号)。

(市政府办)

先进集体

(以时间为序)

全国条线表彰的先进集体一览

表95

时间(年.月.日)	单　位	荣　誉　称　号	授予机关(部门)
2015.11.10	江阴市疾病预防控制中心	实用新型专利(一种脊柱侧凸测量仪)	国家知识产权局
2015.12	江阴市华士实验中学	首批全国中小学知识产权教育试点学校	国家知识产权局办公室、教育部办公厅
	徐霞客镇峭岐村(社区)	全国综合减灾示范社区	国家减灾委员会、民政部
2016.1.26	璜土镇、华士镇、新桥镇、周庄镇、长泾镇、顾山镇	国家卫生县城(乡镇)	全国爱国卫生运动委员会
	江阴市	国家卫生城市(区)	
2016.2.4		全国科普示范县(市、区)	中国科协
2016.2.9	江阴市公安局信访办公室	全国公安信访窗口示范单位	公安部
2016.2	徐霞客镇政府	全国百城千村健身气功交流展示系列活动"展示奖"	国家体育总局健身气功管理中心
	江阴市香山书屋志愿服务队	最佳志愿服务组织	中央宣传部、中央组织部等
	新桥镇绿园社区	全国"基层科普行动计划"科普示范社区	中国科协
2016.3.8	江阴市公安局刑事科学技术室	全国示范刑事科学技术室	公安部
2016.3.18	江阴市公安局禁毒大队	2015年全国缉枪治爆专项行动成绩突出集体	
2016.3.27	江苏省江阴市第一中学	世界教育机器人大赛2016中国华东地区公开赛WER未来之翼特等奖、WER(RI)高中组二等奖	世界教育机器人大赛中国赛区组委会
2016.3	江阴市水产指导站	全国水产技术推广示范站	农业部全国水产技术推广示范站
2016.4.29	江苏省江阴中等专业学校团委	2015年度全国"五四红旗团委"	共青团中央

续表95

时间(年.月.日)	单位	荣誉称号	授予机关(部门)
2016.4	江阴市花园实验小学	全国第五届中小学生艺术展演活动一等奖	全国第五届中小学生艺术展演活动组委会
	中船澄西船舶修造有限公司科协	全国科技工作者状况调查优秀站点	中国科协
2016.5.20	江阴市	2011—2015全国法制宣传教育先进(市、区)	中宣部、司法部、全国普法办
2016.5.26	江阴市检察院未成年人检察科	对未成年人检察工作作出贡献集体	最高人民检察院政治部
2016.5	江阴市环保局	2016年环境执法大练兵县级表现突出集体	中华人民共和国环境保护部
2016.6.1	江苏阳光集团有限公司服装研发中心、海澜之家股份有限公司海澜之家商品中心	全国纺织工业先进集体	人力资源和社会保障部、中国纺织工业联合会
2016.6.7	江阴市公安局车辆管理服务中心	全国优秀县级车辆管理所	公安部
2016.6	新桥镇绿园社区	全国科普示范社区	中国科协、财政部
	江阴市南闸中心小学	全国学校体育工作示范校	教育部办公厅
2016.7	江阴职业技术学院	第十五届全国大学生机器人大赛(Robotac赛事)三等奖	共青团中央、全国学联
	江阴市公共交通公司	交通运输节能减排先进单位	中国交通企业管理协会
2016.8.16	江阴市法院	2016年度在司法新闻宣传工作中做出突出成绩的人民法院	最高人民法院
2016.8	江阴市检察院	2016年度检察宣传先进单位	最高人民检察院、检察日报社
	江阴职业技术学院	第九届全国舞龙舞狮锦标赛第一名	国家体育总局社体中心等
		第九届中国大学生舞龙舞狮锦标赛女子组第一名	中国大学生体育协会舞龙舞狮分会
2016.9.10	江阴市安全生产监督管理局	2016年全国"安全生产月"和"安全生产万里行"先进单位	国务院安全办
2016.9.12	江阴市	2015年度国家知识产权试点示范城市工作先进集体	国家知识产权局
2016.9	江阴市实验幼儿园	全国家园共育现代化示范幼儿园	全国关心下一代工作委员会
2016.10.8	江阴市公安局	全国公安机关执法示范单位	公安部
2016.11.18	江阴故乡情果业合作社	江阴经济林果星创天地	科学技术部
2016.11.20	江苏省江阴市第一中学	2016 WER WORLD CHAMPIONSHIPS WER2016赛季世界锦标赛微镜头(高中组)特等奖、积木机器人赛(高中组)一等奖、扩展任务(高中组)冠军	世界教育机器人学会
2016.11.23	江阴市卫生和计划生育委员会	中国家庭发展追踪调查成绩突出单位	国家卫生和计划生育委员会家庭司
2016.11.30	澄江街道城中社区	全国社区侨务工作明星社区	国务院侨务办公室
2016.11	江苏省江阴市第一中学	2016年"卓尔杯"全国中学生足球挑战赛文化创意赛文化创意设计类一等奖	共青团中央学校部等
	新桥镇总工会	安康杯竞赛先进单位	全国安康杯竞赛委员会
2016.12.1	江阴市渔政监督大队	2016年度长江、珠江流域禁渔期执法管理先进单位	长渔委、珠渔委

续表 95

时间（年.月.日）	单 位	荣 誉 称 号	授予机关(部门)
2016.12.27	江阴市	国家级妇幼健康优质服务示范县(市、区)	国家卫生和计划生育委员会办公厅
2016.12.30	江阴市陆桥卫生院	群众满意的乡镇卫生院	
2017.2	江阴市人武部	安全工作先进单位	中央军委国防动员部

江苏省条线表彰的先进集体一览

表 96

时间	单 位	荣 誉 称 号	授予机关(部门)
2015.3	徐霞客镇璜塘村(社区)	江苏省和谐社区建设示范社区	江苏省民政厅
2015.6	徐霞客镇红星村	江苏省民主法治示范村	江苏省依法治省领导小组
2015	江苏省江阴市第一中学	江苏省“省长杯”青少年校园足球联赛总决赛暨第十六届中学生足球锦标赛(传统学校组)第三名	江苏省学生体育协会等
2015—2017	新桥镇黄河社区	江苏省科普示范社区	江苏省科协
2016.1.10	无锡江阴市璜土镇社区教育中心	江苏省标准社区教育中心	江苏省教育厅
	江阴故乡情果业合作社	江苏省乡镇农科教结合示范基地	
2016.1.14	江阴市中医肝胆医院中医肝病疗法(肝胆疾病中医外治法)、江阴市中医院朱氏诊法(咽喉诊、脐腹诊)	第四批省级非物质文化遗产代表性项目名录	江苏省政府
	江阴市长寿医院周氏妇科疗法、江阴市中医骨伤医院正骨疗法(谢氏正骨疗法)	省级非物质文化遗产代表性项目名录扩展项目名录	
2016.1.20	江阴市公安局祝塘派出所	全省公安机关执法示范所队	江苏省公安厅
2016.1.29	江阴市司法局	2015 年度全省司法行政系统绩效评价优秀单位	江苏省司法厅
2016.1	江阴市周庄中学	江苏省绿色学校	江苏省环境保护厅
	江阴市青阳实验小学	2015 年度江苏新疆西藏青海少年儿童“手拉手”互助活动贡献奖	共青团江苏省委、江苏省少工委、中国邮政集团公司江苏省分公司
2016.2.3	江阴市交通事故纠纷人民调解委员会	江苏省人民调解委员会规范化示范点	江苏省司法厅
2016.2.4	江阴市政府办公室	2015 年度全省政务信息工作先进单位	江苏省政府办公厅
2016.2	江阴市信访局	2015 年度信访工作优秀单位	江苏省信访工作联席会议
	江阴市国土资源局	2014—2015 年度全省国土资源信访工作先进集体	江苏省国土资源厅
	祝塘中心幼儿园	江苏省青少年科技教育四星级先进集体	江苏省青少年科技教育协会
2016.3.5	江阴市行政事业中心	2015 年度省级节水型单位	江苏省水利厅、江苏省机关事务管理局、江苏省节约用水办公室
2016.3.13	江阴市	江苏省促进义务教育均衡发展先进县(市、区)	江苏省政府
2016.3	江阴市检察院预防科	江苏省三八红旗集团	江苏省妇女联合会
	徐霞客镇北渚村(社区)	江苏省和谐社区建设示范社区	江苏省民政厅
	江阴市晨光实验小学	江苏省健康促进学校金奖	江苏省卫生厅、江苏省教育厅

续表 96

时间	单　位	荣　誉　称　号	授予机关(部门)
2016.3	江阴市	江苏省促进义务教育均衡发展先进县(市、区)	江苏省政府
2016.3	江阴市教育局	江苏省促进义务教育均衡发展先进单位	江苏省政府
2016.3	江阴市公安局出入境管理大队出入境办证窗口	江苏省五一巾帼标兵岗	江苏省总工会
2016.4.8	江阴市	江苏省人口协调发展先进县(市、区)	江苏省政府办公厅
2016.4.29	江阴市人民医院心血管内科、江阴市人民医院神经外科、江阴市人民医院神经内科	江苏省级临床重点专科建设单位	江苏省卫生和计划生育委员会办公室
2016.4	江阴市	2015 年度江苏省土地执法先进县(市、区)	江苏省国土资源厅
2016.4	江阴市国土资源局	2015 年度推进依法行政工作先进单位	江苏省国土资源厅
2016.4	江阴市周庄中学	江苏省健康促进学校银奖	江苏省教育厅
2016.4	江阴市周庄职业高级中学 13 单招 1 班	江苏省先进班集体	江苏省教育厅、中国共产主义青年团江苏省委员会
2016.4	江阴市云亭中学	江苏省健康促进学校金奖	江苏省教育厅、江苏省卫生和计划生育委员会
2016.4	江阴市园林旅游管理局	全省风景园林工作先进单位	江苏省住建厅
2016.5.19	江阴水运口岸系统	2015 年度省文明口岸	江苏省口岸办公室
2016.5.19	江阴市口岸办公室	省共建文明口岸活动先进组织者	江苏省口岸办公室
2016.5.19	江阴海事局、江阴海关、江阴出入境检验检疫局、江阴边防检查站、长江引航中心江阴引航站、江阴华西化工码头有限公司、江苏江阴港港口集团股份有限公司	江苏省文明口岸先进单位	江苏省口岸办公室
2016.5.23	江阴市人民法院研究室	全省法院信息工作先进集体	江苏省高级人民法院
2016.5	江阴市文化馆	第五届江苏省服务农民服务基层文化建设先进集体	中共江苏省委宣传部、江苏省文化厅、江苏省新闻出版广电局
2016.5	江阴市文化市场综合执法大队	第五届江苏省服务农民服务基层文化建设先进集体	中共江苏省委宣传部、江苏省文化厅、江苏省新闻出版广电局
2016.5	江阴市云亭中学	十二五第四批江苏省科学教育特色学校	中共江苏省委宣传部、江苏省科学技术厅、江苏省科学技术协会、中国科学院南京分院
2016.6.27	江阴市公安局刑警大队	全省公安机关打击侵财犯罪质效提升年活动成绩突出集体	江苏省公安厅政治部
2016.6	江阴市	2014—2015 年连续两年度考核成绩优秀地区	江苏省国土资源厅
2016.6	江阴职业技术学院	2015 年江苏省教育工作先进集体	江苏省教育厅、江苏省委教育工委
2016.6	江阴市科学技术协会	江苏省科技工作者状况调查优秀站点	江苏省科协
2016.6	江阴市科学技术协会	江苏省科协实施“县级科协创新发展能力提升计划”优秀单位	江苏省科协
2016.6	江苏省南菁高级中学实验学校、江阴市城中实验小学、江阴市实验幼儿园、江阴市花园实验小学、江苏省江阴高级中学、江阴市璜土中学	江苏省教育工作先进集体	江苏省教育厅、中共江苏省委教育工委

续表 96

时间	单　位	荣　誉　称　号	授予机关(部门)
2016.7	江阴市第二中学	江苏省青少年校园足球联赛总决赛(2016"省长杯")高中女子组第一名、初中女子组第二名	江苏省青少年校园足球工作领导小组办公室、江苏省足球协会
	周庄镇、新桥镇	2015—2016 年度全省基层党员冬训工作示范乡(镇、街道)	中共江苏省委组织部、中共江苏省委宣传部
	江苏华西都市农业科技发展有限公司	江苏省级巾帼现代农业科技示范基地	江苏省妇女"双学双比"竞赛活动领导小组
	江阴市毗山湾酒店有限公司	江苏省级巾帼农家乐示范基地	
	顾山镇巾帼电商服务站、云亭街道巾帼电商服务站	江苏省级巾帼电商服务示范基地	
	江阴市三牛众创空间科技孵化器有限公司	江苏省级巾帼创业创新孵化基地	
2016.8.9	"法润暨阳"江阴市司法局微信公众号	2016 年度全省司法行政系统优秀微信公众号	江苏省司法厅
	江阴市司法局	2016 年度全省司法行政系统宣传工作先进集体	
	周庄镇	2011—2015 年全省普法工作先进单位	中共江苏省宣传部、江苏省法制宣传教育工作领导小组办公室、江苏省司法厅
2016.8	江阴市国土资源局	2014—2015 年度全省国土资源政务信息工作先进单位	江苏省国土资源厅
2016.9.9	江阴市城东社区卫生服务中心	江苏省首批优秀社区卫生服务中心	江苏省卫生和计划生育委员会办公室
2016.9.12	江阴市	全省法治建设示范县(市、区)	中共江苏省委、江苏省政府
2016.9.19	江阴市云亭社区卫生服务中心	全省免疫规划(预防接种)工作先进集体	江苏省卫生和计划生育委员会
2016.9	江阴市人民医院、江阴市中医院、海澜集团有限公司、江苏省江阴市烟草专卖局(分公司)、江苏江南水务股份有限公司、中国银行股份有限公司江阴支行、江阴市新桥镇康定社区、江阴市实验小学、江阴市顾山镇、江阴市璜土镇璜土村、江阴市周庄镇宗言村、江阴市长泾镇泾南村、江阴市顾山镇赤岸村、江阴市云亭街道佘城村、江阴市华士镇向阳村、江阴市长泾镇蒲市村、江阴市青阳镇悟空村、江阴海关、江阴市公安局、中共江阴市委党校、江苏省南菁高级中学、江阴市璜土镇	江苏省文明单位(社区、校园、乡镇、村)	江苏省精神文明建设指导委员会
	江阴市急救中心	江苏省第一届卫生应急院前急救技能大赛团体优胜奖	江苏省卫生和计划生育委员会应急办
2016.10.10	江阴市周庄法律服务所	2012—2015 年度江苏省优秀基层法律服务所	江苏省司法厅
	江阴市司法局、江阴市顾山镇司法所	全省社区矫正"严格执法、严格管理"集中政治活动先进集体	
2016.10.12	江阴市公安局经侦大队	全省公安机关猎狐 2015 专项行动成绩突出集体	江苏省公安厅政治部

续表96

时间	单　位	荣　誉　称　号	授予机关(部门)
2016.10	江阴市公共交通公司	2016长三角十大公共自行车推广典范城市	中国消费经济高层论坛组委会
	江阴市祝塘中心小学	江苏省健康促进学校银奖	江苏省卫生厅、江苏省教育厅
	江阴市妇联	江苏省平安家庭创建活动先进集体	江苏省妇联、江苏省维护妇女儿童合法权益联席会议暨"平安家庭"创建活动领导小组
	青阳镇旌秀社区	江苏省平安家庭创建活动示范社区(村)	
	江阴市婚姻家庭指导中心	江苏省十大维护妇女儿童权益示范岗	
2016.11.10	祝塘镇文林社区	全省侨务工作示范单位	江苏省政府侨务办公室
2016.11.14	江阴市护林防火指挥部办公室	2013—2016年度全省森林防火工作先进单位	江苏省森林防火指挥部
2016.11.15	江阴市城中社区卫生服务中心	江苏省中医药特色、社区卫生服务中心建设单位	江苏省卫生和计划生育委员会、江苏省中医药局
	江阴市文林卫生院	江苏省乡镇卫生院示范中医科建设项目	
2016.11.16	江阴市璜土镇启港苑	江苏省民主法治示范村	江苏省依法治省领导小组
2016.11.17	江阴市周庄职业高级中学"扬善"志愿者服务大队	江苏省职业学校第二批优秀学生社团	江苏省职教学会德育工作委员会
2016.11.28	澄江街道君山社区	江苏省科普示范社区	江苏省科协
2016.11.29	江阴市鹏程农业科技发展有限公司、江阴神美果蔬专业合作社	江苏省科普惠农服务站	
2016.11	江阴市祝塘中心小学	江苏省优秀红领巾小社团	江苏省少工委办公室、江苏省少年儿童研究会
	江苏省江阴市第一中学	第27届"国际科学与和平周"全国中小学生(江苏地区)金钥匙科技竞赛青少年科技教育先进学校(集体)	江苏省教育厅等
	江苏省南菁高级中学实验学校	江苏省优秀少年科学院	江苏省少工委办公室、江苏省少年儿童研究会
	江阴职业技术学院	2016年江苏省"省长杯"大学生足球联赛第四名	江苏省教育厅、江苏省体育局
		江苏省第二届高职高专院校学生足球技能比赛暨首届学生体能大赛(总决赛)一等奖	江苏省高职高专院校体育教学指导委员会
2016.12.2	江阴边防检查站执勤业务一科	全省边检"十佳文明服务队"	江苏省公安边防总队
	江阴市周庄镇三房巷世纪花苑村卫生室	江苏省示范村卫生室	江苏省卫生和计划生育委员会
2016.12.13	江阴市中医院针灸康复科	江苏省中医重点专科	江苏省中医药局
2016.12.15	江阴市检察院	江苏省第二批法治实践优秀案例提名奖	江苏省依法治省领导小组办公室
	江阴市公安局网安大队	全省公安机关G20峰会安保工作成绩突出集体	江苏省公安厅政治部
2016.12.19	江阴市政府侨务办公室	全省侨务工作示范单位	江苏省政府侨务办公室
2016.12.20	江阴市人民医院手术麻醉科、江阴市中医院心内科肾内科病区	江苏省卫生计生系统省级青年文明号	江苏省卫生和计划生育委员会、共青团江苏省委
2016.12.21	江阴市植保技术指导站	2016年全省农作物病虫害绿色防控工作先进集体	江苏省植物保护植物检疫站
	江阴市渔政监督大队	江苏省2016年度长江渔政执法先进单位	江苏省渔政监督总队

续表96

时间	单　位	荣　誉　称　号	授予机关(部门)
2016.12.26	江阴市公安局	2016年度省厅科技强警奖组织类	江苏省公安厅
	江阴应急指挥和社会联动系统	2016年度省厅科技强警奖基层技术革新类二等奖	
	江阴市	血吸虫病消除达标县(市、区)	江苏省政府血吸虫地方病防治领导小组
2016.12.28	江阴市安全生产监督管理局	全省非煤矿山及冶金等工贸行业安全生产先进集体	江苏省安监局
2016.12.29	江阴市华士镇司法所	全省司法行政系统安置帮教工作先进集体	江苏省司法厅
2016.12.30	江阴市法律援助中心	全省法律援助工作先进集体	
	江阴山水江南药用植物园科技有限公司	江苏省科普教育基地	江苏省科学技术协会、江苏省科学技术厅、江苏省教育厅
2016.12.31	江阴市中医院		
	江阴市君山寺	五星级宗教活动场所	江苏省宗教事务局
2016.12	江阴市澄江中心小学少先队大队	江苏省优秀少先队集体	共青团江苏省委、江苏省教育厅、江苏省少工委
	江阴市国土资源局	江苏省文明单位	江苏省文明委
	江阴市青阳实验小学校园网	2016年江苏省中小学优秀校园网站	江苏省教育信息化工作领导小组办公室
	江阴市云亭中学	第二批江苏省中小学心理健康教育特色学校	江苏省教育厅
	江苏省江阴市第一中学	2015年度江苏省青少年校园足球比赛高中男子足球传统校组一等奖	江苏省教育厅等
	江阴市国家税务局、江阴市国家税务局第四分局	2013—2015年度江苏省文明单位	江苏省精神文明建设指导委员会
	江阴市妇联	江苏省妇女儿童工作先进集体	江苏省政府妇女儿童工作委员会
2016	江阴市人民医院	江苏省级诚信计量示范医院	江苏省质量技术监督局
2017.1.5	江阴市公安局互联网站	2015年度全省公安优秀外网网站	江苏省公安厅
2017.1.8	江阴市公安局申港派出所	全省优秀公安派出所	
2017.1.9	中共江阴市委农村工作办公室	全省农村产权交易市场建设先进集体	中共江苏省委农村工作领导小组办公室、江苏省扶贫工作领导小组办公室
2017.1.11		全省农工办(扶贫办)系统先进集体	江苏省人力资源和社会保障厅、中共江苏省委农村工作领导小组办公室、江苏省扶贫工作领导小组办公室
2017.1.16	江阴市知识产权局(科学技术局)	2016年度知识产权工作先进集体	江苏省科学技术厅、江苏省知识产权局
		2016年度江苏省专利行政执法工作先进单位	江苏省知识产权局
	月城镇水韵社区、云亭街道金云社区、澄江街道花园社区、澄江街道澄康路社区、澄江街道立新社区、城东街道山观社区、青阳镇建义村、徐霞客镇皋岸村、华士镇华士村、周庄镇三房巷村、璜土镇花港苑村、祝塘镇河湘村、临港街道创新村、临港街道夏南村、南闸街道泗河村	江苏省和谐社区建设示范社区(村)	江苏省民政厅办公室

续表 96

时间	单 位	荣 誉 称 号	授予机关(部门)
2017.1.18	吴协恩家庭、张纪清家庭	江苏省文明家庭	江苏省文明委
2017.1.20	江阴边检站	2016 年度安全工作先进单位	江苏省公安边防总队
2017.1.23	江阴海关、江阴海关办公室、江阴海关缉私分局侦查科	2016 年度南京关区"四好"达标先进基层单位(科室)	南京海关
2017.1	江阴市水产指导站	2016 年度江苏省水产技术推广系统先进单位	江苏省渔业技术推广中心
	江阴市农林局	江苏省现代渔业建设先进集体	江苏省海洋与渔业局
	江阴市	2016 年江苏省县级体育工作先进单位	江苏省体育局
2017.2	江阴市植保技术指导站	全省"新农药、新技术"推广先进集体	江苏省植物保护植物检疫站
2017.3	江阴市委办公室	全省党委办公室(厅)研究室系统先进集体	江苏省人力资源和社会保障厅

无锡市级先进集体

一、无锡市信访局联席会议表彰的 2015 年度信访工作先进单位(2015 年 2 月)

江阴市信访局

二、中共无锡市委防范和处理邪教问题领导小组表彰的 2013—2014 年度无锡市无邪教创建示范社区(村)(2015 年 3 月)

徐霞客镇新须毛村

三、无锡市政府表彰的 2015 年全市利用外资先进单位(2016 年 4 月 16 日)

江阴市政府

四、无锡市政府表彰的 2015 年度全市境外投资先进单位(2016 年 4 月 16 日)

江阴市政府

五、中国人保财险无锡市分公司表彰的 2015 年度劳动竞赛"利润贡献奖"(2016 年 4 月)

中国人民财产保险股份有限公司江阴支公司

六、中国人保财险无锡市分公司团委、工会表彰的 2016 年五四青年演讲比赛优秀组织奖(2016 年 5 月)

中国人民财产保险股份有限公司江阴支公司

七、无锡军分区党委表彰的先进团级党委(2016 年 6 月)

江阴市人武部党委

八、中共无锡市委表彰的先进基层组织(2016 年 6 月)

江阴市信访局党支部　江阴市新桥镇党委　江阴市司法局党总支

九、无锡市总工会表彰的无锡市五一劳动奖状(2016 年 6 月)

江阴市信访局工会

十、中国人保财险无锡市分公司表彰的 2015 年度信息宣传工作先进单位(2016 年 8 月)

中国人民财产保险股份有限公司江阴支公司

十一、中共无锡市委、无锡市政府表彰的无锡市"六五"普法先进集体(2016 年 9 月 20 日)

江阴市澄江街道司法所　江阴市祝塘镇政府　江阴市顾山镇政府　江阴市月城镇司法所　江阴市徐霞客镇人民政府

十二、无锡市委、无锡市政府表彰的 2011—2015 年无锡市法治宣传教育先进集体(2016 年 9 月)

江阴海关

十三、无锡军分区表彰的国防教育授课竞赛优秀组织奖(2016 年 9 月)

江阴市人武部政工科

十四、中共无锡市委、无锡市政府表彰的 2011—2015 年全市法治宣传教育先进集体(2016 年 9 月)

江阴市国土资源局　江阴市教育局　江阴市人民检察院

十五、中共无锡市委、无锡市政府表彰的"六五"普法先进集体(2016 年 9 月)

江阴市国家税务局

十六、中国人保财险无锡市分公司表彰的“激情飞歌颂人保”职工歌咏比赛一等奖(2016 年 10 月)

中国人民财产保险股份有限公司江阴支公司

十七、中共无锡市委、无锡市政府、无锡军分区表彰的双拥先进单位(2016 年 11 月)

江阴市人武部政工科

十八、无锡市防治重大动物疫病指挥部办公室表彰的 2016 年度无锡市动物防疫工作先进集体(2016 年 12 月 30 日)

江阴市农林局

十九、中共无锡市委、无锡市政府表彰的 2012—2015 年度双拥先进单位(2016 年 12 月)

江阴职业技术学院

二十、中共无锡市委、无锡市政府表彰的无锡市文明村镇文明单位(社区、校园)(2017 年 1 月)

江阴市公安局　江阴市公安局璜土派出所　江阴市公安局月城派出所　江阴市公安局华士派出所　江阴市公安局交警大队周庄交警中队　江阴市公安局交警大队长泾交警中队　江阴市公安局指挥中心　江阴市公安局出入境管理大队　江阴市公安局车辆管理服务中心　江阴市公安局交警大队　江阴市青阳镇　江阴市璜土镇璜土村　江阴市华士镇向阳村　江阴市顾山镇赤岸村　江阴市长泾镇蒲市村　江阴市澄江街道办事处　江阴市机关事务管理局　中国人寿财产保险股份有限公司江阴市支公司　江阴市审计局　江阴市南闸街道办事处　江阴市澄江街道大桥社区　江阴市新桥镇绿园社区　江阴职业技术学院

二十一、无锡市精神文明建设指导委员会表彰的 2015—2016 年度无锡市群众满意镇(街道)行政(便民)服务中心(2017 年 1 月)

徐霞客镇便民服务中心

江阴市 2016 年度先进集体

一、镇街园区发展考核(12 项)

(一)综合奖项

(1)2016 年度绩效考核综合优胜单位(6 个)

一等奖:新桥镇

二等奖:澄江街道　祝塘镇

三等奖:周庄镇　徐霞客镇　长泾镇

(2)2016 年度绩效考核经济发展优胜单位(7 个)

一等奖:新桥镇

二等奖:华士镇　澄江街道

三等奖:周庄镇　祝塘镇　徐霞客镇

园区奖:高新区

(3)2016 年度绩效考核服务保障优胜单位(6 个)

一等奖:南闸街道

二等奖:新桥镇　澄江街道

三等奖:祝塘镇　顾山镇　周庄镇

(二)单项奖项

(4)2016 年度绩效考核经济核心指标优胜单位(7 个)

一等奖:华士镇

二等奖:新桥镇　周庄镇

三等奖:澄江街道　徐霞客镇　祝塘镇

园区奖:高新区

(5)2016 年度绩效考核文明创建优胜单位(6 个)

一等奖:澄江街道

二等奖:新桥镇　璜土镇

三等奖:华士镇　周庄镇　南闸街道

(6)2016 年度绩效考核财政收入优胜单位(6 个)

一等奖:新桥镇

二等奖:华士镇　祝塘镇

三等奖:澄江街道　徐霞客镇　青阳镇

(7)2016 年度绩效考核产业投入优胜单位(6 个)

一等奖:华士镇

二等奖:澄江街道　云亭街道

三等奖:月城镇　顾山镇　新桥镇

(8)2016 年度绩效考核招商引资优胜单位(7 个)

一等奖:新桥镇

二等奖:华士镇　周庄镇

三等奖:祝塘镇　长泾镇

园区奖:高新区　临港开发区

(9)2016 年度绩效考核拆迁安置优胜单位(6 个)

一等奖:澄江街道

二等奖:城东街道　临港街道

三等奖:南闸街道　月城镇　云亭街道

(10)2016 年度绩效考核生态文明优胜单位(6 个)

一等奖:新桥镇

二等奖:南闸街道　祝塘镇

三等奖:青阳镇　高新区　顾山镇

(11)2016 年度绩效考核科技与人才工作优胜单位(6 个)

一等奖:高新区

二等奖:周庄镇　云亭街道

三等奖:顾山镇　新桥镇　祝塘镇

(12)2016 年度绩效考核企业上市(挂牌)工作优胜单位(8 个)

澄江街道　临港开发区　青阳镇　长泾镇

祝塘镇　云亭街道　月城镇　金融办

二、先进集体(16 项)

(一)市级机关、垂直部门和金融单位

1. 2016 年度人民满意机关(10 个)

组织部　纪委(监察局)　政法委　宣传部

财政局　人社局　发改委　国土局

民政局　体育局

2. 2016 年度绩效考核优胜机关(20 个)

妇联　总工会　党校　农工办

统战部　编办　机关党工委　信访局

科技局　公安局　农林局　司法局

检察院　市场监督管理局　统计局　安监局

法院　文广新局　交通运输局

政务服务管理办

3. 2016 年度服务地方先进单位(15 个)

国税局　人民银行江阴市支行　供电公司　地税局

出入境检验检疫局　邮政局　江阴海关

江阴农商银行　建设银行江阴支行

江苏银行江阴支行　华夏银行江阴支行

无锡农商银行　人保财险江阴支公司

太平洋人寿江阴支公司

华西村商品合约交易中心

(二)企业和社会组织

4. 2016 年度百强明星企业(100 个)

(1)工业、建筑业企业(70 个)

江苏华西集团有限公司(华士镇)

海澜集团有限公司(新桥镇)

中信泰富特钢集团(兴澄特钢)(高新区)

江苏扬子江船业集团公司(靖江园区、澄江街道)

江苏利电能源集团(临港开发区)

法尔胜泓昇集团有限公司(高新区)

远景能源(江苏)有限公司(临港开发区)

江苏新长江实业集团有限公司(临港开发区、靖江园区)

江苏阳光集团有限公司(新桥镇)

双良集团有限公司(临港开发区)

江阴苏龙热电有限公司(临港开发区)

瀚宇博德科技(江阴)有限公司(高新区)

江阴天江药业有限公司(高新区)

江苏新潮科技集团有限公司(高新区)

江苏海达科技集团有限公司(华士镇)

江阴江东集团公司(周庄镇)

江苏利安达集团有限公司(高新区)

申达集团有限公司(临港开发区)

江苏三房巷集团有限公司(周庄镇)

江阴市九润管业有限公司(徐霞客镇)

江阴澄星实业集团有限公司(澄江街道)

海润光伏科技股份有限公司(徐霞客镇)

江苏江南水务股份有限公司(市属)

江阴新树工程塑料有限公司(高新区)

江阴模塑集团有限公司(周庄镇)

阿法拉伐(江阴)设备制造有限公司(徐霞客镇)

帝斯曼工程塑料(江苏)有限公司(高新区)

江苏华宏实业集团有限公司(周庄镇)

江苏吉鑫风能科技股份有限公司(云亭街道)

江苏富仁集团有限公司(澄江街道)

江阴热电有限公司(周庄镇)

江苏红柳床单有限公司(澄江街道)

江苏中印印务集团有限公司(澄江街道)

建滔电子材料(江阴)有限公司(临港开发区)

中石油江苏燃料沥青有限责任公司(高新区)

江阴宝柏包装有限公司(澄江街道)

江阴福汇纺织有限公司(高新区)

江苏倪家巷集团有限公司(周庄镇)

江苏振江新能源装备股份有限公司(临港开发区)

阿尔法(江阴)沥青有限公司(临港开发区)

江阴海达橡塑股份有限公司(周庄镇)

江苏云蝠服饰股份有限公司(顾山镇)

江阴信邦电子有限公司(高新区)

江苏爱康科技股份有限公司(华士镇)

中建材浚鑫科技股份有限公司(临港开发区)

威茨曼金属制品(江阴)有限公司(临港开发区)

江苏焱鑫科技集团有限公司(新桥镇)

江苏申利实业股份有限公司(高新区)

江阴市恒润环锻有限公司(祝塘镇)

江阴市创新气门嘴有限公司(华士镇)

江苏天华纱业集团(华士镇)

江苏向阳集团有限公司(华士镇)

江阴南泰家纺用品有限公司(临港开发区)

江苏苏利精细化工股份有限公司(临港开发区)

江苏恒泽复合材料科技有限公司(祝塘镇)

江苏东鋆光伏科技有限公司(华士镇)

江苏中基复合材料股份有限公司(临港开发区)

江阴鑫联金属制品有限公司(新桥镇)

江苏宝利国际投资股份有限公司(云亭街道)

江阴电工合金股份有限公司(周庄镇)

江阴中南重工集团有限公司(高新区)

江苏标榜装饰新材料股份有限公司(华士镇)

江苏紫米电子科技有限公司(高新区)

江苏省振新实业有限公司(新桥镇)

江阴江化微电子材料股份有限公司(周庄镇)

江苏嘉盛新材料有限公司(临港开发区)

江阴南方建设集团有限公司(澄江街道)

江苏新华发集团有限公司(临港开发区)

江苏海陆科技股份有限公司(澄江街道)

江苏精亚集团有限公司(新桥镇)
(2)服务业企业(30个)
江阴海澜之家供应链管理有限公司(新桥镇)
国网江苏省电力公司江阴市供电公司(市属)
植誉投资管理有限公司(高新区)
江苏江阴农村商业银行股份有限公司(市属)
华中融资租赁有限公司(高新区)
江苏华西房地产开发有限公司(华士镇)
江阴天力燃气有限公司(澄江街道、临港开发区)
江阴市长江房地产开发公司(临港开发区)
见龙国际贸易有限公司(高新区)
无锡市烟草公司江阴分公司(市属)
江阴市锡能实业有限公司(市属)
上海浦东发展银行股份有限公司江阴支行(市属)
江苏众网互联网有限公司(顾山镇)
江阴华地百货有限公司(澄江街道)
交通银行股份有限公司江阴支行(市属)
中国人民财产保险股份有限公司江阴支公司(市属)
江阴利锦热力有限公司(临港开发区)
中国建设银行股份有限公司江阴支行(市属)
江苏阳光置业发展有限公司(新桥镇)
江苏金一文化发展有限公司(临港开发区)
江阴海澜之家电子商务有限公司(新桥镇)
中国工商银行股份有限公司江阴支行(市属)
中国农业银行股份有限公司江阴分行(市属)
江苏长博集团有限公司(澄江街道)
中国银行股份有限公司江阴支行(市属)
江阴市长江钢管有限公司(临港开发区)
中国石化销售有限公司江苏江阴石油分公司(高新区)
江苏华新融资租赁有限公司(华士镇)
江苏华强房地产开发有限公司(长泾镇)
江阴泓腾置业有限公司(高新区)
5.2016年度上缴税金首次超10亿元企业(1个)
江阴海澜之家供应链管理有限公司(新桥镇)
6.2016年度上缴税金净增超亿元企业(9个)
海澜集团有限公司(新桥镇)
江苏华西集团有限公司(华士镇)
远景能源(江苏)有限公司(临港开发区)
江阴市九润管业有限公司(徐霞客镇)
江阴海澜之家供应链管理有限公司(新桥镇)
植誉投资管理有限公司(高新区)
华中融资租赁有限公司(高新区)
国网江苏省电力公司江阴市供电公司(市属)
江苏华西房地产开发有限公司(华士镇)
7.2016年度上缴税金超亿元企业(44个)
(1)工业企业(35个)
江苏华西集团有限公司(华士镇)
海澜集团有限公司(新桥镇)
中信泰富特钢集团(兴澄特钢)(高新区)
江苏扬子江船业集团公司(靖江园区、澄江街道)
江苏利电能源集团(临港开发区)
法尔胜泓昇集团有限公司(高新区)
远景能源(江苏)有限公司(临港开发区)
江苏新长江实业集团有限公司(临港开发区、靖江园区)
江苏阳光集团有限公司(新桥镇)
双良集团有限公司(临港开发区)
江阴苏龙热电有限公司(临港开发区)
瀚宇博德科技(江阴)有限公司(高新区)
江阴天江药业有限公司(高新区)
江苏新潮科技集团有限公司(高新区)
江苏海达科技集团有限公司(华士镇)
江阴江东集团公司(周庄镇)
江苏利安达集团有限公司(高新区)
申达集团有限公司(临港开发区)
江苏三房巷集团有限公司(周庄镇)
江阴市九润管业有限公司(徐霞客镇)
江阴澄星实业集团有限公司(澄江街道)
海润光伏科技股份有限公司(徐霞客镇)
江苏江南水务股份有限公司(市属)
江阴新树工程塑料有限公司(高新区)
江阴模塑集团有限公司(周庄镇)
阿法拉伐(江阴)设备制造有限公司(徐霞客镇)
帝斯曼工程塑料(江苏)有限公司(高新区)
江苏华宏实业集团有限公司(周庄镇)
江苏吉鑫风能科技股份有限公司(云亭街道)
江苏富仁集团有限公司(澄江街道)
江阴热电有限公司(周庄镇)
江苏红柳床单有限公司(澄江街道)
江苏中印印务集团有限公司(澄江街道)
建滔电子材料(江阴)有限公司(临港开发区)
中石油江苏燃料沥青有限责任公司(高新区)
(2)服务业企业(9个)
江阴海澜之家供应链管理有限公司(新桥镇)
国网江苏省电力公司江阴市供电公司(市属)
植誉投资管理有限公司(高新区)
江苏江阴农村商业银行股份有限公司(市属)
华中融资租赁有限公司(高新区)
江苏华西房地产开发有限公司(华士镇)
江阴天力燃气有限公司(澄江街道、临港开发区)
江阴市长江房地产开发公司(临港开发区)
见龙国际贸易有限公司(高新区)
8.2016年度先进市场(5个)
江阴长江港口物流园区交易中心(临港开发区)
江阴沿江石化市场(临港开发区)

江苏华东石化物资交易市场(临港开发区)
江苏长阳金属材料市场(靖江园区)
江阴市贯庄金属材料市场(澄江街道)
9. 2016 年度十佳科技创新型企业(10 个)
中信泰富特钢集团(兴澄特钢)(高新区)
法尔胜泓昇集团有限公司(高新区)
江苏长电科技股份有限公司(高新区)
江苏新扬子造船有限公司(靖江园区、澄江街道)
双良节能系统股份有限公司(临港开发区)
远景能源(江苏)有限公司(临港开发区)
江苏华宏科技股份有限公司(周庄镇)
江苏怡达化学股份有限公司(临港开发区)
江苏恒泽复合材料科技有限公司(祝塘镇)
江阴芗菲服饰有限公司(顾山镇)
10. 2016 年度十佳节能减排先进企业(10 个)
江苏华西集团有限公司(华士镇)
江苏利电能源集团(临港开发区)
江阴热电有限公司(周庄镇)
江阴福汇纺织有限公司(高新区)
江苏申利实业股份有限公司(高新区)
中信泰富特钢集团(兴澄特钢)(高新区)
江阴苏龙热电有限公司(临港开发区)
江苏长电科技股份有限公司(高新区)
江阴市华宏化纤有限公司(周庄镇)
双良集团有限公司(临港开发区)
11. 2016 年度十佳诚信企业(10 个)
(1)工业企业(7 个)
江苏华西集团有限公司(华士镇)
江苏扬子江船业集团公司(靖江园区、澄江街道)
海澜集团有限公司(新桥镇)
法尔胜泓昇集团有限公司(高新区)
中信泰富特钢集团(兴澄特钢)(高新区)
江苏阳光集团有限公司(新桥镇)
远景能源(江苏)有限公司(临港开发区)
(2)服务业企业(3 个)
江阴天力燃气有限公司(澄江街道、临港开发区)
中国移动通信集团江苏有限公司江阴分公司(市属)
江阴市飞达出租汽车有限公司(澄江街道)
12. 2016 年度十佳热心慈善企业(10 个)
江苏华西集团有限公司(华士镇)
江苏三房巷集团有限公司(周庄镇)
法尔胜泓昇集团有限公司(高新区)
江苏阳光股份有限公司(新桥镇)
中信泰富特钢集团(兴澄特钢)(高新区)
江阴澄星实业集团有限公司(澄江街道)
海澜集团有限公司(新桥镇)
江苏华宏实业集团有限公司(周庄镇)
江苏新长江实业集团有限公司(临港开发区、靖江园区)
江阴新国联投资发展有限公司(市属)
13. 2016 年度十佳外贸企业(10 个)
双良集团有限公司(临港开发区)
江苏阳光集团有限公司(新桥镇)
江阴澄星实业集团有限公司(澄江街道)
东国制钢(中国)有限公司(临港开发区)
江苏红柳床单有限公司(澄江街道)
江苏新潮科技集团有限公司(高新区)
江苏爱康科技股份有限公司(华士镇)
江阴福汇纺织有限公司(高新区)
江阴信邦电子有限公司(高新区)
中建材浚鑫科技股份有限公司(临港开发区)
14. 2016 年度十佳外商投资企业(10 个)
中信泰富特钢集团(兴澄特钢)(高新区)
江苏扬子江船业集团公司(靖江园区、澄江街道)
江苏利电能源集团(临港开发区)
远景能源(江苏)有限公司(临港开发区)
中国贝卡尔特钢帘线有限公司(高新区)
瀚宇博德科技(江阴)有限公司(高新区)
见龙国际贸易有限公司(高新区)
华中融资租赁有限公司(高新区)
帝斯曼工程塑料(江苏)有限公司(高新区)
阿法拉伐(江阴)设备制造有限公司(徐霞客镇)
15. 2016 年度十佳社会组织(10 个)
江阴市老年人体育协会
江阴市女企业家协会
江阴市装饰装修行业协会
江苏元林慈善基金会
江苏新潮仁爱基金会
江阴市癌症康复协会
江阴市天华艺术学校
江阴市香山书屋
江阴市远景教育培训中心
江阴市金钥匙儿童启智教育中心
(三)社区
16. 2016 年度十佳和谐文明社区(10 个)
城中社区(澄江街道)　立新社区(澄江街道)
北大街社区(澄江街道)　普惠苑社区(澄江街道)
杨市社区(城东街道)　夏港社区(临港街道)
璜土社区(璜土镇)　华士社区(华士镇)
泾南社区(长泾镇)　顾山社区(顾山镇)

■类目编辑　杨佳杰

经济社会发展统计资料

一、综合

2016 年江阴市社会经济主要指标一览

表 97

指　标	单位	2016 年	比上年增减(%)	指　标	单位	2016 年	比上年增减(%)
户籍人口	万人	124.80	0.6	金融业年末存款余额	亿元	3624.54	16.9
全社会从业人数	万人	98.99	-0.8	其中:居民储蓄存款余额		1090.98	5.5
地区生产总值	亿元	3083.26	7.4	金融业年末贷款余额	亿元	2751.37	10.7
全社会粮食总产量	吨	144929	-17.88	保费收入	亿元	61.05	22.6
油料作物总产量	吨	2654	-5.04	赔款支出	亿元	13.69	2.3
水产品总产量	吨	27034	0.47	证券交易量	亿元	8308.05	-44.2
生猪全年出栏数	万头	32.20	3.2	各类学校在校学生数	人	168432	1.7
货物运输量	万吨	4119	2.4	各类学校专任教师数	人	14365	0.3
旅客发送量	万人	6922	-2.8	各类卫生机构医疗床位数	张	8080	3.2
邮电业务总收入	亿元	29.00	4.1	卫生技术人员人数	人	9405	4.8
全社会用电量	万千瓦时	2449261	4.0	公共图书藏书量	万册	252.7	4.9
江南水务股份有限公司供水量	万立方米	26916	5.3	城镇非私营单位在岗职工平均人数	人	224733	-9.1
固定资产投资额	亿元	1133.03	0.4	城镇非私营单位在岗职工年平均工资	元	75620	5.8
其中:工业投资		493.72	-4.1	城镇居民人均可支配收入	元	54631	7.7
社会消费品零售总额	亿元	776.05	10.1	农村居民人均可支配收入	元	28181	8.3
进出口总额	亿美元	199.93	-2.1	城乡居民人均储蓄存款余额	元	87664	4.8
其中:自营出口额		119.75	-3.9	人均地区生产总值(按户籍人口)	元	247751	6.3
一般公共预算收入	亿元	229.91	5.0	人均一般公共预算收入(按户籍人口)	元	18474	4.4
一般公共预算支出	亿元	226.26	10.2	人均社会消费品零售额(按户籍人口)	元	62358	9.4

2016 年江阴市地区生产总值及构成一览

表 98　　单位:亿元

指　标	2016 年	比上年增减(%)(不变价)	指　标	2016 年	比上年增减(%)(不变价)
地区生产总值	3083.26	7.4	批发和零售业	480.11	3.6
第一产业	44.34	-2.9	住宿和餐饮业	67.90	5.4
第二产业	1680.99	7.1	金融业	159.66	26.3
工业	1612.25	7.4	房地产业	135.04	13.0
建筑业	69.12	0.5	农林牧渔服务业	8.58	-0.3
第三产业	1357.93	8.3	金属制品、机械和设备修理业	0.38	17.7
交通运输、仓储和邮政业	70.60	2.2	其他服务业	435.67	8.7

2016 年与 2015 年江阴市总户数和总人口数比较一览

表 99　　单位:万人

年份	户籍总户数(万户)	户籍总人口	按性别分		按农业、非农业分		人口密度(人/平方千米)
			男	女	农业人口	非农业人口	
2016	37.32	124.80	61.95	62.85	63.54	61.26	1265
2015	37.12	124.10	61.70	62.40	64.81	59.29	1257

2016 年与 2015 年江阴市人口变动情况比较一览

表 100　　单位:人

年份	年户籍平均人口(万人)	自然变动						机械变动	
		出生人数	出生率(‰)	死亡人数	死亡率(‰)	自然增长人数	自然增长率(‰)	迁入人数	迁出人数
2016	124.45	11617	9.36	8079	6.51	3538	2.85	7367	3707
2015	123.66	11306	9.14	8765	7.09	2541	2.05	9534	2662

2016 年与 2015 年江阴市计划生育情况比较一览

表 101

年份	晚婚率(%)	节育措施落实率(%)	计划生育率(%)	一孩率(%)	独生子女领证率(%)
2016	78	98.99	99.95	58.83	22.04
2015	75.77	98.90	99.71	66.58	24.19

二、农村和农业

2016 年江阴市农村基本情况一览

表 102

指　标	单　位	年末实有数	指　标	单　位	年末实有数
(一)农村组织情况			油料	千公顷	1.08
镇	个	10	其他农作物	千公顷	16.35
街道办事处	个	5	其中:蔬菜	千公顷	13.16
村民委员会	个	200	(三)农业机械总动力	千瓦	256261
居民委员会	个	55	1. 柴油机	千瓦	112944
(二)农作物总播种面积	千公顷	40.15	2. 汽油机	千瓦	20109
粮食作物	千公顷	22.72	3. 电动机	千瓦	123208

2016 年江阴市主要农副业产品产量一览

表 103

产品名称	单　位	产　量	产品名称	单　位	产　量
粮食总产量	吨	144929	猪肉	吨	27600
其中:稻谷	吨	96930	牛肉	吨	—
小麦	吨	42041	羊肉	吨	60
油料	吨	2654	牛奶	吨	22253
茶叶	吨	4	禽蛋	吨	7141
水果	吨	75028	蜂蜜	吨	34
食用菌	吨	3914	淡水产品产量	吨	27034
生猪全年出栏	万头	32.20	其中:养殖产量	吨	25755
家禽全年出栏	万羽	722			

2016 年江阴市农村集体经济收益分配一览

表 104　　　　单位：万元

指　标	2016 年	2015 年	比 2015 年增减(%)	指　标	2016 年	2015 年	比 2015 年增减(%)
一、总收入	312608	310742	0.6	3.其他支出	84215	99265	-15.2
1.经营收入	95552	101057	-5.5	三、本年收益	135746	126258	7.5
2.发包及上交收入	132683	107329	23.6	四、年初未分配收益	60383	55807	8.2
3.投资收益	3990	5384	-25.9	五、其他转入	2588	2440	6.1
4.补助收入	24985	27639	-9.6	六、可分配收益	198718	184505	7.7
5.其他收入	55398	69333	-20.1	1.提取公积金、公益金	53446	50569	5.7
二、总支出	176861	184483	-4.1	2.提取应付福利费	6202	4395	41.1
1.经营支出	36296	36138	0.4	3.外来投资分利	12000	11000	9.1
2.管理费用	56350	49081	14.8	4.农户分配	36876	32025	15.2
其中：(1)干部报酬	21340	20440	4.4	5.其他分配	12862	6561	96.0
(2)报刊费	835	910	-8.2	七、年末未分配收益	77331	79955	-3.3

三、工业和固定资产投资

2016 年江阴市规模以上工业企业单位数及从业人员平均人数一览

表 105

指　标	工业企业单位数(个)		2016 年从事工业生产活动平均人数(万人)
	2016 年	比上年增减(%)	
合计	1344	-3.9	42.45
按轻重工业分			
其中：轻工业	565	-1.7	17.01
重工业	779	-5.5	25.44
按规模类型分			
其中：大型企业	50	8.7	21.03
中型企业	169	-10.6	8.28
小微企业	1125	-3.4	13.14
按经济类型分			
1.国有企业	1	—	0.18
2.集体企业	11	-8.3	3.38
3.股份合作企业	3	—	0.04
4.股份有限公司	1072	-2.9	30.01
5.外商和港澳台商投资企业	245	-7.2	8.69
6.私营企业	994	-3.7	24.26

2016年江阴市规模以上工业生产主要产品产量一览

表106

产品名称	单位	产量	产品名称	单位	产量
发电量	万千瓦时	3003840	合成纤维	吨	2296436
粗钢	吨	11073089	印染布	万米	44430
成品钢材	吨	17591200	化学纤维	吨	3295135
生铁	吨	7732233	机制纸及纸板	吨	126963
化学农药	吨	20384	塑料制品	吨	1068973
集成电路	万块	2686966	服装	万件	38409
半导体分立器材	万只	8375436	呢绒	吨	10854
水泥	吨	3680741	工业锅炉	蒸吨	341
纱	吨	490038	铜材	吨	96757
布	万米	53627	石油沥青	吨	1050002

2016年江阴市固定资产投资完成情况一览

表107　　单位:万元

指标	金额	指标	金额
全社会固定资产投资总额	11330316	1. 农林牧渔业	55500
其中:民营投资	7355435	2. 制造业	4732600
其中:私个投资	5130877	3. 电力、燃气及水的生产和供应业	204631
(一)按产业分		4. 建筑业	16850
1. 第一产业	55500	5. 批发和零售业	24991
2. 第二产业	4954081	6. 交通运输、仓储和邮政业	625186
其中:工业	4937231	7. 住宿和餐饮业	244837
3. 第三产业	6320735	8. 信息传输、软件和信息技术服务业	3000
(二)按报表种类分		9. 房地产业	149535
1. 项目投资	8519331	10. 租赁和商务服务业	139215
2. 房地产开发投资	2810985	11. 科学研究和技术服务业	134423
(三)按性质分(不含房地产开发投资)		12. 水利、环境和公共设施管理业	2036313
1. 新建	2925180	13. 居民服务和其他服务业	9870
2. 扩建	2600792	14. 教育	107845
3. 改建和技术改造	2699680	15. 卫生和社会工作	25075
4. 迁建	57771	16. 文化、体育与娱乐业	5400
5. 单纯购置	235908	17. 公共管理、社会保障和社会组织	4060
(四)按国民经济行业分(不含房地产开发投资)			

四、商贸、外经

2016 年与 2015 年江阴市社会消费品零售总额比较一览

表 108　　单位：万元

指 标	2016 年	2015 年	比 2015 年增减（%）	指 标	2016 年	2015 年	比 2015 年增减（%）
社会消费品零售总额	7760544	7051630	10.1	1. 批发和零售业	7304581	6649416	9.9
（一）按销售地区分				2. 住宿和餐饮业	455963	402214	13.4
1. 城镇	5656136	5122375	10.4	（三）按规模分			
2. 农村	2104408	1929256	9.1	1. 限额以上	2334478	2180425	7.1
（二）按行业分				2. 限额以下和个体	5426066	4871205	11.4

2016 年与 2015 年江阴市外向型经济综合指标比较一览

表 109

指 标	单 位	2016 年	2015 年	比 2015 年增减（%）
（一）进出口总额	万美元	1999335	2041596	-2.1
（二）自营出口总额	万美元	1197542	1245458	-3.9
1. 外贸专业企业	万美元	238139	234900	1.4
2. 自营生产企业	万美元	463619	483445	-4.1
3. 外商投资企业	万美元	490490	522816	-6.2
（三）进口总额	万美元	801794	796139	0.7
（四）新批外资项目	项	31	45	-31.3
其中：超千万美元项目	项	15	21	-28.6
（五）工商登记协议注册外资	万美元	78806	332547	-76.3
（六）到位注册外资	万美元	105509	101102	4.4
（七）服务外包业务合同总额	万美元	200511	175301	14.4
（八）服务外包业务执行总额	万美元	162818	155845	4.5
（九）新批境外投资项目	项	36	32	12.5
（十）新批境外投资项目中方投资额	万美元	80008	68049	17.6

五、财政、银行、保险

2016 年江阴市财政、银行、保险一览

表 110　　单位：万元

指 标	金 额	指 标	金 额
（一）财政（预算内）		保障住房支出	67130
1. 一般公共预算收入合计	2299056	粮油物资储备支出	4089
其中：税收收入	1912035	其他支出	1771
2. 一般公共预算支出合计	2262583	债务付息支出	10149
其中：一般公共服务支出	163728	债务发行费用支出	310

续表 110

指　标	金　额	指　标	金　额
国防支出	6402	(二)银行	
公共安全支出	134746	1. 银行机构人民币存款余额	35093970
教育支出	374108	其中:城乡居民储蓄存款余额	10797164
科学技术支出	68807	2. 银行机构人民币贷款余额	26899080
文化体育与传媒支出	24816	其中:短期贷款	13907994
社会保障和就业支出	279750	中长期贷款	10829474
医疗卫生与计划生育支出	111534	3. 银行机构外币存款余额(万美元)	165986
节能环保支出	90249	其中:城乡居民储蓄存款余额(万美元)	16233
城乡社区支出	493608	4. 银行机构外币贷款余额(万美元)	88606
农林水支出	115336	(三)保险	
交通运输支出	104821	1. 保费收入	610530
资源勘探、电力、信息等支出	132859	其中:财产险收入	211016
商业、服务业等支出	55477	人寿险收入	399514
金融监管支出	1014	2. 赔款支出	136904
援助其他地区支出	12007	其中:财产险赔款支出	122715
国土海洋气象等支出	9872	人寿险赔款支出	14189

六、交通、邮电、电力、城建

2016 年与 2015 年江阴市交通、邮电情况比较一览

表 111

指　标	单　位	2016 年	2015 年	指　标	单　位	2016 年	2015 年
(一)交通				邮路总长度	千米	877	495
公路通车里程	千米	2327.66	2363.8	特快专递	万件	247	—
公路桥梁	座	831	827	集邮业务	万枚	268	295
内河航道通航里程	千米	373.14	394.55	邮政储蓄年平均余额	万元	697038	595272
旅客发送量	万人	6922	7119	邮政储蓄点	个	28	28
旅客周转量	万人千米	145539	155533	本地电话交换设备容量	万门	34	39
公路货运量	万吨	2947	2833	全市电话用户合计	万户	36.09	40.77
公路货运周转量	万吨千米	330528	317745	其中:住宅电话	万户	21.06	24.22
水路货运量	万吨	1172	1188	1. 城市固定电话用户	万户	16.26	17.44
水路货运周转量	万吨千米	1721646	1638740	其中:住宅电话	万户	8.17	8.78
港口货物吞吐量	万吨	13197	12602	2. 农村固定电话用户	万户	19.83	23.33
港口集装箱运量	标箱	476494	457352	其中:住宅电话	万户	12.89	15.44
(二)邮电				3. 公用电话用户	万户	1.91	2.94
邮政局、所合计	个	32	33	互联网用户	万户	61.04	52.1
其中:设在农村	个	28	28	在网手机用户总量	万户	223.68	226.14

2016 年江阴市供电用电情况一览

表 112　　　　单位:万千瓦时

指　标	2016 年	比上年增减(%)	指　标	2016 年	比上年增减(%)
(一)发购电量总计	2555985	8.0	黑色金属冶炼及压延加工业	412085	3.2
(二)全社会用电量	2449261	4.0	非金属矿物制品业	38298	-1.5
1. 农林牧渔业	6093	17.4	金属制品业	273570	2.8
其中:排灌	1535	17.2	通用及专用设备制造业	122329	5.3
2. 工业	2144080	2.9	3. 建筑业	6023	-26.2
其中:轻工业	740327	0.4	4. 交通运输、仓储和邮政业	16124	10.5
重工业	1403753	4.2	5. 商业、住宿和餐饮业	49731	8.2
其中:纺织业	466209	1.1	6. 其他行业	81469	13.7
化学原料及化学制品制造业	99705	19.2	7. 城乡居民生活用电	145741	15.9

2016 年江阴市城市建设情况一览

表 113

指　标	单　位	数　量	指　标	单　位	数　量
城市面积	平方千米	198	天然气供气总量	万立方米	55534
城市建成区面积	平方千米	125	其中:家庭用	万立方米	4452
城市户籍人口	万人	37.47	用气户数	户	121329
城市人口密度	人/平方千米	1892	燃气普及率	%	100
城市建成区绿地率	%	39.47	污水处理率	%	96.30
城市建成区绿化覆盖率	%	42.86	市政道路长度	千米	440
城市自来水年供水总量	万立方米	6992.27	市政道路面积	万平方米	993
城市自来水年售水总量	万立方米	6189.04	人均市政道路面积	平方米	26.51
用水户数	户	149036	市政桥梁	座	96
人均日生活用水量	升	182.90	防洪堤长度	千米	4
用水普及率	%	100	绿化覆盖面积(城区)	公顷	5580
城市液化气供气总量	万吨	0.40	绿地面积(城区)	公顷	5010
其中:家庭用	万吨	0.13	公园面积	公顷	547.56
用气户数	户	17125	人均公园绿地面积	平方米	14.61

七、科、教、文、卫

2016 年江阴市各类科技机构、科技人员情况一览

表 114

指　标	单　位	数　量	指　标	单　位	数　量
(一)科技团体、机构总计	个	546	其中:高级	人	7268
1. 市级学会、协会	个	35	中级	人	27224
2. 科技服务中心	个	1	初级(助、员)	人	42927
3. 企业科协	个	102	未评	人	61027

续表114

指　标	单　位	数　量	指　标	单　位	数　量
4.镇(街道)科协	个	15	2.乡镇科技人员	人	18825
5.农村专业技术研究会	个	3	其中:高级	人	255
6.工程技术研究中心	个	390	中级	人	2649
(二)科技人员总计	人	160061	初级(助、员)	人	15921
1.国家科技人员(在职)	人	138446	(三)政工专业职称人员	人	2790

2016—2017 学年江阴市各级各类学校基本情况一览

表115

指　标	学校数(所)	在校学生数(人)	专任教师(人)	指　标	学校数(所)	在校学生数(人)	专任教师(人)
(一)中小学				(二)中等专业学校	4	4370	805
1.普通中学	48	56348	5545	(三)普通高校	1	5315	359
其中:初中	36	39780	3619	(四)技工学校	2	4953	105
高中	12	16568	1926	(五)成人教育	80	173013	611
2.职业学校	2	3874	144	成人技术培训学校	80	173013	611
3.小学	41	93334	4670	(六)幼儿园	68	42860	2678
4.特殊教育	1	238	59				

2016 年江阴市文化、广播、电视基本情况一览

表116

指　标	单　位	数　量	指　标	单　位	数　量
(一)影剧管理机构	个	1	(七)营业性舞厅、歌厅	个	123
(二)影剧院	个	18	(八)营业性书场	个	3
(三)电影放映单位	个	18	(九)市图书馆、文化馆	个	2
放映场次	场	146092	(十)工人文化宫、少年宫	个	2
观众人数	万人	286.4	(十一)市博物馆	个	1
放映收入	万元	9137.1	(十二)镇级文化服务中心	个	15
发行收入	万元	88.7	(十三)公共图书藏书量	万册	252.7
(四)接待剧团演出	场	32	(十四)纪念馆	个	13
演出收入	万元	300	(十五)文物保护单位	个	97
(五)市锡剧团演出	场	201	国家级	个	7
观众人数	万人	41	省级	个	7
演出收入	万元	513.5	市级	个	83
(六)市评弹团演出	场	1300	(十六)江阴报社	个	1
观众人数	万人	20.8	(十七)市电视台	个	1
演出收入	万元	25	(十八)市广播电台	个	1

2016 年江阴市卫生事业基本情况一览

表 117

指　标	机构数（个）	床位数（张）	年末人员数（人）	卫生技术人员	执业（助理）医师	注册护士	管理人员
全市总计	584	8080	11722	9405	3702	3847	427
（一）医院合计	35	7665	8111	6823	2475	3152	280
1. 综合医院	23	5687	6110	5250	1875	2473	171
2. 中医院	4	1098	1401	1209	500	497	64
3. 专科医院	5	310	419	288	82	140	38
口腔医院	1	15	48	28	10	18	6
眼科医院	1	65	112	46	15	28	21
耳鼻喉科医院	1	50	60	48	16	25	3
妇产（科）医院	1	30	80	63	18	39	6
康复医院	1	150	119	103	23	30	2
4. 护理院	3	570	181	76	18	42	7
（二）社区卫生服务中心（站）	85	95	656	562	173	112	10
1. 社区卫生服务中心	7	95	342	281	105	93	10
2. 社区卫生服务站	78	0	314	281	68	19	0
（三）卫生院	10	300	570	471	194	157	20
（四）村卫生室	122	0	527	184	164	20	0
（五）门诊部	41	0	551	388	180	141	14
（六）诊所、卫生所、医务室	266	0	698	623	377	183	0
1. 诊所	198	0	590	521	314	161	0
2. 卫生所、医务室	68	0	108	102	63	22	0
（七）疾病预防控制中心	1	0	127	107	69	14	1
（八）专科疾病防治院（所、站）	1	0	28	25	11	7	0
（九）健康教育所（站、中心）	1	0	31	7	0	4	6
（十）妇幼保健院（所、站）	2	20	119	81	44	20	1
（十一）急救中心（站）	1	0	76	23	5	12	5
（十二）采供血机构	1	0	59	44	6	19	3
（十三）卫生监督所（中心）	1	0	56	56	0	0	0
（十四）计划生育技术服务机构	15	0	90	11	4	6	72
（十五）其他卫生机构	2	0	23	0	0	0	15

八、人民生活

2016 年江阴市人民生活一览

表 118

指　标	单　位	数　量	指　标	单　位	数　量
(一)农村住户家庭基本情况			(二)城镇居民家庭基本情况		
1. 调查户数	户	87	1. 调查户数	户	120
2. 家庭常住人口	人	262	2. 家庭常住人口	人	409
3. 家庭就业人口	人	216	3. 家庭就业人口	人	312
4. 负担系数	人	1.21	4. 负担系数	人	1.31
5. 农村居民人均可支配收入	元	28181	5. 人均年可支配收入	元	54631
6. 农村居民人均生活消费支出	元	18791	6. 人均年生活消费支出	元	28775
7. 每百户耐用消费品拥有量			7. 每百户耐用消费品拥有量		
微波炉	台	76	微波炉	台	92
热水器	台	85	热水器	台	102
组合音响	台	20	组合音响	台	9
洗衣机	台	86	洗衣机	台	109
电冰箱	台	91	电冰箱	台	112
彩色电视机	台	163	彩色电视机	台	206
照相机/摄像机	架	36	照相机/摄像机	架	49
摩托车	辆	39	摩托车	辆	30
空调器	台	186	空调器	台	260
电话机	部	82	电话机	部	91
移动电话	部	212	移动电话	部	269
家用计算机	台	91	家用计算机	台	106
助力车	辆	107	助力车	辆	126
家用汽车	辆	49	家用汽车	辆	88

九、经济发展排行榜

2016 年江阴市开票销售收入前 30 名村(社区)一览

表 119　　单位:万元

名　次	单　位　名　称	实　绩	名　次	单　位　名　称	实　绩
1	华士镇华西新市村	4600981	9	周庄镇周庄村	830403
2	周庄镇三房巷村	3825268	10	周庄镇倪家巷村	768887
3	临港街道长江村	2016436	11	华士镇龙河村	716728
4	临港街道陈墅社区	1880357	12	南闸街道观山村	610760
5	周庄镇华宏村	1857229	13	华士镇陆丰村	545691
6	璜土镇花港苑村	1675573	14	城东街道金童村	540113
7	临港街道创新村	1321821	15	城东街道东新村	532369
8	徐霞客镇任九房村	1025450	16	华士镇曙新村	517982

续表 119

名　次	单 位 名 称	实　绩	名　次	单 位 名 称	实　绩
17	周庄镇周西村	483317	24	徐霞客镇璜塘村	410668
18	临港街道三联村	478090	25	临港街道申西村	394362
19	祝塘镇永昌村	474727	26	祝塘镇建南村	385814
20	周庄镇长乐村	471627	27	顾山镇泗东村	347545
21	周庄镇宗言村	465197	28	祝塘镇文林村	317989
22	华士镇勤丰村	427705	29	祝塘镇金庄村	314764
23	长泾镇花园村	411920	30	华士镇龙砂村	295738

2016 年江阴市开票销售收入前 50 名工业企业一览

表 120

名　次	单 位 名 称	名　次	单 位 名 称
1	海澜集团有限公司	26	阿尔法(江阴)沥青有限公司
2	江苏三房巷集团有限公司	27	江苏福尔泰铜铝集团
3	江阴澄星实业集团有限公司	28	江苏嘉盛新材料有限公司
4	江苏华西集团有限公司	29	江苏蝙蝠塑料集团有限公司
5	中信泰富特钢集团(兴澄特钢)	30	江阴市长乐新科技电源有限公司
6	江苏阳光集团有限公司	31	江阴市百舸有色金属材料有限公司
7	江苏新华发集团有限公司	32	江阴中南重工集团有限公司
8	江苏新长江实业集团有限公司	33	瀚宇博德科技(江阴)有限公司
9	双良集团有限公司	34	江苏西城三联控股集团有限公司
10	江苏华宏实业集团有限公司	35	中建材浚鑫科技股份有限公司
11	江苏法尔胜泓昇集团有限公司	36	江苏红柳床单有限公司
12	江苏利电能源集团	37	建滔电子材料(江阴)有限公司
13	江阴新树工程塑料有限公司	38	帝斯曼工程塑料(江苏)有限公司
14	江苏扬子江船业集团公司	39	江阴市天达针纺织有限公司
15	远景能源(江苏)有限公司	40	江苏利安达集团有限公司
16	江苏海达科技集团有限公司	41	江阴宗承钢铁有限公司
17	海润光伏科技股份有限公司	42	江苏富仁集团有限公司
18	江苏新潮科技集团有限公司	43	江阴长江投资集团有限公司
19	中石油江苏燃料沥青有限责任公司	44	江苏向阳集团有限公司
20	江阴江东集团公司	45	江阴福汇纺织有限公司
21	江苏倪家巷集团有限公司	46	江苏云蝠服饰股份有限公司
22	江阴苏龙热电有限公司	47	江苏天华纱业集团
23	江阴新仁科技有限公司	48	江阴鑫裕装潢材料有限公司
24	中船澄西船舶修造有限公司	49	江阴电工合金股份有限公司
25	江阴模塑集团有限公司	50	江阴市强力化纤有限公司

2016 年江阴市工业投入前 50 名工业企业一览

表 121

名次	单位名称	名次	单位名称
1	江苏新潮科技集团有限公司	26	江苏恒泽复合材料科技有限公司
2	江阴澄星实业集团有限公司	27	江阴市惠尔信机械有限公司
3	海澜集团有限公司	28	江阴市羽项电子有限公司
4	中信泰富特钢集团(兴澄特钢)	29	江阴模塑集团有限公司
5	江苏三房巷集团有限公司	30	江阴塞特精密工具有限公司
6	江苏西城三联控股集团有限公司	31	江苏倪家巷集团有限公司
7	江阴中南重工集团有限公司	32	江苏吉鑫风能科技股份有限公司
8	江苏利电能源集团	33	江苏海达科技集团有限公司
9	中芯长电半导体(江阴)有限公司	34	江阴热电有限公司
10	大明金属科技有限公司	35	江阴协统汽车附件有限公司
11	江苏华宏实业集团有限公司	36	无锡鹰贝精密轴承有限公司
12	帝斯曼工程塑料(江苏)有限公司	37	江阴电工合金股份有限公司
13	江阴市友佳珠光云母有限公司	38	江阴振宏重型锻造有限公司
14	江苏振江新能源装备股份有限公司	39	江苏复赞生物科技有限公司
15	江苏海基新能源股份有限公司	40	威茨曼金属制品(江阴)有限公司
16	江阴通利光电科技有限公司	41	江阴福达染整联合机械有限公司
17	江阴福勤软塑新材料有限公司	42	神宇通信科技股份公司
18	江苏阳光集团有限公司	43	江苏富仁集团有限公司
19	江苏和时利新材料股份有限公司	44	江阴市长泾花园毛纺织有限公司
20	江阴市博汇机械成套设备有限公司	45	江苏华西集团公司
21	江阴市恒润环锻有限公司	46	江阴江东集团公司
22	江苏江南水务股份有限公司	47	江阴市浩天舟服饰有限公司
23	江阴市思维达印染有限公司	48	江阴市康妮纺织有限公司
24	江阴苏达汇诚复合材料股份有限公司	49	江阴苏龙热电有限公司
25	江苏法尔胜泓昇集团有限公司	50	光大环保能源(江阴)有限公司

2016 年江阴市入库税金前 30 名服务业企业一览

表 122

名次	单位名称	名次	单位名称
1	江阴海澜之家供应链管理有限公司	6	江苏华西房地产开发有限公司
2	国网江苏省电力公司江阴市供电公司	7	江阴天力燃气有限公司
3	植誉投资管理有限公司	8	江阴市长江房地产开发公司
4	江苏江阴农村商业银行股份有限公司	9	见龙国际贸易有限公司
5	华中融资租赁有限公司	10	无锡市烟草公司江阴分公司

续表 122

名　次	单　位　名　称	名　次	单　位　名　称
11	江阴市锡能实业有限公司	21	江阴海澜之家电子商务有限公司
12	上海浦东发展银行股份有限公司江阴支行	22	中国工商银行股份有限公司江阴支行
13	江苏众网互联网有限公司	23	中国农业银行股份有限公司江阴分行
14	江阴华地百货有限公司	24	江苏长博集团有限公司
15	交通银行股份有限公司江阴支行	25	中国银行股份有限公司江阴支行
16	中国人民财产保险股份有限公司江阴支公司	26	江阴市长江钢管有限公司
17	江阴利锦热力有限公司	27	中国石化销售有限公司江苏江阴石油分公司
18	中国建设银行股份有限公司江阴支行	28	江苏华新融资租赁有限公司
19	江苏阳光置业发展有限公司	29	江苏华强房地产开发有限公司
20	江苏金一文化发展有限公司	30	江阴泓腾置业有限公司

2016 年江阴市自营出口前 30 名企业一览

表 123

名　次	单　位　名　称	名　次	单　位　名　称
1	江苏扬子江船业集团有限公司	16	江苏新长江实业集团有限公司
2	江苏三房巷集团有限公司	17	江苏中基复合材料有限公司
3	江苏新潮科技集团有限公司	18	双良集团有限公司
4	中船澄西船舶修造有限公司	19	江苏华宏实业集团有限公司
5	中信泰富特钢集团(兴澄特钢)	20	江苏吉鑫风能科技股份有限公司
6	法尔胜泓昇集团有限公司	21	江苏华西集团公司
7	江苏红柳床单有限公司	22	瀚宇博德科技(江阴)有限公司
8	江阴福汇纺织有限公司	23	联合铁钢(中国)有限公司
9	江苏爱康科技股份有限公司	24	帝斯曼工程塑料(江苏)有限公司
10	江阴澄星实业集团有限公司	25	江阴江东集团公司
11	江苏海达科技集团有限公司	26	江阴市申澄集团有限公司
12	江苏阳光集团有限公司	27	江阴南泰家纺用品有限公司
13	江苏云蝠服饰股份有限公司	28	阿法拉伐(江阴)设备制造有限公司
14	江阴宗承钢铁有限公司	29	海润光伏科技股份有限公司
15	中建材浚鑫科技股份有限公司	30	江阴信邦电子有限公司

(市统计局)

■类目编辑　谢　诚

索　　引

该索引是以正文部分(不包括宣传画页)为主要内容的综合性主题索引。标目一般采用主题词、中心词,并按汉语拼音字母顺序排列。其右侧数字表示页码,字母a为左栏,b为中栏,c为右栏。

G

H

J

K

L

M

N

P

T

■类目编辑　纪晓华

2016年度上缴税金超亿元企业

编者按：2016年，面对复杂严峻的宏观形势，全市上下主动适应经济发展新常态，始终坚持稳中求进总基调，团结拼搏、攻坚克难，全市经济社会稳健发展、各项事业协调并进，实现了“十三五”发展的良好开局，取得了来之不易的发展成绩，各行各业、各条战线涌现出了一大批先进集体和先进个人。为进一步肯定成绩、褒扬先进，振奋精神、激励斗志，江阴市委、市政府决定，对2016年度取得显著成绩的先进集体和先进个人进行了表彰。该卷年鉴对被市委、市政府表彰的2016年度上缴税金超亿元部分企业开设专栏，既飨读者，又作为重要年度资料予以保存。

① 华西热电公司
② 华西集团投资建设的湖北代销华西(天门)农商城
③ 2016年7月1日,华西集团与幸福蓝海签约
④ 新能源
⑤ 华西特种化纤流水线
⑥ 华西新市村全貌

江苏华西集团有限公司是1994年组建的全国大型一档乡镇企业,几十年来先后被评为全国先进乡镇企业、全国文明乡镇企业、全国乡镇企业科技工业园、全国思想政治工作先进单位等。华西集团以“短中长、稳快活”(兼顾短期、中期、长期三大利益,传统产业要稳、把握机遇要快、经营策略要活)为指导,通过抓传统产业技改提升、服务业转型升级的“两手抓”,成功拓展旅游服务、金融投资、仓储物流、远洋海工、农产品批发市场及矿产资源等一大批新兴产业。产业亮点体现在金融、农业、矿业、海洋、新兴、扶贫“六大板块”。华西集团的潜力与后劲,集中在并购、能源、投资“三大领域”。产业形成“转型空间开拓在外部,转型成果体现在本部”的新格局,全国产业“布局图”以西部重庆为中心,北到西藏、新疆,南到云南、贵州,中部以湖北为中心;国际“路线图”从英国到意大利,从新加坡到马来西亚,从阿联酋到莫桑比克。2016年,华西集团实现可用资金比2015年增长3.75%,缴税比2015年增长19.68%。

海澜集团有限公司

①海澜飞马水城
②海澜国际大厦
③海澜之家门店
④海澜之家物流园

海澜集团有限公司位于江阴市新桥镇，成立于1988年。自2000年起，集团对外投资30多项项目。先后成功创建海澜之家、圣凯诺、EICHITOO、海一家等自主服装品牌，其中海澜之家、圣凯诺服装品牌成为行业龙头，EICHITOO、海一家服装品牌发展势头良好。此外，集团还进行股权、船舶等金融投资。着力打造海澜飞马水城特色文化旅游产业，其中桃园山庄大酒店、马文化博物馆已建成并对外开放，马儿岛酒店、海澜美术馆等项目在兴建中。至2016年末，集团在中国企业500强中名列第202位，中国民营企业500强中名列第36位；总资产500亿元；完成营业总收入800亿元，利税80亿元；全国有员工6万余人。

江阴兴澄特种钢铁有限公司

——中信泰富特钢集团成员企业

江阴兴澄特种钢铁有限公司隶属中信泰富特钢集团，是中国中信集团下属的高度专业化的特钢生产企业。从1993年合资以来，公司以“建成全球最具竞争力的特钢企业”为愿景，已成为中国特钢行业龙头企业，被国家《钢铁工业“十二五”规划》列为四大特钢产业基地之一和中国特钢技术引领企业。公司获国家“火炬”计划重点高新技术企业、全国节能先进集体、全国环保优秀品牌企业、全国首批“两化”融合示范企业、全国钢铁工业先进集体等荣誉。公司具备年产690万吨特殊钢的能力，拥有棒材、线材、板卷材生产线9条，为全球60多个国家和地区的用户提供多规格、多品种、高品质的特殊钢产品及整体服务方案。主要产品有高档轴承钢、齿轮钢、弹簧钢、易切削非调质钢、系泊链钢等，主要服务于交通、石化、机械、海工、风电、核电、军工等产业，其中高标准轴承钢连续14年产销量位居全国第一，汽车用钢连续11年产销量全国第一。2016年度公司获亚太质量组织“全球卓越绩效奖（世界级奖）”。是年，公司上缴税金13.3亿元。

① 兴澄特钢转炉炼钢车间
② 兴澄特钢特种钢板生产线车间
③ 兴澄特钢自建10万吨级长江码头
④ 兴澄苑外景
⑤ 中信特钢研究院（兴澄分院）
⑥ 兴澄特钢厂区全景

江苏利电能源集团

1 集团全景
2 集团一二期4台350兆瓦等级发电机组
3 集团一二期4台350兆瓦机组控制室
4 集团三四期4台630兆瓦等级发电机组
5 集团三四期4台630兆瓦机组集控室
6 集团煤炭运销公司的利电1号轮
7 集团下属中信中煤江阴码头有限公司

江苏利电能源集团是由中信泰富有限公司的全资子公司香港新宏电力投资有限公司、北京新力能源开发有限公司和国投电力控股股份有限公司、江苏省投资管理有限责任公司、无锡国联环保能源集团有限公司、江阴电力投资有限公司6个投资方共同投资建设的大型能源企业。经过20多年的建设发展，集团实现发电业务的规模经营，主要经营的江苏利港电厂有8台燃煤发电机组，装机总容量3980兆瓦，为江苏最大的火力发电厂之一。同时，集团沿着发电上下游产业链，大力发展相关产业，形成航运、供热、码头物流、电力副产品和煤炭物资贸易、环保科技、检修服务、资源利用开发等板块协同发展的多元化大型能源集团，成为中信集团能源板块的重要基地。2010年，集团进入江苏省百强企业行列。2016年，集团上缴税金10.6亿元。

①法尔胜泓昇集团精细钢丝绳基地标准化车间
②法尔胜泓昇集团缆索公司制造生产的舟山西堠门大桥缆索
③法尔胜泓昇集团总部大楼
④法尔胜光通信科技集团生产的光纤预制棒
⑤中国工业大奖奖牌
⑥法尔胜泓昇集团董事局主席周建松万米书法长卷展示

法尔胜泓昇集团有限公司是一个从事以金属制品为主，产业涉及光通信、精工装备、金融服务、资产管理、物流贸易的多元化企业集团，是苏南地区首批国家级创新型企业，长期位列中国企业500强、中国民营企业500强。2013年，“法尔胜”牌输送带用钢丝绳产品获国家质量监督检验检疫总局颁发的“出口免验”证书。先后获国家技术创新示范企业、“中国工业大奖”、首批制造业单项冠军示范企业、国家科技进步奖等荣誉。承担国家多项重点科技支撑计划课题，是中国企业首次独立承担国际标准化组织技术委员会秘书处的单位。法尔胜还成功组建行业内唯一的“国家金属线材制品工程技术研究中心”。法尔胜光通信科技集团是中国光纤光缆行业十大影响力企业之一。2016年，公司上缴税金7.19亿元。

远景能源（江苏）有限公司以“为人类的可持续未来解决挑战”为使命，致力引领全球智慧能源革命，在丹麦、美国、德国等国家设立全球技术创新中心，业务包括智能硬件、软件和管理平台。远景智能风机和海上风电技术处于全球领先水平。远景智慧风场管理平台Wind OS、阿波罗光伏云平台管理着包括北美最大独立新能源运营商Pattern能源、北美最大的电力公司杜克能源、全球领先的新能源开发商中广核、全球领先的太阳能整体解决方案提供商天合光能等在内的超过6000万千瓦的全球新能源资产，覆盖风电、光伏、充电网络、能效等领域。2016年，公司上缴税金6.4亿元。

①远景风场1
②③智能车间
④大兆瓦海陆总装智能车间
⑤智能风机
⑥远景风场2
⑦远景软件

江苏新长江实业集团有限公司

江苏新长江实业集团有限公司是中国500强企业、"全国五一劳动奖状"获得者。公司由1972年创办的两座小砖窑起家，经过40多年的发展，形成冶金制造、港口物流、拆船、化工、房地产、远洋运输、海洋工程和金融投资8大行业，走出一条以现代经济为特征的高端产业发展之路。年产冶金量超1000万吨，拥有7千米长江黄金岸线和5千米浙江舟山黄金海岸线，及沿线多个长江码头和海港码头，拥有世界知名的环保拆船基地、合成蒽醌生产基地和无缝钢管交易市场和钢材配送网络。公司业务正朝着做优传统冶金、做大港口物流、做精房产商贸的产业布局和"千亿集团、百年企业"的目标奋进。至2016年年末，集团经济总量超500亿元、净资产超200亿元；实现利税15.12亿元（不含海关税和海关增值税），利润比2015年增长70%。

①

②

③

④

① 集团大楼
② 长强钢铁
③ 长达钢铁系统螺纹钢连轧生产线
④ 长江钢管
⑤ 标准件
⑥ 舟山长宏船舶产业园全景

⑤

⑥

①科技大厦和太阳花广场
②纺部车间
③展厅
④阳光呢绒
⑤服装车间

江苏阳光集团有限公司是国家重点企业集团和国家重点扶持的行业排头兵，涉足毛纺、服装、生物医药、医疗器械、生态农林、房地产、金属制品等产业，年产高档服装350万套、高档精纺呢绒3500万米，是毛纺织行业唯一的国家级创新型企业和中国纺织行业唯一同时获“世界名牌”和“出口服装免验”的企业。2007年起承担国际标准化组织/纺织品技术委员会（ISO/TC38）国际秘书处工作。坚持以产品创新、技术创新为主导，建立以博士后科研工作站、国家级技术中心、国家级毛纺新材料工程技术研究中心、江苏省毛纺技术开发中心为主要支撑的“一站三中心”技术创新体系。承担46项国家科研项目，累计申报各类专利1632件，获授权专利980件，参与54项国家和行业的标准制订。坚持走“质量兴企”之路，继2015年获“中国质量奖”提名奖后，2016年获“亚洲质量创新奖”“全球卓越绩效奖”。是年，公司销售收入365亿元，利税总额35亿元，外贸出口4.4亿美元。

① 双良集团办公大楼
② 国家认定企业技术中心奖牌
③ 博士后科研工作站奖牌
④ 双良技术中心办公大楼
⑤ 集团旗下公司——江阴国际大酒店外景

双良集团有限公司成立于1982年，经过30余年的专注与创新，从单一的溴冷机制造发展成以节能环保为核心，集化工新材料、战略新兴金融投资、酒店房产于一体的综合性企业集团。拥有占地面积133.33万平方米的双良滨江产业园区和占地面积53.33万平方米的双良装备制造产业园区，下辖18个全资和控股企业。公司专注“节能、节水、环保”等领域的技术创新和业务拓展，被中国制冷协会誉为“挽救了中国溴化锂制冷机行业”，捧回被誉为中国工业“奥斯卡”大奖的“中国工业大奖”。累计为社会提供3万多台节能设备，相当于少建25个600兆瓦的火力发电厂，每年节约3800万吨标准煤，减排1亿吨二氧化碳，相当于再建27万公顷森林，为超百户用户提供空冷系统，实现节水24.6亿立方米。2016年，公司上缴税金4.5亿元。

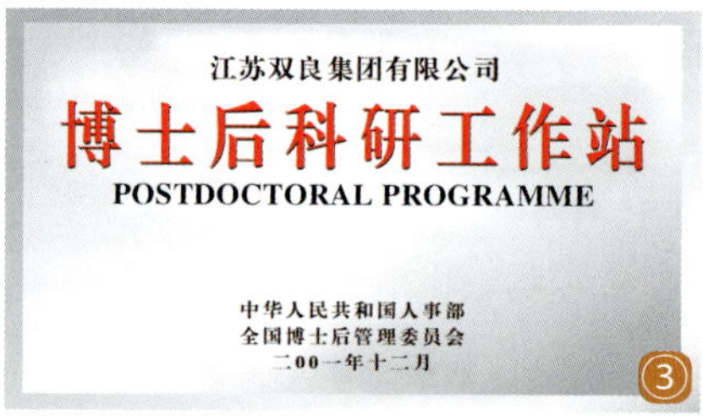

江阴苏龙热电有限公司

① 一二期机组集控室
② 光伏发电项目
③ 热网工程建设
④ 汽轮机房
⑤ 公司全景

江阴苏龙热电有限公司于1995年底建成投产，总装机容量121.5万千瓦，年发电量可达80亿千瓦时，具有每小时外供1100吨蒸汽的能力。自2001年起，公司连续被国家经贸委、国家发改委认定为资源综合利用电厂。2009年和2013年，公司被国资委、人社部授予"中央企业先进集体"荣誉称号。多次获国电集团绩效贡献特别奖、无锡市外商投资企业和谐发展奖，被评为江苏省文明单位、江阴市十佳外商投资企业。2014年，公司实施机组超低排放技术改造，至2015年年底，提前两年达到国家对东部地区火电企业节能减排的要求；积极投身风电投资开发领域，全力实施热网整合工程及民用集中供暖项目，打造绿色环保城市热电。经过20多年的发展，公司完成发电量1010亿千瓦时，供汽量1887万吨。2016年，公司上缴税金4.99亿元。

PSA

瀚宇博德科技（江阴）有限公司是台湾瀚宇博德股份有限公司在江阴高新区投资成立的企业，主要生产各类多层印刷线路板（PCB），产品类型包括笔记型计算机、移动电话、工业控制计算机及PCMCIA专用印刷线路板等。公司于2002年2月正式成立，于2006年10月6日在香港联合交易所挂牌上市，成为江阴首个在香港上市的企业。2016年，公司投资总额5.1亿美元，占地面积43.33万平方米，雇用员工总数8000余人，月产能55.74万平方米，产品类型50种。其中笔记本线路板总产量占全世界需求的45%。公司最终客户有微软、惠普、戴尔、索尼、IBM等世界知名计算机公司。

① 公司生产车间
② 企业展厅
③ 厂区大门
④ 厂区花园
⑤ 厂区一角

江阴天江药业有限公司是首个全国中药饮片改革试点单位，首批中药配方颗粒试点单位。公司隶属于中国医药集团旗下中国中药控股有限公司。1993年，天江药业在全国率先研制成功单味中药配方颗粒。2011年获业内第一个国家级科技进步奖。天江药业一直致力于传承创新，以优质中药产品和服务提升人民健康水平，年生产能力11500吨，实现从原料到成品的自动化、智能化生产。与100多个中药材种植基地、数千个医疗机构和高校院所合作，共同推动中药的标准化、现代化、国际化。2016年，建立中药配方颗粒行业唯一一个CNAS实验室，10月26日行业内第一个院士工作站落户天江药业。是年，公司上缴税金3.16亿元。

① 2016年10月26日，行业内第一个院士工作站落户天江药业
② 天江药业智能中药房
③ 公司从种苗到成品的全流程质控
④ 天江中药配方颗粒生产基地

江苏新潮科技集团有限公司

江苏新潮科技集团有限公司成立于2000年9月，主要从事集成电路的封装测试。企业连续多年被工信部评为中国电子信息百强企业，被国家统计局评为中国电子器件行业创新能力十强（第一名）企业。江苏长电科技股份有限公司是集团核心企业，主要从事半导体封装测试业务，国内排名第一、全球排名第三，是国家重点高新技术企业、中国集成电路封装技术创新战略联盟的理事长单位，多次承担超大规模集成电路封装国家重大科技专项科研项目。拥有集成电路封装WL-CSP、Bumping、TSV、SiP等技术的自主知识产权。2015年8月，长电科技完成对新加坡星科金朋公司的要约收购，使公司拥有位于中国、新加坡、韩国、美国7处生产基地和6个研发中心。2016年，集团整体业绩继续保持较高速度增长，全年营业收入195亿元，比2015年增长78%，拥有国内外员工2万余人。

①　2014年2月20日，长电科技与中芯国际签约

②　2015年8月5日，长电科技收购全球第四大封装厂新加坡星科金朋的签约仪式

③　生产线

④　长电科技外景

⑤　长电科技城东厂区外景

⑥　新潮集团外景

江苏海达科技集团有限公司

①集团总部大楼
②中国驰名商标
③中国名牌产品
④江阴利泰装饰材料有限公司外景
⑤江阴东华铝材科技有限公司外景
⑥连轧生产线
⑦分剪生产线
⑧300M镀锡线生产线
⑨江阴科玛金属制品有限公司外景

江苏海达科技集团有限公司位于华士镇工业园区，总占地面积70多万平方米，员工3800余人，总注册资金21.8亿元，形成集铝单板、铝塑板、铝型材、马口铁、硅钢片等产品于一体的产业集群。下辖江阴海达彩涂有限公司、江阴利泰装饰材料有限公司、江阴东华铝材科技有限公司、江阴科玛金属制品有限公司、江阴永利新型包装材料有限公司、江阴海达农业专业合作社六大实业公司。铝塑板被评定为中国名牌；铝型材、马口铁、人革产品被评定为江苏省名牌；2009年4月，"海达" 牌被国家工商总局商标局认定为中国驰名商标。公司连续多年被无锡市、江阴市评为明星企业、文明单位、百强企业、十佳科技型企业等；董事长、总经理徐友才多次获明星企业家、优秀经理、慈善家等荣誉称号。海达注重企业文化建设，以人为本、科学管理，靠管理出效益；注重环境保护，极力打造资源节约型、环境友好型企业。2016年，公司上缴税金2.3亿元。

1 江阴江东集团外景
2 江阴市余润金属制造有限公司获商标证书
3 江阴市奥派交通设备生产成品
4 江阴市奥派获各类证书
5 余润金属现代化生产车间
6 江阴市方圆锻造金工车间

无锡市知名商标证书

编号：2016108

江阴市余润金属制造有限公司

你单位使用在 锻压；金属铸造等 商品（服务）上的 余润 YURUN 商标（注册证号为 11165055）经我局认定为无锡市知名商标，有效期三年。

无锡市工商行政管理局
2016年11月25日

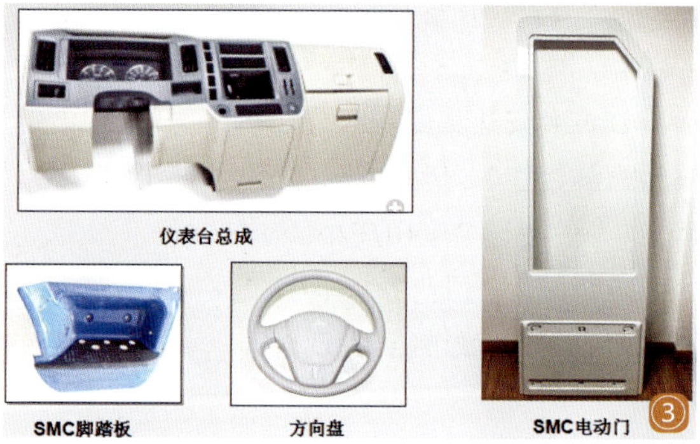

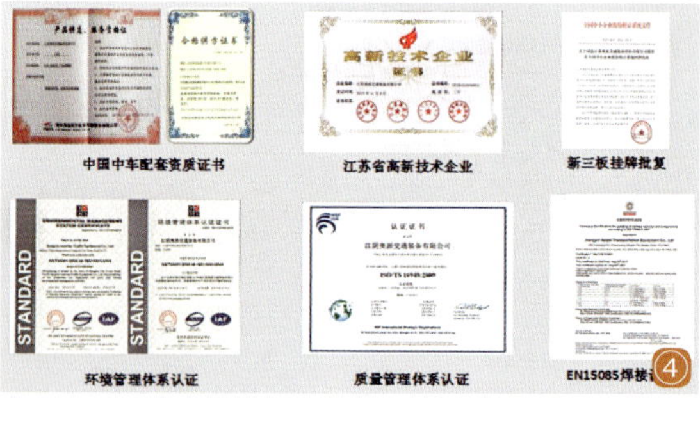

江阴江东集团公司位于周庄镇中心周庄村，成立于1994年，是一个集锻造、冶金、机电、塑胶、建筑、装潢、商贸服务为一体的综合性经济实体，下辖企业180余个。江东集团工业基础实力雄厚，主要生产锻造法兰、PVC人造革、铝合金建筑型材、机械、化工和纺织等产品。江东集团面对严峻的经济形势，发扬“开拓、务实、高效、创新”的企业精神，通过增加技改扩能投入和积极开拓国际市场等途径，及时调整，积极探索企业发展新思路，着力优化产业结构促进经济转型。下辖企业江阴市恒润重工研发耐高温法兰技术，填补该技术国内空白。2016年3月18日，江阴奥派交通装备在“新三板”上市。至年末，完成工业开票销售82.96亿元，利税总额7.55亿元，入库税金2.33亿元，比2015年略有增长，位列江阴市重点骨干企业综合排名第16位。

江苏利安达集团有限公司成立于1994年。2003年，集团公司组建成立江阴天力燃气有限公司，年实现管道天然气输配与销售2.5亿立方米，工业、公建、民用户计15万户。2007年，投资建设升泰现代农业园，兴建江阴黄嘉喜来登酒店，开发建设名豪山庄小区。公司先后被评为全国外商投资双优企业、江苏省明星侨资企业、江阴市百强企业。至2016年年末，公司业务从单一的服装制造销售业，发展成拥有16个子公司，占地面积45万平方米的综合型集团公司，形成服装贸易、城市能源、现代服务业（地产、生态农业、酒店）、金融投资四大板块。是年，公司上缴税金1.55亿元。

① 公司服装吊挂流水线
② 江阴黄嘉喜来登酒店
③ 江阴天力燃气
④ 金融投资，海外地产项目投资
⑤ 嘉茂国际花鸟园
⑥ 江苏利安达集团全景

① 申达商务大厦外景
② 集团旗下公司——靖江国际大酒店有限公司外景
③ 年产1.2万吨软塑新材料生产线
④ 烟包样产品

申达集团有限公司成立于1985年，是中国软塑包装行业的国家级大型企业集团。专业从事软塑新材料的研发、生产与销售，是中国软塑包装材料生产基地和国家烟草辅材定点生产企业。拥有多个骨干企业，分布于江苏江阴、南京、常州和四川成都等地区。拥有1个省级技术中心、1个博士后工作站和2个高新技术企业。同时，公司还从事房地产投资开发、酒店投资管理及证券投资和资本运作。集团拳头产品——收缩类多功能软包装新材料产销量全国第一，产品为中外烟草、食品、医药、日化、轻纺、音像等诸多行业提供优质的功能性包装材料。“申达”牌商标被国家工商总局商标局评定为中国驰名商标；“申达”牌塑料包装薄膜2006年被国家质检总局认定为中国名牌产品，并被列入2014—2016年度江苏省重点培育和发展的国际知名品牌。2016年，公司上缴税金2.4亿元。

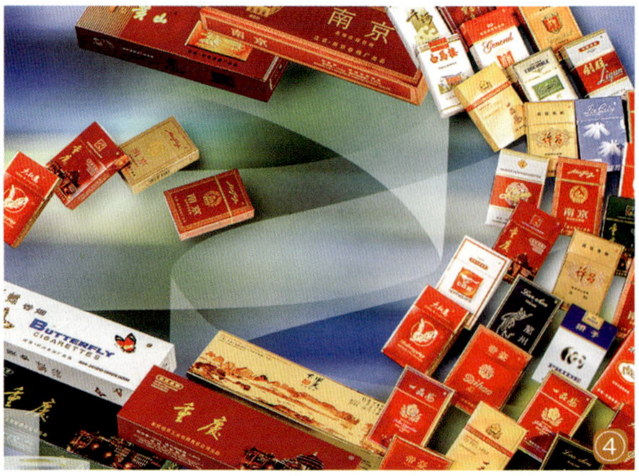

江苏三房巷集团有限公司成立于1980年，经过30多年的持续发展，形成以生产PTA、聚酯切片、涤纶纤维（短纤和长丝）、PET薄膜、纺织和工程塑料等为主体的六大产业集团，年产PTA（EPTA）180万吨，瓶级切片150万吨、涤纶短纤维80万吨、涤纶长丝40万吨、PET薄膜30万吨。“三房巷”牌涤纶短纤维、“翠钰”牌瓶级切片被认定为中国驰名商标。集团参与起草修订4项国家标准，通过可口可乐、百事可乐等国际品牌的行业认证，产品销往100多个国家和地区。2016年，实现销售收入285亿元，出口额11.3亿美元，名列中国企业500强第301位，中国民营企业500强第132位。集团拥有30多个成员单位，包括2个国家级重点高新技术企业、4个省级高新技术企业和1个上市公司，建有国家级博士后科研工作站、省级工程技术中心，承担国家“火炬”计划2项，拥有专利281件，获国家纺织企业先进集体、省五星级数字企业、省质量管理奖、省创新型企业、省科技进步一等奖等荣誉。

① 按AAAAA标准建造的三房巷科技大楼
② 2016年3月4日，江阴市领导视察企业生产情况
③ 智能化数控薄膜生产线
④ 省示范智能车间——长丝自动化包装线
⑤ 职工开展文化生活
⑥ 公司聚酯化纤生产园区外景

江阴市九润管业有限公司是国内最大的复合管生产基地，占地面积2.5万平方米，拥有专业工程师8人、专业技术人员30人、员工300余人，引进全套微电脑控制流水线3条、不锈钢管线2条，生产不同规格的不锈钢复合管及复合管家庭日用品，包括晒衣架、室内衣架、置物架、毛巾架、常用伸缩杆、浴帘杆件、拖把等。产品远销日本、美国、法国、印度等多个国家和中国台湾等地区。公司加大技术研发投入，吸收国际大型企业的经验，研发产品切合使用国的实际需要。稳定的管理团队使公司从粗放式向集约化、高效率转型发展。公司面对供给侧改革，紧跟国际形势，发挥立足本土，以电商平台和传统销售相辅的方式，全面提升公司业绩。2016年，公司上缴税金2.02亿元。

① 九润管业厂区外景
② 公司生产车间
③ 公司组装车间
④ 公司生产线
⑤ 公司半成品

江阴澄星实业集团有限公司

①

① 澄星大厦
② 汉邦（江阴）石化年产220万吨PTA装置夜景
③ 江苏江阴精细磷化工生产区
④ 江苏澄星磷化工股份有限公司磷酸氢钙包装间
⑤ 江苏澄星磷化工股份有限公司化验室
⑥ 澄星国际码头

②

江阴澄星实业集团有限公司创办于1984年，产业主要涉及精细磷化工、石油化工（PET、PTA）、煤化工、液体化工品仓储物流，以及新能源新材料、金融服务、商业地产等领域。公司拥有独资和控股的子公司50余个，员工1万余人，产品销售覆盖全球70多个国家和地区，连续15年跻身中国企业500强前300强。2016年位列第273位。江苏澄星磷化工股份有限公司（“澄星股份”、代码600078）是磷化工产业核心企业，是中国精细磷化工生产和销售的骨干企业。石油化工产业拥有年产120万吨的瓶级聚酯切片（PET）和年产280万吨的精对苯二甲酸（PTA）。是年，公司实现销售收入581.45亿元，上缴税费总额25.6亿元。

③

④

⑤

⑥

①②公司组件生产车间
③公司行政办公大楼外景
④公司员工篮球赛
⑤公司外景

海润光伏科技股份有限公司以高效晶硅太阳能电池及高性能太阳能组件的研发和生产为基础，着力拓展全球光伏电站开发、建设与运营业务，致力于发展成为全球领先的能源开发投资和光伏能源供应商。2012年在上海证券交易所上市。2014年9月，顺利完成募集资金总额38亿元的定向增发。2016年，国内拥有六大生产基地，员工总数超6000人，铸锭、切片、电池、组件的全产业链产能达200万千瓦/年。旗下8个制造工厂全部入选工信部光伏制造行业规范条件企业名单。在全球9个国家和地区设立子公司，拥有约100个控股子公司，营销网络覆盖全球，产品远销海内外。是年，公司上缴税金3.31亿元。

江苏江南水务股份有限公司成立于2003年，前身为江阴市自来水总公司，主要经营自来水制售、排水及相关水处理业务、供水工程设计及技术咨询、水质检测、水表计量检测及对公用基础设施行业进行投资等业务。2011年3月17日在上交所主板成功挂牌上市。2012年被评为中国首批5A级供水服务单位，至2016年年末，公司下设3个控股公司，日供水能力116万立方米，供水区域覆盖江阴全市域986.97平方千米，直径100毫米以上供水管网超3000千米，受益人口达200万人，水质综合合格率100%。年内被评为江苏省文明单位，供水规模、人均供水量及全员劳动生产率等指标在同行业中处于领先地位。

① 江南水务公司整洁、智能的二次供水泵房

② 农村供水管网改造工程

③ 2016年9月22日“世界无车日”，江南水务小水滴志愿者服务队开展活动

④ 2015年9月25日，开展水务进课堂活动

⑤ 2016年7月，江阴绮山应急备用水源地供水管网开工

⑥ 江南水务办公大楼外景

①公司30周年产业升级发布会现场。图为公司董事长、总经理曹明芳
②公司生产车间
③公司投资建设的无锡明慈心血管病医院大楼外景
④公司投资建设的江阴市来富岛大酒店外景
⑤模塑集团外景

江阴模塑集团有限公司创立于1984年，是江苏省首个乡镇中外合资企业。公司以“追求卓越品质、追求精诚服务、满足市场需求、创立模塑品牌”的经营宗旨，积极适应市场经济及社会进步的要求，依托集团在资本、市场、人才方面的综合优势，突出主营业务，引进世界一流的先进技术，强化企业管理模式，推广有效资产保本增值的管理经验，提高企业的经济效益，确保公司在市场竞争中的优势地位。经过30多年的发展，至2016年年末，公司成为一个拥有80多亿元资产的跨国集团企业，涉足汽车零部件、机械制造、流通服务和健康医疗四大产业，业务遍布亚洲、欧洲、北美洲、南美洲，中国国内6个省、市，拥有包括上市公司在内的37个子公司，员工近7000人。是年，公司上缴税金3亿余元。

江苏华宏实业集团有限公司

①华宏大厦外景

②2016年4月，江阴市委书记陈金虎（前排左一）一行考察华宏集团城东环保新能源新项目

③华宏集团获评江阴市第九届市长质量奖。图为江阴市副市长唐仲贤（左）向华宏集团董事长胡士勇授奖

④华宏化纤涤纶短纤产品

⑤华宏科技“REFELEX500移动式打包剪切机”

江苏华宏实业集团有限公司成立于1994年，华宏集团的指导思想是“铸华夏品牌，创宏伟大业”，华宏集团精神是“拼搏、求实、创新、敬业”。主要涉及机械、化纤、铜制品、人造革、汽饰五大产业。华宏化纤年产涤纶短纤维50万吨，被授予“2016中国纺织行业人才建设示范企业”称号；“华宏科技”上市五年来，成为再生资源加工装备的设备提供和解决方案提供商，辅以电梯精密部件制造，实现双轮并行发展的格局；和宏精工科技有限公司专注合金铜制品的生产和研发，其生产的磁控无氧铜产品是全球家电领导企业集团美的的全球供应商；“华宏医药”于2015年在“新三板”挂牌。“华宏”“伍仕”两品牌为中国驰名商标。公司拥有国家级博士后工作站、院士工作站、研究生工作站、江苏省液压工程技术研究中心、江苏省认定企业技术中心“三站两中心”。经过20多年的发展，已成为江阴百强企业、无锡市双百企业、江苏省百强民营企业，位列中国制造业企业500强第357位，中国民营企业500强第327位。2016年，华宏集团完成开票销售168.5亿元，上缴税金1.41亿元。

江苏吉鑫风能科技股份有限公司（吉鑫科技）创立于2003年，是专注于研发和制造大型风力发电机组用零部件的领先企业，主要生产750千瓦~10兆瓦风力发电机组用轮毂、底座、轴、轴承座等系列产品。公司立足于风能铸件行业，携手全球合作伙伴，不断通过思维创新、技术创新、管理创新、产品创新、服务创新，推动企业与行业的可持续发展，为全球绿色能源产业、为人类与生存环境的可持续发展而不懈努力。2009年，公司建成江苏省级大型风电金属部件工程技术研究中心，在风电铸造技术方面一直处于国际先进水平。2016年，公司营业收入15.88亿元。

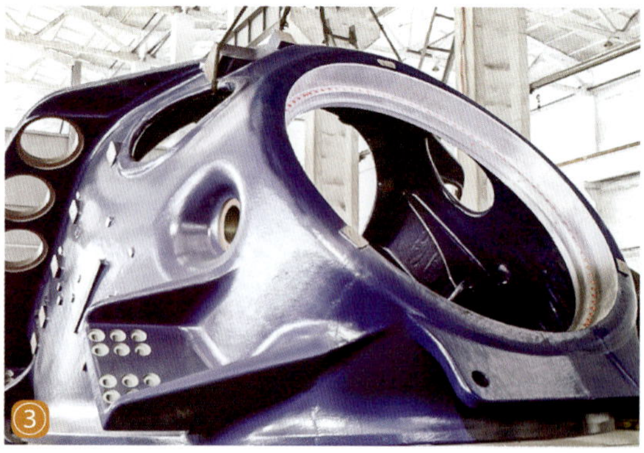

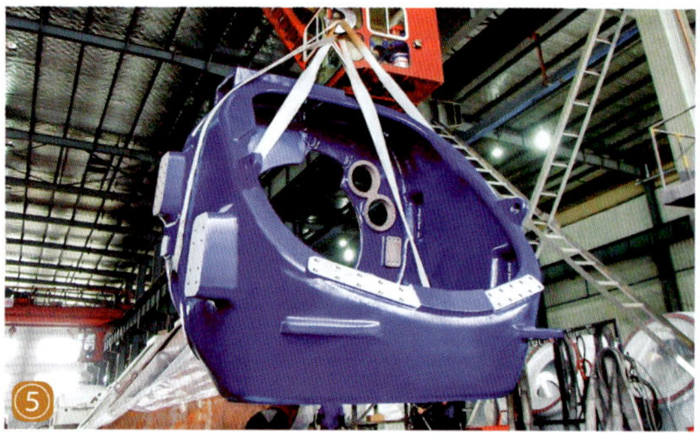

① 公司车间
② 公司工作现场
③ 6兆瓦底座
④ 2.5兆瓦底座
⑤ 3兆瓦底座
⑥ 公司外景

江阴热电有限公司

江阴热电有限公司（原名江阴电厂）成立于1985年，是全国第一个县级集资创办的地方电厂，时任能源部副部长史大桢亲笔为此题词：长江之口、办电之首。公司位于江阴市周庄镇，为热电联产型电力企业。公司坚持以建设成为“清洁、安全、高效”的热电企业为目标，连续多年被评为江苏省资源节约与综合利用电厂企业，多次被评为无锡市、江阴市“十二五”节能工作先进集体、十佳节能减排先进企业、百强明星企业、上缴税金超亿元企业、节能低碳技术推广应用示范单位、热心公益事业先进单位等。企业精神：高度的事业心责任心，对事业必胜的信念，科学求实的态度，锲而不舍顽强拼搏的精神。至2016年年末，公司发电量12.81亿千瓦时，完成供汽量351.09万吨，供热管道覆盖江阴周庄、华士、云亭和张家港等地区，供热管道全长约200千米，热用户700多户。

① 公司集控室
② 公司羽毛球队参加江阴市职工羽毛球比赛
③ 公司被评为2014年度全国“安康杯”竞赛优胜单位
④ 上缴税金超亿元企业奖牌
⑤ 公司青年员工开展户外拓展活动

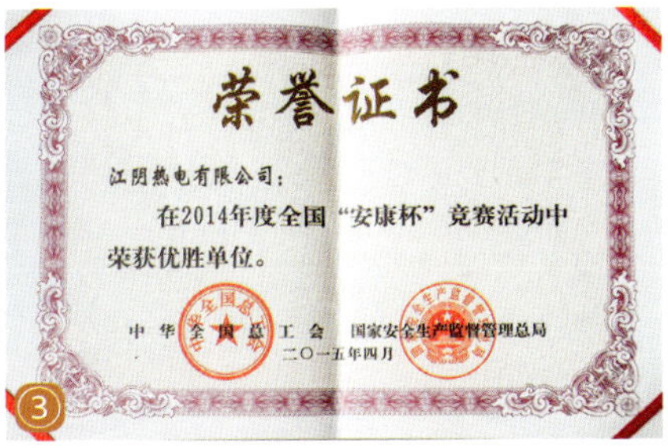

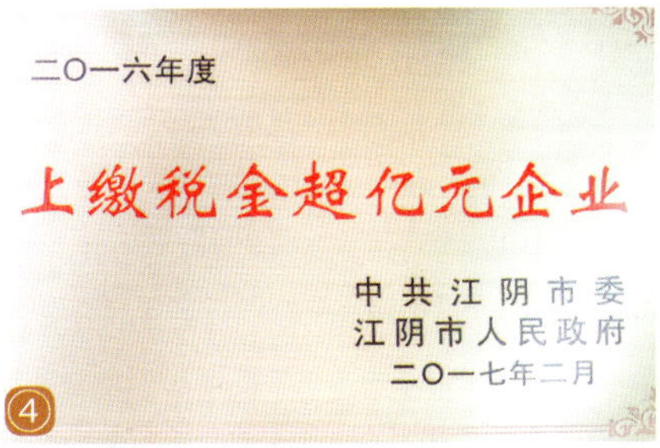

① 等待装货的物流车队
② 进口光电整纬机
③ 进口轧染机
④ 进口平漂机
⑤ 自动开剪缝纫车间
⑥ 红柳数码产品效果图

江苏红柳床单有限公司创办于1965年。企业精神是“100年生产一块布”。自成立以来一直重视对功能性、环保型家纺产品和面料的研究，连续10年获国际环保纺织协会颁发的“绿色环保信心纺织品标准证书”（Oeko-Texstandard100）。2005年“红柳”系列床上用品被评为中国名牌。2009年5月被评为江苏省出口名牌。2014年公司旗下“棉质巢”系列床上用品被评为江苏名牌产品。2016年通过海关AEO高级认证。至2016年年末，公司为中国家纺协会副会长单位、中国家纺行业出口十强企业、中国纺织国际布局示范企业；拥有江苏省企业技术中心和工程技术研究中心2个省级研发中心；完成销售31.03亿元，其中外贸出口2.65亿美元。

江苏中印印务集团有限公司

江苏中印印务集团有限公司成立于2002年3月，位于江阴市新华工业园，有员工800余人，是从事烟用材料转移镭射膜、转移纸、烟标的开发、生产的民营企业。拥有先进的德国海德堡胶印生产线4条、九色凹版印刷生产线1条、十色凹版印刷生产线3条，瑞士博士特、有恒烫金模切机组30余台套及凹印、上光、转移等多功能的辅助印刷设备，复合纸生产线5条，模压镭射膜生产线13条。年生产烟标150万大箱、复合纸3万吨、镭射转移膜6500万米。2005年通过ISO 9001质量管理体系认证，2008年通过ISO 14001环境管理体系认证和OHSAS 18001职业健康安全管理体系认证，2014年通过安全生产标准化认证，2015年通过ISO 10012测量管理体系认证，2016年通过中国环境标志产品认证，先后被评为第四届江苏省双优诚信印刷企业、省优秀科技企业、国家级守合同重信用企业、资信等级AAA级企业、纳税信用A级企业、省民营科技企业。2016年，公司上缴税金1.57亿元。

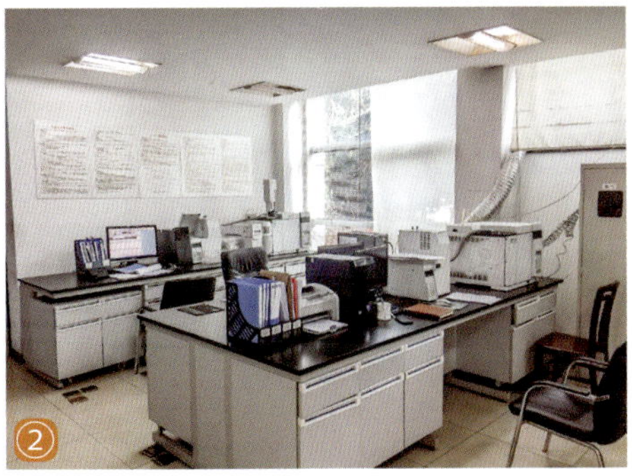

① 公司印刷的烟标
② 国家认可CNAS实验室
③ 十色凹版印刷机
④ 公司外景

建滔电子材料（江阴）有限公司成立于2005年11月18日，注册资金3000万美元，位于江阴临港经济开发区石庄园区嘉盛北路6号，属香港上市公司建滔化工集团旗下专业生产覆铜板的企业，是全球最大覆铜板供应商之一。公司宗旨为“客户至上、持续经营、共同发展”，一直致力于改革创新，不断满足客户和市场需求。公司自2006年起，先后通过质量管理体系（ISO 9001，TS 16949）认证，产品通过CQC、UL、VDE认证，应用于电脑、手机、汽车电子、家用电器及工业自动化设备等电子产品中。2016年，公司上缴税金1.04亿元。

① 公司外景
② 干燥车间——上布区
③ 回流线车间
④ 排板房车间
⑤ 压机车间

中石油江苏燃料沥青有限责任公司

中石油江苏燃料沥青有限责任公司成立于1992年，隶属于中石油燃料油有限责任公司，是中国石油在华东地区较大的以沥青、燃料油生产加工为主，兼营成品油仓储的专业化企业。公司厂区占地面积40.13万平方米，年产沥青60万吨。公司拥有年产6万吨改性沥青和5万吨乳化沥青生产装置各一套，拥有5万吨级长江石化码头一座，年吞吐能力500万吨以上。总库容43万立方米，其中成品油库容17万立方米，是上海期货交易市场沥青指定交割库。公司拥有现代化的汽车付油系统，陆路发油能力达400吨/小时。公司以稳定充足的南美重质油、辽河稠油及克拉玛依稠油为原料，保证沥青产品品质稳定和充足的沥青产品供应。公司主要生产重交沥青、改性沥青、乳化沥青、石脑油和DMC、DMB轻质燃料油等系列产品，并可根据用户的需求，定制生产30~200号等各种沥青产品。“昆仑—兴能”牌重交道路沥青一直享誉华东、华中和西南市场。2016年，公司上缴税金3.12亿元。

① 公司调度中心
② 公司仓储区
③ 公司沥青装置区
④ 公司付油区
⑤ 公司办公大楼外景

①

① 2015年7月10日台风“莲花”来临之前，公司员工在对重要供电线路进行加固
② 2016年7月4日，顾山供电所抢修人员趟水进入新龚村恢复供电
③ 2016年7月25日，公司员工在西南新村改造低压线路
④ 公司员工在10千伏线路进行绝缘化改造作业
⑤ 公司员工在电缆沟里作业
⑥ 江苏省主干线500千伏电力通道江阴段

国网江苏省电力公司江阴市供电公司隶属于国网无锡供电公司，主要负责经营、管理、建设江阴地区电网，为江阴经济社会发展和人民生活提供电力保障。公司设7个职能部室、2个业务支撑与实施机构；公司下属集体企业2个，农村业务所15个。至2016年年末，江阴地区有110千伏、35千伏变电所74座，主变容量636.3万千伏安，110千伏及以下输配电线路1338条，7848千米。各类客户76.7万户。全社会用电量244.93亿千瓦时，比2015年增长3.96%。售电量220.51亿千瓦时，比2015年增长5.11%。全社会最高用电负荷382.11万千瓦，比2015年增长13.04%。多年来公司被评为全国“安康杯”竞赛活动示范单位、全国模范职工之家、全国实施用户满意工程先进单位，获江苏省五一劳动奖状。2016年，公司上缴税金5.52亿元。

②

③

④

⑤

⑥

① 2016年9月2日，"江阴银行"在深交所上市
② 2016年9月6日，江阴农商银行举行支持中小微外贸企业集中放贷签约仪式
③ 江阴农商银行营业部大厅
④ 江阴农商银行常态化开展金融知识宣传
⑤ 江阴农商银行大力支持"农商银行杯"江阴市青年创业大赛
⑥ 2016年3月5日，江阴农商银行开展学"炎黄"志愿活动

江苏江阴农村商业银行股份有限公司是全国首批改制成立、首批获准跨区域发展的农商银行，2016年9月2日在深交所上市，成为全国首个A股上市农商银行。一直以来，该行坚定服务农村、农业、农民"三农"的宗旨，坚持服务小微企业和城乡社区的市场定位，秉承"离您最近，和你最亲"的服务理念，积极构建普惠金融服务体系，是支持地方社会经济发展的金融主力军。至2016年年末，该行资产总额1040亿元，各项存款余额736亿元，各项贷款余额525亿元，江阴辖内存贷款市场份额保持领先。先后获无锡市金融改革与创新奖，江阴市委、市政府企业上市奖，被评为服务地方先进单位等；在江阴市"民主评议机关"活动中，连续5年荣获优胜奖，连续3年荣获金融系统第一名。

江苏华西房地产开发有限公司

①公司员工风采
②公司开发的扬子华都商品房
③公司开发的江南华都商品房
④公司开发的龙东湖沪宁中康山庄
⑤公司开发的幸福华都商品房

江苏华西房地产开发有限公司是中国500强企业江苏华西集团公司旗下骨干企业之一，拥有二级开发资质，专业从事房产开发、物业经营和房产投资管理，子公司有华都置业、华西扬子置业、华亿置业、华旭置业、华西物业等，多次被评为省优秀房产企业，重合同、守信用企业，百强明星企业等。公司自2002年成立以来，立足江阴、张家港，相继开发“江南华都”“丽景华都”“丽岛华都”“幸福华都”“天虹苑”“扬子华都”“龙东湖沪宁中康山庄”等不同风格的精品楼盘，在两地市场都获得较好的口碑；同时，承接“芙蓉华都”“蟠龙华都”“美丽华都”等政府惠民安置房项目。至2016年年末，公司总开发面积超300万平方米。是年，实现销售收入8.44亿元，上缴税金2.33亿元。

江阴天力燃气有限公司

江阴天力燃气有限公司成立于2003年，注册资本1.2亿元。公司下设靖江天力燃气有限公司、江阴天力燃气输配有限公司、江阴天力燃气设备安装工程有限公司、江阴天力液化气有限公司、建德市浙能天然气有限公司（参股）等燃气子公司。公司以城市管道燃气经营为主业，业务延伸LNG液化生产与销售、LNG与LPG的分装销售、LNG和CNG加气站业务、燃气工程安装等。公司经10余年的发展，建成2500立方米LNG调峰贮存设施，2700立方米LPG贮配中心，LNG汽车加气站3座、CNG汽车加气站3座、首站4个、门站2个、天然气管道2900千米，各类燃气用户25万户。公司拥有各类初、中、高级科技人才150余人，占员工总数的35%。公司自2008年起，每年被评为江阴市委、市政府百强明星企业先进集体、税收超亿元企业，并被评为无锡市先进单位、江苏省诚信企业等。2016年，管道天然气销量超6亿立方米，燃气主营业务收入超20亿元，上缴税金1.1亿元。

① 总公司外景
② 江阴夏港门站加气站
③ 液化天然气生产装置
④ 天然气高压管线应急预案演练活动
⑤ 天然气输配中心全景

①

②

① 长江世纪广场
② 长江房产大事记
③ 尚城国际楼
④ 长江世纪广场写字楼
⑤ 长江万悦城
⑥ 尚城国际销售中心

江阴市长江房地产开发公司是中国明星村——长江村里走出来的明星企业，隶属新长江集团。作为江阴优秀房地产开发企业代表，长江房产立足于江阴现代化进程的宏大背景，汲取新长江集团母品牌之精神内涵，以“构筑品质生活·创造卓越价值”为品牌核心理念，与这座城市共生共荣、共同成长，始终致力于高品质生活理念的塑造和高标准产品品质的打造，吸收借鉴的同时坚持独立创新，尽显作为江阴房地产开发企业的责任与担当，为江阴这座千年历史名城的现代化进程添砖加瓦。企业成立十余载，累计开体量超百万，在产品的研究和开发方面硕果累累，涵盖住宅、酒店、办公、商业等多种类型。其中长江国际、长江万悦城、长江世纪广场、尚城国际等旗下明星楼盘，在江阴市场上深受青睐、有口皆碑。2016年，公司上缴税金1.53亿元。

④

③

⑤

⑥

2016年度上缴税金超亿元企业（44个）

工业企业（35个）

- 江苏华西集团有限公司
- 海澜集团有限公司
- 中信泰富特钢集团（兴澄特钢）
- 江苏扬子江船业集团公司
- 江苏利电能源集团
- 法尔胜泓昇集团有限公司
- 远景能源（江苏）有限公司
- 江苏新长江实业集团有限公司
- 江苏阳光集团有限公司
- 双良集团有限公司
- 江阴苏龙热电有限公司
- 瀚宇博德科技（江阴）有限公司
- 江阴天江药业有限公司
- 江苏新潮科技集团有限公司
- 江苏海达科技集团有限公司
- 江阴江东集团公司
- 江苏利安达集团有限公司
- 申达集团有限公司
- 江苏三房巷集团有限公司
- 江阴市九润管业有限公司
- 江阴澄星实业集团有限公司
- 海润光伏科技股份有限公司
- 江苏江南水务股份有限公司
- 江阴新树工程塑料有限公司
- 江阴模塑集团有限公司
- 阿法拉伐（江阴）设备制造有限公司
- 帝斯曼工程塑料（江苏）有限公司
- 江苏华宏实业集团有限公司
- 江苏吉鑫风能科技股份有限公司
- 江苏富仁集团有限公司
- 江阴热电有限公司
- 江苏红柳床单有限公司
- 江苏中印印务集团有限公司
- 建滔电子材料（江阴）有限公司
- 中石油江苏燃料沥青有限责任公司

服务业企业（9个）

- 江阴海澜之家供应链管理有限公司
- 国网江苏省电力公司江阴市供电公司
- 植誉投资管理有限公司
- 江苏江阴农村商业银行股份有限公司
- 华中融资租赁有限公司
- 江苏华西房地产开发有限公司
- 江阴天力燃气有限公司
- 江阴市长江房地产开发公司
- 见龙国际贸易有限公司

江陰年鑑
Jiang Yin Almanac